2020

0202

CHINA TV RATING YEARBOOK

中国电视收视年鉴 2020

丁 迈 主编

中国传媒大学出版社
·北京·

《中国电视收视年鉴（2020）》

编写委员会

主　　编： 丁　迈

副 主 编： 郑维东　肖建兵　周欣欣

编写人员：（排名不分先后）

梁　帆　龙长缨　肖　珊　吴　东

于松涛　张天莉　王建平　张广彦

吴　凡　李红玲　王　钦　李　婉

王　平　秦　政　刘洁婷　刘　宁

马　超　杨金姝　张琼子　李忠毅

张　嫣　蔡　啸　张晶晶　娜布琪

解永利　卢文钊　米　行　封　翔

韦　唯　胡旻琦　彭辰豪　潘　琪

施泽昊　侯　龙　郑剑龙　彭　平

李蓓蕾

出版说明

为更好地服务于业界，作为中国最专业、最权威的视听率调查公司，CSM媒介研究从2003年起每年编写出版一部《中国电视收视年鉴》。《中国电视收视年鉴（2020）》是CSM媒介研究编写出版的第十八部电视收视年鉴。

《中国电视收视年鉴（2020）》包括以下四部分内容：第一部分：综述。本部分主要从收视环境、观众特征、观众收视行为、频道竞争、节目竞争、电视广告投放与竞争等方面对2019年中国电视收视市场进行了全景式的描述与分析。第二部分：专题研究。本部分除了对2019年全国电视剧、新闻、综艺、体育几个主要节目类型以及北京冬奥会契机下体育节目创新发展、主旋律代表性电视节目的收视情况进行分析外，还对融媒体背景下传统电视节目品牌打造与多维营销路径、电视家风文化节目的传承与创新表达、2020年中国电视市场十大发展趋势等进行了深入探索与剖析。同时，本部分还对业界关注的热点问题，如电视观众时移收视行为、OTT家庭观众收视特征、IPTV用户媒介接触行为、电视媒体短视频发展现状与其所撬动的传播变革、视频网站“剧”的播出与收视等进行了深入研究。第三部分：收视数据。这部分是关于全国电视收视市场以及重点市场的收视统计数据，主要指标涉及收视设备的拥有情况、人均收视时间、全年和全天收视率走势、各类频道的市场份额、各类节目的播出份额与收视份额以及主要节目类型的收视排行等。第四部分：附录。这部分主要包括CSM媒介研究各种收视调查网的基本情况。

《中国电视收视年鉴（2020）》既可为广大媒介从业人员提供有关2019年中国电视收视市场的全面分析，又可提供2019年全国以及各重点市场翔实的收视数据，是媒介从业人员必备的一本工具书。

编者

2020年4月

目 录
CONTENTS

第一部分 综 述

第二部分 专 题

第三部分　数　据

第四部分　附　录

第一部分
Part One

综 述 Overview

综　述

一、收视环境

2019年是新中国成立70周年，是全面建成小康社会、实现第一个百年奋斗目标的关键之年。广播影视系统高举习近平新时代中国特色社会主义思想伟大旗帜，紧跟核心，在党中央、国务院和中宣部正确领导下，认真贯彻落实中央部署和总局要求，坚持稳中求进 、注重守正创新，扎实工作、奋发进取，不断推动广电工作的高质量发展和建设，各方面工作取得了新的显著成绩，有力服务了党和国家工作大局。

2019年，我国电视业深入贯彻落实党的“十九大”和十九届二中、三中、四中全会精神，坚持正确的政治方向、宣传导向和价值取向，围绕主题主线砥砺奋进、创新发展，谋划在前、主动担当，高度自觉、开拓进取，各方面工作都取得重大进展和显著成效。2019年，我国电视业坚持以习近平总书记关于宣传思想工作的重要思想为基本遵循，圆满地完成了学习、宣传、贯彻习近平新时代中国特色社会主义思想、党的“十九大”和十九届二中、三中、四中全会精神，以及庆祝新中国成立七十周年重大政治任务的全方位宣传报道任务，聚焦新时代中国特色社会主义、中国梦、社会主义核心价值观等重大主题宣传，深化主题主线宣传，强化价值引领，传播正能量，广受社会各界好评。2019年，我国电视业牢记初心使命、始终坚持以人民为中心的工作导向，坚持正确方向，加强创作生产，面向基层，服务群众，坚持弘扬主旋律，聚焦精品创作，促进内容精品化，为民惠民，公共文化服务提质升级，电视公共服务水平显著提升，更好地满足了人民群众精神文化生活新期待；坚持品质至上，推动内容创作，深入推进广播电视节目创新创优，推动内容品质升级，精品创作生产再上一个新台阶。2019年，我国电视业始终坚持科技引领，坚持改革创新，以实施“智慧广电”建设工程为抓手，坚定不移深化供给侧结构性改革，做优做强广播电视主流媒体，做优做强广播电视产业生态，加快行业优化升级、高质量发展，地方层面广播电视体制改革渐次展开，全国有线电视网络互联互通平台建设扎实推进，媒体平台化发展进程加快，媒体融合纵深发展取得新进展，事业产业不断发展壮大。2019年，我国电视业管理体制机制持续优化，进一步改善管理效能，突出管理重点，推动阵地管理强起来，治理体系和治理能力现代化水平进一步提高，确保行业安全有序、持续健康发展。安全播出保障能力进一步提高，行业监测监管技术系统和公共服务技术支撑体系进一步完善，科技创新与应用步伐进一步加快，科技管理进一步加强，安全保障能力不断提升。2019 年，我国电视业继续加强国际传播能力建设，深耕内容建设，进一步加大现实题材精品内容的创作，讲好中国故事，大力弘扬当代中国价值观和中华优秀传统文化，更有力地讲好中国故事、传播好中国声音。走出去取得新进展，依托重点项目和活动，形成走出去合力，促进优秀产品对外传播，加强构建国际传播体系，走出去内容品牌进一步做强，国际传播能力显著提升。

1. 全国共有电视台 72 座，广播电视台 2422 座，教育电视台 35 座

根据《中国广播电视年鉴（2020）》的最新统计，截至 2019 年年底，全国共批准设立电视台 72 座，广播电视台 2422 座，教育电视台 35 座。其中国家级电视台有中央电视台和中国教育电视台，每个省、自治区、直辖市，每个地级及以上城市至少有一座电视台或广播电视台。全国微波线路 7.7 万公里，有线广播电视网络传输干线达 218.9 万公里，全国电视人口综合覆盖率为 99.4%。全国有线广播电视用户数为 20 661.4 万户，有线数字电视用户数为 19 417.4 万户，付费数字电视用户数为 7986.5 万户。2019 年全年制作的电视节目时间为 345.6 万小时，全年公共电视节目播出时间为 1951.0 万小时。

2. 家庭电视机拥有率达 95.7%，拥有二台及以上电视机家庭的比例为 24.3%

2019 年 CSM 媒介研究全国收视调查网基础研究数据显示，我国居民家庭电视机拥有率达 95.7%，比 2018 年下降 0.7 个百分点，拥有二台及以上电视机家庭的比例为 24.3%，比上一年下降 1.1 个百分点，平均每百户居民家庭的电视机拥有量达 126.2 台，比上一年减少 2.1 台。其中，城市居民家庭的电视机拥有率为 94.2%，农村居民家庭的电视机拥有率为 96.8%；拥有二台及以上电视机的家庭比例在城市为 22.0%，在农村为 25.9%；平均百户电视机拥有量在城市为 122.3 台，在农村为 129.0 台（表 1.1.1）。

从各大行政区来看，电视机拥有情况在全国存在显著的地域差异。拥有二台及以上电视机的居民家庭比例，华东地区最高，达 34.5%；东北最低，仅为 13.2%。百户电视机拥有量也是华东地区最高，达 142.4 台；而东北地区最低，只有 108.2 台；西南地区为 127.1 台，华中地区为 121.1 台，华北地区为 119.0 台，华南地区为 115.0 台，西北地区为 111.7 台（表 1.1.2）。

表 1.1.1　2019 年全国城乡居民家庭电视机拥有情况

电视机拥有情况	全国	城市	农村
一台户比例（%）	71.4	72.2	70.9
二台及以上户比例（%）	24.3	22.0	25.9
没有电视机户比例（%）	4.3	5.8	3.2
百户电视机拥有量（台）	126.2	122.3	129.0

数据来源：CSM 媒介研究 2019 年全国收视调查网基础研究

表 1.1.2　2019 年全国各大行政区居民家庭电视机拥有情况

电视机拥有情况	东北	华北	华东	华南	华中	西北	西南
一台户比例（%）	81.2	76.3	61.5	78.4	72.5	83.4	71.5
二台及以上户比例（%）	13.2	19.2	34.5	16.3	22.6	13.6	25.3
没有电视机户比例（%）	5.6	4.5	4.0	5.3	4.9	3.0	3.2
百户电视机拥有量（台）	108.2	119.0	142.4	115.0	121.1	111.7	127.1

数据来源：CSM 媒介研究 2019 年全国收视调查网基础研究

2019 年我国城乡居民家庭电视机更新换代速度进一步加快。随着城乡居民收入水平的提高和技术革新带来的高品质电视机价格的下降，城乡居民家庭电视机拥有情况从数量上的增加过渡到质量上的改善，城市及农村居民家庭开始追求电视机的更新换代，由原来的 CRT 电视机、传统的背投电视机，向液晶电视机等平板电视机升级。液晶电视机已经取代传统意义的普通彩电成为居民家庭的主流机型，液晶电视机的拥有率在 2019 年全国居民家庭户中已经达到 83.3%，比 2018 年的 77.8%提高了 5.5 个百分点；而非液晶电视机的拥有率则从 2018 年的 31.3%下降到 2019 年的 23.7%（图 1.1.1）。分城乡来看，2019 年城市居民家庭拥有液晶电视机的比例已达 89.9%，农村居民家庭拥有液晶电视机的比例也达到 78.6%（表 1.1.3）。分地区来看，2019 年全国各地区液晶电视机的拥有率都在 78%以上，华南地区更是高达 88.9%，华东、东北、西南地区分别为 85.4%、83.0%和 82.7%，华中地区也达到 81.2%；拥有率较低的地区是华北和西北地区，液晶电视机的拥有率分别为 79.2%和 78.5%。

智能电视机自 2012 年走进大众视野，几年内在城乡之间迅速渗透，拥有率逐年攀升。2019 年全国居民家庭智能电视机拥有率达 43.7%，比上一年的 37.7%增长 6.0 个百分点（图 1.1.1）；其中城市为 47.9%，农村为 40.7%（表 1.1.3），都比 2018 年有较大增加。分地区来看，华中地区家庭智能电视机拥有率最高，达 52.9%，华南地区为 51.6%；而家庭拥有智能电视机的比例在华北、东北和西北地区较低，在 38.6%~39.5%之间；华东和西南地区比例分别为 42.2%和 40.8%。随着数字电视的发展，高清信号源的增多，以及高品质电视机价格的不断下降，液晶电视机、智能电视机的拥有率必将进一步提高。

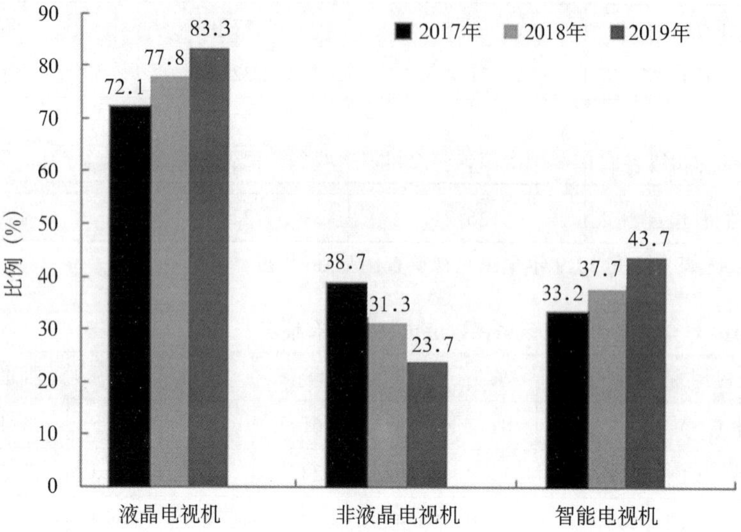

数据来源：CSM媒介研究2017~2019年全国收视调查网基础研究

图1.1.1　2017~2019年全国居民家庭拥有液晶和智能电视机的比例（%）

表1.1.3　2019年全国及城乡居民家庭拥有不同类型电视机的比例（%）

电视机类型	全国	城市	农村
液晶电视机	83.3	89.9	78.6
非液晶电视机	23.7	14.7	30.1
智能电视机	43.7	47.9	40.7

数据来源：CSM媒介研究2019年全国收视调查网基础研究

表1.1.4　2019年全国各大行政区拥有不同类型电视机的家庭比例（%）

电视机类型	东北	华北	华东	华南	华中	西北	西南
液晶电视机	83.0	79.2	85.4	88.9	81.2	78.5	82.7
非液晶电视机	21.3	28.4	22.0	15.2	27.0	27.1	25.9
智能电视机	39.3	38.6	42.2	51.6	52.9	39.5	40.8

数据来源：CSM媒介研究2019年全国收视调查网基础研究

3. 城乡居民家庭平均每户可以收看到86.3个频道

随着有线电视数字化建设全面展开，越来越多的有线电视网整体平移，使城乡居民家庭能够收看到的电视频道数量增加。根据CSM媒介研究历年全国收视调查网基础研究数据，全国城乡居民家庭可以接收到的电视频道数量逐年增加，2019年全国居民家庭平均每户可以接收到86.3个电视频道，其中，城市居民家庭平均每户可以接收到93.5个频道，农村居民家庭平均每户可以接收81.1个频道（表1.1.5）。

从分地区的情况来来看，2019 年平均每户可接收到的电视频道数量最多的是华北地区，达 103.7 个频道，而接收频道较少的有西北、华中和华东地区，平均每户可接收到的电视频道数都在 80 个以下，分别为 79.9 个、77.9 个和 75.4 个（图 1.1.2）。

表 1.1.5　2007～2019 年全国及城乡居民家庭可以接收到的电视频道数量（个）

年份	全国	城市	农村
2007 年	25.6	35.1	21.4
2008 年	30.4	40.5	26.0
2009 年	39.1	50.1	33.2
2010 年	41.4	53.0	34.7
2011 年	47.6	58.5	40.4
2012 年	54.3	63.8	47.7
2013 年	59.4	68.7	52.9
2014 年	64.8	73.1	59.1
2015 年	67.7	77.2	61.1
2016 年	75.2	83.7	69.2
2017 年	83.3	91.8	77.4
2018 年	82.9	92.7	75.8
2019 年	86.3	93.5	81.1

数据来源：CSM 媒介研究历年全国收视调查网基础研究

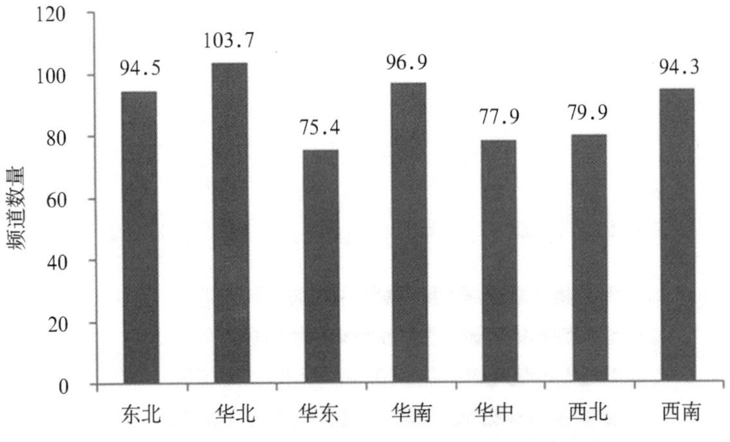

数据来源：CSM 媒介研究 2019 年全国收视调查网基础研究

图 1.1.2　2019 年全国各大行政区居民家庭可以接收到的电视频道数量（个）

4. 有线接收已成为城乡居民家庭接收电视信号的主要方式，可接收数字电视、IPTV、OTT 的家庭比例继续增长

随着电视信号数字化、网络化进程的不断推进，有线电视网络频道增多，信号清晰度增加，有线接收已是全国城乡居民家庭接收电视信号的主要方式。根据 2019

年CSM媒介研究全国收视调查网基础研究数据，全国电视家庭户中，有线电视用户普及率为93.9%，比上年增长1.8个百分点；其中，城市为95.5%，比上年增长0.2个百分点，有线接收方式已经是绝大多数城市居民家庭接收电视信号的方式；有线电视用户普及率在农村为92.7%，与上年相比增长了2.8个百分点，有线接收方式也已经成为农村居民家庭接收电视信号的主要方式。其中，通过省、市（县）有线网接收电视信号的家庭户比例全国为32.9%；在城市，有42.5%的家庭接入了省、市（县）有线网；在农村，通过省、市（县）有线网收看电视节目家庭的比例为26.0%（图1.1.3）。

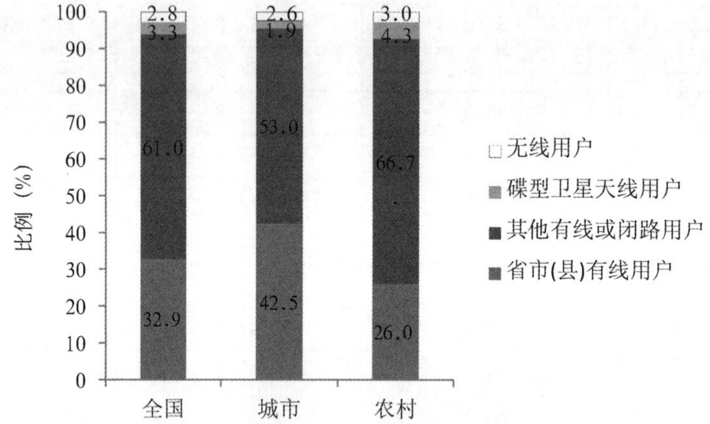

数据来源：CSM媒介研究2019年全国收视调查网基础研究

图1.1.3　2019年全国城乡居民家庭不同电视信号接收方式的比例（%）

从各大行政区的情况来看，有线电视普及率最高的是西北、西南和华东地区，分别达到97.1%、95.6%和95.6%，其他地区有线电视普及率也均在90%以上，其中，东北为94.9%，华南为91.6%，华北为91.2%，华中地区最低，为90.3%（图1.1.4）。华南地区通过非有线方式收看卫视频道的比例较大，达6.7%，该比例在华北和华中地区也较高，分别为5.2%和5.0%，西北和东北地区通过非有线方式收

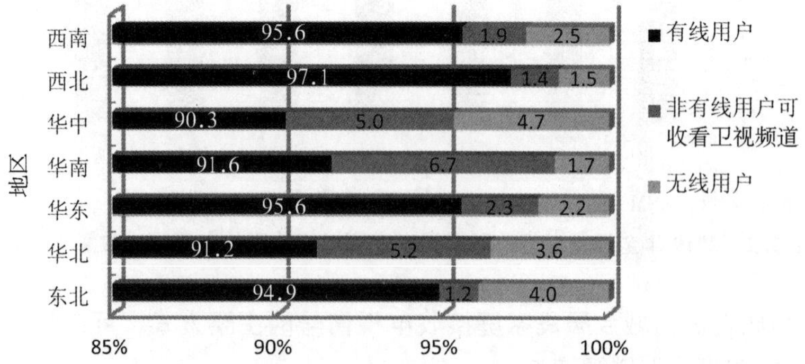

数据来源：CSM媒介研究2019年全国收视调查网基础研究

图1.1.4　2019年全国各大行政区居民家庭不同电视信号接收方式的比例（%）

看卫视频道的比例较小，分别为 1.4%和 1.2%。无线用户的比例在华中、东北和华北地区相对较高，分别为 4.7%、4.0%和 3.6%，而在华南和西北地区则较低，分别为 1.7%和 1.5%。

CSM 媒介研究全国收视调查网基础研究数据表明，近年来我国电视家庭中可接收数字电视或 IPTV 的比例稳步增长，2019 年该比例已达 75.2%，比 2018 年增长 3.9 个百分点；其中，在城市为 81.2%，比 2018 年增长 1.6 个百分点；在农村为 71.0%，比 2018 年增长 5.7 个百分点（图 1.1.5），农村增幅大过城市。从不同地区来看，全国七大行政区中可接收数字电视或 IPTV 的电视家庭比例有一定差异，华东地区最高，达 81.3%，在东北和西南地区，其比例也都在 75%以上，东北地区达 77.2%；西北、华南和华北地区，该比例在 71%到 75%之间；而在华中地区则最低，仅有 64.5%的电视家庭可接收数字电视或 IPTV（图 1.1.6）。

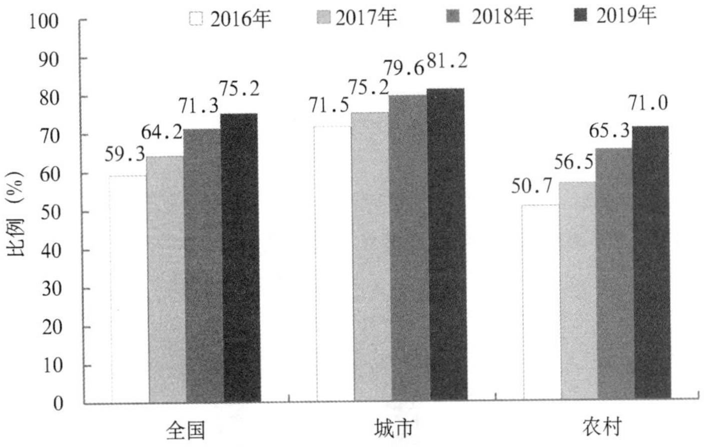

数据来源：CSM 媒介研究历年全国收视调查网基础研究

图 1.1.5　2016~2019 年全国城乡居民家庭可接收数字电视或 IPTV 的比例（%）

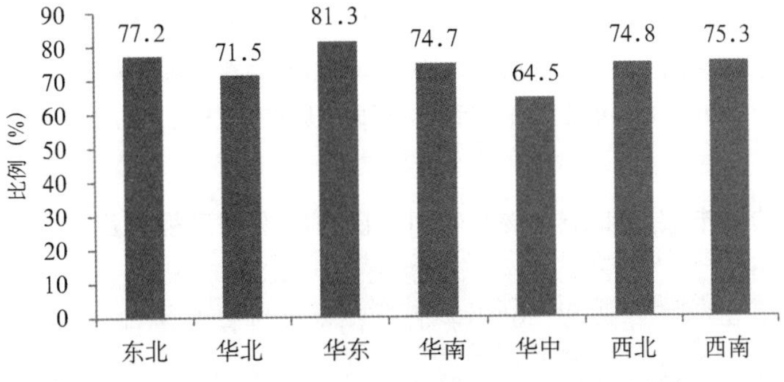

数据来源：CSM 媒介研究 2019 年全国收视调查网基础研究

图 1.1.6　2019 年全国各大行政区居民家庭可接收数字电视或 IPTV 的比例（%）

我国电视家庭中OTT用户的比例也显著增长。根据2019年CSM媒介研究全国收视调查网基础研究数据，2019年OTT用户比例已达27.8%，比2018年增长5.0个百分点；其中在城市为30.5%，比2018年增长4.8个百分点；在农村为25.9%，比2018年增长5.3个百分点（图1.1.7）。从不同地区来看，全国七大行政区中OTT家庭比例有一定差异，华南地区最高，达34.7%，在华东和华中地区，其比例也都在30%以上，华中地区为32.9%；其他地区该比例均在20%到25%之间，其中西南地区最低，仅有20.5%的电视家庭有OTT（图1.1.8）。

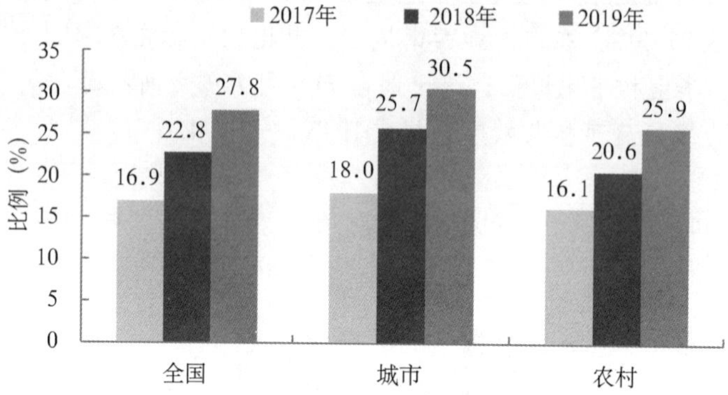

数据来源：CSM媒介研究历年全国收视调查网基础研究

图1.1.7　2017~2019年全国城乡居民家庭中OTT用户的比例（%）

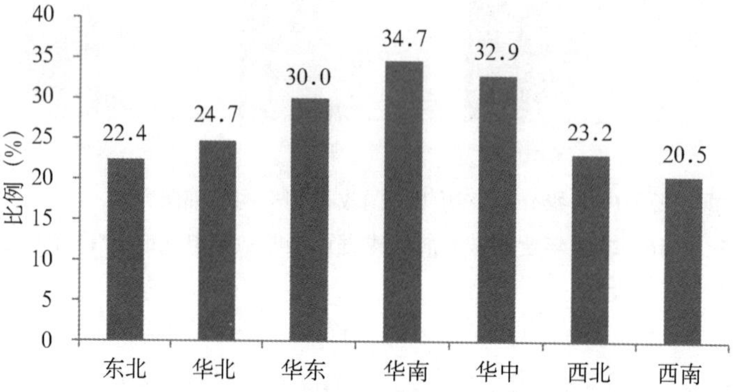

数据来源：CSM媒介研究2019年全国收视调查网基础研究

图1.1.8　2019年全国各大行政区居民家庭中OTT用户的比例（%）

5. 90.3%的城市家庭和88.0%的农村家庭可收看到卫视节目

2019年全国收视调查网基础研究数据表明，2019年全国可接收卫视频道的家庭比例达89.0%；其中，在城市，90.3%的电视家庭可以收看到卫星电视节目；在农村，电视家庭中能够收看到卫视节目的比例达到了88.0%。从不同地区来看，全国七大行政区之间能收看到卫星电视节目的电视家庭比例有一定的差异，但相差不大，最高的华北和华南地区，分别高达95.9%和95.8%，最低的西北地区为83.8%，其他地区该比例在85%到91%之间不等（图1.1.9）。

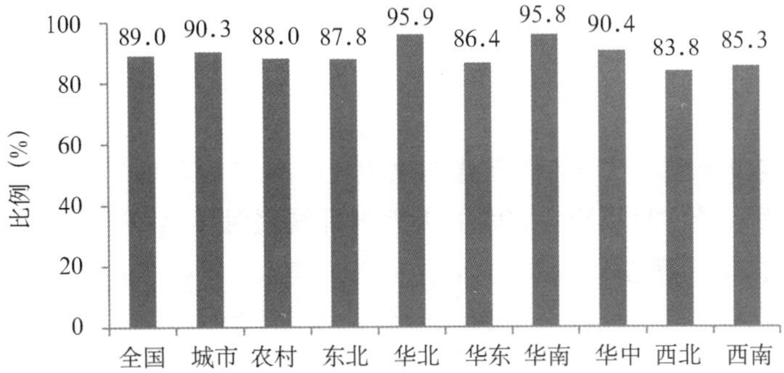

数据来源：CSM 媒介研究 2019 年全国收视调查网基础研究

图 1.1.9　2019 年全国及分城乡、分地区居民家庭可收到卫视频道的比例（%）

6. 中央广播电视总台继续保持其全国覆盖优势，省级卫视在本地区的覆盖优势较大①

中央广播电视总台依靠其强大的资源优势和作为国家级频道的特殊地位，在全国的覆盖率仍然保持了很大优势（表 1.1.6）。CSM 媒介研究 2019 年全国收视调查网基础研究数据显示，在全国覆盖率排名前 10 位的频道中，中央广播电视总台频道

表 1.1.6　2019 年全国卫视频道覆盖率排名前二十位

排名	频道	覆盖率（%）	排名	频道	覆盖率（%）
1	中央台二套	79.8	11	安徽卫视	79.0
2	中央电视台综合频道	79.7	12	湖南卫视	78.9
3	中央电视台少儿频道	79.6	12	中央台四套	78.9
3	中央台十套	79.6	12	上海东方卫视	78.9
5	中央台十二套	79.5	15	中央台十一套	78.8
6	中央电视台新闻频道	79.4	16	天津卫视	78.4
7	北京卫视	79.3	17	中央电视台音乐频道	78.2
7	江苏卫视	79.3	17	广东卫视	78.2
7	山东卫视	79.3	19	江西卫视	78.0
10	浙江卫视	79.2	20	辽宁卫视	77.8

数据来源：CSM 媒介研究 2019 年全国收视调查网基础研究

① 本小节中频道覆盖率为标清频道和高清频道合并的直播电视频道覆盖率。频道覆盖率与往年相比有所下降，主要原因是移动 IPTV、智能电视机或 OTT 盒子等直接接入互联网使得居民家庭收不到直播电视频道。

有6个，而进入覆盖率排名前20的频道中，中央广播电视总台频道有9个。2019年，中央台二套排名第一位，覆盖率达79.8%，中央电视台综合频道排名第二位，覆盖率为79.7%；中央电视台少儿频道、中央台十套、中央台十二套和中央电视台新闻频道的覆盖率也都在79%以上。在省级卫视频道中，北京卫视、江苏卫视、山东卫视和浙江卫视的覆盖率最高，都在79%以上，排名分别居于第七、第七（并列）、第七（并列）和第十位。除了排名前10位的4个省级卫视频道外，进入覆盖率排名前20位的省级卫视频道还包括安徽、湖南、上海东方、天津、广东、江西和辽宁这7个省级卫视频道。2019年覆盖排名前20名频道的覆盖率都在77%以上。

在城市地区，覆盖率排名前10位的频道中，中央广播电视总台频道有5个，包括中央电视台综合频道、中央台二套、中央电视台少儿频道、中央电视台新闻频道和中央台十套，其中中央电视台综合频道排第一位，覆盖率达82.3%；另外中央台四套、中央台十二套、中央台十一套、中央电视台音乐频道和中央台七套也进入覆盖率排名前20位之列（表1.1.7）。在城市地区，2019年有10个省级卫视频道进入覆盖率排名前20位之列，其中山东、北京、浙江、江苏、湖南和上海东方这6个省级卫视频道在城市地区排名靠前，位居覆盖率排名表的第四、第五、和第八（并列）。另外，安徽卫视、广东卫视、天津卫视和辽宁卫视也进入了覆盖排名前20位之列，分别排在第十三到第二十位之间。

表1.1.7　2019年城市地区卫视频道覆盖率排名前二十位

排名	频道	覆盖率（%）	排名	频道	覆盖率（%）
1	中央电视台综合频道	82.3	8	上海东方卫视	80.9
2	中央台二套	81.2	8	中央台四套	80.9
2	中央电视台少儿频道	81.2	13	安徽卫视	80.6
4	山东卫视	81.1	13	中央台十二套	80.6
5	北京卫视	81.0	13	中央台十一套	80.6
5	中央电视台新闻频道	81.0	16	广东卫视	80.3
5	中央台十套	81.0	17	天津卫视	80.2
8	浙江卫视	80.9	18	中央电视台音乐频道	80.1
8	江苏卫视	80.9	19	中央台七套	79.9
8	湖南卫视	80.9	20	辽宁卫视	79.7

数据来源：CSM媒介研究2019年全国收视调查网基础研究

2019年卫视频道在农村地区的覆盖率整体上要比在城市地区稍低。从排名前20位的频道来看，在农村地区，2019年排名最后一位频道的覆盖率是76.7%，低于城市地区的79.7%。中央广播电视总台频道的覆盖在农村地区同样有着绝对的强势地位，在覆盖率排名前20位的频道中，中央广播电视总台频道有9个；中央台二套、中央台十二套、中央台十套、中央电视台少儿频道和中央电视台新闻频道排名前5位。农村地区进入覆盖率排名前20位的省级卫视频道也有11个，其中，北京卫视、江苏卫视、浙江卫视、山东卫视和安徽卫视在农村地区的覆盖率进入前10位之列，湖南卫视、上海东方卫视、天津卫视、四川卫视、江西卫视和广东卫视也进入了排名的前20位之列（表1.1.8）。

表1.1.8 2019年农村地区卫视频道覆盖率排名前二十位

排名	频道	覆盖率（%）	排名	频道	覆盖率（%）
1	中央台二套	78.8	11	中央电视台综合频道	77.8
2	中央台十二套	78.7	12	中央台十一套	77.6
3	中央台十套	78.5	12	湖南卫视	77.6
3	中央电视台少儿频道	78.5	14	中央台四套	77.5
5	中央电视台新闻频道	78.3	15	上海东方卫视	77.4
6	北京卫视	78.1	16	天津卫视	77.1
6	江苏卫视	78.1	17	四川卫视	76.9
8	浙江卫视	78.0	17	江西卫视	76.9
9	山东卫视	77.9	17	中央电视台音乐频道	76.9
9	安徽卫视	77.9	20	广东卫视	76.7

数据来源：CSM媒介研究2019年全国收视调查网基础研究

随着有线网络的普及以及数字电视的不断推广，频道竞争日益加剧，各卫视频道在不同地区的覆盖率明显不同。中央广播电视总台频道在各个地区都呈现出明显的优势地位，但在不同地区，其优势还是呈现出不同程度的差异。CSM媒介研究2019年全国收视调查网基础研究数据表明，在各大行政区覆盖率排名前20位的频道中，中央广播电视总台频道在华东地区、华南地区和华中地区各有9个，在东北地区有8个，在华北地区、西北地区和西南地区各有7个。各省级卫视的覆盖率排名在不同地区差异很大，一般来说，各省级卫视在本地区的覆盖排名优势较大。如在东北地区，辽宁卫视排在第三位，黑龙江卫视排在第七位，吉林卫视排在第十五位（并列）；河北广播电视台卫视频道覆盖率在华北地区排名第一位，北京卫视排名第二位（并列），天津卫视排名第十一位（并列）；山东卫视、江苏卫视、安徽卫视、上海东方卫视、浙江卫视和江西卫视在华东地区都进入了前20位，山东卫视更是排名第三（并列），江苏卫视和安徽卫视排名第八位（并列）；广东卫视在华南地区覆盖率排名则位列第一，深圳卫视也进入了前20位；湖南卫视在华中地区覆盖率排名进入前10位，河南卫视排名第十七位（并列）；贵州卫视、四川卫视和重庆卫视在西南地区的覆盖率排名也进入了前20位。

表 1.1.9　2019 年东北地区卫视频道覆盖率排名前二十位

排名	频道	覆盖率（%）	排名	频道	覆盖率（%）
1	中央电视台综合频道	80.2	10	天津卫视	79.2
2	中央台二套	79.7	10	山东卫视	79.2
3	中央台十套	79.6	10	安徽卫视	79.2
3	辽宁卫视	79.6	10	中央电视台新闻频道	79.2
5	中央电视台少儿频道	79.5	15	江苏卫视	79.1
5	中央台十二套	79.5	15	吉林卫视	79.1
7	黑龙江卫视	79.4	15	重庆卫视	79.1
8	中央台十一套	79.3	18	上海东方卫视	79.0
8	浙江卫视	79.3	18	湖南卫视	79.0
10	中央台四套	79.2	20	北京卫视	78.9

数据来源：CSM 媒介研究 2019 年全国收视调查网基础研究

表 1.1.10　2019 年华北地区卫视频道覆盖率排名前二十位

排名	频道	覆盖率（%）	排名	频道	覆盖率（%）
1	河北广播电视台卫视频道	91.4	11	中央电视台新闻频道	90.8
2	北京卫视	91.3	11	天津卫视	90.8
2	中央台二套	91.3	13	浙江卫视	90.6
2	中央台十套	91.3	14	山东卫视	90.5
5	中央台十二套	91.2	15	江西卫视	90.4
6	中央台四套	91.1	16	辽宁卫视	90.3
6	中央电视台少儿频道	91.1	17	湖南卫视	90.2
6	江苏卫视	91.1	18	四川卫视	90.0
9	中央台十一套	91.0	19	重庆卫视	89.9
10	安徽卫视	90.9	20	贵州卫视	89.8

数据来源：CSM 媒介研究 2019 年全国收视调查网基础研究

表 1.1.11　2019 年华东地区卫视频道覆盖率排名前二十位

排名	频道	覆盖率（%）	排名	频道	覆盖率（%）
1	中央电视台综合频道	75.1	11	北京卫视	73.9
2	中央台二套	74.7	12	上海东方卫视	73.8
3	山东卫视	74.3	13	中央台十一套	73.7
3	中央台十二套	74.3	13	浙江卫视	73.7
5	中央台十套	74.2	15	中央电视台音乐频道	73.6
6	中央电视台新闻频道	74.1	16	天津卫视	73.5
6	中央台四套	74.1	17	湖南卫视	73.3
8	江苏卫视	74.0	18	江西卫视	72.5
8	中央电视台少儿频道	74.0	19	广东卫视	71.9
8	安徽卫视	74.0	19	辽宁卫视	71.9

数据来源：CSM 媒介研究 2019 年全国收视调查网基础研究

表 1.1.12　2019 年华南地区卫视频道覆盖率排名前二十位

排名	频道	覆盖率（%）	排名	频道	覆盖率（%）
1	广东卫视	88.7	9	中央台十套	86.8
2	中央电视台综合频道	88.5	12	中央台四套	86.7
3	中央台二套	87.5	12	江苏卫视	86.7
3	中央电视台新闻频道	87.5	14	中央台十二套	86.3
5	中央电视台少儿频道	87.4	15	中央台十一套	86.2
6	上海东方卫视	87.3	16	四川卫视	85.9
7	湖南卫视	86.9	16	中央电视台音乐频道	85.9
7	山东卫视	86.9	18	安徽卫视	85.6
9	浙江卫视	86.8	19	深圳卫视（新闻综合频道）	85.0
9	北京卫视	86.8	20	江西卫视	84.9

数据来源：CSM 媒介研究 2019 年全国收视调查网基础研究

表 1.1.13　2019 年华中地区卫视频道覆盖率排名前二十位

排名	频道	覆盖率（%）	排名	频道	覆盖率（%）
1	中央台二套	79.4	10	中央电视台音乐频道	78.1
2	中央电视台少儿频道	79.2	10	江苏卫视	78.1
3	中央台十二套	78.9	10	安徽卫视	78.1
3	中央台十套	78.9	10	上海东方卫视	78.1
5	浙江卫视	78.7	15	中央台四套	78.0
5	中央台十一套	78.7	15	山东卫视	78.0
7	江西卫视	78.5	17	河南广播电视台卫星频道（一套）	77.9
8	中央电视台新闻频道	78.4	17	中央电视台综合频道	77.9
9	北京卫视	78.3	19	天津卫视	77.8
10	湖南卫视	78.1	20	重庆卫视	77.6

数据来源：CSM 媒介研究 2019 年全国收视调查网基础研究

表 1.1.14　2019 年西北地区卫视频道覆盖率排名前二十位

排名	频道	覆盖率（%）	排名	频道	覆盖率（%）
1	中央电视台综合频道	77.1	10	辽宁卫视	75.9
2	中央电视台少儿频道	76.8	10	中央台十二套	75.9
3	中央台二套	76.3	10	山东卫视	75.9
4	江苏卫视	76.2	14	中央台七套	75.8
4	浙江卫视	76.2	15	上海东方卫视	75.7
6	中央台十套	76.1	16	天津卫视	75.2
6	北京卫视	76.1	16	深圳卫视（新闻综合频道）	75.2
8	中央电视台新闻频道	76.0	16	重庆卫视	75.2
8	湖南卫视	76.0	16	河南广播电视台卫星频道（一套）	75.2
10	江西卫视	75.9	20	山西卫视	75.1

数据来源：CSM 媒介研究 2019 年全国收视调查网基础研究

表 1.1.15　2019 年西南地区卫视频道覆盖率排名前二十位

排名	频道	覆盖率（%）	排名	频道	覆盖率（%）
1	中央电视台综合频道	79.0	11	安徽卫视	78.1
2	中央电视台少儿频道	78.3	11	江苏卫视	78.1
2	中央台十套	78.3	13	中央台二套	78.0
2	北京卫视	78.3	14	山东卫视	77.9
5	湖南卫视	78.2	14	贵州卫视	77.9
5	中央台七套	78.2	16	上海东方卫视	77.8
5	中央电视台新闻频道	78.2	16	天津卫视	77.8
5	浙江卫视	78.2	16	四川卫视	77.8
5	中央台十二套	78.2	16	重庆卫视	77.8
5	湖北卫视	78.2	20	辽宁卫视	77.7

数据来源：CSM 媒介研究 2019 年全国收视调查网基础研究

二、观众特征

2019 年，全国电视观众规模为 12.81 亿人，与 2018 年基本持平；电视观众性别构成持续稳定，与人口性别构成趋同；城乡观众年龄构成同中有异，均以中青年为主体；中低学历毫无悬念仍是主体观众群，城市观众受教育程度普遍高于乡村观众；城乡观众职业构成同中有异；城乡观众间个人月收入水平差异较大。

1. 全国电视观众规模为 12.81 亿人，与 2018 年持平

继 2008 年国家提前实现中央广播电视节目“十一五”乡村无线覆盖目标后，国家又推出“家电下乡、以旧换新”等政策，并大力推进数字电视转换。在多项政策的共同推动下，全国电视观众规模多年呈现增长态势，在 2013 年首次出现小幅下滑后，2014 年至 2017 年又呈现上涨态势。但由于受到新媒体的冲击及媒介终端日新月异带来的受众媒介消费习惯的变化，电视观众规模在 2018 年再次出现下滑，到 2019 年这种跌势止缓。CSM 媒介研究全国收视调查网 2019 年基础研究数据显示，2019 年中国内地年龄在 4 岁及以上的电视观众规模为 12.81 亿人，占全国 4 岁及以上人口的 96.18%。与 2018 年相比，2019 年跌势趋止，基本持平。

2. 电视观众性别构成与人口性别构成趋同，结构依然保持稳定

CSM 媒介研究 2019 年全国测量仪收视调查网电视观众数据显示，男性观众比例为 51.0%，女性观众比例为 49.0%，与 2018 年相同，说明目前我国电视观众的性

别结构基本保持稳定。同时，这一性别构成也与中国内地人口的性别构成差异较小，《中国统计年鉴（2019）》① 数据显示，2018 年全国男性人口占总人口的比例为 51.1%，女性人口所占比例为 48.9%。城乡电视观众的性别构成与全国整体观众的性别构成也基本保持一致，在城市观众中，男性群体所占比例为 51.1%，女性群体所占比例为 48.9%；在乡村，男女观众所占比例分别为 51.0%和 49.0%（图 1.2.1）。

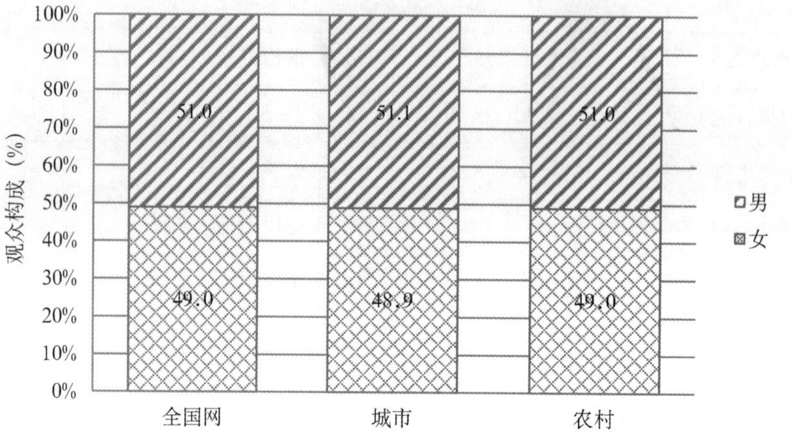

数据来源：CSM 媒介研究

图 1.2.1　2019 年全国测量仪收视调查网及分城乡电视观众的性别构成（%）

3. 城乡观众年龄构成同中有异，中青年为主体观众群

2019 年全国电视观众年龄构成显示，35~44 岁和 15~24 岁这两个群体在所有电视观众中所占比例位居前两位，分别为 19.1%和 17.0%，二者之和占比超过三分之一；25~34 岁和 45~54 岁观众群所占比例分居第三和第四位，分别为 15.6%和 14.6%，二者相加占比超过 30%；4~14 岁、55~64 岁和 65 岁及以上的观众群所占比例相对较小，依次分别为 12.7%、11.3%和 9.7%。比较城乡观众的年龄构成可以看出，乡村观众中 4~14 岁少年观众和 55 岁及以上的中老年观众所占比例均高于城市同年龄段的观众所占比例，而 15~54 岁观众所占比例则低于城市同年龄段观众。总体而言，乡村观众年龄构成呈现两头大、中间小的特征，一老一小是乡村观众的重头兵，而城市观众年龄构成则恰好相反，表现为中间大、两头小的特征，中间的中青年人群构成了城市观众的生力军。但无论是在城市还是在乡村，中青年群体均是主体观众群（图 1.2.2）。

① 国家统计局. 中国统计年鉴（2019）［M/OL］. 北京：中国统计出版社，2019：31［2020-05-08］. http：//www.stats.gov.cn/tjsj/ndsj/2019/indexch.htm.

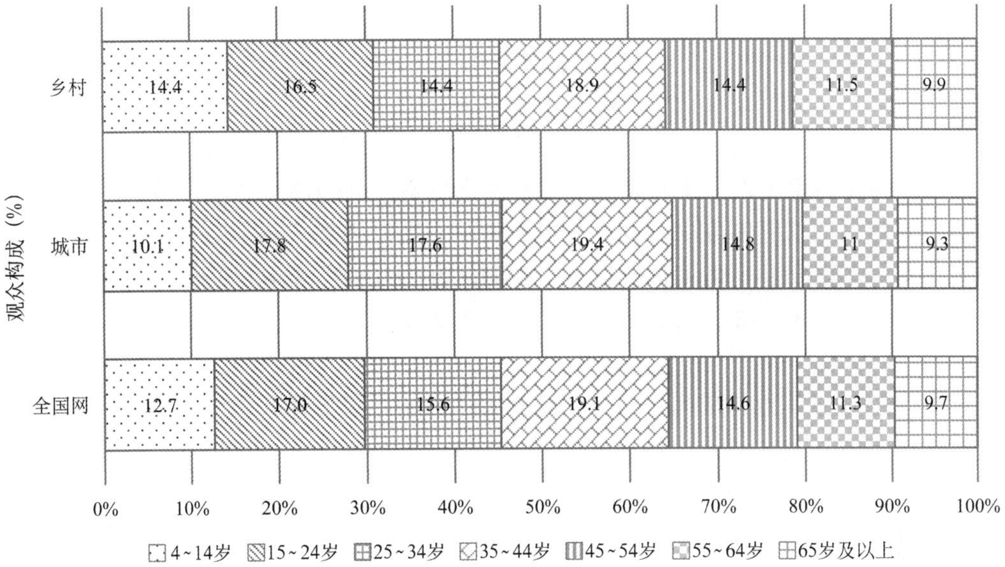

数据来源：CSM 媒介研究

图 1.2.2　2019 年全国测量仪收视调查网及分城乡电视观众的年龄构成（%）

4. 城市观众文化程度明显高于乡村观众，中低学历人群是主体观众群体

全国电视观众的文化程度构成显示，中低学历观众所占比例占据绝对优势。占比居前 3 位的分别是初中、小学和高中文化程度观众，所占比例依次分别为 35.2%、24.0%和 19.5%，其中，位居首位的初中文化程度的观众占据了超过三分之一的比

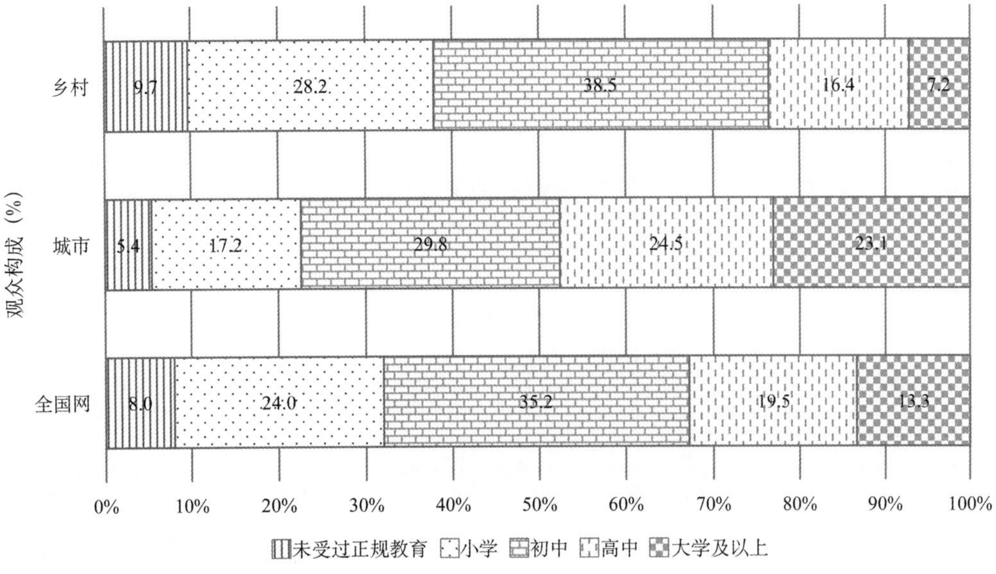

数据来源：CSM 媒介研究

图 1.2.3　2019 年全国测量仪收视调查网及分城乡电视观众的文化程度构成（%）

例，领先优势明显。排在第四位的是大学及以上文化程度的观众，所占比例为13.3%；排在最后一位的是未受过正规教育的观众群体，所占比例为8.0%。整体而言，我国电视主体观众群最大的特点就是学历水平普遍不高。城乡观众的文化程度构成也呈现出各自鲜明的特征，且城市观众的文化程度明显高于乡村观众。具体表现为，城市中高中及以上文化程度观众所占比例高达47.6%，接近一半，而乡村中该类观众所占比例则仅为23.6%，只有城市观众中同类型人群所占比例的一半；城市观众中，小学及以下文化程度观众所占比例为22.6%，在乡村观众中该类观众群所占比例则高达37.9%，超过三分之一（图1.2.3）。

5. 城乡观众职业构成同中有异，无业群体（包括离退休人员）占据较大比例

2019年全国观众职业构成显示，无业群体（包括离退休人员）在电视观众中占据了较大比例，为19.0%，仅次于其他群体位居第二位；位列第三位的是学生，所占比例为18.0%；排在第四位的是个体/私营企业人员，占到了15.9%的比例，然后依次为工人、初级公务员/雇员和干部/管理人员，所占比例分别为12.2%、12.0%和1.3%；全国测量仪收视调查网中包括了对乡村的调查，农民/渔民/牧民等包含在其他类中，因此该群体在全国电视观众中所占比例达到了21.6%，位居首位。

分城乡来看，电视观众职业构成同中有异，相同之处在于，无论是在城市还是在乡村，无业群体（包括离退休人员）均在电视观众中占据了相对较大的比例，在城市中该比例达到了23.0%，在所有职业类别中占比最大，在乡村观众中该类人群

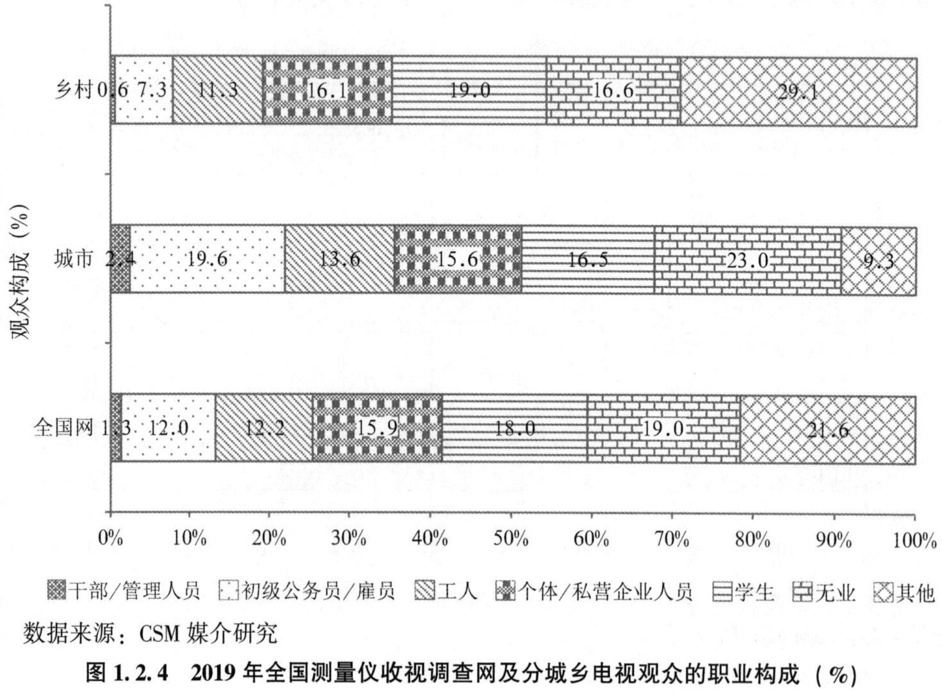

数据来源：CSM媒介研究

图1.2.4 2019年全国测量仪收视调查网及分城乡电视观众的职业构成（%）

也占据了 16.6%的比例；城乡观众职业构成最大的差别在于乡村拥有较高比例的农民群体，因此职业类别为“其他”的观众所占比例高达 29.1%，位居绝对的榜首地位，远高于城市中该类观众所占比例，城市观众中则是初级公务员/雇员和干部/管理人员所占的比例远高于乡村中同类别观众群体所占的比例（图 1.2.4）。

6. 城乡观众收入差异显著，低收入观众所占比例相对较大

2019 年全国观众个人月收入构成显示，整体而言，低收入观众所占比例较大，城乡观众收入差异显著，城市观众中，中高收入人群所占比例明显高于乡村中该类人群所占的比例，乡村中，低收入人群所占比例则更大。个人月收入在 0~300 元之间的低收入群体在全国和乡村中所占比例最大，分别为 36.0%和 39.8%，该比例在城市中也占到了 29.9%。在城市观众中，个人月收入在 2601 元及以上的中高收入人群所占比例为 49.7%，接近五成，而在乡村观众中该比例则仅为 27.2%，较城市中该收入人群所占比例少了 22.5 个百分点（图 1.2.5）。

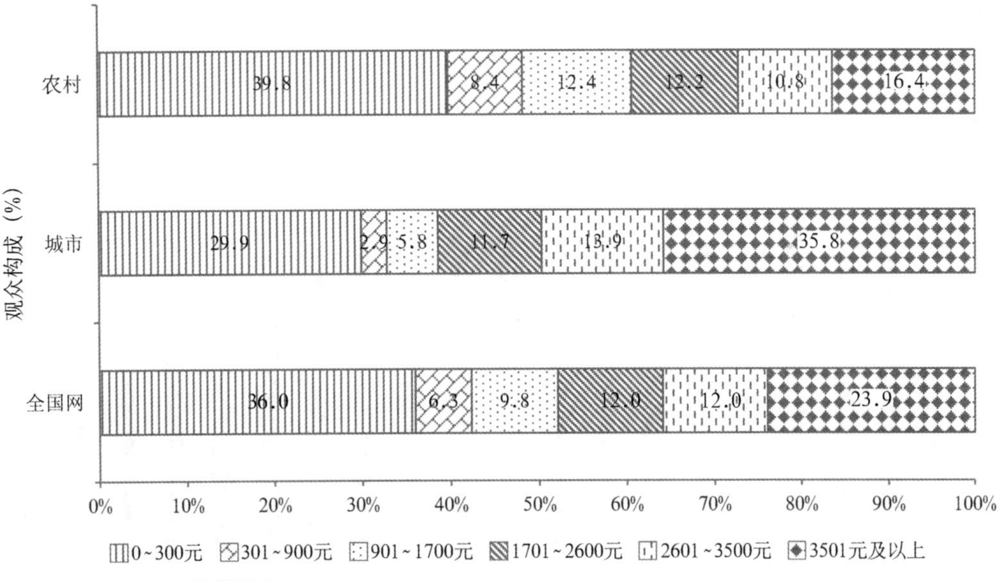

数据来源：CSM 媒介研究

图 1.2.5　2019 年全国测量仪收视调查网及分城乡电视观众的个人月收入构成（%）

三、观众收视行为

2019 年全国电视观众人均日收视时长低于 2018 年，呈下滑之势，不同目标人群中除 65 岁及以上老年群体人均日收视时长较 2018 年略有回升外，其余人群均有不同程度下降。从整体来看，收视水平虽在春节和“十一”国庆期间有短期回升，但持续时间短，回升幅度小，因此并没有对全年收视大盘产生实质性的影响。

(一) 人均收视时间

1. 2019 年全国电视观众人均每日收视时长为 124 分钟，呈下跌态势

2001 年以来，我国电视观众人均每日收视时长呈波动下行的发展态势。2005 年和 2006 年，得益于各级电视台在新闻和综艺等节目形态上的大力创新和集中发力，以及世界杯等特殊事件的推动，观众人均每日收视时长曾一度回升；到 2007 年，由于观众对选秀和民生新闻等新节目形态产生“审美疲劳”，以及缺乏特殊重大事件的支撑，观众人均每日收视时长出现下滑；2008 年和 2009 年，由于北京奥运会的举办、新中国成立六十周年大庆等一系列重大事件的发生，观众的注意力被重新拉回电视，人均每日收视时长又略有回升；从 2010 年开始，全国电视观众人均每日收视时长基本呈现逐年下滑的态势，虽有 2012 年的短暂回升，但仍难掩其发展“颓势”。尤其是近几年，新媒体、新技术和移动互联网进一步发展，各类视频网站和短视频 App 发展得如火如荼，受众对媒体的接收方式发生了翻天覆地的变化，碎片化、个性化、随时随地的收看行为，正在慢慢地蚕食人们收看传统电视的时间。2013 年以来，人均每日收视时长持续下滑，2019 年人均每日收视时长为 124 分钟，为历年来最低，较 2018 年下降了 5 分钟（图 1.3.1）。

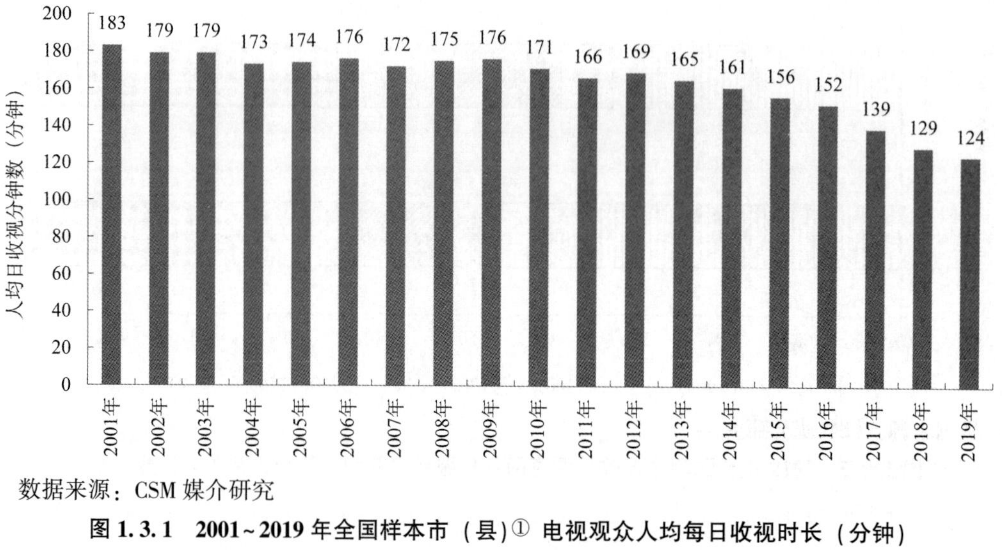

数据来源：CSM 媒介研究

图 1.3.1　2001~2019 年全国样本市（县）① 电视观众人均每日收视时长（分钟）

2. 七大行政区人均每日收视时长较 2018 年均持续下滑

2019 年，七大行政区全线崩塌，观众人均每日收视时长较 2018 年均持续下滑（表 1.3.1）。西北和西南地区观众人均每日收视时长下降最多，分别从 2018

① 2009 年以前的数据包含样本城市和样本县，从 2009 年起的数据全部为样本城市。

年的133分钟和153分钟下降至2019年的124分钟和144分钟，均减少了9分钟；其次是东北和华东，人均每日收视时长均较2018年减少了7分钟；然后是华北和华中地区，2019年人均每日收视时长较2018年分别减少了5和4分钟；2019年七大行政区中人均每日收视时长较2018年减少最少的是华南地区，减少了1分钟。

表1.3.1　2001~2019年全国七大行政区电视观众人均每日收视时长（分钟）

地区	2001年	2005年	2010年	2011年	2012年	2013年	2014年	2015年	2016年	2017年	2018年	2019年
东北	189	193	191	185	190	184	181	179	173	155	147	140
华北	200	195	196	196	198	193	188	176	170	160	147	142
西北	193	185	180	168	172	169	165	157	154	142	133	124
西南	181	179	169	166	174	170	173	174	179	163	153	144
华东	177	164	168	162	162	157	151	145	139	128	116	109
华南	184	169	152	148	149	146	138	136	133	122	118	117
华中	169	157	166	164	166	164	163	161	153	132	116	112

数据来源：CSM媒介研究

从各大行政区人均每日收视时长较全国平均水平的差异来看，目前西南、华北和东北地区仍然是电视收视水平较高的区域，高于平均水平10%以上，这很大程度上与上述地区冬季时间较长、气温较低，人们的室内生活时间相对较长有关；同时延续2015年以来的新变化，西南地区人均每日收视时长也高于平均水平10%以上，且幅度有逐年走高的趋势。相比而言，在气温相对较高、经济发展水平相对较高、人们业余生活相对丰富的华南、华东和华中地区，观众的人均每日收视时长明显较短，均低于全国平均水平。

3. 不同性别人群人均每日收视时长较2018年均有下滑，女性观众较男性观众收看电视时间更长

2019年观众人均每日收视时长显示，女性观众人均每日收视时长为126分钟，男性观众为121分钟，比女性观众少5分钟（表1.3.2）。同时我们也看到，从2001年起的19年间，女性观众花费在收看电视上的时间要长于男性观众是一个规律性现象。无论是女性观众还是男性观众，2019年人均每日收视时长较2018年均有不同程度下滑。随着新媒体、新技术日新月异的发展，各类视频网站和短视频App的日益兴盛，个性化、碎片化的收视行为逐步形成，可以预测未来男女观众人均每日收视时长有可能会进一步下降。

表 1.3.2　2001~2019 年全国样本市（县）男女观众平均每日收视时长（分钟）

性别	2001年	2005年	2010年	2011年	2012年	2013年	2014年	2015年	2016年	2017年	2018年	2019年
男	182	172	167	162	164	161	157	153	149	136	127	121
女	183	177	176	171	173	170	165	160	156	142	132	126

数据来源：CSM 媒介研究

4. 中青年观众进一步游离于传统电视之外，老年观众仍是传统电视的忠实拥趸

随着新媒体、新技术的发展，当前媒体传播环境已经发生了翻天覆地的变化，各类视频网站和短视频 App 的兴盛让受众接收信息的渠道变得多元且便捷，受众的收视行为也越来越个性化和碎片化，由此带来的影响就是受众对传统电视的关注度越来越低，收视时长也逐年下滑。从目前来看，老年人仍是传统电视的忠实拥趸，是唯一一个连续两年人均每日收视时长实现增长的人群，中青年人群对传统电视的注意力则进一步游离，随着智能手机的普及和越来越多的老年人也学会了用手机上网浏览新闻和观看视频等，这种游离于传统电视之外的趋势进一步向老年人蔓延。

2019 年，65 岁及以上老年群体的人均每日收视时长为 277 分钟，继 2018 年略有回升之后继续提升，成为唯一一个连续两年实现“逆势上扬”的群体，其余人群的人均每日收视时长较 2018 年则均出现不同程度的下滑。45~54 岁和 55~64 岁群体的人均每日收视时长较 2018 年分别减少了 13 和 9 分钟，成为收视缩水的“重灾区”，说明中老年观众游离于传统电视的趋势在日益加剧；35~44 岁、25~34 岁、15~24 岁和 4~14 岁群体的人均每日收视时长分别为 88 分钟、71 分钟、56 分钟和 98 分钟，远低于中老年人群的人均每日收视时长，并且也呈现出连续四年逐年持续下滑的态势；其中 25~34 岁群体，人均每日收视时长由 2016 年的 103 分钟下降至 2019 年的 71 分钟，3 年减少了 32 分钟；15~24 岁人群的人均每日收视时长也从 2016 年的 83 分钟减少至 2019 年的 56 分钟，下降了 27 分钟，这两类人群的下滑幅度均较大，在 45%以上（图 1.3.2）。青少年群体是互联网和手机的“原住民”，对传统电视的依存度天生就不高；而伴随着新媒体新技术的发展使得智能手机基本普及，加之各类视频网站和短视频 App 如火如荼的发展，越来越多中老年人群的注意力也被进一步吸引游离至传统电视之外，35~64 岁人群的人均每日收视时长逐年走低充分说明了这一点。

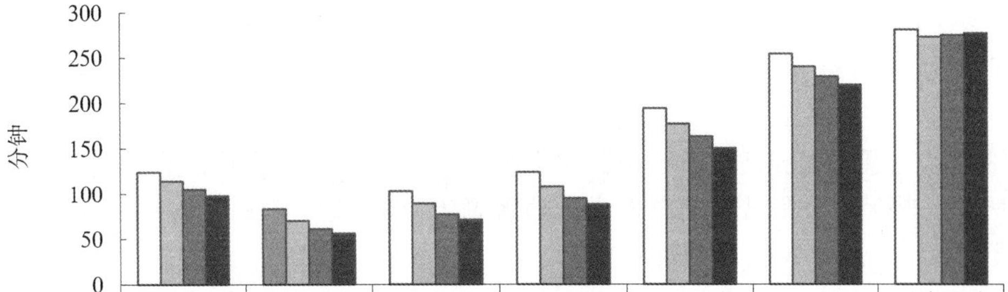

	4~14岁	15~24岁	25~34岁	35~44岁	45~54岁	55~64岁	65岁及以上
□2016年	124	83	103	124	194	254	281
■2017年	114	70	89	108	177	240	273
■2018年	105	61	77	95	163	229	275
■2019年	98	56	71	88	150	220	277

数据来源：CSM 媒介研究

图 1.3.2　2016~2019 年全国样本城市不同年龄段观众人均每日收视时长（分钟）

5. 中低学历人群人均每日收视时间较长，各受教育程度观众人均每日收视时长有不同程度下滑

整体而言，不同受教育程度观众的人均每日收视时长均有不同程度下滑，中低学历观众仍钟情于电视，人均每日收视时间较长。2019 年，小学学历人群的人均每日收视时长为 159 分钟，位居各学历人群榜首，较 2018 年减少了 4 分钟；初中学历人群人均每日收视时长为 149 分钟，位居次席，较 2018 年也减少了 4 分钟，两者的人均每日收视时长远高于其他学历人群的收视时长；然后依次为未受

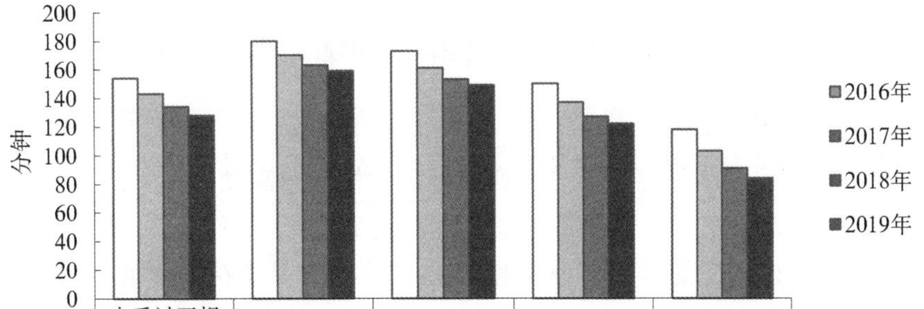

	未受过正规教育	小学	初中	高中	大学及以上
□2016年	154	180	173	150	118
■2017年	143	170	161	137	103
■2018年	134	163	153	127	91
■2019年	128	159	149	122	84

数据来源：CSM 媒介研究

图 1.3.3　2016~2019 年全国样本城市不同受教育程度观众人均每日收视时长（分钟）

过正规教育和高中学历人群，2019 年人均每日收视时长分别为 128 分钟和 122 分钟，较 2018 年分别减少了 6 分钟和 5 分钟；大学及以上学历人群每天花费在收看电视上的时间最少，为 84 分钟，较 2018 年减少了 7 分钟，减幅最大（图 1.3.3）。从整体发展态势来看，2019 年不同受教育程度观众人均每日收视时长较 2018 年均出现不同程度下滑，中低学历观众人均收视时间较长，初中及以上受教育程度的观众花费在观看传统电视上的时间与学历成反向变动关系，学历越高，花费在收看传统电视上的时间越少。

（二）全年收视走势

1. 2019 年全年大多时期收视水平较 2018 年下降，春节国庆期间短时上升

新媒体、新技术发展带来的媒介传播环境的变化，加之各类视频网站和短视频 App 的兴盛，使得观众的收视行为变得越来越碎片化、个性化，直接导致他们对传统电视的黏度降低，表现在收视上就是 2019 年大多数时期收视水平较 2018 年均有不同程度的下滑，虽然在春节和“十一”国庆期间有短期上升，但持续时间短，上升幅度小，所以并不足以影响整个收视的大盘（图 1.3.4）。

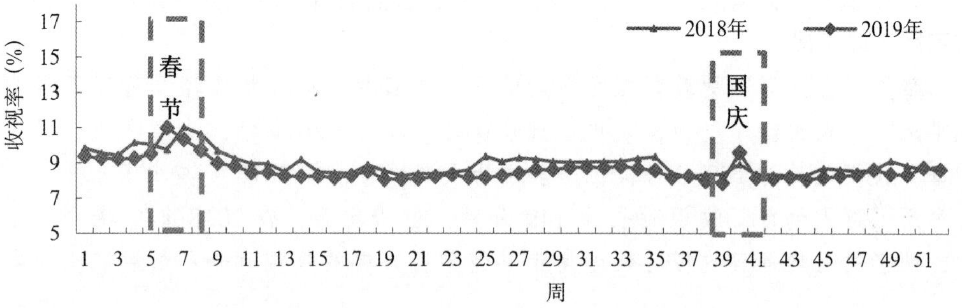

数据来源：CSM 媒介研究

图 1.3.4　2018 年和 2019 年全国样本城市观众全年分周收视走势

2. 北方收视水平明显高于南方，西南地区收视一路高歌

中国幅员辽阔，南北气候差异显著，对观众的收视习惯也有一定的影响。北方冬季时间长，户外温度低，人们的户外活动相对减少，待在户内的时间相对更长，看电视的概率也比较大，因此东北、华北和西北地区全年各个时期的收视水平普遍高于华东、华南和华中地区，这种优势更多体现在“五一”和“十一”前后。值得注意的是西南地区从 4 月底开始一直持续至 10 月底，收视水平一路领先，位居七大行政区之首（图 1.3.5）。

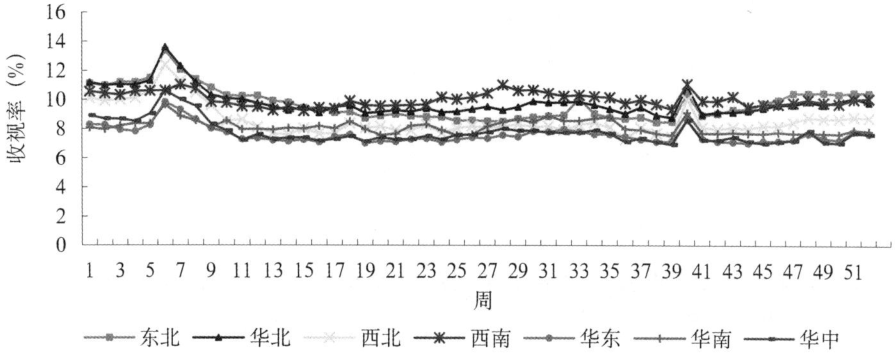

数据来源：CSM 媒介研究

图 1.3.5 2019 年全国七大行政区观众全年分周收视走势

3. 全年不同时期女性观众收视水平普遍高于男性观众

2019 年，男女观众全年收视走势基本趋同，相比女性，男性观众对传统电视的关注度较低，女性观众全年不同时期收视水平普遍高于男性观众（图 1.3.6）。

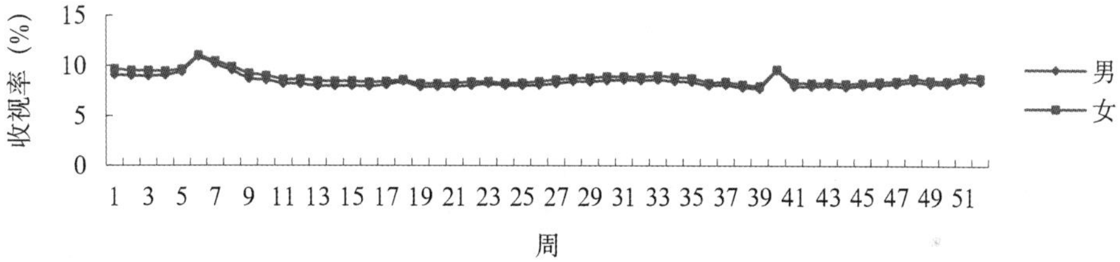

数据来源：CSM 媒介研究

图 1.3.6 2019 年全国样本城市男、女观众全年分周收视走势

4. 中老年观众全年收视走势较为平稳，青少年群体收视时期特征显著

整体而言，45 岁及以上中老年人群全年各个时期收视水平明显高于年轻观众，

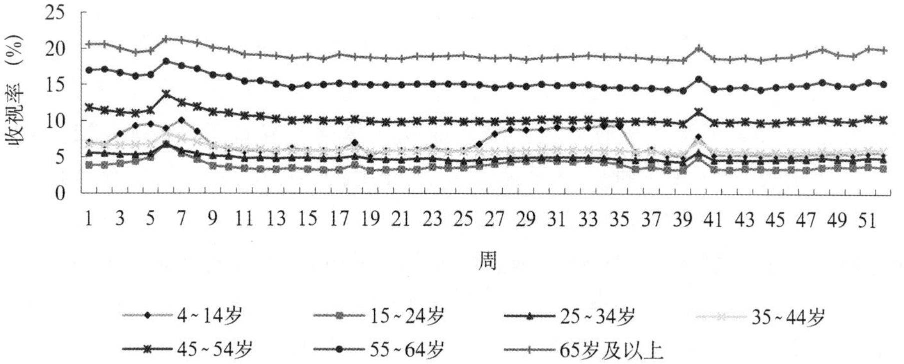

数据来源：CSM 媒介研究

图 1.3.7 2019 年全国样本城市不同年龄观众全年分周收视走势

全年波动较小，走势较为平稳；35~44 岁和 25~34 岁人群的收视水平位居中游，且全年各时期收视也较为平稳；24 岁及以下的青少年群体大多数时期的收视水平均相对较低，但时期特征较为明显，逢寒暑假及“十一”黄金周期间，此类人群就会表现出较为明显的收视高潮，该特征在 4~14 岁小观众群体中表现更为明显（图 1.3.7）。

5. 小学和初中文化程度观众全年收视水平较高，“潮汐”收视表现明显

小学和初中文化程度观众全年收视优势明显，收视水平远高于其他文化程度的观众。又因为有大批学生聚集在此类人群中，所以该类人群的收视表现呈现出明显的时期特征，寒暑假和“十一”黄金周期间收视水平有明显提升，拥有专属于此类人群的时期“潮汐”收视表现；相对而言，高中和大学及以上文化程度的观众全年收视较为平缓，后者的收视水平则相对偏低（图 1.3.8）。

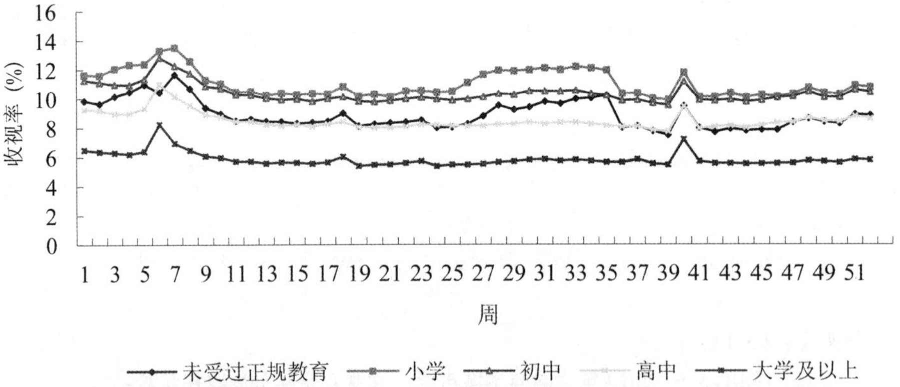

数据来源：CSM 媒介研究

图 1.3.8　2019 年全国样本城市不同受教育程度观众全年分周收视走势

（三）全天收视走势

1. 全天收视走势与 2018 年保持一致，晚间黄金时段收视下滑明显

2019 年全天收视走势与 2018 年相比保持一致。全天收视走势呈双高峰型，两个峰值分别分布在午间和晚间时段。全天收视峰值出现在晚间 19:00~22:00 时段，这也是一天的黄金收视时段，全天最高收视出现在 20:30 左右，收视率峰值接近 29%；收视次高峰出现在午间 12:00~12:45 时段，收视率均在 10%以上，峰值出现在 12:30 左右，收视率为 10.86%。整体而言，2019 年全天收视走势与受众的工作和生活习惯基本相符，且多年维持稳定。2019 年全天收视整体较 2018 年进一步萎缩，这一现象在晚间黄金收视时段表现尤为突出（图 1.3.9）。

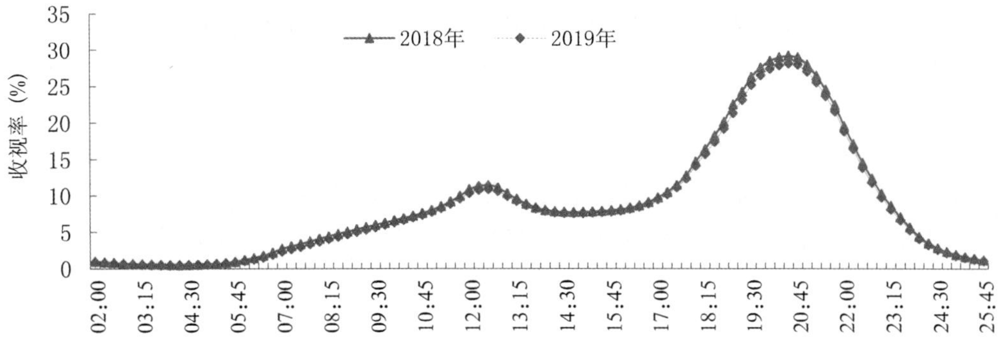

数据来源：CSM 媒介研究

图 1.3.9　2018 年、2019 年全国样本城市观众全天收视走势

2. 不同地区观众全天收视走势具有明显区域特征

中国幅员辽阔，区域间无论是文化习俗还是生活习惯均存在显著差异，表现在对传统电视的收视上也具有明显的区域特点。不同地区受众全天收视走势显示，东北、华北和华东等地理位置偏东的区域，日出时间相对较早，观众每天的收视行为也开始得较早，东北地区在早间 07:00 左右就拥有了超过 5%的收视率，早早拉开了收视的大幕，相应地这些地区日落时间也较早，因此晚间收视高峰开始时段也早于其他地区，如东北地区每天从傍晚 17:00 左右开始就出现收视攀升的态势。相对而言，地理位置相对偏西的西北和西南地区晚间时段拥有相对较高的收视表现，西南地区晚间黄金时段的收视水平明显高于其他地区同时段的收视表现，西北地区则在深夜 23:00 之后的时段创造了优于其他地区的收视表现；华中地区晚间收视黄金时段的收视水平明显低于其他地区同时段收视水平（图 1.3.10）。

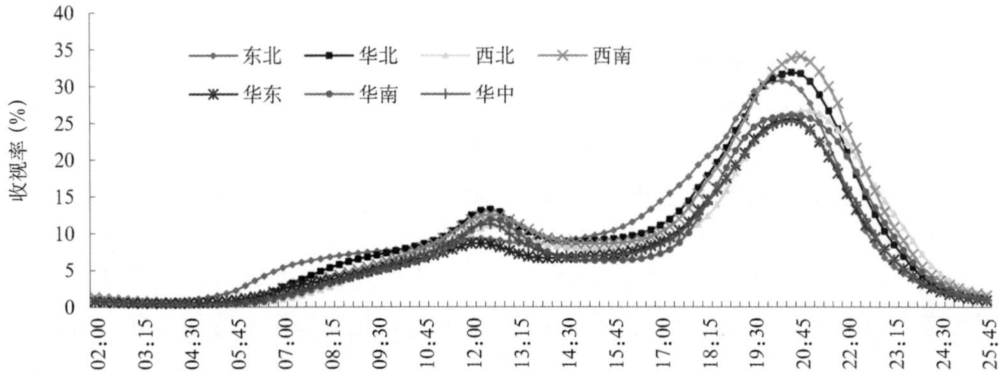

数据来源：CSM 媒介研究

图 1.3.10　2019 年全国七大行政区观众全天收视走势

3. 女性观众整体收视水平明显高于男性，晚间黄金时段优势凸显

整体而言，男、女观众全天收视走势趋同。女性观众全天大部分时段收视水平明显高于男性，主要集中体现在09:00~22:30时段，其中晚间19:30~21:45黄金收视时段这种领先优势更是表现得淋漓尽致。晚间黄金时段各频道以播出电视剧和各类综艺节目为主，由此可以看出，女性观众对于"煲剧"和收看娱乐性较强的综艺节目的热情远远高于男性观众（图1.3.11）。

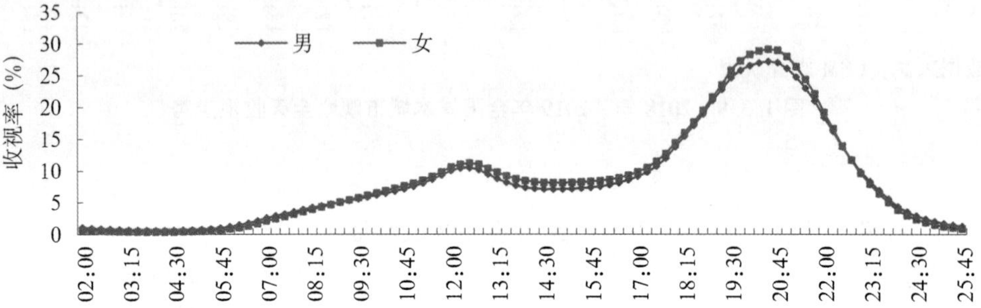

数据来源：CSM媒介研究

图1.3.11　2019年全国样本城市不同性别观众全天收视走势

4. 不同年龄段观众表现出与其年龄相契合的收视表现，各有特色

各年龄段观众全天收视走势基本趋同，表现出一定的共性，同时各年龄段观众收视走势又表现出与自身年龄段相契合的特点。55岁及以上人群是收视的重点人群，这很大程度上源于该类人群有更多的闲暇时光且对时间有相对更高的自由支配权，可以在收看电视上花费更多的时间和精力，最终表现出来的结果就是他们全天的收视水平明显高于其他年龄段人群，其中65岁及以上的老年人群在晚间黄金时段更是创下了超过57%的收视高峰，这是其他年龄段人群无法企及的高度。35~54岁观众群都还属于在职人群，白天身处工作岗位，因此该类人群白天时段的收视水平相对较低，但在晚间仍有比较明显的收视高峰。34岁及以下的青年、少年和儿童观众基本上属于游离于传统电视之外的范畴，他们有更大概率使用手机、电脑和iPad等来达到观看视频、获得资讯、实现社交等目的，同时也受自身身份或作息习惯的限制，没有更多的时间和精力花费在按部就班地观看电视节目上，因此他们的整体收视水平较低，尤其是晚间收视高峰时段的收视水平与其他年龄段观众的差距更大，且晚间收视高峰的下滑较其他年龄段人群也有所提前（图1.3.12）。

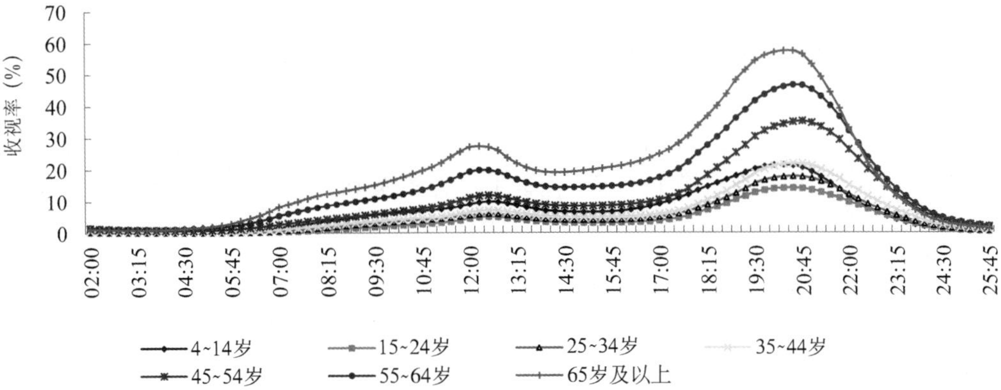

数据来源：CSM 媒介研究

1.3.12　2019 年全国样本城市不同年龄观众全天收视走势

5. 不同文化程度观众全天收视走势细分特征明显

一个人所受的教育程度高低一定程度上会影响这个人的思想行为、日常生活作息习惯等，表现在对传统电视的收视上也会有明显的细分特征。小学和初中学历观众全天收视水平整体高于其他受教育程度观众，这一点在午间和晚间收视高峰时段表现得尤为突出；未受过正规教育的观众群晚间收视峰值低于小学和初中学历观众，但收视峰值却先于其他受教育程度观众出现，基本在 20:00 左右就达到了全天的收视顶峰，相应地收视曲线的下滑也早于其他受教育程度观众，基本从 21:00 左右开始收视就进入了下行通道；相较而言，高中和大学及以上学历群体的收视水平整体偏低，尤其是大学及以上学历人群晚间收视峰值远低于其他几类受教育程度人群，与其他人群不同的是这两类人群在晚间出现的收视高峰时段整体后延，且跨度较大，在 23:00 之后时段的收视水平普遍高于低教育程度观众的收视水平，是典型的“夜猫子”(图 1.3.13)。

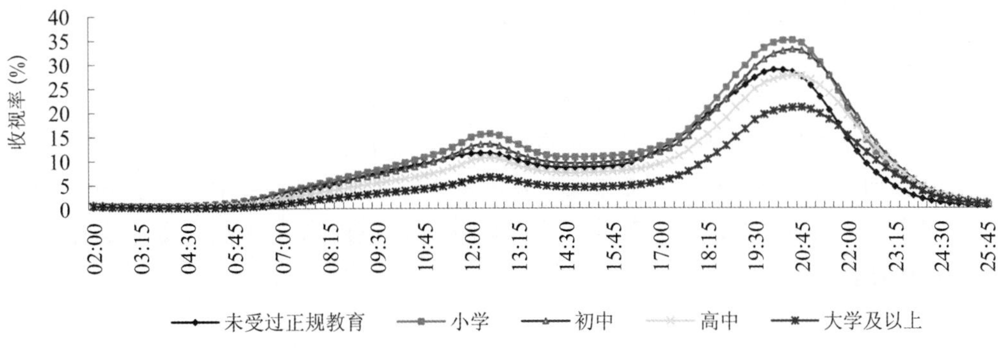

数据来源：CSM 媒介研究

图 1.3.13　2019 年全国样本城市不同受教育程度观众全天收视走势

6. 周末大部分时段收视水平明显高于工作日

与往年类似，2019年观众周末白天的收视水平明显高于工作日，主要集中在早间07:15之后时段，尤以08:40~18:30时段表现得更为突出，周末收视水平较工作日同时段收视水平均高出了1个百分点以上（图1.3.14）。

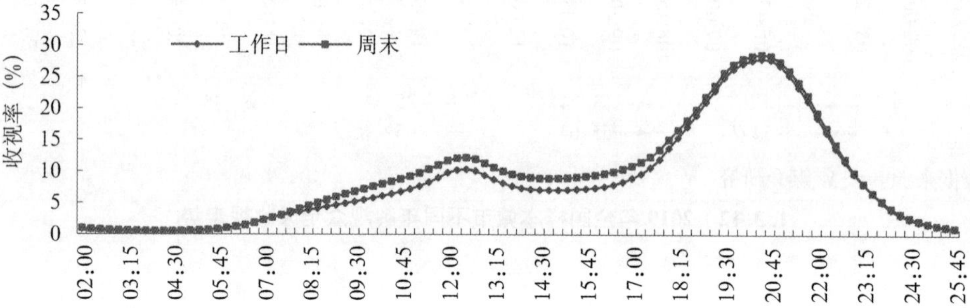

数据来源：CSM媒介研究

图1.3.14　2019年全国样本城市周末和工作日全天收视走势

（四）人均时移收视①时长

随着技术日新月异的变革更新，媒介传播渠道也发生了翻天覆地的变化，观众的收视行为和收视习惯也随之改变，通过各种渠道点播和回看电视节目已不是什么新鲜事。但就目前来看，观众人均每天时移收视时间并不长，在人均总收视时长（直播+时移）中占比也不大，时移收视目前来看还没有成为主流收视行为，但不得不承认它有逐年走高的趋势，已成为直播收视的一个有益补充，且不同目标观众时移收视也各具特色。

1. 人均每天时移收视时间不长，在人均总收视时长中占比不高

2019年全国55城市人均时移收视数据显示，各城市人均每天时移收视的时间并不长，超过10分钟的城市有两个，分别为银川和重庆；天津、唐山、石家庄和上海等18个城市，人均每天时移收视时长在5~9分钟之间；其余35个城市的人均每天时移收视时长均在5分钟以下。人均每天时移收视时长占总收视时长（直播+时移）的比例也并不高，银川、石家庄、重庆和唐山等9个城市所占比例在6%以上，其他城市占比均在6%以下。整体而言，时移收视仍未成为观众的主流收视行为（表1.3.3）。

---

① 时移收视指观众通过有线双向互动机顶盒、IPTV，或者通过互联网电视机顶盒、智能电视，在节目固定播出时间之外回看、点播已经播出电视节目的收视行为。本文所提及的时移收视指观众点播、回看电视频道7天内播出节目所发生的收视行为。

表 1.3.3 2019 年 55 城市人均每天时移收视分钟数及其在总收视时长（直播+时移）中的占比（%）

城市	人均每天时移收视分钟数	占比%	城市	人均每天时移收视分钟数	占比%
银川	10.6	8.8	深圳	3.9	3.7
重庆	10.4	7.1	南昌	3.8	3.3
天津	8.8	5.6	厦门	3.8	4.0
唐山	8.6	6.9	大连	3.7	2.6
石家庄	8.5	8.1	呼和浩特	3.7	3.2
上海	8.4	6.5	太原	3.7	3.3
乌鲁木齐	7.9	5.8	合肥	3.6	3.3
兰州	7.5	6.3	武汉	3.5	3.0
西安	7.5	6.2	济宁	3.4	2.9
长沙	7.2	5.4	韶关	3.4	2.9
南京	7.1	6.5	烟台	3.4	3.2
徐州	6.9	6.1	泸州	3.4	2.8
北京	6.8	4.4	海口	3.2	2.9
郑州	5.9	5.4	宁波	3.1	3.8
成都	5.7	3.8	三亚	2.9	3.5
广州	5.7	4.2	西宁	2.7	2.3
青岛	5.5	4.1	长春	2.6	2.0
济南	5.3	4.1	丹东	2.6	2.0
贵阳	5.2	3.0	赣州	2.4	2.9
昆明	5.1	4.0	无锡	2.3	2.5
蚌埠	4.8	4.6	福州	2.2	2.4
杭州	4.6	4.7	沈阳	2.2	1.5
湛江	4.6	4.5	扬州	2.1	2.3
宜昌	4.5	3.6	锦州	2.0	1.7
九江	4.5	4.7	哈尔滨	1.9	1.3
惠州	4.4	4.4	温州	1.4	1.9
南宁	4.4	4.0	拉萨	0.1	0.1
常德	4.3	3.8			
55 城市平均	5.9				

数据来源：CSM 媒介研究

2. 女性观众愿意花费更多时间用于时移收视，且占比更高

整体来看，较男性观众而言，女性观众愿意花费更多的时间用来点播和回看电视节目，人均每天时移收视时长为 6.1 分钟，占女性观众人均收视总时长的 4.7%；而男性观众人均时移收视时长只有 5.6 分钟，在总收视时长中所占比例为 4.5%，略低于女性观众（图 1.3.15）。

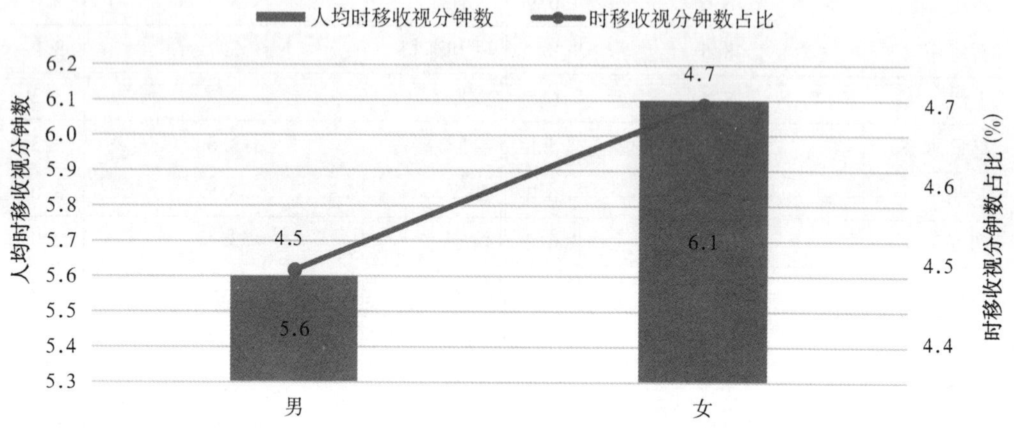

数据来源：CSM 媒介研究

图 1.3.15　2019 年 55 城市不同性别观众人均每天时移收视分钟数及占比（%）

3. 人均每天时移收视时长与年龄成正向变动关系，占比则相反

从各年龄段观众人均每天时移收视分钟数可以看出，45 岁及以上的中老年人群人均每天时移收视时长较长，均在 7.5 分钟及以上；4~14 岁的少年儿童人均每天的时移收视时长也将近 6 分钟，其他人群则相对较低。从在总收视时长中的占比来看，4~14 岁少年儿童观众时移收视所占比例最大，占该类观众总收视时长的 5.9%，老

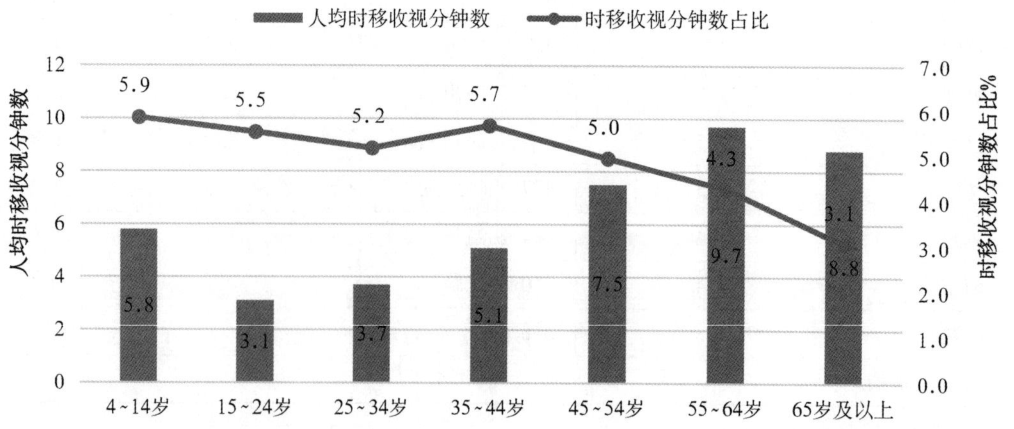

数据来源：CSM 媒介研究

图 1.3.16　2019 年 55 城市不同年龄观众人均每天时移收视分钟数及占比（%）

年人受不知如何操作、对新兴事物比较慢热的影响则仅把3.1%的总收视时长分配给了点播和回看。总体而言，观众人均每天时移收视时长与年龄成正向变动关系，而观众分配给时移收视的时长占比与其年龄则正好相反，年龄越大，分配给时移收视的时长占比越低（图1.3.16）。

4. 中等学历观众时移收视时长较长，占比与观众受教育程度成正向变动关系

不同受教育程度观众每天时移收视时长显示，小学、初中和高中学历观众每天花费在点播和回看电视节目的时间相对较长，均在6分钟以上；其中，以高中学历观众最高，为6.6分钟；大学及以上学历观众为4.9分钟，未受过正规教育学历观众仅为4.6分钟。不同学历观众人均每天时移收视时长占各自总收视时长的比例与他们所受教育程度成正向变动关系，受教育程度越高的观众占比越高，这可能与他们更加具有猎奇心态，且对设备操作更容易上手有很大关系（图1.3.17）。

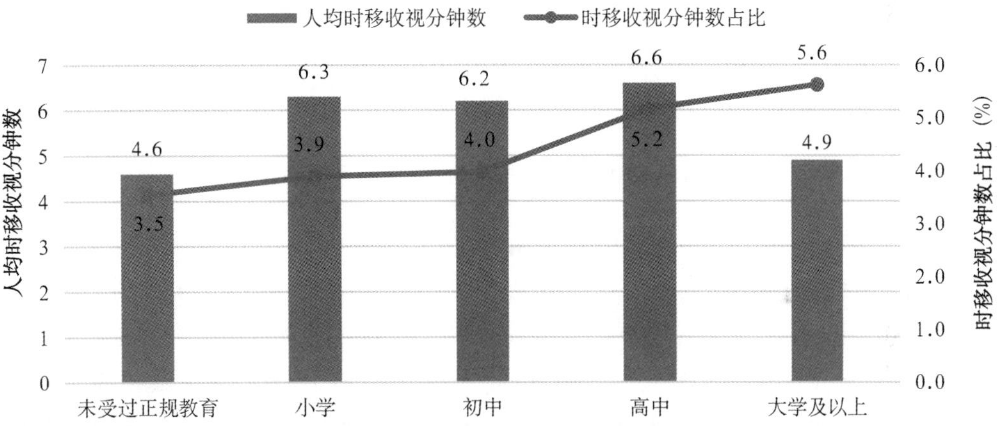

数据来源：CSM媒介研究

图1.3.17　2019年55城市不同受教育程度观众人均每天时移收视分钟数及占比（%）

5. 多数城市人均时移收视时长增长明显，时移收视已成为直播收视的有益补充

2016~2019年15城市收视数据的变化显示，几乎所有城市的人均直播收视时长均呈现持续下滑态势，而人均每天时移收视时长则在北京、广州、济南、长沙、重庆、银川和郑州7个城市实现了连续4年的持续增长，特别是在银川、重庆、济南和长沙4个城市，增长尤为显著。这说明随着技术的进步、渠道的革新，媒介的传播途径也发生了巨大的变化，电视直播市场的“萧条”也并不意味着观众已经抛弃这块最大的屏，只是观众顺应时代的发展对自己的收视习惯做出了调整，时移收视成为直播收视的一个有益补充（图1.3.18）。

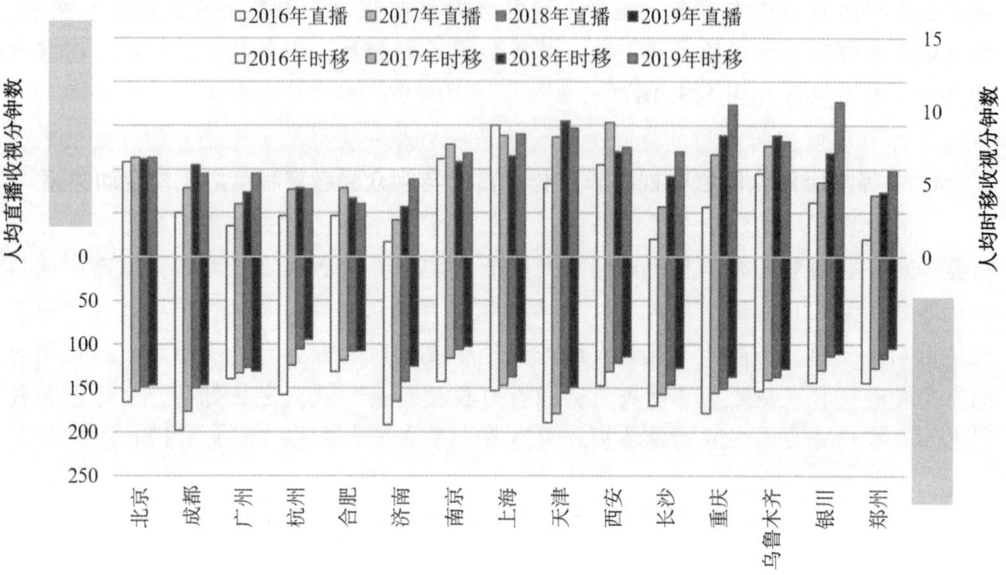

数据来源：CSM 媒介研究

图 1.3.18　2016~2019 年 15 城市人均每天直播和时移收视分钟数

四、频道竞争格局

全媒体时代，5G、大数据、人工智能、区块链、VR 等新技术发展给媒体融合插上技术的翅膀。2019 年，电视媒体更加积极地拥抱全媒体时代，从中央广播电视总台、省卫视到市级频道，媒体融合成效均有实质性显现。被称为短视频的“国家队”的中央广播电视总台综合性视听新媒体旗舰“央视频”App 闪亮登场，“看看新闻”“北京时间”等有强势电视台背书的融媒平台逐步发展壮大，这些拥有优质节目资源的平台影响力不断得以提升；此外，各级电视频道在微信公众号、新浪微博、今日头条、抖音等自媒体平台上已稳住阵脚，极大地放大了主流媒体的声量。在传统媒体与新媒体不断走上会师道路的过程中，全国电视市场与地方电视市场的竞争格局也在悄然变化中。本部分即以 2019 年 CSM 媒介研究在全国 104 个调查城市以及在河北省、北京市、上海市、广州市等重点省市的收视调查数据为基础，探析不同层级电视收视市场中频道竞争格局的发展与变化。

(一) 全国电视收视市场的频道竞争格局

1. 中央广播电视总台市场份额有所下降，省级卫视市场份额小幅回升

2019 年以前，中央广播电视总台的市场份额一直保持稳中微升的态势，然而 2019 年这种态势被打破，中央广播电视总台份额骤降 3 个百分点至 27.2%。省级卫

视则扭转竞争力不断下滑的局面，市场份额由2018年的26.4%增长到27.4%。上星频道之外，数量庞大的地面频道近年来依然难抑收视的下滑，省、市级地面频道市场份额每年下滑的幅度均在1个百分点左右。在多级频道市场份额的一片降声之中，包含了数字频道、境外卫视等直播频道以及IPTV、外接智能电视及OTT设备回看点播等非直播收视行为的其他频道组的市场份额却一骑绝尘，飞速上涨，由2017年的14.7%增至2019年的22.0%（图1.4.1）。根据CSM媒介研究在55个测量仪调查城市的时移收视数据，作为其他频道市场份额中重要的一部分，时移收视份额2019年1~5月在4.7%上下波动，6月、7月达到峰值5.0%，下半年份额稍有回落，但也在4.0%以上（图1.4.2）。

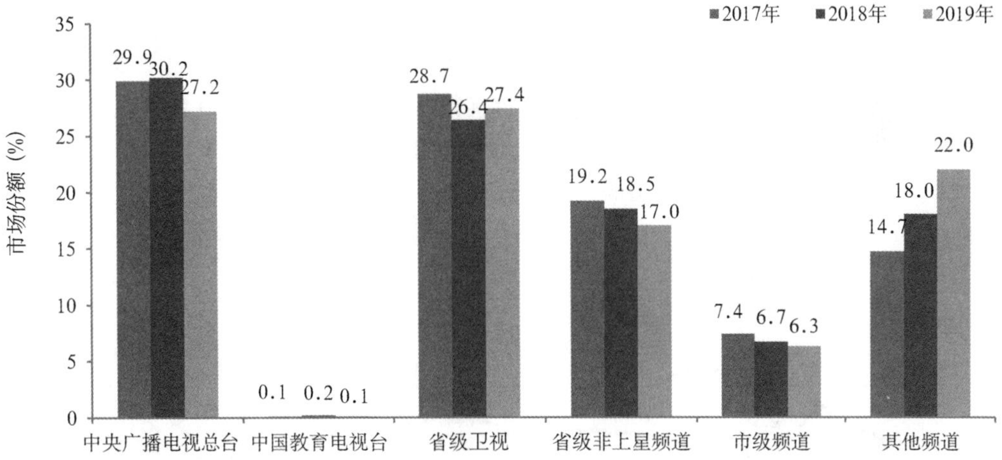

数据来源：CSM媒介研究

图1.4.1　2017~2019年全国电视收视市场上各类频道的市场份额（%）对比

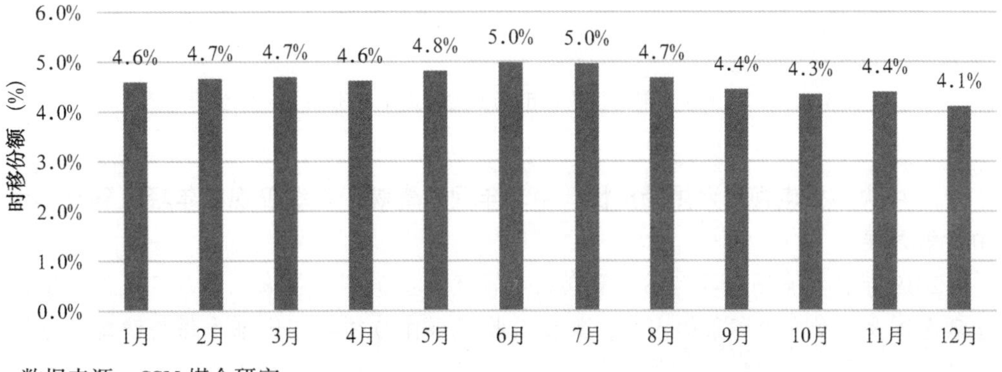

数据来源：CSM媒介研究

图1.4.2　2019年各月55城市时移收视份额（%）

2. 中央广播电视总台早间、中午时段优势明显，省级卫视下午及晚间时段领先，地面频道傍晚时段竞争力强

2019年，在全天不同时段的收视竞争中，各级频道凭借自身的节目资源优势与受众的收视习惯差异，形成了区隔化的竞争格局。中央广播电视总台从早间04:30就开启全天高峰，在04:30~10:00的整个早晨及上午部分时段，保持了绝对的领先优势，尤其在早间06:00~07:15时段的竞争力更强，市场份额最高接近42%；上午10:30~11:30午前时段，省级卫视由于电视剧等优势节目带动，竞争力有力抬升，与中央广播电视总台竞争呈胶着之势；11:30以后随着午间新闻的陆续开播，中央广播电视总台优势再现，直至中午13:00一直处于竞争领头羊地位；晚间17:30~18:15、18:45~19:45两个时段，中央广播电视总台在2019年也获得了较高的市场份额，主导市场竞争。省级卫视除在上午10:30~11:30时段显现优势外，下午13:15~17:45、19:45~23:30之间的大部分时段竞争力均反超中央广播电视总台，阶段性领跑收视市场。省市两级地面频道，在整体上无法与上星频道相抗衡，但在17:30~19:30的民生新闻时段竞争力明显提升，尤其是省级地面频道在18:15~19:00时段的市场份额甚至赶超中央广播电视总台，成为竞争力最强的频道组，最高份额逾28%（图1.4.3）。

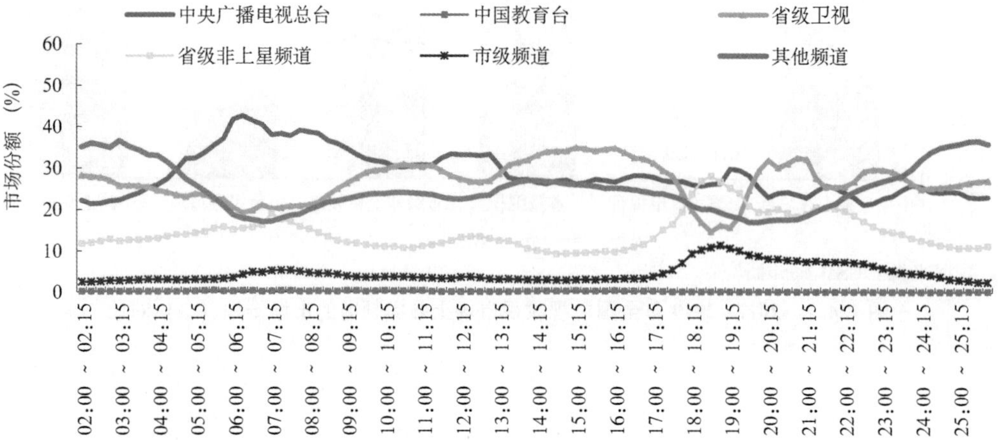

数据来源：CSM媒介研究

图1.4.3　2019年全国电视收视市场各类频道市场份额（%）全天走势

3. 中央广播电视总台更受男性、中老年观众青睐，省级卫视在年轻人群及学生中竞争力强

2019年，在全国市场各细分受众的收视竞争中，各级频道凭借多年来的频道经营理念以及在受众中积累的人气，其核心收视群体与往年相比基本保持稳定，不同频道之间存在着一定的差异和互补。中央广播电视总台继续在男性、中老年、中等学历、中等收入人员中保持着相对竞争优势，省级卫视则对女性、年轻观众、学生观众更具吸引力，省市两级地面频道在中高年龄层、中低学历和收入观众中的市场份额更高（表1.4.1）。

表 1.4.1　2019 年全国市场各类频道在不同目标观众中的市场份额（%）

目标观众	中央广播电视总台	中国教育台	省级卫视	省级非上星频道	市级频道	其他频道
4 岁及以上所有人	27.2	0.1	27.4	17.0	6.3	22.0
男	29.3	0.2	25.9	16.9	6.1	21.6
女	25.0	0.1	28.9	17.1	6.4	22.5
4~14 岁	19.3	0.1	31.8	10.9	3.5	34.4
15~24 岁	22.9	0.2	28.9	14.9	6.5	26.6
25~34 岁	19.4	0.1	30.1	13.8	5.9	30.7
35~44 岁	24.9	0.1	29.5	12.4	4.5	28.6
45~54 岁	26.6	0.2	26.9	17.4	7.0	21.9
55~64 岁	29.7	0.2	25.9	20.7	7.0	16.5
65 岁及以上	35.5	0.2	24.5	20.4	6.8	12.6
未受过正规教育	23.5	0.1	29.8	14.7	6.9	25.0
小学	26.0	0.2	26.0	19.9	8.1	19.8
初中	28.5	0.2	27.2	18.2	7.1	18.8
高中	28.0	0.1	27.4	16.4	5.2	22.9
大学及以上	25.5	0.1	28.4	13.6	4.6	27.8
干部/管理人员	26.3	0.1	27.2	11.2	4.6	30.6
个体/私营企业人员	26.9	0.2	27.3	14.2	7.1	24.3
初级公务员/雇员	23.7	0.1	28.0	15.2	6.1	26.9
工人	24.6	0.1	27.2	18.4	7.3	22.4
学生	21.4	0.1	30.8	11.3	4.2	32.2
无业	30.0	0.2	26.9	18.5	6.2	18.2
其他	30.1	0.2	25.5	23.3	6.6	14.3
0~600 元	22.7	0.1	29.8	14.6	5.6	27.2
601~1200 元	29.1	0.2	26.1	21.5	8.0	15.1
1201~1700 元	31.2	0.1	27.0	20.8	6.6	14.3
1701~2600 元	30.7	0.1	26.8	18.9	7.0	16.5
2601~3500 元	30.0	0.1	26.4	17.6	6.6	19.3
3501~5000 元	27.0	0.2	26.7	17.7	6.0	22.4
5001 元及以上	24.7	0.1	27.3	14.0	5.6	28.3

数据来源：CSM 媒介研究

在以性别为细分标准的收视市场上，男性观众对中央广播电视总台的收视份额较所有观众平均水平高出2.1个百分点，女性观众对省级卫视的收视份额则较所有观众的平均水平高出1.5个百分点；省市两级地面频道在男女观众中市场份额差异不大，在女性中略高。在以年龄为细分标准的收视市场上，中央广播电视总台频道对55岁及以上的中老年观众，尤其是65岁及以上的老年观众的吸引力更强，该类观众对中央广播电视总台频道的收视份额远高于4岁及以上观众的平均水平，其中，65岁及以上观众的收视份额较平均水平高出8.3个百分点；省级卫视在4~44岁观众群体中的收视份额较所有观众平均水平更高，其中，在4~14岁及25~34岁观众中影响力更强，收视份额均逾30%；省市级地面频道对45岁及以上的中老年收视群体较具影响力。在以学历为细分标准的收视市场上，初中、高中学历收视群体对中央广播电视总台的收视份额高于4岁及以上观众的平均水平；未受过正规教育及大学以上的观众则对省级卫视的收视份额相对更高；省级非上星频道在小学和初中学历观众中收视份额高于所有观众平均水平；市级频道初中及以下学历观众份额高于平均水平。在以职业为细分标准的收视市场上，以离退休人员为主体的无业观众和其他职业类别的观众对中央广播电视总台频道的收视份额较高；而学生及初级公务员/雇员群体对省级卫视表现出更高的收视份额，其中，学生较4岁及以上所有观众对省级卫视的收视份额高出3.4个百分点；工人、无业和其他职业类别观众对省级非上星频道收视份额更高；个体/私营企业人员、工人和其他职业群体对市级频道的收视份额相对更高，体现出省市级地面频道受众的广谱化。在以收入为细分标准的收视市场上，个人月收入在1201~2600元之间的观众对中央广播电视总台收视份额明显高于所有观众平均水平；而个人月收入在0~600元之间的低收入观众则对省级卫视的收视份额明显高于所有观众的平均水平；个人月收入在601~2600元之间的观众对省级非上星频道表现出较高的收视份额；个人月收入在601~3500元之间的观众对市级频道的收视份额高于4岁及以上所有观众的平均水平。

4. 中央广播电视总台频道占据份额竞争前三名，湖南、浙江、江苏卫视竞争力显著提高

2019年，在全国收视市场份额排名前15位的频道中，中央广播电视总台频道和省级卫视在频道数量上不分伯仲，中央广播电视总台有8个频道入围，省级卫视有8个频道上榜。但在单频道竞争力方面，中央广播电视总台频道更胜一筹。单频道市场份额TOP3均为中央广播电视总台频道所占据，省级卫视仅有湖南卫视挺进前五。从市场份额年度变化来看，2019年入榜TOP15的中央广播电视总台频道市场份额较2018年均有不同程度下滑，由于2019年相较2018年是体育小年，因而中央台五套的市场份额降幅最为明显，由2018年的2.7%降至2019年的2.1%。进入TOP15的省级卫视中，除北京卫视和湖南电视台金鹰卡通频道的份额略有下降外，其他省级卫视的竞争力普遍提高，其中湖南卫视、浙江卫视、江苏卫视的市场份额较上年均增长了0.4个百分点（表1.4.2）。

表 1.4.2　2019 年全国电视收视市场市场份额（%）排名前十五位的频道

排名	频道	2019 年市场份额	2018 年市场份额
1	中央电视台综合频道	4.1	4.5
2	中央台四套	3.4	3.8
3	中央台八套	3.2	3.4
4	湖南卫视	3.1	2.7
5	中央台六套	3.0	3.3
6	浙江卫视	2.6	2.2
7	中央台三套	2.4	2.7
7	江苏卫视	2.4	2.0
9	上海东方卫视	2.2	2.1
9	中央电视台新闻频道	2.2	2.4
11	中央台五套	2.1	2.7
12	北京卫视	2.0	2.1
13	湖南电视台金鹰卡通频道	1.3	1.5
14	中央电视台少儿频道	1.2	1.6
15	安徽卫视	1.1	1.0

数据来源：CSM 媒介研究

（二）河北省电视收视市场的频道竞争格局

1. 中央广播电视总台占据绝对竞争优势，外省卫视竞争力强劲

2019 年，在河北省电视收视市场，中央广播电视总台频道领跑收视市场，独占近四成的市场份额。外省卫视竞争力强劲，2019 年收视份额较 2018 年增长了 1.6 个百分点，达到 24.6%。河北省级频道在当地的竞争力次之，2019 年市场份额为 16.7%，较 2018 年的 17.5%减少了 0.8 个百分点。伴随着智能收视终端崛起而不断增长的其他频道市场份额在河北省电视市场也较高，已经超越河北省级频道的市场份额，达到 20.1%，较 2018 年又增加了 1 个百分点（图 1.4.4）。

2. 中央广播电视总台全天领跑，外省卫视上午、下午及后晚间部分时段收视亮眼，河北台傍晚收视突出

在河北省电视收视市场全天时段的竞争中，中央广播电视总台在多数时段获得绝对领先优势，尤其在早间 04:15~08:00，市场份额达到 50%以上，竞争优势突出。外省卫视的收视高峰略有延迟，早 07:45 左右竞争优势逐步显现，早间至中午的 07:45~12:15 时段、午后至傍晚的 13:00~18:00 时段及 22:00 之后的后晚间时段均

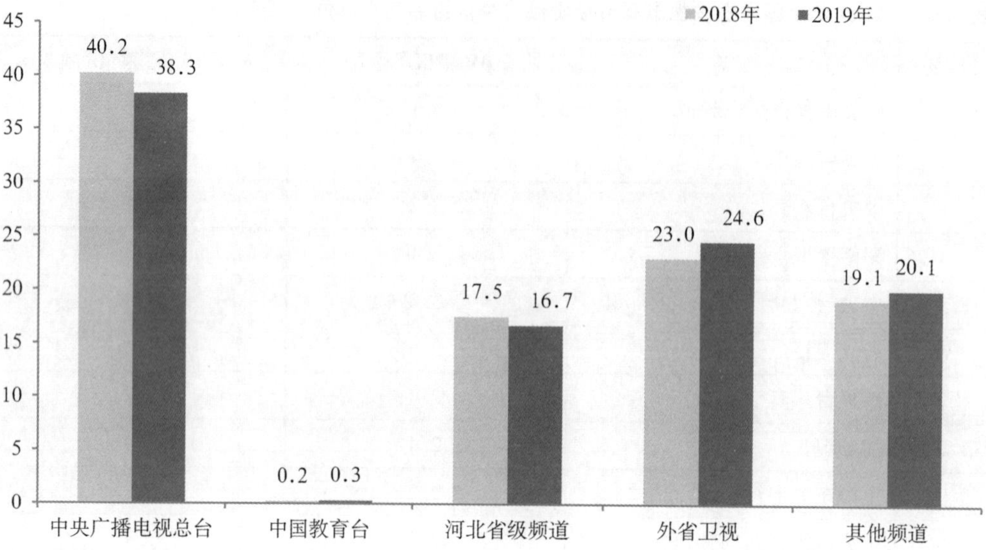

数据来源：CSM 媒介研究

图 1.4.4　2018 年和 2019 年河北省电视收视市场上各类频道的市场份额（%）对比

形成了明显的收视高峰，其中 09:45~10:45、13:00~16:30 及 22:30~23:30 时段竞争力均可与中央广播电视总台频道比肩。在两者的强势竞争下，河北省级频道全天时段难以突围，但也在午间 11:30~13:30 及 18:00~21:30 时段形成了自身的收视高峰，尤其是傍晚 18:30~19:30 左右的民生新闻时段，市场份额一度与中央广播电视总台非常接近，有发力崛起之势（图 1.4.5）。

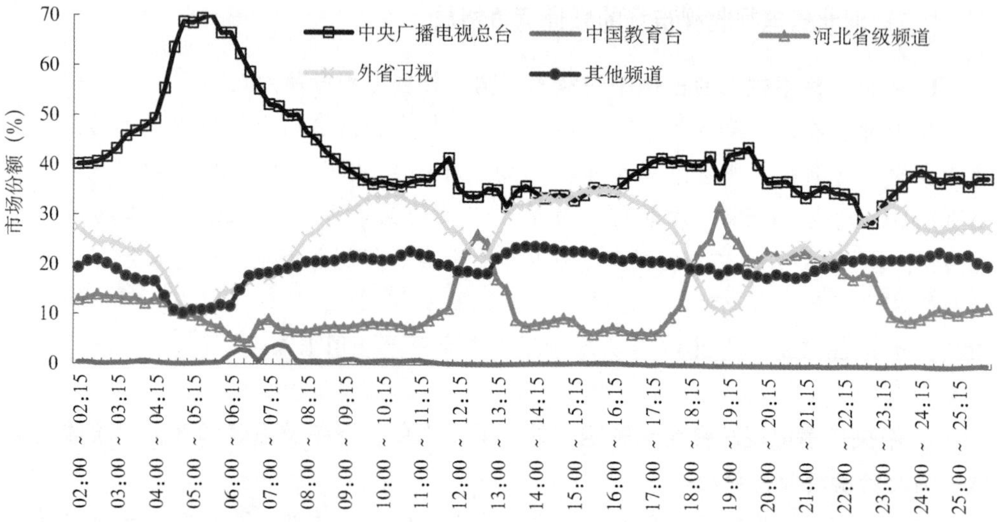

数据来源：CSM 媒介研究

图 1.4.5　2019 年河北省电视收视市场各类频道市场份额（%）全天走势

3. 河北省级频道在中等收入群体中竞争力强，中央广播电视总台和外省卫视优势受众互补

2019年，在河北省电视收视市场各级频道对细分目标观众的竞争中，河北省级频道更加吸引中等学历、中低收入、个体/私营企业群体，且重度受众年龄层分布较为广泛；中央广播电视总台和外省卫视竞争力更强的受众群体之间则存在着一定的差异和互补：中央广播电视总台更吸引男性、中老年、中等学历的观众，外省卫视重度受众呈现年轻化特点，女性、年轻群体对其收视份额更高（表1.4.3）。

表1.4.3　2019年河北省市场各类频道在不同目标观众中的市场份额（%）

目标观众	中央广播电视总台	中国教育台	河北省级频道	外省卫视	其他频道
4岁及以上所有人	38.3	0.3	16.7	24.6	20.1
男	41.2	0.3	16.3	22.8	19.4
女	35.3	0.3	17.0	26.4	21.0
4~14岁	29.4	0.3	9.0	29.0	32.3
15~24岁	25.3	0.2	17.1	29.4	28.0
25~34岁	26.4	0.2	7.9	38.5	27.0
35~44岁	33.2	0.2	13.6	27.1	25.9
45~54岁	37.7	0.3	16.9	26.1	19.0
55~64岁	45.7	0.2	18.0	21.1	15.0
65岁及以上	47.7	0.5	23.8	15.9	12.1
未受过正规教育	39.0	0.2	19.4	24.7	16.7
小学	34.3	0.4	20.0	22.7	22.6
初中	38.6	0.3	16.2	25.5	19.4
高中	42.5	0.3	14.9	23.6	18.7
大学及以上	40.6	0.1	9.9	28.4	21.0
干部/管理人员	42.8	0.2	9.6	22.4	25.0
个体/私营企业人员	32.6	0.3	18.3	26.2	22.6
初级公务员/雇员	40.6	0.3	15.0	25.3	18.8
工人	32.0	0.1	11.3	31.4	25.2
学生	25.9	0.2	12.6	24.6	36.7
无业	41.5	0.2	17.1	23.0	18.2
其他	42.6	0.6	19.4	24.1	13.3
0~300元	32.8	0.2	15.4	24.5	27.1
301~900元	40.0	0.2	22.6	22.6	14.6
901~1700元	44.1	0.6	17.9	26.3	11.1
1701~2600元	41.1	0.4	16.8	24.1	17.6
2601~3500元	39.8	0.2	15.8	22.5	21.7
3501元及以上	34.9	0.2	11.7	29.1	24.1

数据来源：CSM媒介研究

在以性别为细分标准的收视市场上，中央广播电视总台在男性观众中的收视份额明显更高；河北省级频道和外省卫视则在女性观众收视中获得更多的关注。在以年龄为细分标准的收视市场上，河北省级频道在 15~24 岁青少年观众及 45 岁及以上观众中的收视份额均高于其在 4 岁及以上所有观众中的平均水平；中央广播电视总台在 55 岁及以上的观众中影响力更强；而外省卫视则在年轻观众中更受青睐，其在 25~34 岁观众中的市场份额高达 38.5%，较 4 岁及以上所有观众的平均水平高出 13.9 个百分点。在以学历为细分标准的收视市场上，未受过正规教育和小学学历的收视群体对河北省级频道的收视份额相对较高；中高学历的收视群体对中央广播电视总台的收视份额明显更高；外省卫视收视份额较高的群体是未受过正式教育、初中与大学及以上学历的观众。在以职业为细分标准的收视市场上，河北省级频道在个体/私营企业人员、以退休群体为主的无业人群中的收视份额显著高于平均水平；中央广播电视总台在干部/管理人员、初级公务员/雇员及无业人群中份额更高；外省卫视则对个体/私营企业人员、初级公务员/雇员和工人的收视影响力更强。在以收入为细分标准的收视市场上，河北省级频道在个人月收入 2600 元及以下的较低收入群体中具有一定优势；中央广播电视总台对个人月收入在 3501 元及以下的中低收入观众吸引力较强；而外省卫视则在个人月收入 901~1700 元以及 3500 元及以上的群体中影响力更大。

4. 中央广播电视总台占据市场份额前十五位中的八个席位，河北有四个省级频道份额跻身前五位

2019 年，在河北省电视市场单个频道的收视竞争中，中央广播电视总台频道在河北省单个频道竞争中占据数量优势，前 15 位中有 8 位都为中央广播电视总台频道所占据，其中，中央台八套、中央电视台综合频道分别以 6.5%和 5.7%的市场份额位居第一、第二，且均较 2018 年均增加了 0.3 个百分点。河北省级频道共有 4 个频道入围收视排名前 15 位，其中，河北广播电视台经济生活频道与河北广播电视台农民频道分别以 5.0%和 4.3%的市场份额位居第三、第四，前者竞争力较 2018 年提升了 1.2 个百分点。外省卫视中，北京卡酷少儿频道、湖南电视台金鹰卡通频道和浙江卫视分别位居第十、第十一和第十四，其中北京卡酷少儿频道市场份额较 2018 年提升了 0.8 个百分点（表 1.4.4）。

表 1.4.4　2019 年河北省电视收视市场市场份额排名前十五位的频道

排名	频道	2019 年市场份额	2018 年市场份额
1	中央台八套	6.5	6.2
2	中央电视台综合频道	5.7	5.4
3	河北广播电视台经济生活频道	5.0	3.8
4	河北广播电视台农民频道	4.3	5.5

续表

排名	频道	2019 年市场份额	2018 年市场份额
5	中央台四套	3.8	4.0
6	中央电视台少儿频道	3.7	4.4
7	河北广播电视台卫视频道	3.5	3.2
8	中央台三套	3.3	4.0
9	中央台六套	3.1	3.3
10	北京卡酷少儿频道	2.7	1.9
11	湖南电视台金鹰卡通频道	2.5	3.1
12	中央电视台新闻频道	2.3	2.1
13	河北广播电视台影视剧频道	1.9	2.9
14	浙江卫视	1.8	1.2
15	中央台五套	1.7	1.6

数据来源：CSM 媒介研究

（三）北京市电视收视市场的频道竞争格局

1. 北京本土频道市场份额跌破 30%，中央广播电视总台市场份额有所下降，外省卫视份额大幅提升

2019 年，在北京市电视收视市场处于领先地位的北京电视台市场份额进一步下

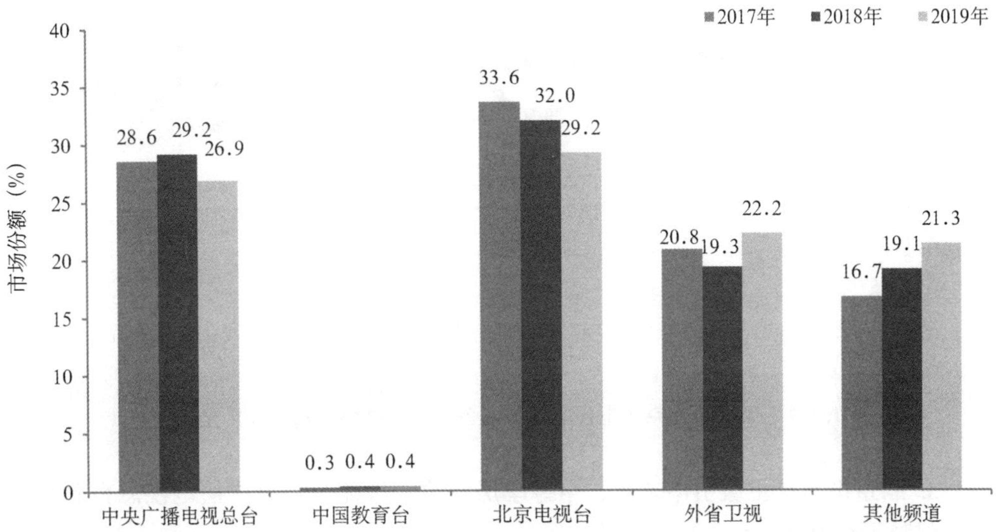

数据来源：CSM 媒介研究

图 1.4.6　2017~2019 年北京市电视收视市场上各类频道的市场份额（%）对比

滑，较 2018 年下降了 2.8 个百分点，较 2017 年更是下降了 4.4 个百分点，市场空间不断被挤占。中央广播电视总台的市场竞争力也有所减弱，较 2018 年下降了 2.3 个百分点，降至 26.9%。外省卫视在北京市场的竞争力强劲，2019 年市场份额较 2018 年增长了 2.9 个百分点。北京市场其他频道组的市场份额近年来也保持着稳定的增长，2019 年较上年增长了 2.2 个百分点，达到 21.3%，已经接近外省卫视的份额水平（图 1.4.6）。根据 CSM 媒介研究的时移收视数据，北京市电视收视市场人均时移收视总时长在各样本城市中进入前 15 位，处于相对领先的水平，在一定程度上推动了其他频道组市场份额的不断增长。

2. 北京电视台早、午、晚时段保持领先，中央广播电视总台上午时段实现突围，外省卫视下午及后晚间时段竞争力强

北京市电视收视市场各级频道在全天各时段的收视竞争中，在整体市场以微弱优势领先的北京电视台，在早、午、晚三大时段的竞争优势明显，早间 06:45~08:30、午间 12:00~13:00、晚间 17:45~22:15 引领整个市场的收视，且早间、晚间领先优势较大，尤其晚间 18:30~19:30 的市场份额逾 45%。中央广播电视总台的竞争力在全天分布较为均衡，波动相对不大，在晨间 05:45~06:45、上午 08:30~12:00、傍晚 17:00~17:45 竞争力超过其他各级频道，居首位。外省卫视主要集中在午后和后晚间发力，13:30~17:00、22:00~23:30 竞争力首屈一指（图 1.4.7）。

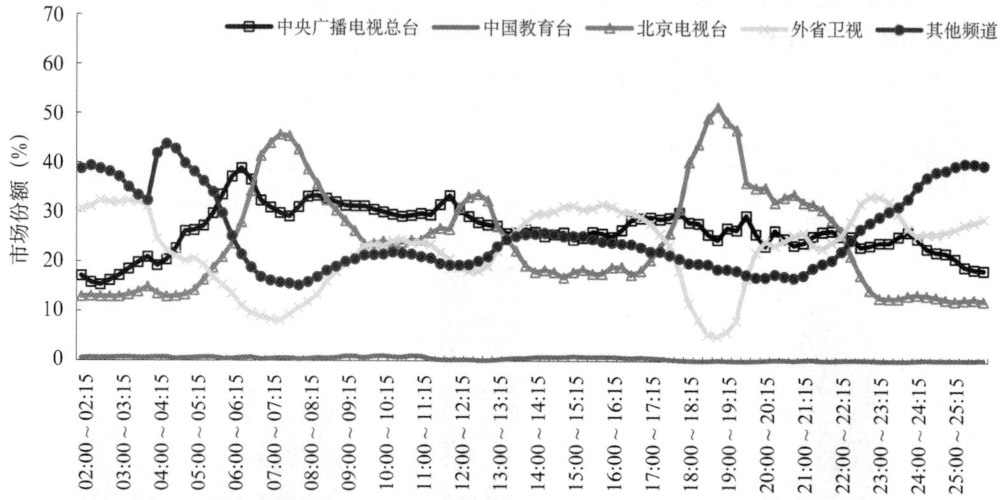

数据来源：CSM 媒介研究

图 1.4.7　2019 年北京市电视收视市场各类频道市场份额（%）全天走势

3. 北京电视台更吸引中老年、中等学历及收入群体，中央广播电视总台和外省卫视优势受众互补

2019 年，在北京电视收视市场各级频道对细分观众群体的收视竞争中，北京电视台继续保持对女性、中老年、中等学历和收入观众的较强吸引力，中央广播电视总台和外省卫视的优势受众形成互补：中央广播电视总台则更吸引男性、老年、中等收入群体收视，外省卫视相对更受女性、年轻观众的青睐（表 1.4.5）。

表 1.4.5　2019 年北京市电视收视市场各类频道在不同目标观众中的市场份额（%）

目标观众	中央广播电视总台	中国教育台	北京电视台	外省卫视	其他频道
4 岁及以上所有人	26.9	0.4	29.2	22.2	21.3
男	28.1	0.4	28.0	21.6	21.9
女	25.6	0.4	30.4	22.8	20.8
4~14 岁	20.6	0.3	21.7	23.1	34.3
15~24 岁	23.2	0.4	26.1	23.1	27.2
25~34 岁	20.4	0.2	23.1	25.9	30.4
35~44 岁	20.2	0.3	18.1	26.1	35.3
45~54 岁	23.5	0.4	27.7	24.2	24.2
55~64 岁	28.4	0.4	34.3	20.5	16.4
65 岁及以上	35.3	0.4	34.8	18.3	11.2
未受过正规教育	29.9	0.3	25.3	19.0	25.5
小学	29.4	0.6	29.4	23.9	16.7
初中	28.6	0.4	33.4	22.2	15.4
高中	26.6	0.4	29.3	22.4	21.3
大学及以上	25.1	0.3	26.0	21.9	26.7
干部/管理人员	22.1	0.2	20.5	23.5	33.7
个体/私营企业人员	23.8	0.4	21.0	20.7	34.1
初级公务员/雇员	22.4	0.3	26.1	24.2	27.0
工人	23.3	0.4	24.3	29.5	22.5
学生	21.5	0.4	20.0	25.0	33.1
无业	30.2	0.4	33.2	20.5	15.7
其他	23.4	0.6	21.1	23.7	31.2
0~600 元	21.9	0.4	22.5	25.3	29.9
601~1200 元	29.7	0.5	25.7	28.5	15.6
1201~1700 元	22.1	0.4	30.1	25.1	22.3
1701~2600 元	29.7	0.5	32.7	23.8	13.3
2601~3500 元	25.9	0.4	33.4	22.0	18.3
3501~5000 元	29.0	0.4	33.2	20.8	16.6
5001 元及以上	26.8	0.3	25.4	21.4	26.1

数据来源：CSM 媒介研究

在以性别为细分标准的收视市场上，男性观众对中央广播电视总台的收视份额高于所有观众平均水平；而女性观众则对北京电视台和外省卫视更加青睐，其收视份额较 4 岁及以上观众的平均水平更高。在以年龄为细分标准的收视市场上，北京电视台对 55 岁及以上观众保持了较强的吸引力，该类观众对北京电视台的收视份额超过34%，高出平均水平 5 个百分点以上；中央广播电视总台对 55 岁及以上的老年观众继续发挥强大影响力，其中 65 岁以上收视份额达到 35.3%，较 4 岁及以上所有观众平均的 26.9%高出 8.4 个百分点；外省卫视对 25~44 岁年龄段观众的吸引力明显更强，收视份额超过 25%。在以学历为细分标准的收视市场上，北京电视台更吸引初、高中学历观众收视，中央广播电视总台集中了更多的初中及以下学历群体收视，外省卫视对小学和高中学历的观众的吸引力更大。在以职业为细分标准的收视市场上，北京电视台和中央广播电视总台对以离退休人员为主的无业观众的吸引力更强；外省卫视对工人和学生观众群体有较强吸引力。在以收入为细分标准的收视市场上，北京电视台吸纳的收入阶层十分广泛，人均月收入在 1201~5000 元之间的低、中、高收入人群份额均高于平均水平；中央广播电视总台对个人月收入在 601~1200 元、1701~2600 元、3501~5000 元之间的中低及中高收入群体更具号召力；外省卫视频道对于个人月收入在 2600 元以下的中低收入收视人群的凝聚力相对更强。

4. 北京卫视继续以绝对优势领跑，中央广播电视总台有七个频道入围前十五位

2019 年，在北京市电视收视市场单个频道的竞争中，北京卫视以绝对的优势对收视市场形成引领之势，但市场份额较 2018 年微降 0.6 个百分点。北京电视台影视频道以 5.0%的市场份额位居第二，市场份额较上年亦略有下降。此外，北京电视台文艺频道、北京电视台新闻频道、北京电视台科教频道、北京电视台生活频道市场份额均挺入前 15 位（含并列的 3 个第十四位，共 16 位）。中央广播电视总台在市场份额排名前 15 位中占据明显数量优势，共有 7 个频道入围，其中中央台四套、八套和综合频道分别位居第三至第五位，市场份额均在 3%以上，中央台八套的市场份额继续保持增长态势，较 2018 年增长了 0.2 个百分点。在北京电视台和中央广播电视总台的双重重压下，外省卫视在北京市场不具有数量优势（仅有 4 家频道入围），但头部省卫视的竞争力仍不可小觑，湖南卫视和浙江卫视均获得了超过 2.5%的市场份额，分列第五位（并列）和第七位（表 1.4.6）。

表 1.4.6　2019 年北京市电视收视市场市场份额（%）排名前十五位的频道

排名	频道	2019 年市场份额	2018 年市场份额
1	北京卫视	12.8	13.4
2	北京电视台影视频道	5.0	5.7
3	中央台四套	4.0	4.4
4	中央台八套	3.8	3.6

续表

排名	频道	2019 年市场份额	2018 年市场份额
5	中央电视台综合频道	3.0	3.2
5	湖南卫视	3.0	1.9
7	浙江卫视	2.8	1.9
8	中央台五套	2.7	3.3
9	中央台六套	2.3	2.7
9	北京电视台文艺频道	2.3	2.3
9	江苏卫视	2.3	1.9
12	中央电视台新闻频道	2.2	2.5
13	上海东方卫视	2.1	1.9
14	北京电视台科教频道	2.0	2.7
14	中央台三套	2.0	2.3
14	北京电视台生活频道	2.0	1.5

数据来源：CSM 媒介研究

（四）上海市电视收视市场的频道竞争格局

1. 上海本地频道占据逾四成份额，其他频道份额增势迅猛

2019 年，在上海市电视收视市场，上海本地频道依旧以绝对的领先优势领跑收

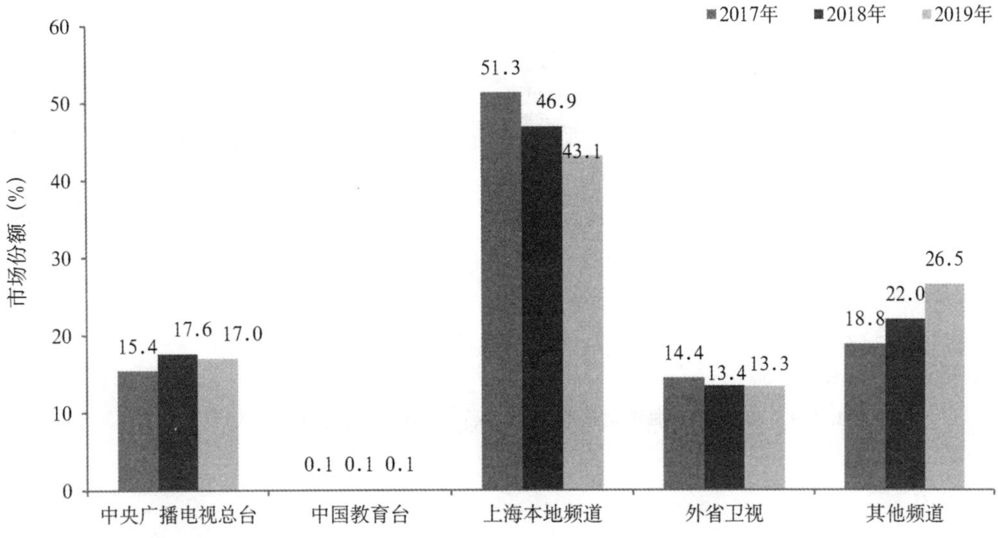

数据来源：CSM 媒介研究

图 1.4.8　2017~2019 年上海市电视收视市场上各类频道的市场份额（%）对比

视市场，所占据的市场份额逾四成，达到43.1%，但与前两年相比较，这一数值呈现不断下滑之势。除本土频道之外，中央广播电视总台的竞争力位居次位，2019年共获得17%的市场份额，竞争力较2018年也有小幅下滑。外省卫视2019年共获得13.3%的市场份额，与上年基本持平。与北京市场类似，上海市场的人均时移总时长在各样本城市中位居第七位，属于时移收视较为发达的地区，包括时移收视在内的其他频道收视份额近年来呈现不断增长之势，2019年继续大幅增长4.5个百分点，达到26.5%，成为上海市场一股不可忽视的竞争力量（图1.4.8）。

2. 上海本地频道在多数时段保持领先优势，中央广播电视总台仅在清晨时段略有胜出

2019年，在上海市电视收视市场全天各时段的收视竞争中，上海本土频道以绝对的优势在06:30~13:45和15:00~23:45的时段保持领先，尤其在07:00~08:30以及18:00~19:45这两个时段的竞争力凸显，最高市场份额达到65%。在如此强有力的竞争之下，中央广播电视总台仅在清晨05:30~06:30这一时段形成突围之势，市场份额超越上海本地频道，最高份额超过34%。外省卫视在上海市场的竞争优势不明显，全天难以形成突破，但相对自身而言，在清晨、下午和后晚间时段的竞争力稍强，彰显出其自身的竞争优势。此外，凌晨、深夜是其他频道竞争的优势时段（图1.4.9）。

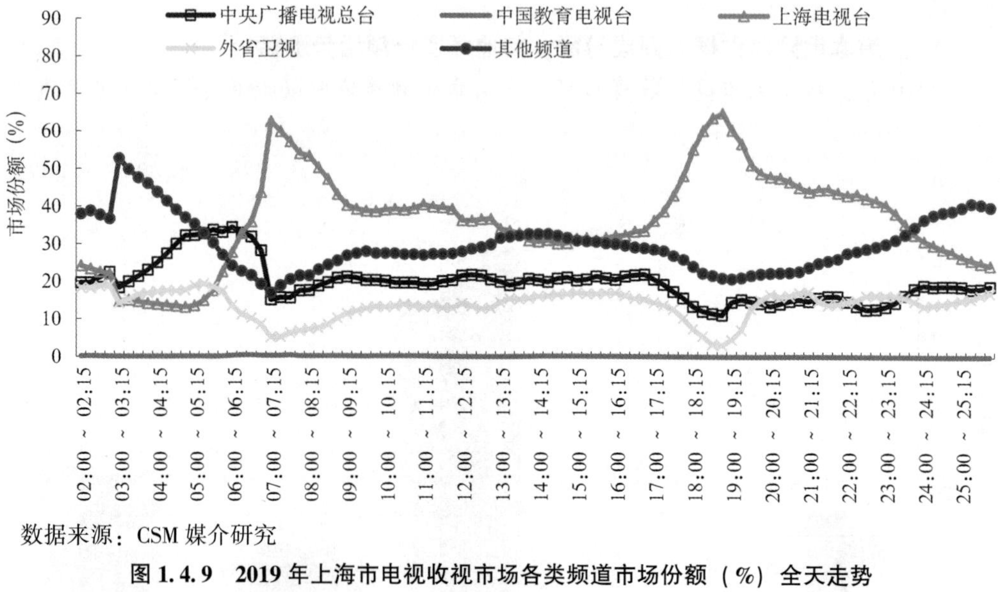

数据来源：CSM媒介研究

图1.4.9　2019年上海市电视收视市场各类频道市场份额（%）全天走势

3. 上海本地频道在中老年、中高收入观众中优势更为明显，中央广播电视总台和外省卫视优势受众差异互补

2019年，在上海市电视收视市场细分受众的收视竞争中，上海本地频道保持着在各类目标观众中的绝对竞争优势；相较于其在所有观众中的平均水平而言，更受到女性、中老年、中等学历、中高收入和离退休观众的喜爱。中央广播电视总台和外省卫视的优势受众差异互补，中央广播电视总台在男性、中老年、低学历和中低收入观众中具有相对竞争优势，外省卫视则更受女性、年轻和中低收入观众的青睐（表1.4.7）。

表1.4.7　2019年上海市电视收视市场各类频道在不同目标观众中的市场份额（%）

目标观众	中央广播电视总台	中国教育台	上海本地频道	外省卫视	其他频道
4岁及以上所有人	17.0	0.1	43.1	13.3	26.5
男	19.5	0.1	42.5	13.2	24.7
女	14.6	0.1	43.6	13.4	28.3
4~14岁	14.2	0.1	25.3	17.9	42.5
15~24岁	12.0	0.1	42.4	16.3	29.2
25~34岁	11.9	0.1	30.5	15.5	42.0
35~44岁	13.9	0.1	35.4	16.1	34.5
45~54岁	18.1	0.1	46.0	13.1	22.7
55~64岁	16.6	0.0	48.3	11.1	24.0
65岁及以上	21.2	0.1	48.8	12.0	17.9
未受过正规教育	19.3	0.1	36.3	18.3	26.0
小学	18.5	0.1	43.5	18.2	19.7
初中	19.3	0.1	48.6	10.9	21.1
高中	16.4	0.1	45.5	12.9	25.1
大学及以上	15.4	0.1	35.8	14.0	34.7
干部/管理人员	17.2	0.1	33.8	13.4	35.5
个体/私营企业人员	13.5	0.1	35.3	16.0	35.1
初级公务员/雇员	14.8	0.1	38.4	14.2	32.5
工人	19.3	0.2	40.7	18.4	21.4
学生	12.0	0.1	34.0	16.0	37.9
无业	18.7	0.1	47.6	11.8	21.8
其他	25.1	0.0	50.0	14.8	10.1
0~600元	13.0	0.1	33.1	16.2	37.6
601~1200元	17.9	0.0	46.7	16.6	18.8
1201~1700元	14.8	0.0	58.1	19.2	7.9
1701~2600元	18.9	0.1	49.9	17.4	13.7
2601~3500元	18.9	0.1	50.6	11.5	18.9
3501~5000元	17.7	0.1	46.1	12.6	23.5
5001元及以上	16.1	0.1	36.6	13.6	33.6

数据来源：CSM媒介研究

在以性别为细分标准的收视市场上，中央广播电视总台更吸引男性观众的收视；外省卫视和上海本地频道则对女性观众更具吸引力。在以年龄为细分标准的收视市场上，上海本地频道更受 45 岁及以上的中老年观众的青睐；中央广播电视总台对 45~54 岁的中年人和 65 岁及以上的老年人吸引力相对更强；外省卫视对 4~44 岁观众更具吸引力，其在 4~14 岁观众中的市场份额高达 17.9%。在以学历为细分标准的收视市场上，上海本地频道对初、高中学历观众更具吸引力，中央广播电视总台在未受过正规教育的受众中市场份额更高，外省卫视在小学及以下学历观众中影响力更强。在以职业为细分标准的收视市场上，上海本地频道对以离退休人员为主体的无业观众以及其他职业类别的受众吸引力较强；中央广播电视总台对干部/管理人员、工人、以离退休人员为主体的无业观众以和其他职业类别的受众的吸引力明显超过平均水平；外省卫视对个体/私营企业人员、工人和学生群体有较强吸引力。在以收入为细分标准的收视市场上，上海本地频道更吸引个人月收入在 1701~5000 元之间的中高收入群体；中央广播电视总台对个人月收入在 601~1200 元之间的低收入群体和 1701~3500 元之间的中等收入群体号召力更强；外省卫视在个人月收入在 601~2600 元之间的观众中市场份额更高。

4. 上海本地频道垄断市场份额排名前五位，中央广播电视总台七个频道入围前十五位

2019 年，在上海电视收视市场单个频道的竞争中，上海电视台单频道竞争优势明显，市场份额排名前 5 位均为上海本土频道所垄断；其中，上海电视台新闻综合频道以 10.9% 的份额高居榜首，上海东方卫视和上海电视台电视剧频道分别以 7.6% 和 6.6% 的份额位居第二、第三，3 个频道合计已经占据整体市场超过四分之一的空间；其中，上海电视台电视剧频道逆势而上，较上年增长了 0.7 个百分点，另外两个频道的份额均有下滑。中央广播电视总台共有 7 个频道入围前 15 位，中央台四套竞争力较强，2019 年获得 3.4% 的市场份额。外省卫视的上榜数被进一步挤占，只有两个频道排名进入前 15 位，湖南卫视竞争力相对较强，以 2.1% 的市场份额位居第八，较 2018 年提升了 0.2 个百分点，江苏卫视获得了 1.6% 的市场份额，与上年持平，位居第十一（表 1.4.8）。

表 1.4.8　2019 年上海市电视收视市场市场份额排名前十五位的频道

排名	频道	2019 年市场份额	2018 年市场份额
1	上海电视台新闻综合频道	10.9	11.7
2	上海东方卫视	7.6	8.4
3	上海电视台电视剧频道	6.6	5.9
4	上海电视台都市频道	5.1	4.1
5	上海东方电影频道	4.9	4.4
6	中央台四套	3.4	3.6

续表

排名	频道	2019 年市场份额	2018 年市场份额
7	上海电视台五星体育频道	2.9	4.2
8	湖南卫视	2.1	1.9
9	中央台六套	1.9	1.8
10	中央电视台新闻频道	1.6	1.9
10	江苏卫视	1.6	1.6
12	中央电视台综合频道	1.5	1.4
12	中央台三套	1.5	1.3
14	中央台五套	1.4	2.1
14	中央台八套	1.4	1.0

数据来源：CSM 媒介研究

（五）广州市电视收视市场的频道竞争格局

1. 广东广播电视台份额大幅滑落，中央广播电视总台和外省卫视有微降

广东广播电视台在广州一直占有超过三成的市场空间，但 2019 年竞争形势不容乐观，在广州市电视收视市场获得了 27.8%的市场份额，较上年下降 5 个百分点，收视份额近年来首次跌破 30%。广东广播电视台以外，中央广播电视总台、广州广播电视台和外省卫视均获得超过 10%以上的市场份额；其中，外省卫视和中央广播

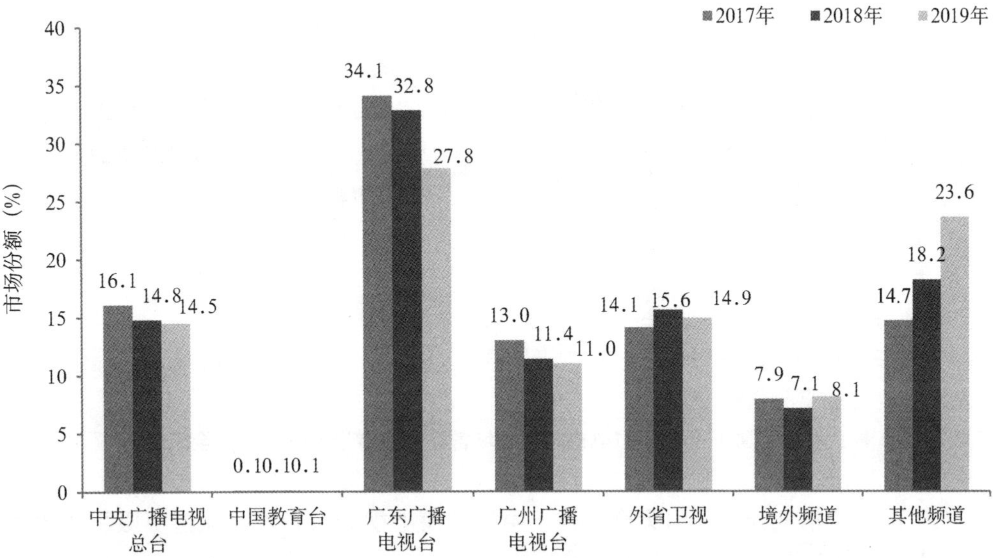

数据来源：CSM 媒介研究

图 1.4.10　2017～2019 年广州市电视收视市场上各类频道的市场份额（%）对比

电视总台份额略高，接近15%，广州广播电视台份额降幅较往年收窄，获得11%的市场份额。在一片降声中，2019年境外频道在广州市场的份额回升了1个百分点，达到8.1%。此外，在广州市场其他频道的市场份额近年来增长也较快，平均每年增长3个百分点以上，2019年更是大幅度增加了5.4个百分点，达到23.6%，竞争力仅次于广东台（图1.4.10）。

2. 广东广播电视台在早间和晚间时段保持领先优势，其他各级频道凭借实力轮番登场

2019年，在广州市电视收视市场全天不同时段的频道竞争中，广东广播电视台在早间和晚间时段保持着领先的优势，尤其在晚间18:15~20:45的市场份额最高超过35%。中央广播电视总台、广州广播电视台、外省卫视和境外频道则凭借着各自的实力在不同时段形成自己的相对竞争优势。中央广播电视总台在上午08:15~10:00时段获得竞争力的突围，市场份额超过20%，领跑市场；广州广播电视台在早间06:30~08:30以及晚间18:00~20:00市场份额相对较高；其中，晚间18:30~19:00市场份额超过18%；外省卫视则在下午时段以及22:30之后的后晚间时段拥有相对竞争优势，市场份额最高达20%；境外频道虽然全天时段难以与其他各级别频道组相抗衡，但在晚间21:45~22:30时段竞争力赶超中央广播电视总台、广州广播电视台及外省卫视。其他频道晚间22:00至凌晨时段都占据明显竞争优势，白天时段市场份额也一直保持高位（图1.4.11）。

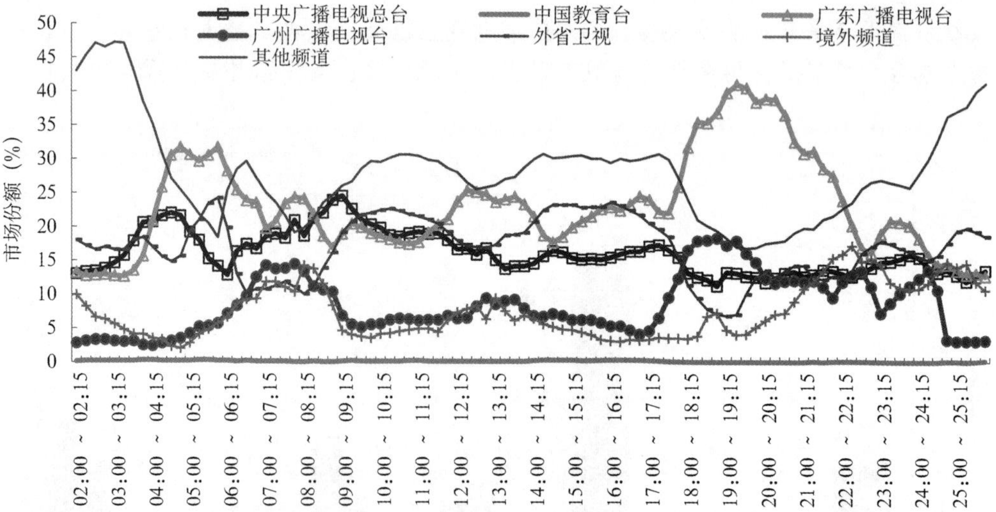

数据来源：CSM媒介研究

图1.4.11　2019年广州市电视收视市场各类频道市场份额（%）全天走势

3. 广东广播电视台吸引大众收视，中央广播电视总台和境外频道更吸引高端群体，广州广播电视台和外省卫视差异互补

2019年，在广州市电视收视市场细分观众群体的收视竞争中，广东广播电视台更吸引女性、中老年、中低学历、初级职员等大众群体的收视，中央广播电视总台和境外频道在高收入及干部/管理人员等高端收视群体中相对更具竞争优势，广州广播电视台和外省卫视则凭借各自的优势，在不同类别观众中差异互补（表 1.4.9）。

表 1.4.9　2019 年广州市电视收视市场各类频道在不同目标观众中的市场份额（%）

目标观众	中央广播电视总台	中国教育台	广东广播电视台	广州广播电视台	外省卫视	境外频道	其他频道
4 岁及以上所有人	14.5	0.1	27.8	11.0	14.9	8.1	23.6
男	15.8	0.1	26.1	10.7	14.7	8.0	24.6
女	13.2	0.1	29.3	11.3	15.1	8.2	22.8
4~14 岁	10.5	0.0	27.4	5.3	19.5	2.3	35.0
15~24 岁	12.4	0.1	25.0	11.5	15.0	8.7	27.3
25~34 岁	10.4	0.1	25.2	11.0	12.9	9.8	30.6
35~44 岁	14.5	0.1	23.2	7.6	18.2	6.0	30.4
45~54 岁	16.4	0.0	27.4	13.4	15.1	7.4	20.3
55~64 岁	15.6	0.1	33.1	13.5	12.8	10.1	14.8
65 岁及以上	18.6	0.1	30.6	11.1	14.4	9.1	16.1
未受过正规教育	10.0	0.1	37.6	9.2	19.2	2.3	21.6
小学	13.8	0.1	33.2	10.4	15.3	3.8	23.4
初中	15.6	0.1	32.3	12.4	14.8	6.9	17.9
高中	14.8	0.1	23.7	9.9	14.6	9.8	27.1
大学及以上	14.0	0.1	21.9	11.6	14.4	11.5	26.5
干部/管理人员	18.7	0.1	20.8	5.1	11.0	8.7	35.6
个体/私营企业人员	16.2	0.1	25.6	7.7	15.6	7.6	27.2
初级公务员/雇员	13.5	0.1	22.8	12.5	16.3	9.5	25.3
工人	12.8	0.1	30.5	12.9	14.4	5.3	24.0
学生	12.3	0.1	22.1	6.9	16.1	4.7	37.8
无业	15.5	0.1	29.7	11.4	14.8	9.8	18.7
其他	3.7	0.3	59.8	17.6	6.9	1.9	9.8
0~600 元	11.9	0.1	28.1	8.2	16.0	6.6	29.1
601~1200 元	10.6	0.1	41.6	9.2	14.8	6.8	16.9
1201~1700 元	8.6	0.0	31.6	21.6	9.9	2.0	26.3
1701~2600 元	15.6	0.1	33.8	15.1	15.3	8.6	11.5
2601~3500 元	13.8	0.1	28.0	13.7	13.3	9.5	21.6
3501~5000 元	16.4	0.0	24.9	10.7	16.0	9.1	22.9
5001 元及以上	17.8	0.1	21.4	6.7	14.6	7.3	32.1

数据来源：CSM 媒介研究

在以性别为细分标准的收视市场上，中央广播电视总台对男性观众保持了较强的吸引力；广东广播电视台、广州广播电视台、外省卫视和境外频道都更受女性观众的青睐。在以年龄为细分标准的收视市场上，中央广播电视总台对45岁及以上的中老年观众吸引力更强；广东广播电视台对55岁及以上观众更具影响力；境外频道更吸引15~34岁、55岁及以上观众的收视；广州广播电视台对15~24岁、45岁及以上年龄层的观众吸引力更强；外省卫视更吸引4~14岁的儿童、15~24岁的青少年及35~54岁的中青年观众。在以学历为细分标准的收视市场上，广东广播电视台对初中及以下学历观众更具吸引力；中央广播电视总台在初、高中学历观众中其收视份额高于4岁及以上观众的平均水平；境外频道明显更受大学及以上高学历观众的喜爱；广州广播电视台更吸引初中学历和大学及以上学历的观众，外省卫视则对小学及以下学历的观众影响力更强。在以职业为细分标准的收视市场上，广东广播电视台对工人、无业和其他职业类别观众影响力更强；中央广播电视总台对干部/管理人员、个体/私营企业人员更具吸引力；境外频道更吸引的是初级公务员/雇员和以离退休人员为主体的无业人员；广州广播电视台较受初级公务员/雇员、工人、无业和其他职业类别观众青睐；外省卫视对个体/私营企业人员、初级公务员/雇员和学生群体具有较强吸引力。在以收入为细分标准的收视市场上，广东广播电视台在个人月收入601~3500元的中等及低收入群体中市场份额更高；中央广播电视总台在个人月收入701~2600元的较低收入群体和3501元及以上的中高收入群体中影响力更强；境外频道也受到个人月收入2601元及以上的中高收入群体青睐；广州广播电视台较受个人月收入1701~3500元的观众喜爱；外省卫视在个人月收入1701~2600元的较低收入群体和3501~5000元的中高收入群体中保持着较强的收视影响力。

4. 本土频道垄断收视竞争前6位，中央广播电视总台和外省卫视各有两个频道上榜

2019年，在广州市电视收视市场单个频道的收视竞争中，广东、广州本地频道的竞争优势依旧十分明显，不仅垄断了市场份额排行的前6位，在前15位中（含两个并列第十五位，共计16个频道）占据了10个席位，对整个市场形成强有力的影响。本地频道中，广东广播电视台珠江频道仍然以较大的优势拔得头筹，2019年获得8.6%的市场份额，但较2018年下降了0.8个百分点。广州广播电视台综合频道以4%的份额居第二位，市场份额较上年缩水了0.7个百分点。广东广播电视台南方卫视和广州广播电视台影视频道并列第三位；其中，广东广播电视台南方卫视降幅较大，较上年下降了1.5个百分点，降至3.7%。中央广播电视总台和外省卫视分别有两个频道入围前15位，中央电视台综合频道和湖南卫视以2.2%的份额并列第十位（表1.4.10）。

表 1.4.10　2019 年广州市电视收视市场市场份额排名前十五位的频道

排名	频道	2019 年市场份额	2018 年市场份额
1	广东广播电视台珠江频道	8.6	9.4
2	广州广播电视台综合频道	4.0	4.7
3	广州广播电视台影视频道	3.7	3.8
3	广东广播电视台南方卫视	3.7	5.2
5	广东广播电视台影视频道	3.0	3.9
5	广东广播电视台公共频道	3.0	3.4
7	市网翡翠台（中文）	2.8	2.5
8	省网翡翠台（中文）	2.6	2.1
9	广州广播电视台新闻频道	2.3	2.0
10	中央电视台综合频道	2.2	2.7
10	广东广播电视台体育频道	2.2	2.9
10	湖南卫视	2.2	2.1
13	广东广播电视台经济科教频道	2.0	1.9
14	中央台五套	1.9	1.8
15	浙江卫视	1.8	1.9
15	广东广播电视台珠江电影频道	1.8	1.8

数据来源：CSM 媒介研究

五、节目竞争格局

（一）全国电视收视市场节目竞争格局

1. 全国市场节目收视格局稳定，TOP3 类型节目续写领先优势

2019 年全国节目收视结构变化不大，电视剧、新闻/时事和综艺节目收视份额三甲位置牢固，收视份额合计接近 60%。其中，电视剧收视份额较 2018 年上升了 1.8 个百分点，新闻/时事类节目与上一年持平，综艺类节目减少了 0.1 个百分点。生活服务、专题和青少类节目是全国收视市场第二梯队节目，收视份额稳定在 5%～10%之间。总体上，类型节目收视份额排名稳定，因缺少世界级体育赛事支撑，2019 年体育类节目收视份额下降了 0.5 个百分点，在各类节目中降幅较大（图 1.5.1）。

2019 年时移收视市场的主要节目类型仍然集中于电视剧、综艺、电影和青少类，4 类节目收视份额合计 73.0%。其中，电视剧类节目以超 40%时移收视份额保持领先优势，综艺节目时移收视份额超过 10%，电影和青少类节目时移份额都在

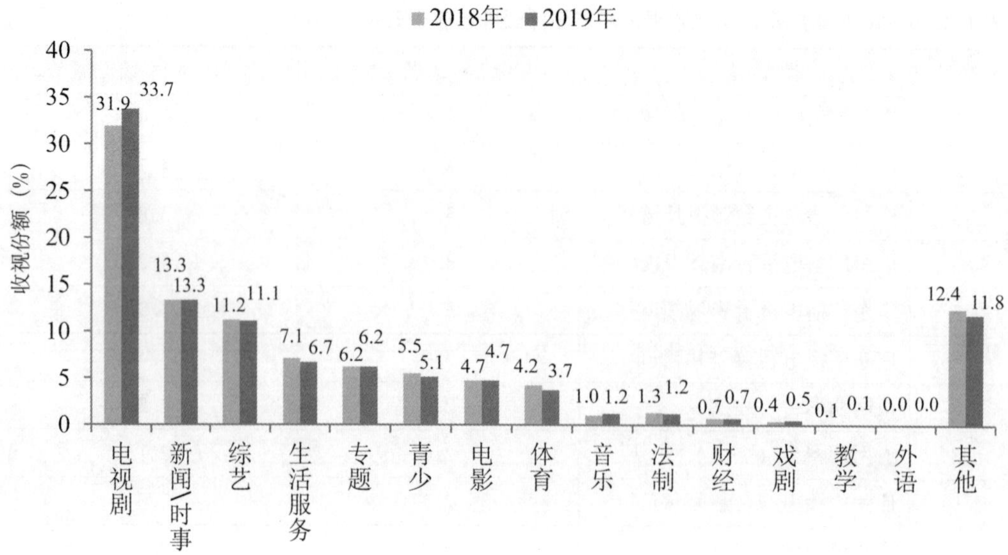

数据来源：CSM 媒介研究

图 1.5.1　2018~2019 年全国市场各类节目的收视份额（%）

7.5%上下（图 1.5.2）。相比 2018 年时移市场，青少和新闻/时事类节目变化明显，其中青少类节目时移份额减少了 0.8 个百分点，新闻时事类节目时移份额增长了 0.8 个百分点。

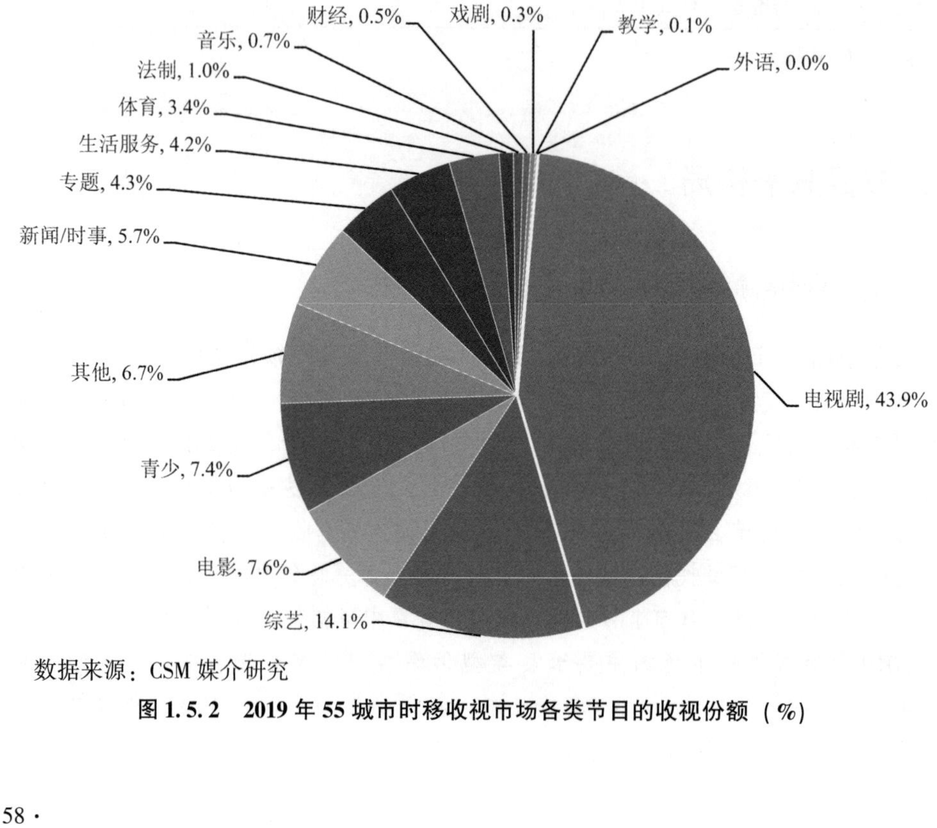

数据来源：CSM 媒介研究

图 1.5.2　2019 年 55 城市时移收视市场各类节目的收视份额（%）

2. 中央广播电视总台领跑过半节目市场，省级卫视长于剧综、青少和生活服务类节目

2019 年全国节目市场频道竞争中，中央广播电视总台在 9 个节目市场大幅领先于其他各级频道。其中，中央广播电视总台在音乐、体育、财经、电影、戏剧、专题、法制和教学类节目市场的收视份额都超过 50%，在新闻/时事和外语类节目市场分别以 43.7%、36.1%的收视份额居领先位置。中央广播电视总台在综艺和青少类节目市场居亚军位置，收视份额弱于省级上星频道。电视剧和生活服务节目市场中，中央广播电视总台收视份额都不超过 20%，收视竞争力弱于省级频道（图 1.5.3）。

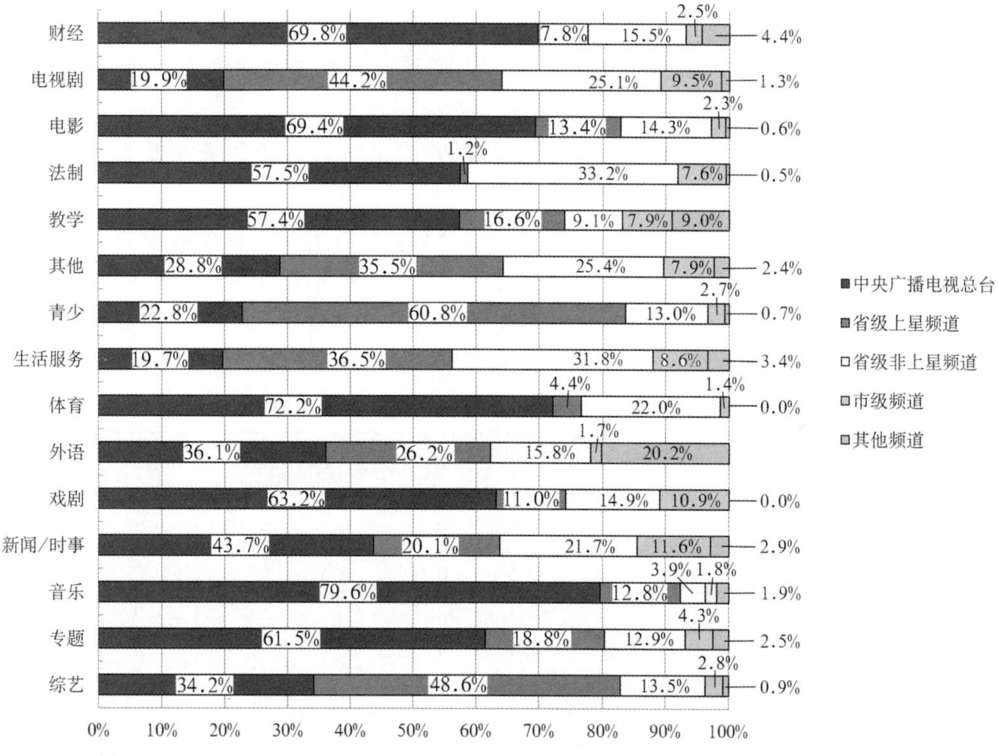

数据来源：CSM 媒介研究

图 1.5.3　2019 年各类频道在全国不同节目市场中的收视份额（%）

2019 年，省级上星频道在青少、综艺、电视剧和生活服务类节目市场持续领先，收视份额都在 35%~61%之间。外语、新闻/时事、专题、教学和音乐类节目市场中，省级上星频道的收视份额都在 12%~30%之间，居市场第二位或第三位。省级上星频道在其余各类节目的市场收视份额都不超过 11%，竞争力偏弱。

在中央广播电视总台和省级上星频道强势竞争之下，省级非上星频道 2019 年在各类节目市场的收视竞争力有限，仅在法制和生活服务类节目市场的收视份额超过 30%，居市场亚军位置。此外，省级非上星频道在电视剧、体育、新闻/时事、财经、戏剧、

电影类节目市场处中上游位置，收视份额在13%~26%之间。2019年市级频道在各类节目市场竞争力不强，仅在新闻/时事和戏剧类节目市场收视份额超过10%。

2019年其他频道整体竞争力偏弱，在相对小众的外语类节目市场获20.2%收视份额，在教学类节目市场获9.0%收视份额，在其余各类节目市场的收视份额都不超过5%。

3. 不同观众群体节目选择各有侧重，收视结构差异突出

2019年全国市场，男性观众更倾向于收看电影、体育、新闻/时事和专题类节目，女性观众明显偏爱电视剧、青少、生活服务和综艺类节目，不同性别的观众收视比重落差都在0.5个百分点以上。男性和女性观众在其余各类节目上的收视差异较小（表1.5.1）。

年龄方面，相比其他年龄段观众，4~14岁观众将最高比重的收视时间用于收看青少类节目，份额达27%；15~24岁观众对音乐和综艺节目偏好明显；25~34岁观众收看电影、青少、生活服务、体育和综艺类节目的时间比重高于观众平均水平（见图1.5.1）；35~44岁观众收看财经、电影和音乐类节目的行为突出；45~54岁观众用于收看财经和专题节目时间比重较高；55岁及以上观众偏爱收看财经、电视剧、法制和生活服务类节目，其中，55~64岁观众对体育类节目也很感兴趣，65岁及以上的观众同时关注戏剧和新闻/时事类节目（表1.5.1）。

表1.5.1　2019年全国市场不同性别和年龄观众对各类节目的收视比重（%）

节目类型	性别		年龄						
	男	女	4~14岁	15~24岁	25~34岁	35~44岁	45~54岁	55~64岁	65岁及以上
财经	0.8	0.7	0.3	0.5	0.6	0.8	0.8	0.8	0.8
电视剧	32.3	35.1	23.5	33.3	32.2	31.0	35.1	35.5	35.5
电影	5.3	4.0	5.6	5.4	4.9	7.4	5.9	3.6	2.7
法制	1.2	1.2	0.6	1.0	0.9	1.0	1.1	1.4	1.4
教学	0.1	0.1	0.1	0.1	0.1	0.1	0.1	0.1	0.1
青少	4.7	5.5	27.0	3.9	8.6	6.1	2.4	3.1	1.8
生活服务	6.3	7.0	5.6	6.6	6.8	6.3	6.5	6.9	6.9
体育	4.6	2.8	2.0	3.6	3.9	3.8	3.8	4.0	3.7
外语	0.0	0.0	0.0	0.0	0.0	0.0	0.0	0.0	0.0
戏剧	0.5	0.5	0.3	0.4	0.3	0.3	0.3	0.3	1.1
新闻/时事	14.3	12.2	7.5	12.1	11.2	11.5	12.7	14.2	16.6
音乐	1.1	1.2	1.0	1.4	1.2	1.4	1.3	1.1	1.0
专题	6.7	5.8	4.3	6.1	5.6	6.5	6.9	6.2	6.4
综艺	10.5	11.7	10.0	13.5	11.5	12.0	11.1	10.9	10.4
其他	11.6	12.2	12.2	12.1	12.2	11.8	12.0	11.9	11.6

数据来源：CSM媒介研究

2019 年全国市场，观众学历越高，用于收看财经、生活服务、体育、新闻/时事、专题和综艺类节目的时间比重越高。在不同受教育程度的观众中，大学及以上学历的观众用于收看财经、生活服务、体育、新闻/时事、专题和综艺类节目的收视比重最高，未受过正规教育的观众最喜爱收看青少和戏剧类节目，小学学历观众更倾向收看电视剧和戏剧类节目，初中学历的观众对电影类节目的偏爱最突出，高中学历观众收看法制和音乐类节目的行为突出（表 1.5.2）。

个人月收入方面，收入水平较高的观众收看财经和综艺类节目的倾向越突出。相比其他个人月收入的观众，收入在 0~600 元之间的观众分配在电影和青少类节目上的时间比重最高，收入在 601~1200 元之间的观众更倾向收看电视剧、法制和戏剧类节目，收入在 1201~1700 元之间的观众用于收看电视剧和戏剧类节目的时间比重高于观众平均水平，收入在 1701~3500 元之间的观众对法制类节目的收看更为突出，收入在 3501~5000 元之间的观众对新闻/时事和综艺类节目的收视热情更高，收入在 5001 元及以上的观众更青睐财经、生活服务、体育、专题和综艺类节目（表 1.5.2）。

表 1.5.2　2019 年全国市场不同受教育程度和个人月收入观众对各类节目的收视比重（%）

节目类型	受教育程度					个人月收入（元）						
	未受过正规教育	小学	初中	高中	大学及以上	0~600 元	601~1200 元	1201~1700 元	1701~2600 元	2601~3500 元	3501~5000 元	5001 元及以上
财经	0.3	0.5	0.6	0.9	1.0	0.5	0.5	0.6	0.7	0.8	0.9	1.0
电视剧	28.7	36.7	35.4	32.7	30.1	32.1	38.2	37.8	36.0	33.6	32.7	31.7
电影	4.6	4.5	5.0	4.6	4.4	5.1	4.2	4.4	4.3	4.2	4.9	5.0
法制	0.8	1.0	1.2	1.3	1.1	0.9	1.3	1.2	1.3	1.3	1.2	1.1
教学	0.0	0.0	0.1	0.1	0.1	0.1	0.0	0.0	0.1	0.1	0.1	0.1
青少	21.9	7.2	3.9	3.6	3.9	12.5	4.0	3.5	3.1	2.9	3.1	3.6
生活服务	5.9	6.1	6.6	6.8	7.2	6.1	6.2	6.1	6.5	6.8	7.0	7.1
体育	1.8	2.5	3.3	4.2	5.3	2.5	2.7	2.6	3.3	4.3	4.2	5.3
外语	0.0	0.0	0.0	0.0	0.0	0.0	0.0	0.0	0.0	0.0	0.0	0.0
戏剧	0.8	0.8	0.4	0.4	0.3	0.5	0.7	0.6	0.5	0.5	0.5	0.3
新闻/时事	9.1	11.4	13.2	14.3	14.6	10.0	11.8	13.1	13.8	14.5	14.6	14.2
音乐	1.0	1.1	1.2	1.3	1.1	1.2	1.1	1.1	1.1	1.2	1.1	1.1
专题	4.2	5.3	6.2	6.7	7.1	5.2	6.0	5.6	6.1	6.7	6.7	7.0
综艺	7.9	10.4	11.0	11.5	12.2	11.0	10.8	10.9	11.1	11.1	11.2	11.2
其他	13.0	12.5	11.9	11.6	11.6	12.3	12.5	12.5	12.1	12.0	11.8	11.3

数据来源：CSM 媒介研究

2019年全国不同职业类型的观众中，干部/管理人员用于收看财经、体育和专题类节目的收视比重最高，个体/私营企业人员分配在财经、电视剧、电影和专题类节目上的时间比重略高于观众平均水平，初级公务员收看生活服务类节目的时间比重最高，工人收看电影和音乐类节目的行为最为突出，学生收看青少和综艺类节目的行为最突出，无业人群分配在法制、生活服务、戏剧和新闻/时事类节目上的收视比重最高（表1.5.3）。

表1.5.3 2019年全国市场不同职业观众对各类节目的收视比重（%）

节目类型	职业类别						
	干部/管理人员	个体/私营企业人员	初级公务员	工人	学生	无业	其他
财经	1.1	0.8	0.8	0.6	0.4	0.8	0.4
电视剧	28.7	34.0	31.8	35.2	27.7	34.3	39.9
电影	5.6	6.0	5.4	6.1	5.9	3.4	5.0
法制	0.9	1.1	1.0	1.0	0.8	1.3	1.3
教学	0.1	0.1	0.1	0.1	0.1	0.1	0.0
青少	3.6	4.3	4.0	4.1	14.4	4.9	4.4
生活服务	6.8	6.2	6.9	6.3	6.0	6.9	6.1
体育	6.4	3.7	4.7	3.6	2.8	3.6	2.3
外语	0.0	0.0	0.0	0.0	0.0	0.0	0.0
戏剧	0.3	0.3	0.3	0.2	0.3	0.7	0.7
新闻/时事	14.4	12.6	13.1	12.1	9.8	14.5	10.9
音乐	1.1	1.2	1.2	1.3	1.1	1.1	1.2
专题	7.6	6.7	6.9	5.9	5.6	6.1	5.4
综艺	12.1	10.8	12.1	11.2	13.4	10.5	10.2
其他	11.3	12.2	11.7	12.3	11.7	11.8	12.2

数据来源：CSM媒介研究

（二）河北省电视收视市场节目竞争格局

1. 河北省节目收视结构稳固，电视剧和新闻/时事类节目扩大领先优势

2019年河北省各类节目收视份额小幅调整、排名不变。电视剧稳居市场首位，收视份额同比增长1.1个百分点；新闻/时事类节目以超10%收视份额位列第二，较2018年增长0.5个百分点；综艺、青少、专题和生活服务类节目收视份额都在为5%~10%，其中，综艺类节目收视份额变化较大，比上一年减少1.1个百分点；其余类型节目收视份额都不超过5%，较2018年变化较小（图1.5.4）。

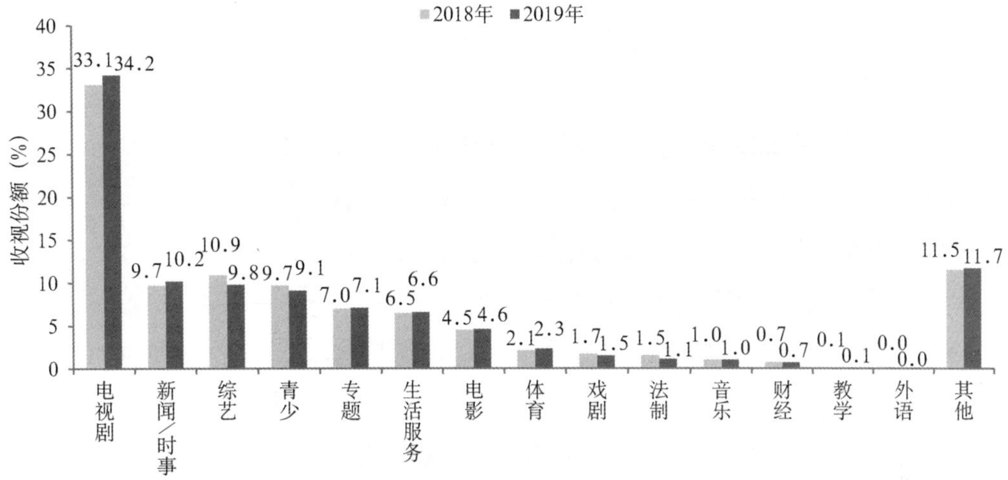

数据来源：CSM 媒介研究

图 1.5.4　2018~2019 年河北省电视收视市场各类节目的收视份额（%）

2. 中央广播电视总台在河北节目市场整体突出，外省卫视在青少节目市场领先

2019 年，在河北省电视收视市场，中央广播电视总台在法制、体育、音乐、戏剧、财经、电影、新闻/时事、外语、专题、教学和综艺共 11 个类型节目收视中占主体地位，收视份额都在 50%~99%之间。在电视剧市场，中央广播电视总台以微小优势领先，收视份额为 36.4%。在青少和生活服务类节目市场，中央广播电视总台收视份额在 25%~40%之间，具有一定收视竞争力（图 1.5.5）。

有别于中央广播电视总台在类型节目市场齐头并进的态势，2019 年外省卫视仅在青少类节目市场居领先位置，收视份额接近 60%。在电视剧、综艺、教学、生活服务、外语、电影、音乐和体育类节目市场，外省卫视居亚军位置，收视份额在 6%~40%之间。在其余类型节目市场，外省卫视竞争力较弱，落后于中央广播电视总台和本省频道（图 1.5.5）。

2019 年河北广播电视台在本省生活服务类节目市场领先于其他各级频道，收视份额为 41.6%。在专题、新闻/时事、财经和戏剧类节目市场，河北广播电视台收视份额都在 15%~30%之间，仅次于中央广播电视总台，具备一定竞争力。河北广播电视台在其余类型节目市场的收视竞争力一般，收视份额都低于中央广播电视总台和外省卫视（图 1.5.5）。

在河北省各类节目市场，其他频道整体表现较弱。2019 年，其他频道仅在外语类节目市场获得 16.8%收视份额，在其余各类节目市场的收视份额都低于 5%（图 1.5.5）。

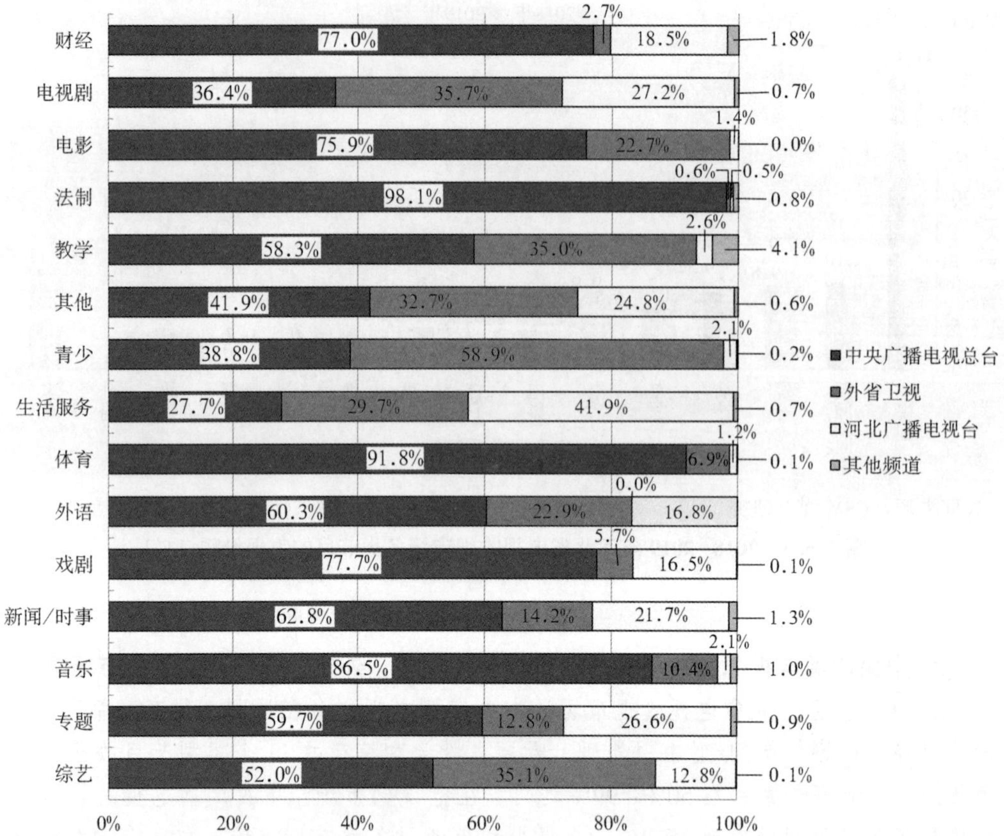

数据来源：CSM 媒介研究

图 1.5.5　2019 年河北省电视收视市场各类频道在不同类别节目中的收视份额（%）

3. 观众收看类型节目分化明显，类型节目各有专长

2019 年河北省电视收视市场，男性观众分配在电影、体育、新闻/时事和专题类节目的时间比重明显高于女性，女性观众则明显偏爱收看电视剧、青少、生活服务和综艺类节目。在其余类型节目上，河北省男性和女性观众的收视差异较小（表 1.5.4）。

年龄方面，河北省 4~14 岁观众收看青少类节目的时间比重达 30.6%，显著超过其他年龄段观众。在各年龄段观众中，15~24 岁观众在电影和生活服务类节目上的收视比重高于河北省观众平均水平，25~34 岁观众收看青少和生活服务类节目的时间比重较高，35~44 岁观众在电影和综艺类节目上的收视比重最高，45~54 岁观众分配在财经、电视剧、电影和音乐类节目上的时间比重明显高于其他年龄段观众，55~64 岁观众在法制和体育类节目的收视比重在所有观众中最高。65 岁及以上观众节目收看广泛，在法制、生活服务、戏剧、新闻/时事和专题类节目上的收视比重都明显高于其他年龄段观众（表 1.5.4）。

表 1.5.4 2019 年河北省电视收视市场不同性别和年龄观众对各类节目的收视比重（%）

节目类型	性别		年龄						
	男	女	4~14 岁	15~24 岁	25~34 岁	35~44 岁	45~54 岁	55~64 岁	65 岁及以上
财经	0.7	0.7	0.4	0.5	0.7	0.7	1.2	0.5	0.7
电视剧	33.5	34.9	24.9	34.7	29.7	33.2	37.9	36.1	35.1
电影	4.9	4.2	5.1	6.3	6.0	6.5	6.5	3.3	2.5
法制	1.2	1.0	0.7	0.5	0.6	1.1	1.2	1.4	1.4
教学	0.1	0.0	0.1	0.0	0.1	0.1	0.1	0.0	0.1
青少	8.5	9.8	30.6	11.5	19.7	8.4	6.3	5.6	2.2
生活服务	6.3	6.8	5.5	6.8	6.8	6.3	6.4	6.6	6.9
体育	2.8	1.8	0.9	1.9	1.1	1.6	1.8	4.0	2.4
外语	0.0	0.0	0.0	0.0	0.0	0.0	0.0	0.0	0.0
戏剧	1.6	1.4	1.0	0.7	0.3	1.7	0.8	1.3	3.0
新闻/时事	11.3	9.2	5.0	8.1	6.8	9.1	7.1	11.9	15.1
音乐	0.9	1.1	1.0	1.1	0.9	1.2	1.4	0.9	0.8
专题	7.6	6.7	4.0	6.5	5.0	6.9	6.5	6.8	10.0
综艺	9.1	10.5	8.2	9.2	10.2	11.9	11.1	9.8	8.9
其他	11.5	11.9	12.6	12.2	12.1	11.3	11.7	11.8	10.9

数据来源：CSM 媒介研究

2019 年河北省电视收视市场，未受过正规教育的观众的收视时间高度集中在青少类节目上，24.3%的收视比重在各学历观众中最高。相比其他学历观众，小学学历观众更偏爱电视剧、电影和专题类节目，对这几类节目收视比重最高；初中学历观众投入到体育类节目上的收视比重高于其他学历观众，高中学历观众更偏爱收看戏剧、新闻/时事和音乐类节目；大学及以上学历观众在财经、法制、生活服务和综艺类节目上的收视时间高于其他学历观众（表 1.5.5）。

在个人月收入方面，收入 0~300 元的观众倾注于青少类节目的收视时间明显高于其他收入段观众，收入 301~900 元的观众投入在电视剧和青少类节目上的时间比重高于河北省观众平均水平。相比其他收入水平的观众，收入 901~1700 元的观众花费在电视剧、法制和戏剧类节目上的时间比重更高，收入 1701~2600 元的观众更倾向收看生活服务和新闻/时事类节目，收入 2601~3501 元的观众投入在体育、音乐和专题类节目上的时间比重较高，收入 3501 元及以上的观众更偏爱财经、电影、法制和综艺类节目（表 1.5.5）。

表 1.5.5　2019 年河北省电视收视市场不同受教育程度和个人月收入观众对各类节目的收视比重（%）

节目类型	受教育程度					个人月收入（元）					
	未受过正规教育	小学	初中	高中	大学及以上	0~300元	301~900元	901~1700元	1701~2600元	2601~3500元	3501元及以上
财经	0.5	0.6	0.6	0.8	1.5	0.6	0.4	0.6	0.9	0.9	1.1
电视剧	26.7	37.4	35.9	33.6	23.8	28.8	37.9	39.8	34.6	33.9	32.6
电影	3.6	5.1	4.8	4.4	3.5	4.5	4.3	4.4	3.8	5.6	6.4
法制	0.9	1.0	1.0	1.3	1.7	0.9	1.1	1.3	1.2	1.2	1.3
教学	0.0	0.1	0.0	0.1	0.1	0.1	0.0	0.0	0.1	0.1	0.1
青少	24.3	9.5	7.8	4.8	11.2	14.9	12.2	6.5	6.5	4.2	5.7
生活服务	6.2	6.6	6.3	6.3	8.2	6.6	6.2	5.9	7.2	6.7	6.4
体育	1.9	0.8	3.5	2.3	2.2	1.8	1.5	2.1	2.6	3.6	3.1
外语	0.0	0.0	0.0	0.0	0.0	0.0	0.0	0.0	0.0	0.0	0.0
戏剧	1.0	1.7	1.4	1.8	1.1	1.6	0.9	2.3	1.2	1.2	1.1
新闻/时事	8.7	8.6	10.2	13.3	11.1	10.1	7.0	9.0	12.4	11.7	10.8
音乐	0.7	0.8	0.9	1.7	1.1	1.0	0.7	0.6	1.2	1.6	1.1
专题	5.8	8.0	6.8	7.5	6.7	7.6	6.3	6.2	7.4	7.8	7.6
综艺	6.9	8.3	9.5	10.6	16.3	9.7	8.5	9.7	10.0	9.9	11.7
其他	12.8	11.5	11.3	11.5	11.5	11.8	13.0	11.6	10.9	11.6	11.0

数据来源：CSM 媒介研究

2019 年河北省不同职业的观众中，干部/管理人员对法制、体育、戏剧、音乐和专题类节目上的收视比重最高，个体/私营企业人员更倾向收看电视剧和电影类节目，初级公务员/雇员在财经、生活服务和综艺类节目上的收视比重高于其他职业观众，工人在电影类节目上的收视比重明显高于其他职业观众，学生收看青少类节目的行为更突出，无业观众尤为偏爱新闻/时事类节目，收视比重在各职业观众中最高（表 1.5.6）。

表 1.5.6　2019 年河北省电视收视市场不同职业观众对各类节目的收视比重（%）

节目类型	职业						
	干部/管理人员	个体/私营企业人员	初级公务员/雇员	工人	学生	无业	其他
财经	1.0	0.6	1.4	0.4	0.5	0.7	0.5
电视剧	29.9	36.8	29.6	39.2	29.3	30.4	40.6
电影	2.9	6.6	3.9	7.1	5.2	3.2	5.1
法制	3.7	0.7	1.6	0.8	0.8	1.1	1.1
教学	0.0	0.1	0.1	0.1	0.1	0.1	0.0
青少	4.6	6.4	7.2	5.1	18.4	9.5	9.1
生活服务	7.6	6.5	7.9	5.5	6.4	7.1	5.4
体育	5.7	1.5	1.8	3.9	1.6	2.7	2.1
外语	0.0	0.0	0.0	0.0	0.0	0.0	0.0
戏剧	4.3	0.8	0.8	1.4	1.0	1.9	1.7
新闻/时事	9.6	9.8	12.3	6.7	7.1	13.2	7.7
音乐	1.8	1.2	1.6	0.9	1.1	1.0	0.6
专题	10.1	7.8	7.3	6.4	5.8	8.2	5.9
综艺	8.5	9.7	12.6	11.6	10.7	9.6	8.2
其他	10.3	11.5	12.1	10.9	12.0	11.3	12.0

数据来源：CSM 媒介研究

（三）北京市电视收视市场节目竞争格局

1. 北京市场节目收视格局持续稳定，电视剧领涨各类型节目

2019 年北京市电视收视市场类型节目收视格局与往年趋同。电视剧以超 30%收视份额稳居市场之首；新闻/时事和综艺类节目保持市场第二梯队位置，收视份额均

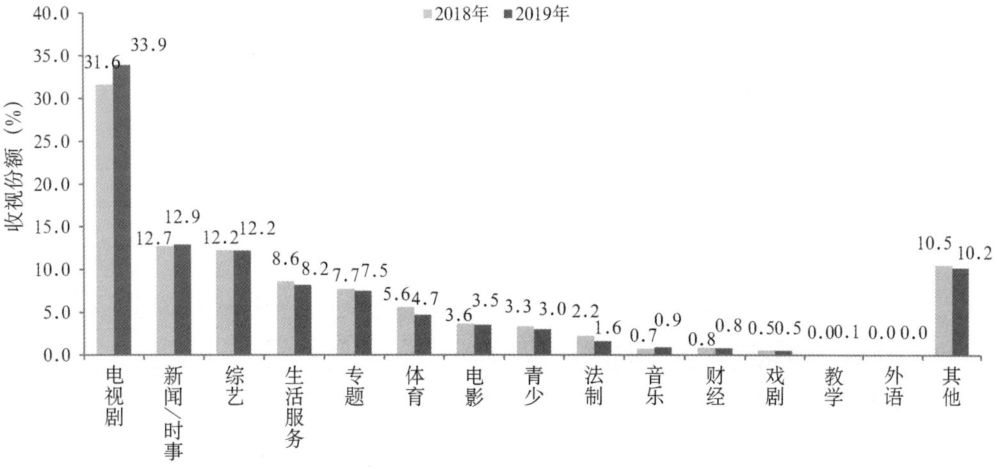

数据来源：CSM 媒介研究

图 1.5.6　2018~2019 年北京市电视收视市场各类节目的收视份额（%）

超10%；生活服务和专题类节目收视份额都超过5%，是市场第三梯队固定成员；其余各类节目收视份额均低于5%。同比上一年，2019年多数节目收视份额变化不大，其中电视剧涨幅最大，为2.3个百分点，体育和法制类节目较2018年分别减少0.9个、0.6个百分点，在各类节目中降幅靠前（图1.5.6）。

2. 中央广播电视总台与北京电视台争雄北京节目市场，外省卫视稳守剧综节目市场

2019年北京节目市场，中央广播电视总台在戏剧、财经、音乐、电影、体育、教学、专题和外语类共8个节目市场称雄，收视份额都在50%~90%之间。在新闻/时事和法制类节目市场，中央广播电视总台分别以44.0%和32.3%居亚军位置，收视竞争力较强。而在综艺、青少、电视剧和生活服务类节目市场，中央广播电视总台不敌省级频道，收视份额都不超过30%（图1.5.7）。

2019年北京电视台在北京的法制、生活服务、新闻/时事和青少共4个节目市场高居榜首，收视份额都在40%~70%之间。同时，北京电视台在电视剧、综艺、

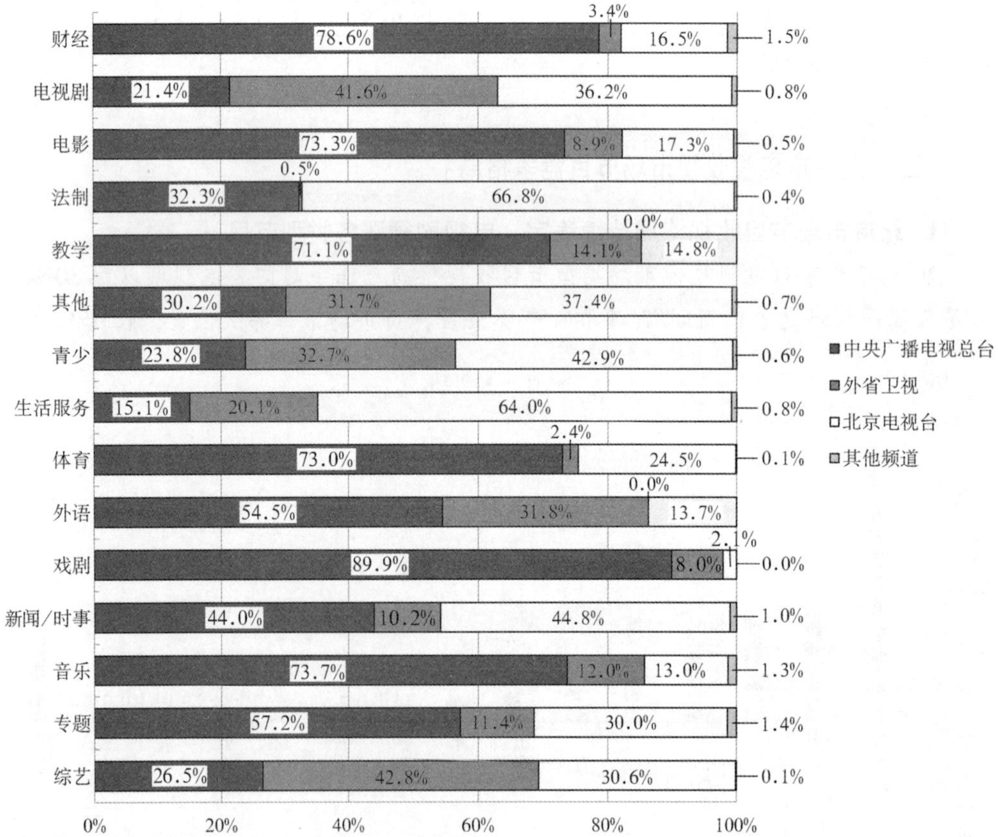

数据来源：CSM媒介研究

图1.5.7　2019年北京市电视收视市场各类频道在不同节目类别中的收视份额（%）

专题、体育、电影、财经和音乐共7个类型节目市场位居榜眼，收视份额在10%~30%之间。在戏剧类节目市场，中央广播电视台表现强势，北京电视台起色不大（图1.5.7）。

外省卫视2019年仍然以综艺和电视剧争夺北京市场节目收视，均以超40%收视份额在类型节目市场居首。青少、外语、生活服务和教学类节目市场中，外省卫视位居第二，收视份额都在10%~35%之间；外省卫视在其余类型节目市场竞争力有限，收视份额都不超过10%（图1.5.7）。

2019年，其他频道整体表现低迷，仅在教学和外语类节目市场收获14.8%、13.7%的收视份额，其余类型节目市场的收视份额都不超过2%（图1.5.7）。

3. 收视比重显示偏好差异，类型节目满足观众个性化需求

2019年北京市场，男性观众更偏向收看电影、体育、新闻/时事和专题类节目，女性观众明显偏爱电视剧和生活服务类节目，不同性别观众的收视比重差值都在0.7个百分点及以上。对于其余类型节目，男女观众收视差异不明显（表1.5.7）。

表1.5.7　2019年北京市电视收视市场不同性别和年龄观众对各类节目的收视比重（%）

节目类型	性别		年龄						
	男	女	4~14岁	15~24岁	25~34岁	35~44岁	45~54岁	55~64岁	65岁及以上
财经	0.9	0.7	0.4	0.5	0.6	0.8	0.9	1.0	0.7
电视剧	32.2	35.7	24.7	34.4	33.0	32.5	34.5	35.2	34.1
电影	3.8	3.1	5.3	4.7	3.5	5.9	4.6	2.9	2.0
法制	1.6	1.5	0.9	1.4	1.2	1.3	1.6	2.0	1.5
教学	0.1	0.1	0.1	0.1	0.0	0.1	0.1	0.1	0.1
青少	2.9	3.1	22.9	1.5	7.4	5.0	1.8	2.0	1.0
生活服务	7.8	8.6	6.0	7.8	7.9	7.1	7.7	8.4	9.0
体育	5.8	3.6	3.1	5.6	5.1	4.3	5.1	4.8	4.4
外语	0.0	0.0	0.0	0.0	0.0	0.0	0.0	0.0	0.0
戏剧	0.5	0.5	0.5	0.4	0.2	0.4	0.3	0.2	1.0
新闻/时事	13.6	12.2	7.7	8.7	9.6	9.0	10.9	13.2	17.3
音乐	0.9	0.9	0.7	1.0	0.8	1.1	1.0	0.9	0.7
专题	7.9	7.0	5.5	7.8	6.2	7.6	8.3	7.9	7.1
综艺	12.0	12.4	11.1	15.4	13.4	14.3	12.8	11.4	11.0
其他	10.0	10.6	11.1	10.7	11.1	10.6	10.4	10.0	10.1

数据来源：CSM媒介研究

2019年，北京4~14岁的观众将22.9%的收视时间集中于青少类节目，收视比重明显高于其他年龄段观众；在各年龄段观众中，15~24岁观众用于收看体育和综艺类节目的时间最长；25~34岁的观众对青少、体育和综艺类节目的收视比重高于北京观众整体水平；35~44岁观众投入在电影和音乐类节目的时间比重居各年龄段观众之首；45~54岁观众相比其他年龄段观众更偏爱收看专题类节目；55~64岁观众收看财经、电视剧和法制类节目的时间比重高于其他年龄段观众；65岁及以上观众收看生活服务、戏剧和新闻/时事类节目的时长占比最突出（表1.5.7）。

相比其他学历观众，2019年北京未受过正规教育的观众收看电影、青少和戏剧类节目的行为突出，小学学历的观众对电视剧更感兴趣，初中学历观众收看法制和生活服务类节目的时间比重较其他学历观众更高，高中学历观众对法制和音乐类节目的兴趣更浓厚，大学及以上学历观众用于财经、生活服务、体育、新闻/时事和专题类节目的时间比重都高于其他各学历观众。相比之下，大学及以上观众收视兴趣最丰富（表1.5.8）。

表1.5.8　2019年北京市电视收视市场不同受教育程度和收入观众对各类节目的收视比重（%）

节目类型	受教育程度					个人月收入（元）						
	未受过正规教育	小学	初中	高中	大学及以上	0~600元	601~1200元	1201~1700元	1701~2600元	2601~3500元	3501~5000元	5001元及以上
财经	0.3	0.3	0.8	0.7	0.9	0.5	0.4	0.9	0.3	0.7	0.9	1.0
电视剧	24.8	39.9	36.0	34.7	30.7	33.3	46.8	39.8	39.5	35.7	34.0	30.5
电影	3.9	3.6	3.2	3.7	3.4	4.4	2.5	3.6	3.9	3.2	2.9	3.6
法制	0.7	1.2	1.8	1.8	1.4	1.2	1.6	1.3	1.8	1.7	1.7	1.5
教学	0.0	0.1	0.0	0.1	0.1	0.1	0.0	0.0	0.2	0.1	0.1	0.1
青少	22.0	4.5	2.3	2.7	2.6	9.1	1.0	1.4	2.7	2.7	1.8	2.5
生活服务	6.8	7.8	8.3	8.0	8.3	7.0	7.0	7.5	7.4	8.7	8.8	8.0
体育	3.7	2.4	3.8	4.7	6.0	3.6	1.6	4.1	3.0	4.3	4.3	6.4
外语	0.0	0.0	0.0	0.0	0.0	0.0	0.0	0.0	0.0	0.0	0.0	0.0
戏剧	2.2	1.2	0.5	0.4	0.3	0.8	0.2	1.0	0.6	0.5	0.6	0.3
新闻/时事	10.7	11.4	13.0	12.0	14.0	8.9	8.5	9.6	10.3	12.8	14.2	14.2
音乐	0.6	0.8	0.8	1.0	0.8	1.0	0.5	1.0	0.9	0.8	0.8	0.9
专题	4.9	5.1	7.2	7.7	8.1	6.6	8.6	7.3	6.1	7.1	7.6	8.2
综艺	7.9	10.8	11.8	12.1	13.1	12.9	9.9	12.6	12.1	11.1	12.1	12.7
其他	11.5	10.9	10.5	10.4	10.3	10.6	11.4	9.9	11.2	10.6	10.2	10.1

数据来源：CSM媒介研究

从个人月收入来看，收入0～600元的观众偏爱电影、青少、音乐和综艺类节目，收入601～1200元的观众更喜爱电视剧和专题类节目，收入1201～1700元的观众格外侧重收看戏剧和音乐类节目，收入1701～2600元的观众最关注法制类的节目，收入2601～3500元的观众在生活服务类节目上投入的时间比重较高，收入3501～5000元的观众更青睐生活服务和新闻/时事类节目，收入5001元及以上的观众更关注财经、体育、新闻/时事、音乐、专题和综艺类节目（表1.5.8）。

2019年北京不同职业的观众中，干部/管理人员相对喜欢收看财经、体育、新闻/时事、音乐、专题和综艺类节目，个体/私营企业人员分配在电影类节目上的收视比重在不同职业观众中最高，初级公务员/雇员对体育和综艺类节目的关注高于总体观众平均水平，工人群体收看电视剧、电影和青少类节目的行为突出，学生更关注青少和综艺类节目，无业观众更偏爱法制、生活服务和新闻/时事类节目（表1.5.9）。

表1.5.9　2019年北京市电视收视市场不同职业观众对各类节目的收视比重（%）

节目类型	职业						
	干部/管理人员	个体/私营企业人员	初级公务员/雇员	工人	学生	无业	其他
财经	1.0	0.6	0.8	0.6	0.5	0.8	0.5
电视剧	26.8	34.3	33.0	35.3	31.9	34.5	40.3
电影	4.0	6.3	4.3	4.7	4.9	2.7	4.0
法制	1.1	1.4	1.5	1.3	1.0	1.7	1.3
教学	0.1	0.2	0.0	0.1	0.1	0.1	0.0
青少	1.6	2.4	3.5	6.1	7.6	2.5	5.2
生活服务	7.8	6.3	7.9	7.2	6.7	8.6	8.0
体育	7.5	5.1	5.7	3.8	5.1	4.2	1.1
外语	0.0	0.0	0.0	0.0	0.0	0.0	0.0
戏剧	0.4	0.3	0.3	0.2	0.4	0.6	0.9
新闻/时事	14.2	10.6	10.4	9.3	8.6	14.5	8.2
音乐	1.1	0.9	0.9	0.9	0.9	0.8	0.9
专题	9.3	8.5	7.6	7.4	6.9	7.2	9.1
综艺	15.2	12.7	13.6	12.4	14.7	11.3	9.5
其他	9.9	10.4	10.5	10.7	10.7	10.5	11.0

数据来源：CSM媒介研究

(四) 上海市电视收视市场节目竞争格局

1. 上海市节目市场收视结构稳中有变，电视剧领先优势扩大

2019 年上海各类节目收视份额排序微调，电视剧保持龙头地位，体育类节目收视份额降幅最大，排序后退一位。电视剧 2019 年收视份额涨幅显著，同比增长 1.8 个百分点，市场领先优势再度扩大。新闻/时事和综艺类节目收视份额均超 10%，分列第二、第三位。生活服务、专题、体育和电影类节目紧随其后，收视份额都在 5%～10%之间，其中，生活服务和体育类节目份额变化较大，同比减少 1.3 个和 1.8 个百分点。其余节目收视份额较小，变化不大（图 1.5.8）。

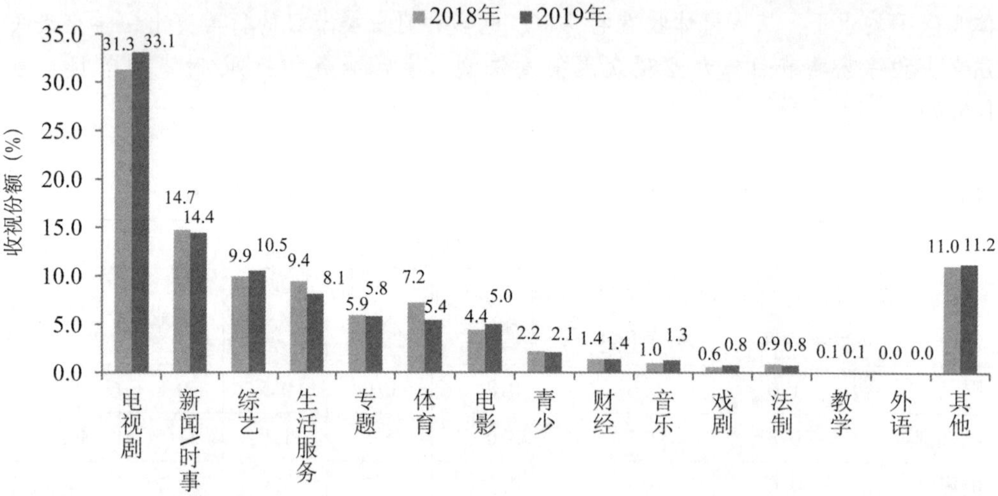

数据来源：CSM 媒介研究

图 1.5.8 2018～2019 年上海市电视收视市场各类节目的收视份额（%）

2. 上海市级频道横扫本地节目市场，中央广播电视总台折桂音乐和专题类市场

2019 年上海市电视收视市场，本地频道势头无可比拟。上海市级频道在生活服务、财经、戏剧、体育、法制、电视剧、新闻/时事、综艺、电影、外语和教学类共 11 个类型节目市场拥有绝对领先优势，收视份额都在 49%～80%之间。在青少、专题和音乐类节目市场，上海市级频道分别以 39.0%、38.1%和 14.4%的收视份额位居亚军（图 1.5.9）。

2019 年中央广播电视总台在上海音乐和专题类细分节目市场持续领先，收视份额分别为 76.5%和 50.3%。在教学、电影、法制、体育、新闻/时事、戏剧和财经类节目市场，中央广播电视总台的收视份额都在 23%～45%之间，居亚军位置；在综艺、外语、青少、电视剧和生活服务类节目市场，中央广播电视总台收视竞争力弱于地方频道（图 1.5.9）。

不敌上海本地频道和中央广播电视总台，2019 年外省卫视仅在上海青少类节目

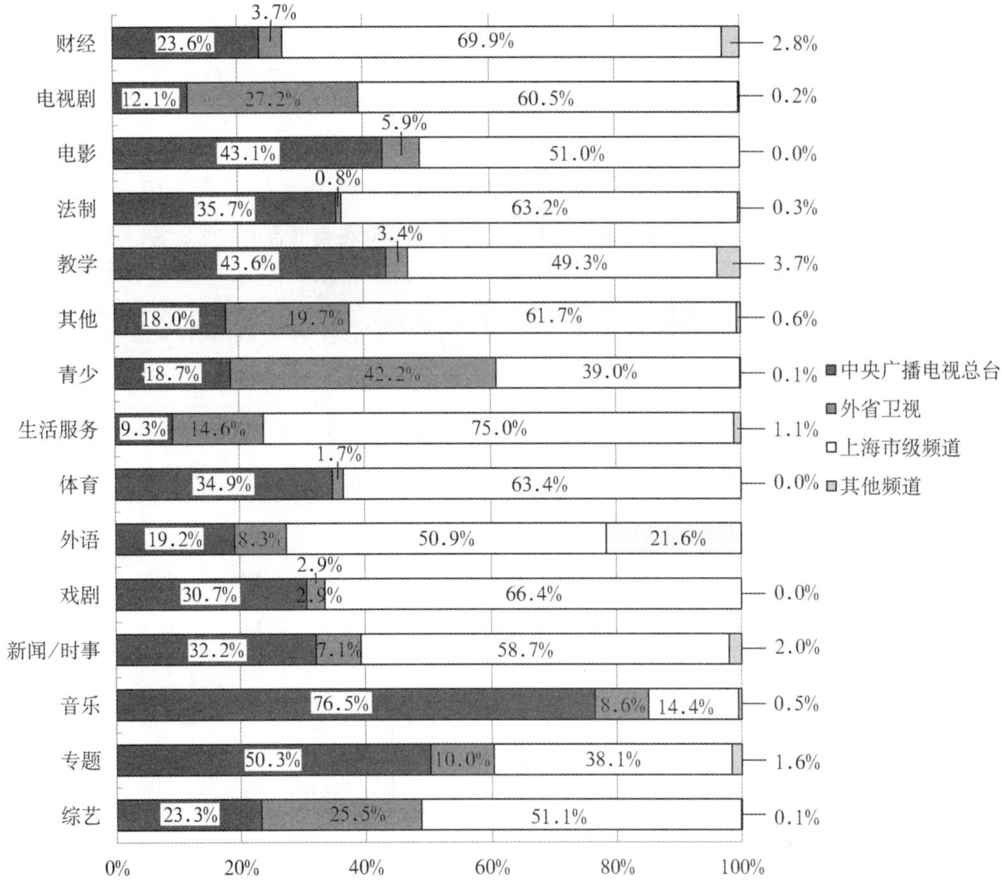

数据来源：CSM 媒介研究

图 1.5.9　2019 年上海市电视收视市场各类频道在不同类型节目中的收视份额（%）

市场摘冠，节目竞争优势极为有限。其余类型节目市场中，外省卫视的收视份额都不超过 30%；虽然外省卫视在电视剧和综艺类节目市场位居亚军，但与市场冠军上海市级频道仍有 20 个百分点以上的差距（图 1.5.9）。

2019 年其他频道在上海市电视收视市场竞争位置改观不大，仅在外语类节目市场收获 21.6%的收视份额，位居第二，在其余类型节目市场的份额都不超 5%（图 1.5.9）。

3. 不同观众节目收视差异多样，类型节目满足个性化收视需求

2019 年上海男性观众收看电影、体育、新闻/时事和专题类节目行为突出，女性观众偏爱电视剧、生活服务、戏剧和综艺类节目，不同性别的观众收视份额落差在 0.4 个百分点及以上。不同性别的观众在财经、法制、教学、青少、外语和音乐类节目上的差异不大（表 1.5.10）。

2019 年，上海 4~14 岁观众是青少类节目最忠实的观众，收视比重达 20.2%，在各年龄段观众中最高；相比其他年龄段观众，15~24 岁观众用于生活服务和综艺

类节目的时间比重更高，25~34 岁观众收看音乐类节目行为最突出，35~44 岁的观众更喜爱收看电影类节目，45~54 岁观众更青睐体育和专题类节目，55~64 岁观众分配在财经、法制和新闻/时事类节目的时间比重更高，65 岁及以上的观众用于电视剧、戏剧和新闻/时事类节目的时间比重明显偏高（表 1.5.10）。

表 1.5.10　2019 年上海市电视收视市场不同性别和年龄观众对各类节目的收视比重（%）

节目类型	性别		年龄						
	男	女	4~14 岁	15~24 岁	25~34 岁	35~44 岁	45~54 岁	55~64 岁	65 岁及以上
财经	1.5	1.3	0.8	1.3	0.8	1.5	1.2	1.9	1.5
电视剧	31.9	34.4	21.9	33.0	29.7	30.1	32.6	34.0	35.9
电影	6.1	3.9	5.5	5.1	7.5	9.5	6.5	3.8	2.8
法制	0.8	0.8	0.6	0.8	0.5	0.6	0.6	1.0	0.9
教学	0.1	0.1	0.1	0.1	0.1	0.1	0.1	0.1	0.1
青少	2.0	2.2	20.2	0.7	4.3	2.3	1.3	1.4	1.0
生活服务	7.3	9.0	6.5	8.8	8.6	8.7	7.7	8.6	7.9
体育	6.8	3.8	2.9	5.4	6.0	4.9	6.8	6.1	4.3
外语	0.0	0.0	0.0	0.0	0.0	0.0	0.0	0.0	0.0
戏剧	0.6	1.0	0.5	1.0	0.3	0.3	0.4	0.5	1.4
新闻/时事	14.9	13.8	13.4	10.9	10.4	12.1	13.5	16.1	16.2
音乐	1.2	1.3	0.9	0.9	2.0	1.2	1.4	1.1	1.1
专题	6.4	5.2	4.3	6.6	5.8	6.2	6.7	5.3	5.6
综艺	9.5	11.6	10.8	14.1	12.5	12.0	10.0	9.0	10.3
其他	10.9	11.6	11.6	11.3	11.5	10.5	11.2	11.1	11.0

数据来源：CSM 媒介研究

不同受教育程度的观众中，2019 年上海未受过正规教育的观众收看青少类节目上的时间比重最高；小学学历观众对电视剧和戏剧类节目的兴趣浓厚，收视比重高于其他学历观众；相比其他教育程度观众，初中学历观众收看法制类节目行为最突出，高中学历的观众对新闻/时事和音乐类节目更感兴趣，大学及以上学历观众更偏爱财经、电影、生活服务、体育、专题和综艺类节目，类型节目的收视比重在各学历观众中居首（表 1.5.11）。

2019 年上海不同收入观众中，收入 0~600 元的观众收看青少和综艺类节目的时间比重高于总体观众平均水平。相比其他个人月收入段的观众，收入 601~1200 元的观众对财经、法制、青少和综艺类节目更感兴趣，收入 1201~1700 元的观众更倾向于收看电视剧和戏剧类节目，收入1701~2600元的观众更关注音乐类节目，收入2601~3500元观众偏爱生活服务和新闻/时事类节目，类型节目收视比重高于其他收入段观众；收入3501~5000元的观众在电影和戏剧类节目上的收视行为较为突出，收视比重高于上海观众平均水平；个人月收入5001元及以上的观众在电影、体育和专题类节目的收视比重在各收入观众中最高（表1.5.11）。

表1.5.11　2019年上海市电视收视市场不同受教育程度和个人月收入观众对各类节目的收视比重

节目类型	受教育程度					个人月收入（元）						
	未受过正规教育	小学	初中	高中	大学及以上	0~600元	601~1200元	1201~1700元	1701~2600元	2601~3500元	3501~5000元	5001元及以上
财经	0.5	1.2	0.9	1.5	1.8	0.8	2.6	0.4	0.9	1.8	1.3	1.5
电视剧	29.1	40.8	35.1	33.8	28.0	29.5	29.5	47.2	41.3	33.5	34.4	30.0
电影	3.6	5.2	4.4	4.5	6.5	4.7	3.3	2.5	3.9	3.8	5.1	6.1
法制	0.9	0.7	1.0	0.9	0.6	0.7	2.5	1.5	0.8	0.9	0.9	0.6
教学	0.1	0.0	0.1	0.1	0.1	0.1	0.0	0.0	0.1	0.1	0.1	0.1
青少	15.6	3.9	1.8	1.4	1.7	9.9	11.5	0.8	1.9	1.3	1.4	1.9
生活服务	7.2	5.8	7.9	8.1	9.2	7.4	6.6	7.2	7.7	8.4	8.1	8.3
体育	0.7	4.2	4.8	5.6	6.4	4.0	5.7	3.0	2.9	5.1	5.2	6.6
外语	0.0	0.0	0.0	0.0	0.0	0.0	0.0	0.0	0.0	0.0	0.0	0.0
戏剧	1.0	1.2	1.1	0.7	0.4	0.7	0.2	1.4	0.6	1.0	0.9	0.4
新闻/时事	14.5	10.7	14.2	15.0	14.7	12.5	10.2	13.7	11.5	16.1	14.2	14.6
音乐	0.8	1.2	1.2	1.3	1.2	0.8	1.1	0.8	1.5	1.1	1.3	1.4
专题	3.9	3.9	5.8	5.5	7.1	5.0	2.9	3.2	4.3	5.8	5.7	6.6
综艺	10.0	10.4	10.1	10.4	11.3	12.0	12.5	8.8	11.2	10.0	10.1	11.0
其他	12.1	10.8	11.6	11.2	11.0	11.9	11.4	9.5	11.4	11.1	11.3	10.9

数据来源：CSM媒介研究

2019年上海市电视收视市场上，干部/管理人员用于收看生活服务、体育、新闻/时事和专题类节目的时间比重位居各职业观众前列，个体/私营企业人员倾注在财经类节目上的时间比例高于其他各职业观众，初级公务员/雇员收看生活服务、体育、音乐、专题和综艺类节目的时间比重高于各职业观众平均水平，工人分配在电影和音乐类节目上的收视比重在各职业观众中最高，学生喜爱收看青少和综艺类节目的程度领先各职业观众，无业观众对新闻/时事的收视比重在各职业人群中最高（表1.5.12）。

表 1.5.12　2019 年上海市电视收视市场不同职业观众对各类节目的收视比重（%）

节目类型	职业						
	干部/管理人员	个体/私营企业人员	初级公务员/雇员	工人	学生	无业	其他
财经	2.2	2.3	1.1	0.6	1.2	1.5	1.8
电视剧	27.0	38.2	29.8	35.5	29.2	34.6	45.3
电影	7.8	8.2	7.3	8.3	5.1	3.3	3.9
法制	0.5	0.7	0.6	0.6	0.7	0.9	1.7
教学	0.1	0.1	0.1	0.1	0.1	0.1	0.0
青少	1.1	2.8	2.1	2.0	5.2	1.9	3.5
生活服务	8.8	5.7	8.6	6.5	8.2	8.2	7.6
体育	7.8	4.3	6.2	7.0	4.9	4.8	1.2
外语	0.0	0.0	0.0	0.0	0.0	0.0	0.0
戏剧	0.3	0.4	0.4	0.3	0.9	1.0	1.6
新闻/时事	15.1	10.7	13.2	10.5	11.5	15.8	8.5
音乐	0.9	1.2	1.5	2.0	0.9	1.1	0.7
专题	7.3	5.8	6.7	4.8	6.3	5.4	4.1
综艺	10.7	9.3	11.3	11.1	14.5	9.9	10.6
其他	10.4	10.3	11.1	10.7	11.3	11.5	9.5

数据来源：CSM 媒介研究

（五）广州市电视收视市场节目竞争格局

1. 广州市电视收视市场头部节目收视格局各有进退，市场整体变化不大

2019 年广州市电视收视市场类型节目收视结构与上一年接近。电视剧和新闻/时事类节目分居冠亚军，收视份额合计 45.6%，其中，电视剧较 2018 年减少了 1.7 个百分点，新闻/时事类节目增加了 1.7 个百分点。综艺、生活服务、青少、专题和体育类节目排序依次降低，收视份额都在 5%~10%之间；其中，综艺类节目变化较大，份额同比增长了 0.7 个百分点。其余节目收视份额较小；其中，音乐类节目变化相对突出，较上一年增加了 0.5 个百分点（图 1.5.10）。

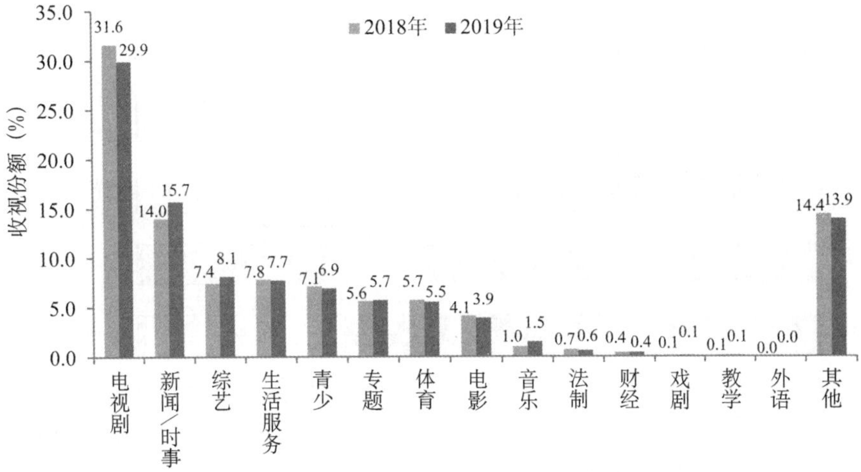

数据来源：CSM 媒介研究

图 1.5.10　2018~2019 年广州市电视收视市场各类节目的收视份额（%）

2. 中央广播电视总台和广东广播电视台争雄广州市电视收视市场，外省卫视以综艺赢收视

2019 年广州市电视收视收视市场，中央广播电视总台在音乐、戏剧、法制、教学、体育、专题和财经类共 7 个细分节目市场收视占优，收视份额在 37%~75%之间，高于其他级别频道；中央广播电视总台在电影和综艺类节目市场居第二位，收视份额分布于 20%~37%之间，具备一定收视竞争力；在其余类型节目市场，中央广播电视总台竞争力不强，收视份额都低于 20%（图 1.5.11）。

2019 年外省卫视在广州综艺节目市场优势明显，收视份额达 48.8%，大幅领先于各级频道；在电视剧和青少类节目市场，外省卫视收视份额分别达 22.0%和 42.7%，居市场第二位，具备一定的收视竞争力；在戏剧、生活服务、教学和电影类节目市场，外省卫视的收视份额都在 12%~20%之间；在其余类型节目市场中，外省卫视收视竞争力欠佳，收视份额都未超过 12%（图 1.5.11）。

2019 年广东广播电视台持续领跑广州半数节目市场，在电影、外语、体育、青少、电视剧、生活服务和新闻/时事类 7 个节目市场收视份额都超 40%。在体育和专题节目市场，广东广播电视台都居第二位；其中，在体育节目市场，广东广播电视台收视份额达 45.6%，落后于中央广播电视总台 3.3 个百分点。广州财经节目市场竞争激烈，广东广播电视台以 28.3%的收视份额居第三位。相比之下，广东广播电视台在戏剧、法制、综艺、音乐和教学类节目市场的竞争力较弱（图 1.5.11）。

广州市场各级频道林立、电视市场竞争充分，2019 年广州广播电视台主场优势并不突出，最佳成绩是在法制和新闻/时事类节目市场，位居亚军，收视份额分别为 31.8%和 24.4%。在电视剧和专题类节目市场，广州广播电视台竞争力一般，收视份额都在 10%~20%之间；在其余类型节目市场中，广州广播电视台收视份额排位靠后，竞争力相对薄弱（图 1.5.11）。

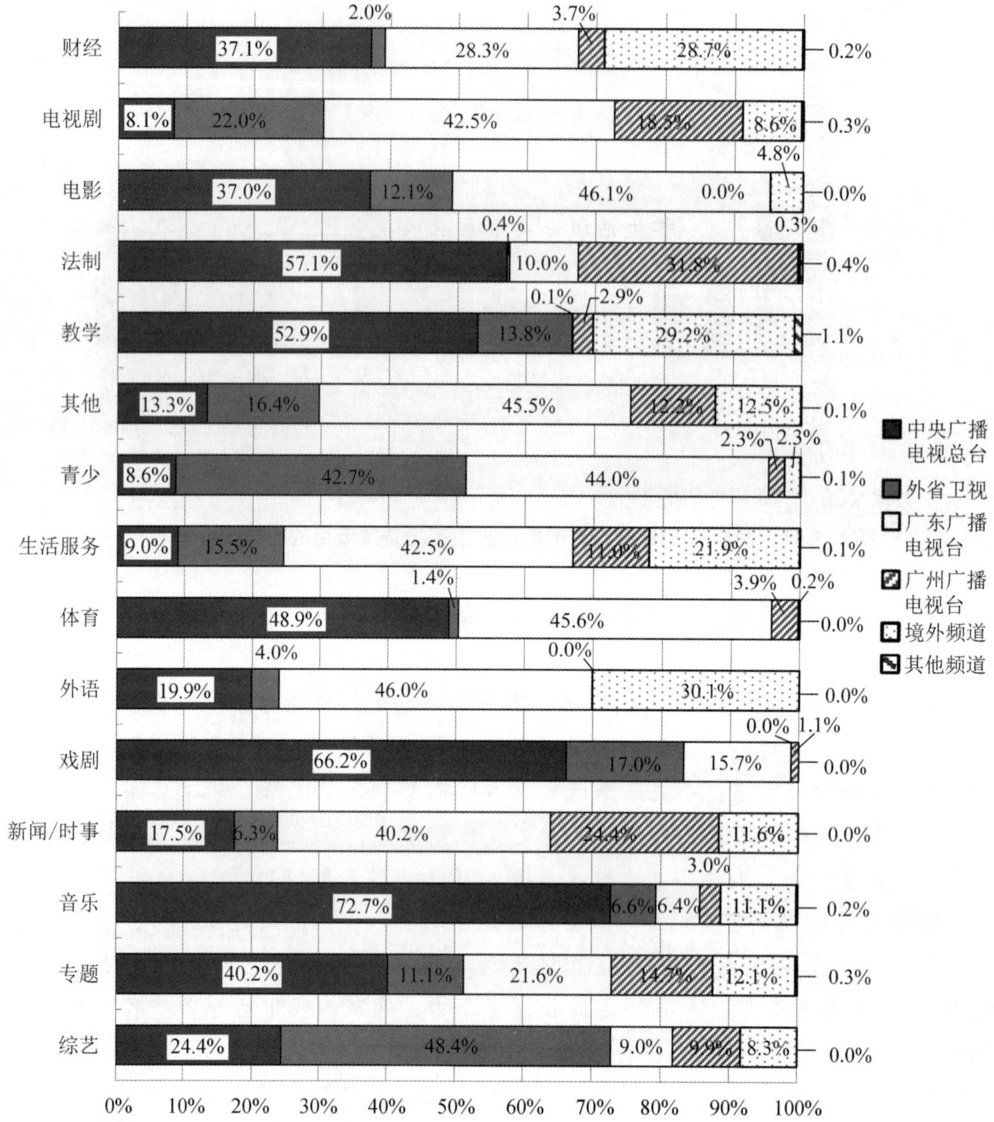

数据来源：CSM 媒介研究

图 1.5.11　2019 年广州市电视收视市场各类频道在不同节目类别中的收视份额（%）

2019 年，境外频道在广州的外语、教学、财经和生活服务类节目市场居亚军位置，收视份额都在 20%~31%之间；境外频道在其余类型节目市场的收视份额都未超过 13%，收视竞争力不强（图 1.5.11）。

广州市其他频道 2019 年收视空间仍较狭窄，在各类节目市场的收视份额都未超过 1.1%（图 1.5.11）。

3. 不同观众群体对各类节目收视分化，收视结构体现观众偏好

2019 年广州男性观众分配在电影、体育、新闻/时事和专题类节目上的时间比

重明显高于女性观众，女性观众收看电视剧、青少、生活服务和综艺类节目行为更突出。总体上，广州不同性别的观众收看财经、法制、教学、外语、戏剧和音乐类节目差异不大（表 1.5.13）。

年龄方面，2019 年，广州 4～14 岁观众将 28.1%的收视时间用于青少类节目，比重远高于其他观众；15～24 岁观众用于收看音乐和综艺类节目的时间比重最高，25～34 岁观众喜爱收看财经和生活服务类节目且表现突出，35～44 岁观众侧重收看财经、电影、法制和体育类节目，45～54 岁观众对电视剧和专题类节目更感兴趣，55～64 岁观众最喜爱收看新闻/时事类节目，其次是电视剧和生活服务类节目；65 岁及以上观众节目收视较为大众，对电视剧、新闻/时事和综艺类节目的收视比重明显高于广州市电视收视市场的观众平均水平（表 1.5.13）。

表 1.5.13　2019 年广州市电视收视市场不同性别和年龄观众对各类节目的收视比重（%）

节目类型	性别		年龄						
	男	女	4～14 岁	15～24 岁	25～34 岁	35～44 岁	45～54 岁	55～64 岁	65 岁及以上
财经	0.5	0.4	0.3	0.4	0.5	0.5	0.4	0.4	0.4
电视剧	28.8	30.8	21.1	29.8	29.7	26.2	32.3	31.8	31.0
电影	4.4	3.4	4.5	4.1	3.8	6.2	4.0	3.4	2.2
法制	0.6	0.5	0.4	0.4	0.4	0.9	0.7	0.5	0.5
教学	0.1	0.1	0.1	0.1	0.1	0.1	0.1	0.1	0.1
青少	6.3	7.4	28.1	2.6	9.9	8.5	2.4	4.9	3.6
生活服务	7.4	7.9	6.1	7.5	8.3	7.1	7.5	8.2	7.9
体育	6.7	4.5	5.9	6.4	3.9	7.0	5.9	5.2	5.5
外语	0.0	0.0	0.0	0.0	0.0	0.0	0.0	0.0	0.0
戏剧	0.1	0.1	0.1	0.1	0.1	0.1	0.1	0.1	0.1
新闻/时事	16.1	15.3	8.8	15.1	15.2	13.1	16.2	17.9	17.7
音乐	1.5	1.5	1.4	2.2	1.4	1.9	1.4	1.1	1.7
专题	6.0	5.4	3.9	6.4	5.3	5.2	6.7	5.6	5.7
综艺	7.7	8.5	6.3	11.6	7.0	9.7	8.5	6.4	8.8
其他	13.8	14.2	13.0	13.3	14.4	13.5	13.8	14.4	14.8

数据来源：CSM 媒介研究

2019 年广州各层次学历观众中，未受过正规教育的观众收看电影和青少类节目的时间比重最高，小学学历的观众尤其喜爱收看电视剧，初中学历的观众收看专题类节目的倾向明显，高中学历的观众对财经、法制、新闻/时事和音乐类节目的兴趣浓厚，大学及以上学历的观众更关注财经、生活服务、体育和综艺类节目（表 1.5.14）。

2019 年，广州个人月收入 0~600 元的观众收看青少类节目的兴趣最大，13.3%的收视比重明显高于其他收入段观众；个人月收入 601~1200 元的观众在生活服务和戏剧类节目上的收视比重更高，个人月收入 1201~1700 元的观众收看电视剧的行为最突出，个人月收入 1701~2600 元的观众用于收看电视剧和新闻/时事类节目的时间比重高于广州观众平均水平，个人月收入 2601~3500 元的观众在音乐和专题类节目上的收视比重较高，个人月收入 3501~5000 元的观众更倾向于收看新闻/时事和综艺类节目，个人月收入 5001 元及以上的观众分配在财经、电影、法制、体育和专题类节目的时间比重更高（表 1.5.14）。

表 1.5.14　2019 年广州市电视收视市场不同受教育程度和个人月收入观众对各类节目的收视比重（%）

节目类型	受教育程度					个人月收入（元）						
	未受过正规教育	小学	初中	高中	大学及以上	0~600元	601~1200元	1201~1700元	1701~2600元	2601~3500元	3501~5000元	5001元及以上
财经	0.3	0.4	0.4	0.5	0.5	0.4	0.3	0.2	0.3	0.5	0.5	0.6
电视剧	26.8	36.4	31.9	27.5	26.3	29.4	32.9	41.9	34.2	32.3	25.8	25.5
电影	4.7	3.8	4.3	3.8	3.3	4.0	2.3	3.1	3.9	3.7	3.7	5.2
法制	0.2	0.6	0.5	0.7	0.5	0.6	0.5	0.1	0.5	0.5	0.6	0.8
教学	0.0	0.0	0.1	0.1	0.1	0.1	0.0	0.1	0.1	0.1	0.1	0.1
青少	28.9	7.9	4.5	5.5	6.4	13.3	6.1	6.0	4.2	3.7	5.4	7.9
生活服务	6.3	7.1	7.5	8.0	8.3	7.6	8.5	7.3	7.5	8.0	7.6	7.3
体育	4.6	4.5	5.0	5.4	7.3	4.5	4.7	8.4	5.3	5.0	5.3	9.1
外语	0.0	0.0	0.0	0.0	0.0	0.0	0.0	0.0	0.0	0.0	0.0	0.0
戏剧	0.1	0.1	0.1	0.1	0.1	0.1	0.3	0.1	0.0	0.1	0.1	0.2
新闻/时事	7.0	11.7	15.6	18.1	17.1	12.0	14.0	8.1	16.1	16.6	20.1	13.7
音乐	0.9	1.7	1.1	1.9	1.6	1.5	1.6	0.8	1.3	1.8	1.3	1.5
专题	2.8	4.9	6.2	6.0	5.7	5.0	4.9	5.5	5.2	6.0	6.0	6.1
综艺	3.0	6.6	8.7	8.4	9.0	7.3	8.3	3.6	6.9	7.8	9.6	8.7
其他	14.4	14.3	14.1	14.0	13.8	14.2	15.6	14.8	14.5	13.9	13.9	13.3

数据来源：CSM 媒介研究

2019 年广州不同职业观众中，干部/管理人员在电影、法制、体育和专题类节目上的收视比重最高，个体/私营企业人员在财经和教学类节目上的收视比重最突出，初级公务员/雇员在新闻/时事类节目的收视比重高于其他职业观众，工人投入在电视剧、电影和体育类节目上的时间比重高于总体平均水平（见图 1.5.10），学生关注青少、音乐和综艺类节目的程度最高，无业观众收看生活服务和新闻/时事类节目的时间比重在不同职业观众中较高（表 1.5.15）。

表 1.5.15　2019 年广州市电视收视市场不同职业观众对各类节目的收视比重（%）

节目类型	职业						
	干部/管理人员	个体/私营企业人员	初级公务员/雇员	工人	学生	无业	其他
财经	0.4	0.6	0.5	0.4	0.4	0.4	0.1
电视剧	19.4	27.8	26.9	35.3	23.2	29.8	48.0
电影	7.0	5.2	3.8	5.1	4.2	2.8	4.1
法制	1.2	0.6	0.4	0.6	0.6	0.6	0.2
教学	0.1	0.2	0.1	0.0	0.1	0.1	0.0
青少	6.2	5.8	8.0	3.4	12.8	7.7	1.3
生活服务	6.8	7.8	7.7	7.1	6.8	8.1	8.2
体育	16.4	6.4	4.9	5.7	5.9	5.0	0.5
外语	0.0	0.0	0.0	0.0	0.0	0.0	0.0
戏剧	0.1	0.1	0.1	0.1	0.1	0.1	0.1
新闻/时事	14.0	13.7	17.1	14.1	12.8	16.9	13.1
音乐	2.3	1.7	1.4	1.4	2.5	1.4	0.4
专题	6.4	6.1	6.1	5.4	5.7	5.5	2.8
综艺	6.8	10.3	9.1	7.3	11.8	7.3	2.6
其他	12.9	13.7	13.9	14.1	13.1	14.3	18.6

数据来源：CSM 媒介研究

六、电视广告投放与竞争格局

根据央视市场研究（CTR）发布的广告监测数据①，以媒体公开的广告投放刊例价为统计标准，2019年，中国广告市场整体下降7.4%，传统媒体广告市场下降10.4%。其中，电视广告投放刊例为5048亿元人民币，同比2018年下降9.5%。广告时长减少13.6%；广播广告投放刊例额下降13.5%；报纸广告投放刊例额下降24.8%；杂志广告投放刊例额下降7.1%。

（一）中国电视广告投放基本情况

1. 2019年中国电视广告投放刊例额同比2018年下降9.5%

2019年中国电视广告投放刊例额为5048亿元人民币，同比2018年下降9.5%。从分月数据来看，全年广告投放刊例额最高的月份是1月份和12月份，单月广告投放刊例额都超过了450亿元人民币（图1.6.1）。

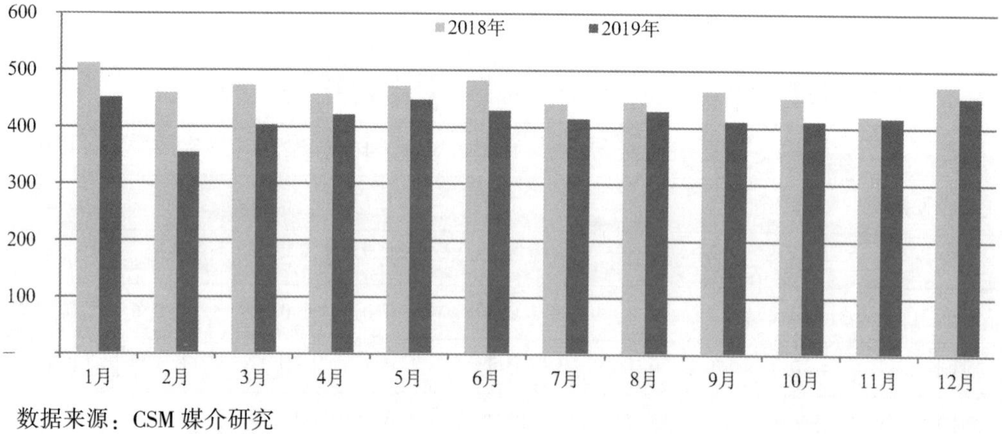

数据来源：CSM媒介研究

图1.6.1　2018年、2019年各月中国电视广告投放刊例额（人民币：亿元）

2. 电视广告投放刊例额前三位的行业是饮料、食品和药品

2019年中国电视广告投放刊例额排名靠前的行业是饮料、食品、药品、化妆品/浴室用品和酒精类饮品行业。广告投放刊例额TOP10行业中只有食品、活动类、家用电器是正增长，同比2018年分别增长了8.1%、25.4%和31.9%；出现较大幅度负增长的行业是化妆品/浴室用品、娱乐及休闲、商业及服务性行业和家居用品，同比2018年分别下降了27.9%、22.8%、24.7%和27.8%（表1.6.1）。

① 2019年广告投放刊例额以CTR2019年监测范围为基准进行统计，2019年广告投放增长情况以CTR2018年监测范围为基准进行比较；广告投放刊例额以媒体公开报价为统计标准，不含折扣；广告监测时间为17:00~24:00。

表 1.6.1　2019 年中国电视广告投放刊例额排名前十位的品类（人民币：亿元）

大类	2019 年	2018 年	投放刊例额变化
饮料	796.6	852.1	-6.7%
食品	744.9	687.2	8.1%
药品	742.6	859.4	-13.9%
化妆品/浴室用品	347.2	480.4	-27.9%
酒精类饮品	345.3	398.1	-13.4%
活动类	305.4	241.6	25.4%
娱乐及休闲	272.9	351.3	-22.8%
商业及服务性行业	223.2	295.1	-24.7%
家居用品	194.0	268.2	-27.8%
家用电器	175.4	132.8	31.9%

数据来源：CTR 媒介智讯

3. 电视广告投放刊例额前三位的品牌是康师傅、伊利和养无极

2019 年电视广告投放刊例额 TOP10 的品牌中，康师傅品牌以 127.6 亿元人民币的广告投放刊例额拔得头筹，而多年排名首位的鸿茅品牌退出 TOP10。广告投放刊例额排名前 10 位的品牌主要来自食品、饮料、药品、酒精类饮品等行业（表 1.6.2）。

表 1.6.2　2019 年中国电视广告投放刊例额排名前十位的品牌（人民币：亿元）

品牌	所属品类	2019 年	2018 年	投放刊例额变化
康师傅	饮料、食品、活动类	127.6	18.7	581.7%
伊利	饮料、食品、活动类、商业及服务性行业	81.1	79.7	1.8%
养无极	药品、酒精类饮品、活动类	80.1	88.2	-9.8%
陈李济	药品、活动类、饮料	77.7	84.8	-9.0%
兰蔻	化妆品/浴室用品	68.4	85.2	-20.0%
同溢堂	药品、活动类	64.1	103.3	-38.0%
阿房宫	酒精类饮品、活动类	55.8	3.1	>1000%
君乐宝	饮料、活动类、娱乐及休闲	50.7	27.7	82.9%
德芙	食品	47.7	35.7	33.6%
美赞臣	饮料、活动类、食品	45.3	27.7	63.8%

数据来源：CTR 媒介智讯

4. 各级电视台广告投放刊例额均有下降，城市台下降明显

从各级电视频道广告投放刊例额来看，2019 年中央级频道的广告投放刊例额同比下降了 4.2%；省级卫视广告投放刊例额同比下降了 8.3%；省级地面频道广告投放刊例额同比下降了 6.4%；省会城市台广告投放刊例额同比下降了 27.3%；其他频道广告投放刊例额同比下降了 18.8%（图 1.6.2）。

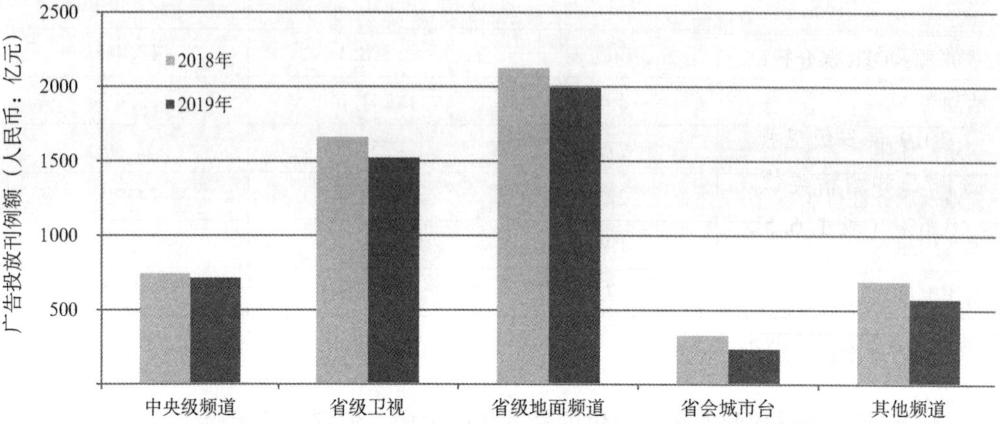

数据来源：CSM 媒介研究

图 1.6.2　2018 年、2019 年全国各级频道的广告投放刊例额（人民币：亿元）

2019 年中央广播电视总台广告投放刊例额 TOP5 的行业是食品、饮料、药品、邮电通讯和酒精类饮品行业。其中，食品和饮料行业出现较大幅度正增长，分别为 42.8%和 21.6%（表 1.6.3）。

表 1.6.3　2019 年中央广播电视总台广告投放刊例额排名前 5 位的品类（人民币：亿元）

品类	2019 年	2018 年	增长率
食品	117.9	82.2	42.8%
饮料	117.0	96.1	21.6%
药品	75.7	68.9	9.9%
邮电通讯	60.4	70.0	-13.7%
酒精类饮品	58.5	64.5	-9.6%

数据来源：CTR 媒介智讯

2019 年中央广播电视总台广告投放刊例额排名 TOP5 的品牌是飞鹤、足力健、小罐、同溢堂和君乐宝。其中，飞鹤出现超过 300%的增长（表 1.6.4）。

表 1.6.4　2019 年中央广播电视总台广告投放刊例额排名前 5 位的品牌（人民币：亿元）

品牌	所属品类	2019 年	2018 年	增长率
飞鹤	饮料	26.8	5.5	382.8%
足力健	衣着	19.0	24.0	-20.7%
小罐	饮料、家居用品	17.5	21.0	-16.8%
同溢堂	药品、活动类	14.8	8.8	67.4%
君乐宝	饮料	12.1	14.5	-16.8%

数据来源：CTR 媒介智讯

2019 年省级卫视广告投放中，排名 TOP5 的行业是饮料、食品、药品、化妆品/浴室用品和酒精类饮品。其中，食品和酒精类饮品行业出现正增长，分别为 8.1% 和 10.6%（表 1.6.5）。

表 1.6.5　2019 年省级卫视广告投放刊例额排名前 5 位的品类（人民币：亿元）

行业类别	2019 年	2018 年	增长率
饮料	381.0	381.3	-0.1%
食品	315.8	292.1	8.1%
药品	202.2	248.7	-18.7%
化妆品/浴室用品	124.6	162.0	-23.1%
酒精类饮品	100.5	90.9	10.6%

数据来源：CTR 媒介智讯

2019 年省级卫视广告投放刊例额排名 TOP5 的品牌是康师傅、德芙、伊利、益达和兰蔻，分别来自食品、饮料、化妆品/浴室用品等行业。其中，投放刊例额排名第一位的康师傅增长率超过 900%（表 1.6.6）。

表 1.6.6　2019 年省级卫视广告投放刊例额排名前 5 位的品牌（人民币：亿元）

品牌	所属品类	2019 年	2018 年	增长率
康师傅	饮料、食品	82.8	8.0	931.6%
德芙	食品	39.7	21.6	83.5%
伊利	饮料、食品、活动类、商业及服务性行业	38.3	37.3	2.7%
益达	食品	30.3	23.6	28.4%
兰蔻	化妆品/浴室用品	28.6	32.1	-10.9%

数据来源：CTR 媒介智讯

（二）中国电视广告市场竞争格局

1. 频道间竞争：央视和省级地面频道份额上升明显

2019 年各级电视频道广告投放的竞争中，中央级频道和省级地面频道份额上升明显，同比 2018 年分别增长了 0.8 个和 1.3 个百分点；省级卫视频道份额略有提升，同比增长了 0.3 个百分点；省会城市台和其他频道份额下降明显，同比分别下降了 1.2 个和 1.1 个百分点（表 1.6.7）。

表 1.6.7　2018 年、2019 年各级电视频道广告投放刊例额所占份额及其变化

频道类别	2018 年	2019 年	份额变化（百分点）
中央级	13.4%	14.2%	0.8%
省级卫视	29.9%	30.2%	0.3%
省级地面频道	38.3%	39.6%	1.3%
省会城市台	5.9%	4.7%	-1.2%
其他	12.4%	11.3%	-1.1%

数据来源：CTR 媒介智讯

2019 年省级卫视广告投放刊例额排名 TOP10 的频道中，福建东南电视台、河南 1 套和湖北卫视排名前 3 位。由于数据统计口径只统计硬广告刊例价，以媒体公开报价为统计标准，不含折扣，所以像湖南、浙江等比较强势的省级卫视没能进入 TOP10（表 1.6.8）。

表 1.6.8　2018 年、2019 年广告投放刊例额排名前十位的省级卫视频道（人民币：亿元）

排名	2018 年		2019 年	
	频道	投放刊例额	频道	投放刊例额
1	河南 1 套	126.9	福建东南电视台	126.2
2	福建东南电视台	106.0	河南 1 套	99.5
3	湖北卫视	100.3	湖北卫视	97.7
4	江苏卫视	93.3	山东卫视	93.4
5	山东卫视	91.0	江苏卫视	86.3
6	天津卫视	90.3	黑龙江电视台卫星频道	82.3
7	云南 1 套	89.1	重庆卫视	81.7
8	浙江卫视	87.4	贵州卫视	80.8
9	黑龙江电视台卫星频道	81.6	天津卫视	75.3
10	贵州卫视	79.4	安徽卫视	68.9

数据来源：CTR 媒介智讯

在省会城市台广告投放刊例额排名TOP10中，排名前3位的是昆明电视台、广州广播电视台和武汉电视台。昆明电视台的广告投放刊例额虽然下跌明显，但仍然位居省会城市电视台榜首（表1.6.9）。

表1.6.9 2018年、2019年广告投放刊例额排名前十位的省会城市电视台（人民币：亿元）

排名	2018年		2019年	
	频道	投放刊例额	频道	投放刊例额
1	昆明电视台	69.3	昆明电视台	30.8
2	南京电视台	40.5	广州广播电视台	29.9
3	武汉电视台	32.3	武汉电视台	21.5
4	广州广播电视台	25.4	南宁电视台	15.4
5	长沙电视台	17.5	南京电视台	14.3
6	福州电视台	14.2	济南电视台	13.9
7	杭州电视台	13.6	长沙电视台	12.7
8	郑州电视台	13.5	成都电视台	12.3
9	济南电视台	12.4	西安电视台	11.1
10	成都电视台	11.2	郑州电视台	10.9

数据来源：CTR媒介智讯

2. 行业投放竞争：食品、家用电器等行业对电视广告投放呈现正贡献，而化妆品/浴室用品、药品、交通、娱乐及休闲等行业则呈现较大负贡献

在21个行业中有6个行业增长，3个行业基本持平，12个行业下跌。各行业对电视广告投放的贡献率①与往年相比发生了较大变化，其中，食品、家用电器、衣着、个人用品等行业对电视广告投放的正向增长贡献较大，而化妆品/浴室用品、药品、交通、娱乐及休闲、家居用品、商业及服务性行业等行业的负向贡献较大（图1.6.3）。

① 某行业对电视广告增长贡献率=某行业电视广告增长额/电视广告总增长额×电视广告总增长率。

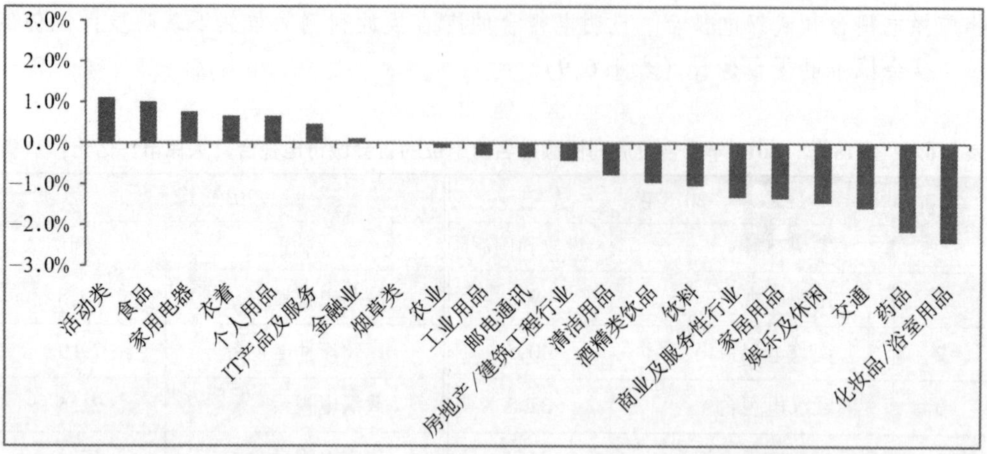

数据来源：CSM 媒介研究

图 1.6.3　2019 年不同行业对中国电视广告投放刊例额增长的贡献率（%）

第二部分
Part Two

专 题 Analysis Report

2019 年中国电视收视市场大事件扫描

2019 年是中华人民共和国成立 70 周年。围绕庆祝新中国成立 70 周年这一主题，广电媒体工作者不仅为广大电视观众呈现了震撼的国庆日阅兵仪式，更是通过为期百日的优秀电视剧展播活动，为观众展现了中国人民伟大的奋斗历程，引发了包括年轻观众在内的全民的热烈讨论。除了这些展播剧目，2019 年还有许多不同题材的电视剧给观众留下了深刻印象，创造出许多金句和经典形象。

2019 年电视媒体机构的改革也在不断深化，频道精简精办、媒体融合发展的脚步正在加快，一系列的改革举措不断释放出更优质、更高效的内容生产力和传播力，也为电视荧幕前的观众带来了更多精彩的内容。本文以“月历”的形式对2019 年中国电视收视市场的大事件进行扫描与梳理，为业界呈现2019 年电视收视①市场的关注热点。

1 月

1 月 1 日：上海广播电视台频道整合

2019 年 1 月 1 日起，上海广播电视台整合炫动卡通频道和哈哈少儿频道，打造全新的上星少儿频道“哈哈炫动卫视”；整合娱乐频道和星尚频道打造面向长三角的全新“都市频道”，这些举措成为 SMG 启动新一轮战略性改革的标志。

1 月 11 日：国足亚洲杯足球赛拉开新一年赛程

2019 年 1 月 11 日的亚洲杯足球小组赛，中国队对阵菲律宾队拉开了国足新一年的赛程。其中 1 月 11 日和 20 日两场比赛在中央台五套的直播收视率为 1.8%，1 月 16 日一场比赛的直播收视率为 1.7%。此后，10 月开始的 2022 年世界杯亚洲区预选赛中，10 月 15 日中国对阵菲律宾一场比赛的直播收视率为 1.9%，另外两场比赛的直播收视率分别为 1.6%和 1.5%（表 1）。

① 本文中收视率数据为 CSM 媒介研究 2019 年 104 城市组合，7 天时移数据上半年为 55 城市组合，下半年为 59 城市组合。

表 1　2019 年国足高收视比赛场次收视概况（所有调查城市）

节目名称	播出日期	播出频道	收视率（%）	市场份额(%)
2019 年亚洲杯小组赛 C 组第二轮 / 菲律宾 VS 中国	2019/01/11	中央台五套	1.8	10.6
2019 年亚洲杯小组赛 C 组第三轮（韩国 VS 中国）	2019/01/16	中央台五套	1.7	10.1
2019 年亚洲杯 1/8 决赛（泰国 VS 中国）	2019/01/20	中央台五套	1.8	13.6
国际足联 2022 年世界杯亚洲区预选赛第 2 阶段 A 组第 2 轮（关岛 VS 中国）	2019/10/10	中央台五套	1.6	6.3
国际足联 2022 年世界杯亚洲区预选赛第 2 阶段 A 组第 4 轮（ 菲律宾 VS 中国）	2019/10/15	中央台五套	1.9	7.3
国际足联 2022 年世界杯亚洲区预选赛第二阶段 A 组第 5 轮（叙利亚 VS 中国）	2019/11/14	中央台五套	1.5	13.3

数据来源：CSM 媒介研究

1 月 19 日：经典电影《举起手来》收视不俗

中央台六套 1 月 19 日播出的经典喜剧电影《举起手来》平均收视率 1.6%，位居 2019 年电影收视率榜首。2017 年票房冠军《战狼二》和 2018 年动作惊悚片《巨齿鲨》两部电影在中央台六套的收视率都为 1.5%，在电影收视率榜上跻身前三（表 2）。

表 2　2019 年中央台六套部分电影收视表现（所有调查城市）

节目名称	播出频道	播出日期	收视率（%）	市场份额（%）
举起手来	中央台六套	2019/01/19	1.6	5.7
战狼二	中央台六套	2019/03/16	1.5	5.8
巨齿鲨	中央台六套	2019/11/30	1.5	5.5

数据来源：CSM 媒介研究

1 月 29 日：省级卫视春节联欢晚会陆续播出

从小年夜到正月期间，中央台三套及多个省级上星频道陆续播出了各具特色的春节联欢晚会。从各晚会在所有调查城市的收视效果来看，2 月 5 日大年初一播出的《2019 北京电视台春节联欢晚会》收视率达到 1.9%，在省级卫视春晚收视中居于首位。辽宁卫视在除夕前一天播出的《2019 辽宁卫视春节联欢晚会》收视率为 1.4%，湖南卫视《2019 湖南卫视小年夜春晚》收视率为 1.2%，中央台三套 1 月 28 日播出的《2019 中央广播电视总台网络春晚》收视率为 1.3%。湖南卫视大年初一播出的《文化中国四海同春2019全球华侨华人春节大联欢》收视率为1.0%。《长江之恋长江流域十二省市春节联欢晚会》从2月6日至10日陆续在12省市的省级卫视播出，其中，在湖南卫视播出收视率为0.7%（表3）。

表3 2019年部分其他春节联欢晚会收视表现（所有调查城市）

节目名称	播出频道	播出日期	收视率（%）	市场份额（%）
2019北京电视台春节联欢晚会	北京卫视	2018/02/05	1.9	7.2
2019辽宁卫视春节联欢晚会	辽宁卫视	2019/02/03	1.4	5.9
2019中央广播电视总台网络春晚	中央台三套	2019/01/28	1.3	4.5
2019湖南卫视小年夜春晚	湖南卫视	2019/01/29	1.2	4.8
文化中国四海同春2019全球华侨华人春节大联欢	湖南卫视	2019/02/05	1.0	3.8
我们的中国梦2019东西南北贺新春	中央台三套	2019/02/03	0.8	3.8
春满东方2019东方卫视春节晚会（19:31~23:23）	上海东方卫视	2019/02/05	0.8	3.4
长江之恋长江流域十二省市春节联欢晚会	湖南卫视	2019/02/10	0.7	2.6
	江苏卫视	2019/02/09	0.3	1.8
	上海东方卫视	2019/02/06	0.3	1.4
	浙江卫视	2019/02/07	0.2	1.1
幸福久久2019山东卫视春节联欢晚会	山东卫视	2019/02/02	0.5	2.1
久久合家欢2019江苏卫视春节联欢晚会	江苏卫视	2019/02/05	0.5	2.0

数据来源：CSM媒介研究

2月

2月4日：中央广播电视总台春节联欢晚会播出

根据CSM媒介研究全国网收视调查数据，《2019中央广播电视总台春节联欢晚会》播出当天，通过电视端直播与电视时移收看的国内观众超过6.21亿人。2019年春晚跨屏总收视率达30.07%，网络端总收视率为2.74%，相对2018年（2.24%）提升了0.5个百分点。中央台并机电视频道总收视率达14.39%，其中，中央电视台综合频道收视率为5.47%，综艺频道收视率为3.75%，中文国际频道收视率为1.95%，中央台七套收视率为0.80%，新闻频道收视率为0.86%，少儿频道收视率为1.56%。

2月5日：《中国诗词大会》第四季开播

《中国诗词大会》第四季于2月5日至2月14日每晚20:00在中央电视台综合

频道首播。《中国诗词大会》第四季 10 期节目平均收视率达 1.5%，同时段市场份额为 5.5%。

2 月 5 日：《新春喜剧之夜》《新春曲艺大联欢》推出

中央台三套 2 月 5 日大年初一推出喜剧晚会《新春喜剧之夜》，晚会邀请了众多影视演员、主持人、歌手等跨界出演喜剧，节目首播收视率为 2.2%，同时段市场份额为 7.9%。2 月 6 日大年初二推出的《新春曲艺大联欢》邀请曲艺界代表人物和观众熟悉的明星搭档表演，为全国观众奉上曲艺文化大餐，节目首播收视率为 1.9%，同时段市场份额为 7.4%。

2 月 12 日：农村亲情剧《刘家媳妇》首播

39 集年代情感剧《刘家媳妇》以新农村妇女坚韧生存、顽强发展的曲折道路为中心，以三人的爱情婚姻为主线，讲述了新农村、新女性和新风貌的故事。该剧由黛朦影视出品，黄力加执导，闫学晶、吴其江等主演，于 2019 年 2 月 12 日在中央台八套黄金强档剧场播出。该剧首播平均收视率为 1.4%，市场份额为 5.1%。该剧在 55 城市 7 天时移收视率为 0.11%，相当于 55 城市首播收视率的 9%。

2 月 13 日：古代社会家庭剧《知否知否应是绿肥红瘦》收官

78 集古代社会家庭剧《知否知否应是绿肥红瘦》改编自同名小说，通过北宋官宦家庭少女明兰的成长、爱情、婚姻故事，讲述一个古代礼教制度下的女性的奋斗传奇故事。该剧由正午阳光影视出品，张开宙执导，赵丽颖、冯绍峰等主演，于 2018 年 12 月 25 日在湖南卫视金鹰独播剧场播出。该剧首播平均收视率为 1.4%，市场份额为 5.0%，单集最高收视率为 2.3%。该剧在 52 城市 7 天时移收视率为 0.66%，相当于 52 城市首播收视率的 51%。

2 月 19 日：元宵晚会直播

2019 年元宵晚会中，中央广播电视总台的元宵晚会在中央台综合频道和中央台三套播出的总收视率达到 6.5%，同时段市场份额为 22.9%。省级卫视中，湖南卫视、江苏卫视、辽宁卫视、北京卫视、安徽卫视、吉林卫视等也都举办了元宵晚会，其中，湖南卫视《2019 元宵喜乐会》的平均收视率为 1.2%，同时段份额为 4.5%（表 4）。

表 4　2019 年央视及湖南卫视元宵节晚会收视概况（所有调查城市）

晚会名称	播出频道	收视率（%）	市场份额（%）
喜气洋洋闹元宵	中央电视台综合频道	4.3	15.1
	中央台三套	2.2	7.8
2019 元宵喜乐会	湖南卫视	1.2	4.5

数据来源：CSM 媒介研究

2 月 21 日：近代传奇剧《老中医》开播

40 集近代传奇剧《老中医》以民国时期的上海为背景，由五个医案贯穿，讲述南京国民政府发布“中医废止案”后，中医翁泉海带领中医同仁共同抵抗“中医废止案”并保护中医这一民族瑰宝，在阻碍中步步前行的故事。该剧由儒意影视出品，毛卫宁执导，陈宝国、冯远征等主演，于 2019 年 2 月 21 日在中央电视台综合频道黄金档剧场播出。该剧首播平均收视率为 1.4%，市场份额为 5.2%。该剧在 55 城市 7 天时移收视率为 0.28%，相当于 55 城市首播收视率的 19%。

3 月

3 月 1 日：都市家庭剧《都挺好》在两家卫视联播

46 集都市家庭剧《都挺好》改编自同名小说，讲述了职场金领苏明玉从小不受家人待见，生长在家庭边缘，在孤独扭曲的环境中长大成人的故事。该剧由正午阳光影视出品，简川訸执导，姚晨、倪大红等主演，于 2019 年 3 月 1 日在江苏卫视、浙江卫视首播。两家联播总收视率达 2.3%，市场份额为 8.1%（表 5），在浙江卫视单集最高收视率达 2.3%。该剧在 55 城市 7 天时移收视率为 0.61%，相当于 55 城市首播收视率的 26%。

表 5　《都挺好》在两家联播省级卫视首播收视概况（所有调查城市）

节目名称	播出频道	平均收视率（%）	平均市场份额（%）
都挺好	江苏卫视	1.1	4.0
都挺好	浙江卫视	1.2	4.1

数据来源：CSM 媒介研究

4 月

4 月 26 日：《奔跑吧》第三季开播

户外竞技真人秀节目《奔跑吧》第三季于 4 月 26 日至 7 月 12 日每周五晚21:00在浙江卫视首播。《奔跑吧》第三季 12 期节目平均收视率为 1.9%，同时段市场份额为 8.9%，在 2019 年季播综艺节目中平均收视率位居首位。该节目在 55 城市 7 天时移收视率为 1.31%，相当于 55 城首播收视率的 65%。

4 月 26 日：《向往的生活·湘西篇》开播

生活服务纪实节目《向往的生活·湘西篇》是《向往的生活》节目的第三季，于 4 月 26 日至 7 月 19 日每周五晚间 22:00 在湖南卫视首播。《向往的生活·湘西篇》13 期节目平均收视率为 1.3%，同时段市场份额为 9.0%。该节目在 55 城市 7 天时移收视率为 0.97%，相当于 52 城首播收视率的 63%。

4月28日：2019年世界乒乓球锦标赛决赛开战

2019年世界乒乓球锦标赛于2019年4月21日至28日在匈牙利举行，中国包揽了5个单项冠军。其中，4月28日男单决赛一场比赛直播收视率为1.8%，同天女双决赛的直播收视率为1.4%，前一天的女单决赛直播收视率为1.6%（表6）。

表6　2019年世界乒乓球锦标赛高收视比赛场次（所有调查城市）

节目名称	播出日期	播出频道	收视率（%）	市场份额(%)
2019年世界乒乓球锦标赛男单决赛	2019/04/28	中央台五套	1.8	6.3
2019年世界乒乓球锦标赛女单决赛	2019/04/27	中央台五套	1.6	5.9
2019年世界乒乓球锦标赛女双决赛	2019/04/28	中央台五套	1.4	6.2

数据来源：CSM媒介研究

5月

5月3日：《等着我》播出

大型公益寻人行动《等着我》是中央广播电视总台推出的全媒体大型公益寻人节目。中央电视台综合频道2019年5月3日至8月25月周日20:00播出的16期节目平均收视率为1.4%，同时段市场份额为5.4%。

5月10日：北京广播电视台冬奥纪实频道上星播出

经国家广播电视总局批准，北京广播电视台冬奥纪实频道于2019年5月10日零时起上星播出，北京广播电视台体育频道同步停止播出。

5月12日：《极限挑战》第五季首播

励志体验真人秀节目《极限挑战》第五季于5月12日至8月4日每周日21:00在上海东方卫视首播。《极限挑战》第五季13期节目平均收视率为1.5%，同时段市场份额为6.9%。该节目在55城市的7天时移收视率为0.79%，相当于55城市首播收视率的47%。

6月

6月9日：都市家庭剧《少年派》开播

41集都市家庭剧《少年派》讲述4个家庭的成员迎着阳光风雨努力奋斗，最终收获成长的故事。该剧由蓝恐龙影视出品，刘惠宁、李少飞执导，张嘉译、闫妮等主演，于2019年6月9日在湖南卫视金鹰独播剧场播出。该剧首播平均收视率为1.4%，市场份额为5.7%，单集最高收视率为2.3%。该剧在55城市7天时移收视率为0.47%，相当于55城市首播收视率的34%。

7 月

7 月 9 日：青春励志言情剧《亲爱的，热爱的》两家卫视联播

41 集青春励志言情剧《亲爱的，热爱的》讲述了软萌少女佟年与热血青年韩商言一见钟情，在相处中甜蜜碰撞，上演的一场高智商与高情商的甜萌梦幻爱情故事。该剧由剧酷文化传媒出品，李青蓉、项旭晶执导，杨紫、李现等主演，于 2019 年 7 月 9 日在上海东方卫视、浙江卫视首播。两家联播总收视率为 2.3%，市场份额为 8.7%（表 7）。该剧在 59 城市 7 天时移收视率为 0.48%，相当于 59 城市首播收视率的 20%。

表 7　《亲爱的，热爱的》在两家联播卫视首播收视概况（所有调查城市）

节目名称	播出频道	平均收视率（%）	平均市场份额（%）
亲爱的，热爱的	上海东方卫视	1.1	4.1
亲爱的，热爱的	浙江卫视	1.2	4.6

数据来源：CSM 媒介研究

7 月 19 日：《中国好声音 2019》开播

励志专业音乐评论节目《中国好声音 2019》于 7 月 19 日至 10 月 7 日每周五 21:00在浙江卫视首播。《中国好声音 2019》13 期节目平均收视率为 1.5%，同时段市场份额为 8.3%。该节目在 59 城市的 7 天时移收视率为 0.36%，相当于 59 城市首播收视率的 20%。

7 月 31 日：都市家庭教育剧《小欢喜》两家卫视联播

49 集都市家庭教育剧《小欢喜》改编自同名小说，讲述了方家、季家、乔家，3 个家庭在“高三”这一年间面临高考下的悲喜故事。该剧由柠萌影业出品，汪俊执导，黄磊、海清等主演，于 2019 年 7 月 31 日在上海东方卫视、浙江卫视首播。两家联播总收视率为 2.3%，市场份额为 9.1%（表 8）。该剧在 59 城市 7 天时移收视率为 0.54%，相当于 59 城市首播收视率的 21%。

表 8　《小欢喜》在两家联播省级卫视首播收视概况（所有调查城市）

节目名称	播出频道	平均收视率（%）	平均市场份额（%）
小欢喜	上海东方卫视	1.1	4.4
小欢喜	浙江卫视	1.2	4.7

数据来源：CSM 媒介研究

8月

8月1日：中央广播电视总台国防军事频道开播

中央广播电视总台国防军事频道于8月1日第九十二个“八一”建军节正式开播。原军事农业频道中的农业节目调整至全新的农业农村频道试验播出。

8月31日：2019年国际篮联篮球世界杯开战

2019年国际篮联篮球世界杯于2019年8月31日至9月15日在中国举行。其中，9月2日中国对阵波兰一场比赛直播收视率为1.8%。中国队对阵委内瑞拉、韩国和科特迪瓦的另外三场比赛直播收视率分别为1.6%、1.5%和1.4%（表9）。

表9　2019年篮球世界杯高收视比赛场次收视概况（所有调查城市）

节目名称	播出日期	播出频道	收视率（%）	市场份额(%)
2019年国际篮联篮球世界杯小组赛A组（中国VS波兰）	2019/09/02	中央台五套	1.8	7.8
2019年国际篮联篮球世界杯A组（委内瑞拉VS中国）	2019/09/04	中央台五套	1.6	6.6
2019年国际篮联篮球世界杯第二阶段排位赛M组（中国VS韩国）	2019/09/06	中央台五套	1.5	6.0
2019年国际篮联篮球世界杯小组赛A组（科特迪瓦VS中国）	2019/08/31	中央台五套	1.4	5.9

数据来源：CSM媒介研究

9月

9月1日：《开学第一课》创收视新高

2019年的《开学第一课》以“国旗下的讲述”为内容主线，邀请成果丰硕的科学家、德艺双馨的艺术家、事迹厚重的英雄模范人物、新时代的创新实践者、青少年杰出代表讲述新中国70年的发展变化故事。该节目2019年9月1日在中央电视台综合频道20:00首播时段获得了5.7%的收视率，同时段市场份额达到18.6%，创下收视新高（表10）。

表 10 2017~2019 年中央电视台综合频道《开学第一课》首播收视概况（所有调查城市）

节目名称	播出日期	收视率（%）	市场份额（%）
开学第一课	2019/09/01	5.7	18.5
开学第一课	2018/09/01	4.8	15.9
开学第一课	2017/09/01	4.6	16.6

数据来源：CSM 媒介研究

9 月 13 日：中秋晚会直播

2019 年中央广播电视总台中秋晚会以“家国情怀”为核心理念，分《花月圆》《山河恋》《共婵娟》3 个篇章呈现。中央电视台综合频道、中央台三套、中央台四套于 9 月 13 日晚间并机直播晚会，3 频道合计的总收视率达到 5.5%，同时段市场份额达 20.2%。中央台三套的《2019 中秋大会》9 月 12 日播出，收视率为 0.9%。湖南卫视的《中秋之夜》收视率为 0.6%（表 11）。

表 11 2019 年部分频道中秋节晚会首播收视表现（所有调查城市）

晚会名称	播出频道	收视率（%）	市场份额（%）
2019 年中央广播电视总台中秋晚会	中央电视台综合频道	2.7	10.0
	中央台三套	1.5	5.4
	中央台四套	1.3	4.8
2019 中秋大会（9 月 12 日）	中央台三套	0.9	3.7
中秋之夜向月亮许个愿	湖南卫视	0.6	2.4

数据来源：CSM 媒介研究

9 月 22 日：都市创业剧《在远方》两家卫视联播

54 集都市创业剧《在远方》讲述了姚远在快递与互联网的创业浪潮中百折不挠、跌宕起伏的人生故事。该剧由佳平影业出品，陈昆晖执导，刘烨、马伊琍等主演，于 2019 年 9 月 22 日在上海东方卫视、浙江卫视首播。两家联播总收视率为 2.3%，市场份额为 8.2%（表 12）。该剧在 59 城市的 7 天时移收视率为 0.33%，相当于 59 城市首播收视率的 13%。

表 12 《在远方》首播在两家联播省级卫视收视概况（所有调查城市）

节目名称	播出频道	平均收视率（%）	平均市场份额（%）
在远方	上海东方卫视	1.1	3.8
在远方	浙江卫视	1.2	4.4

数据来源：CSM 媒介研究

9 月 23 日：中央广播电视总台农业农村频道正式播出

中央广播电视总台农业农村频道在 8 月 1 日实验播出后，于 9 月 23 日中国农民丰收节正式播出，频道将更多聚焦、全面覆盖“三农”主题。

10 月

10 月 1 日：庆祝中华人民共和国成立 70 周年系列活动开播

2019 年 10 月 1 日是中华人民共和国成立 70 周年纪念日。中华人民共和国成立 70 周年大会阅兵式于 2019 年 10 月 1 日举行，中央电视台、省级卫视及众多地面频道都在 9:50~12:43 时段播出了《庆祝中华人民共和国成立 70 周年大会阅兵式群众游行特别报道》，该节目在中央电视台和省级卫视播出的总和收视率为 26.9%，同时段份额达 83.9%。其中，中央电视台总收视率为 21.6%，同时段份额为 67.3%。晚间 19:53~21:35 时段播出的《庆祝中华人民共和国成立 70 周年联欢活动》，中央电视台和省级卫视总收视率达 16.8%，同时段份额为 56.9%。

此外，9 月 30 日晚间中央电视台综合频道播出的《走向复兴——庆祝中华人民共和国成立 70 周年特别节目》收视率为 1.9%，份额为 6.7%。音乐舞蹈史诗《奋斗吧，中华儿女》收视率为 1.9%，份额为 8.4%。中央台三套并机直播的音乐舞蹈史诗《奋斗吧，中华儿女》收视率为 0.9%，份额为 3.9%。

10 月 13 日：年代反特刑侦剧《光荣时代》两家卫视联播

46 集年代反特刑侦剧《光荣时代》讲述了以郑朝阳为代表的新中国第一代人民公安，在面对以“桃园”行动组为代表的国民党潜伏特务的持续破坏时，展开了艰苦卓绝又针锋相对的斗争故事。该剧由天马映像影业出品，刘海波执导，张译、黄志忠等主演，于 2019 年 10 月 13 日在北京卫视、江苏卫视首播。两家联播总收视率为 2.3%，市场份额为 8.2%（表 13）。该剧在 59 城市 7 天时移收视率为 0.32%，相当于 59 城市首播收视率的 12%。

表 13　《光荣时代》在两家联播省级卫视首播收视概况（所有调查城市）

节目名称	播出频道	平均收视率（%）	平均市场份额（%）
光荣时代	北京卫视	1.1	3.8
光荣时代	江苏卫视	1.2	4.4

数据来源：CSM 媒介研究

10 月 18 日：世界军人运动会开幕

第七届世界军人运动会于 2019 年 10 月 18 日至 27 日在中国武汉举行，中国队位居金牌榜和奖牌榜首位。其中，军运会开幕式通过中央电视台综合频道、中央台四套、中央台五套、中央电视台新闻频道、CCTV5+、4K 超高清频道以及湖北卫视并机直播。7 个频道合计的总收视率为 5.0%，同时段市场份额为 19.6%。相关军运会赛事直播中，10 月 22 日女排决赛中国队对阵巴西队的比赛的收视率为 1.9%，同时段份额为 7.3%（表 14）。

表 14　第七届世界军人运动会部分节目播出频道及收视概况（所有调查城市）

节目名称	播出频道	收视率（%）	市场份额（%）
第七届世界军人运动会开幕式	中央电视台综合频道	1.6	6.3
	中央台五套	1.4	5.3
	中央台四套	1.0	3.7
	中央电视台新闻频道	0.7	2.9
	湖北卫视	0.2	0.9
第七届世界军人运动会报道：第七届军运会女排决赛（中国 VS 巴西）	中央台五套	1.9	7.3

数据来源：CSM 媒介研究

10 月 22 日：谍战剧《谍战深海之惊蛰》开播

45 集谍战剧《谍战深海之惊蛰》根据同名小说改编，讲述了 1941 年上海沦陷时期，以陈山与张离为代表的民族英雄，为了保家卫国，在重庆、上海等城市的隐蔽战线上坚持与敌人斗争的故事。该剧由千乘影视出品，孙皓执导，张若昀、王鸥等主演，于 2019 年 10 月 22 日在湖南卫视金鹰独播剧场播出。该剧首播平均收视率为 1.4%，市场份额为 5.5%，单集最高收视率为 2.0%。该剧在 59 城市 7 天时移收视率为 0.35%，相当于 59 城市首播收视率的 24%。

10 月 23 日：2019 年亚洲足球冠军联赛半决赛举行

2019 年亚洲足球冠军联赛半决赛次回合，广州恒大坐镇主场迎战日本球队浦和红钻，最终以两回合总比分 0∶3 落败，结束了中国足球俱乐部 2019 年的赛程，该场比赛直播收视率为 1.5%。之前小组赛及决赛阶段各场赛事中，8 月 28 日广州恒大对阵日本球队鹿岛鹿角一场比赛的直播收视率为 1.4%（表 15）。

表 15　2019 年亚洲足联冠军联赛高收视比赛场次（所有调查城市）

节目名称	播出日期	播出频道	收视率（%）	市场份额（%）
2019 年亚洲足联冠军联赛半决赛次回合（广州恒大 VS 浦和红宝石）	2019/10/23	中央台五套	1.5	6.0
2019 年亚洲足联冠军联赛 1/4 决赛首回合（广州恒大 VS 鹿岛鹿角）	2019/08/28	中央台五套	1.4	5.5

数据来源：CSM 媒介研究

10月24日：年代剧《奔腾年代》两家卫视联播

46集年代剧《奔腾年代》讲述了新中国成立后年轻技术员常汉卿和战斗英雄金灿烂，为新中国电力机车的研发创新、不断发展奉献毕生精力的故事。该剧由威克传媒出品，徐宗政执导，佟大为、蒋欣等主演，于2019年10月24日在上海东方卫视、浙江卫视首播。两家联播总收视率为2.4%，市场份额为8.7%（表16）。该剧在59城市7天时移收视率0.23%，相当于59城市首播收视率的8%。

表16 《奔腾年代》在两家联播卫视首播收视概况（所有调查城市）

节目名称	播出频道	平均收视率（%）	平均市场份额（%）
奔腾年代	上海东方卫视	1.2	4.2
奔腾年代	浙江卫视	1.2	4.5

数据来源：CSM媒介研究

10月27日：《中国梦之声·我们的歌》开播

代际潮音竞演综艺节目《中国梦之声·我们的歌》于10月27日开始每周日21:00在上海东方卫视首播。截至12月31日，《中国梦之声·我们的歌》已播9期节目的平均收视率为1.4%，同时段市场份额为6.6%。该节目在59城市的7天时移收视率为0.2%，相当于59城市首播收视率的13%。

11月

11月10日：两家“双11”狂欢晚会强势交锋

2019年是天猫“双11”晚会的第五年，该晚会继续由浙江卫视和上海东方卫视联合直播，两频道合计的总收视率为1.9%，同时段市场份额为9.1%。2019年的“猫晚”与湖南卫视和苏宁易购合作的“狮晚”交锋，湖南卫视单频道收视率为1.5%，同时段市场份额为7.5%（表17）。

表17 2019年三家省级上星频道“双11”晚会收视概况（所有调查城市）

晚会名称	播出频道	收视率（%）	市场份额（%）
2019苏宁易购1111嗨爆夜	湖南卫视	1.5	7.5
2019天猫双11狂欢夜	浙江卫视	1.2	5.5
	上海东方卫视	0.7	3.6

数据来源：CSM媒介研究

11 月 18 日：都市青春爱情剧《鳄鱼与牙签鸟》开播

50 集都市青春爱情剧《鳄鱼与牙签鸟》根据同名小说改编，讲述了小镇姑娘李南恩到法国维克多尔大学学习建筑学，在“高级动物研究社”遇到学霸周尔文，从而展开了一系列有关创业、理想与爱情的故事。该剧由堃娱文化出品，林妍执导，张天爱、陈柏霖等主演，于 2019 年 11 月 18 日在湖南卫视金鹰独播剧场播出。该剧首播平均收视率为 1.4%，市场份额为 5.5%，单集最高收视率为 2.1%。该剧在 59 城市 7 天时移收视率为 0.07%，相当于 59 城市首播收视率的 5%。

12 月

12 月 17 日：古装剧《大明风华》开播

64 集古装剧《大明风华》改编自小说《六朝纪事》，讲述了明朝初年国家开创盛世，孙若微历经五帝六朝的故事。该剧由好酷影视出品，张挺执导，汤唯、朱亚文等主演，于 2019 年 12 月 17 日在湖南卫视金鹰独播剧场播出。截至 12 月 31 日，该剧前 24 集首播平均收视率为 1.8%，市场份额为 6.6%，单集最高收视率为 2.1%。该剧前 24 集在 59 城市 7 天时移收视率为 0.18%，相当于 59 城市首播收视率的 10%。

12 月 20 日：都市律政剧《精英律师》两家卫视联播

42 集都市律政剧《精英律师》讲述了一群法律从业者，为守护公平正义、为职业理想奋斗的故事。该剧由新丽电视文化出品，刘进执导，靳东、蓝盈莹等主演，于 2019 年 12 月 20 日登陆北京卫视、上海东方卫视。截至 12 月 31 日，该剧前 20 集剧两家联播总收视率为 2.6%，市场份额为 8.8%（表 18）。该剧前 20 集在 59 城市的 7 天时移收视率为 0.79%，相当于 59 城市首播收视率的 27%。

表 18　《精英律师》在两家联播省卫视首播收视概况（所有调查城市）

节目名称	播出频道	平均收视率（%）	平均市场份额（%）
精英律师	北京卫视	1.3	4.4
精英律师	上海东方卫视	1.3	4.4

数据来源：CSM 媒介研究

12 月 31 日：多台跨年晚会播出

2019 年观众仍集中在中央电视台和几家头部卫视收看跨年晚会。其中，江苏卫视跨年晚会收视率为 2.3%，同时段市场份额为 9.6%。湖南卫视跨年晚会收视率为 2.2%，同时段市场份额为 10.5%。中央电视台综合频道、中央台三套和中央电视台音乐频道并机播出的《启航 2020——中央广播电视总台跨年盛典》总收视率达到

2.1%，上海东方卫视跨年晚会收视率为1.5%，浙江卫视跨年晚会收视率为1.1%，北京卫视联合黑龙江卫视、河北卫视播出的《2018环球跨年冰雪盛典》3个频道的累计收视率为0.8%（表19）。

表19 2019年部分跨年晚会收视表现（所有调查城市）

<table>
<tr><th>节目名称</th><th>播出频道</th><th>开始时间</th><th>结束时间</th><th>收视率%</th><th>市场份额%</th></tr>
<tr><td>2020跨年演唱会 用奋斗点亮幸福</td><td>江苏卫视</td><td>19:55</td><td>0:17</td><td>2.3</td><td>9.6</td></tr>
<tr><td>快乐中国 2019~2020跨年演唱会</td><td>湖南卫视</td><td>19:51</td><td>0:56</td><td>2.2</td><td>10.5</td></tr>
<tr><td rowspan="3">启航2020 中央广播电视总台跨年盛典</td><td>中央电视台综合频道</td><td>20:00</td><td>0:23</td><td>1.1</td><td>4.8</td></tr>
<tr><td>中央台三套</td><td>20:00</td><td>0:23</td><td>0.8</td><td>3.3</td></tr>
<tr><td>中央电视台音乐频道</td><td>20:00</td><td>0:23</td><td>0.2</td><td>1.0</td></tr>
<tr><td>梦圆东方追梦2020跨年盛典</td><td>上海东方卫视</td><td>19:50</td><td>0:51</td><td>1.5</td><td>6.9</td></tr>
<tr><td>2020跨年晚会</td><td>浙江卫视</td><td>19:36</td><td>23:37</td><td>1.1</td><td>4.7</td></tr>
<tr><td rowspan="3">2020环球跨年冰雪盛典</td><td>北京卫视</td><td>19:49</td><td>0:49</td><td>0.6</td><td>2.5</td></tr>
<tr><td>黑龙江卫视</td><td>19:49</td><td>0:49</td><td>0.1</td><td>0.5</td></tr>
<tr><td>河北卫视</td><td>19:49</td><td>0:49</td><td>0.1</td><td>0.3</td></tr>
</table>

数据来源：CSM媒介研究

结 语

2019年可以说是电视剧收视的大年。在电视剧市场整体数量下行的背景下，剧目的质量明显提升。包括国庆献礼剧在内的一批关注时代变迁与改革的现实题材主旋律电视剧也成为2019年电视荧屏的亮点，这些剧目题材多元，视角丰富，引发了年轻观众的热烈讨论。电视综艺节目2019年的表现不太突出，市场中相对热门的都是大浪淘沙存活下来的3季以上的综N代节目。新综艺节目更多地走向了垂直细分领域，一些新节目虽然总体收视不高，但口碑较好，在圈层内引发了较强的共鸣。

广电媒体机构的供给侧改革仍然在路上，频道精简精办、大中心制、节目工作室制度、短视频MCN等一系列变革，一方面促进了电视媒体淘汰落后产能、提高运行效率，另一方面也加快了在媒体融合传播上的步伐。随着新一轮改革的不断深入，广电媒体机构势必走上高质量发展的新道路，具有更强的市场竞争力，也能更好地发挥出广电媒体的主流价值传播力及影响力。

（作者：吴凡）

2019 年全国电视剧市场收播特征盘点

我国电视剧市场经历过短暂的不适应之后，在 2019 年出现了一些利好的兆头和信号，形成了“守正”与“创新”并行的态势。一方面，在内容上秉持“小正大”的现实主义创作思路，精品纷呈的献礼剧成为年度一大亮点；另一方面，则在类型上做出种种创新与探索，传统类型横向拓展、纵向细分，挖掘新角度新题材新故事。然而传统电视剧市场仍面临一些严峻的局面：大批制作公司无工可开，政策限定日益严格，供给侧持续紧缩，首轮播出量有所下滑、二轮剧当道，一线上星频道抱团取暖过冬，在播出与收视市场出现了一系列变化，形成了新的表征。

一、供给侧的变化：持续减量提质

电视剧从作为热门风投对象到资本寒潮，经历了一个短暂的投资周期。2012 年出现虚火旺盛、产量激增的局面，2013 年起主管部门开始挤泡沫，首先从“限量”开始，资本撤离衍变成制作公司自动“减量”，并在政府号召和观众要求下达到“提质”目的。

2015 年起，随着“一剧两星”政策的推出，电视剧市场重新洗牌，主管部门的审批率、全国新剧播出量、上星频道首轮播出量均开始出现下滑迹象，供给侧减量的趋势非常明显；2016 年这三个指标均断崖式下跌；2017 年起，主管部门审批率开始稳定下来，但另外两个指标继续下降。2019 年电视剧市场在创作风向上步入关键转型期，提供精品内容成为行业呼声与共识，减量与提质并行。主管部门有意控制新剧数量，制作公司生产意愿下降，2019 年全国电视剧拍摄制作备案公示的剧目共 905 部、34 401 集，较 2018 年同期减少 258 部、11 330 集，同比分别下降 22%、25%；2019 年全国生产完成并获得“国产电视剧发行许可证”的剧目 254 部、10 646 集，较 2018 年减少 69 部、3080 集，分别减少 21%、22%（图 1）。在这种情形下，传统电视播出端自然减少了对新剧的吸纳量，2019 年，新剧播出量较 2018 年减少 25 部、下降 13%，省级上星频道、省级地面频道削减严重；上星频道晚黄金档共播出首轮剧 124 部，同比缩减 22 部，次黄金档共播出 16 部，同比减少 7 部。

那么，减量之下是否实现了提高质量的目标？从 2019 年上星频道晚黄金档电视剧在 100 城的单频道平均收视率的区间分布来看，单频道收视率不足 0. 5%的尾部剧

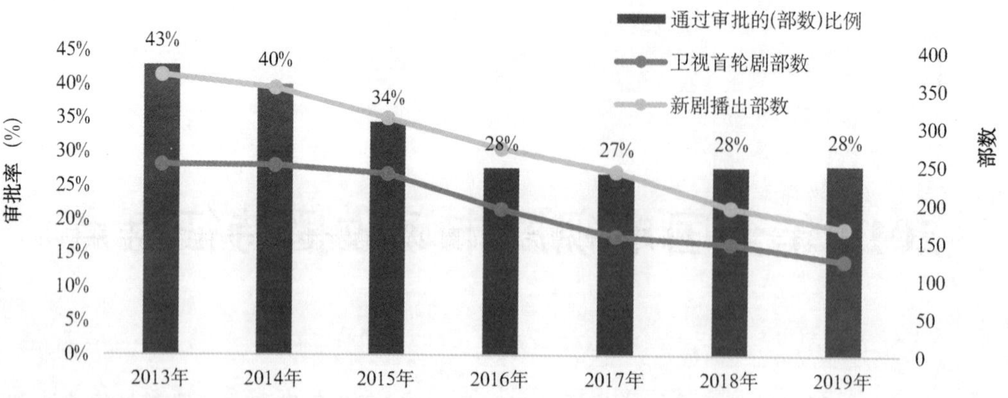

数据来源：CSM 媒介研究

图 1　2013 年以来电视剧上新部数及审批率走势

注：审批率=通过政府审批的电视剧与备案公示的电视剧部数的比例（%）

占比停留在 82.1%的高比重值上，可谓长期以来“尾大不掉”；单频道收视率在 0.5%~1%区间的中档次剧目占 10%，较之前几年一直在萎缩；单频道收视率在 1%~2%区间的优质剧目占比逼近 8%，同比上升 3.2 个百分点，是非常可喜的提升；单频道收视率大于 2%的顶尖剧目依旧缺席（表 1）。从中可见，中低档次的电视剧占比总体在缩小，优质剧目的占比则有显著提升。

表 1　2015 年以来上星频道晚黄金档电视剧收视区间分布（19:30~21:30，100 城市）

平均收视率范围	2015 年	2016 年	2017 年	2018 年	2019 年
收视率< 0.5%	76.0%	76.4%	80.7%	82.1%	82.1%
0.5%≤收视率<1%	17.8%	17.1%	14.1%	13.2%	10.0%
1%≤收视率<2%	5.0%	6.1%	4.7%	4.7%	7.9%
收视率≥2%	1.2%	0.4%	0.5%	0.0%	0.0%

数据来源：CSM 媒介研究

二、类型的变化：有创新的现实题材成主流

现实题材一直受到政府鼓励及主推，近两年更是达到“一家独大”的地位。2019 年全国生产完成并获得“国产电视剧发行许可证”的剧目中，现实题材剧目共计 177 部、7004 集，分别占总部数、总集数的 69.7%、65.8%。同比 2018 年，2019 年上星频道晚黄金档首轮剧中，现实题材削减了 18 部，但仍占了 85 部；近代剧占 33 部，保持平稳；古装剧从 7 部缩减到仅 2 部。从具体类型看，管制宽松、政治敏感度低的现实题材比重居高不下，构成第一大类，“人畜无害”的言情类题材占比仅微跌 1 个百分点，仍停留在 16%的高位；贴近当代人日常生活的都市生活类题材保持在 11%的比例。

近代剧题材中，具备高收视基因的军事斗争类占比增加了2.8个百分点，突破10%。然而，反特/谍战类却因创新遭遇瓶颈而出现颓势，占比下跌近3个百分点。在二类题材中，农村类提升约2个百分点，一度大火的时代变迁类明显回落，主题略显沉重的社会伦理类微跌；小类题材中，重大革命题材呈现爆发势头，从不足1%猛增到近5%，军旅生活、当代主旋律、商战等题材有不同程度提升，武打、人物传记、神怪玄幻、公案等以古装为主的边缘小题材则消失了（图2）。题材播出比例的跌跌涨涨凸显出上星频道在收视与政策规定中寻求制衡之道的苦心。2019年政府加强了对敏感题材的监管：重点加强对宫斗剧、抗战剧、谍战剧的备案公示审核和内容审查，治理“老剧翻拍”等不良创作倾向。这些举措势必会影响未来市场题材风向。

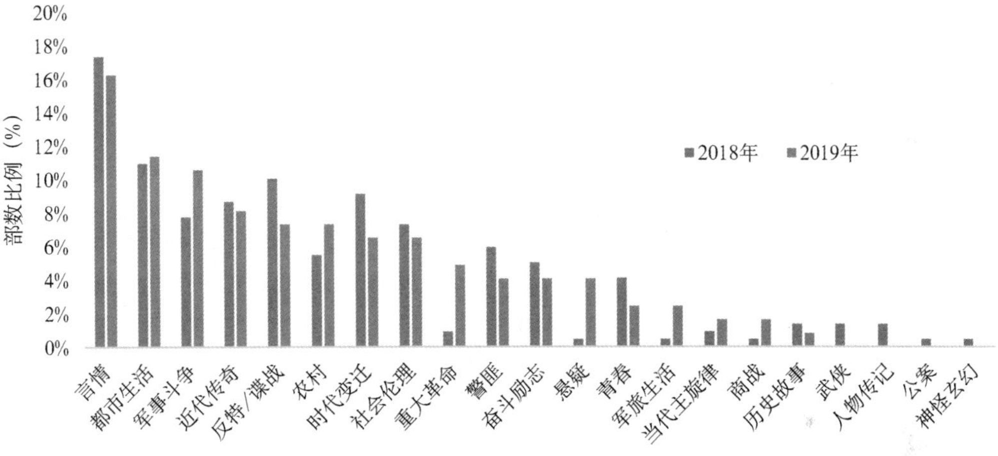

数据来源：CSM媒介研究

图2　2018~2019年上星频道晚黄金档不同题材首轮剧部数比例（19:30~21:30，100城市）

题材创新成为电视剧市场本年度关键词之一。现实题材扎堆，如何避免高度同质化恶性竞争，在“螺蛳壳里做道场”就成了一道必答题，以题材新颖度取胜成为众多上星频道首轮剧之选。2019年选取填补空白的首秀题材有20部，六成剧收视率破1%，取得了较好的收视效果。例如，中央电视台综合频道推出的《特赦1959》取材于新中国首次特赦释放反革命罪犯和刑事罪犯、战犯这一重大历史事件，收视率达到1.28%，超出平台均值40%；聚焦新中国机车研发故事的《奔腾年代》、见证我国快递业20年发展历程的《在远方》、涉及电竞业的爆款言情剧《亲爱的，热爱的》及新军改题材《陆战之王》，总收视率均突破2%。此外，还有首次讲述航空策反大事件的《归鸿》、少数民族领养孤儿的《国家孩子》、新中国外交波澜史的《外交风云》、首部空降兵题材的《空降利刃》，讲述互联网时代反电信诈骗的《天下无诈》和揭露“非法传销”的《上线下线》，等等，这些剧目从不同角度首次触碰不同行业及题材领域，紧扣当下社会热点，构建了丰富立体的类型矩阵。

部分上星频道还借鉴热门类型化电影元素，推出类似的电视剧集，例如公路剧、漫改剧等，这成为2019年度一个新亮点。例如，《七日生》借鉴美剧，以国际视野讲述了一个中国版跨国营救的故事，《一场遇见爱情的旅行》将悬疑与公路元素结合起来，《国宝奇旅》描摹了抗战期间国宝迁移的壮举；言情剧《第二次也很美》则大量运用了国漫这一年度最火元素，不仅女主人公是漫画高手，而且每集结尾都无缝对接一个动漫短片，带给观众清新之感。

为吸引年轻观众回归大屏，政府大力鼓励形式创新。2019 年 12 月 10 日至 11 日，国家广播电视总局宣传司在广州举办“2019 年广播电视节目创新创优培训班”，传递以下信号：着力节目模式、形态与表达创新，节目题材类别“做加法”，节目呈现方式注重戏剧再现手法，叙事注重年轻化表达。其实，省级上星频道已开始行动起来，选择不少青春化样态的剧集，例如，《陆战之王》《飞行少年》等剧用更青春化的台词、节奏和人设等，让军旅题材更显年轻化、网感化、热血化，更贴合年轻人的审美方式。

三、竞争格局的变化：升级为朋友圈之争

2019 年全国电视剧市场的竞争格局发生了较大变化。从排名前十的上星频道来看，有 6 家频道晚黄金档电视剧收视率有所提升，这和 2018 年大部分上星频道收视不同程度下降形成鲜明对比。晚黄金档频道电视剧平均收视率突破 1%的是湖南卫视和浙江卫视，湖南卫视年度同比提升 0.36 个百分点，以 1.23%的收视率重夺冠军宝座；浙江卫视呈现出爆发式增长，年度同比激增 0.44 个百分点，以 1.02%的收视率紧随其后，实现历史性大逆袭。江苏卫视和上海东方卫视也实现增长，电视剧平均收视率在 0.97%~0.98%之间；安徽卫视和天津卫视稳中微增；深圳卫视增幅较大，增长 0.11 个百分点，收视率超过 0.30%；中央电视台综合频道从 1.03%微降到 0.91%，北京卫视和中央台八套稳中微降，收视率分别维持在 0.89%、0.83%的水准；山东卫视断崖式下滑，从 0.48%下降到 0.22%，折损一半收视。

一个可喜的现象是，2019 年上述十大上星频道晚黄金档收视率超过 1%的电视剧总量，较 2018 年有较大幅度提升（增加 22 部），看具体分布格局则几家欢喜几家愁。重回龙头位置的湖南卫视几乎月月有剧突破 1%，年初的《知否知否应是绿肥红瘦》和都市剧《逆流而上的你》、年中暑期的青春剧《少年派》及 9 月份之后的 4 部剧《激荡》《谍战深海之惊蛰》《鳄鱼与牙签鸟》《大明风华》，平均收视率均超过 1.2%，尤其是年尾的《大明风华》再次打破古装剧荒，在缓解市场饥渴的同时，获得了 1.75%的收视率（图 3），超出频道同时段电视剧收视均值 42%，与其他上星频道拉开了较大差距。可以说湖南卫视连续两年采取古装剧跨年和开年的策略，充分享用了古装剧的稀缺红利。相比 2018 年破 1%剧的颗粒无收，浙江卫视在 2019 年勇猛精进，一举夺得 9 部席位。此外，江苏卫视从 1 部增加到 8 部，上海东方卫视从 4 部提升到 7 部，直接带动了频道整体收视效果。北京卫视和中央台八套保持不变，中央电视台综合频道则从 6 部缩水一半。

仔细观察省级上星频道间的电视剧竞争策略，除了独播剧之外，联播剧之争已

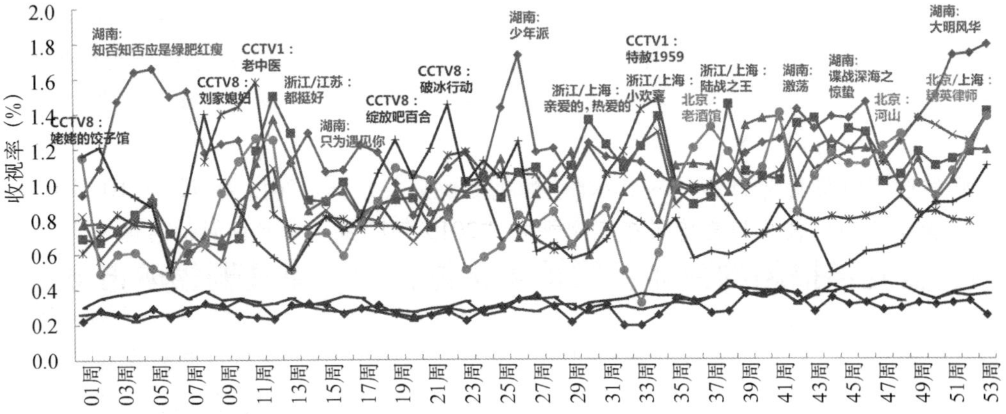

数据来源：CSM 媒介研究

图 3　2019 年主要上星频道晚黄金档电视剧分周收视走势（19:30~21:30，100 城市）

经彻底变成了“朋友圈”之争。一线省级上星频道之间合纵连横，构建出不同于以往的固定联盟，强强联盟成为新趋势。其中，浙江、东方、北京这三大卫视之间合作甚密，“押宝”胜算较大，充当了合作轴心的角色。2019 年浙江和上海东方卫视共联播 7 部剧，既包括顶配流量明星的《我的真朋友》、名导的《带着爸爸去留学》，更包含年度爆款《亲爱的，热爱的》《小欢喜》以及热门献礼剧《陆战之王》《奔腾年代》《在远方》。浙江和江苏卫视也联播 7 部剧，除了现象级大剧《都挺好》之外，还包括《天衣无缝》《国宝奇旅》《梦在海这边》《乔安你好》《推手》《一场遇见爱情的旅行》等各类剧。北京和上海东方卫视这一对老搭档联播了 4 部，《幕后之王》《精英律师》《芝麻胡同》《青春斗》均属于群星云集、阵容强大、卖相颇佳的热门剧集。此外，北京和江苏卫视联播了 1 部反特/谍战剧《光荣时代》。从收视效果看，北京、上海、江苏、浙江这几家省级上星频道的联播剧总计 19 部，单部总收视率不低于 1.28%，有 11 部总收视率超过 2%。

二三线省级上星频道中，安徽、湖北、山东等卫视联播行为比较活跃，吉林、深圳、江西、宁夏等卫视也有参与，但和一线上星频道形成了泾渭分明的朋友圈。也有个别成功联袂一线上星频道，例如广东卫视和北京卫视于 8 月 26 日推出《老酒馆》、9 月 19 日播出《外交风云》，分别带给广东卫视 61%和 18%的收视溢出率①，拉升了平台的竞争力。但更多实力一般的省级上星频道采取的是圈外搭车行为，跟播成为年度一景。2019 年晚黄金档省级上星频道跟播剧共有 12 部、涉及 17 部次，二三线上星频道跟播一线上星频道，三四线上星频道跟播二线上星频道，在首轮剧播出后间隔几天、次第跟播，分享剩余价值。例如，山东卫视在《老酒馆》《外交风云》结束前几天跟播该剧；农村献礼剧《欢喜盈门》在安徽卫视 9 月 4 日首播后，陆续在当月的 16 日、18 日、19 日和 22 日，于黑龙江、辽宁、吉林、河北这几

① 收视溢出率 =（该剧平均收视率-播出频道同时段电视剧年平均收视率）/播出频道同时段电视剧年平均收视率×100%

家省级上星频道播出；军事斗争献礼剧《红鲨突击》在 11 月 4 日登陆河南和广西卫视之后，在 7 日、11 日和 20 日分别登陆四川、贵州、吉林 3 家卫视。从效果看，跟播剧喜忧参半，17 部次跟播剧中，有 5 部次是正向行为，有 7 部次拉低了跟播平台的收视，有的剧首播和跟播效果都很差（例如《亲爱的婚姻》），有的剧则实现首播与跟播的双赢（例如《义海》《主妇也要拼》）。

四、首轮热播剧的变化：联播剧集体发力，献礼剧领航市场

近两年，随着我国电视剧市场创作不断下沉，2019 年涌现了一批思想性、艺术性和可视性俱佳的作品，上星频道晚黄金档看起来群星荟萃。独播剧共计 87 部，约占三分之二，多以当代剧为主，有 25 部收视率超过 1%，湖南卫视独占 11 席。该频道年底播出的《大名风华》，凭借汤唯、王学圻、梁冠华等大咖阵容先声夺人，并将神秘残酷的明朝宫廷生活融入烟火气十足的细琐喜感日常，收视率一枝独秀，也从侧面反映出市场对于古装剧的巨大渴求。以高三学生学业情感为戏核的《少年派》，以高度贴地气、极度生活化、鲜活生动的台词及表演方式取胜，十分契合湖南卫视的定位，获得 1.43%的收视率。中央电视台综合频道的《老中医》以陈宝国、许晴等“神仙”阵容来演绎传统中医精髓，收视率达到 1.41%，溢出率达到 55%。湖南卫视的谍战剧《谍战深海之惊蛰》和言情剧《鳄鱼与牙签鸟》收视率均超过 1.3%；中央台八套的农村剧《刘家媳妇》塑造了一个坚韧的创业农村女性，取得 1.32%的收视率；《第二次也很美》以“带娃谈恋爱”的轻喜风格和融入二次元动漫元素的创新手法带给上海东方卫视超过 30%的收视溢出率；《特赦 1959》凭借新鲜的“特赦”题材带给中央电视台综合频道 41%的溢出率和 1.28%的收视率（表 2）。

表 2　2019 年上星频道晚黄金档收视率超过 1.2%的独播剧（19:30~21:30，100 城市）

剧目名称	类型	时代背景	首播上星频道	开播日期	收视率%	溢出率
大明风华	历史故事	古装剧	湖南卫视	2019/12/17	1.75	42%
少年派	青春	当代剧	湖南卫视	2019/06/09	1.43	16%
老中医	近代传奇	近代剧	中央电视台综合频道	2019/02/21	1.41	55%
谍战深海之惊蛰	反特/谍战	近代剧	湖南卫视	2019/10/22	1.37	11%
鳄鱼与牙签鸟	言情	当代剧	湖南卫视	2019/11/18	1.34	9%
刘家媳妇	农村	当代剧	中央台八套	2019/02/12	1.32	59%
第二次也很美	言情	当代剧	上海东方卫视	2019/11/20	1.28	32%
激荡	时代变迁	当代剧	湖南卫视	2019/09/22	1.28	4%
特赦 1959	其他	现代剧	中央电视台综合频道	2019/07/29	1.28	41%
空降利刃	军旅生活	当代剧	江苏卫视	2019/09/15	1.25	28%
逆流而上的你	都市生活	当代剧	湖南卫视	2019/02/12	1.23	0%
破冰行动	警匪	当代剧	中央台八套	2019/05/10	1.21	46%

数据来源：CSM 媒介研究

联播剧共计37部，约占三分之一，有11部总收视率超过2%，《精英律师》《奔腾年代》《小欢喜》《都挺好》《亲爱的，热爱的》《在远方》《光荣时代》《梦在海这边》《乔安你好》《带着爸爸去留学》这10部剧单频道收视率均超过1%，让联播剧呈现出不同于往年的彪悍态势。这些剧各具优势，屡有创新。《精英律师》以中生代一线演员为主，阵容豪华、演技在线，汇聚了大量案例，涉及诸多法律常识，热度、话题度颇高，总收视率突破2.5%（北京卫视、上海东方卫视）。《奔腾年代》向新中国机车研发致敬，题材新颖，欢喜冤家的CP设计碰撞出不少看点，在浙江、上海东方卫视的总收视率达到2.4%。《小欢喜》是柠萌影业的教育三部曲，延续了《小别离》的高品质和核心人马，聚焦中国教育之硬核——高考，探讨高压下亲子关系的转变和家长们的成长，话题性十足，群像塑造非常成功，情节设计笑中含泪，风格温馨又犀利，不仅收视可观（2.34%），而且口碑极高（豆瓣8.4分），乃是名副其实的年度爆款。《都挺好》敏感捕捉中国式原生家庭之痛，立意与众不同，倪大宏、郭京飞、姚晨等实力派演员塑造出性格鲜明的一家人，播出后获得极大的社会反响，以2.28%的总收视率和7.8的豆瓣评分成为年度另一大爆款。《亲爱的，热爱的》则以电竞业为背景，用一股甜而不腻的清新恋爱风格博得观众喜爱；而《乔安你好》则在“相爱相杀”中加入时装商战元素，也获得不错的收视效果（表3）。

表3　2019年上星频道晚黄金档总收视率超过2%的联播剧（19:30~21:30，100城市）

剧目名称	题材	首播上星频道	开播日期	总收视率%	总溢出率
精英律师	社会伦理	北京、上海	2019/12/20	2.53	36%
奔腾年代	时代变迁	浙江、上海	2019/10/24	2.40	21%
小欢喜	社会伦理	浙江、上海	2019/07/31	2.34	18%
都挺好	社会伦理	浙江、江苏	2019/03/01	2.28	14%
亲爱的，热爱的	言情	浙江、上海	2019/07/09	2.27	14%
在远方	商战	浙江、上海	2019/09/22	2.27	14%
光荣时代	反特/谍战	北京、江苏	2019/10/13	2.24	20%
梦在海这边	奋斗励志	浙江、江苏	2019/12/11	2.21	11%
乔安你好	言情	浙江、江苏	2019/11/21	2.15	8%
带着爸爸去留学	都市生活	浙江、上海	2019/06/13	2.10	6%
陆战之王	军旅生活	浙江、上海	2019/08/26	2.04	3%

数据来源：CSM媒介研究

献礼剧在2019年格外耀眼，在上星频道首播剧中共有39部，占三分之一，其中有18部总收视率超过1%（在首轮剧中占比46%）、26部次单频道收视率超过1%（在单频道剧中占比15%），多部登陆一线卫视荧屏，一改叫好不叫座的点缀印象，爆款迭出、惊喜不断，发挥了领航市场的示范作用。献礼剧的类型丰富多样，多达 14 类，曾经的小类题材脱颖而出，尤以时代变迁剧最多（6 部），奋斗励志、军事斗争、重大革命各 4 部，反特/谍战、军旅生活、农村剧各 3 部，当代主旋律、都市生活、近代传奇、社会伦理、言情类各 2 部，还包括商战及其他类。献礼剧在内容方面做出可贵探索，从各个侧面映射出国民生活、军队改革、政策变迁、行业变化等，多采取小切口、大时代的叙事方式，既有宏观视角又有微观描写，不少作品在收视、热度和口碑方面做到较好统一或某一项上表现突出。《小欢喜》《奔腾年代》《精英律师》《在远方》《光荣时代》《梦在海这边》《陆战之王》在北京、上海、浙江、江苏等一线上星频道播出后总收视率均超过 2%，《老酒馆》《外交风云》则是思想精深、艺术精湛、制作精良的代表作，前者采用独特的伞状结构、富有哲理韵味的台词，后者则以宏大视角来展现新中国外交的激荡与巨变，分别获得 1.66%、1.46%的总收视率，以及 7.4、8.0 的较高豆瓣评分。

结　语

雄关漫道真如铁，“难过”的 2019 年已经翻篇，2020 年在抗疫中迎来了新春，“宅”家成为主流。在这种情势下，电视剧市场会迎来新的机遇与挑战：一方面，居家抗疫使开机率提升，观众回归传统电视媒体，由于部分综艺节目受限，电视剧成为消遣时光的重要依托，观众对电视剧的收视需求会比较旺盛；另一方面，电视剧制作复工势必会受到影响，未来电视剧供应量可能进一步下降。当然，抗击疫情也为未来电视剧提供了丰富的素材，据悉国家广播电视总局已经组织上海台、北京电视台、江苏台、湖北局等单位筹拍首部抗击疫情时代报告剧《在一起》，将以真实人物事件为原型，“以小切口反映大主题、小人物折射大时代、小故事讲述大道理”。种种迹象表明，保持主流价值传输，映射时代、反映现实、反思当下，精品化思维，将是未来电视剧市场发展的主要基调。春天来了，让我们静待花开。

（作者：李红玲）

2019 年全国新闻节目收视回顾

2019 是不平凡的一年。这一年，风雨中摸索前行的共和国，在 10 月 1 日迎来了 70 华诞，全国人民爱国热情空前高涨，70 周年阅兵盛典，更是成为亿万观众关注的焦点。与此同时，伴随着中国的崛起，经济政治领域一些不和谐的声音时有出现。2019 年 5 月，中美贸易战重新激化，美国对中国商品加征关税，特别是美国对华为公司宣布禁运并采取的其他不合理竞争手段引发全球关注。8 月，香港暴力事件的升级，牵动了每一个中国人的心。这些重大事件无疑成为年度新闻热点。本文根据 CSM 媒介研究 2019 年在全国 104 个城市的收视调查数据，对新闻节目的收视状况进行分析，并通过对重点新闻事件及栏目的形态和模式深层解析，探究新传播环境下电视新闻节目的新风向，与业界共享。

一、新闻节目整体收播状况

1. 新闻节目人均日收看时长减少 2 分钟，资源利用效率维稳

如今，新媒体与传统媒体互相融合，竞争日趋激烈，电视等传统媒体面临巨大

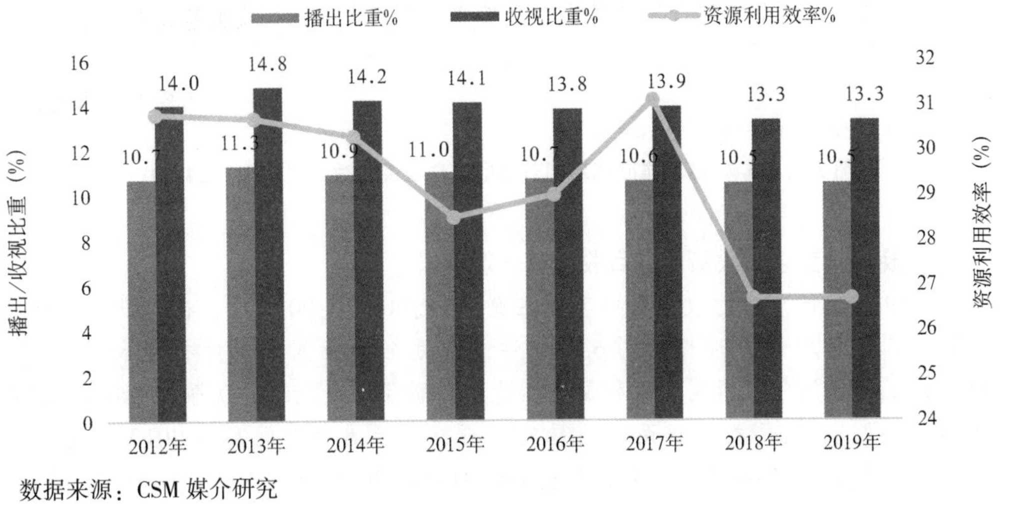

数据来源：CSM 媒介研究

图 1　2012 年以来新闻节目的收播比重及资源利用效率（历年所有调查城市）

的挑战，收视时长进一步被分流。数据显示，2019 年全国电视收视市场人均每天收看电视时长下降，但降幅已连续两年收窄。而伴随着微信、抖音、网站/客户端等诸多新媒体形式的普及，人们获取信息的渠道和方式发生极大的改变，这使得电视新闻节目面临的竞争压力逐年加大，2019 年 104 城市人均每日收看新闻类节目的时长为 13 分钟，较 2018 年下降了 2 分钟。

2019 年，新闻类节目的播出比重和收视比重与 2018 年持平，获得了 10.5%的播出比重和 13.3%的收视比重；从供求关系的变化上看，面对新媒体的全面渗透，2019 年电视新闻节目资源利用效率依旧维稳，实属不易（图 1）。

2. 昆明、贵阳、广州观众新闻节目收视量位列前三名

中国幅员辽阔，全国各地观众的作息、生活习惯呈现地域性特征，同样，其媒介接触习惯、偏好类别也会呈现出较大差异。晚间时段，在新闻节目的播出总量基本稳定的前提下，人均收视总时长在不同城市间存在明显的差别。2019 年晚间 17:00~24:00 时段，35 个城市（包括直辖市、省会、计划单列市）中，昆明、贵阳、广州新闻节目的人均收视总时长位列前三名，总时长都接近 5000 分钟（图 2）。

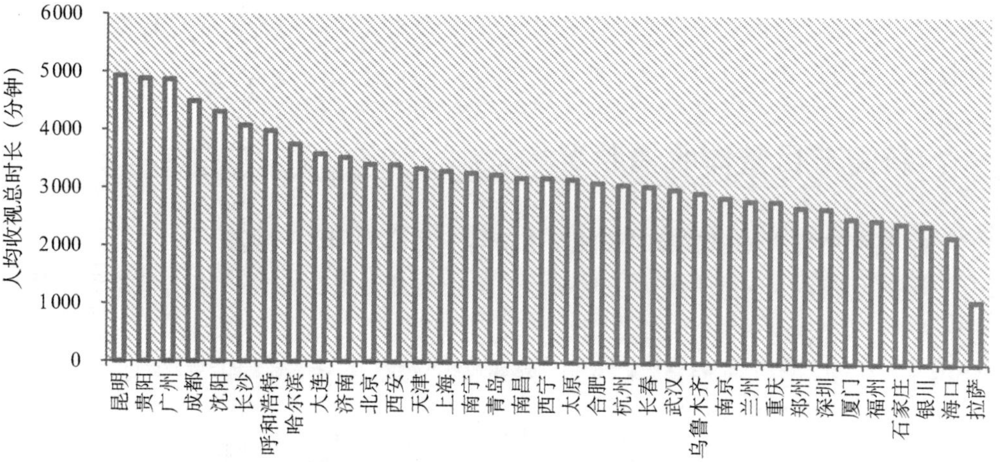

数据来源：CSM 媒介研究

图 2　2019 年 35 城市晚间新闻节目的人均收视总时长（17:00~24:00）

3. 晚间次黄金时段新闻节目收视有一定下滑

2019 年新闻节目的收视主要集中在晚间 18:00~20:00 时段，在这段时间开播的新闻节目人均收视时长达到 6.1 分钟，接近全天新闻节目收视时长的一半。11:30~12:30 的午间新闻时段和覆盖各地新闻联播及央视新闻联播的晚间 18:00~19:30 时段，是新闻类节目两个明显的收视高峰，其中午间高峰 2019 年略有后移，但峰值超过 2018 年。此外，早间 06:00~08:30 时段和晚间 20:30~22:00 时段也有一个较为明显的新闻收视次高峰（图 3），其中 20:30~22:00 时段的收视较上年呈现明显下滑。早在2015年，清华大学《传媒蓝皮书：中国传媒产业发展报告（2015）》就曾指出：网络新闻接触率最高的时段是20:45~22:00①，电视新闻节目虽然在不断创新，但依然无法扭转互联网新闻在该时段不断蚕食电视受众的局面。

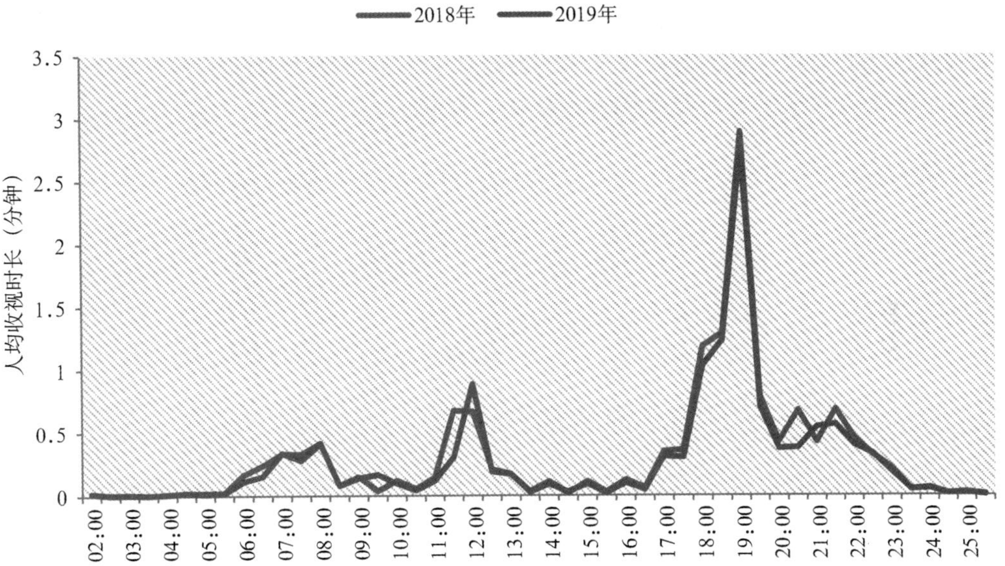

数据来源：CSM媒介研究

图3　2018~2019年新闻节目全天各时段收视情况（历年所有调查城市）

4. 国庆阅兵、中美贸易战、香港暴力事件等重大时事对新闻收视影响明显

相较于2018年新闻节目的波澜不惊，2019年适逢中国70周年华诞，国庆周（9月29日~10月5日）的新闻节目人均收视时长达到28.5分钟，遥遥领先于全年其他时期。可见在重大新闻事件面前，电视新闻依旧是观众的第一选择。

全年其他各周新闻节目的收视时间整体比较稳定，稍逊于2018年，收视分钟数在12~15分钟之间波动，其中1~5月下滑较为明显。然而，亦有一些重大新闻事件的带动使得2019年新闻收视赶超上年同期水平。如因中美贸易战重新激化而引发的一系列新闻事件就引起社会强烈关注。2019年5月10日美中第11轮贸易谈判之后，双方谈判完全陷于停滞。但在6月28至29日“2019年二十国集团大阪峰会G20峰会”举办前夕，特朗普和习近平于6月18日的一通电话，加上中方确认两位元首将在大阪会面，瞬间成为全球热点。涵盖上述相关事件的第25~26周（6月16日~6月29日），新闻节目人均收视止跌回升，中美贸易的吃紧关头，具有绝对权威性的电视新闻节目成为提振受众信心的重要窗口。此外，2019

① 互联网结束粗放式成长20:45~22:00为浏览网络新闻高峰［EB/OL］.（2015-05-11）［2020-05-13］. http://media.people.com.cn/big5/n/2015/0511/c120837~26978307.html.

年8月，香港频频发生违法暴力事件，严重冲击香港法治、安宁、民生，令所有关爱香港的人们感到痛心，香港暴力事件也成为热点新闻话题，当月新闻收视明显提升，特别是第34周（8月18日~8月24日）收视分钟数最高。重大新闻事件的发生及其报道期间，新闻类节目周平均收视明显提升，很好地印证了重大时事对新闻类节目收视的拉动效应。

此外，春节假期新闻节目收视水平相对较低，主要是因为节假日期间新闻节目一般只保持常规播出量，而观众关注度较高的综艺和青少节目则会增加播出，新闻节目的竞争力在节假日期间受到一定影响（图4）。

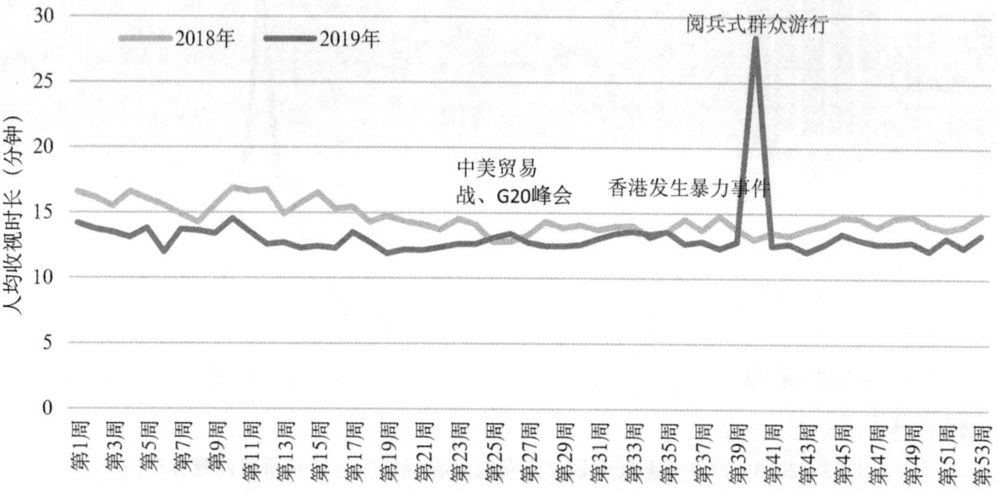

数据来源：CSM媒介研究

图4　2018与2019全年新闻节目人均收视时长分周走势（历年所有调查城市）

二、新闻节目收视竞争格局

1. 中央级频道收视份额居首，地面频道播出量占优

2019年全国电视新闻节目收视市场中，中央级频道仍然占据着最重要的位置，以4.3%的播出量为新闻节目贡献了最高的收视份额（43.8%），但较2018年收视份额有所回落；省级上星频道播出量为8.1%，略高于中央级频道，加之各地省一级重要新闻均在此平台播出，收视份额也相对较高（20.1%），较上年增长了3个百分点；省级非上星频道和市级频道的传播范围类似，面对的观众群体在地域上相对比较集中，尽管单个频道覆盖面不广，但胜在频道众多，因此播出量也最大，占所有新闻节目播出时间的80%，这两类频道累计共获得了新闻节目33.3%的新闻收视份额，但较上年份额均有所下滑（图5）。

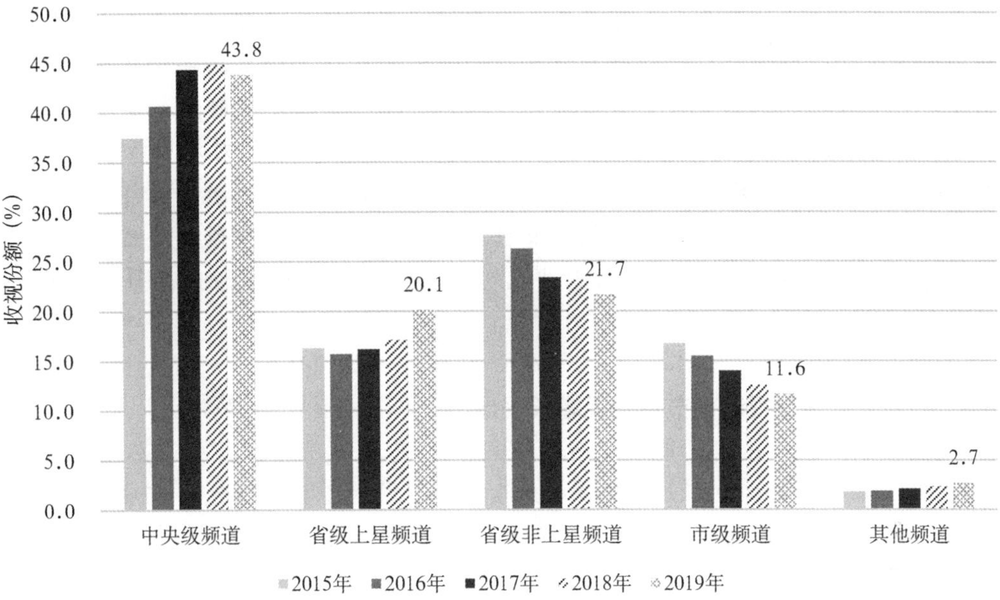

数据来源：CSM 媒介研究

图 5　2015～2019 年新闻节目市场各级频道的收视份额（%，历年所有调查城市）

2. 中央级频道的新闻评述类节目较受欢迎，地面频道以民生新闻为代表的其他新闻节目更受关注

观众对各级电视频道有不同的收视预期，因而收看电视新闻节目的时候就会带有主动的选择性（图 6）。对于国内外新闻的客观报道，在不同平台获得的新闻

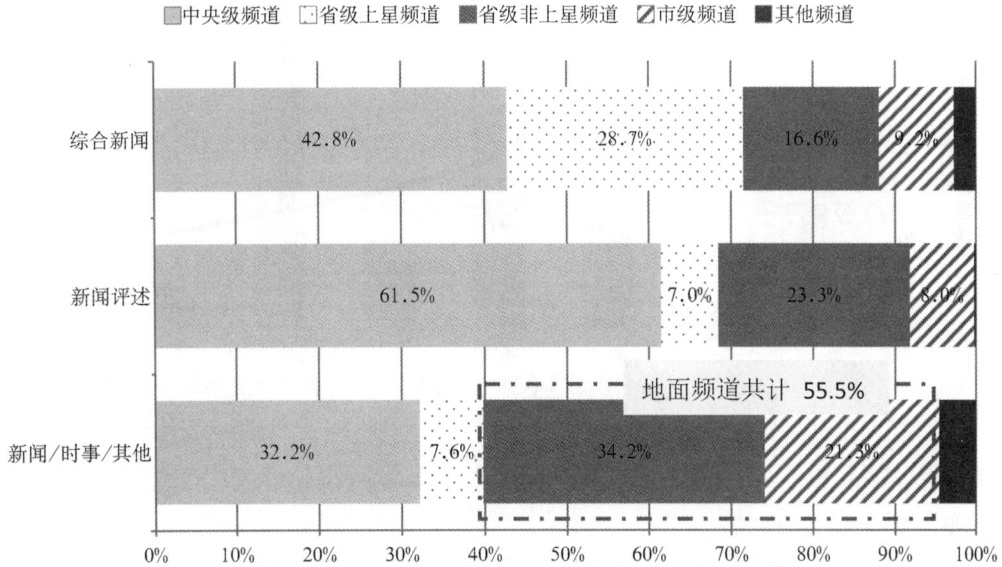

数据来源：CSM 媒介研究

图 6　2019 年各级频道在不同类型新闻节目市场的收视份额（所有调查城市）

事件信息并没有太大区别，全凭观众收视习惯；新闻评述类节目通常会加入一些主观判断，中央级频道的专业性和权威性在这种情况下无疑成为一大优势，观众对中央级频道播出的新闻评述类节目看重有加，61.5%的收视时间都给了中央级频道，且新闻评述类节目也是近几年资源利用率最高的新闻节目类型；被列在“其他”一栏下的新闻时事节目大多数关注的是重要性一般的新闻事件，各地方频道的民生新闻占了很大比例，此类节目取材贴近当地群众生活，自然是两级地面频道的主要收视市场，在新闻/时事其他类的收视中，地面频道获得了55.5%的收视份额。

3. 部分省级卫视新闻节目收视增长明显

2019年，部分省级上星频道新闻节目收视量增长明显，其中江苏卫视同比2018年增幅达到92%，浙江卫视增幅达到78%，广东卫视增幅达到47%（图7）。除转播中央台新闻联播收视量大幅增长外，部分省级卫视本省新闻节目收视也在提升。如江苏卫视的《江苏新时空》《新闻眼》，浙江卫视新闻节目《正午播报》《今日评说》及《浙江新闻联播》，北京卫视新闻节目《首都晚间报道》及《北京新闻》，东方卫视早间节目《看东方》，广东卫视的《晚间新闻》《广东新闻联播》，湖南卫视的《湖南新闻联播》，深圳卫视的《直播港澳台》《正午30分》《深视新闻》等节目收视均有所提升。

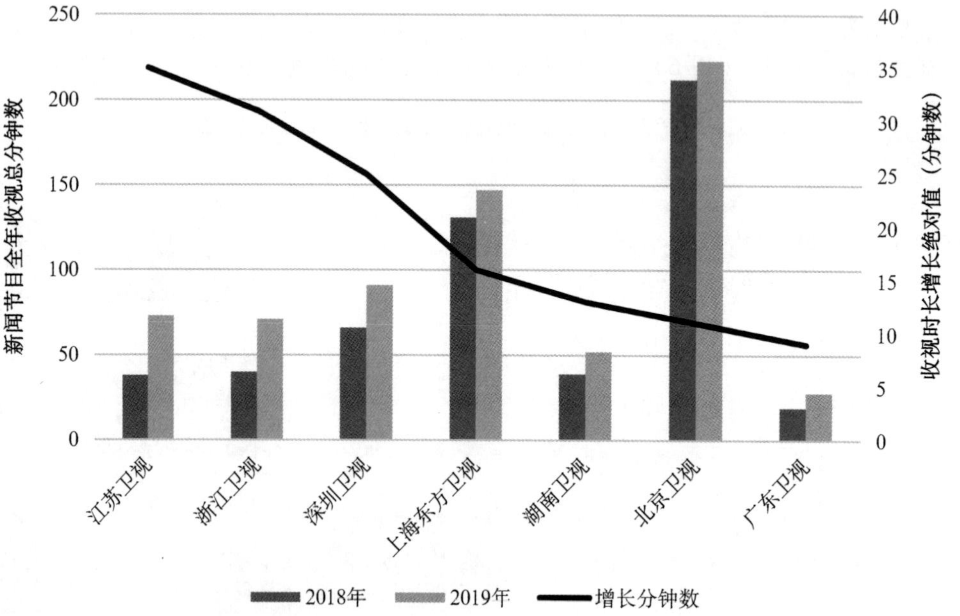

数据来源：CSM媒介研究

图7　2018~2019年部分省级上星频道新闻节目收视变化

三、新闻节目观众特征

全国电视观众中女性观众略多于男性，而新闻节目的观众中则男性多于女性。2019收看新闻节目的男、女观众数量之间的差距和上年比相差不大；超过七成的新闻节目观众年龄在45岁以上，从变化趋势看，35~54岁人群比例连续两年下降，55~64岁人群比例基本保持稳定；65岁以上人群比例则呈现出持续稳步增长态势；从受教育程度的角度看，初高中学历观众占主体，可喜的是，2019年大学及以上高学历观众比例扭转了连续两年持续下跌的势头，更多高知观众回归电视新闻节目（图8）。

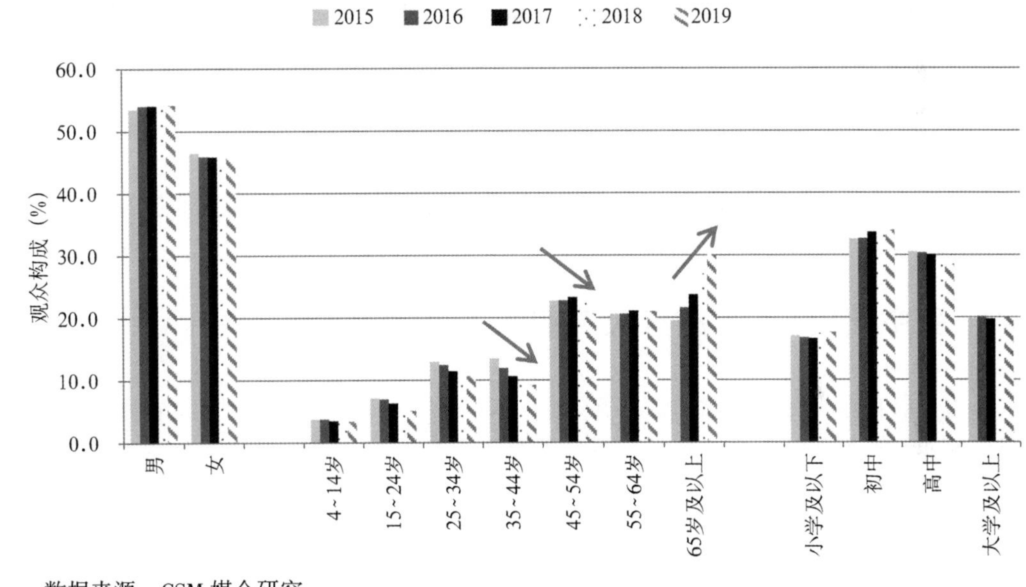

数据来源：CSM媒介研究

图8　2015~2019年新闻节目观众构成（历年所有调查城市）

不同观众对不同类型的新闻节目关注程度不同。男性观众对新闻节目的偏爱更多地体现于对“综合新闻”和“新闻评述”的收视；65岁及以上观众在“综合新闻”类节目观众中所占比例高于其他两类节目，25~34岁青年观众更青睐于“新闻评述”类节目；不同受教育程度的观众对几类新闻的收视习惯差异不大（图9）。

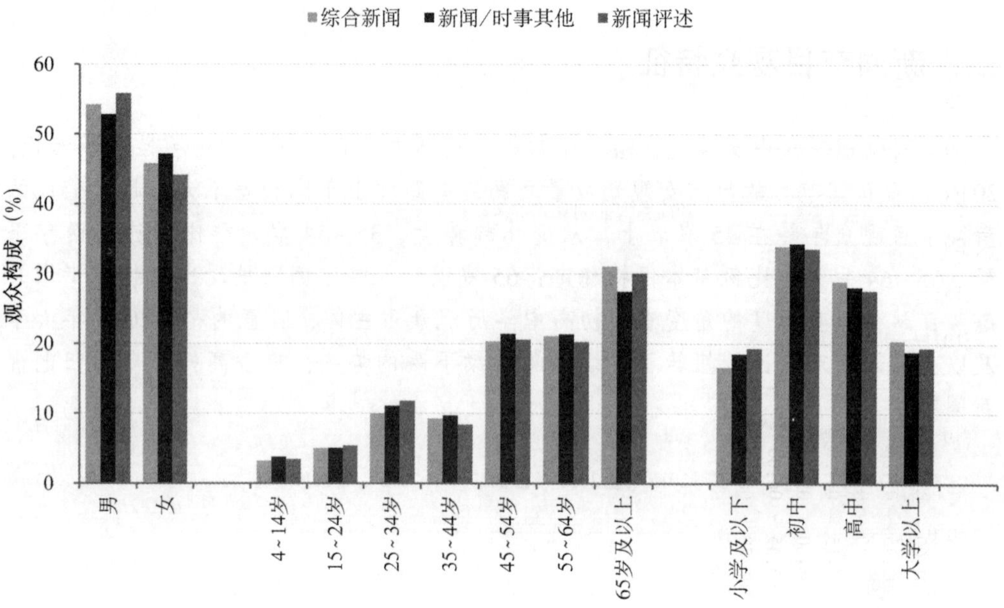

数据来源：CSM媒介研究

图9　2019年各类型新闻节目观众构成（所有调查城市）

四、新中国成立70周年庆典的收视表现

重大新闻事件对新闻节目的收视会起到明显的拉动作用。广大受众往往会选择通过主流电视媒体对重大事件及其后续报道进行了解。尽管新媒体在信息发布的快速性、即时性上更胜一筹，但专业性更强的电视频道却凭借其权威性和公信力仍然具有得天独厚的优势。特别是中央广播电视总台对重大新闻事件反应及时，报道权威准确，赢得受众青睐。

2019年10月1日，新中国迎来了70华诞，天安门广场举行的“庆祝中华人民共和国成立70周年阅兵式”，无疑成为全国观众关注的焦点。此次阅兵式在充分展示改革强军成就的同时，凸显国庆阅兵的庆典特色，规模上要比庆祝新中国成立50周年、60周年阅兵和纪念抗战胜利70周年阅兵大一些。[①] 国庆上午的《庆祝中华人民共和国成立70周年大会阅兵式群众游行特别报道》在超过100个电视频道直播，在104个调查城市中同时段总收视率超过27.8%，份额达86.8%。分城市来看，单城市收视最高的包头总收视率超过40.0%，同时段份额最高达到97.6%。此外，遵义、吉林、大同、宝鸡、洛阳、平顶山等城市国庆阅兵式的总收视率也都超过了30.0%。

国庆阅兵这一重大新闻事件使得一些平日较少接触电视的观众回归大屏。与阅

---

① 国庆阅兵规模将超过以往三次［EB/OL］.（2019-08-30）［2020-05-13］. https：//www.jfdaily.com/journal/2019-08-30/getArticle.htm? id=277538.

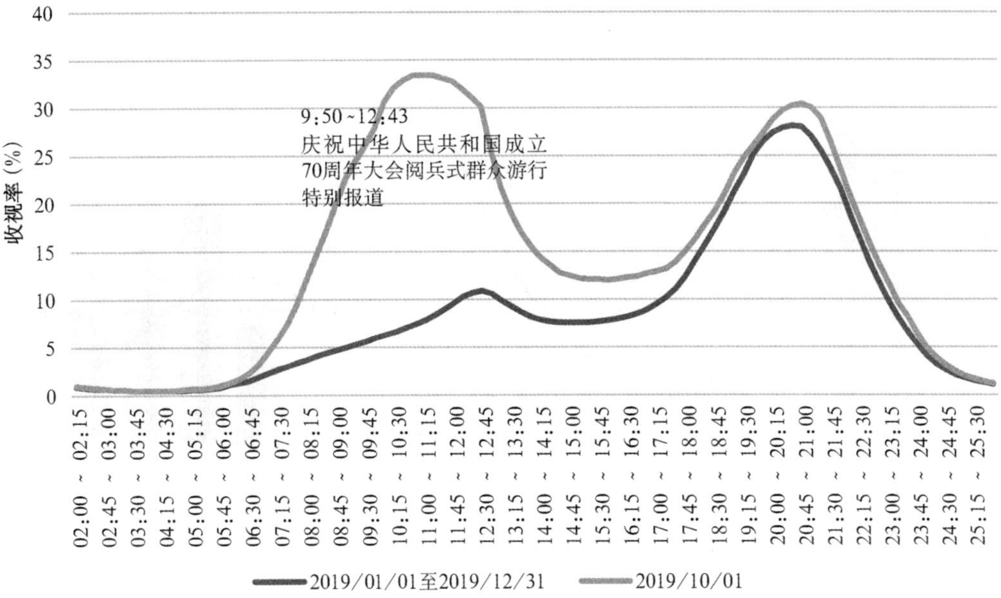

数据来源：CSM 媒介研究

图 10 新中国成立 70 周年阅兵仪式当天及 2019 全年所有频道收视走势（所有调查城市）

兵式后一周同时段相比，10 月 1 日阅兵时段 44 岁及以下各年龄段受众占比均有明显提升，特别是 25~34 岁增长最多，占比提升了 5.2 个百分点。在受教育程度方面，高学历人群强势回流，大学及以上受众占比大增 10.9 个百分点，这也从侧面反映出了中国年轻高知人群的爱国热情。同时，各类观众对阅兵式的喜爱程度也更加平均，可谓是“男女老少齐上阵”（图 11）。

作为国家级电视媒体，中央广播电视总台承担着诠释和建构新中国成立 70 周年的家国意义的重任。在国庆阅兵直播前后，总台以贴片的形式播出了特别报道《向伟大复兴前进》，前半段（08:00~09:50）聚焦于探秘阅兵式的筹备过程和新中国历史回顾，为直播预热，在 104 城市组合取得了 6.1%的收视率和 30.6%的市场份额；后半部分（12:43~14:32）聚焦于阅兵式与群众游行中的亮点，通过特邀评论员诠释细节、符号、隐喻和安排设置的背景，挖掘背后的深意，在 104 城市组合取得了 4.3%的收视率和 23.6%的市场份额。《向伟大复兴前进》“直播 + 评论 + 资料短片”的节目编排方式深入浅出地传递了“国家与个体命运相连”的理念，激发了全国人民的爱国热情。特别是其专业的新闻评论的设置，更容易在舆论引导方面凝聚共识，这也是一些互联网平台所望尘莫及的。

同时，此次国庆阅兵式转播充分发挥了智媒时代传播媒介的多样化优势，多终端跨屏扩展成为传播的一个亮点。优酷、爱奇艺、腾讯视频、芒果 TV 等网络视频平台均在首屏进行实时转播，并且基于自身的网络平台属性，对相关活动亮点进行了拆条播出，体现了移动互联、多屏传播的渗透力。同时，中央广播电视总台自身

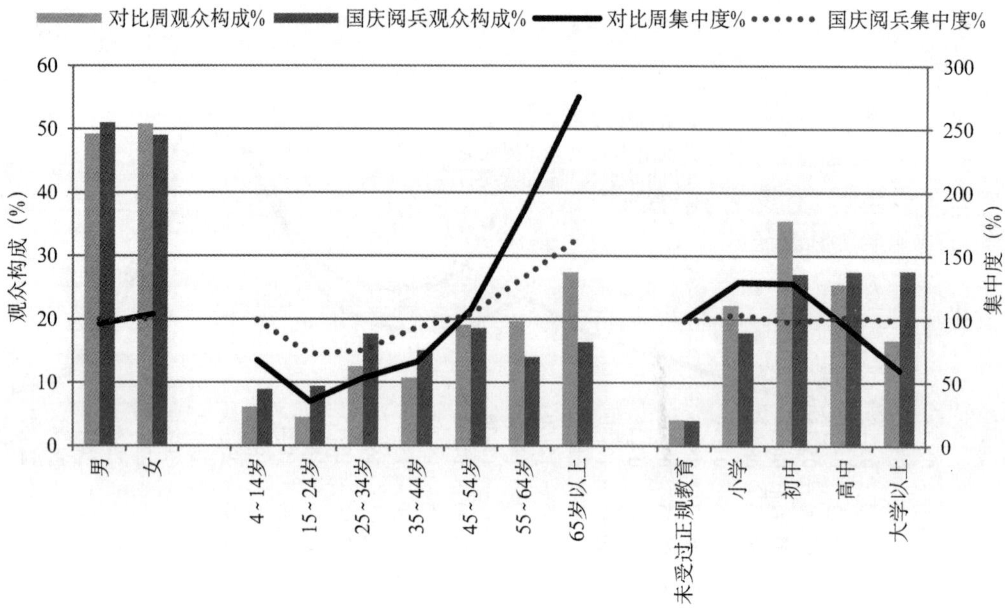

数据来源：CSM 媒介研究

图 11　2019 年国庆阅兵时段所有频道观众特征（所有调查城市）

注：对比周为阅兵后的 1006~1012 周，09:50~12:43 时段。

也充分利用了微博、微信、客户端的“两微一端”平台，以及抖音、快手等短视频平台，实时发布了数百篇新媒体图文视频稿件，打造了一系列的新媒体产品，阅兵式当天的新媒体直播在线观看人数突破 12 亿人次。除了在小屏上的创新尝试外，《此时此刻——共庆新中国 70 华诞》在全国 70 家影院同步直播阅兵式，同时还推出转译的粤语版本和少数民族语言版本，这也是我国电视直播史上首次将 4K 超高清信号引入院线。① 伴随智媒体时代的到来，媒体融合必将进一步加深，重大的新闻事件将实现多维度、立体化的圈层传播。

五、典型新闻节目浅析

新媒体的迅猛发展也为传统媒体带来了新的发展机遇，传统媒体与新媒体互相融合，实现优势互补是一种必然的发展趋势。对于电视新闻节目来说，想在融媒体时代站住脚跟，就要不断创新节目内容和形式，为受众制作和提供优质的电视新闻节目。

1. 中央广播电视总台《新闻联播》

《新闻联播》被称为“中国政坛的风向标”，其开播于 1978 年，至今已走过 40

① 毛湛文，史赫. 融媒体语境下国家庆典的呈现与构建［J］. 电视研究，2019（11）.

余个年头，伴随了一代又一代人的成长。该节目每日 19:00 在中央电视台综合频道和新闻频道并机直播。2019 年 8 月 1 日，CCTV-7 由“军事·农业频道”更名为“国防军事频道”，《新闻联播》每日 19:00 在中央电视台综合频道、新闻频道和国防军事频道并机直播，同时各省级卫视频道和部分地方台同步转播。在不少人的心目中，《新闻联播》是一档权威、严谨而严肃的新闻节目。而在 2019 年，《新闻联播》也积极地进行多角度创新，与时俱进地构筑了融媒体新生态。

2019 年 7 月开始，《新闻联播》进一步拓展传播渠道，同步推出《主播说联播》新媒体品牌。《主播说联播》短视频结合了当天节目中的重大新闻和热点新闻，用通俗易懂、年轻化的语言表达，为节目注入了新的能量，引起行业内强烈的反响，也吸引了年轻观众的关注。根据 CSM 融合媒体数据云平台监测，新闻联播官方抖音号粉丝量超过 2500 万人，获赞量达 1.2 亿次，集均点赞量超过 100 万次。新闻联播快手官方账号粉丝量超过 3400 万。

不仅如此，《新闻联播》在新媒体端的活跃也助推了其在电视大屏的收视。在 2019 年 7 月、8 月、9 月，《新闻联播》收视连续三月呈现出显著增长态势，在 104 城市同时段份额分别达到 29%、36%和 42%。从《新闻联播》播出时段的观众结构变化来看，2019 年 7 月，4~14 岁、15~24 岁观众及中高学历观众占比也有一定提升（图 12）。

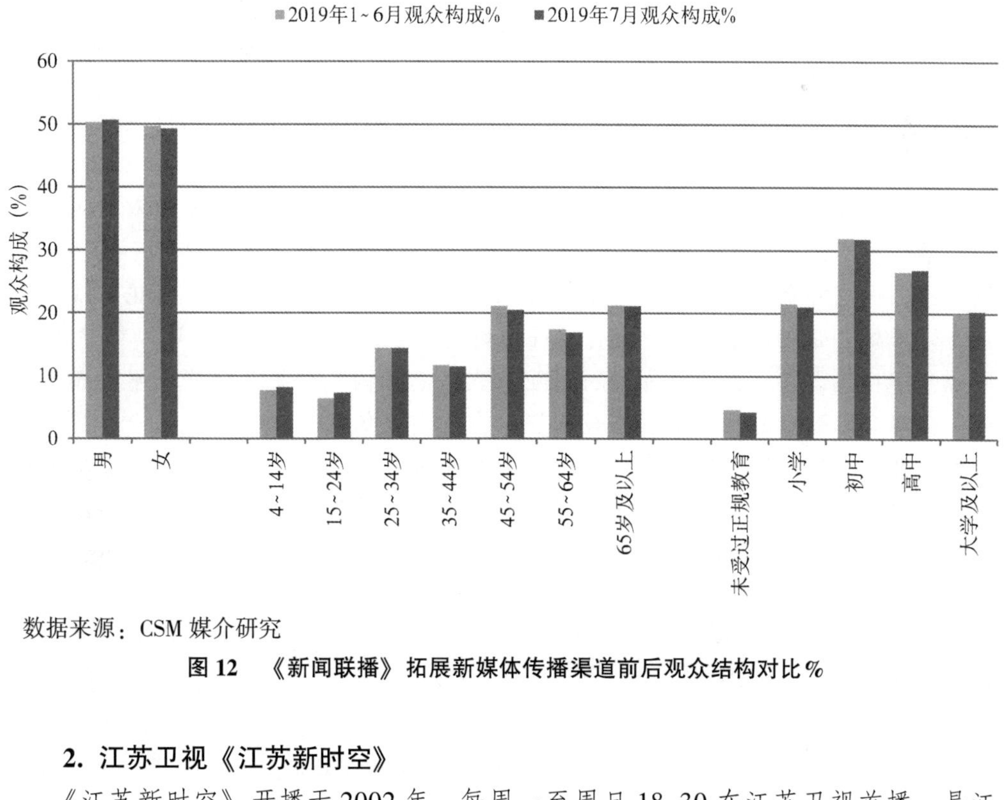

数据来源：CSM 媒介研究

图 12　《新闻联播》拓展新媒体传播渠道前后观众结构对比%

2. 江苏卫视《江苏新时空》

《江苏新时空》开播于 2002 年，每周一至周日 18:30 在江苏卫视首播，是江苏时政新闻发布的重要窗口。2019年《江苏新时空》在江苏市场获得了5%的份额，收视率近1%，人均收视总时长达到79分钟，在其他多个城市也获得了明显的增长。《江苏新时空》在电视大屏能够保持优异的收视表现，笔者认为主要与以下两个因素相关：一是重视新闻评论，该节目的新闻不是简单地停留在对事实的再现上，而是对热点事件进行深度评论，进而增强了新闻的厚度，更好地发挥主流媒体的舆论引导作用；二是秉持关注民生的价值观和视角。作为一档严肃的新闻节目，其逐渐走出宏大叙事的老路，追求平民化、故事化和个性化的趋势明显。传统新闻节目在不断巩固内容权威性的同时，把有意义的新闻做得有意思，是题中应有之义。

3. 贵州广播电视台公共频道《百姓关注》

内容贴近百姓生活的民生新闻素来是省市级地面频道的优势节目类型，贵州广播电视台公共频道的《百姓关注》、上海电视台新闻综合频道的《新闻报道》、内蒙古电视台新闻综合频道的《新闻天天看》、辽宁广播电视台都市频道的《新北方》、云南广播电视台都市频道（二套）的《大口马牙》等常态新闻节目在本省均有极高的关注度。此外，潮州电视台二套（公共频道）的《民生直播室》、襄阳广播电视台综合频道的《今日播报》、梅州电视台时政综合频道的《民生820》、汕头电视台-2（生活经济频道）的《今日视线》及揭阳电视台公共频道的《民生热线》等市级频道推出的民生新闻节目也获得了不俗的收视成绩。

以贵州公共频道的《百姓关注》为例，该节目是贵州电视台于2005年4月1日正式开播的一档民生新闻直播栏目，每晚的18:30~20:00在贵州电视台公共频道（2套）播出。在长达90分钟的节目中，贵州本土民生新闻占据60分钟左右，时效性佳、服务性强，符合本地观众的收看需求。但节目又不拘泥于对新闻素材的收集和报道，还对新闻事件的衍生含义进行了分析。其设立的“有一说一”话题讨论，围绕群众关心的社会问题和现象，每天提出一个话题进行讨论，尊重观众的话语权，并在讨论过程中进行正确的舆论引导，大大增加了观众的参与意识。同时，节目还设有《读报》版块，由主持人汇总全国各地报刊精华，附加精彩评论，让观众用最短的时间了解更多的资讯，听到媒体的观点，弥补了众多民生新闻中新闻评述的短板。此外，节目还包含了简短实用的生活、天气资讯，国际新闻等，扩展了新闻资讯面。2019年，该节目在贵州获得了高达2%的收视率和9.7%的市场份额。从观众结构来看，女性、35~44岁、55岁及以上和中等学历观众占比更高。

结　语

新媒体的飞速发展给传统电视新闻节目带来挑战的同时，也带来了新的发展机遇。传统电视新闻节目借助微博、微信、短视频平台等不断扩大声量，进而反哺电视大屏。2020年突如其来的疫情使得“宅”成为年度关键词，这让适合家庭场景收看的电视媒体恰逢其时。而电视新闻节目对疫情现场的及时呈现、信息的权威发布、问题的追责以及群众关切的回应，都使其成为用户最依赖的信息渠道之一。在风云变幻的智媒体时代，传统新闻节目应该不断巩固自身的权威性优势，与时俱进地探索与发挥在融合传播上独特优势，方能在新时代赢回更多受众资源，实现可持续发展。

（作者：张广彦）

2019年全国综艺节目收视分析

2019开年，优酷《以团之名》、爱奇艺《青春有你》两档偶像养成节目相继开播，偶像养成类综艺节目延续2018年热潮。此外，《我家那闺女》《宠物医院》《我家小两口》《做家务的男人们》等多档观察类综艺节目紧随时代潮流，话题热度不断升高，《中国诗词大会》《挑战不可能》《嗨唱转起来》《蒙面唱将猜猜猜》等竞技类节目持续赢得观众青睐。虽然有不少网综让人眼前一亮，但上星频道的《奔跑吧》《中国好声音》《极限挑战》等综N代节目仍然是平台吸引观众的拳头产品。本文依据CSM媒介研究2019年104个城市的收视调查数据，对综艺节目的收视情况进行回顾分析。

一、综艺节目整体播出与收视状况

1. 综艺节目收视总量进一步下滑，降幅有所收窄

受电视整体收视量下滑的连带影响，2019年所有调查城市观众人均综艺节目总收视时长为4035分钟，收视总量进一步下滑。但2019年网综受资本投入和网台通标影响，增速放缓，而电视综艺依靠成熟的内容制作团队，节目质量更为精良。

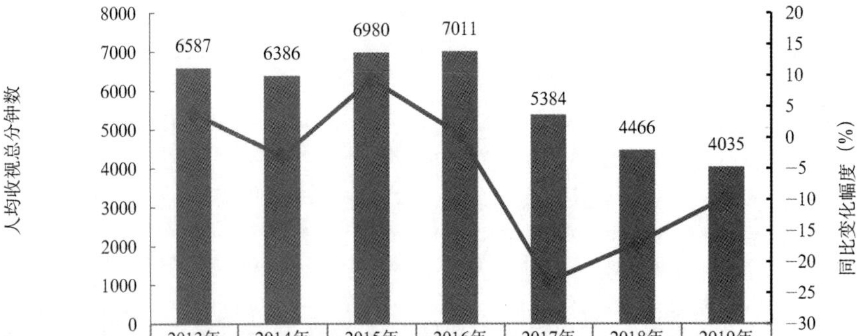

	2013年	2014年	2015年	2016年	2017年	2018年	2019年
人均收视总分钟数	6587	6386	6980	7011	5384	4466	4035
同比变化幅度%	3.9	-3.1	9.3	0.4	-23.2	-17.1	-9.7

数据来源：CSM媒介研究

图1　2013~2019年综艺节目的全年人均收视时长及同比变化幅度（历年所有调查城市）

2019 年综艺节目收视同比降幅收窄至 9.7%（图 1）。从综艺节目全年分月的收视走势来看，2019 年上半年同比降幅更为明显，但与往年不同，2019 年春节期间综艺节目收视量不升反降，而从 5 月开始分月收视量同比降幅收窄，11 月和 12 月的人均收视量更是同比分别增长 5%和 3%（图 2）。

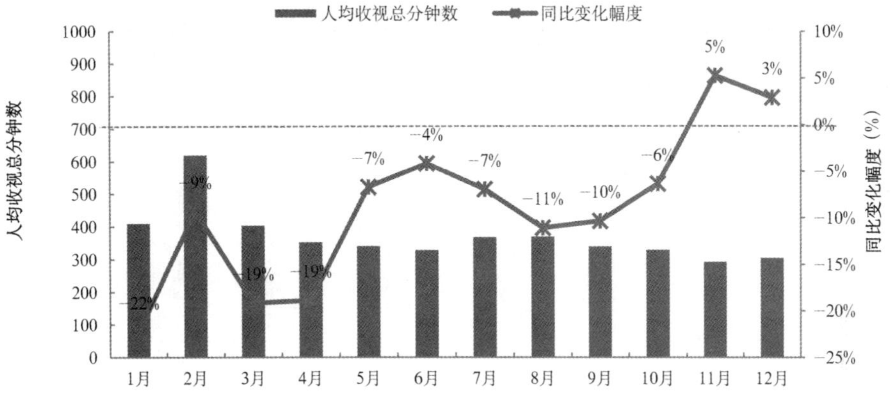

数据来源：CSM 媒介研究

图 2　2019 年综艺节目分月人均收视时长及同比变化幅度（历年所有调查城市）

2. 综艺节目收视集中在周末，周间收视维稳

在综艺节目收视量缩减的大背景下，周末 3 天综艺节目的直播和时移收视仍是 2019 年市场主要支撑力量。2019 年周末 3 天的收视量同比均有减少（降幅为 10%），但降幅远低于 2018 年同比降幅（20.5%）。其中周五和周六人均收视量同比降幅均不到 2018 年同比降幅的一半，周日降幅也从 2018 年的 18%降至 11%。周间综艺节目整体收视量同比降幅为 9.3%，同时周间各天综艺人均收视量差异不大，收视量在 9 分钟上下波动（图 3）。另外，周末综艺节目的时移收视增量高于周间时

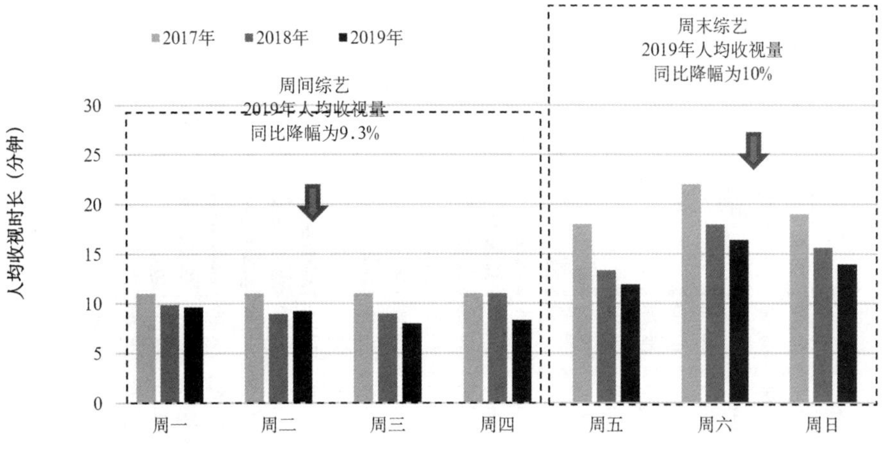

数据来源：CSM 媒介研究

图 3　2017～2019 年综艺节目分周天收视量比较（历年所有调查城市）

移收视增量，相比之下，周五的时移/直播比达到全周最高，接近9%，符合观众工作学习与休闲时间安排习惯（图4）。

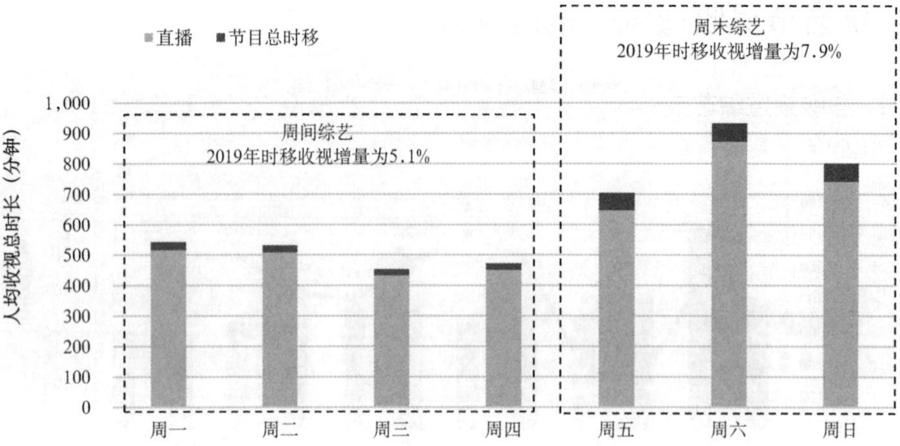

数据来源：CSM媒介研究

图4　2018~2019年综艺节目分周天直播及时移收视量比较（52城市）

3. 综艺节目下午时段收视时长降幅收窄

与2018年相比，2019年综艺节目除凌晨和下午个别时段，全天多个时段人均收视分钟数同比下滑。其中晚间21:00~23:00综艺黄金时段收视量降幅有所收窄，从2018年26.3%的降幅减少至不到7%。相比之下，下午以栏目重播为主的综艺市

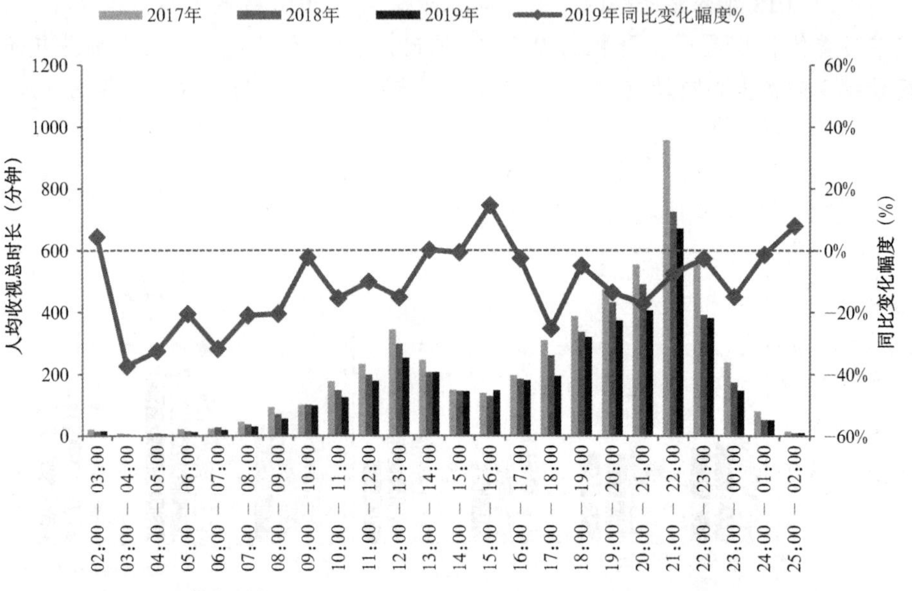

数据来源：CSM媒介研究

图5　2017~2019年综艺节目全天分时段收视量对比（历年所有调查城市）

场收视量发展向好，13:00~17:00时段收视降幅连年收窄，15:00~16:00时段综艺节目收视量较2018年更是增长了15%（图5）。

二、综艺节目收视竞争格局

1. 各级频道综艺节目收视格局基本稳定，上星频道收视贡献逐年上升

2019年上星频道的综艺节目依旧贡献了最高的收视份额（82.9%），连续三年稳步增长。其中，中央级频道收视份额较上年下降了9.3%；省级上星频道以48.6%的收视份额保持领先，同比上升4.9个百分点，增幅达到11.2%。地面频道中，省级非上星频道和市级频道综艺节目收视份额较上年均略有下滑，分别减少1.61个和0.07个百分点（图6）。

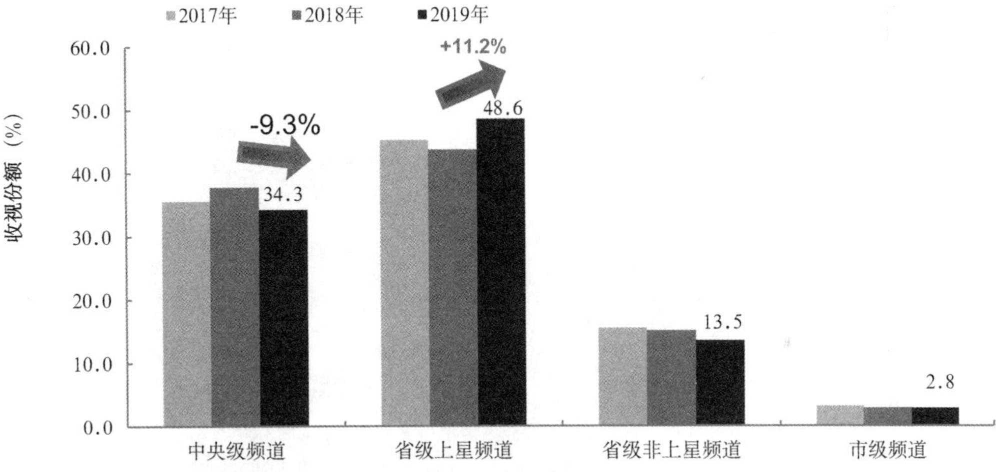

数据来源：CSM媒介研究

图6　2017~2019年各级频道综艺节目收视份额（历年所有调查城市）

2. 综艺节目直播收视与研发创新更集中于头部上星频道

观察2018~2019年TOP50频道综艺节目人均收视总时长，可以发现，综艺节目直播收视越来越集中于头部的上星频道（图7）。2019年，综艺节目人均收视量排名前10位的频道，其综艺节目收视量在上星频道中的占比从2018年71.3%上涨到74.1%。其中，中央广播电视总台在2018年和2019年均有4个频道进入前10位，4个频道收视量占前10位总收视量的42.1%，较2018年的47.2%有所下降；省级上星频道有6个频道进入前10位，但它们的收视贡献则从52.8%上升到57.9%。值得一提的是，头部省卫视不仅依赖已有品牌影响力的综N代节目保障收视，也在不断探索创新节目。如2019年上星频道综艺类常态新节目中，TOP10频道总共播出53档常态新节目，在所有上星频道综艺类新节目中的占比高达84.1%（图8）。

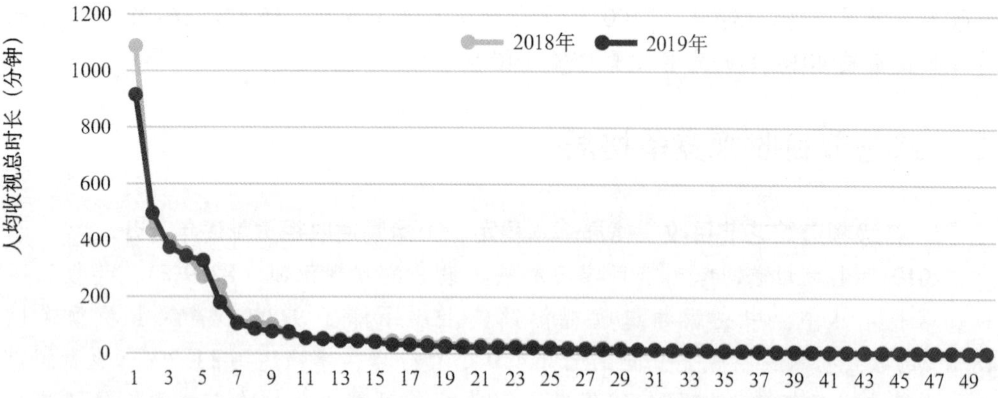

数据来源：CSM 媒介研究

图 7 2018~2019 年 TOP50 频道综艺节目人均收视总时长（历年所有调查城市）

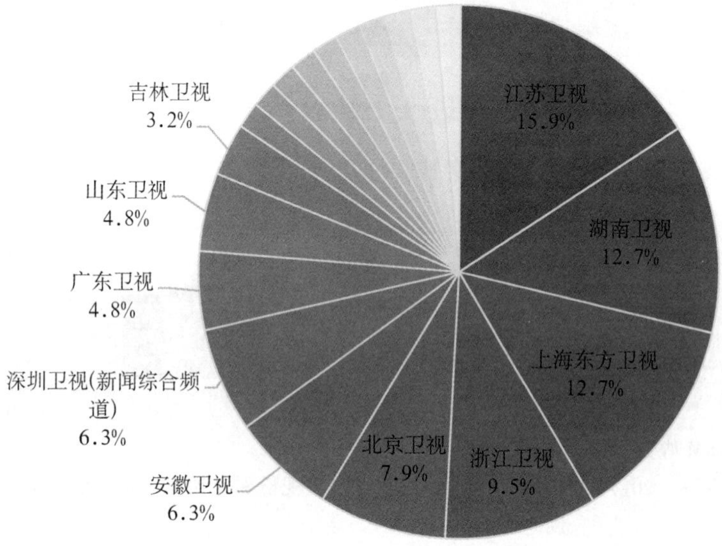

数据来源：CSM 媒介研究

图 8 2019 年上星频道常态综艺新节目数量占比（历年所有调查城市）

3. 老年观众对综艺节目直播收视倾向保持稳定，年轻观众更青睐非直播方式收看省卫视综艺

从各年龄段观众综艺节目收视集中度来看，老年观众在电视机上的综艺收视倾向持续稳定，且远超 45 岁以下各年龄段观众集中度。与 2018 年相比，2019 年 65 岁及以上老年观众和 15~24 岁年轻观众在中央级频道收看综艺节目的集中度均有上升，55 岁及以上老年观众对省级卫视和地面频道综艺节目收视集中度同比有所增加（表 1）。

表 1 2018~2019 年各年龄段观众在不同级别频道收看综艺节目的集中度比较（所有调查城市，全天）

目标人群	中央级频道		省级上星频道		地面频道	
	2018 年	2019 年	2018 年	2019 年	2018 年	2019 年
4~14 岁	49.99	46.54	90.33	79.02	38.91	33.15
15~24 岁	43.89	44.08	73.61	63.12	40.87	35.35
25~34 岁	41.74	39.84	69.11	66.61	47.99	43.38
35~44 岁	65.44	62.56	91.68	85.44	52.33	44.53
45~54 岁	118.14	114.39	129.40	123.30	139.86	128.15
55~64 岁	201.24	197.28	142.44	159.77	230.10	244.40
65 岁及以上	299.48	307.39	139.56	169.86	245.59	276.68

数据来源：CSM 媒介研究

随着技术的发展，观众的观看习惯也在与时俱进，点播回看等非直播方式正在被更多观众接受。观察 2019 年 55 测量仪城市综艺节目的直播及时移收视情况，不难发现，电视综艺节目的观众目前仍以直播收视为主，其中，45 岁及以上观众直播收视保持稳定，各级频道组的直播收视贡献都在 90%以上。相比之下，年轻观众更青睐于选择非直播方式收看电视综艺节目，对中央级频道而言，4~14 岁和 25~44 岁的年轻观众时移收视贡献较大；对省级上星频道而言，45 岁以下年轻观众时移收视贡献较大；对地面频道而言，4~14 岁和 35~44 岁观众时移收视贡献较大（表 2）。

表 2 2019 年各年龄段观众在不同级别频道收看综艺节目收视贡献①比较（55 测量仪城市，全天）

目标人群	中央级频道		省级上星频道		地面频道	
	直播	节目总时移	直播	节目总时移	直播	节目总时移
4 岁及以上所有人	97.1%	2.9%	90.9%	9.1%	96.3%	3.7%
4~14 岁	96.3%	3.7%	82.3%	17.7%	94.0%	6.0%
15~24 岁	97.1%	2.9%	86.7%	13.3%	95.2%	4.8%
25~34 岁	96.1%	3.9%	88.3%	11.7%	96.8%	3.2%
35~44 岁	96.3%	3.7%	89.0%	11.0%	94.2%	5.8%
45~54 岁	96.7%	3.3%	91.8%	8.2%	95.4%	4.6%
55~64 岁	97.3%	2.7%	94.3%	5.7%	96.2%	3.8%
65 岁及以上	97.8%	2.2%	96.5%	3.5%	97.9%	2.1%

数据来源：CSM 媒介研究

① 直播收视贡献%＝直播人均收视总时长/节目总收视（直播+总时移）×100%；节目总时移收视贡献%＝节目总时移人均收视总时长/节目总收视（直播+总时移）×100%

三、2019年综艺节目特征

1. 综艺节目仍以综N代为主力，时移收视成为直播收视重要补充

2019年综艺市场收视总量萎缩，老牌综艺节目依旧稳居市场前列。全国新开播的近百档常态综艺类新节目中有64%来自上星频道，综艺新节目类型丰富，覆盖相亲、配音、演技、观察、舞蹈、旅行、民宿经营等多个领域，但在收视率表现上与综N带节目仍有一定差距。以收视率破1%的19档上星频道季播节目为例，新综艺节目只有5档，占比不足三成（26.1%）。这些在各地收视较高的季播节目以游戏竞赛和体验观察为主，题材内容大众参与度高。整体而言，由于电视综艺的大众天然属性，《奔跑吧3》《中国好声音8》《我们的歌》《极限挑战5》《中国诗词大会》等"合家欢"式综艺依旧受到观众欢迎（表3）。

表3 2019年晚间收视较高的季播节目一览（71城市）①

节目名称	季别	开播日期	播出频道	节目形式	进入当地收视TOP20的城市数	首播档71城收视率%
奔跑吧	第3季	2019/04/26	浙江卫视	游戏	57	1.95
中国好声音	第8季	2019/07/19	浙江卫视	盲选	59	1.80
我们的歌	第1季	2019/10/27	上海东方卫视	体验	32	1.68
极限挑战	第5季	2019/05/12	上海东方卫视	体验	33	1.63
中国诗词大会	第4季	2019/02/05	中央电视台综合频道	竞赛	57	1.59
王牌对王牌	第4季	2019/02/01	浙江卫视	竞赛	43	1.37
向往的生活	第3季	2019/04/26	湖南卫视	体验	24	1.35
追我吧	第1季	2019/11/08	浙江卫视	竞赛	35	1.32
中国达人秀	第6季	2019/08/11	上海东方卫视	竞赛	20	1.29
青春环游记	第1季	2019/05/04	浙江卫视	户外	25	1.24
我就是演员	第2季	2019/10/26	浙江卫视	竞赛	25	1.16
挑战不可能	第4季	2019/01/20	中央电视台综合频道	竞赛	43	1.15
蒙面唱将猜猜猜	第4季	2019/10/13	江苏卫视	观察	27	1.13
欢乐喜剧人	第5季	2019/01/20	上海东方卫视	竞赛	21	1.10
新相亲大会	第2季	2019/07/14	江苏卫视	观察	36	1.09
声临其境	第2季	2019/01/25	湖南卫视	竞赛	45	1.05
新相亲大会	第1季	2019/01/06	江苏卫视	观察	34	1.04

数据来源：CSM媒介研究 TVprisRS

① TVprisRS，71城市，晚间18:00~24:00时段，上星频道，4岁及以上所有人。

综艺节目观众体量十分庞大，2019年有200余档综艺节目的全国累计直播观众规模过亿，其中观众规模超过5亿的节目占亿级综艺节目①的十分之一，除《星光大道》《非诚勿扰》《开门大吉》等常态栏目以外，也有不少如《奔跑吧3》《王牌对王牌4》《新相亲时代》等季播节目上榜。另外，越来越多的观众主动选择点播回看，这些忠实观众为节目贡献了较高的时移增量，《奔跑吧3》《王牌对王牌4》《综艺喜乐汇》等单节目的时移观众规模最高达到9000万以上，时移收视正在成为综艺节目传播效果中非常重要的组成部分，《奔跑吧3》全季首播和时移的总收视率达3.31%，时移收视率相当于首播收视率的65.1%；此外，《极限挑战5》《王牌对王牌4》《向往的生活湘西篇3》《中国好声音8》等王牌综N代节目，不断顺应目标观众，做出相应调整，并持续完善原有竞赛机制，增强真实的戏剧冲突环节。这些节目均取得了较高时移收视（图9）。

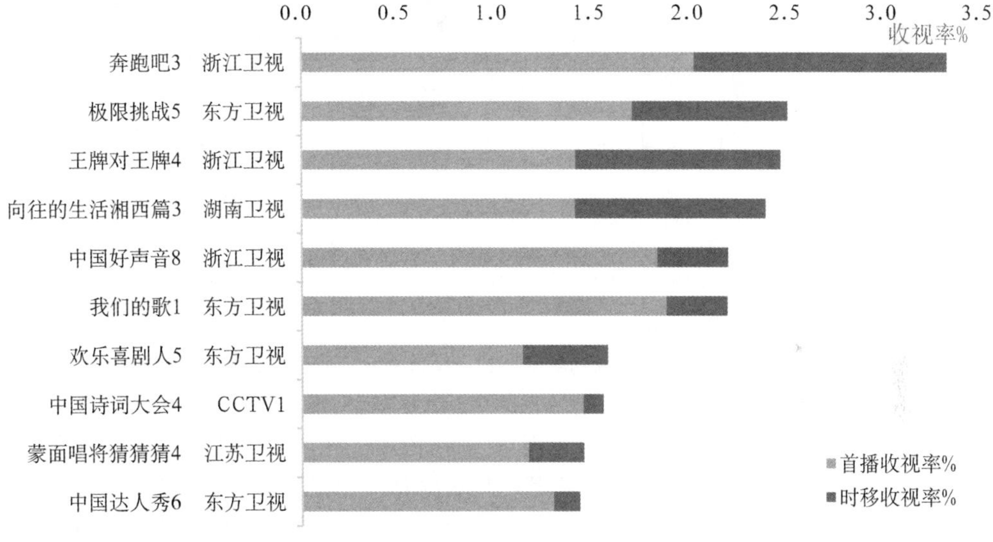

数据来源：CSM媒介研究

图9 2019年部分已完结季播节目首播和时移收视率比较（55测量仪城市）②

2. 观众收视喜好有不同，综艺节目跨越圈层引发受众深度沉浸

2019年垂直细分的综艺节目通过访谈、观察、竞技、体验等不同表现形式，满足了电视观众的多重喜好，每位观众都会在节目观察中体验到符合自己身份、视角的真实感受，消解了受众与某单一类型节目之间的距离感。比如湖南卫视的《我家那小子2》《我家那闺女》中观众对明星社会人的身份认同，转化为对节目中母子

① 不同频道播出的同一节目算作1档。全国观众规模含2019年全年全国网中同档节目在全天首播和重播的到达人数。

② 数据来源：CSM55城市，2019年1月1日~12月31日，开始时间18:00~24:00，已完结的季播节目首播，4岁及以上所有人。

情、父女情、情侣情等多种情感的深度沉浸，进而形成可传递性体验。2019 年晚间收视率排名前十的季播节目在不同年龄段观众的收视效果反映出，每类观众身上都存在着多种收视需求，对节目的喜好也会随着与个人相近的价值观和行为轨迹变化，进而形成复杂立体的收视圈层（图 10）。

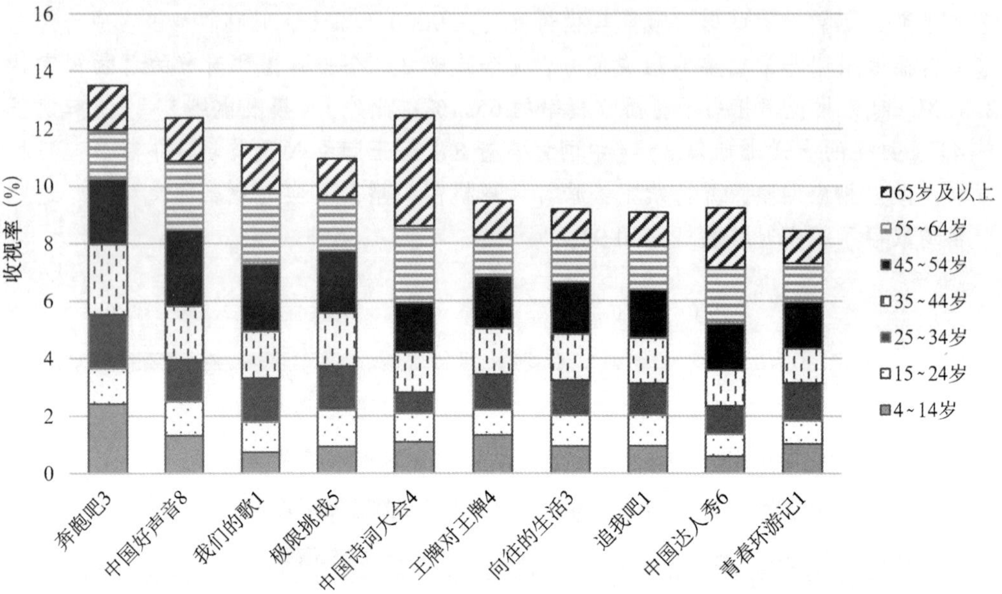

数据来源：CSM 媒介研究 TVprisRS

图 10　2019 年晚间收视率较高的季播节目在细分观众中收视率比较（71 城市）

当第一批 90 后跨入而立之年，在综艺节目收视人群中，主力的消费人群将开始逐步的迭代，因此，更下沉、更自主、更便捷的播出和收看方式显然更容易触达有需求的观众。随着收视场景变化，除了线性直播，点播、回看的时移收视让观众能更为自由地收看节目，这有利于节目的直播观众和时移观众实现双重增长，并最终使节目完成在立体圈层中的多重价值传播。以浙江卫视 2019 年 5 月 4 日开播的文化旅游探索类综艺《青春环游记》为例，该节目首播观众构成与截至 2019 年年底的时移观众构成有较大的差异，节目直播观众中，25~34 岁年轻人占比最高；相比首播观众，24 岁及以下的学生观众对节目的时移收视贡献更为明显。可以说节目迎合了年轻人的青春时尚需求，直播和点播回看的接收方式一同为节目打造了更为立体化的受众圈层，获得了有一颗“年轻心”的不同年龄段观众的青睐（图 11）。

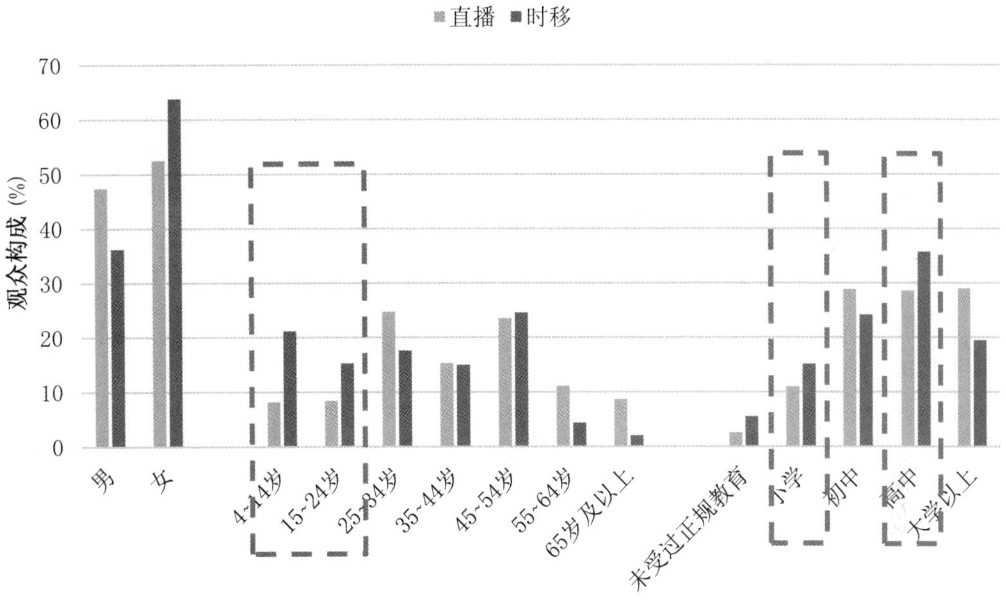

数据来源：CSM 媒介研究

图 11 2019 年浙江卫视《青春环游记》直播和时移观众构成比较①（55 城市）

3."共情力"为节目拓展观众规模提供有力支撑，主流价值观以多种方式融入节目创新

2019 年的综艺节目无论节奏快慢，都在尝试与身处立体圈层的观众产生共情。因为在节目品牌的形成和传播中，仅凭触达单一圈层不足以吸引有复杂生活体验的观众群体，找到节目中可以打动普通大众的情感共鸣点成为节目破局的关键点。《奔跑吧 3》《极限挑战 5》《王牌对王牌 4》等强调情节化和戏剧性的强情节真人秀，通过在节目中设定一些特殊的规则，在多变的悬念和冲突中激发互动反应，进而将观众代入其中，产生共情。还有一些弱情节真人秀，如 2019 年开播的《忘不了餐厅》《遇见天坛》《恋梦空间》《各位游客请注意》《幸福三重奏》等节目，更强调参演嘉宾的生活化和纪实性，使观众在观看中体验与自己一样的生活小苦恼或者小欢乐。上述节目无论情节强弱，究其本质，都通过不同的表达方式切中普通人内心的某个触达点，强化节目和观众之间的共情，为节目拓展观众规模提供有力支撑（表 4）。

共情之外，从 2019 年综艺节目的内容和表达方式创新来看，文化传承、公益帮扶、民生服务等主流价值观日益融入其中，为综艺节目开辟更广阔的空间。一方面，娱乐竞技类节目开始以流行理念本，配合当代文化科学理念为传统文化留影。比如江苏卫视的《从地球出发》关注奇趣科幻天文探索，用科幻讲故事，带领观众开启奇幻的太空旅程，展现了娱乐经济与文化科学交融并进的新形式。再如，深圳卫视

① CSM55 城市，2019 年 1 月 1 日~12 月 31 日，节目筛选《青春环游记》。

表 4　2019 年综艺类节目观众规模举例（全国网）①

名称	播出平台	直播	时移
		累计观众规模（亿）	累计观众规模（千万）
星光大道	中央电视台综合频道、中央台三套、中央台七套、CCTV4K 高清	8.1	62 527
非诚勿扰	江苏卫视	8.0	62 883
综艺喜乐汇	中央台三套	7.6	89 855
奔跑吧 3	浙江卫视	7.3	91 030
开门大吉	中央台三套、CCTV4K 高清	7.2	43 919
越战越勇	中央台三套、中央台二套	7.0	36 411
王牌对王牌 4	浙江卫视	6.7	90 467
新相亲大会	江苏卫视	6.6	44 722
向幸福出发	中央台三套	6.5	34 486
黄金 100 秒	中央台三套	6.0	25 586
快乐大本营	湖南卫视	5.8	72 612
向往的生活湘西篇 3	湖南卫视	3.1	45 709
极限挑战 5	上海东方卫视	2.5	40 357

数据来源：CSM 媒介研究

的《周六问爸爸》以“花式出题+家庭竞答”的形式，向观众呈现专业的美育知识，传递中国家庭的文化自信。另一方面，综艺节目中融入民生问政和服务功能，主流价值观的呈现方式更为多元化。比如《向往的生活 3》用帮扶观察的角度切入“乡村国情调研”；《致敬中国英雄政法季》讲述政法战线的英雄故事，《奔跑吧 3》和《极限挑战 5》本季第一期主题都是环保（垃圾分类），“一带一路”、扶贫、环保、垃圾分类、平民英雄等题材被带入综艺节目之中，得到了观众认可（图 12）。再比如中央台四套的《环球综艺秀》用一个世界文化文艺互鉴的综艺舞台，联结“人类命运共同体”，用文艺“向世界贡献中国智慧”，体现了我国传统文化交融跨越国界，彰显民族自信。综艺类型的功能性后置，意味着观众不再对单一类型买单，而是对其中反映的主流情感内容产生观赏冲动。

4. 综艺节目与广告植入深度结合，联合短视频流量平台扩大节目品牌影响

受经济大环境运行影响，企业品牌广告预算缩减，2019 年综艺节目广告营销方

① 2019 年 1 月 1 日~12 月 31 日，全天，直播和时移到达率（000）。

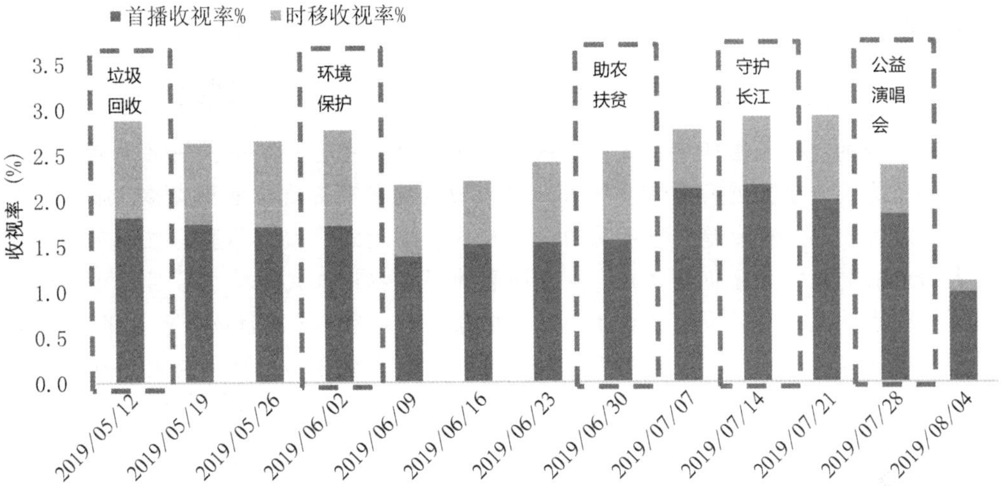

数据来源：CSM 媒介研究

图 12　2019 年浙江卫视《极限挑战 5》观众分期收视率比较（55 城市）

式进一步从硬广转向植入。以在上星频道综艺节目收视量中占 81.7%的前 7 位频道为例，其晚间 18:00~24:00 时段综艺节目的硬广投放时长同比下滑 10%，广告刊例价下滑 15%。相比简单明了的硬广品牌曝光，采用与综艺节目融为一体的广告植入方式则更能有效触达消费者。更多的节目开始通过道具背景、赞助口播、活动场景布置、嘉宾谈话，乃至于利用节目 IP 链接商业模式等，让观众享受到浸入式品牌体验，为节目 IP 赋能。比如美食节目《锋味》积极与电商相结合，进驻网易考拉和天猫旗舰店，同时还联合麦当劳推出系列汉堡，通过美食综艺节目的 IP 链接更多垂直分众类商业模式，使得节目明星嘉宾与广告营销的结合更深入。

有品质的综艺节目内容，素来是广告承载的主体，2019 年优质综艺的广告渠道不断拓展。一方面，如《哈哈农夫》《女儿们的恋爱 2》《非正式会谈 5》《忘不了餐厅》《大叔小馆》等综艺节目播出平台进一步向外延伸，或先网后台，或台网联动进行播出；另一方面，还出现了大量音乐、美食、教育、旅游、生活等面向多个领域观众圈的“微综艺”短视频。这些“微综艺”以高娱乐性、强话题感和强社交属性，与既有的电视“长”综艺节目互相促进，携手共进。在内容上，电视综艺有机会获得更多元、更丰富的内容素材和行业资源，而新生的微综艺制作公司和素人网红们则能在提升他们知名度的同时也获得向电视综艺的输出机会。在传播性上，短视频和电视大屏共同组成立体的内容展示平台，综艺节目长视频的拆条及衍生短视频内容在短视频平台的传播对长视频起到宣推导流作用，而短视频则能够依据受众不同的兴趣点和表达习惯，加入个人化的表达，拉近综艺节目和观众之间的距离，放大节目的能量。

结　语

纵览2019年国内综艺市场，收播总量持续下降。综艺节目产能虽有减弱，但周末重点市场的收视降幅持续收窄，省级卫视成为增长主力，其中，头部上星频道既是收视主力又是重要创新阵地。综N代也依旧是综艺节目收视主要支撑，节目推陈出新但不易出彩。观众趋向个性化的内容需求、沉浸式的收视体验，推动节目传播进行跨界布局。在直播市场之外，点播回看的时移收视方式对综艺节目的重要性不断增强，立体化传播体系内的点播回看收视量也已成为综艺节目收视重要组成部分。综艺节目逐渐减少硬广，结合更有说服力的植入广告组合出拳，并借助各种流量平台，充分利用社交和口碑传播，实现顺应复杂立体圈层的节目个性化制播。

（作者：王钦）

2019 年全国体育节目收视分析

对于无数喜欢体育的观众来说，2019 年的体坛无疑是值得细细回味的一年。这一年虽然不是传统意义上的“体育大年”，但 NBA、欧冠、中国女排等经典赛事的魅力仍旧让人津津乐道；C 罗、基普乔格、张伟丽、武磊等体育人物在赛场上的英雄故事铸就了一段段珍贵的记忆；那些突破的奇迹、那些超越的瞬间构成了 2019 年体坛的美丽篇章。本文根据 CSM 媒介研究 2019 年在全国所有调查城市的收视调查数据，对全国体育节目的收视和播出情况进行分析和研究，并与以往几年的数据进行对比，解读 2019 年电视体育节目的概况与特点。

一、2019 年体育大事件盘点

作为 21 世纪 10 年代的最后一年，2019 年注定不凡。在国际体坛，2019 年 6 月 14 日，多伦多猛龙完成了由 0 到 1 的突破。面对拥有库里、杜兰特等超级巨星的上届冠军金州勇士，多伦多猛龙在不被看好的情况下，最终在总决赛第六场 114∶110 战胜对手，以 4∶2 的总比分获得了 NBA 总冠军，多伦多猛龙也因此创造了多项历史——第一次打入总决赛、第一次夺得 NBA 冠军、第一支非美国本土的 NBA 冠军。在欧洲足坛，经历十余年的低谷和沉寂后，“红军”利物浦终于上演了“王者的回归”，英超联赛狂扫 97 个积分，只以 1 分的劣势屈居亚军；欧冠赛场也一扫上赛季决赛折戟的阴霾，5 月 8 日欧冠联赛半决赛次回合，利物浦在首回合 0∶3 落后的情况下 4∶0 主场战胜巴塞罗那，完成惊天逆转，并一鼓作气在决赛中击败托特纳姆热刺，捧起欧冠奖杯。足球巨星，34 岁的 C 罗虽已荣誉加身，但依然没有停下自己的脚步。来到了亚平宁赛场的 C 罗依然强劲，不仅帮助尤文图斯夺取了联赛冠军，自己也凭借超高的进球效率成为意甲最佳球员。埃鲁德·基普乔格，一名马拉松运动员。北京时间 10 月 12 日在维也纳普拉特公园，以 1 小时 59 分 40 秒的成绩使人类马拉松首次迈入两小时大关，虽然该成绩并不会被国际田联认可，但在突破人类身体极限的道路上，基普乔格无疑是位出色的领路人。

在国内体坛，1 月 28 日，中国球员武磊加盟西班牙人，中国球迷太久没有看到中国球员出现在五大联赛，“全村的希望”这一外号也饱含中国球迷的期望，在嘈杂的舆论环境当中，有期望也有质疑的声音，但“武球王”一步步实现了自己的西甲首球、国王杯首球、欧战首球，武磊在西甲的表现为身处混沌当中的中国足球射入了一道光。3月21日的日本花样滑冰锦标赛双人自由滑当中，中国组合隋文静/韩聪同时打破自由滑和总分两项世界纪录，以完美的表现获得金牌。8月31日，UFC格斗之夜，张伟丽在开场42秒TKO巴西女拳王安德拉德，获得草量级世界冠军金腰带，这也是首位中国选手获得UFC世界冠军。中国女排在世界杯面临诸多强敌，女排姑娘奋力拼搏，以11连胜的绝佳战绩夺得世界杯冠军，成为女排世界杯历史上第一个五冠王。这一连串响当当的体育成绩也让国人更加期待2020年的中国体坛能有更多的突破。

回首2019，体育人不断突破的身影历历在目，在其背后，无不是汗水与泪水的积淀，2019虽然不是传统意义上的体育大年，但这一年就像一部好电影，剧情精彩，值得回味，既有波澜壮阔的场面，也有强烈的戏剧转折拨动人们的心弦，但其中更多的是体育人挥汗拼搏的背影。体育就是这样，既令人心潮澎湃，也会抚慰人们的心灵，更是个人奋发向上的动力。2020，这样的故事仍将继续；2020，这样的故事仍将激励着你我。

二、体育节目整体播出及收视状况

1. 体育节目播出时长较2018年有小幅增长，人均收视总时长较2018年有所回落

2019年全国体育节目播出时长与2018年相比继续保持上涨势头，涨幅为4.0%，特别是2019年1月至10月的各月体育节目播出时长均高于2018年同期。在收视时长方面，2019年我国电视观众全年体育节目人均收视总时长为1348分钟，与2018年相比减少了325分钟，降幅为19.4%；但与2017年人均收视总分钟数相比，却增加了9分钟，涨幅为0.7%（图1）。2019年各月人均收视时长的波动幅度较小。受NBA总决赛以及女足世界杯、欧冠决赛等国际足球赛事的影响，2019年6月的人均收视时长到达了上半年的峰值，为125分钟；9月的男篮世界杯，由于是

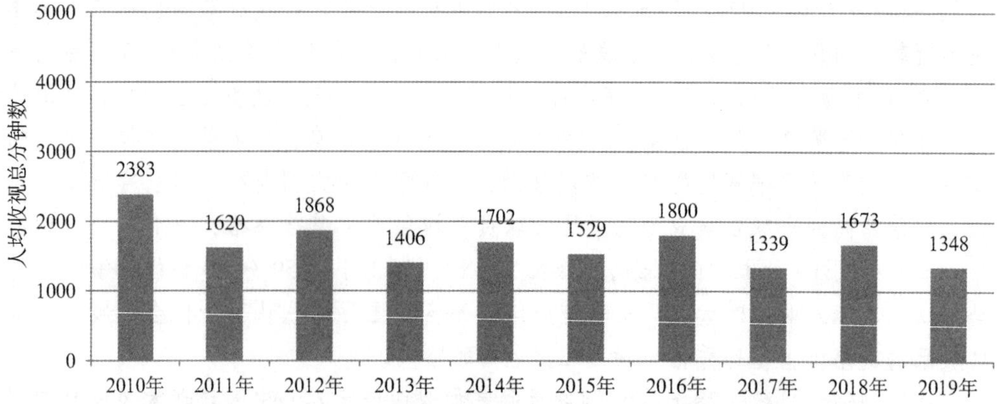

数据来源：CSM媒介研究

图1　2010~2019年体育节目人均收视总分钟数（历年所有调查城市）

在中国举办，得到了较多关注，而后进行的女排世界杯，得益于女排在国内的高关注度以及最终问鼎世界杯冠军，使得2019年9月的人均收视时长达到了顶峰，为142分钟；紧接着10月在武汉举行的世界军人运动会、世界杯亚洲区预选赛，也让人均收视时长维持在了一个较高水平，为132分钟。除此之外，其他月份的人均收视时长差异较小（图2）。

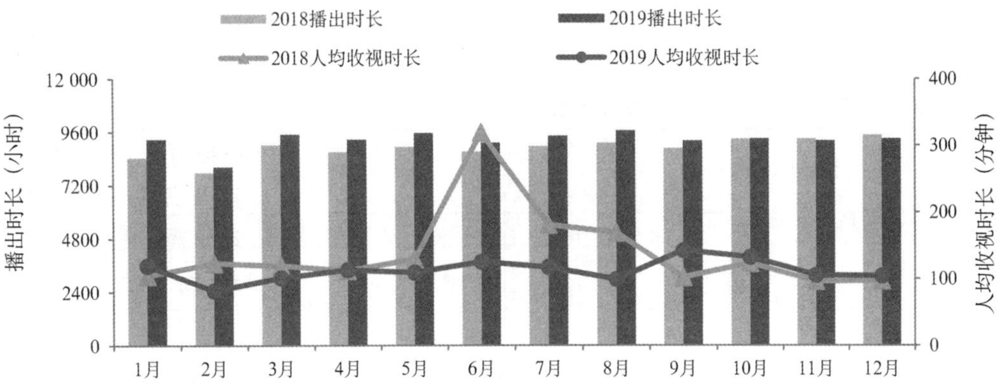

数据来源：CSM 媒介研究

图2 2018年及2019年各月体育节目播出时长及人均收视时长（历年所有调查城市）

2. 体育节目播出比重较2018年有小幅上升，男性、中高等学历、高收入观众仍是体育节目的拥趸

2019年体育节目整体播出时长延续了上升势头，在所有电视节目中占2.7%，较2018年上涨了0.2个百分点。2019年体育节目的收视时长占所有电视节目的3.7%，虽然相较2018年有所下降，但得益于男篮世界杯、女排世界杯等关注度较高的赛事，使得2019年体育节目的收视比重依旧维持在了较高水平，成为近10年来收视比重仅次于2010年（4.0%）和2018年（4.2%）的一年（图3）。

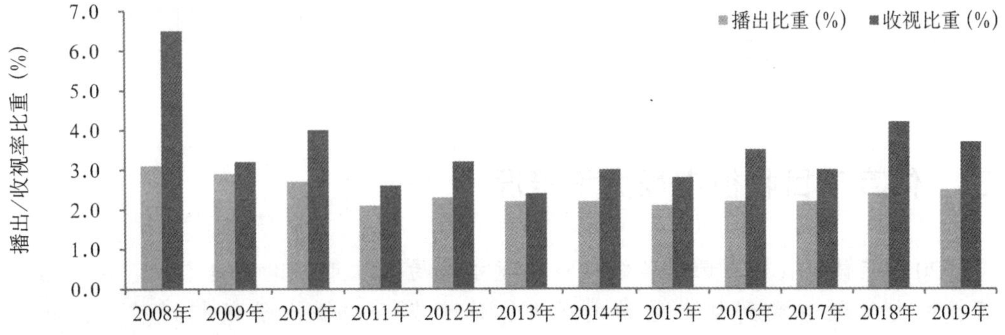

数据来源：CSM 媒介研究

图3 2008~2019年体育节目的播出比重与收视比重（历年所有调查城市）

2019年体育节目在不同目标观众群体中的收视差异特征与往年类似，男性、中高等学历、高收入观众的体育节目人均收视总时长依然高于女性、低学历和低收入观众、中老年观众仍旧是收视的主力军。但值得关注的是，学生群体、高学历人群、4~54岁人群，以及个人月收入在3500元及以上的群体，2019年的人均收视总时长相较2018年的下降幅度，均高于全年体育节目人均收视总时长的降幅；男性观众与女性观众的人均收视总时长差距继续缩小，已由2018年的62.6%缩小为2019年的59.5%（表1）。

表1　2019年各类目标观众体育节目人均收视总时长（所有调查城市）

目标观众		人均收视总分钟数	目标观众		人均收视总分钟数
性别	男	1649	年龄	4~14岁	478
	女	1034		15~24岁	552
职业类型	干部/管理人员	1531		25~34岁	734
	个体/私营企业人员	1111		35~44岁	897
	初级公务员/雇员	1070		45~54岁	1681
	工人	1032		55~64岁	2780
	学生	502		65岁及以上	3361
	无业	2364	个人平均月收入（元）	0~600元	1136
	其他	1188		601~1200元	1681
受教育程度	未受过正规教育	649		1201~1700元	1427
	小学	1189		1701~2600元	1610
	初中	1504		2601~3500元	1785
	高中	1501		3501~5000元	1469
	大学及以上	1227		5001元及以上	1386

数据来源：CSM媒介研究

三、体育节目收视市场竞争概况

2019年体育收视市场上各级频道的竞争格局与往年相比变化不大。在播出方面，中央级频道受到频道数量的限制，体育节目的播出份额相对较低，只有15.5%；省级上星频道份额则明显上涨，播出份额超过6%（表2）。从收视份额来看，中央级频道受益于频道覆盖范围和顶级体育赛事资源的优势，继续保持着体育电视收视市场的主导地位，赢得了整体体育收视市场的72.2%。但没有了冬奥会、世界杯等独家版权的大赛加持，中央级频道在赛事资源方面的优势明显比2018年小了很多，收视份额也较2018年略有下降。省级上星频道播出份额的涨幅主要来源于北京冬奥纪实频道，但该频道作为冬奥主题的全新体育卫视，自2019年5月上线至今观众基础仍然略显薄弱，因此对收视份额的提升作用尚不明显。省级地面频道收视份额为22.0%，仍然是体育电视收视市场的重要组成部分；市级频道、其他频道所占收视份额均相对较小。

2019年虽然是体育小年，但第一次落地中国的军运会创造了一个不亚于冬奥会的收视高峰，军运会的直播权益也为中央级频道吸引了大批观众。赛事资源相对匮乏的地面级频道也因此没有出现体育小年常见的收视份额反弹的情况。除北京冬奥纪实频道外，省级上星频道播出的体育内容仍然以自制的品牌搏击赛事为主，近几年的收播份额趋于稳定，形成了较为稳定的观众基础。随着体育赛事网络直播的逐渐普及，坐拥众多优质赛事资源的央视也开始发力自家的App、客户端等线上终端，电视端与网络端经常同时直播不同项目赛事，资源利用率提高的同时，也又一次分流了电视收视群体。可以预见的是，凭借中央电视台在政策版权等方面的优势和体量，这个决策将会对体育电视市场和网络直播市场都产生重大的影响（表2）。

表2 2018~2019年各级频道在体育节目中的播出及收视份额（历年所有调查城市）

年份	中央级频道		省级上星频道		省级地面频道		市级频道		其他频道	
	播出份额	收视份额	播出份额	收视份额	播出份额	收视份额	播出份额	收视份额	播出份额	收视份额
2018年	15.0%	73.0%	3.5%	3.4%	55.5%	22.1%	25.1%	1.4%	0.9%	0.0%
2019年	15.5%	72.2%	6.4%	4.4%	53.2%	22.0%	24.3%	1.4%	0.6%	0.1%

数据来源：CSM媒介研究

四、体育节目观众特征

2019年，中国体育节目的观众特征和往年基本一致。男性、25岁及以上、初中及以上学历人群构成了2019年中国体育电视观众的主体；集中度数据显示，男性观众对体育节目的感兴趣程度依然要高于女性观众，随着观众学历和收入的提高，他们对体育节目的感兴趣程度也基本呈现上升趋势。体育节目中老年观众的比例较上年略有增加，集中度也明显升高，体育节目电视观众进一步呈现出老龄化的趋势。另外，相比2018年，2019年较高收入的观众比例有所上升，但较高收入观众的集中度有所下降（图4）。

体育节目观众构成与所有节目观众构成依然有着较大差异。男性、高学历和高收入观众在体育节目观众中的比例明显高于所有节目，同时这些人群对体育节目的收视偏好也相对更高。相对应的，4~14岁的电视观众对体育节目收视倾向略低。可见体育节目继续保持了男性化和精英化的特征（图5）。

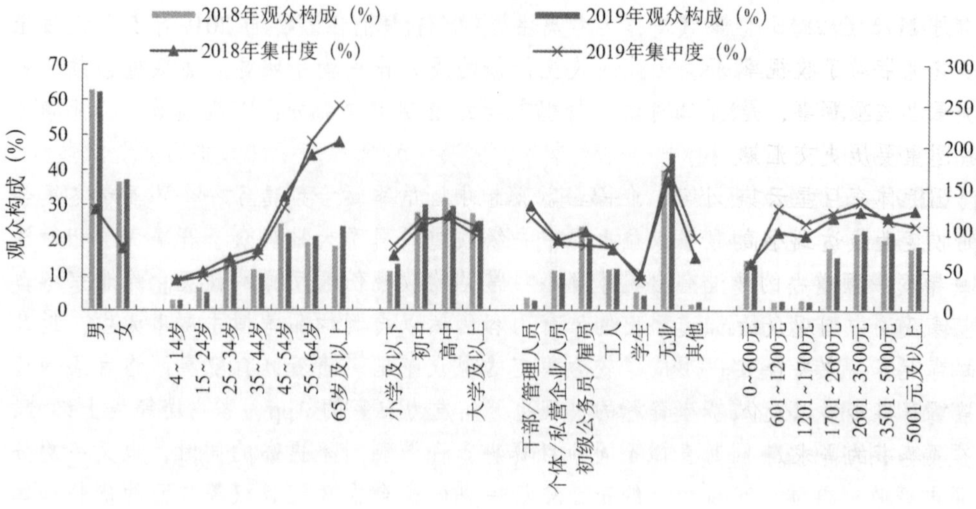

数据来源：CSM媒介研究

图4　2018~2019年体育节目的观众构成和集中度（历年所有调查城市）

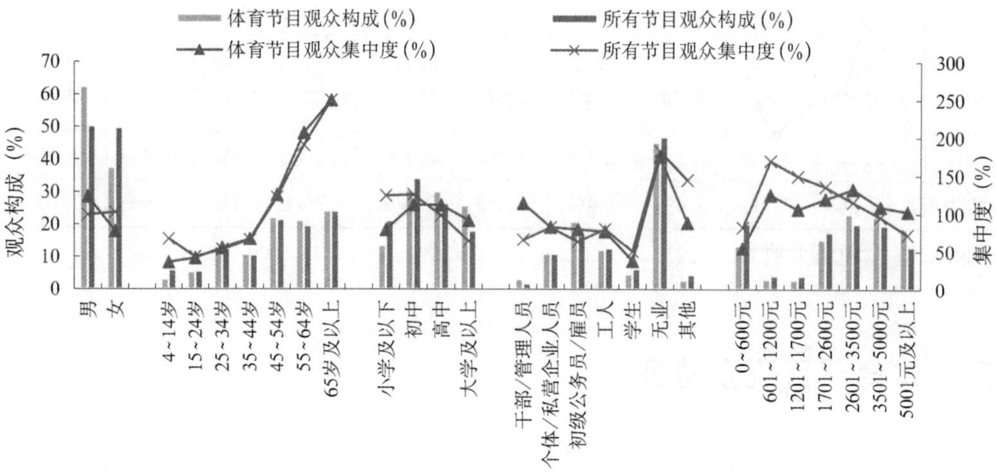

数据来源：CSM媒介研究

图5　2019年体育节目的观众构成及集中度与所有节目的比较（所有调查城市）

五、中央级频道体育节目收视概况

1. 中央台五套的整体收视概况

作为体育小年，2019年的体育节目市场缺少了世界杯、欧洲杯、奥运会、亚运会等大赛的身影，中央台五套的全年收视整体表现较为平稳。然而各具特色的阶段性赛事和常规联赛也对中央台五套的收视曲线起到了一定的拉升作用。具体来说，1

月底（第4周）亚洲杯的全民关注热点为中央台五套开启了第一个收视小高潮；之后4月21日至28日（第18周）进行的世乒赛和6月末（第24、25周）的世界女排联赛也带动了收视率的提升；8月31日至9月15日举办的男篮世界杯，是中国首次承办该项赛事，是继2008年北京奥运会以来落地中国的又一项国际顶级赛事，是我国重要历史交汇期的标志性体育事件，其历史意义引起了广大中国受众的瞩目，同时国际体育巨星云集也满足了中国篮球迷的视听需求，赛事直播期间，中央台五套的收视曲线达到小高峰。10月18日至27日在中国武汉举行的世界军人运动会是2019年度中国举办的又一大国际赛事，中国军人在赛场上连创佳绩，飒爽英姿的身影也俘获了中国观众的心，中央台五套的收视率达到全年最高峰。尽管没有集中型的体育大赛，中央台五套2019年的收视率依然受热点赛事影响而有所变化，通过安排常规赛事转播以及体育栏目的播出，中央台五套满足了广大体育爱好者收看国内外各项赛事的需求。

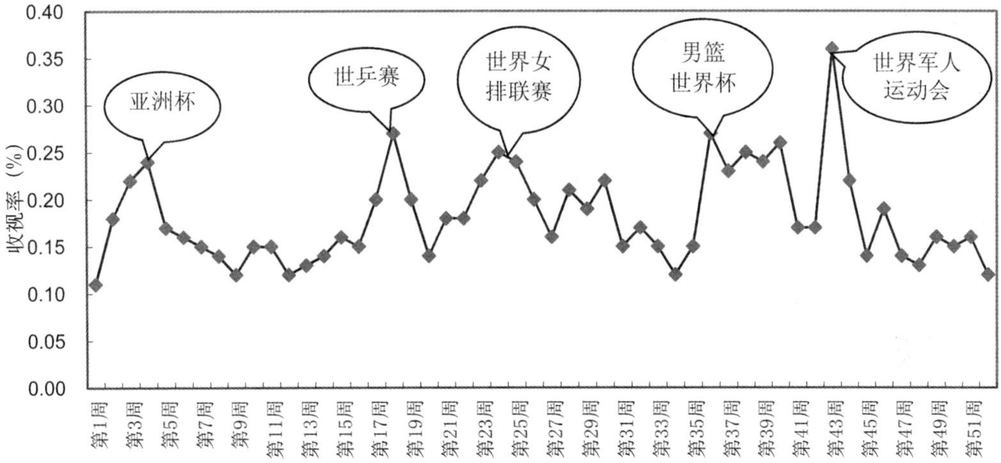

数据来源：CSM媒介研究

图6　2019年中央台五套周平均收视率走势（所有调查城市）

2019年中央台五套全年市场份额变化趋势与收视率变化趋势基本保持一致，即热点赛事期间出现高峰，平日表现基本稳定。在10月中下旬的军运会期间，周平均市场份额最高值达到4.46%（第43周）。其次是男篮世界杯比赛开始，周平均市场份额为3.27%（第36周），不过随着中国队的出局，份额曲线在后期有所回落。世乒赛期间的市场份额达到3.19%（第18周），表现也可圈可点（图7）。

对比2019年与2018年全年中央台五套市场份额走势，我们可以清晰地看到集中型体育大赛对中央台五套市场份额的拉动作用。2018年，尤其是6月进行的俄罗斯世界杯和8月进行的雅加达亚运会期间，中央台五套的市场份额表现极为突出。在2019年的热点赛事时期（即亚洲杯、世界女排联赛、国际泳联世锦赛、男篮世界杯和世界军人运动会），其市场份额较2018年同期明显增长。其余时期内，与2018年相比，2019年的市场份额并没有体现出明显的差距，大型赛事的播出对电视体育

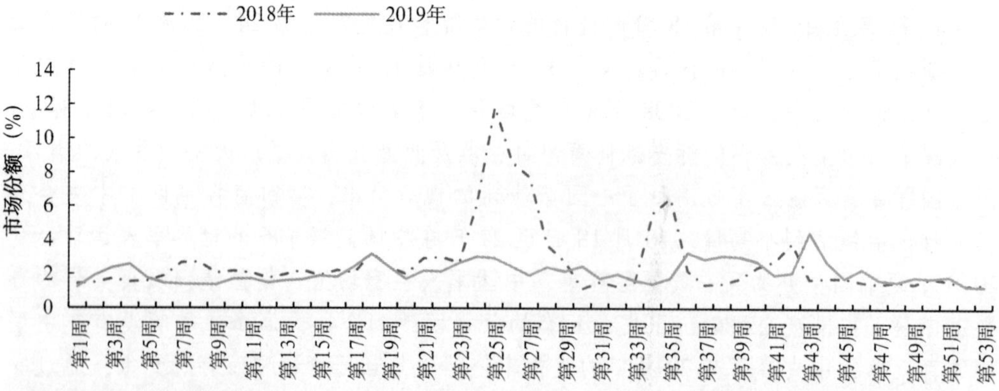

数据来源：CSM 媒介研究

图 7　2018~2019 年中央台五套周平均市场份额走势（所有调查城市）

市场收视份额的影响可见一斑（图 7）。

从全天时段的收视率走势来看，中央台五套的收视变化和往年规律类似，全天有三个收视高峰，分别出现在正午 12:00、傍晚 18:00 和晚间 20:00~22:00（图 8）。但在这几个时间节点，2019 年的收视率较上年同期均有所下降，其中 20:30~24:30 时段较上年下降最为明显。造成这种差异的主要原因是，2018 年有世界杯和亚运会的拉动作用，同时俄罗斯世界杯赛事的直播时段大多在北京时间的第二黄金时段至深夜，而在 2019 年同时段并没有强力赛事来拉动收视，因此在相应时段收视有所回落。

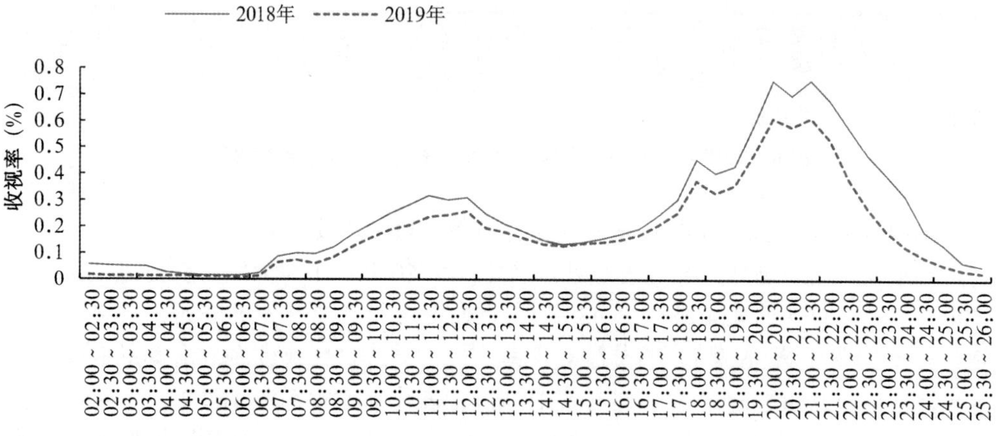

数据来源：CSM 媒介研究

图 8　2018 年~2019 年中央台五套全天收视走势（所有调查城市）

2. 重点赛事收视表现

2019 年虽然是人们眼中的体育小年，没有诸如奥运会、世界杯这些重磅赛事的播出，但事实上全年体坛仍不乏一些亮点赛事：从年初男足亚洲杯中国男足 0：3 不敌伊朗止步八强；到 4 月份的世界乒乓球锦标赛刘诗雯夺冠、乒乓球队再登荣耀顶峰；到 8 月底中国第一次举办男篮世界杯但因周琦失误早早出局；再到 9 月份进行的女排世界杯中国队用冠军来为自己祖国母亲庆生，以及 10 月份中国首次承办军运会、中国军人扬我国威。2019 年的体育赛场有很多精彩的瞬间值得我们回味，作为中国体育电视市场的转播主力，中央台五套为一一我们记录下了这些难忘的时刻。

2019 年 4 月 21 日至 28 日在匈牙利布达佩斯举行的 2019 年世界乒乓球锦标赛单项比赛是当年乒乓球领域最为关键的赛事，中国乒乓球队不负众望，包揽了所有项目的冠军，这也是国乒第九次上演席卷所有项目冠军的壮举。4 月 28 日，随着男子单打决赛的落幕，马龙在与瑞典球员法尔克的决赛中占据主动，以 4：1 战胜法尔克夺冠，实现了世界乒乓球锦标赛男单三连冠，成为历史上 54 年以来夺得男单三连冠的第一人，该场比赛获得了本届世界乒乓球锦标赛中最高的单场收视率，为 1.8%，市场份额为 6.3%。在女单决赛中，刘诗雯以 4：2 战胜队友陈梦，以 28 岁“高龄”首次夺得世界乒乓球锦标赛女单金牌，该场比赛的收视率为 1.6%，市场份额为 5.9%，为该赛事收视率排行榜亚军（表 3）。

表 3　中央台五套播出的“2019 年世界乒乓球锦标赛”收视率较高的赛事（所有调查城市）

比赛名称	播出日期	开始时间	收视率%	市场份额%
2019 年世界乒乓球锦标赛男单决赛	2019/04/28	19:31:30	1.8	6.3
2019 年世界乒乓球锦标赛女单决赛	2019/04/27	19:02:38	1.6	5.9
2019 年世界乒乓球锦标赛女双决赛	2019/04/28	20:44:58	1.4	6.2
2019 年世界乒乓球锦标赛混双决赛	2019/04/26	20:02:02	1.3	4.6
2019 年世界乒乓球锦标赛男双决赛	2019/04/27	18:04:53	1.1	6.6
2019 年世界乒乓球锦标赛男单 1/4 决赛	2019/04/26	17:52:48	0.9	4.7
2019 年世界乒乓球锦标赛男单半决赛	2019/04/28	18:34:34	0.8	4.2
2019 年世界乒乓球锦标赛女单决赛	2019/04/28	19:09:25	0.8	3.6
2019 年世界乒乓球锦标赛女单第三轮	2019/04/24	17:55:09	0.7	5.4
2019 年世界乒乓球锦标赛男单第三轮	2019/04/24	18:34:25	0.7	3.2

注：该排名不包括颁奖仪式及集锦。

数据来源：CSM 媒介研究

2019 年 9 月 15 日，在国际篮联男篮世界杯决赛中，西班牙男篮以 95：75 大胜阿根廷，时隔 13 年再次夺得世界杯冠军，阿根廷则位居亚军，本届国际篮联篮球世界杯正式落幕。坐拥主场之利的中国队，虽然在本次比赛中表现欠佳，但人气不减。中国队参加的 4 场比赛都取得了不俗的收视表现，排在了该赛事收视率排行榜的前 4 席。在 9 月 2 日进行的中国 VS 波兰的关键一战中，中国队加时赛失误，不敌波兰队，结果虽令人失望，但是跌宕起伏的比赛过程使该场比赛成为本届国际篮联篮球世界杯的收视率冠军，收视率为 1.8%，市场份额为 7.8%（表 4）。

表 4　中央台五套播出的“2019 年国际篮联篮球世界杯”收视率较高的赛事（所有调查城市）

比赛名称	播出日期	开始时间	收视率(%)	市场份额(%)
2019 年国际篮联篮球世界杯小组赛 A 组（中国 VS 波兰）	2019/09/02	19:00:02	1.8	7.8
2019 年国际篮联篮球世界杯 A 组（委内瑞拉 VS 中国）	2019/09/04	19:00:02	1.6	6.6
2019 年国际篮联篮球世界杯排位赛 M 组（中国 VS 韩国）	2019/09/06	19:26:47	1.5	6.0
2019 年国际篮联篮球世界杯小组赛 A 组（科特迪瓦 VS 中国）	2019/08/31	19:00:02	1.4	5.9
2019 年国际篮联篮球世界杯 E 组（美国 VS 土耳其）	2019/09/03	19:56:04	1.2	5.5
2019 年国际篮联男篮世界杯决赛（阿联酋 VS 西班牙）	2019/09/15	19:00:03	1.2	4.7
2019 年国际篮联男篮世界杯半决赛（阿根廷 VS 法国）	2019/09/13	19:30:57	1.1	4.0
2019 年国际篮联篮球世界杯第二阶段小组赛 K 组（美国 VS 希腊）	2019/09/07	19:59:46	1.0	4.2
2019 年国际篮联篮球世界杯 1/4 决赛（美国 VS 法国）	2019/09/11	18:36:45	0.9	3.8
2019 年国际篮联篮球世界杯 E 组（美国 VS 捷克）	2019/09/01	19:30:02	0.9	3.5

注：该排名不包括颁奖仪式及集锦。
数据来源：CSM 媒介研究

2019 年 10 月 27 日，第七届世界军人运动会在湖北武汉落幕，中国代表团共获得 133 金 64 银 42 铜，以总奖牌 239 枚排名第一的成绩完美收官，创造了参加军运会以来的最好成绩。中国代表团在这次军运会上的完美表现，除了占有主场优势的原因外，也证明我国解放军军事体育水平正不断提升。第七届世界军人运动会共设置射击、游泳、田径、篮球等 27 个大项，其中空军 5 项、军事 5 项、海军 5 项、定向越野和跳伞 5 个项目为军事特色项目，羽毛球、乒乓球、男子体操、网球等 4 个项目是首次进入世界军人运动会。这是世界军人运动会历史上规模最大、参赛人员最多、影响力最大的一次运动会。10 月 22 日晚间黄金时段播出的“第七届军运会女排决赛/中国 VS 巴西”获得了该赛事收视率的冠军，收视率为 1.9%，市场份额为 7.3%（表 5）。

表 5　中央台五套播出的“2019年第七届世界军人运动会报道”收视率较高的赛事（所有调查城市）

比赛名称	播出日期	开始时间	收视率(%)	市场份额(%)
第七届世界军人运动会报道:第七届军运会女排决赛（中国 VS 巴西）	2019/10/22	19:39:58	1.9	7.3
第七届世界军人运动会报道：第七届军运会游泳比赛女子 200 米蝶泳决赛	2019/10/21	19:10:22	1.3	5.7
第七届世界军人运动会报道：第七届军运会游泳比赛男子 100 米蝶泳决赛	2019/10/21	19:05:08	1.3	5.7
第七届世界军人运动会报道：第七届军运会田径男子 4×100 米接力决赛	2019/10/24	21:28:44	1.3	5.6
第七届世界军人运动会报道：第七届军运会田径女子 4×100 米接力决赛	2019/10/24	21:16:45	1.3	5.4
第七届世界军人运动会报道：第七届军运会女排小组赛 A 组第三轮（加拿大 VS 中国）	2019/10/20	20:29:02	1.3	4.6
第七届世界军人运动会报道：第七届军运会游泳比赛女子 1500 米自由泳决赛	2019/10/21	18:43:56	1.2	6.2
第七届世界军人运动会报道：第七届军运会游泳比赛女子 800 米自由泳决赛	2019/10/23	19:04:18	1.2	5.5
第七届世界军人运动会报道：第七届军运会田径女子三级跳远决赛	2019/10/25	20:03:22	1.2	4.4
第七届世界军人运动会报道：第七届军运会男篮第二轮（美国 VS 中国）	2019/10/20	19:53:47	1.2	4.2

注：该排名不包括颁奖仪式及集锦。
数据来源：CSM 媒介研究

3. 主要运动项目播出与收视概况

2019 年，体育节目市场各具特色的锦标赛、常规赛以及占据全年收视热点的国际篮联篮球世界杯和第七届世界军人运动会也吸引着观众的目光。相比 2018 年，2019 年中央台五套各运动项目之间的播出和收视格局发生了一些变化。

足球项目在 2019 年体育类节目中的播出比重最高，达到 17.28%（表 6），较 2018 年提升 0.94 个百分点；但收视比重为 15.63%，较 2018 年下降 6.67 个百分点，播出增长但收视有所降低。相较 2018 年，2019 年缺少了世界杯等大赛对足球项目的贡献，仅播出了常规联赛，因此足球项目的节目资源利用率下降明显。

2019 年篮球的收视表现十分抢眼。2019 年是篮球项目的黄金期，NBA、CBA 季后赛连番登场，男篮世界杯更是连连创造了收视高峰，篮球项目在收视方面的表现反超足球项目抢占榜首。10.49%的播出比重，较2018年提升0.46个百分点；收视比重更是提升了5.01个百分点，达到18.88%，其资源利用率排在所有项目第一位。由此可见，2019年篮球项目回报率最大。

冰上/水上运动在2019年的播出比重为8.82%，较2018年下降0.34个百分点；收视比重达到6.31%，较2018年下降1.35个百分点，播出比重的减少导致了收视比重的减少。伴随着北京2020冬奥会的临近，国家政策的支持和冰雪项目自身高端时尚的特质令冰雪运动逐步升温，吸引了越来越多大众的关注与喜爱。相信未来冰上/水上运动的节目资源利用效率将会进一步提升。

两大传统球类——乒乓球、排球在2019年依然受到中国观众的喜爱，尽管节目播出比重并不高，但收视比重较2018年均有所增长，尤其是乒乓球项目收视比重涨幅明显，提升了3.93个百分点。

表6　2019年中央台五套各主要运动项目在体育类节目中的播出比重与收视比重（所有调查城市）

运动项目	播出比重（%）	收视比重（%）
足球	17.28	15.63
篮球	10.49	18.88
冰上/水上运动	8.82	6.31
其他赛事	8.57	5.66
乒乓球	6.00	8.13
排球	5.55	8.94
网球	3.12	1.55
台球	2.51	2.19
搏击	2.40	1.33
羽毛球	2.18	2.14

数据来源：CSM媒介研究

六、结　语

2019年虽然是传统意义上的“体育小年”，但赛事依旧缤纷多彩、夺人眼球，其中最具代表性的无疑是在中国举办的篮球世界杯。此外，足球亚洲杯、世乒赛、苏迪曼杯、世界女排联赛、军运会，再加上贯穿全年的CBA、亚冠、中超联赛等构建了中央台五套的节目主体。作为拥有体育赛事优质资源的中央级频道，中央台五套的市场地位依旧无可撼动，收视率可观。2019年已然过去，2020年本应迎来体育大年，却因年初的新冠肺炎疫情，被迫按下了暂停键。2020年之于体育迷们，必定会是与众不同的一年。我们期待时间的检验。

（作者：于松涛）

2019 年晚间新节目观察

2019 年，国家广播电视总局评选出创新创优电视节目 36 档，创新创优节目的题材主要集中在公益纪实、文化科技等类型上，重导向、弱娱乐的创作导向更加明确。那么，在电视节目创新市场，节目创新的数量、格局、方向和特征又是如何？本文基于 CSM 媒介研究收视调查数据，对 2019 年中央级频道、省级卫视和 71 个城市[①]地面频道在晚间 17:00~24:00 时段新节目[②]的播出与收视状况进行梳理与分析，以期对 2019 年全年晚间新节目的发展变化状况做一回顾和总结。

一、新节目播出概况

1、常态新节目占比继续下滑，节庆假日类非常态节目创新集中

2019 年晚间时段，在 71 城市电视市场中，各级电视频道共播出新节目 4000 余档。其中，进入频道日常播出序列的常态新节目 350 余档，占新节目总量的 8.8%，

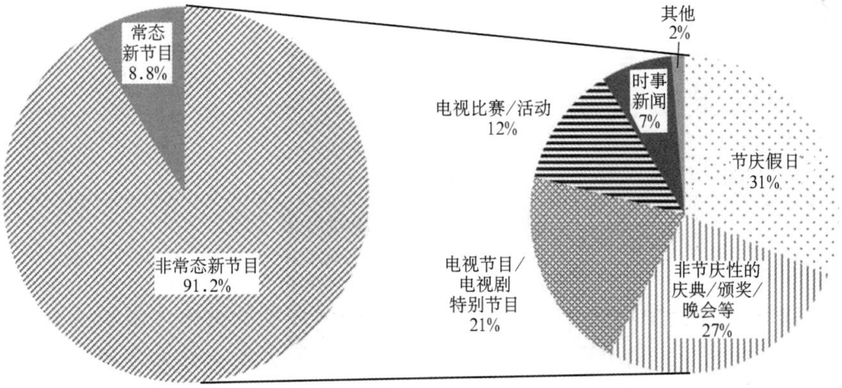

数据来源：CSM 媒介研究

图 1　2019 年常态新节目与非常态新节目的数量分布

---

① 71 城市包括 4 个直辖市、5 个计划单列市、26 个省会城市（不包括拉萨）和 36 个地级城市（包括苏州）。

② 本文对新节目的界定为：各上星频道 18:00~24:00 播出、省/市级地面频道 17:00~24:00 播出，同名称节目在 2012 年 1 月 1 日至 2018 年 12 月 31 日期间未出现过，节目长度超过 20 分钟（含 20 分钟）。以下节目类型不属于新节目范围：广告、频道包装、节目预告、导视节目、电视剧、电影、外语、各类体育赛事等。

数量较2018年减少了88档，在所有新节目中占比较2018年下降了1.2个百分点，仍处于下滑通道。以节庆假日特别节目、形式多样的评选/颁奖/典礼、电视特别节目、电视比赛/活动等为主体的非常态新节目则占到新节目总量的91.2%，其中节庆假日特别节目创新最为集中，在非常态新节目中的占比达31%（图1）。

2. 常态节目创新集中于开年和6月，非常态新节目在节庆和重大事件期间放量增长

节目创新作为媒体顺应媒介市场发展、创新及变化的自发行为，不仅受到市场中重大事件的影响，同时应观众的工作及生活周期变化，也形成了特有的季节规律。开年是频道拉开新一年竞争序幕的重要节点，以创新助力成长、以创新强化品牌的理念使得各级频道均将1月作为新节目集中投放的时间点，常态节目此月达到全年高峰。6月，随着高考落下帷幕，大量年轻收视群体回流传统收视，也是全年常态电视节目创新的第二个高峰节点。而在传统节庆和重大事件时期，非常态节目创新量倍增。2019年，春节所在的2月、新中国成立70周年庆典所在的10月，电视节目创新市场中非常态新节目大量涌现，在电视媒体上形成热烈、团圆和欢庆的氛围（图2）。

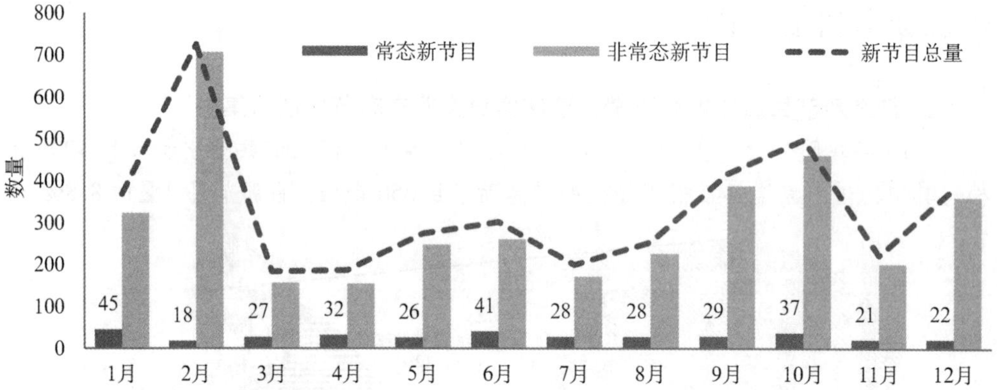

数据来源：CSM媒介研究

图2　2019年各月新节目播出数量（档）

3. 常态节目创新更集中于省级频道，非常态节目创新量中地面频道逾八成

节目创新在各级电视媒体中，也因市场竞争变化及频道自身资源特点而形成差异。总体来看，常态节目的创新更加集中于资源能力及频道数量都相对具有优势的省级平台，其中占据资源优势的省级卫视以较少的频道数量贡献了三分之一的常态新节目，数量众多的省级地面频道常态节目的创新占比也在三分之一以上。而非常态节目的创新则主要集中于数量极其庞大的地面频道，省、市两级地面频道每年投入大量资源以非常态节目履行媒体的娱乐、宣传、教育等功能，非常态节目的创新占比合计超过八成。中央级频道限于频道数量，在常态和非常态新节目播出总量中所占比重均较小，常态新节目占比7.1%，非常态新节目占比4.8%（图3）。

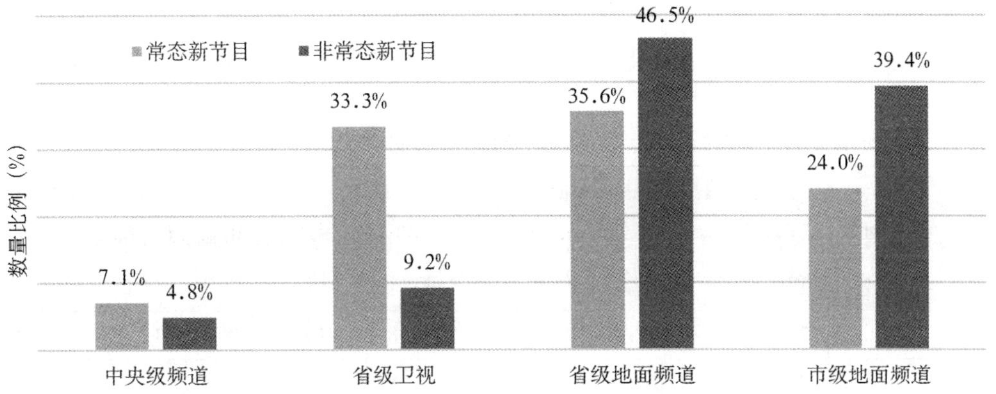

数据来源：CSM 媒介研究

图 3 2019 年常态新节目与非常态新节目在各级频道的分布比例（%）

4. 综艺、专题和青少是节目创新热点领域，生活服务节目在地面频道更受倚重

沿袭多年以来的创新特点，综艺、专题和青少是各级频道电视节目创新最为集中的三大领域，其中综艺节目更是以绝对的优势成为电视节目创新的第一类型，2019 年在常态新节目中占比达到 28%，在非常态新节目中占比达 36%。专题和青少节目近年来在电视节目去娱乐化政策的引导下也迎来新的发展，成为综艺节目之外的热点创新领域。生活服务类节目，由于其特有的服务性、贴近性，在常态新节目中的数量占比超越青少节目，达到了 20%（图 4）。

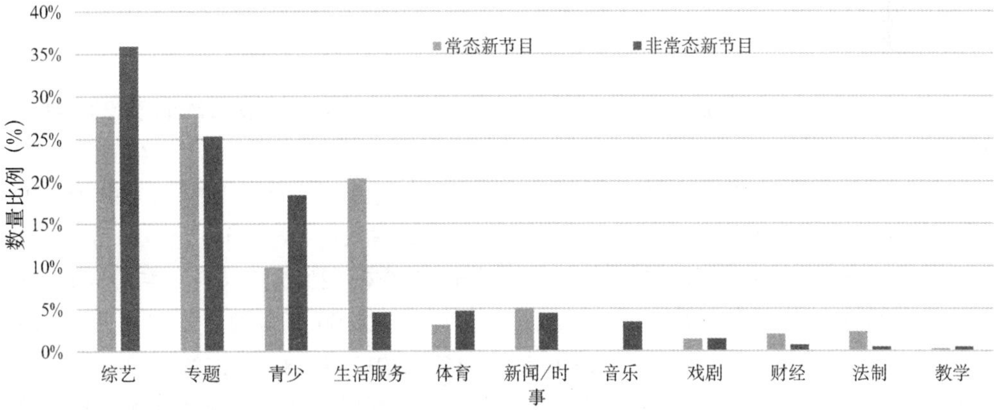

数据来源：CSM 媒介研究

图 4 2019 年新节目类型分布比例（%）

从各类节目创新在不同级别频道的分布来看，作为电视节目创新领域的第一大节目类型，综艺节目在上星频道中受到更多的倚重。2019 年，综艺节目在中央级频道和省级卫视非常态新节目中的占比都在 50%左右，在省级卫视常态新节目中的占比也超过 50%。专题节目在中央级频道常态新节目中的占比高达 64%，彰显了央视平台在专题节目制作和创新中的超凡实力。生活服务节目在地面频道的创新中也可圈可点，省、市级地面频道常态生活服务节目的占比分别达到29.4%和25.9%（表1）。

表1　2019年各级频道常态新节目、非常态新节目的类型分布比例（%）

节目类别	所有频道		中央级频道		省级卫视		省级地面频道		市级地面频道	
	常态新节目	非常态新节目	常态新节目	非常态新节目	常态新节目	非常态新节目	常态新节目	非常态新节目	常态新节目	非常态新节目
综艺	27.7%	35.9%	12.0%	49.2%	50.8%	58.8%	19.0%	28.1%	12.9%	38.2%
专题	28.0%	25.3%	64.0%	6.8%	25.4%	8.9%	23.8%	29.3%	27.1%	26.7%
青少	9.9%	18.4%	8.0%	11.3%	4.2%	10.7%	15.1%	20.6%	10.6%	18.5%
生活服务	20.3%	4.6%	0.0%	0.0%	11.0%	1.8%	29.4%	6.8%	25.9%	3.2%
体育	3.1%	4.7%	0.0%	9.0%	0.8%	3.9%	5.6%	5.8%	3.5%	3.2%
新闻/时事	5.1%	4.5%	0.0%	4.0%	3.4%	4.2%	4.8%	4.0%	9.4%	5.2%
音乐	0.0%	3.4%	0.0%	10.7%	0.0%	8.6%	0.0%	2.3%	0.0%	2.7%
戏剧	1.4%	1.4%	4.0%	2.8%	0.8%	3.0%	0.8%	1.5%	2.4%	0.9%
财经	2.0%	0.7%	0.0%	3.4%	1.7%	0.3%	0.0%	0.5%	5.9%	0.7%
法制	2.3%	0.5%	8.0%	2.3%	1.7%	0.0%	1.6%	0.6%	2.4%	0.2%
教学	0.3%	0.5%	4.0%	0.6%	0.0%	0.0%	0.0%	0.5%	0.0%	0.6%

注：省级地面频道包括直辖市地面频道。
数据来源：CSM媒介研究

5. 逾三成常态新节目在21:00~22:00推出，半数以上新节目时长在20~40分钟之间

近年来，各级电视频道推出的常态新节目不断向后黄金时段集中，其中21:00~22:00开播的新节目数量占比最高。2013年所有频道中21:00~22:00开播的常态新节目数量占比为23.0%；2014年这一数值上升至25.0%；2015年以来，在广电新政的影响下，新节目向这一时段集中的趋势稳定，21:00~22:00开播的新节目占比基本保持在30%左右（2015年29.9%，2016年29.1%，2017年28.8%，2018年31.2%），2019年，这种集中趋势进一步加剧，开播于这一小时间的新节目比例突破35%，增至35.9%。

2019年，在各级频道中，省级卫视常态节目创新集中于后黄金时段的趋势最为明显，21:00~22:00开播的常态新节目比例达到64.4%。中央级频道常态新节目播出更多集中于18:00~19:00和21:00~22:00两个时段，节目数量占比均达到28%。省、市地面频道在常态新节目播出的时间安排上较上星频道更为均衡，省级地面频道19:00~22:00开播的常态新节目相对集中，市级频道在18:00~19:00常规民生新闻时段和21:00~22:00后晚间时段播出常态新节目的比例均超过了20%（表2）。

表 2　2019 年各级频道常态新节目开播时段分布数量比例（%）

首期开始时间	中央级频道	省级卫视	省级地面频道	市级地面频道	所有频道
17:00(含)~18:00	—	—	14.3%	7.1%	7.1%
18:00(含)~19:00	28.0%	4.2%	10.3%	23.5%	12.4%
19:00(含)~20:00	12.0%	4.2%	19.8%	17.6%	13.6%
20:00(含)~21:00	12.0%	5.9%	15.9%	17.6%	12.7%
21:00(含)~22:00	28.0%	64.4%	21.4%	20.0%	35.9%
22:00（含）~23:00	12.0%	16.1%	15.1%	11.8%	14.4%
23:00（含）~24:00（含）	8.0%	5.1%	3.2%	2.4%	4.0%
总计	100.0%	100.0%	100.0%	100.0%	100.0%

数据来源：CSM 媒介研究

节目创新因观众的收视习惯变化也会遵循一定的时长规律，尤其在受众媒介消费日益碎片化的当下，短小精悍的节目内容往往更容易抓住观众的注意力。从各级频道常态新节目的播出时长分布来看，时长在 20~40 分钟的节目数量最多，占所有常态新节目总量的一半以上，达到 56.7%。时长在 40~90 分钟的新节目所占比重也近四成，时长超过 90 分钟的节目仅占总量的 4%（图 5）。

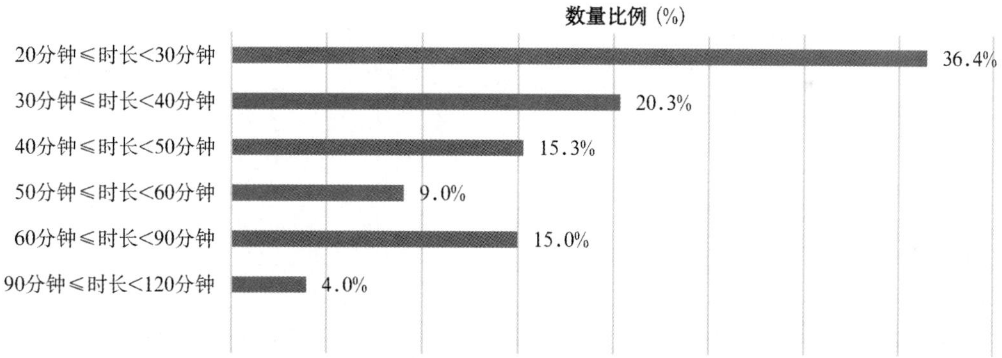

数据来源：CSM 媒介研究

图 5　2019 年常态新节目时长分布比例（%）

二、常态新节目收视概况

1. 上星频道高收视新节目占比提升，观察体验成为创优节目风向标

近年来，随着传媒市场内容竞争的不断升级，各级频道以创新拉动收视的难度也日渐增大。2014~2018 年晚间时段，上星频道平均收视率在 0.5%及以上的常态新节目占比由 2014 年的 17%降至 2018 年的 4%；2019 年，这种局面略有改观，平均收视率在 0.5%及以上的常态新节目占比提升至 7.7%。但平均收视率达到 1%以上的“现象级”新节目近 3 年缺位，更多的常态新节目全年晚间平均收视率不足 0.1%（图 6）。

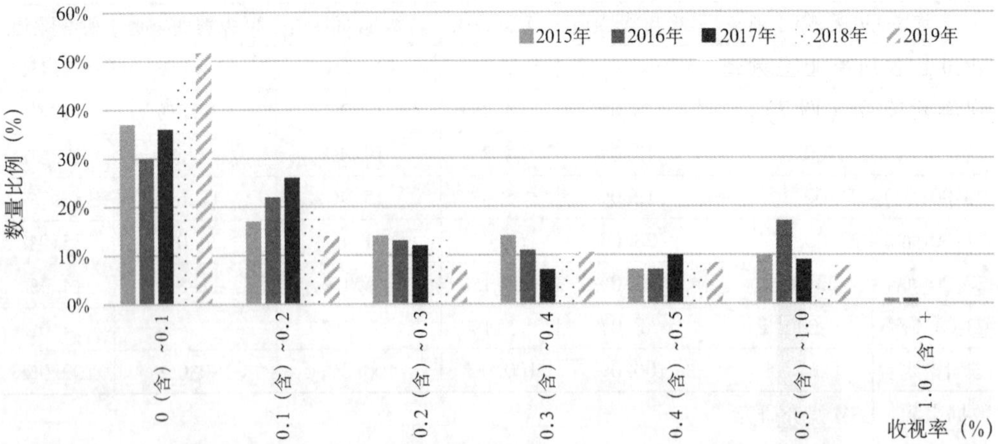

数据来源：CSM 媒介研究

图 6　2015~2019 年上星频道常态新节目平均收视率分布（71 城市，18:00~24:00）

综观 2019 年晚间时段上星频道收视表现较为突出的常态新节目，其内容涵盖音乐、文化、喜剧、情感、美食等领域；在表现形式上，体验、观察、表演、纪录等创新手法高度集中，成为年度高收视创新节目的风向标（表 3）。

表 3　2019 年平均收视率较高①的上星频道常态新节目（71 城市，开始时间 18:00~24:00）

节目名称	播出频道	类别	播出月份	热播元素
音浪合伙人	江苏卫视	综艺	9 月	星素共演音乐真人秀
青春环游记	浙江卫视	综艺	5 月	文化旅游探索综艺
寻找喜剧人	上海东方卫视	综艺	4 月	喜剧竞演综艺
大冰小将	浙江卫视	综艺	1 月	少儿冰雪成长真人秀
从地球出发	江苏卫视	综艺	12 月	天文科幻科普节目
做家务的男人	上海东方卫视	综艺	8 月	亲密关系观察真人秀
亲爱的来吃饭	上海东方卫视	综艺	12 月	观察类美食纪实综艺
幸福三重奏	上海东方卫视	综艺	10 月	亲密关系观察真人秀
我想开个店	江苏卫视	综艺	12 月	星素实战经营类综艺
中国地名大会	中央台四套	专题	11 月	地名文化类节目
老总来了	上海东方卫视	综艺	11 月	职场观察真人秀
我家那闺女	湖南卫视	综艺	1 月	亲情观察成长励志节目
漫游记	浙江卫视	综艺	11 月	散文体美食旅行记录节目
花样新世界	上海东方卫视	综艺	7 月	网络文化代际互动体验节目
遇见天坛	北京卫视	综艺	8 月	明星文化体验真人秀

数据来源：CSM 媒介研究

① 全年在 71 城市晚间 18:00~24:00 的平均收视率超过 0.45%，不区分首重播。

从播出平台来看，2019 年，平均收视率超过 0.45%的常态新节目，进一步集中于上海东方卫视、浙江卫视和江苏卫视等头部上星频道，3 个频道播出的高收视率新节目占所有上星频道的 80%，其中上海东方卫视更是一个频道占据了 40%的高收视率新节目（图 7）。

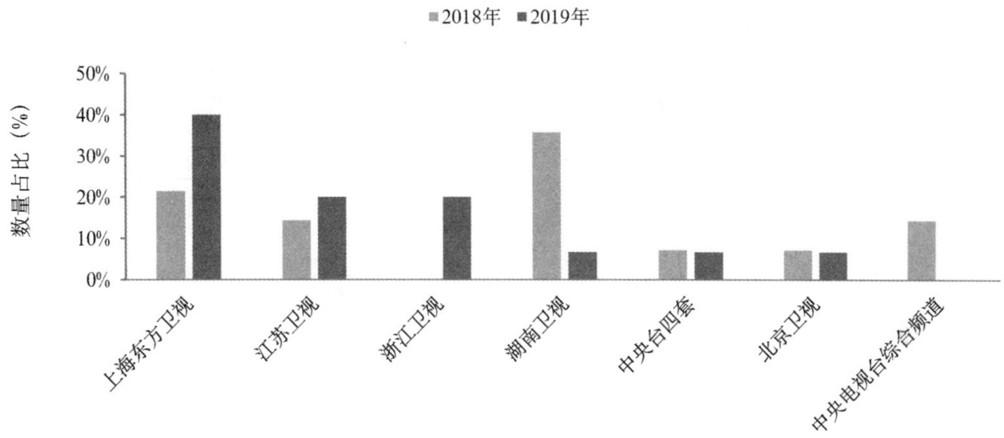

数据来源：CSM 媒介研究

图 7　2018~2019 年平均收视率超过 0.45%的上星频道常态新节目播出频道分布（71 城市，开始时间 18:00~24:00）

2. 地面频道高收视常态新节目数量减少，民生服务与休闲娱乐引领收视风潮

与上星频道在高收视新节目上的有所斩获不同，在整体收视市场竞争中优势不断旁落的地面频道，在节目创新中的压力也日益增大。2019 年晚间时段，地面频道播出的常态新节目中，首播月在本地收视率达到 1%及以上的节目数量较前 5 年进一

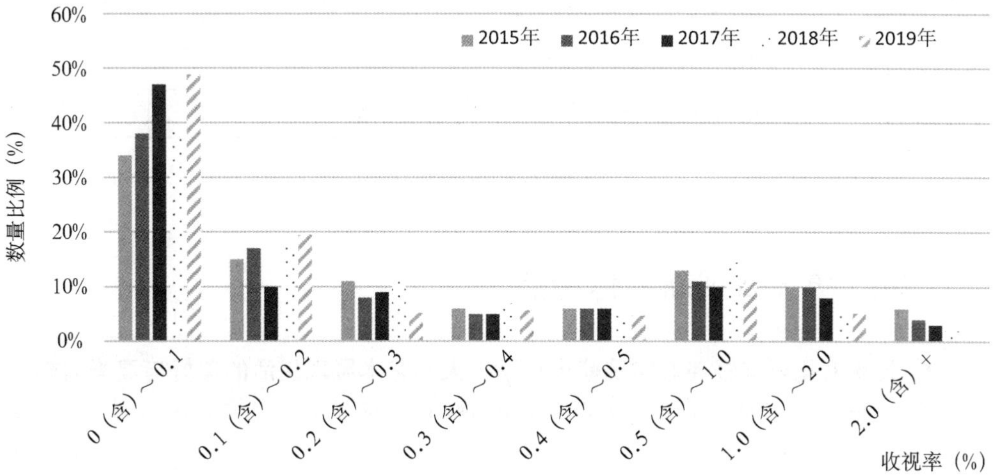

数据来源：CSM 媒介研究

图 8　2015~2019 年地面频道常态新节目首播月平均收视率分布（本地，17:00~24:00）

步萎缩，所占比例仅为5%。更多的新节目收视率在0.2%以下，其比例由2015年的49%增至2019年的68%（图8）。

具体观察2019年晚间时段地面频道首播月平均收视较高的常态新节目，我们可以发现以本土百姓生活品质提升为宗旨的民生服务节目、以区域休闲文化为核心的民生娱乐节目，依然是地面频道创新节目的收视担当，它们从法律服务、家装服务、婚恋服务以及运动、棋牌、音乐、旅行等视角切入百姓生活日常（表4），服务一方民众，赢得百姓目光。

表4　2019年平均收视率较高①的地面频道常态新节目（本地，开始时间：17:00~24:00）

节目名称	播出频道	类别	级别	播出月份
有请律师	江西电视台都市频道（二套）	法制	省级	6月
非常梦想家	上海电视台新闻综合频道	生活服务	省级	2月
快乐运动场	山东电视综艺频道	综艺	省级	1月
理想的生活	广东广播电视台珠江频道	综艺	省级	5月
侬好上海	上海电视台都市频道	综艺	省级	11月
边锋斗地主	河南广播电视台民生频道（三套）	综艺	省级	4月
梦想齐声唱	上海电视台都市频道	综艺	省级	8月
知识产权新视界	宁波电视台三套（都市文体频道）	专题	市级	12月
新恋爱时代	湖南电视台经济频道	生活服务	省级	9月
动感贵州	贵州广播电视台公共频道	体育	省级	10月
超级星搭档	山东电视综艺频道	综艺	省级	2月
佳宝带你去旅行	湖南电视台娱乐频道	综艺	省级	6月
我家有故事	内蒙古电视台新闻综合频道	专题	省级	5月
海棠花红	苏州电视台社会经济频道（二套）	新闻/时事	市级	10月
经视健康+	广东广播电视台经济科教频道	生活服务	省级	6月

数据来源：CSM媒介研究

三、2019年节目创新总体特点

1. 传统文化以年轻姿态实现薪火相承，人文艺术展现生活的美好与高光时刻

观察2019年上星频道平均收视率TOP100常态新节目的内容主题分布，可以发现与开篇提及的总局的创新创优角度非常吻合。文化类节目仍然是高收视率创新节

① 首播月在本地/省会晚间17:00~24:00的平均收视率大于或等于0.8%，不区分首重播。

目的核心主题（图9），10余档节目以年轻态的视角和解读方式，借助更为自由平等的表现手法，让传统文化重新流行，实现了生生不息的薪火相承。北京卫视《遇见天坛》以文化体验类节目的轻巧趣味形式为有数百年底蕴的天坛文化注入年轻态新活力；中央台四套《环球综艺秀》把各国文化集结到舞台，让中国元素走向世界，为世界文化提供了交流互鉴的平台；湖南卫视《神奇的汉字》用“轻体量”的表达传播“重汉字”的知识点，带领观众感知汉字在千年时光中的流转变化；江苏卫视《大城晓聚》则以人文访谈的形式，带领观众感受城市的文化与风土人情。

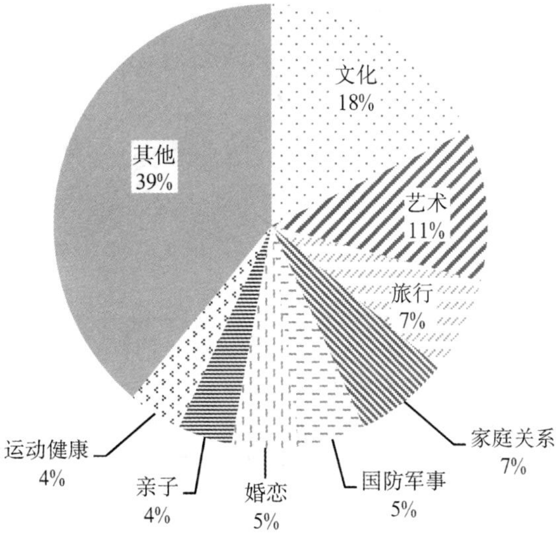

数据来源：CSM媒介研究

图9　2019年上星频道平均收视率TOP100的常态新节目内容主题分布〔节目数量比例（%）〕

文化节目之外，以音乐、喜剧、舞蹈、戏剧等为创新主题的艺术类新节目，也以诸多内涵和表达上的创新寻求突破。它们不仅注重文化底蕴的挖掘，更是通过对艺术之美的体验，传递积极的正能量，让观众体会到生活的向上美好以及文化艺术带给人生活的色彩及高光。江苏卫视《音浪合伙人》把艺人和素人在音乐创作和互动磨合层面上的挑战放大，用音乐传递时代的正能量，打造以流行理念展现中国传统文化的舞台。上海东方卫视《寻找喜剧人》与《欢乐喜剧人》第六季创新推出“跨季联动”，让喜剧这门艺术拥有更好的传承。湖南卫视《嗨唱转起来》新唱最有国民度、最具时代意义的经典歌曲，并网罗最流行、最具舞台感的音乐达人登上高光舞台，重新发现生活的美好；北京卫视《中歌会》汇集了老、中、青三代实力歌手，40多组打榜歌手在中歌榜上展开以音乐为中心的交锋。湖南卫视《舞蹈风暴》则不仅以精湛的舞蹈技术带给观众震撼，更是用艺术背后的精神打动人，用融于舞蹈之中的舞者对艺术、人生、情感的思考，引领观众发现生活中的艺术之美。

2. 竞技挑战以悬念推动情节发展，达人综艺以文化跨国交融彰显民族自信

竞技挑战与弱情节叙事看似是互相矛盾的两种节目形态或表现手法，但观察2019年上星频道晚间平均收视TOP100的常态新节目的形态，可以发现竞技、体验和观察占了一半的体量（图10），成为创新节目的主流形态。

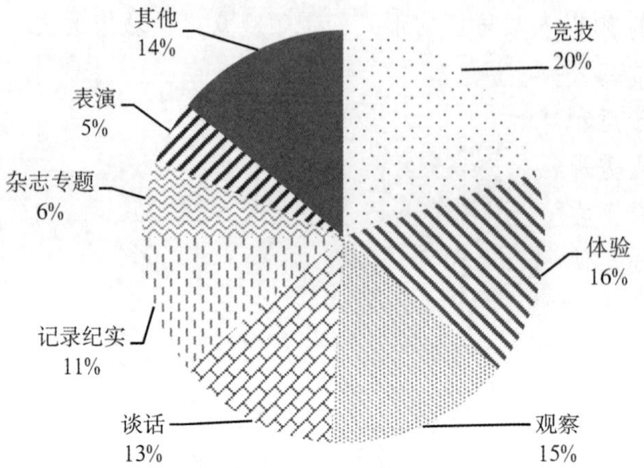

数据来源：CSM媒介研究

图10　2019年上星频道平均收视率TOP100的常态新节目形态分布（节目数量比例%）

竞争元素是真人秀七大构成要素之一，在叙事过程中以悬念推动情节发展，是节目创新中长盛不衰且最受广大受众欢迎的表现元素。以竞技为核心兼具娱乐性、知识性、艺术性的节目不仅能激发受众的收视热情，更是电视节目创新模式中的一种标配，成为节目创新的热力源。2019年，各级频道从不同的维度进行了大量的创新尝试，将竞技挑战元素贯穿其中，与喜剧、文化、音乐、舞蹈等有机融合，推动了节目情节的发展。上海东方卫视《寻找喜剧人》立足喜剧竞演，通过4期节目在16组竞演嘉宾中产生4组参加《欢乐喜剧人》第六季的录制。浙江卫视《大冰小将》重点展现14位6~9岁的冰球小将的热血成长和蜕变，传递冰雪体育精神，用体育竞技创造梦想。湖南卫视《神奇的汉字》、广东卫视《见多识广》和江苏电视台城市频道《我爱古诗词》以汉字和文化知识竞技为初衷，将干货满满的汉字知识和紧张欢乐的比赛氛围完美融合，激发观众学习经典的热情。在音乐和舞动等艺术领域，竞技元素更是不可或缺的推动节目情节演进的助力。北京卫视《中歌会》强化赛事感，处处彰显赛事的激烈与紧张。湖南卫视《舞蹈风暴》通过对具有非凡专业素养的舞者技艺的展现，寻找领衔中国舞蹈新力量的最强舞者。

上述节目以外，达人综艺也于2019年重返荧屏。上海东方卫视《中国达人秀》、湖南卫视《巅峰之夜》和江苏卫视《百变达人》3档节目，在选手甄选、行业聚焦、舞台舞美、呈现效果等方面均较早期的达人秀有所升级，同时节目的国际化视野更是使中外文化跨越地域和国界在节目中交汇融合，让东西方观念的碰撞和多元文化审美成为可能。

3. 弱情节体验观察节目另辟蹊径，纪实性和体验感营造新的移情

过度娱乐化与同质化长期以来都是真人秀被批评与诟病的两大原罪，而在受众审美不断转变以及广电政策调控的大背景下，强调体验、过程、陪伴的弱情节真人秀逐渐受到观众的喜爱，成为节目创新中的一股新风。与强调复杂的情景、规则和任务设置的强情节真人秀相对，弱情节真人秀是指那些以非情节性元素，即以没有因果、无法引起矛盾和反应的不完整动作元素占主导地位的真人秀。① 弱情节真人秀不再像传统真人秀那样以结果为导向，对过程的真实记录与再现，成为其最明显的特征。与此同时，在体验经济背景下，弱情节真人秀通过为观众制造体验的过程和对体验感的传输，使观众产生了一种新的移情。

2019 年，以体验和观察为主要表现手法的弱情节类节目创新比例达到 31%，这些节目从公益观察、生活体验、婚姻情感、经营体验等维度，大量运用观察纪实手法，弱化任务、竞争而强调对过程的真实记录，成为创新荧屏的一抹亮色。上海东方卫视《忘不了餐厅》以“公益+纪实”为主要突破口，以纪实化的电视语言，聚焦患有认知障碍的老年群体，用更加感性的视角去观察老人们的所想所悟，传递积极向上、温暖治愈的正能量。江苏卫视《大叔小馆》用偏向纪实的节目设置，通过对小巷烟火气息和素人真实生活的展露，呈现了 4 位大叔共同经营一家烧烤店的真实状态。浙江卫视《漫游记》作为一档“不设限”的旅行综艺，主打无规则、无目的、无任务的“三无旅行”，更加注重人在此过程中的生活体验，寻找旅行的真谛。湖南卫视《我家那闺女》《我家小两口》分别以不同职业的明星闺女、婚姻阶段各不相同的年轻夫妻的真实生活进行展示，对他们的生活状态和相处模式进行观察。地面频道中，广东广播电视台珠江频道《理想的生活》和山东电视综艺频道《星客栈》呼应时下流行的“民宿”热潮，突破性地运用真实记录的手法，运用时间、空间、光影的变化来衬托人物成长变化，留下了对人生哲理的思考与回味。

4. 节目创新聚焦家庭代际关系，代际互动内涵和外延不断拓展

代际关系是指两代人之间的人际关系。近年来，随着经济和社会的快速发展，不同代际的人因为生理、心理、角色和社会地位及社会经历的不同，在行为和认识上难免产生差异，形成“代沟”或者“世代隔阂”。因此，社会转型时期聚焦家庭代际关系的电视节目，以增进不同代际的沟通交流或为营造科学的代际关系提供帮助借鉴为目的，为受众提供方向指引，彰显媒体的社会责任，以此引发观众的关注及好评。2019 年，从上星频道到地面频道，节目创新主体从不同的角度聚焦家庭中的代际关系，不仅有聚焦成年子女与老年父母之间家庭亲情及代际沟通的节目，还

---

① 张国涛，孟雪. 弱情节：真人秀的另一个方向[M]. 现代传播，2018(12).

有以解决未成年子女与年轻父母在成长与教育等领域的问题为己任的创新型节目。随着代际互动的内涵和外延不断拓展，婆媳关系乃至家风家教都成为节目创新的切入点，在家庭关系这一极具内涵的情感关联的统领之下，这类节目进一步让流淌于血脉中的亲情自然流露，不断深化不同代际成员对于家和家庭成员之间提携有爱的情感的认同。

湖南卫视《我家那闺女》聚焦成年子女与父母之间家庭情感，节目邀请4位“闺女”的爸爸们与明星观察员一同观看“待嫁闺女”的生活和恋爱日常，让“父女情”这个被大众很少提及的家庭情感关系链凸显出来。上海东方卫视《我最爱的女人们》是一档观察男人如何处理生命中最爱的两个女人之间的关系（婆媳关系），以及探讨如何构建幸福和谐家庭的节目，引发了观众对于婚姻、亲情以及代际沟通的思考。内蒙古电视台新闻综合频道《我家有故事》通过嘉宾家风故事的分享，倾听普通人在成长道路所接受的家教、家风故事，开启了一段传递温暖、传递知识、传播优秀品质的触动心灵的旅程。

而在家庭代际关系中，随着近年来二胎政策的放开以及整个社会对教育的重视程度不断提高，未成年子女与父母之间在养育和教育上的关系与矛盾更是逐渐成为焦点。湖南卫视《放学后》就是一档关注家庭代际教育的纪实节目，节目记录了具有代表性的家庭在放学后的生活状态，并由棚内教育专家总结家庭教育的经验和亲子教育的干货分享给观众，在激发社会关注的同时引爆了千家万户的共同话题。广东卫视《考不好没关系》通过父子互换身份——父亲答题、孩子观战的设置，将不同类型的亲子关系在互动中呈现，聚焦家庭代际关系，引发了观众对于家庭教育本质的观察与反思。北京电视台文艺频道《全能爸妈》则结合生活中真实发生的热点话题、亲子需求等进行针对性解答，通过专家、各行业专业人士、实景体验及介绍给出更科学、健康、有效的解决方案。更有河南卫视《二宝来了》将视线聚焦在近年来不断增多的二宝家庭，以短视频、现场互动等形式展示了二胎家庭生活中最真实的有趣时刻、感动时刻和美好时刻，借此引发话题。这些节目通过不同的视角和形式解读新时期的家庭代际关系，不仅直击代际痛点，为受众提供了切实可循的解决方案，更是将和谐多于纠结的正能量释放，传递了温暖的真情。

伴随着技术的进步和传播模式的创新，分散在数字世界不同圈层中的受众，拥有迥异的媒介接触习惯，如何突破圈层和次元壁垒，让传播有效到达更为广泛的人群，同时促进代与代之间的理解与沟通，已越来越成为电视节目创新的突破口和发力点。上海东方卫视《花样新世界》就是在这一领域勇于进行尝试的创新节目，倪萍、张晨光、范明3位中老年国民艺术家通过与网络新生代合作，突破代际差异，代表“银发族”拥抱新的网络时代。他们用行动诠释自己对于年轻文化的喜爱和向往，用短视频记录自身的成长与变化，打破了社会对于“银发族”的固定标签。

5. 情感类节目开启共情之旅，家庭关系类真人秀触发现代家庭生活共鸣

近年来，情感类节目的创新发展与观众收视需求和审美期待的不断提升相依而生，从上星频道到地面频道，都在不遗余力地加大此类节目的创新力度。在创新理念上，除了以服务为初衷的为单身男女青年制造接触与了解的机会外，更多的节目开始将侧重点转移到为年轻人和观众带来泛娱乐化的共情和情感共鸣上，尤其以素人为主体的情感类节目，将嘉宾的故事、观点和想法映射到普通观众，成为节目传递的主线和核心，观众获得的不仅是娱乐的体验，更能从嘉宾身上看到自己的影子，从而产生共情和持续的收视热情。

俗语常道：两个人的婚姻，本质上是两个家庭的相遇。因此在婚恋的背后，双方的原生家庭在价值观、生活方式上的碰撞与交融，不断成为影响家庭婚恋关系的"看不见的手"。江苏卫视《新相亲大会》则将这只"看不见的手"展现至台前，以子女带父母一起相亲为表现形式，在相亲双方家庭身处同一个现场的情形下，展现家庭与家庭之间、子女与子女之间、子女与父母之间，因选择"擦肩而过"而产生的火花，为相亲家庭提供了更加开放、透明的"观点碰撞空间"，将相亲交友还原至家庭代际关系之中，更契合社会真实的现状及需求。地面频道中，湖南电视台经济频道《新恋爱时代》以父母与子女两代人不同的婚恋观为切入点，体现了当代社会不同年龄层的代际关系，引发了不同代际观众的情感共鸣。

代际相亲交友之外，更有创新主体将素人和明星这两大元素同时融入婚恋情感类节目的升级之中，将素人社交真人秀和明星观察推理结合起来，不仅契合当下全民恋爱的社交趋势，同时也从名人明星的角度为其提供帮助和指引。浙江卫视《遇见你真好》、湖南卫视《恋梦空间》和江苏卫视《我们恋爱吧》，均以素人参与和明星观察为主要模式，通过"观察+推理"，与当代年轻人最新的恋爱社交方式相互碰撞，共同探讨新时代背景下影响年轻人恋爱社交活动的因素，让更多的青年单身男女学习如何去爱。

现代都市社会，"家"的概念在不断演进。以家庭为圆心，以家庭中不同成员的角色、关系、情感等为创新半径的电视节目亦不断俘获受众的关注，成为节目创新的新宠。尤其在近年火爆荧屏的观察类真人秀中，以探讨夫妻或者其他家庭成员间的相处之道，将亲情、爱情中的观念碰撞作为主要看点，将创造和谐的家庭生活模式作为宗旨的电视节目日益增多，进一步触发了现代家庭生活的共鸣。上海东方卫视《做家务的男人》以男人做家务为切入点观察家庭生活、探讨家庭相处模式，将男性在家庭里遇到的问题进行剖析，让观众看到不一样角度的家庭故事与人物关系。湖南卫视《我家小两口》用3对分别处于不同婚姻阶段的"小两口"的生活经历对婚姻进行了全景式呈现，展现出对婚姻共性的探讨，为当代年轻人传递了正确的婚恋价值观。

四、结　语

2019年，电视节目创新可以说在逆境中探索出一条通向未来光明的出口。各级媒体依托自身的资源，从多个维度对文化、艺术、家庭、代际、情感等内容主题的内涵进行挖掘，对其背后所折射的社会文化、社会心理和社会价值加以放大和展现，用内容赢得受众，用理念影响受众，用价值引导受众，最终不仅实现了以创新释放节目品牌的活力，更是以创新践行了媒体责任！

（作者：周欣欣）

依托北京冬奥会契机，打造“大体育”多赢格局

随着国际奥委会第128次全会现场“一锤定音”，2022年冬奥会花落北京，作为文明古都的北京与世界再度约定，要书写更加引人瞩目的奥运传奇。中国冬季运动管理中心研究制定了《中国冰雪运动发展规划（2016~2025)》,协助制定并出台了《2018~2022年冬奥会备战工作计划》《2022年冬奥会人才工作规划》《备战2022年冬奥会项目布局实施方案》等相关政策，依靠政策保障，充分调动高校、社会、企业、俱乐部等多方面的积极性，为中国冬季运动在2022年冬奥会上取得好成绩保驾护航。2019年3月31日，中共中央办公厅、国务院办公厅再次印发了《关于以2022年北京冬奥会为契机大力发展冰雪运动的意见》，要求各地区各部门结合实际认真贯彻落实，其中明确指出将大力普及群众性冰雪运动，广泛开展青少年冰雪运动，加快发展冰雪产业。借着筹备北京冬奥会的契机，中国体育电视市场也在不断创新，“内容为王+体育娱乐化”成为现在冰雪运动电视转播的一个新的风向标。

一、平昌冬奥会是一次大考，中央电视台资源优势难以撼动

在北京申办2022年冬奥会成功后，中国代表团迎来的第一次大考便是2018年的平昌冬奥会。这不仅是北京观察了解冬奥会举办经验的重要机会，也点燃了中国观众对冰雪运动的热情。在中国一共有6个电视频道对平昌冬奥会进行了转播，其中作为全国覆盖的中央台五套、中央电视台综合频道及CCTV5+体育赛事频道3台联动，使平昌冬奥会成为春节期间最受关注的体育赛事。得益于多年体育大赛的转播经验，中央电视台积累了世界领先的体育制播团队，对2018年平昌冬奥会进行了高质量的转播，为建设北京2022年的主播平台做足了准备。

中央台五套作为主力转播平台，对平昌冬奥会进行了全程赛事的精彩转播，累计转播时长达到了175个小时，赛事在71城市平均每分钟有110万电视观众，覆盖9576万人。一方面，平昌冬奥会有北京申办冬奥会成功的情感加持，中国观众对该届冬奥会关注度颇高；另一方面，东亚邻国的比赛时间使得观看比赛未受时差影响，而且平昌冬奥会的比赛日期（2月9日~25日）正好与我国的春节假期完全重合，中央台五套在冬奥会期间较2017年同时段的市场份额几乎翻了1番，在所有上星频

道的市场份额排名上升了7位（表1）。

表1 2018年冬奥会期间上星频道市场份额排名TOP10及与2017年同期比较（71城市）

2018年冬奥会期间			2017年同期			市场份额变化（百分点）	排名变化
排名	频道	市场份额（%）	排名	频道	市场份额（%）		
1	中央电视台综合频道	5.85	1	中央电视台综合频道	4.36	1.49	持平
2	中央台四套	4.07	2	中央台四套	4.29	-0.22	持平
3	中央台三套	3.81	4	中央台三套	3.44	0.37	上升1位
4	中央台六套	3.66	5	中央台六套	3.21	0.45	上升1位
5	湖南卫视	3.04	8	湖南卫视	2.65	0.39	上升3位
6	中央台五套	2.80	13	中央台五套	1.48	1.32	上升7位
7	中央台八套	2.56	3	中央台八套	3.44	-0.88	下降4位
8	上海东方卫视	2.48	6	上海东方卫视	2.85	-0.37	下降2位
9	北京卫视	2.32	11	北京卫视	1.69	0.63	上升2位
10	中央电视台新闻频道	2.28	9	中央电视台新闻频道	2.37	-0.09	下降1位

数据来源：CSM媒介研究

在对体育频道最为重要的节目资源上，中央电视台一直占有绝对的垄断优势。其不仅可以独家购买到奥运会和世界杯这两大世界体坛最受瞩目的核心体育赛事在中国内地的转播权，而且还拥有近90%的国内赛事和80%的国际赛事资源。“资源优势”成为其他地方体育频道难以与之抗衡的主要原因。

二、承接北京冬奥会节目，打造冰雪项目专业平台

大型赛事所带来的收视增量不言而喻，但回归常态，我们也会注意到近几年的中国电视市场冰雪类赛事及节目所占的份额逐年递增，其中不得不提的一个频道就是CCTV5+体育赛事频道。该频道于2013年8月18日成立，赛事资源以冰雪类、足球类、篮球类、网球类为主，其中冰雪类赛事为CCTV5+体育赛事频道的特色资源。随着2022年冬奥会的临近，该频道将进一步推动国内冰雪赛事的蓬勃发展，并进一步引领大众对冰雪运动的关注。现在全国体育电视市场中，CCTV5+体育赛事频道冬季项目节目占比达到51%，冰雪赛事及项目更是处于绝对领先地位。CCTV5+体育赛事频道目前拥有多个冰雪项目的版权，优质的赛事也吸引了不少体育迷的关注（表2）。根据CSM媒介研究对近3个赛季冰雪项目的分析，发现近3年来CCTV5+观看冰雪项目的观众到达人数呈明显上涨趋势（图1）。

表 2 CCTV5+体育赛事频道冰雪项目版权

系列赛事	单项赛事
世界花样滑冰大奖赛	亚太冰壶锦标赛
速度滑冰世界杯	世界单板滑雪锦标赛
北美职业冰球联赛	世界自由式滑雪锦标赛
高山滑雪世界杯	世界冰壶世锦赛
自由式滑雪世界杯	世界冰球锦标赛
跳台滑雪世界杯	世界单板滑雪锦标赛
雪车世界杯	世界高山滑雪锦标赛
雪橇世界杯	世界自由式滑雪锦标赛
单板滑雪世界杯	

数据来源：CCTV5+体育赛事频道 4 周年庆典暨冰雪榜样颁奖仪式

除去观众们都熟知的 CCTV5+体育赛事频道，2019 年 5 月 10 日原北京电视台体育频道变为上星频道“北京广播电视台冬奥纪实频道”，作为全新体育卫视，冬奥纪实频道在全国 26 个省市自治区落地，覆盖近 3 亿电视观众。冬奥纪实频道实行 24 小时播出，节目内容包括日播冬奥新闻《2022》、高端人物访谈《我与奥运》、评论栏目《冬奥大家谈》、纪录片《双奥之城》以及科普栏目《冰雪微课堂》等内容。

不仅北京电视台在为冬奥会做准备，中央电视台这一次也有大动作。不同于以往在奥运会进行期间将中央台五套变为奥运频道，本次中央电视台将新增专门的奥运频道——CCTV-16 奥运频道。专门奥运频道的设立，体现了中央电视台对北京冬奥会赛事及相关内容播出的重视，同时将为奥运商业营销提供一个新平台。尽管距离冬奥会开幕仍有近两年，这场体育盛事已经全面进入预热阶段。

三、“体育节目娱乐化表达”成为地方性体育频道的共同选择

中央电视台拥有大部分赛事的转播资源，其他地方性体育频道难以与之抗衡。如何借冬奥会的东风？地方性体育频道恐怕只能另辟蹊径，开拓新市场。

现在越来越多的地方性体育频道都热衷于将体育节目通过娱乐化的表达进行呈现，因为娱乐节目易于创新，而在一个发展较快的社会中，人们也越来越重视体育的休闲性和健身作用，一些体育项目既有观赏性也有参与性，可以说是电视娱乐节目的富矿，将其加以改造转为体育娱乐节目可以说是事半功倍。

而 2022 年冬奥会就是一个很好的契机，各电视台纷纷推出了冰雪类综艺节目来

吸引观众眼球。这一方面可以弥补各地方台相较于中央电视台等有影响力的体育频道而言缺乏赛事资源的劣势，同时冰雪类项目本身就有较高的观赏性。北京卫视就是最早涉足冰雪综艺节目的卫视之一，首先推出了《跨界冰雪王》节目，2019 年也围绕冬奥主题推出《跨界冰雪王之花样中国》《敬未来的你》等一系列冰雪节目；此外，浙江卫视推出了全新综艺节目《大冰小将》，而黑龙江卫视和广东卫视也联合推出了《活力大冲关》之《冰雪的游戏》，带领大家走进冰雪世界。

1. 北京卫视《跨界冰雪王》—— 助力北京冬奥填补类型空白

《跨界冰雪王》节目中 8 位滑冰零基础的明星为助力冬奥，实现梦想，入驻魔鬼训练营，在"营长"张艺谋的带领下，由花样滑冰双人滑奥运冠军申雪、赵宏博亲自指导，国家花滑队贴身培训，在参加节目期间，明星们将接受冰上残酷而又充满乐趣的技巧训练，并且接受每周一次真实冰上实境表演的挑战，最终决出比赛胜利者，节目于 2017 年 1 月 7 日起每周六晚 21:08 在北京卫视首播。在全部的 13 期节目中，近一半节目收视率高于北京卫视晚间黄金档（20:30~22:30）的全年平均收视率，是一档极具竞争力的栏目。特别是 3 月 25 日当期收视率高达 1.26%（图 1），在 2017 年全年排名中仅次于北京卫视的王牌节目《跨界歌王》《北京电视台春节晚会》《跨界喜剧王》和电视剧《我的前半生》《生逢灿烂的日子》《急诊科医生》。

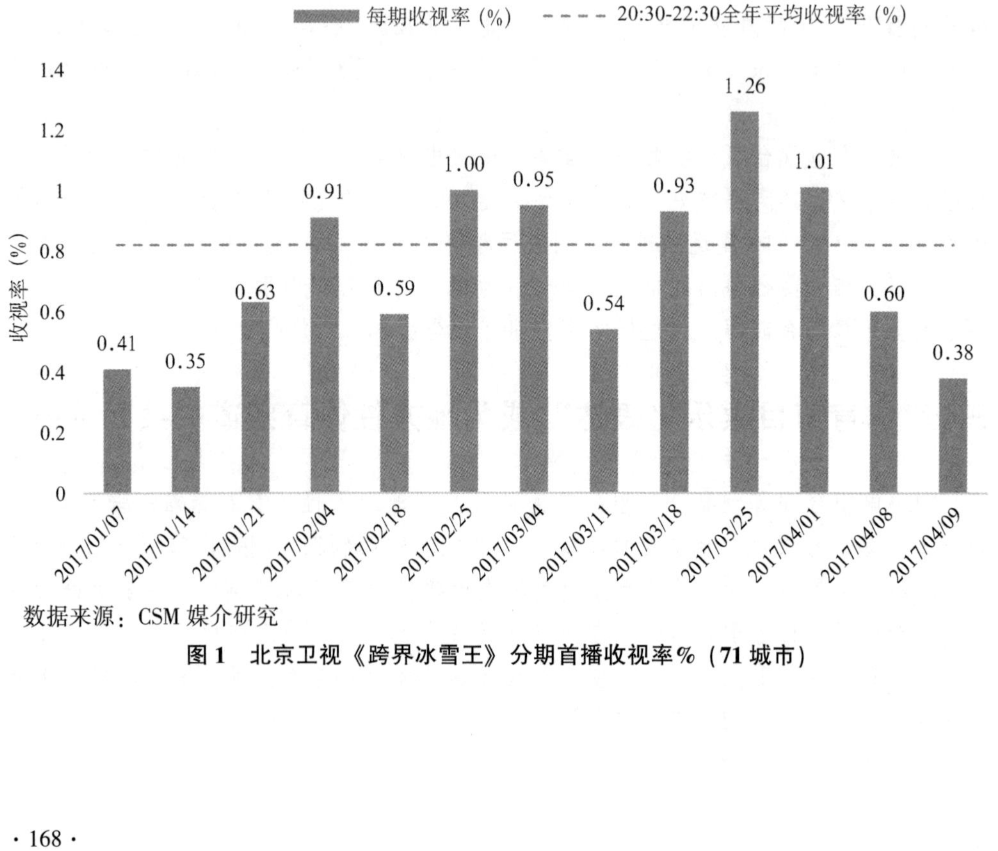

数据来源：CSM 媒介研究

图 1　北京卫视《跨界冰雪王》分期首播收视率%（71 城市）

2. 黑龙江卫视和广东卫视《活力大冲关冰雪的游戏》——南北联合推广冰雪运动

由黑龙江省旅游委、广东卫视联合录制的大型冰雪真人秀《冰雪的游戏》，是广东卫视王牌栏目《活力大冲关》的系列延伸。节目来到了拥有壮美和神奇矿泉的五大连池，通过向全国观众展现黑龙江省优质的冰雪旅游资源，让观众体验冰雪世界的独特魅力。该节目于2018年1月6日登陆广东卫视，共播出了13期；于1月13日登陆黑龙江卫视，共播出了8期。特别值得注意的是，该节目除了在两大卫视播出，新加坡电信SingtelTV、马来西亚电信TMHyppTV、泰国电信AIS、香港紫金国际台Now Jelli、台湾电信、腾讯视频、爱奇艺、新浪微博等平台均有播出，开创了“旅游+互联网+影视”的新模式。

北冰南移、北雪南展，从冰天雪地的北国到烈日炎炎的南方，各种形式的雪场和冰场吸引着越来越多的人参与到冰雪运动上来。北京冬奥会申办成功后，滑雪也成为热门运动健身项目。我们相信借冰雪运动的热潮，势必会在电视上刮起一阵“寒”流。

3. 浙江卫视《大冰小将》—— 体育综艺和萌娃综艺首次结合

浙江卫视也推出了《来吧！冠军》《这！就是灌篮》等体育类综艺，并对这个门类进行了持续性投入和耕耘。《大冰小将》作为系列化、递进式的推进，更加深了卫视平台有关文艺与体育联结的认知，也为北京冬奥会及带动3亿人参与冰雪运动的号召提供了助力，吸引了更多热爱冰雪运动的人加入其中。

《大冰小将》于2019年1月12日起每周六晚20:30在浙江卫视首播，共12期。该栏目是浙江卫视联合国家体育总局冬季运动管理中心推出的少儿燃动冰雪成长类节目，由易烊千玺担任经理人，雷佳音担任领队。与以往的体育类综艺节目大多会选择明星作为真人秀嘉宾不同，《大冰小将》在选角上采取差异化策略，对准小运动员，把体育综艺和萌娃综艺相结合。

易烊千玺是国内娱乐市场上的顶级流量之一，同时参与主持节目、担任领队的雷佳音也以他出色的综艺感成为看点之一，此外，节目还邀请了很多特别嘉宾，包括佟大为、国家短道速滑队的武大靖，以及杨迪、英如镝、张晓龙、朱刚日尧和刘芸等，明星的加持对收视起到了很好的保障作用。12期节目在71城市的平均收视率为0.83%，明显高于2018年第一季度同时段的平均收视率0.73%（图2）。

近年来，我国电视体育节目取得了长足的发展，虽然也受到了新媒体所带来的冲击，但传统体育电视频道依然在体育媒介市场中占有主导地位。体育频道本身是一个资源性频道，优质的赛事转播一定会带来高的收视回报。但是体育赛事的资源毕竟有限，地方性体育频道如果想从中央电视台及其他有影响力的体育频道中抢占一片天地，“体育节目娱乐化表达”势在必行。距离北京冬奥会开幕还有不到两年的时间，各大电视台也应抓住时机，找到符合自身的发展道路，在推动冰雪运动发展的同时，也带动自身频道的发展。

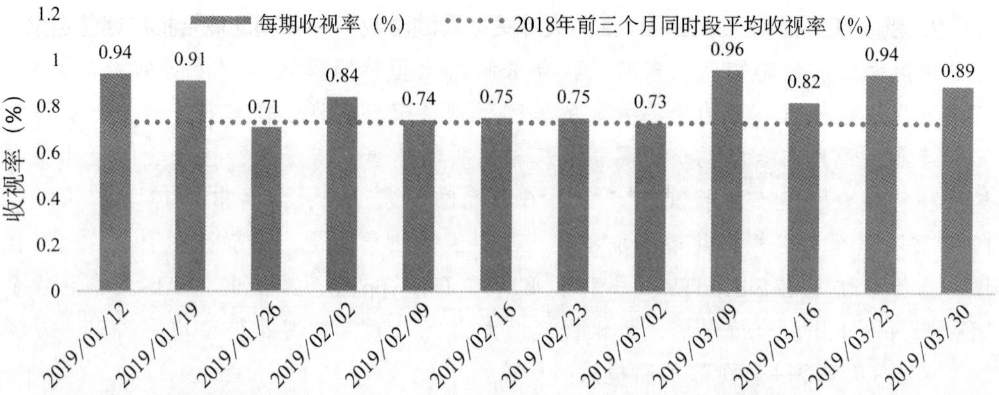

数据来源：CSM 媒介研究

图 2　浙江卫视《大冰小将》每期首播收视率%（71 城市）

（作者：李婉）

传播中国故事，捍卫中国道路

——主旋律代表性电视节目收视简析

改革开放以来，我国的经济发展和社会进步举世瞩目，而发展和进步均离不开稳定的社会环境，离不开舆论的正确指引。没有正确的舆论导向和凝聚的社会共识，社会思潮就有可能脱离文明和道德的正轨。近年来，我国电视媒体节目资源和节目制作能力显著提升，责任意识和大局意识空前高涨。在此背景下，具有浓厚爱国热情、彰显主旋律色彩、充满民族复兴正能量、品质精良的专题类节目不断涌现。在当今喧嚣的电视节目播出市场，这些主旋律节目无疑是不可或缺的文化和精神正能量。对这些节目的收视特征的分析，可以为今后类似节目的制作和播出提供必要的借鉴。本文利用 CSM 媒介研究收视率调查及节目监播数据，对近期具有代表性的主旋律电视节目做简要收视分析，供读者参考。①

一、主旋律代表性节目内容多元、发人深省

笔者利用 CSM 媒介研究节目监播数据，筛选得到十余档主旋律/正能量代表性电视节目。② 这些节目中，有的是观点中立中肯的历史话题节目或者人文地理风光节目，有的则是旗帜鲜明地阐述和探讨中国道路、中国制度的思想政论类节目，包括收视率相对较高且播出天数较多的《国家记忆》《舌尖上的中国》等，收视率较高且播出频道数较多的《平“语”近人——习近平总书记用典》和《我们一起走过致敬改革开放40周年》，以及收视率相对较高、旗帜鲜明地捍卫中国特色社会主义道路的2019年新节目《这就是中国》（表1）。

---

① 如无特殊说明，数据来源为2018年至2019年8月CSM媒介研究52测量仪城市，目标观众为4岁及以上所有人。

② 筛选条件为：节目名称中包含主旋律/正能量词义特征明显的关键词（党、国、梦、榜样、初心、反腐、改革、革命、好人、楷模、廉政、民族、起点、强军、青春、人民、时代、先进、信心、信仰、英雄、优秀、致敬、中华、自信、井冈山、新时代、总书记、社会主义等），2018年7月至2019年7月晚间时段（17:00~24:00）中央级频道和省级上星频道播出20天及以上、节目时长20分钟及以上、CSM52测量仪城市多频道收视率平均值在0.1%及以上的专题类节目。

表 1　2018 年 7 月~2019 年 7 月晚间时段上星频道播出的代表性主旋律专题类节目

节目名称	播出频道	播出日期
中华揭秘	中央台十套	2018/07/01~2018/09/20
外国人在中国	中央台四套	2018/07/01~2019/07/07
舌尖上的中国第二季	中央台二套	2018/07/01~2019/07/14
走遍中国	中央台四套	2018/07/02~2019/07/26
国家记忆	中央台四套	2018/07/02~2019/07/27
美好时代	江苏卫视	2018/07/04~2019/07/24
舌尖上的中国	中央台二套	2018/07/07~2019/07/27
中国诗词大会第三季	中央电视台综合频道等两个频道	2018/08/02~2019/02/03
大国重器第二季	中央台二套等两个频道	2018/09/29~2019/07/27
中国缘	中央台四套	2018/10/01~2019/02/19
平“语”近人——习近平总书记用典	中央电视台综合频道等 13 个频道	2018/10/08~2018/12/03
影响改革开放四十年的中国电影	中央台六套	2018/11/20~2018/12/29
我们一起走过 致敬改革开放 40 周年	中央电视台综合频道等 11 个频道	2018/12/02~2019/06/26
这就是中国	上海东方卫视	2019/01/07~2019/07/29

数据来源：CSM 媒介研究

上述主旋律节目内容涉猎非常多元。《国家记忆》是中央台四套播出的一档专题节目，节目以“为国家留史，为民族留记，为人物立传”为宗旨，展现党史、国史、军史中的重大历史事件及各领域重大工程建设，揭秘重大决策背后的故事，讲述各阶层各时代代表性人物的不凡经历，记录讲述党的奋斗史、创业史、中国特色社会主义探索史、改革开放进程史。节目融合珍贵的历史资料、逼真的三维动画、极具科技感的历史场景穿越等多种视觉元素，带领观众重返历史现场，触摸有温度的历史。《大国重器》是由中央台二套制作的高清纪录片，节目展现了中国装备制造业的成就，讲述了充满中国智慧的机器制造故事，包括《大国重器第一季》和《大国重器第二季》。节目以独特的视角记录了中国装备制造业创新发展的历史，将镜头对准普通的产业工人和装备制造业企业转型升级创新中的关键人物，真实记录了他们的智慧、生活和梦想，通过人物故事和制造细节，鲜活地讲述了充满中国智慧的机器制造故事，再现了中国装备制造业从无到有，赶超世界先进水平背后的艰辛历程，展望了中国装备制造业迈向高端制造的未来前景。《大国重器第一季》由中央台二套于 2013 年播出，《大国重器第二季》于 2018 年 2 月 26 日首播。《平“语”近人——习近平总书记用典》是由中共中央宣传部、中央广播电视总台联合创作的《百家讲坛》特别节目，由中央电视台综合频道于2018年10月8日至10月19日晚间首播。节目以习近平总书记一系列重要讲话、文章、谈话中所引用的古代典籍和经典名句为切入点，旨在推动习近平新时代中国特色社会主义思想的生动阐释与广泛传播。节目分12期，每期由“原声微视频”“思想解读”“经典释义”“现场访谈”“互动问答”“经典诵读”6个环节构成。①《这就是中国》是上海东方卫视2019年1月7日起每周一晚间播出的一档思想政论节目。节目的主要参与者有以复旦大学中国研究院张维为教授为主的主讲嘉宾、关心国家大事关注社会热点的现场听众和筛选议题、主持节目的编前策划人员等3组角色。节目围绕中国政治、社会、经济等各方面热点议题，展开宏大论述和深度解读，在深度分析和专业见解的基础上，与关心中国发展的年轻人现场讨论甚至辩论。节目及节目嘉宾不回避尖锐问题，不打官腔，系统解析有关中国制度、中国理论、中国道路、中国文化先进性，帮助观众读懂中国，理解中国。② 这些节目最大的共同点就是再现国家建设的伟大成就，弘扬中华美德和中华文明，探讨和阐述中国共产党治国理政的智慧和经验，每期节目都发人深省。

二、主旋律节目实现跨平台播出、融媒体传播

《国家记忆》和《这就是中国》等专题类节目除在中央电视台和上海东方卫视等传统电视频道播出外，均在当今主流的互联网视频网站播出，以2019年8月8日百度视频搜索返回结果为例，《国家记忆》在央视网、腾讯视频等至少9个互联网视频平台播出，同期微博话题数据显示的阅读量近5200万，讨论量为2.3万；《大国重器第二季》在央视网、搜狐视频和腾讯视频等至少14个互联网平台播出，微博阅读量逾2000万，讨论量为1.7万；《平“语”近人——习近平总书记用典》在腾讯视频和优酷等至少11个视频网站播出，微博阅读量近1200万，讨论量为1万；2019年1月份开播的《这就是中国》在腾讯视频和爱奇艺等至少15个互联网平台播出，微博阅读量达到4300万，讨论量为1.7万，③ 这些节目已经实现了跨平台播出、融媒体传播（表2）。

① 《平“语”近人——习近平总书记用典》将播出[EB/OL].(2018－10－18)[2020－05－23].http://politics.people.com.cn/n1/2018/1008/c1001～30326707.html.

② 百度百科.这就是中国[EB/OL].(2019－08－02)[2020－05－23].https://baike.baidu.com/item/%E8%BF%99%E5%B0%B1%E6%98%AF%E4%B8%AD%E5%9B%BD/10478648?fr=aladdin.

③ 新浪微博:#这就是中国张维为#.https://s.weibo.com/weibo/%23这就是中国张维为%23。

表2 《国家记忆》等专题类节目视频来源百度搜索返回数及微博阅读量数据①

节目	视频来源百度搜索返回数	截至2019年8月8日微博话题度量数据
国家记忆	央视网（453）、腾讯视频（31）、B站（21）、好看视频（12）、CCTV节目官网（7）、微博（5）、爱奇艺（1）、搜狐视频（1）、乐视视频（1）	阅读5159.5万，讨论2.3万
大国重器第二季	好看视频（143）、腾讯视频（77）、央视网（45）、爱奇艺（37）、优酷（31）、网易视频（21）、B站（16）、微博（12）、土豆（11）、秒拍（11）、搜狐视频（9）、齐鲁网（3）、56网（2）、风行网（1）	阅读2044.6万，讨论1.7万
平“语”近人——习近平总书记用典	腾讯视频（312）、优酷（15）、微博（3）、爱奇艺（3）、央视网（2）、B站（2）、乐视视频（1）、土豆（1）、风行网（1）、网易视频（1）、好看视频（1）	阅读1189.3万，讨论1万
这就是中国	腾讯视频（231）、好看视频（59）、优酷（54）、微博（47）、B站（43）、爱奇艺（42）、秒拍（27）、看看新闻（7）、搜狐视频（5）、新浪视频（4）、土豆（2）、油管（1）、芒果TV（1）、网易视频（1）、秒懂百科（1）	阅读4306.9万，讨论1.7万

数据来源：百度搜索及微博话题

三、主旋律节目收视平稳，观众主动收视意愿强

4档主旋律/正能量专题节目在笔者统计的2018年7月至2019年7月的13个月期间，播出天数从最少的12天到208天不等。中央台四套的《国家记忆》，在2018年7月至12月和2019年4月至7月的播出期间，播出总天数达到208天，收视率表现平稳，2018年10月的月平均收视率达到最高的0.8%；中央电视台综合频道在2018年10月份播出《平“语”近人——习近平总书记用典》12天，收视率为0.54%。此外，播出《平“语”近人——习近平总书记用典》的频道还有上海东方卫视（收视率为0.28%）、北京卫视（0.27%）、江苏卫视（0.27%）、浙江卫视（0.21%）、湖南卫视（0.18%）、中央台七套（0.08%）、中央台二套（0.04%）、陕西卫视（0.03%）、河北广播电视台卫视频道（0.02%）、东南卫视（0.02%）和中国教育台一套（0.01%）等。中央台二套的《大国重器第二季》播出45天，月平均收视率在2019年1月达到最高0.36%。上海东方卫视2019年初开播的《这就是中国》已经播出28期，收视率稳中走高（图1）。

① 统计截至2019年8月8日。

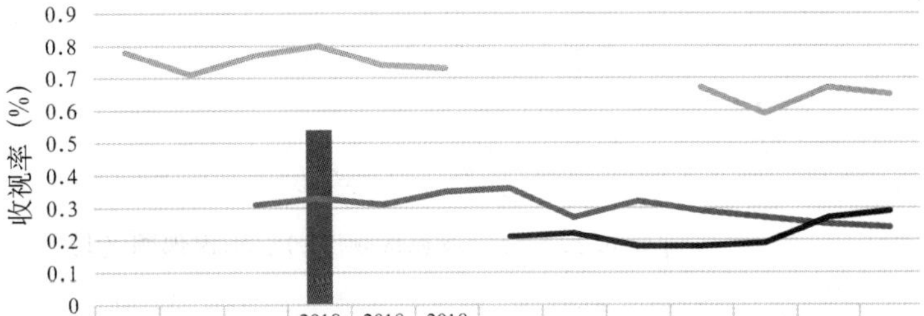

	2018年7月	2018年8月	2018年9月	2018年10月	2018年11月	2018年12月	2019年1月	2019年2月	2019年3月	2019年4月	2019年5月	2019年6月	2019年7月
平“语”近人——习近平总书记用典／中央电视台综合频道(12天)				0.54									
国家记忆／中央台四套(208天)	0.78	0.71	0.77	0.8	0.74	0.73				0.67	0.59	0.67	0.65
大国重器第二季／中央台二套(45天)			0.31	0.33	0.31	0.35	0.36	0.27	0.32	0.29	0.27	0.25	0.24
这就是中国／上海东方卫视(28天)							0.21	0.22	0.18	0.18	0.19	0.27	0.29

数据来源：CSM 媒介研究

图 1　四挡主旋律专题节目晚间时段月平均收视率走势（52 城市）

上述 4 档节目平稳的直播收视率走势，反映的仅仅是观众对这些节目择时性有限的被动收视。利用时移收视率数据，可以观察节目播出后观众在一定时期内对该节目的回看或者点播的主动收视。从这些节目众多播出条目的时移直播收视比①的分布情况来看，中央台四套的《国家记忆》的播出条目数中，81%的条目时移直播收视比为 1%~3%，中央台二套的《大国重器第二季》时移直播收视比在 10%及以上的播出条目数占其总条目数的 5.08%，中央电视台综合频道的《平“语”近人——习近平总书记用典》各播出记录中，25%的条目时移直播收视比为 4%~6%，75%的条目时移直播比为 1%~3%。上海东方卫视的《这就是中国》的播出条目中，25%的条目时移直播比为 1%~3%，39%的条目时移直播比为 4%~6%，14%的条目时移直播比为 7%~9%，其时移直播比在 10%及以上的播出条目数更是达到了总条目数的 18%，这反映了观众对《这就是中国》明显的主动收视意愿。以单期节目收视数据为例，2019 年 6 月 6 日中央台四套《国家记忆》直播收视率为 0.70%，时移收视率为 0.04%，时移直播收视比为 6.42%。2019 年 1 月 5 日中央台二套《大国重器第二季》直播收视率为 0.43%，时移收视率为 0.05%，时移直播比为 10.63%。2018 年 10 月 14 日中央电视台综合频道《平“语”近人——习近平总书记用典》直播收视率为 0.58%，时移收视率为 0.03%，时移直播比为 4.93%。2019 年 2 月 11 日上海东方卫视《这就是中国》直播收视率为 0.22%，时移收视率为 0.04%，时移直播比为 20.31%（表 3）。

① 时移直播收视比=时移收视率/直播收视率×100%。

表3 《国家记忆》等节目所有播出条目时移直播收视比分布（52城市）

时移直播收视比 范围 / 节目名称/频道	1%及以下	1%~3%	3%~6%	6%~9%	9%及以上	单期节目时移收视率举例
国家记忆/中央台四套（211条播出）	9.00%	81.04%	9.95%	0.00%	0.00%	2019/06/06中央台四套《国家记忆》直播收视率0.70%，节目总时移收视率0.04%，时移直播比6.42%
大国重器第二季/中央台二套（59条播出）	20.34%	49.15%	20.34%	5.08%	5.08%	2019/01/05中央台二套《大国重器第二季》直播收视率0.43%，节目总时移收视率0.05%，时移直播比10.63%
平“语”近人——习近平总书记用典/中央电视台综合频道（12条播出）	0.00%	75.00%	25.00%	0.00%	0.00%	2018/10/14中央电视台综合频道《平“语”近人——习近平总书记用典》直播收视率0.58%，节目总时移收视率0.03%，时移直播比4.93%
这就是中国/上海东方卫视(28条播出)	3.57%	25.00%	39.29%	14.29%	17.86%	2019/02/11上海东方卫视《这就是中国》直播收视率0.22%，节目总时移收视率0.04%，时移直播比20.31%

数据来源：CSM媒介研究

四、主旋律节目中青年、高学历观众占比较高且收视倾向明显

从观众特征数据来看，《国家记忆》等4档节目观众中，45~54岁和中高学历观众均占比较高，其中《这就是中国》中青年和高学历观众占比明显更高，其25~54岁的中青年观众占比达到61%，中高学历观众占比为92%，大学及以上学历观众占比达到38.65%。观众集中度数据显示，《国家记忆》等四档节目均在中老年和中等学历观众中有较高的集中度，其中《这就是中国》在45~54岁观众中的集中度达到154%，在高中和大学及以上学历观众中的集中度分别为110.51和127.37%。较高的中青年、中高学历的观众构成和集中度数据，说明《这就是中国》是一档备受中青年和中高学历观众欢迎的节目（表4）。

表 4　2018 年 7 月至 2019 年 7 月《国家记忆》等节目观众构成和观众集中度

目标观众	观众构成（%）				集中度（%）			
	国家记忆（中央台四套）	大国重器第二季（中央台二套）	平“语”近人——习近平总书记用典（中央电视台综合频道）	这就是中国（上海东方卫视）	国家记忆（中央台四套）	大国重器第二季（中央台二套）	平“语”近人——习近平总书记用典（中央电视台综合频道）	这就是中国（上海东方卫视）
男	61.80	56.93	50.34	48.54	120.67	111.34	98.17	94.96
女	38.20	43.07	49.66	51.46	78.31	88.13	101.92	105.27
4~14 岁	2.05	4.21	4.15	2.79	24.30	49.27	50.02	32.40
15~24 岁	3.63	5.60	4.72	4.93	27.8	43.94	35.35	39.21
25~34 岁	7.12	15.21	10.52	16.76	28.66	61.34	42.28	67.46
35~44 岁	7.49	12.97	9.02	16.55	47.98	82.96	58.09	105.54
45~54 岁	20.12	24.76	20.34	27.87	111.05	136.77	111.46	154.24
55~64 岁	21.06	17.36	17.06	16.16	202.44	166.43	164.83	155.41
65 岁及以上	38.52	19.88	34.18	14.94	403.39	204.48	365.29	152.16
小学及以下	12.98	13.28	18.00	7.57	82.30	83.55	113.92	47.65
初中	34.18	26.69	29.04	23.23	131.00	102.23	111.57	88.89
高中	29.94	30.94	29.02	30.55	107.45	111.65	103.88	110.51
大学及以上	22.90	29.09	23.94	38.65	75.67	96.07	79.19	127.37

数据来源：CSM 媒介研究

中青年和中高学历观众对《这就是中国》突出的收视倾向同样在时移收视数据中得到印证。以时移收视率相对均衡的 4 月 8 日的数据为例，《这就是中国》不仅在中青年和中高学历观众中有突出的直播收视率，且其较高的时移直播收视比也主要体现于男性（23.53%）、45~54 岁（35.48%）、高中（21.74%）和大学及以上（19.05%）观众的收视数据中（图 2）。

五、《这就是中国》广告传播竞争力领先

通常情况下，思想政论类节目的严肃性和思辨性有余，但娱乐性和时尚性不足，其广告传播商业价值可能略逊于娱乐类节目和电视剧。但上海东方卫视的《这就是中国》设置了现场听众的参与和互动环节，现场听众所提的尖锐和敏感的问题以及张维为教授等嘉宾极具说服力的演讲和回答，使得该节目一改传统思想政论和讲座

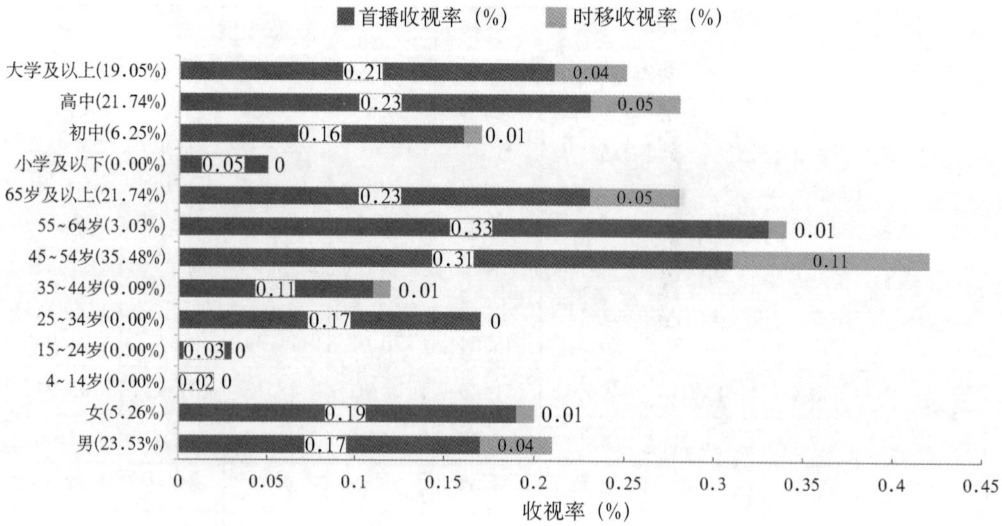

数据来源：CSM媒介研究

图2　2019年4月8日《这就是中国》主要目标观众时移收视率与直播收视率比较（52城市）

类节目的沉闷，对中青年和中高学历观众产生了较强吸引力。以CTR广告监测的刊例价计算，相比同期（2019年1~7月的周一）同时段（21:37~22:55开始）所有播出非综艺和非电视剧节目的省级上星频道，在广告吸纳量、毛评点收获量、广告收入相近的量级情况下，上海东方卫视的广告点成本最低，显示了《这就是中国》较高竞争力的广告传播能力（表5）。

表5　2019年1~7月《这就是中国》同期同时段主要省卫视非娱乐节目/剧广告点成本对比（52城市）

频道	所播节目类别	时长［秒］	毛评点	成本	成本/毛评点
上海东方卫视	新闻/时事—专题	6 482	83	63 205 200	762 537
省级卫视1	新闻/时事—专题	6 502	57	46 025 000	809 577
省级卫视2	青少—专题	6 370	84	72 237 000	863 457
省级卫视3	生活服务	6 357	54	47 432 272	878 595
省级卫视4	新闻/时事—专题—生活服务	4 655	26	25 149 124	965 794
省级卫视5	新闻/时事	16 528	121	119 523 000	984 682
省级卫视6	生活服务	4 605	28	29 350 319	1 044 096
省级卫视7	专题—生活服务	15 438	80	143 919 100	1 800 771
省级卫视8	电影—新闻/时事—财经	8 947	20	48 662 000	2 400 689
省级卫视9	新闻/时事—专题	17 790	11	71 492 627	6 752 451

数据来源：CSM媒介研究

结 语

2019年是新中国成立70周年，以中国特色社会主义为重要特征的中国道路和中国制度以及中国文化，也进入了全新的发展和飞跃时代。诸如《国家记忆》《大国重器第二季》《平“语”近人——习近平总书记用典》和《这就是中国》等电视节目，选择弘扬中国传统文化、探讨中国道路、维护中国发展理论权益的重大课题进行制作和传播，践行了主流媒体的文化和政治责任，增强了电视媒体作为意识形态领域重要角色的生命力和核心竞争力。特别是《这就是中国》，作为一档思想政论类节目，吸引了中青年和高学历观众，激发了中青年观众的收视热情，向中青年观众传达了正确的意识形态理念，在践行主旋律和正能量舆论宣传导向重任的同时，还表现出具有较强竞争力的广告传播能力，可以说是思想政论类节目的一个成功典范。

（作者：王平）

扣好人生的第一颗扣子

——电视家风文化节目的传承与创新表达

《礼记·大学》中有云:“欲治其国者,先齐其家”。家风,又称门风,是一个家庭或家族多年来形成的传统风气、风格和风尚,承载着一个家庭或家族的生活方式、生活态度、文化氛围、价值观和人生观等。我国是有着五千年文化历史的文明古国,家风便是在这千年的时间淘洗之下流传下来的文化。然而,近年随着社会的飞速发展和人民生活天翻地覆的变化,家风渐渐地被人们所忽视。在电视节目显现“过度娱乐化”趋势的当下,很多电视台纷纷推出家风类节目,希望以此唤醒人们对于家风的重视,重塑家风,促进家庭和睦与社会稳定,为下一代的成长搭建好桥梁。本文利用 CSM 媒介研究的收视调查数据,从节目的内容包装、收视表现等方面出发,盘点、梳理近年来家风类节目的传承与创新表达,与业界共享。

一、近年家风类节目播出概览

曾几何时,“家风”这个词似已逐渐淡出人们的视野,直到 2014 年,央视《新春走基层·家风是什么》节目唤起了人们对于一个家庭精神传统的思考,对一个国家价值追求的审视。经过精心选编,一则则鲜活的素材与观众见面了。其中,保留了不少“神回复”——自称“耙耳朵”的重庆老大爷、“爸爸每周打我一次”的小朋友、“我家风很大”的答非所问……“家风是什么?”央视记者在问路人的同时,电视机前的观众也不禁在问自己同样的问题。一时间,“家风”成了最“火”的公众话题。打开电视看家风,亲友聚会谈家风,论坛发帖晒家风……这一切,皆因中央电视台《新春走基层·家风是什么》特别节目而起。

在“家风是什么?”逐步引发大量观众思考的同时,更多的电视节目将关注点投向“家风”,积极宣传优良家风,让“正能量”随着优良家风进入每个人内心。笔者将近年的家风类节目依据题材大致划分为 4 类:一是以访谈形式呈现的家风类节目。这类节目通过采访名人或寻常百姓,把家风传世的密码公之于众,不同于以往单向的宣传说教,该类节目通过一系列精巧的节目设计,真正营造出了一个“对话交流”的氛围,使节目极尽互动感、参与感和沉浸感,让人能说话、想说话、有话说。当前,多数家风类节目均采取这种方式呈现,如湖南卫视的《儿行千里》、安徽卫视的《家风中华》、河北卫视的《中华好家风》、中央台四套的《谢谢了,我的家》等均属与此类节目；二是利用纪录片的真实特性，用纪录片形式展现家风的节目。如山东卫视《齐鲁家风》、宁夏卫视《守望家风》等节目；三是以电视剧形式呈现的家风类节目。具有广泛社会基础的现实题材电视剧以其反映现实生活的能力，成为人们透视时代的一面镜子，近年随着现实生活题材剧的大量涌现，好家风、坏家风都通过电视剧中的人物淋漓尽致地反映了出来，观众在追热剧之余也不由得引发了对自家家风的思考。言传而身教，我们自己是否当好了合格的父母？如前段时间热播的《都挺好》描述了一个在妈妈重男轻女，强势主导、爸爸只会逃避窝囊的原生家庭影响下苦苦挣扎的年轻人的悲哀，引发了观众对家风的反思。最后一类家风类节目则采取了综艺节目的形式。如湖南卫视推出的亲情观察成长励志节目《我家那小子》及其姊妹篇《我家那闺女》，节目在跨代观察中得到新的理解和尝试，以别样新颖的方式展现了新时代的家风；湖北卫视《谁是我家人》巧妙地将多种元素融合在一起，揭示出很多家庭的共性问题：彼此相伴却未必了解，呼吁亲人间不要做最熟悉的陌生人，欢笑之余反思了当今家风中存在的一些问题。此外，还有一些地面频道播出了弘扬优良家风的主题晚会，很好地传送了新时代的家风正能量。

表 1　近年“家风”类节目播出概况

节目名称	首播平台	节目类别	首播日期	播出时间
儿行千里	湖南卫视	访谈	2017/08/27	22:00
中华好家风	河北卫视	访谈	2015/01/07	21:20
谢谢了，我的家	中央台四套	访谈	2018/01/06	19:30
家风中华	安徽卫视	访谈	2017/11/21	21:20
齐鲁家风	山东卫视	纪录片	2017/03/20	21:30
守望家风	宁夏卫视	纪录片	2019/03/18	21:42
家规家风	绵阳电视台 新闻时政综合频道	纪录片	2018/02/18	21:36
闽南好家风	泉州电视台闽南语频道	纪录片	2018/01/01	20:41
人文中国·中华家风	衡阳电视新闻综合频道	纪录片	2018/04/30	18:01
家风	浙江电视台少儿频道（浙江 8 套）	纪录片	2019/02/06	20:12
“传承好家风·筑梦新时代”主题系列活动特别节目	襄阳广播电视台 公共频道	综艺	2018/11/24	21:11
寻“最美家庭”　扬文明家风——广西寻找最美家庭活动五周年纪念晚会	广西广播电视台 公共频道	综艺	2018/10/12	21:50
谁是我家人	湖北卫视	综艺	2013/03/09	22:00
我家那小子	湖南卫视	综艺	2018/07/07	22:00

续表

节目名称	首播平台	节目类别	首播日期	播出时间
我家那闺女	湖南卫视	综艺	2019/03/23	22:00
温州一家人	中央电视台综合频道	电视剧	2012/11/10	20:01
父母爱情	中央电视台综合频道	电视剧	2014/02/02	20:01
鸡毛飞上天	浙江卫视、江苏卫视	电视剧	2017/03/03	19:30
都挺好	浙江卫视、江苏卫视	电视剧	2019/03/01	19:30
家道颖颖第一部·回家	中央电视台综合频道	电视剧	2019/02/18	17:20

数据来源：CSM媒介研究

二、各类“家风”节目的创新表达方式及典型节目收视表现

家风、家训、家规，这些非常传统甚至有些陈旧的话题，很容易让人联想到刻板的说教。碰到家风家教这种文化类节目时，不少团队凭经验、靠感觉，把握不好就容易沦为枯燥，变成说教，因而家风类节目的表达方式显得尤为重要。可喜的是，随着时代的发展，电视节目制作者因势利导，选取巧妙的切口，通过家庭的纽带，在亲切温暖的氛围之中，呈现出厚重而完整的底蕴和文化图景，起到了春风化雨、润物无声的作用。下文笔者分别从访谈节目、纪录片、电视剧和综艺类家风节目出发，研究其创新表达方式并对典型节目的收视进行着重分析。

1. 访谈类节目：打磨家人故事，引发情感共鸣

访谈类节目具有强烈的现场感，使受众犹如身临其境，也正是因为这样的特性，近年不少家风类节目采用了访谈的形式。这类节目通常邀请嘉宾以讲故事的形式分享各自的家风，让电视观众倾听不同家庭背景下的普通人在成长道路上所接受的家教、家风故事，传递温暖、知识和优秀品质，感染力强，易引发受众情感共鸣。如河北卫视《中华好家风》走进一个个普通却不平凡的家庭，一个个家风故事不仅进入观众的视野，更直抵每个人的心灵；湖南卫视《儿行千里》每期节目邀请两组素人嘉宾，分享自己的家风故事，旨在传播中华民族的优良传统，将父母与儿女相隔千里的牵挂串联起来，展现他们的家国情怀，弘扬属于这个时代的中国好家风；中央电视台四套《谢谢了，我的家》围绕每位嘉宾成长经历中与家人相关的故事展开访谈，对家道一声谢，表达一句真诚的感恩，从中挖掘家风对人的成长的重要意义；安徽卫视《家风中华》从家庭这个小切口入手，聚焦传统文化、展示中华家风，并邀请各个领域的影视演员“现身说法”，从自己和所演绎经典形象的“双重人生”出发，讲述打动人心的家风传奇。家庭是社会的基本细胞，是人生的第一所学校。访谈类的家风节目以温润的情感基调、亲和的家常风格、厚重的文化涵养，在当下

同类型的家风节目中脱颖而出，并掀起一股家风暖流，赢得了良好的收视表现，传递了中国特色的家风正能量。

以中央台四套《谢谢了，我的家》为例，该节目开播于2018年1月6日，节目尽力甄选并挖掘人物和家庭故事，尽量涵盖社会各个领域具有象征性、影响力的名人，同时代入具有代表性的素人故事。例如，嘉宾陈君宝讲述了祖父陈嘉庚“毁家兴学”的爱国情怀，这样一位华侨巨富，在家庭教导中说道：“该花的钱千千万万也要花，不该花的钱一分一厘也要省。”这句话既具有被褐怀玉般的圣贤精神，也是很多家庭中都会出现的家常话，非常接地气，具有很强的亲切感和感染力。鲁迅之孙周令飞讲述了作为文化巨人之后的压力，而鲁迅的寄语其实是“忘掉我，过自己的生活”。这些精彩又精致的故事，折射出家庭记忆和家风文化的方方面面，聚合成一档走心又好看的节目，其背后离不开整个团队的努力。国人对于感情的表达通常是非常内敛的，而《谢谢了，我的家》巧用时光瓶构思，将一种宣言式的书面表达可视化，即对家道一声谢，表达一句真诚的感恩，感动了无数的观众。2019年年初，该节目第二季温暖回归，第二季更加注重观众对嘉宾的辨识度和认知度，通过深挖他们蕴藏于家庭浸润的成长基因，分享有温度的情感和有浓度的智慧，在潜移默化中传递民族自豪感和文化自信心。从收视表现来看，该节目在55岁及以上中老年观众中获得了非常好的收视效果，第一季平均收视率达到了2.05%，第二季收视率基本保持平稳，平均达到了1.80%，并且两季节目在55岁以上观众中均赢得了很高的忠实度（图1）。

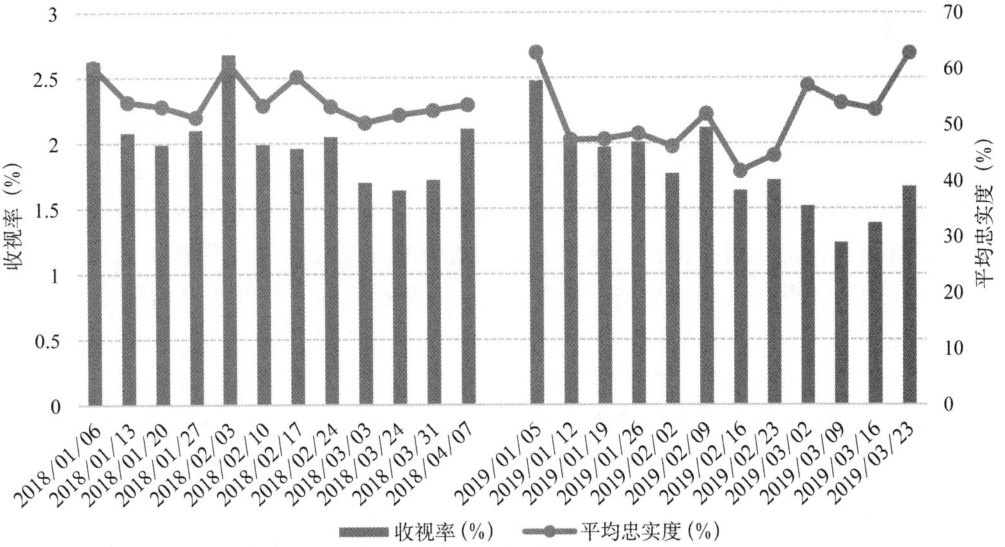

数据来源：CSM媒介研究

图1　《谢谢了，我的家》第一、二季55岁及以上观众收视率与平均忠实度（71城市，%）

不仅如此，该节目在新媒体领域也有良好的传播效果，CSM媒介研究微博数据分析系统显示，截至 2019 年 4 月 25 日，以“#谢谢了，我的家#”为关键词的微博共发布了 667 条，总转发量达到 46 110 条，总评论量达到 9404 条，总点赞量和总互动量更是分别高达 112 176 个和 167 690 条，可见该节目在新媒体的影响力也不容小觑。2019 年 2 月 9 日央视新闻发布的“#谢谢了，我的家#”【这是第 20 个没有赵丽蓉的春晚，你还记得她吗】被转发了 3843 次，获得了有 1658 条评论，并获得了 21 239 个赞，成为该话题转发量最高的一条微博。

昵称	发布时间	博文类型	博文内容	转发	评论	点赞
央视新闻	2019/02/09	视频	#谢谢了，我的家#【这是第20个...	3843	1658	21 239
央视新闻	2019/03/16	视频	【#澳门回归20年#，你还记得...	3018	1277	10 100
谢谢了，我的家	2019/01/11	视频	【#谢谢了，我的家# 第二期 精...	2497	5	154
央视新闻	2019/03/09	视频	【京张高铁快修好了，你还记得詹...	2061	1005	6053
央视新闻	2019/02/05	视频	#谢谢了，我的家#【“中国现代数...	1734	471	5395

数据来源：CSM 媒介研究

图 2　2019 年 1~4 月“#谢谢了，我的家#”转发量 TOP5 微博

2. 纪录片：年轻化表达，解码传统家风魅力

真实对纪录片来说，不是唯一的属性，却是纪录片的第一属性。而讲述家风最最需要的就是真实，因而不少家风类节目也采用了纪录片的表达形式。值得一提的是，新时代的家风文化类节目不再使用传统纪录片那种“掉书袋、堆典故”的叙事方式，而是借助大量的文物遗迹、典籍史料、场景再现、人物访谈等方式，全方位、多角度、深层次进行拍摄。如山东卫视的《齐鲁家风》把当代山东人的故事融入家风文化叙事中，使观众看到家风在当代中国的传承与建构；宁夏卫视《守望家风》就贯通古今的中国价值与中华精神进行了深入探讨与解读，让观众感同家风的价值理性，身受家风文化的熏染，让优秀的家风成为每一个中华儿女深植于灵魂、潜滋于血脉、熔铸于骨髓的基因密码。绵阳电视台新闻时政综合频道运用各种镜头语言，深度挖掘绵阳历史名人的家规家风，力求让片子既是一道文化大餐，更是弘扬崇廉尚洁理念的“精神食粮”；泉州电视台闽南语频道《闽南好家风》十分接地气地讲述了闽南人从古至今留下的许多感人的家风故事。这些节目以纪录片的形式接入家风主题的电视演绎，并探索出自己的演绎方式，给观众带来了新鲜的体验，并获得了良好的收视效果。

以山东卫视《齐鲁家风》为例，该节目开播于 2017 年 3 月，已连续推出两季。该片通过创新性转化和创新性发展，引入诸如孟子第 76 代嫡孙孟令继、复圣公颜子第七十九代孙颜炳罡等圣人后裔，将他们的故事融入家风文化叙事中，使观众看到家风在当代中国的传承与建构。圣人后裔是什么样子的？他们过着什么样的生活？自带光环的当代小人物与历史大人物的交叉叙事，使大家风有了一个很好的落脚点，

也让观众对家风文化有了更贴切、更深入的认识。此外，节目还非常注重年轻化的表达，在讲述当代人物的故事时，纪录片从这些人物的日常话语、生活细节入手，使家风有了坚实的故事基础，而在生活中挖掘家风文化，正是年轻人较喜欢和易于接受的方式，在潜移默化中使观众感受到了中华好家风的强大魅力。第二季节目扩大了现代人物故事的内容比例，突出了当代年轻人对优秀传统文化的传承与发展，并运用中国画三维制作等创作手法进行了大胆的创新，有效地吸引了年轻观众的关注。收视数据也进一步佐证了节目定位：25~44 岁的青年观众、45~54 岁的社会中坚力量是节目的主体收视人群。从职业构成角度来看，学生、个体/私营企业人员、初级公务员/雇员等均获得了很高的占比。在电视节目受众老龄化趋势日益显现的今天，一档主打传统家风的节目能够获得中青年观众的青睐可谓难能可贵，值得借鉴（图 3）。

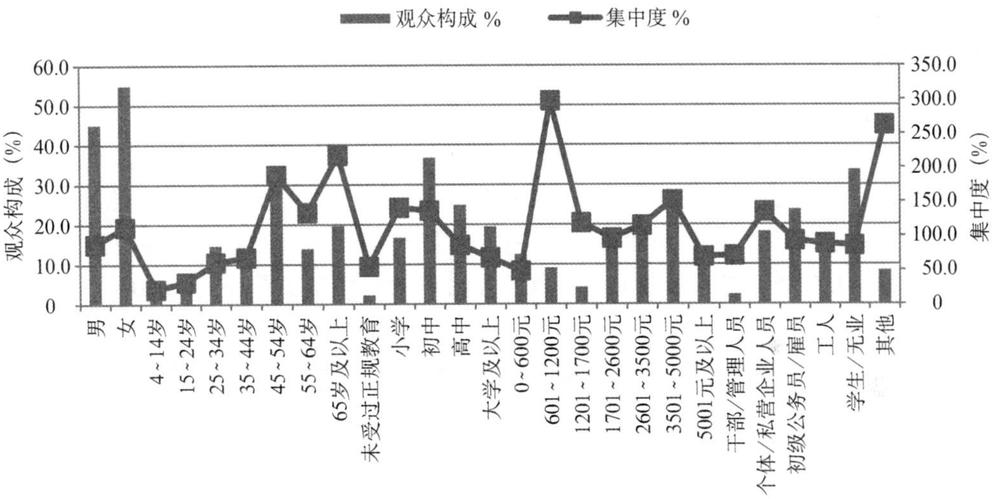

数据来源：CSM 媒介研究

图 3　山东卫视《齐鲁家风》观众构成及集中度（71 城市，%）

3. 电视剧：与时代共振，在家风领域不断开拓新题材

现实题材的电视剧来源于生活，剧中反映真实生活的市井烟火、人情冷暖、生活困惑可以很好地折射出一个家庭的家风。从当年万人空巷的《渴望》，到后来的《编辑部的故事》，从跨出国门的《北京人在纽约》到反映农民工生存环境的《生存之民工》……这些现实主义题材精品，几乎都是贴近那个时代的生活，折射不同阶层人物处世家风的。

当今万花筒式的丰富时代赋予了现实题材辽阔的生长空间，不难发现，近年来现实题材剧大量回归。值得一提的是，现实主义题材的剧目越来越注意家风的塑造，题材不断拓展，在电视荧屏努力塑造更符合时代特色的家风。如中央电视台综合频道 2014 年推出的《父母爱情》，故事围绕海军军官江德福和资本家小姐安杰这两个生活习惯、家庭背景完全不同的人展开，讲述了他们相识、相知、相爱、相守50年的爱情故事，折射出父母包容、理解、融合的和谐家风，以及兄弟姐妹之间互相扶持、邻里之间互帮互助的家风，给人以温暖的正能量；浙江卫视和江苏卫视联播的《鸡毛飞上天》以陈江河与妻子骆玉珠的感情和创业故事为线索，讲述了义乌改革发展30多年曲折而又辉煌的历程。剧中正是由于陈江河夫妻始终秉承努力和坚守、诚信和开拓创新的家风，才让他们破除信任危机，最终获得了市场认可。而这些家风也正是当前国家鼓励的“大众创业、万众创新”浪潮下，成千上万的年轻人需要坚守的。行至2019年，一档拷问原生家庭亲子关系的伦理剧《都挺好》登陆荧屏，一时间引发了大量的话题，令家风对于下一代的影响成为一个新的关注点。

在观众对节目日益挑剔的时代里，《都挺好》能够脱颖而出，与其精准的定位是息息相关的，剧情以家庭关系和社会现实为基调铺开，让观众比较容易接受。因为剧中所反映的人物形象和社会现实都是观众在生活中能看到或者是能接触到的，因而能很快地走进人的内心。与“婆媳大战”“婚姻危机”等过于夸张、女主妖魔化的家庭伦理剧不同，《都挺好》将视角转向应如何与原生家庭带来的创伤共处，尤其是剧中塑造了小妹明玉、大嫂吴非、二嫂朱丽不被妖魔化与脸谱化的“正常”女性角色，让观众看到了她们之间的理解与互助。剧中原生家庭问题导致的家庭矛盾引发了对于家风塑造的广泛讨论与深刻思考，而不是单纯对问题的浅层消费。从收视表现来看，《都挺好》开播后收视一路走高，最后一集两频道首播收视率加总值达到顶峰4.62%，包括首播和时移收视在内的总收视率更是高达5.80%，成为低收视率时代一颗闪亮的明星（图4）。那么，是什么样的受众在追捧这部剧呢？数据显示，女性，25~34岁的刚从原生家庭走出、开始独立生活的青年，35~54岁的身负

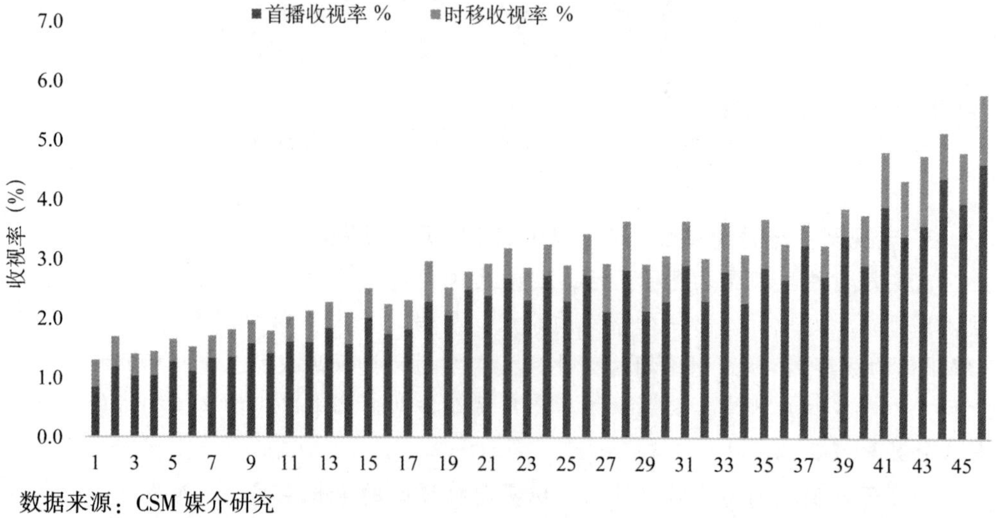

数据来源：CSM媒介研究

图4　2019年浙江卫视及江苏卫视《都挺好》分集合计直播及时移收视率（55城市[①]，%）

① 此处为了数据口径的统一，首播时移均采纳55中心城市组合。

负教育下一代责任的父母是该剧的主力收视人群，可见，新时代的父母对于家风、家庭文化建设其实是非常重视的。这也从另一个侧面反映出中青年并非远离电视，能够走入中青年观众内心的、能够与时代产生共振的剧目依然有能力吸引大批优质受众回归电视（图5）。

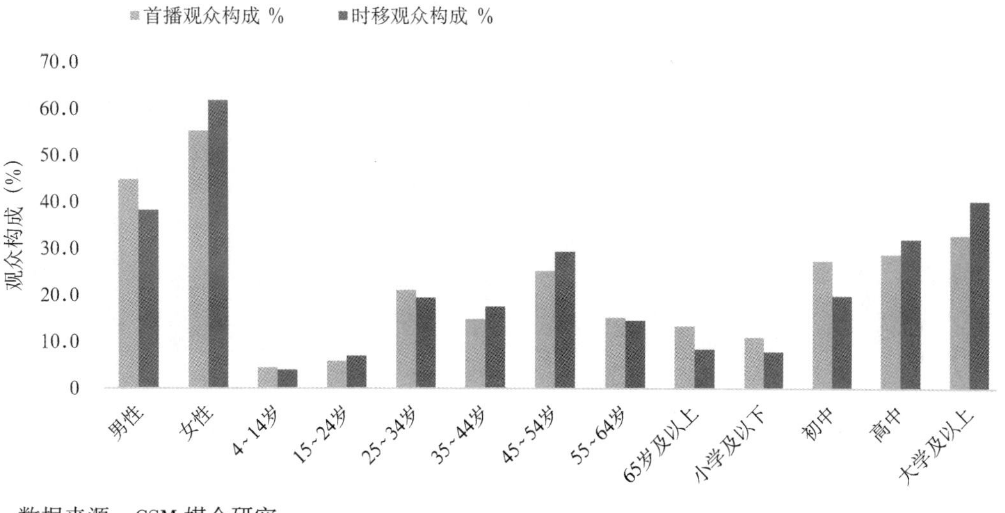

数据来源：CSM 媒介研究

图5　2019年浙江卫视及江苏卫视《都挺好》分集首播及时移观众构成（55城市，%）

4. 综艺节目：回归现实语境，在笑与泪中破解代际沟通之困

近年来，一些综艺节目从婚姻情感、家庭生活、社交约会等贴近观众生活的小切口入手，映射社会现实和热点话题，以取得广泛的共情和共鸣，"家风"便是一个容易引发共情的热点。2018~2019年湖南卫视陆续推出亲情观察成长励志节目《我家那小子》《我家那闺女》，节目每期用镜头将不同职业的明星闺女（儿子）的真实生活进行展示，而父亲（母亲）则作为观察员"退居幕后"，在观察中呈现"真实"的感受，加深了父（母）女（子）间的了解和理解；湖北卫视《谁是我家人》节目巧妙地将爆笑的家人、搞怪的明星、有趣的话题、感人的故事等多种元素融合在一起，揭示出很多家庭彼此相伴却未必了解的共同问题，以真实为背书，在欢笑与泪水中破解代际沟通之困。

以2019年刚结束的《我家那闺女》为例，节目除本身自带话题性外，更重要的是注重回归现实语境。摄像机存在于嘉宾家中的各个角落，真实记录下了她们每日的生活。节目没有多余的任务设置，只是简单地记录生活，可以说其虽为综艺节目，却拍出了纪录片的真，真实使节目代入感大大增强，观众通过明星的生活及其与父母的代际沟通问题，反观自己与父母（或与子女）之间存在的实实在在的代际沟通问题，引发了广泛的社会共鸣。从收视表现来看，1月26日播出的"何炅徐海乔暖心献唱鼓励吴昕，傅园慧展运动员真实困境"为主题的一期节目在55中心城市的收视率最高，达到了1.02%，而1月19日播出的“吴昕徐海乔‘约会’看中医，傅园慧首次独居生活状况多”为主题的这一期时移收视（0.69%）和总收视（1.58%）则分别拔得了头筹（图6）。

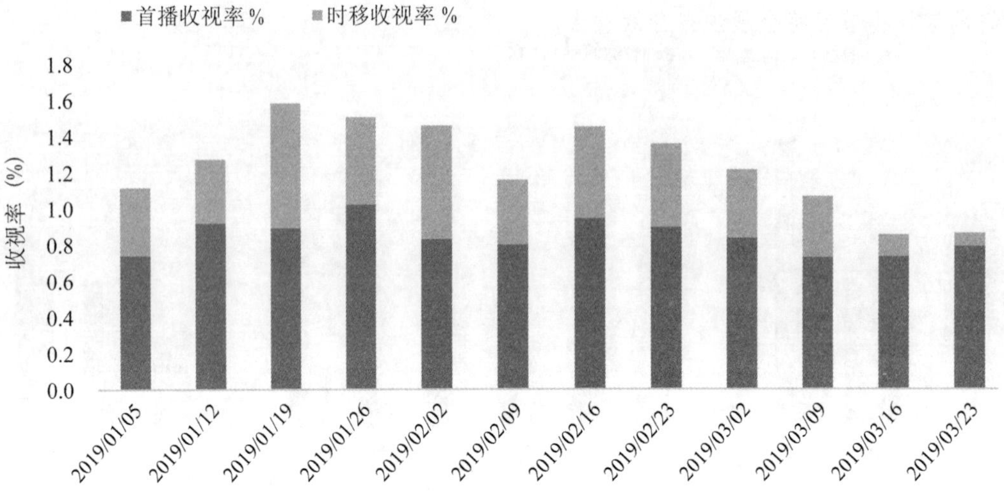

数据来源：CSM媒介研究

图6　2019年湖南卫视《我家那闺女》分集首播及时移收视率（55城市，%）

那么，哪些受众对这档真实记录亲子关系的家风类综艺节目青睐有加呢？从性别构成来看，由于节目的主题是通过观察“闺女”的生活来探讨代际沟通，因而女性成了该节目收视的绝对主力，数据显示，首播观众中，63%的观众为女性，时移观众中这一比例更是超过70%；从年龄层次来看，青少年、中青年受众的分布比较

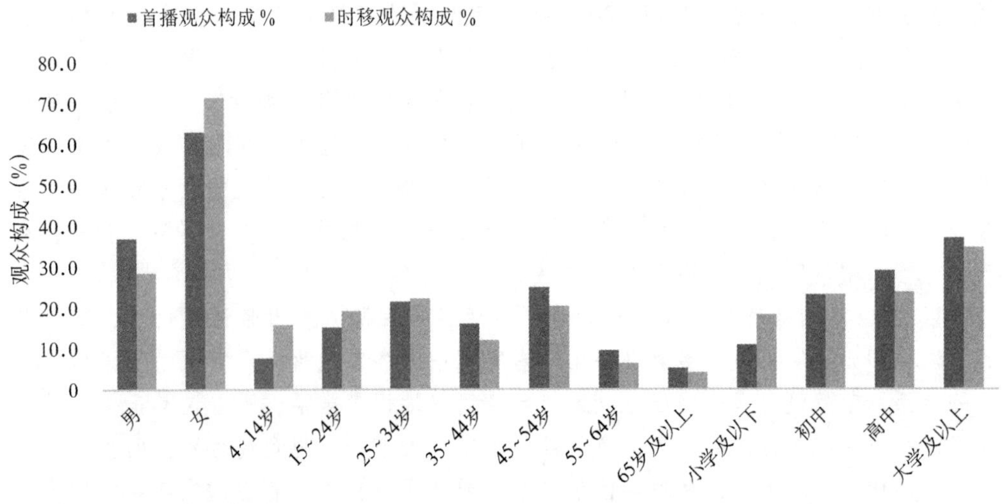

数据来源：CSM媒介研究

图7　2019年湖南卫视《我家那闺女》首播及时移观众构成（55城市，%）

均衡，相对而言老年观众对节目关注度较低，这也反映出当前无论是子女还是父母都希望通过观看节目来增强代际沟通的现实愿望；从受教育程度来看，中高学历观众占据绝对主体（图7）。笔者认为，随着越来越多接受过高等教育的“80后”“90后”为人父母，对于家庭文化、家风的重视会被提上新的高度，更多符合年轻人喜好的家风类节目将会展现自身的魅力。

结　语

《孟子》有言：“天下之本在国，国之本在家，家之本在身。”家风从小处看关系着一个家庭、家族的兴旺发达，往大了讲则关系着整个国家与民族的繁荣与发展，只有千千万万的好家庭才能支撑起整个社会的好风气。作为有文化担当的大众媒体，电视近年来积极传输着好家风的正能量，帮我们的孩子扣好人生第一粒扣子。而在新的媒介语境和时代主题下，家风类节目要在演绎和传播传统文化上有所成就，就应把宏大的文化与时代背景同普通大众的平凡故事、日常生活有机地结合起来，让双方无间隔地互相佐证。同时，还要注重传统文化表达的审美化、年轻化，使中华优秀传统文化的魅力和生命力得以充分展现。

（作者：张广彦）

“鱼与熊掌可兼得”的时移收视

——2019 年时移收视回顾

电视媒体线性的传播方式，导致其传播内容具有瞬间传达、被动接受的局限性，这导致其与受众之间的联系呈现出单向性的特点。随着智能收视设备的出现和迅速普及，电视媒体也增添了一些非线性、互动性的传播方式，其中最具有代表性的就是时移收视方式。“时移”从字面上理解即时间的移动，具体到收视行为上则体现为对电视内容的回溯和重复收看。CSM 媒介研究自 2016 年开始正式提供时移收视率调查服务，测量电视点播与回看行为，填补了受众时移收视行为量化测量的空白。本文以 CSM 媒介研究电视直播及时移数据为依据，对 2019 年电视时移收视的特点和规律进行梳理。

一、时移收视发展与频道竞争状况

直播收视和时移收视一起构成了电视大屏端的全景收视，随着智能收视设备的普及，时移在大屏收视中的地位不断提升，日渐受到电视媒体的重视。

1. 时移收视份额呈现稳步上升态势

2016 年，CSM 媒介研究首先对时移收视设备拥有率较高的 15 个城市进行了时移收视率测量，发展至 2019 年，这 15 个城市的时移收视在电视收视总量中所占的份额逐年递增。以 2018、2019 年打通的 52 个城市来看，时移收视份额也呈现出上升态势（图 1）。

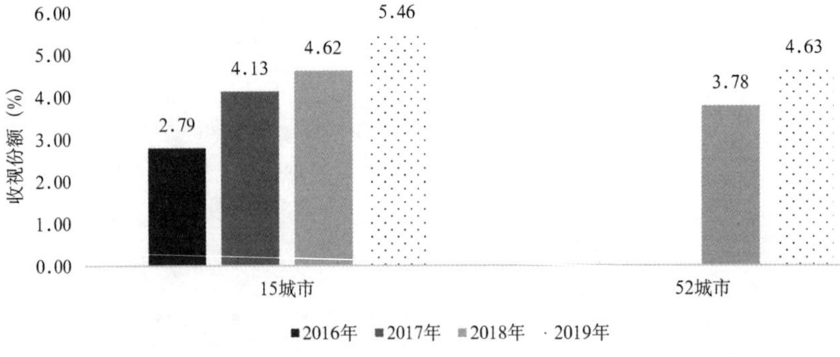

数据来源：CSM 媒介研究

图 1　2016~2019 年时移收视份额（2016~2019 年，15 城市；2018~2019 年，52 城市；全天，%）

虽然，时移收视在收视总量中所占份额不高，但也可以看出电视观众对时移收视方式的接受程度日渐提升。

2. 银川时移收视份额居首，西宁时移增幅最大

2019 年，银川的时移收视份额在 52 城市中居首位，占银川收视总量的 8.78%。此外，石家庄、重庆、唐山、上海、南京、兰州、西安、徐州的时移收视份额也均在 6% 以上。对比 2018、2019 年各城市的时移收视份额变化，西宁的时移收视份额增长显著，2019 年同比增幅达到 319.06%，其次为赣州，达到 225.11%，烟台、宜昌、锦州、湛江、济宁的增幅也都超过 100%。52 个城市中，有 85% 的城市时移收视份额皆出现了增长，而韶关、温州、厦门、合肥、成都、常德、天津几地时移收视份额则有不同程度的下降（图 2）。

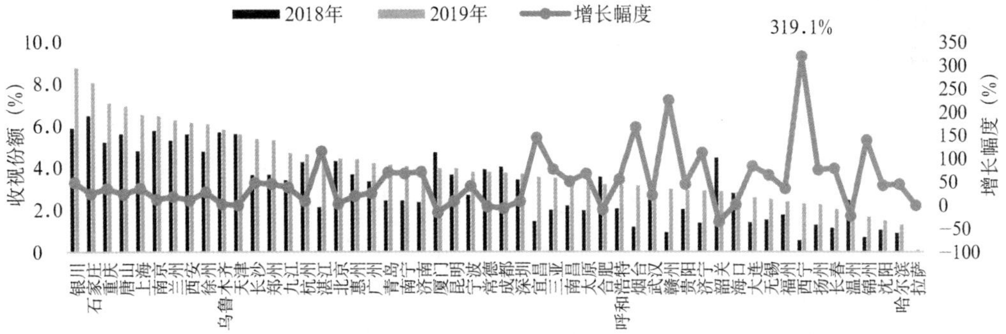

数据来源：CSM 媒介研究

图 2　2018~2019 年各城市时移收视份额（52 城市，全天，%）

3. 省级上星频道时移竞争力最强

各级频道的时移收视竞争中，省级上星频道实力最强，近两年的时移份额均接近半数。中央级频道的时移份额将近 30%，省级非上星频道时移份额将近 20%。市

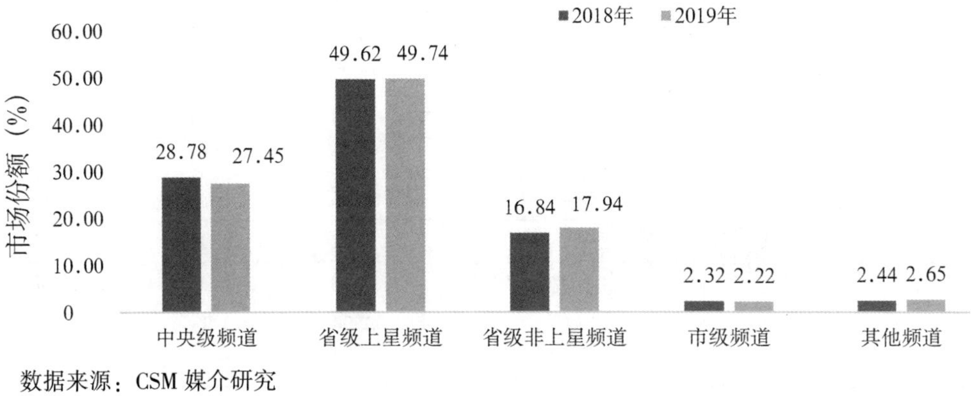

数据来源：CSM 媒介研究

图 3　2018~2019 年各级频道时移市场份额（52 城市，全天，%）

级频道和其他频道的时移份额则较小。2019 年，省级上星频道、省级非上星频道的时移市场份额同比有小幅增加，而中央级频道时移份额略有下降（图3）。

4. 湖南卫视、中央台六套、浙江卫视连续两年时移份额位居前三

2019 年52 城市的时移收视竞争中，湖南卫视、中央台六套、浙江卫视分列前3位。排名前10位的频道中，省级卫视占据6席，其中湖南金鹰卡通频道是唯一进入前10位的专业类省级卫视，其余省级卫视皆为综合类；中央台占据了4席，中央台六套的竞争表现相对更抢眼。与2018 年相比，湖南卫视、上海东方卫视、中央电视台综合频道、优漫卡通卫视、广东卫视、中央电视台音乐频道、上海台哈哈炫动卫视、江西卫视等8个频道的时移市场份额同比有不同程度的提升，尤以广东卫视为最，增幅达到100%，其次为优漫卡通卫视，增幅达到66.2%。

表1　2018~2019 年时移收视份额前二十位频道（52 城市，全天）

排名		频道名称	市场份额（%）		波动幅度
2018 年	2019 年		2018 年	2019 年	
1	1	湖南卫视	7.62	8.56	12.3%
2	2	中央台六套	6.53	6.07	-7.0%
3	3	浙江卫视	5.97	5.90	-1.2%
7	4	上海东方卫视	4.64	5.67	22.2%
8	5	中央电视台综合频道	3.60	4.04	12.2%
5	6	江苏卫视	4.93	3.87	-21.5%
4	7	中央台八套	4.99	3.84	-23.0%
6	8	北京卫视	4.75	3.55	-25.3%
9	9	湖南金鹰卡通频道	2.53	2.31	-8.7%
11	10	中央台四套	2.09	2.04	-2.4%
10	11	中央台五套	2.23	1.78	-20.2%
12	12	中央台三套	1.78	1.55	-12.9%
13	13	中央电视台少儿频道	1.47	1.47	0.0%
24	14	优漫卡通卫视	0.77	1.28	66.2%
14	15	天津卫视	1.34	1.19	-11.2%
29	16	广东卫视	0.59	1.18	100.0%
17	17	中央电视台音乐频道	1.15	1.17	1.7%
15	18	安徽卫视	1.31	1.07	-18.3%
19	19	上海台哈哈炫动卫视	0.98	1.00	2.0%
20	20	中央台十套	0.94	0.93	-1.1%
22	20	江西卫视	0.86	0.93	8.1%

数据来源：CSM 媒介研究

5. 北、上、广时移市场竞争中，具有地域性文化特征的频道领跑

2019年52城市中，湖南卫视分别在24个城市的时移市场份额排名居首位，其中在锦州的时移市场份额最高，达到20.90%。中央台六套分别在10个城市的市场份额最高，在拉萨达到31.01%。中央台八套在西安、厦门、徐州这3个城市的时移收视竞争中胜出。浙江卫视在杭州、济宁时移份额居首；广东南方卫视在惠州、湛江时移竞争领先；湖南金鹰卡通频道在海口、沈阳的时移收视竞争中领跑。优漫卡通卫视、省网翡翠台（中文）、湖南潇湘电影频道、北京卫视、中央台三套、江苏卫视、中央台综合频道、山东卫视、上海新闻综合频道也分别在一个城市中取得时移收视竞争领先位置。

北京、上海、广州3个超一线城市的时移收视竞争中，北京卫视在北京市场胜出且与排名第二位的频道市场份额相差6.8个百分点；上海新闻综合频道在上海市场领先且与排第二名的频道市场份额相差4.19个百分点；省网翡翠台（中文）在广州市场居首且与第二名频道市场份额相差8.45个百分点。由此可见，北、上、广的电视观众对于符合本地文化特征的频道具有更强的时移收视意愿；而同属于广东地区的深圳，则由于其极强的移民城市特性影响，对于粤文化的归属感不及广州，反而是湖南卫视在当地时移市场成为排头兵（表2）。

表2 2019年各地时移收视排名首位频道及其市场份额（全天，%）

城市	时移份额 排名首位频道	时移市场份额(%)	与排名第二位频道的时移份额差值（%）
北京	北京卫视	15.68	6.80
上海	上海新闻综合频道	14.13	4.19
广州	省网翡翠台（中文）	19.50	8.45
深圳	湖南卫视	13.21	0.61
长春	湖南卫视	8.21	0.95
长沙	湖南卫视	15.35	7.99
成都	湖南卫视	9.72	0.17
重庆	湖南卫视	8.30	0.42
福州	湖南卫视	7.20	0.15
贵阳	湖南卫视	10.57	3.81
海口	湖南金鹰卡通频道	9.97	2.88
杭州	浙江卫视	10.85	2.82
哈尔滨	湖南卫视	14.79	4.56
合肥	湖南卫视	8.54	2.26
呼和浩特	中央台六套	11.48	1.74
济南	湖南卫视	9.60	0.89
昆明	湖南卫视	10.81	3.01

续表

城市	时移份额 排名首位频道	时移市场份额(%)	与排名第二位频道的时移份额差值（%)
兰州	中央台六套	10.44	2.31
拉萨	中央台六套	31.01	17.99
南昌	湖南卫视	9.85	0.67
南京	中央台六套	12.65	5.87
南宁	中央台三套	10.48	1.65
沈阳	湖南金鹰卡通频道	7.20	2.30
石家庄	湖南卫视	11.60	3.14
太原	湖南卫视	9.08	0.55
天津	中央台六套	8.57	1.56
乌鲁木齐	湖南卫视	13.89	7.45
武汉	湖南卫视	12.78	2.42
西安	中央台八套	9.43	0.18
西宁	中央台六套	14.95	4.30
银川	中央台六套	14.64	2.90
郑州	湖南卫视	10.04	1.47
大连	江苏卫视	10.13	1.40
宁波	湖南卫视	11.87	1.41
青岛	湖南卫视	9.75	1.19
厦门	中央台八套	13.70	0.87
赣州	湖南卫视	13.98	0.53
常德	湖南潇湘电影频道	17.16	2.57
惠州	广东南方卫视	13.14	5.98
济宁	浙江卫视	9.05	1.38
锦州	湖南卫视	20.90	6.22
九江	湖南卫视	12.03	1.21
三亚	优漫卡通卫视	12.10	2.68
韶关	中央台六套	15.73	8.18
唐山	中央台六套	12.16	4.05
温州	湖南卫视	10.15	1.25
无锡	中央台六套	12.48	1.07
徐州	中央台八套	7.71	0.46
扬州	中央电视台综合频道	12.41	1.64
烟台	山东卫视	10.24	0.51
宜昌	湖南卫视	10.60	2.96
湛江	广东南方卫视	13.74	5.08

数据来源：CSM 媒介研究

二、时移与直播收视对比分析

时移与直播的内容都源自电视媒体，但二者在收视行为和方式上又有所不同，因此时移收视与直播收视既有相似又有差异。

1. 时移收视呈现上升趋势

2019 年 52 城市中，所有频道直播收视率同比均有所下降，降幅为 5.5%；时移收视率则出现上扬，增幅达到 17.1%（图 4）。2018 年时移收视相当于直播收视率的 3.9%，2019 年时移收视率相当于直播收视率的 4.9%。媒体多元化进程加剧，人们花费在媒体上的时间更加分散化，电视直播市场出现了一定程度的收缩。时移收看方式，因其更具有主动选择性，且不再受到电视线性传播时间的制约，故在观众的收视行为中比例逐步提升。

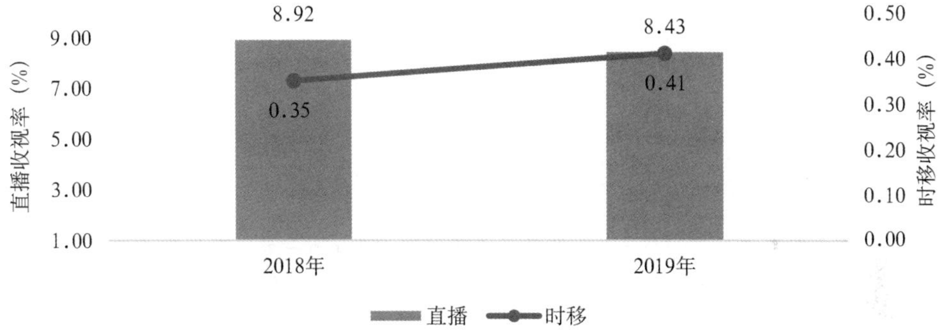

数据来源：CSM 媒介研究

图 4　2018~2019 年所有频道时移与直播收视率比较（52 城市，全天，%）

2. 时移收视的目标性、快捷性特点更突出

与直播收视相比，选择时移收视方式的观众对于收看内容的选择有着更强的目标指向性，他们在收看前往往已经明确知道想要看什么节目；而直播观众对于收看内容的选择会更加随意一些，拿着摇控器来回换台的概率会更高。

2019 年 52 城市的时移和直播的人均收视段数，时移为 6 段，直播为 16 段，在一定程度上反映出时移观众的收视行为更加系统和完整的特点，收视选择目的性更强。从平均每段收视时长来看，时移观众的每段收看时间为 10.42 分钟，直播观众的每段收看时间为 16.06 分钟。

时移传播方式的出现主要弥补了电视直播线性传输方式的不足，时移的这种从属性和附加性也决定其并不能作为单独的媒体来分流观众较多的收视时间，毕竟时移仅是对电视直播内容的二次传播。观众选择时移方式，多数是用来收看未能及时收看的直播内容或者对于感兴趣的直播内容进行重复收看，这决定了观众用时移方式收看的节目数量不会过多、时间不会太长，因此时移收视时间相对少于直播。时移较直播收视行为更具目标性、快捷性，这也是时移收视的功能性使然。

3. 时移收视高峰时间较直播出现延后

2019年52城市的时移和直播收视曲线显示，二者的收视走势有着极高的相似性：时移和直播均是全天出现两次收视高峰，第一波在午间，第二波在晚间，且晚间的峰值更高。虽然有相似，但时移与直播也存在差异化，从峰值出现的时间来看，时移较直播有所延后。时移午间峰值出现在12:45～13:00时段，直播则出现在12:30～12:45时段；时移晚间峰值出现在21:15～21:30时段，直播出现在20:30～20:45时段（图5）。

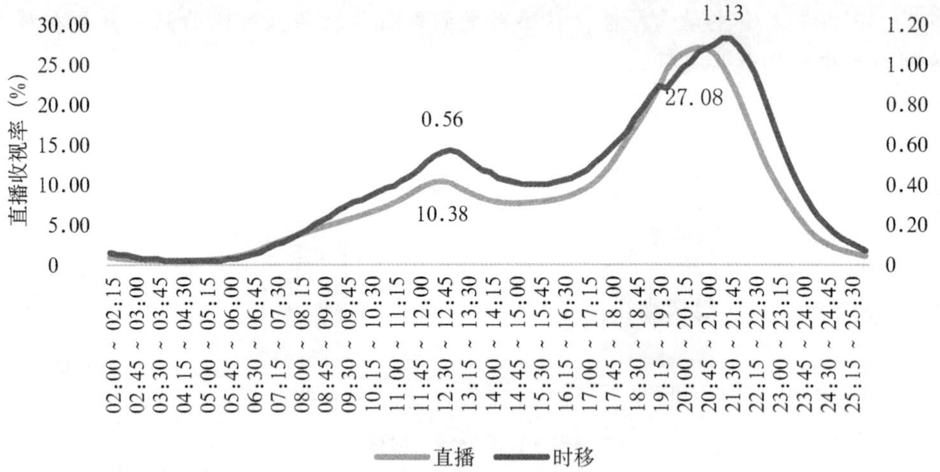

数据来源：CSM媒介研究

图5　2019年时移与直播收视率全天走势（52城市）

4. 时移观众的年轻化、高知化程度高于直播观众

对比时移与直播的观众结构，两者在观众性别上差异不大，时移女性观众占比略高。从观众年龄来看，时移观众较直播观众更为年轻，儿童、青年和中年观众的比例均高于直播，而55岁及以上的老年观众比例低于直播。从观众的受教育程度来看，时移观众中，高中及以上学历观众比例明显高于直播。从观众的职业来看，时移观众中的干部/管理人员、初级公务员/雇员等白领人群比例要高于直播。此外，时移观众中学生的占比也高于直播。由此可见，电视媒体希望年轻、高学历人群回归大屏的愿望，可以随着时移收视方式的功能逐步完善、操作更加便捷，得以更好地实现。

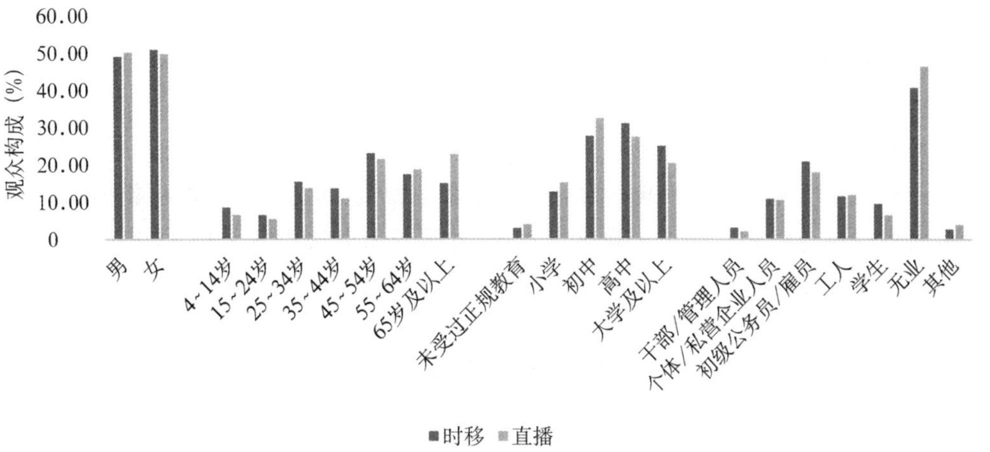

数据来源：CSM 媒介研究

图 6　2019 年时移与直播观众构成（52 城市，全天，%）

5. 时移收视对电视剧的依赖程度更高

电视剧对于直播或时移都是收视贡献最大的类型节目，不过与直播相比，时移收视对于电视剧的依赖程度更高，电视剧在直播中的收视份额为 34.4%，而在时移中则达到了 43.9%。除电视剧外，新闻/时事和专题类节目在直播收视中也具有一定的收视贡献，收视份额均在 10%以上；时移收视中，综艺、电影和青少是除电视剧外收视份额相对较高的类型节目，在直播中颇具收视地位的新闻/时事类节目在时移中的收视份额却并不突出（图 7）。新闻/时事类节目具有极强的时效性，这也是其在时移收视中地位并不突出的主要原因。从时移和直播对于各类型节目的倚重程度可以看出二者既有相似又有不同，如果电视媒体想要在时移收视上更进一步，还需要在时移观众异于直播观众的差异化需求上多做尝试。

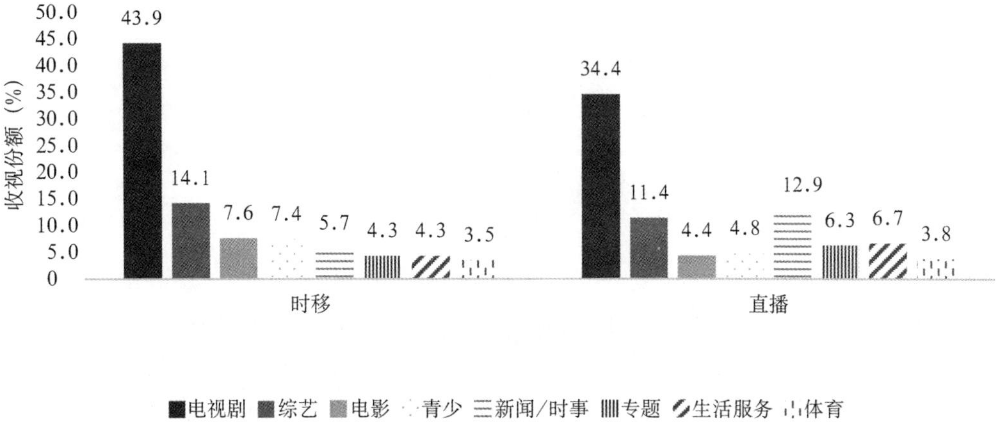

数据来源：CSM 媒介研究

图 7　2019 年时移与直播主要节目收视份额（52 城市，全天，%）

三、节目时移收视概况

内容是收视的基石，也是各类媒体争夺受众资源的重要手段之一。时移收视方式给受众提供了更大的自主性，因此时移节目收视也呈现出与直播迥异的特征。下文针对电视剧、综艺、电影、青少、新闻/时事等重点类型节目的时移收视进行分析，并着重对电视剧和季播综艺节目的时移特点及趋势加以总结。

1. 电影、综艺类节目的时移重度观众结构更为多元化

根据各类节目在时移中的收视贡献，我们选取时移收视份额排在前五位的电视剧、综艺、电影、青少、新闻/时事节目，对其观众收视偏好进行对应分析。从分析结果来看，电视剧和新闻/时事类节目的重度时移观众年龄偏大、学历相对较高，55~64 岁、高中、大学及以上、无业的人群对这两类节目时移收视倾向性更强。电影和综艺节目的时移重度观众，其圈层分布相对广泛，中年（45~54 岁）群体、初中学历人群、个体/私营企业主、初级公务员/雇员、干部/管理人员、其他职业人员更偏好收看这两类时移节目。青少节目的时移重度观众则是以 25~34 岁、4~14 岁、小学学历人群为主，父母陪同孩子观看的收视特征较为明显。综上所述，电影、综艺类节目的时移重度观众结构更为多元化，可开发利用空间更大。

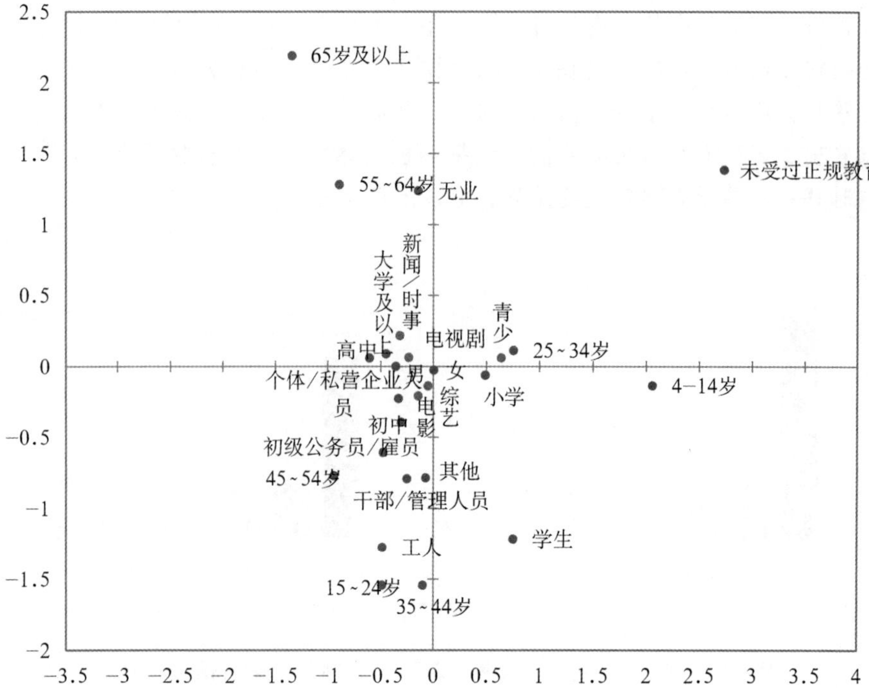

数据来源：CSM 媒介研究

图 8　2019 年电视剧、综艺、新闻/时事、青少、电影类节目时移观众集中度对应分析（52 城市，全天，%）

2. 电视剧的时移与直播收视率存在中等程度正相关

分析2019年的86部（不完全统计）已完结热播剧，可以发现这些热播剧的时移收视率与直播收视率间存在着中等程度的正相关性，相关系数为0.661，并且相关性在0.01置信水平上是显著的，也就是说尽管不存在严格一一对应的数据对应，但时移收视较高的剧目一般而言也是直播收视中的热点剧目。2019年时移收视排名前十的热播剧中，社会伦理题材的《都挺好》《小欢喜》排名第一、二位，时移收视率分别为0.61%和0.54%，其直播收视分别为第九和第五位。时移收视排名前10位的电视剧中，播出平台基本由头部卫视囊括，且采取“一剧两星”播出方式的电视剧占据了7席，这些热播剧的时移收视率差距并不悬殊（表3）。

表3　2019年热播剧时移收视率TOP10（19:00~24:00）

时移收视排名	直播收视排名	总收视排名	电视剧	题材类型	播出频道	时移收视率（%）	直播收视率（%）	总收视率（%）
1	9	3	都挺好	社会伦理	江苏卫视/浙江卫视	0.61	2.35	2.96
2	5	1	小欢喜	社会伦理	上海东方卫视/浙江卫视	0.54	2.55	3.09
3	7	5	亲爱的热爱的	言情	浙江卫视/上海东方卫视	0.48	2.44	2.92
4	26	17	少年派	青春	湖南卫视	0.47	1.39	1.87
5	14	12	老酒馆	近代传奇	北京卫视/广东卫视	0.41	1.92	2.33
6	10	8	芝麻胡同	时代变迁	北京卫视/上海东方卫视	0.37	2.30	2.67
7	20	20	谍战深海之惊蛰	反特/谍战	湖南卫视	0.35	1.46	1.80
8	28	23	河山	军事斗争	北京卫视	0.33	1.37	1.71
8	4	6	在远方	商战	上海东方卫视/浙江卫视	0.33	2.59	2.92
8	8	7	带着爸爸去留学	都市生活	浙江卫视/上海东方卫视	0.33	2.38	2.71

注：节目开播日期在2019年1~6月的采用55城市数据计算，开播日期在7~12月的采用59城市数据计算。

数据来源：CSM媒介研究

3. 季播综艺节目间的时移收视差异悬殊

2019年的41档（不完全统计）热点综艺季播节目，时移收视率和直播收视率也具有中等强度的正相关，相关系数为0.65，相关性在0.01水平上显著。从时移收视排名前10位的综艺季播节目来看，《奔跑吧》的时移和直播收视率均居首位；《中国好声音》的直播收视率排名第二位，而时移收视率居第八位；《中餐厅》的时移收视率排名第五位，而其直播收视率仅排在第二十九位。这10档综艺节目的时移收视表现也有着较大的差异，排名首位的《奔跑吧》时移收视率高达1.31%，而排名第10位的《声临其境》的时移收视率为0.28%。游戏竞技和表演选秀类较受时移观众欢迎，二者在时移收视率前10位的节目中各占据了3席，纪录纪实类有2席，体验挑战和经营体验类各占1席。湖南卫视、上海东方卫视、浙江卫视包揽了时移收视率前10位的节目，各有4档、3档、3档进入前10位（表4）。

表4　2019年热播综艺季播节目时移收视率TOP10（19:00~24:00）

时移收视排名	直播收视排名	总收视排名	电视剧	节目类型	播出频道	时移收视率%	直播收视率%	总收视率%
1	1	1	奔跑吧	游戏竞技	浙江卫视	1.31	2.01	3.31
2	5	3	王牌对王牌	游戏竞技	浙江卫视	1.05	1.41	2.45
3	6	4	向往的生活湘西篇	纪录纪实	湖南卫视	0.97	1.40	2.37
4	3	2	极限挑战	体验挑战	上海东方卫视	0.79	1.69	2.49
5	29	12	中餐厅	经营体验	湖南卫视	0.66	0.69	1.36
6	12	6	欢乐喜剧人	表演选秀	上海东方卫视	0.44	1.13	1.57
7	19	17	我家那闺女	纪录纪实	湖南卫视	0.40	0.84	1.25
8	2	5	中国好声音	表演选秀	浙江卫视	0.36	1.82	2.18
9	18	18	笑傲江湖第4季	表演选秀	上海东方卫视	0.30	0.86	1.15
10	15	16	声临其境	游戏竞技	湖南卫视	0.28	0.97	1.26

注：节目开播日期在2019年1~6月的采用55城市数据计算，开播日期在7~12月的采用59城市数据计算。

数据来源：CSM媒介研究

结　语

随着智能收视设备的普及，时移在大屏端的收视地位稳步提升。与直播相比，时移收视的目标性、快捷性的特点更鲜明。时移观众的年轻化、高知化程度也高于直播观众。观众在时移和直播的内容需求上既有着相似性又具有差异性，这给电视台的时移发展带来了一定的挑战和上升空间。作为大屏内容传播的延伸和补充，相信未来时移会为大屏直播收视带来更多的增量价值。

（作者：秦政）

IPTV 用户媒介接触行为分析

IPTV 用户规模在近几年持续高歌猛进。对于国内电视台而言，在传统电视广告收入面临大幅下滑的境遇时，拥有持续稳定现金流的 IPTV 已经成为重要的收入来源。但值得关注的是，一方面，IPTV 的高速发展期接近尾声，用户规模正在逐渐见顶；另一方面，通信运营商对于 IPTV 的终端补贴、结算模式也在进行调整。IPTV 运营商需要尽快地适应从跑马圈地到精耕细作的变化，在保持现有用户存量的基础上，将更多的精力投入用户运营，挖掘并提升用户价值，真正实现从集成播控到电视平台运营商的转变。基于 IPTV 用户人员特征及行为偏好的分析数据对于用户体验改善、内容精准投送和精细化运营等核心需求都有所帮助。本文主要基于 CSM 媒介研究 2019 年 12 城市①基础研究数据，对 IPTV 用户规模及构成、视频内容类型偏好和媒体接触行为方面的特征进行初步的分析与解读。

一、IPTV 用户规模、构成及媒介接触行为概况

1、全国 IPTV 用户增长迅速，用户规模突破 2.94 亿户

IPTV 在 2019 年继续飞速发展，根据工信部的数据，IPTV 用户规模到 2019 年年底达到 2.94 亿户（图 1）。去除中国移动 IPTV 统计口径调整因素的影响，2019 年 IPTV 用户全年净增 3870 万户，自 2016 年来连续 4 年年度净增超过 3300 万户。

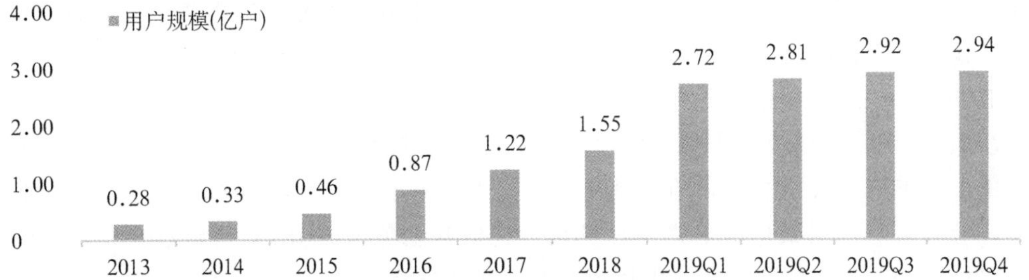

数据来源：工信部

图 1　2013 年以来全国 IPTV 用户数量

① 12城市为北京、上海、广州、深圳、重庆、天津、南京、武汉、西安、成都、长沙、沈阳。

以一家三口简单推算，IPTV 的全国覆盖人口已经达到 9 亿左右，成为家庭电视大屏端视频内容传播的重要渠道。

2. 12 城市 IPTV 用户占比 37.9%，6 个城市 IPTV 用户比例超过传统有线用户比例

根据 CSM 媒介研究 2019 年 12 个城市的基础研究调查数据，IPTV 家庭户的比例达到 37.9%，相比 2018 年的 30.6%大幅增加了 7.3 个百分点，涨幅达到 24%（图 2），同期数字有线机顶盒家庭户的比例则下滑了 9.0 个百分点。IPTV 与传统广电数字有线之间此消彼长的数据也表明两者之间存在着明显的竞争关系。

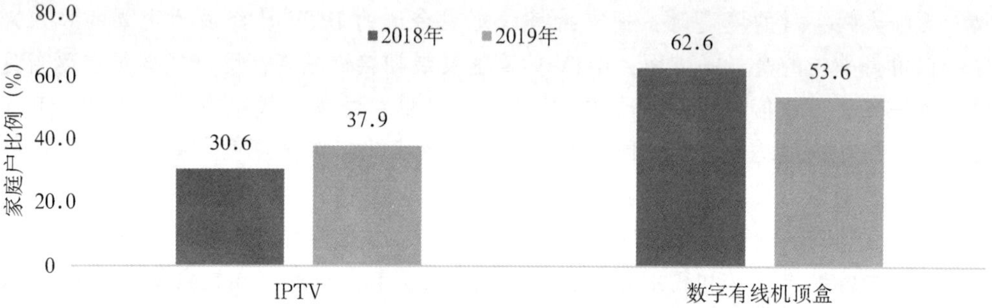

数据来源：CSM 媒介研究《电视广播视听率调查基础研究问卷调查》（2018~2019 年）

图 2　2018~2019 年 CSM12 城市 IPTV 与数字有线机顶盒用户比例（多选，%）

12 个城市中，2018 年 IPTV 用户比例过半的城市仅有 1 个（成都），2019 年已涨至 4 个（成都、重庆、长沙和天津），其中成都地区 IPTV 用户比例已经达到 70%以上的水平。有 5 个城市 2019 年的 IPTV 用户同比增长超过 40%（北京、天津、长沙、深圳和武汉），其中北京地区的涨幅最大，在 70%左右。

北京、上海和广州 3 个超一线城市中，IPTV 用户的比例还相对较低（不足 30%），传统有线用户的比例仍相对较高（超过 75%）。如北京地区 IPTV 用户在 2019 年虽然取得了近 70%的增长幅度，但目前暂未对传统有线造成替代性冲击。而在其他城市里，IPTV 对传统有线的替代性冲击已经非常明显，2018 年只有两个城市 IPTV 用户比例超过传统有线用户（成都和重庆），而 2019 年迅速扩大到 6 个（成都、重庆、长沙、天津、西安和武汉），在成都、重庆和长沙地区，IPTV 用户的比例甚至已经以 30%以上的绝对值差距大幅领先于传统有线用户。对于很多对价格（收视费）相对敏感的用户，收费相对较低甚至免费的 IPTV 已经取代传统有线数字机顶盒，成为其收看电视直播内容更实惠的选择。

3. IPTV 用户相比传统有线用户更为年轻，增量用户逐渐从中青年向中老年扩展

虽然传统有线、IPTV 和联网智能电视及盒子之间存在一定的竞争关系，但是部分家庭却并非采用单一的信号接入方式，而是可能同时拥有 IPTV、传统有线电视和联网智能电视中的两种甚至3种接入方式，因此3个类型的观众之间也存在一定的交叉重叠。下文的IPTV用户定义标准为家庭中至少有1台使用中的IPTV收视设备，传统有线用户指家中具有广电数字有线网或者普通有线网接入方式的用户，智能电视用户指家中具有已联网智能电视或互联网机顶盒的用户。

CSM媒介研究12城市2019年基础研究截面数据显示，IPTV用户中年轻用户的比例①较高，45岁以下用户的比例接近三分之二，其中25~34岁以及35~44岁用户的比例都为23%。此外，IPTV用户中大学及以上学历的超过三分之一，初级公务员/雇员的比例超过三成，个人月收入5001元及以上的比例也超过三成。中青年、中高学历、中高收入的城市白领是重要的IPTV用户人群。

将IPTV用户与传统有线用户构成进行对比，传统有线用户中，55岁及以上人群、退休没有工作人群构成比例仍相对较高，IPTV用户相对年轻化。但在高学历和高收入人群中，IPTV用户并没有表现出相对传统有线用户的人员构成优势。一方面，12城市中北上广深的高学历、高收入人群对收视费价格并不敏感，家中可能同时保留了接入传统有线和IPTV的收视终端，或者家里不同电视机采用了不同的信号接入方式。另一方面，北京、上海等几个城市的传统有线电视运营商如歌华有线、东方有线等为用户提供的收视终端也具有较丰富的电视内容和较好的使用体验，用户黏性较高。

智能电视用户则相比IPTV用户更为年轻、学历更高、收入水平更高。智能电视用户中，25~34岁人群的比例近30%，高于IPTV用户23%的比例。大学及以上学历人群占比达到48%，高于IPTV用户35%的比例。个人月收入5001元及以上人群比例超过45%，高于IPTV用户31%的比例（图3）。

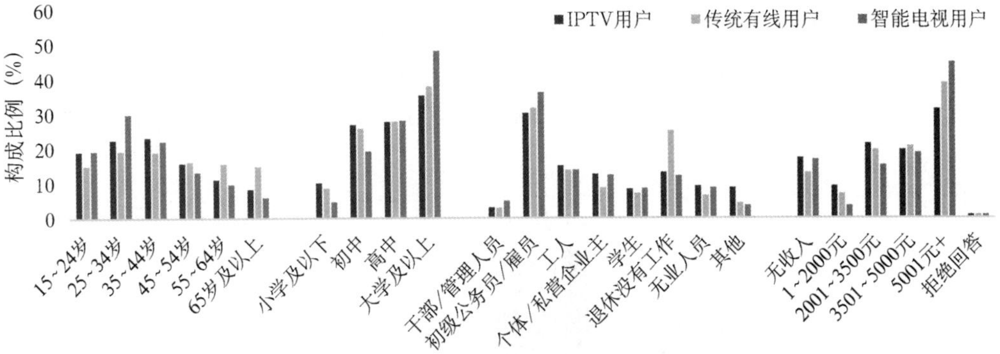

数据来源：CSM媒介研究《电视广播视听率调查基础研究问卷调查》（2019年）

图3　2019年CSM12城市三类用户人口属性特征对比

对比2019年与2018年IPTV增量用户②的人口属性特征，35~44岁的中青年人

① 数据仅为推及人口属性数据，并非包含电视收看时长的收视构成数据。

② IPTV增量用户为该年与之前一年IPTV推及人口差值部分。

群在增量用户中比例依然较高，但45岁以上人群的比例也在迅速加大，15~34岁人群的比例下滑较大。大学及以上人群在IPTV增量用户中的比例达到35%，但小学及以下学历人群也大幅增加。初级公务员/雇员等白领人群增量比例最高，为27%，而工人、学生等人群的增幅较大。个人月收入5001元及以上人群在IPTV增量用户中的比例达到42%，但2001~3500元中等收入人群增幅较大（图4）。

总体而言，IPTV用户除了继续在中青年、中高学历、中高收入的城市白领人群中保持快速增长势头外，更多蓝领、退休人员及学生等中低学历、中等收入的人群也成了IPTV扩展的新用户。

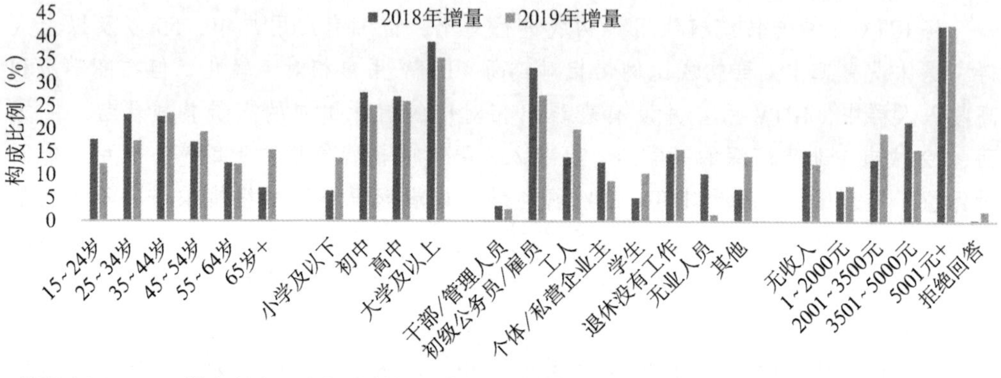

数据来源：CSM媒介研究《电视广播视听率调查基础研究问卷调查》（2018~2019年）

图4　2018~2019年CSM12城市IPTV新增用户特征

4. IPTV用户与传统有线用户全天开机时长分布接近，4小时以上开机时长用户比例减少

2019年CSM媒介研究12城市基础研究截面数据显示，IPTV用户每天电视机开机时长分布中，2~4小时的比例最高，为40%，4~6小时的比例为17%，1~2小时的比例为19%，1小时以下的比例为15%，6小时及以上的比例为9%（图5）。与

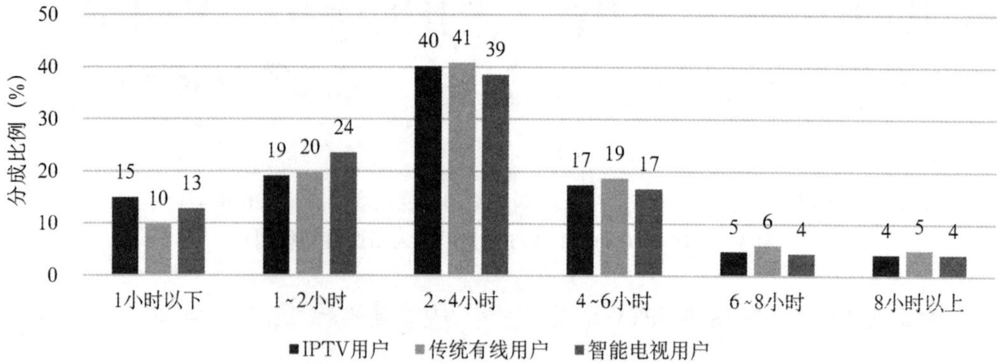

数据来源：CSM媒介研究《电视广播视听率调查基础研究问卷调查》（2019年）

图5　2019年CSM12城市三类用户全天电视开机时长分布比例

传统有线电视用户及智能电视用户相比，IPTV 用户在全天开机时长分布上并没有显著的差异。

对比 IPTV 用户两年开机时长分布，每天开机 4~6 小时的用户比例下滑 6 个点，而开机 1 小时以下、1~2 小时和 2~4 小时的用户比例则分别增加了 3 个点（图 6）。IPTV 用户在电视大屏端的使用时长的下滑与在手机等移动互联网端的使用时长增长，特别是短视频消费时长的持续大幅增长有较大的关系。

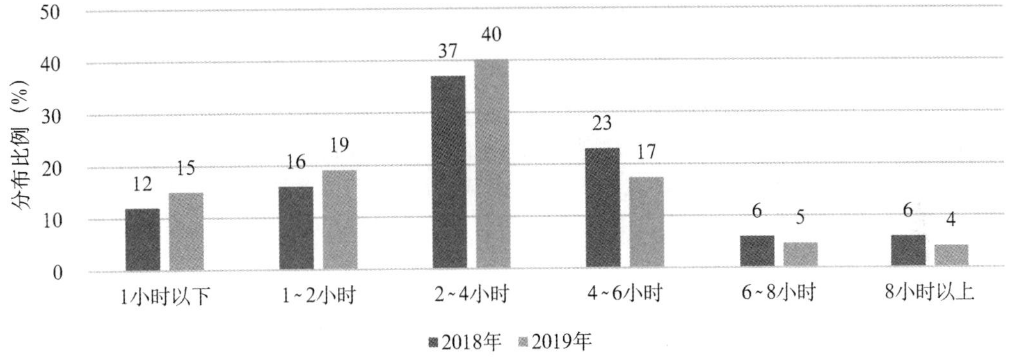

数据来源：CSM 媒介研究《电视广播视听率调查基础研究问卷调查》（2018~2019 年）

图 6　2018~2019 年 CSM12 城市 IPTV 用户全天电视开机时长分布比例（%）

5. 在线网络视频、电视直播和户外广告是大城市受众接触比例最高的媒介形式，在线网络视频日接触比例增幅较大

12 个城市 IPTV 用户每天接触的不同媒介中，在线网络视频的接触比例最高，达到 64%，已经超越电视直播成为 IPTV 用户排名第一的日常接触媒介。电视直播节目的接触比例为 60%，户外广告的接触比例也达到 50%。户外电视、电视非直播节目、楼宇电视和广播直播节目的接触比例在 10%~15%之间。车载电视、报纸、杂志等其他媒介的日接触比例相对较低，都在 6%及以下。传统有线用户相比 IPTV 用户对电视直播节目的日接触比例高出 10 个百分点，对在线收看网络视频和户外广告的接触比例则更低（低 12 个百分点和 9 个百分点）。智能电视用户对在线网络视频和电视直播节目的接触比例相对略低，在电视非直播节目、户外电视、楼宇电视等方面日接触比例相对较高（图 7）。

对比 IPTV 用户两年的媒介接触行为变化，在线网络视频、户外广告、楼宇电视的选择比例增长最多，分别为 16 个、6 个和 6 个百分点。户外电视以及电视非直播节目的增长也都达到了 5 个百分点（图 8）。IPTV 用户网络视频内容消费部分取代了传统电视内容消费，驱动电视大屏端的内容消费从直播向非直播转变。

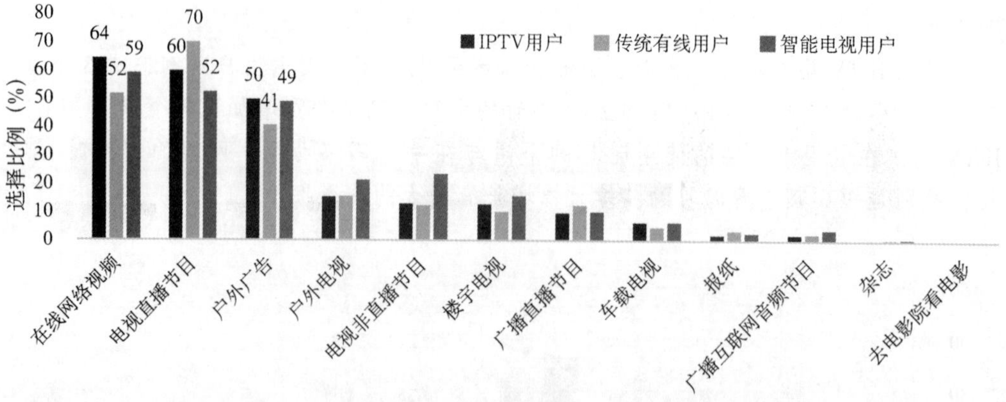

数据来源：CSM媒介研究《电视广播视听率调查基础研究问卷调查》（2019年）

图7 2019年CSM12城市三类用户每天接触媒介行为差异（多选,%）

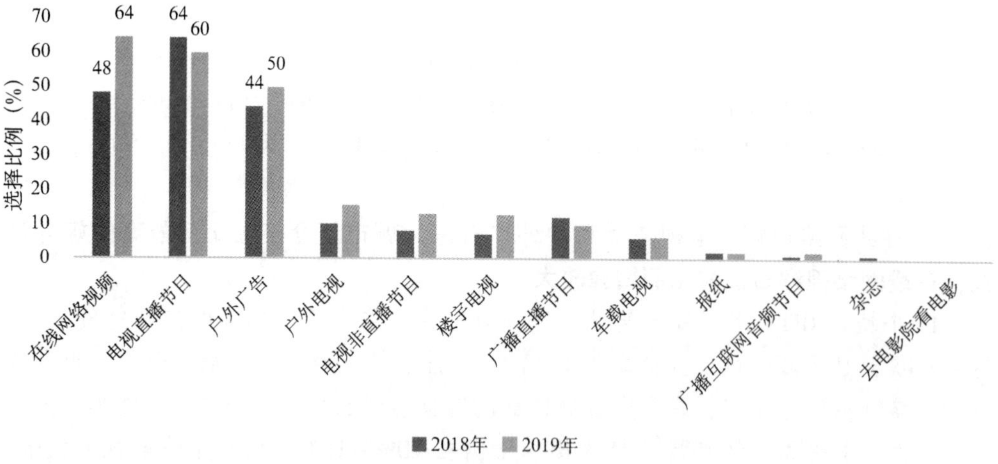

数据来源：CSM媒介研究《电视广播视听率调查基础研究问卷调查》（2018~2019年）

图8 2018~2019年CSM12城市IPTV用户每天接触媒介行为差异（多选,%）

二、IPTV用户传统电视及网络视频节目类型偏好

1. 综艺娱乐节目、电视剧和新闻/时事类节目是IPTV用户最喜欢收看的电视直播节目类型

作为驱动电视直播收视的三驾马车，综艺/娱乐类、电视剧和新闻/时事类节目也是IPTV用户最喜欢收看的电视直播节目类型，三者的占比分别为33%、29%和24%。相较而言，传统有线用户对新闻/时事类节目的偏好更高，而智能电视用户则更偏好综艺/娱乐类节目（图9）。

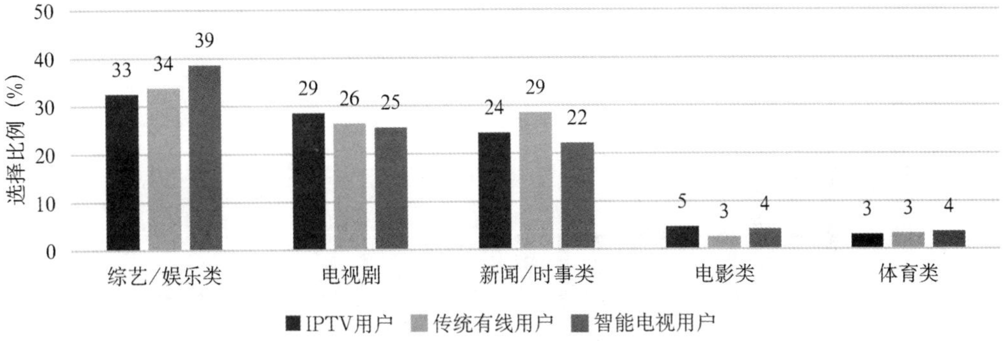

数据来源：CSM 媒介研究《电视广播视听率调查基础研究问卷调查》（2019 年）

图 9 2019 年 CSM12 城市三类用户最喜欢收看的电视直播节目类型对比

2. IPTV 用户电视端收看剧目时偏好都市生活与战争题材，收看网络端剧目时更喜欢青春、古装等题材

IPTV 用户在电视直播收看电视剧时最喜欢的题材前 5 名分别为都市生活、战争、言情、反特/谍战和警匪类。其中都市生活和战争类的选择比例分别为 30%和 14%，明显高于其他类型。整体而言，IPTV 用户喜欢收看的电视剧类型和传统有线用户比较相似，主要在都市生活和战争类上略高；而智能电视用户则在战争类题材电视剧上选择比例明显较低，在警匪、言情和青春类型上选择比例略高（图 10）。

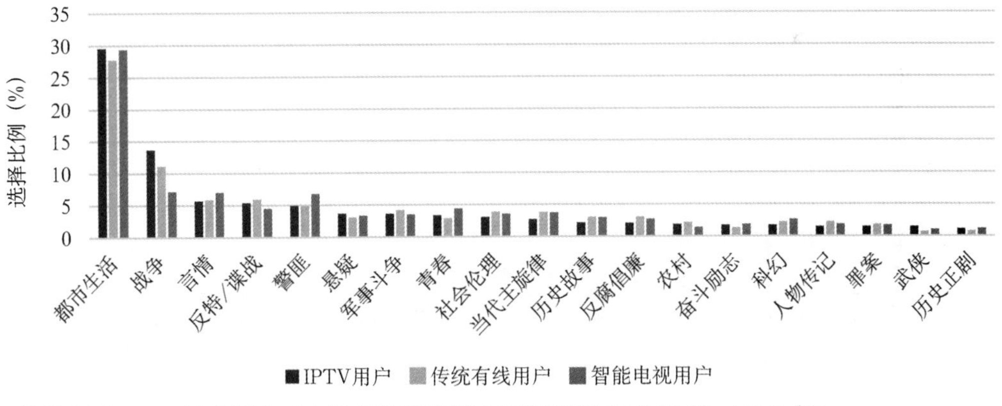

数据来源：CSM 媒介研究《电视广播视听率调查基础研究问卷调查》（2019 年）

图 10 2019 年 CSM12 城市三类用户电视直播最喜欢收看的剧目类型对比（多选，%）

IPTV 用户在网上收看视频时最喜欢的电视剧类型排名前 5 位的分别为青春、都市生活、古装、战争和民间传奇。视频网站在青春、古装等类型剧目上的相对充分供给，使得青春和古装等电视剧类型在网络收视中偏好明显高于电视直播，选择比例分别达到了 17.1%和 10.7%，居第一和第三位。而都市生活和战争类电视剧在网络收视中的偏好虽仍位居前列，但在网络收视中所占的份额远低于在电视直播中所占的份额（图 11）。

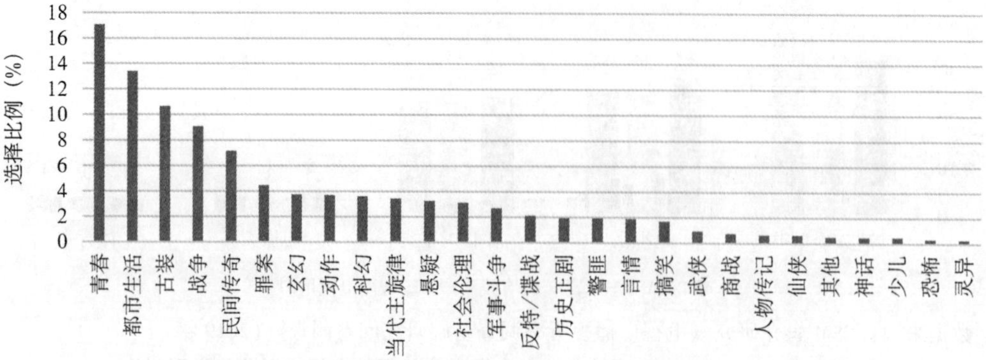

数据来源：CSM 媒介研究《电视广播视听率调查基础研究问卷调查》（2019 年）

图 11　2019 年 CSM12 城市 IPTV 用户在网上喜欢收看的电视剧类型（多选，%）

3. IPTV 用户收看电视综艺时更喜欢综艺晚会，在网络收看时综艺娱乐报道和娱乐脱口秀位居前列

IPTV 用户收看电视直播时最喜欢的综艺/娱乐节目类型的前五名分别为综艺晚会、综艺娱乐报道、戏剧、谈话/脱口秀和明星对抗类节目。其中综艺晚会的选择比例高达 22%，明显高于其他类型。整体而言，IPTV 用户相比传统有线用户更喜欢戏剧、明星对抗和表演选秀类节目，相比智能电视用户则更喜欢戏剧和生存挑战类节目（图 12）。

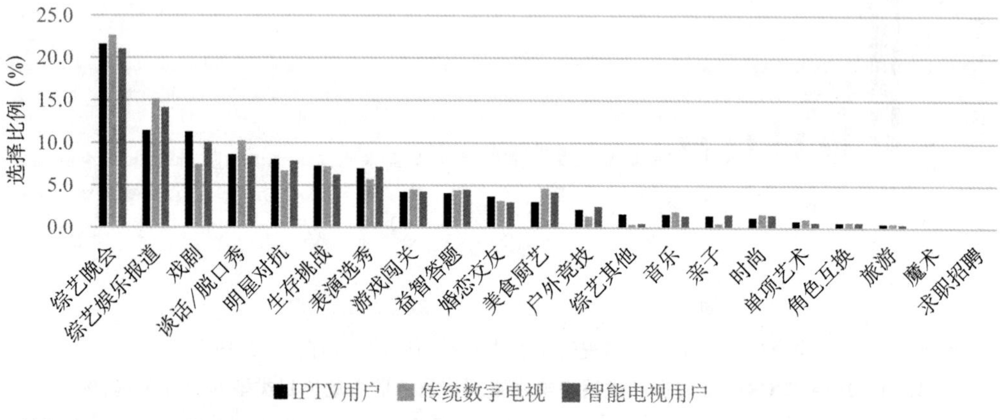

数据来源：CSM 媒介研究《电视广播视听率调查基础研究问卷调查》（2019 年）

图 12　2019 年 CSM12 城市三类用户最喜欢收看的电视综艺类型对比（多选，%）

对比 IPTV 用户两年喜欢收看的电视综艺节目，综艺晚会、谈话/脱口秀及明星对抗类节目选择比例明显下滑，而戏剧类和生存挑战类节目选择比例增长明显（图 13）。

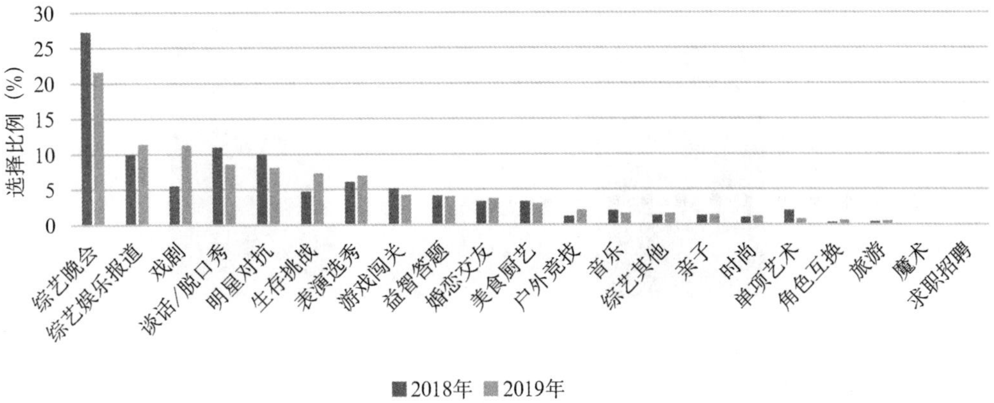

数据来源：CSM 媒介研究《电视广播视听率调查基础研究问卷调查》（2019 年）

图 13　2018~2019 年 CSM12 城市 IPTV 用户最喜欢收看的电视综艺类型对比（多选，%）

IPTV 用户在网上收看视频时最喜欢的综艺娱乐节目类型排名前五的分别为综艺娱乐报道、谈话/脱口秀、音乐、游戏闯关和求职招聘类。其中综艺娱乐报道的选择比例高达 28%，谈话/脱口秀的选择比例也达到了 15%，其他类型的选择比例不足 10%（图 14）。

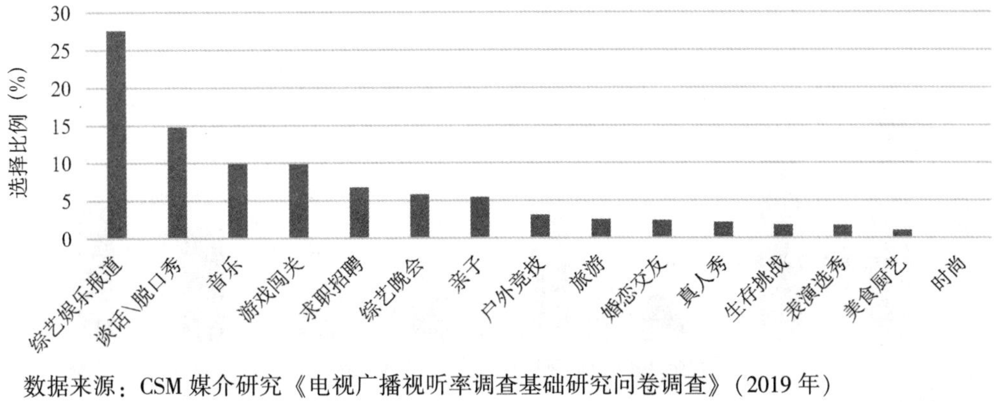

数据来源：CSM 媒介研究《电视广播视听率调查基础研究问卷调查》（2019 年）

图 14　2019 年 CSM12 城市 IPTV 用户在网上喜欢收看的综艺娱乐节目类型

三、IPTV 用户新媒体接触行为

1. IPTV 用户接触互联网的比例达 92%，介于传统有线用户和智能电视用户之间

随着移动互联网的普及，各类型用户接触互联网的比例都达到了较高的水平，其中 IPTV 用户接触互联网的比例为 92%，略高于传统有线用户的 86%，略低于智能电视用户的 96%（图 15）。相比 2018 年，IPTV 用户触网比例稳中略升，而传统有线用户触网比例提升较大。

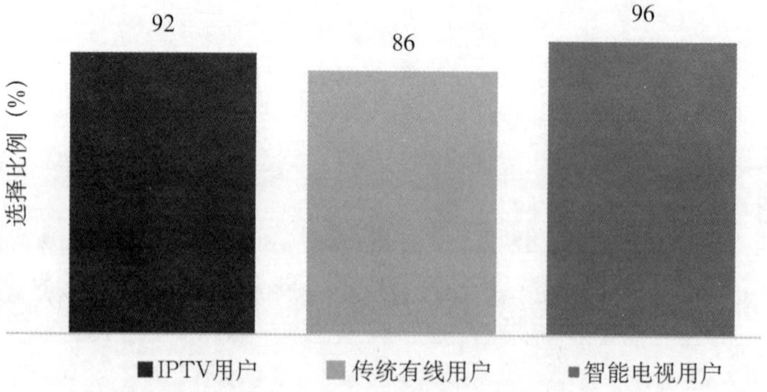

数据来源：CSM 媒介研究《电视广播视听率调查基础研究问卷调查》（2019 年）

图 15　2019 年 CSM12 城市三类用户接触互联网比例对比（多选，%）

2. 手机是 IPTV 用户的第一上网终端，平板、台式电脑及笔记本电脑收看网络视频比例有所下滑

IPTV 用户接触互联网的终端设备中，手机占比最高，达到了 91%，台式电脑或笔记本电脑为 47%，平板电脑和智能电视及互联网盒子的比例相对接近，分别为 18%和 17%（图 16）。除了在智能电视（含盒子）终端使用上与智能电视用户差距较大外，IPTV 用户使用手机和台式及笔记本电脑上网的比例略低于智能电视用户，略高于传统有线用户。

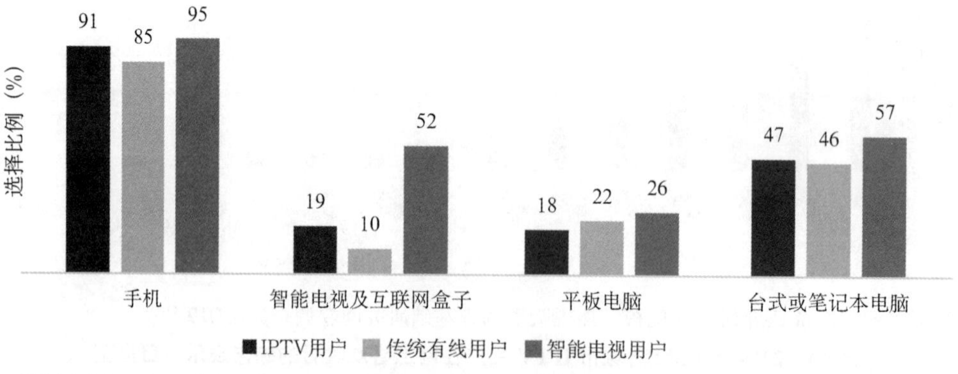

数据来源：CSM 媒介研究《电视广播视听率调查基础研究问卷调查》（2019 年）

图 16　2019 年 CSM12 城市三类用户不同上网终端的使用比例对比（多选，%）

对于 IPTV 用户而言，手机和智能电视上网用途中很重要的一部分就是收看网络视频内容，2019 年借助这两大终端收看网络视频的用户比例分别为 88%和 19%，与这两大终端在接触互联网上的用户选择比例非常接近。IPTV 用户收看网络视频的终端中，平板电脑的选择比例为 12%，台式电脑或笔记本电脑的选择比例为 26%，这两类终端使用比例同比 2018 年出现了下滑（图 17）。手机的便捷性带动了更多 IPTV 用户用手机取代平板、台式电脑和笔记本电脑，将其作为收看网络视频的主要终端。

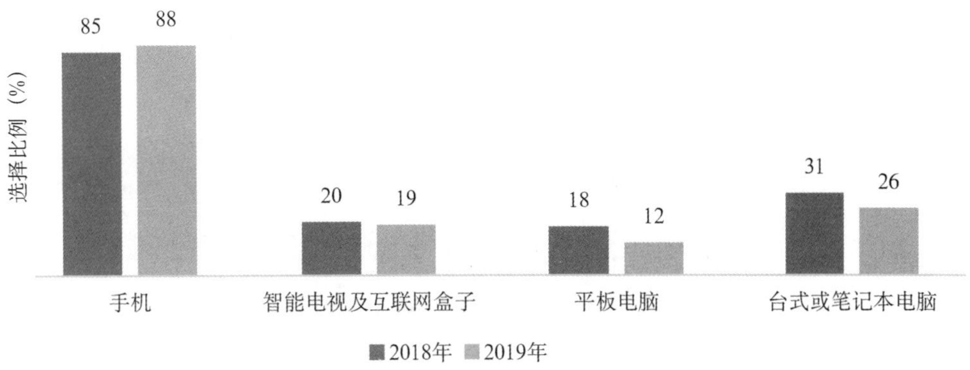

数据来源：CSM媒介研究《电视广播视听率调查基础研究问卷调查》（2018~2019年）

图17 2018~2019年CSM12城市IPTV用户接触网络视频所使用的终端对比（多选，%）

3. 爱奇艺、腾讯视频、优酷及芒果TV是IPTV用户通过智能电视大屏收看网络视频的主要媒体来源

当IPTV用户通过智能大屏收看网络视频时，“爱腾优芒”是使用最多的媒体来源，其中爱奇艺和腾讯视频的选择比例相对接近，分别为63%和59%，优酷和芒果TV数据同比都有所增长，但与前两者还存在一定的差距，在IPTV用户收看网络视频中的选择比例分别为37%和17%（图18）。

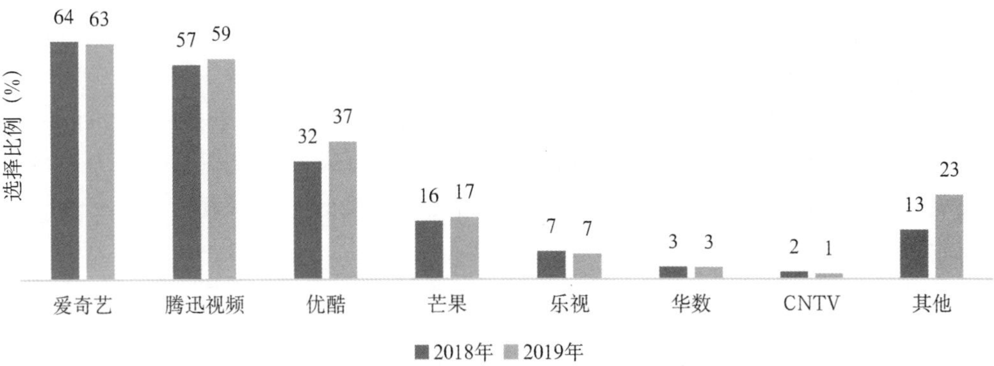

数据来源：CSM媒介研究《电视广播视听率调查基础研究问卷调查》（2018~2019年）

图18 2018~2019年CSM12城市IPTV用户使用智能电视或者互联网机顶盒收看网络视频时的媒体来源比例（多选，%）

4. 网生内容日益成为IPTV用户网络视频的收看主流，电视台上网内容资源选择比例出现下滑

IPTV用户在收看网络视频内容时，高达41%的用户“就在网上看节目，不关心电视台是否播出”，26%的用户通常在网络上看“电视台不播出但在网上可以看到的节目”，在网络上看“电视台近期正在播出的内容”“在电视上错过的内容”，以及“电视台以前播过的内容”的用户比例分别为22%、20%和17%（图19）。相

比2018年，IPTV用户对于“就在网上看节目，不关心电视台是否播出”内容的选择比例有所提升，而“电视台近期正在播出的节目”“电视台以前播过的节目”，以及“在电视上错过的节目”这3项电视节目内容的比例都有所下滑。网生内容已日益成为IPTV用户收看视频内容更青睐的部分。

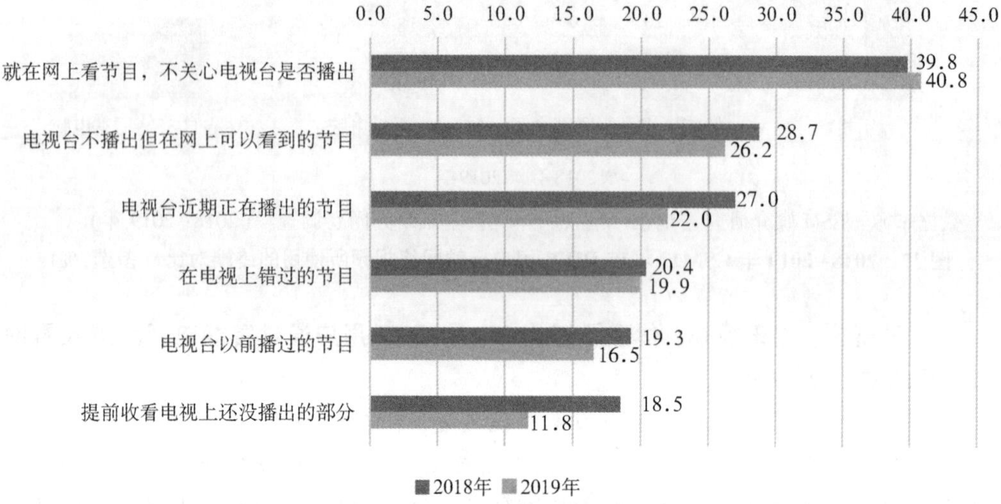

数据来源：CSM媒介研究《电视广播视听率调查基础研究问卷调查》(2018~2019年)

图19　2018~2019年CSM12城市IPTV用户通常在网上收看的视频内容选择对比（多选,%）

5. IPTV用户短视频接触比例达84%，付费视频接触比例明显增长，网络直播接触比例出现较大下滑

短视频、网络直播及付费视频是近年来发展迅速的媒介消费形式。其中IPTV用户接触短视频的比例最高，达到84%。接触网络直播和付费收看网络视频的用户比例分别为29%和27%。同比2018年，网络直播的接触比例明显下滑，而付费视频的接触比例则大幅提升（图20）。

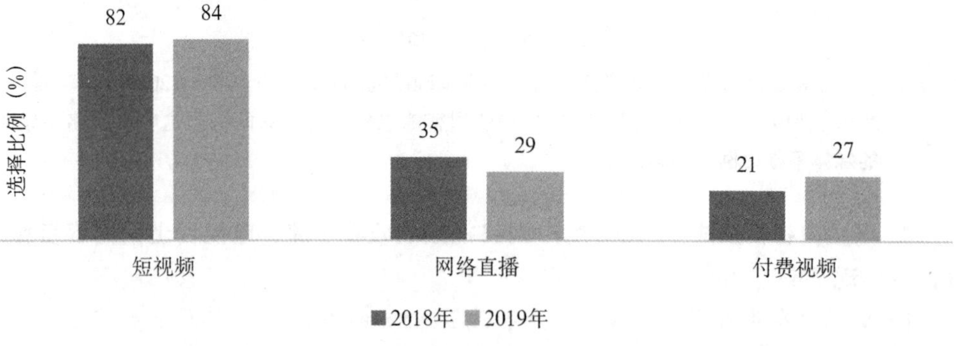

数据来源：CSM媒介研究《电视广播视听率调查基础研究问卷调查》(2018~2019年)

图20　2018~2019年CSM12城市IPTV用户过去半年三类新媒体的接触比例（多选,%）

在 IPTV 用户接触的短视频平台上，微信以 69%的比例继续高居首位，显示出其强大的用户连接能力。抖音在 2019 年凭借近 16 个点的狂飙猛进，以 51%的比例拉近了与微信的距离，排名第三至第六位的分别是腾讯视频、爱奇艺、今日头条和快手，其余高于 10%选择比例的还有西瓜视频、腾讯新闻、火山小视频和优酷（图 21）。在用户最喜欢的短视频类型中，幽默搞笑类和新闻类短视频分别以 36%和 31%的比例位居前列，其他类型与这两类短视频之间还存在数量级的差异。

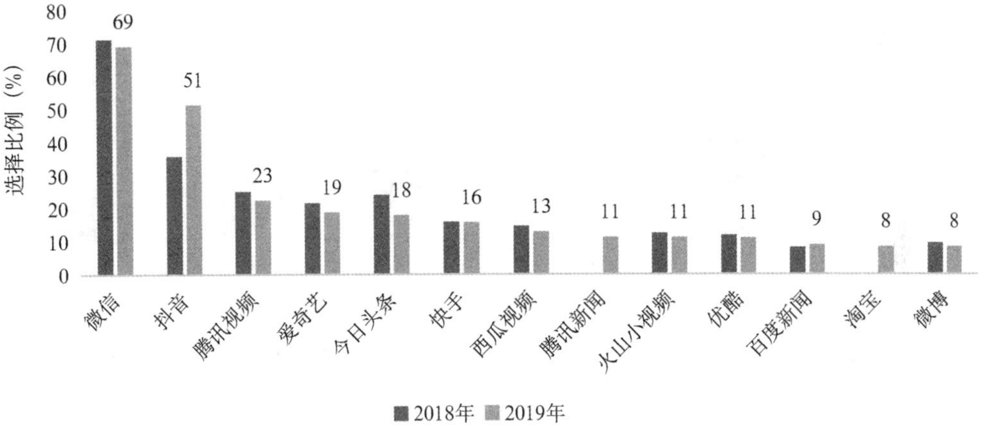

数据来源：CSM 媒介研究《电视广播视听率调查基础研究问卷调查》（2018~2019 年）

图 21　2018~2019 年 CSM12 城市 IPTV 用户部分短视频平台的接触比例（多选，%）

在网络直播平台方面，IPTV 用户接触比例总体不及短视频平台，排名最高的前五位分别是腾讯视频、斗鱼直播、今日头条、虎牙直播和哔哩哔哩，其中排名最高的腾讯视频的接触比例为 9%（图 22）。在网络直播整体出现退潮时，各主要直播平台的接触比例也同比多有下滑。

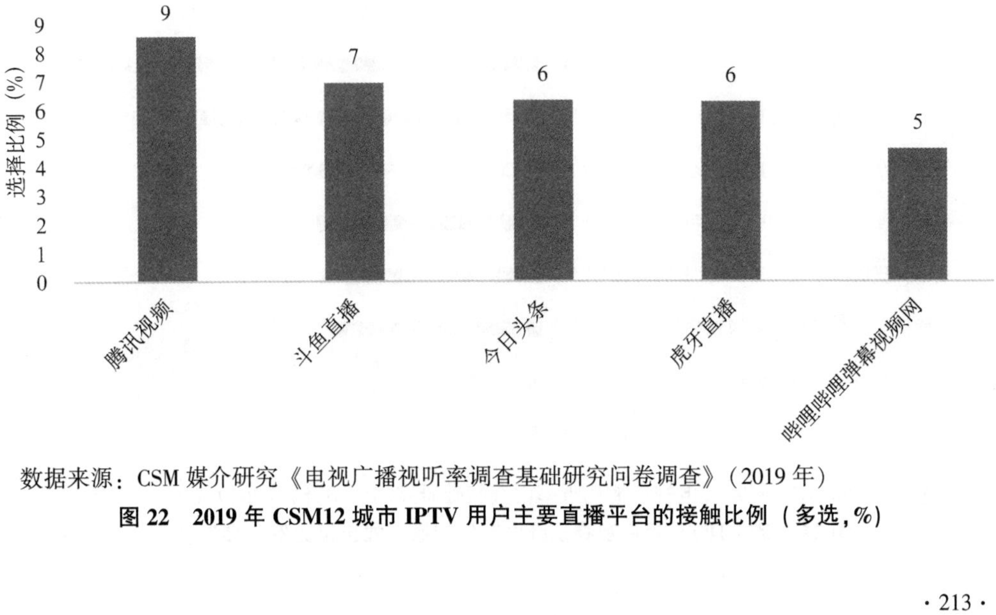

数据来源：CSM 媒介研究《电视广播视听率调查基础研究问卷调查》（2019 年）

图 22　2019 年 CSM12 城市 IPTV 用户主要直播平台的接触比例（多选，%）

6. 微信和视频网站是与 IPTV 用户互动最重要的沟通渠道，短视频等新平台崛起

视频网站是视频内容与 IPTV 用户互动的重要窗口，有 37%的用户通常通过视频网站浏览观看相关电视节目的花絮预告或宣传内容。此外，也有 19%的 IPTV 用户通常通过微信浏览相关电视节目的花絮预告或宣传内容。伴随着移动新闻客户端和短视频平台的崛起，在这两个平台观看电视节目宣传内容的人群比例大幅提升，也值得我们更多关注（图 23）。

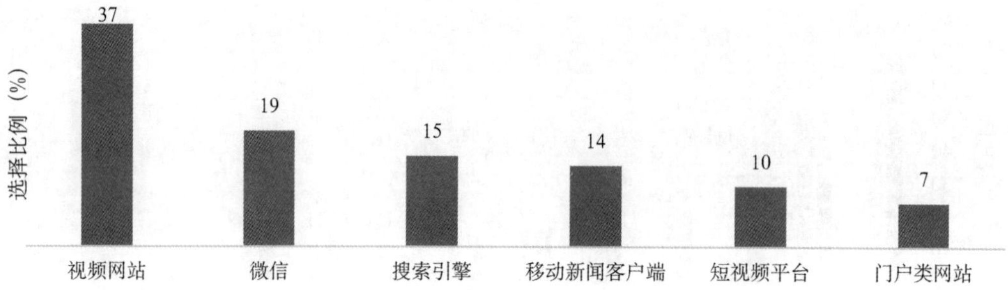

数据来源：CSM 媒介研究《电视广播视听率调查基础研究问卷调查》（2019 年）

图 23　2019 年 CSM12 城市 IPTV 用户浏览收看电视节目的花絮预告宣传内容的渠道选择比例（多选，%）

当视频内容通过网络传播与 IPTV 用户互动时，微信是非常重要的沟通渠道。有 87%的 IPTV 用户在过去半年内使用过微信的朋友圈功能，有 22%的用户会在微信朋友圈里对收看过的电视节目（包括电视上和网络上收看到）发表看法，发表看法的比例相比 2018 年提升了 5 个百分点。有 25%的 IPTV 用户表示，当看到朋友在微信上的推荐，会促使其观看相关的视频内容，还有 15%、12%和 5%的 IPTV 用户表示微信公众号推荐中的用户口碑评价、短视频内容花絮和剧情相关图文内容介绍会促进其对该视频内容的观看（图 24）。

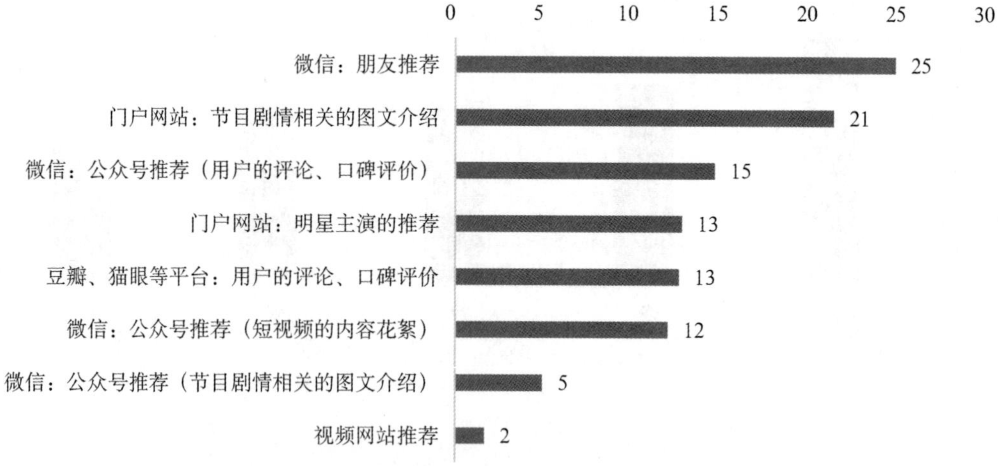

数据来源：CSM 媒介研究《电视广播视听率调查基础研究问卷调查》（2019 年）

图 24　促进 IPTV 用户观看视频内容的沟通方式选择比例（多选，%）

结　语

经过近几年爆发式的增长后，我国 IPTV 用户数已经接近 3 亿户，IPTV 已成为家庭电视大屏内容传播的重要渠道。其在中青年、高收入、高学历人群中的渗透，与传统有线电视受众特征形成差异。IPTV 用户在电视直播及网络上对电视剧及综艺节目的偏好、接触行为、态度等方面的数据也能让电视媒体及 IPTV 运营商更清晰地认知这个庞大群体的媒介消费走向。当 5G、智慧屏等已经来到大家身边时，如何构建以 IPTV 为基础的智慧家庭视频产品体系，并实现以个人为中心的手机屏和以家庭为中心的电视屏的双屏融合，也是 IPTV 运营商需要继续深入思考的问题。

（作者：吴凡）

2019年电视大屏数字化收视设备观察

——IPTV、OTT收视及观众分析

从一根简单的有线连接线到现在连接于电视之上的种类繁多的盒子，随着数字技术的飞速发展，我国电视家庭收视设备逐步多元化。2019年DVB（有线数字电视）积极推进“全国一网”、发展“智慧广电”，IPTV加入新的牌照方加速发力，OTT（智能电视和互联网盒子）稳步增长，智能收视设备为观众提供着越来越丰富的服务选择。与此同时，电视大屏广告也融入了数字广告基因，电视开机、回看、点播视频等场景下，均蕴含着多种广告投放机会。差异化的使用方式和内容资源，使收视设备、内容与观众的关系变得复杂而微妙。本文从设备的覆盖、收视、观众等角度，梳理2019年电视大屏端DVB（有线数字电视）、IPTV及OTT（智能电视和互联网盒子）的发展情况。

一、数字化收视设备覆盖情况

本节以CSM 2019年基础研究数据及相关行业公开数据为基础，分析电视大屏数字化设备的用户覆盖及发展情况。

1. IPTV和OTT（智能电视和互联网盒子）家庭覆盖稳步提升

2019年CSM基础研究数据显示，全国电视观众家庭中，IPTV覆盖占比最高、增长最快，达46.1%。DVB（有线数字电视）① 覆盖占比继续收缩，同比下降6个百分点；OTT（智能电视和互联网盒子）② 覆盖继续扩张，占比达44.9%（图1）。

随着数字技术水平的提高和产业水平升级，收视设备种类、运营模式也逐渐丰富。从数据上看，各设备的覆盖占比总计超过100%，且IPTV和OTT的覆盖合计增量高于DVB的覆盖减量，这意味着在观众家中多设备、混合用的收视场景愈加普遍。同时，由于观众收视时间持续减少，设备闲置时间不断增加，各运营商、内容方之间的竞争加剧也随之显化。在设备混用的收视场景下，观众与设备、内容的关系较以往更为复杂。

① DVB(有线数字电视)：含普通数字有线和双向数字有线机顶盒设备。

② OTT(智能电视和互联网盒子)：含联网设备和非联网设备。

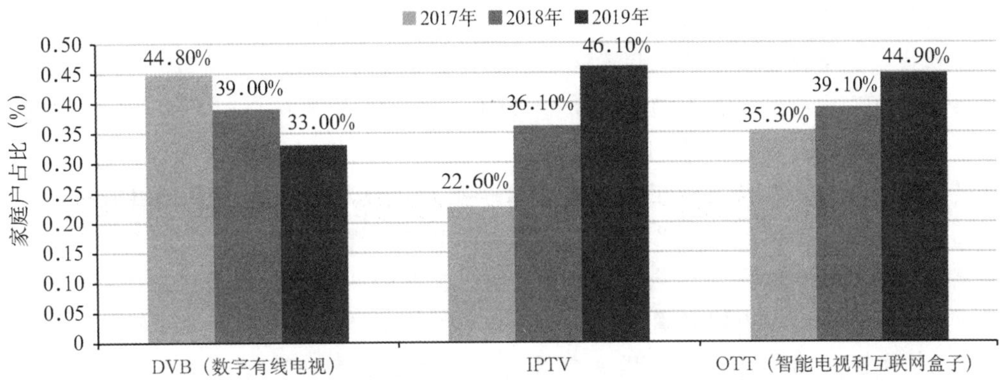

数据来源：CSM 2019 年全国基础研究

图 1　2019 年中国家庭电视收视设备覆盖情况（%）

2. 有线双向电视用户规模逆势增长

有线电视从信号传输形式上可分为传统有线电视、有线数字电视、有线双向电视。其中，有线双向电视服务可提供直播频道收视和回看、点播等互动服务；非有线双向电视服务只提供直播频道收视服务。

近年来，各地有线电视运营商积极推动有线数字网络双向改造工作，配合硬件升级、系统优化及配套设施建设，逐步提高有线双向电视的覆盖范围和服务能力。根据《中国有线电视行业季度发展报告》① 数据，截至 2019 年第三季度，全国有线电视、有线数字电视用户规模持续下滑，有线双向电视用户数逆势上涨。有线双向电视渗透用户规模，即已实现双向网改并具备开通互动业务能力的用户数达 1.028 亿户，占有线电视用户用量的 48.4%（图 2）。

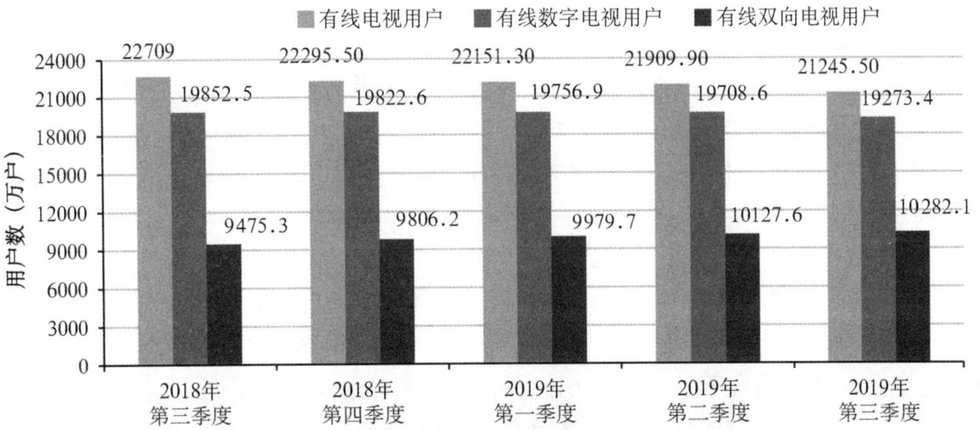

数据来源：格兰研究，中国广播电视网络有限公司《中国有线电视行业季度发展报告》

图 2　2019 年全国有线电视双向覆盖规模及渗透规模

① 数据来源：中国有线电视行业季度发展报告[R].中国广播电视网络有限公司，2019(18).

有线电视双向化是“智慧广电”战略的一部分，它帮助有线电视向数字化、智能化迭代，是留存存量用户、探索融合发展新模式的手段之一。从数据上看，2019年第三季度双向有线电视渗透用户数较2018年第三季度同比增长8.5%，与IPTV、OTT等设备的覆盖规模增速相比处于劣势。伴随5G时代的来临，有线电视所面临的转型发展压力更加凸显，但同时也带来了更大的发展机遇。2019 CCBN展会上，中国广电与中信集团、阿里巴巴正式签署全国有线电视网络融合发展战略合作，有线电视网络“全国一网”融合发展向前迈进了重要一步。同年6月，中国广电与中国电信、中国移动、中国联通同时获得工信部发放的5G商用牌照，中国广电正式进入5G赛道。2020年3月，国家广播电视总局召开贯彻落实《全国有线电视网络整合发展实施方案》电视电话会议，再次强调加快推动全国有线电视网络整合和广电5G建设一体化发展，对“全国一网”股份公司部署提出具体建设要求。在模式转型、技术升级等多种举措下，有线电视的发展也有望借此机遇进入新的快车道。

3. 联网智能电视及OTT盒子家庭覆盖及联网率稳定增长

OTT设备包含智能电视和互联网盒子。目前市场上在售的电视基本均为智能电视，在观众更换电视时智能电视会跟随更新换代进入观众家庭；OTT盒子则依靠其小巧、灵活、便宜的优势作为收视设备的补充或过渡升级，在观众家中占有一席之地。

OTT设备（智能电视和互联网盒子）不提供直播频道收视服务，用户须连接互联网才能使用收看互联网上的点播内容。观众既可以把它当作普通电视使用，通过连接有线电视线、外接IPTV或有线电视机顶盒进行电视收看，也可以将智能电视连接互联网，直接在电视上点播互联网视频内容。其中，智能电视可以看作是包含互联网盒子功能的电视设备。

对于智能电视来说，互联网点播收视是其收视功能的一部分。对于互联网盒子来说，作为电视的外接点播收视设备，观众则必须连接互联网才能够使用。因此，OTT设备（智能电视和OTT盒子）的联网状态是观众所有互联网点播收视行为的基础，只有联网的OTT设备（智能电视和OTT盒子）才具备提供互联网内容点播服务的能力。

CSM基础研究数据显示，2017年到2019年，OTT设备（智能电视和互联网盒子）联网率呈现稳步增长的态势。2019年全国使用OTT设备（智能电视和互联网盒子）进行联网收看的家庭占所有拥有电视家庭的27.8%，占所有拥有OTT设备（智能电视和互联网盒子）家庭的61.9%，联网率超过六成（图3）。

同时，这也意味着仍有约四成家庭拥有OTT设备（智能电视和互联网盒子）但未联网使用。OTT设备（智能电视和互联网盒子）的联网情况既与观众的使用习惯等因素有关，也受到我国互联网普及率的影响。智能电视作为近几年新兴发展起来的互联网设备之一，一方面需要观众使用能力的支撑，即观众对设备的使用、操作的水平；另一方面依赖于家庭宽带的普及，即观众家中的宽带网络和Wi-Fi条件。

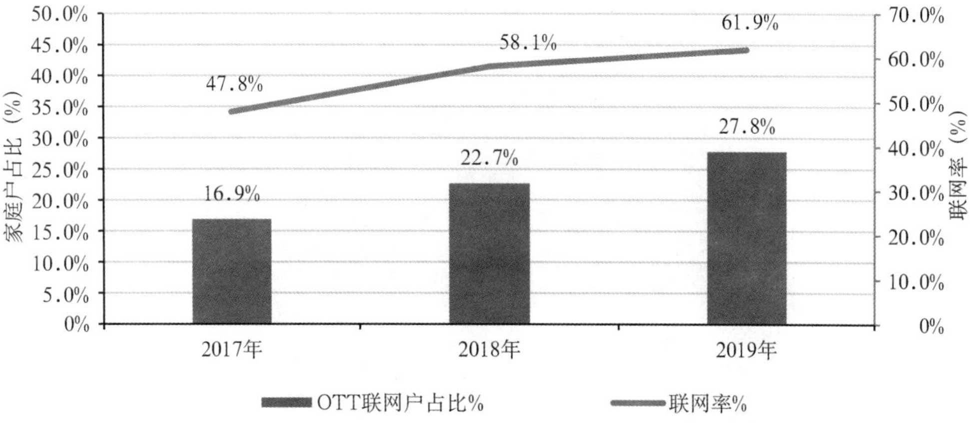

数据来源：CSM 2019 年全国基础研究

图 3　2017～2019 年 OTT 联网家庭户占比及联网率（%）

根据 CNNIC 第四十四次《中国互联网络发展状况统计报告》，截至 2019 年 6 月，我国网民规模达 8.54 亿，互联网普及率为 61.2%。这之中包含移动互联网、企业宽带、家庭宽带等多种接入形式。而家庭宽带只覆盖了网民中的一部分，较目前的互联网普及率会进一步缩减。伴随 5G 时代的来临，国家对宽带提速降费的进一步具体举措有望帮助智能电视联网率向更高水平发展。

二、数字化收视设备收视来源及贡献

自 2018 年起，CSM 升级了信号来源测量技术，实现了同屏辨识精确到人的各设备、各平台收视行为测量，并推出“TV+同源收视测量”系列研究，将收视数据覆盖到传统直播、智能电视开机、OTT、IPTV 等多个互动平台。本部分根据 2019 年 CSM 55 测量仪城市组“TV+同源收视测量”跨平台收视数据，分析观众在直播和互动平台上的收视情况。

1. 电视大屏端直播频道贡献 77%市场份额，其他来源收视占比 23%

2019 年 CSM 55 测量仪城市组电视大屏收视中，77%来自直播频道收视，23%来自其他来源收视。其他来源收视包括观众在 OTT 互动平台①，IPTV 互动平台②的回看、点播等互动行为，在有线双向电视机顶盒等其他设备上的互动收视，及数字频道收视等。包括智能电视和互联网盒子在内的 OTT 互动平台贡献了 8.1%的市场份额，IPTV 互动平台贡献了 7.7%市场份额。OTT 虽在设备覆盖上略低于 IPTV，但在互动平台收视份额上并未逊色。由观众在有线双向电视机顶盒上的互动行为及数

① OTT 互动平台：智能电视和互联网盒子等 OTT 设备系统中提供的视频点播等互动服务。

② IPTV 互动平台：IPTV 设备系统中提供的视频回看、点播等互动服务。

字频道等其他来源收视组成的“新其他”占据了7.2%的市场份额（图4）。

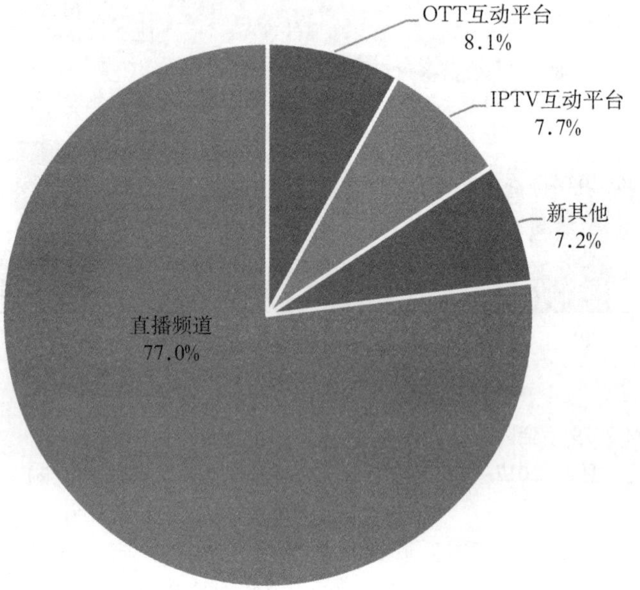

数据来源：CSM媒介研究

图4　2019年电视大屏直播频道与互动平台收视份额（55测量仪城市组，%）

2. IPTV端超三成收视来自互动平台，互动收视偏好高于电视大屏整体水平

IPTV即交互式网络电视。作为三网融合的产物，它“天生”具备提供直播、回看及点播多种收视服务的能力。2019年，在CSM 55城市组观众通过IPTV设备产

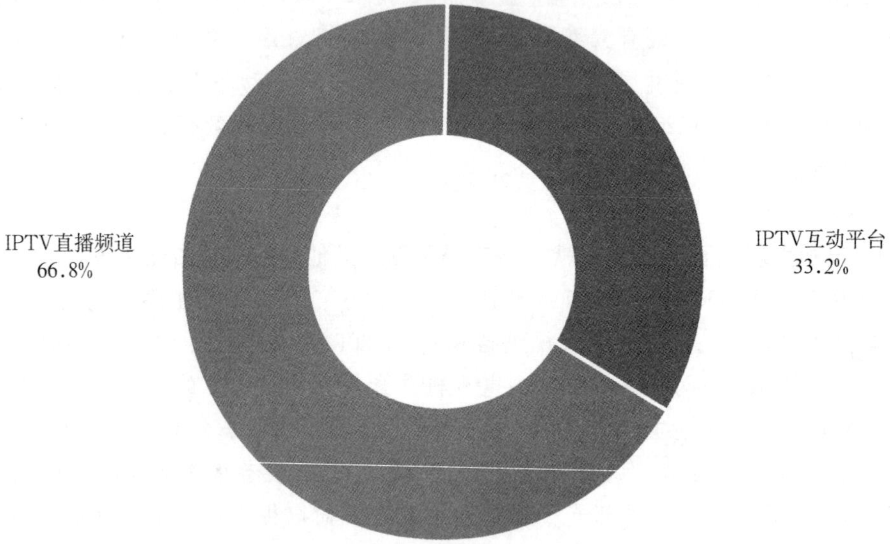

数据来源：CSM媒介研究

图5　2019年IPTV端直播频道与互动平台收视份额（55测量仪城市，%）

生的收视中，66.8%来自观众收看直播频道的收视，33.2%来自互动平台收视。互动平台收视主要包括观众在IPTV端的点播、回看等时移收视行为。与直播频道在电视大屏整体所占77%的市场份额相比，IPTV端直播频道的市场份额约低10个百分点。从另一个角度说，观众在IPTV端的互动收视偏好高于电视大屏整体水平（图5）。

三、数字化收视设备观众构成

CSM“TV+同源收视测量”研究数据可将跨IPTV互动平台、OTT互动平台的收视行为精确到人，从而获得各设备、各平台的观众属性。本部分根据2019年CSM 55测量仪城市组“TV+同源收视测量”跨平台收视数据，分析不同设备互动平台的观众构成情况。

1. IPTV直播频道及互动平台观众构成

2019年，在使用IPTV设备的观众中，收看直播频道和互动平台的观众性别构成相近，男女比例均在50%左右。IPTV互动平台观众与直播频道观众相比年轻化特征更为显著，4~44岁观众占比为50.8%，高于直播频道的37.8%。其中，IPTV互动平台4~14岁观众占比达13%，比直播频道高7.1个百分点。IPTV直播频道观众中，45~54岁年龄段观众所占比例最高，达25.3%，同时55~64岁和65岁及以上学历观众占比也高于IPTV互动平台。在受教育程度方面，IPTV互动平台观众中高中和大学及以上学历观众占比均略高于直播频道（图6）。

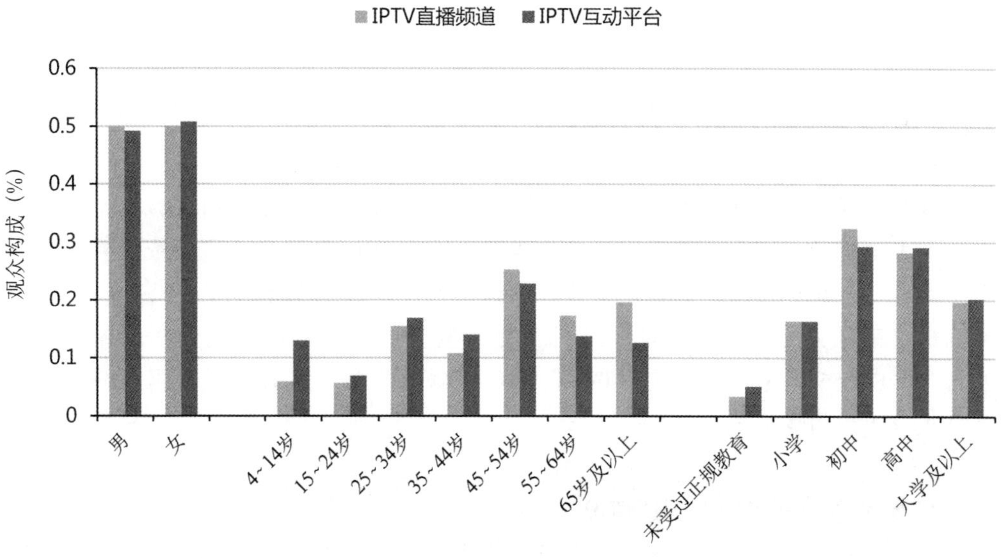

数据来源：CSM媒介研究

图6 2019年IPTV直播频道和互动平台观众构成（55测量仪城市组，%）

2. OTT[1] 互动平台观众构成

2019 年，在 OTT（智能电视和互联网盒子）设备使用互动平台的观众中，直播频道和互动平台观众性别构成相近，女性均略高于男性。OTT 互动平台观众相对年轻，4~44 岁观众占比达 60.9%，远超 IPTV 端和 DVB（有线数字电视）相同目标观众占比。其中，25~34 岁的观众在 OTT 互动平台的占比最高，达 25.4%。在受教育程度方面，OTT 互动平台大学及以上观众占比最高，达 30.4%（图 7）。

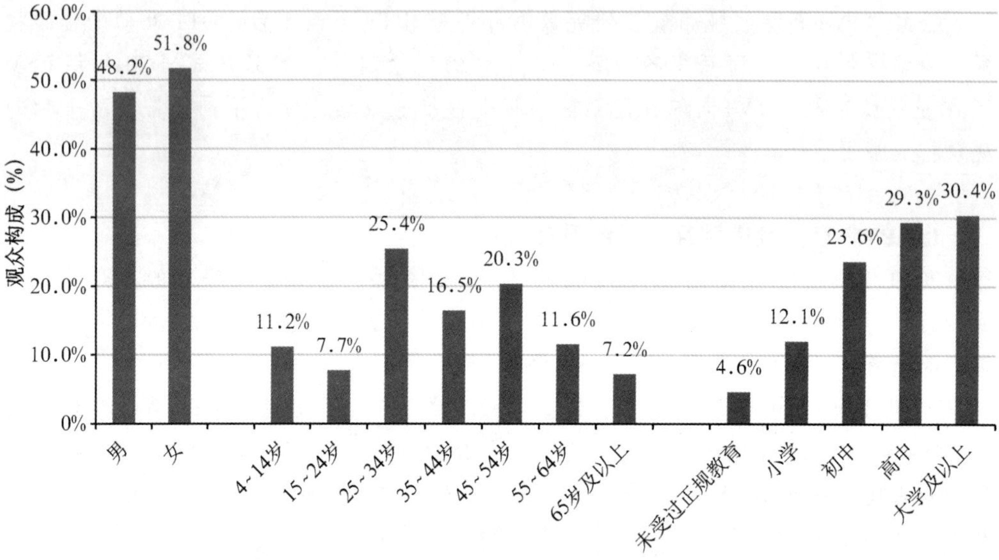

数据来源：CSM 媒介研究

图 7　2019 年 OTT 互动平台观众构成（55 测量仪城市组，%）

四、智能电视开机行为及观众构成

智能电视在观众开机时可展示开机广告，广告形式以视频和图片为主，时长不一。智能电视开机广告以其不可跳过的强曝光性成为 OTT 端广告市场最受青睐的广告形式之一。响应市场对智能电视开机行为的评估需要，CSM“TV+同源收视测量”系列研究同样实现了对智能电视开机行为的测量并将数据精确到人。本部分根据 2019 年 CSM 55 测量仪城市组“TV+同源收视测量”智能电视开机数据，分析观众的开机行为和构成情况。

1. 智能电视开机观众到达情况

智能电视是家庭客厅媒体，存在多人收视场景。智能电视的设备覆盖规模不等同于智能电视开机观众规模。同时，智能电视的开机时间、频次、观众数量也存在

① 本文所分析的 OTT 包含智能电视与互联网盒子。

较大的变化因素。2019年，CSM55测量仪城市组智能电视开机到达率为22.5%，即全年在智能电视端至少有一次接触开机广告的观众占所有观众的22.5%。具体到每月，平均有16.8%的观众至少有一次接触开机广告；具体到每天，则有7.1%的观众有机会接触到开机广告（图8）。

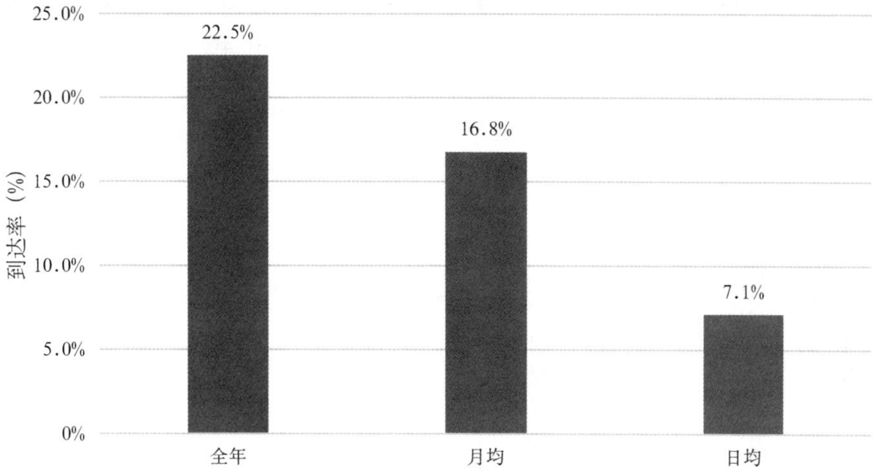

数据来源：CSM媒介研究

图8　2019年智能电视开机到达率（55测量仪城市组,%）

观众的开机行为在全天不同时段水平不一。从2019年智能电视开机分时到达曲线看，18:00~19:00打开电视机的观众最多，19.1%的观众曾至少一次在该时段打开电视并有机会接触到开机广告。而跟随观众作息习惯，01:00~05:00间打开电视的观众最少，仅有不到5%的观众有机会在这个时段接触到开机广告（图9）。

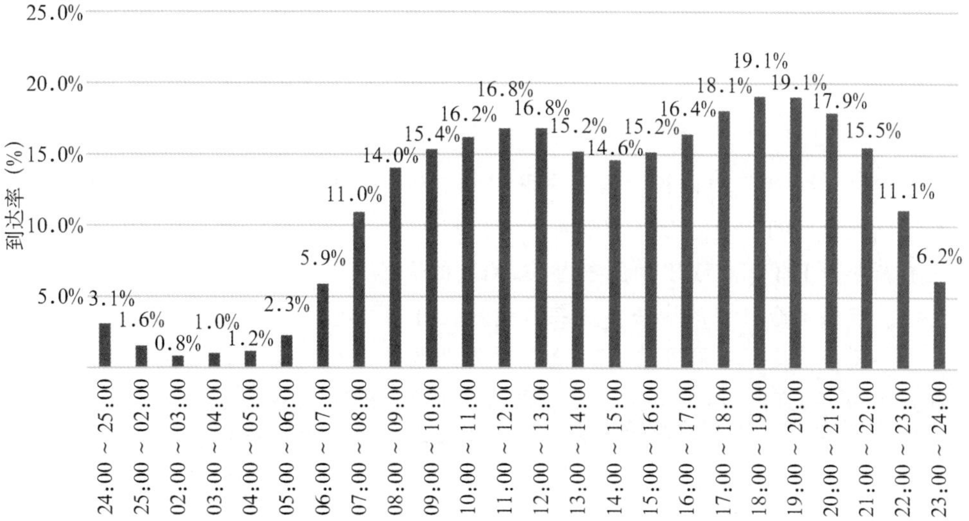

数据来源：CSM媒介研究

图9　2019年CSM 55城市组智能电视开机观众分时到达率（%）

2. 智能电视开机观众构成

智能电视机开机观众指至少有一次接触开机广告机会的观众。2019 年，智能电视开机观众中，男女观众占比相近，男性观众占比较女性高 2 个百分点。智能电视开机观众以 25~34 岁青年观众居多，占比达 30.0%。在受教育程度方面，智能电视开机观众中高中及以上学历观众达 62.9%；其中，大学及以上学历观众占比达 35.3%（图 10）。

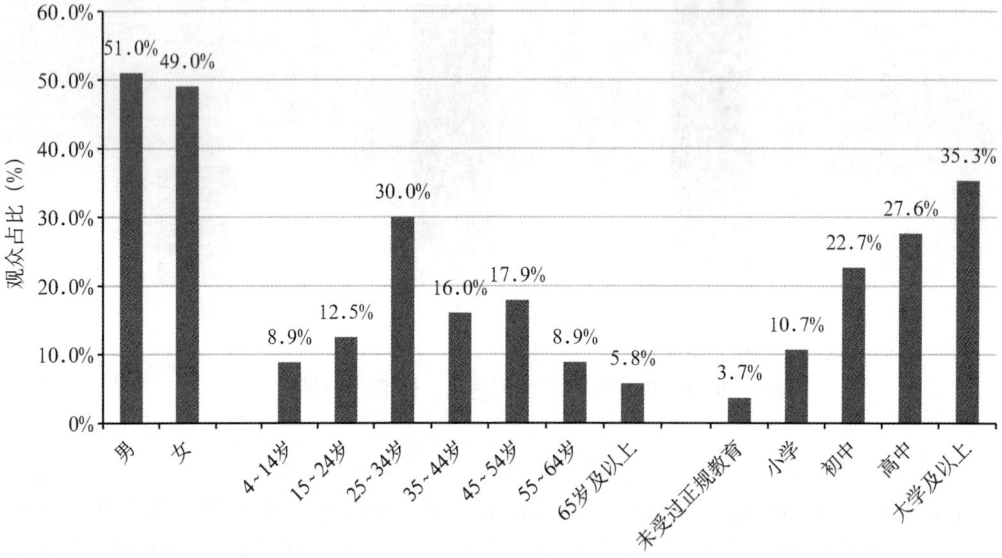

数据来源：CSM 媒介研究

图 10　2019 年不同智能电视开机观众占比（55 测量仪城市，%）

结　语

2019 年，有线双向电视的增长未能扭转有线电视整体用户量的下滑，DVB（有线数字电视）、IPTV 及 OTT（智能电视和互联网盒子）的用户覆盖从 2018 年的三足鼎立渐渐变为 IPTV 和 OTT 两强初显。IPTV 的高速发展、OTT 联网率的提升，为观众直播、点播混合收视的进一步发展营造着良好的环境。

设备覆盖决定了收视机会，而收视行为则掌握在观众手中的遥控器上。从数据上看，2019 年 OTT（智能电视和互联网盒子）和 IPTV 互动平台贡献了可观的收视份额。观众在不同设备上对直播频道和互动平台的收视习惯有所差异。不同的设备吸引了不同的使用者，直播、互动平台、智能电视开机的观众构成均显示出差异化特征。

2019 年，CSM 将升级信号来源测量技术后的电视大屏收视数据初步向市场推出，为内容评估和广告投放提供标准化参考。随着电视大屏端跨设备、跨行为内容分发越发成熟、广告投放模式的日渐完善及数据应用的加速普及，多设备、混合收视的收视场景，将为观众提供更好的电视大屏端收视体验。

（作者：刘洁婷）

2019 年省级电视台
新闻融合传播指数研究报告

2019 年是我国媒体融合作为国家战略推进的第五年，各级媒体推进深度融合，积极深化机制改革，催生出了诸多成功的模式与案例。省级电视台作为其中重要的组成部分，也在逐步从相“加”迈向相“融”，在新闻传播等领域取得了一系列的创新突破。

2019 年度 CSM 省级台新闻融合传播指数对 31 家省级电视台的 500 余档电视新闻栏目、近 2000 个新闻内容为主的微信、微博、短视频账号及近 50 个电视台自有新闻客户端进行了综合评估。指数显示，2019 年省级台新闻媒体融合整体呈稳步推进态势，各台在坚守电视主阵地的同时积极探索新媒体传播领域发展，但整体发展情况仍不均衡。一部分电视台深化改革推进力度，加大融媒内容生产，传播效果显著，探索出了具有一定特色的融媒发展路径，已与多数电视台拉开差距。

一、新闻融合传播指数：上海电视台、广东电视台、北京电视台、山东电视台、江苏电视台领跑省级台新闻融合传播

2019 年，各级媒体在融合发展的道路上继续积极探索，部分省级台深入探索特色化融媒发展路径，新闻传播影响力尤为突出，新闻融合传播指数领跑全国。指数排名前 10 位的电视台依次为上海电视台、广东电视台、北京电视台、山东电视台、江苏电视台、浙江电视台、湖北电视台、辽宁电视台、安徽电视台、黑龙江电视台。

上海电视台作为“新闻立台”的代表，重点发力于“三微一端”，传播效能不断提升，用户沉淀成效显著，斩获了全年省级台新闻融合传播指数榜首；广东电视台电视新闻节目传播优势突出，微信、客户端传播效果不断提升，新闻融合传播指数高居第二位；北京电视台电视新闻栏目高学历观众占比最高，在新媒体品牌建设过程中，全年短视频、微博传播也爆款频出，名列新闻融合传播指数第三；山东电视台、江苏电视台新闻传播领域继续深度、高效融合，打造融媒新闻品牌，领先短视频、微博、自有客户端等新媒体传播，分列新闻融合传播指数第四、第五位。

从月度指数走势来看，2019 年大部分电视台新闻融合传播指数整体都呈现波动上扬的趋势，其中上海电视台、广东电视台、山东电视台的新闻融合传播成效明显，指数增长幅度较大，已进入融合升级的快速通道。同时，2019 年省级台的新闻融合

传播总体上呈现出了较明显的头部效应，31 家省级台中有 17 家新闻融合传播指数不及各台平均水平，各台之间差距较大。具体以“三微”新闻账号传播数据为例，2019 年在新闻传播量上分别位居“三微”渠道前 10 位的省级电视台，所收获的新闻短视频传播量①、微信传播量、微博互动量，分别占到了全部省级台新闻账号的 86%、79%、95%。

二、新闻融合网络传播指数：河南电视台、黑龙江电视台、江西电视台、陕西电视台、贵州电视台网络新闻传播赶超电视大屏

从综合评估“三微一端”传播的新闻融合网络传播指数来看，上海电视台、北京电视台、江苏电视台、浙江电视台、广东电视台、山东电视台、黑龙江电视台、河南电视台、湖北电视台、江西电视台等位列前 10 位，网络传播效果突出。

值得注意的是，河南电视台、黑龙江电视台、江西电视台、陕西电视台、贵州电视台等全年新闻融合网络传播指数排名均赶超了新闻融合电视传播指数，在不同的新媒体领域也都走出了具有自身特色的建设道路，实现了“弯道超车”。

河南电视台重点发力贴近用户生活的民生新闻，“河南民生频道”“河南都市频道”等地面频道融媒体传播成效显著，新闻融合短视频、微博传播指数均跻身前 10。黑龙江电视台“新闻夜航”品牌优势明显，重点发力“三微”传播，稳定高效的内容输出吸引用户长期关注，在“两微”② 传播中优势尤为明显；江西电视台集中力量发展融媒体传播，“江西网络电视台”等账号在新闻短视频传播中渐显实力，新闻融合网络传播指数跻身前 10 位之列；陕西电视台密切跟踪报道本地新闻热点，在“两微”传播上凸显出了《第一新闻》《陕西都市快报》等本地新闻栏目的品牌影响力，新闻融合网络传播指数排名比新闻融合电视传播指数排名高出 10 个位次；贵州电视台新媒体渠道内容分发重点有所不同，短视频内容选题范围更广，辐射至全国范围，旗下账号“百姓关注”等在多个重大新闻主题中表现亮眼，与融媒品牌“动静贵州”等共同推动了全台移动传播。

在“三微”传播中，短视频成为省级台新闻传播的发力重点，省级台新闻类“三微”账号在 2019 年全年共发布了约 265 万条短视频、71 万条微博及 39 万篇微信公众号文章，分别约占发布总数的 71%、19%、10%，分别产生了约 878 亿短视频传播量、6100 万微博互动量及 18 亿微信文章传播量。从分渠道指数来看，新闻融合短视频传播指数均值分别比微信传播指数均值、微博传播指数均值分别高出 8%和 31%，也体现出了省级台整体在短视频内容建设方面效果较佳。

① 互动量为转发量、评论量、点赞量的总和，传播量为播放量或阅读量与互动量的总和。
② “两微”指微博、微信。

三、新闻融合短视频传播指数：上海电视台、北京电视台等原生短视频品牌优势显著，河南电视台、湖北电视台等大屏资源转场收获高流量

上海电视台、北京电视台、河南电视台、江苏电视台、湖北电视台、安徽电视台、山东电视台、江西电视台、浙江电视台、贵州电视台在短视频领域的传播融合效果拔群，依次占据2019年新闻融合短视频传播指数前10位。

在“看看新闻”融媒体品牌的带领下，上海电视台2019年在9个短视频平台①发布了近50万条新闻短视频，产生了超250亿传播量，占全部省级台总传播量的三成。北京电视台“时间视频”系列品牌重拳出击新闻短视频、直播，传播效果显著，全年短视频传播量突破140亿，为全台传播贡献近九成流量。江苏电视台融媒体品牌“荔枝新闻”“荔直播”密切追踪社会热点，全年短视频传播量近76亿，全台短视频的单条传播量破百万，居全部省级台之首。2019年，约占账号数总量20%的省级台原生网络新闻短视频账号发布了所有省台全年新闻短视频总数的36%，产生的视频播放量占所有账号的62%，原生品牌影响力由此可见一斑。安徽电视台“微观视讯”“安徽海豚播报”、山东电视台“闪电新闻”、四川电视台“四川观察”、江西电视台“江西网络广播电视台”等网络原生品牌亦对各自全台的短视频传播有突出贡献（表1）。

表1　进入2019年传播量前二十位的省级电视台新闻类短视频账号

账号所属电视台	新闻类短视频账号
上海电视台	看看新闻、全球眼News、究竟视频、正能量News
北京电视台	时间视频、时间国际视频、时间财经、时间新闻视频
湖北电视台	长江新闻号、长江号外、湖北经视
江苏电视台	荔直播、荔枝视频、荔枝新闻、江苏新闻
贵州电视台	百姓关注
山东电视台	闪电新闻、山东齐鲁频道
河北电视台	河北广播电视台
陕西电视台	都市快报

数据来源：CSM媒介研究

除依靠网络原生新媒体品牌推动短视频传播外，其他电视台也逐步探索出了各自特有的短视频发展道路。

① 9个短视频平台包括抖音、快手、今日头条、好看视频、秒拍、土豆视频、腾讯视频、腾讯新闻、网易新闻，其中抖音平台数据不包含播放量。

河南电视台以“河南民生频道”“河南都市频道”等地面频道账号为主力，主打平民视角下的民生新闻，累计粉丝量达7000万，高居所有省台第一，全年互动量也高达3.5亿次，在抖音、今日头条等高流量平台表现尤为抢眼。湖北电视台大力推动电视新闻栏目品牌的短视频传播，“长江新闻号”“长江号外”依托具有全球视野深度的电视新闻栏目，发力差异化新闻短视频，全年在今日头条单个平台的传播量便达到了46亿次，助湖北电视台全年新闻短视频传播量在省级台中位列第四。贵州电视台公共频道“百姓关注”短视频账号主推正能量新闻短视频，在全国性重大新闻主题传播中表现突出，在抖音、快手两大高流量平台的互动量居省级台新闻账号的前两位。

四、新闻融合微信传播指数：新闻微信传播格局稳固，黑龙江电视台长期高居省级台新闻微信传播之首

在渠道建设较早的“两微”领域，2019年省级台新闻内容的传播格局与短视频传播有所不同。

从2019年省级台新闻融合微信传播指数来看，前10位分别为黑龙江电视台、广东电视台、上海电视台、辽宁电视台、山西电视台、陕西电视台、内蒙古电视台、海南电视台、贵州电视台、江西电视台整体格局稳定，月度指数波动不大。黑龙江电视台凭借“新闻夜航”的压倒性优势长期高居榜首，该台王牌微信公众号“新闻夜航”2019年全年阅读量高达2.5亿次，稳居省级台新闻账号首位，高出第二位近两倍。

表2 进入2019年传播量前二十位省级电视台新闻类微信公众号

账号所属电视台	新闻类微信公众号
黑龙江电视台	新闻夜航、龙视新闻在线、黑龙江卫视
上海电视台	新闻坊、第一财经资讯
广东电视台	广东公共DV现场
辽宁电视台	新北方、新闻正前方
江西电视台	都市现场
贵州电视台	百姓关注
陕西电视台	陕西都市快报
海南电视总台	直播海南
山西电视台	山西新闻联播
内蒙古电视台	都市全接触、MTV新闻天天看
云南电视台	YNTV2都市条形码
广西电视台	广西新闻频道
浙江电视台	1818黄金眼
湖北电视台	湖北经视
安徽电视台	AHTV第一时间

数据来源：CSM媒介研究

省级台新闻栏目所开设的微信号入局较早，尤其是地面频道新闻栏目账号，以更具贴近性的、服务性的内容，释放出本地新闻的传播价值。广东电视台公共频道“DV 现场”立足当地粤语特色民生栏目，借地缘优势在“香港修例风波”等主题的传播上表现强劲，微信公众号全年阅读量超 1.2 亿次，跻身头部阵营。上海电视台新闻综合频道“新闻坊”定位“城市社会新闻”，在主推本地新闻的同时，穿插全国范围城市内容，年度阅读量同样破亿。辽宁电视台都市频道“新北方”“新闻正前方”密切关注民生动态，高频次发布本地气象动态等公共服务性内容，吸引用户长期关注，助推全台新闻融合微信传播指数高居省级台第四位。内蒙古电视台新闻综合频道“都市全接触”、海南电视台新闻频道“直播海南”等基于本地地面频道新闻栏目的账号，也跻身省级台新闻微信号传播量头部阵营。2019 年 CSM 省级台新闻微信传播指数数据中，地面频道账号共计 203 个，占全部省级台新闻微信号总数的 63%，全年收获阅读量超 15 亿次，占全部省级台新闻微信号的 86%。山西电视台“山西新闻联播”作为省级台阅读量前 10 位新闻公众号中唯一的上星频道栏目账号，密切关注山西本地的时政动态，全年阅读量破 6100 万，同样助力该台跻身省级台新闻融合微信传播指数前 5 位之列。

五、新闻融合微博传播指数：热门话题驱动微博传播释放互动价值，北京电视台、浙江电视台等紧追热点收获高关注

从 2019 年省级台新闻融合微博传播指数排名来看，前 10 位分别为北京电视台、浙江电视台、上海电视台、江苏电视台、山东电视台、陕西电视台、黑龙江电视台、河南电视台、福建电视台、辽宁电视台。从全年发展趋势来看，指数的波动幅度较大，传播效果易受爆款内容热度不一的影响。积极而有序的微博渠道建设能够促进各台更有效地抓住社会热点，继而激发出新闻内容的互动传播价值。

表 3　进入 2019 年互动量前二十位的省级电视台新闻类微博账号

账号所属电视台	新闻类微博账号
北京电视台	时间视频、北京卫视、法治进行时、大佬时间
上海电视台	看看新闻 KNEWS
江苏电视台	荔枝新闻、江苏新闻、南京零距离
浙江电视台	1818 黄金眼、浙样红 TV、钱江视频
山东电视台	山东卫视、齐鲁网
黑龙江电视台	新闻夜航
陕西电视台	陕视新闻、陕西都市快报、第一新闻
四川电视台	四川观察
河南电视台	都市频道
广东电视台	今日最新闻官方微博

数据来源：CSM 媒介研究

北京电视台微博账号“时间视频”在2019年抢先发布了“女主播乔碧萝变脸大妈”等一系列热点新闻内容，引发话题发酵，成为年度互动量最高的省级台新闻账号，助推全台全年新闻微博排名居省级台首位。浙江电视台“1818黄金眼”跟踪报道了“杭州租客带走女童”等新闻话题，不仅在短视频平台大放异彩，微博也屡获热搜，账号全年互动量也高达550万次，位居省级台新闻栏目微博账号的首位。陕西电视台重视微博平台传播，全年新闻微博发布量超8万条，居全部省级台之首，“第一新闻”“陕视新闻”“陕西都市快报”等账号所发布的若干本地新闻内容也在热门微博之列。

六、新闻融合自有App传播指数：“自主化”平台在探索中前行

除“三微”传播外，省级台也在建设自主可控的新闻传播平台中不断发力。从用户规模、传播效能来看，2019年省级台新闻传播平台总体上仍与商业平台有明显差距，但部分客户端用户使用情况已有扩大态势。2019年，上海电视台“看看新闻”、广东电视台“触电新闻”、江苏电视台“荔枝新闻”、浙江电视台“中国蓝新闻”、山东电视台“闪电新闻”月活跃用户数量不断增加，月度新闻融合自有App传播指数不断攀升，年度新闻融合App传播指数分列第一至第五位。

CSM疫情期间用户媒介消费与使用预期调查报告数据显示，此次新冠肺炎疫情期间的信息传播进一步强化了传统媒体的公信力，48.8%的用户表示疫情结束后会更多地使用传统媒体网站/客户端。这一结果也为省级台新闻客户端的发展释放出积极信号。

另外，在国家政策的引导下，湖北“长江云”、江苏“荔枝云”、云南“七彩云”、浙江“中国蓝云”等以省级广电牵头搭建的重要平台，通过各自先进的融媒体产品为所在省域县级融媒体中心建设提供支持，使省台融合传播的动脉延伸至市、县级毛细血管。

结 语

媒体融合发展任重道远，对省级广电媒体而言，新闻传播领域的融合发展，也是“攻坚战”“持久战”。2020已来，媒体传播格局是否还有意想不到的发展，传统媒体的新闻融合又将带来怎样的时代变化，值得我们期待。

（作者：刘宁）

融媒体背景下传统电视节目品牌打造与多维营销路径探索

传统媒体时代，电视台是新闻、影视剧、综艺、体育等不同领域具有导向意义的发布者，引领着观众的内容喜好甚至是生活方式。然而，伴随着互联网和社交媒体的兴起，传统的媒介生态和文化格局被逐步打破：社交媒体和新闻聚合应用软件的出现吸引了年轻受众的关注；互联网推崇的快餐式文化则催生了短视频和直播等新兴传播形态的崛起。身处这个变革时代的传统媒体，其媒体品牌与影响力面临着被重新定位的挑战。当新媒体以反馈快捷的机制、平易近人的姿态和丰富多样的形式进入人们的生活时，电视人开始困惑：面对电视观众的老龄化和网络群体的年轻化趋势，传统电视节目该何去何从？可以说，单纯地依靠传统电视媒体自身来进行节目的传播已很难达到预期效果，在媒体融合大环境下利用多种行之有效的方式打造或重塑节目的品牌，依托媒体融合，多渠道多维度拓展传统媒体节目品牌传播，这对于电视行业的发展来说具有举足轻重的作用。本文依据 CSM 媒介研究收视调查数据，通过分析典型节目的品牌打造与营销策略，探索融媒背景下传统电视节目扩大自身传播声量的有效途径，与业界共享。

一、融媒体背景下传统电视节目的品牌打造与价值重塑

1. 精准品牌定位，重塑核心价值

明确的品牌定位是每一档电视节目在初创时期最为关键的一步，是一档节目最能体现差异和个性的地方。观众身处多种媒体环绕之中，大而全的电视节目显然无法带来宽而广的传播力，与其花费大量人力物力投入节目制作与营销，不如通过细分市场来更好地发现机会和利用机会，从而使电视节目在品牌创建和塑造方面更有依据。

具体来说，一档电视节目需要以战略的眼光将其放置于市场环境中进行科学的分析、匹配和选择，形成节目的核心理念，并以此出发做出让观众满意的内容，尽可能地让节目的相关要素给受众留下记忆点，争取占据一个独特或有利的地位。明确电视节目的品牌定位，垂直发力于某一领域并做大做强，成为首屈一指的最具权威性的品牌。其领导地位能为节目和电视媒体带来巨大的社会效益和经济效益，这是同层次、同领域的其他节目所望尘莫及的。

以生活服务类节目为例，融媒体时代，人们获取各种资讯的方式与途径变得丰富，通过电视收看生活服务类节目早已不是获取相关资讯的唯一途径，这样的背景下，传统媒体上的生活服务类节目无论是选题还是策划，都需要迅速适应时代的变迁和社会的发展，向更具深度和专业优势的领域拓展。对生活的介入和指导不必大而全，而应择一重点，如家装、时尚等领域，切实站在普通百姓的立场与角度发现和解决问题，达到释疑解惑的目的，依托电视自身强大的公信力和品牌传播力，满足广大观众，尤其是节目目标受众的诉求。

- 深圳娱乐频道《好色之师》

时尚生活类节目在电视荧屏中已屡见不鲜，如何创新成为关键，深圳娱乐频道的《好色之师》便将目光对准了穿衣搭配中的一个环节——颜色搭配。节目邀请自带流量和话题的正能量网络红人、时尚行业知名媒体人、知名时尚博主、时尚达人以及具有一定知名度的模特、影视明星、歌手等作为嘉宾，携手将《好色之师》打造成了一个引领时尚潮流且具趣味性的特“色”节目。每期一个话题，例如什么颜色才是真正适合自己的？衣橱里的衣服都买对了吗？到底应该选择什么样的打扮方式会更好看？如何选择不同场合的着装？该节目在深圳娱乐生活频道进行了首播，同时在腾讯视频、爱奇艺、搜狐、优酷、土豆等11家主流视频网站同步上新。从第一季《好色之师》的观众构成和集中度上来看，女性、25~34岁观众和初级雇员的占比最高，可见节目在女性白领人群中的影响力很大。

- 北京卫视《上新了·故宫》

除了发力某一类垂直领域，开拓新的主题也是塑造节目核心价值的一个方向，即以创新、创造的精神寻找现有市场上还未被开发或未被引以重视的领域或内容，以此开设电视节目，填补市场上的空白。毫无疑问，这种节目会迅速地抢占市场先机，其带来的新鲜感很容易得到受众的追捧和欢迎。例如近年来，一些引领探讨文物保护与传承风潮的电视综艺节目活跃于荧屏之上，这些节目不仅聚焦博物馆内的珍贵文物，还能够以影视化语言追寻文物背后承载的历史故事，多元化的节目形式更是创造了纪实性文化综艺的新高度，加之温暖沁人的风格，给电视文博类节目带来了一股清新之风。

北京卫视推出的故宫文化综艺《上新了·故宫》，就是这样一档节目，推出后便迅速获得了观众的认可。节目采用了“专家+明星”的嘉宾模式，在趣味科普故宫文化的同时，有意为传统文化添加年轻色彩。如文创新品开发员邓伦、周一围及神秘嘉宾跟随故宫专家进宫识宝，探寻故宫傲世的珍贵宝藏和深厚的历史文化，同时节目联手知名设计师和高校设计专业学生，每一期都推出一个引领热潮的文化创意衍生品，让故宫文化以具象化的文化周边落地，打通受众与故宫文化双向互动的新联结。这档节目以高学历观众的收视优势最为明显，在71城市大学及以上学历层次观众中，节目播出后品牌效应逐渐凸显，第一季从前期到中期呈现出较为明显的分期上扬的态势（图 1）。

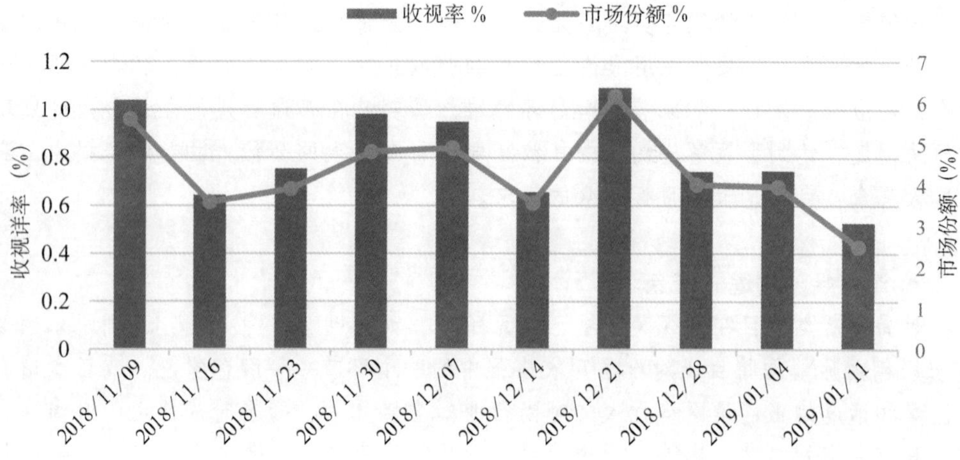

数据来源：CSM 媒介研究

图 1　北京卫视《上新了·故宫》大学及以上学历观众分期收视率走势（71 城市，%）

2. 精细品牌包装，凸显品牌风格

近年来，越来越多的电视节目认识到，要想在新媒体时代得以立足和发展，不仅要树立产品的品牌形象，更要借助精细的品牌包装与品牌塑造，对其表层元素加以精心设计和规划，以鲜明的形象识别突出品牌的表征和符号。电视节目品牌表层设计需要对节目的方方面面进行精细包装，整体中有细节，细节中显个性，从而塑造鲜明的品牌形象。

首先是节目标识的包装，一般来说，节目标识主要包括节目的 LOGO、BGM、主题颜色等。电视媒体具有覆盖面广、公信力强等天然的传播优势，在传播过程中观众较容易注意到一些新颖又富有创意的节目商标，通过独特的背景图案、标志或独创的美术型文字在观众心中留下深刻印象，使观众在任何场合看到类似的图案都能想到节目标志，于无形中提升节目的影响力。其次，BGM 在电视节目中的作用也不可小觑，一些节目开始在背景音乐上下足功夫：电视节目中的音效起着刻画形象、烘托气氛、加深观众印象的重要作用，能够促使观众的情感与节目效果融合。音效除在近几年兴起的一些音乐选秀类、真人秀节目中应用广泛，还延伸到了文化类节目当中。

● 中央电视台综艺频道《国家宝藏》

《国家宝藏》是中央电视台近两年叫好又叫座的一档文化类节目。它通过小剧场形式演绎文物，极大地调动了观众的视听观感。其在品牌包装上可谓颇具匠心。首先，节目的 LOGO 设计就紧密围绕栏目的主旨核心，采用厚重沉稳的字体设计，字形边角处理则借鉴了古代文物造型；同时 LOGO 设计将我国商周时期鼎盛的传统饕餮纹样融入了标志，韵味十足。饕餮纹泛指兽面形象的纹饰，给人一种神秘与肃穆的感觉。设计中的“藏”字有点特别，其内部放置了一件国宝，名为青花寿山福海纹瓷香炉。其次，整体LOGO设计金属质感的表现极大地增强了节目深厚的文化底蕴，展现了国宝文物所承载的中华文明之光。最后，BGM方面，《国家宝藏》第二季加大了原创力度，与第一季中很多来源于影视剧的背景音乐相比，第二季节目由音乐总监关大洲老师再次操刀，由宋佳等演唱的《人间乐》、琵琶演奏家赵聪等合奏的《醉太平》、纯音乐《景明》《折柳》等，或宛转悠扬，或大气恢宏，与节目的气质完美契合，极大地烘托了演绎效果，也成为新媒体上刷屏的焦点。

对比两季《国家宝藏》在观众中的数据反馈可以发现，45~54岁中年观众、65岁及以上老年观众占比最高，此外，中高学历观众也是该节目的收视主力军（图2）。

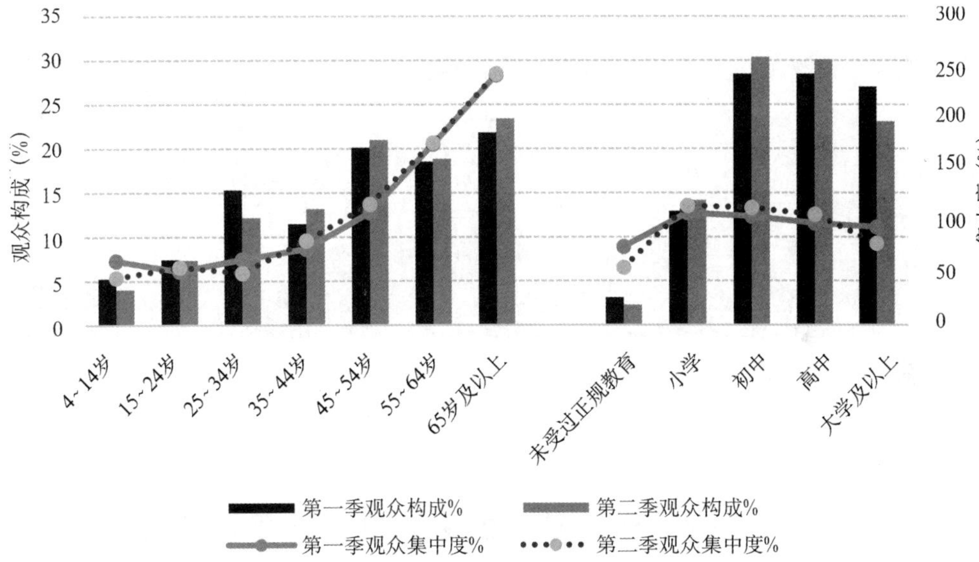

数据来源：CSM媒介研究

图2　中央电视台综艺频道《国家宝藏》第一、第二季观众构成与集中度（71城市，%）

● 湖南卫视《歌手》

除了节目标识的不断精细与创新，节目表现形式的变化也是品牌包装中极为重要的一环，例如舞美、灯光、字幕、屏幕设计等，还包括节目的宣传片、预告片、引导片等。现在电视节目中主持人的形象设计也包含在此之内，如《快乐大本营》《天天向上》，其每一期节目主持人的服装造型都会结合节目当期的主题内容进行统一视觉格调的服装搭配和设计。作为一档演播室节目，首先映入观众眼帘的便是舞台背景设计，别出心裁的设计可以明显提升节目整体形象的外在魅力，体现出品牌包装的质感和精致，从而给观众留下统一的品牌视觉记忆点。

《歌手》是湖南卫视一档历经6年的综艺品牌，2019年第7季《歌手》真可谓是“华丽”的回归。首先，无论是海报、先导片还是正片的画面设计，节目组把艺术字融入正片里，制作了一批并不简单的笔画动作。例如，对歌手的人名处理让我们看到了一种书法家创作的手写体以及充满立体感的动态交互。毛笔字还是第一次出现在正片里，意味着节目组对视觉效果做过系统性的梳理，就连宣发品的一些创意也被纳入了节目制作中。此外，本季《歌手》的创意片头选择向“电影”致敬：最标志性的设计是在片头中融入节目的分工介绍，像电影一样，艺人的名字后面还带上了编剧的名字，这个处理仿佛是电影中的演员表。可以说，节目组在着力打造最“视觉系”的一季《歌手》。另外，节目的文案与时俱进，将音乐的格局观极大程度地放大，上升到时代的层面，契合了当下对于电视媒体宣传功能的需求。与此同时，节目为每位歌手都出了一支特别的宣传片，并把“每一期”改称为“每一集”，提炼出该集的主题，如第 12 集突围赛主题是“一步之遥、步步惊心”。就形式而论，不得不说这一季《歌手》做到了极致（图 3）。

数据来源：CSM 媒介研究

图 3　湖南卫视 2019 年《歌手》部分画面

二、融媒体背景下传统电视节目的多维度、跨平台营销

新兴媒体使得人们获取新闻信息、表达个人观点、进行互动交流、参与城市生活较之以往更加快捷与完善。新旧媒体相互交融的时代，不仅有新媒体阵营内诸多媒体形式之间的竞争，更有新旧媒体两大阵营之间的竞争。而竞争的主要手段之一，则是行之有效的自我营销。对传统电视节目而言，必须破除“关起门来办节目”的思维模式，和新媒体实施全方位的深度融合，借助新媒体的运作模式实施不间断、多频次、高水平的营销，以热度赢得知名度，才能在竞争中占得先机。

1. 依托平台公信，彰显主流文化

一档节目通过制作宣传片及宣传海报，在自身媒体和户外媒体上进行投放是传统的品牌传播方式。首先，需要节目制作者结合电视节目本身的个性、风格、特色和媒体特性来选择宣传片及海报播出或投放的媒体平台；其次便是创意，策划节目

宣传片及相关海报仍然需要创意为之锦上添花，达到如虎添翼的效果。

● 中央电视台综合频道《经典咏流传》

以中央电视台《经典咏流传》节目为例，这档节目抛弃了音乐节目的竞演模式和文化节目的答题模式，研发出一种“轻赛制、重传播”的架构，核心诉求紧紧围绕古典诗词的旋律新编、歌曲演绎、大众传播，强化时代性和时尚感。这不只是节目模式的创新，在立意层面也实现了突破，旨在引发新的文化现象，号召、动员和参与一种全民互动传唱经典的文化行为。本着这一初衷，节目在诸多媒体平台上投放了宣传海报，以期获得最为广泛的受众关注。例如针对城市白领，在写字楼宇中的电梯海报；针对普通市民，在公交站牌的海报等。宣传片的设计上，采用的是一种“明星堆积”的方式，1分多钟的预告片中，诸多明星悉数露面，有德德玛、杨洪基、成龙等老一辈艺术前辈；有黄绮珊、王力宏等实力唱将；也有王俊凯、吴谨言等当红流量；甚至还有陈彼得等这样的灵魂歌者。可以说，在这一预告片传递的信息中，各行各业，各个年龄层的观众都可以在其中找到自己喜欢的歌手类型。该节目还将预告片投放至各个媒体平台，依托中央电视台强大的公信力与制作能力对节目进行充分预热。除上述两点外，该节目在中央电视台新闻等中的相关报道也无形中扩大了传播的效果。

对比两季《经典咏流传》在观众中的数据反馈可以发现，45~54岁中青年、65岁及以上老年观众占比最高，由此可见，这档节目不仅获得了老年观众的喜爱，在中青年人群中也获得了较多的关注（图4）。

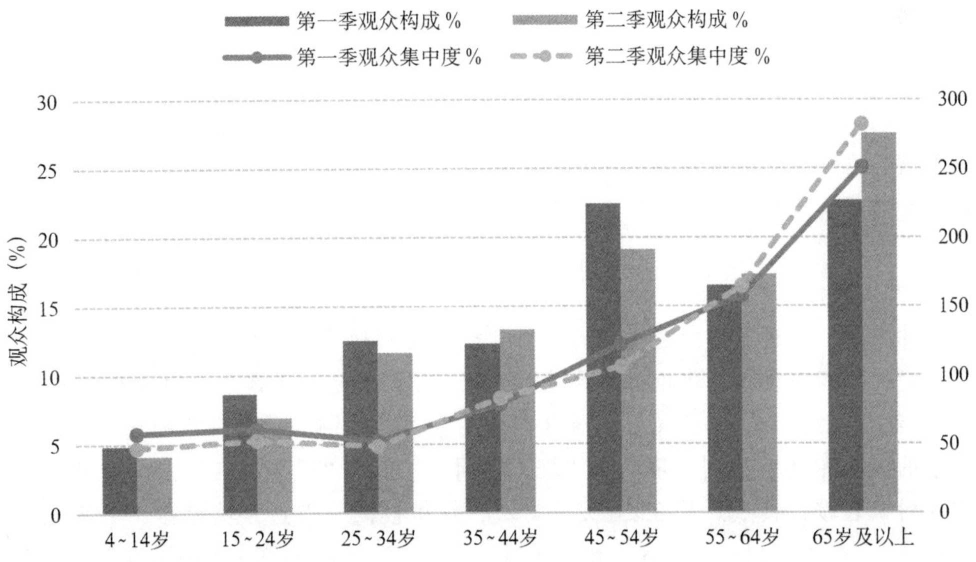

数据来源：CSM媒介研究

图4　中央电视台综合频道《经典咏流传》第一、第二季观众构成与集中度（71城市，%）

除了上述最为直接的品牌营销推广，通过策划一些公益活动引发话题讨论，也可以极大地扩展节目品牌甚至是播出平台的传播力，提高节目在社会公共领域的影响力，从而树立良好的品牌形象。这类推广一般以公益性活动为主，意在体现节目或者播出平台的社会责任感，彰显电视媒体的人文性，这样不仅可以在社会上引发强烈反响，也会为节目的品牌传播制造新闻点。

2019 年春节期间，由中央电视台发起，组织全国各地一起演唱《我和我的祖国》的自发快闪活动，引发了北京、深圳、成都、厦门等地受众积极参与：各行各业的人们深入各地机场、车站等春运期间人流密集地，以及清华、南开等高校，鼓浪屿、宽窄巷子等游客聚集地。快闪活动结束并将视频制作完成后，合集通过中央电视台自身平台、网络视频平台等进行了传播，引起了更为广泛的参与，这不仅引发了中国人自身与祖国之间强烈的情感共鸣，也从侧面为中央电视台深深地烙印上了主流文化传播最权威、最前沿的标签，可谓一举多得。

2. 利用“两微一端”进行深度互动

随着媒体融合的不断深入，一个主体、多种形态的呈现方式已经十分普遍，电视、报纸、杂志、广播、网络、手机等都可以衍生出不同传播形态的产品。电视节目在提升自身传播效果之外，选择与其他媒体进行搭配组合或合作，进行多渠道、多向度的传播营销已成为常规。只要找准传播与营销的最佳着力点，便能达到事半功倍的效果。

手机作为移动终端是具有渗透性的媒体形式，节目开发官方微博、官方微信平台供手机用户浏览已成为品牌传播的常态化选择。新媒体环境下，微博营销风靡全国，借助它媒体便可以依托言简意赅的内容，满足受众对于信息快餐式、简明化的消费需求。然而，随着这一类营销方式的不断深化，一档节目仅有官方微博微信的互动已显得苍白无力，节目制片人、导演、编导、主持人等也会在同一平台上开通个人微博，各个微博之间密切关注、相互转发、互动内容，从而形成联动效果的微博群多向传播，立体化地将节目台前幕后的故事传递、分享给观众。

- 浙江卫视《奔跑吧》

具体来说，通过微博或是微信的传播，最直接的效果便是能够找到足以吸引眼球的话题。电视平台作为舆论引导的重要平台，不会通过过于娱乐化的话题博眼球，“家”“乡愁”“父母”等走心、走情怀路线的催泪话题则是另辟蹊径的选择。以最新一季的《奔跑吧》为例，第二期“鞍山特辑”，节目“以父之名”展开比拼，嘉宾们面对来自鞍山钢铁厂的 35 对父子对决，纷纷被戳中泪点，现场感怀“养儿方知父母恩”，走心时刻让人动容。微博表现上，“宋雨琦比郑恺多举一公斤”“王彦霖哭了”等话题名列当天话题讨论榜首。节目走心的编排和“父与子”这一中国人不善言表的情感表达，使得当期节目不仅赢得了大量观众，还在微博与微信上引发了明星大 V 们的广泛评论与转发，持续发酵，让节目的话题性进一步攀升。

CSM 微博平台数据显示，以“奔跑吧”为关键词，在 5 月 1 日~7 日共有微博 272 条，总转发量 216 363 次，总评论量 208 175 次，总点赞量 710 957 个，其中综合排名第一的微博内容便是 Angelababy 的“养儿方知父母恩，爸妈谢谢你们”，共获赞 124 777 个（表 1）。

表 1 浙江卫视《奔跑吧》排名靠前的微博内容

昵称	发布时间	博文类型	博文内容	转发	评论	点赞
Angelababy	2019/05/03	主题	养儿方知父母恩，爹妈谢谢你们……	42 532	65 560	142 777
奔跑吧	2019/05/01	视频	#奔跑吧##十亿吨跑男的料#……	18 892	239	2560
奔跑吧	2019/05/02	视频	#奔跑吧##十亿吨跑男的料#……	18 485	99	1543
吴尊	1910/05/03	普通	东北吴尊说 东南亚味的东北话……	15 806	13 375	83 780
郑恺	2019/05/03	主题	直击门面的热情#奔跑吧#	15 110	15 169	65 838
郑恺	2019/05/03	主题	3000 times #奔跑吧#	14 405	17 569	84 427
奔跑吧	2019/05/03	普通	#奔跑吧#感恩父母，奔奔也祝……	5090	77	1580
美食环游	2019/05/03	视频	奔跑吧 2019 开跑了，“耐撕”……	3999	1308	4418
李晨	2019/05/03	主题	接下来你将看到的是#奔跑吧#……	3378	720	30 802
李亚文	2019/05/03	主题	今晚#奔跑吧#来鞍山，阿姨……	2331	2778	37 068

数据来源：CSM 媒介研究

3. 通过内容的重新编排实现长短互补

近几年，短视频业务蓬勃崛起并迅速发展，它早已不是初创时以模仿和对口型为主要方式的简单复制，而是逐渐被越来越多的原创且寓教于乐的内容所取代。制作者可以简要地描述一部电影故事，或者就社会问题、现象等表达观点；与此同时，用户对短视频中内容与编排的要求也越来越高，这就为传统电视节目的营销创造了非常有利的环境条件。融媒体时代，与新兴媒体相比，电视与广播等传统媒体最大的优势便是节目内容与节目编排，拥有大量人才资源的传统媒体恰好可以利用这一优势，通过短视频来扩大节目的影响力。电视平台可以制作符合“短平快”特征的 3 分钟短视频并加以投放，既可以满足用户碎片化的观看需求，又可以实现平台内容的相互嵌套，达到与长视频互补的效果。

- 湖南卫视《向往的生活》

利用短视频方式扩大影响力，不仅限于将花絮、片段等剪辑后上传至短视频平台，还需要针对短视频用户的不同喜好，多元化利用短视频及其平台来将自身节目影响力最大化。以湖南卫视《向往的生活》为例，这是一档生活服务类纪实节目，与其他户外真人秀节目相比，《向往的生活》显然是平淡的，但这种平淡成了冲突性和激越感满溢的户外真人秀节目市场上的一股清流。这样一档“平淡无奇”的节目是如何利用短视频平台扩大影响力的呢？在快手平台和抖音平台上可以看到，该节目某期节目开始前有用以预热的预告片，节目播出后有依据播出效果对某些片段重新剪辑的短片，还有明星幕后的花絮，等等。除此之外，在新的一季中，针对黄磊在其中烹饪的环节，专门出现了烹饪方法的短视频；针对节目中的宠物们设计的“彩灯（鸭子）和H（柴犬）的恩怨情仇”等，让人感觉妙趣横生，更好地引发了受众的关注。

抛开广告的因素，节目中对于某些短视频平台的应用与植入也发挥到了极致，在第一、第二季《向往的生活》中，快手成为其首席生活记录官，明星嘉宾们通过这些短视频平台发布自己参加节目后的生活感悟，甚至通过明星个人的账号发布节目的相关短视频，利用明星自带的粉丝来扩大节目的传播。

结　语

在媒体融合不断深入的背景下，各个电视节目或平台为提升品牌形象的探索不曾停步，以求在激烈的行业竞争中占有一席之地。其实，这个时代为传统媒体提供了巨大的发展与突围空间，善于借鉴新媒体的传播和营销方式，取其长，补己短，利用自身特色，放大自身优势，将电视品牌影响力最大化，才能在这一时代突围成功，从而获得更好的前景与发展空间。

（作者：马超）

网播剧凶猛，你被“网”住了吗？

——2019年视频网站“剧”观察

自2006年至今，网络视频从缘起到日渐成熟，视频内容也由“草根化”向着“精品化”逐步迈进。“网播剧”，顾名思义就是在网络上播出的剧目，随着视频网站的崛起，网播剧也迅速发展，不再是电视剧的简单搬运，不再是粗制滥造的代名词，越来越多的精品剧目涌现，与电视台播出的电视剧形成分庭抗礼之势，网上追剧已经成为很多受众的惯性行为。

与2019年略显平淡温暾的电视剧相比，网播剧呈现出蓬勃之态，年中《陈情令》和《长安十二时辰》的捉对厮杀，年末《庆余年》《鹤唳华亭》《剑王朝》《从前有座灵剑山》等剧的白热化角逐，不仅给观众带来了视听盛宴，也进一步提振了网播剧的声势，吸引了更多的受众纷纷“入网”。本文以爱奇艺、腾讯、优酷、芒果、搜狐5家主流视频网站作为代表（下文均同），对2019年新上线的网播剧进行梳理，以供参考。

一、视频网站上新剧目播出概况

1. 纯网剧上新数量领先

视频网站上播出的剧目主要由网络剧①、双播剧②、引进剧③3大类组成。根据不完全统计，2019年5家视频网站上新的网播剧中，网络剧占比为49.3%，处于绝对领先地位。双播剧和引进剧的比例接近，前者略高。作为主力的网络剧，既有“网络血统”的纯网剧④，也有具有电视剧基因且获得了电视剧发行许可证，但却因种种原因无法在电视台播出，转而在网络平台播出的转网剧⑤。二者当中，纯网剧占比为76%，相当于网播剧总量的37.4%，不仅在网络剧中占据优势，且明显超过双播剧和引进剧的比例（图1）。

---

① 网络剧：指在网络平台播出，而未在电视平台播放的剧目，包括纯网剧和转网剧。下文均同。

② 双播剧：指在网络和电视平台均播出的剧目（包括台、网均播的境外剧）。下文均同。

③ 引进剧：指从国外或港澳台地区引进的剧目，且只在网络播出。下文均同。

④ 纯网剧：指取得网络剧的节目备案号，并且在网络平台播出的剧目。下文均同。

⑤ 转网剧：指获得电视剧发行许可证，但未在电视平台播出转为网络平台播出的剧目。下文均同。

网络平台的网播剧，相较于电视平台的电视剧，在来源上有着天然的优势：优势一，“你有我亦有”。双播剧不只可以在电视上看，在网络上也能收看，而且由于网络播出是非线性的，观众收看时间的选择更具主动性，从“跟着你的时间走”变成了“我的时间我做主”；优势二，“你无我亦有”。纯网剧和转网剧这两类剧只在网络播出而在电视上无法收看，因此网播剧较电视剧的选择范围更广。此外，网播剧中引进剧也占据了一定的比例，吸引了一部分喜欢看境外剧的观众驻留。

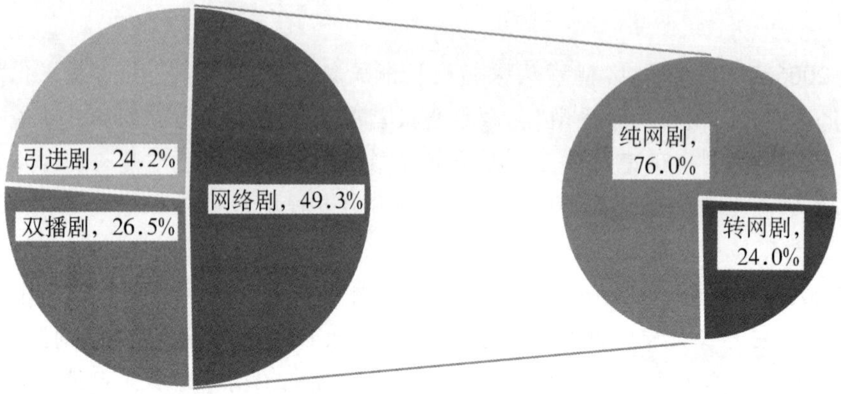

数据来源：爱奇艺、腾讯、优酷、搜狐、芒果TV视频网站

图1　2019年主要视频网站上线的各类网播剧数量占比（%）

2. 网播剧以独播方式为主

2019年5家视频网站上新的网播剧中，爱奇艺上新剧目占比53.9%、腾讯上新剧目占比38.5%、优酷上新剧目占比36.1%、芒果上新剧目占比20.3%、搜狐上新剧目占比16.4%。上新的网播剧中，主要采用独播和共播两种方式。其中，独播剧①占据主导地位，上新剧目比例达到66.9%；共播剧②占比33.1%。时下的媒体处于高度竞争的环境中，视频网站之间的角逐也异常激烈，视频内容的差异化和独特性成为各家视频网站吸引受众的重要手段，因此独播方式更被视频网站所青睐。采用独播方式播出的剧目在主流视频网站的分布，又以爱奇艺所占的份额最高，优酷和腾讯的实力较为接近，前者略胜一筹（图2）。

① 独播：指在播出上被一家视频网站垄断的剧目，其仅在该视频网站播出，其他视频网站无法收看或在其他视频网站搜索后必须跳转到垄断该剧的视频网站才能收看。

② 共播：指在两家或以上的视频网站播出的剧目。

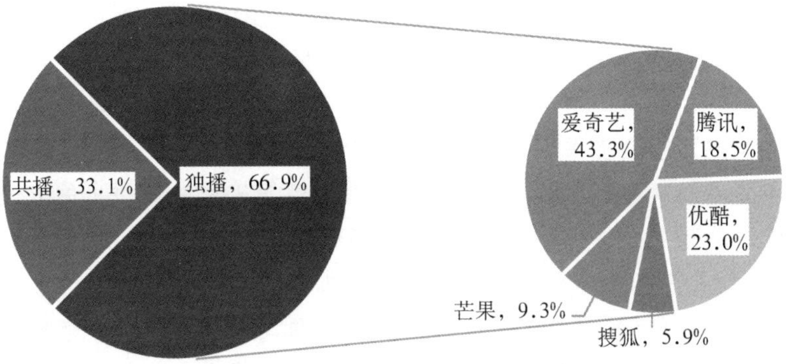

数据来源：爱奇艺、腾讯、优酷、搜狐、芒果 TV 视频网站

图 2 2019 年主要视频网站上线的网播剧播出方式占比（%）

二、视频网站双播剧播出状况

1. 双播剧台、网同期播出是主流

2019 年 5 家视频网站上新的双播剧，基本上采用台网同期①、先台后网②、先网后台③ 3 种播出模式。台网同期的双播剧占比为 81.6%，先台后网的双播剧占比仅为 14.2%（图 3）。据 CSM 媒介研究统计，2019 年上星频道共播出新剧 140 部，其中 87.1%的剧目也在网络播出，这从侧面说明更多剧目在向双播剧的播出方式发展。视频网站在双播剧的选择上，更倾向于那些之前仅在地面频道播出而未在上星

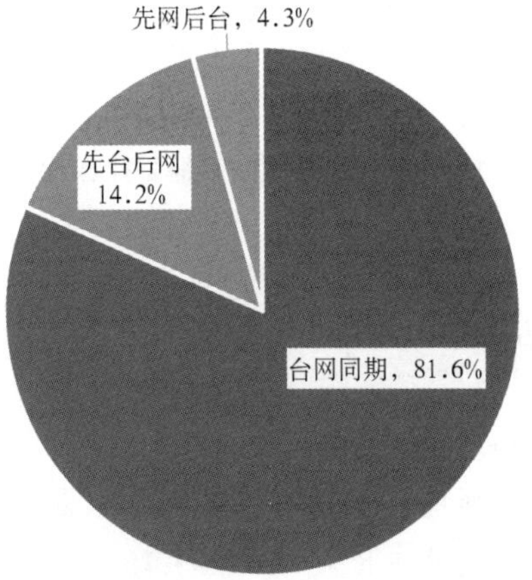

数据来源：爱奇艺、腾讯、优酷、搜狐、芒果 TV 视频网站

图 3 2019 年主要视频网站上线的双播剧播出模式占比（%）

---

① 台网同期：指双播剧在电视台和网络的首播时间相距6小时以内（如电视台晚间19：00播，网络24：00播，可视为台网同期播出）。

② 先台后网：指双播剧先在电视台播出，后在网络播出。电视台首播时间早于网络首播时间24小时及以上。

③ 先网后台：指双播剧先在网络播出，后在电视台播出。网络首播时间早于电视台首播时间24小时及以上。

频道播出的剧目，这类剧目在先台后网的双播剧中占据了52.6%的比例。先网后台的双播剧，视频网站多采用较电视台提前两三天播出的方式。

2. 视频网站双播剧多采用多家“共享”方式播出

2019年主要视频网站上新的双播剧，视频网站多采用共同播出的方式。在2家及以上视频网站播出的双播剧数量占比为78.7%，采用独播模式的双播剧仅占21.3%。在采用独播方式的双播剧中，优酷上新剧目占比最高，其次为爱奇艺，腾讯占比最低。这也在一定程度上反映出视频网站抢占双播剧的网络独播权是一种成本和收益的权衡，毕竟双播剧的播出收益会与电视台共享。从各视频网站的上新双播剧比例来看，爱奇艺领跑，腾讯、优酷跟随其后，芒果、搜狐与前3家相比有着明显的差距（图4）。

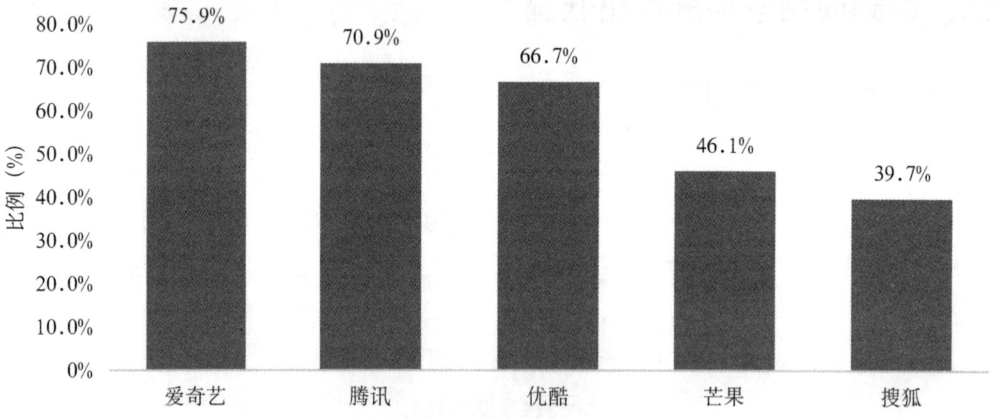

数据来源：爱奇艺、腾讯、优酷、搜狐、芒果TV视频网站

图4　2019年主要视频网站双播剧播出比例（%）

三、视频网站引进剧播出状况

1. 引进剧中美剧数量一骑绝尘

2019年主要视频网站上新的引进剧中，美剧的体量最大，以34.9%的比例遥遥领先。泰剧、日剧、英剧的数量占比在10.0%~16.5%之间。近年来，在众多引进剧目中，美剧以其紧凑的情节、精良的制作和强烈的戏剧张力等特质广受观众喜爱，也是视频网站吸引受众的心头好。泰剧多讲述曲折离奇的爱情故事，且由于深受佛教文化影响，剧目所传达的主题多为朴素的“因果报应”的价值观，与我国民众的价值观更容易产生共鸣，所以也很受视频网站及用户的欢迎。日剧以其清新的爱情故事见长，英剧则用短小精悍的迷你剧表达出深刻的主题，也都在引进剧中占据了一席之地。2019年的网络引进剧中，我国台湾地区的台剧以黑马姿态冲入，接连几部高口碑好剧刷新了受众对台剧的认知（图5）。

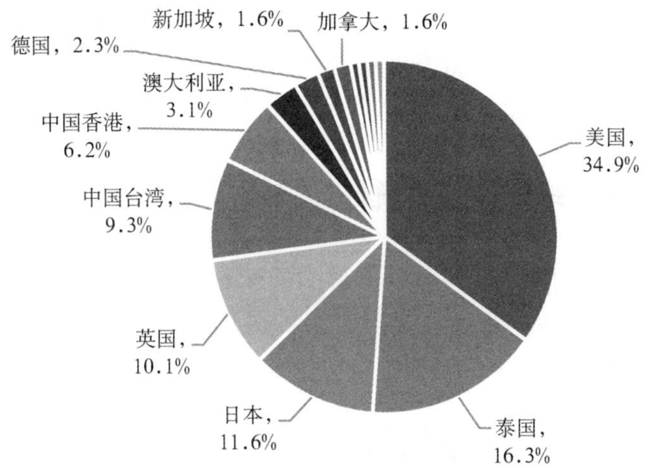

数据来源：爱奇艺、腾讯、优酷、搜狐、芒果 TV 视频网站

图 5　2019 年上线的引进剧产地比例（%）

2. 引进剧中言情题材数量最多，播出方式以独播最为常见

言情剧在 2019 年主要视频网站的上新引进剧中比例最高，其次为涉案剧。科幻、都市生活、悬疑、社会伦理、警匪题材也占据一定比例，其余题材的剧目占比则较低（图 6）。这些引进剧目的时代背景多聚焦于当代，当代题材剧占比达 85.3%。

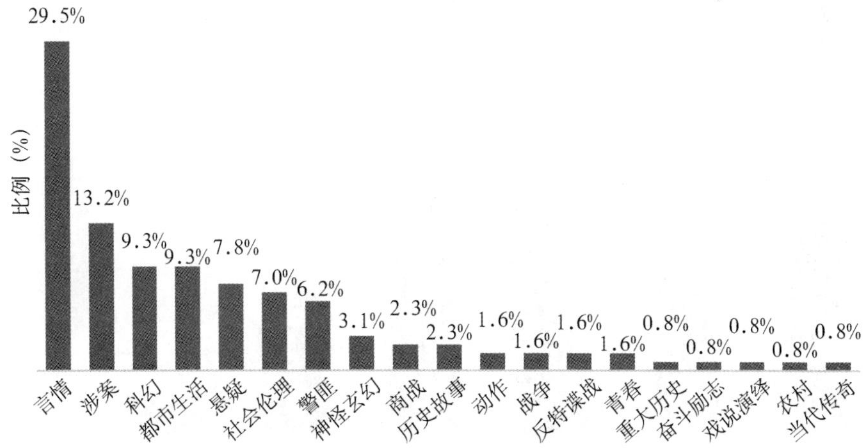

图 6　2019 年主要视频网站上新的引进剧题材比例（%）

上新引进剧的播出方式以独播最为常见，爱奇艺和优酷的独播引进剧数量较大，两者在独播引进剧中的占比分别为 36.6%和 35.6%，腾讯为 17.8%，芒果和搜狐相对较低，分别为 5.9%和 4.0%。

从视频网站独播引进剧的产地来看，爱奇艺、腾讯对美剧的倚重程度更高，美剧在两家视频网站独播引进剧中的占比分别为 51.4%和 66.7%，但爱奇艺的引进剧产地相较腾讯更为多元；优酷则是以英剧、日剧、泰剧、港剧占比较大，英剧和日剧占比均为 25.0%，泰剧为 22.2%，港剧为 16.7%，其余产地引进剧比例较低。

四、视频网站网络剧播出特征

网络剧（包括纯网剧和转网剧）占据了视频网站网播剧数量的近半数份额，是视频网站吸引观剧受众的中坚力量。有鉴于网络剧在视频网站中的重要地位，本文以下内容皆围绕网络剧进行分析。

1. 视频网站更倾向于工作日推出新剧

观察不同周天网络新剧的上线情况，视频网站更倾向于在工作日推出新剧，周末上新比例较低。周四、周三、周一是网络剧上新最为集中的周天，其中周四占比最高（图 7）。视频网站在推出新剧时，多采用一次性投放或排播投放的方式，如果采用排播方式时，也会在播放首日放出多集（一般会放出 4~8 集或者更多）。新剧上线时间也多集中在晚间 20:00 和中午 12:00。由此可见，视频网站在剧目推新的时间选择上颇花心思，移动互联网的迅速发展使得网络看剧成为可随时发生的行为，繁忙的工作学习之余追剧已然成为大众普遍的休闲方式。周一推新剧，可以使观剧行为在一周内持续进行；周三、周四推新剧，首播多集或一次性投放的方式，则避免了喜欢周末追剧的观众浪费时间等待新剧上线，实现了观众看剧的无缝衔接。而对于喜欢周末外出娱乐的观众来说，周末网上看剧的需求有所减少，视频网站工作日的推新，似乎更符合网络受众的休闲习惯。

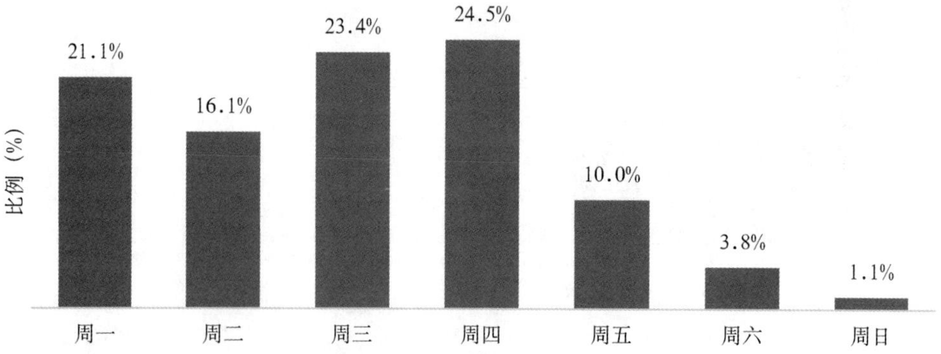

数据来源：爱奇艺、腾讯、优酷、搜狐、芒果 TV 视频网站

图 7　2019 年主要视频网站各周天上新网络剧数量占比（%）

2. 视频网站更青睐投放中、短篇幅剧目

2019 年上新的网络剧中，40 集以上的长篇幅剧目所占比例相对较小，12 集的

短篇幅剧目（26.8%）和21~30集的中等篇幅剧目（31.8%）合计占据了半数以上份额（图8）。电视平台播出电视剧时，多数情况下是一个频道每天有一部在更新剧；而视频网站要凭借庞大的视频内容储备和快速的内容更迭吸引受众，如爱奇艺、腾讯、优酷等视频巨头，更常见的是每天有几部剧在同时更新。视频网站对于剧目扩充的需求程度更高，中、短篇幅的剧目不但成本较低，且更新速度相对较快，更能满足网络用户求新的收看需求。现代人的媒体消费日趋快节奏和碎片化，对于集数过多的长篇幅剧目经常会有观众丧失耐心，导致弃剧的情况出现，中、短篇幅的剧目既有完整的故事性且节奏相对明快，更容易让用户坚持收看下去。

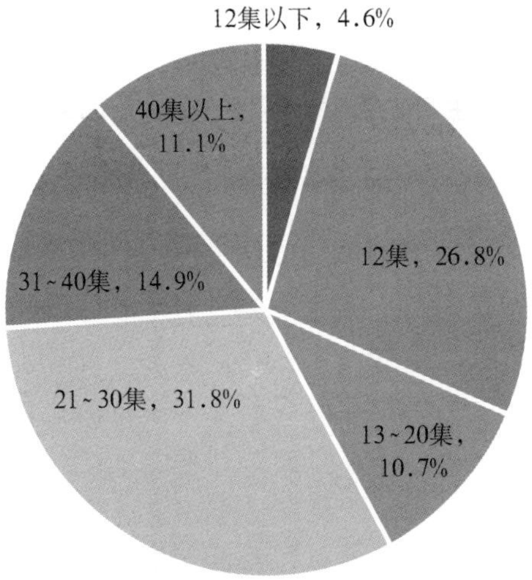

数据来源：爱奇艺、腾讯、优酷、搜狐、芒果TV视频网站

图8 2019年主要视频网站不同集数的上新网络剧占比（%）

3. 平均集长超过30分钟的剧目占比最大

2019年主要视频网站上新的网络剧中，平均集长超过30分钟的剧目占比最大，其中集长在30~40分钟的剧目所占份额为37.2%，集长超过40分钟的剧目份额为33.7%。此外，集长小于10分钟的剧目也超过了一成的比例（图9）。

近两年，短视频网站高速发展和扩张，短小精悍的短视频内容也迅速俘获了大批用户。业内专家也提出“视频网站的竞争对手不是电视，而是短视频”的观点。作为长视频内容输出为主的视频网站，爱奇艺、腾讯、优酷、搜狐、芒果等也开始在短视频的制作上着力，篇幅短小的微剧、微综艺、微纪录片等在视频网站也开始现身并不断壮大。腾讯旗下两个短视频平台（腾讯微视和火锅视频）制作的网络微剧，不但在平台自身投放，而且也在腾讯视频进行投放。爱奇艺在短视频上的投入也相当积极，辣目洋子的《生活对我下手了》系列，不但有着较好的播出成绩，也赢得了较好的口碑和热度。

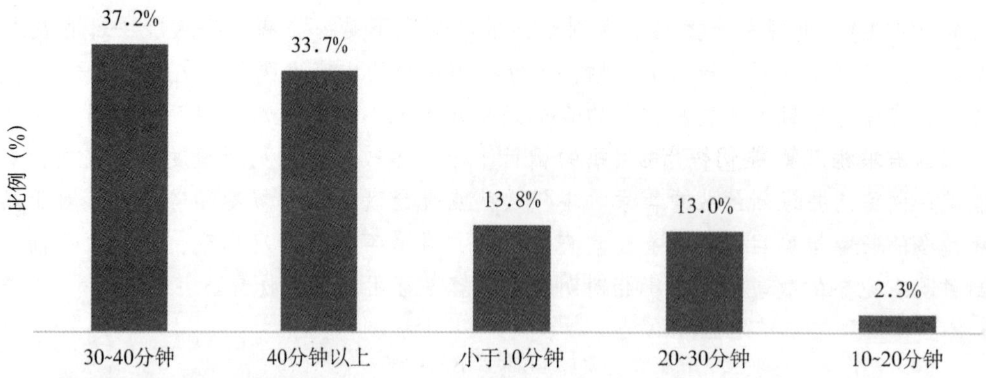

数据来源：CSM 媒介研究

图 9　2019 年主要视频网站不同集长的上新网络剧占比（%）

4. 上新网络剧题材多样，言情剧数量居首

2019 年主要视频网站的新剧，题材共有 23 类，可谓种类繁多。但剧目题材的集中性也较高，言情剧比例达到 29.1%，数量居首。青春、都市生活、神怪玄幻题材占比也均在 10%以上，涉案剧、悬疑剧也占有一定的比例（图 10）。视频网站年轻受众居多，因此言情、青春题材的剧目相对更有市场。上新的网络剧中，戏剧元素的运用也有着一定的特点。爱情是人类亘古不变的情感，以爱情为元素的剧目同样受到视频网站及其受众的欢迎，此外，青春、偶像、校园等戏剧元素也有较高的使用频率。受众在网络视频内容的收视上也有探秘和寻求刺激的需求，故悬疑和奇幻元素在剧目中的运用也颇为频繁。现代人生活压力较大，看剧减压也成了很多人

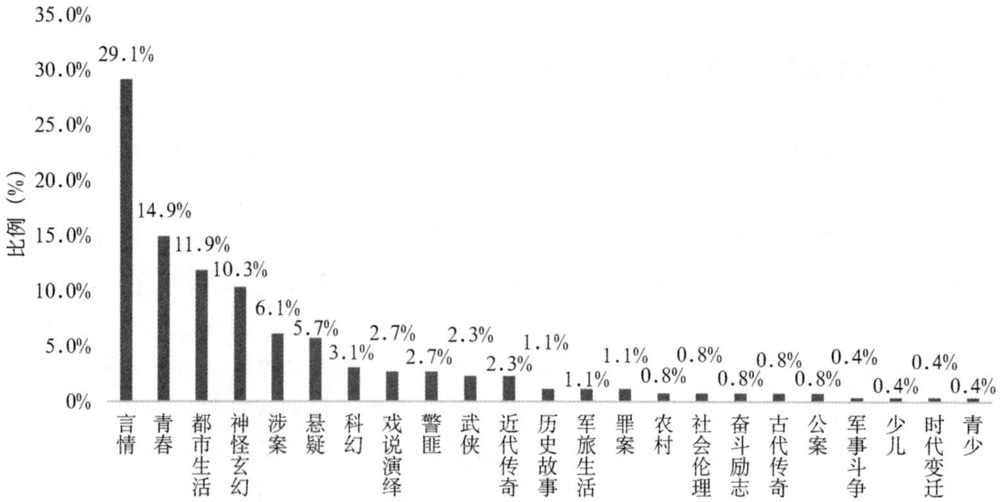

数据来源：CSM 媒介研究

图 10　2019 年主要视频网站不同题材的上新网络剧占比（%）

的排解方式，因此运用喜剧元素的上新剧目也占据了很高的比例。当然，网络新剧中的戏剧元素并非单一的运用，多元素的融合呈现是普遍现象，这使剧目的故事性更强。

5. 古装剧、IP剧仍有市场

2019年主要视频网站的上新网络剧仍以现代剧为主，但古装剧、民国剧也占据了一定的比例。历来古装剧易出爆款，从《延禧攻略》《陈情令》《庆余年》等古装剧相继成为国民爆款剧，不难看出网络视频受众对古装剧的青睐，因此虽有“限古令”的政策之限，但古装剧仍是视频网站吸引受众的一大法宝。此外，时代背景设定为架空背景的剧目占比达到了14.5%，网络受众年轻群体占比较大，对于新、奇、特有着一定的需求，架空剧往往能够将打破常规，开拓创新的内容植入，这比有特定时代限制的剧目有更大的创作空间。古装架空剧更为常见，84.2%的架空剧为古装，现代架空剧仅占15.8%。

从剧目的创作来源看，原创剧的数量最多，不过IP剧的比例也不小，占比超过35%（图11）。IP剧由于自带流量和话题热度，历来是制作公司和播出平台较为钟情的剧目来源，是仅次于原创剧的第二大创作来源。2019年上新的网络剧中，不乏翻拍旧剧目、漫画改编的剧目和游戏改编的剧目，3类剧共占8.0%。

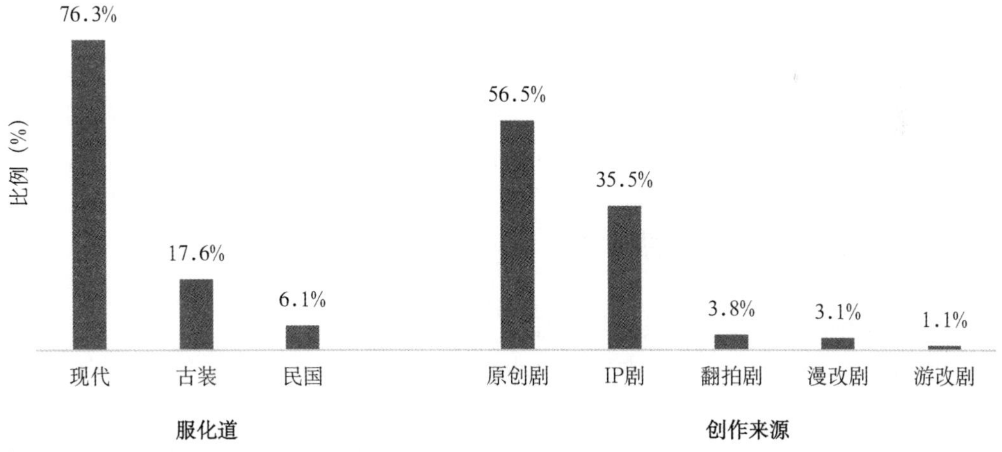

数据来源：爱奇艺、腾讯、优酷、搜狐、芒果TV视频网站

图11　2019年上新网络剧服化道及创作来源占比（%）

6. 各视频网站新剧题材“同中有异”

5家视频网站2019年的新剧中，在各自平台剧目中占比前3位的题材呈现出一定的相似性。言情、青春题材剧目是5家视频网站的共同偏好，不过在相似之余也存在着一定的差异。

爱奇艺、腾讯、芒果对上新比例最高的言情题材倚重程度有所不同。芒果最依赖言情剧目，其在芒果新剧中的占比高达51.51%，爱奇艺次之，新剧中占比为

33.6%，腾讯虽也是言情剧占比居首，但与芒果、爱奇艺相比尚有不及。优酷的青春题材和言情题材在其新剧中占比较为接近，前者略胜一筹，两类题材在优酷俨然处于领军地位（表1）。

表1　2019年各视频网站网络新剧题材TOP3（%）

爱奇艺		腾讯		优酷		搜狐		芒果	
类型	比例	类型	比例	类型	比例	类型	比例	类型	比例
言情	33.6%	言情	28.4%	青春	25.5%	都市生活	26.3%	言情	51.5%
都市生活	14.4%	青春	16.2%	言情	23.4%	悬疑	15.8%	青春	27.3%
青春	11.2%	神怪玄幻	14.9%	都市生活	10.6%	言情	15.8%	都市生活	3.0%
神怪玄幻	11.2%	—	—	—	—	—	—	—	—

数据来源：爱奇艺、腾讯、优酷、搜狐、芒果TV视频网站

从涉及的题材种类来看，爱奇艺、腾讯、优酷3家新剧的题材种类相对较多，分别有18类、16类、15类，集中与分散并举的题材分布特征较明显。搜狐和芒果新剧的题材种类相比较少，分别为10类和9类，尤其是芒果新剧的题材“头部化”特点显著，言情和青春两类题材占其新剧比例的78.8%。

综上可知，几家视频网站在面对受众较强同质化需求的大背景下，仍然在布局差异化的网络剧竞争策略。从剧目题材的选择上来分析，爱奇艺、腾讯在吸引年轻女性受众之余，更兼顾男性受众的需求，且爱奇艺的都市感更强一些。优酷则更关注都市年轻女性，搜狐更关照都市白领群体，芒果主抓青春少女和轻熟女群体。

五、2019年网络剧的创新特征

1. 网络剧的分众化、圈层化特征鲜明

2019年主要视频网站上新的网络剧中，除了题材多元之外，其垂直细分化程度也相当高。以网络新剧中占比最高的言情剧来看，虽均以爱情为主题，但也细分出不同的“爱情+”模式，如“爱情+魔幻”“爱情+穿越”“爱情+悬疑”“爱情+青春”等各种套路的爱情。“圈层化”也是上新网络剧的鲜明特征，有男性向的盗墓、刑侦的硬核剧，有女性向的甜宠剧，有低龄向的校园剧等，以满足不同圈层受众的观剧需求。

2. 内容题材上大胆尝新，别出机杼

互联网自诞生以来，就以惊人的更新迭代速度在发展。视频网站身处其中，创新、尝新对其来说也是立足之本，体现在网络剧上则表现为在内容题材上的创新和尝试。2019上线的《一往无前》是国内首部丧尸题材剧目，该剧以写实正剧风格来

展示灾难中的人性光辉；《动物管理局》则敢于让“动物在新中国成立后成精”，通过形形色色的动物转化者世界中发生的荒诞故事讽刺人类社会；《有房有车》是国内首部房车题材的剧目，将情感励志与旅游风光进行了融合；《花漾天海》则是国内首部邮轮实景剧，混搭了爱情、喜剧等多种戏剧元素；《超级玩家》开创了国内主题公园沉浸式体验题材的先河；《拜见宫主大人（第二季）》延续第一季的风格，也是国内首部影视、动漫、游戏三大次元破壁融合之作。

3. 穿越、重生、异能等“爽”元素盛行

人类在时间面前的无力感，以及后悔、遗憾等心理因素的影响下，往往会萌生“自己的人生能够重来”或者“能有别样的人生体验”的幻想和期盼，这也是穿越、重生等戏剧元素在网络剧中风行的重要原因之一。从2019年上新的网络剧来看，可以说是从年头“穿越”到年尾，穿越异世、穿越时间、穿越游戏等各种穿越剧上线，年初由《绝世千金》穿越至游戏世界开局，接着《彗星来的那一夜》《最后一个女神》《再见将来》《天雷一部春花秋月》《我在未来等你》等穿越剧纷至沓来。《我的奇妙男友2之恋恋不忘》《甜心软糖》则注入了重生元素。剧中主人公身具异能也是上新网络剧的常见元素，《大宋北斗司》《大唐魔盗团》中，异能少年升级打怪，《看见味道的你》《读心》《黄金瞳》等剧中人物具有异能感官。此外，“爽”元素的注入，令观众产生了极强的代入感，现实生活中无法实现的愿望和梦想，借由剧中人物得以完成，获得了心理补偿。

4. 后甜宠剧的“甜”味更多元

甜食对于不少人来说是治愈系的食物，心情欠佳时来点甜品，对坏情绪有着积极的安抚作用。以“甜”为基调的剧目，则相当于心灵甜品，也有着极佳的治愈功效。甜宠剧时代，以“高甜撒糖”为主，甜蜜梦幻的爱情虽多不切实际，但也确实能甜到人的心里。随着甜宠剧大量涌入和播出，过多的“糖分”也让观众甜得发腻，因此“多元甜味”的后甜宠剧模式开启了。如《奈何boss要娶我》的“沙雕甜”，甜味中融入搞笑的沙雕风；甜辣剧《大周小冰人》男、女主边爱边怼；甜虐剧《彼此的心意》既苦且甜；咸宠剧《外星女生柴小七》始于嫌弃，陷于甜蜜的爱情；糖醋剧《世界欠我一个初恋》男主分分钟酸成柠檬精。此外，甜宠剧不再只囿于情情爱爱，而开始落地和下沉，去关注一些社会问题。年末上线的《身为一个胖子》除了美好的爱情，也探讨了女性以瘦为美的社会审美偏差、女性的自我成长、爱情中的对等性等社会现象。《世界欠我一个初恋》则对“社畜”这一族群进行了形象的诠释。

5. 青春竞技剧谱写热血与激情

青春、竞技都是充满热血激情的元素，两者结合在一起让青春更激昂，让竞技更燃爆。2019年上新的网络剧中，青春竞技剧无疑是一道亮丽的风景。《我的单板女孩》将青春与滑雪结合，上演了速度与激情；《拜托啦师兄》展现了击剑运动员的青春风貌；《青春抛物线》聚焦排球题材；《强风吹拂》将登山与暖心治愈融入；《我的盖世英雄》《陪你到世界之巅》分别从网球和电竞着眼；《女校男生》则是通过“格斗”来表达青春的成长与蜕变。

6. 悬疑涉案剧风起，“冷”题材开始“暖”表达

涉案剧汇集了悬疑、推理、冲突、反转、烧脑、格斗、猎奇等多种戏剧元素，给予观众强烈的视觉冲击和精神刺激，也历来是视频网站吸引男性受众的重头剧目，尤其2019年第四季度，涉案剧开始相对密集地上线。上新涉案剧的切入视角较为多元，有密室、悬疑、冒险、缉毒、律政、法医、惊悚、警匪等，最普遍的是悬疑涉案剧。如《时空来电》《无主之城》《失控》等悬疑涉案剧上线后均获得了较好的播出效果和网络口碑。暗黑色彩相对浓厚的涉案剧，往往给观众以阴冷的感觉，但上新的涉案剧开始尝试将这种“冷”题材进行“暖”表达。《心灵法医》这部聚焦法医的涉案剧，就将温暖作为底色来冲淡生活的残酷，剧中用大量篇幅描绘了亡者的生前与人物个性特点，向逝者表达温暖的敬意，以暖心情节来安抚生者的悲伤和安置他们对逝者的思念。剧中还使用了心灵剧场和心理分析两种形式带领观众一起代入式体会剧中人物的心路历程和情感，向观众传递剧目创作人员的贴心和温暖。

7. 微剧实力渐增，互动剧崭露头角

短视频与传统剧目嫁接而生的微剧（每集时长为几分钟，最长不超过10分钟，也是业内俗称的“泡面剧”）自2018年开始在网络播出，经过一定时间的积累后，实力渐增，成为网络剧中的一股新势力。从2019年上新的网络微剧来看，有着明显的“小篇幅大内容”的特点，随着微剧《生活对我下手了》的热播，该剧团队又推出了《导演对我下手了》，每集5分钟左右的篇幅，以单元形式呈现，涵盖了古装、武侠、都市、爱情、青春、喜剧等多重内容元素。《不思异：电台》每集不足10分钟，但同时达到了短小精悍和细思极恐的双重效果叠加。微剧篇幅虽小，但主题的表达并不浅薄，《住手吧！关同学》展现了少年们欢乐的校园生活；《被生活扼住了喉咙》用离奇荒诞的方式演绎小人物与生活的对抗；《老爸老妈的婚事儿》《爸爸猴腮雷》《隔壁的兄弟很和睦》则分别从父母爱情、父子亲情、同辈友情切入，搞笑且暖心。互动剧在2019年的网络平台也开始崭露头角，《他的微笑》《因迈思乐园》等互动剧相继上线，让观众在看剧时自主选择剧情的走向，体会到了参与感和一定的创作感。

8. 青春语态、多变人设为创作加持

网络剧的受众群偏年轻化，因此采用青春语态来表达主流价值观更易被年轻观众接受。《从前有座灵剑山》将网络流行语和沙雕情节结合，让男主克服重重困难成为强者，在一路升级打怪的过程中采用各种欢脱爆笑梗让人笑到停不下来，堪称下饭神剧。火爆网络的《庆余年》也是青春语态创作的典型代表，该剧的台词诙谐幽默、金句频出，加之剧中古风人物一本正经地讲着极具现代感的“无厘头”搞笑台词，喜感十足，令人忍俊不禁外加耳目一新。网络剧的人设也相当多变，“中二”人设、反转颠覆人设、神秘人设、喜感人设、腐向人设等层出不穷。《大周小冰人》中的妖美男主，外表妖娆、内里硬汉；《诡使神差》中汉子身、少女心的富家少爷；《致我们暖暖的小时光》和《民国少年侦探社》中的人物则极具“中二”属性，热血蠢萌又搞笑；《陈情令》《少年江湖物语》《扑通扑通的青春》用双男主来展现少年间的情谊；《我心深触》的男、女主人公则颇有神秘感，男主拥有读心通灵的超能力，女主具有双重人格；《明月照我心》《我不能恋爱的女朋友》中的腹黑、毒舌、傲娇三合一男主喜感十足；《满满喜欢你》的清冷柔弱学霸男主和散打高手“金刚芭比”女主，形成了极具“笑果”的反差萌和颠覆性。

结　语

网上追剧已成为时下常见的观剧方式，网播剧和电视剧在受众心目中的地位越来越接近。由于网络视频的观众相较电视观众更年轻化，故网播剧与电视剧相比，“青、新、奇”的特点更鲜明，其用青春化的创作表达方式，勇于开创和尝试新内容，形成网播剧的独特性和出其不意的观剧体验。2019 年上新的网播剧中，既有和电视台同期上映的双播剧，又有和电视剧极具差异性且独有的网络剧资源，随着网络剧精品化的道路越走越宽，未来网播剧能否“网住”更多观众，这有待时间的检验。

（作者：秦政）

从内容生产者到短视频玩家

——电视媒体短视频发展现状及思考

一、电视媒体短视频发展现状

短视频持续升温，正在重塑媒体格局和舆论生态，它逐渐成为新一代社交语言，引领6.5亿用户进行新的表达，也成为传统媒体融合发展进程中最具代表性的新媒体产品形式。在电视媒体布局移动端的“三微”传播中，短视频的生产量、传播量比重越来越大，短视频成为创新移动端传播的主战场。

实践中的变化推动电视媒体加速入场短视频，明晰发展权重，适时调整视频业务构成。有的电视媒体把短视频放到战略的高度，如中央广播电视总台以5G新媒体平台为契机，重新制定短视频战略，造船出海；上海广播电视台则将短视频战略作为融合发展的“棋眼”，是盘活全局的关键支点。有的电视媒体更注重发展路径与策略。这些电视媒体各有特点、各有快慢。从广电媒体短视频生产、传播与用户评价情况看，电视媒体短视频已成短视频竞争中的价值一极。

1. 广电媒体成优质内容供给者，实力台占据发展快车道

广电媒体入场短视频，多以新闻内容为起点，在推进过程中逐渐依托栏目资源开设大量短视频账号，并在传统的“两微”传播中广泛采用短视频形式。以主打新闻内容的短视频为例，据CSM统计，目前在更的省级电视台新闻资讯类短视频账号近460个，在多平台分发策略下，在抖音、今日头条、腾讯新闻等9个平台上①，可观察到省级台新闻资讯类短视频账号累计1300多个；其中，上海广播电视台、广东广播电视台、江西广播电视台开设的新闻资讯类短视频账号数量位居前三，总计近90个。从各台涵盖新闻、综艺、泛生活等各类内容的短视频来看，仅湖南广播电视台、北京广播电视台、上海广播电视台、浙江广播电视集团、江苏广播电视总台这5家头部电视台，旗下的短视频账号就超过450个。

广播电视媒体短视频凭借持续的内容产出与品质基础成为商业平台不可或缺的头部内容生产者与流量贡献者。据不完全观察，2018年，在腾讯视频、秒拍、今日

① 9个平台还包括快手、好看视频、秒拍、土豆视频、腾讯视频、网易新闻。

头条、新土豆 4 个平台上，播放量位于各平台 TOP1%的账号累计有 11 000 多个（同一账号在多个平台分发的累计统计），总体获得了平台 70%的播放量；其中，包括纸媒、广播、电视在内的传统媒体账号累计 700 多个，占到 7.3%，发布总量占 14.9%，播放总量占到 21.0 %，近 2500 亿次，这个播放量级相当于 8.29 亿网民平均每人点击收看过 300 条（次）传统媒体发布的短视频。传统媒体内容成为短视频头部竞争中的价值一极。

在 TOP1%的账号中，除中央广播电视总台的 50 个账号外，地方广播电视媒体账号累计近 500 个；80%分属 27 个省级广电媒体，20%分属 33 个市级广电媒体。从高传播力账号的分布情况可以看出，电视媒体的短视频发展胜于广播，省级台优于市级台；整体而言，在大屏收视领域更具实力的省级台深入短视频领域的步伐更快，面临严峻发展形势的城市台也在尝试探索短视频风口中的移动创新空间。

省级广电媒体中，上海广播电视台、浙江广播电视集团、江西广播电视台、江苏广播电视总台、湖南广播电视台、北京广播电视台旗下的短视频 TOP1%账号在总播放量上位居前列。上海广播电视台发布短视频 25 万多条，播放量超过 300 亿，在地方广电媒体的短视频生产与传播中领先优势明显。

在城市级广电媒体中，深圳广播电影电视集团、成都市广播电视台、长沙广播电视台、杭州文化广播电视集团、武汉电视台旗下的 TOP1%账号的总播放量居前 5 位。

2. 新闻优势资源成就品牌账号，垂直内容亟须深耕进阶

电视媒体在短视频内容领域的资源与生产优势，成就了一批知名高流量的短视频账号。总体来看，新闻短视频是破局先锋也是流量贡献的主体；综艺类短视频背靠电视端品牌节目吸引粉丝关注；其他自办栏目短视频虽身处行业深耕垂直内容的风口，但缺少品牌账号，原创性深度内容开发不足。

以苏浙沪 3 家省级广播电视台旗下的 107 个短视频账号为例，2019 年 4~5 月，3 家省级台在今日头条、腾讯新闻、好看视频等 6 个平台上①共发布 13 万多条短视频，总播放量近 60 亿，点赞评论量 1400 多万次，播放量千万级以上的账号 32 个。新闻类短视频的生产量和传播量占到 75%左右。

电视媒体所拥有的资质与资源，使之拥有创新移动端新闻产品的先天优势，新闻短视频成为电视媒体的强势内容。随着媒体融合的深化，传统媒体加速布局和创新移动端产品，新闻视频资源从存量到增量的转化及优势增长有了依托，一批新闻账号脱颖而出，成为短视频领域的新闻内容品牌，如上海广播电视台的“看看新闻 Knews”“全球眼 News”及“正能量 News”，江苏广播电视总台的“荔枝”系及“江苏新闻”、浙江广播电视集团的“1818 黄金眼”等。其中，“看看新闻 Knews”与“央视新闻”“澎湃新闻”长期占据国内新闻短视频账号前三强之位，今年 4~5 月间，

① 6个平台还包括网易新闻、秒拍、新土豆。

发布短视频超过6万条，播放量超过30亿，遥遥领先于苏浙沪省级台其他短视频账号。

表1　2019年4~5月苏浙沪省级广播电视台短视频播放量TOP10账号

短视频账号	播放量（亿）	互动量（万）
看看新闻 Knews	30.9	339.30
荔直播	6.13	8.10
全球眼 News	4.03	4.30
究竟视频	2.38	1.10
正能量 News	1.95	1.60
JSTV 荔枝视频	1.93	3.00
荔枝新闻	1.76	109.34
浙江卫视综艺	1.56	59.80
1818 黄金眼	1.07	70.62
奔跑吧兄弟官方	0.85	0.96

观察平台包括今日头条、好看视频、秒拍、新土豆、腾讯新闻、网易新闻。
数据来源：CSM 媒介研究

2019年，更多变化在如期而至中悄然发生。在移动端内容传播上，一些电视媒体更加聚焦短视频并获得了快速流量增长，如湖北广播电视总台的短视频账号“长江新闻号”“长江号外”，4~5月的播放量接近10亿次，点赞及评论量超过400万次。2018年9月，北京广播电视台成立融媒体中心，整合新媒体平台“北京时间”统一管理运营，“北京时间”旗下的“时间视频”“时间新闻视频”“时间国际视频”等“时间系列”矩阵号极大提升了北京广播电视台在短视频领域的竞争力，今年4~5月北京广播电视台累计播放量50亿次、点赞及评论量500万次。

综艺节目作为电视收视的三驾马车之一，为短视频的创作与传播提供了丰富的资源与创意支持。浙江广播电视集团在综艺娱乐类短视频方面表现突出，旗下账号“浙江卫视综艺”“奔跑吧兄弟官方”“王牌对王牌”等依托品牌电视综艺节目开设的短视频账号，在4~5月获得了超过2.8亿次播放量；上海广播电视台的短视频账号“欢乐喜剧人”“人生加减法”“酱紫娱乐”“东方卫视笑傲江湖”等获得总计近1亿次播放量；江苏广播电视总台的短视频账号“非诚勿扰”播放量也过千万。但总体上，在用户以“休闲、放松”为首要收看诉求的短视频内容领域①，电视媒体娱乐性内容的整体优势并不突出，来自社会制作机构和自媒体的泛娱乐内容以海量内容和接地气的表达更受短视频用户青睐。

① 根据CSM媒介研究《短视频用户价值研究报告2018~2019》的调查数据，短视频的使用动机上，“放松休闲”是短视频用户的首要诉求，占到80.2%；其次是“获取信息、增长见识”“分享信息，寻找聊天话题”，分别占到54.4%和44.9%。

短视频行业起步于娱乐化内容，在实现用户规模的原始积累后，突破同质化、探索赢利模式、搭建平台生态成为深发展期的主题，具有原创性的垂直化内容成为提升平台和用户价值的内容深耕方向。电视媒体拥有大量垂直类专业性短视频账号，如财经类短视频“究竟视频”（上海广播电视台）、三农服务类短视频“垄上行”（湖北广播电视台）、法治类短视频“法治天地”（上海广播电视台）、“法治中国60分”（北京广播电视台）等，依托具有差异性的优势内容资源获得了较好的传播效果。尽管拥有大量栏目视频资源，但较之于社会制作机构推出的垂直类内容，电视媒体目前鲜有人气大号，也缺少脍炙人口的爆款内容和主播；如生活知识/技巧类、美食类是短视频用户普遍“喜欢的内容”①，电视媒体坐拥大量同类自办栏目，却在短视频上乏善可陈。相比之下，PGC生产的此类内容不仅斩获流量、口碑，在电商和付费的变现之路上也收益不菲，如美食类短视频“李子柒”“日日煮”连接电商、知识类“视知TV”的付费模式等。电视媒体在垂直细分领域的整体布局、原创性生产及传播运营方面还须全面考量进阶之路。

3. 以短见长传播“权威”“正能量”，用户认同赋能跨屏连接

广泛的观众基础和沉淀的内容优势使电视媒体的影响力和品牌效应向短视频领域延伸，用户对电视媒体短视频表现出较高的关注。CSM调查数据显示，过去半年，超过86.4%的短视频用户看过电视媒体发布的短视频，37.2%的用户“会专门去看”。短视频用户中的电视低黏度用户约占85%，平均年龄22岁，这部分用户对电视媒体发布的短视频表现出更多关注，24.8%的用户“会专门去看电视媒体短视频，并对相关账号加了关注”，这为电视媒体提供了触达年轻用户的空间。

电视长视频的“短传播”契合当下碎片化的媒体使用，在激发用户关注和兴趣的同时，也推动了电视节目在用户个性化需求下的多形式传播。73.2%的用户因电视节目短视频对该节目产生兴趣，其中46.1%的用户会“主动搜索电视节目信息”，超过三分之一的用户表示“想在电视上收看该节目”，还有近四分之一的用户表示会“激发其讨论兴趣”，只有12.4%的用户表示“看完短视频，不需要在电视上看该节目了”。电视节目短视频对大屏传播表现出一定的导流作用。

电视大屏传播也会产生向小屏的导流。热播节目短视频既是内容平台的流量入口，也有助于实现电视内容跨屏传播的价值+。52.8%的短视频用户会“主动搜索观看”热播电视节目的短视频，其中六成左右的20~39岁用户更倾向于“主动搜索观看”；只有19.1%的用户表示“不会看/没注意过”；28.1%的用户会在短视频平台的推荐下观看热播节目短视频。热点内容在连接大小屏方面具有积极的传播促进作用。

电视媒体凭借长期积累的公信力与内容资源优势，生产的短视频在网络传播获

---

① 根据CSM媒介研究《短视频用户价值研究报告2018~2019》，短视频用户“喜欢的内容”TOP5为：幽默搞笑（47.9%）、生活技巧/知识（43.1%）、生活/记录（41.1%）、美食（34.34%）、影视综艺（33.6%）。

得了用户较高的认同。经历了2018年的几轮行业监管，短视频行业开始注重搭建泛知识、泛资讯等深度内容体系，但短时间内并未改变用户对内容评价整体偏低的状况，用户对短视频“及时更新”“新颖有趣”“内容丰富”三个维度评价相对较高，认同比接近50%；对内容深度和真实性的认同率不到30%，内容综合评价刚过及格线。但对于电视媒体短视频，超过70%的短视频用户在“正能量/健康”和“权威性”方面给出了肯定评价，在“内容丰富”“适合分享”“更新速度快”等方面的认同比例达到60%左右，但原创性和创新性不足则是电视媒体短视频明显的短板（图1）。守正务本的同时，通过内容、形式的多样化创新，提升适网性、升级短视频内容价值和竞争能力，是电视媒体推进短视频传播、参与价值竞争不容回避的课题。

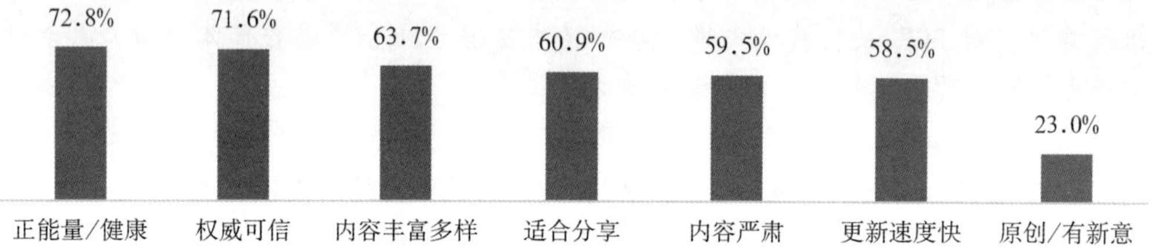

数据来源：CSM媒介研究《短视频用户价值研究报告2018~2019》

图1　短视频用户对电视媒体短视频的评价（用户比例，%）

二、促进电视媒体短视频进一步发展的思考

短视频行业正在从流量竞争转向内容价值竞争，优质内容成为稀缺资源。电视媒体以持续的优质供给成为商业平台重要的内容来源，尤其是新闻资讯内容，弥补了其资源短板。在这个新兴视频领域，长于视频创作的电视媒体理应拥有更具延展性的创新发展空间，有更多的潜力参与到多环节的规则建构中。如何借力短视频行业的价值发展与模式探索实践，从内容供应者转变为短视频的玩家，将大屏端的资源优势充分转化为移动端优势并达成价值升级、实现用户跨屏连接与运营，是媒体融合中短视频发展的深刻话题和长久挑战。

1. 整体规划，聚合发力，在媒体融合框架下打造短视频品牌

短视频传播的目标之一是助力电视媒体在网络传播中重塑传播力、引领力、影响力、公信力，在海量的短视频内容竞争中，电视媒体更大的发展是从获取流量转向建立以内容为基础的价值成长、打造新媒体领域的传播品牌。从CSM监测的账号情况看，广播电视台的短视频账号众多，内容丰富，但由于缺少整体规划，缺少相对统一、高辨识度的短视频品牌标识，难以形成传播合力，“有内容无品牌”的情况普遍存在。如短视频账号命名“有号无台”的现象，栏目、频道甚至台级账号名

各有各的取法，有的单纯以栏目命名，有的以频道名为前缀名，有的去电视化，另起新名，虽然其中不乏有益的探索，但缺乏与电视台品牌的联想，在短视频传播中难以形成统一的内容品牌。账号取名是小事，但背后反映的是台内对发展短视频的整体定位与发展设计，包括在媒体融合发展中的功能与目标、与现有新媒体业务建设的关系、内容布局的整体架构等。当不同电视台的栏目或频道账号以相似的关键词出现时，如包含“经视”二字的诸多短视频账号名，我们更多联想到的是频道或栏目团队在短视频竞争中的单兵鏖战；而聚合频道和栏目资源，打造台属统一的短视频品牌及内容矩阵应成为更高层级的发展目标。北京广播电视台旗下北京时间、江苏广播电视总台以“时间”和“荔枝”为品牌标识关键词打造短视频及新媒体内容矩阵；中央广播电视总台以“央视频”为短视频主打品牌、统一策划内容矩阵，这些或凝聚资源或统分结合的做法更多折射出媒体融合框架中的总体性规划，值得借鉴。

2. 优化内容布局与差异化功能定位，新闻传播与商业探索双轨并进

电视媒体拥有新闻、影视娱乐等大众化内容及垂直细分领域的丰富资源，在优化短视频内容布局上，可基于不同类型的内容确立差异化的功能定位，建立移动端传播矩阵，多层次实现融合传播目标。如以新闻短视频升级台内资源的新闻宣传价值，持续产出优质新闻内容、重大和突发事件期间“在场”，提升移动传播中的“四力”，增强在新媒体领域的话语权；依托垂直类内容的开发，探索变现空间。目前短视频行业正处在深耕内容、探索赢利模式的发展阶段，垂直领域的营销价值正逐渐凸显，以电商、广告、付费等方式探索实现流量变现成为当前共识。电视媒体拥有大量的自制栏目，用户的细分需求大都可找到对应的电视内容，这为电视媒体在垂直细分领域培育高传播力、高变现能力的短视频账号提供了强大的资源支持。

3. 创新短视频管理适配机制，保障内源性动力支持

目前电视媒体短视频的生产、运营及管理多分散在频道和栏目，也有的部分集中于融媒体中心和新媒体机构，很多电视台目前还未建立统一的短视频管理和评估机制，有的甚至没有详尽备案、统计过台内短视频账号。作为融合发展的组成部分，与短视频相伴生的是电视媒体视频业务结构的变化，而非电视内容的简单拆条+网络分发。在原有生产框架和流程下的局部微调，难以保障短视频发展的持续内生动力，也难以应对短视频竞争对电视传播的持续侵蚀。流程再造和机制重构旨在建立适应融合生产的策采编发流程、适配激励和管理评估机制，以制度加持强化内生动力、形成管理闭环，保障短视频布局落地，优化台内新媒体发展布局。

4. 借势行业风口加强内容创新，依托大屏热点探索用户连接与运营

短视频行业对于优质、深度、原创内容的追索，给电视媒体的视频移动化传播领域打开了一个新世界。从创意、创作的角度，要在这个碎片化的新世界中赢得话语权，电视媒体既要依靠长视频资源，也要有能力跳脱其沉淀的思维惯性。原创性短视频意味着打破传统的电视叙事法则，重在解决如何表达的适网性问题；创新性则更关注“未来式”的表达。2018年，短视频持续占据热风口，腾讯、爱奇艺等视频网站巨头开始尝试形式创新，探索布局“微影视”“微综艺”“微纪录”，期望通过短视频与传统形式的结合，探索更强的娱乐性和话题度，更强的社交属性和高传播度，同时扩大变现选择空间。在短视频的创新中，电视媒体不是局外人，2019年4月开播即火、占领热搜的百集5分钟纪录短片《早餐中国》，是由海峡卫视与腾讯视频合作生产的。湖南芒果TV短视频团队依托湖南广电视频资源，挖掘IP价值，2019年又计划孵化微内容。在短视频回归内容的竞争中，电视媒体不仅要应对新媒体领域的传播竞争，作为专业的内容生产机构，也要有驾驭内容的能力、创造热点的能力和预见趋势的智慧。

网络视频曾被打上“个人化”标签、OTT盛起之时，视频网站巨头开始布局客厅大屏；短视频兴起后，则将网络视频作为内容标配并推出独立App，不失时机布局大小屏的背后是视频网站巨头连接家庭与个人碎片化时间、最大范围抢占视频用户资源的雄心。而短视频链上的参与者们也在竞争移动端的同时进驻智能电视大屏、推出短视频App TV版，如抖音、西瓜、梨视频的TV版。电视媒体是客厅大屏的原住民，短视频为依托长视频资源、热点内容及品牌节目整合用户碎片化时间、协同大小屏联动营销创造了实践空间。如湖南广播电视台在抖音上的综艺娱乐类账号拥有2700多万粉丝，2018年芒果TV手机端开设短视频板块，依托自有平台和商业平台，借势短视频深度开发湖南广播电视台旗下所有版权内容，包括综艺和剧集IP、明星资源，开启了连接运营大小屏，构建星粉新互动的尝试。

5.“造船出海”积蓄私域用户，推进自有平台“短视频+”生态建设

在新媒体形式、新业务形式的开场，总是需要借助既有的力量，视频网站之初如此，短视频平台亦如此。“借船出海”还是“造船出海”，是传统媒体在发展新媒体业务时面临的困惑。积极布局商业平台可以在初期助推电视媒体快速拓展新媒体传播疆域，但随着媒体融合实践的不断深入，大家在摸索中日益达成共识，媒体能在多大程度上连接用户、开展更具自主性的运营及赢利模式探索，最终取决于自有平台沉淀用户、影响用户的能力。成功的自有平台建设有望打破“有流量没用户，有爆款没内容”的发展僵局。广电媒体在融合发展中均推出了标配短视频的自有客户端。据CSM统计，目前省级电视台共有48个新闻客户端，平均月活用户1万人；月活用户上万的省级广电App不到三分之一。表面上看，用户量少严重制约了客户端的运营发展，实则反映了凭借客户端深入互联网竞争的电视媒体缺少互联网玩法的空间及资源支持。县级融媒体中心建设逐渐明晰了连接民生服务与政务的发展道路，县级新媒体平台的“新闻+”“视频+”为传统媒体深耕本地提供了连接与融合的示范。电视媒体的短视频之船怎么造，如何改变重复建设的现状，整合资源，如何克服人才和技术的短板，值得思考。中央广播电视台依托5G新媒体平台打造的视听新媒体旗舰“央视频”由此值得期待。

最后，一句老生常谈，洞察用户真需求，数据驱动多维成长。5G 商用，万物互联，技术赋能之下，短视频行业发展将拥有更多可能，短视频+的延展性将继续重构视频生态的演化图景。变化之中持续的潮流是洞察用户真需求。热点在趋势之中多变化，但在用户的需求之中常常有迹可循，对于热点和短视频“下一站”的发现，需要适应当下，也需要站立潮头，有洞察的眼光和对用户需求的把握。

（作者：张天莉）

短视频撬动电视传播变革

一、背景分析：智能电视与短视频

现在是智能时代，吃穿住用行，一切都努力互联网化，一切都积极趋向智能化，正所谓“万物智联”。智能化不是一个单纯的概念，智能化是路径、是方案，更是体验。电视的智能化或者说智能电视，是电视传播领域向着智能化迈进的一个具象。智能电视的英文表述是“SMART TV”。

“聪明的”（SMART）这五个字母说出了智能电视的基本要义。其中，“S”代表 sharing，是共享、分享的意思，这意味着智能电视必须连接社交功能，满足社交化传播的需要。“M”代表 measurable，是可测量的意思，递进的含义是数据化，数据特别是回路大数据也是智能电视应有的组成。“A”代表 addressable，表示可寻址，意味着智能电视的个体终端可识别以及具备双向互动能力。“R”代表 reforming，表示可重组与变形，智能电视的内容长短可变，样态灵活，以满足不同端以及不同场景传播的需要。“T”代表 targeting，表示可定向、可细分、能够按目标人群运营和组接智能电视新业态。

之前的文章曾经讨论过新传播环境下电视产业重组的五要素，即内容、渠道、终端、用户和营销。对照来看，reforming 解释了内容的变化，即由长而短；sharing 说出了渠道的变化，即由单向变分享；addressable 重新定义了终端，即可寻址；targeting 重组了用户即特征聚合与画像，measurable 则说清楚了新营销的要义乃“无数据不营销”。可见，“S~M~A~R~T”已经对智能电视做出了最好注解。

按照电视智能化的时间进程来说，最早出现的风口是所谓的“社交电视”，到如今，社交电视样态已几经演变，从最早的手机电视到后来的微博电视、微信电视以及现在的短视频；接下来是“可寻址广告”，迄今已衍生出程序化广告投放等实体业务；然后是“大数据”风靡，随之即遍地“用户画像”，基于算法的新营销之风骤起。最近的风口则是“短视频”。这样的时序有其深刻的内在逻辑：需求是第一推动力，社交需要激发了电视社会化发展；技术进步提供方案，接入互联网让电视寻址成为可能；然后基于大数据的电视新业态显现；现在则推进到了事物的源头：内容变革必将创造新势能。

电视内容即电视节目主要以长视频形态呈现。按照对观众收视行为的监测和数据分析，10~15分钟是观众观看电视节目的基本时间节奏，由此可以界定节目时长超过10分钟的即长视频；相对应地，小于10分钟的即短视频。关于短视频业内还有另外两个不同的表述，分别是小视频和微视频，这里不妨以时间长度再做一个切分以供参考，比如：5~10分钟的节目称为“小视频”，1~5分钟的节目称为“短视频”，1分钟以内的节目称为“微视频”。当下正火的抖音以15秒界定其视频时长，是典型的微视频，恰比电视广告的长度切口，是非常有利于传播的做法。据说微博等平台也正发力社交微视频领域。

可见，“S-M-A-R-T”对智能电视的重新定义让其内涵更丰富而外延更扩展，远远超出了其“等同于智能电视机”的传统理解。从电视到互联网，智能电视正在重塑视频业态。而短视频是电视传播新业态的怒放之花，是智能电视的新物种代表。长视频智能电视正在遭受短视频智能电视的猛烈挑战。所谓“抖音有毒”，这正是“reforming”的力量。

二、推动力量：年轻人和短视频改写电视

严格来说，短视频不是电视，短视频是飞来飞去的断片儿，琐碎又无序，闪烁于小屏幕，让你忘掉看电视的仪式感。生活中还有什么需要重新找回仪式感呢？比如看电影，进电影院是有仪式感的。明星走红地毯那就更是仪式感的典范。电影票房收入不断创新高，明星身价也发疯似地增长。可见要让观众多些理由看电视，给看电视找回仪式感也许很重要。

现在成长起来的年轻人，在他们人生的各个阶段，仪式感好像从不缺位，反而就淡忘了看电视的仪式感。再说，短视频是快的，电视是慢的。看电视需要时间的冗余与伴随。独生子女成长起来的一代，主要是那些80后、90后们，多半上有老下有小，本来就有点儿顾此失彼，冗余的时间其实挺少。因为冗余时间的局限，他们看电视必然就更挑剔，吐槽多过赞美。挑剔的结果是：仿佛只有爆款才能入眼。可是去哪儿找那么多爆款啊？

接下来，作为独生子女的下一代，是一出生就被互联网包围着的一代。家长们把他们带入电视，互联网又把他们拉出来。他们注定以消费互联网的方式审视电视。这逼迫电视走上了互联网化的不归路：被社交媒体互联网化的人们，分享着、使用着在互联网上游走的各式内容，电视机也互联网化了，连遥控器都互联网化了。互联网就是电视的新存在方式。原来说媒体融合是“你中有我，我中有你”，现在的媒体融合其实必然升级为“你即是我，我即是你”。早先是融，现在只能是合，合二为一。

最新的互联网统计数据说我国现有网民8.02亿，其中98.3%是手机网民；换言之，在互联网众多运营商那里，网民就是手机。这就应了那句“媒介即人的延伸”的经典论述。统计数据又说，“短视频应用迅速崛起，74.1%的网民使用短视频应

用，以满足碎片化的娱乐需求”。言下之意，有手机多半就用短视频。两层意思连接起来，即可以说：网民就是短视频。首先网民生产短视频，其次网民观看短视频，最后网民分享短视频。短视频是网民存在的一种方式，比如微信也是一样。

手机网民规模已占到电视观众人数的62%，短视频用户已占到电视观众人数的46%。现在电视的日均到达率约为52%，介乎上述两个比例之间，手机和短视频对电视的影响可见一斑。相对于互联网，电视观众作为分母的意义更加突出。被互联网化的分子数量越大，电视观众被互联网影响和剥夺的成分就越大。这种相对剥夺感已经深刻影响到电视行业的发展，也影响到了日渐落寞的电视人的心态。

锁定暑期竞争的若干档大综艺或者电视剧，尽管有互联网的喧嚣与狂欢，但并没有电视屏幕的热播如影随形。时代的变化看起来应该是渐进的，实际上则不然，改变也许就在转眼间。不论怎样对数据指标抱怨或者指责，趋势却难以逆转。

有人定义1995年以后出生的一代人为“Z世代”，其实就是“互联网世代”。这个世代群体眼中的电视必然是不一样的电视：他们或许已经带来电视的断代，而我们竟未察觉。

三、影响深化：短视频将持续改写电视

视界革新，趋势赋能。短视频为当下视频行业发展演绎着新趋势，提供着新动能。

新物种，新方式。随着媒体融合进程持续深入，短视频发展正在进入新阶段。来自CSM最新发布的《短视频用户价值研究报告2018~2019》显示，短视频将以其“视觉化的强参与性、社交传播的强互动性、‘短视频+’的连接延展性重构视频生态的演化图景”。

这份报告呈现了一组非常有意思的调查数据，报告指出，29.7%的网民会选择短视频作为“未来三天的唯一性视频媒体”，而相应选择电视作为“未来三天的唯一性视频媒体”网民的比例则只有13.6%。前者是后者数字的两倍还多。

根据CSM全国网收视率调查数据，电视观众三天内收看电视的平均到达率水平约为70%，换言之，三天内没有接触过电视的观众比例约为30%；这个数据和上述三天内只选择使用短视频的29.7%的网民比例极为接近。其中逻辑大致意味着，如果不看电视，则转向只看短视频。短视频构成了对电视的直接竞争。

调查报告中还有一组数据涉及网民跨屏视频使用行为，数据显示，57.3%的网民通常会“组合使用电视和短视频”。如果加上上述选择只使用电视的13.6%的网民比例，则网民中电视的接触度即是70.9%，这和基于收视率调查的电视到达率水平也极为接近。

由此可见，网民与电视观众的边界既相融合也更清晰，以上看似巧合的数据，其实揭示出互联网和电视人群不断增强的内在互动逻辑：互联网用户和电视观众在大屏电视使用行为上更加趋同，同时在（手机屏）短视频使用上则进一步区隔和

分化。

两相比较，有29.7%的网民倾向于选择“只看短视频而不看电视”，有57.3%的网民选择“既看短视频也看电视”，则网民中预计有87%的比例是短视频用户（从13.6%的网民只看电视也可以反推出这个短视频用户的大致比例，进一步印证“非电视即短视频”的强关系）。CNNIC 2018年年中的统计数据显示，全国8.02亿网民中短视频用户规模约为5.94亿，占比74%。从2018年年中的74%增长到本次调查所推算的87%，这将是短视频在2019年预期实现的新规模红利。

电视内容的主体是长视频，自然是和短视频相对立的。短视频对电视边界的侵蚀与消解也同时激发了电视平台寻求发展自身短视频业务的动力。长视频平台发力短视频业务，成为当下媒体融合与转型的标志事件。

在论证电视平台与短视频业务关系时，该调查报告也进一步揭示出短视频对电视节目可能的“牵引效应”。数据显示，73.2%的网民会“因为看了电视节目发布的相关短视频而对该电视节目产生关注”，其中就包括：46.1%的用户会进一步了解该电视节目信息，34.7%的用户会考虑收看该电视节目，23.5%的用户则会激发与他人讨论该电视节目的兴趣。

业界预计，在继续获取规模红利的同时，尽管规模红利正在趋向消泯，短视频的价值型增长也将变得更加重要。电视平台从媒体融合视角出发的短视频业务发展，既是对短视频市场价值提升的一种观照，也是稳定电视平台传统业务的一份努力。

天下武功，唯快不破。又曰“春风得意马蹄疾”。电视平台发力短视频业务，相比于其他互联网传播机构，内容好或者有品相自是不容置疑，但“快”也必是题中应有之意。

四、未来趋势：是变量更是增量

对于电视而言，互联网是最大的变量。受一定的社会时代条件制约，无论内容、用户还是营销资源，客观上都有一个总量天花板。天花板之下，电视和互联网之间存在着阶段性此消彼长的过程。过去电视有用户红利，现在互联网有流量红利。当前阶段，互联网主导下的视频生产、交换和分发，对于电视而言，就是最大的变量。

同时，电视和互联网也正处在一个所谓的“共价值”时代，即二者都以视频传播为其核心价值区间。一方面，电视自然是以视频为核心的，而视频在互联网内容传播中的主体地位也已全面确立。国际知名网络流量分析机构Sandvine近期发布的《全球互联网现象报告》显示，在全球整体互联网下行流量中，视频已占到58%；全球互联网服务商思科公司则发布报告称，预测到2021年，在线视频所产生的互联网流量将占到互联网总流量的82%。

另一方面，“共价值”也可以诠释为“共同价值”。同一个视频内容，对于电视或者互联网而言，其实是具有“共同价值”特征的（指视频内容一旦生产出来，对于不同传播平台，其潜在价值是相同的），其“共同价值”一般凝结于版权；但是其市场定价却取决于不同传播平台的价值交换和变现能力。

电视所采购的视频内容版权（播出权）主要依靠广告进行价值交换和变现，网络采购的视频内容版权（播出权）在广告之外还有流量价值的直接变现即用户付费。近期爱奇艺、优酷、腾讯等视频网站纷纷启用网大、网剧、网综等长视频内容与制作方合作分账模式，其中就既包含流量分成也包含广告分成。

比如爱奇艺的网大流量分成，也称内容分成，以影片有效付费点播量和由内容评级决定的分成单价来综合计算；优酷的网剧流量分账则由“合作剧集会员观看总时长占剧集总时长的比例乘以定级单价再乘以集数奖励系数”来计算。各自的广告分成则主要是指在影视剧付费期结束转成免费播放后的广告收益分账。

这样来看，视频内容（包括短视频）的价值实质上已外化为三个基本要素，即版权、用户和广告。版权是用户和广告的函数。用户即流量，包括人数和时间。版权的潜在价值是既定的，但是版权的市场价值取决于播出平台之间的竞争和盈利模式（即用户和广告）：相比电视，网络的流量变现能力往往可以赋予视频版权更高的定价。

事实上，除了付费会员带给网络视频的流量收入之外，广告也是流量变现的一个通道，只是前者属直接变现，后者是间接变现。所以流量对于网络视频而言是具有乘数效应的。但是我国的电视并没有走上订户付费和广告经营并举的复合运营模式。在观众分流和广告市场不景气的双重作用下，传统电视的生存和发展面临空前挑战。

实际上，收视率在电视经营中发挥的作用与流量之于网络视频运营中的作用类似。收视率为电视节目定价，而流量则通过直接或间接变现方式为网大、网剧、网综定价。收视率被称为电视行业的通用货币，流量在网络视频领域也同样起到了通用货币的作用。就像收视率一般由第三方调查机构提供一样，流量数据也非常需要第三方稽核。电视的困境不断波及收视率，收视率承诺或者收视率保底的做法看上去像是电视在自救，但是受制于变现方式单一，即便有收视率也未必有广告。流量则不同，虽然流量也被诟病注水和造假，但是靠流量驱动的网络视频运营仍能边发展边创新。

电视与互联网融合发展的内涵之一即化变量为增量。互联网是电视发展的最大变量，也是重塑电视未来的最大增量。围绕版权、用户、广告三要素，打通电视收视率测量与互联网流量稽核，实现视频市场的通用数据货币统一化，必将是推动电视化变量为增量并实现融合发展的重要一环。

（作者：郑维东）

2020 年中国电视市场十大发展趋势

在移动互联网和智能终端迅速普及，以及 5G、人工智能、AR 等新技术的推动下，智媒体时代到来。2019 年，全国电视观众人均每天收看时长继续减少；2019 年前三季度，中国广告市场整体下滑；中国彩电零售市场也持续低迷。也是在同一年，省级广电推动频道“精简精办”；短视频成为传统电视实现媒体融合的契合点；中国连续两年在法国戛纳电视节上举办中国原创节目模式推介会……我们见证了传统媒体的崩解与坚守。那么，在 2020 年智媒体时代，新旧媒体交融将带给我们怎样的启发和选择？本文从收视数据和测量方法、内容趋势和发展、广告营销创新、广电机构改革与融合、电视行业技术发展、主流价值多元化与原创内容国际化等多个角度分析和预测了传媒市场在新的一年的动态。

趋势一、电视收视：受众视频消费时间触顶，网络视频收看分流电视受众

2019 年上半年，全国电视观众 12.58 亿人①，网络用户 8.54 亿人（其中网络视频用户 7.59 亿人）②。近年来，网络视频媒体借助技术和资本的威力爆发式崛起，分散了电视受众的注意力，动摇了电视在用户市场的主体地位，全国观众人均每天收看电视的时间不断下降，但不可否认，短期内电视媒体仍将是受众规模最大的媒体。

与此同时，历经数年高速增长，网络视频媒体也已走过人口红利期。Kantar Media Audience 中国区资深数据科学家郑维东先生在《视频消费不破天花板》一文中提道：“从 2012 年的 169 分钟，到 2018 年的 166 分钟，再到 2019 上半年的 164 分钟，全国城乡居民人均视频消费总时长不但没有增长，反而呈现小幅下降的趋势。我们清晰地看到了视频消费的玻璃天花板。”③ 这一方面离不开多样化数字媒体加速消化市场，另一方面与用户视频消费时间触达上限有关。关于视频消费触顶，还有学者认为，数字技术的新发展显然正在为受众的观看行为提供更加丰富的选择，这

① 数据来源：CSM 媒介研究全国测量仪，日期范围为2019年1月1日～6月30日。

② 数据来源：第44次《中国互联网络发展状况统计报告》，中国互联网络信息中心，2019年8月。

③ 郑维东. 视频消费不破天花板[J]. 收视中国，2019(10).

种“自我确认”式的观看实践正在变得日益强化。① 在媒介和受众之间，经年形成的生活和使用习惯，正是让媒介发展和媒介消费协同发展所不可忽视的力量。

2020年电视行业仍面临巨大的市场竞争压力，但随着5G通信技术的落地，以及新终端设备的普及和智慧电视视听业态的发展，正在进行融媒体转型及在智慧电视领域谋篇布局的中国电视仍然拥有巨大的发展机遇。

趋势二、电视剧：现实主义题材仍是未来主流，符合大众审美的品质剧将受更多青睐

虽然2019年上半年有《知否知否应是绿肥红瘦》《陈情令》等古装剧收视亮眼，年底有《大明风华》《庆余年》等古装剧获得高口碑，但国家广播电视总局相关数据显示，2019年电视剧制作备案中，古装剧题材数目仅占总量的7%，较2018年同期的177部减少了68%，古装剧播出数量受控，未来现实主义题材仍将是中坚力量。②

受总局政策的影响，都市女性群像、家庭教育、甜宠等题材的现代剧立项较多，反腐、政法、军旅、公安等题材的写实剧，权谋、宫斗等特殊题材剧过审流程相对复杂和严格。从2019年已播出剧目来看，无论是从大型军事题材转为关注新中国成立后普通人故事的现实主义献礼剧《外交风云》《在远方》《奔腾年代》《激情的岁月》等，还是戳中社会痛点、引发媒体热议的现实主义剧目《都挺好》《小欢喜》《破冰行动》等，受观众青睐的剧目都是以小见大的真实“人性”展现的，剧情更贴合现实环境需求，并积极弘扬主流价值观，这类符合大众审美的品质剧将赢得多方青睐。

在市场驱动与政策规范下，超长剧目会越来越少，仅靠流量明星带动的剧目也将减少，多元化的现实主义题材将会不断被垂直细分。未来将会出现更多高品质现实主义题材的剧目，比如即将要播出的《他其实没有那么爱你》《怪你过分美丽》《完美关系》《平凡的荣耀》《青春创世纪》《棋魂》《人民的财产》《大江大河2》《我是余欢水》等依托律政、金融、公关、科技、邮轮、电商、体育、政府等十多个行业的现实主义剧目。这些剧目一方面会用广普视角展现真实的职场故事，另一方面会围绕剧中人物的真实“人性”，对其精神内核与延伸的价值进行多方提炼，努力找到与社会痛点和热点话题的契合点，以满足更多受众在观剧时的价值认同和情感共鸣。

---

① 常江，石谷岩.阿曼达·洛茨：未来的电视是一种非线性文化——数字时代的电视与电视研究[J].新闻界，2019(7).

② 精品化爆款剧集层出不穷，网剧不再粗制滥造[EB/OL].(2020-01-20)[2020-01-22].http://finance.ifeng.com/c/7tORxLnJaVQ.

趋势三、电视节目：始于大众传媒，向顺应复杂立体圈层的垂直小众化发展

移动互联网的碎片化场景下，伴随信息渠道多元化而来的，是用户注意力的稀缺，人们更加趋向个性化的内容、沉浸式的体验。在立体化传播体系中，一些综艺节目注重构建完整的多屏矩阵，实现节目跨界布局。如爱奇艺和上海东方卫视播出的《做家务的男人》不再将观众视为单一圈层，借助代表3类中国男人形象的节目嘉宾在社交和口碑的传播实现节目跨界布局，构建多维度、立体化的圈层社交，满足了不同受众的多种收视需求，实现了节目的精准交叉定位。综艺节目不仅在传播领域不断寻求突破，在内容方面也在不断垂直深耕。一些观察类的节目主题集中在亲子、夫妻、代际关系等方面，使不同社会身份的观众都在节目中体验到了符合自己身份、视角的真实感受，消解了受众与某单一类型节目之间的距离感。比如湖南卫视《我家那小子2》《我家那闺女》中观众对明星社会人的身份认同，将会转为对节目中母子情、父女情、情侣情等多种情感的深度沉浸，进而形成可传递性体验。未来大型户外竞技类节目受限于场地、环节、嘉宾等因素影响或将遇冷，更多的节目会集中在有观察真人秀元素的垂直细分内容中。

此外，随着纪录片的用户和品类的不断扩展，更加垂直细分的专题节目也成为除电视剧、综艺和新闻节目以外的一大类型。碎片化和快节奏正成为纪录片的亮点，让原本刻板的纪录片内容鲜活起来，为其创造了新生力量，极大地满足了观众在碎片化时代的观赏需求。纪录片将会朝着更为小众化的方向发展，并有望在某一特定领域形成更加复杂立体的圈层文化。比如上海东方卫视的《宠物医院》虽然每期只有35分钟，但内容上根据同一家宠物医院里不同动物遇到的问题而单成一期，这些内容既能连成一个整体，又能独立成期，有利于内容在长、短两个视频平台播出，片尾还有宠物养护贴士，这不仅满足了专题节目的高端观众的喜好，又贴合了宠物圈观众的兴趣。未来传统纪录片大而全的宏观视角将会更多地聚焦垂直小众的内容切口，节目体裁将趋向短小精炼，而叙事节奏也会更加紧凑。

趋势四、广告：外部环境施压电视广告下行，营销新形态为广告主链接消费者搭建桥梁

2019年，广告仍是电视媒体价值变现的主要方式，但受经济大环境影响，广告投入缩减，这给以广告为收入支柱的传统电视行业带来了危机。中国银行研究院数据显示，2019年中国GDP增长预计在6.1%左右，较往年明显放缓。[①] 受此影响，

---

① 中国银行经济金融展望报告［EB/OL］.（2019－11－28）［2020－01－22］.https://www.boc.cn/fimarkets/summarize/201911/t20191128_17201787.html.

2019年企业家对宏观经济向上运行的信心减弱，广告投放意愿下降。在国家统计局公布的2019年前3季度数据中，国内企业主信心指数[①]均值为124.4，较2018年同期124.6的水平有所下降。[②] 央视市场研究《2019中国广告主营销趋势调查主要发现》中提到，广告主在2019年增加预算的水平为10年来新低，并且对电视、广播等传统媒体的广告投放意愿有所下降。

受市场外部环境制约，2019年整个广告市场以及电视广告行业走势低迷。央视市场研究数据显示，截至2019年第三季度，中国广告市场整体下滑8.0%，广告市场下行态势由传统媒体蔓延至互联网媒体，市场整体筑底态势显现。[③] 其中，传统媒体的广告刊例花费同比降幅为11.4%，电视同比下滑10.8%；互联网媒体的广告刊例花费同比降幅为4.2%，与上一年同比增长7.1%的走势形成鲜明对比。

除宏观经济环境下行和行业竞争加剧外，新营销手段的产生和发展，也对传统广告产生了冲击，同时拓宽了广告营销的外延和内涵，增加了广告市场未来发展的变数，市场结构性调整或将持续。近年来，借助数字和移动通信技术，场景式营销和数字营销为广告主成功链接消费者搭建了新的桥梁，丰富了以媒介时段或版面为纽带链接广告主和消费者的传统广告形态。广告营销正不断走出“眼球经济”圈层，向“体验经济”范畴靠拢。包括户外广告在内的场景式营销，以及以在线社交、网红营销、网络直播等为代表支持即时购买的数字化营销方式，不断获得广告主的认可和关注。央视市场研究2019年前3季度数据监测中，电梯电视、电梯海报和影院视频的广告刊例花费呈上升状态，涨幅分别为2.8%、4.5%和3.6%，是监测中为数不多的广告花费上升的媒体。[④] 另据秒针系统联合AdMaster、GDMS共同发布的《2020中国数字营销趋势报告》，在社会化营销预算投入方面，71%的广告主将在2020年增加社会化营销预算，平均增长15%，同时广告主对短视频/直播的重视程度较2018年上升明显，比例达53%。

趋势五、改革：广电机构将加快频道精简精办，打通各个平台，激活频道生产运行效率

“加快推动频道精简精办、媒体融合发展”是未来一段时间里省级广电改革最重要的主题。精简精办的改革已从付费数字频道关停并转行进至现在开路频道精简的阶段。上海广播电视台在开路频道的精简精办中推进最快，2019年1月，上海广播电视台整合娱乐频道和星尚频道，打造出新都市频道，整合炫动卡通频道和哈哈

---

① 企业家信心指数综合反映企业家对宏观经济的看法和信心，反映的是各大行业在3个月内的平均变化，信心指数的取值范围在0~200之间，以100为临界值。

② 数据来源：东方财富网，http://data.eastmoney.com/cjsj/qyjqzs.html。

③ CTR.2019年前三季度中国广告市场回顾报告[EB/OL].(2019-11-15)[2020-01-22].http://www.199it.com/archives/966704.html.

④ CTR.2019年前三季度中国广告市场回顾报告[EB/OL].(2019-11-15)[2020-01-22].http://www.199it.com/archives/966704.html.

少儿频道，打造出哈哈炫动卫视。2020年1月纪实频道和艺术人文频道整合调整为纪实人文频道，东方电影频道和电视剧频道整合调整为东方影视频道。此外，2019年5月，北京广播电视台整合体育频道和纪实频道，打造出上星频道北京冬奥纪实频道。2020年1月天津台公共频道停播，相关内容已提前整合至科教频道。

在电视广告行业发展的上升时期，电视频道是稀缺资源，其数量的增加就可能带来收入的增长。但随着媒介环境的发展变化，粗放的管理方式和冗余的频道结构已经成为传统广电转型的拖累。根据CSM媒介研究数据，除去专业购物频道外的全国202个省级地面频道中，在本省省网及本省省会城市，2019年晚间时段市场份额都低于1%的频道数超过50个，两网都低于0.5%的频道数超过30个。这些频道主要定位在科技教育、公共、新闻、生活、少儿、农业、体育等方向。这些频道在电视大屏端的传播力与影响力已经日渐式微，如果不能有效地嵌入相关产业链，不能加快融合媒体转型发展，加速占领新媒体阵地，实现跨平台、多终端的融合传播及在垂直领域开拓多种营收方式，那么这些专业性的甚至具有公益性的电视频道也可能面临整合、转型甚至关停的境况。随着精简精办的加快推进，未来省级电视媒体在开路频道上将可能形成1~2个上星频道加上3~5个有竞争力的地面频道的组合格局。

供给侧的改革可能表现为大屏端电视频道的减少，但绝不意味着传统广电战略的收缩。中央广播电视总台4K高清频道、国防军事频道、农业农村新频道以及大湾区广播的陆续开播都是传统广电针对新传播需求打出的重拳。电视大屏平台内容的适度缩减也并不意味着放弃垂直领域的内容生产。如果能做好垂直领域内容生产并加强与新媒体传播需求的适配，电视大屏和移动小屏都能够成为重要的内容传播及营销通路。

在频道精简精办的同时，为了更好地推动融合传播的发展，许多广电媒体在管理层面从频道制转为大中心制，并设立了内容生产的工作室制度。通过垂直定位的内容集群和扁平化的管理，打通了电视大屏及移动端的各个新媒体平台，激活了频道的生产运行效率，形成了更强的市场竞争力。

如果说过去的广电媒体具有很大的相似性，那么随着机构改革的深入，各电视台在内容生产和传播渠道上将表现出自身更多的特点，形成自己的品牌特色。

趋势六、媒体融合：广电媒体发力短视频MCN，将融合传播推向深入

媒体融合上升为国家战略已经有5年时间，全国各级广电媒体在融合传播上一直在不断探索与尝试。随着短视频平台的崛起，广电媒体也逐渐找到了其在媒体融合中的突破点。以堪称风向标的中央电视台《新闻联播》为例，2019年7月29日，中央广播电视总台新闻新媒体中心正式推出了《主播说联播》的短视频栏目。8月16日，《新闻联播》微信公众号正式上线；8月24日，《新闻联播》开通抖音号和

快手号。8月25日，《新闻联播》在快手上首次尝试同步直播。CSM融合媒体数据云平台V+scope的监测数据反馈，相关内容的视频播放量、博文阅读量、累计转发量、评论量、点赞量等在短时间内就有非常出色的表现。新媒体端的多屏互动和全平台传播甚至带动了电视大屏端《新闻联播》节目收视率的增长，特别是15~24岁年轻观众收视增幅最大。

广电媒体在精简精办"做减法"的同时，在短视频平台上不断"做加法"，形成新的生产力与传播力。虽然MCN是新型的媒介组织形态，但广电媒体从内容生产、传播流程，到媒体人的专业、垂直的运营优势，都与MCN机构有高度的适配性，广电媒体强大的内容生产资源和专业能力沉淀，令其在短视频赛道上具有强有力的竞争支撑点。不少地方广电媒体的短视频MCN也在与抖音、快手等商业化短视频平台的合作中逐渐探索出了一些新出路。湖南娱乐频道、中广天择、黑龙江广电、浙江广电、山东广电等许多广电媒体都加速入场布局，并在娱乐、母婴、美食、美妆等各自不同的优势垂直领域深耕，取得了令人欣喜的传播效果。如湖南娱乐频道的短视频签约达人有200位，抖音单平台的粉丝过亿，实现了一个地面频道从省内走向全国市场的跨越。作为国家队的中央广播电视总台也在2019年年底推出短视频传播新平台，构筑融合传播新生态。其推出的央视频App是基于5G+4K/8K+AI等新技术，聚焦泛文体、泛资讯、泛知识等品类，以账号体系为内容聚合逻辑，连接撬动总台长期积累沉淀的优质资源和各类社会头部创作力量，共同打造的综合视听新媒体平台。

在传统媒体广告经营收入遭遇困境时，广电MCN的内容矩阵通过广告植入、电商带货等形式找到了流量变现的盈利新方式。湖南娱乐频道甚至透露出，2020年广电MCN收入将超过传统电视广告板块，这也让业内对于广电系短视频MCN转型产生了更多的期待。

趋势七、技术发展：彩电市场竞争白热化，5G智能化时代为8K电视的快速渗透提供利好环境

奥维云网《2019中国彩电市场总结报告》指出，2019年全球彩电市场增速放缓，全年出货2.26亿台，同比微增0.4%；中国彩电零售市场持续低迷，全年零售量4772万台，同比下降2.0%，零售额1340亿元，同比下降11.2%，行业均价2809元，创10年最低；彩电产品需求下降，百户拥有量119.3台，同比下降2.4%，6年来首次下降。奥维云网预计，2020年中国彩电市场零售量规模将进一步收缩，全年零售量4613万台，同比下降3.3%；零售额1262亿元，同比下降5.8%，市场竞争更加白热化。①

① 奥维云网.2019年中国彩电市场总结[EB/OL].(2020-01-16)[2020-01-27]..http://www.199it.com/archives/999217.html.

2019年6月6日，工信部正式向中国电信、中国移动、中国联通、中国广电发放5G商用牌照。2020年1月初，工业和信息化部依申请向中国广播电视网络有限公司（以下简称中国广电）颁发了4.9GHz频段5G试验频率使用许可。此次许可意味着其700MHz+4.9GHz“低频+中频”协同组网策略终于明确。根据《中国广电5G试验网建设实施方案》，中国广电将在北京、上海、广州和深圳在内的16个城市进行5G试点，计划总投资为24.9亿元。① 据了解，2020年广电5G将正式商用，同时将开展个人用户业务和垂直行业应用，并将在2021年基本把广电5G网络打造成为正能量、广连接、人人通、应用新、服务好、可管控的新型网络。②

2019年9月，华为正式发布65寸智慧屏，以智慧屏的叫法正式进军彩电行业。虽然华为的入局并未改变2019年市场的低迷状态，但这对传统彩电厂商的“鲶鱼效应”是有目共睹的。如康佳未来屏传递的核心“大屏幕、大智慧”；TCL以“你好，大‘视’代”为主题推出的超大屏电视产品；长虹推出的兼备极智控、极智传、极智通、极智玩四大功能的极智屏等。这些，无不是对电视大屏的独特诠释。面对大屏化的趋势，8K分辨率成为电视的基本盘，尤其是随着5G技术的下放，高带宽的特点将会积极促进高清内容的传播。2020年央视春晚5G+8K的拍摄、东京奥运会的8K转播、欧洲杯赛事的举办，都将为8K电视未来的快速渗透提供更多利好环境。

趋势八、主流价值：主旋律概念被拓宽，主流价值观呈现方式将更加多元化

以弘扬社会主义精神文明，传达国家主流意识形态话语为首要任务的主旋律内容常见于吉林卫视《省长热线回声》、北京卫视《向前一步》等沟通政府与百姓之间交流的新闻评述节目，以及上海东方卫视《我们在行动》等具有特殊主题（扶贫）的专题节目。随着时代进步，聚民心是宣传思想工作的重要依托，未来主旋律内容将会基于“以小见大”的真情展露，用更丰富、更多元化的方式展现出来，进一步巩固思想文化“长城”。

不仅如此，主旋律节目形式也呈多样化发展态势：如上海东方卫视《大城小事派出所的故事2019》、北京卫视《生命缘》等民生纪录片制作愈加成熟，以小民生为切入口展现社会风貌，完成以小见大的讲述，回归大众真实生活的细节记录。又如江苏卫视的《我们仨》、上海东方卫视的《忘不了餐厅》和浙江卫视的《漫游记》等日趋增多的观察类真人秀节目，它们以嘉宾们的真实生活作为观察对象，引发了很多以大众日常生活为话题的讨论，让观众在欢笑中发现生活的真知。再如，

---

① 广电5G网络建设计划出炉[EB/OL].(2019-10-25)[2020-01-22].http://tc.people.com.cn/n1/2019/1025/c183008-31419784.html.

② 广电5G将于2020年正式商用[EB/OL].(2019-11-21)[2020-01-22].https://tech.sina.com.cn/roll/2019-11-21/doc-iihnzahi2424895.shtml.

江苏卫视的《一本好书》、安徽卫视的《大地艺术家》、山东卫视的《国学小名士》等注重文化传承的节目，它们在“春雨润物细无声”中满足了大众对美好文化生活的向往。未来将会出现更多展现节目嘉宾社会关系和日常生活，用个人情感变化和冲突反映个人与社会发展关联的节目形式。

同时，观众在影视剧里看到的也不再是对“大事件”“大主题”的简单罗列呈现，而是一个个鲜活的人物和丰满的故事表达。比如《老酒馆》《在远方》《奔腾年代》等2019年播出的推荐剧目，都是通过塑造一系列鲜活的人物完成经典的叙事，进而达成了对符合人类普遍心理需求的价值观的传递的。未来在影视剧方面，制片方将会更多地通过对影视剧人物的着力塑造，以人际关系推动剧情发展，以真情实感的走向反映个人与国家命运的关联，观众将会看到更多情节合理、三观正确、充满温度的优质电视剧。

趋势九、国际化：中国节目模式国际舞台发声，优质原创内容向全球出发

在2019年4月第56届法国戛纳春季电视节MIP Formats期间，一场名为“WISDOM in CHINA”的原创节目模式推介会在国家广播电视总局指导下成功举行。这已经是中国原创综艺连续两年以“集体”走出去的姿态亮相国际市场，吸引了全球同行的高度关注。此次推介会选取了上海东方卫视的《闪亮的名字》、北京卫视的《上新了·故宫》、湖南卫视的《声入人心》和《我是未来》、浙江卫视的《熟悉的味道》，以及腾讯视频的《超越吧！英雄》和《即刻电音》7档中国原创精品，并以“中国节目模式新机遇”为主题进行了推介，以独特的中国原创综艺向全球客户彰显了中华文化的魅力。

在同年10月举办的法国戛纳秋季电视节上，中国连续第16年在该电视节设立联合展台。此次中国联合展台约有400名中方代表参与其中，有包括中国国际电视总公司、五洲传播中心、湖南卫视等在内的50余家中国影视机构参展。其中，湖南卫视联合电视节组委会Reed MIDEM在戛纳国际电视节第一天正式启动了“全球飙计划”，旨在向所有国际制作公司和电视平台征集爆款节目创意，所征集创意将在2020年戛纳国际模式大赛上进行最终角逐。

从近两年中国原创综艺“抱团”闯戛纳的战绩看，《国家宝藏》《我就是演员》《声入人心》等诸多原创模式在海外成功发行和输出，中国节目越来越多地受到了全球范围的青睐。而从近年中国原创综艺节目输出的整体情况看，已有不少优质的国产原创综艺模式在此之前就已悄然出海，例如中央电视台的《中国好歌曲》《朗读者》，江苏卫视的《全能星战》《超级战队》和东方卫视的《天籁之战》等。如果说中国综艺在戛纳成功完成了“走出去”的宣示，那未来中国创作者们真正期待的则是如何实现“全球播”的跨文化传播。

趋势十、收视测量：紧跟广电媒体改革，升级融合传播研究

当融合发展成为传统媒体面临的紧迫课题时，CSM 媒介研究推出了电视新闻融合传播指数。该指数结合电视收视率与网络数据，以省级电视台新闻内容为评估对象，覆盖电视、短视频、微信、微博、电视台自有新闻客户端等主要传播渠道，基于20项细分指标建构综合性评价指标体系，综合量化评估电视新闻在融合传播中的进程与发展水平，为提升电视媒体新闻融合传播力提供科学客观的数据支持。不仅如此，CSM 媒介研究还将进一步拓展融合传播指数体系，从粤港澳大湾区、珠三角城市群起步，以新闻媒体融合价值评估为起点，构建都市圈、城市群级广电媒体融合传播评估体系。此外，CSM 媒介研究推出的融合媒体数据云平台“V +Scope”，内建深度的数据分析和丰富的数据可视化功能，为广电媒体跨平台多渠道传播的数据研究需求提供一站式解决方案。

当广告主遭遇大屏营销效果跨平台评估痛点时，CSM 媒介研究升级信号来源测量技术，同屏辨识精确到人的各平台收视行为。“TV+同源收视测量”涵盖了电视直播、智能电视开机、OTT、IPTV 等多个互动平台的收视行为。“Smart TA 模型”为大屏广告精准投放提供了科学、可靠的终端到个人 TA 属性的评估工具。“CSM-MAPS 跨直点播广告投放系统”将实现同源体系下跨电视直播及数字化大屏广告的计划与评估功能，为跨平台广告投放与优化提供参考依据。

当电视广告投放亟须精准定位目标消费人群时，CSM 媒介研究联合 KWP 共同推出了实际购买者收视率（RCRs）。在 CSM 媒介研究专业的电视收视市场研究基础上，融入 KWP 消费者指数，将两个连续样本库进行跨域数据融合，使得收视率数据在传统目标观众的自然属性上，增加了不同品类、品牌的消费信息，实现了对目标观众的精准定位。

当电视营销需要更多数据支持来推进对下沉市场的了解时，CSM 媒介研究推出了低线城市网收视数据。该数据深度挖掘低线城市、年轻观众的大屏电视收视偏好，帮助广告公司、企业主等精准定位广告目标、优化媒介计划及营销策略，为其抢占“下沉”市场先机提供了可量化的观察及分析工具。

当广播处于台网共生新阶段时，CSM 媒介研究推出了基于同源数据的跨平台测量服务，升级了手机虚拟测量仪系统，实现了基于同源样本的跨平台、多终端、全天候多场景的数据测量。针对广播电台的融合传播研究数据，为电台融媒转型提供全面评估打下了牢固的基础。

当体育赛事传播格局发生变革时，CSM 体育基于数年的建模、调研与分析沉淀，推出了体育赞助全媒体监测与价值评估模型，建立了涵盖电视、新媒体、平媒、网媒、社交媒体以及现场在内的360 度全媒体价值评估体系，成为全球首家进行体育赞助全媒体价值评估的体育调研机构。

结　语

顺应市场格局变化、紧抓技术升级机遇、主流媒体影响力稳步提升、多业务谋篇媒体融合，是中国传媒市场在 2019 年的重要发展特征。未来，传媒市场仍会面临诸多变数，然而新的内容生产体系、传播逻辑和路径正在市场多重力量的作用下逐渐清晰。对于中国电视媒体和传媒机构而言，未来如何借助新技术和新商业的活力，以优质内容引领社会价值、以贴身服务吸引用户使用、以新的算法重新评价融合传播价值，传统媒体和新媒体在融合发展中又会有何种碰撞和火花，我们拭目以待。

（作者：丁迈）

第三部分
Part Three

数据 Rating Data

一、基本收视条件

表 3.1.1 2019 年全国收视调查网视听设备拥有情况

	电视机台数		电视机种类		其他视听设备				
	1台（%）	2台及以上（%）	液晶电视机（%）	智能电视机（%）	互联网机顶盒（%）	影碟机（%）	智能手机（%）	平板电脑（%）	个人电脑（台式或笔记本）（%）
全国	74.6	25.4	83.3	43.7	3.5	8.2	89.7	14.0	43.8
城域	76.6	23.4	89.9	47.9	5.5	6.7	93.0	21.8	55.2
乡域	73.2	26.8	78.6	40.7	2.0	9.3	87.4	8.4	35.7

表 3.1.2 2019 年各省级收视调查网视听设备拥有情况

省份	电视机台数		电视机种类		其他视听设备				
	1台（%）	2台及以上（%）	液晶电视机（%）	智能电视机（%）	互联网机顶盒（%）	影碟机（%）	智能手机（%）	平板电脑（%）	个人电脑（台式或笔记本）（%）
安徽省	63.5	36.5	85.2	39.7	2.7	4.5	84.1	11.0	35.3
福建省	65.1	34.9	87.7	38.7	3.7	5.1	90.2	17.1	43.3
甘肃省	83.7	16.3	70.6	46.9	0.8	24.6	94.1	8.3	36.5
广东省	84.0	16.0	92.5	54.0	5.0	8.4	94.8	16.4	54.2
广西壮族自治区	84.9	15.1	81.6	48.4	2.8	10.7	87.4	6.1	29.0
贵州省	89.7	10.3	82.0	24.1	1.2	12.0	79.7	4.1	16.4
海南省	86.2	13.8	87.4	41.1	0.7	13.2	87.8	6.9	23.4
河北省	78.7	21.3	73.8	29.0	2.0	2.0	86.9	4.6	39.2
黑龙江省	88.9	11.1	81.1	45.2	5.5	3.0	92.3	8.7	36.3
河南省	75.3	24.7	72.7	52.5	2.7	7.4	90.6	9.6	41.9
湖北省	72.5	27.5	86.0	52.8	2.8	7.7	91.0	13.0	50.3
湖南省	81.0	19.0	88.2	53.6	2.2	5.3	88.5	9.4	30.8
内蒙古自治区	87.0	13.0	75.2	42.5	2.5	7.6	93.2	7.9	41.5
江苏省	49.2	50.8	84.7	37.5	5.1	9.6	90.0	21.0	60.6
江西省	69.7	30.3	81.2	39.9	2.0	4.8	92.6	12.0	40.7
吉林省	85.6	14.4	88.0	38.1	4.6	6.2	91.5	11.7	40.6
辽宁省	83.6	16.4	81.7	34.9	5.4	5.4	90.8	9.4	37.1
宁夏回族自治区	86.2	13.8	78.8	40.6	0.8	9.1	95.5	7.3	30.1
陕西省	78.7	21.3	81.0	47.8	4.2	11.3	94.2	13.0	40.6
山东省	88.5	11.5	79.3	47.9	4.0	4.0	84.5	10.4	50.9
山西省	76.2	23.8	73.9	36.1	4.2	3.8	93.1	13.4	48.3
四川省	67.7	32.3	82.7	37.2	0.7	11.9	85.0	7.4	33.7
新疆维吾尔自治区	97.5	2.5	79.6	16.3	3.0	1.7	91.1	6.9	31.5
云南省	84.9	15.1	78.4	49.7	1.6	42.0	93.3	11.7	32.6
浙江省	41.9	58.1	89.1	38.7	4.6	5.6	85.5	29.0	53.2

表 3.1.3　2019 年各城市收视调查网视听设备拥有情况

城市	电视机台数		电视机种类		其他视听设备				
	1 台（%）	2 台及以上（%）	液晶电视机（%）	智能电视机（%）	互联网机顶盒（%）	影碟机（%）	智能手机（%）	平板电脑（%）	个人电脑（台式或笔记本）（%）
安庆	75.8	24.2	91.7	26.1	5.0	2.7	88.7	22.5	50.5
宝鸡	92.4	7.6	81.6	53.6	4.3	8.0	92.9	15.8	64.0
包头	93.7	6.3	85.1	55.4	7.8	1.8	95.3	20.0	59.7
北海	82.0	18.0	90.1	41.9	7.4	26.3	96.8	26.8	70.5
北京	79.0	21.0	97.4	67.9	4.6	3.1	95.2	54.6	67.3
蚌埠	64.6	35.4	89.4	55.2	3.3	3.1	95.0	21.6	58.7
长春	87.6	12.4	93.5	58.5	8.4	15.4	94.4	27.9	62.3
常德	65.4	34.6	93.7	58.0	1.4	15.9	91.0	23.7	47.2
长沙	84.4	15.6	89.1	52.4	6.0	6.9	95.8	24.5	62.3
常州	42.7	57.3	93.4	78.0	8.2	5.2	92.3	42.3	65.2
潮州	66.8	33.2	94.3	47.5	15.8	25.0	95.4	17.5	55.6
成都	71.6	28.4	92.3	26.8	2.0	0.7	94.7	11.0	59.5
赤峰	85.2	14.8	87.9	63.8	6.4	12.4	94.8	12.3	60.1
重庆	65.9	34.1	91.0	50.3	1.4	3.9	88.9	14.5	45.6
大理	65.6	34.4	85.2	63.5	4.9	49.6	91.9	20.2	47.9
大连	90.1	9.9	91.0	59.6	11.3	13.7	94.2	25.6	63.3
丹东	79.3	20.7	96.5	45.1	11.6	0.0	91.1	10.4	34.3
大庆	92.5	7.5	90.4	72.2	4.3	4.5	94.5	23.9	54.6
大同	94.1	5.9	82.6	14.3	7.3	1.7	93.9	11.9	54.2
达州	74.2	25.8	75.3	27.8	0.8	24.6	81.5	9.0	36.1
德州	95.9	4.1	78.9	41.6	3.6	6.8	91.8	9.0	45.7
东莞	84.0	16.0	82.3	52.7	6.2	5.0	92.3	13.7	42.9
佛山	75.1	24.9	90.6	48.7	3.3	4.1	94.0	29.4	57.8
抚顺	89.4	10.6	92.2	42.2	14.0	30.4	91.4	25.3	50.3
福州	55.1	44.9	90.7	74.3	6.9	0.7	95.8	23.2	71.5
赣州	74.5	25.5	78.8	40.9	2.9	6.3	88.9	7.6	41.8
广元	73.3	26.7	90.4	66.7	0.7	14.2	93.0	17.4	46.3
广州	88.5	11.5	87.3	51.9	7.1	7.2	93.2	16.9	61.3
桂林	88.0	12.0	90.8	48.9	5.6	5.7	94.7	21.6	71.0
贵阳	92.9	7.1	95.7	52.8	10.5	0.8	95.6	15.8	49.9
海口	87.3	12.7	92.4	49.7	0.7	9.1	93.3	10.2	44.6
杭州	45.5	54.5	97.2	44.0	6.5	4.1	96.6	48.4	68.4
哈尔滨	89.0	11.0	88.9	53.1	18.4	5.2	94.7	15.3	45.1
合肥	78.5	21.5	90.7	46.0	3.9	0.0	94.2	10.2	33.3
衡阳	93.7	6.3	94.3	56.6	2.8	0.6	91.9	20.3	22.7
呼和浩特	95.5	4.5	84.6	38.8	5.7	6.4	95.3	14.8	42.8

续表

城市	电视机台数		电视机种类		其他视听设备				
	1台（%）	2台及以上（%）	液晶电视机（%）	智能电视机（%）	互联网机顶盒（%）	影碟机（%）	智能手机（%）	平板电脑（%）	个人电脑（台式或笔记本）（%）
惠州	83.7	16.3	94.2	47.3	3.3	17.6	93.8	11.1	46.2
湖州	32.9	67.1	95.4	41.7	13.1	9.7	93.4	44.8	70.0
江门	73.4	26.6	94.9	76.1	7.1	12.5	97.4	26.1	74.2
嘉兴	41.2	58.8	87.7	44.7	9.1	14.6	88.3	35.8	66.8
揭阳	93.2	6.8	89.1	41.8	8.1	12.4	93.3	6.5	35.3
吉林	84.6	15.4	85.4	29.6	6.7	1.2	93.7	12.0	38.1
济南	84.1	15.9	81.2	42.2	3.2	9.3	89.6	20.1	60.7
荆门	78.9	21.1	88.5	63.0	6.3	9.5	94.7	23.0	57.0
荆州	74.1	25.9	91.1	49.2	6.4	10.9	93.1	18.3	51.1
金华	56.3	43.7	81.1	16.3	2.0	0.2	84.6	7.3	47.1
济宁	94.0	6.0	84.2	56.2	5.3	7.1	92.3	17.1	70.0
锦州	91.2	8.8	92.5	28.9	0.4	0.0	91.2	3.6	16.9
九江	66.3	33.7	90.3	49.3	4.0	7.7	94.3	23.0	49.2
昆明	88.3	11.7	84.1	45.3	4.9	52.5	93.3	38.5	60.0
兰州	93.9	6.1	86.8	56.6	5.4	22.0	95.8	31.5	67.5
拉萨	64.6	35.4	88.3	67.6	1.7	16.2	97.5	13.6	17.1
乐山	65.5	34.5	89.5	68.0	0.2	7.5	91.8	16.0	43.2
柳州	93.2	6.8	89.6	46.0	5.0	17.9	94.4	25.4	70.5
洛阳	91.5	8.5	88.0	72.2	2.5	12.9	95.4	21.5	69.7
泸州	66.0	34.0	89.4	54.4	1.0	7.8	87.8	5.3	30.4
梅州	57.4	42.6	87.7	68.0	3.5	8.8	94.2	18.7	50.7
牡丹江	88.3	11.7	81.2	30.1	1.5	2.3	90.8	10.3	71.7
南昌	70.6	29.4	88.0	53.5	4.1	17.0	94.9	23.0	66.2
南充	75.4	24.6	83.0	52.1	0.0	9.3	85.6	13.9	39.4
南京	51.1	48.9	92.7	21.4	4.9	7.2	92.2	22.8	66.6
南宁	91.3	8.7	95.0	78.6	2.9	11.6	96.5	16.1	53.0
南通	44.2	55.8	90.4	23.5	4.1	4.8	91.6	37.1	64.4
宁波	45.7	54.3	87.1	35.2	6.2	2.3	90.7	31.6	59.7
平顶山	84.5	15.5	80.4	55.1	7.8	17.9	92.9	18.7	76.4
青岛	92.4	7.6	94.0	70.0	3.7	3.5	90.8	23.0	66.2
秦皇岛	90.9	9.1	87.1	31.3	1.1	3.2	94.7	15.3	47.0
泉州	77.1	22.9	87.5	27.7	1.8	8.8	95.7	22.2	61.5
衢州	48.0	52.0	90.0	37.0	4.5	7.1	90.7	30.3	68.8
三亚	89.8	10.2	91.6	31.4	1.1	17.8	96.7	12.7	33.1
上海	43.6	56.4	97.8	48.5	14.6	2.3	98.3	55.1	81.5
汕头	78.7	21.3	94.3	56.3	8.9	10.0	96.7	9.1	50.3

续表

城市	电视机台数		电视机种类		其他视听设备				
	1台（%）	2台及以上（%）	液晶电视机（%）	智能电视机（%）	互联网机顶盒（%）	影碟机（%）	智能手机（%）	平板电脑（%）	个人电脑（台式或笔记本）（%）
韶关	88.3	11.7	94.7	34.3	2.2	8.5	90.1	13.9	47.0
绍兴	37.3	62.7	88.5	37.6	8.1	0.4	87.9	22.1	64.6
沈阳	83.6	16.4	84.5	29.0	11.1	3.0	94.0	14.0	39.6
深圳	97.3	2.7	94.3	55.5	8.5	1.7	99.5	22.9	74.2
石家庄	83.0	17.0	91.2	70.9	5.0	0.8	95.4	17.5	60.5
苏州	55.4	44.6	93.8	59.0	16.6	6.0	92.1	32.1	65.5
太原	92.4	7.6	87.3	41.7	9.8	2.4	95.7	26.8	59.4
泰州	29.2	70.8	85.0	16.4	5.4	2.5	81.7	24.4	63.7
台州	39.2	60.8	83.5	22.2	4.2	4.4	87.4	25.9	62.8
唐山	93.5	6.5	93.9	14.4	2.7	0.6	94.1	9.5	40.9
天津	83.5	16.5	91.0	33.4	3.4	9.2	96.7	32.7	65.2
铜陵	64.9	35.1	93.9	19.9	4.4	4.9	93.0	26.0	73.7
乌鲁木齐	94.3	5.7	94.7	56.9	14.0	7.5	92.4	25.6	48.4
温州	42.5	57.5	95.4	55.6	15.5	2.6	97.9	52.3	76.0
武汉	76.1	23.9	91.5	54.3	7.3	6.1	92.3	18.9	63.4
芜湖	53.4	46.6	94.0	41.2	4.3	4.9	90.6	20.0	55.4
无锡	45.7	54.3	90.9	27.3	7.1	8.5	88.8	40.2	58.1
厦门	86.5	13.5	93.8	23.0	4.7	2.3	94.8	29.3	63.2
西安	91.1	8.9	89.1	58.9	7.2	4.8	95.2	22.1	51.1
襄阳	78.5	21.5	92.6	64.5	0.8	2.7	93.9	20.5	60.5
西宁	97.4	2.6	93.8	65.1	3.5	0.6	96.6	7.4	39.7
徐州	71.1	28.9	91.4	76.5	7.2	20.6	94.3	33.6	82.4
扬州	34.7	65.3	92.7	25.1	2.4	7.2	91.3	31.9	74.9
烟台	88.2	11.8	92.5	49.9	6.3	2.5	91.0	18.7	62.3
宜宾	68.1	31.9	81.5	45.5	0.2	13.5	83.0	9.2	30.9
宜昌	83.1	16.9	97.4	70.5	5.9	0.2	95.0	27.0	73.9
宜春	76.8	23.2	83.6	57.9	1.3	3.8	88.9	5.8	29.6
银川	95.9	4.1	88.0	68.6	1.0	14.4	97.0	17.1	52.9
营口	85.6	14.4	91.2	23.3	4.4	2.1	89.6	9.1	36.6
永济	58.2	41.8	80.3	65.9	3.9	3.3	93.9	17.6	74.5
岳阳	82.5	17.5	95.6	65.9	5.6	5.2	93.4	19.8	52.2
玉溪	77.4	22.6	85.3	68.2	4.2	29.4	86.8	19.5	47.8
漳州	84.0	16.0	95.1	41.3	3.0	6.3	94.9	15.7	50.7
湛江	89.9	10.1	89.2	58.5	3.3	10.3	92.7	17.7	45.9
郑州	87.3	12.7	93.0	71.0	9.4	6.1	96.9	29.9	79.1
镇江	37.1	62.9	94.2	40.3	11.2	18.4	94.6	45.5	80.2
中山	74.4	25.6	90.5	72.0	12.6	5.8	99.0	33.3	74.3
珠海	90.8	9.2	94.2	54.9	8.3	7.9	97.8	28.9	62.5
遵义	94.3	5.7	87.6	36.7	2.4	5.7	91.3	9.3	40.4

表 3.1.4 2019 年全国收视调查网电视信号接收方式

	省、市有线用户比例(%)	可收看卫星电视用户比例(%)	可收看卫星电视的非有线用户比例(%)	其他(%)
全国	32.9	89.0	56.1	11.0
城域	42.5	90.3	47.8	9.7
乡域	26.0	88.0	62.0	12.0

表 3.1.5 2019 年各省级收视调查网电视信号接收方式

省份	省、市有线用户比例(%)	可收看卫星电视用户比例(%)	可收看卫星电视的非有线用户比例(%)	其他(%)
安徽省	71.5	71.5	71.5	28.5
福建省	71.2	80.7	9.5	19.3
甘肃省	74.2	97.7	23.5	2.3
广东省	89.4	94.7	5.3	5.3
广西壮族自治区	49.7	74.1	24.4	25.9
贵州省	62.6	88.5	25.9	11.5
海南省	60.0	87.4	27.4	12.6
河北省	73.9	92.8	18.9	7.2
黑龙江省	60.4	73.6	13.2	26.4
河南省	43.9	73.7	29.8	26.3
湖北省	57.1	76.7	19.6	23.3
湖南省	71.5	90.4	18.9	9.6
内蒙古自治区	81.5	86.6	5.1	13.4
江苏省	78.3	81.9	3.6	18.1
江西省	50.2	67.1	16.9	32.9
吉林省	78.8	90.9	12.1	9.1
辽宁省	71.6	79.2	7.6	20.8
宁夏回族自治区	43.1	83.9	40.8	16.1
陕西省	50.9	77.7	26.8	22.3
山东省	49.3	58.7	9.4	41.3
山西省	57.1	90.6	33.5	9.4
四川省	66.1	79.0	12.9	21.0
新疆维吾尔自治区	56.9	58.2	1.3	41.8
云南省	38.3	67.4	29.1	32.6
浙江省	81.9	84.3	2.4	15.7

表 3.1.6　2019 年各城市收视调查网电视信号接收方式

城市	省、市有线用户比例(%)	可收看卫星电视用户比例(%)	可收看卫星电视的非有线用户比例(%)	其他(%)
安庆	78.2	78.2	78.2	21.8
宝鸡	74.2	82.6	8.4	17.4
包头	85.4	88.5	3.1	11.5
北海	62.7	74.0	11.3	26.0
北京	96.6	96.7	0.1	3.3
蚌埠	42.4	73.3	30.9	26.7
长春	82.0	83.4	1.5	16.6
常德	85.1	89.1	4.0	10.9
长沙	89.2	89.7	0.5	10.3
常州	75.7	75.9	0.2	24.1
潮州	97.4	97.9	0.4	2.1
成都	60.6	61.5	0.9	38.5
赤峰	74.6	90.1	15.5	9.9
重庆	66.2	79.1	12.9	20.9
大理	57.6	75.1	17.4	24.9
大连	70.9	74.7	3.8	25.3
丹东	64.8	84.6	19.8	15.4
大庆	63.8	76.4	12.6	23.6
大同	49.6	89.6	40.0	10.4
达州	66.2	87.9	21.7	12.1
德州	63.4	68.9	5.5	31.1
东莞	80.9	99.8	18.9	0.2
佛山	97.4	98.7	1.3	1.3
抚顺	83.2	85.6	2.3	14.4
福州	80.1	81.6	1.5	18.4
赣州	45.3	81.9	36.7	18.1
广元	57.2	66.8	9.6	33.2
广州	94.8	96.0	1.2	4.0
桂林	77.8	79.9	2.1	20.1
贵阳	74.8	91.5	16.6	8.5
海口	78.5	83.7	5.1	16.3
杭州	89.5	89.5	0.0	10.5
哈尔滨	75.8	81.1	5.3	18.9
合肥	40.2	67.6	27.4	32.4
衡阳	86.6	92.1	5.5	7.9
呼和浩特	66.3	76.4	10.1	23.6
惠州	91.7	93.3	1.6	6.7
湖州	87.6	87.8	0.3	12.2
江门	94.7	95.0	0.4	5.0

续表

城市	省、市有线用户比例(%)	可收看卫星电视用户比例(%)	可收看卫星电视的非有线用户比例(%)	其他(%)
嘉兴	89.1	92.6	3.5	7.4
揭阳	94.5	94.5	0.0	5.5
吉林	84.4	96.0	11.6	4.0
济南	62.2	68.9	6.7	31.1
荆门	62.5	80.7	18.2	19.3
荆州	72.0	76.5	4.4	23.5
金华	89.4	89.4	0.0	10.6
济宁	62.5	69.8	7.3	30.2
锦州	77.6	79.3	1.7	20.7
九江	66.5	69.8	3.2	30.2
昆明	71.1	73.1	2.1	26.9
兰州	90.4	94.7	4.3	5.3
拉萨	75.5	95.5	20.0	4.5
乐山	73.0	76.7	3.7	23.3
柳州	68.3	79.8	11.5	20.2
洛阳	63.9	65.3	1.3	34.7
泸州	57.9	70.6	12.7	29.4
梅州	89.5	99.2	9.7	0.8
牡丹江	69.1	85.1	16.0	14.9
南昌	72.7	78.2	5.5	21.8
南充	68.9	76.1	7.3	23.9
南京	79.2	79.2	0.0	20.8
南宁	67.8	83.0	15.2	17.0
南通	80.6	81.4	0.8	18.6
宁波	81.7	83.3	1.6	16.7
平顶山	69.0	79.3	10.3	20.7
青岛	69.0	70.9	1.9	29.1
秦皇岛	87.5	91.7	4.2	8.3
泉州	75.6	77.7	2.0	22.3
衢州	79.7	80.3	0.6	19.7
三亚	57.9	77.0	19.1	23.0
上海	95.6	98.6	3.0	1.4
汕头	88.3	94.7	6.4	5.3
韶关	97.8	98.8	1.0	1.2
绍兴	84.9	84.9	0.0	15.1
沈阳	68.4	76.3	7.8	23.7
深圳	84.0	87.6	3.6	12.4
石家庄	83.6	89.6	6.0	10.4
苏州	81.3	95.0	13.7	5.0

续表

城市	省、市有线用户比例(%)	可收看卫星电视用户比例(%)	可收看卫星电视的非有线用户比例(%)	其他(%)
太原	65. 3	84. 1	18. 8	15. 9
泰州	91. 2	93. 0	1. 8	7. 0
台州	86. 2	88. 0	1. 8	12. 0
唐山	87. 2	95. 6	8. 5	4. 4
天津	49. 1	95. 2	46. 1	4. 8
铜陵	52. 3	75. 7	23. 4	24. 3
乌鲁木齐	67. 9	68. 0	0. 1	32. 0
温州	78. 2	79. 4	1. 3	20. 6
武汉	75. 5	81. 7	6. 2	18. 3
芜湖	41. 3	74. 1	32. 9	25. 9
无锡	80. 2	81. 4	1. 2	18. 6
厦门	73. 3	75. 4	2. 1	24. 6
西安	70. 6	84. 6	14. 0	15. 4
襄阳	62. 2	75. 4	13. 2	24. 6
西宁	82. 9	83. 9	1. 0	16. 1
徐州	63. 9	65. 8	1. 8	34. 2
扬州	85. 6	85. 7	0. 1	14. 3
烟台	63. 9	65. 8	1. 9	34. 2
宜宾	60. 2	81. 3	21. 1	18. 7
宜昌	58. 9	66. 5	7. 7	33. 5
宜春	45. 3	63. 0	17. 7	37. 0
银川	85. 5	87. 7	2. 2	12. 3
营口	70. 1	73. 7	73. 7	26. 3
永济	51. 9	88. 9	37. 0	11. 1
岳阳	89. 4	92. 7	3. 3	7. 3
玉溪	58. 6	73. 8	15. 2	26. 2
漳州	75. 5	82. 2	6. 8	17. 8
湛江	96. 2	97. 0	0. 8	3. 0
郑州	68. 5	70. 4	1. 9	29. 6
镇江	79. 7	80. 6	0. 9	19. 4
中山	94. 8	95. 8	1. 0	4. 2
珠海	94. 1	94. 8	0. 7	5. 2
遵义	84. 4	92. 9	8. 5	7. 1

表 3.1.7 2019 年全国收视调查网卫视频道入户覆盖率排名前二十位(标高清合并数据)

排名	全国		城域		乡域	
	频道	覆盖率(%)	频道	覆盖率(%)	频道	覆盖率(%)
1	中央台二套(标高清)	79.8	中央电视台综合频道(标高清)	82.3	中央台二套(标高清)	78.8
2	中央电视台综合频道(标高清)	79.7	中央台二套(标高清)	81.2	中央台十二套(标高清)	78.7
3	中央电视台少儿频道(标高清)	79.6	中央电视台少儿频道(标高清)	81.2	中央台十套(标高清)	78.5
4	中央台十套(标高清)	79.6	山东卫视(标高清)	81.1	中央电视台少儿频道(标高清)	78.5
5	中央台十二套(标高清)	79.5	北京卫视(标高清)	81.0	中央电视台新闻频道(标高清)	78.3
6	中央电视台新闻频道(标高清)	79.4	中央电视台新闻频道(标高清)	81.0	北京卫视(标高清)	78.1
7	北京卫视(标高清)	79.3	中央台十套(标高清)	81.0	江苏卫视(标高清)	78.1
8	江苏卫视(标高清)	79.3	浙江卫视(标高清)	80.9	浙江卫视(标高清)	78.0
9	山东卫视(标高清)	79.3	江苏卫视(标高清)	80.9	山东卫视(标高清)	77.9
10	浙江卫视(标高清)	79.2	湖南卫视(标高清)	80.9	安徽卫视(标高清)	77.9
11	安徽卫视(标高清)	79.0	上海东方卫视(标高清)	80.9	中央电视台综合频道(标高清)	77.8
12	湖南卫视(标高清)	78.9	中央台四套(标高清)	80.9	中央台十一套(标高清)	77.6
13	中央台四套(标高清)	78.9	安徽卫视(标高清)	80.6	湖南卫视(标高清)	77.6
14	上海东方卫视(标高清)	78.9	中央台十二套(标高清)	80.6	中央台四套(标高清)	77.5
15	中央台十一套(标高清)	78.8	中央台十一套(标高清)	80.6	上海东方卫视(标高清)	77.4
16	天津卫视(标高清)	78.4	广东卫视(标高清)	80.3	天津卫视(标高清)	77.1
17	中央电视台音乐频道(标高清)	78.2	天津卫视(标高清)	80.2	四川卫视(标高清)	76.9
18	广东卫视(标高清)	78.2	中央电视台音乐频道(标高清)	80.1	江西卫视(标高清)	76.9
19	江西卫视(标高清)	78.0	中央台七套(标高清)	79.9	中央电视台音乐频道(标高清)	76.9
20	辽宁卫视(标高清)	77.8	辽宁卫视(标高清)	79.7	广东卫视(标高清)	76.7

表 3.1.8　2019 年全国收视调查网电视频道接收情况

	平均每户可接收频道个数
全国	86
城域	94
乡域	81

表 3.1.9　2019 年各省级收视调查网电视频道接收情况

省份	平均每户可接收频道个数
安徽省	68
福建省	81
甘肃省	102
广东省	109
广西壮族自治区	70
贵州省	93
海南省	92
河北省	95
黑龙江省	90
河南省	70
湖北省	83
湖南省	84
内蒙古自治区	98
江苏省	79
江西省	66
吉林省	99
辽宁省	97
宁夏回族自治区	102
陕西省	73
山东省	65
山西省	90
四川省	106
新疆维吾尔自治区	66
云南省	59
浙江省	78

表 3.1.10　2019 年各城市收视调查网电视频道接收情况

城市	平均每户可接收频道个数
安庆	78
宝鸡	81
包头	89
北海	77
北京	167
蚌埠	63
长春	96
常德	76
长沙	85
常州	70
潮州	127
成都	93
赤峰	104
重庆	106
大理	87
大连	91
丹东	108
大庆	101
大同	90
达州	99
德州	88
东莞	100
佛山	108
抚顺	130
福州	105
赣州	68
广元	87
广州	98
桂林	77
贵阳	92
海口	101
杭州	98
哈尔滨	115
合肥	91
衡阳	100
呼和浩特	92
惠州	115

续表

城市	平均每户可接收频道个数
湖州	67
江门	122
嘉兴	72
揭阳	121
吉林	91
济南	79
荆门	94
荆州	92
金华	91
济宁	80
锦州	108
九江	75
昆明	66
兰州	119
拉萨	73
乐山	97
柳州	79
洛阳	78
泸州	90
梅州	111
牡丹江	74
南昌	90
南充	103
南京	88
南宁	84
南通	69
宁波	86
平顶山	84
青岛	75
秦皇岛	113
泉州	85
衢州	70
三亚	83
上海	94
汕头	95
韶关	129
绍兴	66

续表

城市	平均每户可接收频道个数
沈阳	95
深圳	109
石家庄	103
苏州	83
太原	85
泰州	101
台州	87
唐山	96
天津	84
铜陵	70
乌鲁木齐	114
温州	71
武汉	87
芜湖	95
无锡	68
厦门	74
西安	84
襄阳	81
西宁	97
徐州	82
扬州	79
烟台	103
宜宾	95
宜昌	82
宜春	54
银川	121
营口	93
永济	86
岳阳	82
玉溪	88
漳州	77
湛江	135
郑州	89
镇江	82
中山	119
珠海	123
遵义	90

二、全国收视数据

表 3.2.1　2015~2019 年全国样本城市及各城市收视调查网人均收视时间(分钟)

城市	2014	2015	2016	2017	2018	2019
全国	161	156	152	139	129	124
安庆	127	121	107	96	88	85
鞍山	170	170	177	165	174	166
蚌埠	147	121	127	130	113	*
蚌埠(M)		*	*	*	*	105
包头	162	171	149	129	115	118
宝鸡	160	138	138	134	133	114
北海	107	122	119	96	103	103
北京(M)	190	180	172	160	155	153
长春(M)	156	155	153	143	136	128
长沙(M)	189	183	171	161	152	134
常德(M)	154	146	142	127	113	112
常熟(M)	115	113	103	104	*	*
常州(M)	121	133	127	118	112	104
潮州(M)	165	160	159	141	130	128
成都(M)	202	198	201	181	156	152
重庆(M)	167	176	182	163	159	147
滁州	105	102	88	85	78	83
达州	172	179	161	146	139	124
大理	135	139	144	151	134	128
大连(M)	179	180	178	165	159	143
大同	169	157	148	136	114	113
丹东	158	172	166	141	121	*
丹东(M)	*	*	*	*	*	133
德阳	145	142	123	*	*	*
德州(M)	149	150	156	147	130	118
东莞(M)	130	132	137	121	115	108
佛山(M)	139	145	138	134	134	146
福州(M)	134	119	116	113	104	92
抚顺(M)	219	212	202	173	171	162
赣州(M)	130	127	118	110	102	82
广元(M)	166	164	161	154	123	116
广州(M)	141	140	142	136	131	136
贵阳(M)	236	237	248	205	187	176
桂林	131	129	122	125	135	124
哈尔滨(M)	187	185	170	152	140	146

续表

城市	2014	2015	2016	2017	2018	2019
海口(M)	134	133	129	126	129	112
邯郸	174	163	136	*	*	*
杭州(M)	186	171	160	129	110	99
合肥(M)	151	144	134	123	112	111
河源	128	125	113	*	*	*
衡阳(M)	164	168	146	135	139	134
呼和浩特(M)	156	149	139	135	123	117
湖州(M)	135	123	120	98	94	76
淮安	105	99	110	*	*	*
惠州(M)	138	129	118	101	90	99
吉林市	138	122	120	121	127	116
济南(M)	209	209	193	168	146	130
济宁(M)	164	154	148	139	126	117
嘉兴	108	106	103	91	94	83
江门(M)	138	127	130	124	126	108
江阴(M)	121	120	*	*	*	*
揭阳	116	122	*	*	*	*
揭阳(M)	*	*	165	140	133	134
金华	144	129	128	106	94	99
锦州(M)	175	167	160	147	130	120
荆门(M)	129	125	114	103	86	78
荆州(M)	132	133	115	96	93	88
九江	127	122	*	*	*	*
九江(M)	*	*	139	114	107	96
昆明(M)	168	167	163	152	146	129
拉萨	150	122	*	*	*	*
拉萨(M)	*	*	160	161	125	107
兰州(M)	167	156	156	143	134	119
乐山	150	134	132	122	125	123
丽水	124	121	117	130	*	*
连云港	131	116	121	*	*	*
柳州(M)	163	158	142	152	128	109
龙岩	108	107	114	108	*	*
泸州	146	127	125	119	106	*
泸州(M)	*	*	*	*	*	122
洛阳(新)	114	102	94	92	86	83
茂名(M)	121	125	*	*	*	*
眉山	143	129	125	*	*	*
梅州(M)	*	142	145	140	136	125
绵阳	160	137	126	*	*	*

续表

城市	2014	2015	2016	2017	2018	2019
牡丹江	158	155	161	123	137	123
南昌(M)	169	167	153	144	120	115
南充	146	135	138	138	111	112
南京(M)	187	161	149	124	112	109
南宁(M)	150	148	150	127	116	109
南通(M)	123	104	105	90	85	80
南阳	133	132	120	*	*	*
宁波(M)	127	123	116	110	91	82
平顶山	146	126	108	92	92	87
秦皇岛	151	152	129	126	115	105
青岛(M)	187	188	179	161	137	134
清远	145	138	124	118	*	*
衢州	128	120	113	122	107	99
泉州(新)	90	98	98	91	74	81
三亚(M)	123	111	107	93	88	83
厦门(M)	120	117	114	99	97	96
汕头(M)	160	160	146	125	125	111
汕尾	134	123	116	110	107	92
上海(M)	163	164	162	155	144	128
上海浦东	129	125	113	*	*	*
韶关(M)	167	161	154	139	129	119
绍兴	120	99	101	95	89	88
深圳(M)	129	122	111	103	100	104
沈阳(M)	214	211	204	176	156	150
石家庄(M)	155	153	145	127	112	106
苏州(M)	124	116	130	128	115	104
遂宁	171	140	132	*	*	*
台州	127	110	101	97	96	86
太原(M)	178	169	157	143	126	111
泰安	146	139	129	*	*	*
泰州	125	115	125	110	92	92
唐山(M)	157	167	163	154	145	124
天津(城)(M)	223	192	194	187	165	157
铜陵	111	107	99	106	91	89
威海	115	113	103	*	*	*
潍坊(M)	168	169	147	128	123	119
温州(M)	139	132	125	108	90	73
乌鲁木齐(M)	161	161	159	148	145	136
无锡(M)	133	118	113	109	96	92
芜湖	130	106	115	105	95	93

续表

城市	2014	2015	2016	2017	2018	2019
武汉(M)	201	202	186	139	108	116
西安(M)	167	156	154	140	129	121
西昌	*	107	109	129	134	*
西宁(M)	165	163	155	144	128	117
襄阳(襄樊)	157	148	162	146	141	134
徐州(M)	164	148	137	118	110	113
烟台(M)	168	159	145	131	115	107
盐城(M)	134	132	132	126	101	93
扬州(M)	134	117	112	99	95	92
阳江	137	112	122	111	*	*
宜宾	138	122	114	105	113	98
宜昌(M)	150	144	139	143	133	126
宜春	132	127	134	111	104	*
宜春(M)	*	*	*	*	*	103
银川(M)	171	159	147	135	121	121
营口	134	143	140	129	125	*
营口(M)	*	*	*	*	*	138
永济	148	127	126	121	115	104
玉林	142	133	105	*	*	*
岳阳	128	116	125	113	100	101
湛江(M)	128	116	119	93	100	101
漳州	123	126	125	110	107	92
肇庆(M)	151	160	159	143	142	141
镇江(M)	178	161	148	133	115	103
郑州(M)	141	144	145	131	120	110
中山(M)	128	121	121	117	115	116
舟山	115	116	115	115	*	*
珠海(M)	135	131	134	112	110	100
株洲(M)	150	148	147	134	121	115
淄博	124	128	123	112	99	90
遵义	155	142	147	139	130	134

注：

(1)全国:2015 年包括 133 个样本城市,2016 年包括 129 个样本城市,2017 年包括 120 个样本城市,2018 年包括 116 个样本城市,2019 年包括 104 个样本城市。

(2)标有(M)的城市为采用测量仪调查城市。

(3) * 表示没有数据。

(4)西昌自 2015 年 7 月 1 日开始日记卡方式调查,本表中西昌 2015 年人均收视分钟数为 2015 年 7~12 月日记卡数据计算结果;西昌自 2018 年 7 月 1 日起停止调查,本表中该地区 2018 年人均收视分钟数为 2018 年 1~6 月数据计算结果。

(5)江阴(M)自 2015 年 5 月 1 日停止测量仪方式调查,本表中江阴(M)2015 年人均收视分钟数为

2015 年 1~4 月测量仪数据计算结果。

(6)茂名(M)自 2015 年 8 月 1 日停止测量仪方式调查,本表中茂名(M)2015 年人均收视分钟数为 2015 年 1~7 月测量仪数据计算结果。

(7)揭阳自 2015 年 10 月 1 日停止日记卡方式调查,本表中揭阳 2015 年人均收视分钟数为 2015 年 1~9 月日记卡数据计算结果。

(8)德阳、河源、绵阳、遂宁、泰安、玉林自 2016 年 7 月 1 日起停止日记卡方式调查,本表中该 6 个地区 2016 年人均收视分钟数为 2016 年 1~6 月日记卡数据计算结果。

(9)常熟(M)、丽水、舟山自 2017 年 4 月 1 日起停止调查,本表中该 3 个地区 2017 年人均收视分钟数为 2017 年 1~3 月计算结果。

(10)金华、南充、秦皇岛、岳阳自 2019 年 10 月 1 日起停止日记卡方式调查,本表中该 4 个地区 2019 年人均收视分钟数为 2019 年 1~9 月数据计算结果。

(11)潍坊(M)、盐城(M)、株洲(M)、肇庆(M)自 2019 年 7 月 1 日起停止测量仪方式调查,本表中该 4 个地区 2019 年人均收视分钟数为 2019 年 1~6 月数据计算结果。

(12)汕尾、滁州、鞍山、淄博自 2019 年 7 月 1 日起停止日记卡方式调查,本表中该 4 个地区 2019 年人均收视分钟数为 2019 年 1~6 月数据计算结果。

表 3.2.2　2019 年全国样本城市及各城市收视调查网人均时移收视时间(分钟)及其占直播收视时间的比例(%)

城市	人均时移收视时间(分钟)	人均直播收视时间(分钟)	人均时移收视时间占直播收视时间的比例(%)
全国	5.9	121.3	4.9
北京(M)	6.8	146.4	4.6
蚌埠(M)	4.8	100.0	4.8
长春(M)	2.6	125.2	2.1
长沙(M)	7.2	126.8	5.7
常德(M)	4.3	108.0	4.0
成都(M)	5.7	146.1	3.9
重庆(M)	10.4	136.8	7.6
大连(M)	3.7	139.6	2.7
丹东(M)	2.6	130.9	2.0
福州(M)	2.2	89.8	2.4
赣州(M)	2.4	79.4	3.0
广州(M)	5.7	130.7	4.4
贵阳(M)	5.2	171.1	3.0
哈尔滨(M)	1.9	144.2	1.3
海口(M)	3.2	109.1	2.9
杭州(M)	4.6	94.3	4.9
合肥(M)	3.6	107.4	3.4
呼和浩特(M)	3.7	112.9	3.3
惠州(M)	4.4	94.8	4.6
济南(M)	5.3	124.9	4.2
济宁(M)	3.4	113.7	3.0
锦州(M)	2.0	117.8	1.7

续表

城市	人均时移收视时间（分钟）	人均直播收视时间（分钟）	人均时移收视时间占直播收视时间的比例(%)
九江(M)	4.5	91.8	4.9
昆明(M)	5.1	123.6	4.1
拉萨(M)	0.1	106.7	0.1
泸州(M)	3.4	118.8	2.9
兰州(M)	7.5	111.9	6.7
南昌(M)	3.8	111.2	3.4
南京(M)	7.1	102.3	6.9
南宁(M)	4.4	104.5	4.2
宁波(M)	3.1	78.5	3.9
青岛(M)	5.5	128.2	4.3
三亚(M)	2.9	80.5	3.6
厦门(M)	3.8	91.7	4.1
上海(M)	8.4	120.0	7.0
韶关(M)	3.4	115.4	2.9
深圳(M)	3.9	100.4	3.9
沈阳(M)	2.2	147.6	1.5
石家庄(M)	8.5	97.1	8.8
太原(M)	3.7	107.5	3.4
唐山(M)	8.6	115.8	7.4
天津(城)(M)	8.8	148.4	5.9
温州(M)	1.4	72.1	1.9
乌鲁木齐(M)	7.9	127.8	6.2
无锡(M)	2.3	89.6	2.6
武汉(M)	3.5	112.7	3.1
西安(M)	7.5	113.8	6.6
西宁(M)	2.7	114.7	2.4
徐州(M)	6.9	106.6	6.5
烟台(M)	3.4	103.8	3.3
扬州(M)	2.1	89.7	2.3
宜昌(M)	4.5	121.9	3.7
银川(M)	10.6	110.5	9.6
湛江(M)	4.6	96.6	4.8
郑州(M)	5.9	104.4	5.7

注:全国 2019 年有 55 个采用测量仪方式进行调查的城市。

表 3.2.3　2015~2019 年全国样本城市各目标观众人均收视时间(分钟)

目标观众		2015 年	2016 年	2017 年	2018 年	2019 年
4 岁及以上所有人		156	152	139	129	124
性别	男	153	149	136	127	121
	女	160	156	142	132	126
年龄	4~14 岁	126	124	114	105	98
	15~24 岁	86	83	70	61	56
	25~34 岁	106	103	89	77	71
	35~44 岁	134	124	108	95	88
	45~54 岁	202	194	177	163	150
	55~64 岁	257	254	240	229	220
	65 岁及以上	278	281	273	275	277
教育程度	未受过正规教育	152	154	143	134	128
	小学	184	180	170	163	159
	初中	177	173	161	153	149
	高中	153	150	137	127	122
	大学及以上	121	118	103	91	84
职业类别	干部/管理人员	131	129	114	97	91
	个体/私营企业人员	140	136	123	111	104
	初级公务员/雇员	123	117	104	92	83
	工人	135	129	114	102	99
	学生	101	97	85	76	71
	无业	237	237	223	217	215
	其他	180	181	174	169	165
个人月收入	0~600 元	140	136	122	113	109
	601~1200 元	194	194	189	186	192
	1201~1700 元	189	185	175	168	170
	1701~2600 元	176	177	166	159	157
	2601~3500 元	154	153	142	136	138
	3501~5000 元	140	137	128	123	118
	5001 元及以上	131	128	115	104	96

表 3.2.4　2015~2019 年各省级收视调查网人均收视时间(分钟)

省份	目标观众	2015 年	2016 年	2017 年	2018 年	2019 年
安徽	4 岁及以上所有人	106	99	89	82	81
	城市	111	103	100	93	94
	农村	103	97	84	77	74
福建(M)	4 岁及以上所有人	162	153	148	138	126
	城市	117	119	109	106	98
	农村	185	171	167	154	140
甘肃	4 岁及以上所有人	107	97	88	78	76
	城市	133	123	112	104	95
	农村	93	83	75	64	66
广东(M)	4 岁及以上所有人	138	137	129	125	120
	城市	126	128	118	114	113
	农村	155	148	144	140	129
广西	4 岁及以上所有人	112	112	109	104	99
	城市	122	116	103	113	104
	农村	108	110	112	100	96
贵州	4 岁及以上所有人	120	116	106	111	112
	城市	161	152	136	138	130
	农村	105	102	95	101	105
海南(M)	4 岁及以上所有人	126	122	115	108	92
	城市	128	122	113	111	98
	农村	124	122	115	107	89
河北(M)	4 岁及以上所有人	171	153	134	120	102
	城市	155	148	138	122	110
	农村	174	154	133	120	100
河南	4 岁及以上所有人	125	118	110	104	91
	城市	121	104	97	92	85
	农村	126	121	114	107	93
黑龙江	4 岁及以上所有人	138	131	112	98	90
	城市	148	151	139	124	104
	农村	130	117	94	81	81
湖北(M)	4 岁及以上所有人	179	169	152	140	125
	城市	170	157	131	110	109
	农村	187	178	168	163	137
湖南(M)	4 岁及以上所有人	181	171	149	134	114
	城市	165	159	143	133	122
	农村	186	175	151	134	111
吉林	4 岁及以上所有人	133	134	124	119	109
	城市	144	145	134	124	104
	农村	126	126	117	116	112

续表

省份	目标观众	2015 年	2016 年	2017 年	2018 年	2019 年
江苏(M)	4 岁及以上所有人	147	135	135	134	119
	城市	141	136	130	117	105
	农村	151	134	139	148	129
江西(M)	4 岁及以上所有人	130	124	113	105	99
	城市	144	137	124	109	101
	农村	126	121	111	104	99
辽宁(M)	4 岁及以上所有人	194	186	167	153	137
	城市	191	185	160	150	140
	农村	198	188	173	156	135
内蒙古	4 岁及以上所有人	143	134	126	114	109
	城市	145	137	128	109	109
	农村	142	133	125	116	109
宁夏	4 岁及以上所有人	148	136	125	113	104
	城市	160	145	140	126	113
	农村	137	127	111	100	95
山东(M)	4 岁及以上所有人	202	196	188	171	139
	城市	173	170	153	134	122
	农村	216	209	205	190	147
山西	4 岁及以上所有人	147	144	130	117	107
	城市	151	151	130	119	109
	农村	146	141	130	116	106
陕西	4 岁及以上所有人	136	122	118	116	107
	城市	133	117	110	112	102
	农村	138	126	123	119	111
四川(M)	4 岁及以上所有人	156	155	149	143	127
	城市	174	173	161	145	136
	农村	148	147	144	142	122
新疆	4 岁及以上所有人	106	95	88	79	75
	城市	120	106	97	94	86
	农村	95	86	81	68	66
云南	4 岁及以上所有人	118	121	130	114	109
	城市	134	139	136	122	117
	农村	113	116	128	111	106
浙江(M)	4 岁及以上所有人	144	136	120	111	99
	城市	143	138	119	106	92
	农村	145	135	121	115	104

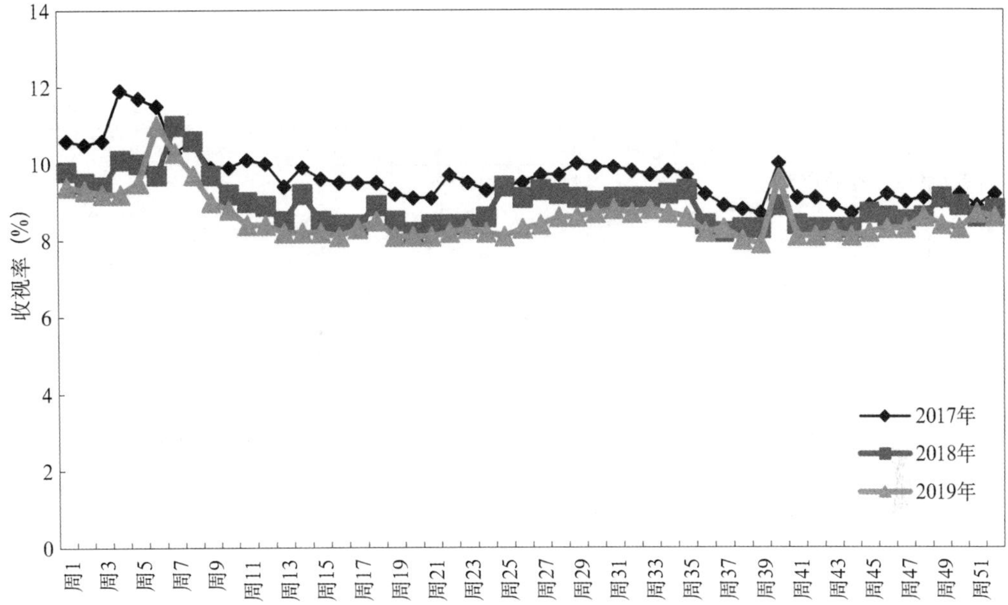

图 3.2.1 2017～2019 年全国样本城市观众全年收视率走势

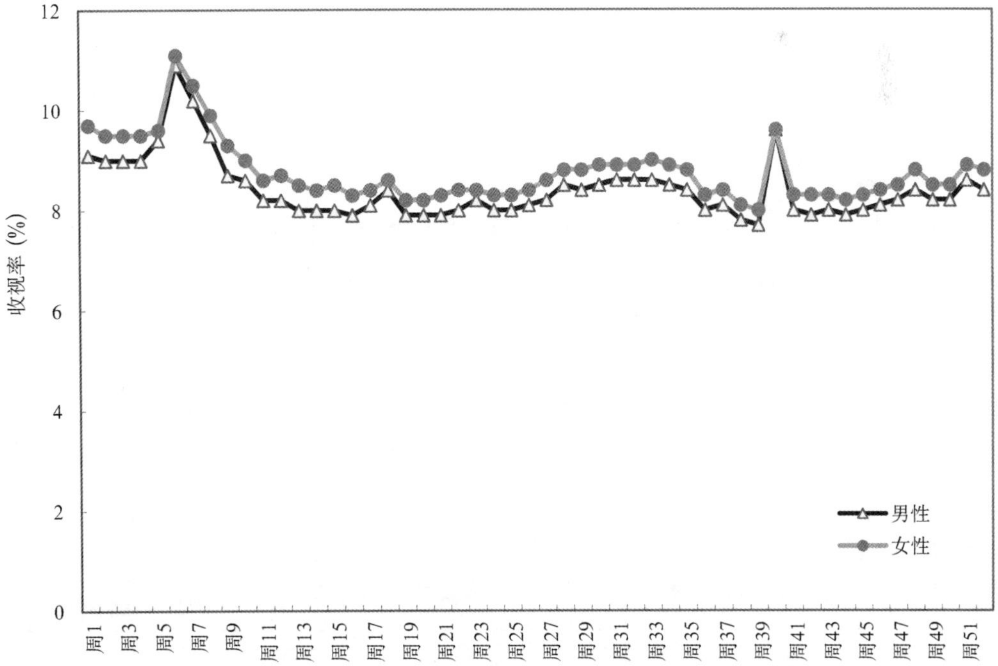

图 3.2.2 2019 年全国样本城市不同性别观众全年收视率走势

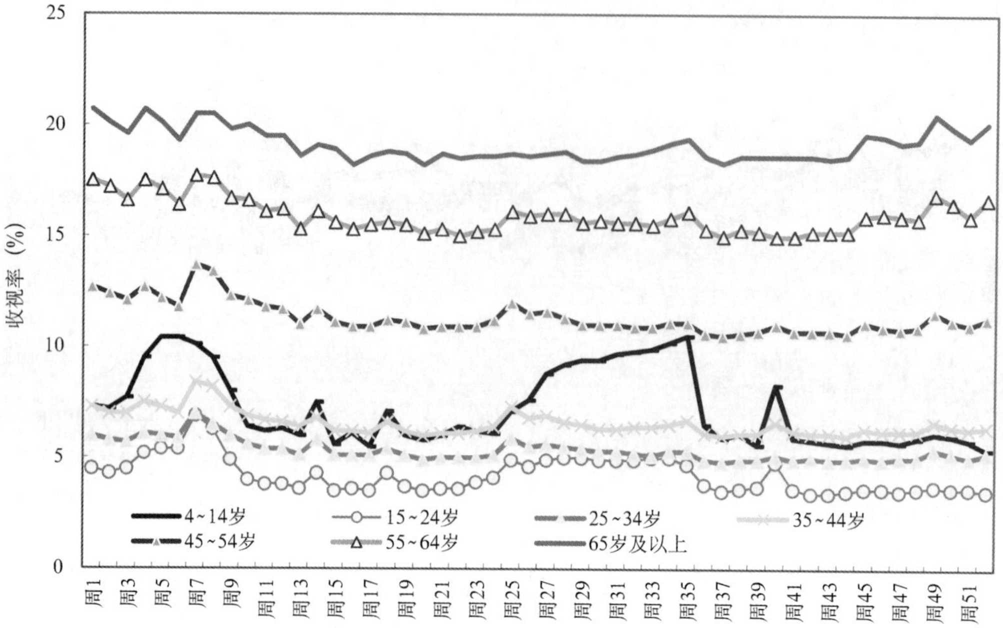

图 3.2.3　2019 年全国样本城市不同年龄观众全年收视率走势

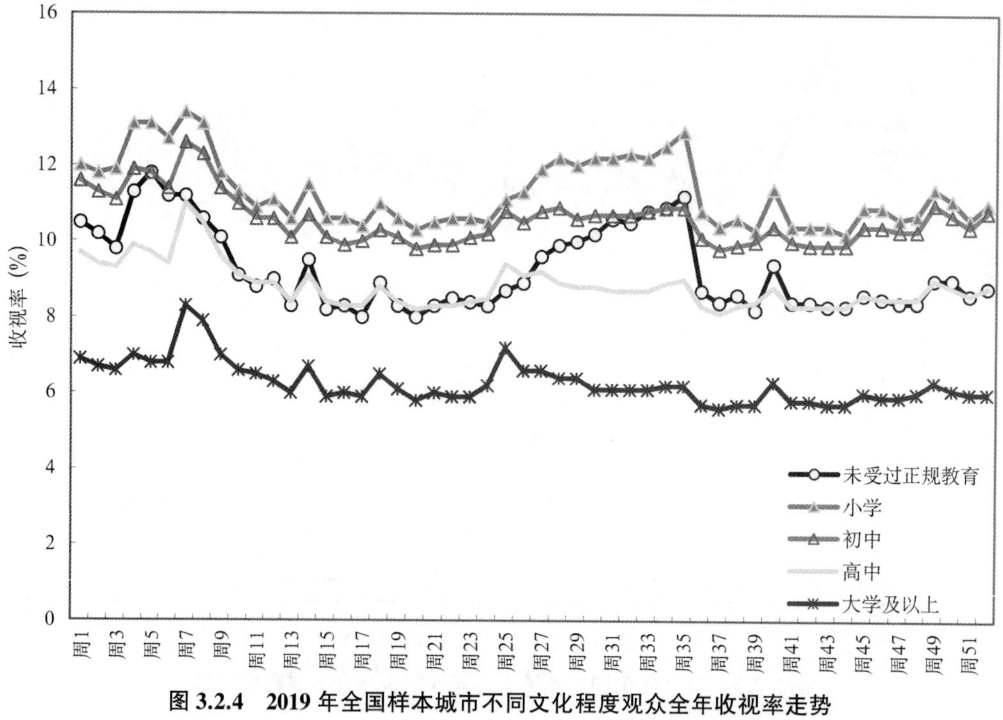

图 3.2.4　2019 年全国样本城市不同文化程度观众全年收视率走势

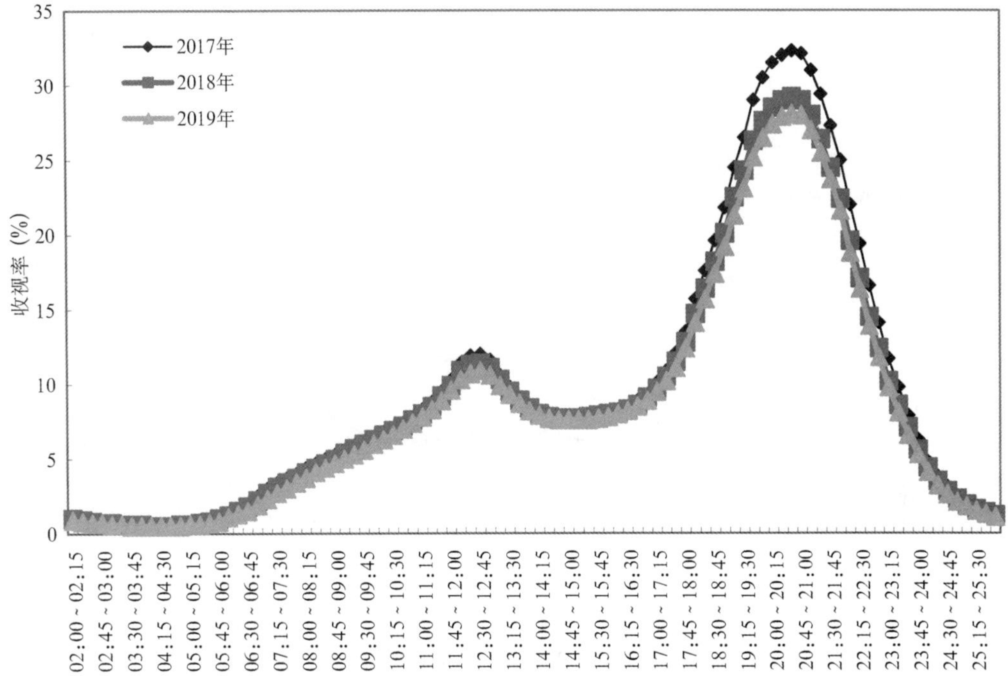

图 3.2.5　2017~2019 年全国样本城市观众全天收视率走势

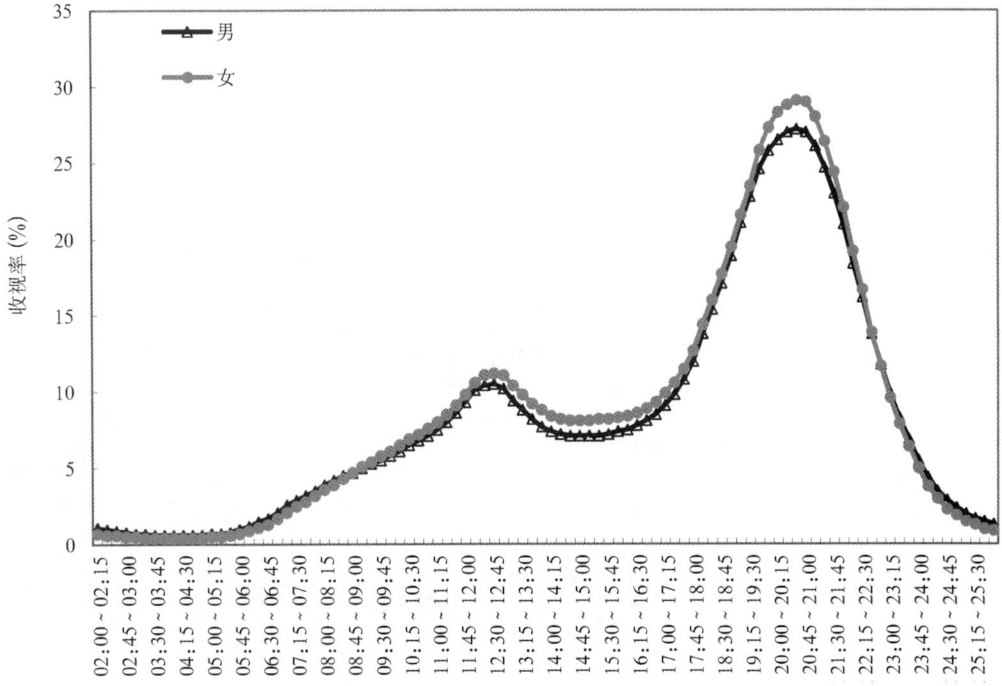

图 3.2.6　2019 年全国样本城市不同性别观众全天收视率走势

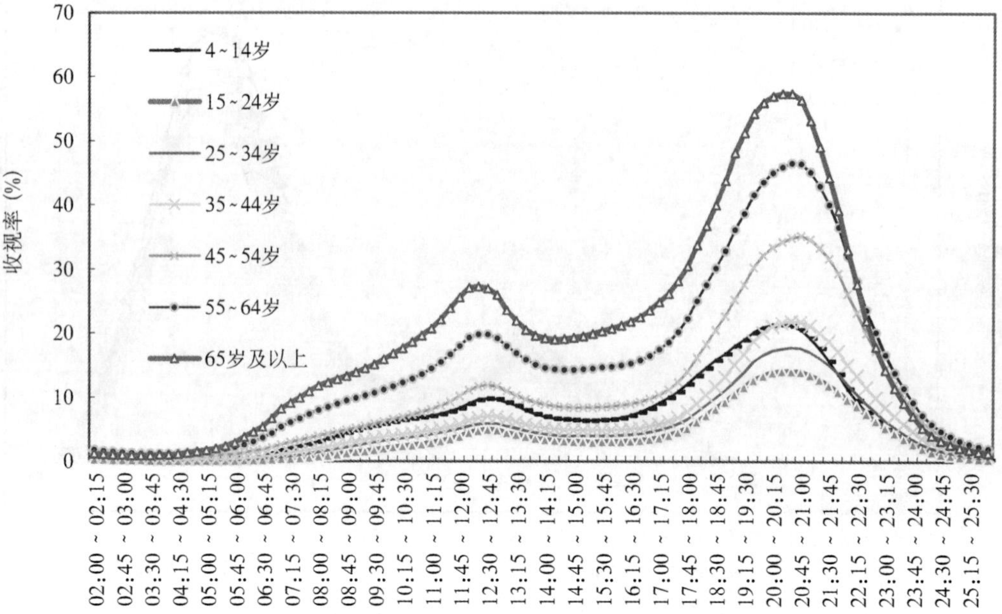

图 3.2.7　2019 年全国样本城市不同年龄观众全天收视率走势

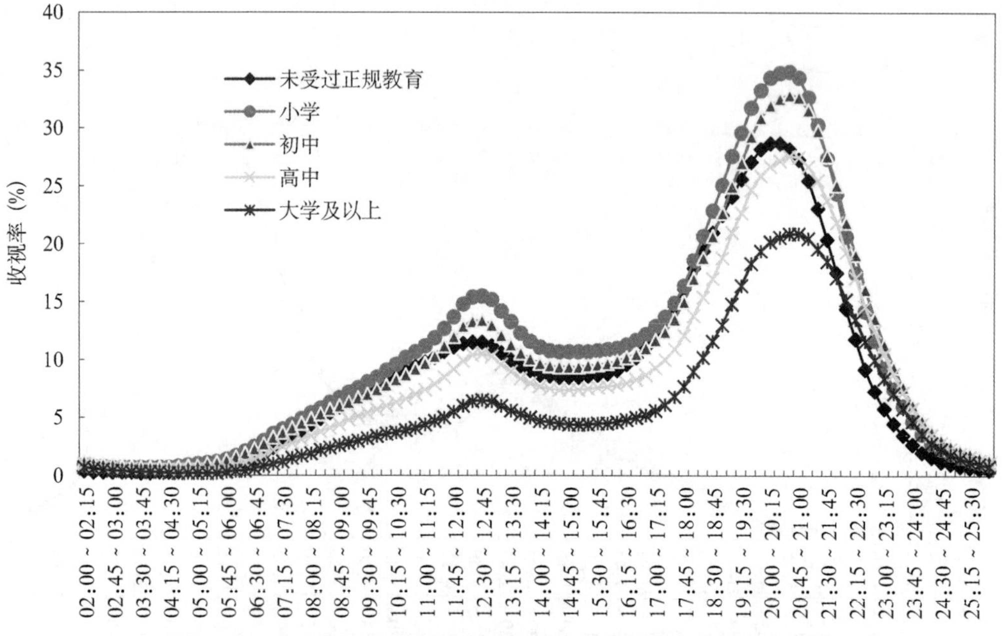

图 3.2.8　2019 年全国样本城市不同文化程度观众全天收视率走势

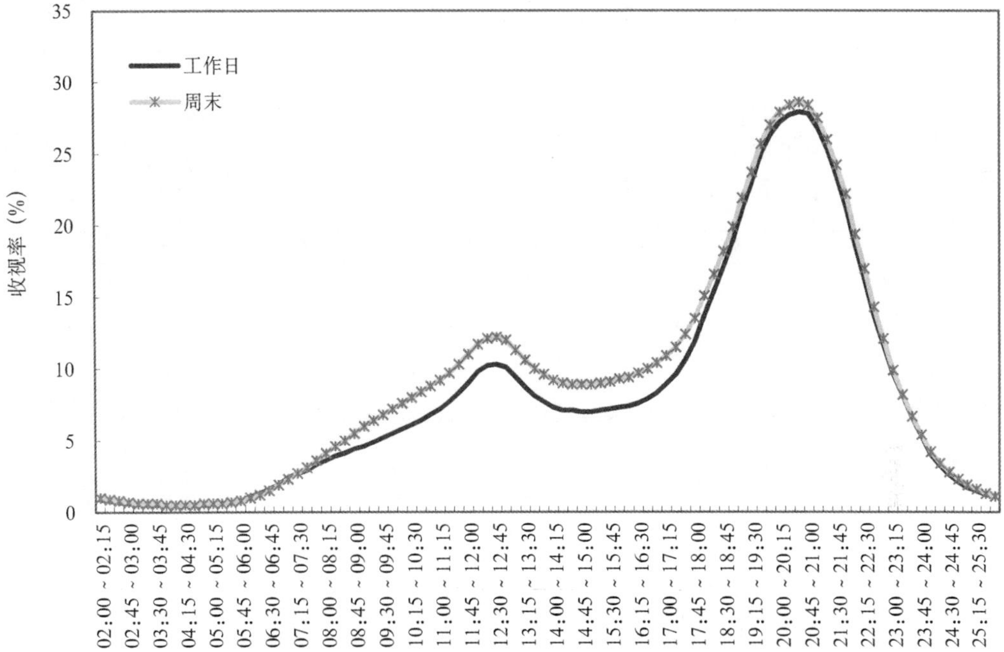

图 3.2.9　2019 年全国样本城市观众工作日与周末全天收视率走势

表 3.2.5　2019 年全国样本城市观众周一至周日各时段收视率(%)

时间段	周一	周二	周三	周四	周五	周六	周日
02:00~02:15	0.9	0.9	0.9	0.9	0.9	1.0	1.0
02:15~02:30	0.8	0.8	0.8	0.8	0.8	0.9	0.9
02:30~02:45	0.7	0.7	0.7	0.7	0.7	0.8	0.8
02:45~03:00	0.6	0.6	0.6	0.6	0.6	0.7	0.7
03:00~03:15	0.6	0.6	0.6	0.6	0.6	0.6	0.7
03:15~03:30	0.5	0.5	0.5	0.5	0.5	0.6	0.6
03:30~03:45	0.5	0.5	0.5	0.5	0.5	0.5	0.6
03:45~04:00	0.5	0.5	0.5	0.5	0.5	0.5	0.5
04:00~04:15	0.5	0.5	0.5	0.5	0.5	0.5	0.5
04:15~04:30	0.5	0.5	0.5	0.5	0.5	0.5	0.5
04:30~04:45	0.5	0.5	0.5	0.5	0.5	0.5	0.5
04:45~05:00	0.5	0.5	0.5	0.5	0.5	0.5	0.6
05:00~05:15	0.6	0.6	0.6	0.6	0.6	0.6	0.6
05:15~05:30	0.6	0.6	0.6	0.6	0.6	0.6	0.6
05:30~05:45	0.7	0.7	0.7	0.7	0.7	0.7	0.7
05:45~06:00	0.8	0.8	0.8	0.8	0.8	0.8	0.8
06:00~06:15	1.1	1.1	1.1	1.1	1.1	1.0	1.1
06:15~06:30	1.3	1.3	1.3	1.3	1.3	1.3	1.2
06:30~06:45	1.6	1.6	1.6	1.6	1.6	1.5	1.5
06:45~07:00	1.9	1.9	1.9	1.9	1.9	1.9	1.8
07:00~07:15	2.4	2.4	2.4	2.3	2.4	2.3	2.3
07:15~07:30	2.7	2.7	2.7	2.6	2.7	2.7	2.7
07:30~07:45	2.9	3.0	2.9	2.9	2.9	3.1	3.1
07:45~08:00	3.2	3.4	3.2	3.2	3.3	3.6	3.6
08:00~08:15	3.5	3.7	3.5	3.5	3.6	4.1	4.1
08:15~08:30	3.8	4.0	3.8	3.8	3.9	4.5	4.6
08:30~08:45	4.1	4.3	4.0	4.1	4.1	5.0	5.1
08:45~09:00	4.3	4.6	4.3	4.3	4.4	5.4	5.6
09:00~09:15	4.6	4.9	4.6	4.6	4.6	5.9	6.1
09:15~09:30	4.8	5.2	4.8	4.8	4.9	6.3	6.6
09:30~09:45	5.0	5.5	5.1	5.1	5.2	6.6	7.0
09:45~10:00	5.3	5.8	5.4	5.4	5.5	7.0	7.4
10:00~10:15	5.6	6.2	5.7	5.7	5.8	7.4	7.9
10:15~10:30	5.9	6.5	6.0	6.0	6.1	7.7	8.3
10:30~10:45	6.3	6.8	6.3	6.3	6.4	8.1	8.7
10:45~11:00	6.6	7.2	6.7	6.6	6.8	8.5	9.1
11:00~11:15	7.0	7.6	7.1	7.0	7.2	9.0	9.5
11:15~11:30	7.5	8.0	7.5	7.5	7.7	9.4	10.0
11:30~11:45	8.1	8.6	8.2	8.1	8.3	10.1	10.6
11:45~12:00	8.9	9.3	8.9	8.8	9.0	10.7	11.3
12:00~12:15	9.7	10.1	9.7	9.6	9.8	11.4	12.0
12:15~12:30	10.1	10.5	10.1	10.0	10.2	11.8	12.4
12:30~12:45	10.3	10.6	10.2	10.2	10.4	11.9	12.5
12:45~13:00	10.1	10.3	9.9	9.9	10.1	11.7	12.2
13:00~13:15	9.4	9.6	9.2	9.2	9.5	11.1	11.5
13:15~13:30	8.7	8.9	8.6	8.6	8.8	10.4	10.8
13:30~13:45	8.2	8.3	8.0	8.0	8.3	9.8	10.2

续表

时间段	周一	周二	周三	周四	周五	周六	周日
13:45~14:00	7.7	7.8	7.6	7.6	7.8	9.4	9.8
14:00~14:15	7.3	7.4	7.2	7.2	7.5	9.1	9.4
14:15~14:30	7.2	7.2	7.1	7.1	7.3	8.9	9.2
14:30~14:45	7.1	7.1	7.0	7.0	7.2	8.8	9.1
14:45~15:00	7.0	7.1	7.0	7.0	7.2	8.7	9.1
15:00~15:15	7.0	7.1	7.0	7.0	7.1	8.8	9.1
15:15~15:30	7.1	7.1	7.0	7.0	7.2	8.8	9.2
15:30~15:45	7.1	7.2	7.1	7.1	7.3	8.9	9.3
15:45~16:00	7.2	7.3	7.2	7.2	7.4	9.1	9.4
16:00~16:15	7.3	7.4	7.3	7.3	7.5	9.3	9.6
16:15~16:30	7.6	7.6	7.5	7.5	7.7	9.5	9.9
16:30~16:45	7.8	7.9	7.8	7.8	8.0	9.8	10.2
16:45~17:00	8.3	8.4	8.3	8.2	8.5	10.2	10.6
17:00~17:15	8.9	9.0	8.9	8.8	9.1	10.7	11.1
17:15~17:30	9.6	9.7	9.5	9.6	9.8	11.3	11.7
17:30~17:45	10.6	10.7	10.5	10.6	10.8	12.1	12.6
17:45~18:00	11.9	12.0	11.8	11.8	12.0	13.3	13.7
18:00~18:15	13.7	13.8	13.6	13.6	13.8	14.8	15.4
18:15~18:30	15.4	15.5	15.3	15.3	15.4	16.3	16.9
18:30~18:45	17.2	17.3	17.0	17.0	17.1	17.9	18.5
18:45~19:00	19.1	19.1	18.8	18.8	18.9	19.5	20.2
19:00~19:15	21.3	21.3	21.0	21.0	21.0	21.6	22.3
19:15~19:30	23.1	23.1	22.8	22.8	22.8	23.3	24.1
19:30~19:45	25.2	25.2	24.8	24.8	24.9	25.4	26.1
19:45~20:00	26.5	26.5	26.1	26.1	26.3	26.7	27.4
20:00~20:15	27.4	27.4	26.9	27.0	27.2	27.6	28.2
20:15~20:30	27.9	27.9	27.4	27.5	27.7	28.1	28.7
20:30~20:45	28.2	28.1	27.6	27.7	28.0	28.3	28.9
20:45~21:00	28.0	28.0	27.4	27.5	28.0	28.2	28.6
21:00~21:15	26.9	27.0	26.5	26.6	27.3	27.4	27.6
21:15~21:30	25.2	25.5	25.0	25.1	26.0	26.1	25.9
21:30~21:45	23.3	23.5	23.0	23.1	24.3	24.5	24.0
21:45~22:00	21.2	21.3	20.8	21.0	22.3	22.6	21.8
22:00~22:15	18.4	18.5	18.0	18.2	19.8	19.8	18.9
22:15~22:30	16.0	16.1	15.7	15.7	17.6	17.4	16.5
22:30~22:45	13.5	13.6	13.2	13.2	15.0	14.8	13.8
22:45~23:00	11.4	11.6	11.3	11.2	12.8	12.6	11.5
23:00~23:15	9.5	9.7	9.4	9.3	10.6	10.5	9.3
23:15~23:30	8.0	8.2	7.8	7.7	8.8	8.7	7.6
23:30~23:45	6.7	6.8	6.4	6.2	7.1	7.1	6.2
23:45~24:00	5.3	5.3	5.0	4.9	5.7	5.7	5.0
24:00~24:15	4.1	4.0	3.8	3.8	4.5	4.5	3.9
24:15~24:30	3.3	3.1	3.0	3.0	3.5	3.7	3.1
24:30~24:45	2.6	2.5	2.4	2.4	2.9	3.0	2.5
24:45~25:00	2.1	2.1	2.0	2.0	2.4	2.5	2.1
25:00~25:15	1.7	1.7	1.6	1.7	1.9	2.0	1.7
25:15~25:30	1.5	1.4	1.4	1.4	1.6	1.7	1.4
25:30~25:45	1.2	1.2	1.2	1.2	1.4	1.4	1.2
25:45~26:00	1.1	1.0	1.0	1.0	1.2	1.2	1.1

表 3.2.6　2019 年全国样本城市所有频道及各类频道观众构成(%)

目标观众		所有频道	中央广播电视总台	中国教育台频道	省级卫视频道	其他频道
4 岁及以上所有人		100.0	100.0	100.0	100.0	100.0
性别	男	50.1	54.1	54.9	47.3	49.2
	女	49.9	45.9	45.1	52.7	50.8
年龄	4~14 岁	7.1	5.0	5.0	8.2	11.1
	15~24 岁	5.9	5.0	6.9	6.2	7.1
	25~34 岁	13.8	9.9	10.0	15.2	19.3
	35~44 岁	11.5	10.5	11.5	12.4	14.9
	45~54 岁	21.5	21.1	21.9	21.2	21.4
	55~64 岁	18.5	20.1	18.8	17.4	13.8
	65 岁及以上	21.7	28.4	25.9	19.4	12.4
教育程度	未受过正规教育	4.2	3.6	3.6	4.6	4.8
	小学	16.8	16.1	18.3	15.9	15.0
	初中	33.0	34.7	34.3	32.9	28.1
	高中	26.7	27.5	25.4	26.6	27.8
	大学及以上	19.3	18.1	18.4	20.0	24.3
职业类别	干部/管理人员	2.0	2.0	1.6	2.0	2.8
	个体/私营企业人员	11.3	11.2	12.2	11.3	12.5
	初级公务员/雇员	17.7	15.3	16.3	18.0	21.5
	工人	12.7	11.5	12.1	12.6	12.9
	学生	7.2	5.7	6.6	8.1	10.6
	无业	44.8	49.5	46.2	44.0	37.0
	其他	4.3	4.8	5.0	4.0	2.7
个人月收入	0~600 元	21.8	18.2	20.9	23.8	26.9
	601~1200 元	3.9	4.2	4.4	3.7	2.7
	1201~1700 元	3.9	4.5	3.7	3.8	2.5
	1701~2600 元	16.6	18.8	16.3	16.2	12.3
	2601~3500 元	19.6	21.6	19.2	18.9	17.1
	3501~5000 元	20.0	19.8	22.4	19.5	20.2
	5001 元及以上	14.2	12.9	13.1	14.1	18.3

表 3.2.7 2015~2019 年全国样本城市电视收视市场各类频道的市场占有率(%)

频道类别	年份				
	2015 年	2016 年	2017 年	2018 年	2019 年
中央广播电视总台	28.5	30.0	29.9	30.2	27.2
中国教育台频道	0.2	0.1	0.1	0.2	0.1
省级卫视频道	31.2	30.0	28.7	26.4	27.4
其他频道	40.1	39.9	41.3	43.2	45.3

表 3.2.8 2017~2019 年各类频道在全国样本城市各目标观众中的市场占有率(%)

频道类别		中央广播电视总台			省级卫视频道			中国教育台频道		
年份		2017 年	2018 年	2019 年	2017 年	2018 年	2019 年	2017 年	2018 年	2019 年
4 岁及以上所有人		29.9	30.2	27.2	28.7	26.4	27.4	0.1	0.2	0.1
性别	男	32.3	32.5	29.3	26.6	24.4	25.9	0.1	0.2	0.2
	女	27.4	27.8	25.0	30.9	28.5	28.9	0.1	0.1	0.1
年龄	4~14 岁	24.3	23.1	19.3	38.6	33.5	31.8	0.1	0.1	0.1
	15~24 岁	25.0	26.2	22.9	32.5	28.5	28.9	0.1	0.2	0.2
	25~34 岁	22.5	22.7	19.4	33.0	29.6	30.1	0.1	0.1	0.1
	35~44 岁	29.1	28.8	24.9	31.5	28.1	29.5	0.1	0.1	0.1
	45~54 岁	29.2	29.6	26.6	27.7	25.8	26.9	0.1	0.2	0.2
	55~64 岁	32.7	32.3	29.7	25.2	24.3	25.9	0.1	0.2	0.2
	65 岁及以上	39.1	39.0	35.5	22.4	22.5	24.5	0.1	0.2	0.2
教育程度	未受过正规教育	28.1	27.5	23.5	32.5	30.3	29.8	0.1	0.1	0.1
	小学	29.9	29.4	26.0	28.1	25.8	26.0	0.1	0.2	0.2
	初中	31.0	31.3	28.5	27.4	25.8	27.2	0.1	0.2	0.2
	高中	30.3	30.8	28.0	28.7	26.6	27.4	0.1	0.2	0.1
	大学及以上	27.6	28.5	25.5	30.7	27.0	28.4	0.1	0.1	0.1
职业类别	干部/管理人员	28.2	29.8	26.3	30.4	26.5	27.2	0.1	0.1	0.1
	个体/私营企业人员	29.7	29.7	26.9	28.2	25.7	27.3	0.2	0.2	0.2
	初级公务员/雇员	25.7	26.6	23.7	29.8	26.7	28.0	0.1	0.1	0.1
	工人	28.6	28.2	24.6	27.9	26.1	27.2	0.1	0.2	0.1
	学生	25.4	25.1	21.4	37.2	31.7	30.8	0.1	0.2	0.1
	无业	32.8	33.1	30.0	27.0	25.7	26.9	0.1	0.2	0.2
	其他	33.2	32.0	30.1	28.0	25.6	25.5	0.1	0.2	0.2
个人月收入	0~600 元	27.0	26.5	22.7	33.4	30.1	29.8	0.1	0.2	0.1
	601~1200 元	31.2	31.2	29.1	27.7	25.5	26.1	0.1	0.2	0.2
	1201~1700 元	33.4	34.1	31.2	27.3	25.6	27.0	0.1	0.2	0.1
	1701~2600 元	32.8	33.2	30.7	26.9	25.2	26.8	0.1	0.1	0.1
	2601~3500 元	30.6	31.9	30.0	26.8	25.2	26.4	0.1	0.1	0.1
	3501~5000 元	29.0	29.8	27.0	27.2	25.1	26.7	0.1	0.2	0.2
	5001 元及以上	27.3	27.8	24.7	29.1	26.0	27.3	0.1	0.2	0.1

表 3.2.9　2017~2019 年全国样本城市市场各类频道在各时段的市场占有率(%)

频道	中央广播电视总台			省级卫视频道			中国教育台频道		
年份	2017 年	2018 年	2019 年	2017 年	2018 年	2019 年	2017 年	2018 年	2019 年
02:00~03:00	25.9	29.2	21.8	30.0	24.9	27.7	0.2	0.2	0.2
03:00~04:00	26.0	30.4	23.6	28.6	23.4	25.7	0.2	0.2	0.2
04:00~05:00	30.2	30.6	28.9	26.8	23.7	23.8	0.2	0.2	0.2
05:00~06:00	37.5	36.3	34.9	25.9	24.8	23.0	0.2	0.2	0.4
06:00~07:00	46.6	45.6	41.5	21.0	21.4	20.2	0.2	0.1	0.3
07:00~08:00	42.9	42.8	38.3	21.1	21.1	20.6	0.2	0.2	0.3
08:00~09:00	40.0	40.0	37.3	26.6	24.0	22.9	0.2	0.3	0.2
09:00~10:00	35.7	35.6	32.9	32.5	29.1	28.1	0.3	0.3	0.3
10:00~11:00	34.7	34.0	30.7	33.1	30.8	30.4	0.2	0.3	0.3
11:00~12:00	37.1	35.5	31.9	30.4	29.7	29.5	0.1	0.2	0.2
12:00~13:00	38.5	36.3	33.2	27.0	27.0	26.9	0.1	0.1	0.1
13:00~14:00	33.9	32.1	28.3	30.6	30.5	30.6	0.2	0.2	0.2
14:00~15:00	31.6	30.7	26.7	34.5	33.3	33.8	0.3	0.3	0.3
15:00~16:00	31.6	31.1	26.7	35.8	33.7	34.5	0.3	0.3	0.3
16:00~17:00	31.7	31.9	27.6	34.9	32.5	33.3	0.2	0.3	0.3
17:00~18:00	30.1	29.8	27.1	28.7	27.4	28.0	0.1	0.2	0.2
18:00~19:00	28.1	28.4	26.0	16.5	16.0	16.7	0.1	0.1	0.1
19:00~20:00	30.0	30.5	28.1	22.4	20.6	22.5	0.1	0.1	0.1
20:00~21:00	24.7	25.9	23.7	33.0	29.2	31.4	0.1	0.1	0.1
21:00~22:00	25.9	27.1	24.6	29.5	25.9	27.9	0.1	0.1	0.1
22:00~23:00	23.7	25.1	22.7	31.4	26.8	27.5	0.1	0.1	0.1
23:00~24:00	26.9	27.4	23.9	32.7	28.1	28.5	0.1	0.1	0.1
24:00~25:00	29.8	29.2	24.8	28.5	24.6	25.3	0.3	0.2	0.1
25:00~26:00	28.0	28.1	23.4	28.6	25.0	26.5	0.3	0.2	0.2

表 3.2.10　2019 年各月全国样本城市市场各类频道的市场占有率(%)

月份	中央广播电视总台	中国教育台频道	省级卫视频道	其他频道
1月	27.6	0.1	26.1	46.2
2月	29.1	0.2	26.6	44.1
3月	25.7	0.1	27.5	46.7
4月	26.3	0.2	27.2	46.3
5月	27.4	0.1	26.8	45.7
6月	27.8	0.1	27.5	44.6
7月	25.7	0.1	28.8	45.4
8月	26.4	0.2	28.4	45.0
9月	28.3	0.2	27.4	44.1
10月	29.0	0.1	27.1	43.8
11月	26.5	0.1	27.5	45.9
12月	26.2	0.2	28.1	45.5

表 3.2.11　2019 年全国样本城市市场份额排名前二十位的频道

名次	频道名称	市场份额(%)
1	中央电视台综合频道	4.1
2	中央台四套	3.4
3	中央台八套	3.2
4	湖南卫视	3.1
5	中央台六套	3.0
6	浙江卫视	2.6
7	中央台三套	2.4
7	江苏卫视	2.4
9	上海东方卫视	2.2
9	中央电视台新闻频道	2.2
11	中央台五套	2.1
12	北京卫视	2.0
13	湖南电视台金鹰卡通频道	1.3
14	中央电视台少儿频道	1.2
15	安徽卫视	1.1
16	中央台二套	1.0
17	广东广播电视台珠江频道	0.9
17	北京卡酷少儿频道	0.9
17	天津卫视	0.9
17	深圳卫视(新闻综合频道)	0.9

表 3.2.12　2017~2019 年全国样本城市市场各类节目的播出比重(%)和收视比重(%)

节目类别	2017 年		2018 年		2019 年	
	播出比重	收视比重	播出比重	收视比重	播出比重	收视比重
新闻/时事	10.5	13.9	10.5	13.3	10.5	13.3
综艺	5.9	12.0	5.6	11.2	4.9	11.1
电视剧	26.8	30.9	28.2	31.9	29.4	33.7
体育	2.4	3.0	2.5	4.2	2.7	3.7
专题	8.3	6.6	8.7	6.2	9.1	6.2
教学	0.3	0.1	0.3	0.1	0.3	0.1
外语	0.1	0.0	0.1	0.0	0.1	0.0
青少	4.5	5.4	4.6	5.5	4.9	5.1
音乐	0.9	1.0	1.0	1.0	1.4	1.2
电影	3.1	4.8	3.1	4.7	2.9	4.7
戏剧	0.6	0.4	0.7	0.4	0.8	0.5
财经	1.0	0.8	1.1	0.7	1.1	0.7
生活服务	14.6	7.2	13.3	7.1	12.5	6.7
法制	1.5	1.4	1.5	1.3	1.4	1.2
其他	19.5	12.5	18.8	12.4	18.0	11.8

表 3.2.13　2017~2019 年中央广播电视总台各类节目的播出比重(%)和收视比重(%)

节目类别	2017 年		2018 年		2019 年	
	播出比重	收视比重	播出比重	收视比重	播出比重	收视比重
新闻/时事	12.7	17.9	12.7	16.4	12.1	16.9
综艺	8.5	12.3	8.6	11.6	7.4	11.0
电视剧	12.9	17.9	13.4	18.6	14.4	19.5
体育	11.3	5.8	11.3	8.4	11.5	7.8
专题	18.4	11.2	18.0	10.4	19.8	11.2
教学	0.4	0.1	0.3	0.1	0.4	0.1
外语	0.3	0.0	0.4	0.0	0.3	0.0
青少	3.5	4.1	3.6	4.0	3.2	3.4
音乐	4.2	2.5	4.1	2.3	4.2	2.7
电影	5.7	9.5	5.3	9.2	5.0	9.4
戏剧	2.1	0.7	2.3	0.8	3.1	0.9
财经	3.1	1.5	3.0	1.4	2.8	1.5
生活服务	4.6	4.2	4.6	4.3	4.0	3.8
法制	2.3	2.0	1.9	1.9	1.9	1.9
其他	10.0	10.3	10.5	10.6	9.9	9.9

表 3.2.14　2017~2019 年省级卫视各类节目的播出比重(%)和收视比重(%)

节目类别	2017 年		2018 年		2019 年	
	播出比重	收视比重	播出比重	收视比重	播出比重	收视比重
新闻/时事	9.0	6.6	8.8	7.1	9.2	7.6
综艺	6.1	15.9	6.1	15.1	5.7	15.4
电视剧	34.6	40.0	34.5	41.0	34.2	42.6
体育	1.0	0.5	1.0	0.4	1.9	0.5
专题	14.6	3.7	14.2	3.2	13.7	3.3
教学	0.1	0.0	0.3	0.0	0.3	0.0
外语	0.0	0.0	0.0	0.0	0.0	0.0
青少	9.3	9.2	9.3	9.8	10.0	8.9
音乐	0.6	0.3	0.5	0.3	0.9	0.4
电影	1.4	1.9	1.5	1.8	1.7	1.8
戏剧	0.6	0.1	0.6	0.1	0.6	0.2
财经	0.3	0.2	0.3	0.2	0.3	0.2
生活服务	7.2	8.0	7.3	8.0	6.2	6.9
法制	0.5	0.4	0.4	0.3	0.1	0.0
其他	14.7	13.2	15.2	12.7	15.2	12.2

表 3.2.15 2019 年全国样本城市各类节目在各目标观众市场的收视比重(%)

节目类别		新闻/时事	综艺	电视剧	体育	专题	教学	外语	青少	音乐	电影	戏剧	财经	生活服务	法制	其他
4 岁及以上所有人		13.3	11.1	33.7	3.7	6.2	0.1	0.0	5.1	1.2	4.7	0.5	0.7	6.7	1.2	11.8
性别	男	14.3	10.5	32.3	4.6	6.7	0.1	0.0	4.7	1.1	5.3	0.5	0.8	6.3	1.2	11.6
	女	12.2	11.7	35.1	2.8	5.8	0.1	0.0	5.5	1.2	4.0	0.5	0.7	7.0	1.2	12.2
年龄	4~14 岁	7.5	10.0	23.5	2.0	4.3	0.1	0.0	27.0	1.0	5.6	0.3	0.3	5.6	0.6	12.2
	15~24 岁	12.1	13.5	33.3	3.6	6.1	0.1	0.0	3.9	1.4	5.4	0.4	0.5	6.6	1.0	12.1
	25~34 岁	11.2	11.5	32.2	3.9	5.6	0.1	0.0	8.6	1.2	4.9	0.3	0.6	6.8	0.9	12.2
	35~44 岁	11.5	12.0	31.0	3.8	6.5	0.1	0.0	6.1	1.4	7.4	0.3	0.8	6.3	1.0	11.8
	45~54 岁	12.7	11.1	35.1	3.8	6.9	0.1	0.0	2.4	1.3	5.9	0.3	0.8	6.5	1.1	12.0
	55~64 岁	14.2	10.9	35.5	4.0	6.2	0.1	0.0	3.1	1.1	3.6	0.3	0.8	6.9	1.4	11.9
	65 岁及以上	16.6	10.4	35.5	3.7	6.4	0.1	0.0	1.8	1.0	2.7	1.1	0.8	7.0	1.4	11.5
教育程度	未受过正规教育	9.1	7.9	28.7	1.8	4.2	0.0	0.0	21.9	1.0	4.6	0.8	0.3	5.9	0.8	13.0
	小学	11.4	10.4	36.8	2.5	5.3	0.0	0.0	7.2	1.1	4.5	0.8	0.5	6.1	1.0	12.4
	初中	13.2	11.0	35.4	3.3	6.2	0.1	0.0	3.9	1.2	5.0	0.4	0.6	6.6	1.2	11.9
	高中	14.3	11.5	32.7	4.2	6.7	0.1	0.0	3.6	1.3	4.6	0.4	0.9	6.8	1.3	11.6
	大学及以上	14.6	12.2	30.1	5.3	7.1	0.1	0.0	3.9	1.1	4.4	0.3	1.0	7.2	1.1	11.6
职业类别	干部/管理人员	14.4	12.1	28.7	6.4	7.6	0.1	0.0	3.6	1.1	5.6	0.3	1.1	6.8	0.9	11.3
	个体/私营企业人员	12.6	10.8	34.0	3.7	6.7	0.1	0.0	4.3	1.2	6.0	0.3	0.8	6.2	1.1	12.2
	初级公务员/雇员	13.1	12.1	31.8	4.7	6.9	0.1	0.0	4.0	1.2	5.4	0.3	0.8	6.9	1.0	11.7
	工人	12.1	11.2	35.2	3.6	5.9	0.1	0.0	4.1	1.3	6.1	0.3	0.6	6.3	1.0	12.2
	学生	9.8	13.4	27.7	2.8	5.6	0.1	0.0	14.4	1.1	5.9	0.3	0.4	6.0	0.8	11.7
	无业	14.5	10.5	34.3	3.6	6.1	0.1	0.0	4.9	1.1	3.4	0.7	0.8	6.9	1.3	11.8
	其他	10.9	10.2	39.9	2.3	5.4	0.0	0.0	4.4	1.2	5.0	0.7	0.4	6.1	1.3	12.2
个人月收入	0~600 元	10.0	11.0	32.1	2.5	5.2	0.1	0.0	12.5	1.2	5.1	0.5	0.5	6.1	0.9	12.3
	601~1200 元	11.8	10.8	38.2	2.7	5.9	0.0	0.0	4.0	1.1	4.2	0.7	0.5	6.2	1.3	12.6
	1201~1700 元	13.1	10.9	37.8	2.6	5.6	0.0	0.0	3.5	1.1	4.4	0.6	0.6	6.2	1.2	12.4
	1701~2600 元	13.8	11.1	36.0	3.3	6.1	0.1	0.0	3.1	1.1	4.3	0.5	0.7	6.5	1.3	12.1
	2601~3500 元	14.5	11.1	33.6	4.3	6.7	0.1	0.0	2.9	1.2	4.2	0.5	0.8	6.8	1.3	12.0
	3501~5000 元	14.6	11.2	32.7	4.2	6.7	0.1	0.0	3.1	1.1	4.9	0.5	0.9	7.0	1.2	11.8
	5001 元及以上	14.2	11.2	31.7	5.3	7.0	0.1	0.0	3.6	1.1	5.0	0.3	1.0	7.1	1.1	11.3

表 3.2.16　2019 年全国样本城市市场所有节目收视率排名前三十位

名次	节目名称	节目类别	播出频道	平均收视率（%）	平均占有率（%）
1	庆祝中华人民共和国成立 70 周年大会阅兵式群众游行特别报道	新闻/时事	中央电视台综合频道	9.8	30.5
2	2019 中央广播电视总台春节联欢晚会	综艺	中央电视台综合频道	6.8	20.6
3	庆祝中华人民共和国成立 70 周年联欢活动	综艺	中央电视台综合频道	6.4	21.7
4	向伟大复兴前进	新闻/时事	中央电视台综合频道	6.1	30.6
5	开学第一课	青少	中央电视台综合频道	5.7	18.5
6	喜气洋洋闹元宵	综艺	中央电视台综合频道	4.3	15.1
7	人民欢歌庆祝中华人民共和国成立 70 周年联欢活动特别报道	新闻/时事	中央电视台综合频道	2.9	16.2
8	2019 年中央广播电视总台中秋晚会	综艺	中央电视台综合频道	2.7	10.0
9	快乐中国 20192020 跨年演唱会	音乐	湖南卫视	2.6	9.5
10	2020 跨年演唱会用奋斗点亮幸福	音乐	江苏卫视	2.5	8.4
11	一年又一年	专题	中央电视台综合频道	2.2	11.0
12	新春喜剧之夜	综艺	中央台三套	2.2	7.9
13	中国好声音(7 月 19 日)	综艺	浙江卫视	2.1	10.4
14	天气预报	生活服务	中央电视台综合频道	2.0	7.7
15	中国梦之声我们的歌(10 月 27 日)	综艺	上海东方卫视	1.9	8.6
16	奋斗吧中华儿女音乐舞蹈史诗	综艺	中央电视台综合频道	1.9	8.4
17	新春曲艺大联欢	综艺	中央台三套	1.9	7.4
18	第七届世界军人运动会报道:第七届军运会女排决赛(中国 VS 巴西)	体育	中央台五套	1.9	7.3
18	超级足球之夜:国际足联 2022 年世界杯亚洲区预选赛第 2 阶段 A 组第 4 轮(菲律宾 VS 中国)	体育	中央台五套	1.9	7.3
20	2019 北京电视台春节联欢晚会	综艺	北京卫视	1.9	7.2
21	庆祝中华人民共和国成立 70 周年特别节目走向复兴	新闻/时事	中央电视台综合频道	1.9	6.7
22	2019 年亚洲杯 1/8 决赛(泰国 VS 中国)	体育	中央台五套	1.8	13.6
23	2019 年国际篮联篮球世界杯小组赛 A 组(中国 VS 波兰)	体育	中央台五套	1.8	7.8
24	大明风华	电视剧	湖南卫视	1.8	6.6
24	越战越勇(2 月 7 日)	综艺	中央台三套	1.8	6.6
26	2019 年世界乒乓球锦标赛男单决赛	体育	中央台五套	1.8	6.3
27	奔跑吧	综艺	浙江卫视	1.7	7.9
28	梦圆东方追梦 2020 跨年盛典	综艺	上海东方卫视	1.7	7.0
29	2019 苏宁易购 1111 嗨爆夜	综艺	湖南卫视	1.7	6.5
30	中国诗词大会第四季(2 月 9 日)	专题	中央电视台综合频道	1.7	6.1

表 3.2.17　2019 年全国样本城市市场电视剧收视率排名前二十位

名次	节目名称	播出频道	平均收视率（%）	平均占有率（%）
1	大明风华	湖南卫视	1.8	6.6
2	少年派	湖南卫视	1.4	5.7
3	谍战深海之惊蛰	湖南卫视	1.4	5.5
4	知否知否应是绿肥红瘦(11~78 集)	湖南卫视	1.4	5.2
4	老中医	中央电视台综合频道	1.4	5.2
4	鳄鱼与牙签鸟	湖南卫视	1.4	5.2
7	刘家媳妇	中央台八套	1.4	5.1
8	激荡	湖南卫视	1.3	5.2
9	姥姥的饺子馆(16~40 集)	中央台八套	1.3	5.1
9	特赦 1959	中央电视台综合频道	1.3	5.1
11	破冰行动	中央台八套	1.3	4.9
12	第二次也很美	上海东方卫视	1.3	4.5
13	精英律师	北京卫视	1.3	4.4
13	精英律师	上海东方卫视	1.3	4.4
15	老虎队	中央台八套	1.2	5.3
16	绽放吧百合	中央台八套	1.2	5.1
17	空降利刃	江苏卫视	1.2	4.7
17	小欢喜	浙江卫视	1.2	4.7
19	老酒馆	北京卫视	1.2	4.6
19	亲爱的热爱的	浙江卫视	1.2	4.6

表 3.2.18　2019 年全国样本城市市场新闻类节目收视率排名前二十位

名次	节目名称	播出频道	平均收视率（%）	平均占有率（%）
1	庆祝中华人民共和国成立 70 周年大会阅兵式群众游行特别报道	中央电视台综合频道	9.8	30.5
2	向伟大复兴前进	中央电视台综合频道	6.1	30.6
3	人民欢歌庆祝中华人民共和国成立 70 周年联欢活动特别报道	中央电视台综合频道	2.9	16.2
4	庆祝中华人民共和国成立 70 周年特别节目走向复兴	中央电视台综合频道	1.9	6.7
5	新闻联播	中央电视台综合频道	1.6	7.2
6	第七届世界军人运动会开幕式特别报道	中央电视台综合频道	1.2	4.5
7	庆祝澳门回归祖国 20 周年特别报道	中央电视台综合频道	1.1	3.7
8	焦点访谈	中央电视台综合频道	1.0	3.8
9	海峡两岸	中央台四套	1.0	3.6
9	国务院总理会见中外记者并回答提问	中央电视台综合频道	1.0	3.6

续表

名次	节目名称	播出频道	平均收视率（%）	平均占有率（%）
11	2019年中国北京世界园艺博览会开幕式特别报道	北京卫视	1.0	3.4
12	亚洲文化嘉年华特别报道	中央电视台综合频道	0.8	3.7
13	今日关注	中央台四套	0.8	3.5
14	中国舆论场	中央台四套	0.8	3.0
15	烈士纪念日向人民英雄敬献花篮仪式	中央电视台综合频道	0.7	12.2
16	新闻30分	中央电视台综合频道	0.7	6.5
17	庆祝中华人民共和国成立70周年大会阅兵式群众游行	中央电视台新闻频道	0.7	5.6
18	今日亚洲	中央台四套	0.7	2.8
19	中国新闻	中央台四套	0.7	2.7
19	深度国际	中央台四套	0.7	2.7

表 3.2.19　2019年全国样本城市市场专题类节目收视率排名前二十位

名次	节目名称	播出频道	平均收视率（%）	平均占有率（%）
1	一年又一年	中央电视台综合频道	2.2	11.0
2	中国诗词大会第四季(2月9日)	中央电视台综合频道	1.7	6.1
3	红色通缉	中央电视台综合频道	1.5	5.0
4	感动中国2018年度人物颁奖盛典	中央电视台综合频道	1.4	4.9
5	礼赞最美奋斗者	中央电视台综合频道	1.3	5.0
6	等着我	中央电视台综合频道	1.3	4.8
7	穿越历史长廊探寻文化伟力	中央电视台综合频道	1.2	4.8
8	中华人民共和国中央人民政府成立典礼原始影像	中央电视台综合频道	1.2	4.7
9	推动京津冀协同发展取得新的更大进展	中央电视台综合频道	1.2	4.0
10	牵挂与惦念习近平总书记赴重庆华溪村扶贫考察纪实	中央电视台综合频道	1.1	4.5
11	一抓到底正风纪秦岭违建整治始末	中央电视台综合频道	1.1	3.9
12	中央电视台特别节目共同开创中朝两党两国关系的美好未来	中央电视台综合频道	1.0	4.2
13	等闲识得东风面2019年习近平主席访问欧洲三国纪行	中央电视台综合频道	1.0	3.9
14	祖国在召唤	中央电视台综合频道	1.0	3.8
15	大国工匠2018年度人物颁奖典礼	中央电视台综合频道	1.0	3.4
16	中央电视台特别节目携手奔向互利共赢的康庄大道	中央电视台综合频道	0.9	3.8
17	冰血长津湖	中央台六套	0.9	3.6
17	较量抗美援朝战争实录	中央台六套	0.9	3.6
19	我们走在大路上1949~2019	中央电视台综合频道	0.9	3.5
20	时代楷模发布厅特别节目闪亮新时代	中央电视台综合频道	0.9	3.0

表 3.2.20　2019 年全国样本城市市场电影类节目收视率排名前二十位

名次	节目名称	播出频道	平均收视率(%)	平均占有率(%)
1	举起手来(1 月 19 日)	中央台六套	1.6	5.6
2	战狼二(3 月 16 日)	中央台六套	1.5	5.8
3	巨齿鲨(11 月 30 日)	中央台六套	1.5	5.5
4	西虹市首富(2 月 9 日)	中央台六套	1.4	5.3
5	澳门风云二(1 月 28 日)	中央台六套	1.4	5.2
6	木棉袈裟(2 月 2 日)	中央台六套	1.4	4.8
7	红海行动(9 月 29 日)	中央台六套	1.3	5.5
8	一出好戏(2 月 8 日)	中央台六套	1.3	5.1
9	叶问二宗师传奇(11 月 16 日)	中央台六套	1.3	5.0
10	渊子崖保卫战(9 月 30 日)	中央台六套	1.3	4.7
10	唐人街探案二(2 月 5 日)	中央台六套	1.3	4.7
12	九层妖塔(1 月 5 日)	中央台六套	1.3	4.6
13	举起手来之二追击阿多丸(1 月 20 日)	中央台六套	1.3	4.5
14	黄金兄弟(2 月 12 日)	中央台六套	1.3	4.3
15	叶问外传张天志(10 月 4 日)	中央台六套	1.2	5.6
16	狄仁杰之神都龙王(11 月 2 日)	中央台六套	1.2	5.1
17	我的特工爷爷(2 月 26 日)	中央台六套	1.2	5.0
17	中国蓝盔(2 月 5 日)	中央台六套	1.2	5.0
17	狼兵吼(10 月 28 日)	中央台六套	1.2	5.0
20	疯狂的外星人(9 月 14 日)	中央台六套	1.2	4.9

注:多次播出电影取收视率最高值参与排名,括号中为播出日期。

表 3.2.21　2019 年全国样本城市市场综艺节目收视率排名前二十位

名次	节目名称	播出频道	平均收视率(%)	平均占有率(%)
1	2019 中央广播电视总台春节联欢晚会	中央电视台综合频道	6.8	20.6
2	庆祝中华人民共和国成立 70 周年联欢活动	中央电视台综合频道	6.4	21.7
3	喜气洋洋闹元宵	中央电视台综合频道	4.3	15.1
4	2019 年中央广播电视总台中秋晚会	中央电视台综合频道	2.7	10.0
5	新春喜剧之夜	中央台三套	2.2	7.9
6	中国好声音(7 月 19 日)	浙江卫视	2.1	10.4
7	中国梦之声我们的歌(10 月 27 日)	上海东方卫视	1.9	8.6
8	奋斗吧中华儿女音乐舞蹈史诗	中央电视台综合频道	1.9	8.4
9	新春曲艺大联欢	中央台三套	1.9	7.4
10	2019 北京电视台春节联欢晚会	北京卫视	1.9	7.2
11	越战越勇(2 月 7 日)	中央台三套	1.8	6.6
12	奔跑吧	浙江卫视	1.7	7.9
13	梦圆东方追梦 2020 跨年盛典	上海东方卫视	1.7	7.0
14	2019 苏宁易购 1111 嗨爆夜	湖南卫视	1.7	6.5
15	中国达人秀后传(10 月 5 日)	上海东方卫视	1.6	7.4
16	喜到福到好运到 2019 年春晚倒计时	中央台三套	1.4	6.4
17	启航 2020 中央广播电视总台跨年盛典	中央电视台综合频道	1.4	5.1
18	挑战不可能(2 月 17 日)	中央电视台综合频道	1.4	4.7
19	蒙面唱将猜猜猜(11 月 17 日)	江苏卫视	1.3	6.0
20	2019 天猫双 11 狂欢夜	浙江卫视	1.3	5.3

表 3.2.22　2019 年全国样本城市市场体育节目收视率排名前二十位

名次	节目名称	播出频道	平均收视率（%）	平均占有率（%）
1	第七届世界军人运动会报道：第七届军运会女排决赛（中国 VS 巴西）	中央台五套	1.9	7.3
1	超级足球之夜：国际足联 2022 年世界杯亚洲区预选赛第 2 阶段 A 组第 4 轮（菲律宾 VS 中国）	中央台五套	1.9	7.3
3	2019 年亚洲杯 1/8 决赛（泰国 VS 中国）	中央台五套	1.8	13.6
4	2019 年国际篮联篮球世界杯小组赛 A 组（中国 VS 波兰）	中央台五套	1.8	7.8
5	2019 年世界乒乓球锦标赛男单决赛	中央台五套	1.8	6.3
6	第七届世界军人运动会开幕式	中央电视台综合频道	1.6	6.3
7	直播周末：2019 年女排世界杯颁奖仪式	中央台五套	1.6	6.1
8	直播周末：现场直播 2019 年女排世界杯第十轮（中国 VS 塞尔维亚）	中央台五套	1.5	16.9
9	2019 年女足世界杯小组赛 B 组第一轮（德国 VS 中国）	中央台五套	1.5	6.5
10	现场直播：2019 年亚洲足联冠军联赛半决赛次回合（广州恒大 VS 浦和红宝石）	中央台五套	1.5	6.0
11	直播周末：2019 年乒乓球团体世界杯女团决赛单打	中央台五套	1.5	5.8
12	现场直播：2019 年世界女排联赛中国香港站（中国 VS 意大利）	中央台五套	1.4	6.3
13	现场直播：2019 年国际泳联世锦赛女子 200 米自由泳半决赛	中央台五套	1.4	5.3
13	直播周末：2020 年东京奥运会女排资格赛（中国 VS 土耳其）	中央台五套	1.4	5.3
15	第七届世界军人运动会报道：第七届军运会游泳赛女子 4×100 米自由泳接力决赛	中央台五套	1.4	5.0
16	第七届世界军人运动会报道：第七届军运会田径男子 4×100 米接力决赛	中央台五套	1.3	5.6
17	第七届世界军人运动会报道：第七届军运会男篮第二轮（美国 VS 中国）	中央台五套	1.2	4.2
18	直播周末：乒乓球团体世界杯颁奖仪式	中央台五套	1.2	4.1
19	现场直播：2019 年中国之队广州国际足球赛（中国 VS 塔吉克斯坦）	中央台五套	1.1	4.6
19	荣耀之路	中央台五套	1.1	4.6

三、安徽收视数据

表 3.3.1　2015~2019 年安徽市场各类频道的市场占有率(%)

频道类别	年份				
	2015 年	2016 年	2017 年	2018 年	2019 年
中央广播电视总台	32.6	35.5	33.2	36.4	31.1
中国教育台频道	0.4	0.2	0.1	0.2	0.2
安徽省级频道	29.7	30.5	31.4	25.9	26.7
其他省级卫视频道	31.8	26.4	25.4	22.4	21.6
其他频道	5.5	7.4	9.9	15.1	20.4

表 3.3.2　2019 年安徽市场各类频道在不同目标观众中的市场占有率(%)

目标观众		中央广播电视总台	中国教育台频道	安徽省级频道	其他省级卫视频道	其他频道
4 岁及以上所有人		31.1	0.2	26.7	21.6	20.4
城乡	城市	37.5	0.3	26.4	20.2	15.6
	农村	27.4	0.1	26.9	22.4	23.2
性别	男	35.0	0.2	27.5	18.7	18.6
	女	27.3	0.1	26.0	24.4	22.2
年龄	4~14 岁	33.2	0.1	8.3	23.6	34.8
	15~24 岁	26.2	0.3	18.1	30.1	25.3
	25~34 岁	22.2	0.2	19.8	27.7	30.1
	35~44 岁	27.2	0.2	22.3	25.5	24.8
	45~54 岁	28.5	0.3	32.4	22.0	16.8
	55~64 岁	33.9	0.1	35.9	15.7	14.4
	65 岁及以上	38.6	0.1	35.9	15.4	10.0
教育程度	未受过正规教育	30.8	0.1	29.1	21.3	18.7
	小学	28.8	0.1	31.1	18.6	21.4
	初中	28.8	0.1	25.2	23.8	22.1
	高中	35.9	0.3	24.3	23.0	16.5
	大学及以上	38.0	0.3	21.5	19.1	21.1
职业类别	干部/管理人员	31.1	0.0	19.9	24.4	24.6
	个体/私营企业人员	27.5	0.2	26.6	22.6	23.1
	初级公务员/雇员	37.2	0.5	24.3	22.8	15.2
	工人	27.2	0.2	29.5	24.6	18.5
	学生	31.1	0.2	11.1	27.0	30.6
	无业	35.8	0.1	28.8	18.9	16.4
	其他	27.0	0.1	32.8	19.6	20.5
个人月收入	0~300 元	31.7	0.1	18.9	23.7	25.6
	301~900 元	27.4	0.2	36.0	16.3	20.1
	901~1700 元	27.8	0.1	33.8	19.7	18.6
	1701~2600 元	32.7	0.1	30.0	20.4	16.8
	2601~3500 元	31.0	0.2	28.0	22.6	18.2
	3501 元及以上	32.3	0.3	26.1	21.9	19.4

表 3.3.3　2019 年安徽市场各类频道在不同时段的市场占有率(%)

时间段	中央广播电视总台	中国教育台频道	安徽省级频道	其他省级卫视频道	其他频道
02:00~03:00	35.6	0.0	9.5	28.3	26.6
03:00~04:00	32.9	0.0	9.3	31.8	26.0
04:00~05:00	36.3	0.3	14.7	25.5	23.2
05:00~06:00	32.6	0.3	39.4	15.1	12.6
06:00~07:00	42.0	0.4	34.2	13.1	10.3
07:00~08:00	44.1	0.2	28.8	14.6	12.3
08:00~09:00	43.0	0.2	15.8	21.6	19.4
09:00~10:00	38.5	0.2	12.0	25.2	24.1
10:00~11:00	36.8	0.2	11.9	26.9	24.2
11:00~12:00	36.8	0.3	21.3	22.7	18.9
12:00~13:00	37.4	0.5	22.6	21.8	17.7
13:00~14:00	28.5	0.7	16.9	26.7	27.2
14:00~15:00	28.8	0.2	13.3	28.2	29.5
15:00~16:00	32.7	0.2	12.3	27.2	27.6
16:00~17:00	33.4	0.2	13.6	25.5	27.3
17:00~18:00	35.6	0.1	23.4	19.7	21.2
18:00~19:00	31.3	0.1	41.1	10.3	17.2
19:00~20:00	36.3	0.1	32.2	15.0	16.4
20:00~21:00	24.2	0.1	30.8	25.0	19.9
21:00~22:00	23.5	0.1	26.4	27.1	22.9
22:00~23:00	25.1	0.3	21.7	26.9	26.0
23:00~24:00	26.5	0.5	20.3	25.8	26.9
24:00~25:00	29.6	0.2	14.7	30.3	25.2
25:00~26:00	22.4	0.3	15.0	28.6	33.7

表 3.3.4　2019 年安徽市场收视份额排名前十位的频道

名次	频道名称	收视份额(%)
1	安徽卫视	13.7
2	中央电视台综合频道	7.0
3	中央电视台少儿频道	5.5
4	湖南卫视	4.9
5	安徽影视	4.6
6	安徽经视	4.3
7	浙江卫视	3.1
8	中央台四套	3.0
8	中央台六套	3.0
10	中央台八套	2.7

表 3.3.5 2019 年安徽市场主要频道的观众构成(%)

目标观众		所有频道	主要频道				
			安徽卫视	中央电视台综合频道	中央电视台少儿频道	湖南卫视	安徽影视
4 岁及以上所有人		100.0	100.0	100.0	100.0	100.0	100.0
城乡	城市	37.2	29.3	55.6	27.9	34.8	40.7
	乡村	62.8	70.7	44.4	72.1	65.2	59.3
性别	男	49.6	49.8	56.0	46.5	30.7	55.7
	女	50.4	50.2	44.0	53.5	69.3	44.3
年龄	4~14 岁	11.8	4.6	4.9	50.3	11.6	4.2
	15~24 岁	9.0	6.3	7.9	8.3	18.7	6.2
	25~34 岁	9.0	8.2	7.3	9.1	16.8	3.8
	35~44 岁	17.1	14.0	11.5	13.7	27.3	20.2
	45~54 岁	15.3	15.0	14.4	8.0	12.9	21.6
	55~64 岁	16.3	18.8	20.1	8.3	5.2	21.4
	65 岁及以上	21.5	33.1	33.9	2.3	7.5	22.6
教育程度	未受过正规教育	10.0	11.4	7.1	21.8	6.6	10.0
	小学	27.7	32.9	17.5	41.7	18.9	27.5
	初中	35.1	33.9	33.1	21.6	45.7	37.2
	高中	19.2	15.4	28.5	12.7	21.3	20.5
	大学及以上	8.0	6.4	13.7	2.3	7.4	4.9
职业类别	干部/管理人员	0.8	0.4	0.7	0.3	2.0	0.4
	个体/私营企业人员	14.2	11.7	13.5	4.5	18.3	20.6
	初级公务员/雇员	7.4	7.1	11.5	4.8	9.0	4.9
	工人	9.6	9.7	8.7	3.2	16.7	12.9
	学生	13.6	6.8	8.5	38.7	18.7	6.0
	无业	29.8	31.5	36.0	32.9	20.0	29.8
	其他	24.6	32.8	21.1	15.6	15.3	25.4
个人月收入	0~300 元	28.6	23.8	17.7	67.3	32.8	17.8
	301~900 元	7.6	11.1	9.0	4.7	2.5	6.5
	901~1700 元	12.4	16.0	8.9	7.2	12.0	16.1
	1701~2600 元	19.1	19.7	24.2	8.0	13.7	23.8
	2601~3500 元	15.6	15.2	21.1	4.3	22.5	18.6
	3501 元及以上	16.7	14.2	19.1	8.5	16.5	17.2

表 3.3.6　2017~2019 年安徽市场各类节目的播出比重(%)和收视比重(%)

节目类型	2017 年		2018 年		2019 年	
	播出比重	收视比重	播出比重	收视比重	播出比重	收视比重
财经	1.1	0.2	1.1	0.3	1.0	0.3
电视剧	21.5	32.8	21.8	29.9	21.6	29.2
电影	4.0	2.8	3.8	3.7	3.9	3.6
法制	1.4	1.1	1.3	1.1	1.1	0.8
教学	0.2	0.0	0.3	0.0	0.4	0.0
青少	6.5	5.3	6.8	5.5	6.8	6.2
生活服务	8.8	7.9	8.0	7.4	8.2	6.8
体育	3.1	1.0	3.3	1.9	3.6	1.7
外语	0.1	0.0	0.1	0.0	0.2	0.0
戏剧	0.8	0.5	0.8	0.5	0.8	0.5
新闻/时事	16.1	18.1	16.6	18.5	17.0	21.2
音乐	1.6	0.7	1.4	0.5	1.7	0.6
专题	13.4	3.5	13.6	4.1	13.3	4.5
综艺	7.8	10.2	7.8	10.7	7.0	9.7
其他	13.6	15.9	13.3	15.9	13.4	14.9

表 3.3.7　2019 年安徽市场所有节目收视率排名前三十位

名次	节目名称	节目类型	播出频道	平均收视率(%)	平均占有率(%)
1	2019 中央广播电视总台春节联欢晚会	综艺	中央电视台综合频道	14.7	54.5
2	庆祝中华人民共和国成立 70 周年大会阅兵式群众游行特别报道	新闻	中央电视台综合频道	10.5	61.4
3	主妇也要拼	电视剧	安徽卫视	4.9	17.4
4	义海	电视剧	安徽卫视	4.7	17.2
5	黄土高天	电视剧	安徽卫视	4.6	16.7
6	全省天气预报	生活服务	安徽卫视	4.5	28.7
7	转播中央电视台新闻联播	新闻	安徽卫视	4.5	19.4
8	庆祝中华人民共和国成立 70 周年联欢活动	综艺	中央电视台综合频道	4.5	17.1
9	你是我的亲人	电视剧	安徽卫视	4.4	16.5
10	猴票	电视剧	安徽卫视	4.4	15.9
11	人民欢歌庆祝中华人民共和国成立 70 周年联欢活动特别报道	新闻	安徽卫视	4.3	16.6
12	安徽新闻联播特别报道 2019 世界制造业大会	新闻	安徽卫视	3.9	15.8
13	启航(1~20 集)	电视剧	安徽卫视	3.9	14.5
14	安徽新闻联播	新闻	安徽卫视	3.8	26.7

续表

名次	节目名称	节目类型	播出频道	平均收视率（%）	平均占有率（%）
15	西京故事(9~39集)	电视剧	安徽卫视	3.8	14.2
16	老虎队	电视剧	安徽卫视	3.7	14.7
17	开封府(1~27集)	电视剧	安徽卫视	3.7	14.4
18	浅情人不知(7月24日~8月14日)	电视剧	安徽卫视	3.7	13.8
19	伟大的转折	电视剧	安徽卫视	3.6	14.3
20	春天里	电视剧	安徽卫视	3.6	13.7
21	开学第一课	青少	中央电视台综合频道	3.6	12.6
22	洪流	电视剧	安徽卫视	3.5	13.2
23	飞行少年	电视剧	安徽卫视	3.4	14.1
24	欢喜盈门	电视剧	安徽卫视	3.4	13.7
25	奔腾年代	电视剧	安徽卫视	3.4	12.8
26	上线下线	电视剧	安徽卫视	3.2	12.8
27	亲爱的婚姻	电视剧	安徽卫视	3.2	12.7
28	奔腾岁月	电视剧	安徽卫视	3.2	12.4
29	我们的生活充满阳光	电视剧	安徽卫视	3.2	12.3
30	第七届世界军人运动会开幕式特别报道	新闻	中央电视台综合频道	3.0	11.1

表 3.3.8 2019 年安徽市场电视剧收视率排名前十位

名次	节目名称	播出频道	平均收视率(%)	平均占有率(%)
1	主妇也要拼	安徽卫视	4.9	17.4
2	义海	安徽卫视	4.7	17.2
3	黄土高天	安徽卫视	4.6	16.7
4	你是我的亲人	安徽卫视	4.4	16.5
5	猴票	安徽卫视	4.4	15.9
6	启航(1~20集)	安徽卫视	3.9	14.5
7	西京故事(9~39集)	安徽卫视	3.8	14.2
8	老虎队	安徽卫视	3.7	14.7
9	开封府(1~27集)	安徽卫视	3.7	14.4
10	浅情人不知(7月24日~8月14日)	安徽卫视	3.7	13.8

表 3.3.9　2019 年安徽市场新闻节目收视率排名前十位

名次	节目名称	播出频道	平均收视率（%）	平均占有率（%）
1	庆祝中华人民共和国成立 70 周年大会阅兵式群众游行特别报道	中央电视台综合频道	10.5	61.4
2	转播中央电视台新闻联播	安徽卫视	4.5	19.4
3	人民欢歌庆祝中华人民共和国成立 70 周年联欢活动特别报道	安徽卫视	4.3	16.6
4	安徽新闻联播特别报道 2019 世界制造业大会	安徽卫视	3.9	15.8
5	安徽新闻联播	安徽卫视	3.8	26.7
6	第七届世界军人运动会开幕式特别报道	中央电视台综合频道	3.0	11.1
7	庆祝中华人民共和国成立 70 周年特别节目走向复兴	中央电视台综合频道	2.8	9.3
8	焦点访谈	中央电视台综合频道	2.6	9.5
9	每日新闻报	安徽卫视	2.0	20.1
10	庆祝澳门回归祖国 20 周年特别报道	中央电视台综合频道	1.6	6.9

表 3.3.10　2019 年安徽市场专题节目收视率排名前十位

名次	节目名称	播出频道	平均收视率（%）	平均占有率（%）
1	牵挂与惦念习近平总书记赴重庆华溪村扶贫考察纪实	中央电视台综合频道	2.7	10.4
2	中华人民共和国中央人民政府成立典礼原始影像	中央电视台综合频道	2.6	10.2
3	推动京津冀协同发展取得新的更大进展	中央电视台综合频道	2.6	9.4
4	中央广播电视总台特别节目携手奔向互利共赢的康庄大道	中央电视台综合频道	2.4	8.7
5	一年又一年	中央电视台综合频道	2.2	17.6
6	等闲识得东风面 2019 年习近平主席访问欧洲三国纪行	中央电视台综合频道	2.2	7.5
7	濠江情中国心	中央电视台综合频道	2.2	7.0
8	极智少年强(11 月 10 日)	中央电视台少儿频道	2.1	6.8
9	中国诗词大会第四季(2 月 12 日)	中央电视台综合频道	2.1	7.9
10	变害为利造福人民习近平生态文明思想在福建木兰溪的先行探索	中央电视台综合频道	2.0	7.2

表 3.3.11 2019 年安徽市场综艺节目收视率排名前十位

名次	节目名称	播出频道	平均收视率（%）	平均占有率（%）
1	2019 中央广播电视总台春节联欢晚会	中央电视台综合频道	14.7	54.5
2	庆祝中华人民共和国成立 70 周年联欢活动	中央电视台综合频道	4.5	17.1
3	声临其境（1 月 25 日）	湖南卫视	2.9	12.3
4	我爱你中国庆祝中华人民共和国成立 70 周年	湖南卫视	2.9	10.7
5	2018 国剧盛典（1 月 1 日）	安徽卫视	2.7	14.4
6	2019 年中央广播电视总台中秋晚会	中央电视台综合频道	2.7	11.0
7	长江之恋长江流域十二省市春节联欢晚会	湖南卫视	2.5	10.4
8	快乐大本营	湖南卫视	2.3	10.9
9	2019 中央军委慰问驻京部队老干部迎新春文艺演出	中央电视台综合频道	2.3	7.9
10	声入人心（1 月 4 日）	湖南卫视	2.2	9.9

表 3.3.12 2019 年安徽市场体育节目收视率排名前十位

名次	节目名称	播出频道	平均收视率（%）	平均占有率（%）
1	第七届世界军人运动会开幕式	中央电视台综合频道	1.5	7.3
2	2019 年国际篮联篮球世界杯开幕式	中央电视台综合频道	1.3	4.4
3	2019/2020 赛季花样滑冰大奖赛总决赛男单自由滑	中央台五套	1.0	5.1
4	2019 年乒乓球团体世界杯女团决赛双打	中央台五套	0.9	7.6
5	第七届世界军人运动会报道:第七届军运会男篮第二轮（美国 VS 中国）	中央台五套	0.8	2.4
6	19/20 赛季短道速滑世界杯上海站男子 5000 米接力 B 组决赛	中央台五套	0.7	6.1
7	2019 年世界女排联赛总决赛小组赛 A 组（中国 VS 意大利）	中央台五套	0.7	2.6
8	2019 年男足东亚杯第 2 轮（韩国 VS 中国）	中央台五套	0.7	2.4
9	2019 年多哈世界田径锦标赛男子 100 米资格赛	中央台五套	0.6	5.6
10	2019 年世界乒乓球锦标赛男单决赛	中央台五套	0.6	1.9

四、福建收视数据

表 3.4.1　2015~2019 年福建市场各类频道的市场占有率(%)

频道类别	年份				
	2015 年	2016 年	2017 年	2018 年	2019 年
中央广播电视总台	31.3	30.7	30.4	29.4	25.6
中国教育台频道	0.2	0.1	0.1	0.1	0.1
福建省级频道	25.9	26.2	27.2	30.0	29.6
其他省级卫视频道	30.5	30.6	25.6	22.0	20.7
其他频道	12.1	12.4	16.7	18.5	24.0

表 3.4.2　2019 年福建市场各类频道在不同目标观众中的市场占有率(%)

目标观众		中央广播电视总台	中国教育台频道	福建省级频道	其他省级卫视频道	其他频道
4 岁及以上所有人		25.6	0.1	29.6	20.7	24.0
城乡	城市	26.9	0.2	12.4	25.5	35.0
	农村	25.2	0.1	35.6	19.0	20.1
性别	男	26.4	0.2	30.0	20.4	23.0
	女	24.8	0.1	29.1	21.0	25.0
年龄	4~14 岁	16.5	0.1	26.0	24.6	32.8
	15~24 岁	17.3	0.2	33.6	23.0	25.9
	25~34 岁	17.7	0.1	31.5	20.6	30.1
	35~44 岁	17.4	0.0	38.4	21.3	22.9
	45~54 岁	27.2	0.2	29.9	19.5	23.2
	55~64 岁	35.7	0.2	26.3	20.3	17.5
	65 岁及以上	40.3	0.2	24.7	17.6	17.2
教育程度	未受过正规教育	25.6	0.1	29.3	20.5	24.5
	小学	24.6	0.2	30.1	20.6	24.5
	初中	22.8	0.1	35.1	20.3	21.7
	高中	33.4	0.2	19.6	21.4	25.4
	大学及以上	30.7	0.1	16.7	22.4	30.1
职业类别	干部/管理人员	44.1	0.0	14.3	10.7	30.9
	个体/私营企业人员	26.7	0.2	26.6	19.8	26.7
	初级公务员/雇员	29.7	0.1	27.6	19.2	23.4
	工人	17.9	0.2	37.2	19.5	25.2
	学生	17.5	0.0	25.1	27.4	30.0
	无业	31.5	0.1	22.3	21.3	24.8
	其他	21.4	0.2	45.6	18.2	14.6
个人月收入	0~300 元	22.3	0.1	25.5	23.9	28.2
	301~900 元	28.0	0.1	37.5	19.1	15.3
	901~1700 元	31.1	0.1	39.3	14.4	15.1
	1701~2600 元	25.0	0.3	38.8	17.0	18.9
	2601~3500 元	30.1	0.2	23.3	23.5	22.9
	3501 元及以上	25.5	0.1	25.5	19.7	29.2

表 3.4.3 2019 年福建市场各类频道不同时段的市场占有率(%)

时间段	中央广播电视总台	中国教育台频道	福建省级频道	其他省级卫视频道	其他频道
02:00~03:00	19.0	0.2	19.8	39.2	21.8
03:00~04:00	19.2	0.1	19.5	43.9	17.3
04:00~05:00	18.4	1.6	18.0	45.6	16.4
05:00~06:00	24.3	2.3	15.7	38.9	18.8
06:00~07:00	38.7	0.2	13.2	27.2	20.7
07:00~08:00	37.4	0.4	10.8	23.9	27.5
08:00~09:00	33.2	0.3	11.8	24.4	30.3
09:00~10:00	28.2	0.2	10.5	28.2	32.9
10:00~11:00	29.1	0.3	8.2	29.7	32.7
11:00~12:00	31.4	0.2	8.3	29.4	30.7
12:00~13:00	32.3	0.1	12.0	27.1	28.5
13:00~14:00	28.8	0.2	8.2	32.3	30.5
14:00~15:00	27.9	0.3	10.2	31.0	30.6
15:00~16:00	27.2	0.4	10.6	31.4	30.4
16:00~17:00	28.5	0.5	10.9	29.9	30.2
17:00~18:00	27.6	0.2	19.5	24.1	28.6
18:00~19:00	23.6	0.1	43.8	10.1	22.4
19:00~20:00	26.6	0.0	44.7	11.2	17.5
20:00~21:00	21.4	0.0	44.1	16.3	18.2
21:00~22:00	20.9	0.0	44.5	15.6	19.0
22:00~23:00	22.3	0.1	34.6	19.3	23.7
23:00~24:00	24.8	0.1	23.2	24.5	27.4
24:00~25:00	27.5	0.1	19.2	24.2	29.0
25:00~26:00	25.0	0.2	18.7	28.8	27.3

表 3.4.4 2019 年福建市场收视份额排名前十位的频道

名次	频道名称	收视份额(%)
1	东南卫视	9.7
2	福建省广播影视集团综合频道	6.4
3	福建省广播影视集团电视剧频道	5.8
4	湖南电视台金鹰卡通频道	4.3
5	中央台八套	4.2
6	福建省广播影视集团新闻频道	3.8
6	中央台六套	3.8
8	中央电视台综合频道	3.5
9	中央台四套	3.0
10	湖南卫视	2.5

表 3.4.5　2019 年福建市场各主要频道的观众构成(%)

目标观众		所有频道	主要频道				
			东南卫视	福建省广播影视集团综合频道	福建省广播影视集团电视剧频道	湖南电视台金鹰卡通频道	中央台八套
4 岁及以上所有人		100.0	100.0	100.0	100.0	100.0	100.0
城乡	城市	26.0	4.1	9.0	14.7	26.0	21.4
	农村	74.0	95.9	91.0	85.3	74.0	78.6
性别	男	51.1	52.1	55.1	50.2	56.9	40.5
	女	48.9	47.9	44.9	49.8	43.1	59.5
年龄	4~14 岁	14.6	14.8	14.6	7.0	41.5	3.0
	15~24 岁	7.8	9.2	9.2	8.0	5.8	5.8
	25~34 岁	13.9	15.6	18.1	9.6	20.0	4.6
	35~44 岁	12.8	20.6	23.2	7.7	9.5	4.4
	45~54 岁	20.0	23.9	13.7	19.8	9.5	28.9
	55~64 岁	15.7	11.0	11.6	25.9	10.6	19.9
	65 岁及以上	15.2	4.9	9.6	22.0	3.1	33.4
教育程度	未受过正规教育	14.6	12.5	11.9	18.1	23.2	23.9
	小学	30.3	33.9	33.2	29.5	34.3	20.3
	初中	35.8	43.5	40.9	40.1	29.1	35.3
	高中	12.5	5.3	9.5	10.7	9.5	16.9
	大学及以上	6.8	4.8	4.5	1.6	3.9	3.6
职业类别	干部/管理人员	1.5	0.8	0.6	0.1	0.5	2.2
	个体/私营企业人员	13.5	14.4	7.0	11.8	9.2	17.2
	初级公务员/雇员	9.5	9.5	9.6	7.0	4.5	14.3
	工人	13.6	16.8	18.8	20.9	15.6	6.7
	学生	11.9	10.5	11.8	7.7	26.7	3.2
	无业	33.0	19.4	21.0	32.2	36.7	44.9
	其他	17.0	28.6	31.2	20.3	6.8	11.5
个人月收入	0~300 元	35.6	27.7	33.0	32.2	62.8	32.0
	301~900 元	8.1	10.6	12.9	13.3	2.7	11.1
	901~1700 元	9.5	16.7	14.8	9.9	4.6	7.8
	1701~2600 元	15.3	21.2	19.0	11.3	4.4	16.5
	2601~3500 元	12.8	5.9	11.4	13.5	13.7	13.7
	3501 元及以上	18.7	17.9	8.9	19.8	11.8	18.9

表 3.4.6 2017~2019 年福建市场各类节目的播出比重(%)和收视比重(%)

节目类型	2017 年		2018 年		2019 年	
	播出比重	收视比重	播出比重	收视比重	播出比重	收视比重
财经	1.2	0.4	1.3	0.5	1.3	0.4
电视剧	20.9	27.6	20.9	27.5	21.0	30.6
电影	4.5	6.3	4.3	5.8	3.5	4.9
法制	0.9	0.8	1.0	1.7	0.9	1.5
教学	0.2	0.0	0.3	0.0	0.4	0.0
青少	7.1	8.0	7.1	7.8	7.7	6.4
生活服务	7.9	6.3	8.1	6.7	7.6	6.5
体育	3.9	0.9	4.0	1.3	4.4	1.2
外语	0.1	0.0	0.1	0.0	0.2	0.0
戏剧	0.8	0.2	0.7	0.2	0.8	0.3
新闻/时事	15.2	16.5	15.7	17.3	15.9	16.7
音乐	1.5	1.3	1.6	1.2	1.9	1.2
专题	15.0	8.0	14.6	8.7	14.8	9.1
综艺	8.0	8.8	7.8	7.6	7.1	7.6
其他	12.8	14.9	12.5	13.7	12.5	13.6

表 3.4.7 2019 年福建市场所有节目收视率排名前三十位

名次	节目名称	节目类型	播出频道	平均收视率(%)	平均占有率(%)
1	开学第一课	青少	中央电视台综合频道	6.9	21.4
2	庆祝中华人民共和国成立 70 周年大会阅兵式群众游行特别报道	新闻/时事	中央电视台综合频道	6.8	27.9
3	变害为利造福人民习近平生态文明思想在福建木兰溪的先行探索	专题	东南卫视	5.8	19.6
4	庆祝中华人民共和国成立 70 周年联欢活动	综艺	东南卫视	5.7	18.5
5	绝境铸剑(1~2 集)	电视剧	东南卫视	5.6	18.5
6	第六届丝绸之路国际电影节开幕式	综艺	东南卫视	5.5	19.9
7	你好新时代第二届融媒体作品大赛(12 月 1 日)	专题	东南卫视	5.4	22.2
8	一年又一年	专题	东南卫视	5.4	15.4
9	人民欢歌庆祝中华人民共和国成立 70 周年联欢活动特别报道	新闻/时事	东南卫视	5.3	18.6
10	激荡	电视剧	东南卫视	5.3	18.5

续表

名次	节目名称	节目类型	播出频道	平均收视率（%）	平均占有率（%）
11	我们从古田再出发中央广播电视总台心连心艺术团赴龙岩慰问演出	综艺	东南卫视	5.3	18.1
12	我们走在大路上 1949~2019	专题	东南卫视	5.3	17.7
13	爱国者	电视剧	东南卫视	5.1	16.1
14	可爱的中国	电视剧	东南卫视	5.0	18.8
15	那片花那片海	电视剧	东南卫视	5.0	18.1
16	创业时代	电视剧	东南卫视	5.0	17.7
17	香蜜沉沉烬如霜	电视剧	东南卫视	4.8	17.2
18	台湾往事	电视剧	东南卫视	4.8	16.9
19	皇子归来之欢喜县令	电视剧	东南卫视	4.8	15.9
20	福建省庆祝中华人民共和国成立70周年焰火晚会	综艺	东南卫视	4.7	14.9
21	大江大河	电视剧	东南卫视	4.6	17.0
22	庆祝中华人民共和国成立70周年闽港澳台四地联欢晚会	综艺	东南卫视	4.6	15.6
23	面具	电视剧	东南卫视	4.6	15.1
24	归去来(18~50集)	电视剧	东南卫视	4.6	14.9
25	时代楷模	专题	东南卫视	4.4	15.3
26	转播中央台新闻联播	新闻/时事	东南卫视	4.3	16.9
27	圆梦中国德耀中华第七届全国道德模范颁奖仪式	专题	东南卫视	4.1	17.0
28	悦读家	综艺	东南卫视	4.1	14.5
29	你和我的倾城时光	电视剧	东南卫视	4.1	14.2
30	福州定西扶贫报告	专题	福建省广播影视集团综合频道	4.1	12.4

表 3.4.8　2019 年福建市场电视剧收视率排名前十位

名次	节目名称	播出频道	平均收视率(%)	平均占有率(%)
1	绝境铸剑(1~2集)	东南卫视	5.6	18.5
2	激荡	东南卫视	5.3	18.5
3	爱国者	东南卫视	5.1	16.1
4	可爱的中国	东南卫视	5.0	18.8
5	那片花那片海	东南卫视	5.0	18.1
6	创业时代	东南卫视	5.0	17.7
7	香蜜沉沉烬如霜	东南卫视	4.8	17.2
8	台湾往事	东南卫视	4.8	16.9
9	皇子归来之欢喜县令	东南卫视	4.8	15.9
10	大江大河	东南卫视	4.6	17.0

表 3.4.9　2019 年福建市场新闻节目收视率排名前十位

名次	节目名称	播出频道	平均收视率（%）	平均占有率（%）
1	庆祝中华人民共和国成立 70 周年大会阅兵式群众游行特别报道	中央电视台综合频道	6.8	27.9
2	人民欢歌庆祝中华人民共和国成立 70 周年联欢活动特别报道	东南卫视	5.3	18.6
3	转播中央台新闻联播	东南卫视	4.3	16.9
4	福建卫视新闻	东南卫视	3.8	17.7
5	向伟大复兴前进	中央电视台综合频道	3.5	24.5
6	台湾新闻脸	东南卫视	3.0	13.8
7	庆祝中华人民共和国成立 70 周年特别节目走向复兴	中央电视台综合频道	3.0	9.6
8	福建新闻联播	福建省广播影视集团综合频道	2.9	10.4
9	新闻启示录	福建省广播影视集团综合频道	2.7	9.1
10	奋斗新时代 2019 全国两会特别报道	东南卫视	2.4	9.7

表 3.4.10　2019 年福建市场专题节目收视率排名前十位

名次	节目名称	播出频道	平均收视率（%）	平均占有率（%）
1	变害为利造福人民习近平生态文明思想在福建木兰溪的先行探索	东南卫视	5.8	19.6
2	你好新时代第二届融媒体作品大赛（12 月 1 日）	东南卫视	5.4	22.2
3	一年又一年	东南卫视	5.4	15.4
4	我们走在大路上 1949~2019	东南卫视	5.3	17.7
5	时代楷模	东南卫视	4.4	15.3
6	圆梦中国德耀中华第七届全国道德模范颁奖仪式	东南卫视	4.1	17.0
6	福州定西扶贫报告	福建省广播影视集团综合频道	4.1	12.4
8	台青筑梦季二	东南卫视	3.8	16.7
9	闪亮的名字 2019 最美应急管理工作者发布仪式	东南卫视	3.7	17.5
10	品牌 2019	东南卫视	3.6	19.2

表 3.4.11　2019 年福建市场综艺节目收视率排名前十位

名次	节目名称	播出频道	平均收视率（%）	平均占有率（%）
1	庆祝中华人民共和国成立 70 周年联欢活动	东南卫视	5.7	18.5
2	第六届丝绸之路国际电影节开幕式	东南卫视	5.5	19.9
3	我们从古田再出发中央广播电视总台心连心艺术团赴龙岩慰问演出	东南卫视	5.3	18.1
4	福建省庆祝中华人民共和国成立 70 周年焰火晚会	东南卫视	4.7	14.9
5	庆祝中华人民共和国成立 70 周年闽港澳台四地联欢晚会	东南卫视	4.6	15.6
6	悦读家	东南卫视	4.1	14.5
7	礼赞新中国我说新福建短视频主题活动汇报展演	福建省广播影视集团综合频道	3.7	14.6
8	2019 福建省春节文艺晚会	东南卫视	3.6	11.4
8	走在春风里 2019 华侨华人春节大联欢	东南卫视	3.6	11.4
10	2019 中央广播电视总台春节联欢晚会	东南卫视	3.4	10.8

表 3.4.12　2019 年福建市场体育节目收视率排名前十位

名次	节目名称	播出频道	平均收视率（%）	平均占有率（%）
1	第七届世界军人运动会开幕式	中央电视台综合频道	1.4	5.9
2	第七届世界军人运动会报道：第七届军运会游泳比赛男女 4×100 米混合泳接力决赛	中央台五套	1.4	4.9
3	2019 年国际篮联篮球世界杯开幕式	中央电视台综合频道	1.4	4.5
4	第七届世界军人运动会报道：第七届军运会田径比赛女子 200 米决赛	中央台五套	1.3	5.0
5	第七届世界军人运动会报道：第七届军运会女排决赛（中国 VS 巴西）	中央台五套	1.2	4.3
6	直播周末：2019 年世界乒乓球锦标赛女单决赛	中央台五套	1.1	4.1
7	直播周末：2019 年乒乓球团体世界杯女团决赛单打	中央台五套	0.9	3.7
8	第七届世界军人运动会闭幕式	中央台五套	0.9	3.3
8	现场直播：2019 年世界举重锦标赛男子 67 公斤级挺举决赛	中央台五套	0.9	3.3
10	直播周末：19 年国际泳联冠军赛广州男女混合 4×100 米自由泳接力决赛	中央台五套	0.9	3.2

五、甘肃收视数据

表 3.5.1　2015～2019 年甘肃市场各类频道的市场占有率(%)

频道类别	年份				
	2015 年	2016 年	2017 年	2018 年	2019 年
中央广播电视总台	48.1	51.7	48.2	44.9	38.6
中国教育台频道	0.5	0.3	0.2	0.3	0.3
甘肃省级频道	5.4	6.5	7.9	7.5	10.1
其他省级卫视频道	39.9	34.6	30.9	27.0	27.1
其他频道	6.1	6.9	12.8	20.3	23.9

表 3.5.2　2019 年甘肃市场各类频道在不同目标观众中的市场占有率(%)

目标观众		中央广播电视总台	中国教育台频道	甘肃省级频道	其他省级卫视频道	其他频道
4 岁及以上所有人		38.6	0.3	10.1	27.1	23.9
城乡	城市	43.0	0.3	7.7	27.6	21.4
	农村	35.2	0.3	12.0	26.7	25.8
性别	男	40.4	0.3	10.4	25.4	23.5
	女	36.7	0.3	9.8	28.9	24.3
年龄	4～14 岁	36.9	0.2	7.1	31.9	23.9
	15～24 岁	33.5	0.3	7.0	32.9	26.3
	25～34 岁	34.2	0.3	7.8	29.2	28.5
	35～44 岁	37.0	0.3	8.1	27.6	27.0
	45～54 岁	34.5	0.3	11.4	25.0	28.8
	55～64 岁	43.5	0.3	15.4	23.6	17.2
	65 岁及以上	49.9	0.3	13.0	21.9	14.9
教育程度	未受过正规教育	37.0	0.3	11.5	32.6	18.6
	小学	39.4	0.3	12.2	27.0	21.1
	初中	36.5	0.3	9.7	27.1	26.4
	高中	41.0	0.3	8.7	27.7	22.3
	大学及以上	42.1	0.3	7.7	20.4	29.5
职业类别	干部/管理人员	36.4	0.7	8.5	19.7	34.7
	个体/私营企业人员	36.3	0.4	9.9	26.8	26.6
	初级公务员/雇员	43.9	0.3	6.2	19.5	30.1
	工人	35.8	0.3	10.1	27.8	26.0
	学生	34.9	0.3	6.7	32.1	26.0
	无业	46.6	0.2	10.0	24.7	18.5
	其他	36.7	0.3	12.3	27.4	23.3
个人月收入	0～300 元	38.1	0.3	8.1	31.0	22.5
	301～900 元	38.7	0.5	13.6	27.6	19.6
	901～1700 元	32.7	0.2	13.4	24.2	29.5
	1701～2600 元	37.8	0.2	10.9	27.3	23.8
	2601～3500 元	39.9	0.5	9.4	24.3	25.9
	3501 元及以上	45.5	0.3	9.0	22.9	22.3

表 3.5.3　2019 年甘肃市场各类频道在不同时段的市场占有率(%)

时间段	中央广播电视总台	中国教育台频道	甘肃省级频道	其他省级卫视频道	其他频道
02:00~03:00	32.9	0.0	2.5	27.5	37.1
03:00~04:00	30.2	0.4	4.4	42.8	22.2
04:00~05:00	33.0	1.6	1.5	44.5	19.4
05:00~06:00	41.9	2.1	2.7	42.5	10.8
06:00~07:00	48.8	0.8	4.4	34.6	11.4
07:00~08:00	56.5	0.5	4.0	27.6	11.4
08:00~09:00	51.9	0.4	6.1	28.9	12.7
09:00~10:00	47.8	0.5	6.0	29.3	16.4
10:00~11:00	43.4	0.4	5.6	30.2	20.4
11:00~12:00	43.7	0.3	4.3	30.1	21.6
12:00~13:00	53.0	0.2	2.9	26.6	17.3
13:00~14:00	44.7	0.2	2.9	32.8	19.4
14:00~15:00	35.8	0.6	4.2	40.4	19.0
15:00~16:00	33.9	0.5	4.5	39.4	21.7
16:00~17:00	34.1	0.5	4.5	35.8	25.1
17:00~18:00	36.8	0.5	5.0	30.6	27.1
18:00~19:00	43.3	0.3	12.1	20.6	23.7
19:00~20:00	52.1	0.2	11.0	18.0	18.7
20:00~21:00	31.9	0.3	13.8	28.6	25.4
21:00~22:00	28.4	0.3	13.6	28.2	29.5
22:00~23:00	26.3	0.3	10.1	28.7	34.6
23:00~24:00	26.4	0.3	5.3	29.5	38.5
24:00~25:00	28.7	0.4	3.9	28.6	38.4
25:00~26:00	37.3	0.2	6.7	25.8	30.0

表 3.5.4　2019 年甘肃市场收视份额排名前十位的频道

名次	频道名称	收视份额(%)
1	中央电视台综合频道	13.6
2	中央电视台少儿频道	5.1
3	甘肃电视台文化影视频道	4.3
4	中央电视台新闻频道	3.7
5	湖南卫视	3.3
6	中央台八套	2.9
7	甘肃卫视	2.8
8	中央台六套	2.6
9	浙江卫视	2.1
10	中央台四套	1.8

表 3.5.5 2019 年甘肃市场各主要频道的观众构成(%)

目标观众		所有频道	中央电视台综合频道	中央电视台少儿频道	甘肃电视台文化影视频道	中央电视台新闻频道	湖南卫视
4 岁及以上所有人		100.0	100.0	100.0	100.0	100.0	100.0
城乡	城市	43.7	47.4	33.5	30.2	58.0	32.4
	乡村	56.3	52.6	66.5	69.8	42.0	67.6
性别	男	51.9	54.6	52.8	54.1	60.8	41.0
	女	48.1	45.4	47.2	45.9	39.2	59.0
年龄	4~14 岁	11.7	5.2	51.1	6.0	2.9	10.1
	15~24 岁	12.3	9.5	13.6	7.4	8.3	28.3
	25~34 岁	11.0	11.3	10.0	8.8	6.9	14.1
	35~44 岁	19.4	19.1	11.5	13.5	15.3	16.6
	45~54 岁	16.9	15.9	5.1	18.9	14.9	16.2
	55~64 岁	14.0	20.1	5.6	25.2	17.7	6.9
	65 岁及以上	14.7	18.9	3.1	20.2	34.0	7.7
教育程度	未受过正规教育	8.5	6.6	19.2	11.4	6.2	7.5
	小学	25.2	21.9	43.6	30.3	24.9	17.8
	初中	38.2	36.2	24.7	34.6	35.1	35.8
	高中	19.8	24.1	10.3	17.5	22.5	29.3
	大学及以上	8.2	11.1	2.3	6.2	11.3	9.5
职业类别	干部/管理人员	0.4	0.6	0.1	0.4	0.4	0.2
	个体/私营企业人员	18.5	18.7	10.2	19.3	16.9	28.0
	初级公务员/雇员	4.3	6.1	1.2	3.0	4.3	2.8
	工人	4.8	4.7	1.2	3.8	4.0	4.4
	学生	15.6	8.6	45.6	6.6	5.7	22.1
	无业	20.3	24.4	21.8	19.8	35.6	13.2
	其他	36.1	36.8	20.0	47.1	33.1	29.4
个人月收入	0~300 元	29.8	21.4	69.1	20.8	19.1	37.0
	301~900 元	8.4	9.4	4.2	14.8	5.9	4.9
	901~1700 元	12.7	11.6	3.8	19.3	13.8	12.1
	1701~2600 元	20.5	22.2	10.6	21.6	19.7	21.7
	2601~3500 元	15.6	18.2	7.6	13.6	20.6	13.6
	3501 元及以上	12.9	17.2	4.6	9.8	20.9	10.8

表 3.5.6　2017~2019 年甘肃市场各类节目的播出比重(%)和收视比重(%)

节目类型	2017 年		2018 年		2019 年	
	播出比重	收视比重	播出比重	收视比重	播出比重	收视比重
财经	1.2	0.4	1.2	0.4	1.1	0.4
电视剧	21.8	30.0	22.4	28.4	22.5	30.0
电影	3.8	5.2	4.0	4.6	3.6	3.5
法制	1.0	1.0	0.9	1.0	0.8	1.0
教学	0.4	0.1	0.4	0.0	0.4	0.0
青少	7.3	5.7	7.4	6.3	7.9	6.7
生活服务	7.8	7.5	7.7	7.4	7.2	7.2
体育	3.4	0.9	3.3	1.5	3.9	1.2
外语	0.1	0.0	0.1	0.0	0.2	0.0
戏剧	0.9	0.5	0.8	0.8	0.9	0.7
新闻/时事	15.4	14.6	15.4	16.6	15.6	17.6
音乐	1.6	1.0	1.5	1.1	1.8	1.0
专题	14.6	6.4	14.3	6.6	14.3	7.6
综艺	8.0	10.6	7.8	9.5	7.2	8.3
其他	12.7	16.1	12.8	15.8	12.6	14.8

表 3.5.7　2019 年甘肃市场所有节目收视率排名前三十位

名次	节目名称	节目类型	播出频道	平均收视率(%)	平均占有率(%)
1	2019 中央广播电视总台春节联欢晚会	综艺	中央电视台综合频道	23.1	71.8
2	庆祝中华人民共和国成立 70 周年大会阅兵式群众游行特别报道	新闻/时事	中央电视台综合频道	10.9	68.5
3	庆祝中华人民共和国成立 70 周年联欢活动	综艺	中央电视台综合频道	9.7	32.4
4	向伟大复兴前进	新闻/时事	中央电视台综合频道	9.1	69.0
5	中国诗词大会第四季(2 月 5 日)	专题	中央电视台综合频道	6.9	22.0
6	新闻联播	新闻/时事	中央电视台综合频道	6.8	34.1
7	天气预报	生活服务	中央电视台综合频道	6.1	25.4
8	推动京津冀协同发展取得新的更大进展	专题	中央电视台综合频道	5.9	20.1
9	濠江情中国心	专题	中央电视台综合频道	5.8	16.0

续表

名次	节目名称	节目类型	播出频道	平均收视率（%）	平均占有率（%）
10	第七届世界军人运动会开幕式特别报道	新闻/时事	中央电视台综合频道	5.7	22.8
11	一年又一年	专题	中央电视台综合频道	5.6	42.2
12	庆祝中华人民共和国成立70周年特别节目走向复兴	新闻/时事	中央电视台综合频道	5.5	18.1
13	2019中央军委慰问驻京部队老干部迎新春文艺演出	综艺	中央电视台综合频道	5.5	14.8
14	焦点访谈	新闻/时事	中央电视台综合频道	5.2	20.5
15	变害为利造福人民习近平生态文明思想在福建木兰溪的先行探索	专题	中央电视台综合频道	5.2	17.3
16	挑战不可能(4月7日)	综艺	中央电视台综合频道	5.1	16.2
17	2019年中国北京世界园艺博览会开幕式特别报道	新闻/时事	中央电视台综合频道	4.8	15.7
18	开学第一课	青少	中央电视台综合频道	4.7	15.2
19	牵挂与惦念习近平总书记赴重庆华溪村扶贫考察纪实	专题	中央电视台综合频道	4.6	24.4
20	中华人民共和国中央人民政府成立典礼原始影像	专题	中央电视台综合频道	4.6	21.3
21	中央电视台特别节目共同开创中朝两党两国关系的美好未来	专题	中央电视台综合频道	4.5	17.4
22	等闲识得东风面2019年习近平主席访问欧洲三国纪行	专题	中央电视台综合频道	4.5	17.2
23	穿越历史长廊探寻文化伟力	专题	中央电视台综合频道	4.4	18.6
24	祖国在召唤	专题	中央电视台综合频道	4.4	14.5
25	国务院总理会见中外记者并回答提问	新闻/时事	中央电视台综合频道	4.3	14.6
26	第二届一带一路国际合作高峰论坛文艺演出	综艺	中央电视台综合频道	4.3	13.1
27	庆祝澳门回归祖国20周年特别报道	新闻/时事	中央电视台综合频道	4.2	17.3
28	2019年中央广播电视总台中秋晚会	综艺	中央电视台综合频道	4.2	15.1
29	中央电视台特别节目携手奔向互利共赢的康庄大道	专题	中央电视台综合频道	3.9	18.1
30	澳门二十年1999~2019	专题	中央电视台综合频道	3.9	12.2

表 3.5.8　2019 年甘肃市场电视剧收视率排名前十位

名次	节目名称	播出频道	平均收视率(%)	平均占有率(%)
1	老中医	中央电视台综合频道	3.5	12.7
2	澳门人家	中央电视台综合频道	2.7	10.8
3	特赦 1959	中央电视台综合频道	2.7	10.1
4	激情的岁月	中央电视台综合频道	2.5	11.0
5	共产党人刘少奇	中央电视台综合频道	2.5	10.0
6	绝境铸剑(1~2 集)	中央电视台综合频道	2.4	10.3
7	永远的战友	中央电视台综合频道	2.4	10.0
8	大浦东(24~35 集)	中央电视台综合频道	2.4	9.9
9	启航	中央电视台综合频道	2.4	9.4
9	可爱的中国	中央电视台综合频道	2.4	9.4

表 3.5.9　2019 年甘肃市场新闻节目收视率排名前十位

名次	节目名称	播出频道	平均收视率(%)	平均占有率(%)
1	庆祝中华人民共和国成立 70 周年大会阅兵式群众游行特别报道	中央电视台综合频道	10.9	68.5
2	向伟大复兴前进	中央电视台综合频道	9.1	69.0
3	新闻联播	中央电视台综合频道	6.8	34.1
4	第七届世界军人运动会开幕式特别报道	中央电视台综合频道	5.7	22.8
5	庆祝中华人民共和国成立 70 周年特别节目走向复兴	中央电视台综合频道	5.5	18.1
6	焦点访谈	中央电视台综合频道	5.2	20.5
7	2019 年中国北京世界园艺博览会开幕式特别报道	中央电视台综合频道	4.8	15.7
8	国务院总理会见中外记者并回答提问	中央电视台综合频道	4.3	14.6
9	庆祝澳门回归祖国 20 周年特别报道	中央电视台综合频道	4.2	17.3
10	人民欢歌庆祝中华人民共和国成立 70 周年联欢活动特别报道	中央电视台综合频道	2.8	32.9

表 3.5.10　2019 年甘肃市场专题节目收视率排名前十位

名次	节目名称	播出频道	平均收视率（%）	平均占有率（%）
1	中国诗词大会第四季(2 月 5 日)	中央电视台综合频道	6.9	22.0
2	推动京津冀协同发展取得新的更大进展	中央电视台综合频道	5.9	20.1
3	濠江情中国心	中央电视台综合频道	5.8	16.0
4	一年又一年	中央电视台综合频道	5.6	42.2
5	变害为利造福人民习近平生态文明思想在福建木兰溪的先行探索	中央电视台综合频道	5.2	17.3
6	牵挂与惦念习近平总书记赴重庆华溪村扶贫考察纪实	中央电视台综合频道	4.6	24.4
7	中华人民共和国中央人民政府成立典礼原始影像	中央电视台综合频道	4.6	21.3
8	中央电视台特别节目共同开创中朝两党两国关系的美好未来	中央电视台综合频道	4.5	17.4
9	等闲识得东风面 2019 年习近平主席访问欧洲三国纪行	中央电视台综合频道	4.5	17.2
10	穿越历史长廊探寻文化伟力	中央电视台综合频道	4.4	18.6

表 3.5.11　2019 年甘肃市场综艺节目收视率排名前十位

名次	节目名称	播出频道	平均收视率（%）	平均占有率（%）
1	2019 中央广播电视总台春节联欢晚会	中央电视台综合频道	23.1	71.8
2	庆祝中华人民共和国成立 70 周年联欢活动	中央电视台综合频道	9.7	32.4
3	2019 中央军委慰问驻京部队老干部迎新春文艺演出	中央电视台综合频道	5.5	14.8
4	挑战不可能(4 月 7 日)	中央电视台综合频道	5.1	16.2
5	第二届一带一路国际合作高峰论坛文艺演出	中央电视台综合频道	4.3	13.1
6	2019 年中央广播电视总台中秋晚会	中央电视台综合频道	4.2	15.1
7	喜气洋洋闹元宵	中央电视台综合频道	3.8	15.5
8	中央广播电视总台 2019 主持人大赛(12 月 7 日)	中央电视台综合频道	3.6	12.1
9	庆祝澳门回归祖国二十周年文艺晚会	中央电视台综合频道	3.1	11.5
10	中国梦劳动美 2019 五一心连心特别节目	中央电视台综合频道	3.0	11.9

表 3.5.12　2019 年甘肃市场体育节目收视率排名前十位

名次	节目名称	播出频道	平均收视率（%）	平均占有率（%）
1	2019 年国际篮联篮球世界杯开幕式	中央电视台综合频道	3.5	11.2
2	第七届世界军人运动会开幕式	中央电视台综合频道	2.5	11.4
3	全民新体育	甘肃电视台文化影视频道	0.9	5.7
4	竞彩大赢家	甘肃电视台文化影视频道	0.7	5.2
5	中华人民共和国第十届残运会暨第七届特殊奥运会开幕式	天津卫视	0.7	2.2
6	中华人民共和国第十届残运会暨第七届特殊奥林匹克运动会闭幕式	天津卫视	0.5	2.6
7	直播周末:2019 年全明星周末技巧挑战赛预赛	中央台五套	0.5	1.7
8	第七届世界军人运动会闭幕式	中央台五套	0.5	1.5
9	实况录像:2019 年光州国际泳联世锦赛男子 100 米蛙泳半决赛	中央台五套	0.4	4.3
10	2019 年亚洲杯 1/4 决赛（越南 VS 日本）	中央台五套	0.4	2.1

六、广东收视数据

表 3.6.1　2015~2019 年广东市场各类频道的市场占有率(%)

频道类别	年　份				
	2015 年	2016 年	2017 年	2018 年	2019 年
中央广播电视总台	19.3	20.6	20.5	19.6	17.3
中国教育台频道	0.2	0.1	0.1	0.1	0.1
广东省级频道	38.8	37.4	36.3	35.8	35.3
其他省级卫视频道	16.6	15.4	14.9	13.0	12.4
境外频道	4.5	4.4	4.3	4.1	4.2
其他频道	20.6	22.1	23.9	27.4	30.7

表 3.6.2　2019 年广东市场各类频道在不同目标观众中的市场占有率(%)

目标观众		中央广播电视总台	中国教育台频道	广东省级频道	其他省级卫视频道	境外频道	其他频道
4 岁及以上所有人		17.3	0.1	35.3	12.4	4.2	30.7
城乡	城市	17.9	0.1	29.5	12.8	5.7	34.0
	农村	16.6	0.1	42.1	11.9	2.4	26.9
性别	男	18.9	0.1	33.8	11.5	4.3	31.4
	女	15.7	0.1	36.8	13.3	4.0	30.1
年龄	4~14 岁	11.9	0.1	37.5	12.9	1.9	35.7
	15~24 岁	16.2	0.1	30.0	14.9	3.6	35.2
	25~34 岁	14.1	0.1	36.3	10.8	6.1	32.6
	35~44 岁	16.7	0.1	29.6	12.9	3.7	37.0
	45~54 岁	20.4	0.1	32.7	13.5	4.4	28.9
	55~64 岁	18.8	0.2	38.6	12.3	4.9	25.2
	65 岁及以上	23.4	0.2	39.0	10.9	3.7	22.8
教育程度	未受过正规教育	14.4	0.1	45.5	12.2	1.4	26.4
	小学	15.7	0.1	39.4	11.3	2.3	31.2
	初中	17.0	0.1	35.5	13.0	4.5	29.9
	高中	19.9	0.1	29.7	13.0	5.4	31.9
	大学及以上	19.3	0.1	28.6	12.5	6.7	32.8
职业类别	干部/管理人员	19.6	0.1	30.5	10.1	4.4	35.3
	个体/私营企业人员	19.1	0.1	34.2	13.0	3.5	30.1
	初级公务员/雇员	17.3	0.1	29.1	14.2	5.7	33.6
	工人	17.4	0.1	33.6	11.3	5.5	32.1
	学生	12.1	0.1	31.0	13.9	2.5	40.4
	无业	19.1	0.1	36.6	12.6	4.7	26.9
	其他	16.4	0.2	47.2	10.3	2.0	23.9
个人月收入	0~300 元	14.9	0.1	37.5	12.6	2.7	32.2
	301~900 元	14.1	0.3	44.6	13.0	4.4	23.6
	901~1700 元	21.1	0.1	40.4	12.7	3.2	22.5
	1701~2600 元	19.7	0.1	35.7	12.3	3.8	28.4
	2601~3500 元	16.9	0.1	37.3	10.2	4.7	30.8
	3501 元及以上	19.4	0.1	25.9	13.5	6.6	34.5

表 3.6.3　2019 年广东市场各类频道在不同时段的市场占有率(%)

时间段	中央广播电视总台	中国教育台频道	广东省级频道	其他省级卫视频道	境外频道	其他频道
02:00~03:00	18.6	0.1	17.3	14.6	4.8	44.6
03:00~04:00	22.4	0.1	18.9	14.1	3.8	40.7
04:00~05:00	25.5	0.1	26.8	13.1	2.9	31.6
05:00~06:00	24.6	0.2	33.6	14.8	4.1	22.7
06:00~07:00	21.0	0.1	38.4	8.1	8.5	23.9
07:00~08:00	21.3	0.3	36.8	9.0	6.4	26.2
08:00~09:00	24.4	0.2	27.6	11.7	5.5	30.6
09:00~10:00	23.5	0.3	24.7	15.7	2.8	33.0
10:00~11:00	22.7	0.3	22.9	17.5	3.2	33.4
11:00~12:00	23.5	0.2	22.8	17.7	3.4	32.4
12:00~13:00	21.8	0.1	27.0	16.8	3.9	30.4
13:00~14:00	19.0	0.1	26.4	18.4	3.6	32.5
14:00~15:00	19.9	0.3	19.7	20.6	3.7	35.8
15:00~16:00	19.5	0.3	20.6	20.1	3.8	35.7
16:00~17:00	20.6	0.3	22.6	19.1	2.6	34.8
17:00~18:00	20.2	0.1	25.9	15.8	2.2	35.8
18:00~19:00	16.3	0.0	39.4	6.8	3.9	33.6
19:00~20:00	14.5	0.0	49.9	6.5	2.2	26.9
20:00~21:00	13.9	0.0	48.6	9.4	3.4	24.7
21:00~22:00	14.8	0.0	40.6	10.8	5.8	28.0
22:00~23:00	15.1	0.1	28.3	13.4	7.8	35.3
23:00~24:00	17.5	0.1	22.6	16.3	6.1	37.4
24:00~25:00	18.3	0.0	20.4	13.7	7.0	40.6
25:00~26:00	18.2	0.1	15.7	14.5	7.4	44.1

表 3.6.4　2019 年广东市场收视份额排名前十位的频道

名次	频道名称	收视份额(%)
1	广东广播电视台珠江频道	11.6
2	广东广播电视台影视频道	5.4
3	广东广播电视台南方卫视	3.1
3	广东广播电视台少儿频道	3.1
5	广东广播电视台嘉佳卡通频道	3.0
6	广东广播电视台经济科教频道	2.9
7	翡翠台(中文)(有线网转播)	2.7
8	广东广播电视台公共频道	2.4
9	湖南卫视	2.1
10	中央电视台综合频道	2.0

表 3.6.5　2019 年广东市场各主要频道的观众构成(%)

目标观众		所有频道	主要频道				
			广东广播电视台珠江频道	广东广播电视台影视频道	广东广播电视台南方卫视	广东广播电视台少儿频道	广东广播电视台嘉佳卡通频道
4 岁及以上所有人		100.0	100.0	100.0	100.0	100.0	100.0
城乡	城市	54.0	37.2	47.3	60.4	33.2	36.8
	农村	46.0	62.8	52.7	39.6	66.8	63.2
性别	男	50.2	45.0	53.9	48.7	41.4	41.6
	女	49.8	55.0	46.1	51.3	58.6	58.4
年龄	4~14 岁	16.3	15.0	12.0	12.4	42.1	37.3
	15~24 岁	7.3	6.6	6.1	10.1	2.7	3.0
	25~34 岁	18.7	19.1	17.5	16.9	20.4	24.3
	35~44 岁	10.8	8.1	12.5	8.4	6.7	7.1
	45~54 岁	20.1	19.0	21.4	21.0	10.2	8.2
	55~64 岁	13.6	16.9	14.4	14.7	9.6	11.4
	65 岁及以上	13.2	15.3	16.1	16.5	8.3	8.7
教育程度	未受过正规教育	7.7	8.2	7.4	7.7	23.1	23.2
	小学	26.5	33.9	31.4	29.9	31.8	27.3
	初中	33.1	33.8	36.8	33.3	22.4	27.0
	高中	20.1	15.5	11.9	18.7	15.4	16.3
	大学及以上	12.6	8.6	12.5	10.4	7.3	6.2
职业类别	干部/管理人员	2.0	1.1	2.9	0.8	1.1	1.5
	个体/私营企业人员	13.8	14.2	15.0	11.3	9.1	11.0
	初级公务员/雇员	10.1	7.9	9.5	5.7	6.4	5.6
	工人	20.9	20.7	19.7	29.4	8.5	9.2
	学生	13.3	11.6	6.9	14.4	21.9	16.6
	无业	28.3	24.4	24.6	27.9	43.6	46.0
	其他	11.6	20.1	21.4	10.5	9.4	10.1
个人月收入	0~300 元	34.9	36.6	28.7	32.5	63.6	58.7
	301~900 元	5.9	9.8	7.7	7.8	3.6	5.7
	901~1700 元	7.6	8.1	11.2	8.9	3.9	5.9
	1701~2600 元	14.8	16.0	15.5	15.8	10.7	11.1
	2601~3500 元	14.5	15.6	18.1	16.4	9.2	10.6
	3501 元及以上	22.3	13.9	18.8	18.6	9.0	8.0

表 3.6.6　2017~2019 年广东市场各类节目的播出比重(%)和收视比重(%)

节目类型	2017 年		2018 年		2019 年	
	播出比重	收视比重	播出比重	收视比重	播出比重	收视比重
财经	1.2	0.4	1.2	0.3	1.2	0.4
电视剧	21.9	34.3	22.2	34.2	21.6	33.9
电影	4.0	5.2	4.1	4.7	3.8	4.3
法制	0.8	0.6	0.7	0.4	0.7	0.4
教学	0.2	0.0	0.3	0.0	0.4	0.0
青少	7.5	8.4	7.4	7.9	7.8	8.8
生活服务	8.5	6.9	8.6	7.5	7.9	7.5
体育	4.0	3.6	4.1	5.3	5.0	5.0
外语	0.1	0.0	0.1	0.0	0.1	0.0
戏剧	0.8	0.1	0.7	0.1	0.8	0.1
新闻/时事	15.1	12.2	15.4	12.3	15.7	13.0
音乐	1.4	1.4	1.4	1.3	1.8	1.4
专题	13.5	5.0	13.1	5.0	13.4	4.9
综艺	7.7	7.5	7.5	6.8	6.7	6.3
其他	13.3	14.4	13.2	14.2	13.1	14.0

表 3.6.7　2019 年广东市场所有节目收视率排名前三十位

名次	节目名称	节目类型	播出频道	平均收视率(%)	平均占有率(%)
1	女人的抉择	电视剧	广东广播电视台珠江频道	8.2	25.8
2	娘道	电视剧	广东广播电视台珠江频道	7.6	26.4
3	楼外楼	电视剧	广东广播电视台珠江频道	7.4	26.2
4	鸡毛飞上天(27~50 集)	电视剧	广东广播电视台珠江频道	7.3	23.2
5	烟花易冷	电视剧	广东广播电视台珠江频道	7.1	24.2
6	北方有佳人(1~27 集)	电视剧	广东广播电视台珠江频道	6.9	22.9
6	团圆	电视剧	广东广播电视台珠江频道	6.9	22.9
8	女人的颜色	电视剧	广东广播电视台珠江频道	6.9	21.7
9	庆祝中华人民共和国成立 70 周年大会阅兵式群众游行特别报道	新闻/时事	中央电视台综合频道	6.6	23.3
10	一粒红尘	电视剧	广东广播电视台珠江频道	6.4	21.7
11	我们的千阙歌	电视剧	广东广播电视台珠江频道	6.2	21.7
12	幸福巧克力	电视剧	广东广播电视台珠江频道	6.2	21.3
13	那年花开月正圆	电视剧	广东广播电视台珠江频道	6.2	20.2

续表

名次	节目名称	节目类型	播出频道	平均收视率（%）	平均占有率（%）
14	温暖的弦	电视剧	广东广播电视台珠江频道	6.1	21.5
15	美味奇缘	电视剧	广东广播电视台珠江频道	5.7	20.6
16	开学第一课	青少	中央电视台综合频道	5.7	17.0
17	珠江贺岁综艺剧 2019 花开南粤喜迎春 2019 珠江频道春节特别节目	综艺	广东广播电视台珠江频道	5.1	14.9
18	天气预报	生活服务	广东广播电视台珠江频道	5.0	22.6
19	外来媳妇本地郎	电视剧	广东广播电视台珠江频道	4.8	17.4
20	如果国宝会说话	专题	广东广播电视台珠江频道	4.4	14.4
21	向伟大复兴前进	新闻/时事	中央电视台综合频道	3.7	22.5
22	庆祝中华人民共和国成立 70 周年联欢活动	综艺	中央电视台综合频道	3.5	11.0
23	利剑出鞘	电视剧	广东广播电视台影视频道	3.3	11.8
24	2018/2019 赛季 CBA 总决赛第 4 场（新疆广汇汽车 VS 广东东莞银行）	体育	广东广播电视台体育频道	3.3	10.1
25	延禧攻略	电视剧	广东广播电视台珠江频道	3.2	17.3
26	今日关注	新闻/时事	广东广播电视台珠江频道	3.2	12.0
27	飞龙猛将	电视剧	广东广播电视台影视频道	3.1	11.6
28	敌后尖兵	电视剧	广东广播电视台影视频道	3.1	11.2
29	特战玫瑰	电视剧	广东广播电视台影视频道	2.8	11.2
30	向着胜利前进	电视剧	广东广播电视台影视频道	2.8	10.1

表 3.6.8　2019 年广东市场电视剧收视率排名前十位

名次	节目名称	播出频道	平均收视率(%)	平均占有率(%)
1	女人的抉择	广东广播电视台珠江频道	8.2	25.8
2	娘道	广东广播电视台珠江频道	7.6	26.4
3	楼外楼	广东广播电视台珠江频道	7.4	26.2
4	鸡毛飞上天(27~50 集)	广东广播电视台珠江频道	7.3	23.2
5	烟花易冷	广东广播电视台珠江频道	7.1	24.2
6	北方有佳人(1~27 集)	广东广播电视台珠江频道	6.9	22.9
6	团圆	广东广播电视台珠江频道	6.9	22.9
8	女人的颜色	广东广播电视台珠江频道	6.9	21.7
9	一粒红尘	广东广播电视台珠江频道	6.4	21.7
10	我们的千阙歌	广东广播电视台珠江频道	6.2	21.7

表 3.6.9　2019 年广东市场新闻节目收视率排名前十位

名次	节目名称	播出频道	平均收视率（%）	平均占有率（%）
1	庆祝中华人民共和国成立 70 周年大会阅兵式群众游行特别报道	中央电视台综合频道	6.6	23.3
2	向伟大复兴前进	中央电视台综合频道	3.7	22.5
3	今日关注	广东广播电视台珠江频道	3.2	12.0
4	珠江新闻眼	广东广播电视台珠江频道	2.5	16.4
5	人民欢歌庆祝中华人民共和国成立 70 周年联欢活动特别报道	中央电视台综合频道	1.6	10.1
6	DV 现场	广东广播电视台公共频道	1.5	5.3
7	庆祝中华人民共和国成立 70 周年特别节目走向复兴	中央电视台综合频道	0.8	2.6
8	6 点半新闻报道	翡翠台（中文）（有线网转播）	0.7	3.5
9	今日 1 线	广东广播电视台经济科教频道	0.7	3.1
10	军情观察室	凤凰卫视中文台	0.5	2.7

表 3.6.10　2019 年广东市场专题节目收视率排名前十位

名次	节目名称	播出频道	平均收视率（%）	平均占有率（%）
1	如果国宝会说话	广东广播电视台珠江频道	4.4	14.4
2	大匠	广东广播电视台珠江频道	1.7	8.7
3	乡村振兴纪事	广东广播电视台珠江频道	1.3	7.5
4	文化珠江	广东广播电视台珠江频道	1.2	6.7
5	阿爷贺岁攻略	翡翠台（中文）（有线网转播）	1.2	5.3
6	中国诗词大会第四季（2 月 9 日）	中央电视台综合频道	1.2	4.0
7	新春开运王	翡翠台（中文）（有线网转播）	0.8	4.7
8	1+1 的派对	翡翠台（中文）（有线网转播）	0.8	3.9
9	一年又一年	中央电视台综合频道	0.8	3.6
10	老广的味道第四季	广东广播电视台公共频道	0.8	2.6

表 3.6.11 2019 年广东市场综艺节目收视率排名前十位

名次	节目名称	播出频道	平均收视率（%）	平均占有率（%）
1	珠江贺岁综艺剧 2019 花开南粤喜迎春 2019 珠江频道春节特别节目	广东广播电视台珠江频道	5.1	14.9
2	庆祝中华人民共和国成立 70 周年联欢活动	中央电视台综合频道	3.5	11.0
3	2019 中央广播电视总台春节联欢晚会	湖南卫视	2.1	6.4
4	粤韵风华	广东广播电视台珠江频道	1.7	8.7
5	穿越古今闹中秋	广东广播电视台珠江频道	1.6	8.1
6	超级辣妈 3	广东广播电视台珠江频道	1.5	8.0
7	理想的生活	广东广播电视台珠江频道	1.4	7.1
8	粤讲越掂	广东广播电视台珠江频道	1.4	6.9
9	2019 粤语好声音（10 月 12 日）	广东广播电视台珠江频道	1.3	9.5
10	我们都是追梦人广东广播电视台台庆特别节目	广东广播电视台珠江频道	1.3	8.5

表 3.6.12 2019 年广东市场体育节目收视率排名前十位

名次	节目名称	播出频道	平均收视率（%）	平均占有率（%）
1	2018/2019 赛季 CBA 总决赛第 4 场（新疆广汇汽车 VS 广东东莞银行）	广东广播电视台体育频道	3.3	10.1
2	超级周末：2019/2020 赛季中国男子职业篮球联赛常规赛第 14 轮（青岛国信双星 VS 广东东莞银行）	广东广播电视台体育频道	2.6	9.0
3	第七届世界军人运动会报道：第七届军运会女排决赛（中国 VS 巴西）	中央台五套	2.5	9.0
4	现场直播：2019 年亚洲足联冠军联赛 1/4 决赛首回合（广州恒大 VS 鹿岛鹿角）	中央台五套	2.2	7.8
5	现场直播：CBA 总决赛颁奖仪式	中央台五套	2.2	7.6
6	现场直播：2019 年世界女排联赛总决赛小组赛 A 组（中国 VS 意大利）	中央台五套	2.0	6.9
7	第七届世界军人运动会报道：第七届军运会游泳比赛男女 4×100 米混合泳接力决赛	中央台五套	1.9	6.9
8	超级足球之夜：国际足联 2022 年世界杯亚洲区预选赛第 2 阶段 A 组第 4 轮（菲律宾 VS 中国）	中央台五套	1.8	6.8
9	2019 年国际篮联篮球世界杯 A 组（委内瑞拉 VS 中国）	中央台五套	1.7	6.3
10	直播周末：2020 年东京奥运会女排资格赛（中国 VS 德国）	中央台五套	1.7	6.1

七、广西收视数据

表 3.7.1　2015~2019 年广西市场各类频道的市场占有率(%)

频道类别	年份				
	2015 年	2016 年	2017 年	2018 年	2019 年
中央广播电视总台	32.3	34.3	34.7	38.2	33.0
中国教育台频道	0.3	0.2	0.1	0.2	0.2
广西自治区级频道	27.9	26.0	27.8	26.2	23.8
其他省级卫视频道	31.4	31.3	23.1	24.9	23.8
其他频道	8.1	8.2	8.3	10.5	19.2

表 3.7.2　2019 年广西市场各类频道在不同目标观众中的市场占有率(%)

目标观众		中央广播电视总台	中国教育台频道	广西自治区级频道	其他省级卫视频道	其他频道
4 岁及以上所有人		33.0	0.2	23.8	23.8	19.2
城乡	城市	37.8	0.2	22.2	22.6	17.3
	农村	30.7	0.2	24.6	24.4	20.1
性别	男	36.5	0.2	24.0	21.2	18.1
	女	29.5	0.1	23.6	26.5	20.3
年龄	4~14 岁	33.1	0.1	11.9	26.1	28.8
	15~24 岁	27.5	0.4	19.2	32.0	20.9
	25~34 岁	31.7	0.3	21.1	26.8	20.2
	35~44 岁	30.4	0.1	21.8	30.4	17.2
	45~54 岁	32.2	0.1	30.8	19.9	17.0
	55~64 岁	33.7	0.1	34.8	17.7	13.7
	65 岁及以上	38.5	0.1	25.0	20.0	16.4
教育程度	未受过正规教育	32.8	0.2	15.6	23.6	27.9
	小学	30.6	0.1	22.4	24.7	22.3
	初中	31.1	0.2	27.9	24.2	16.6
	高中	37.9	0.1	21.5	21.4	19.1
	大学及以上	44.5	0.2	18.8	24.9	11.7
职业类别	干部/管理人员	51.2	0.2	13.3	30.4	4.9
	个体/私营企业人员	36.0	0.2	24.2	22.5	17.0
	初级公务员/雇员	38.3	0.2	20.5	22.6	18.5
	工人	38.3	0.1	23.6	21.4	16.6
	学生	33.5	0.1	12.4	27.4	26.5
	无业	39.4	0.1	21.7	19.9	19.0
	其他	26.2	0.2	29.7	25.8	18.2
个人月收入	0~300 元	29.6	0.2	17.2	27.4	25.6
	301~900 元	31.5	0.1	29.4	22.2	16.8
	901~1700 元	27.4	0.1	34.0	23.0	15.5
	1701~2600 元	36.4	0.2	26.6	21.4	15.4
	2601~3500 元	37.4	0.1	23.9	22.3	16.3
	3501 元及以上	46.9	0.1	17.3	20.2	15.5

表 3.7.3 2019 年广西市场各类频道在不同时段的市场占有率(%)

时间段	中央广播电视总台	中国教育台频道	广西自治区级频道	其他省级卫视频道	其他频道
02:00~03:00	41.8	0.0	8.2	38.7	11.3
03:00~04:00	42.0	0.1	2.9	39.9	15.1
04:00~05:00	39.6	0.1	6.6	34.9	18.8
05:00~06:00	41.8	1.3	10.9	34.0	12.0
06:00~07:00	56.2	0.3	13.1	15.9	14.5
07:00~08:00	50.8	0.1	15.5	16.6	17.0
08:00~09:00	45.1	0.1	14.1	20.5	20.2
09:00~10:00	39.8	0.2	13.7	25.1	21.2
10:00~11:00	38.2	0.2	12.8	27.8	21.1
11:00~12:00	38.8	0.1	11.4	29.3	20.3
12:00~13:00	42.5	0.1	9.2	28.8	19.3
13:00~14:00	35.1	0.2	9.5	35.6	19.6
14:00~15:00	26.8	0.4	11.3	40.0	21.5
15:00~16:00	29.9	0.4	12.3	36.8	20.6
16:00~17:00	32.2	0.4	12.4	36.6	18.4
17:00~18:00	39.7	0.4	13.4	28.8	17.8
18:00~19:00	36.8	0.2	27.2	16.4	19.5
19:00~20:00	34.6	0.1	31.8	14.7	18.8
20:00~21:00	26.5	0.1	31.9	22.7	18.8
21:00~22:00	25.5	0.1	30.5	24.9	19.1
22:00~23:00	32.3	0.2	20.5	27.7	19.3
23:00~24:00	36.9	0.3	19.0	26.0	17.8
24:00~25:00	30.7	0.0	19.1	28.3	21.9
25:00~26:00	35.0	0.1	6.9	40.4	17.6

表 3.7.4 2019 年广西市场收视份额排名前十位的频道

名次	频道名称	收视份额(%)
1	广西广播电视台综艺旅游频道	10.9
2	中央电视台少儿频道	7.5
3	中央电视台综合频道	5.7
4	广西卫视	5.4
5	湖南卫视	4.4
6	广西广播电视台都市频道	3.7
7	中央台八套	2.8
8	中央台四套	2.5
9	中央台五套	2.4
10	浙江卫视	2.2

表 3.7.5　2019 年广西市场各主要频道的观众构成(%)

目标观众		所有频道	主要频道				
			广西广播电视台综艺旅游频道	中央电视台少儿频道	中央电视台综合频道	广西卫视	湖南卫视
4 岁及以上所有人		100.0	100.0	100.0	100.0	100.0	100.0
城乡	城市	32.2	26.7	10.4	58.0	24.3	26.5
	农村	67.8	73.3	89.6	42.0	75.7	73.5
性别	男	49.8	52.6	50.3	52.5	55.9	33.5
	女	50.2	47.4	49.7	47.5	44.1	66.5
年龄	4~14 岁	18.0	8.9	60.9	6.5	8.9	15.6
	15~24 岁	7.8	7.0	3.1	7.2	6.9	20.1
	25~34 岁	11.8	10.2	9.9	12.1	11.1	19.5
	35~44 岁	13.4	11.3	8.9	16.9	12.4	20.0
	45~54 岁	16.2	20.9	6.0	15.5	17.5	13.2
	55~64 岁	16.0	27.5	7.2	16.9	19.0	6.3
	65 岁及以上	16.7	14.3	4.0	24.9	24.2	5.3
教育程度	未受过正规教育	7.7	4.8	23.3	3.2	3.5	2.3
	小学	28.6	26.3	46.1	18.6	31.0	22.8
	初中	41.3	50.1	23.8	41.2	46.3	54.6
	高中	16.7	15.2	5.5	24.9	14.5	14.2
	大学及以上	5.7	3.6	1.3	12.1	4.7	6.1
职业类别	干部/管理人员	0.5	0.1	0.4	1.5	0.4	1.0
	个体/私营企业人员	14.4	13.7	10.8	16.0	15.5	16.7
	初级公务员/雇员	4.3	3.7	0.6	7.0	3.4	4.3
	工人	7.2	8.5	2.6	10.0	4.8	4.7
	学生	14.3	6.9	40.6	9.2	9.1	21.7
	无业	21.6	17.2	23.7	30.6	16.4	7.6
	其他	37.8	49.8	21.5	25.7	50.4	44.0
个人月收入	0~300 元	35.0	25.4	70.4	20.4	25.4	38.1
	301~900 元	9.5	11.2	5.4	9.3	19.0	6.8
	901~1700 元	13.8	21.7	8.7	10.2	16.3	15.5
	1701~2600 元	23.9	25.4	12.0	27.3	26.5	21.9
	2601~3500 元	12.5	13.3	2.7	20.2	8.9	12.6
	3501 元及以上	5.1	2.9	0.8	12.7	3.9	5.1

表 3.7.6　2017~2019 年广西市场各类节目的播出比重(%)和收视比重(%)

节目类型	2017 年		2018 年		2019 年	
	播出比重	收视比重	播出比重	收视比重	播出比重	收视比重
财经	1.1	0.3	1.1	0.2	1.0	0.3
电视剧	22.4	34.0	22.7	32.7	22.9	33.3
电影	4.6	4.3	4.8	5.0	3.8	3.1
法制	1.4	2.7	1.0	1.7	1.0	1.9
教学	0.2	0.0	0.3	0.0	0.4	0.1
青少	6.9	9.1	6.8	9.6	7.3	9.1
生活服务	7.9	7.5	7.9	8.2	7.4	7.7
体育	3.3	1.8	3.4	2.9	3.9	3.0
外语	0.1	0.0	0.1	0.0	0.2	0.0
戏剧	0.8	0.1	0.8	0.1	0.9	0.2
新闻/时事	15.2	10.6	15.7	10.1	16.1	12.0
音乐	1.5	1.3	1.5	1.3	1.8	1.8
专题	14.0	4.6	13.8	4.8	14.0	5.6
综艺	7.9	7.7	7.7	8.2	6.8	7.3
其他	12.7	16.0	12.4	15.2	12.5	14.6

表 3.7.7　2019 年广西市场所有节目收视率排名前三十位

名次	节目名称	节目类型	播出频道	平均收视率(%)	平均占有率(%)
1	庆祝中华人民共和国成立 70 周年大会阅兵式群众游行特别报道	新闻/时事	中央电视台综合频道	12.3	60.2
2	2019 中央广播电视总台春节联欢晚会	综艺	中央电视台综合频道	9.6	39.8
3	向伟大复兴前进	新闻/时事	中央电视台综合频道	7.2	55.0
4	刀尖舞者	电视剧	广西广播电视台综艺旅游频道	6.7	21.9
5	铁血战将	电视剧	广西广播电视台综艺旅游频道	6.7	21.5
6	庆祝中华人民共和国成立 70 周年联欢活动	综艺	中央电视台综合频道	6.6	20.8
7	神勇武工队传奇	电视剧	广西广播电视台综艺旅游频道	6.3	20.6
8	刺杀 1942（22~32 集）	电视剧	广西广播电视台综艺旅游频道	6.2	18.6
9	激战	电视剧	广西广播电视台综艺旅游频道	6.1	19.5
10	火流星	电视剧	广西广播电视台综艺旅游频道	6.0	19.8
11	绝地枪王二之松花江上的枪声	电视剧	广西广播电视台综艺旅游频道	5.9	18.3
12	双枪	电视剧	广西广播电视台综艺旅游频道	5.6	18.7

续表

名次	节目名称	节目类型	播出频道	平均收视率（%）	平均占有率（%）
13	铁核桃之无间风云	电视剧	广西广播电视台综艺旅游频道	5.5	18.8
14	血债血偿	电视剧	广西广播电视台综艺旅游频道	5.4	18.4
15	醉红尘	电视剧	广西广播电视台综艺旅游频道	5.4	17.1
15	历史的进程之生死对手	电视剧	广西广播电视台综艺旅游频道	5.4	17.1
17	虎穴尖兵	电视剧	广西广播电视台综艺旅游频道	5.3	17.7
18	杀手锏	电视剧	广西广播电视台综艺旅游频道	5.3	16.7
19	雪豹坚强岁月	电视剧	广西广播电视台综艺旅游频道	5.2	17.6
20	宜昌保卫战	电视剧	广西广播电视台综艺旅游频道	5.2	17.1
21	战虎行动	电视剧	广西广播电视台综艺旅游频道	5.2	16.9
22	黑狐突击队	电视剧	广西广播电视台综艺旅游频道	5.1	17.4
23	红蔷薇	电视剧	广西广播电视台综艺旅游频道	5.1	17.1
24	东方战场	电视剧	广西广播电视台综艺旅游频道	4.9	16.9
25	枪手对决	电视剧	广西广播电视台综艺旅游频道	4.8	17.2
26	赤胆英雄	电视剧	广西广播电视台综艺旅游频道	4.8	16.1
26	黄大年	电影	广西广播电视台综艺旅游频道	4.8	16.1
28	枪口对决	电视剧	广西广播电视台综艺旅游频道	4.7	16.8
29	子弹对决	电视剧	广西广播电视台综艺旅游频道	4.7	16.7
30	乱世丽人行	电视剧	广西广播电视台综艺旅游频道	4.7	15.4

表 3.7.8　2019 年广西市场电视剧收视率排名前十位

名次	节目名称	播出频道	平均收视率(%)	平均占有率(%)
1	刀尖舞者	广西广播电视台综艺旅游频道	6.7	21.9
2	铁血战将	广西广播电视台综艺旅游频道	6.7	21.5
3	神勇武工队传奇	广西广播电视台综艺旅游频道	6.3	20.6
4	刺杀 1942（22～32集）	广西广播电视台综艺旅游频道	6.2	18.6
5	激战	广西广播电视台综艺旅游频道	6.1	19.5
6	火流星	广西广播电视台综艺旅游频道	6.0	19.8
7	绝地枪王二之松花江上的枪声	广西广播电视台综艺旅游频道	5.9	18.3
8	双枪	广西广播电视台综艺旅游频道	5.6	18.7
9	铁核桃之无间风云	广西广播电视台综艺旅游频道	5.5	18.8
10	血债血偿	广西广播电视台综艺旅游频道	5.4	18.4

表 3.7.9　2019 年广西市场新闻节目收视率排名前十位

名次	节目名称	播出频道	平均收视率（%）	平均占有率（%）
1	庆祝中华人民共和国成立 70 周年大会阅兵式群众游行特别报道	中央电视台综合频道	12.3	60.2
2	向伟大复兴前进	中央电视台综合频道	7.2	55.0
3	新闻联播	中央电视台综合频道	3.3	12.5
4	庆祝中华人民共和国成立 70 周年特别节目走向复兴	中央电视台综合频道	3.1	8.9
5	人民欢歌庆祝中华人民共和国成立 70 周年联欢活动特别报道	广西卫视	2.5	8.1
6	焦点访谈	中央电视台综合频道	2.5	7.7
7	第七届世界军人运动会开幕式特别报道	中央电视台综合频道	2.4	7.6
8	转播中央台新闻联播	广西卫视	2.0	7.7
9	庆祝澳门回归祖国 20 周年特别报道	中央电视台综合频道	2.0	6.2
10	广西新闻	广西卫视	1.9	12.0

表 3.7.10　2019 年广西市场专题类节目收视率排名前十位

名次	节目名称	播出频道	平均收视率（%）	平均占有率（%）
1	时代楷模	广西广播电视台综艺旅游频道	3.8	14.2
2	庆祝中华人民共和国成立 70 周年共建平安守望和谐爱心捐赠文艺晚会	广西广播电视台综艺旅游频道	2.8	14.2
3	穿越历史长廊探寻文化伟力	中央电视台综合频道	2.6	8.9
4	推动京津冀协同发展取得新的更大进展	中央电视台综合频道	2.6	7.9
5	中央电视台特别节目携手奔向互利共赢的康庄大道	中央电视台综合频道	2.4	7.5
6	铁血湘江	广西卫视	2.3	6.9
7	新时代广西司法为民先锋榜样揭晓暨广西法治三月三活动启动仪式	广西广播电视台综艺旅游频道	2.2	15.7
8	一年又一年	中央电视台综合频道	2.2	13.9
9	等闲识得东风面 2019 年习近平主席访问欧洲三国纪行	中央电视台综合频道	2.2	7.4
10	牵挂与惦念习近平总书记赴重庆华溪村扶贫考察纪实	中央电视台综合频道	2.2	7.1

表 3.7.11　2019 年广西市场综艺节目收视率排名前十位

名次	节目名称	播出频道	平均收视率(%)	平均占有率(%)
1	2019 中央广播电视总台春节联欢晚会	中央电视台综合频道	9.6	39.8
2	庆祝中华人民共和国成立 70 周年联欢活动	中央电视台综合频道	6.6	20.8
3	歌海元宵 2019 广西文艺界联欢晚会	广西广播电视台综艺旅游频道	3.3	15.0
4	庆祝新中国成立 70 周年暨第七届全区基层群众文艺会演汇报演出	广西广播电视台综艺旅游频道	2.9	13.6
5	怀念时代楷模黄文秀诗画歌咏会	广西广播电视台综艺旅游频道	2.6	14.0
6	巅峰之夜(6 月 21 日)	湖南卫视	2.5	9.3
7	声入人心(1 月 11 日)	湖南卫视	2.5	8.9
8	快乐大本营	湖南卫视	2.3	8.7
9	2019 中央军委慰问驻京部队老干部迎新春文艺演出	中央电视台综合频道	2.3	7.1
10	综艺最前线	广西广播电视台综艺旅游频道	2.2	12.7

表 3.7.12　2019 年广西市场体育节目收视率排名前十位

名次	节目名称	播出频道	平均收视率(%)	平均占有率(%)
1	现场直播:2019/2020 赛季 CBA 常规赛第 6 轮(新疆伊力特 VS 辽宁本钢)	中央台五套	1.7	5.8
2	第七届世界军人运动会报道:第七届军运会女排决赛(中国 VS 巴西)	中央台五套	1.4	4.9
3	直播周末:中华人民共和国第十一届少数民族传统体育运动会开幕式	中央台五套	1.4	4.8
4	直播周末:2019 年世界女排联赛总决赛半决赛(美国 VS 中国)	中央台五套	1.3	4.2
4	2019 年国际篮联篮球世界杯开幕式	中央电视台综合频道	1.3	4.2
5	第七届世界军人运动会报道:第七届军运会游泳水上救生男子 50 米假人救生	中央台五套	1.3	4.0
7	第七届世界军人运动会报道:第七届军运会击剑女子个人重剑决赛	中央台五套	1.2	4.6
8	第七届世界军人运动会开幕式	中央台五套	1.2	4.4
9	2019 年国际篮联篮球世界杯五六名排位赛(塞尔维亚 VS 捷克)	中央台五套	1.2	4.1
10	第七届世界军人运动会报道:第七届军运会女篮决赛(中国 VS 巴西)	中央台五套	1.2	4.0

八、贵州收视数据

表 3.8.1　2015~2019 年贵州市场各类频道的市场占有率(%)

频道类别	年　份				
	2015 年	2016 年	2017 年	2018 年	2019 年
中央广播电视总台	35.6	40.7	44.4	42.1	40.0
中国教育台频道	0.3	0.1	0.2	0.2	0.2
贵州省级频道	14.4	12.9	12.0	12.9	12.9
其他省级卫视频道	44.4	40.0	38.7	35.5	29.3
其他频道	5.3	6.3	4.7	9.3	17.6

表 3.8.2　2019 年贵州市场各类频道在不同目标观众中的市场占有率(%)

目标观众		中央广播电视总台	中国教育台频道	贵州省级频道	其他省级卫视频道	其他频道
4 岁及以上所有人		40.0	0.2	12.9	29.3	17.6
城乡	城市	42.4	0.1	13.3	25.3	18.9
	农村	38.9	0.3	12.7	31.2	16.9
性别	男	41.4	0.2	13.4	28.1	16.9
	女	38.6	0.2	12.4	30.6	18.2
年龄	4~14 岁	41.4	0.2	7.1	27.4	23.9
	15~24 岁	33.9	0.2	7.3	38.5	20.1
	25~34 岁	34.6	0.3	11.7	29.6	23.8
	35~44 岁	37.6	0.2	11.8	33.7	16.7
	45~54 岁	41.6	0.1	17.0	29.0	12.3
	55~64 岁	44.6	0.2	19.7	23.8	11.7
	65 岁及以上	46.3	0.2	18.7	22.8	12.0
教育程度	未受过正规教育	37.6	0.2	12.3	27.0	22.9
	小学	42.7	0.2	12.7	28.6	15.8
	初中	38.5	0.2	11.9	31.5	17.9
	高中	38.9	0.2	15.0	28.5	17.4
	大学及以上	43.3	0.2	15.2	24.3	17.0
职业类别	干部/管理人员	47.4	0.1	15.4	26.5	10.6
	个体/私营企业人员	38.1	0.2	13.1	32.9	15.7
	初级公务员/雇员	40.3	0.2	14.1	23.2	22.2
	工人	35.9	0.1	12.1	28.9	23.0
	学生	40.4	0.2	7.3	30.9	21.2
	无业	44.2	0.2	13.9	24.4	17.3
	其他	36.3	0.2	16.6	33.2	13.7
个人月收入	0~300 元	38.4	0.2	9.9	29.9	21.6
	301~900 元	45.6	0.4	15.8	29.7	8.5
	901~1700 元	39.8	0.2	15.2	31.3	13.5
	1701~2600 元	42.7	0.3	13.1	30.0	13.9
	2601~3500 元	39.7	0.1	14.4	27.6	18.2
	3501 元及以上	39.1	0.2	16.2	26.9	17.6

表 3.8.3　2019 年贵州市场各类频道在不同时段的市场占有率(%)

时间段	中央广播电视总台	中国教育台频道	贵州省级频道	其他省级卫视频道	其他频道
02:00~03:00	17.5	0.0	12.1	33.7	36.7
03:00~04:00	27.8	0.4	18.2	35.3	18.3
04:00~05:00	33.9	0.1	12.1	36.6	17.3
05:00~06:00	38.1	0.3	8.9	38.7	14.0
06:00~07:00	50.4	0.4	7.6	28.0	13.6
07:00~08:00	53.0	0.3	7.9	24.3	14.5
08:00~09:00	51.3	0.3	6.8	26.7	14.9
09:00~10:00	50.3	0.3	5.7	26.9	16.8
10:00~11:00	45.7	0.3	5.5	29.0	19.5
11:00~12:00	43.8	0.3	5.1	31.0	19.8
12:00~13:00	40.7	0.3	5.5	34.9	18.6
13:00~14:00	38.4	0.2	4.1	36.8	20.5
14:00~15:00	40.0	0.2	3.8	36.3	19.7
15:00~16:00	40.5	0.2	3.9	35.8	19.6
16:00~17:00	41.9	0.3	4.4	32.4	21.0
17:00~18:00	42.5	0.2	8.3	27.9	21.1
18:00~19:00	37.8	0.2	24.0	19.5	18.5
19:00~20:00	43.9	0.2	18.5	22.2	15.2
20:00~21:00	35.3	0.2	16.5	32.1	15.9
21:00~22:00	35.2	0.2	14.3	33.8	16.5
22:00~23:00	35.0	0.2	11.2	34.1	19.5
23:00~24:00	33.5	0.2	10.2	34.1	22.0
24:00~25:00	35.0	0.1	7.0	27.4	30.5
25:00~26:00	36.9	0.1	9.2	23.1	30.7

表 3.8.4　2019 年贵州市场收视份额排名前十位的频道

名次	频道名称	收视份额(%)
1	中央电视台少儿频道	8.9
2	中央电视台综合频道	7.1
3	中央台八套	6.3
4	贵州卫视	5.9
5	湖南卫视	5.0
6	中央台六套	4.7
7	贵州广播电视台公共频道	3.5
8	浙江卫视	3.0
9	中央电视台新闻频道	2.7
10	安徽卫视	1.9

表 3.8.5　2019 年贵州市场各主要频道的观众构成(%)

目标观众		所有频道	主要频道				
			中央电视台少儿频道	中央电视台综合频道	中央台八套	贵州卫视	湖南卫视
4 岁及以上所有人		100.0	100.0	100.0	100.0	100.0	100.0
城乡	城市	31.9	23.4	42.1	29.1	18.3	38.1
	乡村	68.1	76.6	57.9	70.9	81.7	61.9
性别	男	49.6	48.5	54.1	42.9	53.8	40.8
	女	50.4	51.5	45.9	57.1	46.2	59.2
年龄	4~14 岁	19.2	48.1	10.3	12.1	12.8	16.6
	15~24 岁	12.8	11.3	10.9	10.1	8.8	24.5
	25~34 岁	12.5	13.4	8.6	8.6	11.6	14.6
	35~44 岁	16.6	11.3	19.9	16.8	15.8	19.8
	45~54 岁	13.1	5.6	15.6	17.1	16.0	12.6
	55~64 岁	12.7	6.0	16.2	21.1	19.2	5.9
	65 岁及以上	13.1	4.3	18.5	14.2	15.8	6.0
教育程度	未受过正规教育	10.4	17.9	7.4	7.1	10.5	5.0
	小学	32.1	45.1	28.9	32.5	38.4	26.9
	初中	36.9	27.1	37.0	40.7	34.1	43.2
	高中	15.5	8.6	18.1	16.6	14.0	19.0
	大学及以上	5.1	1.3	8.6	3.1	3.0	5.9
职业类别	干部/管理人员	1.2	0.2	3.6	0.8	1.2	0.7
	个体/私营企业人员	17.6	11.3	17.6	21.3	17.0	23.0
	初级公务员/雇员	4.4	1.3	5.9	3.8	3.1	5.0
	工人	7.5	4.4	7.4	8.8	5.4	9.8
	学生	19.8	41.1	14.0	12.8	14.1	24.9
	无业	29.0	30.0	30.2	36.4	24.6	21.6
	其他	20.5	11.7	21.3	16.1	34.6	15.0
个人月收入	0~300 元	39.6	67.0	30.6	27.1	37.7	39.4
	301~900 元	8.0	5.9	9.8	11.9	13.2	5.7
	901~1700 元	10.6	6.3	11.4	12.5	12.6	8.9
	1701~2600 元	14.8	9.0	16.1	19.6	12.7	16.0
	2601~3500 元	13.3	5.2	14.8	15.6	11.0	13.3
	3501 元及以上	13.7	6.6	17.3	13.3	12.8	16.7

表 3.8.6　2017~2019 年贵州市场各类节目的播出比重(%)和收视比重(%)

节目类型	2017 年		2018 年		2019 年	
	播出比重	收视比重	播出比重	收视比重	播出比重	收视比重
财经	1.1	0.4	1.1	0.5	1.1	0.6
电视剧	20.8	28.7	27.5	28.3	27.4	27.6
电影	3.8	5.6	4.0	5.6	4.0	5.3
法制	1.2	1.2	0.9	1.2	0.7	1.0
教学	0.2	0.0	0.3	0.0	0.3	0.0
青少	6.8	6.7	6.8	9.8	7.1	11.0
生活服务	8.9	8.3	7.3	7.9	6.4	7.6
体育	3.1	1.1	3.2	1.7	3.8	1.6
外语	0.1	0.0	0.1	0.0	0.1	0.0
戏剧	0.9	0.2	0.9	0.3	1.1	0.3
新闻/时事	15.0	14.9	10.2	13.2	10.2	14.5
音乐	1.6	1.0	1.3	1.0	1.6	1.2
专题	14.9	6.0	14.1	5.4	13.9	5.6
综艺	8.5	9.7	6.3	8.9	5.6	8.2
其他	13.2	16.2	16.0	16.2	16.7	15.5

表 3.8.7　2019 年贵州市场所有节目收视率排名前三十位

名次	节目名称	节目类型	播出频道	平均收视率(%)	平均占有率(%)
1	庆祝中华人民共和国成立 70 周年大会阅兵式群众游行特别报道	新闻/时事	中央电视台综合频道	13.9	64.1
2	向伟大复兴前进	新闻/时事	中央电视台综合频道	10.2	58.1
3	2019 中央广播电视总台春节联欢晚会	综艺	中央电视台综合频道	9.0	38.0
4	庆祝中华人民共和国成立 70 周年联欢活动	综艺	中央电视台综合频道	5.9	20.1
5	新闻联播	新闻/时事	中央电视台综合频道	5.2	18.1
6	开学第一课	青少	中央电视台综合频道	4.6	14.6
7	第七届世界军人运动会开幕式特别报道	新闻/时事	中央电视台综合频道	4.5	13.2
8	天气预报	生活服务	中央电视台综合频道	4.4	13.5
9	2019 中央军委慰问驻京部队老干部迎新春文艺演出	综艺	中央电视台综合频道	4.3	12.4
10	焦点访谈	新闻/时事	中央电视台综合频道	3.7	10.7
11	一年又一年	专题	中央电视台综合频道	3.6	20.7
12	濠江情中国心	专题	中央电视台综合频道	3.6	10.3
13	推动京津冀协同发展取得新的更大进展	专题	中央电视台综合频道	3.6	10.1

续表

名次	节目名称	节目类型	播出频道	平均收视率（%）	平均占有率（%）
14	礼赞最美奋斗者	专题	中央电视台综合频道	3.5	14.6
15	声临其境（3月29日）	综艺	湖南卫视	3.4	11.8
16	等闲识得东风面 2019 年习近平主席访问欧洲三国纪行	专题	中央电视台综合频道	3.4	9.3
17	举起手来之二追击阿多丸	电影	中央台六套	3.3	10.0
18	聚焦农村产业结构调整	专题	贵州卫视	3.3	9.8
19	中央电视台特别节目携手奔向互利共赢的康庄大道	专题	中央电视台综合频道	3.3	9.7
20	声入人心（1月18日）	综艺	湖南卫视	3.2	11.0
21	战天狼	电视剧	贵州卫视	3.2	10.0
22	文化中国四海同春 2019 全球华侨华人春节大联欢	综艺	湖南卫视	3.1	10.5
23	中央电视台特别节目共同开创中朝两党两国关系的美好未来	专题	中央电视台综合频道	3.1	9.5
24	变害为利造福人民习近平生态文明思想在福建木兰溪的先行探索	专题	中央电视台综合频道	3.1	9.2
25	庆祝中华人民共和国成立 70 周年特别节目走向复兴	新闻/时事	中央电视台综合频道	3.0	10.1
26	雪鹰	电视剧	贵州卫视	3.0	9.5
26	李三枪	电视剧	贵州卫视	3.0	9.5
28	战昆仑	电视剧	贵州卫视	3.0	8.8
29	老虎队	电视剧	中央台八套	2.9	10.5
30	铁核桃之无间风云	电视剧	贵州卫视	2.9	9.8

表 3.8.8 2019 年贵州市场电视剧收视率排名前十位

名次	节目名称	播出频道	平均收视率（%）	平均占有率（%）
1	战天狼	贵州卫视	3.2	10.0
2	雪鹰	贵州卫视	3.0	9.5
2	李三枪	贵州卫视	3.0	9.5
4	战昆仑	贵州卫视	3.0	8.8
5	老虎队	中央台八套	2.9	10.5
6	铁核桃之无间风云	贵州卫视	2.9	9.8
7	枪口	贵州卫视	2.8	9.4
8	红鲨突击	贵州卫视	2.7	8.6
9	决胜	贵州卫视	2.7	8.2
10	伟大的转折	贵州卫视	2.6	8.4

表 3.8.9 2019 年贵州市场新闻节目收视率排名前十位

名次	节目名称	播出频道	平均收视率（%）	平均占有率（%）
1	庆祝中华人民共和国成立 70 周年大会阅兵式群众游行特别报道	中央电视台综合频道	13.9	64.1
2	向伟大复兴前进	中央电视台综合频道	10.2	58.1
3	新闻联播	中央电视台综合频道	5.2	18.1
4	第七届世界军人运动会开幕式特别报道	中央电视台综合频道	4.5	13.2
5	焦点访谈	中央电视台综合频道	3.7	10.7
6	庆祝中华人民共和国成立 70 周年特别节目走向复兴	中央电视台综合频道	3.0	10.1
7	人民欢歌庆祝中华人民共和国成立 70 周年联欢活动特别报道	中央电视台综合频道	2.5	17.2
8	全省脱贫攻坚七一表彰大会	贵州卫视	2.5	7.8
9	2019 年中国北京世界园艺博览会开幕式特别报道	中央电视台综合频道	2.4	6.8
10	百姓关注	贵州广播电视台公共频道	2.0	7.0

表 3.8.10 2019 年贵州市场专题节目收视率排名前十位

名次	节目名称	播出频道	平均收视率（%）	平均占有率（%）
1	一年又一年	中央电视台综合频道	3.6	20.7
2	濠江情中国心	中央电视台综合频道	3.6	10.3
3	推动京津冀协同发展取得新的更大进展	中央电视台综合频道	3.6	10.1
4	礼赞最美奋斗者	中央电视台综合频道	3.5	14.6
5	等闲识得东风面 2019 年习近平主席访问欧洲三国纪行	中央电视台综合频道	3.4	9.3
6	聚焦农村产业结构调整	贵州卫视	3.3	9.8
7	中央电视台特别节目携手奔向互利共赢的康庄大道	中央电视台综合频道	3.3	9.7
8	中央电视台特别节目共同开创中朝两党两国关系的美好未来	中央电视台综合频道	3.1	9.5
9	变害为利造福人民习近平生态文明思想在福建木兰溪的先行探索	中央电视台综合频道	3.1	9.2
10	祖国在召唤	中央电视台综合频道	2.8	9.5

表 3.8.11　2019 年贵州市场综艺节目收视率排名前十位

名次	节目名称	播出频道	平均收视率（%）	平均占有率（%）
1	2019 中央广播电视总台春节联欢晚会	中央电视台综合频道	9.0	38.0
2	庆祝中华人民共和国成立 70 周年联欢活动	中央电视台综合频道	5.9	20.1
3	2019 中央军委慰问驻京部队老干部迎新春文艺演出	中央电视台综合频道	4.3	12.4
4	声临其境(3 月 29 日)	湖南卫视	3.4	11.8
5	声入人心(1 月 18 日)	湖南卫视	3.2	11.0
6	文化中国四海同春 2019 全球华侨华人春节大联欢	湖南卫视	3.1	10.5
7	巅峰之夜(4 月 26 日)	湖南卫视	2.8	9.5
8	快乐大本营	湖南卫视	2.4	8.6
9	2019 第九届北京国际电影节闭幕式暨颁奖典礼	中央台六套	2.3	7.9
10	2018 年度电影频道百合杯表彰典礼	中央台六套	2.2	6.7

表 3.8.12　2019 年贵州市场体育类节目收视率排名前十位

名次	节目名称	播出频道	平均收视率（%）	平均占有率（%）
1	第七届世界军人运动会开幕式	中央电视台综合频道	1.7	6.4
2	2019 年国际篮联篮球世界杯开幕式	中央电视台综合频道	1.5	4.8
3	第七届世界军人运动会报道:第七届军运会田径女子三级跳远决赛	中央台五套	1.4	3.9
4	第七届世界军人运动会报道:第七届军运会男篮第二轮(美国 VS 中国)	中央台五套	1.4	3.7
5	第七届世界军人运动会报道:第七届军运会男排半决赛(中国 VS 巴基斯坦)	中央台五套	1.3	3.8
6	现场直播:中华人民共和国第十一届少数民族传统体育运动会闭幕式	中央台五套	1.1	3.1
7	第七届世界军人运动会报道:第七届军运会游泳比赛女子 800 米自由泳决赛	中央台五套	1.0	3.8
8	直播周末:2019/2020 赛季中国男子篮球职业联赛常规赛第 12 轮(北京首钢 VS 广东东莞银行)	中央台五套	1.0	2.9
9	第七届世界军人运动会闭幕式	中央台五套	1.0	2.8
9	直播周末:2019 年中澳男篮对抗赛第三场(中国男篮 VS 澳大利亚 NBL 联队)	中央台五套	1.0	2.8

九、海南收视数据

表 3.9.1　2015~2019 年海南市场各类频道的市场占有率(%)

频道类别	年份				
	2015 年	2016 年	2017 年	2018 年	2019 年
中央广播电视总台	31.8	35.6	38.2	36.4	30.8
中国教育台频道	0.5	0.4	0.3	0.3	0.2
海南省级频道	23.3	20.7	18.2	19.5	20.5
其他省级卫视频道	28.7	28.0	27.1	25.0	24.5
其他频道	15.7	15.3	16.2	18.8	24.0

表 3.9.2　2019 年海南市场各类频道在不同目标观众中的市场占有率(%)

目标观众		中央广播电视总台	中国教育台频道	海南省级频道	其他省级卫视频道	其他频道
4 岁及以上所有人		30.8	0.2	20.5	24.5	24.0
城乡	城市	29.2	0.1	17.4	27.7	25.6
	农村	31.7	0.2	22.3	22.7	23.1
性别	男	31.2	0.2	21.2	22.9	24.5
	女	30.4	0.1	19.7	26.5	23.3
年龄	4~14 岁	23.1	0.2	12.3	35.7	28.7
	15~24 岁	23.7	0.1	16.5	29.2	30.5
	25~34 岁	27.4	0.1	16.9	25.2	30.4
	35~44 岁	31.1	0.2	17.6	26.6	24.5
	45~54 岁	31.6	0.2	20.8	22.7	24.7
	55~64 岁	36.8	0.1	24.3	19.0	19.8
	65 岁及以上	37.4	0.1	31.4	16.0	15.1
教育程度	未受过正规教育	25.8	0.2	17.2	27.1	29.7
	小学	26.2	0.2	19.3	29.1	25.2
	初中	31.4	0.2	21.6	24.4	22.4
	高中	37.6	0.1	21.6	17.7	23.0
	大学及以上	34.4	0.1	17.7	21.9	25.9
职业类别	干部/管理人员	11.5	0.1	4.3	9.0	75.1
	个体/私营企业人员	33.6	0.2	17.9	21.0	27.3
	初级公务员/雇员	31.8	0.1	20.8	24.8	22.5
	工人	27.9	0.1	20.3	28.4	23.3
	学生	22.3	0.2	13.1	38.2	26.2
	无业	34.6	0.1	21.8	22.9	20.6
	其他	32.1	0.2	24.5	18.7	24.5
个人月收入	0~300 元	25.3	0.2	16.6	31.5	26.4
	301~900 元	26.8	0.2	33.5	13.7	25.8
	901~1700 元	36.0	0.2	17.5	26.2	20.1
	1701~2600 元	35.2	0.2	23.4	21.9	19.3
	2601~3500 元	28.5	0.1	20.7	20.3	30.4
	3501 元及以上	35.4	0.1	20.5	19.0	25.0

表 3.9.3　2019 年海南市场各类频道在不同时段的市场占有率(%)

时间段	中央广播电视总台	中国教育台频道	海南省级频道	其他省级卫视频道	其他频道
02:00~03:00	24.0	0.1	4.7	28.3	42.9
03:00~04:00	27.7	0.1	7.3	27.4	37.5
04:00~05:00	29.3	0.4	8.1	31.3	30.9
05:00~06:00	31.9	1.9	11.0	31.9	23.3
06:00~07:00	40.4	0.6	12.4	21.2	25.4
07:00~08:00	42.3	0.8	9.5	21.6	25.8
08:00~09:00	38.5	0.2	13.4	23.8	24.1
09:00~10:00	30.5	0.3	16.8	27.4	25.0
10:00~11:00	29.2	0.3	17.3	28.9	24.3
11:00~12:00	30.3	0.2	14.6	30.6	24.3
12:00~13:00	34.4	0.1	7.9	32.9	24.7
13:00~14:00	29.7	0.2	8.2	35.9	26.0
14:00~15:00	29.2	0.3	10.0	34.4	26.1
15:00~16:00	29.3	0.3	11.0	32.3	27.1
16:00~17:00	29.7	0.3	10.5	31.6	27.9
17:00~18:00	31.0	0.2	12.1	28.8	27.9
18:00~19:00	32.8	0.1	26.0	16.0	25.1
19:00~20:00	41.0	0.1	23.5	15.2	20.2
20:00~21:00	30.5	0.1	28.1	20.7	20.6
21:00~22:00	27.4	0.1	30.2	20.9	21.4
22:00~23:00	27.0	0.1	25.5	23.2	24.2
23:00~24:00	22.6	0.1	27.0	24.4	25.9
24:00~25:00	25.2	0.1	12.0	26.5	36.2
25:00~26:00	25.9	0.1	2.7	30.7	40.6

表 3.9.4　2019 年海南市场收视份额排名前十位的频道

名次	频道名称	收视份额(%)
1	海南广播电视总台经济频道	10.7
2	中央台八套	4.7
3	湖南卫视	4.6
4	海南广播电视总台公共频道	4.0
5	中央台六套	3.9
6	中央电视台综合频道	3.7
7	中央电视台少儿频道	3.4
8	中央台五套	3.2
9	中央台四套	3.1
10	海南广播电视总台文旅频道	3.0

表 3.9.5　2019 年海南市场各主要频道的观众构成(%)

目标观众		所有频道	主要频道				
			海南广播电视总台经济频道	中央台八套	湖南卫视	海南广播电视总台公共频道	中央台六套
4 岁及以上所有人		100.0	100.0	100.0	100.0	100.0	100.0
城乡	城市	36.5	28.7	36.4	34.6	31.0	42.8
	农村	63.5	71.3	63.6	65.4	69.0	57.2
性别	男	55.1	58.9	46.4	42.4	55.0	58.8
	女	44.9	41.1	53.6	57.6	45.0	41.2
年龄	4~14 岁	18.5	11.9	8.7	28.3	5.8	13.7
	15~24 岁	5.8	4.5	3.2	7.8	3.0	6.7
	25~34 岁	9.5	7.5	5.0	8.6	7.2	8.4
	35~44 岁	11.5	9.5	9.8	15.8	10.1	24.1
	45~54 岁	23.2	20.4	24.4	16.0	24.8	26.6
	55~64 岁	15.0	19.4	22.9	12.4	20.1	9.1
	65 岁及以上	16.5	26.8	26.0	11.1	29.0	11.4
教育程度	未受过正规教育	8.5	6.3	6.4	7.0	6.6	4.9
	小学	23.0	24.1	21.0	32.0	16.3	21.3
	初中	47.7	49.1	49.7	46.8	52.9	59.7
	高中	15.7	17.8	20.2	12.3	15.2	10.6
	大学及以上	5.1	2.7	2.7	1.9	9.0	3.5
职业类别	干部/管理人员	0.8	0.1	0.7	0.4	0.2	0.1
	个体/私营企业人员	9.0	6.5	10.9	5.7	7.1	8.4
	初级公务员/雇员	8.6	7.4	7.2	5.7	10.6	10.5
	工人	11.9	10.3	10.6	17.7	15.4	13.1
	学生	14.7	10.6	6.3	28.4	4.9	13.6
	无业	28.2	27.7	38.7	19.9	32.5	18.5
	其他	26.8	37.4	25.6	22.2	29.3	35.8
个人月收入	0~300 元	31.3	25.9	21.4	41.7	18.2	25.4
	301~900 元	9.2	21.5	7.1	7.4	10.4	8.0
	901~1700 元	19.5	15.4	29.8	22.8	18.3	30.0
	1701~2600 元	18.9	20.1	26.3	14.8	24.4	21.6
	2601~3500 元	10.1	9.5	6.7	7.8	13.1	6.3
	3501 元及以上	11.0	7.6	8.7	5.5	15.6	8.7

表 3.9.6　2017~2019 年海南市场各类节目的播出比重(%)和收视比重(%)

节目类型	2017 年		2018 年		2019 年	
	播出比重	收视比重	播出比重	收视比重	播出比重	收视比重
财经	1.1	0.6	1.1	0.7	1.0	0.5
电视剧	22.4	36.9	22.5	38.8	21.9	40.4
电影	4.4	6.7	4.2	6.2	3.9	6.3
法制	1.0	0.3	0.9	0.4	0.8	0.3
教学	0.2	0.0	0.3	0.0	0.4	0.0
青少	7.4	9.5	7.6	8.8	7.8	8.0
生活服务	7.5	5.7	7.6	5.4	7.2	4.6
体育	3.3	2.5	3.3	4.1	3.8	4.3
外语	0.1	0.0	0.1	0.0	0.2	0.0
戏剧	0.9	0.1	0.8	0.1	0.9	0.2
新闻/时事	15.5	9.2	16.2	9.3	16.3	9.6
音乐	1.6	1.2	1.5	1.4	1.8	1.4
专题	14.4	6.8	14.1	6.2	14.1	6.2
综艺	8.1	9.8	7.6	8.6	7.1	8.4
其他	12.1	10.7	12.2	10.0	12.8	9.8

表 3.9.7　2019 年海南市场所有节目收视率排名前三十位

名次	节目名称	节目类型	播出频道	平均收视率(%)	平均占有率(%)
1	猛虎特战队	电视剧	海南广播电视总台经济频道	5.6	25.3
2	终极密战(1~41 集)	电视剧	海南广播电视总台经济频道	5.3	23.3
3	江都谍影	电视剧	海南广播电视总台经济频道	5.3	22.7
4	现场直播:2019 年世界女排联赛总决赛小组赛 A 组(中国 VS 意大利)	体育	中央台五套	5.2	26.9
5	忠者无敌	电视剧	海南广播电视总台经济频道	5.2	22.0
6	庆祝中华人民共和国成立 70 周年联欢活动	综艺	中央电视台综合频道	5.2	21.3
7	终极对决	电视剧	海南广播电视总台经济频道	4.9	23.6
8	战寇(23~46 集)	电视剧	海南广播电视总台经济频道	4.9	20.3
9	冰锋	电视剧	海南广播电视总台经济频道	4.7	20.7
10	战火红颜	电视剧	海南广播电视总台经济频道	4.6	20.9
11	小妮打枪	电视剧	海南广播电视总台经济频道	4.6	20.6
12	我的抗战	电视剧	海南广播电视总台经济频道	4.5	24.2

续表

名次	节目名称	节目类型	播出频道	平均收视率（%）	平均占有率（%）
13	风影	电视剧	海南广播电视总台经济频道	4.5	21.6
14	雪海孤狼	电视剧	海南广播电视总台经济频道	4.5	20.8
15	雳剑	电视剧	海南广播电视总台经济频道	4.2	20.3
15	战鼓红	电视剧	海南广播电视总台经济频道	4.2	20.3
17	密使	电视剧	海南广播电视总台经济频道	4.2	19.2
18	与狼共舞	电视剧	海南广播电视总台经济频道	4.2	18.6
19	夺宝行动	电视剧	海南广播电视总台经济频道	4.1	21.0
20	庆祝中华人民共和国成立70周年大会阅兵式群众游行特别报道	新闻/时事	中央电视台综合频道	4.0	21.1
21	雪豹坚强岁月	电视剧	海南广播电视总台经济频道	4.0	20.4
22	战将	电视剧	海南广播电视总台经济频道	4.0	19.6
22	战地枪王	电视剧	海南广播电视总台经济频道	4.0	19.6
24	热血奇侠	电视剧	海南广播电视总台经济频道	4.0	18.5
25	2020年东京奥运会女排资格赛(中国VS德国)	体育	中央台五套	3.8	15.9
26	2019年女排世界杯第五轮(日本VS中国)	体育	中央台五套	3.7	26.9
27	一剑横空	电视剧	海南广播电视总台经济频道	3.6	20.6
28	2019年女排世界杯颁奖仪式	体育	中央台五套	3.6	17.8
29	第七届世界军人运动会报道:第七届军运会女排决赛(中国VS巴西)	体育	中央台五套	3.6	16.3
30	家国恩仇记	电视剧	海南广播电视总台经济频道	3.4	19.2

表3.9.8　2019年海南市场电视剧收视率排名前十位

名次	节目名称	播出频道	平均收视率(%)	平均占有率(%)
1	猛虎特战队	海南广播电视总台经济频道	5.6	25.3
2	终极密战(1~41集)	海南广播电视总台经济频道	5.3	23.3
3	江都谍影	海南广播电视总台经济频道	5.3	22.7
4	忠者无敌	海南广播电视总台经济频道	5.2	22.0
5	终极对决	海南广播电视总台经济频道	4.9	23.6
6	战寇(23~46集)	海南广播电视总台经济频道	4.9	20.3
7	冰锋	海南广播电视总台经济频道	4.7	20.7
8	战火红颜	海南广播电视总台经济频道	4.6	20.9
9	小妮扛枪	海南广播电视总台经济频道	4.6	20.6
10	我的抗战	海南广播电视总台经济频道	4.5	24.2

表 3.9.9 2019 年海南市场新闻节目收视率排名前十位

名次	节目名称	播出频道	平均收视率（%）	平均占有率（%）
1	庆祝中华人民共和国成立 70 周年大会阅兵式群众游行特别报道	中央电视台综合频道	4.0	21.1
2	庆祝中华人民共和国成立 70 周年特别节目走向复兴	中央电视台综合频道	3.0	12.9
3	向伟大复兴前进	中央电视台综合频道	2.5	23.1
4	全省聚焦两不愁三保障脱贫攻坚背水一战推进大会	海南广播电视总台经济频道	2.0	12.1
5	脱贫攻坚大决战聚焦精准扶贫共建小康社会	海南广播电视总台经济频道	2.0	10.9
6	人民欢歌庆祝中华人民共和国成立 70 周年联欢活动特别报道	海南卫视	1.6	7.3
7	直播海南	海南广播电视总台经济频道	1.5	17.6
8	新闻联播	中央电视台综合频道	1.5	10.6
9	2019 年中国北京世界园艺博览会开幕式特别报道	中央电视台综合频道	1.3	6.1
10	第七届世界军人运动会开幕式特别报道	中央电视台综合频道	1.0	4.7

表 3.9.10 2019 年海南市场专题节目收视率排名前十位

名次	节目名称	播出频道	平均收视率（%）	平均占有率（%）
1	新时代党员大会追寻不忘初心牢记使命	海南广播电视总台经济频道	3.4	14.7
2	年夜饭 2019 新春特别节目	海南广播电视总台经济频道	1.9	14.7
3	脱贫致富电视夜校	海南广播电视总台经济频道	1.9	8.4
4	绿色农业进行时	海南广播电视总台经济频道	1.8	14.7
5	中央电视台特别节目共同开创中朝两党两国关系的美好未来	中央电视台综合频道	1.7	10.0
6	中国诗词大会第四季(2 月 6 日)	中央电视台综合频道	1.7	8.7
7	攻坚的力量 2019 年全国脱贫攻坚奖特别节目	海南广播电视总台经济频道	1.6	8.1
8	推动京津冀协同发展取得新的更大进展	中央电视台综合频道	1.5	6.2
9	中华人民共和国中央人民政府成立典礼原始影像	中央电视台综合频道	1.4	6.3
10	筑梦海之南	海南广播电视总台公共频道	1.2	5.3

表 3.9.11　2019 年海南市场综艺节目收视率排名前十位

名次	节目名称	播出频道	平均收视率（%）	平均占有率（%）
1	庆祝中华人民共和国成立 70 周年联欢活动	中央电视台综合频道	5.2	21.3
2	去村里住一晚	海南广播电视总台经济频道	3.1	13.5
2	破案之王	海南广播电视总台经济频道	2.6	13.0
4	嗨唱转起来(11 月 29 日)	湖南卫视	2.0	8.7
5	新春喜剧之夜	中央台三套	1.9	8.3
6	开门大吉(8 月 19 日)	中央台三套	1.9	8.2
7	越战越勇(2 月 7 日)	中央台三套	1.7	7.8
8	黄金 100 秒(1 月 4 日)	中央台三套	1.7	7.6
9	奇幻嘉年华	中央台三套	1.7	6.6
10	2019 苏宁易购 1111 嗨爆夜	湖南卫视	1.6	9.3

表 3.9.12　2019 年海南市场体育节目收视率排名前十位

名次	节目名称	播出频道	平均收视率（%）	平均占有率（%）
1	现场直播:2019 年世界女排联赛总决赛小组赛 A 组(中国 VS 意大利)	中央台五套	5.2	26.9
2	2020 年东京奥运会女排资格赛(中国 VS 德国)	中央台五套	3.8	15.8
3	2019 年女排世界杯第五轮(日本 VS 中国)	中央台五套	3.7	26.9
4	第七届世界军人运动会报道:第七届军运会女排决赛(中国 VS 巴西)	中央台五套	3.6	16.3
5	2019 年国际篮联篮球世界杯小组赛 A 组(中国 VS 波兰)	中央台五套	2.5	11.4
6	直播周末:中华人民共和国第十一届少数民族传统体育运动会闭幕式	中央台五套	2.3	10.0
7	2019 年乒乓球团体世界杯女团决赛单打	中央台五套	2.2	11.5
8	2019 年女篮亚洲杯 B 组(澳大利亚 VS 中国)	中央台五套	2.1	15.1
9	乒乓球团体世界杯颁奖仪式	中央台五套	2.0	8.1
10	2019 年国际泳联世锦赛男子 200 米蝶泳半决赛	中央台五套	1.9	7.8

十、河北收视数据

表 3.10.1　2015~2019 年河北市场各类频道的市场占有率(%)

频道类别	年　份				
	2015 年	2016 年	2017 年	2018 年	2019 年
中央广播电视总台	33.4	37.4	38.8	40.2	38.3
中国教育台频道	0.2	0.2	0.1	0.2	0.3
河北省级频道	27.6	22.8	18.4	17.5	16.7
其他省级卫视频道	29.3	27.8	23.2	23.0	24.6
其他频道	9.5	11.8	19.5	19.1	20.1

表 3.10.2　2019 年河北市场各类频道在不同目标观众中的市场占有率(%)

目标观众		中央广播电视总台	中国教育台频道	河北省级频道	其他省级卫视频道	其他频道
4 岁及以上所有人		38.3	0.3	16.7	24.6	20.1
城乡	城市	39.4	0.2	13.3	24.4	22.6
	农村	38.0	0.4	17.6	24.6	19.5
性别	男	41.2	0.3	16.3	22.8	19.4
	女	35.3	0.3	17.0	26.4	21.0
年龄	4~14 岁	29.4	0.3	9.0	29.0	32.3
	15~24 岁	25.3	0.2	17.1	29.4	28.0
	25~34 岁	26.4	0.2	7.9	38.5	27.0
	35~44 岁	33.2	0.2	13.6	27.1	25.9
	45~54 岁	37.7	0.3	16.9	26.1	19.0
	55~64 岁	45.7	0.2	18.0	21.1	15.0
	65 岁及以上	47.7	0.5	23.8	15.9	12.1
教育程度	未受过正规教育	39.0	0.2	19.4	24.7	16.7
	小学	34.3	0.4	20.0	22.7	22.6
	初中	38.6	0.3	16.2	25.5	19.4
	高中	42.5	0.3	14.9	23.6	18.7
	大学及以上	40.6	0.1	9.9	28.4	21.0
职业类别	干部/管理人员	42.8	0.2	9.6	22.4	25.0
	个体/私营企业人员	32.6	0.3	18.3	26.2	22.6
	初级公务员/雇员	40.6	0.3	15.0	25.3	18.8
	工人	32.0	0.1	11.3	31.4	25.2
	学生	25.9	0.2	12.6	24.6	36.7
	无业	41.5	0.2	17.1	23.0	18.2
	其他	42.6	0.6	19.4	24.1	13.3
个人月收入	0~300 元	32.8	0.2	15.4	24.5	27.1
	301~900 元	40.0	0.2	22.6	22.6	14.6
	901~1700 元	44.1	0.6	17.9	26.3	11.1
	1701~2600 元	41.1	0.4	16.8	24.1	17.6
	2601~3500 元	39.8	0.2	15.8	22.5	21.7
	3501 元及以上	34.9	0.2	11.7	29.1	24.1

表 3.10.3　2019 年河北市场各类频道在不同时段的市场占有率(%)

时间段	中央广播电视总台	中国教育台频道	河北省级频道	其他省级卫视频道	其他频道
02:00~03:00	40.6	0.2	13.3	25.7	20.3
03:00~04:00	45.9	0.3	12.9	23.3	17.7
04:00~05:00	61.1	0.1	11.2	15.3	12.3
05:00~06:00	68.5	0.2	8.2	11.9	11.3
06:00~07:00	59.8	1.8	5.9	16.4	16.1
07:00~08:00	50.9	2.7	7.4	19.8	19.2
08:00~09:00	43.8	0.5	7.1	27.8	20.8
09:00~10:00	37.8	0.7	7.8	32.2	21.5
10:00~11:00	36.3	0.7	7.7	33.5	21.8
11:00~12:00	38.9	0.4	9.6	30.0	21.1
12:00~13:00	34.6	0.1	23.2	23.4	18.7
13:00~14:00	34.4	0.2	12.8	29.8	22.8
14:00~15:00	34.1	0.3	8.8	33.2	23.6
15:00~16:00	34.6	0.4	7.4	35.0	22.7
16:00~17:00	37.4	0.4	6.9	33.8	21.5
17:00~18:00	41.2	0.2	9.1	28.6	20.9
18:00~19:00	40.0	0.1	25.8	14.7	19.4
19:00~20:00	42.4	0.1	23.4	15.0	19.1
20:00~21:00	36.7	0.1	22.5	22.5	18.3
21:00~22:00	35.1	0.1	22.3	23.0	19.5
22:00~23:00	32.5	0.2	18.5	27.0	21.8
23:00~24:00	34.9	0.2	11.4	31.7	21.8
24:00~25:00	38.6	0.2	10.8	27.9	22.5
25:00~26:00	37.9	0.3	11.5	28.5	21.9

表 3.10.4　2019 年河北市场收视份额排名前十位的频道

名次	频道名称	收视份额(%)
1	中央台八套	6.5
2	中央电视台综合频道	5.7
3	河北广播电视台经济生活频道	5.0
4	河北广播电视台农民频道	4.3
5	中央台四套	3.8
6	中央电视台少儿频道	3.7
7	河北广播电视台卫视频道	3.5
8	中央台三套	3.3
9	中央台六套	3.1
10	北京卡酷少儿频道	2.7

表 3.10.5 2019 年河北市场各主要频道的观众构成(%)

目标观众		所有频道	主要频道				
			中央台八套	中央电视台综合频道	河北广播电视台经济生活频道	河北广播电视台农民频道	中央台四套
4 岁及以上所有人		100.0	100.0	100.0	100.0	100.0	100.0
城乡	城市	20.8	18.4	23.3	9.0	16.6	26.4
	农村	79.2	81.6	76.7	91.0	83.4	73.6
性别	男	50.9	55.1	50.8	48.0	50.6	62.3
	女	49.1	44.9	49.2	52.0	49.4	37.7
年龄	4~14 岁	11.2	4.0	8.6	4.2	5.3	2.4
	15~24 岁	7.6	4.9	6.9	8.6	5.3	2.9
	25~34 岁	10.1	4.3	7.7	3.0	3.4	6.0
	35~44 岁	9.4	5.5	9.5	9.2	4.9	5.5
	45~54 岁	17.2	16.5	16.1	20.6	14.7	9.0
	55~64 岁	20.4	39.2	16.7	17.4	24.8	29.6
	65 岁及以上	24.0	25.7	34.5	37.0	41.5	44.7
教育程度	未受过正规教育	6.7	4.0	6.5	14.3	4.6	3.6
	小学	27.5	29.1	22.1	38.0	35.5	18.1
	初中	38.9	46.3	35.7	32.7	43.4	39.9
	高中	17.8	15.4	20.6	11.0	13.9	29.4
	大学及以上	9.1	5.2	15.0	4.0	2.7	9.0
职业类别	干部/管理人员	1.9	1.1	2.9	0.5	1.4	2.8
	个体/私营企业人员	13.9	12.4	9.8	12.8	18.7	11.0
	初级公务员/雇员	12.1	9.6	18.1	7.5	5.7	13.1
	工人	4.8	4.6	2.9	1.2	4.4	3.5
	学生	10.6	4.6	9.1	9.9	5.7	3.2
	无业	32.0	27.5	38.5	26.8	42.7	48.5
	其他	24.7	40.3	18.6	41.4	21.6	17.8
个人月收入	0~300 元	31.6	16.8	29.1	32.5	33.2	23.6
	301~900 元	9.9	17.9	9.7	16.7	12.0	3.9
	901~1700 元	18.7	30.9	15.5	18.3	18.8	16.1
	1701~2600 元	19.7	20.6	19.6	15.5	21.2	34.8
	2601~3500 元	13.9	11.0	19.3	13.3	11.2	15.8
	3501 元及以上	6.2	2.8	6.7	3.8	3.7	5.9

表3.10.6　2017~2019年河北市场各类节目的播出比重(%)和收视比重(%)

节目类型	2017年		2018年		2019年	
	播出比重	收视比重	播出比重	收视比重	播出比重	收视比重
财经	1.1	0.4	1.2	0.6	1.2	0.6
电视剧	22.2	32.3	22.0	31.0	22.0	32.4
电影	4.1	4.6	4.1	4.5	3.7	5.1
法制	0.9	1.6	0.8	1.8	0.7	1.1
教学	0.2	0.0	0.3	0.0	0.4	0.0
青少	7.3	8.0	7.2	8.3	7.5	8.2
生活服务	8.0	6.1	8.1	7.5	7.8	7.4
体育	3.5	1.9	3.4	2.2	3.9	2.3
外语	0.1	0.0	0.1	0.0	0.2	0.0
戏剧	0.9	1.8	0.8	2.0	0.9	1.7
新闻/时事	15.2	11.6	15.5	11.3	15.7	12.0
音乐	1.5	0.9	1.4	0.9	1.7	0.9
专题	14.4	7.4	13.9	6.6	13.9	6.6
综艺	8.5	12.3	8.3	11.4	7.4	9.9
其他	12.1	11.1	12.7	11.7	13.0	11.6

表3.10.7　2019年河北市场所有节目收视率排名前三十位

名次	节目名称	节目类型	播出频道	平均收视率(%)	平均占有率(%)
1	庆祝中华人民共和国成立70周年大会阅兵式群众游行特别报道	新闻/时事	中央电视台综合频道	9.1	37.6
2	2019中央广播电视总台春节联欢晚会	综艺	中央电视台综合频道	7.3	21.2
3	庆祝中华人民共和国成立70周年联欢活动	综艺	中央电视台综合频道	5.7	21.8
4	向伟大复兴前进	新闻/时事	中央电视台综合频道	5.6	40.4
5	喜气洋洋闹元宵	综艺	中央电视台综合频道	4.7	16.7
6	新春曲艺大联欢	综艺	中央台三套	4.7	14.3
7	庆祝中华人民共和国成立70周年特别节目走向复兴	新闻/时事	中央电视台综合频道	4.0	15.8
8	一年又一年	专题	中央电视台综合频道	4.0	14.4
9	侠义金枪客	电影	中央台六套	3.5	14.4
10	2019年中央广播电视总台中秋晚会	综艺	中央电视台综合频道	3.2	13.6

续表

名次	节目名称	节目类型	播出频道	平均收视率（%）	平均占有率（%）
11	礼赞最美奋斗者	专题	中央电视台综合频道	3.1	15.2
12	人民欢歌庆祝中华人民共和国成立70周年联欢活动特别报道	新闻/时事	河北广播电视台卫视频道	3.1	12.2
13	回家的路有多远(28~44集)	电视剧	中央台八套	3.0	14.3
14	开学第一课	青少	中央电视台综合频道	3.0	13.3
15	双枪女匪首	电视剧	河北广播电视台经济生活频道	3.0	11.2
16	绝地反击之双雄	电视剧	河北广播电视台经济生活频道	2.9	12.2
17	那年窗花红艳艳(33~50集)	电视剧	河北广播电视台经济生活频道	2.8	10.4
18	绽放吧百合	电视剧	中央台八套	2.7	13.1
19	燕赵星光文化河北2018年知名文化企业30强十佳文化企业家发布活动	专题	河北广播电视台经济生活频道	2.7	8.8
20	新春喜剧之夜	综艺	中央台三套	2.7	8.7
21	陆小凤传奇之决战前后	电影	中央台六套	2.6	12.0
22	潜伏者	电视剧	河北广播电视台经济生活频道	2.5	12.0
22	石门女英雄	电视剧	河北广播电视台经济生活频道	2.5	12.0
24	皇城草医	电影	中央台六套	2.5	11.3
25	天气预报	生活服务	河北广播电视台卫视频道	2.4	17.2
26	宗师卜六	电影	中央台六套	2.4	14.0
27	暴风行动队	电视剧	河北广播电视台经济生活频道	2.4	12.4
28	潜伏特工	电视剧	河北广播电视台经济生活频道	2.4	12.0
29	黄雀敢死队	电视剧	河北广播电视台经济生活频道	2.4	11.6
30	热血长工	电视剧	河北广播电视台经济生活频道	2.4	8.7

表3.10.8　2019年河北市场电视剧收视率排名前十位

名次	节目名称	播出频道	平均收视率(%)	平均占有率(%)
1	回家的路有多远(28~44集)	中央台八套	3.0	14.3
2	双枪女匪首	河北广播电视台经济生活频道	3.0	11.2
3	绝地反击之双雄	河北广播电视台经济生活频道	2.9	12.2
4	那年窗花红艳艳(33~50集)	河北广播电视台经济生活频道	2.8	10.4
5	绽放吧百合	中央台八套	2.7	13.1
6	潜伏者	河北广播电视台经济生活频道	2.5	12.0
6	石门女英雄	河北广播电视台经济生活频道	2.5	12.0
8	暴风行动队	河北广播电视台经济生活频道	2.4	12.4
9	潜伏特工	河北广播电视台经济生活频道	2.4	12.0
10	黄雀敢死队	河北广播电视台经济生活频道	2.4	11.6

表 3.10.9　2019 年河北市场新闻节目收视率排名前十位

名次	节目名称	播出频道	平均收视率（%）	平均占有率（%）
1	庆祝中华人民共和国成立 70 周年大会阅兵式群众游行特别报道	中央电视台综合频道	9.1	37.6
2	向伟大复兴前进	中央电视台综合频道	5.6	40.4
3	庆祝中华人民共和国成立 70 周年特别节目走向复兴	中央电视台综合频道	4.0	15.8
4	人民欢歌庆祝中华人民共和国成立 70 周年联欢活动特别报道	河北广播电视台卫视频道	3.1	12.2
5	第七届世界军人运动会开幕式特别报道	中央电视台综合频道	2.1	10.0
6	转播中央台新闻联播	河北广播电视台卫视频道	1.7	9.1
7	新闻联播	中央电视台综合频道	1.3	7.1
8	海峡两岸	中央台四套	1.3	5.4
9	今日资讯	河北广播电视台经济生活频道	1.2	9.1
10	国务院总理会见中外记者并回答提问	中央电视台新闻频道	1.2	4.3

表 3.10.10　2019 年河北市场专题节目收视率排名前十位

名次	节目名称	播出频道	平均收视率（%）	平均占有率（%）
1	一年又一年	中央电视台综合频道	4.0	14.4
2	礼赞最美奋斗者	中央电视台综合频道	3.1	15.2
3	燕赵星光文化河北 2018 年知名文化企业 30 强十佳文化企业家发布活动	河北广播电视台经济生活频道	2.7	8.8
4	榜样	中央电视台综合频道	2.0	9.6
5	穿越历史长廊探寻文化伟力	中央电视台综合频道	1.7	9.4
6	推动京津冀协同发展取得新的更大进展	中央电视台综合频道	1.7	6.0
7	中央电视台特别节目共同开创中朝两党两国关系的美好未来	中央电视台综合频道	1.5	11.3
8	教育强国	中央电视台综合频道	1.5	7.8
9	时代楷模	河北广播电视台经济生活频道	1.5	6.5
9	濠江情中国心	中央电视台综合频道	1.5	5.8

表 3.10.11　2019 年河北市场综艺节目收视率排名前十位

名次	节目名称	播出频道	平均收视率（%）	平均占有率（%）
1	2019 中央广播电视总台春节联欢晚会	中央电视台综合频道	7.3	21.2
2	庆祝中华人民共和国成立 70 周年联欢活动	中央电视台综合频道	5.7	21.8
3	喜气洋洋闹元宵	中央电视台综合频道	4.7	16.7
4	新春曲艺大联欢	中央台三套	4.7	14.3
5	2019 年中央广播电视总台中秋晚会	中央电视台综合频道	3.2	13.6
6	新春喜剧之夜	中央台三套	2.7	8.7
7	星光大道决赛季(1 月 4 日)	中央台三套	2.1	6.9
8	第 32 届中国电影金鸡奖颁奖典礼第 28 届中国金鸡百花电影节红毯仪式	中央台六套	1.6	7.1
9	庆祝澳门回归祖国二十周年文艺晚会	中央电视台综合频道	1.4	7.0
10	奋斗新时代央广总台心连心艺术团赴北京大兴国际机场慰问演出	中央电视台综合频道	1.4	6.9

表 3.10.12　2019 年河北市场体育节目收视率排名前十位

名次	节目名称	播出频道	平均收视率（%）	平均占有率（%）
1	第七届世界军人运动会报道:第七届军运会击剑女子个人重剑决赛	中央台五套	2.1	12.1
2	2018 年度河北省最美体育人颁奖盛典	河北广播电视台经济生活频道	1.8	6.6
3	第七届世界军人运动会开幕式	中央电视台综合频道	1.7	9.2
4	2019 年多哈世界田径锦标赛女子 100 米预赛第二组	中央台五套	1.6	10.4
5	第七届世界军人运动会报道:第七届军运会游泳比赛女子 200 米蝶泳决赛	中央台五套	1.6	8.8
6	现场直播:2019 年国际泳联世锦赛男子 200 米自由泳半决赛	中央台五套	1.6	7.0
7	2019 年世界乒乓球锦标赛男单决赛	中央台五套	1.6	6.1
8	直播周末:2019 年乒乓球团体世界杯女团决赛单打	中央台五套	1.5	7.3
9	第七届世界军人运动会报道:第七届军运会田径男子 3000 米障碍决赛	中央台五套	1.4	6.4
10	第七届世界军人运动会报道:第七届军运会女排决赛(中国 VS 巴西)	中央台五套	1.3	7.1

十一、河南收视数据

表 3.11.1　2015~2019 年河南市场各类频道的市场占有率(%)

频道类别	年份				
	2015 年	2016 年	2017 年	2018 年	2019 年
中央广播电视总台	42.7	43.5	44.5	46.1	44.8
中国教育台频道	0.5	0.4	0.3	0.3	0.3
河南省级频道	16.7	16.9	14.1	14.6	13.9
其他省级卫视频道	36.9	35.2	35.2	31.1	29.4
其他频道	3.2	4.0	5.9	7.9	11.6

表 3.11.2　2019 年河南市场各类频道在不同目标观众中的市场占有率(%)

目标观众		中央广播电视总台	中国教育台频道	河南省级频道	其他省级卫视频道	其他频道
4 岁及以上所有人		44.8	0.3	13.9	29.4	11.6
城乡	城市	46.3	0.2	16.6	26.5	10.4
	农村	44.4	0.3	13.2	30.1	12.0
性别	男	46.9	0.3	13.6	27.2	12.0
	女	42.8	0.2	14.2	31.4	11.4
年龄	4~14 岁	43.0	0.2	4.9	34.9	17.0
	15~24 岁	38.9	0.4	9.7	40.6	10.4
	25~34 岁	44.1	0.3	10.5	33.0	12.1
	35~44 岁	40.8	0.3	12.8	32.3	13.8
	45~54 岁	45.2	0.2	15.0	27.8	11.8
	55~64 岁	50.0	0.3	18.8	21.4	9.5
	65 岁及以上	50.2	0.2	23.0	19.4	7.2
教育程度	未受过正规教育	40.0	0.1	10.0	34.3	15.6
	小学	47.6	0.2	12.0	28.1	12.1
	初中	42.0	0.3	15.8	30.2	11.7
	高中	47.5	0.2	12.9	27.2	12.2
	大学及以上	49.6	0.3	12.0	30.5	7.6
职业类别	干部/管理人员	45.8	0.4	19.3	24.3	10.2
	个体/私营企业人员	44.6	0.3	11.7	27.5	15.9
	初级公务员/雇员	49.1	0.3	12.0	31.5	7.1
	工人	49.4	0.2	10.7	23.2	16.5
	学生	41.6	0.3	6.4	37.0	14.7
	无业	46.1	0.2	16.7	25.8	11.2
	其他	44.1	0.3	17.2	29.2	9.2
个人月收入	0~300 元	42.1	0.3	12.2	32.2	13.2
	301~900 元	49.0	0.2	15.8	28.5	6.5
	901~1700 元	41.2	0.3	17.6	27.3	13.6
	1701~2600 元	47.4	0.3	14.6	27.7	10.0
	2601~3500 元	48.4	0.2	14.1	24.6	12.7
	3501 元及以上	46.7	0.3	10.8	31.2	11.0

表 3.11.3 2019 年河南市场各类频道在不同时段的市场占有率(%)

时间段	中央广播电视总台	中国教育台频道	河南省级频道	其他省级卫视频道	其他频道
02:00~03:00	43.4	0.9	5.5	36.8	13.4
03:00~04:00	50.2	0.5	5.9	32.5	10.9
04:00~05:00	63.0	0.1	4.0	27.4	5.5
05:00~06:00	50.6	0.3	6.0	26.1	17.0
06:00~07:00	61.9	0.2	4.7	22.4	10.8
07:00~08:00	59.2	0.8	6.6	26.3	7.1
08:00~09:00	48.9	0.6	7.7	29.5	13.3
09:00~10:00	46.1	0.4	7.4	32.3	13.8
10:00~11:00	45.6	0.3	7.2	31.9	15.0
11:00~12:00	46.6	0.2	8.0	29.8	15.4
12:00~13:00	51.3	0.2	8.0	28.2	12.3
13:00~14:00	45.9	0.2	10.1	29.1	14.7
14:00~15:00	41.0	0.5	6.6	34.4	17.5
15:00~16:00	40.7	0.4	6.7	35.5	16.7
16:00~17:00	44.2	0.5	6.3	32.0	17.0
17:00~18:00	46.3	0.3	9.1	30.4	13.9
18:00~19:00	48.0	0.2	17.7	22.9	11.2
19:00~20:00	54.0	0.2	14.9	22.0	8.9
20:00~21:00	38.4	0.2	18.5	33.7	9.2
21:00~22:00	35.9	0.2	19.3	33.4	11.2
22:00~23:00	32.0	0.2	22.0	30.7	15.1
23:00~24:00	36.4	0.2	17.0	23.7	22.7
24:00~25:00	43.5	0.4	9.2	13.7	33.2
25:00~26:00	33.0	0.0	5.4	15.7	45.9

表 3.11.4 2019 年河南市场收视份额排名前十位的频道

名次	频道名称	收视份额(%)
1	中央电视台综合频道	11.8
2	中央电视台少儿频道	6.4
3	中央台八套	6.2
4	河南广播电视台卫星频道(一套)	4.3
5	中央台六套	4.1
5	湖南卫视	4.1
7	河南广播电视台都市频道(二套)	3.2
8	河南广播电视台电视剧频道(五套)	3.1
9	中央台三套	2.9
10	浙江卫视	2.6

表 3.11.5　2019 年河南市场各主要频道的观众构成(%)

目标观众		所有频道	主要频道					
			中央电视台综合频道	中央电视台少儿频道	中央台八套	河南广播电视台卫星频道(一套)	中央台六套	湖南卫视
4 岁及以上所有人		100.0	100.0	100.0	100.0	100.0	100.0	100.0
城乡	城市	20.6	29.0	10.5	16.0	10.0	21.7	21.2
	农村	79.4	71.0	89.5	84.0	90.0	78.3	78.8
性别	男	48.2	51.6	45.3	43.8	49.7	51.1	39.7
	女	51.8	48.4	54.7	56.2	50.3	48.9	60.3
年龄	4~14 岁	13.8	6.5	52.3	6.7	3.9	12.5	12.4
	15~24 岁	12.1	9.0	10.6	8.6	7.3	13.6	22.9
	25~34 岁	11.0	10.5	14.3	9.6	8.4	12.1	17.4
	35~44 岁	16.8	15.8	8.5	16.2	15.0	21.8	25.4
	45~54 岁	15.1	17.0	3.9	19.5	12.3	17.5	12.8
	55~64 岁	16.4	21.0	8.0	21.4	20.4	14.1	5.7
	65 岁及以上	14.8	20.2	2.4	18.0	32.7	8.4	3.4
教育程度	未受过正规教育	4.6	2.0	15.5	2.9	4.7	2.4	2.6
	小学	17.5	14.0	39.8	16.1	20.9	17.1	14.8
	初中	46.9	44.9	27.9	49.9	54.2	52.1	46.6
	高中	22.5	27.1	11.6	22.7	16.3	20.1	22.8
	大学及以上	8.5	12.0	5.2	8.4	3.9	8.3	13.2
职业类别	干部/管理人员	0.4	0.5	0.1	0.3	0.0	0.6	0.4
	个体/私营企业人员	11.3	13.4	4.5	13.3	7.4	14.2	14.1
	初级公务员/雇员	6.0	7.4	3.9	6.2	2.9	6.2	10.1
	工人	6.2	7.8	3.3	6.6	2.5	10.4	8.1
	学生	17.3	9.7	45.9	10.5	6.7	20.7	23.4
	无业	21.3	25.4	19.4	21.5	17.4	14.7	10.8
	其他	37.5	35.8	22.9	41.6	63.1	33.2	33.1
个人月收入	0~300 元	35.8	27.2	66.8	29.3	27.4	32.2	35.2
	301~900 元	9.6	8.8	8.9	13.6	14.5	10.6	8.4
	901~1700 元	14.2	13.2	7.1	15.7	25.8	14.0	15.3
	1701~2600 元	17.3	19.1	9.3	20.4	15.1	21.8	18.7
	2601~3500 元	13.5	18.3	4.2	12.3	12.5	13.1	11.0
	3501 元及以上	9.6	13.4	3.7	8.7	4.7	8.3	11.4

表 3.11.6　2017～2019 年河南市场各类节目的播出比重(%)和收视比重(%)

节目类型	2017 年		2018 年		2019 年	
	播出比重	收视比重	播出比重	收视比重	播出比重	收视比重
财经	1.0	0.6	1.0	0.5	1.0	0.5
电视剧	26.6	26.3	27.0	27.0	26.9	28.1
电影	4.2	4.3	4.1	4.4	4.1	4.4
法制	1.0	2.1	0.8	2.2	0.7	2.0
教学	0.2	0.1	0.3	0.1	0.3	0.1
青少	6.6	8.7	6.6	9.2	6.9	9.6
生活服务	7.4	7.2	7.3	7.0	6.3	6.1
体育	3.2	1.5	3.1	1.7	3.8	1.6
外语	0.1	0.0	0.1	0.0	0.1	0.0
戏剧	0.9	1.3	1.4	1.6	1.5	1.6
新闻/时事	10.8	13.6	10.8	12.3	10.9	13.7
音乐	1.3	1.1	1.3	0.9	1.6	1.0
专题	15.2	6.9	14.6	6.5	14.7	6.7
综艺	6.0	10.7	5.9	10.7	5.4	9.6
其他	15.5	15.6	15.7	15.9	15.8	15.0

表 3.11.7　2019 年河南市场所有节目收视率排名前三十位

名次	节目名称	节目类型	播出频道	平均收视率(%)	平均占有率(%)
1	2019 中央广播电视总台春节联欢晚会	综艺	中央电视台综合频道	25.0	75.3
2	庆祝中华人民共和国成立 70 周年大会阅兵式群众游行特别报道	新闻/时事	中央电视台综合频道	17.5	73.5
3	向伟大复兴前进	新闻/时事	中央电视台综合频道	8.5	68.7
4	庆祝中华人民共和国成立 70 周年联欢活动	综艺	中央电视台综合频道	7.8	28.3
5	2019 年中央广播电视总台中秋晚会	综艺	中央电视台综合频道	6.5	23.8
6	新闻联播	新闻/时事	中央电视台综合频道	6.4	27.8
7	中国诗词大会第四季(2 月 5 日)	专题	中央电视台综合频道	6.3	18.3
8	一年又一年	专题	中央电视台综合频道	6.0	36.6

续表

名次	节目名称	节目类型	播出频道	平均收视率（%）	平均占有率（%）
9	天气预报	生活服务	中央电视台综合频道	5.8	20.6
10	喜气洋洋闹元宵	综艺	中央电视台综合频道	5.4	20.7
11	推动京津冀协同发展取得新的更大进展	专题	中央电视台综合频道	5.4	15.5
12	第七届世界军人运动会开幕式特别报道	新闻/时事	中央电视台综合频道	5.0	17.8
13	2019 中央军委慰问驻京部队老干部迎新春文艺演出	综艺	中央电视台综合频道	5.0	13.7
14	等闲识得东风面 2019 年习近平主席访问欧洲三国纪行	专题	中央电视台综合频道	4.9	15.8
15	开学第一课	青少	中央电视台综合频道	4.7	15.8
16	焦点访谈	新闻/时事	中央电视台综合频道	4.6	15.5
17	变害为利造福人民习近平生态文明思想在福建木兰溪的先行探索	专题	中央电视台综合频道	4.6	14.4
18	梨园春	戏剧	河南广播电视台卫星频道(一套)	4.3	13.2
19	中央电视台特别节目携手奔向互利共赢的康庄大道	专题	中央电视台综合频道	4.0	13.0
20	声临其境(2 月 1 日)	综艺	湖南卫视	3.8	13.9
21	2019 年国际篮联篮球世界杯开幕式	体育	中央电视台综合频道	3.8	13.3
22	文化中国四海同春 2019 全球华侨华人春节大联欢	综艺	湖南卫视	3.7	11.3
23	濠江情中国心	专题	中央电视台综合频道	3.5	10.6
24	2019 东西南北中美好中国年河南湖北四川黑龙江春节联欢晚会	综艺	河南广播电视台卫星频道(一套)	3.2	12.0
25	礼赞最美奋斗者	专题	中央电视台综合频道	2.9	12.3
26	中央电视台特别节目共同开创中朝两党两国关系的美好未来	专题	中央电视台综合频道	2.9	11.3
27	庆祝中华人民共和国成立 70 周年特别节目走向复兴	新闻/时事	中央电视台综合频道	2.9	9.4
28	祖国在召唤	专题	中央电视台综合频道	2.8	8.9
29	直播周末:中华人民共和国第十一届少数民族传统体育运动会开幕式	体育	河南广播电视台卫星频道(一套)	2.7	11.0
30	长江之恋长江流域十二省市春节联欢晚会	综艺	湖南卫视	2.7	9.3

表 3.11.8 2019 年河南市场电视剧收视率排名前十位

名次	节目名称	播出频道	平均收视率(%)	平均占有率(%)
1	逆流而上的你	湖南卫视	2.4	8.7
2	破冰行动	中央台八套	2.4	8.5
3	知否知否应是绿肥红瘦	湖南卫视	2.2	7.9
4	有个地方叫马兰	中央台八套	2.1	8.8
5	特赦 1959	中央电视台综合频道	2.1	8.2
6	最美的青春	中央台八套	2.0	7.9
6	可爱的中国	中央电视台综合频道	2.0	7.9
8	奔腾岁月(1~12集)	河南广播电视台卫星频道(一套)	2.0	7.5
9	密查	中央台八套	1.9	8.2
10	麦香	河南广播电视台卫星频道(一套)	1.9	7.7

表 3.11.9 2019 年河南市场新闻节目收视率排名前十位

名次	节目名称	播出频道	平均收视率(%)	平均占有率(%)
1	庆祝中华人民共和国成立 70 周年大会阅兵式群众游行特别报道	中央电视台综合频道	17.5	73.5
2	向伟大复兴前进	中央电视台综合频道	8.5	68.7
3	新闻联播	中央电视台综合频道	6.4	27.8
4	第七届世界军人运动会开幕式特别报道	中央电视台综合频道	5.0	17.8
5	焦点访谈	中央电视台综合频道	4.6	15.5
6	庆祝中华人民共和国成立 70 周年特别节目走向复兴	中央电视台综合频道	2.9	9.4
7	国务院总理会见中外记者并回答提问	中央电视台综合频道	2.5	6.7
8	人民欢歌庆祝中华人民共和国成立 70 周年联欢活动特别报道	中央电视台综合频道	2.0	22.4
9	2019 年中国北京世界园艺博览会开幕式特别报道	中央电视台综合频道	1.9	5.9
10	新闻特别节目	河南广播电视台卫星频道(一套)	1.8	6.8

表 3.11.10　2019 年河南市场专题节目收视率排名前十位

名次	节目名称	播出频道	平均收视率（%）	平均占有率（%）
1	中国诗词大会第四季(2 月 5 日)	中央电视台综合频道	6.3	18.3
2	一年又一年	中央电视台综合频道	6.0	36.6
3	推动京津冀协同发展取得新的更大进展	中央电视台综合频道	5.4	15.5
4	等闲识得东风面 2019 年习近平主席访问欧洲三国纪行	中央电视台综合频道	4.9	15.8
5	变害为利造福人民习近平生态文明思想在福建木兰溪的先行探索	中央电视台综合频道	4.6	14.4
6	中央电视台特别节目携手奔向互利共赢的康庄大道	中央电视台综合频道	4.0	13.0
7	濠江情中国心	中央电视台综合频道	3.5	10.6
8	礼赞最美奋斗者	中央电视台综合频道	2.9	12.3
9	中央电视台特别节目共同开创中朝两党两国关系的美好未来	中央电视台综合频道	2.9	11.3
10	祖国在召唤	中央电视台综合频道	2.8	8.9

表 3.11.11　2019 年河南市场综艺节目收视率排名前十位

名次	节目名称	播出频道	平均收视率（%）	平均占有率（%）
1	2019 中央广播电视总台春节联欢晚会	中央电视台综合频道	25.0	75.3
2	庆祝中华人民共和国成立 70 周年联欢活动	中央电视台综合频道	7.8	28.3
3	2019 年中央广播电视总台中秋晚会	中央电视台综合频道	6.5	23.8
4	喜气洋洋闹元宵	中央电视台综合频道	5.4	20.7
5	2019 中央军委慰问驻京部队老干部迎新春文艺演出	中央电视台综合频道	5.0	13.7
6	声临其境(2 月 1 日)	湖南卫视	3.8	13.9
7	文化中国四海同春 2019 全球华侨华人春节大联欢	湖南卫视	3.7	11.3
8	2019 东西南北中美好中国年河南湖北四川黑龙江春节联欢晚会	河南广播电视台卫星频道(一套)	3.2	12.0
9	长江之恋长江流域十二省市春节联欢晚会	湖南卫视	2.7	9.3
10	快乐大本营	湖南卫视	2.6	10.8

表 3.11.12 2019 年河南市场体育节目收视率排名前十位

名次	节目名称	播出频道	平均收视率（%）	平均占有率（%）
1	2019 年国际篮联篮球世界杯开幕式	中央电视台综合频道	3.8	13.3
2	直播周末：中华人民共和国第十一届少数民族传统体育运动会开幕式	河南广播电视台卫星频道（一套）	2.7	11.0
3	现场直播：中华人民共和国第十一届少数民族传统体育运动会闭幕式	河南广播电视台卫星频道（一套）	1.8	5.8
4	第七届世界军人运动会开幕式	中央电视台综合频道	1.3	6.2
5	第七届世界军人运动会报道：第七届军运会男篮第二轮（美国 VS 中国）	中央台五套	1.1	3.1
6	2019 中国极限运动大会开幕式	河南广播电视台卫星频道（一套）	1.0	7.0
7	第七届世界军人运动会报道：第七届军运会游泳水上救生男子 100 米混合救生决赛	中央台五套	1.0	3.8
8	第七届世界军人运动会报道：第七届军运会女排小组赛 A 组第三轮（加拿大 VS 中国）	中央台五套	1.0	3.1
9	第七届世界军人运动会闭幕式	中央台五套	0.9	2.9
10	荣耀之路	中央台五套	0.8	4.0

十二、黑龙江收视数据

表 3.12.1　2015~2019 年黑龙江市场各类频道的市场占有率(%)

频道类别	年份				
	2015 年	2016 年	2017 年	2018 年	2019 年
中央广播电视总台	32.1	33.9	35.4	37.7	38.4
中国教育台频道	0.2	0.2	0.2	0.2	0.1
黑龙江省级频道	37.1	37.0	35.3	32.5	28.8
其他省级卫视频道	25.0	23.4	24.0	22.6	23.0
其他频道	5.6	5.5	5.1	7.0	9.7

表 3.12.2　2019 年黑龙江市场各类频道在不同目标观众中的市场占有率(%)

目标观众		中央广播电视总台	中国教育台频道	黑龙江省级频道	其他省级卫视频道	其他频道
4 岁及以上所有人		38.4	0.1	28.8	23.0	9.7
城乡	城市	43.2	0.2	23.5	27.2	5.9
	乡村	34.5	0.1	33.3	19.5	12.6
性别	男	41.2	0.1	29.5	19.9	9.3
	女	35.8	0.1	28.2	26.1	9.8
年龄	4~14 岁	43.4	0.2	13.8	30.7	11.9
	15~24 岁	37.2	0.2	18.0	35.0	9.6
	25~34 岁	31.7	0.1	25.3	30.3	12.6
	35~44 岁	38.6	0.2	23.3	24.2	13.7
	45~54 岁	36.7	0.1	31.5	23.5	8.2
	55~64 岁	37.8	0.1	39.1	15.7	7.3
	65 岁及以上	43.7	0.1	29.7	19.3	7.2
教育程度	未受过正规教育	40.5	0.1	21.0	28.7	9.7
	小学	36.6	0.1	35.2	19.5	8.6
	初中	35.2	0.1	31.6	22.1	11.0
	高中	44.7	0.2	21.8	25.7	7.6
	大学及以上	44.4	0.1	18.6	27.9	9.0
职业类别	干部/管理人员	48.3	0.1	29.5	12.0	10.1
	个体/私营企业人员	38.9	0.1	25.8	26.1	9.1
	初级公务员/雇员	39.5	0.1	21.5	26.2	12.7
	工人	42.8	0.2	22.9	27.8	6.3
	学生	39.7	0.2	16.1	32.9	11.1
	无业	41.7	0.1	27.4	22.3	8.5
	其他	30.7	0.1	40.8	16.9	11.5
个人月收入	0~300 元	36.7	0.1	21.2	29.4	12.6
	301~900 元	28.1	0.0	51.1	14.5	6.3
	901~1700 元	36.9	0.2	33.3	21.0	8.6
	1701~2600 元	38.8	0.2	29.8	21.6	9.6
	2601~3500 元	40.0	0.1	30.8	21.3	7.8
	3501 元及以上	41.9	0.2	22.6	25.2	10.1

表 3.12.3　2019 年黑龙江市场各类频道在不同时段的市场占有率(%)

时间段	中央广播电视总台	中国教育台频道	黑龙江省级频道	其他省级卫视频道	其他频道
02:00~03:00	35.4	0.2	21.6	29.4	13.4
03:00~04:00	31.3	0.0	19.7	29.8	19.2
04:00~05:00	44.2	0.1	21.6	21.3	12.8
05:00~06:00	40.0	0.1	32.7	19.2	8.0
06:00~07:00	43.3	0.2	31.7	16.7	8.1
07:00~08:00	47.6	0.2	26.4	17.7	8.1
08:00~09:00	45.3	0.2	22.7	22.7	9.1
09:00~10:00	43.2	0.2	19.7	26.9	10.0
10:00~11:00	42.2	0.3	18.4	29.2	9.9
11:00~12:00	45.1	0.2	15.6	29.2	9.9
12:00~13:00	46.5	0.1	11.9	31.3	10.2
13:00~14:00	37.2	0.1	13.1	38.2	11.4
14:00~15:00	37.3	0.1	17.7	36.1	8.8
15:00~16:00	37.2	0.2	17.3	36.2	9.1
16:00~17:00	40.3	0.2	18.4	31.5	9.6
17:00~18:00	34.6	0.1	30.1	24.0	11.2
18:00~19:00	33.0	0.2	43.6	12.9	10.3
19:00~20:00	41.7	0.1	35.4	14.1	8.7
20:00~21:00	33.4	0.1	31.6	26.1	8.8
21:00~22:00	33.1	0.1	28.9	28.2	9.7
22:00~23:00	32.6	0.1	25.6	27.1	14.6
23:00~24:00	32.2	0.1	25.8	23.6	18.3
24:00~25:00	28.7	0.0	33.5	14.5	23.3
25:00~26:00	30.5	0.1	38.5	11.7	19.2

表 3.12.4　2019 年黑龙江市场收视份额排名前十位的频道

名次	频道名称	收视份额(%)
1	黑龙江电视台影视频道	8.8
2	中央电视台综合频道	8.0
3	黑龙江卫视	7.1
4	中央台八套	6.4
5	黑龙江电视台都市频道	3.9
6	中央台六套	3.7
6	黑龙江电视台文体频道	3.7
6	中央台三套	3.7
9	湖南卫视	3.5
9	中央台四套	3.5

表 3.12.5　2019 年黑龙江市场各主要频道的观众构成(%)

目标观众		所有频道	主要频道				
			黑龙江电视台影视频道	中央电视台综合频道	黑龙江卫视	中央台八套	黑龙江电视台都市频道
4 岁及以上所有人		100.0	100.0	100.0	100.0	100.0	100.0
城乡	城市	46.0	32.4	61.3	32.7	40.1	52.6
	乡村	54.0	67.6	38.7	67.3	59.9	47.4
性别	男	49.3	52.2	51.7	49.1	48.1	51.0
	女	50.7	47.8	48.3	50.9	51.9	49.0
年龄	4~14 岁	5.7	1.7	2.7	1.8	1.7	1.3
	15~24 岁	6.7	3.1	8.1	4.1	4.0	5.9
	25~34 岁	10.0	8.3	8.4	10.1	5.1	8.9
	35~44 岁	18.0	14.3	20.5	17.2	16.0	17.2
	45~54 岁	20.0	26.9	20.9	22.8	24.4	22.7
	55~64 岁	21.8	31.1	19.5	25.1	22.7	27.9
	65 岁及以上	17.8	14.6	19.9	18.9	26.1	16.1
教育程度	未受过正规教育	2.7	1.5	1.3	2.1	0.9	0.8
	小学	20.4	23.5	12.8	23.7	25.2	19.3
	初中	46.8	55.3	44.3	52.1	47.5	53.0
	高中	21.7	14.0	30.6	16.7	21.2	19.0
	大学及以上	8.4	5.7	11.0	5.4	5.2	7.9
职业类别	干部/管理人员	1.2	1.4	1.3	0.7	0.4	2.2
	个体/私营企业人员	17.0	15.5	19.5	17.1	15.0	17.9
	初级公务员/雇员	6.0	5.9	7.5	4.3	3.1	3.8
	工人	9.0	8.7	13.2	5.5	5.6	6.1
	学生	7.3	2.9	6.2	3.7	3.7	3.9
	无业	35.2	31.7	37.2	31.0	45.7	32.8
	其他	24.3	33.9	15.1	37.7	26.5	33.3
个人月收入	0~300 元	16.9	9.8	15.9	13.3	10.2	10.9
	301~900 元	4.6	4.5	2.9	7.7	3.2	11.3
	901~1700 元	12.4	13.4	11.5	17.3	16.0	12.2
	1701~2600 元	30.6	41.4	27.7	30.1	46.0	26.7
	2601~3500 元	19.9	19.0	22.1	20.1	16.5	24.1
	3501 元及以上	15.6	11.9	19.9	11.5	8.1	14.8

表 3.12.6　2017~2019 年黑龙江市场各类节目的播出比重(%)和收视比重(%)

节目类型	2017 年		2018 年		2019 年	
	播出比重	收视比重	播出比重	收视比重	播出比重	收视比重
财经	1.1	0.2	1.1	0.2	1.0	0.3
电视剧	22.0	28.1	21.8	28.5	21.7	29.6
电影	4.0	3.0	3.9	3.5	3.6	3.3
法制	0.9	0.9	1.0	1.5	1.4	2.7
教学	0.2	0.0	0.3	0.0	0.4	0.0
青少	7.3	4.2	7.2	3.6	7.7	4.5
生活服务	7.9	7.9	8.0	7.4	7.4	7.0
体育	3.4	1.4	3.5	2.3	4.1	2.2
外语	0.1	0.0	0.1	0.0	0.2	0.0
戏剧	0.8	0.2	0.8	0.3	0.9	0.2
新闻/时事	15.9	18.5	16.0	17.6	16.0	18.5
音乐	1.5	0.8	1.4	0.8	1.7	0.7
专题	14.2	4.9	13.9	4.5	14.0	4.8
综艺	8.7	14.0	8.7	13.0	7.6	10.7
其他	12.0	15.9	12.3	16.8	12.3	15.5

表 3.12.7　2019 年黑龙江市场所有节目收视率排名前三十位

名次	节目名称	节目类型	播出频道	平均收视率(%)	平均占有率(%)
1	2019 中央广播电视总台春节联欢晚会	综艺	中央电视台综合频道	26.5	75.8
2	庆祝中华人民共和国成立 70 周年大会阅兵式群众游行特别报道	新闻/时事	中央电视台综合频道	10.2	61.4
3	向伟大复兴前进	新闻/时事	中央电视台综合频道	7.9	59.0
4	庆祝中华人民共和国成立 70 周年联欢活动	综艺	中央电视台综合频道	5.6	26.4
5	新闻联播	新闻/时事	中央电视台综合频道	4.8	18.6
6	一年又一年	专题	中央电视台综合频道	4.1	28.3
7	喜气洋洋闹元宵	综艺	中央电视台综合频道	3.8	19.2
8	中国诗词大会第四季(2 月 5 日)	专题	中央电视台综合频道	3.8	17.0
9	天气预报	生活服务	中央电视台综合频道	3.6	13.1
10	开学第一课	青少	中央电视台综合频道	3.4	14.2
11	2019 中央军委慰问驻京部队老干部迎新春文艺演出	综艺	中央电视台综合频道	3.4	13.7
12	第七届世界军人运动会开幕式特别报道	新闻/时事	中央电视台综合频道	3.3	13.8
13	焦点访谈	新闻/时事	中央电视台综合频道	3.0	10.8
14	变害为利造福人民习近平生态文明思想在福建木兰溪的先行探索	专题	中央电视台综合频道	2.9	11.2

续表

名次	节目名称	节目类型	播出频道	平均收视率（%）	平均占有率（%）
15	破绽	电视剧	黑龙江电视台影视频道	2.8	15.5
16	雀笼	电视剧	黑龙江电视台影视频道	2.8	14.0
17	错缘	电视剧	黑龙江电视台影视频道	2.8	13.6
18	中华人民共和国中央人民政府成立典礼原始影像	专题	中央电视台综合频道	2.8	10.9
19	人民欢歌庆祝中华人民共和国成立70周年联欢活动特别报道	新闻/时事	中央电视台综合频道	2.7	19.3
20	中央电视台特别节目携手奔向互利共赢的康庄大道	专题	中央电视台综合频道	2.7	10.7
21	铁打的汉子	电视剧	黑龙江电视台影视频道	2.6	14.5
22	绝地战歌	电视剧	黑龙江电视台影视频道	2.6	12.9
23	2019年中央广播电视总台中秋晚会	综艺	中央电视台综合频道	2.5	13.8
23	新闻联播	新闻/时事	黑龙江卫视	2.5	13.8
25	打土匪(14~47集)	电视剧	黑龙江电视台影视频道	2.5	13.2
26	狼之战	电视剧	黑龙江电视台影视频道	2.5	13.0
27	怒放的青春	电视剧	黑龙江电视台影视频道	2.5	12.5
28	中央电视台特别节目共同开创中朝两党两国关系的美好未来	专题	中央电视台综合频道	2.5	9.7
29	等闲识得东风面2019年习近平主席访问欧洲三国纪行	专题	中央电视台综合频道	2.5	8.9
30	推动京津冀协同发展取得新的更大进展	专题	中央电视台综合频道	2.5	8.6

注：黑龙江卫视《新闻联播》为本省新闻联播。

表3.12.8　2019年黑龙江市场电视剧收视率排名前十位

名次	节目名称	播出频道	平均收视率(%)	平均占有率(%)
1	破绽	黑龙江电视台影视频道	2.8	15.5
2	雀笼	黑龙江电视台影视频道	2.8	14.0
3	错缘	黑龙江电视台影视频道	2.8	13.6
4	铁打的汉子	黑龙江电视台影视频道	2.6	14.5
5	绝地战歌	黑龙江电视台影视频道	2.6	12.9
6	打土匪（14~47集）	黑龙江电视台影视频道	2.5	13.2
7	狼之战	黑龙江电视台影视频道	2.5	13.0
8	怒放的青春	黑龙江电视台影视频道	2.5	12.5
9	猎猿	黑龙江电视台影视频道	2.4	12.6
10	重门背后	黑龙江电视台影视频道	2.3	13.0

表 3.12.9　2019 年黑龙江市场新闻节目收视率排名前十位

名次	节目名称	播出频道	平均收视率（%）	平均占有率（%）
1	庆祝中华人民共和国成立 70 周年大会阅兵式群众游行特别报道	中央电视台综合频道	10.2	61.4
2	向伟大复兴前进	中央电视台综合频道	7.9	59.0
3	新闻联播	中央电视台综合频道	4.8	18.6
4	第七届世界军人运动会开幕式特别报道	中央电视台综合频道	3.3	13.8
5	焦点访谈	中央电视台综合频道	3.0	10.8
6	人民欢歌庆祝中华人民共和国成立 70 周年联欢活动特别报道	中央电视台综合频道	2.7	19.3
7	新闻联播	黑龙江卫视	2.5	13.8
8	庆祝澳门回归祖国 20 周年特别报道	中央电视台综合频道	2.2	10.4
9	庆祝中华人民共和国成立 70 周年特别节目走向复兴	中央电视台综合频道	1.8	7.8
10	国务院总理会见中外记者并回答提问	中央电视台综合频道	1.8	7.1

注：黑龙江卫视《新闻联播》为本省新闻联播。

表 3.12.10　2019 年黑龙江市场专题节目收视率排名前十位

名次	节目名称	播出频道	平均收视率（%）	平均占有率（%）
1	一年又一年	中央电视台综合频道	4.1	28.3
2	中国诗词大会第四季(2 月 5 日)	中央电视台综合频道	3.8	17.0
3	变害为利造福人民习近平生态文明思想在福建木兰溪的先行探索	中央电视台综合频道	2.9	11.2
4	中华人民共和国中央人民政府成立典礼原始影像	中央电视台综合频道	2.8	10.9
5	中央电视台特别节目携手奔向互利共赢的康庄大道	中央电视台综合频道	2.7	10.7
6	中央电视台特别节目共同开创中朝两党两国关系的美好未来	中央电视台综合频道	2.5	9.7
7	等闲识得东风面 2019 年习近平主席访问欧洲三国纪行	中央电视台综合频道	2.5	8.9
8	推动京津冀协同发展取得新的更大进展	中央电视台综合频道	2.5	8.6
9	感动中国 2018 年度人物颁奖盛典	中央电视台综合频道	2.4	9.7
10	牵挂与惦念习近平总书记赴重庆华溪村扶贫考察纪实	中央电视台综合频道	2.4	8.8

表 3.12.11　2019 年黑龙江市场综艺节目收视率排名前十位

名次	节目名称	播出频道	平均收视率（%）	平均占有率（%）
1	2019 中央广播电视总台春节联欢晚会	中央电视台综合频道	26.5	75.8
2	庆祝中华人民共和国成立 70 周年联欢活动	中央电视台综合频道	5.6	26.4
3	喜气洋洋闹元宵	中央电视台综合频道	3.8	19.2
4	2019 中央军委慰问驻京部队老干部迎新春文艺演出	中央电视台综合频道	3.4	13.7
5	2019 年中央广播电视总台中秋晚会	中央电视台综合频道	2.5	13.8
6	挑战不可能（3 月 31 日）	中央电视台综合频道	2.1	8.9
7	越战越勇(2 月 7 日)	中央台三套	1.8	9.0
8	新春喜剧之夜	中央台三套	1.8	7.8
9	我要上春晚 CCTV2018（1 月 19 日）	中央台三套	1.8	6.6
10	星光大道决赛季(2 月 3 日)	中央台三套	1.8	6.5

表 3.12.12　2019 年黑龙江市场体育节目收视率排名前十位

名次	节目名称	播出频道	平均收视率（%）	平均占有率（%）
1	2019 年国际篮联篮球世界杯开幕式	中央电视台综合频道	1.9	8.8
2	第七届世界军人运动会报道:第七届军运会田径女子三级跳远决赛	中央台五套	1.7	6.6
3	第七届世界军人运动会报道:第七届军运会男篮第二轮(美国 VS 中国)	中央台五套	1.7	6.0
4	第七届世界军人运动会报道:第七届军运会女排小组赛 A 组第三轮(加拿大 VS 中国)	中央台五套	1.6	6.4
5	第七届世界军人运动会报道:第七届军运会游泳比赛女子 1500 米自由泳决赛	中央台五套	1.3	6.2
6	第七届世界军人运动会闭幕式	中央台五套	1.1	4.7
7	第七届世界军人运动会报道:第七届军运会跳水女子双人 3 米板决赛	中央台五套	1.0	7.3
8	第七届世界军人运动会开幕式	中央电视台综合频道	1.0	6.6
8	第七届世界军人运动会报道:第七届军运会跆拳道女子 62 公斤级决赛	中央台五套	0.9	5.7
10	现场直播:2019 年亚洲足联冠军联赛半决赛次回合(广州恒大 VS 浦和红包石)	中央台五套	0.9	5.5

十三、湖北收视数据

表 3.13.1　2015~2019 年湖北市场各类频道的市场占有率(%)

频道类别	年　份				
	2015 年	2016 年	2017 年	2018 年	2019 年
中央广播电视总台	27.8	31.5	33.5	32.5	29.2
中国教育台频道	0.2	0.1	0.1	0.1	0.1
湖北省级频道	31.3	30.2	29.4	30.9	30.9
其他省级卫视频道	26.2	25.2	22.2	19.4	20.3
其他频道	14.5	13.0	14.8	17.1	19.5

表 3.13.2　2019 年湖北市场各类频道在不同目标观众中的市场占有率(%)

目标观众		中央广播电视总台	中国教育台频道	湖北省级频道	其他省级卫视频道	其他频道
4 岁及以上所有人		29.2	0.1	30.9	20.3	19.5
城乡	城市	34.6	0.2	17.1	25.3	22.8
	农村	25.9	0.1	39.1	17.3	17.6
性别	男	32.3	0.1	29.1	19.1	19.4
	女	26.2	0.1	32.7	21.4	19.6
年龄	4~14 岁	22.6	0.1	22.1	28.1	27.1
	15~24 岁	22.2	0.1	34.0	19.8	23.9
	25~34 岁	26.9	0.1	24.5	23.3	25.2
	35~44 岁	23.7	0.1	35.7	19.5	21.0
	45~54 岁	27.5	0.2	33.6	17.9	20.8
	55~64 岁	32.9	0.1	34.0	19.5	13.5
	65 岁及以上	38.2	0.1	29.1	18.2	14.4
教育程度	未受过正规教育	28.6	0.2	27.2	22.5	21.5
	小学	27.1	0.1	35.6	20.2	17.0
	初中	27.7	0.1	34.7	18.8	18.7
	高中	35.4	0.1	23.4	21.4	19.7
	大学及以上	31.9	0.1	12.5	23.7	31.8
职业类别	干部/管理人员	36.8	0.2	6.6	22.1	34.3
	个体/私营企业人员	29.6	0.2	27.2	20.1	22.9
	初级公务员/雇员	29.0	0.1	27.1	19.8	24.0
	工人	33.6	0.2	24.1	20.8	21.3
	学生	21.5	0.1	19.2	30.4	28.8
	无业	30.0	0.1	29.0	21.5	19.4
	其他	27.5	0.1	44.3	15.5	12.6
个人月收入	0~300 元	20.8	0.1	37.0	20.8	21.3
	301~900 元	29.2	0.1	41.8	17.0	11.9
	901~1700 元	36.1	0.2	28.8	20.3	14.6
	1701~2600 元	34.6	0.1	25.5	20.2	19.6
	2601~3500 元	34.7	0.2	21.0	21.3	22.8
	3501 元及以上	33.4	0.1	21.5	21.5	23.5

表 3.13.3　2019 年湖北市场各类频道在不同时段的市场占有率(%)

时间段	中央广播电视总台	中国教育台频道	湖北省级频道	其他省级卫视频道	其他频道
02:00~03:00	25.5	0.1	18.3	22.7	33.4
03:00~04:00	28.7	0.1	18.0	20.0	33.2
04:00~05:00	33.1	0.1	17.4	18.9	30.5
05:00~06:00	35.5	0.2	24.5	16.0	23.8
06:00~07:00	33.6	0.2	35.0	13.8	17.4
07:00~08:00	34.9	0.2	31.4	15.6	17.9
08:00~09:00	31.9	0.2	30.2	19.0	18.7
09:00~10:00	29.2	0.2	28.8	22.6	19.2
10:00~11:00	28.3	0.2	27.6	24.3	19.6
11:00~12:00	27.7	0.1	30.7	22.9	18.6
12:00~13:00	31.3	0.1	27.6	22.4	18.6
13:00~14:00	28.3	0.2	22.9	27.2	21.4
14:00~15:00	26.8	0.2	23.5	27.5	22.0
15:00~16:00	26.6	0.3	22.6	28.4	22.1
16:00~17:00	27.5	0.3	21.9	28.1	22.2
17:00~18:00	26.6	0.1	31.2	22.4	19.7
18:00~19:00	26.3	0.1	43.7	11.7	18.2
19:00~20:00	32.6	0.1	37.2	12.3	17.8
20:00~21:00	29.8	0.1	33.5	18.9	17.7
21:00~22:00	30.3	0.1	31.7	19.1	18.8
22:00~23:00	27.0	0.1	31.1	21.1	20.7
23:00~24:00	31.1	0.1	18.2	26.5	24.1
24:00~25:00	30.8	0.2	14.8	24.4	29.8
25:00~26:00	28.3	0.2	14.4	24.1	33.0

表 3.13.4　2019 年湖北市场收视份额排名前十位的频道

名次	频道名称	收视份额(%)
1	湖北综合	9.2
2	湖北经视	7.7
3	湖北卫视	6.6
4	中央台八套	4.3
5	中央电视台综合频道	4.2
5	湖北影视	4.2
7	中央台六套	3.7
8	中央电视台少儿频道	2.9
9	湖南电视台金鹰卡通频道	2.7
10	中央台四套	2.6

表 3.13.5　2019 年湖北市场各主要频道的观众构成(%)

目标观众		所有频道	主要频道					
			湖北综合	湖北经视	湖北卫视	中央台八套	中央电视台综合频道	湖北影视
4 岁及以上所有人		100.0	100.0	100.0	100.0	100.0	100.0	100.0
城乡	城市	37.1	14.1	17.1	11.3	40.8	41.1	39.0
	农村	62.9	85.9	82.9	88.7	59.2	58.9	61.0
性别	男	48.8	46.2	38.1	46.5	47.9	49.6	57.8
	女	51.2	53.8	61.9	53.5	52.1	50.4	42.2
年龄	4~14 岁	11.1	10.6	8.5	6.4	3.6	7.1	4.9
	15~24 岁	7.2	7.4	8.3	11.8	4.5	3.7	4.3
	25~34 岁	9.8	6.4	9.2	8.2	5.8	8.2	7.6
	35~44 岁	13.3	18.9	19.9	13.8	12.3	7.6	3.8
	45~54 岁	19.9	21.4	17.8	24.3	19.7	14.5	24.3
	55~64 岁	19.0	16.3	23.5	16.5	23.7	27.1	30.6
	65 岁及以上	19.7	19.0	12.8	19.0	30.4	31.8	24.5
教育程度	未受过正规教育	7.7	10.0	6.6	4.9	5.7	7.9	4.3
	小学	29.6	36.8	29.9	33.0	31.3	30.6	37.8
	初中	38.9	44.5	45.6	44.4	38.2	34.2	39.7
	高中	16.7	7.0	15.1	14.1	19.7	19.8	15.0
	大学及以上	7.1	1.7	2.8	3.6	5.1	7.5	3.2
职业类别	干部/管理人员	1.0	0.1	0.1	0.4	0.5	0.6	0.3
	个体/私营企业人员	11.1	9.5	8.8	9.2	10.9	9.2	13.1
	初级公务员/雇员	6.8	5.2	4.2	6.2	5.1	5.5	9.7
	工人	13.4	11.4	5.7	10.1	17.7	11.5	13.0
	学生	7.7	4.2	5.2	5.7	3.0	5.0	3.5
	无业	34.7	32.7	36.6	32.0	32.2	37.0	25.9
	其他	25.3	36.9	39.4	36.4	30.6	31.2	34.5
个人月收入	0~300 元	34.3	43.3	48.0	51.4	19.6	23.2	19.3
	301~900 元	13.6	20.3	17.4	15.3	13.7	18.0	23.0
	901~1700 元	10.5	9.4	10.3	8.3	18.1	13.3	11.2
	1701~2600 元	15.9	13.5	8.9	8.8	21.8	18.0	19.7
	2601~3500 元	12.8	6.7	8.5	8.5	15.3	14.7	10.7
	3501 元及以上	12.9	6.8	6.9	7.7	11.5	12.8	16.1

表 3.13.6　2017~2019 年湖北市场各类节目的播出比重(%)和收视比重(%)

节目类型	2017 年		2018 年		2019 年	
	播出比重	收视比重	播出比重	收视比重	播出比重	收视比重
财经	1.1	0.4	1.0	0.5	1.0	0.5
电视剧	22.6	34.7	22.8	33.7	22.8	34.1
电影	3.7	4.8	3.8	5.1	3.5	4.9
法制	1.0	0.6	1.0	0.6	0.9	0.6
教学	0.2	0.0	0.3	0.0	0.4	0.1
青少	6.7	7.1	6.6	7.6	6.9	6.3
生活服务	8.4	7.2	8.1	7.8	7.5	8.2
体育	3.3	1.6	3.3	2.2	3.9	2.3
外语	0.1	0.0	0.1	0.0	0.2	0.0
戏剧	0.8	0.2	0.8	0.2	0.8	0.4
新闻/时事	15.2	14.1	15.5	14.7	15.7	15.6
音乐	1.5	0.7	1.4	0.8	1.7	0.9
专题	14.1	4.7	13.9	4.6	13.9	5.3
综艺	8.6	10.6	8.3	8.8	7.4	7.9
其他	12.7	13.3	13.1	13.4	13.4	12.9

表 3.13.7　2019 年湖北市场所有节目收视率排名前三十位

名次	节目名称	节目类型	播出频道	平均收视率(%)	平均占有率(%)
1	庆祝中华人民共和国成立 70 周年大会阅兵式群众游行特别报道	新闻/时事	中央电视台综合频道	6.1	21.4
2	2019 中央广播电视总台春节联欢晚会	综艺	中央电视台综合频道	5.8	14.0
3	庆祝中华人民共和国成立 70 周年联欢活动	综艺	中央电视台综合频道	5.1	17.7
4	开学第一课	青少	中央电视台综合频道	4.9	17.7
5	2019 湖北电视台长江童星金猪报喜少儿艺术盛典	青少	湖北综合	4.0	12.1
6	战争女神	电视剧	湖北综合	3.9	14.1
7	女战神	电视剧	湖北综合	3.8	14.7
8	一年又一年	专题	湖北卫视	3.8	9.1
9	向伟大复兴前进	新闻/时事	中央电视台综合频道	3.7	21.7
10	第七届世界军人运动会开幕式	体育	中央电视台综合频道	3.7	13.9
11	坚决向形式主义官僚主义亮剑 2019 湖北电视问政	专题	湖北综合	3.7	13.1
12	第七届世界军人运动会闭幕式	体育	中央台五套	3.7	12.7

续表

名次	节目名称	节目类型	播出频道	平均收视率（%）	平均占有率（%）
13	子弹对决	电视剧	湖北综合	3.6	16.1
14	天气预报	生活服务	中央电视台综合频道	3.6	13.4
15	喜气洋洋闹元宵	综艺	中央电视台综合频道	3.5	11.7
16	人大聚焦	专题	湖北综合	3.4	15.6
17	调解现场	生活服务	湖北综合	3.4	13.5
18	生死追杀（23～34 集）	电视剧	湖北综合	3.4	12.4
19	第七届世界军人运动会报道：第七届军运会游泳比赛女子 200 米仰泳决赛	体育	中央台五套	3.4	11.5
20	第七届世界军人运动会报道：第七届军运会女排决赛（中国 VS 巴西）	体育	中央台五套	3.2	12.5
21	荆楚大医生	生活服务	湖北综合	3.2	11.9
22	新春喜剧之夜	综艺	中央台三套	3.2	9.9
23	帮女郎在行动	新闻/时事	湖北综合	3.1	15.4
24	女战狼	电视剧	湖北综合	3.1	12.9
25	烽火线	电视剧	湖北综合	3.0	14.8
26	双雄对决	电视剧	湖北综合	3.0	14.7
27	云水怒	电视剧	湖北综合	3.0	13.9
28	太行山上（11 月 21 日）	电影	中央台六套	3.0	13.3
29	枪王传奇	电视剧	湖北综合	3.0	12.7
30	枪王之王	电视剧	湖北综合	3.0	12.4

表 3.13.8　2019 年湖北市场电视剧收视率排名前十位

名次	节目名称	播出频道	平均收视率（%）	平均占有率（%）
1	战争女神	湖北综合	3.9	14.1
2	女战神	湖北综合	3.8	14.7
3	子弹对决	湖北综合	3.6	16.1
4	生死追杀（23～34 集）	湖北综合	3.4	12.4
5	女战狼	湖北综合	3.1	12.9
6	烽火线	湖北综合	3.0	14.8
7	双雄对决	湖北综合	3.0	14.7
8	云水怒	湖北综合	3.0	13.9
9	枪王传奇	湖北综合	3.0	12.7
10	枪王之王	湖北综合	3.0	12.4

表 3.13.9　2019 年湖北市场新闻节目收视率排名前十位

名次	节目名称	播出频道	平均收视率（%）	平均占有率（%）
1	庆祝中华人民共和国成立 70 周年大会阅兵式群众游行特别报道	中央电视台综合频道	6.1	21.4
2	向伟大复兴前进	中央电视台综合频道	3.7	21.7
3	帮女郎在行动	湖北综合	3.1	15.4
4	人民欢歌庆祝中华人民共和国成立 70 周年联欢活动特别报道	湖北卫视	2.8	10.3
5	经视直播	湖北经视	2.3	10.9
6	第七届世界军人运动会开幕式特别报道	中央电视台综合频道	2.3	7.8
7	新闻 360	湖北综合	1.8	12.5
8	转播中央台新闻联播	湖北卫视	1.8	7.4
9	庆祝中华人民共和国成立 70 周年特别节目走向复兴	中央电视台综合频道	1.7	5.9
10	湖北新闻	湖北卫视	1.5	7.6

表 3.13.10　2019 年湖北市场专题节目收视率排名前十位

名次	节目名称	播出频道	平均收视率（%）	平均占有率（%）
1	一年又一年	湖北卫视	3.8	9.1
2	坚决向形式主义官僚主义亮剑 2019 湖北电视问政	湖北综合	3.7	13.1
3	人大聚焦	湖北综合	3.4	15.6
4	经视直播 315 特别节目天天 315 直播在身边	湖北经视	2.4	12.5
5	中央电视台特别节目共同开创中朝两党两国关系的美好未来	中央电视台综合频道	2.3	9.7
6	2019 湖北省首届健康科普大赛决赛健康我做主科普星力量	湖北综合	2.1	12.2
7	红色通缉	中央电视台综合频道	2.1	6.7
8	创业湖北 2019 湖北省大学生创业大赛	湖北综合	2.0	6.9
9	中国诗词大会第四季(2 月 5 日)	中央电视台综合频道	2.0	6.6
10	感动中国 2018 年度人物颁奖盛典	中央电视台综合频道	1.8	6.3

表 3.13.11 2019 年湖北市场综艺节目收视率排名前十位

名次	节目名称	播出频道	平均收视率(%)	平均占有率(%)
1	2019 中央广播电视总台春节联欢晚会	中央电视台综合频道	5.8	14.0
2	庆祝中华人民共和国成立 70 周年联欢活动	中央电视台综合频道	5.1	17.7
3	喜气洋洋闹元宵	中央电视台综合频道	3.5	11.7
4	新春喜剧之夜	中央台三套	3.2	9.9
5	新春曲艺大联欢	中央台三套	2.7	8.9
6	2019 东西南北中美好中国年湖北四川黑龙江河南春节联欢晚会	湖北卫视	2.5	9.4
7	2019 夏至音乐日暨武汉中法音乐节	湖北经视	2.2	7.5
8	开门大吉(2 月 8 日)	中央台三套	2.2	6.6
9	唱响新时代梦圆千万家 2019 全国社区网络春晚	湖北卫视	2.1	8.0
10	黄金 100 秒(3 月 1 日)	中央台三套	2.1	6.1

表 3.13.12 2019 年湖北市场体育节目收视率排名前十位

名次	节目名称	播出频道	平均收视率(%)	平均占有率(%)
1	第七届世界军人运动会开幕式	中央电视台综合频道	3.7	13.9
2	第七届世界军人运动会闭幕式	中央台五套	3.7	12.7
3	第七届世界军人运动会报道:第七届军运会游泳比赛女子 200 米仰泳决赛	中央台五套	3.4	11.5
4	第七届世界军人运动会报道:第七届军运会女排决赛(中国 VS 巴西)	中央台五套	3.2	12.5
5	第七届世界军人运动会报道:第七届军运会田径比赛男子 1500 米预赛	中央台五套	2.7	8.6
6	第七届世界军人运动会报道:第七届军运会女篮决赛(中国 VS 巴西)	中央台五套	2.3	7.8
7	第七届世界军人运动会报道:第七届军运会女子沙滩排球决赛(中国 VS 巴西)	中央台五套	2.1	11.1
8	2019 年女排世界杯颁奖仪式	中央台五套	1.9	8.7
9	2019 年国际篮联篮球世界杯开幕式	中央电视台综合频道	1.9	7.8
10	再见武汉第七届世界军人运动会闭幕式特别节目	中央台五套	1.8	7.2

十四、湖南收视数据

表 3.14.1　2015~2019 年湖南市场各类频道的市场占有率(%)

频道类别	年份				
	2015 年	2016 年	2017 年	2018 年	2019 年
中央广播电视总台	21.9	22.9	21.4	19.0	18.0
中国教育台频道	0.1	0.1	0.1	0.2	0.2
湖南省级频道	58.3	53.9	54.8	54.5	48.8
其他省级卫视频道	8.5	8.3	8.1	9.8	11.3
其他频道	11.2	14.8	15.6	16.5	21.7

表 3.14.2　2019 年湖南市场各类频道在不同目标观众中的市场占有率(%)

目标观众		中央广播电视总台	中国教育台频道	湖南省级频道	其他省级卫视频道	其他频道
4 岁及以上所有人		18.0	0.2	48.8	11.3	21.7
城乡	城市	21.5	0.2	46.1	11.4	20.8
	农村	16.8	0.2	49.6	11.3	22.1
性别	男	19.9	0.2	46.7	10.9	22.3
	女	16.2	0.1	50.8	11.8	21.1
年龄	4~14 岁	15.8	0.1	40.7	12.4	31.0
	15~24 岁	17.3	0.2	48.3	11.4	22.8
	25~34 岁	15.4	0.1	50.2	11.3	23.0
	35~44 岁	16.8	0.2	40.6	13.2	29.2
	45~54 岁	15.3	0.2	56.0	9.5	19.0
	55~64 岁	21.3	0.2	51.7	11.6	15.2
	65 岁及以上	22.2	0.1	49.8	10.9	17.0
教育程度	未受过正规教育	17.5	0.1	51.4	12.1	18.9
	小学	16.4	0.1	48.4	11.2	23.9
	初中	17.4	0.2	50.0	10.7	21.7
	高中	20.4	0.2	48.1	11.8	19.5
	大学及以上	24.1	0.1	39.9	13.1	22.8
职业类别	干部/管理人员	30.4	0.1	31.4	10.4	27.7
	个体/私营企业人员	17.8	0.2	48.0	12.7	21.3
	初级公务员/雇员	16.1	0.1	53.6	12.3	17.9
	工人	16.1	0.2	55.4	8.2	20.1
	学生	15.1	0.1	38.0	12.2	34.6
	无业	20.3	0.1	45.8	11.9	21.9
	其他	17.6	0.2	53.4	10.5	18.3
个人月收入	0~300 元	17.4	0.1	44.7	11.5	26.3
	301~900 元	17.9	0.2	54.2	11.1	16.6
	901~1700 元	16.0	0.2	51.1	10.9	21.8
	1701~2600 元	18.9	0.1	53.0	11.7	16.3
	2601~3500 元	19.5	0.1	50.6	12.0	17.8
	3501 元及以上	20.6	0.1	44.7	10.3	24.3

表 3. 14. 3　2019 年湖南市场各类频道在不同时段的市场占有率(%)

时间段	中央广播电视总台	中国教育台频道	湖南省级频道	其他省级卫视频道	其他频道
02:00~03:00	10.9	0.1	42.8	19.3	26.9
03:00~04:00	10.2	0.1	48.0	12.7	29.0
04:00~05:00	13.4	0.7	49.7	13.9	22.3
05:00~06:00	16.8	1.5	41.9	19.5	20.3
06:00~07:00	25.7	0.5	36.6	12.2	25.0
07:00~08:00	31.8	0.7	29.5	13.2	24.8
08:00~09:00	29.5	0.2	32.1	13.0	25.2
09:00~10:00	25.2	0.2	33.0	14.5	27.1
10:00~11:00	22.5	0.3	34.7	15.6	26.9
11:00~12:00	23.3	0.2	35.4	15.7	25.4
12:00~13:00	23.7	0.1	36.7	15.1	24.4
13:00~14:00	20.8	0.2	36.0	17.5	25.5
14:00~15:00	21.2	0.3	34.2	18.4	25.9
15:00~16:00	21.9	0.4	32.3	19.3	26.1
16:00~17:00	22.6	0.4	32.2	18.7	26.1
17:00~18:00	19.5	0.2	43.2	13.6	23.5
18:00~19:00	16.8	0.1	55.3	6.5	21.3
19:00~20:00	17.8	0.1	54.4	7.2	20.5
20:00~21:00	14.4	0.1	57.7	8.8	19.0
21:00~22:00	14.6	0.1	59.5	7.8	18.0
22:00~23:00	11.8	0.1	63.1	7.7	17.3
23:00~24:00	15.2	0.1	51.5	12.1	21.1
24:00~25:00	16.6	0.1	42.9	17.1	23.3
25:00~26:00	14.0	0.1	38.4	21.6	25.9

表 3. 14. 4　2019 年湖南市场收视份额排名前十位的频道

名次	频道名称	收视份额(%)
1	湖南电视台电视剧频道	10.0
2	湖南电视台潇湘电影频道	9.6
3	湖南卫视	6.6
4	湖南电视台经济频道	5.2
5	湖南电视台娱乐频道	5.1
6	湖南电视台金鹰卡通频道	4.7
7	湖南电视台都市频道	3.8
8	湖南电视台公共频道	3.2
9	中央电视台少儿频道	2.8
10	中央台四套	2.2

表 3.14.5　2019 年湖南市场各主要频道的观众构成(%)

目标观众		所有频道	主要频道				
			湖南电视台电视剧频道	湖南电视台潇湘电影频道	湖南卫视	湖南电视台经济频道	湖南电视台娱乐频道
4 岁及以上所有人		100.0	100.0	100.0	100.0	100.0	100.0
城乡	城市	24.7	23.5	19.7	25.2	19.6	24.6
	农村	75.3	76.5	80.3	74.8	80.4	75.4
性别	男	49.9	47.5	57.5	39.4	46.7	37.3
	女	50.1	52.5	42.5	60.6	53.3	62.7
年龄	4~14 岁	14.7	7.3	8.5	17.4	12.8	9.0
	15~24 岁	4.8	3.9	5.3	6.2	4.9	4.7
	25~34 岁	11.5	10.5	9.5	15.9	15.8	7.3
	35~44 岁	13.1	7.6	9.8	12.5	10.5	10.4
	45~54 岁	20.1	26.1	30.6	15.9	20.7	24.5
	55~64 岁	17.0	22.0	18.9	9.9	21.5	18.7
	65 岁及以上	18.8	22.6	17.4	22.2	13.8	25.4
教育程度	未受过正规教育	8.7	6.4	7.7	14.3	12.0	7.2
	小学	30.6	32.0	31.8	26.6	19.3	40.1
	初中	37.9	42.9	41.6	31.6	39.2	32.1
	高中	17.6	14.3	15.1	21.9	25.6	16.7
	大学及以上	5.2	4.4	3.8	5.6	3.9	3.9
职业类别	干部/管理人员	0.5	0.2	0.2	0.4	0.3	0.4
	个体/私营企业人员	13.8	11.5	17.7	12.3	15.2	9.4
	初级公务员/雇员	4.7	5.5	3.7	4.9	8.1	5.8
	工人	8.5	9.2	12.7	10.5	11.4	6.1
	学生	10.9	5.2	7.4	13.8	5.5	6.8
	无业	30.9	28.1	24.7	29.1	35.4	25.9
	其他	30.7	40.3	33.6	29.0	24.1	45.6
个人月收入	0~300 元	37.2	29.3	29.1	42.9	34.7	30.3
	301~900 元	13.3	17.1	10.9	11.2	10.3	24.1
	901~1700 元	15.2	19.4	19.0	14.5	17.6	12.9
	1701~2600 元	14.9	17.3	16.3	12.6	18.5	16.7
	2601~3500 元	9.6	8.2	13.8	11.8	9.7	7.7
	3501 元及以上	9.8	8.7	10.9	7.0	9.2	8.3

表 3.14.6 2017~2019 年湖南市场各类节目的播出比重(%)和收视比重(%)

节目类型	2017 年		2018 年		2019 年	
	播出比重	收视比重	播出比重	收视比重	播出比重	收视比重
财经	1.1	0.2	1.1	0.2	1.0	0.2
电视剧	23.1	41.8	23.3	45.5	23.4	47.0
电影	4.3	6.1	4.4	6.1	4.1	6.0
法制	0.8	0.3	0.8	0.3	0.7	0.3
教学	0.2	0.0	0.3	0.0	0.4	0.0
青少	6.8	8.8	6.7	8.2	7.1	6.8
生活服务	7.3	5.1	7.3	4.9	6.8	4.8
体育	3.3	1.0	3.3	1.7	3.8	1.5
外语	0.1	0.0	0.1	0.0	0.2	0.0
戏剧	0.8	0.3	0.8	0.3	0.9	0.3
新闻/时事	15.9	11.3	16.2	10.0	16.3	10.0
音乐	1.5	0.8	1.4	0.6	1.7	0.8
专题	14.0	5.8	13.7	4.7	13.7	4.8
综艺	8.1	7.4	8.1	6.9	7.2	7.4
其他	12.7	11.1	12.5	10.6	12.7	10.1

表 3.14.7 2019 年湖南市场所有节目收视率排名前三十位

名次	节目名称	节目类型	播出频道	平均收视率(%)	平均占有率(%)
1	2019 中央广播电视总台春节联欢晚会	综艺	湖南卫视	6.5	15.5
2	开学第一课	青少	中央电视台综合频道	5.6	19.1
3	神枪	电视剧	湖南电视台电视剧频道	5.4	20.3
4	你是我的姐妹(41~51 集)	电视剧	湖南电视台电视剧频道	5.3	22.5
5	箭在弦上(1~34 集)	电视剧	湖南电视台电视剧频道	5.1	18.5
6	野山鹰	电视剧	湖南电视台电视剧频道	5.0	17.1
7	出生入死	电视剧	湖南电视台电视剧频道	4.8	18.1
8	庆祝中华人民共和国成立 70 周年联欢活动	综艺	中央电视台综合频道	4.8	16.5
9	与狼共舞二	电视剧	湖南电视台电视剧频道	4.7	16.5
10	怒海红尘	电视剧	湖南电视台潇湘电影频道	4.6	16.3
11	与狼共舞	电视剧	湖南电视台电视剧频道	4.4	16.3
12	血色玫瑰	电视剧	湖南电视台潇湘电影频道	4.4	15.8
13	女匪侠(21 集)	电视剧	湖南电视台潇湘电影频道	4.4	13.5

续表

名次	节目名称	节目类型	播出频道	平均收视率（%）	平均占有率（%）
14	女侠燕阳春	电视剧	湖南电视台潇湘电影频道	4.3	20.1
15	马永贞传奇	电视剧	湖南电视台潇湘电影频道	4.3	18.5
16	断刀客	电影	湖南电视台潇湘电影频道	4.2	23.1
17	黎明破晓前	电视剧	湖南电视台电视剧频道	4.2	19.7
18	杜心五传奇	电视剧	湖南电视台潇湘电影频道	4.2	17.8
19	反击	电视剧	湖南电视台电视剧频道	4.2	15.5
20	一个人战争	电视剧	湖南电视台潇湘电影频道	4.2	14.6
21	烈火	电视剧	湖南电视台潇湘电影频道	4.1	18.5
22	代号十三钗	电视剧	湖南电视台电视剧频道	4.1	17.0
23	毒刺	电视剧	湖南电视台电视剧频道	4.1	16.2
24	功夫英雄	电影	湖南电视台潇湘电影频道	4.1	16.0
25	爱来的刚好	电视剧	湖南电视台电视剧频道	4.0	19.7
26	热血奇侠	电视剧	湖南电视台潇湘电影频道	4.0	16.5
27	擒蛇	电视剧	湖南电视台电视剧频道	4.0	16.3
28	铁血军魂	电视剧	湖南电视台潇湘电影频道	4.0	15.2
29	民兵康宝	电视剧	湖南电视台潇湘电影频道	4.0	14.5
30	我家的 1978	专题	湖南电视台电视剧频道	4.0	14.1

表 3.14.8　2019 年湖南市场电视剧收视率排名前十位

名次	节目名称	播出频道	平均收视率（%）	平均占有率（%）
1	神枪	湖南电视台电视剧频道	5.4	20.3
2	你是我的姐妹（41~51 集）	湖南电视台电视剧频道	5.3	22.5
3	箭在弦上（1~34 集）	湖南电视台电视剧频道	5.1	18.5
4	野山鹰	湖南电视台电视剧频道	5.0	17.1
5	出生入死	湖南电视台电视剧频道	4.8	18.1
6	与狼共舞二	湖南电视台电视剧频道	4.7	16.5
7	怒海红尘	湖南电视台潇湘电影频道	4.6	16.3
8	与狼共舞	湖南电视台电视剧频道	4.4	16.3
9	血色玫瑰	湖南电视台潇湘电影频道	4.4	15.8
10	女匪侠（21 集）	湖南电视台潇湘电影频道	4.4	13.5

表 3.14.9 2019 年湖南市场新闻节目收视率排名前十位

名次	节目名称	播出频道	平均收视率（%）	平均占有率（%）
1	庆祝中华人民共和国成立 70 周年大会阅兵式群众游行特别报道	新闻/时事	3.6	16.7
2	向伟大复兴前进	新闻/时事	2.9	19.1
3	都市大直播(5 月 17 日)	湖南电视台都市频道	2.5	9.4
4	转播中央台新闻联播	湖南卫视	1.9	9.1
5	人民欢歌庆祝中华人民共和国成立 70 周年联欢活动特别报道	湖南卫视	1.9	7.4
6	庆祝中华人民共和国成立 70 周年特别节目走向复兴	中央电视台综合频道	1.6	5.5
7	湖南新闻联播	湖南卫视	1.5	8.8
8	国务院总理会见中外记者并回答提问	中央电视台综合频道	1.0	3.5
9	经视播报	湖南电视台经济频道	0.9	9.4
10	经视焦点	湖南电视台经济频道	0.9	4.6

表 3.14.10 2019 年湖南市场专题节目收视率排名前十位

名次	节目名称	播出频道	平均收视率（%）	平均占有率（%）
1	我家的 1978	湖南电视台电视剧频道	4.0	14.1
2	股东来了投资者权益知识竞赛	湖南电视台都市频道	2.6	9.5
3	寻情记	湖南电视台都市频道	1.9	6.9
4	时光的旋律第二季为祖国歌唱	湖南电视台经济频道	1.6	5.8
5	一年又一年	中央电视台综合频道	1.5	6.4
6	礼赞最美奋斗者	中央电视台综合频道	1.4	5.1
7	我的青春在丝路第 3 季	湖南卫视	1.3	5.2
8	时代楷模	湖南卫视	1.1	4.9
9	思想的田野	湖南卫视	1.1	4.4
10	中国出了个毛泽东·东方欲晓	湖南卫视	1.0	3.9
10	等闲识得东风面 2019 年习近平主席访问欧洲三国纪行	中央电视台综合频道	1.0	3.9

表 3.14.11　2019 年湖南市场综艺节目收视率排名前十位

名次	节目名称	播出频道	平均收视率（%）	平均占有率（%）
1	2019 中央广播电视总台春节联欢晚会	湖南卫视	6.5	15.5
2	庆祝中华人民共和国成立 70 周年联欢活动	中央电视台综合频道	4.8	16.5
3	2019 湖南卫视春节联欢晚会	湖南卫视	3.8	13.0
4	文化中国四海同春 2019 全球华侨华人春节大联欢	湖南卫视	3.6	12.9
5	歌手 2019(2 月 8 日)	湖南卫视	3.0	13.9
6	声临其境(2 月 8 日)	湖南卫视	3.3	11.8
7	嗨唱转起来(10 月 25 日)	湖南卫视	2.4	9.4
8	长江之恋长江流域十二省市春节联欢晚会	湖南卫视	2.4	7.4
9	神奇的汉字(6 月 30 日)	湖南卫视	2.3	12.4
10	巅峰之夜(4 月 26 日)	湖南卫视	2.2	8.5

表 3.14.12　2019 年湖南市场体育节目收视率排名前十位

名次	节目名称	播出频道	平均收视率（%）	平均占有率（%）
1	2019 年国际篮联篮球世界杯小组赛 A 组(中国 VS 波兰)	中央台五套	1.5	6.9
2	第七届世界军人运动会报道:第七届军运会击剑女子个人重剑决赛	中央台五套	1.5	5.5
3	第七届世界军人运动会报道:第七届军运会游泳比赛女子 100 米蛙泳决赛	中央台五套	1.4	8.9
4	2019 年世界田径锦标赛选拔赛男子 100 米决赛	中央台五套	1.3	6.3
5	第七届世界军人运动会报道:第七届军运会女排决赛(中国 VS 巴西)	中央台五套	1.3	5.1
6	现场直播:2019 年世界举重锦标赛男子 67 公斤级挺举决赛	中央台五套	1.3	4.2
7	乒乓球团体世界杯颁奖仪式	中央台五套	1.2	4.6
8	第七届世界军人运动会报道:第七届军运会男篮第二轮(美国 VS 中国)	中央台五套	1.2	4.2
9	第七届世界军人运动会开幕式	中央台五套	1.1	4.6
10	2020 年东京奥运会女排资格赛(中国 VS 德国)	中央台五套	1.1	4.2

十五、吉林收视数据

表 3.15.1 2015~2019 年吉林市场各类频道的市场占有率(%)

频道类别	年 份				
	2015 年	2016 年	2017 年	2018 年	2019 年
中央广播电视总台	37.7	39.6	38.4	39.7	38.4
中国教育台频道	0.2	0.1	0.1	0.1	0.2
吉林省级频道	26.2	25.9	24.5	23.7	24.0
其他省级卫视频道	27.7	25.2	27.9	27.0	27.1
其他频道	8.2	9.2	9.1	9.5	10.3

表 3.15.2 2019 年吉林市场各类频道在不同目标观众中的市场占有率(%)

目标观众		中央广播电视总台	中国教育台频道	吉林省级频道	其他省级卫视频道	其他频道
4 岁及以上所有人		38.4	0.2	24.0	27.1	10.3
城乡	城市	41.6	0.1	21.9	27.9	8.5
	农村	36.4	0.2	25.4	26.6	11.4
性别	男	41.8	0.2	23.1	24.7	10.2
	女	35.2	0.2	25.0	29.4	10.2
年龄	4~14 岁	44.0	0.2	10.9	31.9	13.0
	15~24 岁	31.2	0.2	19.6	36.1	12.9
	25~34 岁	37.4	0.2	18.5	32.0	11.9
	35~44 岁	36.3	0.3	21.5	30.5	11.4
	45~54 岁	36.6	0.1	26.5	25.8	11.0
	55~64 岁	42.2	0.1	28.1	21.9	7.7
	65 岁及以上	41.0	0.1	31.7	20.0	7.2
教育程度	未受过正规教育	37.4	0.0	20.9	28.0	13.7
	小学	36.1	0.2	28.4	25.1	10.2
	初中	35.6	0.2	25.3	28.1	10.8
	高中	44.1	0.2	20.6	26.7	8.4
	大学及以上	43.3	0.2	18.0	27.5	11.0
职业类别	干部/管理人员	44.8	0.6	14.6	29.6	10.4
	个体/私营企业人员	36.5	0.1	22.7	29.1	11.6
	初级公务员/雇员	45.8	0.2	18.1	27.7	8.2
	工人	44.1	0.0	19.5	27.3	9.1
	学生	37.8	0.3	15.3	34.7	11.9
	无业	42.4	0.1	24.7	24.4	8.4
	其他	33.9	0.2	28.6	26.0	11.3
个人月收入	0~300 元	37.1	0.2	20.6	30.7	11.4
	301~900 元	39.2	0.2	25.3	26.2	9.1
	901~1700 元	29.6	0.2	30.9	27.5	11.8
	1701~2600 元	39.2	0.1	25.2	25.8	9.7
	2601~3500 元	42.5	0.1	22.0	26.3	9.1
	3501 元及以上	48.5	0.3	16.8	24.4	10.0

表 3.15.3　2019 年吉林市场各类频道在不同时段的市场占有率(%)

时间段	中央广播电视总台	中国教育台频道	吉林省级频道	其他省级卫视频道	其他频道
02:00~03:00	32.3	0.0	11.2	42.0	14.5
03:00~04:00	30.8	0.2	18.5	41.6	8.9
04:00~05:00	26.1	0.1	34.2	34.0	5.6
05:00~06:00	43.3	0.6	21.6	26.7	7.8
06:00~07:00	46.4	0.6	15.6	28.4	9.0
07:00~08:00	53.5	0.2	13.5	23.2	9.6
08:00~09:00	46.8	0.3	14.0	28.5	10.4
09:00~10:00	41.9	0.4	12.8	34.0	10.9
10:00~11:00	41.9	0.3	12.3	35.8	9.7
11:00~12:00	38.9	0.3	12.8	39.1	8.9
12:00~13:00	40.1	0.2	7.1	44.9	7.7
13:00~14:00	40.9	0.2	6.9	43.5	8.5
14:00~15:00	42.6	0.2	8.9	38.6	9.7
15:00~16:00	41.5	0.2	12.3	36.5	9.5
16:00~17:00	30.2	0.1	38.6	22.6	8.5
17:00~18:00	30.7	0.1	38.2	18.9	12.1
18:00~19:00	33.2	0.1	38.5	14.9	13.3
19:00~20:00	47.0	0.1	25.2	18.4	9.3
20:00~21:00	31.2	0.1	25.1	33.4	10.2
21:00~22:00	30.9	0.1	23.9	34.5	10.6
22:00~23:00	35.8	0.1	16.7	36.0	11.4
23:00~24:00	39.7	0.2	14.7	33.3	12.1
24:00~25:00	45.4	0.4	16.1	24.3	13.8
25:00~26:00	56.6	0.0	3.5	20.1	19.8

表 3.15.4　2019 年吉林市场收视份额排名前十位的频道

名次	频道名称	收视份额(%)
1	中央电视台综合频道	10.3
2	吉林电视台乡村频道(五套)	7.2
3	吉林电视台生活频道(三套)	5.4
4	湖南卫视	4.1
5	中央台三套	3.9
6	中央电视台少儿频道	3.7
6	中央台八套	3.7
8	吉林电视台影视频道(四套)	3.6
9	吉林电视台都市频道(二套)	2.9
9	吉林卫视	2.9

表 3.15.5　2019 年吉林市场各主要频道的观众构成(%)

目标观众		所有频道	主要频道				
			中央电视台综合频道	吉林电视台乡村频道（五套）	吉林电视台生活频道（三套）	湖南卫视	中央台三套
4 岁及以上所有人		100.0	100.0	100.0	100.0	100.0	100.0
城乡	城市	41.7	52.5	22.5	41.2	31.7	58.7
	农村	58.3	47.5	77.5	58.8	68.3	41.3
性别	男	49.1	54.0	43.6	45.2	38.7	46.0
	女	50.9	46.0	56.4	54.8	61.3	54.0
年龄	4~14 岁	7.4	4.1	3.1	2.7	9.6	3.2
	15~24 岁	8.9	6.7	6.1	6.3	18.1	7.0
	25~34 岁	12.2	9.7	9.5	8.9	19.3	10.4
	35~44 岁	19.4	20.2	11.8	16.2	23.9	16.3
	45~54 岁	20.0	23.7	22.1	20.3	16.9	22.2
	55~64 岁	18.4	20.4	22.9	23.9	6.2	26.0
	65 岁及以上	13.7	15.1	24.5	21.6	6.0	14.9
教育程度	未受过正规教育	3.0	1.7	5.6	2.9	2.0	1.0
	小学	21.1	13.7	35.2	26.1	19.2	15.6
	初中	43.2	41.6	43.5	44.5	51.4	41.6
	高中	21.4	28.3	11.9	17.7	16.6	27.7
	大学及以上	11.3	14.7	3.9	8.9	10.8	14.1
职业类别	干部/管理人员	0.7	1.2	0.1	0.2	0.6	0.6
	个体/私营企业人员	12.5	14.1	11.2	11.5	14.0	13.8
	初级公务员/雇员	10.5	14.2	3.8	8.5	7.5	13.9
	工人	7.1	9.8	2.9	6.3	6.2	8.4
	学生	9.9	6.6	5.3	5.1	16.5	6.8
	无业	23.6	24.2	18.6	27.3	12.5	28.8
	其他	35.8	29.9	58.0	41.1	42.7	27.6
个人月收入	0~300 元	18.3	13.2	12.4	12.7	24.1	13.4
	301~900 元	9.0	7.8	16.7	11.8	9.1	5.8
	901~1700 元	21.9	15.8	32.6	24.4	23.1	20.4
	1701~2600 元	24.5	28.5	25.5	29.7	21.9	24.6
	2601~3500 元	17.6	23.6	8.7	15.8	14.7	23.6
	3501 元及以上	8.7	11.1	4.1	5.6	7.2	12.2

表 3.15.6　2017~2019 年吉林市场各类节目的播出比重(%)和收视比重(%)

节目类型	2017 年		2018 年		2019 年	
	播出比重	收视比重	播出比重	收视比重	播出比重	收视比重
财经	1.0	0.6	1.0	0.6	1.0	0.7
电视剧	27.8	26.2	28.2	26.5	27.7	26.8
电影	4.4	4.7	4.6	4.5	4.5	4.7
法制	0.9	1.5	0.7	1.3	0.6	1.3
教学	0.2	0.1	0.3	0.1	0.3	0.1
青少	6.5	5.8	6.5	6.1	6.7	5.1
生活服务	7.4	7.5	7.5	8.3	6.9	8.1
体育	3.3	2.0	3.1	3.0	3.6	2.6
外语	0.1	0.0	0.1	0.0	0.1	0.0
戏剧	0.8	0.6	0.9	0.3	1.1	0.7
新闻/时事	10.3	13.6	10.0	13.5	10.0	14.4
音乐	1.4	1.4	1.3	1.1	1.6	1.3
专题	13.7	4.9	13.4	4.9	13.3	5.2
综艺	7.1	14.3	7.0	13.6	6.3	12.9
其他	15.2	16.9	15.4	16.2	16.3	16.1

表 3.15.7　2019 年吉林市场所有节目收视率排名前三十位

名次	节目名称	节目类型	播出频道	平均收视率(%)	平均占有率(%)
1	2019 中央广播电视总台春节联欢晚会	综艺	中央电视台综合频道	41.4	85.8
2	庆祝中华人民共和国成立 70 周年大会阅兵式群众游行特别报道	新闻/时事	中央电视台综合频道	19.6	76.3
3	新闻联播	新闻/时事	中央电视台综合频道	9.5	29.2
4	一年又一年	专题	中央电视台综合频道	8.2	33.2
5	天气预报	生活服务	中央电视台综合频道	7.5	21.4
6	中国诗词大会第四季(2 月 5 日)	专题	中央电视台综合频道	7.0	23.3
7	牵挂与惦念习近平总书记赴重庆华溪村扶贫考察纪实	专题	中央电视台综合频道	6.8	18.5
8	推动京津冀协同发展取得新的更大进展	专题	中央电视台综合频道	6.7	17.4
9	喜气洋洋闹元宵	综艺	中央电视台综合频道	6.5	42.8
10	2019 中央军委慰问驻京部队老干部迎新春文艺演出	综艺	中央电视台综合频道	5.8	16.6
11	濠江情中国心	专题	中央电视台综合频道	5.7	15.2
12	等闲识得东风面 2019 年习近平主席访问欧洲三国纪行	专题	中央电视台综合频道	5.7	14.7
13	焦点访谈	新闻/时事	中央电视台综合频道	5.6	16.0
14	第七届世界军人运动会开幕式特别报道	新闻/时事	中央电视台综合频道	5.1	16.4

续表

名次	节目名称	节目类型	播出频道	平均收视率（%）	平均占有率（%）
15	变害为利造福人民习近平生态文明思想在福建木兰溪的先行探索	专题	中央电视台综合频道	4.9	14.6
16	开学第一课	青少	中央电视台综合频道	4.7	17.4
17	中央电视台特别节目携手奔向互利共赢的康庄大道	专题	中央电视台综合频道	4.6	13.7
18	穿越历史长廊探寻文化伟力	专题	中央电视台综合频道	4.4	13.7
19	中华人民共和国中央人民政府成立典礼原始影像	专题	中央电视台综合频道	3.9	11.9
20	二人转总动员	综艺	吉林电视台乡村频道（五套）	3.8	14.9
21	感动中国2018年度人物颁奖盛典	专题	中央电视台综合频道	3.4	12.4
22	庆祝澳门回归祖国20周年特别报道	新闻/时事	中央电视台综合频道	3.1	12.9
23	2019年中央广播电视总台中秋晚会	综艺	中央电视台综合频道	3.0	13.9
24	中央电视台特别节目共同开创中朝两党两国关系的美好未来	专题	中央电视台综合频道	3.0	10.1
25	国务院总理会见中外记者并回答提问	新闻/时事	中央电视台综合频道	3.0	9.1
26	梦想越走越近	电视剧	吉林电视台乡村频道（五套）	2.9	10.4
27	庆祝中华人民共和国成立70周年特别节目走向复兴	新闻/时事	中央电视台综合频道	2.8	12.3
28	2019年中国北京世界园艺博览会开幕式特别报道	新闻/时事	中央电视台综合频道	2.8	9.6
29	亚洲文明之光	专题	中央电视台综合频道	2.7	8.9
30	鸡毛飞上天	电视剧	吉林电视台乡村频道（五套）	2.6	10.0

表3.15.8　2019年吉林市场电视剧收视率排名前十位

名次	节目名称	播出频道	平均收视率（%）	平均占有率（%）
1	梦想越走越近	吉林电视台乡村频道（五套）	2.9	10.4
2	鸡毛飞上天	吉林电视台乡村频道（五套）	2.6	10.0
3	白狼	吉林电视台影视频道（四套）	2.5	7.9
4	老家门口唱大戏	吉林电视台乡村频道（五套）	2.3	8.5
5	彩虹	吉林电视台乡村频道（五套）	2.2	9.3
6	全家福	吉林电视台乡村频道（五套）	2.2	8.3
7	和平饭店	吉林电视台影视频道（四套）	2.2	7.0
8	春暖花又开	吉林电视台乡村频道（五套）	2.1	8.9
8	刘家媳妇	吉林电视台乡村频道（五套）	2.1	8.9
10	逆流而上的你	湖南卫视	2.1	8.7

表 3.15.9　2019 年吉林市场新闻节目收视率排名前十位

名次	节目名称	播出频道	平均收视率（%）	平均占有率（%）
1	庆祝中华人民共和国成立 70 周年大会阅兵式群众游行特别报道	中央电视台综合频道	19.6	76.3
2	新闻联播	中央电视台综合频道	9.5	29.2
3	焦点访谈	中央电视台综合频道	5.6	16.0
4	第七届世界军人运动会开幕式特别报道	中央电视台综合频道	5.1	16.4
5	庆祝澳门回归祖国 20 周年特别报道	中央电视台综合频道	3.1	12.9
6	国务院总理会见中外记者并回答提问	中央电视台综合频道	3.0	9.1
7	庆祝中华人民共和国成立 70 周年特别节目走向复兴	中央电视台综合频道	2.8	12.3
8	2019 年中国北京世界园艺博览会开幕式特别报道	中央电视台综合频道	2.8	9.6
9	亚洲文化嘉年华特别报道	中央电视台综合频道	2.4	14.3
10	人民欢歌庆祝中华人民共和国成立 70 周年联欢活动特别报道	中央电视台综合频道	2.3	14.0

表 3.15.10　2019 年吉林市场专题节目收视率排名前十位

名次	节目名称	播出频道	平均收视率（%）	平均占有率（%）
1	一年又一年	中央电视台综合频道	8.2	33.2
2	中国诗词大会第四季(2 月 5 日)	中央电视台综合频道	7.0	23.3
3	牵挂与惦念习近平总书记赴重庆华溪村扶贫考察纪实	中央电视台综合频道	6.8	18.5
4	推动京津冀协同发展取得新的更大进展	中央电视台综合频道	6.7	17.4
5	濠江情中国心	中央电视台综合频道	5.7	15.2
5	等闲识得东风面 2019 年习近平主席访问欧洲三国纪行	中央电视台综合频道	5.7	14.7
7	变害为利造福人民习近平生态文明思想在福建木兰溪的先行探索	中央电视台综合频道	4.9	14.6
8	中央电视台特别节目携手奔向互利共赢的康庄大道	中央电视台综合频道	4.6	13.7
9	穿越历史长廊探寻文化伟力	中央电视台综合频道	4.4	13.7
10	中华人民共和国中央人民政府成立典礼原始影像	中央电视台综合频道	3.9	11.9

表 3.15.11 2019 年吉林市场综艺节目收视率排名前十位

名次	节目名称	播出频道	平均收视率（%）	平均占有率（%）
1	2019 中央广播电视总台春节联欢晚会	中央电视台综合频道	41.4	85.8
2	喜气洋洋闹元宵	中央电视台综合频道	6.5	42.8
3	2019 中央军委慰问驻京部队老干部迎新春文艺演出	中央电视台综合频道	5.8	16.6
4	二人转总动员	吉林电视台乡村频道(五套)	3.8	14.9
5	2019 年中央广播电视总台中秋晚会	中央电视台综合频道	3.0	13.9
6	全城热恋	吉林电视台生活频道(三套)	2.4	16.6
7	庆祝中华人民共和国成立 70 周年联欢活动	中央电视台综合频道	2.3	18.4
8	长江之恋长江流域十二省市春节联欢晚会	湖南卫视	2.3	9.7
9	文化中国四海同春 2019 全球华侨华人春节大联欢	湖南卫视	2.3	7.8
10	名师高徒	吉林电视台乡村频道(五套)	2.2	14.1

表 3.15.12 2019 年吉林市场体育节目收视率排名前十位

名次	节目名称	播出频道	平均收视率（%）	平均占有率（%）
1	第七届世界军人运动会报道:第七届军运会女排决赛(中国 VS 巴西)	中央台五套	1.7	7.4
2	2019 年国际篮联篮球世界杯开幕式	中央电视台综合频道	1.6	6.1
3	第七届世界军人运动会报道:第七届军运会女篮决赛(中国 VS 巴西)	中央台五套	1.5	4.6
4	第七届世界军人运动会报道:第七届军运会田径男子 3000 米障碍决赛	中央台五套	1.4	5.7
5	现场直播:2020 无畏征途:2019 年举重世界杯男子 73、81kg 级决赛抓举	中央台五套	1.4	4.7
6	第七届世界军人运动会报道:第七届军运会游泳混合 4×100 米自由泳接力决赛	中央台五套	1.4	4.5
7	直播周末:乒乓球团体世界杯颁奖仪式	中央台五套	1.4	4.1
8	第七届世界军人运动会闭幕式	中央台五套	1.2	4.1
9	直播周末:2019 年全明星周末三分球大赛决赛	中央台五套	1.2	3.0
10	直播周末:2019 年乒乓球团体世界杯女团决赛双打	中央台五套	1.1	4.8

十六、江苏收视数据

表 3.16.1 2015~2019 年江苏市场各类频道的市场占有率(%)

频道类别	年份				
	2015 年	2016 年	2017 年	2018 年	2019 年
中央广播电视总台	31.0	34.7	34.0	34.7	29.1
中国教育台频道	0.2	0.1	0.2	0.2	0.2
江苏省级频道	28.9	22.2	27.0	28.2	30.0
其他省级卫视频道	20.4	21.2	17.2	17.1	16.6
其他频道	19.5	21.8	21.6	19.8	24.1

表 3.16.2 2019 年江苏市场各类频道在不同目标观众中的市场占有率(%)

目标观众		中央广播电视总台	中国教育台频道	江苏省级频道	其他省级卫视频道	其他频道
4 岁及以上所有人		29.1	0.2	30.0	16.6	24.1
城乡	城市	34.0	0.3	14.5	19.6	31.6
	农村	26.1	0.1	39.4	14.8	19.6
性别	男	31.7	0.2	28.7	15.1	24.3
	女	26.5	0.2	31.3	18.1	23.9
年龄	4~14 岁	20.4	0.1	33.1	19.9	26.5
	15~24 岁	21.6	0.1	30.5	21.1	26.7
	25~34 岁	20.2	0.1	34.0	15.5	30.2
	35~44 岁	26.7	0.1	30.2	16.4	26.6
	45~54 岁	25.8	0.1	38.2	13.0	22.9
	55~64 岁	30.8	0.2	27.2	17.0	24.8
	65 岁及以上	41.2	0.3	21.3	17.9	19.3
教育程度	未受过正规教育	31.1	0.1	33.3	21.5	14.0
	小学	27.2	0.3	33.4	15.4	23.7
	初中	29.3	0.1	30.0	15.4	25.2
	高中	30.0	0.1	28.4	16.2	25.3
	大学及以上	28.8	0.1	19.7	18.3	33.1
职业类别	干部/管理人员	43.1	0.1	16.6	19.3	20.9
	个体/私营企业人员	27.1	0.1	39.7	10.9	22.2
	初级公务员/雇员	30.0	0.2	18.2	18.9	32.7
	工人	25.9	0.2	28.8	14.7	30.4
	学生	22.0	0.1	21.6	23.0	33.3
	无业	34.1	0.2	20.6	19.2	25.9
	其他	25.7	0.2	48.3	14.7	11.1
个人月收入	0~300 元	26.2	0.1	30.5	19.9	23.3
	301~900 元	32.1	0.1	34.4	17.3	16.1
	901~1700 元	29.3	0.2	30.7	14.9	24.9
	1701~2600 元	29.6	0.3	30.4	13.7	26.0
	2601~3500 元	28.9	0.2	34.0	14.5	22.4
	3501 元及以上	30.5	0.1	23.7	16.5	29.2

表 3.16.3 2019 年江苏市场各类频道在不同时段的市场占有率(%)

时间段	中央广播电视总台	中国教育台频道	江苏省级频道	其他省级卫视频道	其他频道
02:00~03:00	34.6	0.1	9.5	31.9	23.9
03:00~04:00	39.0	0.1	10.1	30.5	20.3
04:00~05:00	42.0	0.2	11.4	32.8	13.6
05:00~06:00	48.1	0.3	9.3	29.0	13.3
06:00~07:00	53.2	0.4	10.4	17.1	18.9
07:00~08:00	45.0	0.7	16.2	13.8	24.3
08:00~09:00	43.6	0.6	11.6	18.1	26.1
09:00~10:00	40.1	0.7	10.2	23.6	25.4
10:00~11:00	37.9	0.7	10.4	26.0	25.0
11:00~12:00	39.1	0.3	10.6	24.8	25.2
12:00~13:00	38.6	0.1	12.0	24.3	25.0
13:00~14:00	33.8	0.3	12.6	27.3	26.0
14:00~15:00	32.9	0.5	11.1	29.0	26.5
15:00~16:00	33.2	0.5	10.4	30.1	25.8
16:00~17:00	33.0	0.5	11.0	30.2	25.3
17:00~18:00	33.0	0.2	19.8	23.0	24.0
18:00~19:00	29.5	0.1	39.9	7.7	22.8
19:00~20:00	24.7	0.1	45.4	7.8	22.0
20:00~21:00	20.1	0.0	44.9	11.9	23.1
21:00~22:00	23.9	0.1	38.4	13.3	24.3
22:00~23:00	26.8	0.1	30.8	14.7	27.6
23:00~24:00	31.1	0.1	22.6	18.9	27.3
24:00~25:00	32.6	0.1	15.1	23.6	28.6
25:00~26:00	32.7	0.1	10.5	29.1	27.6

表 3.16.4 2019 年江苏市场收视份额排名前十位的频道

名次	频道名称	收视份额(%)
1	江苏电视台综艺频道	9.0
2	江苏卫视	6.4
3	江苏电视台城市频道	5.8
4	中央台八套	5.6
5	中央台六套	3.8
6	江苏电视台影视频道	3.7
7	中央台四套	3.1
8	中央台三套	3.0
9	中央电视台少儿频道	2.9
10	中央电视台综合频道	2.7

表 3.16.5　2019 年江苏市场各主要频道的观众构成(%)

目标观众		所有频道	江苏电视台综艺频道	江苏卫视	江苏电视台城市频道	中央台八套	中央台六套
4 岁及以上所有人		100.0	100.0	100.0	100.0	100.0	100.0
城乡	城市	37.5	15.5	24.2	21.2	40.8	45.7
	农村	62.5	84.5	75.8	78.8	59.2	54.3
性别	男	49.9	49.3	47.3	45.3	53.7	57.6
	女	50.1	50.7	52.7	54.7	46.3	42.4
年龄	4~14 岁	10.0	11.0	4.8	13.1	2.4	5.3
	15~24 岁	4.9	3.2	7.8	3.5	3.6	5.6
	25~34 岁	10.9	12.6	11.8	8.6	5.0	7.2
	35~44 岁	10.0	9.1	10.5	10.3	3.8	20.8
	45~54 岁	22.2	30.1	29.5	28.1	20.1	22.5
	55~64 岁	18.3	21.0	12.3	20.7	31.1	14.2
	65 岁及以上	23.7	13.0	23.3	15.7	34.0	24.4
教育程度	未受过正规教育	13.1	14.5	8.0	18.6	15.1	17.3
	小学	24.7	28.0	26.0	27.9	22.1	18.2
	初中	37.1	42.1	38.8	36.6	48.2	42.8
	高中	15.4	12.1	14.9	12.8	9.7	12.7
	大学及以上	9.7	3.3	12.3	4.1	4.9	9.0
职业类别	干部/管理人员	1.1	0.4	0.5	0.8	0.5	1.2
	个体/私营企业人员	13.5	14.4	25.5	9.2	13.3	15.6
	初级公务员/雇员	9.6	3.3	9.1	5.4	7.0	11.2
	工人	16.5	17.4	16.5	13.7	13.7	17.1
	学生	5.7	3.6	3.5	4.2	2.2	6.3
	无业	32.9	18.4	22.5	26.9	39.6	22.9
	其他	20.7	42.5	22.4	39.8	23.7	25.7
个人月收入	0~300 元	25.8	25.9	18.2	34.3	23.7	20.0
	301~900 元	11.7	14.3	10.1	15.5	17.3	16.0
	901~1700 元	11.9	15.5	10.5	9.2	15.7	13.5
	1701~2600 元	14.4	14.9	15.5	12.9	16.8	12.1
	2601~3500 元	14.9	16.8	23.2	13.4	11.0	13.4
	3501 元及以上	21.3	12.6	22.5	14.7	15.5	25.0

表 3.16.6 2017~2019 年江苏市场各类节目的播出比重(%)和收视比重(%)

节目类型	2017 年		2018 年		2019 年	
	播出比重	收视比重	播出比重	收视比重	播出比重	收视比重
财经	1.2	0.4	1.1	0.4	1.0	0.3
电视剧	21.4	32.1	21.2	29.8	20.9	35.7
电影	3.9	4.9	4.1	4.7	3.9	4.9
法制	1.1	1.4	1.0	1.4	0.9	1.2
教学	0.2	0.0	0.3	0.0	0.4	0.0
青少	6.9	6.3	6.9	6.3	7.1	5.3
生活服务	8.3	7.5	8.3	8.0	7.7	8.6
体育	3.7	2.4	3.6	2.8	4.1	1.9
外语	0.1	0.0	0.1	0.0	0.2	0.0
戏剧	0.8	0.6	0.8	0.5	0.9	0.3
新闻/时事	15.1	9.6	15.5	10.4	15.9	11.1
音乐	1.5	1.0	1.4	0.8	1.7	1.0
专题	14.5	5.7	14.2	6.0	14.2	4.5
综艺	8.5	15.2	8.2	15.0	7.5	11.6
其他	12.8	12.9	13.3	13.9	13.6	13.6

表 3.16.7 2019 年江苏市场所有节目收视率排名前三十位

名次	节目名称	节目类型	播出频道	平均收视率(%)	平均占有率(%)
1	家国恩仇记	电视剧	江苏电视台综艺频道	6.9	22.6
2	枪械师	电视剧	江苏电视台综艺频道	6.5	21.1
3	东方侠客	电视剧	江苏电视台综艺频道	6.4	19.7
4	暗战风云	电视剧	江苏电视台综艺频道	6.3	18.8
5	历史的使命	电视剧	江苏电视台综艺频道	6.2	21.2
6	浴血红颜	电视剧	江苏电视台综艺频道	6.1	19.2
7	刀尖	电视剧	江苏电视台综艺频道	6.0	18.8
8	2019 中央广播电视总台春节联欢晚会	综艺	中央台三套	6.0	15.6
9	伪装者	电视剧	江苏电视台综艺频道	5.8	17.8
10	太极宗师之太极门	电视剧	江苏电视台综艺频道	5.7	19.0
11	天下无诈	电视剧	江苏电视台综艺频道	5.6	19.5
12	开学第一课	青少	中央电视台综合频道	5.5	15.1
13	独孤天下	电视剧	江苏电视台综艺频道	5.4	15.9
14	正阳门下小女人	电视剧	江苏电视台综艺频道	5.3	17.5

续表

名次	节目名称	节目类型	播出频道	平均收视率（%）	平均占有率（%）
15	山月不知心底事	电视剧	江苏电视台综艺频道	5.2	17.5
16	2020跨年演唱会用奋斗点亮幸福	音乐	江苏卫视	5.1	21.1
17	新白娘子传奇	电视剧	江苏电视台综艺频道	4.9	15.5
18	密查	电视剧	江苏电视台综艺频道	4.9	14.5
19	好汉	电视剧	江苏电视台城市频道	4.9	14.4
20	久久合家欢2019江苏卫视春节联欢晚会	综艺	江苏卫视	4.8	16.2
21	龙潭双枪	电视剧	江苏电视台城市频道	4.8	14.5
22	往事云烟	电视剧	江苏电视台城市频道	4.8	14.3
23	火神	电视剧	江苏电视台城市频道	4.7	13.8
24	夜空中最闪亮的星	电视剧	江苏电视台综艺频道	4.6	16.2
25	小镇警事之明天我休息	电视剧	江苏电视台综艺频道	4.6	15.5
26	芸汐传	电视剧	江苏电视台综艺频道	4.5	15.5
27	暴风骤雨	电视剧	江苏电视台城市频道	4.4	14.4
28	哥哥姐姐的花样年华	电视剧	江苏卫视	4.4	13.9
29	庆祝中华人民共和国成立70周年大会阅兵式群众游行特别报道	新闻/时事	中央电视台综合频道	4.3	20.7
30	铜鼓密码	电视剧	江苏电视台城市频道	4.3	13.5

表3.16.8　2019年江苏市场电视剧收视率排名前十位

名次	节目名称	播出频道	平均收视率（%）	平均占有率（%）
1	家国恩仇记	江苏电视台综艺频道	6.9	22.6
2	枪械师	江苏电视台综艺频道	6.5	21.1
3	东方侠客	江苏电视台综艺频道	6.4	19.7
4	暗战风云	江苏电视台综艺频道	6.3	18.8
5	历史的使命	江苏电视台综艺频道	6.2	21.2
6	浴血红颜	江苏电视台综艺频道	6.1	19.2
7	刀尖	江苏电视台综艺频道	6.0	18.8
8	伪装者	江苏电视台综艺频道	5.8	17.8
9	太极宗师之太极门	江苏电视台综艺频道	5.7	19.0
10	天下无诈	江苏电视台综艺频道	5.6	19.5

表 3.16.9　2019 年江苏市场新闻节目收视率排名前十位

名次	节目名称	播出频道	平均收视率（%）	平均占有率（%）
1	庆祝中华人民共和国成立 70 周年大会阅兵式群众游行特别报道	中央电视台综合频道	4.3	20.7
2	人民欢歌庆祝中华人民共和国成立 70 周年联欢活动特别报道	江苏卫视	2.9	8.9
3	向伟大复兴前进	中央电视台综合频道	2.7	20.5
4	新闻联播(10 月 1 日)	中央台四套	2.3	8.0
5	转播中央台新闻联播	江苏卫视	1.9	7.5
6	零距离	江苏电视台城市频道	1.8	8.0
7	315 守卫诚信品质共享 2019	江苏电视台公共新闻频道	1.6	8.3
8	庆祝中华人民共和国成立 70 周年特别节目走向复兴	中央电视台综合频道	1.4	4.0
9	国务院总理会见中外记者并回答提问	中央电视台综合频道	1.2	3.7
10	网罗天下	江苏电视台公共新闻频道	1.1	7.4

表 3.16.10　2019 年江苏市场专题节目收视率排名前十位

名次	节目名称	播出频道	平均收视率（%）	平均占有率（%）
1	光影留声一路同行江苏广播电视系统庆祝新中国成立 70 周年	江苏电视台综艺频道	2.1	11.2
2	中央电视台特别节目共同开创中朝两党两国关系的美好未来	中央电视台综合频道	2.0	6.7
3	思想的田野	江苏卫视	1.6	5.7
4	一年又一年	中央电视台综合频道	1.5	7.3
5	黄金时间改革政策 e 解读	江苏电视台公共新闻频道	1.5	4.5
6	江苏时代楷模发布厅	江苏电视台城市频道	1.4	7.4
7	美好时代	江苏卫视	1.3	5.4
8	礼赞最美奋斗者	中央电视台综合频道	1.3	4.5
9	江南文脉园林篇(22 点档)	江苏电视台城市频道	1.2	5.8
10	感动中国 2018 年度人物颁奖盛典	中央电视台综合频道	1.2	3.8

表 3.16.11　2019 年江苏市场综艺节目收视率排名前十位

名次	节目名称	播出频道	平均收视率（%）	平均占有率（%）
1	2019 中央广播电视总台春节联欢晚会	中央台三套	6.0	15.6
2	久久合家欢 2019 江苏卫视春节联欢晚会	江苏卫视	4.8	16.2
3	庆祝中华人民共和国成立 70 周年联欢活动	中央电视台综合频道	4.1	11.6
4	百变达人(6 月 30 日)	江苏卫视	4.0	18.7
5	新春喜剧之夜	中央台三套	3.3	9.7
6	一站到底(7 月 1 日)	江苏卫视	3.2	11.3
7	NOW3 周年庆	江苏电视台综艺频道	3.2	10.8
8	喜气洋洋闹元宵	中央电视台综合频道	3.0	9.2
9	拉萨市 2019 年春节藏历土猪新年电视联欢会	江苏电视台综艺频道	2.6	16.2
10	劳动献礼新中国全省职工庆祝新中国成立 70 周年系列活动汇报展演	江苏电视台综艺频道	2.6	11.4

表 3.16.12　2019 年江苏市场体育节目收视率排名前十位

名次	节目名称	播出频道	平均收视率（%）	平均占有率（%）
1	第七届世界军人运动会报道:第七届军运会游泳赛女子 4×100 米自由泳接力决赛	中央台五套	1.8	5.9
2	2019 年国际篮联篮球世界杯小组赛 A 组(中国 VS 波兰)	中央台五套	1.5	5.5
3	第七届世界军人运动会报道:第七届军运会男篮第二轮(美国 VS 中国)	中央台五套	1.5	5.0
4	第七届世界军人运动会报道:第七届军运会击剑女子个人重剑决赛	中央台五套	1.4	5.7
5	第七届世界军人运动会报道:第七届军运会女排决赛(中国 VS 巴西)	中央台五套	1.4	5.1
6	第七届世界军人运动会闭幕式	中央台五套	1.2	3.9
7	第七届世界军人运动会报道:第七届军运会田径男子 3000 米障碍决赛	中央台五套	1.2	3.8
8	直播周末:2019 年乒乓球团体世界杯女团决赛双打	中央台五套	1.1	5.9
9	直播周末:2019 年女排世界杯颁奖仪式	中央台五套	1.1	4.1
10	直播周末:2019 年国际泳联世锦赛女子 200 米个人混合泳半决赛	中央台五套	1.1	3.5

十七、江西收视数据

表 3.17.1 2015~2019 年江西市场各类频道的市场占有率(%)

频道类别	年份				
	2015 年	2016 年	2017 年	2018 年	2019 年
中央广播电视总台	30.7	29.9	29.1	28.9	25.7
中国教育台频道	0.1	0.1	0.1	0.1	0.1
江西省级频道	31.2	34.1	32.6	33.1	29.9
其他省级卫视频道	27.3	26.2	24.2	22.9	23.5
其他频道	10.7	9.7	14.0	15.0	20.8

表 3.17.2 2019 年江西市场各类频道在不同目标观众中的市场占有率(%)

目标观众		中央广播电视总台	中国教育台频道	江西省级频道	其他省级卫视频道	其他频道
4 岁及以上所有人		25.7	0.1	29.9	23.5	20.8
城乡	城市	27.5	0.1	25.3	21.8	25.3
	农村	25.2	0.1	31.2	23.9	19.6
性别	男	28.3	0.1	30.5	20.1	21.0
	女	23.2	0.1	29.4	26.8	20.5
年龄	4~14 岁	16.9	0.1	19.8	39.3	23.9
	15~24 岁	18.2	0.2	24.2	29.0	28.4
	25~34 岁	23.9	0.1	30.1	26.1	19.8
	35~44 岁	23.9	0.3	23.4	28.7	23.7
	45~54 岁	28.3	0.2	32.5	17.2	21.8
	55~64 岁	27.5	0.1	40.5	15.8	16.1
	65 岁及以上	36.2	0.1	35.8	12.5	15.4
教育程度	未受过正规教育	22.4	0.1	32.7	31.4	13.4
	小学	24.6	0.2	30.8	22.7	21.7
	初中	25.9	0.1	26.8	22.1	25.1
	高中	30.8	0.1	32.9	20.3	15.9
	大学及以上	29.3	0.1	28.1	24.6	17.9
职业类别	干部/管理人员	26.6	0.1	23.2	16.7	33.4
	个体/私营企业人员	28.1	0.2	27.4	24.5	19.8
	初级公务员/雇员	29.7	0.1	26.5	23.6	20.1
	工人	25.5	0.1	36.2	18.1	20.1
	学生	17.1	0.1	18.4	33.6	30.8
	无业	28.0	0.1	28.3	25.3	18.3
	其他	27.6	0.3	39.5	15.9	16.7
个人月收入	0~300 元	21.1	0.1	24.8	31.4	22.6
	301~900 元	24.2	0.1	42.0	18.8	14.9
	901~1700 元	33.0	0.1	36.0	15.6	15.3
	1701~2600 元	27.5	0.1	29.4	18.9	24.1
	2601~3500 元	30.9	0.2	32.0	17.9	19.0
	3501 元及以上	26.7	0.2	30.9	19.8	22.4

表 3.17.3　2019 年江西市场各类频道在不同时段的市场占有率(%)

时间段	中央广播电视总台	中国教育台频道	江西省级频道	其他省级卫视频道	其他频道
02:00~03:00	24.9	0.1	16.9	17.9	40.2
03:00~04:00	27.7	0.1	18.0	21.6	32.6
04:00~05:00	28.0	0.1	22.3	22.4	27.2
05:00~06:00	31.7	0.9	22.4	23.1	21.9
06:00~07:00	31.8	0.8	22.0	24.4	21.0
07:00~08:00	26.1	0.4	25.0	25.7	22.8
08:00~09:00	27.3	0.2	19.3	31.1	22.1
09:00~10:00	24.6	0.2	20.1	32.6	22.5
10:00~11:00	23.6	0.3	20.4	32.6	23.1
11:00~12:00	25.9	0.1	19.4	32.3	22.3
12:00~13:00	28.8	0.1	19.7	31.1	20.3
13:00~14:00	23.5	0.1	24.7	31.7	20.0
14:00~15:00	22.7	0.2	21.0	33.8	22.3
15:00~16:00	22.8	0.3	19.6	34.5	22.8
16:00~17:00	22.2	0.3	21.1	34.3	22.1
17:00~18:00	21.7	0.2	23.3	31.6	23.2
18:00~19:00	23.7	0.1	35.9	18.3	22.0
19:00~20:00	31.8	0.1	32.8	16.6	18.7
20:00~21:00	26.3	0.1	37.1	19.6	16.9
21:00~22:00	26.2	0.1	38.8	17.8	17.1
22:00~23:00	21.9	0.1	41.3	15.8	20.9
23:00~24:00	22.7	0.0	33.8	17.2	26.3
24:00~25:00	23.6	0.0	28.5	13.7	34.2
25:00~26:00	23.5	0.1	21.9	14.7	39.8

表 3.17.4　2019 年江西市场收视份额排名前十位的频道

名次	频道名称	收视份额(%)
1	江西卫视	10.1
2	江西电视台都市频道(二套)	7.9
3	湖南电视台金鹰卡通频道	4.8
4	中央电视台综合频道	4.1
5	江西电视台公共农业频道(五套)	4.0
6	中央台三套	3.8
7	北京卡酷少儿频道	3.6
8	江西电视台影视旅游频道(四套)	3.2
9	浙江卫视	3.0
9	湖南卫视	3.0

表 3. 17. 5　2019 年江西市场各主要频道的观众构成(%)

目标观众		所有频道	主要频道				
			江西卫视	江西电视台都市频道(二套)	湖南电视台金鹰卡通频道	中央电视台综合频道	江西电视台公共农业频道(五套)
4 岁及以上所有人		100. 0	100. 0	100. 0	100. 0	100. 0	100. 0
城乡	城市	21. 2	7. 7	20. 8	12. 8	27. 1	24. 4
	农村	78. 8	92. 3	79. 2	87. 2	72. 9	75. 6
性别	男	50. 1	50. 8	48. 6	43. 1	51. 5	51. 7
	女	49. 9	49. 2	51. 4	56. 9	48. 5	48. 3
年龄	4~14 岁	20. 9	14. 0	12. 1	59. 0	11. 1	9. 3
	15~24 岁	7. 2	6. 9	3. 5	5. 0	4. 0	6. 9
	25~34 岁	7. 8	4. 3	10. 0	9. 0	5. 5	7. 7
	35~44 岁	10. 1	8. 8	6. 0	7. 4	7. 2	8. 2
	45~54 岁	21. 7	17. 5	23. 7	11. 3	18. 1	33. 1
	55~64 岁	14. 4	15. 5	26. 3	4. 3	14. 9	17. 4
	65 岁及以上	17. 9	33. 0	18. 4	4. 0	39. 2	17. 4
教育程度	未受过正规教育	13. 0	15. 0	16. 6	32. 8	12. 1	9. 9
	小学	38. 8	45. 7	38. 6	37. 2	32. 7	35. 0
	初中	30. 0	28. 1	24. 0	17. 9	30. 0	29. 0
	高中	12. 5	8. 1	16. 8	9. 1	17. 9	18. 7
	大学及以上	5. 7	3. 1	4. 0	3. 0	7. 3	7. 4
职业类别	干部/管理人员	0. 2	0. 1	0. 2	0. 0	0. 5	0. 2
	个体/私营企业人员	8. 8	4. 0	6. 5	4. 8	7. 0	14. 6
	初级公务员/雇员	7. 2	3. 3	6. 4	3. 4	6. 3	8. 1
	工人	13. 9	13. 1	23. 0	10. 3	12. 5	14. 4
	学生	18. 0	16. 4	6. 3	30. 0	8. 7	6. 4
	无业	29. 2	20. 0	30. 6	41. 6	40. 3	33. 3
	其他	22. 7	43. 1	27. 0	9. 9	24. 7	23. 0
个人月收入	0~300 元	39. 9	32. 5	35. 5	71. 6	30. 3	28. 2
	301~900 元	7. 9	19. 8	7. 0	5. 5	8. 3	8. 5
	901~1700 元	11. 8	18. 2	11. 3	3. 7	12. 2	15. 0
	1701~2600 元	12. 0	8. 8	14. 4	6. 3	14. 3	11. 2
	2601~3500 元	15. 1	12. 6	19. 0	8. 7	21. 0	16. 2
	3501 元及以上	13. 3	8. 1	12. 8	4. 2	13. 9	20. 9

表 3.17.6　2017~2019 年江西市场各类节目的播出比重(%)和收视比重(%)

节目类型	2017 年		2018 年		2019 年	
	播出比重	收视比重	播出比重	收视比重	播出比重	收视比重
财经	1.1	0.3	1.1	0.3	1.0	0.3
电视剧	23.6	36.1	23.0	34.9	22.5	36.3
电影	4.1	5.9	4.0	5.1	3.6	4.8
法制	1.0	1.6	1.0	1.8	0.9	1.4
教学	0.3	0.0	0.3	0.0	0.5	0.0
青少	7.3	11.4	7.3	10.6	7.8	10.4
生活服务	7.8	5.8	8.2	6.6	7.5	6.5
体育	3.2	0.8	3.2	1.1	3.8	0.9
外语	0.1	0.0	0.1	0.0	0.2	0.0
戏剧	0.8	0.3	0.8	0.3	0.8	0.4
新闻/时事	14.8	10.8	15.2	11.1	16.0	12.2
音乐	1.5	1.2	1.4	0.9	1.7	1.1
专题	14.4	6.5	14.2	5.9	14.6	6.0
综艺	8.1	8.8	8.0	10.3	6.8	9.5
其他	11.9	10.5	12.2	11.1	12.3	10.2

表 3.17.7　2019 年江西市场所有节目收视率排名前三十位

名次	节目名称	节目类型	播出频道	平均收视率(%)	平均占有率(%)
1	桃花劫	电视剧	江西卫视	6.0	23.1
2	搭错车	电视剧	江西卫视	5.8	23.6
3	春暖花又开	电视剧	江西卫视	5.4	21.6
4	2019 江西卫视春节联欢晚会幸福江西回家过年	综艺	江西卫视	5.2	26.6
5	2019 中央广播电视总台春节联欢晚会	综艺	中央台三套	5.0	17.2
6	金陵往事(39~40 集)	电视剧	江西卫视	4.9	19.2
7	人民欢歌庆祝中华人民共和国成立 70 周年联欢活动特别报道	新闻/时事	江西卫视	4.8	19.4
8	开学第一课	青少	中央电视台综合频道	4.8	18.0
9	绝路逢生	电视剧	江西卫视	4.6	19.5
10	庆祝中华人民共和国成立 70 周年联欢活动	综艺	中央电视台综合频道	4.6	18.6
11	庆祝中华人民共和国成立 70 周年大会阅兵式群众游行特别报道	新闻/时事	中央电视台综合频道	4.5	23.3

续表

名次	节目名称	节目类型	播出频道	平均收视率（%）	平均占有率（%）
12	铁血茶城	电视剧	江西卫视	4.5	19.0
13	天气预报	生活服务	江西卫视	4.4	28.7
14	李三枪	电视剧	江西卫视	4.4	19.8
15	岁岁年年柿柿红	电视剧	江西卫视	4.1	16.9
16	伞娘传奇	电视剧	江西电视台都市频道（二套）	3.9	17.2
17	错嫁一世情	电视剧	江西电视台都市频道（二套）	3.9	17.1
18	可爱的中国	电视剧	江西卫视	3.8	16.8
19	刘家媳妇	电视剧	江西卫视	3.7	15.9
20	台湾往事	电视剧	江西卫视	3.6	14.8
21	喜气洋洋闹元宵	综艺	中央电视台综合频道	3.6	14.5
22	向伟大复兴前进	新闻/时事	中央电视台综合频道	3.5	27.4
23	采薇传	电视剧	江西电视台都市频道（二套）	3.5	15.5
24	共产党人刘少奇	电视剧	江西卫视	3.5	14.7
25	恩情无限	电视剧	江西卫视	3.5	13.4
26	心香爱人	电视剧	江西电视台都市频道（二套）	3.4	17.3
27	麦香	电视剧	江西卫视	3.4	14.1
28	转播中央台新闻联播	新闻/时事	江西卫视	3.2	17.1
29	闺蜜的战争	电视剧	江西电视台都市频道（二套）	3.1	15.8
30	新春喜剧之夜	综艺	中央台三套	3.1	11.4

表 3.17.8 2019 年江西市场电视剧收视率排名前十位

名次	节目名称	播出频道	平均收视率（%）	平均占有率（%）
1	桃花劫	江西卫视	6.0	23.1
2	搭错车	江西卫视	5.8	23.6
3	春暖花又开	江西卫视	5.4	21.6
4	金陵往事（39～40集）	江西卫视	4.9	19.2
5	绝路逢生	江西卫视	4.6	19.5
6	铁血茶城	江西卫视	4.5	19.0
7	李三枪	江西卫视	4.4	19.8
8	岁岁年年柿柿红	江西卫视	4.1	16.9
9	伞娘传奇	江西电视台都市频道（二套）	3.9	17.2
10	错嫁一世情	江西电视台都市频道（二套）	3.9	17.1

表 3.17.9　2019 年江西市场新闻节目收视率排名前十位

名次	节目名称	播出频道	平均收视率（%）	平均占有率（%）
1	人民欢歌庆祝中华人民共和国成立 70 周年联欢活动特别报道	江西卫视	4.8	19.4
2	庆祝中华人民共和国成立 70 周年大会阅兵式群众游行特别报道	中央电视台综合频道	4.5	23.3
3	向伟大复兴前进	中央电视台综合频道	3.5	27.4
4	转播中央台新闻联播	江西卫视	3.2	17.1
5	江西新闻联播	江西卫视	2.8	20.6
6	习近平总书记视察江西特别报道	江西卫视	2.7	10.3
7	庆祝中华人民共和国成立 70 周年特别节目走向复兴	中央电视台综合频道	1.6	6.3
7	江西飞机飞起来 2019 南昌飞行大会特别报道	江西卫视	1.5	13.5
9	都市现场	江西电视台都市频道（二套）	1.3	8.9
10	第二届一带一路国际合作高峰论坛特别报道	江西卫视	1.2	11.4

表 3.17.10　2019 年江西市场专题节目收视率排名前十位

名次	节目名称	播出频道	平均收视率（%）	平均占有率（%）
1	一家人两只鹤	江西电视台都市频道(二套)	2.4	9.4
2	都市情缘	江西电视台都市频道(二套)	2.1	9.3
3	礼赞最美奋斗者	中央电视台综合频道	1.9	8.1
4	社会传真	江西卫视	1.6	14.7
5	中国诗词大会第四季(2 月 6 日)	中央电视台综合频道	1.6	8.0
6	中华人民共和国中央人民政府成立典礼原始影像	中央电视台综合频道	1.5	7.0
7	跨越时空的回信特别节目致敬可爱的中国	江西卫视	1.3	8.0
8	思想的田野	江西卫视	1.3	6.8
9	一年又一年	中央电视台综合频道	1.3	6.4
10	牵挂与惦念习近平总书记赴重庆华溪村扶贫考察纪实	中央电视台综合频道	1.3	5.5

表 3. 17. 11 2019 年江西市场综艺节目收视率排名前十位

名次	节目名称	播出频道	平均收视率（%）	平均占有率（%）
1	2019 江西卫视春节联欢晚会幸福江西回家过年	江西卫视	5. 2	26. 6
2	2019 中央广播电视总台春节联欢晚会	中央台三套	5. 0	17. 2
3	庆祝中华人民共和国成立 70 周年联欢活动	中央电视台综合频道	4. 6	18. 6
4	喜气洋洋闹元宵	中央电视台综合频道	3. 6	14. 5
5	新春喜剧之夜	中央台三套	3. 1	11. 4
6	越战越勇(6 月 12 日)	中央台三套	2. 9	10. 7
7	中国阅兵	中央台三套	2. 7	10. 1
8	黄金 100 秒（2 月 10 日）	中央台三套	2. 6	10. 2
9	开门大吉（11 月 25 日）	中央台三套	2. 5	9. 7
10	2019 中央广播电视总台网络春晚	中央台三套	2. 4	9. 7

表 3. 17. 12 2019 年江西市场体育节目收视率排名前十位

名次	节目名称	播出频道	平均收视率（%）	平均占有率（%）
1	第七届世界军人运动会开幕式	中央电视台综合频道	1. 4	6. 6
2	2019 年国际篮联篮球世界杯开幕式	中央电视台综合频道	1. 2	4. 3
3	第七届世界军人运动会报道:第七届军运会跆拳道男子 54 公斤级决赛	中央台五套	1. 1	4. 8
4	第七届世界军人运动会闭幕式	中央台五套	1. 1	4. 3
5	第七届世界军人运动会报道:第七届军运会田径男子 4×100 米接力决赛	中央台五套	0. 9	5. 7
6	第七届世界军人运动会报道:第七届军运会游泳比赛男子 100 米蝶泳决赛	中央台五套	0. 9	4. 4
7	现场直播:2019 年乒乓球亚锦赛男单 1/4 决赛	中央台五套	0. 8	6. 1
8	实况录像:2019 年 NBA 全明星周末扣篮大赛	中央台五套	0. 8	3. 3
9	直播周末:2019 年国际泳联世锦赛女子 800 米自由泳决赛	中央台五套	0. 8	3. 0
9	第七届世界军人运动会报道:第七届军运会男篮第二轮(美国 VS 中国)	中央台五套	0. 8	3. 0

十八、辽宁收视数据

表 3.18.1　2015~2019 年辽宁市场各类频道的市场占有率(%)

频道类别	年份				
	2015 年	2016 年	2017 年	2018 年	2019 年
中央广播电视总台	35.6	35.2	33.3	30.6	28.9
中国教育台频道	0.3	0.2	0.2	0.3	0.2
辽宁省级频道	22.3	24.2	23.8	28.1	27.4
其他省级卫视频道	28.1	25.7	26.0	23.8	23.7
其他频道	13.7	14.7	16.7	17.2	19.8

表 3.18.2　2019 年辽宁市场各类频道在不同目标观众中的市场占有率(%)

目标观众		中央广播电视总台	中国教育台频道	辽宁省级频道	其他省级卫视频道	其他频道
4 岁及以上所有人		28.9	0.2	27.4	23.7	19.8
城乡	城市	32.2	0.2	23.4	22.9	21.3
	农村	25.7	0.3	31.2	24.5	18.3
性别	男	30.9	0.3	27.7	21.3	19.8
	女	26.8	0.2	27.0	26.1	19.9
年龄	4~14 岁	20.7	0.1	12.6	39.2	27.4
	15~24 岁	24.8	0.2	18.1	27.4	29.5
	25~34 岁	24.6	0.1	13.0	32.7	29.6
	35~44 岁	25.3	0.2	16.3	28.3	29.9
	45~54 岁	29.3	0.2	26.4	22.9	21.2
	55~64 岁	28.4	0.2	37.4	20.9	13.1
	65 岁及以上	35.9	0.3	34.6	16.0	13.2
教育程度	未受过正规教育	30.1	0.1	15.0	33.8	21.0
	小学	25.2	0.3	33.7	22.7	18.1
	初中	29.8	0.2	29.1	22.8	18.1
	高中	31.5	0.2	20.3	25.1	22.9
	大学及以上	30.9	0.1	15.9	23.4	29.7
职业类别	干部/管理人员	36.6	0.1	26.3	22.7	14.3
	个体/私营企业人员	31.1	0.2	22.8	22.7	23.2
	初级公务员/雇员	29.5	0.1	18.9	23.1	28.4
	工人	27.7	0.3	27.1	23.3	21.6
	学生	21.2	0.1	12.8	37.5	28.4
	无业	31.0	0.2	27.3	24.2	17.3
	其他	26.9	0.3	36.4	19.4	17.0
个人月收入	0~300 元	25.7	0.2	21.0	30.1	23.0
	301~900 元	28.9	0.1	38.3	19.9	12.8
	901~1700 元	27.0	0.3	37.7	19.2	15.8
	1701~2600 元	32.3	0.2	27.4	21.7	18.4
	2601~3500 元	30.4	0.4	26.0	24.9	18.3
	3501 元及以上	30.6	0.2	22.5	19.6	27.1

表 3.18.3　2019 年辽宁市场各类频道不同时段的市场占有率(%)

时间段	中央广播电视总台	中国教育台频道	辽宁省级频道	其他省级卫视频道	其他频道
02:00~03:00	18.5	0.1	24.2	22.9	34.3
03:00~04:00	19.9	0.1	24.1	19.2	36.7
04:00~05:00	32.7	0.2	26.6	14.9	25.6
05:00~06:00	35.5	0.4	33.2	13.7	17.2
06:00~07:00	31.5	0.2	40.5	12.4	15.4
07:00~08:00	34.3	0.5	31.6	14.0	19.6
08:00~09:00	37.0	0.4	18.0	23.1	21.5
09:00~10:00	33.3	0.6	13.3	31.2	21.6
10:00~11:00	30.9	0.6	12.8	35.3	20.4
11:00~12:00	33.0	0.3	11.2	36.1	19.4
12:00~13:00	31.2	0.1	17.1	32.6	19.0
13:00~14:00	29.7	0.3	12.7	37.9	19.4
14:00~15:00	29.5	0.5	11.5	39.6	18.9
15:00~16:00	29.7	0.5	12.1	38.8	18.9
16:00~17:00	30.1	0.5	16.1	35.2	18.1
17:00~18:00	25.1	0.2	32.4	24.4	17.9
18:00~19:00	26.2	0.1	42.8	11.7	19.2
19:00~20:00	29.6	0.1	37.1	14.0	19.2
20:00~21:00	28.0	0.1	31.2	21.9	18.8
21:00~22:00	28.1	0.1	33.1	19.5	19.2
22:00~23:00	24.1	0.1	32.3	19.8	23.7
23:00~24:00	22.8	0.1	25.3	22.4	29.4
24:00~25:00	21.1	0.1	21.9	22.7	34.2
25:00~26:00	19.7	0.1	22.3	22.7	35.2

表 3.18.4　2019 年辽宁市场收视份额排名前十位的频道

名次	频道名称	收视份额(%)
1	辽宁广播电视台都市频道	7.3
2	辽宁广播电视台影视剧频道	6.1
3	中央台八套	4.5
4	辽宁卫视	4.4
5	中央台六套	4.1
6	中央台四套	3.7
7	辽宁广播电视台北方频道	3.6
8	辽宁广播电视台体育频道	3.4
9	中央台三套	2.7
10	中央电视台新闻频道	2.6

表 3.18.5　2019 年辽宁市场各主要频道的观众构成(%)

目标观众		所有频道	主要频道				
			辽宁广播电视台都市频道	辽宁广播电视台影视剧频道	中央台八套	辽宁卫视	中央台六套
4 岁及以上所有人		100.0	100.0	100.0	100.0	100.0	100.0
城乡	城市	49.2	50.2	39.1	48.7	45.8	48.4
	农村	50.8	49.8	60.9	51.3	54.2	51.6
性别	男	50.0	48.4	52.8	47.2	52.1	53.7
	女	50.0	51.6	47.2	52.8	47.9	46.3
年龄	4~14 岁	8.3	3.0	4.4	4.6	3.0	5.8
	15~24 岁	4.9	2.8	3.2	3.0	3.8	8.6
	25~34 岁	7.6	3.8	2.6	4.0	4.0	9.6
	35~44 岁	10.4	5.8	4.9	7.7	9.8	16.7
	45~54 岁	21.2	22.1	17.6	18.0	18.0	28.4
	55~64 岁	24.7	34.5	36.8	24.9	30.0	17.1
	65 岁及以上	22.9	28.0	30.5	37.8	31.4	13.8
教育程度	未受过正规教育	4.9	2.9	2.2	4.8	2.3	3.6
	小学	27.0	27.9	38.3	31.5	27.9	20.6
	初中	46.1	50.9	47.4	46.2	51.4	55.8
	高中	14.4	13.5	8.0	13.0	12.2	12.5
	大学及以上	7.6	4.8	4.1	4.5	6.2	7.5
职业类别	干部/管理人员	0.8	0.9	0.3	0.2	0.9	1.2
	个体/私营企业人员	7.0	7.3	4.4	4.4	6.4	10.1
	初级公务员/雇员	6.6	6.0	4.4	4.3	5.8	7.8
	工人	16.5	17.1	14.6	12.7	17.1	19.3
	学生	6.6	1.7	3.1	3.9	3.4	6.5
	无业	41.5	46.4	41.1	49.6	37.5	33.2
	其他	21.1	20.6	32.1	24.9	28.9	21.9
个人月收入	0~300 元	27.5	15.7	20.0	30.1	19.8	22.5
	301~900 元	7.3	7.2	15.4	9.8	10.2	10.8
	901~1700 元	16.6	25.9	18.8	17.0	25.0	12.7
	1701~2600 元	22.5	27.6	22.2	23.6	19.2	22.0
	2601~3500 元	14.3	14.5	13.4	10.6	14.7	15.6
	3501 元及以上	11.7	9.1	10.2	8.9	11.1	16.4

表 3.18.6 2017~2019 年辽宁市场各类节目的播出比重(%)和收视比重(%)

节目类型	2017 年		2018 年		2019 年	
	播出比重	收视比重	播出比重	收视比重	播出比重	收视比重
财经	1.1	0.5	1.1	0.3	1.0	0.5
电视剧	26.9	30.6	21.6	28.8	26.9	31.5
电影	4.0	5.1	4.2	5.6	4.2	6.1
法制	0.9	1.1	0.9	0.7	0.7	0.7
教学	0.2	0.0	0.3	0.0	0.3	0.0
青少	6.9	6.6	7.0	5.2	6.9	6.6
生活服务	9.2	7.0	8.9	7.4	8.4	6.1
体育	3.4	3.1	3.8	5.5	3.8	4.1
外语	0.1	0.0	0.1	0.0	0.1	0.0
戏剧	0.8	0.2	0.8	0.1	1.1	0.3
新闻/时事	10.2	13.3	15.4	13.3	10.2	13.3
音乐	1.3	1.2	1.4	0.9	1.5	1.1
专题	13.6	6.2	13.5	5.0	13.1	4.7
综艺	6.9	13.5	9.0	15.2	6.2	13.4
其他	14.5	11.6	12.0	12.0	15.6	11.6

表 3.18.7 2019 年辽宁市场所有节目收视率排名前三十位

名次	节目名称	节目类型	播出频道	平均收视率(%)	平均占有率(%)
1	2019 辽宁卫视春节联欢晚会	综艺	辽宁广播电视台都市频道	15.8	46.0
2	2019 中央广播电视总台春节联欢晚会	综艺	中央电视台综合频道	6.3	14.7
3	庆祝中华人民共和国成立 70 周年大会阅兵式群众游行特别报道	新闻/时事	中央电视台综合频道	6.2	23.8
4	现场直播:2018/2019 赛季 CBA 联赛常规赛第 36 轮(福建晋江文旅 VS 辽宁本钢)	体育	辽宁广播电视台体育频道	6.1	18.1
5	美好的幸福幸福的美好百姓春晚	综艺	中央电视台综合频道	6.0	17.7
6	庆祝中华人民共和国成立 70 周年联欢活动	综艺	辽宁卫视	5.7	20.8
7	喜气洋洋闹元宵	综艺	中央电视台综合频道	5.5	16.9
8	开学第一课	青少	中央电视台综合频道	4.6	16.6
9	雪豹特战队	电视剧	辽宁广播电视台影视剧频道	4.2	16.1
10	绝密底牌	电视剧	辽宁广播电视台影视剧频道	4.1	17.4

续表

名次	节目名称	节目类型	播出频道	平均收视率（%）	平均占有率（%）
11	冰锋	电视剧	辽宁广播电视台影视剧频道	4.0	15.0
12	神枪在手	电视剧	辽宁广播电视台影视剧频道	3.9	15.4
13	野狼行动队	电视剧	辽宁广播电视台影视剧频道	3.7	15.9
14	2019年国际篮联篮球世界杯小组赛A组(中国VS波兰)	体育	中央台五套	3.6	25.5
15	杀寇英雄	电视剧	辽宁广播电视台影视剧频道	3.6	15.6
16	新春曲艺大联欢	综艺	中央台三套	3.6	11.1
17	暗蝶	电视剧	辽宁广播电视台影视剧频道	3.4	15.0
18	血色迷影	电视剧	辽宁广播电视台影视剧频道	3.4	11.2
19	新春喜剧之夜	综艺	中央台三套	3.4	10.7
20	向伟大复兴前进	新闻/时事	中央电视台综合频道	3.3	19.5
21	极限任务	电视剧	辽宁广播电视台影视剧频道	3.3	12.0
22	人民欢歌庆祝中华人民共和国成立70周年联欢活动特别报道	新闻/时事	中央电视台综合频道	3.2	15.7
23	红颜利箭	电视剧	辽宁广播电视台影视剧频道	3.2	14.2
24	新闻正前方	新闻/时事	辽宁广播电视台都市频道	3.1	19.7
25	战狼突击队	电视剧	辽宁广播电视台影视剧频道	3.1	13.5
25	铁血尖兵	电视剧	辽宁广播电视台影视剧频道	3.1	13.5
27	潜伏使命	电视剧	辽宁广播电视台影视剧频道	3.1	13.2
28	利刃	电视剧	辽宁广播电视台影视剧频道	3.1	13.0
29	代号夜莺	电视剧	辽宁广播电视台影视剧频道	3.0	13.3
30	第七届世界军人运动会报道;第七届军运会游泳比赛女子200米蝶泳决赛	体育	中央台五套	3.0	10.9

表3.18.8　2019年辽宁市场电视剧收视率排名前十位

名次	节目名称	播出频道	平均收视率(%)	平均占有率(%)
1	雪豹特战队	辽宁广播电视台影视剧频道	4.2	16.1
2	绝密底牌	辽宁广播电视台影视剧频道	4.1	17.4
3	冰锋	辽宁广播电视台影视剧频道	4.0	15.0
4	神枪在手	辽宁广播电视台影视剧频道	3.9	15.4
5	野狼行动队	辽宁广播电视台影视剧频道	3.7	15.9
6	杀寇英雄	辽宁广播电视台影视剧频道	3.6	15.6
7	暗蝶	辽宁广播电视台影视剧频道	3.4	15.0
8	血色迷影	辽宁广播电视台影视剧频道	3.4	11.2
9	极限任务	辽宁广播电视台影视剧频道	3.3	12.0
10	红颜利箭	辽宁广播电视台影视剧频道	3.2	14.2

表 3.18.9　2019 年辽宁市场新闻节目收视率排名前十位

名次	节目名称	播出频道	平均收视率（%）	平均占有率（%）
1	庆祝中华人民共和国成立 70 周年大会阅兵式群众游行特别报道	中央电视台综合频道	6.2	23.8
2	向伟大复兴前进	中央电视台综合频道	3.3	19.5
3	人民欢歌庆祝中华人民共和国成立 70 周年联欢活动特别报道	中央电视台综合频道	3.2	15.7
4	新闻正前方	辽宁广播电视台都市频道	3.1	19.7
5	新北方	辽宁广播电视台都市频道	2.9	12.9
6	新闻联播(10 月 1 日)	中央台四套	1.8	6.4
7	庆祝中华人民共和国成立 70 周年特别节目走向复兴	中央电视台综合频道	1.4	6.5
8	正在行动	辽宁广播电视台都市频道	1.3	4.2
9	国务院总理会见中外记者并回答提问	中央电视台新闻频道	1.2	3.7
10	辽宁新闻	辽宁卫视	1.1	4.7

表 3.18.10　2019 年辽宁市场专题节目收视率排名前十位

名次	节目名称	播出频道	平均收视率（%）	平均占有率（%）
1	一年又一年	中央电视台综合频道	1.9	6.2
2	东北味道中国年	辽宁广播电视台都市频道	1.6	5.6
3	中国诗词大会第四季(2 月 10 日)	中央电视台综合频道	1.6	4.8
4	较量抗美援朝战争实录	中央台六套	1.2	4.9
5	感动中国 2018 年度人物颁奖盛典	中央电视台综合频道	1.2	4.0
6	车彩辽宁	辽宁广播电视台影视剧频道	1.2	3.9
7	又见大唐	辽宁卫视	1.0	4.3
8	礼赞最美奋斗者	中央电视台综合频道	1.0	4.2
9	祖国在召唤	中央电视台综合频道	1.0	3.6
10	2019 兴辽英才发布典礼	辽宁卫视	0.9	2.9

表 3.18.11　2019 年辽宁市场综艺节目收视率排名前十位

名次	节目名称	播出频道	平均收视率（%）	平均占有率（%）
1	2019 辽宁卫视春节联欢晚会	辽宁广播电视台都市频道	15.8	46.0
2	2019 中央广播电视总台春节联欢晚会	中央电视台综合频道	6.3	14.7
3	美好的幸福 幸福的美好百姓春晚	中央电视台综合频道	6.0	17.7
4	庆祝中华人民共和国成立 70 周年联欢活动	辽宁卫视	5.7	20.8
5	喜气洋洋闹元宵	中央电视台综合频道	5.5	16.9
6	新春曲艺大联欢	中央台三套	3.6	11.1
7	新春喜剧之夜	中央台三套	3.4	10.7
8	2019 中央广播电视总台网络春晚	中央台三套	2.3	7.2
9	全城热恋	辽宁广播电视台北方频道	2.2	9.0
10	智慧斗士	辽宁广播电视台体育频道	1.9	8.7

表 3.18.12　2019 年辽宁市场体育节目收视率排名前十位

名次	节目名称	播出频道	平均收视率（%）	平均占有率（%）
1	现场直播:2018/2019 赛季 CBA 联赛常规赛第 36 轮(福建晋江文旅 VS 辽宁本钢)	辽宁广播电视台体育频道	6.1	18.1
2	2019 年国际篮联篮球世界杯小组赛 A 组(中国 VS 波兰)	中央台五套	3.6	25.5
3	第七届世界军人运动会报道:第七届军运会游泳比赛女子 200 米蝶泳决赛	中央台五套	3.0	10.9
4	现场直播:2019 年辽吉职业篮球对抗赛(辽宁本钢 VS 九台农商银行)	辽宁广播电视台体育频道	3.0	8.6
5	直播周末:2019 年全明星周末三分球大赛决赛	中央台五套	2.8	8.1
6	第七届世界军人运动会报道:第七届军运会田径男子 4×100 米接力决赛	中央台五套	2.7	14.8
7	2019 年世界乒乓球锦标赛男单决赛	中央台五套	2.7	9.0
8	直播周末:2019 年全明星周末扣篮大赛决赛	中央台五套	2.7	7.7
9	第七届世界军人运动会报道:第七届军运会女排决赛(中国 VS 巴西)	中央台五套	2.4	10.0
10	现场直播:2019 年东亚超级联赛决赛	辽宁广播电视台体育频道	2.3	8.3

十九、内蒙古收视数据

表 3.19.1　2015~2019 年内蒙古市场各类频道的市场占有率(%)

频道类别	年份				
	2015 年	2016 年	2017 年	2018 年	2019 年
中央广播电视总台	49.3	54.0	52.5	55.0	56.7
中国教育台频道	0.3	0.1	0.1	0.1	0.1
内蒙古自治区级频道	4.8	5.5	7.2	7.5	6.7
其他省级卫视频道	42.2	36.8	36.7	33.3	29.5
其他频道	3.4	3.6	3.5	4.1	7.0

表 3.19.2　2019 年内蒙古市场各类频道在不同目标观众中的市场占有率(%)

目标观众		中央广播电视总台	中国教育台频道	内蒙古自治区级频道	其他省级卫视频道	其他频道
4 岁及以上所有人		56.7	0.1	6.7	29.5	7.0
城乡	城市	55.7	0.1	7.1	26.2	10.9
	乡村	57.3	0.2	6.5	31.4	4.6
性别	男	59.2	0.1	7.2	26.7	6.8
	女	54.3	0.1	6.3	32.2	7.1
年龄	4~14 岁	53.3	0.2	3.6	32.8	10.1
	15~24 岁	50.8	0.2	4.7	37.4	6.9
	25~34 岁	48.6	0.3	3.9	36.3	10.9
	35~44 岁	57.0	0.1	4.2	30.2	8.5
	45~54 岁	57.7	0.1	8.1	28.7	5.4
	55~64 岁	56.8	0.1	9.7	27.8	5.6
	65 岁及以上	65.7	0.1	9.5	20.6	4.1
教育程度	未受过正规教育	56.4	0.3	6.8	29.8	6.7
	小学	55.8	0.1	7.6	30.6	5.9
	初中	56.2	0.1	6.9	30.0	6.8
	高中	58.2	0.1	6.4	29.0	6.3
	大学及以上	57.0	0.1	5.4	26.5	11.0
职业类别	干部/管理人员	67.2	0.1	1.8	21.4	9.5
	个体/私营企业人员	55.0	0.2	6.3	31.7	6.8
	初级公务员/雇员	54.5	0.1	7.4	27.1	10.9
	工人	57.0	0.1	5.7	28.5	8.7
	学生	49.5	0.1	3.4	37.7	9.3
	无业	58.9	0.1	6.3	27.7	7.0
	其他	59.4	0.1	10.6	27.4	2.5
个人月收入	0~300 元	51.7	0.2	5.3	35.5	7.3
	301~900 元	55.3	0.1	11.5	29.4	3.7
	901~1700 元	60.2	0.2	7.3	27.5	4.8
	1701~2600 元	56.4	0.1	8.1	28.9	6.5
	2601~3500 元	58.9	0.1	6.4	27.8	6.8
	3501 元及以上	61.4	0.1	6.6	23.6	8.3

表 3.19.3　2019 年内蒙古市场各类频道在不同时段的市场占有率(%)

时间段	中央广播电视总台	中国教育台频道	内蒙古自治区级频道	其他省级卫视频道	其他频道
02:00~03:00	63.5	0.0	0.8	13.2	22.5
03:00~04:00	48.8	1.2	1.8	40.9	7.3
04:00~05:00	59.3	0.3	3.5	30.1	6.8
05:00~06:00	75.0	0.6	3.1	16.6	4.7
06:00~07:00	79.0	0.3	2.4	14.4	3.9
07:00~08:00	75.9	0.2	4.2	14.7	5.0
08:00~09:00	69.8	0.2	3.2	20.8	6.0
09:00~10:00	59.2	0.3	3.6	28.9	8.0
10:00~11:00	53.4	0.3	3.9	34.1	8.3
11:00~12:00	57.4	0.1	3.6	31.2	7.7
12:00~13:00	63.1	0.1	2.2	29.5	5.1
13:00~14:00	53.3	0.1	3.4	36.4	6.8
14:00~15:00	45.3	0.2	4.0	42.8	7.7
15:00~16:00	44.9	0.2	3.4	43.3	8.2
16:00~17:00	46.7	0.2	4.2	40.4	8.5
17:00~18:00	52.9	0.2	9.4	29.8	7.7
18:00~19:00	57.5	0.1	20.6	15.2	6.6
19:00~20:00	68.6	0.1	6.6	19.3	5.4
20:00~21:00	52.5	0.1	5.4	35.2	6.8
21:00~22:00	50.4	0.1	6.5	35.7	7.3
22:00~23:00	48.2	0.1	6.5	34.7	10.5
23:00~24:00	45.3	0.1	3.8	37.5	13.3
24:00~25:00	44.7	0.0	6.6	28.4	20.3
25:00~26:00	56.4	0.0	4.8	14.4	24.4

表 3.19.4　2019 年内蒙古市场收视份额排名前十位的频道

名次	频道名称	收视份额(%)
1	中央电视台综合频道	11.9
2	中央台八套	11.0
3	中央台六套	7.3
4	中央电视台少儿频道	5.7
5	中央台三套	5.4
6	湖南卫视	3.8
7	中央电视台新闻频道	3.6
8	浙江卫视	3.4
9	中央台十二套	3.2
10	中央台四套	2.4

表 3.19.5 2019 年内蒙古市场各主要频道的观众构成(%)

目标观众		所有频道	主要频道				
			中央电视台综合频道	中央台八套	中央台六套	中央电视台少儿频道	中央台三套
4 岁及以上所有人		100.0	100.0	100.0	100.0	100.0	100.0
城乡	城市	37.2	46.8	33.7	26.9	19.9	37.8
	乡村	62.8	53.2	66.3	73.1	80.1	62.2
性别	男	49.8	51.0	47.7	57.9	45.4	47.4
	女	50.2	49.0	52.3	42.1	54.6	52.6
年龄	4~14 岁	8.2	3.7	2.4	7.5	44.4	2.6
	15~24 岁	8.4	7.8	6.1	11.9	6.2	6.5
	25~34 岁	12.0	8.0	7.1	12.9	23.5	9.2
	35~44 岁	17.6	17.2	15.1	32.8	11.0	13.5
	45~54 岁	20.6	22.9	23.7	22.7	5.2	22.6
	55~64 岁	17.0	20.2	18.5	6.6	6.7	23.8
	65 岁及以上	16.2	20.2	27.1	5.6	3.0	21.8
教育程度	未受过正规教育	5.3	4.0	3.8	2.6	23.3	3.7
	小学	22.0	15.4	27.7	20.8	29.4	21.5
	初中	36.9	32.6	40.1	43.6	29.9	35.7
	高中	24.1	29.1	21.0	22.3	13.2	27.8
	大学及以上	11.7	18.9	7.4	10.7	4.2	11.3
职业类别	干部/管理人员	0.8	1.7	0.5	1.4	0.2	0.9
	个体/私营企业人员	21.6	22.0	18.5	30.3	16.1	18.6
	初级公务员/雇员	8.8	10.4	7.4	9.5	3.6	6.9
	工人	8.2	8.1	7.0	10.2	4.2	10.9
	学生	9.9	6.2	5.0	13.2	26.0	4.1
	无业	33.8	37.3	36.1	18.7	42.6	33.2
	其他	16.9	14.3	25.5	16.7	7.3	25.4
个人月收入	0~300 元	30.8	21.1	24.7	29.9	65.8	24.6
	301~900 元	5.9	5.1	8.1	5.9	2.6	8.0
	901~1700 元	7.2	6.7	9.2	6.9	3.1	8.6
	1701~2600 元	15.5	14.8	19.6	15.8	7.6	15.2
	2601~3500 元	18.0	21.4	18.4	18.1	7.3	19.0
	3501 元及以上	22.6	30.9	20.0	23.4	13.6	24.6

表 3.19.6　2017~2019 年内蒙古市场各类节目的播出比重(%)和收视比重(%)

节目类型	2017 年		2018 年		2019 年	
	播出比重	收视比重	播出比重	收视比重	播出比重	收视比重
财经	1.1	0.4	1.2	0.4	1.0	0.3
电视剧	21.5	29.7	21.4	29.0	21.3	28.1
电影	3.8	5.7	4.1	6.2	3.7	7.3
法制	0.9	1.1	0.9	1.3	0.8	1.5
教学	0.2	0.0	0.3	0.0	0.4	0.0
青少	7.6	5.3	7.5	4.7	7.9	5.6
生活服务	7.6	7.3	7.6	6.8	7.0	6.2
体育	3.7	1.4	3.7	2.6	4.0	2.0
外语	0.1	0.0	0.1	0.0	0.2	0.0
戏剧	0.9	0.4	0.8	0.5	0.9	0.3
新闻/时事	15.5	13.8	16.0	14.1	16.4	14.9
音乐	1.7	1.0	1.6	1.1	1.9	1.2
专题	14.6	5.1	14.3	5.0	14.5	5.4
综艺	8.6	13.4	8.1	13.1	7.3	12.6
其他	12.2	15.4	12.4	15.2	12.7	14.6

表 3.19.7　2019 年内蒙古市场所有节目收视排名前三十位

名次	节目名称	节目类型	播出频道	平均收视率（%）	平均占有率（%）
1	2019 中央广播电视总台春节联欢晚会	综艺	中央电视台综合频道	31.6	75.6
2	庆祝中华人民共和国成立 70 周年大会阅兵式群众游行特别报道	新闻/时事	中央电视台综合频道	20.5	77.0
3	向伟大复兴前进	新闻/时事	中央电视台综合频道	14.3	72.2
4	庆祝中华人民共和国成立 70 周年联欢活动	综艺	中央电视台综合频道	11.3	32.9
5	新闻联播	新闻/时事	中央电视台综合频道	10.2	33.5
6	一年又一年	专题	中央电视台综合频道	9.0	39.7
7	中国诗词大会第四季（2 月 5 日）	专题	中央电视台综合频道	8.3	22.4
8	喜气洋洋闹元宵	综艺	中央电视台综合频道	8.0	23.4
9	2019 年中央广播电视总台中秋晚会	综艺	中央电视台综合频道	7.8	23.1
10	庆祝澳门回归祖国 20 周年特别报道	新闻/时事	中央电视台综合频道	7.3	20.5
11	牵挂与惦念习近平总书记赴重庆华溪村扶贫考察纪实	专题	中央电视台综合频道	7.3	20.2
12	第七届世界军人运动会开幕式特别报道	新闻/时事	中央电视台综合频道	7.0	19.5
13	推动京津冀协同发展取得新的更大进展	专题	中央电视台综合频道	6.6	17.1

续表

名次	节目名称	节目类型	播出频道	平均收视率（%）	平均占有率（%）
14	焦点访谈	新闻/时事	中央电视台综合频道	6.1	16.7
15	庆祝中华人民共和国成立70周年特别节目走向复兴	新闻/时事	中央电视台综合频道	6.0	16.4
16	等闲识得东风面2019年习近平主席访问欧洲三国纪行	专题	中央电视台综合频道	5.9	15.0
17	中华人民共和国中央人民政府成立典礼原始影像	专题	中央电视台综合频道	5.8	16.8
18	破冰行动	电视剧	中央台八套	5.8	16.1
19	2019中央军委慰问驻京部队老干部迎新春文艺演出	综艺	中央电视台综合频道	5.5	13.5
20	中央电视台特别节目携手奔向互利共赢的康庄大道	专题	中央电视台综合频道	4.9	13.1
21	变害为利造福人民习近平生态文明思想在福建木兰溪的先行探索	专题	中央电视台综合频道	4.8	13.4
22	濠江情中国心	专题	中央电视台综合频道	4.8	11.9
23	最美的青春	电视剧	中央台八套	4.7	14.2
24	新春喜剧之夜	综艺	中央台三套	4.6	12.2
25	我怕来不及	电视剧	中央台八套	4.5	15.0
26	星火云雾街	电视剧	中央台八套	4.5	14.0
27	举起手来之二追击阿多丸	电影	中央台六套	4.5	12.6
28	礼赞最美奋斗者	专题	中央电视台综合频道	4.4	14.9
29	丐世英雄	电影	中央台六套	4.4	12.3
30	无名卫士	电视剧	中央台八套	4.3	14.3

表3.19.8 2019年内蒙古市场电视剧收视率排名前十位

名次	节目名称	播出频道	平均收视率(%)	平均占有率(%)
1	破冰行动	中央台八套	5.8	16.1
2	最美的青春	中央台八套	4.7	14.2
3	我怕来不及	中央台八套	4.5	15.0
4	星火云雾街	中央台八套	4.5	14.0
5	无名卫士	中央台八套	4.3	14.3
6	上将洪学智	中央台八套	4.3	13.6
7	有个地方叫马兰	中央台八套	4.3	13.3
8	锻刀之绝地重生	中央台八套	4.2	13.7
9	国家孩子	中央台八套	4.2	12.3
10	老虎队	中央台八套	4.1	14.3

表 3.19.9　2019 年内蒙古市场新闻节目收视率排名前十位

名次	节目名称	播出频道	平均收视率（%）	平均占有率（%）
1	庆祝中华人民共和国成立 70 周年大会阅兵式群众游行特别报道	中央电视台综合频道	20.5	77.0
2	向伟大复兴前进	中央电视台综合频道	14.3	72.2
3	新闻联播	中央电视台综合频道	10.2	33.5
4	庆祝澳门回归祖国 20 周年特别报道	中央电视台综合频道	7.3	20.5
5	第七届世界军人运动会开幕式特别报道	中央电视台综合频道	7.0	19.5
6	焦点访谈	中央电视台综合频道	6.1	16.7
7	庆祝中华人民共和国成立 70 周年特别节目走向复兴	中央电视台综合频道	6.0	16.4
8	人民欢歌庆祝中华人民共和国成立 70 周年联欢活动特别报道	中央电视台综合频道	4.2	33.3
9	2019 年中国北京世界园艺博览会开幕式特别报道	中央电视台综合频道	4.1	10.0
10	国务院总理会见中外记者并回答提问	中央电视台综合频道	4.1	9.9

表 3.19.10　2019 年内蒙古市场专题节目收视率排名前十位

名次	节目名称	播出频道	平均收视率（%）	平均占有率（%）
1	一年又一年	中央电视台综合频道	9.0	39.7
2	中国诗词大会第四季（2 月 5 日）	中央电视台综合频道	8.3	22.4
3	牵挂与惦念习近平总书记赴重庆华溪村扶贫考察纪实	中央电视台综合频道	7.3	20.2
4	推动京津冀协同发展取得新的更大进展	中央电视台综合频道	6.6	17.1
5	等闲识得东风面 2019 年习近平主席访问欧洲三国纪行	中央电视台综合频道	5.9	15.0
6	中华人民共和国中央人民政府成立典礼原始影像	中央电视台综合频道	5.8	16.8
7	中央电视台特别节目携手奔向互利共赢的康庄大道	中央电视台综合频道	4.9	13.1
8	变害为利造福人民习近平生态文明思想在福建木兰溪的先行探索	中央电视台综合频道	4.8	13.4
9	濠江情中国心	中央电视台综合频道	4.8	11.9
10	礼赞最美奋斗者	中央电视台综合频道	4.4	14.9

表 3.19.11　2019 年内蒙古市场综艺节目收视率排名前十位

名次	节目名称	播出频道	平均收视率（%）	平均占有率（%）
1	2019 中央广播电视总台春节联欢晚会	中央电视台综合频道	31.6	75.6
2	庆祝中华人民共和国成立 70 周年联欢活动	中央电视台综合频道	11.3	32.9
3	喜气洋洋闹元宵	中央电视台综合频道	8.0	23.4
4	2019 年中央广播电视总台中秋晚会	中央电视台综合频道	7.8	23.1
5	2019 中央军委慰问驻京部队老干部迎新春文艺演出	中央电视台综合频道	5.5	13.5
6	新春喜剧之夜	中央台三套	4.6	12.2
7	2019 年上海国际电影电视节第 22 届上海国际电影节金爵奖颁奖典礼	中央台六套	3.9	10.7
8	黄金 100 秒(2 月 10 日)	中央台三套	3.9	9.3
9	声临其境(3 月 8 日)	湖南卫视	3.5	10.5
10	开门大吉(2 月 18 日)	中央台三套	3.5	8.3

表 3.19.12　2019 年内蒙古市场体育节目收视率排名前十位

名次	节目名称	播出频道	平均收视率（%）	平均占有率（%）
1	第七届世界军人运动会开幕式	中央电视台综合频道	3.7	12.8
2	2019 年国际篮联篮球世界杯开幕式	中央电视台综合频道	2.8	8.0
3	第七届世界军人运动会报道:第七届军运会男排半决赛(中国 VS 巴基斯坦)	中央台五套	1.9	5.2
4	第七届世界军人运动会报道:第七届军运会游泳赛女子 4×100 米自由泳接力决赛	中央台五套	1.9	5.1
5	第七届世界军人运动会报道:第七届军运会男篮第二轮(美国 VS 中国)	中央台五套	1.9	4.9
6	第七届世界军人运动会报道:第七届军运会田径男子 3000 米障碍决赛	中央台五套	1.8	4.7
7	第七届世界军人运动会闭幕式	中央台五套	1.5	3.8
8	直播周末:乒乓球团体世界杯颁奖仪式	中央台五套	1.5	3.5
9	直播周末:2019 年国际泳联世锦赛男子 100 米蛙泳半决赛	中央台五套	1.4	3.9
10	第七届世界军人运动会报道:第七届军运会跆拳道男子 54 公斤级决赛	中央台五套	1.3	7.1

二十、宁夏收视数据

表 3.20.1　2015~2019 年宁夏市场各类频道的市场占有率(%)

频道类别	年份				
	2015 年	2016 年	2017 年	2018 年	2019 年
中央广播电视总台	53.3	54.9	54.8	55.4	52.0
中国教育台频道	0.5	0.2	0.1	0.2	0.2
宁夏自治区级频道	3.7	6.0	5.9	5.7	4.9
其他省级卫视频道	37.2	33.3	31.4	25.3	24.0
其他频道	5.3	5.6	7.8	13.4	18.9

表 3.20.2　2019 年宁夏市场各类频道在不同目标观众中的市场占有率(%)

目标观众		中央广播电视总台	中国教育台频道	宁夏自治区级频道	其他省级卫视频道	其他频道
4 岁及以上所有人		52.0	0.2	4.9	24.0	18.9
城乡	城市	51.0	0.2	3.6	23.1	22.1
	农村	53.2	0.3	6.4	25.0	15.1
性别	男	55.2	0.2	5.3	21.9	17.4
	女	48.8	0.2	4.6	26.1	20.3
年龄	4~14 岁	43.4	0.2	4.4	22.5	29.5
	15~24 岁	45.2	0.3	2.9	28.1	23.5
	25~34 岁	40.7	0.2	3.6	26.4	29.1
	35~44 岁	48.7	0.2	4.1	26.4	20.6
	45~54 岁	57.7	0.2	4.1	23.2	14.8
	55~64 岁	63.3	0.2	6.2	20.6	9.7
	65 岁及以上	64.1	0.1	9.1	20.8	5.9
教育程度	未受过正规教育	52.8	0.2	8.0	20.3	18.7
	小学	54.7	0.2	5.5	24.4	15.2
	初中	48.9	0.2	4.7	25.2	21.0
	高中	53.6	0.2	3.5	23.8	18.9
	大学及以上	55.0	0.1	3.7	21.7	19.5
职业类别	干部/管理人员	44.6	0.1	5.6	24.5	25.2
	个体/私营企业人员	50.9	0.2	3.1	24.0	21.8
	初级公务员/雇员	54.4	0.2	4.2	21.1	20.1
	工人	48.4	0.2	4.6	26.8	20.0
	学生	46.1	0.3	3.4	25.7	24.5
	无业	53.5	0.2	5.1	21.6	19.6
	其他	57.4	0.2	7.7	25.5	9.2
个人月收入	0~300 元	46.3	0.3	4.6	24.4	24.4
	301~900 元	69.6	0.1	3.8	19.9	6.6
	901~1700 元	57.4	0.2	7.1	26.4	8.9
	1701~2600 元	53.1	0.2	4.5	25.8	16.4
	2601~3500 元	54.4	0.1	4.7	23.3	17.5
	3501 元及以上	53.1	0.2	5.2	21.5	20.0

表 3.20.3 2019 年宁夏市场各类频道在不同时段的市场占有率(%)

时间段	中央广播电视总台	中国教育台频道	宁夏自治区级频道	其他省级卫视频道	其他频道
02:00~03:00	53.6	0.3	3.2	22.7	20.2
03:00~04:00	56.1	0.6	2.6	23.1	17.6
04:00~05:00	56.4	0.1	1.7	25.1	16.7
05:00~06:00	57.9	0.9	2.1	19.2	19.9
06:00~07:00	60.9	1.0	3.7	11.4	23.0
07:00~08:00	70.0	0.5	5.4	11.9	12.2
08:00~09:00	60.2	0.5	6.2	19.3	13.8
09:00~10:00	51.8	0.4	5.0	25.0	17.8
10:00~11:00	48.9	0.3	4.4	26.1	20.3
11:00~12:00	48.5	0.3	3.9	25.8	21.5
12:00~13:00	58.5	0.2	2.5	19.3	19.5
13:00~14:00	51.2	0.2	2.6	23.7	22.3
14:00~15:00	41.0	0.4	3.7	35.7	19.2
15:00~16:00	39.8	0.4	3.7	34.0	22.1
16:00~17:00	42.5	0.3	3.9	29.5	23.8
17:00~18:00	50.9	0.2	4.3	22.3	22.3
18:00~19:00	59.2	0.2	6.8	14.5	19.3
19:00~20:00	66.7	0.1	4.0	15.4	13.8
20:00~21:00	48.3	0.2	5.9	28.4	17.2
21:00~22:00	45.4	0.2	6.1	28.4	19.9
22:00~23:00	42.9	0.2	5.1	27.2	24.6
23:00~24:00	41.7	0.5	4.5	26.8	26.5
24:00~25:00	43.8	0.1	5.4	23.7	27.0
25:00~26:00	43.8	0.0	4.7	20.5	31.0

表 3.20.4 2019 年宁夏市场收视份额排名前十位的频道

名次	频道名称	收视份额(%)
1	中央台八套	12.0
2	中央电视台综合频道	10.7
3	中央台六套	8.0
4	中央电视台少儿频道	5.7
5	湖南卫视	3.9
6	中央台三套	2.8
7	中央电视台新闻频道	2.7
7	浙江卫视	2.7
9	中央台十二套	2.0
10	中央台四套	1.8

表 3.20.5　2019 年宁夏市场各主要频道的观众构成(%)

目标观众		所有频道	中央台八套	中央电视台综合频道	中央台六套	中央电视台少儿频道	湖南卫视
4 岁及以上所有人		100.0	100.0	100.0	100.0	100.0	100.0
城乡	城市	53.4	48.0	56.1	52.1	35.3	51.7
	农村	46.6	52.0	43.9	47.9	64.7	48.3
性别	男	49.7	49.4	54.4	54.3	49.5	36.6
	女	50.3	50.6	45.6	45.7	50.5	63.4
年龄	4~14 岁	14.2	6.7	5.5	12.1	51.0	16.9
	15~24 岁	11.1	9.0	7.8	12.0	9.7	20.4
	25~34 岁	13.8	8.6	8.9	14.1	15.1	18.2
	35~44 岁	18.1	15.0	16.4	25.2	8.9	21.9
	45~54 岁	14.9	17.7	17.8	18.6	5.1	14.6
	55~64 岁	14.3	23.5	18.5	11.5	5.7	5.4
	65 岁及以上	13.6	19.5	25.1	6.5	4.5	2.6
教育程度	未受过正规教育	9.1	8.7	10.2	6.3	17.7	4.6
	小学	24.7	27.8	23.7	25.1	44.5	22.2
	初中	40.3	41.2	36.7	43.6	26.9	44.1
	高中	17.7	16.9	17.6	18.4	6.6	19.5
	大学及以上	8.2	5.5	11.8	6.5	4.3	9.6
职业类别	干部/管理人员	0.3	0.2	0.5	0.4	0.0	0.5
	个体/私营企业人员	12.3	12.1	10.1	16.5	6.3	13.1
	初级公务员/雇员	7.2	6.6	8.4	7.7	2.3	7.7
	工人	13.7	11.6	13.0	16.6	7.3	16.1
	学生	16.7	10.9	8.9	16.9	43.0	26.8
	无业	31.8	34.4	37.5	21.2	28.6	23.1
	其他	18.1	24.2	21.5	20.7	12.5	12.8
个人月收入	0~300 元	37.4	29.1	27.0	34.6	70.8	47.3
	301~900 元	2.4	3.7	4.1	2.7	2.6	1.7
	901~1700 元	11.7	18.4	13.3	11.3	6.0	8.0
	1701~2600 元	15.3	17.2	15.3	17.1	7.3	14.1
	2601~3500 元	16.9	16.6	21.4	16.6	5.5	14.3
	3501 元及以上	16.3	15.0	18.8	17.6	7.8	14.7

表 3.20.6　2017~2019 年宁夏市场各类节目的播出比重(%)和收视比重(%)

节目类型	2017 年		2018 年		2019 年	
	播出比重	收视比重	播出比重	收视比重	播出比重	收视比重
财经	1.2	0.3	1.1	0.4	1.1	0.4
电视剧	21.2	28.8	21.3	28.2	22.1	30.0
电影	4.9	8.3	5.5	9.0	4.1	8.7
法制	0.9	1.0	0.8	1.0	0.8	0.9
教学	0.2	0.0	0.3	0.0	0.4	0.0
青少	7.4	6.5	7.2	6.1	7.8	5.6
生活服务	7.6	7.3	7.6	6.9	6.9	6.6
体育	3.4	1.3	3.4	2.1	4.0	1.9
外语	0.1	0.0	0.1	0.0	0.2	0.0
戏剧	0.9	0.4	0.8	0.5	0.9	0.4
新闻/时事	15.6	13.0	16.0	13.8	16.4	14.4
音乐	1.6	1.0	1.5	0.8	1.8	1.0
专题片	14.4	5.1	14.3	5.0	14.2	5.5
综艺	8.1	11.1	7.7	10.2	7.0	9.4
其他	12.5	15.8	12.4	16.1	12.3	15.2

表 3.20.7　2019 年宁夏市场所有节目收视率排名前三十位

名次	节目名称	节目类型	播出频道	平均收视率(%)	平均占有率(%)
1	2019 中央广播电视总台春节联欢晚会	综艺	中央电视台综合频道	21.3	68.8
2	庆祝中华人民共和国成立 70 周年大会阅兵式群众游行特别报道	新闻/时事	中央电视台综合频道	14.4	68.9
3	向伟大复兴前进	新闻/时事	中央电视台综合频道	9.4	65.2
4	新闻联播	新闻/时事	中央电视台综合频道	9.3	37.7
5	庆祝中华人民共和国成立 70 周年联欢活动	综艺	中央电视台综合频道	9.2	27.7
6	天气预报	生活服务	中央电视台综合频道	7.9	27.4
7	穿越历史长廊探寻文化伟力	专题	中央电视台综合频道	6.7	22.0
8	中国诗词大会第四季(2 月 5 日)	专题	中央电视台综合频道	6.7	21.0
9	牵挂与惦念习近平总书记赴重庆华溪村扶贫考察纪实	专题	中央电视台综合频道	6.6	25.3
10	中华人民共和国中央人民政府成立典礼原始影像	专题	中央电视台综合频道	6.4	23.5
11	推动京津冀协同发展取得新的更大进展	专题	中央电视台综合频道	6.3	18.0
12	第七届世界军人运动会开幕式特别报道	新闻/时事	中央电视台综合频道	6.2	20.8

续表

名次	节目名称	节目类型	播出频道	平均收视率（%）	平均占有率（%）
13	姥姥的饺子馆(16~40集)	电视剧	中央台八套	5.9	21.0
14	焦点访谈	新闻/时事	中央电视台综合频道	5.9	19.6
15	开学第一课	青少	中央电视台综合频道	5.8	16.7
16	刘家媳妇	电视剧	中央台八套	5.7	19.0
17	等闲识得东风面 2019年习近平主席访问欧洲三国纪行	专题	中央电视台综合频道	5.6	18.7
18	2019中央军委慰问驻京部队老干部迎新春文艺演出	综艺	中央电视台综合频道	5.6	14.6
19	破冰行动	电视剧	中央台八套	5.5	18.0
20	庆祝中华人民共和国成立70周年特别节目走向复兴	新闻/时事	中央电视台综合频道	5.4	15.5
21	一年又一年	专题	中央电视台综合频道	5.2	30.8
22	龙虾刑警(2月10日)	电影	中央台六套	5.2	15.0
23	星火云雾街	电视剧	中央台八套	5.1	17.4
24	绽放吧百合	电视剧	中央台八套	5.0	18.9
25	濠江情中国心	专题	中央电视台综合频道	4.9	14.4
26	最美的青春	电视剧	中央台八套	4.8	16.8
27	老虎队	电视剧	中央台八套	4.7	18.5
28	变害为利造福人民习近平生态文明思想在福建木兰溪的先行探索	专题	中央电视台综合频道	4.7	15.6
29	中央电视台特别节目携手奔向互利共赢的康庄大道	专题	中央电视台综合频道	4.7	14.9
30	上将洪学智	电视剧	中央台八套	4.5	15.4

表 3.20.8 2019年宁夏市场电视剧收视率排名前十位

名次	节目名称	播出频道	平均收视率(%)	平均占有率(%)
1	姥姥的饺子馆(16~40集)	中央台八套	5.9	21.0
2	刘家媳妇	中央台八套	5.7	19.0
3	破冰行动	中央台八套	5.5	18.0
4	星火云雾街	中央台八套	5.1	17.4
5	绽放吧百合	中央台八套	5.0	18.9
6	最美的青春	中央台八套	4.8	16.8
7	老虎队	中央台八套	4.7	18.5
8	上将洪学智	中央台八套	4.5	15.4
9	有个地方叫马兰	中央台八套	4.3	15.7
10	无名卫士	中央台八套	4.2	16.6

表 3.20.9　2019 年宁夏市场新闻节目收视率排名前十位

名次	节目名称	播出频道	平均收视率（%）	平均占有率（%）
1	庆祝中华人民共和国成立 70 周年大会阅兵式群众游行特别报道	中央电视台综合频道	14.4	68.9
2	向伟大复兴前进	中央电视台综合频道	9.4	65.2
3	新闻联播	中央电视台综合频道	9.3	37.7
4	第七届世界军人运动会开幕式特别报道	中央电视台综合频道	6.2	20.8
5	焦点访谈	中央电视台综合频道	5.9	19.6
6	庆祝中华人民共和国成立 70 周年特别节目走向复兴	中央电视台综合频道	5.4	15.5
7	庆祝澳门回归祖国 20 周年特别报道	中央电视台综合频道	3.2	11.3
8	2019 年中国北京世界园艺博览会开幕式特别报道	中央电视台综合频道	2.7	7.8
9	国务院总理会见中外记者并回答提问（3 月 15 日）	中央电视台综合频道	2.6	7.3
10	人民欢歌庆祝中华人民共和国成立 70 周年联欢活动特别报道	中央电视台综合频道	2.4	23.1

表 3.20.10　2019 年宁夏市场专题节目收视率排名前十位

名次	节目名称	播出频道	平均收视率（%）	平均占有率（%）
1	穿越历史长廊探寻文化伟力	中央电视台综合频道	6.7	22.0
2	中国诗词大会第四季(2 月 5 日)	中央电视台综合频道	6.7	21.0
3	牵挂与惦念习近平总书记赴重庆华溪村扶贫考察纪实	中央电视台综合频道	6.6	25.3
4	中华人民共和国中央人民政府成立典礼原始影像	中央电视台综合频道	6.4	23.5
5	推动京津冀协同发展取得新的更大进展	中央电视台综合频道	6.3	18.0
6	等闲识得东风面 2019 年习近平主席访问欧洲三国纪行	中央电视台综合频道	5.6	18.7
7	一年又一年	中央电视台综合频道	5.2	30.8
8	濠江情中国心	中央电视台综合频道	4.9	14.4
9	变害为利造福人民习近平生态文明思想在福建木兰溪的先行探索	中央电视台综合频道	4.7	15.6
10	中央电视台特别节目携手奔向互利共赢的康庄大道	中央电视台综合频道	4.7	14.9

表 3. 20. 11　2019 年宁夏市场综艺节目收视率排名前十位

名次	节目名称	播出频道	平均收视率（%）	平均占有率（%）
1	2019 中央广播电视总台春节联欢晚会	中央电视台综合频道	21. 3	68. 8
2	庆祝中华人民共和国成立 70 周年联欢活动	中央电视台综合频道	9. 2	27. 7
3	2019 中央军委慰问驻京部队老干部迎新春文艺演出	中央电视台综合频道	5. 6	14. 6
4	喜气洋洋闹元宵	中央电视台综合频道	3. 7	12. 1
5	2019 年中央广播电视总台中秋晚会	中央电视台综合频道	3. 5	11. 4
6	第二届海南岛国际电影节闭幕式暨金椰奖颁奖典礼	中央台六套	3. 4	12. 6
7	周末观察	中央台六套	3. 4	10. 0
8	直通好莱坞	中央台六套	3. 2	9. 6
9	2019 年上海国际电影电视节第 22 届上海国际电影节金爵奖颁奖典礼	中央台六套	3. 1	10. 1
10	鹦鹉话外音	中央台六套	3. 1	9. 3

表 3. 20. 12　2019 年宁夏市场体育节目收视率排名前十位

名次	节目名称	播出频道	平均收视率（%）	平均占有率（%）
1	2019 年国际篮联篮球世界杯开幕式	中央电视台综合频道	2. 3	7. 4
2	第七届世界军人运动会开幕式	中央电视台综合频道	2. 0	8. 0
3	2019 年多哈世界田径锦标赛女子 100 米预赛第一组	中央台五套	1. 3	5. 2
4	直播周末：中华人民共和国第十一届少数民族传统体育运动会开幕式	中央台五套	1. 3	4. 2
5	第七届世界军人运动会报道：第七届军运会女排小组赛 A 组第三轮（加拿大 VS 中国）	中央台五套	1. 3	3. 6
6	实况录像：2019 年女排世界杯第八轮（俄罗斯 VS 荷兰）	中央台五套	1. 2	4. 2
7	第七届世界军人运动会报道：第七届军运会女子 50 米假人救生	中央台五套	1. 2	3. 5
7	现场直播：2019 年女篮亚洲杯小组赛（菲律宾 VS 中国）	中央台五套	1. 1	4. 5
9	2019 年国际篮联篮球世界杯 F 组（希腊 VS 新西兰）	中央台五套	1. 0	4. 0
10	第七届世界军人运动会报道：第七届军运会击剑女子个人重剑决赛	中央台五	1. 0	3. 5

二十一、山东收视数据

表 3.21.1　2015~2019 年山东市场各类频道的市场占有率(%)

频道类别	年　份				
	2015 年	2016 年	2017 年	2018 年	2019 年
中央广播电视总台	22.9	24.5	25.3	26.1	27.0
中国教育台频道	0.0	0.0	0.1	0.1	0.1
山东省级频道	47.0	44.0	43.5	43.0	32.7
其他省级卫视频道	18.1	18.1	15.5	16.3	19.4
其他频道	12.0	13.4	15.6	14.5	20.8

表 3.21.2　2019 年山东市场各类频道在不同目标观众中的市场占有率(%)

目标观众		中央广播电视总台	中国教育台频道	山东省级频道	其他省级卫视频道	其他频道
4 岁及以上所有人		27.0	0.1	32.7	19.4	20.8
城乡	城市	29.6	0.1	18.3	23.2	28.8
	乡村	26.0	0.1	38.5	17.9	17.5
性别	男	29.3	0.1	32.5	18.2	19.9
	女	24.9	0.1	32.8	20.5	21.7
年龄	4~14 岁	18.0	0.1	27.4	29.6	24.9
	15~24 岁	19.8	0.1	32.7	20.1	27.3
	25~34 岁	23.4	0.1	29.1	27.5	19.9
	35~44 岁	21.1	0.0	28.4	26.1	24.4
	45~54 岁	28.8	0.1	34.0	17.6	19.5
	55~64 岁	30.9	0.1	34.9	17.5	16.6
	65 岁及以上	36.0	0.0	37.1	8.1	18.8
教育程度	未受过正规教育	20.3	0.0	40.3	21.3	18.1
	小学	31.6	0.0	34.6	16.6	17.2
	初中	25.8	0.1	33.8	19.7	20.6
	高中	28.8	0.1	26.4	20.2	24.5
	大学及以上	28.8	0.1	25.7	19.7	25.7
职业类别	干部/管理人员	33.0	0.2	20.2	22.7	23.9
	个体/私营企业人员	24.6	0.1	26.4	25.6	23.3
	初级公务员/雇员	27.2	0.1	26.7	20.5	25.5
	工人	26.3	0.0	40.1	17.2	16.4
	学生	21.2	0.1	24.3	28.5	25.9
	无业	30.4	0.1	26.0	18.0	25.5
	其他	27.3	0.1	41.6	16.0	15.0
个人月收入	0~300 元	23.1	0.1	29.2	23.8	23.8
	301~900 元	22.9	0.1	47.4	12.9	16.7
	901~1700 元	32.3	0.1	34.0	19.4	14.2
	1701~2600 元	29.4	0.1	35.9	17.7	16.9
	2601~3500 元	30.0	0.0	28.3	17.7	24.0
	3501 元及以上	27.9	0.1	22.0	21.0	29.0

表 3.21.3　2019 年山东市场各类频道在不同时段的市场占有率(%)

时间段	中央广播电视总台	中国教育台频道	山东省级频道	其他省级卫视频道	其他频道
02:00~03:00	36.3	0.0	21.6	17.8	24.3
03:00~04:00	38.1	0.0	22.9	13.7	25.3
04:00~05:00	46.9	0.0	20.7	13.3	19.1
05:00~06:00	48.6	0.0	16.6	19.7	15.1
06:00~07:00	47.5	0.1	18.9	16.0	17.5
07:00~08:00	42.4	0.1	21.4	18.0	18.1
08:00~09:00	34.4	0.1	18.3	24.3	22.9
09:00~10:00	28.8	0.1	17.2	28.2	25.7
10:00~11:00	29.5	0.1	14.3	29.9	26.2
11:00~12:00	32.5	0.1	15.9	28.2	23.3
12:00~13:00	34.0	0.0	16.2	27.7	22.1
13:00~14:00	29.7	0.1	16.2	30.3	23.7
14:00~15:00	27.0	0.1	17.1	30.9	24.9
15:00~16:00	26.5	0.1	15.3	32.0	26.1
16:00~17:00	27.7	0.2	15.2	30.6	26.3
17:00~18:00	26.8	0.1	24.5	23.9	24.7
18:00~19:00	25.8	0.0	41.2	11.7	21.3
19:00~20:00	25.0	0.0	46.6	10.4	18.0
20:00~21:00	21.9	0.0	46.6	15.1	16.4
21:00~22:00	22.6	0.0	47.2	14.2	16.0
22:00~23:00	27.5	0.1	26.5	19.1	26.8
23:00~24:00	28.2	0.1	21.6	21.3	28.8
24:00~25:00	31.5	0.1	22.3	16.9	29.2
25:00~26:00	32.0	0.0	22.3	18.6	27.1

表 3.21.4　2019 年山东市场收视份额排名前十位的频道

名次	频道名称	收视份额(%)
1	山东电视齐鲁频道	16.6
2	山东卫视	6.0
3	中央电视台综合频道	4.3
4	山东电视综艺频道	3.9
4	中央台六套	3.9
4	中央台四套	3.9
7	中央台八套	3.3
8	中央台三套	3.1
9	北京卡酷少儿频道	2.8
10	湖南电视台金鹰卡通频道	2.3

表 3.21.5　2019 年山东市场各主要频道的观众构成(%)

目标观众		所有频道	主要频道					
			山东电视齐鲁频道	山东卫视	中央电视台综合频道	山东电视综艺频道	中央台六套	中央台四套
4 岁及以上所有人		100.0	100.0	100.0	100.0	100.0	100.0	100.0
城乡	城市	28.6	9.7	24.5	33.5	18.4	30.4	27.2
	乡村	71.4	90.3	75.5	66.5	81.6	69.6	72.8
性别	男	48.2	48.6	51.2	49.6	47.0	54.3	56.9
	女	51.8	51.4	48.8	50.4	53.0	45.7	43.1
年龄	4~14 岁	11.2	9.7	3.5	6.9	11.4	10.5	4.1
	15~24 岁	8.4	9.0	7.3	7.9	7.3	9.3	2.4
	25~34 岁	9.6	7.7	7.5	7.6	7.3	10.1	3.6
	35~44 岁	13.3	10.0	6.0	10.2	22.1	16.1	5.2
	45~54 岁	20.1	19.6	21.7	16.5	24.7	31.3	10.8
	55~64 岁	18.4	20.8	24.2	21.9	9.5	15.8	20.1
	65 岁及以上	19.0	23.2	29.8	29.0	17.7	6.9	53.8
教育程度	未受过正规教育	10.9	16.2	9.1	9.1	9.2	6.5	9.3
	小学	18.1	23.0	18.3	19.8	14.1	13.5	35.1
	初中	45.0	45.5	47.8	45.8	53.1	47.3	32.7
	高中	20.5	12.4	18.8	19.7	20.4	27.2	18.9
	大学及以上	5.5	2.9	6.0	5.6	3.2	5.5	4.0
职业类别	干部/管理人员	1.2	0.9	0.7	0.8	0.4	1.4	0.5
	个体/私营企业人员	10.1	7.5	6.8	5.9	14.9	14.5	7.2
	初级公务员/雇员	9.7	4.7	9.5	10.2	5.4	12.0	7.4
	工人	19.6	25.5	23.2	20.2	29.6	28.8	8.0
	学生	9.8	8.6	4.9	8.0	7.2	12.7	4.1
	无业	23.5	16.4	19.0	31.7	21.4	13.8	37.6
	其他	26.1	36.4	35.9	23.2	21.1	16.8	35.2
个人月收入	0~300 元	28.3	25.5	18.6	26.3	30.3	27.3	18.5
	301~900 元	14.1	22.7	25.4	13.5	7.3	7.3	14.7
	901~1700 元	15.2	18.1	12.6	13.8	15.6	13.4	22.5
	1701~2600 元	18.2	18.1	21.9	19.1	20.6	24.6	18.2
	2601~3500 元	11.5	8.7	12.2	14.2	9.7	12.7	14.5
	3501 元及以上	12.7	6.9	9.3	13.1	16.5	14.7	11.6

表3.21.6　2017~2019年山东市场各类节目的播出比重(%)和收视比重(%)

节目类型	2017年		2018年		2019年	
	播出比重	收视比重	播出比重	收视比重	播出比重	收视比重
财经	1.1	0.2	1.0	0.2	1.0	0.2
电视剧	20.0	22.9	20.1	28.1	20.4	31.1
电影	3.7	3.7	3.9	3.9	3.5	5.0
法制	1.0	0.9	0.9	0.7	0.9	0.5
教学	0.2	0.0	0.3	0.0	0.4	0.0
青少	7.7	5.9	7.7	5.7	8.1	7.4
生活服务	9.3	10.3	9.1	9.5	8.2	9.6
体育	3.7	1.2	3.9	1.7	4.5	1.9
外语	0.1	0.0	0.1	0.0	0.2	0.0
戏剧	0.8	0.3	0.8	0.4	0.8	0.6
新闻/时事	15.1	15.7	15.4	15.0	15.7	11.9
音乐	1.5	0.7	1.4	0.7	1.7	0.9
专题	14.3	6.3	14.1	6.0	14.0	4.8
综艺	9.3	17.5	8.9	14.0	7.9	12.9
其他	12.2	14.4	12.4	14.1	12.7	13.2

表3.21.7　2019年山东市场所有节目收视率排名前三十位

名次	节目名称	节目类型	播出频道	平均收视率(%)	平均占有率(%)
1	喋血红颜	电视剧	山东电视齐鲁频道	13.6	34.9
2	娘道	电视剧	山东电视齐鲁频道	12.3	36.4
3	那年小米正芬芳	电视剧	山东电视齐鲁频道	11.8	31.3
4	喋血玫瑰	电视剧	山东电视齐鲁频道	11.6	27.8
5	龙潭双枪	电视剧	山东电视齐鲁频道	10.8	32.5
6	麦香	电视剧	山东电视齐鲁频道	10.7	32.9
7	爱国者联盟	电视剧	山东电视齐鲁频道	10.7	27.4
8	热血东风	电视剧	山东电视齐鲁频道	10.6	30.0
9	小妮扛枪	电视剧	山东电视齐鲁频道	10.4	29.8
10	太行英雄	电视剧	山东电视齐鲁频道	10.2	30.5
11	热血兄弟连	电视剧	山东电视齐鲁频道	10.2	29.3
12	津门飞鹰	电视剧	山东电视齐鲁频道	10.1	32.7
13	神炮手	电视剧	山东电视齐鲁频道	9.9	28.9
14	铁家伙	电视剧	山东电视齐鲁频道	9.7	29.1

续表

名次	节目名称	节目类型	播出频道	平均收视率（%）	平均占有率（%）
15	战风雷	电视剧	山东电视齐鲁频道	9.6	29.4
15	传奇福将	电视剧	山东电视齐鲁频道	9.6	29.4
17	英豪战歌	电视剧	山东电视齐鲁频道	9.4	29.8
18	重炮手	电视剧	山东电视齐鲁频道	9.0	28.7
19	庆祝中华人民共和国成立70周年联欢活动	综艺	中央电视台综合频道	8.9	24.0
20	决战大西北	电视剧	山东电视齐鲁频道	8.7	29.2
21	风雷诀	电视剧	山东电视齐鲁频道	8.7	27.1
22	2019中央广播电视总台春节联欢晚会	综艺	中央电视台综合频道	8.6	17.2
23	雪地娘子军	电视剧	山东电视齐鲁频道	8.4	26.8
24	京东齐鲁小年夜一厨好席	综艺	山东电视齐鲁频道	8.3	21.4
25	我怕来不及	电视剧	山东电视齐鲁频道	8.2	28.3
26	正阳门下小女人	电视剧	山东电视齐鲁频道	8.1	25.1
27	我的青春之歌	综艺	山东电视齐鲁频道	7.6	20.7
28	喜气洋洋闹元宵	综艺	中央电视台综合频道	7.1	19.0
29	嘻哈俱乐部	综艺	山东电视齐鲁频道	7.1	17.9
30	知否知否	电视剧	山东电视齐鲁频道	6.8	24.3

表3.21.8　2019年山东市场电视剧收视率排名前十位

名次	节目名称	播出频道	平均收视率（%）	平均占有率（%）
1	喋血红颜	山东电视齐鲁频道	13.6	34.9
2	娘道	山东电视齐鲁频道	12.3	36.4
3	那年小米正芬芳	山东电视齐鲁频道	11.8	31.3
4	喋血玫瑰	山东电视齐鲁频道	11.6	27.8
5	龙潭双枪	山东电视齐鲁频道	10.8	32.5
6	麦香	山东电视齐鲁频道	10.7	32.9
7	爱国者联盟	山东电视齐鲁频道	10.7	27.4
8	热血东风	山东电视齐鲁频道	10.6	30.0
9	小妮扛枪	山东电视齐鲁频道	10.4	29.8
10	太行英雄	山东电视齐鲁频道	10.2	30.5

表 3.21.9　2019 年山东市场新闻节目收视率排名前十位

名次	节目名称	播出频道	平均收视率（%）	平均占有率（%）
1	庆祝中华人民共和国成立 70 周年大会阅兵式群众游行特别报道	中央电视台综合频道	5.7	20.7
2	每日新闻	山东电视齐鲁频道	5.5	21.8
3	人民欢歌庆祝中华人民共和国成立 70 周年联欢活动特别报道	中央电视台综合频道	5.0	23.1
4	向伟大复兴前进	中央电视台综合频道	4.7	24.5
5	欢乐跨年夜精彩看齐鲁	山东电视齐鲁频道	4.0	20.6
6	迎战台风利奇马	山东电视齐鲁频道	3.4	22.2
7	我爱你中国	山东电视齐鲁频道	3.1	17.3
8	转播中央台新闻联播	山东卫视	2.8	8.7
9	庆祝中华人民共和国成立 70 周年特别节目走向复兴	中央电视台综合频道	2.6	7.0
10	春节传奇中国节	中央台四套	2.2	5.6

表 3.21.10　2019 年山东市场专题节目收视率排名前十位

名次	节目名称	播出频道	平均收视率（%）	平均占有率（%）
1	山东好人 2018 十大年度人物颁奖典礼	山东电视齐鲁频道	6.8	19.4
2	一年又一年	中央电视台综合频道	4.0	10.5
3	弘扬法治精神打造法治山东金招牌首届山东省十大法治人物颁奖典礼	山东电视齐鲁频道	3.6	18.3
4	陪你一起过大年	山东电视齐鲁频道	3.4	11.1
5	礼赞最美奋斗者	中央电视台综合频道	2.9	8.8
6	中国诗词大会第四季(2 月 6 日)	中央电视台综合频道	2.7	6.5
7	传家宝里的新中国	山东电视齐鲁频道	2.4	19.3
8	红色通缉	中央电视台综合频道	2.3	5.5
9	奋进新山东	山东电视齐鲁频道	2.2	13.7
10	幸福心观察	山东电视综艺频道	1.9	8.8

表 3.21.11　2019 年山东市场综艺节目收视率排名前十位

名次	节目名称	播出频道	平均收视率（%）	平均占有率（%）
1	庆祝中华人民共和国成立 70 周年联欢活动	中央电视台综合频道	8.9	24.0
2	2019 中央广播电视总台春节联欢晚会	中央电视台综合频道	8.6	17.2
3	京东齐鲁小年夜一厨好席	山东电视齐鲁频道	8.3	21.4
4	我的青春之歌	山东电视齐鲁频道	7.6	20.7
5	喜气洋洋闹元宵	中央电视台综合频道	7.1	19.0
6	嘻哈俱乐部	山东电视齐鲁频道	7.1	17.9
7	2019 年中央广播电视总台中秋晚会	中央电视台综合频道	5.1	14.5
8	喜到福到好运到 2019 年春晚倒计时	中央台三套	4.4	11.1
9	我是大明星第 9 季	山东电视综艺频道	3.7	9.6
10	新春喜剧之夜	中央台三套	3.6	8.8

表 3.21.12　2019 年山东市场体育节目收视率排名前十位

名次	节目名称	播出频道	平均收视率（%）	平均占有率（%）
1	越运动越幸福 18 年山东全民健身寻找群众身边最美系列活动颁奖晚会	山东电视齐鲁频道	2.0	14.9
2	第七届世界军人运动会开幕式	中央台四套	1.7	5.9
3	第七届世界军人运动会报道：第七届军运会跳水女子双人 3 米板决赛	中央台五套	1.5	6.1
4	现场直播：2019 年全国田径锦标赛男子 400 米决赛	中央台五套	1.5	5.2
5	超级赛场：2019/2020 赛季 CBA 常规赛第 21 轮（山东西王 VS 天津先行者）	山东电视体育频道	1.5	4.8
6	第七届世界军人运动会报道：第七届军运会游泳比赛女子 800 米自由泳决赛	中央台五套	1.4	4.1
7	现场直播：2019 年亚洲足联冠军联赛 E 组第 5 轮（山东鲁能泰山 VS 庆南）	中央台五套	1.3	3.5
8	2019 年国际篮联篮球世界杯开幕式	中央电视台综合频道	1.3	3.3
9	2019 年世界乒乓球锦标赛男单颁奖仪式	中央台五套	1.1	6.0
10	现场直播：2019 年国际泳联世锦赛女子 200 米自由泳决赛	中央台五套	1.1	3.7

二十二、陕西收视数据

表 3.22.1　2015~2019 年陕西市场各类频道的市场占有率(%)

频道类别	年份				
	2015 年	2016 年	2017 年	2018 年	2019 年
中央广播电视总台	39.8	42.1	42.8	44.3	41.7
中国教育台频道	0.4	0.3	0.3	0.3	0.3
陕西省级频道	13.9	14.4	14.3	13.9	12.7
其他省级卫视频道	42.6	38.3	35.1	30.9	29.0
其他频道	3.3	4.9	7.5	10.6	16.3

表 3.22.2　2019 年陕西市场各类频道在各目标观众中的市场占有率(%)

目标观众		中央广播电视总台	中国教育台频道	陕西省级频道	其他省级卫视频道	其他频道
4 岁及以上所有人		41.7	0.3	12.7	29.0	16.3
城乡	城市	43.6	0.3	15.7	24.1	16.3
	农村	40.7	0.4	11.1	31.7	16.1
性别	男	43.1	0.4	14.2	26.1	16.2
	女	40.3	0.3	11.2	32.1	16.1
年龄	4~14 岁	45.1	0.2	3.7	31.0	20.0
	15~24 岁	37.5	0.4	7.2	34.9	20.0
	25~34 岁	34.9	0.5	10.1	38.4	16.1
	35~44 岁	38.4	0.3	7.5	30.9	22.9
	45~54 岁	43.0	0.3	14.3	25.8	16.6
	55~64 岁	44.8	0.5	15.6	26.7	12.4
	65 岁及以上	45.6	0.4	22.8	22.3	8.9
教育程度	未受过正规教育	46.2	0.1	10.8	27.3	15.6
	小学	42.8	0.4	13.0	29.4	14.4
	初中	39.4	0.4	12.7	30.9	16.6
	高中	43.5	0.4	13.3	25.9	16.9
	大学及以上	41.4	0.2	11.6	29.0	17.8
职业类别	干部/管理人员	47.7	0.1	7.6	26.0	18.6
	个体/私营企业人员	45.3	0.3	10.5	27.9	16.0
	初级公务员/雇员	42.3	0.1	13.5	29.0	15.1
	工人	38.9	0.4	17.3	24.6	18.8
	学生	43.3	0.4	5.2	31.0	20.1
	无业	45.9	0.3	12.1	27.4	14.3
	其他	37.9	0.4	15.0	30.6	16.1
个人月收入	0~300 元	42.9	0.4	9.6	32.0	15.1
	301~900 元	40.6	0.3	15.8	31.1	12.2
	901~1700 元	34.9	0.4	18.4	26.0	20.3
	1701~2600 元	42.1	0.4	11.7	28.3	17.5
	2601~3500 元	41.5	0.2	13.4	26.6	18.3
	3501 元及以上	45.5	0.4	14.5	25.7	13.9

表 3.22.3　2019 年陕西市场各类频道在不同时段的市场占有率(%)

时间段	中央广播电视总台	中国教育台频道	陕西省级频道	其他省级卫视频道	其他频道
02:00~03:00	20.0	0.0	1.5	51.2	27.3
03:00~04:00	17.3	0.4	1.4	27.8	53.1
04:00~05:00	28.4	0.3	1.7	23.4	46.2
05:00~06:00	63.0	0.6	2.6	17.4	16.4
06:00~07:00	71.2	1.3	5.8	14.0	7.7
07:00~08:00	60.4	1.2	6.7	18.9	12.8
08:00~09:00	49.0	1.0	7.3	26.8	15.9
09:00~10:00	45.5	0.8	6.8	30.9	16.0
10:00~11:00	42.7	0.8	7.4	32.7	16.4
11:00~12:00	43.3	0.5	6.0	32.4	17.8
12:00~13:00	48.1	0.3	5.7	28.9	17.0
13:00~14:00	38.0	0.4	7.0	34.5	20.1
14:00~15:00	35.3	0.5	8.6	36.6	19.0
15:00~16:00	35.8	0.5	8.2	37.3	18.2
16:00~17:00	38.7	0.5	7.3	34.9	18.6
17:00~18:00	44.3	0.3	7.0	28.7	19.7
18:00~19:00	47.5	0.2	18.9	17.8	15.6
19:00~20:00	53.1	0.2	14.1	20.1	12.5
20:00~21:00	36.4	0.2	15.7	32.6	15.1
21:00~22:00	33.3	0.3	18.0	31.8	16.6
22:00~23:00	34.4	0.2	16.7	30.6	18.1
23:00~24:00	35.6	0.3	14.8	28.2	21.1
24:00~25:00	36.8	0.2	16.0	24.9	22.1
25:00~26:00	36.0	0.1	5.9	32.1	25.9

表 3.22.4　2019 年陕西市场收视份额排名前十位的频道

名次	频道名称	收视份额(%)
1	中央电视台综合频道	9.5
2	中央电视台少儿频道	7.0
3	中央台八套	6.6
4	湖南卫视	4.1
5	中央台六套	3.8
6	陕西卫视	3.2
7	中央台十二套	2.5
7	陕西广播电视台新闻资讯频道(一套)	2.5
9	陕西广播电视台都市青春频道(二套)	2.4
10	中央台四套	2.3
10	浙江卫视	2.3

表3.22.5 2019年陕西市场各主要频道的观众构成(%)

目标观众		所有频道	中央电视台综合频道	中央电视台少儿频道	中央台八套	湖南卫视	中央台六套
4岁及以上所有人		100.0	100.0	100.0	100.0	100.0	100.0
城乡	城市	35.3	53.1	16.9	32.4	34.4	33.1
	农村	64.7	46.9	83.1	67.6	65.6	66.9
性别	男	51.2	51.3	48.7	49.3	35.7	57.7
	女	48.8	48.7	51.3	50.7	64.3	42.3
年龄	4~14岁	9.2	4.0	39.5	3.2	9.0	7.8
	15~24岁	10.1	10.3	8.5	6.1	17.4	13.2
	25~34岁	11.4	8.3	16.8	6.9	26.2	8.9
	35~44岁	16.8	13.9	15.4	13.7	20.1	25.3
	45~54岁	17.5	18.2	8.6	21.8	14.5	24.6
	55~64岁	17.6	20.5	8.8	25.3	9.3	10.3
	65岁及以上	17.4	24.8	2.4	23.0	3.5	9.9
教育程度	未受过正规教育	6.4	5.3	16.1	7.7	3.4	4.5
	小学	21.2	16.4	38.5	21.8	20.7	23.7
	初中	40.7	35.2	31.7	41.8	40.7	42.5
	高中	23.5	28.7	12.3	23.1	22.7	23.9
	大学及以上	8.2	14.4	1.4	5.6	12.5	5.4
职业类别	干部/管理人员	0.8	1.5	0.1	1.1	1.1	0.2
	个体/私营企业人员	8.8	10.4	8.3	8.6	9.6	11.6
	初级公务员/雇员	4.8	6.1	1.1	6.1	7.5	5.9
	工人	7.2	8.0	3.6	7.2	9.6	10.0
	学生	12.0	9.9	32.0	5.3	17.6	12.2
	无业	26.9	34.5	30.9	28.1	24.4	20.7
	其他	39.5	29.6	24.0	43.6	30.2	39.4
个人月收入	0~300元	37.8	30.6	67.8	35.5	45.2	37.8
	301~900元	7.5	6.8	4.2	10.7	6.8	4.5
	901~1700元	12.7	10.7	7.4	10.7	9.1	11.0
	1701~2600元	13.1	15.7	4.6	13.5	11.4	13.6
	2601~3500元	15.4	18.8	6.7	16.7	14.1	15.2
	3501元及以上	13.5	17.4	9.3	12.9	13.4	17.9

表 3.22.6 2017~2019 年陕西市场各类节目的播出比重(%)和收视比重(%)

节目类型	2017 年		2018 年		2019 年	
	播出比重	收视比重	播出比重	收视比重	播出比重	收视比重
财经	1.1	0.4	1.1	0.3	1.0	0.2
电视剧	21.6	31.6	21.7	31.0	21.6	29.8
电影	4.9	3.9	4.9	4.5	4.7	5.8
法制	0.9	1.4	0.9	1.3	0.9	1.4
教学	0.2	0.2	0.3	0.0	0.4	0.0
青少	6.8	6.9	6.7	7.2	6.8	7.8
生活服务	8.6	7.5	8.9	7.5	8.0	7.0
体育	3.4	1.2	3.5	1.5	4.1	1.3
外语	0.1	0.0	0.1	0.0	0.2	0.0
戏剧	1.2	1.5	1.1	1.3	1.0	1.7
新闻/时事	15.3	13.4	15.6	13.5	16.0	14.7
音乐	1.4	1.0	1.4	0.9	1.8	1.0
专题	13.5	5.2	13.6	5.9	13.6	6.2
综艺	8.2	10.4	7.9	9.6	7.1	8.7
其他	12.8	15.4	12.3	15.5	12.8	14.4

表 3.22.7 2019 年陕西市场所有节目收视率排名前三十位

名次	节目名称	节目类型	播出频道	平均收视率(%)	平均占有率(%)
1	2019 中央广播电视总台春节联欢晚会	综艺	中央电视台综合频道	27.2	65.8
2	庆祝中华人民共和国成立 70 周年大会阅兵式群众游行特别报道	新闻/时事	中央电视台综合频道	20.2	69.8
3	向伟大复兴前进	新闻/时事	中央电视台综合频道	13.7	70.5
4	庆祝中华人民共和国成立 70 周年联欢活动	综艺	中央电视台综合频道	8.8	28.4
5	中国诗词大会第四季(2 月 5 日)	专题	中央电视台综合频道	7.2	19.5
6	新闻联播	新闻/时事	中央电视台综合频道	7.1	30.3
7	一年又一年	专题	中央电视台综合频道	6.1	33.1
8	天气预报	生活服务	中央电视台综合频道	6.0	21.2
9	开学第一课	青少	中央电视台综合频道	5.4	16.7
10	第七届世界军人运动会开幕式特别报道	新闻/时事	中央电视台综合频道	5.2	17.6
11	喜气洋洋闹元宵	综艺	中央电视台综合频道	4.6	14.6
12	濠江情中国心	专题	中央电视台综合频道	4.6	12.9
13	焦点访谈	新闻/时事	中央电视台综合频道	4.5	15.0
14	中央电视台特别节目携手奔向互利共赢的康庄大道	专题	中央电视台综合频道	4.4	15.7
15	牵挂与惦念习近平总书记赴重庆华溪村扶贫考察纪实	专题	中央电视台综合频道	4.3	15.7

续表

名次	节目名称	节目类型	播出频道	平均收视率（%）	平均占有率（%）
16	等闲识得东风面2019年习近平主席访问欧洲三国纪行	专题	中央电视台综合频道	4.2	12.5
17	庆祝中华人民共和国成立70周年特别节目走向复兴	新闻/时事	中央电视台综合频道	4.1	12.9
18	穿越历史长廊探寻文化伟力	专题	中央电视台综合频道	4.0	17.6
19	2019年中央广播电视总台中秋晚会	综艺	中央电视台综合频道	4.0	13.3
20	变害为利造福人民习近平生态文明思想在福建木兰溪的先行探索	专题	中央电视台综合频道	3.8	13.2
21	中央电视台特别节目共同开创中朝两党两国关系的美好未来	专题	中央电视台综合频道	3.7	14.3
22	庆祝澳门回归祖国20周年特别报道	新闻/时事	中央电视台综合频道	3.7	13.7
23	中华人民共和国中央人民政府成立典礼原始影像	专题	中央电视台综合频道	3.6	13.3
24	推动京津冀协同发展取得新的更大进展	专题	中央电视台综合频道	3.6	10.1
25	刘家媳妇(2月12日~2月25日)	电视剧	中央台八套	3.5	11.4
26	最美的青春	电视剧	中央台八套	3.1	10.4
27	声临其境(1月25日)	综艺	湖南卫视	3.1	9.6
28	礼赞最美奋斗者	专题	中央电视台综合频道	3.0	11.5
29	澳门二十年1999~2019	专题	中央电视台综合频道	3.0	9.0
30	2019中央军委慰问驻京部队老干部迎新春文艺演出	综艺	中央电视台综合频道	3.0	8.2

表3.22.8　2019年陕西市场电视剧收视率排名前十位

名次	节目名称	播出频道	平均收视率(%)	平均占有率(%)
1	刘家媳妇(2月12日~2月25日)	中央台八套	3.5	11.4
2	最美的青春	中央台八套	3.1	10.4
3	破冰行动	中央台八套	2.9	9.5
4	老虎队	中央台八套	2.4	9.4
5	无名卫士	中央台八套	2.4	9.2
6	星火云雾街	中央台八套	2.4	8.1
7	特赦1959	中央电视台综合频道	2.3	8.2
8	让我听懂你的语言	中央台八套	2.3	8.0
9	知否知否应是绿肥红瘦(11~78集)	湖南卫视	2.3	7.2
10	兰桐花开	中央台八套	2.2	9.0

表 3.22.9 2019 年陕西市场新闻节目收视率排名前十位

名次	节目名称	播出频道	平均收视率（%）	平均占有率（%）
1	庆祝中华人民共和国成立 70 周年大会阅兵式群众游行特别报道	中央电视台综合频道	20.2	69.8
2	向伟大复兴前进	中央电视台综合频道	13.7	70.5
3	新闻联播	中央电视台综合频道	7.1	30.3
4	第七届世界军人运动会开幕式特别报道	中央电视台综合频道	5.2	17.6
5	焦点访谈	中央电视台综合频道	4.5	15.0
6	庆祝中华人民共和国成立 70 周年特别节目走向复兴	中央电视台综合频道	4.1	12.9
7	庆祝澳门回归祖国 20 周年特别报道	中央电视台综合频道	3.7	13.7
8	人民欢歌庆祝中华人民共和国成立 70 周年联欢活动特别报道	中央电视台综合频道	2.8	26.4
9	亚洲文化嘉年华特别报道	中央电视台综合频道	2.2	9.2
10	国务院总理会见中外记者并回答提问	中央电视台综合频道	2.1	5.9

表 3.22.10 2019 年陕西市场专题节目收视率排名前十位

名次	节目名称	播出频道	平均收视率（%）	平均占有率（%）
1	中国诗词大会第四季(2 月 5 日)	中央电视台综合频道	7.2	19.5
2	一年又一年	中央电视台综合频道	6.1	33.1
3	濠江情中国心	中央电视台综合频道	4.6	12.9
4	中央电视台特别节目携手奔向互利共赢的康庄大道	中央电视台综合频道	4.4	15.7
5	牵挂与惦念习近平总书记赴重庆华溪村扶贫考察纪实	中央电视台综合频道	4.3	15.7
6	等闲识得东风面 2019 年习近平主席访问欧洲三国纪行	中央电视台综合频道	4.2	12.5
7	穿越历史长廊探寻文化伟力	中央电视台综合频道	4.0	17.6
8	变害为利造福人民习近平生态文明思想在福建木兰溪的先行探索	中央电视台综合频道	3.8	13.2
9	中央电视台特别节目共同开创中朝两党两国关系的美好未来	中央电视台综合频道	3.7	14.3
10	中华人民共和国中央人民政府成立典礼原始影像	中央电视台综合频道	3.6	13.3

表 3.22.11　2019 年陕西市场综艺节目收视率排名前十位

名次	节目名称	播出频道	平均收视率(%)	平均占有率(%)
1	2019 中央广播电视总台春节联欢晚会	中央电视台综合频道	27.2	65.8
2	庆祝中华人民共和国成立 70 周年联欢活动	中央电视台综合频道	8.8	28.4
3	喜气洋洋闹元宵	中央电视台综合频道	4.6	14.6
4	2019 年中央广播电视总台中秋晚会	中央电视台综合频道	4.0	13.3
5	声临其境(1 月 25 日)	湖南卫视	3.1	9.6
6	2019 中央军委慰问驻京部队老干部迎新春文艺演出	中央电视台综合频道	3.0	8.2
7	声入人心(1 月 11 日)	湖南卫视	2.9	9.5
8	快乐大本营	湖南卫视	2.5	8.5
9	长江之恋长江流域十二省市春节联欢晚会	湖南卫视	2.4	7.2
10	2019 湖南卫视春节联欢晚会	湖南卫视	2.3	9.0

表 3.22.12　2019 年陕西市场体育节目收视率排名前十位

名次	节目名称	播出频道	平均收视率(%)	平均占有率(%)
1	第七届世界军人运动会开幕式	中央电视台综合频道	2.3	8.7
2	2019 年国际篮联篮球世界杯开幕式	中央电视台综合频道	1.8	6.5
3	第七届世界军人运动会报道:第七届军运会游泳比赛女子 4×100 米混合泳接力决赛	中央台五套	1.0	2.9
4	第七届世界军人运动会报道:第七届军运会女排小组赛 A 组第三轮(加拿大 VS 中国)	中央台五套	0.9	2.4
5	第七届世界军人运动会报道:第七届军运会男篮第二轮(美国 VS 中国)	中央台五套	0.8	2.3
6	2019 年世界田径锦标赛男子 200 米决赛	中央台五套	0.8	2.1
7	2019 年世界乒乓球锦标赛男单半决赛	中央台五套	0.7	3.4
8	直播周末:中华人民共和国第十一届少数民族传统体育运动会开幕式	中央台五套	0.7	2.4
9	2019 年全明星周末扣篮大赛颁奖仪式	中央台五套	0.7	1.8
10	第七届世界军人运动会报道:第七届军运会击剑女子个人重剑决赛	中央台五套	0.6	2.1

二十三、山西收视数据

表 3.23.1　2015～2019 年山西市场各类频道的市场占有率(%)

频道类别	年份				
	2015 年	2016 年	2017 年	2018 年	2019 年
中央广播电视总台	37.3	40.0	40.7	43.9	44.4
中国教育台频道	0.3	0.2	0.1	0.2	0.2
山西省级频道	15.0	14.4	12.8	13.0	12.6
其他省级卫视频道	44.1	41.5	41.4	35.3	33.1
其他频道	3.3	3.9	5.0	7.6	9.7

表 3.23.2　2019 年山西市场各类频道在不同目标观众中的市场占有率(%)

目标观众		中央广播电视总台	中国教育台频道	山西省级频道	其他省级卫视频道	其他频道
4 岁及以上所有人		44.4	0.2	12.6	33.1	9.7
城乡	城市	54.7	0.3	10.0	25.0	10.0
	农村	39.8	0.1	13.8	36.6	9.7
性别	男	45.8	0.2	13.1	30.8	10.1
	女	43.0	0.2	12.2	35.2	9.4
年龄	4～14 岁	42.2	0.2	7.0	36.1	14.5
	15～24 岁	37.5	0.2	9.7	42.2	10.4
	25～34 岁	39.9	0.2	9.4	38.2	12.3
	35～44 岁	40.5	0.2	9.4	36.9	13.0
	45～54 岁	44.0	0.2	14.7	34.4	6.7
	55～64 岁	49.5	0.0	18.2	23.9	8.4
	65 岁及以上	54.6	0.4	17.3	22.9	4.8
教育程度	未受过正规教育	42.7	0.0	12.0	34.1	11.2
	小学	42.1	0.3	14.7	34.1	8.8
	初中	43.6	0.2	13.3	33.4	9.5
	高中	49.2	0.2	11.2	29.6	9.8
	大学及以上	43.8	0.2	8.4	35.8	11.8
职业类别	干部/管理人员	48.4	0.0	5.5	26.6	19.5
	个体/私营企业人员	40.4	0.2	16.6	34.6	8.2
	初级公务员/雇员	42.4	0.2	8.8	39.9	8.7
	工人	44.9	0.3	10.5	32.7	11.6
	学生	42.6	0.2	5.3	38.1	13.8
	无业	45.5	0.2	15.2	31.3	7.8
	其他	48.5	0.1	10.2	29.0	12.2
个人月收入	0～300 元	38.9	0.2	12.7	38.1	10.1
	301～900 元	45.4	0.0	17.5	31.5	5.6
	901～1700 元	47.0	0.3	13.7	31.7	7.3
	1701～2600 元	49.1	0.2	12.6	27.9	10.2
	2601～3500 元	49.4	0.1	12.0	28.8	9.7
	3501 元及以上	43.6	0.1	11.1	33.4	11.8

表 3.23.3　2019 年山西市场各类频道在不同时段的市场占有率(%)

时间段	中央广播电视总台	中国教育台频道	山西省级频道	其他省级卫视频道	其他频道
02:00~03:00	56.3	0.0	4.0	23.3	16.4
03:00~04:00	45.7	0.0	7.6	28.5	18.2
04:00~05:00	48.2	0.3	9.0	31.5	11.0
05:00~06:00	64.0	0.1	6.6	24.1	5.2
06:00~07:00	64.4	0.2	7.2	21.3	6.9
07:00~08:00	66.9	0.4	9.2	16.4	7.1
08:00~09:00	51.6	0.6	13.5	24.6	9.7
09:00~10:00	44.8	0.5	12.1	30.0	12.6
10:00~11:00	43.7	0.5	8.5	34.0	13.3
11:00~12:00	46.5	0.3	6.9	34.9	11.4
12:00~13:00	55.5	0.2	8.1	30.0	6.2
13:00~14:00	42.4	0.1	16.6	34.0	6.9
14:00~15:00	40.2	0.2	7.7	40.2	11.7
15:00~16:00	37.5	0.3	6.4	41.3	14.5
16:00~17:00	39.3	0.3	5.9	37.7	16.8
17:00~18:00	48.2	0.2	6.8	30.9	13.9
18:00~19:00	56.1	0.2	16.6	17.0	10.1
19:00~20:00	55.6	0.1	13.2	23.3	7.8
20:00~21:00	36.5	0.1	15.2	39.4	8.8
21:00~22:00	35.7	0.1	14.7	39.6	9.9
22:00~23:00	37.0	0.2	12.5	38.0	12.3
23:00~24:00	37.3	0.1	9.9	35.9	16.8
24:00~25:00	48.6	0.1	7.2	25.8	18.3
25:00~26:00	57.3	0.1	7.7	23.8	11.1

表 3.23.4　2019 年山西市场收视份额排名前十位的频道

名次	频道名称	收视份额(%)
1	中央电视台综合频道	11.5
2	中央台八套	7.4
3	山西卫视	6.5
4	湖南卫视	5.1
5	中央电视台少儿频道	5.0
6	中央台六套	4.5
7	浙江卫视	3.5
8	中央台三套	3.2
9	安徽卫视	2.5
10	山西广播电视台科教频道	2.4

表 3.23.5　2019 年山西市场各主要频道的观众构成(%)

目标观众		所有频道	主要频道				
			中央电视台综合频道	中央台八套	山西卫视	湖南卫视	中央电视台少儿频道
4 岁及以上所有人		100.0	100.0	100.0	100.0	100.0	100.0
城乡	城市	30.7	59.1	33.2	14.0	27.0	15.0
	农村	69.3	40.9	66.8	86.0	73.0	85.0
性别	男	48.8	51.3	46.7	53.6	39.5	45.4
	女	51.2	48.7	53.3	46.4	60.5	54.6
年龄	4~14 岁	10.2	4.3	2.7	3.3	10.1	55.9
	15~24 岁	11.4	10.3	9.2	10.7	20.7	7.3
	25~34 岁	12.3	8.9	8.3	7.4	17.2	11.5
	35~44 岁	18.2	16.6	12.2	13.5	28.1	15.1
	45~54 岁	17.7	19.4	23.1	20.6	15.8	5.0
	55~64 岁	14.8	17.5	25.0	20.4	5.4	2.3
	65 岁及以上	15.4	23.0	19.5	24.1	2.7	2.9
教育程度	未受过正规教育	4.5	1.5	2.1	3.9	2.6	22.7
	小学	21.2	15.6	19.1	29.8	14.8	38.9
	初中	44.2	38.6	51.7	43.9	43.7	27.0
	高中	19.8	28.5	19.2	16.4	18.7	7.9
	大学及以上	10.3	15.8	7.9	6.0	20.2	3.5
职业类别	干部/管理人员	1.3	3.0	0.7	0.3	1.8	0.4
	个体/私营企业人员	21.9	19.0	21.2	27.9	20.3	7.1
	初级公务员/雇员	7.7	9.8	5.4	6.2	17.0	2.3
	工人	4.3	5.3	3.4	2.9	5.2	1.8
	学生	11.4	9.5	6.0	3.4	18.4	36.2
	无业	34.7	37.8	34.3	42.4	27.4	40.1
	其他	18.7	15.6	29.0	16.9	9.9	12.1
个人月收入	0~300 元	34.8	22.3	22.6	38.1	43.3	74.9
	301~900 元	4.1	3.0	5.9	4.0	2.3	0.9
	901~1700 元	12.4	12.3	18.4	18.1	7.7	5.2
	1701~2600 元	15.3	20.6	22.2	12.3	12.4	5.3
	2601~3500 元	18.4	23.1	20.0	17.9	14.6	9.9
	3501 元及以上	15.0	18.7	10.9	9.6	19.7	3.8

表 3.23.6　2017~2019 年山西市场各类节目的播出比重(%)和收视比重(%)

节目类型	2017 年		2018 年		2019 年	
	播出比重	收视比重	播出比重	收视比重	播出比重	收视比重
财经	1.2	0.3	1.2	0.4	1.3	0.6
电视剧	21.9	32.4	21.9	31.9	27.3	31.3
电影	4.2	3.1	4.2	3.9	4.1	4.5
法制	1.0	1.4	0.9	1.5	0.6	1.9
教学	0.2	0.0	0.3	0.0	0.3	0.1
青少	7.4	5.7	7.5	6.2	7.7	6.7
生活服务	8.3	8.5	7.9	8.1	5.9	6.7
体育	3.1	0.9	3.5	1.4	3.9	1.4
外语	0.1	0.0	0.1	0.0	0.1	0.0
戏剧	0.9	1.0	0.8	0.9	1.2	1.0
新闻/时事	15.3	13.1	15.4	12.9	10.4	12.6
音乐	1.5	1.2	1.5	1.0	1.6	1.5
专题	14.1	5.0	13.7	5.0	13.5	5.0
综艺	8.4	11.2	8.3	11.0	5.8	11.6
其他	12.6	16.1	12.8	15.8	16.3	15.1

表 3.23.7　2019 年山西市场所有节目收视率排名前三十位

名次	节目名称	节目类型	播出频道	平均收视率(%)	平均占有率(%)
1	2019 中央广播电视总台春节联欢晚会	综艺	中央电视台综合频道	27.0	62.3
2	庆祝中华人民共和国成立 70 周年大会阅兵式群众游行特别报道	新闻/时事	中央电视台综合频道	17.8	72.2
3	向伟大复兴前进	新闻/时事	中央电视台综合频道	12.1	67.1
4	庆祝中华人民共和国成立 70 周年联欢活动	综艺	中央电视台综合频道	10.9	29.4
5	中国诗词大会第四季(2 月 5 日)	专题	中央电视台综合频道	10.8	24.6
6	新闻联播	新闻/时事	中央电视台综合频道	7.6	32.5
7	开学第一课	青少	中央电视台综合频道	6.5	16.0
8	天气预报	生活服务	中央电视台综合频道	6.3	20.5
9	2019 年中央广播电视总台中秋晚会	综艺	中央电视台综合频道	6.1	16.5
10	一年又一年	专题	中央电视台综合频道	6.0	39.5
11	2019 中央军委慰问驻京部队老干部迎新春文艺演出	综艺	中央电视台综合频道	6.0	13.1

续表

名次	节目名称	节目类型	播出频道	平均收视率（%）	平均占有率（%）
12	牵挂与惦念习近平总书记赴重庆华溪村扶贫考察纪实	专题	中央电视台综合频道	5.7	17.3
13	喜气洋洋闹元宵	综艺	中央电视台综合频道	5.5	16.2
14	推动京津冀协同发展取得新的更大进展	专题	中央电视台综合频道	5.4	13.7
15	穿越历史长廊探寻文化伟力	专题	中央电视台综合频道	5.0	16.6
16	等闲识得东风面 2019 年习近平主席访问欧洲三国纪行	专题	中央电视台综合频道	4.9	14.1
17	焦点访谈	新闻/时事	中央电视台综合频道	4.8	14.4
18	中华人民共和国中央人民政府成立典礼原始影像	专题	中央电视台综合频道	4.5	14.4
19	傻春	电视剧	山西卫视	4.5	11.1
20	大过年	电视剧	山西卫视	4.2	10.2
21	中央电视台特别节目携手奔向互利共赢的康庄大道	专题	中央电视台综合频道	4.1	12.0
22	中央电视台特别节目共同开创中朝两党两国关系的美好未来	专题	中央电视台综合频道	3.9	12.7
23	2019 年山西春节联欢晚会	综艺	山西卫视	3.9	11.0
24	声临其境(2 月 8 日)	综艺	湖南卫视	3.8	10.3
25	第七届世界军人运动会开幕式特别报道	新闻/时事	中央电视台综合频道	3.7	12.2
26	声入人心(1 月 18 日)	综艺	湖南卫视	3.6	10.2
27	2019 年新春音乐会	音乐	山西卫视	3.5	9.2
28	北风那个吹	电视剧	山西卫视	3.5	8.7
29	最美的青春	电视剧	中央台八套	3.4	10.9
30	长江之恋长江流域十二省市春节联欢晚会	综艺	湖南卫视	3.4	9.0

表 3.23.8 2019 年山西市场电视剧收视率排名前十位

名次	节目名称	播出频道	平均收视率(%)	平均占有率(%)
1	傻春	山西卫视	4.5	11.1
2	大过年	山西卫视	4.2	10.2
3	北风那个吹	山西卫视	3.5	8.7
4	最美的青春	中央台八套	3.4	10.9
4	破冰行动	中央台八套	3.3	9.5
6	小欢喜	浙江卫视	3.1	9.0
7	水浒传(5 月 11 日~6 月 22 日)	山西卫视	3.1	8.7
8	结婚十年	山西卫视	3.0	7.7
9	面具背后	中央台八套	2.9	9.6
9	有个地方叫马兰	中央台八套	2.9	9.6

表 3.23.9　2019 年山西市场新闻节目收视率排名前十位

名次	节目名称	播出频道	平均收视率（%）	平均占有率（%）
1	庆祝中华人民共和国成立 70 周年大会阅兵式群众游行特别报道	中央电视台综合频道	17.8	72.2
2	向伟大复兴前进	中央电视台综合频道	12.1	67.1
3	新闻联播	中央电视台综合频道	7.6	32.5
4	焦点访谈	中央电视台综合频道	4.8	14.4
5	第七届世界军人运动会开幕式特别报道	中央电视台综合频道	3.7	12.2
6	庆祝澳门回归祖国 20 周年特别报道	中央电视台综合频道	3.2	10.7
7	中华人民共和国第二届青年运动会决战动员誓师大会	山西卫视	3.1	7.4
8	国务院总理会见中外记者并回答提问	中央电视台综合频道	3.0	7.3
9	庆祝中华人民共和国成立 70 周年特别节目走向复兴	中央电视台综合频道	2.9	7.9
10	人民欢歌庆祝中华人民共和国成立 70 周年联欢活动特别报道	中央电视台综合频道	2.8	28.5

表 3.23.10　2019 年山西市场专题节目收视率排名前十位

名次	节目名称	播出频道	平均收视率（%）	平均占有率（%）
1	中国诗词大会第四季(2 月 5 日)	中央电视台综合频道	10.8	24.6
2	一年又一年	中央电视台综合频道	6.0	39.5
3	牵挂与惦念习近平总书记赴重庆华溪村扶贫考察纪实	中央电视台综合频道	5.7	17.3
4	推动京津冀协同发展取得新的更大进展	中央电视台综合频道	5.4	13.7
5	穿越历史长廊探寻文化伟力	中央电视台综合频道	5.0	16.6
6	等闲识得东风面 2019 年习近平主席访问欧洲三国纪行	中央电视台综合频道	4.9	14.1
7	中华人民共和国中央人民政府成立典礼原始影像	中央电视台综合频道	4.5	14.4
8	中央电视台特别节目携手奔向互利共赢的康庄大道	中央电视台综合频道	4.1	12.0
9	中央电视台特别节目共同开创中朝两党两国关系的美好未来	中央电视台综合频道	3.9	12.7
10	变害为利造福人民习近平生态文明思想在福建木兰溪的先行探索	中央电视台综合频道	3.3	10.4

表 3.23.11 2019 年山西市场综艺节目收视率排名前十位

名次	节目名称	播出频道	平均收视率（%）	平均占有率（%）
1	2019 中央广播电视总台春节联欢晚会	中央电视台综合频道	27.0	62.3
2	庆祝中华人民共和国成立 70 周年联欢活动	中央电视台综合频道	10.9	29.4
3	2019 年中央广播电视总台中秋晚会	中央电视台综合频道	6.1	16.5
4	2019 中央军委慰问驻京部队老干部迎新春文艺演出	中央电视台综合频道	6.0	13.1
5	喜气洋洋闹元宵	中央电视台综合频道	5.5	16.2
6	2019 年山西春节联欢晚会	山西卫视	3.9	11.0
7	声临其境(2 月 8 日)	湖南卫视	3.8	10.3
8	声入人心(1 月 18 日)	湖南卫视	3.6	10.2
9	长江之恋长江流域十二省市春节联欢晚会	湖南卫视	3.4	9.0
10	快乐大本营	湖南卫视	3.2	10.3

表 3.23.12 2019 年山西市场体育节目收视率排名前十位

名次	节目名称	播出频道	平均收视率（%）	平均占有率（%）
1	中华人民共和国第二届青年运动会闭幕式	山西卫视	3.2	8.2
2	体育欣赏	山西卫视	2.2	7.0
3	中华人民共和国第二届青年运动会开幕式	山西卫视	2.2	6.3
4	2019 年国际篮联篮球世界杯开幕式	中央电视台综合频道	2.0	5.5
5	第七届世界军人运动会开幕式	中央电视台综合频道	1.8	6.8
6	第七届世界军人运动会报道:第七届军运会田径男子 3000 米障碍决赛	中央台五套	1.1	3.1
7	第七届世界军人运动会报道:第七届军运会游泳水上救生女子 100 米混合救生决赛	中央台五套	1.1	3.0
8	直播周末:中华人民共和国第十一届少数民族传统体育运动会开幕式	中央台五套	1.0	2.9
9	第七届世界军人运动会报道:第七届军运会男排半决赛(中国 VS 巴基斯坦)	中央台五套	1.0	2.6
10	现场直播:2019 年世界乒乓球锦标赛混双决赛	中央台五套	1.0	2.3

二十四、四川收视数据

表 3.24.1　2015~2019 年四川市场各类频道的市场占有率(%)

频道类别	年份				
	2015 年	2016 年	2017 年	2018 年	2019 年
中央广播电视总台	32.1	31.1	32.5	32.8	32.8
中国教育台频道	0.1	0.1	0.1	0.0	0.1
四川省级频道	26.5	26.1	25.3	24.9	22.8
其他省级卫视频道	23.3	22.1	19.8	18.0	19.5
其他频道	18.0	20.6	22.3	24.3	24.8

表 3.24.2　2019 年四川市场各类频道在不同目标观众中的市场占有率(%)

目标观众		中央广播电视总台	中国教育台频道	四川省级频道	其他省级卫视频道	其他频道
4 岁及以上所有人		32.8	0.1	22.8	19.5	24.8
城乡	城市	33.7	0.1	19.7	22.8	23.7
	农村	32.3	0.1	24.4	17.7	25.5
性别	男	34.1	0.1	23.7	17.7	24.4
	女	31.4	0.1	21.7	21.3	25.5
年龄	4~14 岁	20.8	0.1	14.9	29.5	34.7
	15~24 岁	25.8	0.1	17.0	25.2	31.9
	25~34 岁	24.4	0.1	14.4	28.3	32.8
	35~44 岁	32.1	0.1	20.9	19.4	27.5
	45~54 岁	34.3	0.1	24.6	18.1	22.9
	55~64 岁	34.5	0.1	25.5	15.2	24.7
	65 岁及以上	43.1	0.1	29.8	12.4	14.6
教育程度	未受过正规教育	29.0	0.1	21.2	22.4	27.3
	小学	33.7	0.1	27.4	18.1	20.7
	初中	35.2	0.1	20.2	18.4	26.1
	高中	27.1	0.1	19.5	21.0	32.3
	大学及以上	32.1	0.1	11.2	29.2	27.4
职业类别	干部/管理人员	30.2	0.0	14.4	40.2	15.2
	个体/私营企业人员	37.2	0.1	17.3	19.4	26.0
	初级公务员/雇员	31.3	0.1	11.9	27.4	29.3
	工人	30.4	0.1	29.6	16.0	23.9
	学生	20.3	0.1	14.8	29.2	35.6
	无业	32.9	0.1	20.6	21.3	25.1
	其他	37.5	0.1	30.4	12.3	19.7
个人月收入	0~300 元	29.2	0.1	21.4	22.1	27.2
	301~900 元	35.5	0.1	30.9	11.8	21.7
	901~1700 元	36.6	0.1	23.9	19.2	20.2
	1701~2600 元	36.2	0.1	23.0	17.6	23.1
	2601~3500 元	35.7	0.1	21.2	17.8	25.2
	3501 元及以上	32.9	0.1	19.8	21.6	25.6

表 3.24.3　2019 年四川市场各类频道在不同时段的市场占有率(%)

时间段	中央广播电视总台	中国教育台频道	四川省级频道	其他省级卫视频道	其他频道
02:00~03:00	31.4	0.1	23.7	18.8	26.0
03:00~04:00	33.9	0.1	26.8	16.4	22.8
04:00~05:00	33.9	0.1	32.0	14.4	19.6
05:00~06:00	37.7	0.3	30.0	13.1	18.9
06:00~07:00	50.8	0.2	16.4	12.8	19.8
07:00~08:00	45.5	0.2	10.9	18.4	25.0
08:00~09:00	40.2	0.2	8.1	24.5	27.0
09:00~10:00	36.1	0.2	8.7	25.7	29.3
10:00~11:00	34.2	0.2	10.4	25.9	29.3
11:00~12:00	35.8	0.1	10.3	25.6	28.2
12:00~13:00	39.0	0.1	10.2	23.6	27.1
13:00~14:00	36.5	0.1	12.2	24.3	26.9
14:00~15:00	34.2	0.2	11.6	25.3	28.7
15:00~16:00	33.9	0.2	11.0	26.2	28.7
16:00~17:00	34.5	0.2	9.9	26.8	28.6
17:00~18:00	33.1	0.1	12.3	24.9	29.6
18:00~19:00	33.7	0.1	22.9	15.7	27.6
19:00~20:00	33.8	0.1	28.2	15.3	22.6
20:00~21:00	29.6	0.0	30.6	17.6	22.2
21:00~22:00	31.4	0.1	31.2	16.1	21.2
22:00~23:00	25.4	0.1	36.6	15.5	22.4
23:00~24:00	27.3	0.1	32.6	16.4	23.6
24:00~25:00	32.1	0.1	20.2	17.7	29.9
25:00~26:00	30.6	0.1	21.5	18.1	29.7

表 3.24.4　2019 年四川市场收视份额排名前十位的频道

名次	频道名称	收视份额(%)
1	四川电视台影视文艺频道	9.5
2	中央台六套	5.7
3	中央台八套	5.0
4	中央电视台综合频道	4.9
5	中央台四套	3.5
5	四川电视台经济频道	3.5
7	中央台三套	3.0
8	四川卫视	2.5
9	四川电视台公共・乡村频道	2.4
10	湖南卫视	2.2

表 3.24.5　2019 年四川市场各主要频道的观众构成(%)

目标观众		所有频道	主要频道					
			四川电视台影视文艺频道	中央台六套	中央台八套	中央电视台综合频道	中央台四套	四川电视台经济频道
4 岁及以上所有人		100.0	100.0	100.0	100.0	100.0	100.0	100.0
城乡	城市	35.1	29.6	27.6	38.1	41.9	39.2	26.2
	农村	64.9	70.4	72.4	61.9	58.1	60.8	73.8
性别	男	52.3	56.2	56.1	48.9	51.8	62.5	45.6
	女	47.7	43.8	43.9	51.1	48.2	37.5	54.4
年龄	4~14 岁	14.7	9.5	9.3	4.8	8.5	3.6	12.0
	15~24 岁	4.7	1.5	5.2	2.5	3.7	1.8	9.4
	25~34 岁	10.6	5.0	11.3	6.0	7.1	3.4	7.3
	35~44 岁	9.2	8.5	13.9	5.6	8.6	8.8	6.7
	45~54 岁	20.3	22.4	29.5	23.6	15.4	18.6	29.2
	55~64 岁	17.0	23.2	14.9	28.6	17.6	13.8	17.2
	65 岁及以上	23.5	29.9	15.9	28.9	39.1	50.0	18.2
教育程度	未受过正规教育	9.7	8.1	8.5	8.3	7.6	5.0	9.7
	小学	40.8	48.3	41.8	45.7	42.0	40.3	48.6
	初中	32.0	30.2	38.2	34.5	32.6	39.0	26.1
	高中	13.1	12.1	8.7	9.5	12.0	10.7	13.9
	大学及以上	4.4	1.3	2.8	2.0	5.8	5.0	1.7
职业类别	干部/管理人员	0.9	0.7	0.6	0.7	1.2	0.8	0.5
	个体/私营企业人员	8.1	4.7	9.3	10.8	6.5	12.2	5.7
	初级公务员/雇员	8.7	2.3	10.4	6.2	9.4	7.0	4.1
	工人	11.6	16.4	17.7	11.5	7.4	9.4	24.1
	学生	10.5	6.5	7.9	3.6	6.2	2.5	8.7
	无业	31.5	30.6	20.0	30.3	35.4	38.0	26.1
	其他	28.7	38.8	34.1	36.9	33.9	30.1	30.8
个人月收入	0~300 元	42.3	37.5	36.7	24.2	40.5	35.3	39.3
	301~900 元	11.3	17.5	13.5	22.6	9.3	7.8	11.6
	901~1700 元	9.8	11.4	10.7	16.5	8.8	9.3	6.6
	1701~2600 元	14.1	15.1	17.3	14.9	17.0	15.6	15.2
	2601~3500 元	12.0	10.0	11.5	14.4	14.5	16.2	15.1
	3501 元及以上	10.5	8.5	10.3	7.4	9.9	15.8	12.2

表 3.24.6 2017~2019 年四川市场各类节目的播出比重(%)和收视比重(%)

节目类型	2017 年		2018 年		2019 年	
	播出比重	收视比重	播出比重	收视比重	播出比重	收视比重
财经	1.2	0.4	1.2	0.4	1.2	0.4
电视剧	22.5	41.0	22.8	41.1	22.8	41.4
电影	4.3	7.1	4.5	8.0	4.1	8.2
法制	0.8	0.6	0.8	0.6	0.7	0.6
教学	0.2	0.0	0.3	0.0	0.4	0.0
青少	6.8	7.0	6.9	6.7	7.2	6.3
生活服务	8.5	6.7	8.3	5.8	7.6	5.3
体育	3.2	0.9	3.3	1.4	3.8	1.5
外语	0.1	0.0	0.1	0.0	0.2	0.0
戏剧	0.8	0.2	0.8	0.2	0.9	0.3
新闻/时事	15.2	8.6	15.5	8.3	15.9	9.2
音乐	1.5	1.1	1.4	0.9	1.7	1.0
专题	13.8	4.7	13.5	5.4	13.7	5.4
综艺	8.3	9.2	7.9	8.6	7.0	8.5
其他	12.8	12.5	12.7	12.6	12.8	11.9

表 3.24.7 2019 年四川市场所有节目收视率排名前三十位

名次	节目名称	节目类型	播出频道	平均收视率(%)	平均占有率(%)
1	庆祝中华人民共和国成立 70 周年大会阅兵式群众游行特别报道	新闻/时事	中央电视台综合频道	7.0	31.7
2	举起手来	电影	中央台六套	6.8	19.4
3	开学第一课	青少	中央电视台综合频道	6.5	20.0
4	2019 中央广播电视总台春节联欢晚会	综艺	中央电视台综合频道	5.8	16.7
5	庆祝中华人民共和国成立 70 周年联欢活动	综艺	中央电视台综合频道	5.7	16.3
6	神勇武工队传奇	电视剧	四川电视台影视文艺频道	5.0	20.2
7	盲侠	电影	中央台六套	4.9	13.9
8	向伟大复兴前进	新闻/时事	中央电视台综合频道	4.8	30.2
9	苦菜花	电视剧	四川电视台影视文艺频道	4.4	19.9
10	锻刀之英雄无悔	电视剧	四川电视台影视文艺频道	4.3	17.5
11	浴血边关	电影	中央台六套	4.3	13.1
12	广东十虎铁桥三之王者归来	电影	中央台六套	4.3	12.9
13	我把忠诚献给你	电视剧	四川电视台影视文艺频道	4.2	19.4

续表

名次	节目名称	节目类型	播出频道	平均收视率(%)	平均占有率(%)
14	觉醒	电视剧	四川电视台影视文艺频道	4.2	18.3
15	北国英雄	电视剧	四川电视台影视文艺频道	4.2	17.7
16	生死迷情	电视剧	四川电视台影视文艺频道	4.2	17.4
17	迫在眉睫	电视剧	四川电视台影视文艺频道	4.1	19.1
18	陇原英雄传	电视剧	四川电视台影视文艺频道	4.1	18.9
19	怒海红尘	电视剧	四川电视台影视文艺频道	4.1	18.0
20	一号目标	电影	中央台六套	4.1	14.7
21	我姥爷1945之绝命枪	电视剧	四川电视台影视文艺频道	4.0	17.8
22	7把枪	电影	中央台六套	4.0	13.7
23	神秘谷	电影	中央台六套	4.0	12.4
24	小妮扛枪	电视剧	四川电视台影视文艺频道	3.9	17.6
25	穿甲弹	电视剧	四川电视台影视文艺频道	3.9	15.5
26	夺宝黑狐岭	电影	中央台六套	3.9	13.6
27	百家拳之董海川	电影	中央台六套	3.9	11.9
28	战地青春之歌	电视剧	四川电视台影视文艺频道	3.8	15.7
29	八卦掌之潜龙勿用	电影	中央台六套	3.8	12.6
30	我不是特工	电视剧	四川电视台影视文艺频道	3.7	17.8

表3.24.8 2019年四川市场电视剧收视率排名前十位

名次	节目名称	播出频道	平均收视率(%)	平均占有率(%)
1	神勇武工队传奇	四川电视台影视文艺频道	5.0	20.2
2	苦菜花	四川电视台影视文艺频道	4.4	19.9
3	锻刀之英雄无悔	四川电视台影视文艺频道	4.3	17.5
4	我把忠诚献给你	四川电视台影视文艺频道	4.2	19.4
5	觉醒	四川电视台影视文艺频道	4.2	18.3
6	北国英雄	四川电视台影视文艺频道	4.2	17.7
7	生死迷情	四川电视台影视文艺频道	4.2	17.4
8	迫在眉睫	四川电视台影视文艺频道	4.1	19.1
9	陇原英雄传	四川电视台影视文艺频道	4.1	18.9
10	怒海红尘	四川电视台影视文艺频道	4.1	18.0

表 3.24.9　2019 年四川市场新闻节目收视率排名前十位

名次	节目名称	播出频道	平均收视率（%）	平均占有率（%）
1	庆祝中华人民共和国成立 70 周年大会阅兵式群众游行特别报道	中央电视台综合频道	7.0	31.7
2	向伟大复兴前进	中央电视台综合频道	4.8	30.2
3	庆祝中华人民共和国成立 70 周年特别节目走向复兴	中央电视台综合频道	3.1	9.9
4	人民欢歌庆祝中华人民共和国成立 70 周年联欢活动特别报道	中央电视台综合频道	2.6	16.0
5	2019 年中国北京世界园艺博览会开幕式特别报道	中央电视台综合频道	2.2	6.6
6	国务院总理会见中外记者并回答提问	中央电视台综合频道	1.9	5.6
7	庆祝澳门回归祖国 20 周年特别报道	中央电视台综合频道	1.3	4.3
8	海峡两岸	中央台四套	1.3	3.8
9	亚洲文化嘉年华特别报道	中央台四套	1.2	6.9
10	新闻联播	中央电视台综合频道	1.1	5.6

表 3.24.10　2019 年四川市场专题节目收视率排名前十位

名次	节目名称	播出频道	平均收视率（%）	平均占有率（%）
1	礼赞最美奋斗者	中央电视台综合频道	2.9	9.4
2	中国诗词大会第四季(2 月 6 日)	中央电视台综合频道	2.5	8.0
3	中华人民共和国中央人民政府成立典礼原始影像	中央电视台综合频道	2.1	6.4
4	一年又一年	中央电视台综合频道	1.8	13.0
5	牵挂与惦念习近平总书记赴重庆华溪村扶贫考察纪实	中央电视台综合频道	1.8	8.8
5	等闲识得东风面 2019 年习近平主席访问欧洲三国纪行	中央电视台综合频道	1.8	8.6
7	冰血长津湖	中央台六套	1.8	5.7
7	我们走在大路上 1949~2019	中央电视台综合频道	1.8	5.6
9	较量抗美援朝战争实录	中央台六套	1.7	5.4
10	一抓到底正风纪秦岭违建整治始末	中央电视台综合频道	1.7	4.6

表 3. 24. 11　2019 年四川市场综艺节目收视率排名前十位

名次	节目名称	播出频道	平均收视率（%）	平均占有率（%）
1	2019 中央广播电视总台春节联欢晚会	中央电视台综合频道	5. 8	16. 7
2	庆祝中华人民共和国成立 70 周年联欢活动	中央电视台综合频道	5. 7	16. 3
3	喜气洋洋闹元宵	中央电视台综合频道	3. 3	10. 3
4	越战越勇(10 月 16 日)	中央台三套	2. 8	9. 5
5	开门大吉(11 月 4 日)	中央台三套	2. 8	8. 4
6	奋斗吧中华儿女音乐舞蹈史诗	中央电视台综合频道	2. 3	9. 5
7	2019 年中央广播电视总台中秋晚会	中央电视台综合频道	2. 3	7. 8
8	黄金 100 秒（3 月 1 日）	中央台三套	2. 3	6. 0
9	星光大道(10 月 10 日)	中央台三套	2. 2	7. 9
10	吉祥欢歌西藏民主改革 60 周年央广总台心连心艺术团赴西藏慰问演出	中央台三套	2. 2	7. 2

表 3. 24. 12　2019 年四川市场体育节目收视率排名前十位

名次	节目名称	播出频道	平均收视率（%）	平均占有率（%）
1	第七届世界军人运动会开幕式	中央电视台综合频道	2. 4	8. 2
2	第七届世界军人运动会报道：第七届军运会田径比赛男子 200 米决赛	中央台五套	1. 5	4. 0
3	第七届世界军人运动会报道：第七届军运会女排决赛（中国 VS 巴西）	中央台五套	1. 4	4. 5
4	第七届世界军人运动会闭幕式	中央台五套	1. 2	3. 7
5	第七届世界军人运动会报道：第七届军运会游泳比赛男子 200 米个人混合泳决赛	中央台五套	1. 1	4. 5
6	再见武汉第七届世界军人运动会闭幕式特别节目	中央台五套	1. 0	5. 0
7	直播周末：中华人民共和国第十一届少数民族传统体育运动会开幕式	中央台五套	1. 0	3. 2
7	现场直播：2019 年世界女排联赛中国香港站（中国 VS 意大利）	中央台五套	0. 9	3. 1
9	第七届世界军人运动会报道：第七届军运会游泳水上救生男子 100 米脚蹼假人救生决赛	中央台五套	0. 9	2. 8
10	第七届世界军人运动会报道：第七届军运会男篮第二轮（美国 VS 中国）	中央台五套	0. 9	2. 7

二十五、新疆收视数据

表 3.25.1　2015～2019 年新疆市场各类频道的市场占有率(%)

频道类别	年　份				
	2015 年	2016 年	2017 年	2018 年	2019 年
中央广播电视总台	31.0	29.5	31.5	34.3	36.3
中国教育台频道	0.2	0.1	0.1	0.2	0.2
新疆维吾尔自治区级频道	29.0	35.1	26.3	22.4	19.0
其他省级卫视频道	18.1	14.6	16.8	16.4	16.3
其他频道	21.8	20.6	25.3	26.7	28.2

表 3.25.2　2019 年新疆市场各类频道在不同目标观众中的市场占有率(%)

目标观众		中央广播电视总台	中国教育台频道	新疆维吾尔自治区级频道	其他省级卫视频道	其他频道
4 岁及以上所有人		36.3	0.2	19.0	16.3	28.2
城乡	城市	38.3	0.1	18.9	18.2	24.5
	农村	34.4	0.2	19.1	14.4	31.9
性别	男	39.3	0.2	18.6	14.7	27.2
	女	33.3	0.2	19.3	17.9	29.3
年龄	4～14 岁	25.7	0.3	16.9	22.8	34.3
	15～24 岁	22.1	0.2	21.4	18.1	38.2
	25～34 岁	25.9	0.2	24.4	15.9	33.6
	35～44 岁	29.1	0.2	23.9	14.8	32.0
	45～54 岁	41.2	0.1	18.0	15.7	25.0
	55～64 岁	48.2	0.2	14.4	15.6	21.6
	65 岁及以上	63.6	0.2	11.0	12.6	12.6
教育程度	未受过正规教育	43.5	0.1	10.8	22.2	23.4
	小学	34.8	0.3	20.1	14.7	30.1
	初中	33.3	0.2	20.7	15.5	30.3
	高中	38.8	0.1	19.4	15.4	26.3
	大学及以上	41.0	0.1	14.2	21.2	23.5
职业类别	干部/管理人员	41.6	0.4	9.0	26.1	22.9
	个体/私营企业人员	36.7	0.1	15.5	15.6	32.1
	初级公务员/雇员	41.5	0.1	15.3	20.2	22.9
	工人	37.5	0.2	19.2	18.1	25.0
	学生	23.5	0.3	19.5	18.8	37.9
	无业	44.8	0.2	16.1	16.7	22.2
	其他	31.0	0.2	26.8	11.3	30.7
个人月收入	0～300 元	25.8	0.2	20.6	18.6	34.8
	301～900 元	30.6	0.3	30.2	13.0	25.9
	901～1700 元	34.7	0.2	22.1	11.0	32.0
	1701～2600 元	41.1	0.2	19.9	14.6	24.2
	2601～3500 元	45.1	0.2	15.2	16.5	23.0
	3501 元及以上	45.1	0.1	13.7	17.8	23.3

表 3.25.3　2019 年新疆市场各类频道在不同时段的市场占有率(%)

时间段	中央广播电视总台	中国教育台频道	新疆维吾尔自治区级频道	其他省级卫视频道	其他频道
02:00~03:00	35.2	0.9	3.6	19.8	40.5
03:00~04:00	42.5	0.5	2.0	15.2	39.8
04:00~05:00	44.5	0.6	1.2	10.2	43.5
05:00~06:00	47.5	0.0	1.5	11.2	39.8
06:00~07:00	56.5	0.1	1.7	10.5	31.2
07:00~08:00	70.5	0.1	4.8	10.6	14.0
08:00~09:00	53.5	0.3	12.3	16.9	17.0
09:00~10:00	46.5	0.2	15.2	13.8	24.3
10:00~11:00	38.9	0.2	14.7	16.5	29.7
11:00~12:00	39.2	0.2	14.4	16.6	29.6
12:00~13:00	40.7	0.3	13.8	18.6	26.6
13:00~14:00	43.5	0.1	12.2	17.7	26.5
14:00~15:00	34.2	0.1	16.2	17.6	31.9
15:00~16:00	34.8	0.2	12.0	21.3	31.7
16:00~17:00	34.0	0.2	14.7	20.5	30.6
17:00~18:00	33.5	0.2	13.9	20.8	31.6
18:00~19:00	41.4	0.2	14.7	16.9	26.8
19:00~20:00	50.2	0.3	14.2	13.8	21.5
20:00~21:00	38.3	0.1	18.9	17.3	25.4
21:00~22:00	33.7	0.1	22.0	16.0	28.2
22:00~23:00	29.8	0.2	25.3	14.8	29.9
23:00~24:00	26.4	0.2	25.5	14.7	33.2
24:00~25:00	25.4	0.1	28.4	12.8	33.3
25:00~26:00	28.7	0.1	25.6	12.0	33.6

表 3.25.4　2019 年新疆市场收视份额排名前十位的频道

名次	频道名称	收视份额(%)
1	中央台八套	7.8
2	中央电视台综合频道	6.7
3	新疆电视台二套(维语新闻综合频道)	5.5
4	新疆电视台九套(维语经济生活频道)	4.4
5	中央台六套	4.1
6	新疆电视台五套(维语综艺频道)	3.8
7	中央电视台少儿频道	3.3
8	中央电视台新闻频道	3.2
9	中央台三套	2.8
10	湖南卫视	2.0

表 3.25.5　2019 年新疆市场各主要频道的观众构成(%)

目标观众		所有频道	中央台八套	中央电视台综合频道	新疆电视台二套(维语新闻综合频道)	新疆电视台九套(维语经济生活频道)	中央台六套
4 岁及以上所有人		100.0	100.0	100.0	100.0	100.0	100.0
城乡	城市	49.5	55.6	52.9	44.5	53.1	52.0
	农村	50.5	44.4	47.1	55.5	46.9	48.0
性别	男	50.3	48.2	50.4	49.8	47.0	57.6
	女	49.7	51.8	49.6	50.2	53.0	42.4
年龄	4~14 岁	12.3	2.0	5.7	10.4	10.2	12.4
	15~24 岁	12.9	4.4	4.5	13.5	17.4	13.2
	25~34 岁	13.8	10.6	7.0	18.4	17.7	11.6
	35~44 岁	19.8	12.9	17.6	23.4	26.4	19.9
	45~54 岁	15.8	22.6	18.1	15.1	15.3	16.9
	55~64 岁	10.8	16.7	17.5	9.2	7.7	9.0
	65 岁及以上	14.6	30.7	29.6	9.9	5.5	17.0
教育程度	未受过正规教育	7.1	8.4	5.9	3.4	2.7	15.3
	小学	21.7	21.7	19.9	27.9	21.4	15.7
	初中	38.6	32.3	37.2	42.7	47.3	35.1
	高中	23.4	26.9	26.6	18.1	22.6	24.4
	大学及以上	9.2	10.7	10.4	7.9	6.0	9.5
职业类别	干部/管理人员	1.4	3.3	0.7	0.6	0.4	1.5
	个体/私营企业人员	13.6	13.8	14.5	11.7	10.6	12.9
	初级公务员/雇员	8.7	12.5	8.8	6.4	4.9	11.5
	工人	6.4	6.9	5.3	6.1	9.8	6.0
	学生	16.3	4.3	6.9	14.8	17.9	15.7
	无业	31.5	43.6	42.5	22.4	25.2	33.9
	其他	22.1	15.6	21.3	38.0	31.2	18.5
个人月收入	0~300 元	31.6	13.5	18.8	28.3	35.9	30.7
	301~900 元	5.4	3.6	4.4	13.3	8.3	3.7
	901~1700 元	10.7	10.9	12.6	13.1	11.1	7.6
	1701~2600 元	14.6	21.5	16.9	19.6	15.0	18.9
	2601~3500 元	17.2	23.3	20.7	14.5	12.2	19.1
	3501 元及以上	20.5	27.2	26.6	11.2	17.5	20.0

表 3.25.6　2017~2019 年新疆市场各类节目的播出比重(%)和收视比重(%)

节目类型	2017 年		2018 年		2019 年	
	播出比重	收视比重	播出比重	收视比重	播出比重	收视比重
财经	1.1	0.2	1.1	0.4	1.0	0.6
电视剧	22.3	29.6	22.3	28.6	26.6	26.3
电影	4.8	5.9	5.0	6.1	4.8	7.0
法制	0.8	1.1	0.8	1.0	0.6	0.8
教学	0.2	0.0	0.3	0.1	0.3	0.2
青少	6.9	6.3	6.8	6.3	7.0	8.5
生活服务	7.7	6.1	7.4	6.1	5.6	5.8
体育	4.0	2.6	4.1	4.5	4.5	3.5
外语	0.1	0.0	0.1	0.0	0.1	0.0
戏剧	0.8	0.3	0.8	0.4	1.1	0.3
新闻/时事	14.5	12.4	15.1	13.4	10.4	13.3
音乐	1.5	0.7	1.5	0.7	1.7	1.3
专题	14.4	7.8	14.4	8.2	14.0	7.5
综艺	8.1	10.9	7.9	10.2	5.9	10.4
其他	12.8	16.1	12.4	14.0	16.4	14.5

表 3.25.7　2019 年新疆市场所有节目收视率排名前三十位

名次	节目名称	节目类型	播出频道	平均收视率（%）	平均占有率（%）
1	2019 中央广播电视总台春节联欢晚会	综艺	中央电视台综合频道	6.6	34.3
2	庆祝中华人民共和国成立 70 周年大会阅兵式群众游行特别报道	新闻/时事	中央电视台综合频道	5.8	55.1
3	庆祝中华人民共和国成立 70 周年联欢活动	综艺	中央电视台综合频道	3.2	21.6
4	向伟大复兴前进	新闻/时事	中央电视台综合频道	2.4	47.7
5	庆祝中华人民共和国成立 70 周年特别节目走向复兴	新闻/时事	中央电视台综合频道	2.4	13.3
6	星火云雾街	电视剧	中央台八套	2.4	13.1
7	有个地方叫马兰	电视剧	中央台八套	2.3	12.0
8	新闻联播	新闻/时事	中央电视台综合频道	2.2	25.1
9	最美的青春	电视剧	中央台八套	2.2	12.3
10	奋斗吧中华儿女音乐舞蹈史诗	综艺	中央电视台综合频道	2.2	10.8
11	喜气洋洋闹元宵	综艺	中央电视台综合频道	2.2	9.8
12	无名卫士	电视剧	中央台八套	2.1	13.5
13	老虎队	电视剧	中央台八套	2.0	12.6

续表

名次	节目名称	节目类型	播出频道	平均收视率（%）	平均占有率（%）
14	密查	电视剧	中央台八套	2.0	11.7
15	一年又一年	专题	中央电视台综合频道	1.9	22.2
16	天气预报	生活服务	中央电视台综合频道	1.9	18.7
17	推动京津冀协同发展取得新的更大进展	专题	中央电视台综合频道	1.9	14.0
18	破冰行动	电视剧	中央台八套	1.9	13.5
19	开学第一课	青少	中央电视台综合频道	1.9	10.4
20	2019年新年戏曲晚会	戏剧	中央电视台综合频道	1.9	9.9
21	2019中央军委慰问驻京部队老干部迎新春文艺演出	综艺	中央电视台综合频道	1.9	8.6
22	剧说很好看	综艺	中央台八套	1.9	8.4
23	让我听懂你的语言	电视剧	中央台八套	1.8	10.1
24	上将洪学智	电视剧	中央台八套	1.8	9.5
25	穿越历史长廊探寻文化伟力	专题	中央电视台综合频道	1.7	19.0
26	面具背后	电视剧	中央台八套	1.7	10.0
27	圆梦中国德耀中华第七届全国道德模范颁奖仪式	专题	中央电视台综合频道	1.7	8.5
28	牵挂与惦念习近平总书记赴重庆华溪村扶贫考察纪实	专题	中央电视台综合频道	1.6	17.0
29	中央电视台特别节目携手奔向互利共赢的康庄大道	专题	中央电视台综合频道	1.6	16.5
30	中华人民共和国中央人民政府成立典礼原始影像	专题	中央电视台综合频道	1.6	15.6

表3.25.8　2019年新疆市场电视剧收视率排名前十位

名次	节目名称	播出频道	平均收视率（%）	平均占有率（%）
1	星火云雾街	中央台八套	2.4	13.1
2	有个地方叫马兰	中央台八套	2.3	12.0
3	最美的青春	中央台八套	2.2	12.3
4	无名卫士	中央台八套	2.1	13.5
5	老虎队	中央台八套	2.0	12.6
6	密查	中央台八套	2.0	11.7
7	破冰行动	中央台八套	1.9	13.5
8	让我听懂你的语言	中央台八套	1.8	10.1
9	上将洪学智	中央台八套	1.8	9.5
10	面具背后	中央台八套	1.7	10.0

表 3. 25. 9　2019 年新疆市场新闻节目收视率排名前十位

名次	节目名称	播出频道	平均收视率（%）	平均占有率（%）
1	庆祝中华人民共和国成立 70 周年大会阅兵式群众游行特别报道	中央电视台综合频道	5. 8	55. 1
2	向伟大复兴前进	中央电视台综合频道	2. 4	47. 7
3	庆祝中华人民共和国成立 70 周年特别节目走向复兴	中央电视台综合频道	2. 4	13. 3
4	新闻联播	中央电视台综合频道	2. 2	25. 1
5	焦点访谈	中央电视台综合频道	1. 6	14. 0
6	国务院总理会见中外记者并回答提问	中央电视台综合频道	1. 4	8. 2
7	新疆新闻联播	新疆电视台二套（维语新闻综合频道）	1. 4	7. 5
7	人民欢歌庆祝中华人民共和国成立 70 周年联欢活动特别报道	中央电视台综合频道	1. 3	30. 3
9	第七届世界军人运动会开幕式特别报道	中央电视台综合频道	1. 3	15. 8
10	亚洲文化嘉年华特别报道	中央电视台综合频道	1. 3	9. 9

表 3. 25. 10　2019 年新疆市场专题节目收视率排名前十位

名次	节目名称	播出频道	平均收视率（%）	平均占有率（%）
1	一年又一年	中央电视台综合频道	1. 9	22. 2
2	推动京津冀协同发展取得新的更大进展	中央电视台综合频道	1. 9	14. 0
3	穿越历史长廊探寻文化伟力	中央电视台综合频道	1. 7	19. 0
4	圆梦中国德耀中华第七届全国道德模范颁奖仪式	中央电视台综合频道	1. 7	8. 5
5	牵挂与惦念习近平总书记赴重庆华溪村扶贫考察纪实	中央电视台综合频道	1. 6	17. 0
6	中央电视台特别节目携手奔向互利共赢的康庄大道	中央电视台综合频道	1. 6	16. 5
7	中华人民共和国中央人民政府成立典礼原始影像	中央电视台综合频道	1. 6	15. 6
8	丰收中国	新疆电视台五套（维语综艺频道）	1. 6	8. 9
9	礼赞最美奋斗者	中央电视台综合频道	1. 5	11. 4
10	2018 寻找最美医生大型公益活动颁奖晚会	中央电视台综合频道	1. 5	7. 5

表 3.25.11 2019 年新疆市场综艺节目收视率排名前十位

名次	节目名称	播出频道	平均收视率（%）	平均占有率（%）
1	2019 中央广播电视总台春节联欢晚会	中央电视台综合频道	6.6	34.3
2	庆祝中华人民共和国成立 70 周年联欢活动	中央电视台综合频道	3.2	21.6
3	奋斗吧中华儿女音乐舞蹈史诗	中央电视台综合频道	2.2	10.8
4	喜气洋洋闹元宵	中央电视台综合频道	2.2	9.8
5	2019 中央军委慰问驻京部队老干部迎新春文艺演出	中央电视台综合频道	1.9	8.6
6	剧说很好看	中央台八套	1.9	8.4
7	2019 年中央广播电视总台中秋晚会	中央电视台综合频道	1.5	9.6
8	奋斗新时代央广总台心连心艺术团赴北京大兴国际机场慰问演出	中央电视台综合频道	1.4	8.4
9	亚洲文化嘉年华	中央电视台综合频道	1.3	8.4
10	新春喜剧之夜	中央台三套	1.3	6.4

表 3.25.12 2019 年新疆市场体育节目收视率排名前十位

名次	节目名称	播出频道	平均收视率（%）	平均占有率（%）
1	第七届世界军人运动会开幕式	中央电视台综合频道	1.4	8.9
2	直播周末：2019 年国际乒联世界巡回赛总决赛男单决赛	中央台五套	1.0	3.8
3	直播周末：乒乓球团体世界杯颁奖仪式	中央台五套	0.9	4.3
4	实况录像：2019 年 CBA 全明星周末全明星赛扣篮大赛决赛（北方共享 VS 南方超越）	中央台五套	0.8	8.5
5	2019 年国际篮联篮球世界杯开幕式	中央电视台综合频道	0.8	6.3
6	实况录像：19 年国际泳联冠军赛广州男女混合 4×100 米自由泳接力决赛	中央台五套	0.8	6.0
7	直播周末：实况录像 18/19 赛季中国羽超联赛常规赛第十二轮女双	中央台五套	0.8	5.4
8	实况录像：2019 年世界跆拳道锦标赛女子 73 公斤以上级决赛	中央台五套	0.8	3.9
9	第七届世界军人运动会报道：第七届军运会女排小组赛 A 组第三轮	中央台五套	0.8	3.8
10	亚洲杯最前线 2019 年亚洲杯开幕式	中央台五套	0.7	8.5

二十六、云南收视数据

表 3.26.1　2015~2019 年云南市场各类频道的市场占有率(%)

频道类别	年份				
	2015 年	2016 年	2017 年	2018 年	2019 年
中央广播电视总台	36.6	45.4	47.6	49.1	47.0
中国教育台频道	0.3	0.1	0.1	0.1	0.1
云南省级频道	17.2	15.0	10.2	11.1	10.3
其他省级卫视频道	37.8	31.2	32.3	28.2	25.3
其他频道	8.1	8.3	9.8	11.5	17.3

表 3.26.2　2019 年云南市场各类频道在各目标观众中的市场占有率(%)

目标观众		中央广播电视总台	中国教育台频道	云南省级频道	其他省级卫视频道	其他频道
4 岁及以上所有人		47.0	0.1	10.3	25.3	17.3
城乡	城市	38.8	0.1	11.4	21.5	28.1
	农村	50.0	0.2	9.9	26.7	13.2
性别	男	48.7	0.2	10.0	23.7	17.4
	女	45.2	0.1	10.5	27.0	17.1
年龄	4~14 岁	48.9	0.1	8.5	25.2	17.3
	15~24 岁	38.4	0.2	9.7	33.2	18.5
	25~34 岁	46.5	0.1	8.2	28.3	16.9
	35~44 岁	42.1	0.1	7.4	28.8	21.6
	45~54 岁	44.8	0.1	12.6	23.9	18.5
	55~64 岁	53.8	0.2	14.2	16.9	14.9
	65 岁及以上	54.9	0.2	12.7	20.6	11.6
教育程度	未受过正规教育	51.8	0.1	9.6	22.8	15.7
	小学	47.8	0.2	10.3	26.1	15.5
	初中	45.7	0.1	9.9	26.5	17.7
	高中	47.1	0.1	11.6	23.4	17.8
	大学及以上	45.6	0.1	10.1	21.9	22.3
职业类别	干部/管理人员	31.2	0.0	17.1	23.6	28.1
	个体/私营企业人员	46.0	0.1	7.6	26.5	19.7
	初级公务员/雇员	46.9	0.1	10.5	22.2	20.3
	工人	43.8	0.1	12.2	20.3	23.5
	学生	44.0	0.1	8.5	29.6	17.7
	无业	53.4	0.1	12.0	19.3	15.2
	其他	44.6	0.2	10.1	31.5	13.6
个人月收入	0~300 元	47.4	0.1	8.9	26.5	17.1
	301~900 元	48.3	0.2	6.6	30.6	14.3
	901~1700 元	45.2	0.3	11.7	29.7	13.1
	1701~2600 元	46.3	0.1	11.5	25.3	16.8
	2601~3500 元	46.1	0.2	12.9	22.4	18.4
	3501 元及以上	48.6	0.1	9.3	21.1	20.9

表 3.26.3 2019 年云南市场各类频道在不同时段的市场占有率(%)

时间段	中央广播电视总台	中国教育台频道	云南省级频道	其他省级卫视频道	其他频道
02:00~03:00	68.1	0.5	8.0	13.2	10.2
03:00~04:00	69.3	0.6	3.3	15.8	11.0
04:00~05:00	72.6	0.2	2.5	16.3	8.4
05:00~06:00	77.9	0.1	1.7	10.4	9.9
06:00~07:00	77.3	0.1	1.7	10.3	10.6
07:00~08:00	70.1	0.3	3.5	13.6	12.5
08:00~09:00	56.2	0.5	5.5	22.9	14.9
09:00~10:00	51.5	0.4	5.9	26.5	15.7
10:00~11:00	49.0	0.2	5.8	29.2	15.7
11:00~12:00	52.0	0.2	4.9	27.3	15.6
12:00~13:00	58.3	0.1	5.0	22.9	13.7
13:00~14:00	47.7	0.1	6.3	28.1	17.8
14:00~15:00	34.9	0.2	8.9	36.0	20.0
15:00~16:00	35.3	0.2	7.1	37.6	19.8
16:00~17:00	39.6	0.1	7.7	34.0	18.6
17:00~18:00	46.8	0.1	12.1	23.9	17.1
18:00~19:00	54.5	0.1	14.2	13.9	17.3
19:00~20:00	56.4	0.1	10.4	17.8	15.3
20:00~21:00	44.2	0.1	12.3	27.1	16.3
21:00~22:00	42.5	0.2	12.8	27.1	17.5
22:00~23:00	41.8	0.1	9.4	26.9	21.7
23:00~24:00	42.8	0.1	6.3	27.9	22.9
24:00~25:00	38.0	0.1	7.4	25.5	29.0
25:00~26:00	34.1	0.0	9.7	20.0	36.2

表 3.26.4 2019 年云南市场收视份额排名前十位的频道

名次	频道名称	收视份额(%)
1	中央台八套	11.0
2	中央台六套	8.9
3	中央电视台综合频道	6.2
4	中央电视台少儿频道	5.7
5	湖南卫视	5.2
5	云南广播电视台都市频道(二套)	5.2
7	中央台十二套	2.7
8	中央电视台新闻频道	2.5
9	浙江卫视	2.0
10	中央台三套	1.9

表 3.26.5　2019 年云南市场各主要频道的观众构成(%)

目标观众		所有频道	主要频道					
			中央台八套	中央台六套	中央电视台综合频道	中央电视台少儿频道	湖南卫视	云南广播电视台都市频道(二套)
4 岁及以上所有人		100.0	100.0	100.0	100.0	100.0	100.0	100.0
城乡	城市	27.3	17.5	16.0	36.9	13.0	27.3	32.4
	农村	72.7	82.5	84.0	63.1	87.0	72.7	67.6
性别	男	51.9	48.8	56.1	54.3	49.3	39.1	47.7
	女	48.1	51.2	43.9	45.7	50.7	60.9	52.3
年龄	4~14 岁	15.0	10.7	13.7	8.4	56.3	15.3	7.0
	15~24 岁	10.5	7.9	10.6	7.5	6.4	18.3	9.8
	25~34 岁	14.3	13.4	16.5	12.4	12.2	18.3	10.6
	35~44 岁	18.8	16.9	24.5	16.8	9.1	26.8	11.7
	45~54 岁	14.9	18.9	15.8	12.2	5.0	10.6	21.6
	55~64 岁	12.6	15.2	10.0	17.5	7.2	4.7	20.0
	65 岁及以上	13.7	17.1	8.8	25.2	3.8	6.0	19.3
教育程度	未受过正规教育	8.5	8.7	6.6	6.7	28.5	5.3	6.0
	小学	26.9	29.2	29.4	22.4	37.5	22.5	25.5
	初中	42.0	43.0	49.2	39.0	20.7	47.4	41.7
	高中	15.8	14.2	11.1	19.6	11.5	16.5	20.0
	大学及以上	6.7	5.0	3.7	12.4	1.8	8.2	6.8
职业类别	干部/管理人员	0.5	0.1	0.2	0.4	0.1	0.2	1.0
	个体/私营企业人员	16.7	16.2	20.4	16.4	11.0	23.4	10.9
	初级公务员/雇员	6.5	4.9	4.7	10.4	1.8	7.5	8.2
	工人	12.0	13.8	14.5	9.4	4.1	9.1	16.3
	学生	13.6	9.0	14.1	8.8	32.2	20.8	7.8
	无业	25.6	25.8	15.0	38.6	36.8	14.0	32.1
	其他	25.0	30.1	31.1	15.9	14.1	25.0	23.7
个人月收入	0~300 元	29.0	25.6	27.0	20.9	65.8	32.3	20.3
	301~900 元	6.4	8.1	9.9	4.1	5.2	6.1	3.6
	901~1700 元	10.7	13.9	11.9	8.5	4.6	11.3	14.5
	1701~2600 元	22.2	23.6	23.5	21.7	10.0	19.2	25.6
	2601~3500 元	14.8	14.0	11.9	20.7	5.8	15.0	22.5
	3501 元及以上	17.0	14.9	15.9	24.0	8.6	16.2	13.6

表 3.26.6 2017~2019 年云南市场各类节目的播出比重(%)和收视比重(%)

节目类型	2017 年		2018 年		2019 年	
	播出比重	收视比重	播出比重	收视比重	播出比重	收视比重
财经	1.1	0.5	1.0	0.5	1.0	0.5
电视剧	26.6	31.4	26.8	32.4	27.6	32.7
电影	4.1	8.1	4.2	9.2	4.2	9.2
法制	1.0	1.5	0.9	1.4	0.6	1.5
教学	0.2	0.1	0.3	0.0	0.3	0.1
青少	7.2	6.4	7.2	7.4	7.7	7.2
生活服务	7.6	6.5	7.4	6.3	6.6	6.0
体育	3.1	1.7	3.2	1.8	3.9	1.8
外语	0.1	0.0	0.1	0.0	0.1	0.0
戏剧	0.8	0.3	0.9	0.2	1.1	0.4
新闻/时事	10.4	10.0	10.3	9.1	10.7	9.8
音乐	1.3	1.3	1.3	1.2	1.6	1.2
专题	13.8	5.4	13.5	5.1	13.8	5.7
综艺	6.3	11.0	6.1	9.5	5.6	8.8
其他	16.4	15.8	16.8	15.9	15.2	15.1

表 3.26.7 2019 年云南市场所有节目收视率排名前三十位

名次	节目名称	节目类型	播出频道	平均收视率(%)	平均占有率(%)
1	2019 中央广播电视总台春节联欢晚会	综艺	中央电视台综合频道	15.3	49.2
2	庆祝中华人民共和国成立 70 周年联欢活动	综艺	中央电视台综合频道	10.7	26.3
3	向伟大复兴前进	新闻/时事	中央电视台综合频道	6.9	61.4
4	赵尚志智取五常堡	电影	中央台六套	6.6	15.9
5	夺路而逃	电影	中央台六套	6.3	15.3
6	姥姥的饺子馆(1 月 1 日~9 日)	电视剧	中央台八套	6.1	18.0
7	猛虫过江(2 月 23 日)	电影	中央台六套	6.0	15.2
8	飞虎队	电影	中央台六套	6.0	14.4
9	澳门风云二(1 月 28 日)	电影	中央台六套	5.9	16.1
10	老虎队	电视剧	中央台八套	5.8	17.4
11	刘家媳妇(2 月 12 日~25 日)	电视剧	中央台八套	5.7	16.5
12	西游记之大闹天宫	电影	中央台六套	5.7	14.8
13	密战(7 月 28 日)	电影	中央台六套	5.6	13.9
14	玄武门之殇(12 月 6 号)	电影	中央台六套	5.5	14.5

续表

名次	节目名称	节目类型	播出频道	平均收视率（%）	平均占有率（%）
15	黄飞鸿之南北英雄(11月17日)	电影	中央台六套	5.5	13.8
16	决战狂沙镇	电影	中央台六套	5.5	13.3
17	非狐外传	电影	中央台六套	5.5	12.5
18	破冰行动	电视剧	中央台八套	5.4	15.0
19	渊子崖保卫战	电影	中央台六套	5.4	14.2
20	天渠(3月3日)	电影	中央台六套	5.4	13.1
21	侠捕	电影	中央台六套	5.4	12.6
22	夺标	电影	中央台六套	5.3	13.8
22	诱狼	电影	中央台六套	5.3	13.8
24	我的喜马拉雅(10月6日)	电影	中央台六套	5.3	13.3
25	李元霸与宇文成都	电影	中央台六套	5.3	12.4
26	丐世英雄	电影	中央台六套	5.2	13.4
27	杨得志围城打援	电影	中央台六套	5.2	13.2
28	惊天动地	电影	中央台六套	5.2	12.8
29	天河	电影	中央台六套	5.1	13.0
30	猎鹰追击(6月2号)	电影	中央台六套	5.1	12.7

表3.26.8　2019年云南市场电视剧收视率排名前十位

名次	节目名称	播出频道	平均收视率(%)	平均占有率(%)
1	姥姥的饺子馆(1月1日~9日)	中央台八套	6.1	18.0
2	老虎队	中央台八套	5.8	17.4
3	刘家媳妇(2月12日~25日)	中央台八套	5.7	16.5
4	破冰行动	中央台八套	5.4	15.0
5	锻刀之绝地重生	中央台八套	5.0	14.9
6	密查	中央台八套	4.9	15.0
7	面具背后	中央台八套	4.9	14.9
8	兰桐花开	中央台八套	4.9	14.3
9	无名卫士	中央台八套	4.8	14.7
10	星火云雾街	中央台八套	4.8	14.3

表 3.26.9　2019 年云南市场新闻节目收视率排名前十位

名次	节目名称	播出频道	平均收视率（%）	平均占有率（%）
1	向伟大复兴前进	中央电视台综合频道	6.9	61.4
2	庆祝中华人民共和国成立 70 周年特别节目走向复兴	中央电视台综合频道	3.9	9.2
3	新闻联播	中央电视台综合频道	3.5	17.0
4	焦点访谈	中央电视台综合频道	2.5	7.7
5	人民欢歌庆祝中华人民共和国成立 70 周年联欢活动特别报道	中央电视台综合频道	2.4	23.0
6	第七届世界军人运动会开幕式特别报道	中央电视台综合频道	2.3	7.9
7	国务院总理会见中外记者并回答提问	中央电视台综合频道	2.1	5.4
8	亚洲文化嘉年华特别报道	中央电视台综合频道	1.3	4.4
9	庆祝澳门回归祖国 20 周年特别报道	中央电视台综合频道	1.2	3.6
10	2019 年中国北京世界园艺博览会开幕式特别报道	中央电视台综合频道	1.2	3.0

表 3.26.10　2019 年云南市场专题节目收视率排名前十位

名次	节目名称	播出频道	平均收视率（%）	平均占有率（%）
1	中国诗词大会第四季(2 月 5 日)	中央电视台综合频道	4.6	12.1
2	冰血长津湖	中央台六套	4.5	10.8
3	迈向高峰全国各地电影管理部门负责人访谈录	中央台六套	4.1	9.9
4	较量抗美援朝战争实录	中央台六套	3.8	9.6
5	礼赞最美奋斗者	中央电视台综合频道	3.5	10.6
6	穿越历史长廊探寻文化伟力	中央电视台综合频道	2.9	10.3
7	濠江情中国心	中央电视台综合频道	2.9	8.8
8	中华人民共和国中央人民政府成立典礼原始影像	中央电视台综合频道	2.4	7.8
9	推动京津冀协同发展取得新的更大进展	中央电视台综合频道	2.4	7.1
10	祖国在召唤	中央电视台综合频道	2.4	6.3

表 3.26.11　2019 年云南市场综艺节目收视率排名前十位

名次	节目名称	播出频道	平均收视率（%）	平均占有率（%）
1	2019 中央广播电视总台春节联欢晚会	中央电视台综合频道	15.3	49.2
2	庆祝中华人民共和国成立 70 周年联欢活动	中央电视台综合频道	10.7	26.3
3	2018 年度电影频道百合杯表彰典礼	中央台六套	4.6	11.8
4	第二届海南岛国际电影节闭幕式暨金椰奖颁奖典礼	中央台六套	4.3	11.3
5	鹦鹉话外音	中央台六套	4.2	10.3
6	最好的时代庆祝中华人民共和国成立 70 周年电影音乐会	中央台六套	4.0	10.8
7	2019 年中央广播电视总台中秋晚会	中央电视台综合频道	3.9	10.9
8	庆祝新中国成立 70 周年封面我的电影故事	中央台六套	3.9	10.7
9	直通好莱坞	中央台六套	3.8	10.0
10	一周快评	中央台六套	3.8	9.8

表 3.26.12　2019 年云南市场体育节目收视率排名前十位

名次	节目名称	播出频道	平均收视率（%）	平均占有率（%）
1	2019 年国际篮联篮球世界杯开幕式	中央电视台综合频道	1.3	3.4
2	第七届世界军人运动会开幕式	中央电视台综合频道	1.2	3.7
3	现场直播:2019 年乒乓球亚锦赛男单 1/4 决赛	中央台五套	1.1	2.8
4	现场直播:2019 年乒乓球亚锦赛男团颁奖仪式	中央台五套	1.0	3.6
4	2019 年国际篮联篮球世界杯 1/4 决赛（阿根廷 VS 塞尔维亚）	中央台五套	1.0	3.6
6	现场直播:2019 年世界举重锦标赛男子 67 公斤级挺举决赛	中央台五套	1.0	2.7
7	直播周末:中华人民共和国第十一届少数民族传统体育运动会开幕式	中央台五套	1.0	2.3
8	2019 年世界羽毛球锦标赛女单第三轮	中央台五套	0.9	2.1
9	2019 年亚洲杯小组赛 C 组第一轮（吉尔吉斯斯坦 VS 中国）	中央台五套	0.8	2.6
10	实况录像:2019 年女排世界杯第五轮（巴西 VS 美国）	中央台五套	0.8	2.1
10	现场直播:2019 年女篮亚洲杯小组赛（菲律宾 VS 中国）	中央台五套	0.8	2.1
10	第七届世界军人运动会报道:第七届军运会田径比赛女子铁饼决赛	中央台五套	0.8	2.1

二十七、浙江收视数据

表 3.27.1　2015~2019 年浙江市场各类频道的市场占有率(%)

频道类别	年份				
	2015 年	2016 年	2017 年	2018 年	2019 年
中央广播电视总台	30.0	34.2	34.4	34.4	29.3
中国教育台频道	0.3	0.2	0.2	0.2	0.2
浙江省级频道	28.0	26.0	24.0	27.2	26.5
其他省级卫视频道	23.2	21.5	21.9	19.2	20.2
其他频道	18.5	18.1	19.5	19.0	23.8

表 3.27.2　2019 年浙江市场各类频道在不同目标观众中的市场占有率(%)

目标观众		中央广播电视总台	中国教育台频道	浙江省级频道	其他省级卫视频道	其他频道
4 岁及以上所有人		29.3	0.2	26.5	20.2	23.8
城乡	城市	25.6	0.2	19.1	20.9	34.2
	农村	31.4	0.2	30.7	19.7	18.0
性别	男	31.6	0.2	25.4	17.8	25.0
	女	27.1	0.2	27.5	22.3	22.9
年龄	4~14 岁	21.2	0.1	27.1	26.4	25.2
	15~24 岁	16.9	0.1	23.9	18.8	40.3
	25~34 岁	18.3	0.2	33.7	23.8	24.0
	35~44 岁	29.4	0.1	22.7	16.6	31.2
	45~54 岁	32.4	0.2	19.2	23.0	25.2
	55~64 岁	33.0	0.2	31.3	16.4	19.1
	65 岁及以上	37.0	0.3	25.3	18.2	19.2
教育程度	未受过正规教育	28.2	0.2	28.0	19.9	23.7
	小学	31.8	0.2	24.5	22.8	20.7
	初中	27.5	0.2	31.5	17.7	23.1
	高中	34.3	0.2	15.2	25.0	25.3
	大学及以上	22.8	0.1	30.4	15.4	31.3
职业类别	干部/管理人员	12.8	0.0	64.4	5.8	17.0
	个体/私营企业人员	33.2	0.2	22.7	19.8	24.1
	初级公务员/雇员	25.9	0.1	31.9	15.3	26.8
	工人	34.7	0.2	21.0	19.0	25.1
	学生	21.4	0.1	18.7	25.5	34.3
	无业	29.9	0.2	25.7	23.4	20.8
	其他	32.8	0.3	26.3	19.9	20.7
个人月收入	0~300 元	26.9	0.2	22.2	26.7	24.0
	301~900 元	28.0	0.3	27.0	20.6	24.1
	901~1700 元	33.3	0.2	22.1	24.7	19.7
	1701~2600 元	28.7	0.2	30.6	19.2	21.3
	2601~3500 元	34.2	0.3	24.1	17.8	23.6
	3501 元及以上	28.6	0.2	29.4	15.9	25.9

表 3.27.3　2019 年浙江市场各类频道在不同时段的市场占有率(%)

时间段	中央广播电视总台	中国教育台频道	浙江省级频道	其他省级卫视频道	其他频道
02:00~03:00	28.3	0.6	17.0	29.0	25.1
03:00~04:00	29.8	0.4	17.1	31.3	21.4
04:00~05:00	39.2	0.4	13.5	33.5	13.4
05:00~06:00	45.9	0.8	16.1	24.9	12.3
06:00~07:00	45.3	0.5	19.7	19.1	15.4
07:00~08:00	41.0	0.8	15.9	20.8	21.5
08:00~09:00	35.1	0.4	12.8	25.7	26.0
09:00~10:00	28.9	0.5	16.5	29.6	24.5
10:00~11:00	29.2	0.4	12.7	32.4	25.3
11:00~12:00	32.0	0.2	10.9	31.7	25.2
12:00~13:00	32.2	0.1	9.8	32.3	25.6
13:00~14:00	28.7	0.2	11.5	33.2	26.4
14:00~15:00	27.7	0.4	12.1	33.3	26.5
15:00~16:00	26.4	0.4	12.8	33.9	26.5
16:00~17:00	25.0	0.4	20.0	30.2	24.4
17:00~18:00	24.9	0.2	30.1	22.6	22.2
18:00~19:00	27.5	0.1	37.3	10.3	24.8
19:00~20:00	26.7	0.1	41.4	9.2	22.6
20:00~21:00	25.6	0.1	37.7	14.1	22.5
21:00~22:00	29.9	0.1	28.6	16.4	25.0
22:00~23:00	33.4	0.1	20.6	20.1	25.8
23:00~24:00	37.9	0.1	17.6	22.2	22.2
24:00~25:00	43.4	0.1	17.3	19.5	19.7
25:00~26:00	37.6	0.5	14.4	21.6	25.9

表 3.27.4　2019 年浙江市场收视份额排名前十位的频道

名次	频道名称	收视份额(%)
1	浙江电视台教育科技频道	8.3
2	浙江电视台钱江都市频道	5.4
3	中央台八套	4.9
4	浙江卫视	4.5
5	浙江电视台经济生活频道	4.1
6	中央台六套	3.7
7	中央台四套	3.5
8	湖南卫视	3.4
9	湖南电视台金鹰卡通频道	2.9
10	中央电视台新闻频道	2.8

表 3.27.5　2019 年浙江市场各主要频道的观众构成(%)

目标观众		所有频道	主要频道				
			浙江电视台教育科技频道	浙江电视台钱江都市频道	中央台八套	浙江卫视	浙江电视台经济生活频道
4 岁及以上所有人		100.0	100.0	100.0	100.0	100.0	100.0
城乡	城市	36.4	25.1	17.9	21.2	38.5	18.5
	农村	63.6	74.9	82.1	78.8	61.5	81.5
性别	男	47.3	50.6	41.5	46.3	41.1	41.6
	女	52.7	49.4	58.5	53.7	58.9	58.4
年龄	4~14 岁	9.2	5.7	13.3	1.9	10.6	12.5
	15~24 岁	4.2	1.3	2.8	1.6	8.9	1.9
	25~34 岁	14.1	15.8	28.3	10.6	12.0	25.1
	35~44 岁	11.0	6.5	6.0	6.3	17.2	5.5
	45~54 岁	21.2	13.1	10.5	23.1	21.4	11.5
	55~64 岁	24.8	37.5	32.2	37.4	16.4	32.6
	65 岁及以上	15.5	20.1	6.9	19.1	13.5	10.9
教育程度	未受过正规教育	7.7	8.0	11.9	6.5	3.3	12.6
	小学	25.4	29.3	11.0	33.7	27.5	15.9
	初中	37.6	44.5	56.9	36.2	34.5	51.8
	高中	17.2	8.1	5.5	19.3	17.4	5.6
	大学及以上	12.1	10.1	14.7	4.3	17.3	14.1
职业类别	干部/管理人员	2.2	4.1	10.9	0.2	0.9	10.7
	个体/私营企业人员	14.7	16.0	8.9	17.8	14.0	8.5
	初级公务员/雇员	21.9	21.9	34.8	20.3	22.9	29.5
	工人	11.3	10.1	3.2	19.1	14.8	4.2
	学生	7.1	2.3	3.5	1.4	14.0	1.7
	无业	35.8	34.6	37.0	34.3	28.9	41.1
	其他	7.0	11.0	1.7	6.9	4.5	4.3
个人月收入	0~300 元	25.4	16.8	21.5	15.6	29.6	21.2
	301~900 元	1.3	1.7	0.3	1.3	2.1	0.7
	901~1700 元	7.1	7.8	2.0	12.2	7.9	4.0
	1701~2600 元	16.0	18.6	19.3	20.5	14.9	20.5
	2601~3500 元	13.6	15.8	6.4	16.8	12.3	5.5
	3501 元及以上	36.6	39.3	50.5	33.6	33.2	48.1

表 3.27.6　2017~2019 年浙江市场各类节目的播出比重(%)和收视比重(%)

节目类型	2017 年		2018 年		2019 年	
	播出比重	收视比重	播出比重	收视比重	播出比重	收视比重
财经	1.5	0.8	1.5	0.9	1.4	0.9
电视剧	21.3	32.4	21.5	33.2	21.5	34.4
电影	3.7	5.0	3.9	4.7	3.5	5.1
法制	0.8	0.8	1.0	0.8	0.9	0.8
教学	0.2	0.0	0.3	0.0	0.4	0.0
青少	7.1	5.7	7.1	5.5	7.6	6.3
生活服务	8.9	9.5	8.9	9.6	8.2	9.3
体育	3.4	1.6	3.3	2.4	3.9	1.8
外语	0.1	0.0	0.1	0.0	0.2	0.0
戏剧	0.8	0.7	0.8	0.6	0.9	0.5
新闻/时事	16.1	14.3	16.1	13.6	16.4	13.6
音乐	1.5	1.0	1.4	1.0	1.7	1.2
专题	14.3	6.1	13.9	6.4	14.0	6.1
综艺	7.9	10.0	7.7	9.2	7.0	9.3
其他	12.4	12.1	12.5	12.1	12.4	10.7

表 3.27.7　2019 年浙江市场所有节目收视率排名前三十位

名次	节目名称	节目类型	播出频道	平均收视率(%)	平均占有率(%)
1	开学第一课	青少	中央电视台综合频道	4.5	17.6
2	觉醒	电视剧	浙江电视台教育科技频道	4.3	21.9
3	庆祝中华人民共和国成立 70 周年联欢活动	综艺	中央电视台综合频道	4.3	14.5
4	娘道	电视剧	浙江电视台教育科技频道	4.2	20.5
5	地下地上	电视剧	浙江电视台教育科技频道	4.2	19.6
6	侠探高飞	电视剧	浙江电视台教育科技频道	4.2	19.2
7	忠者无敌	电视剧	浙江电视台教育科技频道	4.1	17.5
8	重庆谍战	电视剧	浙江电视台教育科技频道	4.0	18.1
9	打狗棍	电视剧	浙江电视台教育科技频道	3.9	17.3
10	迷局 1931	电视剧	浙江电视台教育科技频道	3.8	17.4
11	敌特在行动	电视剧	浙江电视台教育科技频道	3.8	16.9
12	音乐会	电视剧	浙江电视台教育科技频道	3.7	16.3
13	生死线	电视剧	浙江电视台教育科技频道	3.6	17.3

续表

名次	节目名称	节目类型	播出频道	平均收视率（%）	平均占有率（%）
14	敌营十八年第一部	电视剧	浙江电视台教育科技频道	3.6	16.5
15	一触即发	电视剧	浙江电视台教育科技频道	3.5	17.3
16	掩护	电视剧	浙江电视台教育科技频道	3.5	16.7
17	中国兄弟连	电视剧	浙江电视台教育科技频道	3.4	16.5
18	虎胆雄心	电视剧	浙江电视台教育科技频道	3.3	15.3
19	面具背后	电视剧	浙江电视台教育科技频道	3.2	15.6
20	小楼又东风	电视剧	浙江电视台经济生活频道	3.2	14.4
21	活力绍兴品质上虞绍兴市第九届运动会暨第二届市民运动会开幕式	体育	浙江电视台教育科技频道	3.2	13.2
22	猎人	电视剧	浙江电视台教育科技频道	3.2	12.4
23	烟花易冷	电视剧	浙江电视台教育科技频道	3.2	12.2
24	谍战深海之惊蛰	电视剧	浙江电视台教育科技频道	3.1	14.4
25	一犁耕到头浙里庆丰收浙江宁波滕头 2019 年中国农民丰收节	专题	浙江电视台经济生活频道	3.1	14.3
26	独孤天下	电视剧	浙江电视台经济生活频道	3.1	12.9
27	2019 中央广播电视总台春节联欢晚会	综艺	中央电视台综合频道	3.1	10.4
28	破冰行动	电视剧	浙江电视台经济生活频道	3.0	16.3
28	中国好声音(7 月 19 日)	综艺	浙江卫视	3.0	16.3
30	滚滚红尘	电视剧	浙江电视台教育科技频道	3.0	15.2

表 3.27.8　2019 年浙江市场电视剧收视率排名前十位

名次	节目名称	播出频道	平均收视率(%)	平均占有率(%)
1	觉醒	浙江电视台教育科技频道	4.3	21.9
2	娘道	浙江电视台教育科技频道	4.2	20.5
3	地下地上	浙江电视台教育科技频道	4.2	19.6
4	侠探高飞	浙江电视台教育科技频道	4.2	19.2
5	忠者无敌	浙江电视台教育科技频道	4.1	17.5
6	重庆谍战	浙江电视台教育科技频道	4.0	18.1
7	打狗棍	浙江电视台教育科技频道	3.9	17.3
8	迷局 1931	浙江电视台教育科技频道	3.8	17.4
9	敌特在行动	浙江电视台教育科技频道	3.8	16.9
10	音乐会	浙江电视台教育科技频道	3.7	16.3

表 3.27.9　2019 年浙江市场新闻节目收视率排名前十位

名次	节目名称	播出频道	平均收视率（%）	平均占有率（%）
1	人民欢歌庆祝中华人民共和国成立 70 周年联欢活动特别报道	中央电视台综合频道	2.8	13.6
2	庆祝中华人民共和国成立 70 周年大会阅兵式群众游行特别报道	中央电视台新闻频道	2.8	12.4
3	向伟大复兴前进	中央电视台新闻频道	2.0	16.2
4	小强热线	浙江电视台教育科技频道	1.7	7.7
5	2019 年中国北京世界园艺博览会开幕式特别报道	北京卫视	1.5	6.0
6	九点半	浙江电视台钱江都市频道	1.4	7.7
7	范大姐帮忙	浙江电视台钱江都市频道	1.3	9.4
8	海峡两岸	中央台四套	1.2	4.8
9	经视新闻	浙江电视台经济生活频道	1.0	3.9
10	新闻联播(10 月 1 日)	中央台四套	1.0	3.8

表 3.27.10　2019 年浙江市场专题节目收视率排名前十位

名次	节目名称	播出频道	平均收视率（%）	平均占有率（%）
1	一犁耕到头浙里庆丰收浙江宁波滕头 2019 年中国农民丰收节	浙江电视台经济生活频道	3.1	14.3
2	浙江省首届最美浙江人最美残疾人工作者发布会	浙江电视台钱江都市频道	2.1	10.6
3	一年又一年	中央电视台综合频道	2.0	12.2
4	盛世欢腾直播国庆 70 周年联欢之夜	中央台三套	1.8	9.8
5	家风	浙江电视台少儿频道(8 套)	1.8	6.4
6	2018 年度最美浙江人浙江骄傲人物评选活动颁奖典礼	浙江电视台钱江都市频道	1.5	13.8
7	壹周播报	浙江电视台钱江都市频道	1.4	14.0
8	天台山	浙江电视台钱江都市频道	1.3	6.2
9	期待 2022 杭州亚运的 100 个理由	浙江电视台钱江都市频道	1.2	7.2
10	中国诗词大会第四季(2 月 14 日)	中央电视台综合频道	1.2	4.2

表 3.27.11 2019 年浙江市场综艺节目收视率排名前十位

名次	节目名称	播出频道	平均收视率(%)	平均占有率(%)
1	庆祝中华人民共和国成立 70 周年联欢活动	中央电视台综合频道	4.3	14.5
2	2019 中央广播电视总台春节联欢晚会	中央电视台综合频道	3.1	10.4
3	中国好声音(7 月 19 日)	浙江卫视	3.0	16.3
4	越战越勇(11 月 27 日)	中央台三套	2.7	10.0
5	开门大吉(8 月 26 日)	中央台三套	2.3	9.5
6	新春喜剧之夜	中央台三套	2.3	9.4
7	巅峰之夜(6 月 21 日)	湖南卫视	2.1	8.4
8	黄金 100 秒(8 月 9 日)	中央台三套	1.8	6.1
9	王牌对王牌	浙江卫视	1.7	9.0
10	神奇的汉字(6 月 20 日)	湖南卫视	1.7	5.9

表 3.27.12 2019 年浙江市场体育节目收视率排名前十位

名次	节目名称	播出频道	平均收视率(%)	平均占有率(%)
1	活力绍兴品质上虞绍兴市第九届运动会暨第二届市民运动会开幕式	浙江电视台教育科技频道	3.2	13.2
2	现场直播:2018/2019 赛季中国女子篮球联赛半决赛(东莞新彤盛 VS 北京首钢)	中央台五套	2.5	18.5
3	实况录像:2019 年世界赛艇锦标赛男子双人双桨 A 组决赛	中央台五套	2.4	25.1
4	实况录像:2019 年世界田径锦标赛男子 4×400 米接力决赛	中央台五套	2.4	10.8
5	实况录像:19 年国际体联蹦床世界杯系列赛哈巴罗夫斯克女单跳决赛	中央台五套	2.3	28.4
6	实况录像:2019 年第 49 届世界体操锦标赛单项决赛女子自由操	中央台五套	2.3	27.6
7	实况录像:2019 年世界举重锦标赛女子 76 公斤级决赛挺举	中央台五套	2.2	25.7
8	现场直播:2019 年女排世界杯第 3 轮(荷兰 VS 巴西)	中央台五套	2.0	26.6
9	现场直播:2019 年乒乓球团体世界杯男团小组赛双打	中央台五套	2.0	25.8
10	2018/2019 赛季中国男子篮球职业联赛常规赛第 28 轮(九台农商银行 VS 浙江稠州银行)	浙江 8 套	2.0	7.6

二十八、北京收视数据

表 3.28.1　2015~2019 年北京市场各类频道的市场占有率(%)

频道类别	年份				
	2015 年	2016 年	2017 年	2018 年	2019 年
中央广播电视总台	24.6	27.4	28.6	29.2	26.9
中国教育台频道	1.0	0.5	0.3	0.4	0.4
北京台频道	39.4	36.2	33.6	32.0	29.2
其他省级卫视频道	22.2	20.5	20.8	19.3	22.2
其他频道	12.8	15.4	16.7	19.1	21.3

表 3.28.2　2019 年北京市场各类频道在不同目标观众中的市场占有率(%)

目标观众		中央广播电视总台	中国教育台频道	北京台频道	其他省级卫视频道	其他频道
4 岁及以上所有人		26.9	0.4	29.2	22.2	21.3
性别	男	28.1	0.4	28.0	21.6	21.9
	女	25.6	0.4	30.4	22.8	20.8
年龄	4~14 岁	20.6	0.3	21.7	23.1	34.3
	15~24 岁	23.2	0.4	26.1	23.1	27.2
	25~34 岁	20.4	0.2	23.1	25.9	30.4
	35~44 岁	20.2	0.3	18.1	26.1	35.3
	45~54 岁	23.5	0.4	27.7	24.2	24.2
	55~64 岁	28.4	0.4	34.3	20.5	16.4
	65 岁及以上	35.3	0.4	34.8	18.3	11.2
教育程度	未受过正规教育	29.9	0.3	25.3	19.0	25.5
	小学	29.4	0.6	29.4	23.9	16.7
	初中	28.6	0.4	33.4	22.2	15.4
	高中	26.6	0.4	29.3	22.4	21.3
	大学及以上	25.1	0.3	26.0	21.9	26.7
职业类别	干部/管理人员	22.1	0.2	20.5	23.5	33.7
	个体/私营企业人员	23.8	0.4	21.0	20.7	34.1
	初级公务员/雇员	22.4	0.3	26.1	24.2	27.0
	工人	23.3	0.4	24.3	29.5	22.5
	学生	21.5	0.4	20.0	25.0	33.1
	无业	30.2	0.4	33.2	20.5	15.7
	其他	23.4	0.6	21.1	23.7	31.2
个人月收入	0~600 元	21.9	0.4	22.5	25.3	29.9
	601~1200 元	29.7	0.5	25.7	28.5	15.6
	1201~1700 元	22.1	0.4	30.1	25.1	22.3
	1701~2600 元	29.7	0.5	32.7	23.8	13.3
	2601~3500 元	25.9	0.4	33.4	22.0	18.3
	3501~5000 元	29.0	0.4	33.2	20.8	16.6
	5001 元及以上	26.8	0.3	25.4	21.4	26.1

表 3.28.3 2019 年北京市场各类频道在不同时段的市场占有率(%)

时间段	中央广播电视总台	中国教育台频道	北京台频道	其他省级卫视频道	其他频道
02:00~03:00	16.2	0.6	12.9	31.5	38.8
03:00~04:00	19.0	0.7	13.7	32.0	34.6
04:00~05:00	22.1	0.6	13.2	22.1	42.0
05:00~06:00	29.8	0.6	18.0	17.6	34.0
06:00~07:00	35.7	0.5	33.9	10.3	19.6
07:00~08:00	30.3	0.4	44.3	9.3	15.7
08:00~09:00	32.9	0.5	34.1	14.9	17.6
09:00~10:00	31.1	0.8	25.4	21.8	20.9
10:00~11:00	29.6	0.9	24.0	23.9	21.6
11:00~12:00	31.2	0.4	26.0	22.3	20.1
12:00~13:00	28.9	0.2	32.5	18.5	19.9
13:00~14:00	26.4	0.4	23.5	25.2	24.5
14:00~15:00	25.7	0.7	17.7	30.2	25.7
15:00~16:00	25.3	0.8	17.9	31.1	24.9
16:00~17:00	27.3	0.7	18.4	30.1	23.5
17:00~18:00	29.3	0.4	25.3	23.4	21.6
18:00~19:00	26.4	0.1	46.6	7.4	19.5
19:00~20:00	27.2	0.1	41.2	13.6	17.9
20:00~21:00	24.6	0.2	33.6	24.4	17.2
21:00~22:00	25.5	0.3	31.0	24.2	19.0
22:00~23:00	24.5	0.3	20.8	29.3	25.1
23:00~24:00	24.8	0.2	12.9	31.3	30.8
24:00~25:00	23.3	0.3	13.3	25.8	37.3
25:00~26:00	19.5	0.3	12.4	27.8	40.0

表 3.28.4 2019 年北京市场收视份额排名前十位的频道

名次	频道名称	收视份额(%)
1	北京卫视	12.8
2	北京电视台影视频道	5.0
3	中央电视台四套	4.0
4	中央电视台八套	3.8
5	中央电视台综合频道	3.0
5	湖南卫视	3.0
7	浙江卫视	2.8
8	中央电视台五套	2.7
9	中央电视台六套	2.3
9	江苏卫视	2.3
9	北京电视台文艺频道	2.3

表 3.28.5　2019 年北京市场各主要频道的观众构成(%)

目标观众		所有频道	北京卫视	北京电视台影视频道	中央台四套	中央台八套	中央电视台综合频道	湖南卫视
4 岁及以上所有人		100.0	100.0	100.0	100.0	100.0	100.0	100.0
性别	男	50.9	45.6	49.1	56.9	43.7	48.3	43.1
	女	49.1	54.4	50.9	43.1	56.3	51.7	56.9
年龄	4~14 岁	3.3	1.6	1.4	1.4	1.8	2.9	2.8
	15~24 岁	3.5	3.1	3.4	3.4	3.6	2.1	4.9
	25~34 岁	11.7	8.4	8.3	8.3	7.8	11.9	19.4
	35~44 岁	10.8	6.3	5.1	5.1	5.0	7.8	14.6
	45~54 岁	22.4	18.6	21.5	21.5	16.3	15.4	24.6
	55~64 岁	22.0	23.7	29.0	29.0	27.1	21.6	17.1
	65 岁及以上	26.3	38.3	31.2	31.2	38.4	38.4	16.6
教育程度	未受过正规教育	2.0	1.3	0.9	2.6	2.5	1.9	1.1
	小学	6.1	6.3	8.4	5.5	13.9	5.9	6.8
	初中	27.0	28.4	37.4	29.3	33.2	27.4	24.9
	高中	29.6	30.4	28.6	26.6	30.2	29.2	26.5
	大学及以上	35.3	33.6	24.7	36.0	20.2	35.6	40.7
职业类别	干部/管理人员	3.6	2.3	1.2	2.7	0.9	2.4	3.4
	个体/私营企业人员	6.3	4.3	5.3	4.7	5.2	3.5	7.6
	初级公务员/雇员	24.4	20.0	19.8	12.9	17.3	21.2	32.9
	工人	5.1	3.5	4.5	3.1	3.8	3.8	7.7
	学生	3.9	2.4	2.8	1.8	3.1	2.8	4.7
	无业	56.0	66.8	66.0	74.6	69.2	65.4	43.1
	其他	0.7	0.7	0.4	0.2	0.5	0.8	0.6
个人月收入	0~600 元	1.8	1.4	1.5	1.8	1.4	1.2	14.7
	601~1200 元	1.6	1.4	1.5	1.4	2.6	2.1	0.7
	1201~1700 元	1.5	1.5	1.5	0.7	1.0	1.3	1.4
	1701~2600 元	9.3	9.7	13.4	7.0	20.0	7.9	8.6
	2601~3500 元	19.0	19.4	23.3	17.8	21.0	17.1	15.8
	3501~5000 元	30.5	33.5	34.9	35.3	30.1	35.1	23.9
	5001 元及以上	36.4	33.1	23.8	36.0	23.8	35.3	34.9

表 3.28.6 2017~2019 年北京市场各类节目的播出比重(%)和收视比重(%)

节目类型	2017 年		2018 年		2019 年	
	播出比重	收视比重	播出比重	收视比重	播出比重	收视比重
财经	1.8	1.2	1.9	0.7	1.7	0.6
电视剧	20.5	29.5	20.6	30.6	20.7	32.1
电影	3.8	3.3	4.0	3.5	3.7	3.4
法制	1.5	1.6	1.4	1.1	1.2	0.7
教学	0.3	0.0	0.4	0.0	0.5	0.0
青少	6.4	2.3	6.5	3.0	7.0	2.7
生活服务	9.1	10.2	8.7	9.1	8.2	9.5
体育	4.1	5.1	4.0	6.4	4.0	5.4
外语	0.2	0.0	0.1	0.0	0.2	0.0
戏剧	0.8	0.3	0.7	0.4	0.8	0.4
新闻/时事	14.5	13.3	14.9	12.6	15.1	12.9
音乐	1.5	0.9	1.4	0.7	1.7	0.8
专题	15.5	7.5	15.2	7.6	15.3	7.6
综艺	8.3	14.2	8.2	13.5	7.6	13.3
其他	11.7	10.6	12.0	10.8	12.3	10.6

表 3.28.7 2019 年北京市场所有节目收视率排名前三十位

名次	节目名称	节目类型	播出频道	平均收视率(%)	平均占有率(%)
1	2019 北京电视台春节联欢晚会	综艺	北京卫视	14.2	40.8
2	庆祝中华人民共和国成立 70 周年大会阅兵式群众游行特别报道	新闻/时事	北京卫视	11.3	27.0
3	2019 中央广播电视总台春节联欢晚会	综艺	北京卫视	10.4	27.7
4	芝麻胡同	电视剧	北京卫视	9.5	28.3
5	大江大河(40~47 集)	电视剧	北京卫视	9.5	27.6
6	庆祝中华人民共和国成立 70 周年联欢活动	综艺	北京卫视	9.1	24.9
7	一年又一年	专题	北京卫视	9.0	27.0
8	老酒馆	电视剧	北京卫视	8.4	28.3
9	天气预报	生活服务	北京卫视	8.3	34.9
10	人民欢歌庆祝中华人民共和国成立 70 周年联欢活动特别报道	新闻/时事	北京卫视	7.9	24.9
11	光荣时代	电视剧	北京卫视	7.5	25.0
12	河山	电视剧	北京卫视	7.4	24.0
13	转播中央广播电视总台新闻联播	新闻/时事	北京卫视	6.4	24.9

续表

名次	节目名称	节目类型	播出频道	平均收视率（%）	平均占有率（%）
14	因法之名	电视剧	北京卫视	6.3	20.4
15	外交风云	电视剧	北京卫视	6.1	21.7
16	中共中央在香山共和国1949献礼中华人民共和国成立70周年先导片	专题	北京卫视	5.7	20.3
17	精英律师(1~20集)	电视剧	北京卫视	5.6	18.5
18	开学第一课	青少	中央电视台综合频道	5.5	16.2
19	我们都要好好的	电视剧	北京卫视	5.3	17.8
20	北京新闻	新闻/时事	北京卫视	5.1	23.4
21	天下无诈	电视剧	北京卫视	5.0	14.6
22	破冰行动	电视剧	北京卫视	4.5	15.8
23	青春斗	电视剧	北京卫视	4.5	14.3
24	热爱	电视剧	北京卫视	4.4	15.0
25	2019年亚洲杯小组赛C组第二轮(菲律宾VS中国)	体育	中央台五套	4.3	20.2
26	欢乐二打一(12月8日)	综艺	北京电视台生活频道	4.3	17.4
27	中国达人秀(8月25日)	综艺	上海东方卫视	4.2	19.4
28	丁大命(1~20集)	电视剧	北京电视台影视频道	4.2	14.6
29	幕后之王	电视剧	北京卫视	4.2	12.6
29	2019年亚洲足联冠军联赛G组第5轮(北京国安VS全北)	体育	中央台五套	4.2	12.6

表3.28.8　2019年北京市场电视剧收视率排名前十位

名次	节目名称	播出频道	平均收视率(%)	平均占有率(%)
1	芝麻胡同	北京卫视	9.5	28.3
2	大江大河(40~47集)	北京卫视	9.5	27.6
3	老酒馆	北京卫视	8.4	28.3
4	光荣时代	北京卫视	7.5	25.0
5	河山	北京卫视	7.4	24.0
6	因法之名	北京卫视	6.3	20.4
7	外交风云	北京卫视	6.1	21.7
8	精英律师(1~20集)	北京卫视	5.6	18.5
9	我们都要好好的	北京卫视	5.3	17.8
10	天下无诈	北京卫视	5.0	14.6

表 3.28.9　2019 年北京市场综艺节目收视率排名前十位

名次	节目名称	播出频道	平均收视率（%）	平均占有率（%）
1	2019 北京电视台春节联欢晚会	北京卫视	14.2	40.8
2	2019 中央广播电视总台春节联欢晚会	北京卫视	10.4	27.7
3	庆祝中华人民共和国成立 70 周年联欢活动	北京卫视	9.1	24.9
4	欢乐二打一(12 月 8 日)	北京电视台生活频道	4.3	17.4
5	中国达人秀(8 月 25 日)	上海东方卫视	4.2	19.4
6	奔跑吧	浙江卫视	4.1	16.2
7	中国好声音(7 月 19 日)	浙江卫视	3.9	17.4
8	欢乐二打一(1 月 18 日)	北京电视台体育频道	3.8	16.6
9	2020 环球跨年冰雪盛典	北京卫视	3.8	16.1
10	跨界喜剧王喜剧王来了(9 月 14 日)	北京卫视	3.7	14.6

表 3.28.10　2019 年北京市场新闻节目收视率排名前十位

名次	节目名称	播出频道	平均收视率（%）	平均占有率（%）
1	庆祝中华人民共和国成立 70 周年大会阅兵式群众游行特别报道	北京卫视	11.3	27.0
2	人民欢歌庆祝中华人民共和国成立 70 周年联欢活动特别报道	北京卫视	7.9	24.9
3	转播中央电视台新闻联播	北京卫视	6.4	24.9
4	北京新闻	北京卫视	5.1	23.4
5	2019 年中国北京世界园艺博览会开幕式特别报道	北京卫视	4.1	12.5
6	庆祝中华人民共和国成立 70 周年特别节目走向复兴	中央电视台综合频道	1.8	5.5
7	国务院总理会见中外记者并回答提问	中央电视台综合频道	1.4	4.1
8	第二届一带一路国际合作高峰论坛特别报道	北京卫视	1.3	6.9
9	新闻联播(10 月 1 日)	中央电视台四套	1.3	4.5
10	海峡两岸	中央电视台四套	1.3	4.1

表 3.28.11　2019 年北京市场专题节目收视率排名前十位

名次	节目名称	播出频道	平均收视率（%）	平均占有率（%）
1	一年又一年	北京卫视	9.0	27.0
2	中共中央在香山共和国 1949 献礼中华人民共和国成立 70 周年先导片	北京卫视	5.7	20.3
3	中国诗词大会第四季(2 月 9 日)	中央电视台综合频道	2.5	7.8
4	红色通缉	中央电视台综合频道	2.2	6.5
5	告诉你一个真实的春晚	北京卫视	2.1	6.6
6	社区动员同防艾健康中国我行动 2019 年世界艾滋病日主题宣传活动	北京卫视	2.0	7.5
7	315 共治共享放心消费	中央电视台二套	2.0	7.4
8	生命的礼物第二季(1 月 1 日~1 月 31 日)	北京卫视	1.7	6.1
9	生命的礼物(12 月 25 日)	北京卫视	1.6	7.7
10	一抓到底正风纪秦岭违建整治始末	中央电视台综合频道	1.6	4.7

表 3.28.12　2019 年北京市场体育节目收视率排名前十位

名次	节目名称	播出频道	平均收视率（%）	平均占有率（%）
1	2019 年亚洲杯小组赛 C 组第二轮（菲律宾 VS 中国）	中央台五套	4.3	20.2
2	2019 年亚洲足联冠军联赛 G 组第 5 轮（北京国安 VS 全北）	中央台五套	4.2	12.6
3	2019 年国际篮联篮球世界杯小组赛 A 组（中国 VS 波兰）	中央台五套	4.0	16.8
4	2019 年中国足球协会超级联赛第 9 轮（北京中赫国安 VS 深圳佳兆业）	北京电视台新闻频道	3.2	10.0
5	国际足联 2022 年世界杯亚洲区预选赛第 2 阶段 A 组第 4 轮（菲律宾 VS 中国）	中央台五套	3.0	10.9
6	2019 年国际泳联世锦赛男子 100 米仰泳决赛	中央台五套	2.9	10.3
7	2019 年女排世界杯颁奖仪式	中央台五套	2.8	9.6
8	2019 年世界乒乓球锦标赛女单决赛（4 月 27 日）	中央台五套	2.7	8.8
9	2019 年乒乓球团体世界杯女团决赛单打	中央台五套	2.6	8.8
10	2018/2019 赛季中国男子篮球职业联赛季后赛 1/4 决赛第三场（北京首钢 VS 深圳马可波罗）	北京电视台体育频道	2.5	7.8

二十九、上海收视数据

表 3.29.1 2015~2019 年上海市场各类频道的市场占有率(%)

频道类别	年份				
	2015 年	2016 年	2017 年	2018 年	2019 年
中央广播电视总台	14.7	15.1	15.4	17.6	17.0
中国教育台频道	0.0	0.1	0.1	0.1	0.1
上海市级频道	55.4	54.8	51.3	46.9	43.1
其他省级卫视频道	14.4	13.4	14.4	13.4	13.3
其他频道	15.5	16.6	18.8	22.0	26.5

表 3.29.2 2019 年上海市场各类频道在不同目标观众中的市场占有率(%)

目标观众		中央广播电视总台	中国教育台频道	上海市级频道	其他省级卫视频道	其他频道
4 岁及以上所有人		17.0	0.1	43.1	13.3	26.5
性别	男	19.5	0.1	42.5	13.2	24.7
	女	14.6	0.1	43.6	13.4	28.3
年龄	4~14 岁	14.2	0.1	25.3	17.9	42.5
	15~24 岁	12.0	0.1	42.4	16.3	29.2
	25~34 岁	11.9	0.1	30.5	15.5	42.0
	35~44 岁	13.9	0.1	35.4	16.1	34.5
	45~54 岁	18.1	0.1	46.0	13.1	22.7
	55~64 岁	16.6	0.0	48.3	11.1	24.0
	65 岁及以上	21.2	0.1	48.8	12.0	17.9
教育程度	未受过正规教育	19.3	0.1	36.3	18.3	26.0
	小学	18.5	0.1	43.5	18.2	19.7
	初中	19.3	0.1	48.6	10.9	21.1
	高中	16.4	0.1	45.5	12.9	25.1
	大学及以上	15.4	0.1	35.8	14.0	34.7
职业类别	干部/管理人员	17.2	0.1	33.8	13.4	35.5
	个体/私营企业人员	13.5	0.1	35.3	16.0	35.1
	初级公务员/雇员	14.8	0.1	38.4	14.2	32.5
	工人	19.3	0.2	40.7	18.4	21.4
	学生	12.0	0.1	34.0	16.0	37.9
	无业	18.7	0.1	47.6	11.8	21.8
	其他	25.1	0.0	50.0	14.8	10.1
个人月收入	0~600 元	13.0	0.1	33.1	16.2	37.6
	601~1200 元	17.9	0.0	46.7	16.6	18.8
	1201~1700 元	14.8	0.0	58.1	19.2	7.9
	1701~2600 元	18.9	0.1	49.9	17.4	13.7
	2601~3500 元	18.9	0.1	50.6	11.5	18.9
	3501~5000 元	17.7	0.1	46.1	12.6	23.5
	5001 元及以上	16.1	0.1	36.6	13.6	33.6

表 3.29.3　2019 年上海市场各类频道在不同时段的市场占有率(%)

时间段	中央广播电视总台	中国教育台频道	上海市级频道	其他省级卫视频道	其他频道
02:00~03:00	20.6	0.1	23.0	18.4	37.9
03:00~04:00	20.6	0.1	14.6	15.6	49.1
04:00~05:00	28.7	0.1	13.5	17.4	40.3
05:00~06:00	33.0	0.1	17.5	18.4	31.0
06:00~07:00	31.2	0.4	36.5	10.4	21.5
07:00~08:00	16.0	0.3	58.3	5.9	19.5
08:00~09:00	19.3	0.2	48.4	8.5	23.6
09:00~10:00	20.7	0.2	39.2	12.5	27.4
10:00~11:00	19.7	0.2	39.3	13.5	27.3
11:00~12:00	19.7	0.1	39.8	13.1	27.3
12:00~13:00	21.3	0.0	36.5	13.3	28.9
13:00~14:00	19.8	0.1	32.9	15.1	32.1
14:00~15:00	20.6	0.2	30.6	16.3	32.3
15:00~16:00	20.8	0.2	31.5	16.8	30.7
16:00~17:00	21.4	0.2	32.9	16.0	29.5
17:00~18:00	18.0	0.1	42.0	12.6	27.3
18:00~19:00	11.9	0.0	61.3	4.7	22.1
19:00~20:00	14.6	0.0	53.9	10.2	21.3
20:00~21:00	14.4	0.0	46.8	16.4	22.4
21:00~22:00	15.7	0.1	44.2	15.0	25.0
22:00~23:00	13.5	0.1	42.6	15.4	28.4
23:00~24:00	15.1	0.0	37.3	15.8	31.8
24:00~25:00	18.9	0.0	29.6	13.8	37.7
25:00~26:00	18.4	0.1	25.5	15.8	40.2

表 3.29.4　2019 年上海市场收视份额排名前十位的频道

名次	频道名称	收视份额(%)
1	上海电视台新闻综合频道	10.9
2	上海东方卫视	7.6
3	上海电视台电视剧频道	6.6
4	上海电视台都市频道	5.1
5	上海东方电影频道	4.9
6	中央台四套	3.4
7	上海电视台五星体育频道	2.9
8	湖南卫视	2.1
9	中央台六套	1.9
10	中央电视台新闻频道	1.6
10	江苏卫视	1.6

表 3.29.5 2019 年上海市场各主要频道的观众构成(%)

目标观众		所有频道	上海电视台新闻综合频道	上海东方卫视	上海电视台电视剧频道	上海电视台都市频道	上海东方电影频道
4 岁及以上所有人		100.0	100.0	100.0	100.0	100.0	100.0
性别	男	50.4	50.3	45.7	43.9	41.7	60.1
	女	49.6	49.7	54.3	56.1	58.3	39.9
年龄	4~14 岁	3.0	1.7	1.7	1.2	1.4	1.4
	15~24 岁	2.6	2.3	3.0	1.4	3.2	2.1
	25~34 岁	15.0	6.9	12.5	10.0	12.2	10.5
	35~44 岁	11.2	7.2	12.1	5.3	9.6	12.9
	45~54 岁	17.3	15.8	20.8	17.0	15.3	22.5
	55~64 岁	19.9	25.7	18.6	23.2	23.0	20.0
	65 岁及以上	31.0	40.4	31.3	41.9	35.3	30.6
教育程度	未受过正规教育	2.2	1.9	1.3	2.3	1.7	1.5
	小学	8.1	7.1	5.6	12.6	4.8	12.6
	初中	23.7	28.6	23.5	31.4	26.3	27.5
	高中	37.2	41.9	39.6	38.5	38.6	36.4
	大学及以上	28.8	20.5	30.0	15.2	28.6	22.0
职业类别	干部/管理人员	2.3	1.2	3.4	0.6	2.0	2.0
	个体/私营企业人员	3.7	2.1	3.1	3.6	1.0	5.3
	初级公务员/雇员	31.2	23.6	31.0	21.5	28.9	30.9
	工人	5.2	3.6	5.1	4.8	3.8	8.5
	学生	4.0	3.1	3.7	1.9	3.7	2.5
	无业	52.9	65.9	53.3	65.8	59.8	49.9
	其他	0.7	0.5	0.4	1.8	0.8	0.9
个人月收入	0~600 元	7.7	6.2	6.4	5.0	5.8	4.3
	601~1200 元	0.2	0.3	0.1	0.2	0.1	0.3
	1201~1700 元	0.6	1.3	0.5	0.7	0.6	1.3
	1701~2600 元	4.6	5.8	4.0	8.6	5.0	4.6
	2601~3500 元	14.8	18.9	17.1	18.7	17.8	13.8
	3501~5000 元	41.2	45.8	39.9	44.8	45.3	48.1
	5001 元及以上	30.9	21.7	32.0	22.0	25.4	27.6

表 3.29.6　2017~2019 年上海市场各类节目的播出比重(%)和收视比重(%)

节目类型	2017 年		2018 年		2019 年	
	播出比重	收视比重	播出比重	收视比重	播出比重	收视比重
财经	1.9	1.4	1.9	1.0	1.9	1.2
电视剧	19.9	28.7	20.6	31.9	20.8	32.9
电影	4.5	4.9	4.5	4.4	4.3	4.9
法制	0.8	1.5	0.8	0.9	0.7	0.9
教学	0.2	0.0	0.4	0.0	0.5	0.1
青少	7.2	1.9	7.1	1.8	6.6	1.7
生活服务	9.7	9.9	9.6	9.1	8.6	8.8
体育	4.1	6.3	4.1	8.1	4.7	6.3
外语	0.2	0.0	0.2	0.0	0.2	0.0
戏剧	1.7	0.5	1.7	0.4	1.9	0.6
新闻/时事	13.6	14.8	13.9	15.4	14.7	15.3
音乐	1.4	0.6	1.4	0.8	1.7	1.1
专题	14.6	5.0	14.1	5.2	14.3	5.4
综艺	8.5	14.0	7.7	10.1	6.9	9.9
其他	11.7	10.5	12.0	10.9	12.2	10.9

表 3.29.7　2019 年上海市场所有节目收视率排名前三十位

名次	节目名称	节目类型	播出频道	平均收视率(%)	平均占有率(%)
1	梦圆东方追梦 2020 跨年盛典	综艺	上海东方卫视	6.1	23.3
2	庆祝中华人民共和国成立 70 周年大会阅兵式群众游行特别报道	新闻/时事	中央电视台综合频道	6.1	18.3
3	转播中央台新闻联播(10 月 1 日)	新闻/时事	上海电视台新闻综合频道	6.0	21.3
4	春满东方 2019 东方卫视春节晚会(2 月 25 日)	综艺	上海东方卫视	5.8	25.2
5	庆祝中华人民共和国成立 70 周年联欢活动	综艺	上海电视台新闻综合频道	5.7	18.7
6	人民欢歌庆祝中华人民共和国成立 70 周年联欢活动特别报道	新闻/时事	上海电视台新闻综合频道	5.4	18.3
7	新闻透视	新闻/时事	上海电视台新闻综合频道	5.1	25.4
8	观众中来	新闻/时事	上海电视台新闻综合频道	5.1	25.1
9	中国达人秀(9 月 1 日)	综艺	上海东方卫视	4.5	18.6
10	2019 中央广播电视总台春节联欢晚会	综艺	上海电视台新闻综合频道	4.5	17.8
11	我和春天有个约会 2019SMG 主持人迎新歌会	音乐	上海电视台都市频道	4.4	17.6

续表

名次	节目名称	节目类型	播出频道	平均收视率(%)	平均占有率(%)
12	中国梦之声我们的歌(12月22日)	综艺	上海东方卫视	4.3	18.6
13	笑傲江湖第4季(8月10日)	综艺	上海东方卫视	4.3	15.5
14	精英律师	电视剧	上海东方卫视	4.3	15.4
15	新闻报道	新闻/时事	上海电视台新闻综合频道	4.2	22.3
16	向伟大复兴前进	新闻/时事	中央电视台综合频道	4.0	18.9
17	开学第一课	青少	中央电视台综合频道	4.0	12.8
18	垃圾分类新时尚立法保障正当时(2月19日)	新闻/时事	上海电视台新闻综合频道	3.8	16.4
19	火神	电视剧	上海电视台新闻综合频道	3.8	15.2
20	苦菜花	电视剧	上海电视台新闻综合频道	3.7	13.9
21	穿甲弹	电视剧	上海电视台新闻综合频道	3.6	13.5
22	2019上海市各界人士春节团拜会	综艺	上海电视台新闻综合频道	3.5	15.9
23	开局之年提质增效创新发展彰显新作为2018年上海市政协履职纪实	专题	上海电视台新闻综合频道	3.5	15.0
24	浦江谍影	电视剧	上海电视台新闻综合频道	3.5	14.6
25	因法之名	电视剧	上海电视台新闻综合频道	3.5	14.1
26	忠诚	电视剧	上海电视台新闻综合频道	3.5	13.9
27	在远方	电视剧	上海东方卫视	3.4	13.0
28	大江大河	电视剧	上海东方卫视	3.4	12.5
29	担当尽责为人民2018年上海市人大常委会履职纪实	专题	上海电视台新闻综合频道	3.2	13.8
30	老虎队	电视剧	上海电视台新闻综合频道	3.2	13.1

表3.29.8 2019年上海市场电视剧收视率排名前十位

名次	节目名称	播出频道	平均收视率(%)	平均占有率(%)
1	精英律师	上海东方卫视	4.3	15.4
2	火神	上海电视台新闻综合频道	3.8	15.2
3	苦菜花	上海电视台新闻综合频道	3.7	13.9
4	穿甲弹	上海电视台新闻综合频道	3.6	13.5
5	浦江谍影	上海电视台新闻综合频道	3.5	14.6
6	因法之名	上海电视台新闻综合频道	3.5	14.1
7	忠诚	上海电视台新闻综合频道	3.5	13.9
8	在远方	上海东方卫视	3.4	13.0
9	大江大河	上海东方卫视	3.4	12.5
10	老虎队	上海电视台新闻综合频道	3.2	13.1

表 3.29.9　2019 年上海市场新闻节目收视率排名前十位

名次	节目名称	播出频道	平均收视率(%)	平均占有率(%)
1	庆祝中华人民共和国成立 70 周年大会阅兵式群众游行特别报道	中央电视台综合频道	6.1	18.3
2	转播中央台新闻联播(10 月 1 日)	上海电视台新闻综合频道	6.0	21.3
3	人民欢歌庆祝中华人民共和国成立 70 周年联欢活动特别报道	上海电视台新闻综合频道	5.4	18.3
4	新闻透视	上海电视台新闻综合频道	5.1	25.4
5	观众中来	上海电视台新闻综合频道	5.1	25.1
6	新闻报道	上海电视台新闻综合频道	4.2	22.3
7	向伟大复兴前进	中央电视台综合频道	4.0	18.9
8	垃圾分类新时尚立法保障正当时(2 月 19 日)	上海电视台新闻综合频道	3.8	16.4
9	新闻坊	上海电视台新闻综合频道	2.9	20.0
10	上海市人民政府记者招待会(1 月 31 日)	上海电视台新闻综合频道	2.4	9.5

表 3.29.10　2019 年上海市场专题节目收视率排名前十位

名次	节目名称	播出频道	平均收视率(%)	平均占有率(%)
1	开局之年提质增效创新发展彰显新作为 2018 年上海市政协履职纪实	上海电视台新闻综合频道	3.5	15.0
2	担当尽责为人民 2018 年上海市人大常委会履职纪实	上海电视台新闻综合频道	3.2	13.8
3	一年又一年	上海东方卫视	2.5	11.0
4	巡逻现场实录 2018 精编版	上海电视台新闻综合频道	2.0	8.6
5	彩色新中国	上海东方卫视	1.9	8.1
6	新时代新思想新发展上海城市基层党建再出发	上海电视台新闻综合频道	1.9	7.1
7	巡逻现场实录 2018	上海东方卫视	1.5	8.6
8	大城无小事派出所的故事 2019	上海东方卫视	1.5	7.4
9	上海大发现	上海电视台新闻综合频道	1.4	5.7
10	陈蓉朋友圈	上海电视台都市频道	1.3	6.5

表 3.29.11　2019 年上海市场综艺节目收视率排名前十位

名次	节目名称	播出频道	平均收视率（%）	平均占有率（%）
1	梦圆东方追梦 2020 跨年盛典	上海东方卫视	6.1	23.3
2	春满东方 2019 东方卫视春节晚会（2 月 25 日）	上海东方卫视	5.8	25.2
3	庆祝中华人民共和国成立 70 周年联欢活动	上海电视台新闻综合频道	5.7	18.7
4	中国达人秀（9 月 1 日）	上海东方卫视	4.5	18.6
5	2019 中央广播电视总台春节联欢晚会	上海电视台新闻综合频道	4.5	17.8
6	中国梦之声我们的歌（12 月 22 日）	上海东方卫视	4.3	18.6
7	笑傲江湖第 4 季（8 月 10 日）	上海东方卫视	4.3	15.5
8	2019 上海市各界人士春节团拜会	上海电视台新闻综合频道	3.5	15.9
9	长三角家庭演唱大赛（1 月 25 日）	上海电视台都市频道	3.2	13.0
10	2019 电视剧品质盛典	上海东方卫视	3.2	11.7

表 3.29.12　2019 年上海市场体育节目收视率排名前十位

名次	节目名称	播出频道	平均收视率（%）	平均占有率（%）
1	2019 年中国足球协会超级联赛第 19 轮（重庆斯威 VS 上海上港）	上海电视台五星体育频道	3.1	11.3
2	2019 中国足协杯颁奖仪式	上海电视台五星体育频道	2.8	14.2
3	现场直播：国际足联 2022 年世界杯亚洲区预选赛第二阶段 A 组第 5 轮（叙利亚 VS 中国）	中央台五套	2.6	19.5
4	弈棋耍大牌	上海电视台五星体育频道	2.1	12.3
5	G 赛场：2019 年中国足协杯第七轮（上海上港 VS 山东鲁能泰山）	上海电视台五星体育频道	2.1	8.7
6	2019 年亚洲杯 1/8 决赛（泰国 VS 中国）	中央台五套	2.0	14.9
7	现场直播：2019 年亚洲足联冠军联赛半决赛次回合（广州恒大 VS 浦和红宝石）	中央台五套	1.9	7.8
8	直播周末：2019 年乒乓球团体世界杯女团决赛单打	中央台五套	1.7	7.3
9	灌篮世界杯：2019 年国际篮联篮球世界杯 17~32 名排位赛（中国 VS 尼日利亚）	上海电视台五星体育频道	1.7	6.5
10	现场直播：2019 年国际泳联世锦赛女子 50 米仰泳半决赛	中央台五套	1.5	6.1

三十、天津收视数据

表 3.30.1　2015~2019 年天津市场各类频道的市场占有率(%)

频道类别	年份				
	2015 年	2016 年	2017 年	2018 年	2019 年
中央广播电视总台	30.2	29.0	27.4	28.4	25.9
中国教育台频道	0.2	0.1	0.1	0.1	0.1
天津市级频道	27.3	26.8	28.8	29.3	25.4
其他省级卫视频道	31.1	32.0	27.8	23.4	30.9
其他频道	11.2	12.1	15.9	18.8	17.7

表 3.30.2　2019 年天津市场各类频道在不同目标观众中的市场占有率(%)

目标观众		中央广播电视总台	中国教育台频道	天津市级频道	其他省级卫视频道	其他频道
4 岁及以上所有人		25.9	0.1	25.4	30.9	17.7
性别	男	28.1	0.1	24.9	29.3	17.6
	女	23.8	0.1	26.0	32.6	17.5
年龄	4~14 岁	18.3	0.1	19.4	36.4	25.8
	15~24 岁	21.8	0.1	21.9	32.8	23.4
	25~34 岁	19.7	0.1	18.8	38.1	23.3
	35~44 岁	23.3	0.1	17.3	35.6	23.7
	45~54 岁	24.0	0.1	26.3	30.7	18.9
	55~64 岁	29.2	0.1	28.8	28.0	13.9
	65 岁及以上	34.1	0.1	33.5	24.1	8.2
教育程度	未受过正规教育	23.1	0.1	29.8	32.4	14.6
	小学	25.5	0.1	33.7	28.1	12.6
	初中	28.5	0.1	25.7	31.1	14.6
	高中	26.1	0.1	24.3	30.0	19.5
	大学及以上	22.2	0.1	19.6	34.1	24.0
职业类别	干部/管理人员	24.5	0.1	12.4	28.2	34.8
	个体/私营企业人员	22.5	0.1	22.0	34.3	21.1
	初级公务员/雇员	25.2	0.1	22.1	33.2	19.4
	工人	23.4	0.1	25.6	36.1	14.8
	学生	20.1	0.1	20.8	33.3	25.7
	无业	28.7	0.1	28.2	27.9	15.1
	其他	26.6	0.1	33.6	30.4	9.3
个人月收入	0~600 元	21.7	0.1	23.9	33.4	20.9
	601~1200 元	29.5	0.1	34.2	28.4	7.8
	1201~1700 元	29.6	0.1	33.0	25.5	11.8
	1701~2600 元	24.5	0.1	30.0	30.6	14.8
	2601~3500 元	30.2	0.1	26.4	28.5	14.8
	3501~5000 元	25.5	0.1	20.7	31.6	22.1
	5001 元及以上	25.7	0.1	18.3	33.6	22.3

表 3.30.3　2019 年天津市场各类频道在不同时段的市场占有率(%)

时间段	中央广播电视总台	中国教育台频道	天津市级频道	其他省级卫视频道	其他频道
02:00~03:00	15.1	0.1	14.2	28.6	42.0
03:00~04:00	18.5	0.0	16.7	23.8	41.0
04:00~05:00	24.5	0.1	21.3	21.8	32.3
05:00~06:00	30.2	0.1	23.4	19.5	26.8
06:00~07:00	47.8	0.1	18.8	16.1	17.2
07:00~08:00	41.7	0.1	26.2	18.6	13.4
08:00~09:00	36.2	0.1	28.7	20.1	14.9
09:00~10:00	32.8	0.1	18.9	29.5	18.7
10:00~11:00	31.0	0.1	15.6	33.1	20.2
11:00~12:00	32.4	0.1	15.7	32.3	19.5
12:00~13:00	33.3	0.1	19.3	29.2	18.1
13:00~14:00	28.7	0.1	20.4	30.9	19.9
14:00~15:00	28.2	0.1	15.3	35.3	21.1
15:00~16:00	28.3	0.2	15.0	36.2	20.3
16:00~17:00	28.8	0.1	17.3	34.7	19.1
17:00~18:00	26.0	0.1	27.8	28.4	17.7
18:00~19:00	20.7	0.1	52.6	12.4	14.2
19:00~20:00	26.5	0.0	35.5	24.3	13.7
20:00~21:00	21.6	0.0	25.1	39.9	13.4
21:00~22:00	23.2	0.1	24.5	36.6	15.6
22:00~23:00	21.0	0.1	22.4	35.3	21.2
23:00~24:00	21.7	0.1	12.6	38.6	27.0
24:00~25:00	21.9	0.1	11.4	33.9	32.7
25:00~26:00	17.2	0.2	12.4	33.7	36.5

表 3.30.4　2019 年天津市场收视份额排名前十位的频道

名次	频道名称	收视份额(%)
1	天津电视台三套(影视频道)	6.5
2	浙江卫视	4.0
3	天津电视台五套(体育频道)	3.9
4	湖南卫视	3.6
5	中央台六套	3.1
5	江苏卫视	3.1
7	中央电视台综合频道	3.0
7	中央台四套	3.0
7	上海东方卫视	3.0
10	天津卫视	2.9

表 3.30.5　2019 年天津市场各主要频道的观众构成(%)

目标观众		所有频道	主要频道					
			天津电视台三套(影视频道)	浙江卫视	天津电视台五套(体育频道)	湖南卫视	中央台六套	江苏卫视
4 岁及以上所有人		100.0	100.0	100.0	100.0	100.0	100.0	100.0
性别	男	50.0	49.4	45.8	57.4	42.9	58.5	46.8
	女	50.0	50.6	54.2	42.6	57.1	41.5	53.2
年龄	4~14 岁	5.2	4.4	7.3	2.7	5.0	3.6	4.6
	15~24 岁	7.3	5.3	10.8	6.7	9.2	8.0	8.6
	25~34 岁	15.1	7.6	18.3	12.1	21.1	12.6	16.3
	35~44 岁	11.5	7.1	17.9	7.8	16.1	19.5	14.5
	45~54 岁	20.9	22.4	20.6	20.3	20.9	26.6	26.8
	55~64 岁	18.9	21.1	13.6	24.4	15.3	13.3	18.3
	65 岁及以上	21.1	32.1	11.5	26.0	12.4	16.4	10.9
教育程度	未受过正规教育	3.1	3.0	2.4	1.7	1.4	1.4	1.8
	小学	15.3	26.6	13.3	20.0	15.1	12.9	12.6
	初中	32.2	35.9	30.6	32.2	31.9	40.9	35.6
	高中	30.2	24.5	30.3	29.7	26.6	29.1	27.1
	大学及以上	19.2	10.0	23.4	16.4	25.0	15.7	22.9
职业类别	干部/管理人员	2.7	0.4	2.1	1.3	3.0	3.1	2.1
	个体/私营企业人员	13.0	10.9	13.2	11.9	15.9	16.2	17.6
	初级公务员/雇员	18.4	13.0	24.2	19.3	23.0	22.9	20.1
	工人	7.7	9.7	9.9	6.5	9.5	9.5	12.0
	学生	7.1	6.1	11.1	4.9	7.8	7.0	7.7
	无业	44.6	49.0	33.3	49.2	33.9	35.9	31.1
	其他	6.5	10.9	6.2	6.9	6.9	5.4	9.4
个人月收入	0~600 元	22.9	20.8	28.2	18.5	25.9	21.0	20.8
	601~1200 元	5.3	8.5	4.0	10.7	4.9	6.4	6.7
	1201~1700 元	3.7	8.0	2.2	2.7	1.6	3.4	3.0
	1701~2600 元	18.7	24.0	16.6	21.7	17.3	15.0	18.6
	2601~3500 元	23.8	20.8	19.8	28.1	21.1	21.1	23.0
	3501~5000 元	16.0	10.4	18.3	11.5	16.0	20.2	17.5
	5001 元及以上	9.6	7.5	10.9	6.8	13.2	12.9	10.4

表 3.30.6　2017～2019 年天津市场各类节目的播出比重(%)和收视比重(%)

节目类型	2017 年		2018 年		2019 年	
	播出比重	收视比重	播出比重	收视比重	播出比重	收视比重
财经	1.0	0.4	1.1	0.4	1.1	0.4
电视剧	21.0	31.2	20.8	31.1	20.7	33.8
电影	3.7	3.6	3.7	3.7	3.6	3.9
法制	1.7	1.6	1.5	2.1	1.5	1.9
教学	0.3	0.0	0.4	0.0	0.5	0.0
青少	7.4	4.7	7.4	5.1	7.8	4.4
生活服务	8.1	7.3	8.1	7.3	8.2	7.4
体育	4.0	4.5	3.9	6.0	4.3	5.2
外语	0.1	0.0	0.1	0.0	0.1	0.0
戏剧	0.8	0.5	0.8	0.6	0.8	0.7
新闻/时事	14.6	11.0	15.0	10.8	15.2	11.0
音乐	1.4	1.1	1.4	1.0	1.7	1.1
专题	15.0	6.6	15.2	6.9	14.9	6.0
综艺	9.2	16.9	9.0	15.1	7.8	15.0
其他	11.7	10.6	11.7	9.8	11.8	9.2

表 3.30.7　2019 年天津市场所有节目收视率排名前三十位

名次	节目名称	节目类型	播出频道	平均收视率(%)	平均占有率(%)
1	庆祝中华人民共和国成立 70 周年大会阅兵式群众游行特别报道	新闻/时事	中央电视台综合频道	8.9	23.3
2	2019 中央广播电视总台春节联欢晚会	综艺	中央电视台综合频道	7.6	16.2
3	旗开得胜斗地主电视擂台赛(1 月 30 日)	综艺	天津电视台五套(体育频道)	7.5	26.9
4	庆祝中华人民共和国成立 70 周年联欢活动	综艺	中央电视台综合频道	7.5	21.1
5	喜气洋洋闹元宵	综艺	中央电视台综合频道	6.4	19.2
6	中国好声音(7 月 19 日)	综艺	浙江卫视	5.9	21.7
7	中国达人秀(9 月 8 日)	综艺	上海东方卫视	5.9	21.5
8	2019 年世界乒乓球锦标赛男单决赛	体育	中央台五套	4.7	13.6
9	奋斗吧少年	电视剧	湖南卫视	4.6	29.3

续表

名次	节目名称	节目类型	播出频道	平均收视率(%)	平均占有率(%)
10	中国梦之声我们的歌(10 月 27 日)	综艺	上海东方卫视	4.6	16.3
11	怒放的青春	电视剧	天津电视台三套(影视频道)	4.6	13.6
12	新春喜剧之夜(2 月 5 日)	综艺	中央台三套	4.6	12.5
13	2019 年亚洲女排俱乐部锦标赛决赛(THA VS CHN)	体育	天津电视台五套(体育频道)	4.5	12.7
13	2020 年东京奥运会女排资格赛(中国 VS 德国)	体育	中央台五套	4.5	12.7
15	2019 年亚洲杯小组赛 C 组第二轮(菲律宾 VS 中国)	体育	中央台五套	4.4	19.9
16	夺金战	电视剧	天津电视台三套(影视频道)	4.4	13.1
17	开学第一课	青少	中央电视台综合频道	4.4	11.4
18	巅峰对决我就是演员(11 月 16 日)	综艺	浙江卫视	4.3	13.5
19	2018/2019 赛季中国女子排球超级联赛半决赛第二场(江苏 VS 天津)	体育	天津电视台五套(体育频道)	4.3	12.5
20	战狼战狼	电视剧	天津电视台三套(影视频道)	4.3	12.2
21	家国恩仇记	电视剧	天津电视台三套(影视频道)	4.2	13.6
22	梦圆东方追梦 2020 跨年盛典	综艺	上海东方卫视	4.2	13.5
23	津门飞鹰	电视剧	天津电视台三套(影视频道)	4.2	13.3
24	枪械师	电视剧	天津电视台三套(影视频道)	4.2	13.1
25	设局	电视剧	天津电视台三套(影视频道)	4.1	13.2
26	第七届世界军人运动会报道:第七届军运会女排决赛(中国 VS 巴西)	体育	中央台五套	4.1	11.7
27	2019/2020 赛季中国女子排球超级联赛第二阶段(天津 VS 江苏)	体育	天津电视台五套(体育频道)	4.1	11.3
28	蒙面唱将猜猜猜(10 月 20 日)	综艺	江苏卫视	4.0	17.2
29	中国好声音国庆演唱会	音乐	浙江卫视	4.0	15.6
30	战火红颜	电视剧	天津电视台三套(影视频道)	3.9	12.3

表 3.30.8　2019 年天津市场电视剧收视率排名前十位

名次	节目名称	播出频道	平均收视率(%)	平均占有率(%)
1	奋斗吧少年	湖南卫视	4.6	29.3
2	怒放的青春	天津电视台三套(影视频道)	4.6	13.6
3	夺金战	天津电视台三套(影视频道)	4.4	13.1
4	战狼战狼	天津电视台三套(影视频道)	4.3	12.2
5	家国恩仇记	天津电视台三套(影视频道)	4.2	13.6
6	津门飞鹰	天津电视台三套(影视频道)	4.2	13.3
7	枪械师	天津电视台三套(影视频道)	4.2	13.1
8	设局	天津电视台三套(影视频道)	4.1	13.2
8	战火红颜	天津电视台三套(影视频道)	3.9	12.3
10	尖锋一之烈焰青春	天津电视台三套(影视频道)	3.8	11.5

表 3.30.9　2019 年天津市场新闻节目收视率排名前十位

名次	节目名称	播出频道	平均收视率(%)	平均占有率(%)
1	庆祝中华人民共和国成立 70 周年大会阅兵式群众游行特别报道	中央电视台综合频道	8.9	23.3
2	人民欢歌庆祝中华人民共和国成立 70 周年联欢活动特别报道	中央电视台综合频道	2.5	11.3
3	都市报道 60 分	天津电视台一套(新闻频道)	2.2	7.2
4	新闻联播	中央电视台综合频道	1.6	5.6
5	国务院总理会见中外记者并回答提问	中央电视台综合频道	1.4	4.0
6	庆祝中华人民共和国成立 70 周年特别节目走向复兴	中央电视台综合频道	1.4	3.8
7	热播 1 小时	天津电视台一套(新闻频道)	1.2	6.4
8	中国舆论场	中央台四套	1.2	3.3
9	亚洲文化嘉年华特别报道	中央电视台综合频道	1.0	3.7
10	今日关注	中央台四套	1.0	3.6

表 3.30.10　2019 年天津市场专题节目收视率排名前十位

名次	节目名称	播出频道	平均收视率（%）	平均占有率（%）
1	中国诗词大会第四季(2月13日)	中央电视台综合频道	2.7	7.7
2	一年又一年	中央电视台综合频道	2.4	8.9
3	我们在行动第四季	上海东方卫视	1.8	7.5
4	冰血长津湖	中央台六套	1.8	5.6
5	感动中国2018年度人物颁奖盛典	中央电视台综合频道	1.8	5.5
6	红色通缉	中央电视台综合频道	1.7	4.5
7	315共治共享放心消费	中央台二套	1.6	6.1
8	牵挂与惦念习近平总书记赴重庆华溪村扶贫考察纪实	中央电视台综合频道	1.5	4.6
9	较量抗美援朝战争实录	中央台六套	1.4	4.3
10	推动京津冀协同发展取得新的更大进展	中央电视台综合频道	1.4	3.9

表 3.30.11　2019 年天津市场综艺节目收视率排名前十位

名次	节目名称	播出频道	平均收视率（%）	平均占有率（%）
1	2019中央广播电视总台春节联欢晚会	中央电视台综合频道	7.6	16.2
2	旗开得胜斗地主电视擂台赛(1月30日)	天津电视台五套（体育频道）	7.5	26.9
3	庆祝中华人民共和国成立70周年联欢活动	中央电视台综合频道	7.5	21.1
4	喜气洋洋闹元宵	中央电视台综合频道	6.4	19.2
5	中国好声音(7月19日)	浙江卫视	5.9	21.7
6	中国达人秀(9月8日)	上海东方卫视	5.9	21.5
7	中国梦之声我们的歌(10月27日)	上海东方卫视	4.6	16.3
8	新春喜剧之夜(2月5日)	中央台三套	4.6	12.5
9	巅峰对决我就是演员(11月16日)	浙江卫视	4.3	13.5
10	梦圆东方追梦2020跨年盛典	上海东方卫视	4.2	13.5

表 3.30.12　2019 年天津市场体育节目收视率排名前十位

名次	节目名称	播出频道	平均收视率（%）	平均占有率（%）
1	2019 年世界乒乓球锦标赛男单决赛	中央台五套	4.7	13.6
2	2019 年亚洲女排俱乐部锦标赛决赛（THA VS CHN）	天津电视台五套（体育频道）	4.5	12.7
2	2020 年东京奥运会女排资格赛（中国 VS 德国）	中央台五套	4.5	12.7
4	2019 年亚洲杯小组赛 C 组第二轮（菲律宾 VS 中国）	中央台五套	4.4	19.9
5	2018/2019 赛季中国女子排球超级联赛半决赛第二场（江苏 VS 天津）	天津电视台五套（体育频道）	4.3	12.5
6	第七届世界军人运动会报道：第七届军运会女排决赛（中国 VS 巴西）	中央台五套	4.1	11.7
7	2019/2020 赛季中国女子排球超级联赛第二阶段（天津 VS 江苏）	天津电视台五套（体育频道）	4.1	11.3
8	2019 年世界女排联赛中国香港站（荷兰 VS 中国）	中央台五套	3.7	11.3
9	国际足联 2022 年世界杯亚洲区预选赛第 2 阶段 A 组第 4 轮（菲律宾 VS 中国）	中央台五套	3.6	10.6
10	2019 年中国足球协会超级联赛第 5 轮（天津泰达 VS 天津天海）	天津电视台五套（体育频道）	3.6	10.4

三十一、重庆收视数据

表 3.31.1　2015~2019 年重庆市场各类频道的市场占有率(%)

频道类别	年份				
	2015 年	2016 年	2017 年	2018 年	2019 年
中央广播电视总台	26.6	27.7	27.1	26.6	23.0
中国教育台频道	0.1	0.1	0.1	0.1	0.1
重庆市级频道	26.6	24.3	22.5	23.6	21.3
其他省级卫视频道	36.7	34.8	30.4	25.1	25.0
其他频道	10.0	13.1	19.9	24.6	30.6

表 3.31.2　2019 年重庆市场各类频道在不同目标观众中的市场占有率(%)

目标观众		中央广播电视总台	中国教育台频道	重庆市级频道	其他省级卫视频道	其他频道
4 岁及以上所有人		23.0	0.1	21.3	25.0	30.6
性别	男	24.8	0.1	21.1	24.4	29.6
	女	21.3	0.1	21.5	25.6	31.5
年龄	4~14 岁	11.9	0.1	17.8	21.5	48.7
	15~24 岁	18.9	0.1	14.8	25.3	40.9
	25~34 岁	14.4	0.0	15.5	29.8	40.3
	35~44 岁	21.3	0.0	14.3	26.5	37.9
	45~54 岁	22.2	0.1	20.1	28.1	29.5
	55~64 岁	25.9	0.1	24.6	25.3	24.1
	65 岁及以上	30.2	0.1	27.1	21.2	21.4
教育程度	未受过正规教育	15.0	0.1	24.1	22.2	38.6
	小学	23.1	0.1	26.2	21.2	29.4
	初中	25.1	0.1	21.9	26.6	26.3
	高中	21.8	0.0	15.7	24.6	37.9
	大学及以上	20.4	0.0	13.9	33.6	32.1
职业类别	干部/管理人员	14.0	0.0	11.5	32.8	41.7
	个体/私营企业人员	20.3	0.0	20.2	28.1	31.4
	初级公务员/雇员	20.6	0.0	15.0	37.4	27.0
	工人	20.1	0.1	18.9	25.2	35.7
	学生	14.6	0.1	14.5	23.5	47.3
	无业	25.6	0.1	22.9	23.8	27.6
	其他	27.5	0.2	31.2	21.6	19.5
个人月收入	0~600 元	18.4	0.1	20.4	23.7	37.4
	601~1200 元	23.6	0.1	26.8	27.7	21.8
	1201~1700 元	26.2	0.1	28.4	27.4	17.9
	1701~2600 元	25.3	0.1	21.8	26.1	26.7
	2601~3500 元	24.8	0.1	20.2	22.9	32.0
	3501~5000 元	23.1	0.1	15.2	24.8	36.8
	5001 元及以上	25.4	0.1	18.5	28.0	28.0

表 3.31.3　2019 年重庆市场各类频道在不同时段的市场占有率(%)

时间段	中央广播电视总台	中国教育台频道	重庆市级频道	其他省级卫视频道	其他频道
02:00~03:00	18.9	0.1	12.2	26.2	42.6
03:00~04:00	19.2	0.1	15.2	23.6	41.9
04:00~05:00	21.6	0.1	19.6	21.8	36.9
05:00~06:00	26.7	0.2	24.5	19.0	29.6
06:00~07:00	39.7	0.1	19.9	16.1	24.2
07:00~08:00	42.4	0.3	18.8	13.4	25.1
08:00~09:00	34.7	0.2	18.1	18.7	28.3
09:00~10:00	26.1	0.2	16.5	24.8	32.4
10:00~11:00	24.8	0.1	15.2	26.3	33.6
11:00~12:00	27.9	0.1	15.8	23.4	32.8
12:00~13:00	29.3	0.0	16.0	21.1	33.6
13:00~14:00	25.0	0.1	12.3	26.3	36.3
14:00~15:00	22.6	0.2	10.6	29.5	37.1
15:00~16:00	21.5	0.2	11.3	30.3	36.7
16:00~17:00	21.6	0.3	13.2	28.0	36.9
17:00~18:00	22.2	0.1	19.8	22.2	35.7
18:00~19:00	19.5	0.0	37.9	12.6	30.0
19:00~20:00	21.5	0.0	29.9	23.4	25.2
20:00~21:00	18.6	0.0	26.7	31.5	23.2
21:00~22:00	21.7	0.1	26.6	26.5	25.1
22:00~23:00	21.5	0.1	20.9	26.3	31.2
23:00~24:00	23.3	0.1	10.7	29.0	36.9
24:00~25:00	23.9	0.1	8.1	26.8	41.1
25:00~26:00	22.0	0.1	8.7	27.0	42.2

表 3.31.4　2019 年重庆市场收视份额排名前十位的频道

名次	频道名称	收视份额(%)
1	重庆电视台影视频道(一套)	4.7
2	重庆卫视	3.5
2	重庆电视台文体娱乐频道(五套)	3.5
4	中央电视台综合频道	3.3
4	中央台八套	3.3
6	湖南卫视	3.2
7	中央台四套	2.7
7	中央台六套	2.7
9	重庆电视台都市频道(四套)	2.5
10	浙江卫视	2.4

表 3. 31. 5　2019 年重庆市场各主要频道的观众构成(%)

目标观众		所有频道	主要频道				
			重庆电视台影视频道(一套)	重庆卫视	重庆电视台文体娱乐频道(五套)	中央电视台综合频道	中央台八套
4 岁及以上所有人		100.0	100.0	100.0	100.0	100.0	100.0
性别	男	47.9	47.6	48.3	52.4	51.0	43.5
	女	52.1	52.4	51.7	47.6	49.0	56.5
年龄	4~14 岁	9.8	5.4	7.5	5.8	4.7	3.0
	15~24 岁	4.7	2.2	2.9	1.9	2.3	1.8
	25~34 岁	10.1	4.0	6.4	5.2	6.8	4.4
	35~44 岁	9.3	3.9	5.8	5.8	5.1	5.1
	45~54 岁	21.7	22.9	16.9	24.0	16.6	24.4
	55~64 岁	17.7	22.2	17.2	24.0	18.0	30.2
	65 岁及以上	26.7	39.4	43.3	33.3	46.5	31.1
教育程度	未受过正规教育	5.2	5.7	4.9	6.6	3.4	3.2
	小学	28.3	39.4	34.4	36.6	31.4	36.3
	初中	38.4	39.7	41.9	39.4	40.9	41.7
	高中	19.7	12.3	13.4	11.6	15.8	15.8
	大学及以上	8.4	2.9	5.4	5.8	8.5	3.0
职业类别	干部/管理人员	1.1	0.2	0.7	0.5	0.3	0.5
	个体/私营企业人员	7.6	6.1	7.2	7.5	4.8	7.4
	初级公务员/雇员	4.4	2.8	4.5	2.4	3.8	3.8
	工人	20.9	16.6	16.1	19.2	15.7	21.7
	学生	7.9	4.0	4.9	3.5	4.1	2.2
	无业	51.8	54.6	54.0	57.2	63.6	54.4
	其他	6.3	15.7	12.6	9.7	7.7	10.0
个人月收入	0~600 元	27.8	28.5	24.5	22.3	23.3	20.6
	601~1200 元	9.5	12.8	13.2	16.7	10.4	16.6
	1201~1700 元	8.3	13.2	11.3	9.5	9.5	8.6
	1701~2600 元	20.8	21.2	21.7	21.8	20.2	26.2
	2601~3500 元	19.1	15.3	19.3	16.1	21.2	19.6
	3501~5000 元	11.2	6.6	7.7	8.7	11.6	6.0
	5001 元及以上	3.3	2.4	2.3	4.9	3.8	2.4

表 3.31.6 2016~2019 年重庆市场各类节目的播出比重(%)和收视比重(%)

节目类型	2017 年		2018 年		2019 年	
	播出比重	收视比重	播出比重	收视比重	播出比重	收视比重
财经	1.1	0.4	1.1	0.5	1.1	0.5
电视剧	22.1	36.4	22.1	33.8	22.2	35.5
电影	3.6	4.6	4.0	4.2	3.6	3.8
法制	1.2	0.7	1.0	0.9	0.8	0.8
教学	0.2	0.0	0.3	0.0	0.4	0.0
青少	7.3	5.5	7.3	5.5	7.6	4.7
生活服务	8.4	6.8	8.0	7.2	7.4	7.3
体育	3.2	1.2	3.2	2.3	3.7	2.1
外语	0.1	0.0	0.1	0.0	0.1	0.0
戏剧	0.8	0.1	0.7	0.1	0.8	0.1
新闻/时事	14.5	11.7	14.8	12.0	15.0	11.8
音乐	1.5	1.0	1.4	1.1	1.7	1.3
专题	14.1	6.0	13.8	6.7	13.9	6.7
综艺	7.9	12.5	7.7	11.7	7.2	11.6
其他	14.0	13.1	14.5	14.0	14.5	13.8

表 3.31.7 2019 年重庆市场所有节目收视率排名前三十位

名次	节目名称	节目类型	播出频道	平均收视率(%)	平均占有率(%)
1	庆祝中华人民共和国成立70周年大会阅兵式群众游行特别报道	新闻/时事	中央电视台综合频道	7.8	28.5
2	庆祝中华人民共和国成立70周年联欢活动	综艺	中央电视台综合频道	7.1	23.0
3	开学第一课	青少	中央电视台综合频道	6.3	20.3
4	向伟大复兴前进	新闻/时事	中央电视台综合频道	5.4	29.3
5	刀尖舞者	电视剧	重庆电视台影视频道(一套)	4.9	16.7
6	快乐中国 20192020 跨年演唱会	音乐	湖南卫视	4.8	17.8
7	2020 跨年演唱会用奋斗点亮幸福	音乐	江苏卫视	4.3	14.4
8	战火英雄	电视剧	重庆电视台影视频道(一套)	4.2	14.4
8	战狼战狼	电视剧	重庆电视台影视频道(一套)	4.1	14.6
10	人民欢歌庆祝中华人民共和国成立 70 周年联欢活动特别报道	新闻/时事	中央电视台综合频道	4.0	21.1

续表

名次	节目名称	节目类型	播出频道	平均收视率（%）	平均占有率（%）
11	2019 中央广播电视总台春节联欢晚会	综艺	重庆卫视	3.9	13.1
12	鳄鱼与牙签鸟	电视剧	湖南卫视	3.9	12.1
13	大明风华	电视剧	湖南卫视	3.9	11.4
14	女匪首传奇	电视剧	重庆电视台影视频道(一套)	3.8	14.1
15	杜心五传奇	电视剧	重庆电视台影视频道(一套)	3.8	13.4
16	一言九鼎	电视剧	重庆电视台影视频道(一套)	3.6	13.6
17	2019 天猫双 11 狂欢夜	综艺	浙江卫视	3.5	12.1
18	跨界歌王(11 月 23 日)	综艺	北京卫视	3.4	10.5
19	2019 苏宁易购 1111 嗨爆夜	综艺	湖南卫视	3.2	12.6
20	雪豹特战队	电视剧	重庆电视台文体娱乐频道(五套)	3.2	9.6
21	拯救者	电视剧	重庆电视台影视频道(一套)	3.1	11.8
22	出击	电视剧	重庆电视台文体娱乐频道(五套)	3.1	9.4
23	蒙面唱将猜猜猜(11 月 3 日)	综艺	江苏卫视	3.0	12.5
24	红	电视剧	重庆电视台影视频道(一套)	3.0	11.2
25	打土匪	电视剧	重庆电视台影视频道(一套)	3.0	11.1
26	喜气洋洋闹元宵	综艺	中央电视台综合频道	3.0	9.7
27	迷雾中的枪声	电视剧	重庆电视台文体娱乐频道(五套)	2.9	8.7
28	红鲨突击	电视剧	重庆电视台影视频道(一套)	2.8	10.4
29	热血永生	电视剧	重庆电视台影视频道(一套)	2.7	10.6
30	猎王刀	电视剧	重庆电视台影视频道(一套)	2.7	10.5

表 3.31.8　2019 年重庆市场电视剧收视率排名前十位

名次	节目名称	播出频道	平均收视率(%)	平均占有率(%)
1	刀尖舞者	重庆电视台影视频道(一套)	4.9	16.7
2	战火英雄	重庆电视台影视频道(一套)	4.2	14.4
3	战狼战狼	重庆电视台影视频道(一套)	4.1	14.6
4	鳄鱼与牙签鸟	湖南卫视	3.9	12.1
5	大明风华	湖南卫视	3.9	11.4
6	女匪首传奇	重庆电视台影视频道(一套)	3.8	14.1
7	杜心五传奇	重庆电视台影视频道(一套)	3.8	13.4
7	一言九鼎	重庆电视台影视频道(一套)	3.6	13.6
9	雪豹特战队	重庆电视台文体娱乐频道(五套)	3.2	9.6
10	拯救者	重庆电视台影视频道(一套)	3.1	11.8

表 3.31.9 2019 年重庆市场新闻节目收视率排名前十位

名次	节目名称	播出频道	平均收视率(%)	平均占有率(%)
1	庆祝中华人民共和国成立 70 周年大会阅兵式群众游行特别报道	中央电视台综合频道	7.8	28.5
2	向伟大复兴前进	中央电视台综合频道	5.4	29.3
3	人民欢歌庆祝中华人民共和国成立 70 周年联欢活动特别报道	中央电视台综合频道	4.0	21.1
4	庆祝中华人民共和国成立 70 周年特别节目走向复兴	中央电视台综合频道	1.8	5.5
5	转播中央台新闻联播（10 月 1 日）	重庆电视台新闻频道(二套)	1.6	6.0
6	天天 630	重庆电视台新闻频道(二套)	1.4	5.7
7	两会特别报道	重庆卫视	1.4	4.8
8	重庆新闻联播	重庆卫视	1.3	6.2
9	十三届全国人大二次会议全国政协十三届二次会议	重庆卫视	1.3	4.1
10	新闻冲击波	重庆电视台新闻频道(二套)	1.2	5.6

表 3.31.10 2019 年重庆市场专题节目收视率排名前十位

名次	节目名称	播出频道	平均收视率(%)	平均占有率(%)
1	中国诗词大会第四季(2 月 9 日)	中央电视台综合频道	2.1	6.6
2	礼赞最美奋斗者	中央电视台综合频道	1.7	6.0
3	我们走在大路上 1949~2019	湖南卫视	1.7	5.0
4	红色通缉	中央电视台综合频道	1.6	4.7
5	一年又一年	上海东方卫视	1.5	5.7
6	中华人民共和国中央人民政府成立典礼原始影像	中央电视台综合频道	1.5	4.8
7	大城小事	重庆电视台都市频道（四套）	1.4	7.3
7	时代楷模	湖南卫视	1.3	6.1
9	上新时间	北京卫视	1.3	5.3
10	圆梦中国德耀中华第七届全国道德模范颁奖仪式	中央电视台综合频道	1.3	4.4

表 3.31.11　2019 年重庆市场综艺节目收视率排名前十位

名次	节目名称	播出频道	平均收视率（%）	平均占有率（%）
1	庆祝中华人民共和国成立 70 周年联欢活动	中央电视台综合频道	7.1	23.0
2	2019 中央广播电视总台春节联欢晚会	重庆卫视	3.9	13.1
3	2019 天猫双 11 狂欢夜	浙江卫视	3.5	12.1
4	跨界歌王(11 月 23 日)	北京卫视	3.4	10.5
5	2019 苏宁易购 1111 嗨爆夜	湖南卫视	3.2	12.6
6	蒙面唱将猜猜猜(11 月 3 日)	江苏卫视	3.0	12.5
7	喜气洋洋闹元宵	中央电视台综合频道	3.0	9.7
8	中国达人秀(10 月 5 日)	上海东方卫视	2.7	8.0
9	最强大脑燃烧吧大脑(5 月 3 日)	江苏卫视	2.5	12.1
10	2019 重庆市春节联欢晚会	重庆卫视	2.5	10.4

表 3.31.12　2019 年重庆市场体育节目收视率排名前十位

名次	节目名称	播出频道	平均收视率（%）	平均占有率（%）
1	第七届世界军人运动会报道：第七届军运会游泳比赛女子 200 米蝶泳决赛	中央台五套	1.9	6.3
2	再见武汉第七届世界军人运动会闭幕式特别节目	中央台五套	1.6	6.2
3	第七届世界军人运动会报道：第七届军运会女排决赛（中国 VS 巴西）	中央台五套	1.5	4.5
4	第七届世界军人运动会报道：第七届军运会女子沙滩排球决赛（中国 VS 巴西）	中央台五套	1.4	7.6
5	2019 年亚洲杯小组赛 C 组第三轮（韩国 VS 中国）	中央台五套	1.3	6.1
6	现场直播：2019 年世界女排联赛中国香港站（中国 VS 意大利）	中央台五套	1.3	4.9
7	第七届世界军人运动会报道：第七届军运会田径比赛女子 200 米决赛	中央台五套	1.3	4.2
7	第七届世界军人运动会开幕式	中央电视台综合频道	1.3	4.2
9	2019 年多哈世界田径锦标赛女子 110 米栏预赛	中央台五套	1.2	5.6
10	第七届世界军人运动会闭幕式	中央台五套	1.2	3.6

三十二、长春收视数据

表 3.32.1　2015～2019 年长春市场各类频道的市场占有率(%)

频道类别	年份				
	2015 年	2016 年	2017 年	2018 年	2019 年
中央广播电视总台	35.9	36.5	35.5	38.0	33.2
中国教育台频道	0.1	0.1	0.1	0.1	0.1
吉林省级频道	24.6	23.7	23.4	23.6	20.4
长春市级频道	6.0	6.4	6.0	3.5	3.0
其他省级卫视频道	27.0	26.4	25.3	22.6	25.5
其他频道	6.4	6.9	9.7	12.2	17.8

表 3.32.2　2019 年长春市场各类频道在不同目标观众中的市场占有率(%)

目标观众		中央广播电视总台	中国教育台频道	吉林省级频道	长春市级频道	其他省级卫视频道	其他频道
4 岁及以上所有人		33.2	0.1	20.4	3.0	25.5	17.8
性别	男	34.8	0.2	20.3	3.0	24.0	17.7
	女	31.4	0.1	20.5	3.0	27.2	17.8
年龄	4～14 岁	24.4	0.2	11.4	1.2	36.4	26.4
	15～24 岁	25.4	0.2	19.9	2.6	28.5	23.4
	25～34 岁	23.3	0.2	11.8	2.8	29.1	32.8
	35～44 岁	27.0	0.2	9.9	2.2	32.2	28.5
	45～54 岁	32.6	0.2	20.1	2.8	22.4	21.9
	55～64 岁	33.9	0.1	27.7	4.7	22.6	11.0
	65 岁及以上	44.7	0.1	24.1	2.4	23.2	5.5
教育程度	未受过正规教育	28.2	0.2	15.7	1.1	32.4	22.4
	小学	27.9	0.2	31.3	2.7	23.4	14.5
	初中	34.4	0.2	21.5	3.8	23.9	16.2
	高中	34.3	0.1	19.5	3.3	25.7	17.1
	大学及以上	32.7	0.2	15.4	1.6	28.1	22.0
职业类别	干部/管理人员	43.9	0.0	36.3	1.2	13.3	5.3
	个体/私营企业人员	29.9	0.2	17.4	3.2	23.3	26.0
	初级公务员/雇员	32.5	0.1	13.7	1.7	28.4	23.6
	工人	26.0	0.2	20.8	3.6	24.0	25.4
	学生	23.6	0.2	15.0	1.6	35.0	24.6
	无业	37.7	0.1	22.8	3.3	24.7	11.4
	其他	*	*	*	*	*	*
个人月收入	0～600 元	29.3	0.2	16.9	3.0	29.9	20.7
	601～1200 元	*	*	*	*	*	*
	1201～1700 元	44.2	0.1	25.6	3.2	18.8	8.1
	1701～2600 元	33.1	0.1	26.4	4.0	23.6	12.8
	2601～3500 元	29.9	0.1	20.4	2.4	26.8	20.4
	3501～5000 元	36.4	0.2	16.7	2.5	22.8	21.4
	5001 元及以上	38.2	0.2	9.7	1.9	27.0	23.0

注：* 表示目标观众样本量不足，无法进行统计推断。

表 3.32.3　2019 年长春市场各类频道在不同时段的市场占有率(%)

时间段	中央广播电视总台	中国教育台频道	吉林省级频道	长春市级频道	其他省级卫视频道	其他频道
02:00~03:00	21.0	0.2	23.1	3.0	23.7	29.0
03:00~04:00	20.4	0.2	28.5	1.8	21.8	27.3
04:00~05:00	34.0	0.2	29.9	1.9	14.9	19.1
05:00~06:00	46.8	0.1	23.6	2.8	12.3	14.4
06:00~07:00	46.0	0.1	21.5	4.1	12.8	15.5
07:00~08:00	45.0	0.1	19.5	3.8	15.8	15.8
08:00~09:00	41.8	0.2	15.7	2.4	22.3	17.6
09:00~10:00	35.4	0.3	12.3	2.1	30.4	19.5
10:00~11:00	33.6	0.3	10.2	2.0	34.1	19.8
11:00~12:00	37.1	0.2	7.7	2.2	34.1	18.7
12:00~13:00	38.5	0.1	7.6	2.7	33.1	18.0
13:00~14:00	34.7	0.1	7.8	2.4	35.9	19.1
14:00~15:00	33.5	0.2	8.2	1.8	37.1	19.2
15:00~16:00	33.7	0.2	9.1	1.9	36.8	18.3
16:00~17:00	30.9	0.2	19.7	2.1	31.4	15.7
17:00~18:00	28.0	0.2	30.0	4.0	23.5	14.3
18:00~19:00	31.7	0.1	33.6	5.3	12.1	17.2
19:00~20:00	36.3	0.1	26.4	3.2	16.1	17.9
20:00~21:00	29.3	0.1	25.2	3.0	25.7	16.7
21:00~22:00	30.9	0.1	25.1	2.8	24.8	16.3
22:00~23:00	29.8	0.2	16.9	3.0	29.4	20.7
23:00~24:00	29.9	0.1	12.2	2.9	31.0	23.9
24:00~25:00	29.1	0.1	13.8	2.3	27.3	27.4
25:00~26:00	23.6	0.1	17.7	2.5	26.8	29.3

表 3.32.4　2019 年长春市场收视份额排名前十位的频道

名次	频道名称	收视份额(%)
1	中央电视台综合频道	5.0
2	吉林电视台生活频道(三套)	4.7
3	中央台四套	4.1
4	吉林电视台乡村频道(五套)	3.4
4	吉林电视台都市频道(二套)	3.4
6	中央台八套	3.2
7	中央台五套	3.0
8	吉林电视台影视频道(四套)	2.8
9	中央台六套	2.7
10	长影电影频道	2.6

表 3.32.5 2019 年长春市场各主要频道的观众构成(%)

目标观众		所有频道	主要频道				
			中央电视台综合频道	吉林电视台生活频道(三套)	中央台四套	吉林电视台乡村频道(五套)	吉林电视台都市频道(二套)
4 岁及以上所有人		100.0	100.0	100.0	100.0	100.0	100.0
城乡	男	52.3	51.3	46.1	60.3	45.0	50.3
	女	47.7	48.7	53.9	39.7	55.0	49.7
年龄	4~14 岁	5.6	3.3	3.6	1.3	4.0	3.9
	15~24 岁	5.3	4.0	3.8	2.0	3.5	5.7
	25~34 岁	11.5	6.1	6.9	3.4	4.3	8.0
	35~44 岁	10.1	7.3	5.2	3.2	4.0	7.2
	45~54 岁	20.1	20.1	19.1	13.1	14.7	18.1
	55~64 岁	24.3	20.7	29.2	29.5	30.7	29.8
	65 岁及以上	23.1	38.5	32.2	47.4	38.7	27.2
教育程度	未受过正规教育	2.4	1.9	2.1	0.9	2.2	3.5
	小学	9.7	8.1	13.2	5.1	28.6	7.7
	初中	34.9	30.5	39.4	45.2	33.9	38.4
	高中	32.8	39.4	32.0	26.9	24.2	32.6
	大学及以上	20.2	20.1	13.3	21.9	11.1	17.9
职业类别	干部/管理人员	0.5	0.3	0.7	0.8	1.7	0.2
	个体/私营企业人员	9.6	7.4	5.1	5.6	4.4	8.7
	初级公务员/雇员	11.9	11.1	9.6	7.7	4.5	8.0
	工人	19.2	10.0	17.4	9.5	14.6	24.0
	学生	6.4	3.9	3.9	1.9	4.2	4.6
	无业	52.4	67.3	63.2	74.5	70.6	54.5
	其他	*	*	*	*	*	*
个人月收入	0~600 元	22.0	16.6	19.1	14.3	23.4	16.9
	601~1200 元	*	*	*	*	*	*
	1201~1700 元	6.5	5.9	8.2	13.8	8.0	10.2
	1701~2600 元	27.0	29.6	36.9	32.4	38.9	32.2
	2601~3500 元	23.0	22.1	20.3	15.1	16.5	28.6
	3501~5000 元	15.7	20.1	13.8	15.7	11.4	8.4
	5001 元及以上	5.8	5.8	1.7	8.8	1.7	3.8

注:* 表示目标观众样本量不足,无法进行统计推断。

表 3.32.6　2017～2019 年长春市场各类节目的播出比重(%)和收视比重(%)

节目类型	2017 年		2018 年		2019 年	
	播出比重	收视比重	播出比重	收视比重	播出比重	收视比重
财经	1.1	0.6	1.1	0.8	1.0	1.0
电视剧	26.8	32.0	27.2	31.2	26.9	32.1
电影	4.3	5.6	4.4	5.5	4.3	5.8
法制	0.8	1.1	0.7	1.0	0.5	0.9
教学	0.2	0.1	0.3	0.1	0.3	0.1
青少	6.2	4.3	6.2	4.7	6.5	4.1
生活服务	9.8	6.4	9.8	7.2	9.1	6.7
体育	3.2	3.3	3.0	4.9	3.5	4.1
外语	0.1	0.0	0.1	0.0	0.1	0.0
戏剧	0.8	0.3	0.8	0.3	1.0	0.6
新闻/时事	10.0	12.2	9.7	11.0	9.8	11.3
音乐	1.3	1.0	1.3	1.0	1.6	1.4
专题	13.2	6.5	13.3	6.7	13.1	6.5
综艺	7.0	14.2	6.8	13.5	6.1	13.1
其他	15.2	12.4	15.3	12.1	16.2	12.3

表 3.32.7　2019 年长春市场所有节目收视率排名前三十位

名次	节目名称	节目类型	播出频道	平均收视率(%)	平均占有率(%)
1	庆祝中华人民共和国成立 70 周年大会阅兵式群众游行特别报道	新闻/时事	中央电视台综合频道	11.4	31.8
2	庆祝中华人民共和国成立 70 周年联欢活动	综艺	中央电视台综合频道	10.7	37.2
3	向伟大复兴前进	新闻/时事	中央电视台综合频道	8.8	34.4
4	2019 中央广播电视总台春节联欢晚会	综艺	中央电视台综合频道	7.3	20.6
5	开学第一课	青少	中央电视台综合频道	6.1	23.2
6	2019 辽宁卫视春节联欢晚会	综艺	辽宁卫视	5.7	25.3
7	人民欢歌庆祝中华人民共和国成立 70 周年联欢活动特别报道	新闻/时事	中央电视台综合频道	4.3	22.9
8	2019 年中央广播电视总台中秋晚会	综艺	中央电视台综合频道	4.2	16.7
9	喜气洋洋闹元宵	综艺	中央电视台综合频道	4.0	23.8
10	第七届世界军人运动会报道:第七届军运会游泳比赛女子 200 米蝶泳决赛	体育	中央台五套	3.8	15.6

续表

名次	节目名称	节目类型	播出频道	平均收视率（%）	平均占有率（%）
11	庆祝中华人民共和国成立70周年特别节目走向复兴	新闻/时事	中央电视台综合频道	3.6	15.6
12	2019年国际篮联篮球世界杯A组(委内瑞拉VS中国)	体育	中央台五套	3.2	15.1
13	全城热恋	综艺	吉林电视台生活频道（三套）	3.1	17.3
14	第七届世界军人运动会报道:第七届军运会田径比赛男子200米决赛	体育	中央台五套	3.0	11.2
15	第七届世界军人运动会报道:第七届军运会女排决赛(中国VS巴西)	体育	中央台五套	2.9	12.0
16	一年又一年	专题	中央电视台综合频道	2.8	11.2
17	守望都市	新闻/时事	吉林电视台都市频道（二套）	2.7	13.1
18	2019年亚洲杯小组赛C组第三轮(韩国VS中国)	体育	中央台五套	2.6	18.1
19	第七届世界军人运动会报道:第七届军运会击剑女子个人重剑决赛	体育	中央台五套	2.5	11.7
20	天气预报	生活服务	中央电视台综合频道	2.5	10.0
21	2019年世界乒乓球锦标赛男单决赛	体育	中央台五套	2.5	9.8
22	2020跨年演唱会用奋斗点亮幸福	音乐	江苏卫视	2.4	10.7
23	合适婚姻	电视剧	吉林电视台生活频道（三套）	2.4	9.1
24	奋斗吧中华儿女音乐舞蹈史诗	综艺	中央电视台综合频道	2.3	14.6
25	现场直播:2019年女排世界杯第五轮(日本VS中国)	体育	中央台五套	2.3	11.0
26	纵横四海	电影	长影电影频道	2.3	9.8
27	现场直播:2019年国际泳联世锦赛男子100米仰泳决赛	体育	中央台五套	2.3	9.1
28	精武英雄	电影	长影电影频道	2.3	8.4
29	白狼	电视剧	吉林电视台影视频道（四套）	2.3	8.1
30	哪吒	电影	长影电影频道	2.3	8.0

表 3.32.8　2019 年长春市场电视剧收视率排名前十位

名次	节目名称	播出频道	平均收视率(%)	平均占有率(%)
1	合适婚姻	吉林电视台生活频道(三套)	2.4	9.1
2	白狼	吉林电视台影视频道(四套)	2.3	8.1
3	生死局	吉林电视台影视频道(四套)	2.1	7.7
4	满秋	吉林电视台乡村频道(五套)	1.9	8.1
5	胜利之路	吉林电视台影视频道(四套)	1.9	7.1
6	精英律师	北京卫视	1.9	6.7
6	第九大队	吉林电视台影视频道(四套)	1.9	6.7
8	爸爸别走	吉林电视台乡村频道(五套)	1.8	8.5
9	川西剿匪记	吉林电视台影视频道(四套)	1.8	7.5
10	老家门口唱大戏	吉林电视台乡村频道(五套)	1.8	7.1

表 3.32.9　2019 年长春市场新闻节目收视率排名前十位

名次	节目名称	播出频道	平均收视率(%)	平均占有率(%)
1	庆祝中华人民共和国成立 70 周年大会阅兵式群众游行特别报道	中央电视台综合频道	11.4	31.8
2	向伟大复兴前进	中央电视台综合频道	8.8	34.4
3	人民欢歌庆祝中华人民共和国成立 70 周年联欢活动特别报道	中央电视台综合频道	4.3	22.9
4	庆祝中华人民共和国成立 70 周年特别节目走向复兴	中央电视台综合频道	3.6	15.6
5	守望都市	吉林电视台都市频道(二套)	2.7	13.1
6	新闻联播	中央电视台综合频道	2.0	8.6
7	中国舆论场	中央台四套	1.3	4.8
8	今日关注	中央台四套	1.1	6.9
9	亚洲文化嘉年华特别报道	中央电视台综合频道	1.1	6.8
10	海峡两岸	中央台四套	1.1	4.5

表 3.32.10　2019 年长春市场专题节目收视率排名前十位

名次	节目名称	播出频道	平均收视率（%）	平均占有率（%）
1	一年又一年	中央电视台综合频道	2.8	11.2
2	中央电视台特别节目共同开创中朝两党两国关系的美好未来	中央电视台综合频道	1.9	8.4
3	中国诗词大会第四季(2 月 9 日)	中央电视台综合频道	1.9	7.9
4	中央电视台特别节目携手奔向互利共赢的康庄大道	中央电视台综合频道	1.7	7.5
5	红色通缉	中央电视台综合频道	1.6	5.3
6	好记者讲好故事 2019 年中国记者节特别节目	中央电视台综合频道	1.5	6.1
7	较量抗美援朝战争实录	中央台六套	1.4	6.0
8	中华人民共和国中央人民政府成立典礼原始影像	中央电视台综合频道	1.3	5.8
9	感动中国 2018 年度人物颁奖盛典	中央电视台综合频道	1.3	5.1
10	等闲识得东风面 2019 年习近平主席访问欧洲三国纪行	中央电视台新闻频道	1.3	4.7
10	礼赞最美奋斗者	中央电视台综合频道	1.2	5.8

表 3.32.11　2019 年长春市场综艺节目收视率排名前十位

名次	节目名称	播出频道	平均收视率（%）	平均占有率（%）
1	庆祝中华人民共和国成立 70 周年联欢活动	中央电视台综合频道	10.7	37.2
2	2019 中央广播电视总台春节联欢晚会	中央电视台综合频道	7.3	20.6
3	2019 辽宁卫视春节联欢晚会	辽宁卫视	5.7	25.3
4	2019 年中央广播电视总台中秋晚会	中央电视台综合频道	4.2	16.7
5	喜气洋洋闹元宵	中央电视台综合频道	4.0	23.8
6	全城热恋	吉林电视台生活频道(三套)	3.1	17.3
7	奋斗吧中华儿女音乐舞蹈史诗	中央电视台综合频道	2.3	14.6
8	2019 北京电视台春节联欢晚会最美的祝福	北京卫视	1.9	11.4
9	2019 中央广播电视总台网络春晚	中央台三套	1.7	5.9
10	二人转总动员	吉林电视台乡村频道(五套)	1.6	7.6

表 3.32.12　2019 年长春市场体育节目收视率排名前十位

名次	节目名称	播出频道	平均收视率（%）	平均占有率（%）
1	第七届世界军人运动会报道:第七届军运会游泳比赛女子 200 米蝶泳决赛	中央台五套	3.8	15.6
2	2019 年国际篮联篮球世界杯 A 组（委内瑞拉 VS 中国）	中央台五套	3.2	15.1
3	第七届世界军人运动会报道:第七届军运会田径比赛男子 200 米决赛	中央台五套	3.0	11.2
4	第七届世界军人运动会报道:第七届军运会女排决赛（中国 VS 巴西）	中央台五套	2.9	12.0
5	2019 年亚洲杯小组赛 C 组第三轮（韩国 VS 中国）	中央台五套	2.6	18.1
6	第七届世界军人运动会报道:第七届军运会击剑女子个人重剑决赛	中央台五套	2.5	11.7
7	2019 年世界乒乓球锦标赛男单决赛	中央台五套	2.5	9.8
8	现场直播:2019 年女排世界杯第五轮（日本 VS 中国）	中央台五套	2.3	11.0
9	现场直播:2019 年国际泳联世锦赛男子 100 米仰泳决赛	中央台五套	2.3	9.1
10	直播周末:2019 年乒乓球男子世界杯单打决赛	中央台五套	2.2	9.8

三十三、长沙收视数据

表 3.33.1 2015~2019 年长沙市场各类频道的市场占有率(%)

频道类别	年 份				
	2015 年	2016 年	2017 年	2018 年	2019 年
中央广播电视总台	17.0	19.9	21.5	20.4	17.7
中国教育台频道	0.0	0.0	0.1	0.1	0.1
湖南省级频道	52.1	51.9	52.1	50.8	45.2
长沙市级频道	16.7	11.2	6.3	5.0	3.3
其他省级卫视频道	6.9	7.9	8.6	9.5	14.3
其他频道	7.3	9.1	11.4	14.2	19.4

表 3.33.2 2019 年长沙市场各类频道在不同目标观众中的市场占有率(%)

目标观众		中央广播电视总台	中国教育台频道	湖南省级频道	长沙市级频道	其他省级卫视频道	其他频道
4 岁及以上所有人		17.7	0.1	45.2	3.3	14.3	19.4
性别	男	20.5	0.1	43.4	3.2	13.8	19.0
	女	15.2	0.1	46.8	3.3	14.7	19.9
年龄	4~14 岁	13.3	0.1	38.5	1.3	13.9	32.9
	15~24 岁	15.7	0.1	40.5	2.1	15.7	25.9
	25~34 岁	13.7	0.1	43.8	3.9	17.8	20.7
	35~44 岁	15.6	0.1	38.7	3.0	18.0	24.6
	45~54 岁	14.5	0.1	49.5	2.6	12.8	20.5
	55~64 岁	18.8	0.1	47.8	4.3	13.5	15.5
	65 岁及以上	26.0	0.1	46.1	3.8	12.2	11.8
教育程度	未受过正规教育	11.4	0.1	46.7	1.6	10.6	29.6
	小学	14.0	0.1	53.3	3.2	12.3	17.1
	初中	16.8	0.1	50.5	3.6	14.4	14.6
	高中	18.5	0.1	40.7	3.6	14.0	23.1
	大学及以上	21.4	0.1	37.2	2.7	16.4	22.2
职业类别	干部/管理人员	11.5	0.0	36.5	3.1	22.3	26.6
	个体/私营企业人员	15.6	0.1	48.1	2.6	18.7	14.9
	初级公务员/雇员	17.0	0.1	42.9	2.7	14.5	22.8
	工人	14.6	0.1	41.5	2.5	14.7	26.6
	学生	18.3	0.1	38.4	1.5	13.3	28.4
	无业	20.7	0.1	43.6	3.8	13.7	18.1
	其他	10.2	0.1	66.0	4.4	10.2	9.1
个人月收入	0~600 元	14.2	0.1	46.5	3.3	13.8	22.1
	601~1200 元	12.6	0.0	67.4	3.5	10.6	5.9
	1201~1700 元	18.1	0.1	58.5	3.6	10.5	9.2
	1701~2600 元	17.7	0.1	46.4	3.6	13.1	19.1
	2601~3500 元	19.9	0.1	45.0	2.5	14.7	17.8
	3501~5000 元	21.6	0.1	38.8	3.6	14.8	21.1
	5001 元及以上	18.3	0.1	40.8	3.0	17.3	20.5

表 3.33.3　2019 年长沙市场各类频道在不同时段的市场占有率(%)

时间段	中央广播电视总台	中国教育台频道	湖南省级频道	长沙市级频道	其他省级卫视频道	其他频道
02:00~03:00	15.2	0.1	29.0	4.7	13.5	37.5
03:00~04:00	14.0	0.1	27.1	6.3	13.5	39.0
04:00~05:00	14.3	0.2	28.1	7.8	14.0	35.6
05:00~06:00	13.1	0.1	30.2	9.8	13.2	33.6
06:00~07:00	25.9	0.1	36.5	8.8	7.0	21.7
07:00~08:00	35.5	0.1	38.1	3.5	6.1	16.7
08:00~09:00	30.9	0.1	38.2	2.4	9.6	18.8
09:00~10:00	26.5	0.1	38.3	2.9	10.6	21.6
10:00~11:00	24.4	0.1	39.3	3.0	11.4	21.8
11:00~12:00	24.1	0.1	40.8	2.4	11.8	20.8
12:00~13:00	25.6	0.1	39.5	1.3	11.7	21.8
13:00~14:00	22.0	0.1	36.1	1.8	14.3	25.7
14:00~15:00	20.6	0.1	33.2	1.9	17.6	26.6
15:00~16:00	22.0	0.1	31.0	1.9	18.9	26.1
16:00~17:00	23.2	0.1	34.3	2.0	16.5	23.9
17:00~18:00	19.1	0.1	45.8	2.9	11.9	20.2
18:00~19:00	13.8	0.1	56.4	7.8	5.6	16.3
19:00~20:00	16.6	0.0	48.1	4.5	15.5	15.3
20:00~21:00	12.1	0.0	49.1	2.5	22.0	14.3
21:00~22:00	13.2	0.1	52.6	2.8	16.0	15.3
22:00~23:00	12.5	0.1	54.1	2.7	13.2	17.4
23:00~24:00	17.5	0.0	43.0	3.9	12.9	22.7
24:00~25:00	19.6	0.1	35.1	2.7	11.8	30.7
25:00~26:00	19.3	0.1	29.5	3.2	12.6	35.3

表 3.33.4　2019 年长沙市场收视份额排名前十位的频道

名次	频道名称	收视份额(%)
1	湖南电视台都市频道	6.8
2	湖南电视台经济频道	6.5
3	湖南卫视	6.3
4	湖南电视台电视剧频道	6.0
5	湖南电视台潇湘电影频道	5.8
6	湖南电视台娱乐频道	5.7
7	湖南电视台公共频道	3.4
8	中央台四套	3.3
9	湖南电视台金鹰卡通频道	2.6
10	江苏卫视	2.2

表 3.33.5 2019 年长沙市场各主要频道的观众构成(%)

目标观众		所有频道	主要频道				
			湖南电视台都市频道	湖南电视台经济频道	湖南卫视	湖南电视台电视剧频道	湖南电视台潇湘电影频道
4 岁及以上所有人		100.0	100.0	100.0	100.0	100.0	100.0
性别	男	47.6	47.1	44.4	35.7	42.8	55.6
	女	52.4	52.9	55.6	64.3	57.2	44.4
年龄	4~14 岁	7.2	2.4	4.0	5.5	5.4	6.1
	15~24 岁	5.4	3.4	6.9	9.2	3.6	2.6
	25~34 岁	13.9	11.3	11.4	19.3	12.8	13.5
	35~44 岁	10.8	10.5	7.7	11.7	5.6	9.5
	45~54 岁	23.1	21.3	22.6	28.1	29.8	25.5
	55~64 岁	18.5	20.7	23.2	13.1	22.3	21.6
	65 岁及以上	21.1	30.4	24.2	13.1	20.5	21.2
教育程度	未受过正规教育	3.0	1.1	2.4	1.2	2.8	3.6
	小学	16.3	16.7	15.7	11.7	19.9	22.8
	初中	31.5	34.2	35.3	28.4	39.5	42.8
	高中	25.5	25.2	27.2	26.4	23.6	17.4
	大学及以上	23.7	22.8	19.4	32.3	14.2	13.4
职业类别	干部/管理人员	1.4	1.0	0.6	2.5	0.6	0.6
	个体/私营企业人员	10.7	10.5	10.0	12.9	10.6	12.0
	初级公务员/雇员	12.1	11.5	10.2	16.8	12.2	9.4
	工人	13.0	12.8	12.2	14.5	11.4	14.0
	学生	7.3	3.2	5.9	8.3	4.5	5.1
	无业	46.7	54.5	50.3	37.3	47.7	35.9
	其他	8.8	6.5	10.8	7.7	13.0	23.0
个人月收入	0~600 元	27.8	21.0	25.6	26.9	30.2	28.2
	601~1200 元	3.8	4.0	5.9	2.6	4.3	9.1
	1201~1700 元	3.1	3.0	3.0	2.0	3.3	7.8
	1701~2600 元	17.7	22.9	24.4	16.3	18.3	15.5
	2601~3500 元	15.9	18.6	16.4	20.1	14.1	14.6
	3501~5000 元	17.9	16.2	13.2	14.0	19.2	15.6
	5001 元及以上	13.8	14.3	11.5	18.1	10.6	9.2

表 3.33.6　2017~2019 年长沙市场各类节目的播出比重(%)和收视比重(%)

节目类型	2017 年		2018 年		2019 年	
	播出比重	收视比重	播出比重	收视比重	播出比重	收视比重
财经	1.0	0.3	1.0	0.3	0.9	0.3
电视剧	23.7	33.8	24.0	36.3	24.9	40.5
电影	4.6	4.4	4.4	3.7	3.9	3.8
法制	1.1	2.0	1.1	1.6	1.1	1.7
教学	0.2	0.0	0.3	0.0	0.4	0.0
青少	6.3	4.1	6.3	3.6	6.7	3.2
生活服务	7.4	5.5	7.4	5.2	6.8	5.0
体育	3.7	1.4	3.7	2.6	4.1	1.6
外语	0.1	0.0	0.1	0.0	0.1	0.0
戏剧	0.8	0.1	0.7	0.1	0.8	0.2
新闻/时事	15.3	19.5	15.7	18.6	15.5	15.4
音乐	1.4	0.5	1.3	0.8	1.6	0.8
专题	13.9	7.9	13.3	8.0	13.0	7.1
综艺	8.0	8.4	8.2	8.0	7.5	9.7
其他	12.5	12.1	12.5	11.2	12.7	10.7

表 3.33.7　2019 年长沙市场所有节目收视率排名前三十位

名次	节目名称	节目类型	播出频道	平均收视率(%)	平均占有率(%)
1	庆祝中华人民共和国成立 70 周年大会阅兵式群众游行特别报道	新闻/时事	中央电视台综合频道	9.4	27.6
2	开学第一课	青少	中央电视台综合频道	7.6	25.4
3	2019 中央广播电视总台春节联欢晚会	综艺	湖南卫视	5.7	17.3
4	向伟大复兴前进	新闻/时事	中央电视台综合频道	5.0	23.1
5	快乐中国 20192020 跨年演唱会	音乐	湖南卫视	5.0	20.1
6	文化中国四海同春 2019 全球华侨华人春节大联欢	综艺	湖南卫视	4.2	15.3
7	中国梦之声我们的歌(10 月 27 日)	综艺	上海东方卫视	4.0	14.7
8	庆祝中华人民共和国成立 70 周年联欢活动	综艺	中央电视台综合频道	3.9	14.1
9	歌手 2019(2 月 8 日)	综艺	湖南卫视	3.7	16.8
10	娘道	电视剧	湖南电视台电视剧频道	3.4	13.6
11	大秧歌	电视剧	湖南电视台电视剧频道	3.4	12.9

续表

名次	节目名称	节目类型	播出频道	平均收视率（%）	平均占有率（%）
12	大明风华（1~24 集）	电视剧	湖南卫视	3.3	11.3
13	名剑震江湖一	电影	湖南电视台潇湘电影频道	3.2	13.8
14	闪亮茗天（23~50 集）	电视剧	湖南电视台娱乐频道	3.2	11.1
15	2019 元宵喜乐会	综艺	湖南卫视	3.2	10.6
16	巾帼心向党建功新时代纪念三八国际妇女节新时代女性的力量报告会	专题	湖南电视台经济频道	3.1	12.6
17	你是湖南人不咯第二季	综艺	湖南电视台经济频道	3.1	12.3
18	巅峰之夜（6 月 14 日）	综艺	湖南卫视	3.1	11.7
19	鳄鱼与牙签鸟	电视剧	湖南卫视	3.1	11.2
20	我是大赢家	综艺	湖南电视台娱乐频道	3.0	17.4
21	声临其境（12 月 28 日）	综艺	湖南卫视	3.0	13.5
22	镖王传奇	电视剧	湖南电视台潇湘电影频道	3.0	12.7
23	赌侠	电影	湖南电视台潇湘电影频道	3.0	12.4
23	大决斗	电影	湖南电视台潇湘电影频道	3.0	11.9
25	镖王传奇	电视剧	湖南电视台潇湘电影频道	3.0	11.0
26	寻情记	专题	湖南电视台都市频道	3.0	10.8
27	神丐传奇三	电影	湖南电视台潇湘电影频道	2.9	15.1
28	楚留香之幽灵山庄	电影	湖南电视台潇湘电影频道	2.9	11.7
28	激荡	电视剧	湖南卫视	2.9	11.7
30	九纹龙传奇一	电影	湖南电视台潇湘电影频道	2.9	11.1

表 3.33.8　2019 年长沙市场电视剧收视率排名前十位

名次	节目名称	播出频道	平均收视率（%）	平均占有率（%）
1	娘道	湖南电视台电视剧频道	3.4	13.6
2	大秧歌	湖南电视台电视剧频道	3.4	12.9
3	大明风华（1~24 集）	湖南卫视	3.3	11.3
4	闪亮茗天（23~50 集）	湖南电视台娱乐频道	3.2	11.1
5	鳄鱼与牙签鸟	湖南卫视	3.1	11.2
6	镖王传奇	湖南电视台潇湘电影频道	3.0	12.7
7	激荡	湖南卫视	2.9	11.7
8	女侠燕阳春	湖南电视台潇湘电影频道	2.9	11.0
9	怒海红尘	湖南电视台潇湘电影频道	2.9	9.5
10	知否知否应是绿肥红瘦（11~78 集）	湖南卫视	2.8	9.1

表 3.33.9　2019 年长沙市场新闻节目收视率排名前十位

名次	节目名称	播出频道	平均收视率（%）	平均占有率（%）
1	庆祝中华人民共和国成立 70 周年大会阅兵式群众游行特别报道	中央电视台综合频道	9.4	27.6
2	向伟大复兴前进	中央电视台综合频道	5.0	23.1
3	都市 1 时间	湖南电视台都市频道	2.5	12.3
4	都市大直播(5 月 17 日)	湖南电视台都市频道	2.2	7.3
5	人民欢歌庆祝中华人民共和国成立 70 周年联欢活动特别报道	中央电视台综合频道	1.7	9.5
6	经视焦点	湖南电视台经济频道	1.6	7.6
7	转播中央台新闻联播	湖南卫视	1.6	6.9
8	经视播报	湖南电视台经济频道	1.5	11.7
9	世界大不同	湖南电视台都市频道	1.4	10.3
10	都市晚间	湖南电视台都市频道	1.4	5.7

表 3.33.10　2019 年长沙市场专题节目收视率排名前十位

名次	节目名称	播出频道	平均收视率（%）	平均占有率（%）
1	巾帼心向党建功新时代纪念三八国际妇女节新时代女性的力量报告会	湖南电视台经济频道	3.1	12.6
2	寻情记	湖南电视台都市频道	3.0	10.8
3	2019 长沙同心共治诚信无忧 315	长沙电视政法频道	2.2	8.3
4	中国出了个毛泽东·东方欲晓	湖南卫视	1.8	7.4
5	我家的 1978	湖南电视台娱乐频道	1.7	6.0
6	礼赞最美奋斗者	中央电视台综合频道	1.5	6.6
7	时光的旋律第二季为祖国歌唱	湖南卫视	1.4	5.8
8	中共中央在香山共和国 1949 献礼中华人民共和国成立 70 周年先导片	北京卫视	1.3	5.7
9	我们走在大路上 1949~2019	湖南卫视	1.2	4.3
10	感动中国 2018 年度人物颁奖盛典	中央电视台综合频道	1.2	3.7

表 3.33.11　2019 年长沙市场综艺节目收视率排名前十位

名次	节目名称	播出频道	平均收视率（%）	平均占有率（%）
1	2019 中央广播电视总台春节联欢晚会	湖南卫视	5.7	17.3
2	文化中国四海同春 2019 全球华侨华人春节大联欢	湖南卫视	4.2	15.3
3	中国梦之声我们的歌（10 月 27 日）	上海东方卫视	4.0	14.7
4	庆祝中华人民共和国成立 70 周年联欢活动	中央电视台综合频道	3.9	14.1
5	歌手 2019（2 月 8 日）	湖南卫视	3.7	16.8
6	2019 元宵喜乐会	湖南卫视	3.2	10.6
7	你是湖南人不咯第二季	湖南电视台经济频道	3.1	12.3
8	巅峰之夜（6 月 14 日）	湖南卫视	3.1	11.7
9	我是大赢家	湖南电视台娱乐频道	3.0	17.4
10	声临其境（12 月 28 日）	湖南卫视	3.0	13.5

表 3.33.12　2019 年长沙市场体育节目收视率排名前十位

名次	节目名称	播出频道	平均收视率（%）	平均占有率（%）
1	2019 年亚洲杯小组赛 C 组第三轮（韩国 VS 中国）	中央台五套	1.6	6.9
2	2019 年国际篮联篮球世界杯小组赛 A 组（科特迪瓦 VS 中国）	中央台五套	1.6	6.6
3	2019 年亚洲足联冠军联赛 1/4 决赛首回合（广州恒大 VS 鹿岛鹿角）	中央台五套	1.5	5.8
4	第七届世界军人运动会闭幕式	中央台五套	1.5	4.8
5	第七届世界军人运动会报道：第七届军运会女篮决赛（中国 VS 巴西）	中央台五套	1.2	4.0
6	国际足联 2022 年世界杯亚洲区预选赛第二阶段 A 组第 5 轮（叙利亚 VS 中国）	中央台五套	1.1	8.5
7	第七届世界军人运动会报道：第七届军运会跆拳道女子 62 公斤级决赛	中央台五套	1.1	4.7
8	乒乓球团体世界杯颁奖仪式	中央台五套	1.1	4.0
9	2019 年女足世界杯 1/8 决赛（意大利 VS 中国）	中央台五套	1.0	24.1
10	2019 年多哈世界田径锦标赛女子 1500 米预赛	中央台五套	1.0	8.3

三十四、成都收视数据

表 3.34.1　2015~2019 年成都市场各类频道的市场占有率(%)

频道类别	年份				
	2015 年	2016 年	2017 年	2018 年	2019 年
中央广播电视总台	26.4	27.9	30.8	32.6	31.4
中国教育台频道	0.1	0.1	0.0	0.0	0.1
四川省级频道	21.6	19.5	17.9	19.9	18.0
成都市级频道	10.8	9.7	7.8	5.8	4.2
其他省级卫视频道	30.2	30.6	27.6	23.1	28.3
其他频道	10.9	12.2	15.9	18.6	18.0

表 3.34.2　2019 年成都市场各类频道在不同目标观众中的市场占有率(%)

目标观众		中央广播电视总台	中国教育台频道	四川省级频道	成都市级频道	其他省级卫视频道	其他频道
4 岁及以上所有人		31.4	0.1	18.0	4.2	28.3	18.0
性别	男	32.0	0.1	18.2	4.4	26.4	18.9
	女	30.8	0.1	17.7	3.9	30.3	17.2
年龄	4~14 岁	25.1	0.1	15.2	3.5	29.1	27.0
	15~24 岁	22.9	0.1	9.4	3.4	32.5	31.7
	25~34 岁	23.8	0.1	14.0	3.8	39.4	18.9
	35~44 岁	30.1	0.1	14.8	3.0	29.2	22.8
	45~54 岁	30.5	0.1	17.1	5.2	29.4	17.7
	55~64 岁	32.9	0.1	20.8	4.2	26.0	16.0
	65 岁及以上	42.0	0.1	24.6	4.0	18.1	11.2
教育程度	未受过正规教育	28.4	0.0	17.7	3.3	29.1	21.5
	小学	28.7	0.1	27.5	4.1	24.2	15.4
	初中	34.0	0.1	20.5	4.5	25.0	15.9
	高中	31.5	0.1	14.4	4.5	29.9	19.6
	大学及以上	30.0	0.1	10.1	3.4	34.9	21.5
职业类别	干部/管理人员	29.0	0.0	11.9	3.8	41.6	13.7
	个体/私营企业人员	29.3	0.1	17.7	6.1	31.7	15.1
	初级公务员/雇员	31.0	0.1	12.5	3.9	31.4	21.1
	工人	25.8	0.1	18.3	4.2	28.4	23.2
	学生	24.5	0.1	13.4	3.2	28.4	30.4
	无业	34.4	0.1	21.7	4.1	24.6	15.1
	其他	26.3	0.1	29.7	3.3	26.8	13.8
个人月收入	0~600 元	24.2	0.1	17.0	4.2	31.4	23.1
	601~1200 元	34.3	0.1	18.3	4.3	28.3	14.7
	1201~1700 元	32.4	0.0	27.3	3.8	26.6	9.9
	1701~2600 元	34.9	0.1	22.7	4.2	22.3	15.8
	2601~3500 元	33.8	0.1	16.1	4.4	27.6	18.0
	3501~5000 元	30.9	0.1	15.5	4.1	30.7	18.7
	5001 元及以上	29.7	0.1	10.7	4.0	37.8	17.7

表 3. 34. 3 2019 年成都市场各类频道在不同时段的市场占有率(%)

时间段	中央广播电视总台	中国教育台频道	四川省级频道	成都市级频道	其他省级卫视频道	其他频道
02:00~03:00	27.0	0.1	15.7	4.6	25.5	27.1
03:00~04:00	30.2	0.1	16.3	5.5	21.3	26.6
04:00~05:00	36.9	0.1	15.6	4.8	18.2	24.4
05:00~06:00	47.8	0.1	14.4	3.4	14.9	19.4
06:00~07:00	60.1	0.0	11.0	7.7	10.8	10.4
07:00~08:00	57.5	0.1	17.5	5.0	8.5	11.4
08:00~09:00	60.2	0.1	9.5	2.7	12.6	14.9
09:00~10:00	45.7	0.2	8.6	2.7	24.2	18.6
10:00~11:00	39.8	0.2	9.4	2.5	28.0	20.1
11:00~12:00	42.4	0.1	10.0	2.5	26.0	19.0
12:00~13:00	43.6	0.0	12.2	2.5	22.3	19.4
13:00~14:00	34.6	0.1	12.5	2.5	29.0	21.3
14:00~15:00	30.5	0.1	9.1	3.4	34.4	22.5
15:00~16:00	30.0	0.1	9.5	1.9	35.7	22.8
16:00~17:00	32.6	0.1	9.6	2.0	32.6	23.1
17:00~18:00	37.2	0.1	13.9	3.4	24.8	20.6
18:00~19:00	38.8	0.1	24.0	6.7	12.3	18.1
19:00~20:00	32.4	0.0	21.8	5.5	25.7	14.6
20:00~21:00	21.5	0.0	20.7	4.7	38.6	14.5
21:00~22:00	24.7	0.1	21.6	5.2	32.5	15.9
22:00~23:00	22.5	0.1	25.2	4.4	29.9	17.9
23:00~24:00	24.8	0.0	22.8	3.7	27.8	20.9
24:00~25:00	28.9	0.1	11.9	3.6	27.1	28.4
25:00~26:00	26.0	0.1	13.8	3.5	27.7	28.9

表 3. 34. 4 2019 年成都市场收视份额排名前十位的频道

名次	频道名称	收视份额(%)
1	四川电视台影视文艺频道	6.4
2	中央电视台综合频道	5.7
3	中央台八套	4.2
4	中央台四套	4.0
5	四川电视台新闻频道	3.9
6	中央台六套	3.7
7	江苏卫视	3.3
8	浙江卫视	3.1
9	湖南卫视	3.0
10	中央台三套	2.8

表 3.34.5 2019 年成都市场各主要频道的观众构成(%)

目标观众		所有频道	主要频道				
			四川电视台影视文艺频道	中央电视台综合频道	中央台八套	中央台四套	四川电视台新闻频道
4 岁及以上所有人		100.0	100.0	100.0	100.0	100.0	100.0
性别	男	51.1	52.6	47.4	44.4	60.4	52.6
	女	48.9	47.4	52.6	55.6	39.6	47.4
年龄	4~14 岁	4.7	5.2	4.7	2.9	2.0	3.7
	15~24 岁	6.0	2.5	5.8	3.1	2.8	3.2
	25~34 岁	15.8	9.2	10.3	11.3	8.4	13.6
	35~44 岁	9.8	6.0	11.0	8.1	6.2	9.6
	45~54 岁	27.9	26.2	22.7	25.5	26.5	25.5
	55~64 岁	15.0	20.6	14.7	17.9	17.5	14.4
	65 岁及以上	20.8	30.3	30.8	31.2	36.6	30.0
教育程度	未受过正规教育	1.9	1.2	2.2	0.7	1.5	2.2
	小学	18.5	29.1	16.4	20.8	17.4	21.3
	初中	31.3	38.1	28.3	41.1	33.4	38.1
	高中	28.5	23.6	30.3	25.9	28.9	26.6
	大学及以上	19.8	8.0	22.8	11.5	18.8	11.8
职业类别	干部/管理人员	3.6	2.9	4.1	2.9	3.3	1.1
	个体/私营企业人员	10.7	6.8	5.5	11.9	7.7	12.9
	初级公务员/雇员	25.7	14.3	26.2	20.1	24.1	20.5
	工人	7.5	7.8	4.5	7.5	4.7	4.8
	学生	6.0	5.7	6.3	3.9	2.7	4.0
	无业	45.1	59.9	51.8	52.4	56.7	55.5
	其他	1.4	2.6	1.6	1.3	0.8	1.2
个人月收入	0~600 元	16.5	18.1	13.9	9.8	8.1	15.6
	601~1200 元	2.4	2.8	3.2	1.4	4.0	2.3
	1201~1700 元	5.1	8.3	5.0	6.5	7.3	6.9
	1701~2600 元	22.7	29.2	24.7	32.8	25.8	26.8
	2601~3500 元	23.5	18.6	24.8	25.1	26.5	25.2
	3501~5000 元	24.2	19.8	22.8	20.7	23.3	21.4
	5001 元及以上	5.6	3.2	5.6	3.7	5.0	1.8

表 3.34.6　2017~2019 年成都市场各类节目的播出比重(%)和收视比重(%)

节目类型	2017 年		2018 年		2019 年	
	播出比重	收视比重	播出比重	收视比重	播出比重	收视比重
财经	1.2	0.4	1.3	0.6	1.2	0.6
电视剧	22.6	33.2	22.9	34.9	23.5	38.2
电影	4.0	4.3	4.3	4.9	3.8	4.6
法制	0.8	0.3	0.9	0.5	0.7	0.4
教学	0.3	0.0	0.3	0.0	0.4	0.1
青少	6.8	2.5	6.8	2.4	7.1	2.5
生活服务	9.6	9.5	9.2	7.3	8.4	6.2
体育	3.1	1.9	3.1	3.2	3.6	2.3
外语	0.1	0.0	0.1	0.0	0.1	0.0
戏剧	0.8	0.1	0.7	0.1	0.8	0.2
新闻/时事	15.6	15.5	15.8	14.3	15.9	14.3
音乐	1.4	0.6	1.3	0.8	1.6	1.0
专题	13.2	7.0	12.9	6.7	13.1	6.4
综艺	8.3	12.1	7.7	11.6	6.8	11.0
其他	12.2	12.6	12.7	12.7	13.0	12.2

表 3.34.7　2019 年成都市场所有节目收视率排名前三十位

名次	节目名称	节目类型	播出频道	平均收视率(%)	平均占有率(%)
1	庆祝中华人民共和国成立 70 周年大会阅兵式群众游行特别报道	新闻	中央电视台综合频道	11.0	29.2
2	庆祝中华人民共和国成立 70 周年联欢活动	综艺	中央电视台综合频道	9.5	27.7
3	2019 中央广播电视总台春节联欢晚会	综艺	中央电视台综合频道	8.2	22.1
4	向伟大复兴前进	新闻	中央电视台综合频道	8.0	29.5
5	开学第一课	青少	中央电视台综合频道	5.8	14.4
6	2020 跨年演唱会用奋斗点亮幸福	音乐	江苏卫视	5.5	16.1
7	中国梦之声我们的歌（10 月 27 日）	综艺	上海东方卫视	5.3	15.3
8	人民欢歌庆祝中华人民共和国成立 70 周年联欢活动特别报道	新闻	中央电视台综合频道	5.2	25.8
9	喜气洋洋闹元宵	综艺	中央电视台综合频道	4.9	13.2
10	快乐中国 20192020 跨年演唱会	音乐	湖南卫视	4.3	14.0
11	2019 年中央广播电视总台中秋晚会	综艺	中央电视台综合频道	4.0	10.5

续表

名次	节目名称	节目类型	播出频道	平均收视率（%）	平均占有率（%）
12	中国好声音（7月9日）	综艺	浙江卫视	3.8	11.8
13	穿甲弹	电视剧	四川电视台影视文艺频道	3.7	14.2
14	神勇武工队传奇	电视剧	四川电视台影视文艺频道	3.6	13.1
15	蒙面唱将猜猜猜（12月22日）	综艺	江苏卫视	3.5	12.0
16	觉醒	电视剧	四川电视台影视文艺频道	3.4	12.9
17	最强大脑燃烧吧大脑（2月15日）	综艺	江苏卫视	3.4	11.8
18	北国英雄	电视剧	四川电视台影视文艺频道	3.4	11.6
19	锻刀之英雄无悔	电视剧	四川电视台影视文艺频道	3.3	12.2
20	我把忠诚献给你	电视剧	四川电视台影视文艺频道	3.3	11.5
20	红	电视剧	四川电视台影视文艺频道	3.3	11.5
22	中国诗词大会第四季(2月13日)	专题	中央电视台综合频道	3.3	9.1
23	笑傲江湖第4季(7月20日)	综艺	上海东方卫视	3.3	8.9
24	苦菜花	电视剧	四川电视台影视文艺频道	3.2	11.6
25	铁家伙	电视剧	四川电视台影视文艺频道	3.2	11.5
26	一年又一年	专题	中央电视台综合频道	3.1	14.2
27	冰锋	电视剧	四川电视台影视文艺频道	3.1	12.0
28	迫在眉睫	电视剧	四川电视台影视文艺频道	3.1	11.4
28	生死迷情	电视剧	四川电视台影视文艺频道	3.1	11.4
30	小妮扛枪	电视剧	四川电视台影视文艺频道	3.0	11.5

表3.34.8　2019年成都市场电视剧收视率排名前十位

名次	节目名称	播出频道	平均收视率(%)	平均占有率(%)
1	穿甲弹	四川电视台影视文艺频道	3.7	14.2
2	神勇武工队传奇	四川电视台影视文艺频道	3.6	13.1
3	觉醒	四川电视台影视文艺频道	3.4	12.9
4	北国英雄	四川电视台影视文艺频道	3.4	11.6
5	锻刀之英雄无悔	四川电视台影视文艺频道	3.3	12.2
6	我把忠诚献给你	四川电视台影视文艺频道	3.3	11.5
6	红	四川电视台影视文艺频道	3.3	11.5
8	苦菜花	四川电视台影视文艺频道	3.2	11.6
9	铁家伙	四川电视台影视文艺频道	3.2	11.5
10	冰锋	四川电视台影视文艺频道	3.1	12.0

表 3. 34. 9　2019 年成都市场新闻节目收视率排名前十位

名次	节目名称	播出频道	平均收视率（%）	平均占有率（%）
1	庆祝中华人民共和国成立 70 周年大会阅兵式群众游行特别报道	中央电视台综合频道	11. 0	29. 2
2	向伟大复兴前进	中央电视台综合频道	8. 0	29. 5
3	人民欢歌庆祝中华人民共和国成立 70 周年联欢活动特别报道	中央电视台综合频道	5. 2	25. 8
4	庆祝中华人民共和国成立 70 周年特别节目走向复兴	中央电视台综合频道	2. 3	6. 7
5	新闻联播	中央电视台综合频道	2. 0	8. 1
6	黄金 30 分	四川电视台新闻频道	2. 0	5. 8
7	18:00 新闻现场	四川电视台新闻频道	1. 9	8. 4
8	国务院总理会见中外记者并回答提问	中央电视台综合频道	1. 8	5. 1
9	2019 年中国北京世界园艺博览会开幕式特别报道	中央电视台综合频道	1. 5	4. 2
10	庆祝澳门回归祖国 20 周年特别报道	中央电视台综合频道	1. 3	4. 0

表 3. 34. 10　2019 年成都市场专题节目收视率排名前十位

名次	节目名称	播出频道	平均收视率（%）	平均占有率（%）
1	中国诗词大会第四季(2 月 13 日)	中央电视台综合频道	3. 3	9. 1
2	一年又一年	中央电视台综合频道	3. 1	14. 2
3	感动中国 2018 年度人物颁奖盛典	中央电视台综合频道	2. 6	6. 8
4	等闲识得东风面 2019 年习近平主席访问欧洲三国纪行	中央电视台综合频道	2. 4	8. 5
5	礼赞最美奋斗者	中央电视台综合频道	2. 3	7. 7
6	众志成城浙江抗击超强台风利奇马纪实	浙江卫视	2. 0	6. 0
7	祖国在召唤	中央电视台综合频道	1. 9	5. 3
8	红色通缉	中央电视台综合频道	1. 9	5. 2
9	新疆的反恐去极端化斗争	中央台四套	1. 8	9. 4
10	非常话题	四川电视台新闻频道	1. 7	4. 9

表 3. 34. 11　2019 年成都市场综艺节目收视率排名前十位

名次	节目名称	播出频道	平均收视率（%）	平均占有率（%）
1	庆祝中华人民共和国成立 70 周年联欢活动	中央电视台综合频道	9. 5	27. 7
2	2019 中央广播电视总台春节联欢晚会	中央电视台综合频道	8. 2	22. 1
3	中国梦之声我们的歌（10 月 27 日）	上海东方卫视	5. 3	15. 3
4	喜气洋洋闹元宵	中央电视台综合频道	4. 9	13. 2
5	2019 年中央广播电视总台中秋晚会	中央电视台综合频道	4. 0	10. 5
6	中国好声音（7 月 19 日）	浙江卫视	3. 8	11. 8
7	蒙面唱将猜猜猜（12 月 22 日）	江苏卫视	3. 5	12. 0
8	最强大脑燃烧吧大脑（2 月 15 日）	江苏卫视	3. 4	11. 8
9	笑傲江湖第 4 季(7 月 20 日)	上海东方卫视	3. 3	8. 9
10	新春喜剧之夜	中央台三套	2. 9	9. 9

表 3. 34. 12　2019 年成都市场体育节目收视率排名前十位

名次	节目名称	播出频道	平均收视率（%）	平均占有率（%）
1	2019 年亚洲杯小组赛 C 组第二轮(菲律宾 VS 中国)	中央台五套	2. 5	11. 3
2	第七届世界军人运动会开幕式	中央电视台综合频道	2. 2	6. 3
3	直播周末:2019 年国际泳联世锦赛女子 800 米自由泳决赛	中央台五套	1. 7	5. 5
4	第七届世界军人运动会报道:第七届军运会跳水女子双人 3 米板决赛	中央台五套	1. 6	7. 8
5	现场直播:2019 年国际泳联世锦赛跳水女子 3 米板决赛	中央台五套	1. 6	5. 3
6	2019 年多哈世界田径锦标赛女子 100 米预赛第五组	中央台五套	1. 6	5. 2
7	直播周末:2019 年世界女排联赛总决赛半决赛(美国 VS 中国)	中央台五套	1. 6	5. 0
8	第七届世界军人运动会报道:第七届军运会游泳比赛男子 800 米自由泳决赛	中央台五套	1. 5	7. 1
9	第十八届世界警察和消防员运动会开幕式	成都电视台公共频道（五套）	1. 5	7. 0
10	现场直播:2019 年亚洲冠军联赛 1/8 决赛首回合(广州恒大 VS 山东鲁能泰山)	中央台五套	1. 4	4. 1

三十五、大连收视数据

表 3.35.1 2015~2019 年大连市场各类频道的市场占有率(%)

频道类别	年份				
	2015 年	2016 年	2017 年	2018 年	2019 年
中央广播电视总台	35.4	36.5	35.8	35.6	34.1
中国教育台频道	0.1	0.1	0.1	0.1	0.2
辽宁省级频道	7.6	8.7	8.8	11.4	11.9
大连市级频道	20.8	19.7	17.6	13.4	11.3
其他省级卫视频道	29.4	26.0	27.7	26.5	27.1
其他频道	6.7	9.0	10.0	13.0	15.4

表 3.35.2 2019 年大连市场各类频道在各目标观众中的市场占有率(%)

目标观众		中央广播电视总台	中国教育台频道	辽宁省级频道	大连市级频道	其他省级卫视频道	其他频道
4 岁及以上所有人		34.1	0.2	11.9	11.3	27.1	15.4
性别	男	36.8	0.2	12.2	10.8	24.5	15.5
	女	31.1	0.2	11.5	11.7	29.9	15.6
年龄	4~14 岁	35.2	0.2	4.1	6.2	32.7	21.6
	15~24 岁	35.5	0.2	12.2	12.1	24.8	15.2
	25~34 岁	26.9	0.2	9.7	7.6	31.4	24.2
	35~44 岁	31.9	0.1	6.8	9.5	22.3	29.4
	45~54 岁	28.8	0.2	12.6	10.1	31.8	16.5
	55~64 岁	38.1	0.1	14.6	12.8	25.1	9.3
	65 岁及以上	39.3	0.2	13.4	14.4	23.9	8.8
教育程度	未受过正规教育	39.0	0.5	6.8	7.0	31.4	15.3
	小学	37.0	0.2	15.9	12.0	25.4	9.5
	初中	35.5	0.2	13.4	11.5	27.7	11.7
	高中	32.2	0.1	8.8	11.7	26.9	20.3
	大学及以上	30.4	0.3	11.2	10.6	26.0	21.5
职业类别	干部/管理人员	32.9	0.3	7.0	12.0	34.8	13.0
	个体/私营企业人员	31.3	0.2	11.7	8.3	29.3	19.2
	初级公务员/雇员	25.4	0.2	11.7	8.6	32.4	21.7
	工人	29.0	0.1	10.1	11.2	26.3	23.3
	学生	34.2	0.1	8.5	12.6	26.7	17.9
	无业	37.1	0.2	12.8	12.4	26.2	11.3
	其他	51.7	0.4	13.7	10.3	17.8	6.1
个人月收入	0~600 元	35.1	0.3	8.7	8.8	28.6	18.5
	601~1200 元	29.2	0.1	20.8	15.8	24.7	9.4
	1201~1700 元	45.9	0.2	13.4	8.9	22.1	9.5
	1701~2600 元	33.4	0.2	12.9	12.7	29.6	11.2
	2601~3500 元	34.6	0.1	11.0	12.4	27.4	14.5
	3501~5000 元	32.1	0.2	12.9	11.8	23.1	19.9
	5001 元及以上	33.2	0.1	7.8	8.7	25.1	25.1

表 3.35.3 2019 年大连市场各类频道在不同时段的市场占有率(%)

时间段	中央广播电视总台	中国教育台频道	辽宁省级频道	大连市级频道	其他省级卫视频道	其他频道
02:00~03:00	21.7	0.2	26.7	0.1	36.3	15.0
03:00~04:00	21.1	0.5	30.6	0.0	33.0	14.8
04:00~05:00	27.2	0.6	29.6	0.0	26.6	16.0
05:00~06:00	45.7	0.3	18.3	0.0	20.0	15.7
06:00~07:00	54.5	0.2	14.1	4.3	16.2	10.7
07:00~08:00	50.8	0.2	8.5	13.1	15.3	12.1
08:00~09:00	48.7	0.3	4.8	6.9	21.5	17.8
09:00~10:00	39.5	0.4	5.3	7.2	28.0	19.6
10:00~11:00	36.8	0.4	5.6	9.1	31.2	16.9
11:00~12:00	42.2	0.3	4.6	4.3	33.0	15.6
12:00~13:00	40.9	0.1	9.1	3.1	30.7	16.1
13:00~14:00	34.9	0.2	5.6	3.6	38.7	17.0
14:00~15:00	32.2	0.4	5.6	4.6	41.0	16.2
15:00~16:00	31.6	0.5	5.2	6.4	41.4	14.9
16:00~17:00	34.1	0.6	6.3	5.4	39.6	14.0
17:00~18:00	30.7	0.2	14.5	13.4	27.9	13.3
18:00~19:00	35.0	0.1	18.0	22.8	9.6	14.5
19:00~20:00	34.5	0.0	15.3	19.3	16.2	14.7
20:00~21:00	29.1	0.0	11.6	16.3	28.6	14.4
21:00~22:00	33.1	0.1	14.6	8.7	27.7	15.8
22:00~23:00	27.5	0.1	16.0	7.9	29.4	19.1
23:00~24:00	27.4	0.0	13.9	5.9	30.8	22.0
24:00~25:00	28.0	0.1	13.6	6.5	32.1	19.7
25:00~26:00	26.5	0.2	18.6	1.6	35.3	17.8

表 3.35.4 2019 年大连市场收视份额排名前十位的频道

名次	频道名称	收视份额(%)
1	中央台四套	4.9
2	中央台六套	4.4
3	大连广播电视台新闻综合频道	4.2
4	中央台八套	4.1
5	中央台五套	3.7
6	中央台三套	3.6
6	辽宁广播电视台影视剧频道	3.6
8	江苏卫视	3.0
9	浙江卫视	2.8
10	中央电视台综合频道	2.7

表 3. 35. 5　2019 年大连市场各主要频道的观众构成(%)

目标观众		所有频道	主要频道				
			中央台四套	中央台六套	大连广播电视台新闻综合频道	中央台八套	中央台五套
4 岁及以上所有人		100. 0	100. 0	100. 0	100. 0	100. 0	100. 0
性别	男	52. 3	64. 8	58. 5	50. 6	50. 0	61. 5
	女	47. 7	35. 2	41. 5	49. 4	50. 0	38. 5
年龄	4～14 岁	4. 9	1. 0	4. 7	2. 6	3. 1	1. 9
	15～24 岁	5. 4	6. 6	8. 1	6. 8	4. 8	6. 1
	25～34 岁	11. 3	4. 2	13. 7	6. 0	4. 6	7. 7
	35～44 岁	10. 5	5. 7	13. 1	9. 1	10. 1	12. 1
	45～54 岁	22. 6	14. 3	26. 8	18. 1	25. 0	20. 3
	55～64 岁	22. 5	34. 3	16. 1	26. 0	20. 1	29. 4
	65 岁及以上	22. 8	33. 9	17. 5	31. 4	32. 3	22. 5
教育程度	未受过正规教育	4. 1	1. 4	6. 0	3. 1	4. 8	2. 1
	小学	11. 6	11. 6	10. 5	11. 1	14. 0	5. 9
	初中	41. 0	48. 8	44. 1	41. 8	46. 2	40. 5
	高中	25. 8	26. 7	22. 7	31. 4	24. 8	27. 8
	大学及以上	17. 5	11. 5	16. 7	12. 6	10. 2	23. 7
职业类别	干部/管理人员	0. 9	0. 2	2. 0	0. 6	0. 2	1. 5
	个体/私营企业人员	11. 8	5. 8	13. 9	7. 2	9. 6	8. 9
	初级公务员/雇员	10. 1	8. 3	7. 9	4. 9	8. 4	10. 9
	工人	17. 4	9. 8	19. 8	17. 1	12. 3	14. 2
	学生	4. 5	2. 5	6. 3	4. 3	2. 8	3. 1
	无业	52. 5	70. 9	45. 1	62. 1	56. 1	59. 7
	其他	2. 8	2. 5	5. 0	3. 8	10. 6	1. 7
个人月收入	0～600 元	20. 0	13. 5	21. 6	17. 9	23. 5	18. 7
	601～1200 元	4. 0	2. 5	6. 0	7. 1	2. 7	1. 8
	1201～1700 元	5. 0	7. 7	3. 9	3. 1	14. 2	3. 4
	1701～2600 元	26. 7	28. 7	25. 2	24. 7	23. 9	27. 1
	2601～3500 元	21. 4	25. 7	18. 6	25. 7	20. 8	27. 6
	3501～5000 元	15. 9	15. 5	14. 5	16. 0	11. 2	13. 9
	5001 元及以上	7. 0	6. 4	10. 2	5. 5	3. 7	7. 5

表 3.35.6　2017~2019 年大连市场各类节目的播出比重(%)和收视比重(%)

节目类型	2017 年		2018 年		2019 年	
	播出比重	收视比重	播出比重	收视比重	播出比重	收视比重
财经	1.4	0.5	1.3	0.4	1.3	0.5
电视剧	21.9	29.3	21.5	28.6	21.7	29.5
电影	3.8	4.2	3.9	5.5	3.6	5.8
法制	1.2	3.7	1.2	2.5	1.1	1.9
教学	0.2	0.0	0.2	0.0	0.3	0.0
青少	7.4	4.3	7.1	4.7	7.3	3.6
生活服务	8.9	6.6	9.4	6.3	8.5	5.5
体育	3.9	4.0	4.0	6.2	4.2	5.7
外语	0.1	0.0	0.1	0.0	0.1	0.0
戏剧	0.7	0.2	0.7	0.2	0.8	0.2
新闻/时事	14.5	14.0	15.1	12.9	15.4	13.4
音乐	1.3	1.0	1.3	1.0	1.6	1.0
专题	14.0	6.7	13.4	6.3	13.3	5.6
综艺	8.9	14.5	8.8	13.7	8.0	16.0
其他	11.8	11.0	12.0	11.7	12.8	11.3

表 3.35.7　2019 年大连市场所有节目收视率排名前三十位

名次	节目名称	节目类型	播出频道	平均收视率(%)	平均占有率(%)
1	2019 辽宁卫视春节联欢晚会	综艺	辽宁卫视	10.8	39.2
2	万科之夜元宵节音乐烟花晚会	综艺	大连广播电视台新闻综合频道	9.3	24.2
3	庆祝中华人民共和国成立 70 周年联欢活动	综艺	中央电视台综合频道	8.9	26.8
4	2019 中央广播电视总台春节联欢晚会	综艺	中央台三套	8.6	19.8
5	庆祝中华人民共和国成立 70 周年大会阅兵式群众游行特别报道	新闻/时事	中央电视台综合频道	8.3	26.6
6	人民欢歌庆祝中华人民共和国成立 70 周年联欢活动特别报道	新闻/时事	中央电视台综合频道	6.3	26.0
7	直播周末:2019 年中国足协超级联赛第 3 轮(大连一方 VS 广州恒大淘宝)	体育	中央台五套	5.8	27.1
8	中国梦之声我们的歌(12 月 1 日)	综艺	上海东方卫视	5.7	23.0
9	开学第一课	青少	中央电视台综合频道	5.6	17.8

续表

名次	节目名称	节目类型	播出频道	平均收视率（%）	平均占有率（%）
10	超级足球之夜:国际足联 2022 年世界杯亚洲区预选赛第 2 阶段 A 组第 4 轮（菲律宾 VS 中国）	体育	中央台五套	5.3	19.3
11	空降利刃	电视剧	江苏卫视	5.3	17.3
12	新春喜剧之夜	综艺	中央台三套	5.3	15.6
13	新春曲艺大联欢	综艺	中央台三套	5.3	14.7
14	2019 年亚洲杯小组赛 C 组第二轮（菲律宾 VS 中国）	体育	中央台五套	5.2	27.4
15	向伟大复兴前进	新闻/时事	中央电视台综合频道	4.9	24.2
16	现场直播:2019 年国际泳联世锦赛女子 1500 米自由泳决赛	体育	中央台五套	4.7	19.0
17	光荣时代	电视剧	江苏卫视	4.7	15.4
18	中国好声音（8 月 9 日）	综艺	浙江卫视	4.4	21.0
19	2019 年世界乒乓球锦标赛男单决赛	体育	中央台五套	4.2	12.7
20	现场直播:2019 年女排世界杯第五轮（日本 VS 中国）	体育	中央台五套	4.1	17.0
21	归鸿	电视剧	江苏卫视	4.1	14.6
22	现场直播:2019 年亚洲冠军联赛 1/8 决赛首回合（广州恒大 VS 山东鲁能泰山）	体育	中央台五套	4.1	14.3
22	第七届世界军人运动会报道:第七届军运会田径女子 4×100 米接力决赛	体育	中央台五套	3.8	16.3
24	新闻锋线	新闻/时事	大连广播电视台新闻综合频道	3.7	17.6
25	2019 年女足世界杯小组赛 B 组第一轮（德国 VS 中国）	体育	中央台五套	3.7	15.2
26	越战越勇（2 月 7 日）	综艺	中央台三套	3.7	10.9
27	欢乐喜剧人（1 月 20 日）	综艺	上海东方卫视	3.6	13.5
28	喜气洋洋闹元宵（2 月 19 日）	综艺	中央台三套	3.5	16.9
29	我要上春晚 CCTV2018（1 月 12 日）	综艺	中央台三套	3.5	9.8
30	天气预报	生活服务	大连广播电视台新闻综合频道	3.4	13.6

表 3.35.8　2019 年大连市场电视剧收视率排名前十位

名次	节目名称	播出频道	平均收视率(%)	平均占有率(%)
1	空降利刃	江苏卫视	5.3	17.3
2	光荣时代	江苏卫视	4.7	15.4
3	归鸿	江苏卫视	4.1	14.6
4	第二次也很美	上海东方卫视	3.1	9.9
5	冰锋	辽宁广播电视台影视剧频道	2.6	9.7
5	红颜利箭	辽宁广播电视台影视剧频道	2.6	9.6
7	绝密底牌	辽宁广播电视台影视剧频道	2.3	9.0
8	绝地营救	辽宁广播电视台影视剧频道	2.3	8.7
9	飞燕奇侠	辽宁广播电视台影视剧频道	2.3	7.9
10	忠者无敌	大连广播电视台新闻综合频道	2.3	7.8

表 3.35.9　2019 年大连市场新闻节目收视率排名前十位

名次	节目名称	播出频道	平均收视率(%)	平均占有率(%)
1	庆祝中华人民共和国成立 70 周年大会阅兵式群众游行特别报道	中央电视台综合频道	8.3	26.6
2	人民欢歌庆祝中华人民共和国成立 70 周年联欢活动特别报道	中央电视台综合频道	6.3	26.0
3	向伟大复兴前进	中央电视台综合频道	4.9	24.2
4	新闻锋线	大连广播电视台新闻综合频道	3.7	17.6
5	直击利奇马	大连广播电视台新闻综合频道	2.6	11.0
6	转播中央台新闻联播	大连广播电视台新闻综合频道	2.4	8.8
7	新闻公众号	大连广播电视台新闻综合频道	2.2	12.5
8	辽宁新闻	大连广播电视台新闻综合频道	2.2	9.4
9	新闻联播(10 月 1 日)	中央台四套	2.1	7.0
10	庆祝中华人民共和国成立 70 周年特别节目走向复兴	中央电视台综合频道	1.8	5.5

表 3.35.10　2019 年大连市场专题节目收视率排名前十位

名次	节目名称	播出频道	平均收视率（%）	平均占有率（%）
1	纸短情长家国梦	大连广播电视台新闻综合频道	2.7	14.0
2	有阳光真好	大连广播电视台新闻综合频道	2.5	9.3
3	较量抗美援朝战争实录	中央台六套	2.4	7.7
4	中国诗词大会第四季(2 月 5 日)	中央电视台综合频道	2.4	7.3
5	一年又一年	中央电视台综合频道	2.3	8.1
6	冰血长津湖	中央台六套	1.8	5.5
7	最美大连行第五季	大连广播电视台新闻综合频道	1.7	6.8
8	光阴大连	大连广播电视台新闻综合频道	1.6	7.6
9	红色通缉	中央电视台综合频道	1.6	4.5
10	新疆的反恐去极端化斗争	中央台四套	1.4	5.8

表 3.35.11　2019 年大连市场综艺节目收视率排名前十位

名次	节目名称	播出频道	平均收视率（%）	平均占有率（%）
1	2019 辽宁卫视春节联欢晚会	辽宁卫视	10.8	39.2
2	元宵节音乐烟花晚会	大连广播电视台新闻综合频道	9.3	24.2
3	庆祝中华人民共和国成立 70 周年联欢活动	中央电视台综合频道	8.9	26.8
4	2019 中央广播电视总台春节联欢晚会	中央台三套	8.6	19.8
5	中国梦之声我们的歌(12 月 1 日)	上海东方卫视	5.7	23.0
6	新春喜剧之夜	中央台三套	5.3	15.6
7	新春曲艺大联欢	中央台三套	5.3	14.7
8	中国好声音(8 月 9 日)	浙江卫视	4.4	21.0
9	越战越勇(2 月 7 日)	中央台三套	3.7	10.9
10	欢乐喜剧人(1 月 20 日)	上海东方卫视	3.6	13.5

表 3.35.12　2019 年大连市场体育节目收视率排名前十位

名次	节目名称	播出频道	平均收视率（%）	平均占有率（%）
1	直播周末:2019 年中国足协超级联赛第 3 轮(大连一方 VS 广州恒大淘宝)	中央台五套	5.8	27.1
2	超级足球之夜:国际足联 2022 年世界杯亚洲区预选赛第 2 阶段 A 组第 4 轮(菲律宾 VS 中国)	中央台五套	5.3	19.3
3	2019 年亚洲杯小组赛 C 组第二轮(菲律宾 VS 中国)	中央台五套	5.2	27.4
4	现场直播:2019 年国际泳联世锦赛女子 1500 米自由泳决赛	中央台五套	4.7	19.0
5	2019 年世界乒乓球锦标赛男单决赛	中央台五套	4.2	12.7
6	现场直播:2019 年女排世界杯第五轮(日本 VS 中国)	中央台五套	4.1	17.0
7	现场直播:2019 年亚洲冠军联赛 1/8 决赛首回合(广州恒大 VS 山东鲁能泰山)	中央台五套	4.1	14.3
8	第七届世界军人运动会报道:第七届军运会田径女子 4×100 米接力决赛	中央台五套	3.8	16.3
9	2019 年女足世界杯小组赛 B 组第一轮(德国 VS 中国)	中央台五套	3.7	15.2
10	现场直播:2019 年世界女排联赛中国江门站(中国 VS 美国)	中央台五套	3.4	11.2

三十六、福州收视数据

表 3.36.1　2015~2019 年福州市场各类频道的市场占有率(%)

频道类别	年份				
	2015 年	2016 年	2017 年	2018 年	2019 年
中央广播电视总台	30.6	32.7	34.6	34.9	29.2
中国教育台频道	0.1	0.0	0.1	0.1	0.1
福建省级频道	13.0	12.2	10.1	10.5	11.0
福州市级频道	12.4	11.8	9.7	7.0	6.8
其他省级卫视频道	32.6	32.6	31.1	28.6	31.0
其他频道	11.3	10.6	14.5	18.9	21.9

表 3.36.2　2019 年福州市场各类频道在不同目标观众中的市场占有率(%)

目标观众		中央广播电视总台	中国教育台频道	福建省级频道	福州市级频道	其他省级卫视频道	其他频道
4 岁及以上所有人		29.2	0.1	11.0	6.8	31.0	21.9
性别	男	32.8	0.1	10.7	6.7	28.6	21.1
	女	25.7	0.1	11.4	6.8	33.3	22.7
年龄	4~14 岁	15.6	0.0	10.1	4.0	38.0	32.3
	15~24 岁	32.5	0.0	8.8	3.5	36.4	18.8
	25~34 岁	17.1	0.1	10.9	6.8	33.7	31.4
	35~44 岁	23.6	0.1	8.0	3.9	40.5	23.9
	45~54 岁	27.9	0.1	12.8	6.4	32.7	20.1
	55~64 岁	29.8	0.1	13.4	10.1	27.5	19.1
	65 岁及以上	39.5	0.1	11.1	7.8	23.2	18.3
教育程度	未受过正规教育	18.3	0.1	10.5	8.6	33.0	29.5
	小学	27.7	0.1	12.6	9.1	30.2	20.3
	初中	30.3	0.1	13.1	8.5	29.4	18.6
	高中	30.9	0.1	10.8	5.2	32.9	20.1
	大学及以上	29.3	0.1	7.9	4.4	30.7	27.6
职业类别	干部/管理人员	27.0	0.1	5.5	1.4	42.4	23.6
	个体/私营企业人员	22.7	0.1	10.6	6.4	41.6	18.6
	初级公务员/雇员	24.0	0.1	9.6	5.9	33.8	26.6
	工人	33.5	0.0	14.8	11.5	23.6	16.6
	学生	29.4	0.0	9.5	3.8	37.8	19.5
	无业	32.9	0.1	11.8	7.6	25.8	21.8
	其他	*	*	*	*	*	*
个人月收入	0~600 元	25.0	0.0	11.5	6.1	33.7	23.7
	601~1200 元	39.3	0.0	12.6	11.1	25.8	11.2
	1201~1700 元	28.4	0.1	14.4	10.1	20.3	26.7
	1701~2600 元	30.9	0.1	11.6	8.8	28.6	20.0
	2601~3500 元	34.4	0.2	14.0	6.1	29.8	15.5
	3501~5000 元	27.0	0.0	8.0	6.0	33.5	25.5
	5001 元及以上	26.6	0.1	6.8	5.1	32.1	29.3

注：* 表示目标观众样本量不足，无法进行统计推断。

表 3. 36. 3　2019 年福州市场各类频道在不同时段的市场占有率(%)

时间段	中央广播电视总台	中国教育台频道	福建省级频道	神州市级频道	其他省级卫视频道	其他频道
02:00~03:00	24. 8	0. 1	22. 5	7. 1	25. 8	19. 7
03:00~04:00	25. 6	0. 0	24. 4	8. 6	22. 5	18. 9
04:00~05:00	21. 8	0. 0	15. 0	9. 4	17. 0	36. 8
05:00~06:00	26. 0	0. 1	17. 1	9. 2	14. 2	33. 4
06:00~07:00	43. 5	0. 1	10. 9	8. 9	12. 6	24. 0
07:00~08:00	49. 0	0. 2	8. 2	6. 9	12. 6	23. 1
08:00~09:00	41. 5	0. 1	8. 2	6. 6	19. 8	23. 8
09:00~10:00	31. 1	0. 1	8. 5	7. 0	27. 9	25. 4
10:00~11:00	28. 3	0. 1	8. 0	7. 2	30. 0	26. 4
11:00~12:00	32. 2	0. 1	9. 3	4. 8	28. 8	24. 8
12:00~13:00	35. 7	0. 0	5. 7	5. 4	29. 7	23. 5
13:00~14:00	29. 3	0. 1	5. 3	5. 0	34. 1	26. 2
14:00~15:00	26. 2	0. 2	6. 5	3. 5	37. 7	25. 9
15:00~16:00	25. 9	0. 2	6. 8	3. 4	38. 5	25. 2
16:00~17:00	28. 1	0. 1	7. 1	3. 7	35. 6	25. 4
17:00~18:00	30. 9	0. 1	8. 8	5. 8	29. 1	25. 3
18:00~19:00	31. 0	0. 0	18. 7	12. 5	12. 9	24. 9
19:00~20:00	30. 0	0. 0	16. 8	8. 1	25. 5	19. 6
20:00~21:00	25. 6	0. 0	11. 0	7. 0	39. 4	17. 0
21:00~22:00	27. 6	0. 0	11. 4	8. 0	35. 6	17. 4
22:00~23:00	25. 9	0. 0	10. 2	4. 9	39. 6	19. 4
23:00~24:00	25. 0	0. 0	11. 0	5. 6	37. 6	20. 8
24:00~25:00	26. 5	0. 0	14. 3	5. 9	30. 2	23. 1
25:00~26:00	25. 0	0. 1	18. 2	6. 7	27. 5	22. 5

表 3. 36. 4　2019 年福州市场收视份额排名前十位的频道

名次	频道名称	收视份额(%)
1	中央电视台综合频道	5. 0
2	中央台四套	4. 6
3	湖南卫视	4. 0
4	中央台八套	3. 5
5	福州电视台影视频道	3. 4
5	浙江卫视	3. 4
7	中央台三套	3. 3
8	中央台六套	3. 0
9	福建省广播影视集团综合频道	2. 9
10	天津卫视	2. 6

表 3.36.5　2019 年福州市场各主要频道的观众构成(%)

目标观众		所有频道	主要频道					
			中央电视台综合频道	中央台四套	湖南卫视	中央台八套	福州电视台影视频道	浙江卫视
4 岁及以上所有人		100.0	100.0	100.0	100.0	100.0	100.0	100.0
性别	男	49.1	51.2	68.3	35.3	45.0	47.9	41.3
	女	50.9	48.8	31.7	64.7	55.0	52.1	58.7
年龄	4~14 岁	6.9	3.6	1.8	6.6	3.0	2.6	9.6
	15~24 岁	6.8	4.1	9.9	9.2	6.8	3.0	11.0
	25~34 岁	10.9	7.1	4.6	10.0	5.6	9.2	15.7
	35~44 岁	14.8	8.3	11.8	28.6	6.8	9.3	25.2
	45~54 岁	14.4	12.3	11.4	13.5	18.5	15.7	14.5
	55~64 岁	17.4	17.5	16.1	13.3	18.3	32.7	10.7
	65 岁及以上	28.8	47.1	44.4	18.8	41.0	27.5	13.3
教育程度	未受过正规教育	4.9	2.5	1.0	3.2	7.1	4.9	3.0
	小学	18.1	16.6	9.5	22.6	23.9	25.4	14.7
	初中	26.1	25.2	27.1	15.7	28.5	32.9	18.0
	高中	27.5	23.2	36.6	34.4	25.9	26.1	32.2
	大学及以上	23.4	32.5	25.8	24.1	14.6	10.7	32.1
职业类别	干部/管理人员	1.1	1.1	0.7	1.3	0.5	0.1	2.0
	个体/私营企业人员	12.2	10.1	8.3	17.7	8.9	13.6	17.7
	初级公务员/雇员	21.7	12.9	17.9	28.0	11.3	19.2	33.6
	工人	3.0	3.1	1.4	1.7	8.8	6.3	1.8
	学生	9.4	5.5	10.9	12.6	8.9	3.4	16.7
	无业	52.6	67.3	60.8	38.7	61.7	57.5	28.2
	其他	*	*	*	*	*	*	*
个人月收入	0~600 元	24.7	18.4	18.9	27.6	22.7	21.5	26.7
	601~1200 元	3.4	4.9	1.8	1.5	6.9	6.9	0.3
	1201~1700 元	4.2	4.0	3.2	4.7	2.9	4.0	2.2
	1701~2600 元	16.7	19.2	17.9	17.9	24.4	21.3	11.7
	2601~3500 元	21.3	23.3	30.0	16.0	22.0	19.8	19.8
	3501~5000 元	18.4	17.3	17.2	18.7	12.9	16.3	22.8
	5001 元及以上	11.3	12.9	11.0	13.6	8.2	10.2	16.5

注:* 表示目标观众样本量不足,无法进行统计推断。

表 3.36.6　2017~2019 年福州市场各类节目的播出比重(%)和收视比重(%)

节目类型	2017 年		2018 年		2019 年	
	播出比重	收视比重	播出比重	收视比重	播出比重	收视比重
财经	1.2	0.6	1.3	0.8	1.3	0.8
电视剧	21.3	31.1	21.0	29.9	21.2	32.8
电影	4.4	4.5	4.1	5.0	3.4	3.9
法制	0.9	0.5	0.9	0.7	0.9	0.8
教学	0.2	0.0	0.3	0.0	0.4	0.0
青少	7.5	4.7	7.6	4.7	8.4	3.7
生活服务	7.8	6.7	8.1	6.4	7.6	6.9
体育	3.8	1.7	3.9	3.2	4.3	2.4
外语	0.1	0.0	0.1	0.0	0.1	0.0
戏剧	0.8	0.3	0.7	0.2	0.8	0.2
新闻/时事	15.0	13.7	15.6	13.7	15.7	15.1
音乐	1.5	1.0	1.6	1.3	2.0	1.3
专题	14.9	8.6	14.7	8.9	14.7	9.1
综艺	7.8	13.5	7.7	12.9	6.8	11.6
其他	13.0	13.1	12.4	12.3	12.4	11.4

表 3.36.7　2019 年福州市场所有节目收视率排名前三十位

名次	节目名称	节目类型	播出频道	平均收视率(%)	平均占有率(%)
1	庆祝中华人民共和国成立 70 周年大会阅兵式群众游行特别报道	新闻/时事	中央电视台综合频道	6.9	24.8
2	2019 中央广播电视总台春节联欢晚会	综艺	中央台三套	5.4	19.8
3	庆祝中华人民共和国成立 70 周年联欢活动	综艺	中央电视台综合频道	5.2	25.6
4	开学第一课	青少	中央电视台综合频道	5.0	21.8
5	福建省庆祝中华人民共和国成立 70 周年焰火晚会	综艺	东南卫视	3.6	16.1
6	2020 跨年演唱会用奋斗点亮幸福	音乐	江苏卫视	3.5	18.9
7	向伟大复兴前进	新闻/时事	中央电视台综合频道	3.1	23.8
8	2019 年中央广播电视总台中秋晚会	综艺	中央电视台综合频道	3.1	12.8
9	快乐中国 20192020 跨年演唱会	音乐	湖南卫视	3.0	18.1
10	人民欢歌庆祝中华人民共和国成立 70 周年联欢活动特别报道	新闻/时事	中央电视台综合频道	2.9	21.3
11	中国好声音(8 月 9 日)	综艺	浙江卫视	2.9	19.4
12	喜气洋洋闹元宵	综艺	中央电视台综合频道	2.6	13.0

续表

名次	节目名称	节目类型	播出频道	平均收视率(%)	平均占有率(%)
13	新春喜剧之夜	综艺	中央台三套	2.6	12.8
14	喜到福到好运到2019年春晚倒计时	综艺	中央台三套	2.5	14.3
15	大明风华(1~24集)	电视剧	湖南卫视	2.4	13.6
16	庆祝中华人民共和国成立70周年特别节目走向复兴	新闻/时事	中央电视台综合频道	2.4	11.2
17	亲爱的热爱的	电视剧	浙江卫视	2.3	11.7
18	流淌的美好时光	电视剧	湖南卫视	2.2	11.4
19	在远方	电视剧	浙江卫视	2.1	11.2
20	战狼二(3月16日)	电影	中央台六套	2.1	10.4
21	调解有一套	专题	福建省广播影视集团综合频道	2.0	13.0
22	侠义金枪客(12月7日)	电影	中央台六套	2.0	11.6
22	奋斗吧中华儿女音乐舞蹈史诗	综艺	中央电视台综合频道	2.0	11.6
24	红色通缉	专题	中央电视台综合频道	2.0	10.3
25	2019苏宁易购1111嗨爆夜	综艺	湖南卫视	1.9	13.6
26	带着爸爸去留学	电视剧	浙江卫视	1.9	10.0
27	中国诗词大会第四季(2月9日)	专题	中央电视台综合频道	1.8	8.8
28	直击台风利奇马	新闻/时事	浙江卫视	1.8	8.2
29	奔腾年代	电视剧	浙江卫视	1.7	9.0
30	妈妈咪呀6(2月23日)	综艺	上海东方卫视	1.6	13.1

表3.36.8 2019年福州市场电视剧收视率排名前十位

名次	节目名称	播出频道	平均收视率(%)	平均占有率(%)
1	大明风华(1~24集)	湖南卫视	2.4	13.6
2	亲爱的热爱的	浙江卫视	2.3	11.7
3	流淌的美好时光	湖南卫视	2.2	11.4
4	在远方	浙江卫视	2.1	11.2
5	带着爸爸去留学	浙江卫视	1.9	9.9
6	奔腾年代	浙江卫视	1.7	9.0
7	换了人间	中央台四套	1.6	12.7
8	筑梦情缘	湖南卫视	1.6	8.5
9	加油你是最棒的	湖南卫视	1.6	8.2
10	千金女匪	福建省广播影视集团电视剧频道	1.5	8.7

表 3.36.9　2019 年福州市场新闻节目收视率排名前十位

名次	节目名称	播出频道	平均收视率（%）	平均占有率（%）
1	庆祝中华人民共和国成立 70 周年大会阅兵式群众游行特别报道	中央电视台综合频道	6.9	24.8
2	向伟大复兴前进	中央电视台综合频道	3.1	23.8
3	人民欢歌庆祝中华人民共和国成立 70 周年联欢活动特别报道	中央电视台综合频道	2.9	21.3
4	庆祝中华人民共和国成立 70 周年特别节目走向复兴	中央电视台综合频道	2.4	11.2
5	直击台风利奇马	浙江卫视	1.8	8.2
6	2019 年中国北京世界园艺博览会开幕式特别报道	北京卫视	1.4	7.1
7	春节传奇中国节	中央台四套	1.3	7.2
8	海峡两岸	中央台四套	1.3	6.7
9	上海市人民政府记者招待会	上海东方卫视	1.1	7.6
10	习近平总书记视察江西特别报道	江西卫视	1.1	7.0

表 3.36.10　2019 年福州市场专题节目收视率排名前十位

名次	节目名称	播出频道	平均收视率（%）	平均占有率（%）
1	调解有一套	福建省广播影视集团综合频道	2.0	13.0
2	红色通缉	中央电视台综合频道	2.0	10.3
3	中国诗词大会第四季(2 月 9 日)	中央电视台综合频道	1.8	8.8
4	第一帮帮团	福建省广播影视集团综合频道	1.5	11.6
5	中央电视台特别节目共同开创中朝两党两国关系的美好未来	中央电视台综合频道	1.4	8.0
6	一年又一年	中央电视台综合频道	1.3	7.4
7	一抓到底正风纪秦岭违建整治始末	中央电视台新闻频道	1.2	8.1
8	等闲识得东风面 2019 年习近平主席访问欧洲三国纪行	中央电视台综合频道	1.2	6.6
9	思想的田野	浙江卫视	1.1	6.7
10	中华人民共和国中央人民政府成立典礼原始影像	中央电视台综合频道	1.1	6.6

表 3.36.11　2019 年福州市场综艺节目收视率排名前十位

名次	节目名称	播出频道	平均收视率（%）	平均占有率（%）
1	2019 中央广播电视总台春节联欢晚会	中央台三套	5.4	19.8
2	庆祝中华人民共和国成立 70 周年联欢活动	中央电视台综合频道	5.2	25.6
3	福建省庆祝中华人民共和国成立 70 周年焰火晚会	东南卫视	3.6	16.1
4	2019 年中央广播电视总台中秋晚会	中央电视台综合频道	3.1	12.8
5	中国好声音(8 月 9 日)	浙江卫视	2.9	19.4
6	喜气洋洋闹元宵	中央电视台综合频道	2.6	13.0
7	新春喜剧之夜	中央台三套	2.6	12.8
8	喜到福到好运到 2019 年春晚倒计时	中央台三套	2.5	14.3
9	奋斗吧中华儿女音乐舞蹈史诗	中央电视台综合频道	2.0	11.6
10	2019 苏宁易购 1111 嗨爆夜	湖南卫视	1.9	13.6

表 3.36.12　2019 年福州市场体育节目收视率排名前十位(世界杯、亚运会、亚残运会、冬奥会比赛除外)

名次	节目名称	播出频道	平均收视率（%）	平均占有率（%）
1	第七届世界军人运动会报道:第七届军运会游泳比赛女 4×100 米混合泳接力决赛	中央台五套	1.7	8.6
2	直播周末:2019 年世界乒乓球锦标赛女单决赛	中央台五套	1.4	8.4
3	现场直播:2019 年国际泳联世锦赛女子 200 米蛙泳半决赛	中央台五套	1.4	6.9
4	直播周末:2019 年国际乒联职业巡回赛总决赛女单半决赛	中央台五套	1.3	7.2
5	第七届世界军人运动会报道:第七届军运会女排决赛(中国 VS 巴西)	中央台五套	1.3	7.0
6	现场直播:2019 年世界女排联赛总决赛小组赛 A 组(中国 VS 意大利)	中央台五套	1.3	6.9
7	直播周末:2019 年女排世界杯颁奖仪式	中央台五套	1.3	6.5
8	第七届世界军人运动会开幕式	中央台五套	1.2	6.7
9	第七届世界军人运动会闭幕式	中央台五套	1.2	6.4
10	第七届世界军人运动会报道:第七届军运会柔道女子 48 公斤级决赛	中央台五套	1.1	9.8

三十七、广州收视数据

表 3.37.1　2015~2019 年广州市场各类频道的市场占有率(%)

频道类别	年份				
	2015 年	2016 年	2017 年	2018 年	2019 年
中央广播电视总台	14.3	15.3	16.1	14.8	14.5
中国教育台频道	0.1	0.1	0.1	0.1	0.1
广东广播电视台	34.4	34.4	34.1	32.8	27.8
广州台频道	18.6	15.7	13.0	11.4	11.0
其他省级卫视频道	13.7	14.5	14.1	15.6	14.9
境外频道	9.2	8.7	7.9	7.1	8.1
其他频道	9.7	11.3	14.7	18.2	23.6

表 3.37.2　2019 年广州市场各类频道在各目标观众中的市场占有率(%)

目标观众		中央广播电视总台	中国教育台频道	广东广播电视台频道	广州台频道	其他省级卫视频道	境外频道	其他频道
4 岁及以上所有人		14.5	0.1	27.8	11.0	14.9	8.1	23.6
性别	男	15.8	0.1	26.1	10.7	14.7	8.0	24.6
	女	13.2	0.1	29.3	11.3	15.1	8.2	22.8
年龄	4~14 岁	10.5	0.0	27.4	5.3	19.5	2.3	35.0
	15~24 岁	12.4	0.1	25.0	11.5	15.0	8.7	27.3
	25~34 岁	10.4	0.1	25.2	11.0	12.9	9.8	30.6
	35~44 岁	14.5	0.1	23.2	7.6	18.2	6.0	30.4
	45~54 岁	16.4	0.0	27.4	13.4	15.1	7.4	20.3
	55~64 岁	15.6	0.1	33.1	13.5	12.8	10.1	14.8
	65 岁及以上	18.6	0.1	30.6	11.1	14.4	9.1	16.1
教育程度	未受过正规教育	10.0	0.1	37.6	9.2	19.2	2.3	21.6
	小学	13.8	0.1	33.2	10.4	15.3	3.8	23.4
	初中	15.6	0.1	32.3	12.4	14.8	6.9	17.9
	高中	14.8	0.1	23.7	9.9	14.6	9.8	27.1
	大学及以上	14.0	0.1	21.9	11.6	14.4	11.5	26.5
职业类别	干部/管理人员	18.7	0.1	20.8	5.1	11.0	8.7	35.6
	个体/私营企业人员	16.2	0.1	25.6	7.7	15.6	7.6	27.2
	初级公务员/雇员	13.5	0.1	22.8	12.5	16.3	9.5	25.3
	工人	12.8	0.1	30.5	12.9	14.4	5.3	24.0
	学生	12.3	0.1	22.1	6.9	16.1	4.7	37.8
	无业	15.5	0.1	29.7	11.4	14.8	9.8	18.7
	其他	3.7	0.3	59.8	17.6	6.9	1.9	9.8
个人月收入	0~600 元	11.9	0.1	28.1	8.2	16.0	6.6	29.1
	601~1200 元	10.6	0.1	41.6	9.2	14.8	6.8	16.9
	1201~1700 元	8.6	0.0	31.6	21.6	9.9	2.0	26.3
	1701~2600 元	15.6	0.1	33.8	15.1	15.3	8.6	11.5
	2601~3500 元	13.8	0.1	28.0	13.7	13.3	9.5	21.6
	3501~5000 元	16.4	0.0	24.9	10.7	16.0	9.1	22.9
	5001 元及以上	17.8	0.1	21.4	6.7	14.6	7.3	32.1

表 3.37.3 2019 年广州市场各类频道在不同时段的市场占有率(%)

时间段	中央广播电视总台	中国教育台频道	广东广播电视台频道	广州台频道	其他省级卫视频道	境外频道	其他频道
02:00~03:00	13.3	0.2	12.9	3.1	17.3	8.0	45.2
03:00~04:00	16.9	0.2	13.4	3.0	17.3	4.7	44.5
04:00~05:00	21.5	0.2	27.6	3.0	15.7	2.7	29.3
05:00~06:00	16.4	0.2	30.7	5.2	22.1	4.5	20.9
06:00~07:00	16.1	0.2	24.9	9.9	12.7	8.6	27.6
07:00~08:00	19.3	0.1	22.5	14.0	11.2	11.1	21.8
08:00~09:00	21.6	0.0	20.1	11.2	12.9	11.7	22.5
09:00~10:00	22.0	0.2	19.6	5.7	20.9	3.9	27.7
10:00~11:00	19.0	0.2	17.8	6.2	22.3	4.4	30.1
11:00~12:00	18.7	0.1	19.7	6.4	20.4	5.1	29.6
12:00~13:00	16.5	0.1	24.7	7.7	17.2	7.4	26.4
13:00~14:00	14.3	0.1	23.8	8.7	18.4	7.6	27.1
14:00~15:00	15.6	0.3	19.2	6.8	22.3	5.5	30.3
15:00~16:00	15.2	0.3	21.2	6.1	22.9	4.1	30.2
16:00~17:00	16.0	0.3	23.3	4.8	22.6	3.2	29.8
17:00~18:00	16.5	0.1	23.6	8.6	18.3	3.5	29.4
18:00~19:00	12.1	0.0	35.1	17.8	8.6	5.5	20.9
19:00~20:00	12.8	0.0	39.9	16.4	9.2	4.5	17.2
20:00~21:00	12.6	0.0	36.7	12.0	13.4	7.3	18.0
21:00~22:00	13.1	0.1	29.6	11.1	12.9	12.8	20.4
22:00~23:00	13.1	0.1	19.8	12.3	14.5	15.8	24.4
23:00~24:00	15.0	0.0	20.1	9.0	17.2	12.2	26.5
24:00~25:00	14.2	0.0	16.1	10.8	15.7	12.2	31.0
25:00~26:00	12.6	0.1	13.1	3.1	19.3	13.0	38.8

表 3.37.4 2019 年广州市场收视份额排名前十位的频道

名次	频道名称	收视份额(%)
1	广东广播电视台珠江频道	8.6
2	广州市广播电视台综合频道	4.0
3	广州市广播电视台影视频道	3.7
3	广东广播电视台南方卫视	3.7
5	广东广播电视台影视频道	3.0
5	广东广播电视台公共频道	3.0
7	市网翡翠台(中文)	2.8
8	省网翡翠台(中文)	2.6
9	广州市广播电视台新闻频道	2.3
10	中央电视台综合频道	2.2
10	广东广播电视台体育频道	2.2
10	湖南卫视	2.2

表 3.37.5 2019 年广州市场各主要频道的观众构成(%)

目标观众		所有频道	主要频道					
			广东广播电视台珠江频道	广州市广播电视台综合频道	广州市广播电视台影视频道	广东广播电视台南方卫视	广东广播电视台影视频道	广东广播电视台公共频道
4 岁及以上所有人		100.0	100.0	100.0	100.0	100.0	100.0	100.0
性别	男	47.8	41.8	48.9	46.1	41.8	51.9	39.1
	女	52.2	58.2	51.1	53.9	58.2	48.1	60.9
年龄	4~14 岁	8.1	5.6	2.4	4.0	4.6	6.2	3.6
	15~24 岁	7.6	6.6	7.2	9.5	7.8	5.8	8.3
	25~34 岁	18.4	17.9	10.7	26.4	14.7	12.0	18.4
	35~44 岁	13.6	12.3	11.5	4.6	10.0	11.0	9.9
	45~54 岁	19.2	17.8	23.5	29.9	18.1	19.1	18.1
	55~64 岁	17.9	21.2	25.0	15.6	23.9	25.3	26.8
	65 岁及以上	15.2	18.6	19.7	10.0	20.9	20.6	14.9
教育程度	未受过正规教育	4.7	5.9	2.8	6.1	3.6	7.1	1.7
	小学	14.8	20.3	13.4	14.9	18.9	15.9	16.2
	初中	27.9	30.3	30.5	36.0	37.2	39.0	34.0
	高中	29.7	24.2	31.6	18.3	25.4	25.9	27.5
	大学及以上	22.9	19.3	21.7	24.7	14.9	12.1	20.6
职业类别	干部/管理人员	2.7	1.4	1.9	0.5	0.9	1.9	1.0
	个体/私营企业人员	11.2	10.0	7.2	6.3	8.3	9.4	9.4
	初级公务员/雇员	16.6	15.0	16.5	22.2	9.3	9.8	17.1
	工人	19.6	23.6	21.0	33.9	18.6	29.8	18.3
	学生	7.5	5.3	4.8	4.0	7.3	2.8	6.1
	无业	41.2	42.3	45.3	31.2	53.4	38.1	45.3
	其他	1.2	2.4	3.3	1.9	2.2	8.2	2.8
个人月收入	0~600 元	23.3	23.6	14.9	18.2	22.2	16.4	21.7
	601~1200 元	5.7	7.2	6.3	3.8	12.1	10.3	13.9
	1201~1700 元	1.1	0.8	0.2	6.3	1.7	2.6	1.3
	1701~2600 元	11.9	14.5	16.2	23.7	13.0	24.3	13.3
	2601~3500 元	21.1	24.4	26.7	27.2	23.4	20.2	19.7
	3501~5000 元	22.4	20.2	24.6	13.3	19.4	21.9	19.6
	5001 元及以上	14.5	9.3	11.1	7.5	8.2	4.3	10.5

表 3.37.6　2017~2019 年广州市场各类节目的播出比重(%)和收视比重(%)

节目类型	2017 年		2018 年		2019 年	
	播出比重	收视比重	播出比重	收视比重	播出比重	收视比重
财经	1.2	0.5	1.2	0.4	1.2	0.4
电视剧	21.0	30.6	21.6	31.9	21.4	30.1
电影	3.7	3.7	3.8	3.2	3.5	3.2
法制	1.1	0.6	1.0	0.4	1.0	0.5
教学	0.2	0.0	0.3	0.0	0.4	0.0
青少	7.1	4.6	7.1	5.9	7.5	5.5
生活服务	8.9	7.8	8.6	8.2	7.9	8.1
体育	4.5	4.0	4.6	6.0	5.3	6.1
外语	0.2	0.0	0.2	0.0	0.2	0.0
戏剧	0.7	0.0	0.6	0.0	0.7	0.1
新闻/时事	15.2	18.6	15.7	16.2	15.9	17.9
音乐	1.4	1.1	1.4	0.8	1.8	1.3
专题	13.7	6.3	13.4	5.5	13.6	5.7
综艺	7.8	7.2	7.6	7.3	6.6	7.5
其他	13.3	15.0	12.9	14.2	13.0	13.6

表 3.37.7　2019 年广州市场所有节目收视率排名前三十位

名次	节目名称	节目类型	播出频道	平均收视率(%)	平均占有率(%)
1	庆祝中华人民共和国成立 70 周年大会阅兵式群众游行特别报道	新闻/时事	中央电视台综合频道	13.3	34.0
2	开学第一课	青少	中央电视台综合频道	9.0	22.9
3	向伟大复兴前进	新闻/时事	中央电视台综合频道	6.6	30.2
4	现场直播:2019 年亚洲足联冠军联赛半决赛次回合(广州恒大 VS 浦和红宝石)	体育	中央台五套	6.3	18.8
5	超级周末:2019 年中国足球协会超级联赛第 23 轮(北京中赫国安 VS 广州恒大淘宝)	体育	广东广播电视台体育频道	5.5	17.8
6	超级足球之夜:国际足联 2022 年世界杯亚洲区预选赛第 2 阶段 A 组第 4 轮(菲律宾 VS 中国)	体育	中央台五套	5.5	16.5
7	庆祝中华人民共和国成立 70 周年联欢活动	综艺	中央电视台综合频道	5.3	16.2

续表

名次	节目名称	节目类型	播出频道	平均收视率(%)	平均占有率(%)
8	2019年中国足协杯第6轮(广州恒大淘宝VS上海上港)	体育	广东广播电视台体育频道	5.2	17.3
9	鸡毛飞上天(27~50集)	电视剧	广东广播电视台珠江频道	5.0	16.9
10	天气预报	生活服务	广东广播电视台珠江频道	4.8	19.8
11	女人的抉择	电视剧	广东广播电视台珠江频道	4.8	16.2
12	2019年亚洲杯小组赛C组第三轮(韩国VS中国)	体育	中央台五套	4.7	22.4
13	娘道	电视剧	广东广播电视台珠江频道	4.4	14.6
14	团圆	电视剧	广东广播电视台珠江频道	4.3	14.5
15	现场直播:2019年中国之队广州国际足球赛(中国VS塔吉克斯坦)	体育	中央台五套	4.2	13.6
16	烟花易冷	电视剧	广东广播电视台珠江频道	4.0	12.7
17	我们的千阙歌	电视剧	广东广播电视台珠江频道	3.8	13.4
18	幸福巧克力	电视剧	广东广播电视台珠江频道	3.8	13.3
19	珠江贺岁综艺剧2019花开南粤喜迎春2019珠江频道春节特别节目	综艺	广东广播电视台珠江频道	3.8	12.8
20	女人的颜色	电视剧	广东广播电视台珠江频道	3.8	12.5
21	2019/2020赛季中国男子职业篮球联赛常规赛第16轮(广东东莞银行VS浙江稠州银行)	体育	广东广播电视台体育频道	3.8	11.6
22	外来媳妇本地郎	电视剧	广东广播电视台珠江频道	3.7	13.0
23	楼外楼	电视剧	广东广播电视台珠江频道	3.6	11.8
24	美味奇缘	电视剧	广东广播电视台珠江频道	3.5	11.9
25	温暖的弦	电视剧	广东广播电视台珠江频道	3.5	11.4
26	北方有佳人(1~27集)	电视剧	广东广播电视台珠江频道	3.5	11.1
27	2018/2019赛季CBA常规赛第45轮(广东东莞银行VS辽宁本钢)	体育	广东广播电视台体育频道	3.5	10.3
28	珠江新闻眼	新闻/时事	广东广播电视台珠江频道	3.4	18.1
29	一粒红尘	电视剧	广东广播电视台珠江频道	3.4	11.1
30	快乐中国20192020跨年演唱会	音乐	湖南卫视	2.9	11.9

表 3.37.8 2019 年广州市场电视剧收视率排名前十位

名次	节目名称	播出频道	平均收视率(%)	平均占有率(%)
1	鸡毛飞上天(27~50 集)	广东广播电视台珠江频道	5.0	16.9
2	女人的抉择	广东广播电视台珠江频道	4.8	16.2
3	娘道	广东广播电视台珠江频道	4.4	14.6
4	团圆	广东广播电视台珠江频道	4.3	14.5
5	烟花易冷	广东广播电视台珠江频道	4.0	12.7
6	我们的千阙歌	广东广播电视台珠江频道	3.8	13.4
7	幸福巧克力	广东广播电视台珠江频道	3.8	13.3
8	女人的颜色	广东广播电视台珠江频道	3.8	12.5
9	外来媳妇本地郎	广东广播电视台珠江频道	3.7	13.0
10	楼外楼	广东广播电视台珠江频道	3.6	11.8

表 3.37.9 2019 年广州市场新闻节目收视率排名前十位

名次	节目名称	播出频道	平均收视率(%)	平均占有率(%)
1	庆祝中华人民共和国成立 70 周年大会阅兵式群众游行特别报道	中央电视台综合频道	13.3	34.0
2	向伟大复兴前进	中央电视台综合频道	6.6	30.2
3	珠江新闻眼	广东广播电视台珠江频道	3.4	18.1
4	今日关注	广东广播电视台珠江频道	2.8	9.3
5	广视新闻	广州市广播电视台综合频道	2.4	12.4
6	中国红家国情庆祝新中国成立 70 周年特别节目	广州市广播电视台综合频道	2.4	11.9
7	人民欢歌庆祝中华人民共和国成立 70 周年联欢活动特别报道	中央电视台综合频道	2.2	10.8
8	DV 现场	广东广播电视台公共频道	2.1	7.1
9	G4 出动	广州市广播电视台新闻频道	1.8	6.6
10	转播中央台新闻联播	广州市广播电视台综合频道	1.5	5.4

表 3.37.10　2019 年广州市场专题节目收视率排名前十位

名次	节目名称	播出频道	平均收视率（%）	平均占有率（%）
1	如果国宝会说话	广东广播电视台珠江频道	2.3	7.4
2	寻找阿 Lam 的那些年	省网翡翠台(中文)	1.9	7.8
3	广州智造湾区启航广州市推动制造业高质量发展掠影	广州市广播电视台综合频道	1.8	5.4
4	古兵器大揭秘(1 月 1 日)	广东广播电视台珠江频道	1.7	7.2
5	大匠	广东广播电视台珠江频道	1.6	6.4
6	老广的味道第三季	广东广播电视台公共频道	1.5	5.5
7	新春开运王	市网翡翠台(中文)	1.3	7.1
8	容祖儿 LOVE IN L. A.	省网翡翠台(中文)	1.3	4.7
9	妈妈唔易造	省网翡翠台(中文)	1.2	6.5
10	人间故事	广州市广播电视台影视频道	1.2	5.5

表 3.37.11　2019 年广州市场综艺节目收视率排名前十位

名次	节目名称	播出频道	平均收视率（%）	平均占有率（%）
1	庆祝中华人民共和国成立 70 周年联欢活动	中央电视台综合频道	5.3	16.2
2	珠江贺岁综艺剧 2019 花开南粤喜迎春 2019 珠江频道春节特别节目	广东广播电视台珠江频道	3.8	12.8
3	2019 中央广播电视总台春节联欢晚会	中央台三套	2.8	9.6
4	穿越古今闹中秋	广东广播电视台珠江频道	2.5	10.0
5	喜气洋洋闹元宵	中央电视台综合频道	2.3	7.9
6	珍惜香港发放娱乐 TVB52 年	市网翡翠台(中文)	2.2	7.1
7	广州市庆祝新中国 70 华诞焰火晚会	广州市广播电视台新闻频道	2.2	6.9
8	中国好声音(7 月 26 日)	浙江卫视	2.1	8.5
9	2019 粤语好声音(11 月 2 日)	广东广播电视台珠江频道	2.0	9.5
10	粤韵风华	广东广播电视台珠江频道	2.0	7.9

表 3. 37. 12　2019 年广州市场体育节目收视率排名前十位

名次	节目名称	播出频道	平均收视率（%）	平均占有率（%）
1	现场直播：2019 年亚洲足联冠军联赛半决赛次回合（广州恒大 VS 浦和红宝石）	中央台五套	6. 3	18. 8
2	超级周末：2019 年中国足球协会超级联赛第 23 轮（北京中赫国安 VS 广州恒大淘宝）	广东广播电视台体育频道	5. 5	17. 8
3	超级足球之夜：国际足联 2022 年世界杯亚洲区预选赛第 2 阶段 A 组第 4 轮（菲律宾 VS 中国）	中央台五套	5. 5	16. 5
4	2019 年中国足协杯第 6 轮（广州恒大淘宝 VS 上海上港）	广东广播电视台体育频道	5. 2	17. 3
5	2019 年亚洲杯小组赛 C 组第三轮（韩国 VS 中国）	中央台五套	4. 7	22. 4
6	现场直播：2019 年中国之队广州国际足球赛（中国 VS 塔吉克斯坦）	中央台五套	4. 2	13. 6
7	2019/2020 赛季中国男子职业篮球联赛常规赛第 16 轮（广东东莞银行 VS 浙江稠州银行）	广东广播电视台体育频道	3. 8	11. 6
8	2018/2019 赛季 CBA 常规赛第 45 轮（广东东莞银行 VS 辽宁本钢）	广东广播电视台体育频道	3. 5	10. 3
9	篮球季：2019 年男篮世界杯 17～32 名排位赛（中国 VS 尼日利亚）	广东广播电视台体育频道	2. 9	9. 1
10	直播周末：2019 年国际泳联世锦赛女子 200 米个人混合泳半决赛	中央台五套	2. 7	9. 3

三十八、贵阳收视数据

表 3.38.1　2015~2019 年贵阳市场各类频道的市场占有率(%)

频道类别	年份				
	2015 年	2016 年	2017 年	2018 年	2019 年
中央广播电视总台	29.7	31.7	31.4	30.6	26.1
中国教育台频道	0.1	0.1	0.1	0.1	0.1
贵州省级频道	24.6	21.9	20.2	19.8	16.5
贵阳市级频道	7.3	6.4	3.7	0.8	0.6
其他省级卫视频道	27.9	26.7	28.6	31.6	34.0
其他频道	10.4	13.2	16.0	17.1	22.7

表 3.38.2　2019 年贵阳市场各类频道在不同目标观众中的市场占有率(%)

目标观众		中央广播电视总台	中国教育台频道	贵州省级频道	贵阳市级频道	其他省级卫视频道	其他频道
4 岁及以上所有人		26.1	0.1	16.5	0.6	34.0	22.7
性别	男	27.8	0.1	16.2	0.7	33.4	21.8
	女	24.4	0.1	16.8	0.5	34.5	23.7
年龄	4~14 岁	23.0	0.1	10.3	0.3	35.3	31.0
	15~24 岁	26.6	0.1	18.1	0.4	35.7	19.1
	25~34 岁	18.6	0.1	11.1	0.4	37.1	32.7
	35~44 岁	20.7	0.1	14.0	0.4	40.3	24.5
	45~54 岁	26.2	0.1	14.5	0.6	34.2	24.4
	55~64 岁	27.8	0.1	21.7	0.7	31.6	18.1
	65 岁及以上	35.6	0.1	22.8	1.2	27.2	13.1
教育程度	未受过正规教育	23.7	0.1	14.4	0.5	35.9	25.4
	小学	26.9	0.1	18.7	0.7	33.1	20.5
	初中	26.3	0.1	18.9	0.7	34.3	19.7
	高中	24.3	0.1	13.8	0.5	33.9	27.4
	大学及以上	27.9	0.0	13.5	0.4	33.4	24.8
职业类别	干部/管理人员	33.9	0.0	4.9	0.6	29.6	31.0
	个体/私营企业人员	20.0	0.1	17.2	0.5	33.9	28.3
	初级公务员/雇员	24.7	0.1	15.2	0.4	34.2	25.4
	工人	20.6	0.1	11.5	0.5	38.2	29.1
	学生	29.0	0.1	12.2	0.3	34.6	23.8
	无业	29.0	0.1	18.3	0.7	33.5	18.4
	其他	25.4	0.3	19.1	0.8	30.0	24.4
个人月收入	0~600 元	26.2	0.1	13.5	0.6	35.5	24.1
	601~1200 元	20.8	0.2	20.5	0.5	44.5	13.5
	1201~1700 元	20.5	0.1	21.4	1.1	40.5	16.4
	1701~2600 元	28.2	0.1	17.8	0.7	29.9	23.3
	2601~3500 元	27.2	0.0	21.5	0.6	31.2	19.5
	3501~5000 元	25.0	0.1	14.9	0.5	39.2	20.3
	5001 元及以上	24.6	0.1	13.3	0.6	29.7	31.7

表 3.38.3 2019 年贵阳市场各类频道在不同时段的市场占有率(%)

时间段	中央广播电视总台	中国教育台频道	贵州省级频道	贵阳市级频道	其他省级卫视频道	其他频道
02:00~03:00	24.8	0.1	8.5	1.2	29.5	35.9
03:00~04:00	24.7	0.1	9.7	1.6	26.8	37.1
04:00~05:00	23.5	0.1	10.9	0.7	27.4	37.4
05:00~06:00	22.6	0.2	20.8	0.7	22.5	33.2
06:00~07:00	44.0	0.2	15.5	0.3	17.8	22.2
07:00~08:00	43.2	0.2	12.4	0.9	24.0	19.3
08:00~09:00	38.5	0.2	10.5	0.8	28.8	21.2
09:00~10:00	34.6	0.2	9.9	0.6	31.8	22.9
10:00~11:00	33.5	0.3	9.6	0.4	32.0	24.2
11:00~12:00	34.9	0.2	9.0	0.4	31.4	24.1
12:00~13:00	35.1	0.0	8.4	0.5	31.7	24.3
13:00~14:00	28.7	0.1	8.0	0.5	36.2	26.5
14:00~15:00	26.2	0.2	6.5	0.6	39.3	27.2
15:00~16:00	25.7	0.2	6.8	0.5	39.1	27.7
16:00~17:00	27.9	0.2	7.9	0.6	37.5	25.9
17:00~18:00	30.3	0.1	12.6	0.6	32.7	23.7
18:00~19:00	28.0	0.1	34.2	0.4	17.1	20.2
19:00~20:00	21.8	0.0	30.8	0.3	29.3	17.8
20:00~21:00	18.0	0.0	20.0	0.4	43.6	18.0
21:00~22:00	22.2	0.0	18.0	0.6	38.8	20.4
22:00~23:00	24.2	0.1	16.9	1.2	34.4	23.2
23:00~24:00	24.5	0.0	13.9	1.5	34.9	25.2
24:00~25:00	27.5	0.0	6.0	1.0	33.1	32.4
25:00~26:00	27.3	0.1	6.8	0.8	30.6	34.4

表 3.38.4 2019 年贵阳市场收视份额排名前十位的频道

名次	频道名称	收视份额(%)
1	贵州广播电视台公共频道	5.4
2	中央台六套	4.3
3	中央电视台综合频道	3.6
3	中央电视台新闻频道	3.6
5	贵州广播电视台影视文艺频道	3.5
6	浙江卫视	3.4
6	湖南卫视	3.4
8	中央台八套	2.9
9	江苏卫视	2.8
10	贵州广播电视台第五频道	2.6

表 3.38.5　2019 年贵阳市场各主要频道的观众构成(%)

目标观众		所有频道	主要频道				
			贵州广播电视台公共频道	中央台六套	中央电视台综合频道	中央电视台新闻频道	贵州广播电视台影视文艺频道
4 岁及以上所有人		100.0	100.0	100.0	100.0	100.0	100.0
性别	男	49.9	48.3	56.7	51.9	53.5	44.0
	女	50.1	51.7	43.3	48.1	46.5	56.0
年龄	4~14 岁	10.5	8.0	8.5	4.4	3.5	3.3
	15~24 岁	9.3	11.3	13.8	13.8	7.7	11.2
	25~34 岁	13.1	13.0	8.7	7.5	8.4	5.5
	35~44 岁	13.0	12.3	15.1	7.8	9.0	4.2
	45~54 岁	20.1	16.1	29.5	17.0	17.0	18.0
	55~64 岁	16.4	19.0	12.9	17.4	14.3	24.6
	65 岁及以上	17.6	20.3	11.5	32.1	40.1	33.2
教育程度	未受过正规教育	6.5	8.1	4.3	3.7	2.1	2.3
	小学	20.4	18.3	16.4	16.9	30.1	24.7
	初中	35.1	38.0	35.5	42.2	29.8	45.3
	高中	20.2	20.0	24.5	15.4	16.8	13.5
	大学及以上	17.8	15.6	19.3	21.8	21.2	14.2
职业类别	干部/管理人员	0.8	0.5	1.3	0.5	0.7	0.1
	个体/私营企业人员	14.6	10.8	16.4	7.6	8.0	20.3
	初级公务员/雇员	17.8	17.3	18.6	18.1	19.1	13.4
	工人	6.9	8.7	7.6	4.6	4.6	2.3
	学生	10.3	8.4	16.3	13.5	6.7	7.9
	无业	42.2	47.9	32.4	49.3	56.5	50.4
	其他	7.4	6.4	7.4	6.4	4.4	5.6
个人月收入	0~600 元	29.2	29.5	34.5	28.1	20.3	21.4
	601~1200 元	4.6	4.5	3.5	3.1	2.6	4.5
	1201~1700 元	3.3	3.8	2.3	2.5	1.9	7.2
	1701~2600 元	18.4	21.4	16.3	25.2	27.8	14.7
	2601~3500 元	19.2	21.3	16.7	18.6	23.0	32.4
	3501~5000 元	13.0	10.7	10.9	11.6	13.6	14.2
	5001 元及以上	12.3	8.8	15.8	10.9	10.8	5.6

表 3.38.6 2017~2019 年贵阳市场各类节目的播出比重(%)和收视比重(%)

节目类型	2017 年		2018 年		2019 年	
	播出比重	收视比重	播出比重	收视比重	播出比重	收视比重
财经	1.1	0.4	1.1	0.4	1.2	0.4
电视剧	20.7	25.7	27.1	30.1	26.7	33.6
电影	3.9	4.9	4.1	5.6	4.1	5.9
法制	1.6	3.7	1.2	1.9	0.8	1.3
教学	0.2	0.0	0.3	0.0	0.3	0.1
青少	6.8	5.3	6.7	5.9	6.9	6.7
生活服务	8.8	8.4	7.5	7.3	6.5	7.2
体育	3.2	2.0	3.0	4.7	3.6	2.3
外语	0.1	0.0	0.1	0.0	0.1	0.0
戏剧	0.8	0.2	0.9	0.2	1.1	0.1
新闻/时事	14.6	15.0	10.1	12.8	10.2	13.1
音乐	1.5	0.9	1.3	0.9	1.6	1.2
专题	14.6	8.6	13.6	6.7	13.6	5.4
综艺	8.4	11.3	6.2	9.6	5.5	9.1
其他	13.7	13.6	16.8	13.9	17.8	13.6

表 3.38.7 2019 年贵阳市场所有节目收视率排名前三十位

名次	节目名称	节目类型	播出频道	平均收视率(%)	平均占有率(%)
1	庆祝中华人民共和国成立 70 周年大会阅兵式群众游行特别报道	新闻/时事	中央电视台综合频道	13.6	36.4
2	2019 中央广播电视总台春节联欢晚会	综艺	中央电视台综合频道	7.3	24.3
3	向伟大复兴前进	新闻/时事	中央电视台综合频道	7.0	30.3
4	中国好声音(9 月 20 日)	综艺	浙江卫视	6.8	21.0
5	喜气洋洋闹元宵	综艺	中央电视台综合频道	6.4	20.1
6	庆祝中华人民共和国成立 70 周年联欢活动	综艺	中央电视台综合频道	6.3	18.6
7	2020 跨年演唱会用奋斗点亮幸福	音乐	江苏卫视	5.1	14.6
8	开学第一课	青少	中央电视台综合频道	5.0	11.7
9	中国达人秀(10 月 6 日)	综艺	上海东方卫视	4.7	13.5
10	百姓关注	新闻/时事	贵州广播电视台公共频道	4.6	14.9
11	快乐中国 20192020 跨年演唱会	音乐	湖南卫视	4.6	13.9
12	陆战之王	电视剧	上海东方卫视	4.5	12.2

续表

名次	节目名称	节目类型	播出频道	平均收视率(%)	平均占有率(%)
13	祖国颂天津市庆祝中华人民共和国成立70周年交响音乐会	音乐	天津卫视	4.5	11.7
14	2020跨年晚会精彩跨年	综艺	浙江卫视	4.4	16.5
15	激荡	电视剧	湖南卫视	4.4	12.5
16	潜伏在黎明之前	电视剧	贵州广播电视台影视文艺频道	4.2	10.9
17	奔跑吧	综艺	浙江卫视	4.1	12.1
18	一年又一年	专题	中央电视台综合频道	4.0	14.6
19	诱狼	电影	中央台六套	3.9	10.7
20	人民欢歌庆祝中华人民共和国成立70周年联欢活动特别报道	新闻/时事	中央电视台综合频道	3.8	16.8
21	疯狂的外星人	电影	中央台六套	3.8	10.0
22	大明风华(1~24集)	电视剧	湖南卫视	3.7	11.0
23	小欢喜	电视剧	上海东方卫视	3.6	10.2
24	你是我的答案	电视剧	湖南卫视	3.5	18.8
25	2019苏宁易购1111嗨爆夜	综艺	湖南卫视	3.5	13.5
26	天下第一镖局	电影	中央台六套	3.5	9.6
27	带着爸爸去留学	电视剧	浙江卫视	3.5	9.4
28	大话王	电影	中央台六套	3.4	13.5
29	陆小凤传奇之决战前后	电影	中央台六套	3.4	11.8
30	打土匪	电视剧	贵州广播电视台影视文艺频道	3.4	9.7

表 3.38.8　2019年贵阳市场电视剧收视率排名前十位

名次	节目名称	播出频道	平均收视率(%)	平均占有率(%)
1	陆战之王	上海东方卫视	4.5	12.2
2	激荡	湖南卫视	4.4	12.5
3	潜伏在黎明之前	贵州广播电视台影视文艺频道	4.2	10.9
4	大明风华(1~24集)	湖南卫视	3.7	11.0
5	小欢喜	上海东方卫视	3.6	10.2
6	你是我的答案	湖南卫视	3.5	18.8
7	带着爸爸去留学	浙江卫视	3.5	9.4
8	打土匪	贵州广播电视台影视文艺频道	3.4	9.7
9	双刺	贵州广播电视台影视文艺频道	3.4	9.5
10	亲爱的热爱的	浙江卫视	3.4	9.4

表 3.38.9 2019 年贵阳市场新闻节目收视率排名前十位

名次	节目名称	播出频道	平均收视率（%）	平均占有率（%）
1	庆祝中华人民共和国成立 70 周年大会阅兵式群众游行特别报道	中央电视台综合频道	13.6	36.4
2	向伟大复兴前进	中央电视台综合频道	7.0	30.3
3	百姓关注	贵州广播电视台公共频道	4.6	14.9
4	人民欢歌庆祝中华人民共和国成立 70 周年联欢活动特别报道	中央电视台综合频道	3.8	16.8
5	新闻今日谈	贵州广播电视台公共频道	3.1	8.4
6	庆祝中华人民共和国成立 70 周年特别节目走向复兴	中央电视台综合频道	2.8	7.1
7	新闻联播	中央电视台新闻频道	1.6	5.4
8	共同关注	中央电视台新闻频道	1.5	6.8
9	2019 年中国北京世界园艺博览会特别节目	中央电视台新闻频道	1.2	5.2
10	今日贵州	贵州广播电视台第五频道	1.2	3.3

表 3.38.10 2019 年贵阳市场专题节目收视率排名前十位

名次	节目名称	播出频道	平均收视率（%）	平均占有率（%）
1	一年又一年	中央电视台综合频道	4.0	14.6
2	中国诗词大会第四季(2 月 11 日)	中央电视台综合频道	2.7	7.9
3	脱贫攻坚同步小康贵州绿色产业扶贫投资基金在行动	贵州广播电视台第五频道	2.7	7.5
4	中国出了个毛泽东·东方欲晓	湖南卫视	2.6	7.5
5	我们都是追梦人	中央电视台新闻频道	2.2	8.6
6	红色通缉	中央电视台综合频道	1.9	4.9
7	教育强国	中央电视台综合频道	1.8	5.6
8	我有传家宝	中央电视台综合频道	1.7	7.2
9	2019 多彩贵州百姓大舞台	贵州广播电视台影视文艺频道	1.7	7.0
10	上海解放一年间	上海东方卫视	1.7	5.5

表 3.38.11　2019 年贵阳市场综艺节目收视率排名前十位

名次	节目名称	播出频道	平均收视率（%）	平均占有率（%）
1	2019 中央广播电视总台春节联欢晚会	中央电视台综合频道	7.3	24.3
2	中国好声音(9 月 20 日)	浙江卫视	6.8	21.0
3	喜气洋洋闹元宵	中央电视台综合频道	6.4	20.1
4	庆祝中华人民共和国成立 70 周年联欢活动	中央电视台综合频道	6.3	18.6
5	中国达人秀(10 月 6 日)	上海东方卫视	4.7	13.5
6	2020 跨年晚会精彩跨年	浙江卫视	4.4	16.5
7	奔跑吧	浙江卫视	4.1	12.1
8	2019 苏宁易购 1111 嗨爆夜	湖南卫视	3.5	13.5
9	笑傲江湖第 4 季(8 月 3 日)	上海东方卫视	3.4	9.5
10	聚划算 99 划算盛典	江苏卫视	3.3	10.5

表 3.38.12　2019 年贵阳市场体育节目收视率排名前十位

名次	节目名称	播出频道	平均收视率（%）	平均占有率（%）
1	中华人民共和国第十届残运会暨第七届特殊奥运会开幕式	天津卫视	2.3	6.3
2	第七届世界军人运动会开幕式	中央电视台综合频道	1.7	4.7
3	直播周末:2019 年全明星周末扣篮大赛预赛	中央台五套	1.7	4.5
4	实况录像:2019 年世界举重锦标赛女子 49 公斤级决赛挺举	中央台五套	1.6	9.5
5	2019 年世界乒乓球锦标赛女单 1/4 决赛	中央台五套	1.6	8.7
6	2019 年亚洲杯小组赛 C 组第一轮(韩国 VS 菲律宾)	中央台五套	1.5	5.5
7	我爱世界杯:2019 年世界杯女足比赛小组赛 B 组第三轮(中国 VS 西班牙)	中央台五套	1.4	21.2
8	实况录像:2019 年拳星汇拳击联合冠军赛 WBO 超次中量级东方洲际拳王赛	中央台五套	1.4	9.6
9	直播周末:2019 年国际泳联世锦赛花样游泳混合双人自由自选决赛	中央台五套	1.4	8.7
10	第七届世界军人运动会报道:第七届军运会男篮半决赛(中国 VS 立陶宛)	中央台五套	1.4	5.2

三十九、哈尔滨收视数据

表 3. 39. 1 2015~2019 年哈尔滨市场各类频道的市场占有率(%)

频道类别	年 份				
	2015 年	2016 年	2017 年	2018 年	2019 年
中央广播电视总台	28. 8	31. 9	28. 8	27. 4	24. 8
中国教育台频道	0. 3	0. 2	0. 2	0. 2	0. 2
黑龙江省级频道	27. 3	23. 5	24. 4	27. 6	26. 1
哈尔滨市级频道	8. 4	4. 7	4. 7	4. 1	3. 9
其他省级卫视频道	27. 6	32. 0	32. 6	29. 6	30. 8
其他频道	7. 6	7. 7	9. 3	11. 1	14. 2

表 3. 39. 2 2019 年哈尔滨市场各类频道在不同目标观众中的市场占有率(%)

目标观众		中央广播电视总台	中国教育台频道	黑龙江省级频道	哈尔滨市级频道	其他省级卫视频道	其他频道
4 岁及以上所有人		24. 8	0. 2	26. 1	3. 9	30. 8	14. 2
性别	男	26. 9	0. 2	25. 8	3. 5	28. 9	14. 7
	女	22. 7	0. 2	26. 5	4. 2	32. 7	13. 7
年龄	4~14 岁	19. 1	0. 1	13. 1	1. 5	40. 9	25. 3
	15~24 岁	20. 4	0. 3	27. 5	2. 8	32. 1	16. 9
	25~34 岁	18. 8	0. 1	14. 5	3. 4	44. 2	19. 0
	35~44 岁	18. 8	0. 1	15. 9	2. 0	42. 7	20. 5
	45~54 岁	23. 4	0. 2	25. 3	3. 8	29. 5	17. 8
	55~64 岁	26. 1	0. 2	33. 7	4. 1	26. 0	9. 9
	65 岁及以上	34. 9	0. 2	34. 2	6. 2	19. 4	5. 1
受教育程度	未受过正规教育	28. 1	0. 1	12. 1	5. 1	37. 5	17. 1
	小学	22. 3	0. 2	37. 7	4. 0	24. 4	11. 4
	初中	25. 5	0. 2	33. 4	4. 3	27. 5	9. 1
	高中	24. 9	0. 2	20. 9	3. 9	33. 0	17. 1
	大学及以上	24. 4	0. 2	15. 3	2. 8	36. 9	20. 4
职业类别	干部/管理人员	37. 1	0. 1	7. 5	0. 7	22. 7	31. 9
	个体/私营企业人员	23. 4	0. 3	20. 1	2. 9	38. 8	14. 5
	初级公务员/雇员	20. 6	0. 2	18. 4	2. 9	35. 3	22. 6
	工人	21. 4	0. 2	25. 8	3. 9	33. 4	15. 3
	学生	16. 5	0. 1	18. 1	2. 2	37. 1	26. 0
	无业	28. 3	0. 2	28. 0	5. 2	27. 6	10. 7
	其他	31. 3	0. 2	42. 2	2. 1	18. 4	5. 8
个人月收入	0~600 元	18. 9	0. 2	22. 7	3. 8	34. 5	19. 9
	601~1200 元	33. 4	0. 2	40. 7	2. 3	18. 5	4. 9
	1201~1700 元	19. 1	0. 2	37. 4	3. 2	30. 2	9. 9
	1701~2600 元	27. 1	0. 2	31. 0	4. 9	28. 1	8. 7
	2601~3500 元	25. 2	0. 1	19. 1	3. 6	37. 2	14. 8
	3501~5000 元	22. 6	0. 2	20. 0	2. 9	30. 3	24. 0
	5001 元及以上	25. 1	0. 1	18. 7	4. 4	32. 5	19. 2

表3.39.3　2019年哈尔滨市场各类频道在不同时段的市场占有率(%)

时间段	中央广播电视总台	中国教育台频道	黑龙江省级频道	哈尔滨市级频道	其他省级卫视频道	其他频道
02:00~03:00	20.9	0.2	37.1	2.7	13.8	25.3
03:00~04:00	21.1	0.1	41.6	2.4	12.9	21.9
04:00~05:00	23.3	0.2	40.9	2.7	16.1	16.8
05:00~06:00	27.4	0.3	34.6	4.4	20.2	13.1
06:00~07:00	28.0	0.2	39.0	10.7	10.4	11.7
07:00~08:00	32.3	0.3	30.4	13.5	10.0	13.5
08:00~09:00	36.1	0.2	22.3	8.0	16.7	16.7
09:00~10:00	31.6	0.3	19.9	4.0	25.2	19.0
10:00~11:00	30.3	0.4	18.1	3.6	29.7	17.9
11:00~12:00	29.9	0.3	20.7	3.5	29.6	16.0
12:00~13:00	30.6	0.2	23.3	2.6	27.8	15.5
13:00~14:00	28.6	0.2	20.5	2.7	31.9	16.1
14:00~15:00	27.4	0.3	20.2	2.6	33.7	15.8
15:00~16:00	26.8	0.3	20.4	3.0	34.0	15.5
16:00~17:00	27.4	0.3	20.2	3.5	33.2	15.4
17:00~18:00	24.5	0.2	31.2	3.6	25.1	15.4
18:00~19:00	28.9	0.1	38.4	4.9	14.0	13.7
19:00~20:00	22.7	0.1	31.7	4.2	29.1	12.2
20:00~21:00	17.2	0.1	24.4	3.6	43.3	11.4
21:00~22:00	20.3	0.1	25.0	3.2	40.0	11.4
22:00~23:00	21.7	0.1	23.5	2.4	38.7	13.6
23:00~24:00	23.9	0.1	19.4	1.9	36.9	17.8
24:00~25:00	22.8	0.0	26.5	2.2	22.8	25.7
25:00~26:00	19.8	0.1	31.8	2.5	16.9	28.9

表3.39.4　2019年哈尔滨市场收视份额排名前十位的频道

名次	频道名称	收视份额(%)
1	黑龙江电视台影视频道	6.1
2	黑龙江卫视	6.0
3	黑龙江电视台都市频道	4.6
4	黑龙江电视台文体频道	3.8
5	湖南卫视	3.5
5	浙江卫视	3.5
7	黑龙江电视台新闻法治频道	3.4
8	江苏卫视	3.3
9	中央台三套	3.2
10	中央台五套	3.1

表 3.39.5 2019 年哈尔滨市场各主要频道的观众构成(%)

目标观众		所有频道	主要频道					
			黑龙江电视台影视频道	黑龙江卫视	黑龙江电视台都市频道	黑龙江电视台文体频道	湖南卫视	浙江卫视
4 岁及以上所有人		100.0	100.0	100.0	100.0	100.0	100.0	100.0
性别	男	50.6	50.1	49.5	51.6	50.5	40.1	43.5
	女	49.4	49.9	50.5	48.4	49.5	59.9	56.5
年龄	4~14 岁	4.6	0.6	3.8	2.1	1.1	3.4	7.5
	15~24 岁	5.0	3.9	4.1	8.6	7.5	5.2	6.0
	25~34 岁	12.8	5.5	7.5	8.5	4.1	29.8	18.3
	35~44 岁	11.2	3.1	9.1	8.5	5.2	18.0	14.9
	45~54 岁	23.4	20.5	24.0	26.9	21.3	21.7	25.8
	55~64 岁	24.3	34.1	24.4	29.9	34.7	14.1	17.5
	65 岁及以上	18.7	32.3	27.1	15.5	26.1	7.8	10.0
教育程度	未受过正规教育	2.3	0.9	1.8	0.5	0.5	0.7	1.6
	小学	12.2	16.9	17.2	8.8	23.3	4.7	8.2
	初中	35.2	55.0	45.7	42.1	41.0	36.2	29.9
	高中	32.1	18.9	25.5	32.4	26.6	39.2	37.4
	大学及以上	18.2	8.3	9.8	16.2	8.6	19.2	22.9
职业类别	干部/管理人员	0.8	0.1	0.6	0.1	0.0	0.1	0.8
	个体/私营企业人员	9.4	7.5	8.4	8.7	5.7	15.4	9.9
	初级公务员/雇员	11.5	7.3	6.9	9.5	8.3	13.5	13.5
	工人	27.4	21.0	29.3	30.8	23.6	32.6	34.3
	学生	5.6	1.4	5.2	8.0	2.1	6.9	10.2
	无业	36.1	45.4	41.6	34.9	33.5	29.6	27.6
	其他	9.2	17.3	8.0	8.0	26.8	1.9	3.7
个人月收入	0~600 元	13.5	5.9	16.8	12.2	11.8	16.9	14.9
	601~1200 元	7.8	10.9	9.3	8.0	17.2	4.2	4.8
	1201~1700 元	6.5	14.8	10.4	6.6	5.0	8.4	6.2
	1701~2600 元	30.0	42.8	27.1	40.2	38.4	21.3	25.0
	2601~3500 元	19.0	10.8	14.9	15.3	10.7	22.5	26.7
	3501~5000 元	14.0	9.7	14.5	10.8	8.5	13.8	13.1
	5001 元及以上	9.2	5.1	7.0	6.9	8.4	12.9	9.3

表 3.39.6　2017~2019 年哈尔滨市场各类节目的播出比重(%)和收视比重(%)

节目类型	2017 年		2018 年		2019 年	
	播出比重	收视比重	播出比重	收视比重	播出比重	收视比重
节目类别	播出比重	收视比重	播出比重	收视比重	播出比重	收视比重
财经	1.1	0.2	1.0	0.3	1.0	0.3
电视剧	22.3	34.3	22.7	34.3	22.0	36.3
电影	4.5	4.0	3.8	3.7	3.7	3.7
法制	1.0	0.9	1.1	1.4	1.4	2.8
教学	0.2	0.0	0.3	0.0	0.4	0.0
青少	7.2	3.7	6.8	2.8	7.3	2.4
生活服务	7.7	6.3	8.1	6.6	8.0	6.1
体育	3.5	2.6	3.4	3.9	4.0	3.2
外语	0.1	0.0	0.1	0.0	0.1	0.0
戏剧	0.8	0.2	0.7	0.2	0.8	0.2
新闻/时事	17.2	17.6	16.4	13.8	16.1	13.2
音乐	1.6	0.9	1.4	0.9	1.7	1.2
专题	14.4	5.7	13.4	4.9	13.8	4.7
综艺	9.5	15.6	8.4	14.1	7.3	13.4
其他	8.9	8.0	12.4	13.1	12.4	12.5

表 3.39.7　2019 年哈尔滨市场所有节目收视率排名前三十位

名次	节目名称	节目类型	播出频道	平均收视率(%)	平均占有率(%)
1	庆祝中华人民共和国成立 70 周年大会阅兵式群众游行特别报道	新闻/时事	中央电视台综合频道	6.8	22.9
2	向伟大复兴前进	新闻/时事	中央电视台综合频道	6.2	28.6
3	2019 中央广播电视总台春节联欢晚会	综艺	中央台三套	5.8	19.6
4	庆祝中华人民共和国成立 70 周年联欢活动	综艺	中央电视台综合频道	5.5	19.2
5	开学第一课	青少	中央电视台综合频道	4.7	13.1
6	中国好声音（9 月 20 日）	综艺	浙江卫视	4.2	20.9
7	中国梦之声我们的歌（10 月 27 日）	综艺	上海东方卫视	4.2	15.1
8	喜气洋洋闹元宵	综艺	中央台三套	4.1	13.3
9	巅峰对决我就是演员（12 月 28 日）	综艺	浙江卫视	3.9	11.6
10	2019 年中央广播电视总台中秋晚会	综艺	中央电视台综合频道	3.9	11.2
11	启航 2020 中央广播电视总台跨年盛典	综艺	中央电视台综合频道	3.7	9.3
12	2019 电视剧品质盛典	综艺	上海东方卫视	3.6	12.7

续表

名次	节目名称	节目类型	播出频道	平均收视率（%）	平均占有率（%）
13	一站到底(6月17日)	综艺	江苏卫视	3.4	14.0
14	荔枝大剧秀我要和你在一起	综艺	江苏卫视	3.4	10.7
15	小欢喜（1~8集）	电视剧	黑龙江卫视	3.4	8.8
16	快乐中国20192020跨年演唱会	音乐	湖南卫视	3.2	11.7
17	直播周末:2019年国际泳联世锦赛男子1500米自由泳决赛	体育	中央台五套	3.2	11.3
18	中国达人秀（9月1日）	综艺	上海东方卫视	3.2	11.1
19	蒙面唱将猜猜猜（12月22日）	综艺	江苏卫视	3.1	11.2
20	月嫂先生	电视剧	黑龙江卫视	3.1	10.6
21	芝麻胡同	电视剧	上海东方卫视	3.1	9.7
22	2019年国际篮联篮球世界杯小组赛A组(中国VS波兰)	体育	中央台五套	3.0	10.5
23	那座城这家人	电视剧	黑龙江卫视	3.0	8.2
24	百变达人（6月2日）	综艺	江苏卫视	2.9	13.3
25	第七届世界军人运动会报道:第七届军运会游泳比赛男子1500米自由泳决赛	体育	中央台五套	2.9	10.5
26	西京故事	电视剧	黑龙江卫视	2.9	7.3
27	一站到底终极对决（7月1日）	综艺	江苏卫视	2.8	13.6
28	打土匪（14~47集）	电视剧	黑龙江电视台影视频道	2.8	10.6
29	错缘	电视剧	黑龙江电视台影视频道	2.8	10.5
30	2019东西南北中美好中国年黑龙江河南湖北四川春节联欢晚会	综艺	黑龙江卫视	2.8	10.0

表3.39.8　2019年哈尔滨市场电视剧收视率排名前十位

名次	节目名称	播出频道	平均收视率(%)	平均占有率(%)
1	小欢喜(1~8集)	黑龙江卫视	3.4	8.8
2	月嫂先生	黑龙江卫视	3.1	10.6
3	芝麻胡同	上海东方卫视	3.1	9.7
4	那座城这家人	黑龙江卫视	3.0	8.2
5	西京故事	黑龙江卫视	2.9	7.3
6	打土匪(14~47集)	黑龙江电视台影视频道	2.8	10.6
7	错缘	黑龙江电视台影视频道	2.8	10.5
8	特工荣耀之生死之间	黑龙江电视台影视频道	2.8	9.7
9	铁核桃	黑龙江卫视	2.8	9.6
10	空降利刃	江苏卫视	2.8	7.8

表 3. 39. 9　2019 年哈尔滨市场新闻节目收视率排名前十位

名次	节目名称	播出频道	平均收视率（%）	平均占有率（%）
1	庆祝中华人民共和国成立 70 周年大会阅兵式群众游行特别报道	中央电视台综合频道	6. 8	22. 9
2	向伟大复兴前进	中央电视台综合频道	6. 2	28. 6
3	人民欢歌庆祝中华人民共和国成立 70 周年联欢活动特别报道	中央电视台综合频道	2. 4	12. 4
4	新闻夜航	黑龙江电视台都市频道	2. 2	8. 6
5	2019 年中国北京世界园艺博览会开幕式特别报道	北京卫视	2. 1	6. 8
6	转播中央台新闻联播	黑龙江卫视	1. 7	6. 2
7	庆祝澳门回归祖国 20 周年特别报道	中央电视台综合频道	1. 7	4. 2
8	天天说新闻	黑龙江电视台新闻法治频道	1. 5	7. 2
9	新闻联播	黑龙江卫视	1. 4	6. 6
10	庆祝中华人民共和国成立 70 周年特别节目走向复兴	中央电视台综合频道	1. 4	4. 2

表 3. 39. 10　2019 年哈尔滨市场专题节目收视率排名前十位

名次	节目名称	播出频道	平均收视率（%）	平均占有率（%）
1	大风起兮云飞扬黑龙江解放思想推动高质量发展纪实	黑龙江卫视	2. 1	5. 8
2	澳门二十年 1999~2019	中央电视台综合频道	1. 9	4. 8
3	大城无小事派出所的故事 2019	上海东方卫视	1. 8	7. 4
4	众志成城浙江抗击超强台风利奇马纪实	浙江卫视	1. 8	6. 2
5	中国诗词大会第四季(2 月 9 日)	中央电视台综合频道	1. 8	5. 5
6	闪亮的名字第二季	上海东方卫视	1. 6	7. 2
7	中国出了个毛泽东・东方欲晓	湖南卫视	1. 5	4. 6
8	一年又一年	中央电视台综合频道	1. 4	6. 7
9	一抓到底正风纪秦岭违建整治始末	中央电视台综合频道	1. 4	4. 5
10	红色通缉	中央电视台综合频道	1. 4	4. 3

表 3.39.11　2019 年哈尔滨市场综艺节目收视率排名前十位

名次	节目名称	播出频道	平均收视率（%）	平均占有率（%）
1	2019 中央广播电视总台春节联欢晚会	中央台三套	5.8	19.6
2	庆祝中华人民共和国成立 70 周年联欢活动	中央电视台综合频道	5.5	19.2
3	中国好声音（9 月 20 日）	浙江卫视	4.2	20.9
4	中国梦之声我们的歌（10 月 27 日）	上海东方卫视	4.2	15.1
5	喜气洋洋闹元宵	中央台三套	4.1	13.3
6	巅峰对决我就是演员（12 月 28 日）	浙江卫视	3.9	11.6
7	2019 年中央广播电视总台中秋晚会	中央电视台综合频道	3.8	11.2
8	启航 2020 中央广播电视总台跨年盛典	中央电视台综合频道	3.7	9.3
9	2019 电视剧品质盛典	上海东方卫视	3.6	12.7
10	一站到底(6 月 17 日)	江苏卫视	3.4	14.0

表 3.39.12　2019 年哈尔滨市场体育节目收视率排名前十位

名次	节目名称	播出频道	平均收视率（%）	平均占有率（%）
1	直播周末：2019 年国际泳联世锦赛男子 1500 米自由泳决赛	中央台五套	3.2	11.3
2	2019 年国际篮联篮球世界杯小组赛 A 组(中国 VS 波兰)	中央台五套	3.0	10.5
3	第七届世界军人运动会报道：第七届军运会游泳比赛男子 1500 米自由泳决赛	中央台五套	2.9	10.5
4	第七届世界军人运动会报道：第七届军运会田径比赛男子 400 米栏决赛	中央台五套	2.5	7.6
5	2019 年世界乒乓球锦标赛男单决赛	中央台五套	2.4	7.6
6	直播周末：乒乓球团体世界杯颁奖仪式	中央台五套	2.4	6.2
7	第七届世界军人运动会报道：第七届军运会女排决赛(中国 VS 巴西)	中央台五套	2.3	6.8
8	直播周末：2019 年乒乓球团体世界杯女团决赛单打	中央台五套	2.3	6.5
9	第七届世界军人运动会报道：第七届军运会女篮决赛(中国 VS 巴西)	中央台五套	2.3	6.1
10	第七届世界军人运动会报道：第七届军运会跳水女子双人 3 米板决赛	中央台五套	2.2	10.2

四十、海口收视数据

表 3. 40. 1　2015~2019 年海口市场各类频道的市场占有率(%)

频道类别	年份				
	2015 年	2016 年	2017 年	2018 年	2019 年
中央广播电视总台	31. 2	33. 0	34. 1	30. 1	28. 0
中国教育台频道	0. 5	0. 3	0. 1	0. 1	0. 1
海南省级频道	22. 0	20. 0	17. 9	19. 9	19. 1
海口市级频道	6. 7	4. 8	4. 4	3. 1	2. 5
其他省级卫视频道	30. 9	30. 5	30. 3	30. 2	30. 1
其他频道	8. 7	11. 4	13. 2	16. 6	20. 2

表 3. 40. 2　2019 年海口市场各类频道在不同目标观众中的市场占有率(%)

目标观众		中央广播电视总台	中国教育台频道	海南省级频道	海口市级频道	其他省级卫视频道	其他频道
4 岁及以上所有人		28. 0	0. 1	19. 1	2. 5	30. 1	20. 2
性别	男	29. 6	0. 1	18. 8	2. 5	27. 7	21. 3
	女	26. 4	0. 1	19. 3	2. 6	32. 8	18. 8
年龄	4~14 岁	19. 4	0. 1	10. 8	1. 1	41. 2	27. 4
	15~24 岁	18. 7	0. 1	19. 1	1. 8	32. 4	27. 9
	25~34 岁	25. 9	0. 1	15. 8	3. 1	28. 8	26. 3
	35~44 岁	24. 4	0. 1	13. 8	1. 5	37. 9	22. 3
	45~54 岁	26. 8	0. 1	22. 3	2. 3	29. 5	19. 0
	55~64 岁	35. 1	0. 1	24. 3	3. 7	21. 2	15. 6
	65 岁及以上	40. 2	0. 1	26. 2	3. 6	21. 6	8. 3
教育程度	未受过正规教育	26. 2	0. 1	22. 6	1. 3	29. 3	20. 5
	小学	21. 6	0. 1	17. 6	2. 1	35. 0	23. 6
	初中	27. 5	0. 1	18. 5	2. 5	33. 8	17. 6
	高中	32. 3	0. 0	19. 3	2. 8	23. 2	22. 4
	大学及以上	43. 0	0. 1	24. 0	4. 9	15. 0	13. 0
职业类别	干部/管理人员	33. 7	0. 1	13. 2	1. 5	21. 8	29. 7
	个体/私营企业人员	25. 7	0. 1	16. 8	2. 7	26. 0	28. 7
	初级公务员/雇员	28. 3	0. 0	27. 9	6. 0	21. 7	16. 1
	工人	24. 2	0. 1	19. 6	2. 4	35. 7	18. 0
	学生	19. 0	0. 1	10. 3	1. 3	42. 7	26. 6
	无业	35. 4	0. 1	22. 4	2. 7	23. 6	15. 8
	其他	27. 0	0. 1	18. 2	2. 0	31. 8	20. 9
个人月收入	0~600 元	21. 7	0. 1	15. 3	1. 9	34. 9	26. 1
	601~1200 元	23. 4	0. 1	18. 5	1. 4	30. 2	26. 4
	1201~1700 元	28. 9	0. 1	19. 1	1. 8	34. 6	15. 5
	1701~2600 元	31. 6	0. 1	23. 0	3. 2	26. 9	15. 2
	2601~3500 元	31. 7	0. 1	22. 6	3. 2	27. 7	14. 7
	3501~5000 元	35. 3	0. 1	18. 9	2. 8	23. 8	19. 1
	5001 元以上	33. 5	0. 1	14. 6	2. 4	24. 5	24. 9

表 3.40.3 2019 年海口市场各类频道在不同时段的市场占有率(%)

时间段	中央广播电视总台	中国教育台频道	海南省级频道	海口市级频道	其他省级卫视频道	其他频道
02:00~03:00	39.1	0.1	3.1	0.0	33.0	24.7
03:00~04:00	43.4	0.1	3.1	0.0	29.1	24.3
04:00~05:00	40.3	0.2	3.6	0.0	31.4	24.5
05:00~06:00	33.3	1.6	4.4	0.0	41.6	19.1
06:00~07:00	40.5	0.4	6.8	0.6	28.0	23.7
07:00~08:00	32.7	0.2	12.6	0.5	29.9	24.1
08:00~09:00	32.9	0.2	15.3	1.2	28.1	22.3
09:00~10:00	27.8	0.2	16.7	1.6	30.0	23.7
10:00~11:00	29.4	0.2	15.8	1.6	30.5	22.5
11:00~12:00	33.7	0.1	12.8	0.8	30.9	21.7
12:00~13:00	38.7	0.0	7.1	0.9	33.3	20.0
13:00~14:00	31.6	0.1	8.6	1.5	34.7	23.5
14:00~15:00	27.5	0.2	10.3	2.0	35.4	24.6
15:00~16:00	27.6	0.1	11.2	1.5	32.0	27.6
16:00~17:00	28.5	0.1	11.0	1.2	31.1	28.1
17:00~18:00	30.2	0.1	11.4	2.1	29.6	26.6
18:00~19:00	28.6	0.0	29.3	3.3	17.9	20.9
19:00~20:00	35.3	0.0	19.4	4.0	24.3	17.0
20:00~21:00	23.6	0.0	23.3	4.3	31.8	17.0
21:00~22:00	21.0	0.1	27.6	3.6	30.1	17.6
22:00~23:00	21.8	0.1	25.9	1.4	33.1	17.7
23:00~24:00	19.0	0.0	29.8	1.5	33.0	16.7
24:00~25:00	29.7	0.1	14.3	3.4	31.8	20.7
25:00~26:00	38.5	0.1	2.2	1.2	34.1	23.9

表 3.40.4 2019 年海口市场收视份额排名前十位的频道

名次	频道名称	收视份额(%)
1	海南广播电视总台经济频道	9.0
2	湖南卫视	4.9
3	中央台八套	4.7
4	海南广播电视总台公共频道	4.1
5	中央台六套	3.8
6	中央台四套	3.7
7	湖南电视台金鹰卡通频道	3.2
8	浙江卫视	3.0
8	中央电视台综合频道	3.0
10	海南广播电视总台文旅频道	2.9

表 3.40.5 2019 年海口市场各主要频道的观众构成(%)

目标观众		所有频道	主要频道				
			海南广播电视总台经济频道	湖南卫视	中央台八套	海南广播电视总台公共频道	中央台六套
4 岁及以上所有人		100.0	100.0	100.0	100.0	100.0	100.0
性别	男性	51.5	48.0	40.7	41.1	50.7	62.1
	女性	48.5	52.0	59.3	58.9	49.3	37.9
年龄	4~14 岁	17.8	7.7	25.5	8.5	7.1	17.5
	15~24 岁	6.1	5.6	7.1	4.6	3.9	4.5
	25~34 岁	12.4	11.2	14.2	9.5	10.8	10.9
	35~44 岁	12.9	8.2	21.6	6.4	8.1	19.8
	45~54 岁	18.4	19.2	18.2	16.3	24.2	17.9
	55~64 岁	16.7	24.3	7.5	24.9	22.1	15.1
	65 岁及以上	15.7	23.8	5.9	29.8	23.8	14.3
教育程度	未受过正规教育	6.1	6.6	3.4	6.5	6.6	4.6
	小学	23.8	19.9	31.3	19.0	23.6	26.6
	初中	39.8	36.9	44.1	39.8	41.9	47.2
	高中	24.6	28.7	19.8	29.8	20.9	16.6
	大学及以上	5.7	7.9	1.4	4.9	7.0	5.0
职业类别	干部/管理人员	1.0	0.7	1.5	2.7	1.0	0.5
	初级公务员/雇员	11.3	10.4	11.3	5.0	8.6	10.3
	个体/私营企业人员	5.5	8.2	4.3	4.0	8.1	2.8
	工人	21.4	19.4	25.9	17.7	23.2	23.5
	学生	15.9	6.9	26.5	6.6	5.8	17.4
	无业	35.1	46.7	18.6	56.8	39.4	25.4
	其他	9.8	7.7	11.9	7.2	13.9	20.1
个人月收入	0~600 元	33.8	26.9	42.8	24.3	21.3	31.3
	601~1200 元	4.0	2.5	6.3	2.8	5.1	4.3
	1201~1700 元	8.2	8.7	10.8	9.3	9.4	12.0
	1701~2600 元	26.9	35.5	20.9	34.6	34.9	27.2
	2601~3500 元	14.1	15.4	11.8	15.9	20.3	11.1
	3501~5000 元	7.0	5.8	4.8	9.5	6.4	6.4
	5001 元及以上	6.0	5.2	2.6	3.6	2.6	7.7

表 3.40.6　2017~2019 年海口市场各类节目的播出比重(%)和收视比重(%)

节目类型	2017 年		2018 年		2019 年	
	播出比重	收视比重	播出比重	收视比重	播出比重	收视比重
财经	1.1	0.7	1.1	0.7	1.0	0.4
电视剧	22.6	37.9	22.4	40.8	21.9	42.1
电影	4.2	6.5	4.0	5.1	3.8	5.3
法制	1.0	0.3	1.0	0.3	0.9	0.2
教学	0.3	0.0	0.5	0.0	0.5	0.0
青少	7.2	9.8	7.4	9.0	7.6	8.5
生活服务	7.5	5.8	7.6	5.5	7.1	4.9
体育	3.2	1.9	3.2	3.3	3.7	3.0
外语	0.1	0.0	0.1	0.0	0.2	0.0
戏剧	0.8	0.1	0.8	0.1	0.8	0.1
新闻/时事	16.3	9.9	16.8	9.9	17.2	10.4
音乐	1.6	1.1	1.5	1.0	1.8	1.2
专题	14.0	6.5	13.9	5.8	13.8	5.6
综艺	7.8	9.2	7.3	8.7	6.8	8.6
其他	12.3	10.3	12.4	9.8	12.9	9.7

表 3.40.7　2019 年海口市场所有节目收视率排名前三十位

名次	节目名称	节目类型	播出频道	平均收视率(%)	平均占有率(%)
1	庆祝中华人民共和国成立 70 周年大会阅兵式群众游行特别报道	新闻/时事	中央电视台综合频道	7.1	30.6
2	庆祝中华人民共和国成立 70 周年联欢活动	综艺	中央电视台综合频道	6.9	25.6
3	2019 苏宁易购 1111 嗨爆夜	综艺	湖南卫视	6.4	27.9
4	2020 跨年演唱会用奋斗点亮幸福	音乐	江苏卫视	6.2	21.5
5	忠者无敌	电视剧	海南广播电视总台经济频道	5.8	22.4
6	江都谍影	电视剧	海南广播电视总台经济频道	5.7	22.2
7	猛虎特战队	电视剧	海南广播电视总台经济频道	5.7	19.9
8	战寇(23~46 集)	电视剧	海南广播电视总台经济频道	5.6	20.5
9	雪海孤狼	电视剧	海南广播电视总台经济频道	5.5	22.4
10	终极对决	电视剧	海南广播电视总台经济频道	5.1	22.3
11	冰锋	电视剧	海南广播电视总台经济频道	5.1	19.3
12	战火红颜	电视剧	海南广播电视总台经济频道	4.9	17.7

续表

名次	节目名称	节目类型	播出频道	平均收视率（%）	平均占有率（%）
13	2019 年世界女排联赛中国香港站（荷兰 VS 中国）	体育	中央台五套	4.8	18.2
14	2019 年女排世界杯第五轮（日本 VS 中国）	体育	中央台五套	4.7	25.0
15	雪豹坚强岁月	电视剧	海南广播电视总台经济频道	4.6	21.0
16	一站到底（12 月 30 日）	综艺	江苏卫视	4.6	20.5
17	2020 跨年晚会	综艺	浙江卫视	4.6	14.3
18	雳剑	电视剧	海南广播电视总台经济频道	4.5	19.0
19	战地枪王	电视剧	海南广播电视总台经济频道	4.3	18.6
20	2020 年东京奥运会女排资格赛（中国 VS 德国）	体育	中央台五套	4.3	16.8
21	战鼓红	电视剧	海南广播电视总台经济频道	4.3	16.4
22	小妮扛枪	电视剧	海南广播电视总台经济频道	4.3	15.1
23	密使	电视剧	海南广播电视总台经济频道	4.2	16.6
24	终极密战（1~41 集）	电视剧	海南广播电视总台经济频道	4.2	14.1
25	中国达人秀（10 月 6 日）	综艺	上海东方卫视	4.1	18.4
26	向伟大复兴前进	新闻/时事	中央电视台综合频道	3.9	31.9
27	激荡	电视剧	湖南卫视	3.9	14.6
28	我的抗战	电视剧	海南广播电视总台经济频道	3.8	17.9
29	热血奇侠	电视剧	海南广播电视总台经济频道	3.8	16.8
30	风影	电视剧	海南广播电视总台经济频道	3.8	15.6

表 3.40.8　2019 年海口市场电视剧收视率排名前十位

名次	节目名称	播出频道	平均收视率（%）	平均占有率（%）
1	忠者无敌	海南广播电视总台经济频道	5.8	22.4
2	江都谍影	海南广播电视总台经济频道	5.7	22.2
3	猛虎特战队	海南广播电视总台经济频道	5.7	19.9
4	战寇（23~46 集）	海南广播电视总台经济频道	5.6	20.5
5	雪海孤狼	海南广播电视总台经济频道	5.5	22.4
6	终极对决	海南广播电视总台经济频道	5.1	22.3
7	冰锋	海南广播电视总台经济频道	5.1	19.3
8	战火红颜	海南广播电视总台经济频道	4.9	17.7
9	雪豹坚强岁月	海南广播电视总台经济频道	4.6	21.0
10	雳剑	海南广播电视总台经济频道	4.5	19.0

表 3.40.9 2019 年海口市场新闻节目收视率排名前十位

名次	节目名称	播出频道	平均收视率（%）	平均占有率（%）
1	庆祝中华人民共和国成立 70 周年大会阅兵式群众游行特别报道	中央电视台综合频道	7.1	30.6
2	向伟大复兴前进	中央电视台综合频道	3.9	31.9
3	直播海南	海南广播电视总台经济频道	2.7	22.6
4	人民欢歌庆祝中华人民共和国成立 70 周年联欢活动特别报道	中央电视台综合频道	2.3	18.6
5	庆祝中华人民共和国成立 70 周年特别节目走向复兴	中央电视台综合频道	2.2	7.7
6	全省聚焦两不愁三保障脱贫攻坚背水一战推进大会	海南广播电视总台经济频道	1.4	6.2
7	脱贫攻坚大决战聚焦精准扶贫共建小康社会	海南广播电视总台经济频道	1.4	6.1
8	新闻联播	中央电视台综合频道	1.3	7.1
9	庆祝中华人民共和国成立 70 周年特别报道	中央台四套	1.0	7.8
10	海峡两岸	中央台四套	1.0	3.9

表 3.40.10 2019 年海口市场专题节目收视率排名前十位

名次	节目名称	播出频道	平均收视率（%）	平均占有率（%）
1	绿色农业进行时	海南广播电视总台经济频道	2.0	11.7
2	年夜饭 2019 新春特别节目	海南广播电视总台经济频道	1.9	12.5
3	中国出了个毛泽东·东方欲晓	湖南卫视	1.9	7.5
4	等闲识得东风面 2019 年习近平主席访问欧洲三国纪行	中央电视台综合频道	1.6	7.1
5	筑梦海之南	海南广播电视总台公共频道	1.6	6.3
6	新时代党员大会追寻不忘初心牢记使命	海南广播电视总台经济频道	1.6	5.2
7	最美的面孔“浙江骄傲”评选十五年人物谱	浙江卫视	1.4	5.5
8	国歌	湖南卫视	1.3	19.9
9	315 共治共享放心消费	中央台二套	1.2	6.0
10	中央电视台特别节目携手奔向互利共赢的康庄大道	中央电视台综合频道	1.2	5.5

表 3.40.11　2019 年海口市场综艺节目收视率排名前十位

名次	节目名称	播出频道	平均收视率（%）	平均占有率（%）
1	庆祝中华人民共和国成立 70 周年联欢活动	中央电视台综合频道	6.9	25.6
2	2019 苏宁易购 1111 嗨爆夜	湖南卫视	6.4	27.9
3	一站到底(12 月 30 日)	江苏卫视	4.6	20.5
4	2020 跨年晚会	浙江卫视	4.6	14.3
5	中国达人秀(10 月 6 日)	上海东方卫视	4.1	18.4
6	音浪合伙人(10 月 12 日)	江苏卫视	3.7	27.2
7	追我吧	浙江卫视	3.2	16.0
8	中国梦之声我们的歌(12 月 29 日)	上海东方卫视	3.1	11.4
9	跨界歌王(12 月 14 日)	北京卫视	3.1	11.3
10	嗨唱转起来(10 月 25 日)	湖南卫视	3.1	11.0

表 3.40.12　2019 年海口市场体育节目收视率排名前十位

名次	节目名称	播出频道	平均收视率（%）	平均占有率（%）
1	2019 年世界女排联赛中国香港站(荷兰 VS 中国)	中央台五套	4.8	18.2
2	2019 年女排世界杯第五轮(日本 VS 中国)	中央台五套	4.7	25.0
3	2020 年东京奥运会女排资格赛(中国 VS 德国)	中央台五套	4.3	16.8
4	第七届军运会女排决赛(中国 VS 巴西)	中央台五套	3.3	11.3
5	2019 年国际泳联世锦赛女子 200 米蝶泳半决赛	中央台五套	2.4	12.5
6	2019 苏迪曼杯世界羽毛球混合团体锦标赛中国队十佳球	中央台五套	2.4	10.2
7	2019 年乒乓球亚锦赛女子团体决赛女单	中央台五套	2.3	8.6
8	2019 年乒乓球团体世界杯女团小组赛双打	中央台五套	2.1	15.4
9	2019 年世界举重锦标赛男子 67 公斤级抓举决赛	中央台五套	2.0	10.0
10	2019 年世界田径锦标赛选拔赛女子链球决赛	中央台五套	2.0	9.4

四十一、杭州收视数据

表 3.41.1　2015~2019 年杭州市场各类频道的市场占有率(%)

频道类别	年　份				
	2015 年	2016 年	2017 年	2018 年	2019 年
中央广播电视总台	16.4	20.2	22.4	24.9	21.7
中国教育台频道	0.1	0.1	0.1	0.1	0.1
浙江省级频道	35.6	31.7	20.2	20.5	17.0
杭州市级频道	15.5	13.6	16.7	12.5	14.7
其他省级卫视频道	23.0	21.7	23.1	21.8	20.3
其他频道	9.4	12.7	17.5	20.2	26.2

表 3.41.2　2019 年杭州市场各类频道在不同目标观众中的市场占有率(%)

目标观众		中央广播电视总台	中国教育台频道	浙江省级频道	杭州市级频道	其他省级卫视频道	其他频道
4 岁及以上所有人		21.7	0.1	17.0	14.7	20.3	26.2
性别	男	24.1	0.1	15.7	15.1	19.8	25.2
	女	19.2	0.1	18.5	14.2	20.8	27.2
年龄	4~14 岁	10.4	0.1	9.1	5.2	27.3	47.9
	15~24 岁	20.3	0.1	21.2	12.1	22.2	24.1
	25~34 岁	17.5	0.2	15.8	11.8	21.2	33.5
	35~44 岁	19.1	0.1	12.6	6.9	17.7	43.6
	45~54 岁	21.2	0.1	19.1	15.2	20.2	24.2
	55~64 岁	24.3	0.1	17.0	17.6	19.9	21.1
	65 岁及以上	27.8	0.1	18.7	19.9	18.7	14.8
教育程度	未受过正规教育	10.0	0.1	13.8	8.5	23.6	44.0
	小学	21.5	0.2	18.3	19.9	20.4	19.7
	初中	21.9	0.1	17.4	19.0	22.0	19.6
	高中	23.0	0.1	16.9	11.9	22.1	26.0
	大学及以上	22.8	0.1	16.7	9.9	16.0	34.5
职业类别	干部/管理人员	14.1	0.1	17.7	7.1	12.9	48.1
	个体/私营企业人员	14.0	0.1	18.7	13.9	19.6	33.7
	初级公务员/雇员	21.2	0.1	17.2	14.2	18.4	28.9
	工人	21.0	0.3	13.2	15.0	28.8	21.7
	学生	15.9	0.1	15.5	9.7	26.0	32.8
	无业	24.1	0.1	17.3	16.1	20.5	21.9
	其他	27.5	0.2	19.3	9.0	12.5	31.5
个人月收入	0~600 元	19.7	0.1	13.7	9.7	22.6	34.2
	601~1200 元	33.6	0.1	11.4	8.1	26.1	20.7
	1201~1700 元	20.3	0.2	21.4	19.6	13.6	24.9
	1701~2600 元	17.5	0.1	23.7	25.0	16.0	17.7
	2601~3500 元	22.8	0.2	18.8	16.3	23.4	18.5
	3501~5000 元	24.5	0.1	16.9	14.8	19.6	24.1
	5001 元及以上	20.1	0.1	16.3	13.6	19.0	30.9

表 3.41.3　2019 年杭州市场各类频道在不同时段的市场占有率(%)

时间段	中央广播电视总台	中国教育台频道	浙江省级频道	杭州市级频道	其他省级卫视频道	其他频道
02:00~03:00	17.1	0.3	15.3	0.1	21.3	45.9
03:00~04:00	16.2	0.2	20.4	0.0	20.5	42.7
04:00~05:00	26.6	0.3	13.3	0.0	20.9	38.9
05:00~06:00	24.6	0.3	20.8	0.9	26.0	27.4
06:00~07:00	28.1	0.5	19.2	8.0	21.6	22.6
07:00~08:00	30.6	0.3	15.0	9.7	16.8	27.6
08:00~09:00	27.3	0.2	14.5	7.0	19.2	31.8
09:00~10:00	24.8	0.2	19.1	5.6	20.6	29.7
10:00~11:00	26.4	0.3	14.8	6.6	24.3	27.6
11:00~12:00	30.0	0.2	12.3	6.6	24.5	26.4
12:00~13:00	28.9	0.1	9.6	6.8	24.7	29.9
13:00~14:00	23.2	0.2	11.1	5.4	27.4	32.7
14:00~15:00	21.1	0.3	11.4	6.8	28.7	31.7
15:00~16:00	20.8	0.4	11.4	8.1	29.2	30.1
16:00~17:00	22.3	0.3	11.1	8.1	29.2	29.0
17:00~18:00	25.2	0.1	14.0	8.7	26.7	25.3
18:00~19:00	21.9	0.0	23.4	21.5	10.5	22.7
19:00~20:00	16.5	0.0	25.9	24.8	12.1	20.7
20:00~21:00	15.9	0.0	23.6	21.6	18.0	20.9
21:00~22:00	19.6	0.1	16.2	24.7	16.6	22.8
22:00~23:00	23.7	0.1	12.9	10.8	22.1	30.4
23:00~24:00	25.9	0.1	10.0	5.7	25.1	33.2
24:00~25:00	26.8	0.1	8.8	5.0	21.1	38.2
25:00~26:00	22.3	0.3	8.7	0.5	18.9	49.3

表 3.41.4　2019 年杭州市场收视份额排名前十位的频道

名次	频道名称	收视份额(%)
1	杭州电视台影视频道	5.9
2	浙江卫视	5.7
3	浙江电视台教育科技频道	5.0
4	中央电视台综合频道	3.2
4	中央电视台新闻频道	3.2
4	杭州电视台西湖明珠频道	3.2
7	中央台四套	3.1
8	浙江电视台民生休闲频道	2.5
9	杭州电视台综合频道	2.4
9	湖南卫视	2.4

表 3.41.5 2019 年杭州市场各主要频道的观众构成(%)

目标观众		所有频道	杭州电视台影视频道	浙江卫视	浙江电视台教育科技频道	中央电视台综合频道	中央电视台新闻频道	杭州电视台西湖明珠频道
4 岁及以上所有人		100.0	100.0	100.0	100.0	100.0	100.0	100.0
性别	男	51.7	58.5	50.8	46.2	47.4	58.5	45.8
	女	48.3	41.5	49.2	53.8	52.6	41.5	54.2
年龄	4~14 岁	5.3	0.8	5.7	0.7	3.5	1.1	3.7
	15~24 岁	4.3	4.9	8.3	2.6	2.8	3.0	1.9
	25~34 岁	16.7	10.6	19.6	15.8	11.6	19.0	14.4
	35~44 岁	8.2	3.4	8.1	3.0	4.8	4.5	4.9
	45~54 岁	25.4	28.1	26.0	29.0	16.2	28.5	25.3
	55~64 岁	21.4	23.0	18.7	19.9	29.5	24.9	27.6
	65 岁及以上	18.7	29.2	13.6	29.0	31.6	19.0	22.2
教育程度	未受过正规教育	5.1	3.0	2.1	7.9	3.7	1.2	3.6
	小学	14.3	24.5	10.1	19.6	13.0	15.4	17.6
	初中	32.9	39.7	33.6	30.8	35.3	26.5	44.4
	高中	21.4	16.4	21.3	21.3	25.0	25.1	15.3
	大学及以上	26.3	16.4	32.9	20.4	23.0	31.8	19.1
职业类别	干部/管理人员	2.6	1.4	1.7	2.6	2.5	3.1	1.2
	个体/私营企业人员	7.6	7.7	10.1	5.2	6.1	4.1	8.3
	初级公务员/雇员	29.8	28.7	34.7	30.2	21.1	33.6	30.7
	工人	8.1	10.3	6.2	6.5	3.2	3.7	3.9
	学生	3.2	2.8	6.0	1.0	2.9	1.1	2.3
	无业	46.6	47.4	40.9	50.9	63.2	44.7	52.8
	其他	2.1	1.7	0.4	3.6	1.0	9.7	0.8
个人月收入	0~600 元	14.5	10.7	15.1	8.5	11.3	17.2	8.1
	601~1200 元	0.5	0.2	0.3	0.5	0.2	0.7	0.3
	1201~1700 元	1.3	2.4	0.9	2.5	1.9	1.4	1.1
	1701~2600 元	7.2	16.2	7.1	12.8	7.4	3.9	12.0
	2601~3500 元	16.4	15.2	15.6	19.9	20.9	10.1	19.0
	3501~5000 元	30.0	28.0	30.3	31.3	32.8	32.9	32.6
	5001 元及以上	30.1	27.3	30.7	24.5	25.5	33.8	26.9

表 3.41.6　2017~2019 年杭州市场各类节目的播出比重(%)和收视比重(%)

节目类型	2017 年		2018 年		2019 年	
	播出比重	收视比重	播出比重	收视比重	播出比重	收视比重
财经	1.4	1.0	1.4	0.7	1.4	0.5
电视剧	20.5	28.1	21.1	30.5	21.6	33.9
电影	3.4	2.5	3.6	2.7	3.6	2.9
法制	0.8	0.4	0.9	0.6	0.8	0.5
教学	0.4	0.0	0.3	0.0	0.4	0.0
青少	6.8	3.4	6.8	3.2	7.2	3.3
生活服务	10.3	11.7	10.2	11.2	9.6	10.4
体育	3.2	1.5	3.1	2.8	3.6	2.3
外语	0.1	0.0	0.1	0.0	0.1	0.0
戏剧	0.8	0.3	0.7	0.3	0.8	0.4
新闻/时事	15.4	20.0	15.4	18.0	15.7	17.4
音乐	1.4	0.9	1.3	0.9	1.6	0.9
专题	13.9	5.4	13.9	5.5	13.7	5.9
综艺	8.6	11.6	7.9	11.0	7.1	10.3
其他	13.0	13.2	13.3	12.6	12.8	11.3

表 3.41.7　2019 年杭州市场所有节目收视率排名前三十位

名次	节目名称	节目类型	播出频道	平均收视率(%)	平均占有率(%)
1	庆祝中华人民共和国成立 70 周年大会阅兵式群众游行特别报道	新闻/时事	中央电视台综合频道	5.6	17.9
2	2019 中央广播电视总台春节联欢晚会	综艺	浙江卫视	5.1	17.5
3	喜气洋洋闹元宵	综艺	中央电视台综合频道	4.3	19.6
4	杀出黎明	电视剧	杭州电视台影视频道	4.2	21.5
5	女人的抗战	电视剧	杭州电视台影视频道	3.9	16.6
6	开学第一课	青少	中央电视台综合频道	3.7	14.3
7	中国好声音(7 月 19 日)	综艺	浙江卫视	3.6	20.3
8	向伟大复兴前进	新闻/时事	中央电视台综合频道	3.6	19.0
9	都挺好	电视剧	浙江卫视	3.6	15.6
10	热血	电视剧	杭州电视台影视频道	3.5	17.3
11	左手劈刀	电视剧	杭州电视台影视频道	3.3	16.5
12	战寇	电视剧	杭州电视台影视频道	3.2	13.8

续表

名次	节目名称	节目类型	播出频道	平均收视率(%)	平均占有率(%)
13	庆祝中华人民共和国成立70周年联欢活动	综艺	中央电视台综合频道	3.2	11.4
14	往事云烟	电视剧	杭州电视台影视频道	3.0	15.7
15	雪海	电视剧	杭州电视台影视频道	3.0	15.0
16	掩护	电视剧	浙江电视台教育科技频道	3.0	14.8
17	家国恩仇记	电视剧	杭州电视台影视频道	3.0	14.6
17	觉醒	电视剧	浙江电视台教育科技频道	3.0	14.6
19	拯救者	电视剧	杭州电视台影视频道	2.9	14.2
20	女匪首传奇	电视剧	杭州电视台影视频道	2.9	13.8
21	枪口	电视剧	杭州电视台影视频道	2.9	13.0
22	地道女英雄	电视剧	杭州电视台影视频道	2.8	13.4
22	光荣与梦想杭州市第三届十大律师先锋之人民满意律师评选活动	专题	杭州电视台影视频道	2.8	13.4
24	光影	电视剧	杭州电视台影视频道	2.8	12.1
25	地下地上	电视剧	浙江电视台教育科技频道	2.7	13.3
26	大冰小将(1月12日)	综艺	浙江卫视	2.7	11.8
27	烟花易冷	电视剧	浙江电视台教育科技频道	2.7	11.2
28	2019天猫双11狂欢夜	综艺	浙江卫视	2.6	13.6
28	山河同在	电视剧	杭州电视台影视频道	2.6	13.6
30	我姥爷1945之绝命枪	电视剧	杭州电视台影视频道	2.6	12.9

表3.41.8　2019年杭州市场电视剧收视率排名前十位

名次	节目名称	播出频道	平均收视率(%)	平均占有率(%)
1	杀出黎明	杭州电视台影视频道	4.2	21.5
2	女人的抗战	杭州电视台影视频道	3.9	16.6
3	都挺好	浙江卫视	3.6	15.6
4	热血	杭州电视台影视频道	3.5	17.3
5	左手劈刀	杭州电视台影视频道	3.3	16.5
6	战寇	杭州电视台影视频道	3.2	13.8
7	往事云烟	杭州电视台影视频道	3.0	15.7
8	雪海	杭州电视台影视频道	3.0	15.0
9	家国恩仇记	杭州电视台影视频道	3.0	14.6
9	觉醒	浙江电视台教育科技频道	3.0	14.6

表 3.41.9　2019 年杭州市场新闻节目收视率排名前十位

名次	节目名称	播出频道	平均收视率（%）	平均占有率（%）
1	庆祝中华人民共和国成立 70 周年大会阅兵式群众游行特别报道	中央电视台综合频道	5.6	17.9
2	向伟大复兴前进	中央电视台综合频道	3.6	19.0
3	阿六头说新闻	杭州电视台西湖明珠频道	2.0	11.0
4	我和你说	杭州电视台生活频道	2.0	9.1
5	人民欢歌庆祝中华人民共和国成立 70 周年联欢活动特别报道	中央电视台综合频道	1.8	10.1
6	直击台风利奇马	浙江卫视	1.3	6.9
7	庆祝中华人民共和国成立 70 周年特别节目走向复兴	中央电视台新闻频道	1.1	8.5
8	春节传奇中国节	中央台四套	1.1	5.4
9	新闻 60 分	杭州电视台综合频道	1.0	7.3
10	共同关注	中央电视台新闻频道	1.0	7.2

表 3.41.10　2019 年杭州市场专题节目收视率排名前十位

名次	节目名称	播出频道	平均收视率（%）	平均占有率（%）
1	光荣与梦想杭州市第三届十大律师先锋之人民满意律师评选活动	杭州电视台影视频道	2.8	13.4
2	一年又一年	中央电视台综合频道	2.0	9.9
3	中国诗词大会第四季(2 月 10 日)	中央电视台综合频道	2.0	8.6
4	亲民尚和图	杭州电视台影视频道	1.9	7.8
5	专家团助力和事佬	杭州电视台西湖明珠频道	1.3	5.8
6	思想的田野	浙江卫视	1.1	5.8
7	牵挂与惦念习近平总书记赴重庆华溪村扶贫考察纪实	中央电视台新闻频道	0.9	4.5
8	小区大事	杭州电视台西湖明珠频道	0.9	4.3
9	等着我	中央电视台综合频道	0.9	3.9
10	红色通缉	中央电视台综合频道	0.9	3.4

表 3.41.11　2019 年杭州市场综艺节目收视率排名前十位

名次	节目名称	播出频道	平均收视率（%）	平均占有率（%）
1	2019 中央广播电视总台春节联欢晚会	浙江卫视	5.1	17.5
2	喜气洋洋闹元宵	中央电视台综合频道	4.3	19.6
3	中国好声音(7 月 19 日)	浙江卫视	3.6	20.3
4	庆祝中华人民共和国成立 70 周年联欢活动	中央电视台综合频道	3.2	11.4
5	大冰小将(1 月 12 日)	浙江卫视	2.7	11.8
6	2019 天猫双 11 狂欢夜	浙江卫视	2.6	13.6
7	2019 年中央广播电视总台中秋晚会	中央电视台综合频道	2.2	11.2
8	巅峰对决我就是演员(12 月 21 日)	浙江卫视	1.9	8.6
9	抖音美好奇妙夜 2019 浙江卫视秋季盛典	浙江卫视	1.8	11.1
10	奔跑吧	浙江卫视	1.8	10.2

表 3.41.12　2019 年杭州市场体育节目收视率排名前十位

名次	节目名称	播出频道	平均收视率（%）	平均占有率（%）
1	现场直播:2019 年国际泳联世锦赛男子 4×200 米自由泳接力决赛	中央台五套	2.1	7.8
2	2019 年国际篮联篮球世界杯 A 组(委内瑞拉 VS 中国)	中央台五套	2.0	10.4
3	2019 年世界乒乓球锦标赛女双决赛	中央台五套	1.9	9.1
4	第七届世界军人运动会报道:第七届军运会游泳比赛男子 200 米个人混合泳决赛	中央台五套	1.6	8.3
5	直播周末 2019 年女排世界杯颁奖仪式	中央台五套	1.5	6.7
6	第七届世界军人运动会开幕式	中央电视台综合频道	1.4	7.0
7	现场直播:2019 年世界女排联赛总决赛小组赛 A 组(中国 VS 意大利)	中央台五套	1.4	6.4
8	直播周末:2020 年东京奥运会女排资格赛(中国 VS 土耳其)	中央台五套	1.4	5.9
9	第七届世界军人运动会报道:第七届军运会女排决赛(中国 VS 巴西)	中央台五套	1.3	6.9
10	第七届世界军人运动会报道:第七届军运会田径比赛男子 200 米决赛	中央台五套	1.3	6.4

四十二、合肥收视数据

表 3. 42. 1 2015~2019 年合肥市场各类频道的市场占有率(%)

频道类别	年份				
	2015 年	2016 年	2017 年	2018 年	2019 年
中央广播电视总台	32.4	33.9	32.9	33.1	28.1
中国教育台频道	0.3	0.3	0.2	0.3	0.2
安徽省级频道	25.1	25.7	23.2	23.8	24.4
合肥市级频道	5.0	2.6	2.0	2.5	2.1
其他省级卫视频道	27.0	25.0	24.3	21.1	21.6
其他频道	10.2	12.5	17.4	19.2	23.6

表 3. 42. 2　2019 年合肥市场各类频道在不同目标观众中的市场占有率(%)

目标观众		中央广播电视总台	中国教育台频道	安徽省级频道	合肥市级频道	其他省级卫视频道	其他频道
4 岁及以上所有人		28.1	0.2	24.4	2.1	21.6	23.6
性别	男	30.5	0.2	23.4	2.2	20.6	23.1
	女	25.3	0.2	25.5	2.0	22.7	24.3
年龄	4~14 岁	19.2	0.1	8.5	1.1	31.2	39.9
	15~24 岁	21.0	0.1	17.7	1.7	21.4	38.1
	25~34 岁	20.2	0.1	19.3	1.6	25.6	33.2
	35~44 岁	27.9	0.1	15.1	1.5	29.9	25.5
	45~54 岁	27.7	0.1	24.2	2.2	18.8	27.0
	55~64 岁	30.8	0.3	31.4	2.5	19.6	15.4
	65 岁及以上	38.7	0.3	36.9	2.9	14.1	7.1
教育程度	未受过正规教育	20.2	0.5	24.9	1.6	23.5	29.3
	小学	27.7	0.1	30.1	2.8	21.0	18.3
	初中	26.9	0.1	24.5	2.3	21.6	24.6
	高中	30.1	0.2	24.5	1.7	21.3	22.2
	大学及以上	29.9	0.1	18.7	1.8	21.9	27.6
职业类别	干部/管理人员	42.7	0.0	8.1	1.3	27.2	20.7
	个体/私营企业人员	25.1	0.2	16.0	2.6	24.8	31.3
	初级公务员/雇员	28.2	0.1	19.5	1.7	24.8	25.7
	工人	24.1	0.1	24.9	1.6	19.8	29.5
	学生	22.1	0.1	11.4	1.3	26.5	38.6
	无业	30.7	0.2	31.0	2.5	19.2	16.4
	其他	*	*	*	*	*	*
个人月收入	0~600 元	21.1	0.1	21.6	1.6	24.4	31.2
	601~1200 元	20.3	0.1	45.0	2.0	14.7	17.9
	1201~1700 元	26.9	1.3	38.8	2.2	17.6	13.2
	1701~2600 元	32.3	0.2	31.4	3.0	18.2	14.9
	2601~3500 元	34.0	0.2	23.1	2.2	18.2	22.3
	3501~5000 元	23.7	0.1	20.1	1.5	26.0	28.6
	5001 元及以上	30.8	0.1	15.1	1.6	25.3	27.1

注：* 表示样本量太小，无法进行统计推断。

表 3.42.3 2019 年合肥市场各类频道在不同时段的市场占有率(%)

时间段	中央广播电视总台	中国教育台频道	安徽省级频道	合肥市级频道	其他省级卫视频道	其他频道
02:00~03:00	26.1	0.1	3.1	0.2	26.2	44.3
03:00~04:00	28.0	0.1	2.9	0.0	25.4	43.6
04:00~05:00	34.8	0.1	3.7	0.0	26.5	34.9
05:00~06:00	42.0	0.1	10.6	0.2	21.2	25.9
06:00~07:00	51.3	0.3	23.7	1.3	9.7	13.7
07:00~08:00	47.0	0.2	25.5	1.8	11.0	14.5
08:00~09:00	38.0	0.1	19.0	3.3	18.6	21.0
09:00~10:00	32.2	0.2	19.9	3.0	21.0	23.7
10:00~11:00	30.5	0.2	18.0	2.9	23.2	25.2
11:00~12:00	28.6	0.1	25.2	1.4	20.6	24.1
12:00~13:00	34.9	0.1	19.5	1.3	18.1	26.1
13:00~14:00	30.7	0.2	14.6	1.3	23.8	29.4
14:00~15:00	30.3	0.5	12.7	2.0	25.1	29.4
15:00~16:00	32.7	0.6	11.6	2.4	25.2	27.5
16:00~17:00	33.0	0.6	11.6	1.7	25.9	27.2
17:00~18:00	27.0	0.2	23.1	1.7	22.3	25.7
18:00~19:00	26.4	0.1	37.6	2.7	11.0	22.2
19:00~20:00	28.0	0.1	30.5	3.0	18.1	20.3
20:00~21:00	23.1	0.0	29.1	2.3	26.9	18.6
21:00~22:00	23.2	0.1	33.3	1.5	21.8	20.1
22:00~23:00	22.6	0.1	28.1	1.7	22.8	24.7
23:00~24:00	27.3	0.2	13.1	2.4	26.4	30.6
24:00~25:00	26.7	0.2	6.9	2.3	27.1	36.8
25:00~26:00	25.9	0.2	4.1	1.2	26.4	42.2

表 3.42.4 2019 年合肥市场收视份额排名前十位的频道

名次	频道名称	收视份额(%)
1	安徽经视	6.4
2	安徽综艺	5.2
3	安徽影视	5.0
4	安徽卫视	4.8
5	中央台四套	4.2
6	中央台六套	3.9
7	中央电视台综合频道	3.5
8	中央台八套	2.8
9	中央电视台新闻频道	2.5
10	中央台三套	2.4

表 3.42.5　2019 年合肥市场各主要频道的观众构成(%)

目标观众		所有频道	主要频道				
			安徽经视	安徽综艺	安徽影视	安徽卫视	中央台四套
4 岁及以上所有人		100.0	100.0	100.0	100.0	100.0	100.0
性别	男	53.0	48.9	53.6	53.2	49.5	67.1
	女	47.0	51.1	46.4	46.8	50.5	32.9
年龄	4~14 岁	7.4	1.8	1.9	1.3	5.9	1.4
	15~24 岁	7.8	5.4	3.7	9.5	5.1	3.6
	25~34 岁	14.8	11.0	16.1	7.5	11.3	8.8
	35~44 岁	12.2	7.0	6.2	8.5	7.2	4.0
	45~54 岁	21.0	21.0	20.8	23.7	18.6	21.0
	55~64 岁	18.4	27.1	31.6	25.2	10.3	23.9
	65 岁及以上	18.4	26.8	19.7	24.3	41.5	37.3
教育程度	未受过正规教育	5.3	4.5	6.9	2.5	9.5	2.4
	小学	16.3	21.1	18.5	17.4	22.7	15.5
	初中	33.1	34.2	28.1	29.3	41.1	31.1
	高中	26.8	29.8	29.3	33.6	15.2	30.4
	大学及以上	18.4	10.5	17.3	17.2	11.5	20.5
职业类别	干部/管理人员	1.3	0.6	0.2	0.2	0.2	0.4
	个体/私营企业人员	11.6	4.5	6.8	4.6	15.9	8.4
	初级公务员/雇员	16.3	14.3	12.9	12.7	10.7	14.4
	工人	16.1	15.8	18.4	17.1	15.3	9.8
	学生	8.8	3.2	3.9	4.8	4.6	2.3
	无业	45.9	61.6	57.8	60.6	53.3	64.7
	其他	*	*	*	*	*	*
个人月收入	0~600 元	24.9	19.8	22.0	23.2	24.7	12.0
	601~1200 元	1.9	2.7	2.7	2.7	4.9	0.8
	1201~1700 元	2.2	6.9	4.1	2.2	1.6	1.2
	1701~2600 元	26.3	34.1	31.7	35.0	34.9	29.3
	2601~3500 元	19.0	16.3	19.8	16.6	20.7	31.1
	3501~5000 元	15.2	15.0	14.8	11.9	6.3	11.9
	5001 元及以上	10.5	5.2	4.9	8.4	6.9	13.7

注：* 表示样本量太小，无法进行统计推断。

表 3.42.6　2017~2019 年合肥市场各类节目的播出比重(%)和收视比重(%)

节目类型	2017 年		2018 年		2019 年	
	播出比重	收视比重	播出比重	收视比重	播出比重	收视比重
财经	1.2	0.4	1.1	0.4	1.1	0.4
电视剧	21.3	26.5	21.6	27.5	21.5	31.3
电影	4.0	4.4	4.1	5.0	3.9	5.6
法制	1.4	1.1	1.3	1.1	1.1	0.9
教学	0.2	0.0	0.3	0.0	0.4	0.0
青少	6.6	5.8	6.6	6.3	6.9	4.9
生活服务	8.8	7.7	8.7	7.0	8.3	7.8
体育	3.1	2.6	3.1	3.5	3.6	3.1
外语	0.1	0.0	0.1	0.0	0.2	0.0
戏剧	0.8	0.2	0.8	0.2	0.8	0.2
新闻/时事	15.4	19.6	15.9	18.4	16.4	16.0
音乐	1.6	0.9	1.5	0.8	1.8	0.8
专题	13.8	5.6	13.7	5.6	13.7	5.2
综艺	7.9	13.0	7.5	12.9	6.9	12.6
其他	13.8	12.2	13.7	11.3	13.4	11.2

表 3.42.7　2019 年合肥市场所有节目收视率排名前三十位

名次	节目名称	节目类型	播出频道	平均收视率(%)	平均占有率(%)
1	庆祝中华人民共和国成立 70 周年大会阅兵式群众游行特别报道	新闻	中央电视台综合频道	8.6	31.0
2	2019 中央广播电视总台春节联欢晚会	综艺	中央电视台综合频道	6.3	18.8
3	开学第一课	青少	中央电视台综合频道	4.6	17.0
4	庆祝中华人民共和国成立 70 周年联欢活动	综艺	中央电视台综合频道	4.3	14.4
5	来吧掼军(11 月 24 日)	综艺	安徽综艺	3.9	16.3
6	快乐无敌大 PK(5 月 2 日)	综艺	安徽综艺	3.6	17.1
7	2019 安徽卫视春节联欢晚会(2 月 2 日)	综艺	安徽卫视	3.4	17.8
8	前妻的车站	电视剧	安徽经视	3.3	14.8
9	叶落长安	电视剧	安徽经视	3.3	14.3
10	战天狼	电视剧	安徽影视	3.1	15.4
11	人民欢歌庆祝中华人民共和国成立 70 周年联欢活动特别报道	新闻	中央电视台综合频道	2.7	14.7
12	铁血军魂	电视剧	安徽影视	2.7	13.4

续表

名次	节目名称	节目类型	播出频道	平均收视率（%）	平均占有率（%）
13	一起走过的日子	电视剧	安徽经视	2.7	12.8
14	婚变(26~50 集)	电视剧	安徽经视	2.6	12.8
15	给你生命给我爱	电视剧	安徽经视	2.6	11.9
16	第 1 时间	新闻	安徽经视	2.5	14.5
17	战火兵魂	电视剧	安徽影视	2.5	12.7
18	我姥爷 1945 之绝命枪	电视剧	安徽影视	2.4	12.9
19	悬崖	电视剧	安徽影视	2.4	12.5
20	战火英雄	电视剧	安徽影视	2.4	12.4
21	2019 年国际篮联篮球世界杯小组赛 A 组(中国 VS 波兰)	体育	中央台五套	2.3	13.6
22	一年又一年	专题	中央电视台综合频道	2.3	11.9
23	第七届世界军人运动会报道:第七届军运会女排决赛(中国 VS 巴西)	体育	中央台五套	2.3	11.7
24	2020 跨年演唱会	音乐	江苏卫视	2.3	10.6
25	越战越勇(2 月 20 日)	综艺	中央台三套	2.3	8.4
26	燕阳春	电视剧	安徽经视	2.2	10.2
27	罗龙镇女人	电视剧	安徽经视	2.2	9.8
28	铁血殊途	电视剧	安徽影视	2.1	9.9
29	魔都风云	电视剧	安徽经视	2.1	8.9
29	西京故事(9~39 集)	电视剧	安徽卫视	2.1	8.9

表 3.42.8　2019 合肥市场电视剧收视率排名前十位

名次	节目名称	播出频道	平均收视率(%)	平均占有率(%)
1	前妻的车站	安徽经视	3.3	14.8
2	叶落长安	安徽经视	3.3	14.3
3	战天狼	安徽影视	3.1	15.4
4	铁血军魂	安徽影视	2.7	13.4
5	一起走过的日子	安徽经视	2.7	12.8
6	婚变(26~50 集)	安徽经视	2.6	12.8
7	给你生命给我爱	安徽经视	2.6	11.9
8	战火兵魂	安徽影视	2.5	12.7
9	我姥爷 1945 之绝命枪	安徽影视	2.4	12.9
10	战火英雄	安徽影视	2.4	12.4

表 3.42.9　2019 年合肥市场新闻节目收视率排名前十位

名次	节目名称	播出频道	平均收视率（%）	平均占有率（%）
1	庆祝中华人民共和国成立 70 周年大会阅兵式群众游行特别报道	中央电视台综合频道	8.6	31.0
2	人民欢歌庆祝中华人民共和国成立 70 周年联欢活动特别报道	中央电视台综合频道	2.7	14.7
3	第 1 时间	安徽经视	2.5	14.5
4	庆祝中华人民共和国成立 70 周年特别节目走向复兴	中央电视台综合频道	1.5	6.5
5	帮女郎帮你忙	安徽经视	1.4	12.3
6	转播中央广播电视总台新闻联播	安徽卫视	1.3	6.5
7	亚洲文化嘉年华特别报道	中央台三套	1.2	4.6
8	第 1 现场	安徽经视	1.1	4.8
9	海峡两岸	中央台四套	1.0	4.2
10	今日亚洲	中央台四套	0.9	4.0

表 3.42.10　2019 年合肥市场专题节目收视率排名前十位

名次	节目名称	播出频道	平均收视率（%）	平均占有率（%）
1	一年又一年	中央电视台综合频道	2.3	11.9
2	中国诗词大会第四季(2 月 8 日)	中央电视台综合频道	2.1	7.5
3	家有好大事纪念改革开放 40 周年特别企划我们的四十年	安徽综艺	1.3	7.1
4	牵挂与惦念习近平总书记赴重庆华溪村扶贫考察纪实	中央电视台综合频道	1.3	5.8
5	较量抗美援朝战争实录	中央台六套	1.1	4.9
6	思想的田野	安徽卫视	1.1	4.5
7	等闲识得东风面 2019 年习近平主席访问欧洲三国纪行	中央电视台综合频道	1.0	4.7
8	红色通缉	中央电视台综合频道	1.0	4.1
9	感动中国 2018 年度人物颁奖盛典	中央电视台综合频道	1.0	3.8
10	青年先锋颁奖盛典第 3 季	安徽经视	0.9	4.7

表 3.42.11　2019 年合肥市场综艺节目收视率排名前十位

名次	节目名称	播出频道	平均收视率（%）	平均占有率（%）
1	2019 中央广播电视总台春节联欢晚会	中央电视台综合频道	6.3	18.8
2	庆祝中华人民共和国成立 70 周年联欢活动	中央电视台综合频道	4.3	14.4
3	来吧掼军(11 月 24 日)	安徽综艺	3.9	16.3
4	快乐无敌大 PK(5 月 2 日)	安徽综艺	3.6	17.1
5	2019 安徽卫视春节联欢晚会(2 月 2 日)	安徽卫视	3.4	17.8
6	越战越勇(2 月 20 日)	中央台三套	2.3	8.4
7	喜气洋洋闹元宵	中央电视台综合频道	2.1	13.2
8	中国好声音(9 月 13 日)	浙江卫视	2.0	10.0
9	最强大脑燃烧吧大脑(9 月 12 日)	江苏卫视	2.0	9.1
10	星光大道(7 月 13 日)	中央台三套	1.8	8.3

表 3.42.12　2019 年合肥市场体育节目收视率排名前十位

名次	节目名称	播出频道	平均收视率（%）	平均占有率（%）
1	2019 年国际篮联篮球世界杯小组赛 A 组(中国 VS 波兰)	中央台五套	2.3	13.6
2	第七届世界军人运动会报道:第七届军运会女排决赛(中国 VS 巴西)	中央台五套	2.3	11.7
3	2019 年国际泳联世锦赛男子 200 米蝶泳决赛	中央台五套	2.0	10.0
4	2019 年世界女排联赛中国江门站(中国 VS 土耳其)	中央台五套	1.9	9.0
5	国际足联 2022 年世界杯亚洲区预选赛第 2 阶段 A 组第 2 轮(关岛 VS 中国)	中央台五套	1.9	8.6
6	第七届世界军人运动会开幕式	中央台五套	1.8	9.0
7	2019 年女排世界杯颁奖仪式	中央台五套	1.8	8.6
8	2019 年亚洲足联冠军联赛 1/4 决赛首回合(广州恒大 VS 鹿岛鹿角)	中央台五套	1.8	7.8
9	2020 年东京奥运会女排资格赛(中国 VS 土耳其)	中央台五套	1.8	7.7
10	第七届世界军人运动会闭幕式	中央台五套	1.7	7.8

四十三、呼和浩特收视数据

表 3.43.1　2015~2019 年呼和浩特市场各类频道的市场占有率(%)

频道类别	年　份				
	2015 年	2016 年	2017 年	2018 年	2019 年
中央广播电视总台	48.6	50.5	48.6	48.3	39.5
中国教育台频道	0.2	0.1	0.1	0.1	0.1
内蒙古自治区级频道	8.7	11.0	11.6	10.4	10.3
呼和浩特市级频道	2.3	1.5	2.0	3.8	4.8
其他省级卫视频道	34.5	31.5	30.2	23.6	24.4
其他频道	5.7	5.4	7.5	13.8	20.9

表 3.43.2　2019 年呼和浩特市场各类频道在不同目标观众中的市场占有率(%)

目标观众		中央广播电视总台	中国教育台频道	内蒙古自治区级频道	呼和浩特市级频道	其他省级卫视频道	其他频道
4 岁及以上所有人		39.5	0.1	10.3	4.8	24.4	20.9
性别	男	40.7	0.1	10.1	5.3	22.2	21.6
	女	38.4	0.1	10.4	4.3	26.6	20.2
年龄	4~14 岁	29.4	0.1	7.1	2.3	30.6	30.5
	15~24 岁	34.4	0.2	7.7	4.0	27.1	26.6
	25~34 岁	32.7	0.1	7.3	2.4	25.9	31.6
	35~44 岁	36.0	0.1	8.0	2.2	26.4	27.3
	45~54 岁	39.9	0.1	11.9	5.5	25.2	17.4
	55~64 岁	39.1	0.1	14.3	8.9	20.9	16.7
	65 岁及以上	53.8	0.1	11.3	5.2	20.6	9.0
教育程度	未受过正规教育	32.3	0.1	6.1	3.4	31.0	27.1
	小学	42.9	0.2	13.4	4.9	24.5	14.1
	初中	36.9	0.1	12.3	4.8	24.3	21.6
	高中	39.9	0.1	9.4	6.5	23.9	20.2
	大学及以上	42.3	0.1	6.9	2.5	24.0	24.2
职业类别	干部/管理人员	64.9	0.0	3.8	4.0	15.7	11.6
	个体/私营企业人员	39.4	0.1	6.8	4.5	19.4	29.8
	初级公务员/雇员	40.1	0.1	9.1	4.7	23.8	22.2
	工人	35.1	0.1	11.6	4.8	26.1	22.3
	学生	34.1	0.1	8.2	3.1	27.2	27.3
	无业	41.5	0.1	11.0	5.0	25.1	17.3
	其他	42.8	0.4	19.0	7.1	22.2	8.5
个人月收入	0~600 元	33.3	0.1	10.6	3.2	28.3	24.5
	601~1200 元	61.1	0.0	7.2	2.8	18.4	10.5
	1201~1700 元	40.4	0.1	12.9	9.5	24.4	12.7
	1701~2600 元	42.8	0.1	14.1	6.3	21.5	15.2
	2601~3500 元	44.3	0.1	9.0	5.3	23.0	18.3
	3501~5000 元	40.2	0.1	8.3	5.2	24.2	22.0
	5001 元及以上	27.0	0.1	5.9	1.6	23.7	41.7

表3.43.3　2019年呼和浩特市场各类频道在不同时段的市场占有率(%)

时间段	中央广播电视总台	中国教育台频道	内蒙古自治区级频道	呼和浩特市级频道	其他省级卫视频道	其他频道
02:00~03:00	30.2	0.0	6.6	2.0	24.7	36.5
03:00~04:00	28.6	0.0	6.9	2.4	19.7	42.4
04:00~05:00	30.8	0.0	8.3	4.2	15.0	41.7
05:00~06:00	36.5	0.0	15.6	2.7	12.8	32.4
06:00~07:00	55.0	0.0	10.8	1.9	8.9	23.4
07:00~08:00	51.7	0.2	11.3	2.1	12.1	22.6
08:00~09:00	45.8	0.2	6.0	3.0	21.6	23.4
09:00~10:00	37.7	0.2	5.1	3.3	28.8	24.9
10:00~11:00	35.1	0.2	5.4	2.2	32.7	24.4
11:00~12:00	39.0	0.1	5.5	1.8	31.2	22.4
12:00~13:00	46.7	0.0	5.1	2.4	24.2	21.6
13:00~14:00	38.2	0.1	3.7	2.4	29.6	26.0
14:00~15:00	31.3	0.3	4.1	3.1	34.6	26.6
15:00~16:00	30.7	0.3	4.6	2.6	34.9	26.9
16:00~17:00	33.6	0.3	5.1	0.9	33.6	26.5
17:00~18:00	36.5	0.1	9.5	1.1	29.2	23.6
18:00~19:00	35.5	0.0	33.2	3.6	9.6	18.1
19:00~20:00	45.3	0.1	20.9	4.3	14.2	15.2
20:00~21:00	40.3	0.1	8.3	6.9	27.5	16.9
21:00~22:00	41.3	0.1	6.4	7.7	25.3	19.2
22:00~23:00	35.5	0.1	6.1	10.7	25.3	22.3
23:00~24:00	40.4	0.1	5.4	3.2	26.7	24.2
24:00~25:00	41.8	0.1	5.2	2.0	23.2	27.7
25:00~26:00	36.9	0.0	6.8	2.2	25.3	28.8

表3.43.4　2019年呼和浩特市场收视份额排名前十位的频道

名次	频道名称	收视份额(%)
1	中央电视台综合频道	6.9
2	中央台八套	6.3
3	中央台六套	5.6
4	中央台三套	4.6
5	内蒙古电视台新闻综合频道	3.9
6	呼和浩特电视台影视娱乐频道	3.4
7	中央台四套	3.2
8	中央电视台新闻频道	3.1
9	内蒙古电视台经济生活频道	3.0
10	浙江卫视	2.9

表 3.43.5　2019 年呼和浩特市场各主要频道的观众构成(%)

目标观众		所有频道	主要频道				
			中央电视台综合频道	中央台八套	中央台六套	中央台三套	内蒙古电视台新闻综合频道
4 岁及以上所有人		100.0	100.0	100.0	100.0	100.0	100.0
性别	男	48.6	45.5	43.2	55.5	43.6	44.5
	女	51.4	54.5	56.8	44.5	56.4	55.5
年龄	4~14 岁	8.4	4.8	3.2	8.7	4.2	3.6
	15~24 岁	7.6	6.0	7.0	8.0	5.9	5.2
	25~34 岁	15.6	10.4	9.2	15.5	10.8	10.7
	35~44 岁	12.1	9.8	9.0	19.3	9.9	6.3
	45~54 岁	20.2	17.2	20.1	28.1	17.5	24.0
	55~64 岁	17.0	16.4	16.1	10.0	18.9	22.3
	65 岁及以上	19.1	35.4	35.4	10.4	32.8	27.9
教育程度	未受过正规教育	4.7	3.9	2.3	2.9	3.3	1.7
	小学	15.9	14.4	22.3	20.1	22.2	24.1
	初中	30.9	28.5	31.6	35.6	27.9	38.0
	高中	28.4	25.6	24.7	25.2	23.8	23.7
	大学及以上	20.1	27.6	19.1	16.2	22.8	12.5
职业类别	干部/管理人员	0.6	1.1	0.9	0.4	1.3	0.1
	个体/私营企业人员	10.0	8.1	8.3	12.3	9.5	6.2
	初级公务员/雇员	19.1	16.3	16.3	20.7	14.2	16.1
	工人	14.9	9.7	11.5	20.9	13.2	16.6
	学生	9.4	6.5	8.3	12.0	7.1	6.2
	无业	42.7	56.3	51.6	30.0	50.6	49.5
	其他	3.3	2.0	3.1	3.7	4.1	5.3
个人月收入	0~600 元	28.6	24.9	21.9	28.4	25.6	27.5
	601~1200 元	1.8	2.5	2.8	2.0	3.2	1.6
	1201~1700 元	3.7	3.2	4.8	3.5	3.4	3.9
	1701~2600 元	18.3	19.5	23.8	18.2	18.7	27.0
	2601~3500 元	26.0	28.3	31.2	23.0	31.6	28.5
	3501~5000 元	16.7	18.2	14.4	19.2	15.6	9.7
	5001 元及以上	4.9	3.4	1.1	5.7	1.9	1.8

表 3.43.6　2017~2019 年呼和浩特市场各类节目的播出比重(%)和收视比重(%)

节目类型	2017 年		2018 年		2019 年	
	播出比重	收视比重	播出比重	收视比重	播出比重	收视比重
财经	1.1	0.6	1.0	0.6	1.0	0.5
电视剧	21.3	28.5	21.4	28.4	21.3	31.2
电影	3.7	6.5	4.0	7.2	3.6	6.8
法制	0.9	0.9	1.0	1.1	0.8	1.1
教学	0.2	0.0	0.3	0.0	0.4	0.0
青少	7.5	4.9	7.4	4.8	7.9	4.2
生活服务	7.8	5.9	7.6	5.5	7.0	5.4
体育	3.6	2.2	3.6	3.5	3.9	2.6
外语	0.1	0.0	0.1	0.0	0.2	0.0
戏剧	0.8	0.5	0.8	0.3	0.9	0.3
新闻/时事	15.8	16.5	16.3	16.4	16.6	17.1
音乐	1.7	0.9	1.7	0.9	2.0	0.9
专题	14.2	6.6	14.1	6.3	14.4	6.5
综艺	8.8	15.0	8.2	13.7	7.4	13.2
其他	12.5	11.0	12.5	11.3	12.6	10.2

表 3.43.7　2019 年呼和浩特市场所有节目收视率排名前三十位

名次	节目名称	节目类型	播出频道	平均收视率(%)	平均占有率(%)
1	庆祝中华人民共和国成立 70 周年大会阅兵式群众游行特别报道	新闻/时事	中央电视台综合频道	17.8	48.5
2	庆祝中华人民共和国成立 70 周年联欢活动	综艺	中央电视台综合频道	14.2	41.8
3	2019 中央广播电视总台春节联欢晚会	综艺	中央电视台综合频道	12.4	28.6
4	向伟大复兴前进	新闻/时事	中央电视台综合频道	12.0	49.0
5	喜气洋洋闹元宵	综艺	中央电视台综合频道	8.6	27.3
6	2019 年中央广播电视总台中秋晚会	综艺	中央电视台综合频道	7.5	23.4
7	越战越勇(2 月 7 日)	综艺	中央台三套	5.2	16.9
8	新春喜剧之夜	综艺	中央台三套	5.1	15.2
9	人民欢歌庆祝中华人民共和国成立 70 周年联欢活动特别报道	新闻/时事	中央电视台综合频道	4.9	31.6
10	开学第一课	青少	中央电视台综合频道	4.8	17.2
11	庆祝中华人民共和国成立 70 周年特别节目走向复兴	新闻/时事	中央电视台综合频道	4.6	16.6
12	举起手来	电影	中央台六套	4.3	12.1

续表

名次	节目名称	节目类型	播出频道	平均收视率（%）	平均占有率（%）
13	中国诗词大会第四季(2月5日)	专题	中央电视台综合频道	4.2	12.3
14	放歌新时代2019新年特别节目	综艺	中央台三套	4.0	12.7
15	老中医	电视剧	中央电视台综合频道	3.9	12.4
16	一年又一年	专题	中央电视台综合频道	3.8	15.9
17	2019中央广播电视总台网络春晚	综艺	中央台三套	3.8	10.3
18	无名卫士	电视剧	中央台八套	3.7	15.1
19	破冰行动	电视剧	中央台八套	3.7	13.8
20	新闻天天看	新闻/时事	内蒙古电视台新闻综合频道	3.6	18.7
21	星光大道(6月15日)	综艺	中央台三套	3.6	12.2
22	醉侠苏乞儿	电影	中央台六套	3.6	11.3
23	霹雳火	电影	中央台六套	3.5	17.6
24	举起手来之二追击阿多丸	电影	中央台六套	3.5	10.1
25	疯狂的外星人	电影	中央台六套	3.4	12.6
26	启航2020中央广播电视总台跨年盛典	综艺	中央电视台综合频道	3.3	12.5
27	开门大吉(1月21日)	综艺	中央台三套	3.3	10.2
28	新闻联播	新闻/时事	中央电视台综合频道	3.2	14.0
29	叶问二宗师传奇	电影	中央台六套	3.2	11.4
30	星火云雾街	电视剧	中央台八套	3.2	10.2

表3.43.8 2019年呼和浩特市场电视剧收视率排名前十位

名次	节目名称	播出频道	平均收视率(%)	平均占有率(%)
1	老中医	中央电视台综合频道	3.9	12.4
2	无名卫士	中央台八套	3.7	15.1
3	破冰行动	中央台八套	3.7	13.8
4	星火云雾街	中央台八套	3.2	10.2
5	老虎队	中央台八套	2.9	11.7
6	密查	中央台八套	2.9	11.4
7	特赦1959	中央电视台综合频道	2.9	11.1
8	麦香	中央电视台综合频道	2.9	10.7
9	上将洪学智	中央台八套	2.9	9.2
10	战火兄弟连	呼和浩特电视台影视娱乐频道	2.8	12.0

表 3.43.9　2019 年呼和浩特市场新闻节目收视率排名前十位

名次	节目名称	播出频道	平均收视率（%）	平均占有率（%）
1	庆祝中华人民共和国成立 70 周年大会阅兵式群众游行特别报道	中央电视台综合频道	17.8	48.5
2	向伟大复兴前进	中央电视台综合频道	12.0	49.0
3	人民欢歌庆祝中华人民共和国成立 70 周年联欢活动特别报道	中央电视台综合频道	4.9	31.6
4	庆祝中华人民共和国成立 70 周年特别节目走向复兴	中央电视台综合频道	4.6	16.6
5	新闻天天看	内蒙古电视台新闻综合频道	3.6	18.7
6	新闻联播	中央电视台综合频道	3.2	14.0
7	都市全接触	内蒙古电视台经济生活频道	2.6	14.3
8	国务院总理会见中外记者并回答提问	中央电视台综合频道	2.0	6.7
9	第七届世界军人运动会开幕式特别报道	中央电视台综合频道	1.8	5.9
10	焦点访谈	中央电视台综合频道	1.7	6.2

表 3.43.10　2019 年呼和浩特市场专题节目收视率排名前十位

名次	节目名称	播出频道	平均收视率（%）	平均占有率（%）
1	中国诗词大会第四季(2 月 5 日)	中央电视台综合频道	4.2	12.3
2	一年又一年	中央电视台综合频道	3.8	15.9
3	红色通缉	中央电视台综合频道	3.2	9.5
4	感动中国 2018 年度人物颁奖盛典	中央电视台综合频道	3.1	9.7
5	大国工匠 2018 年度人物颁奖典礼	中央电视台综合频道	2.3	7.5
6	中华人民共和国中央人民政府成立典礼原始影像	中央电视台综合频道	2.2	9.2
7	最美我的家	中央电视台综合频道	2.2	9.0
8	一抓到底正风纪秦岭违建整治始末	中央电视台综合频道	2.2	6.3
9	牵挂与惦念习近平总书记赴重庆华溪村扶贫考察纪实	中央电视台综合频道	2.1	8.0
10	推动京津冀协同发展取得新的更大进展	中央电视台综合频道	2.1	5.8

表 3.43.11 2019 年呼和浩特市场综艺节目收视率排名前十位

名次	节目名称	播出频道	平均收视率（%）	平均占有率（%）
1	庆祝中华人民共和国成立 70 周年联欢活动	中央电视台综合频道	14.2	41.8
2	2019 中央广播电视总台春节联欢晚会	中央电视台综合频道	12.4	28.6
3	喜气洋洋闹元宵	中央电视台综合频道	8.6	27.3
4	2019 年中央广播电视总台中秋晚会	中央电视台综合频道	7.5	23.4
5	越战越勇(2 月 7 日)	中央台三套	5.2	16.9
6	新春喜剧之夜	中央台三套	5.1	15.2
7	中国诗词大会第四季（2 月 5 日）	中央电视台综合频道	4.2	12.3
8	放歌新时代 2019 新年特别节目	中央台三套	4.0	12.7
9	2019 中央广播电视总台网络春晚	中央台三套	3.8	10.3
10	星光大道(6 月 15 日)	中央台三套	3.6	12.2

表 3.43.12 2019 年呼和浩特市场体育节目收视率排名前十位

名次	节目名称	播出频道	平均收视率（%）	平均占有率（%）
1	第七届世界军人运动会开幕式	中央电视台综合频道	2.9	9.9
2	第七届世界军人运动会报道:第七届军运会游泳赛女子 4×100 米自由泳接力决赛	中央台五套	2.8	10.1
3	2019 年国际篮联篮球世界杯 A 组(委内瑞拉 VS 中国)	中央台五套	2.5	10.9
4	2019 年世界乒乓球锦标赛女双决赛	中央台五套	2.4	10.3
5	第七届世界军人运动会报道:第七届军运会女排小组赛 A 组第三轮(加拿大 VS 中国)	中央台五套	2.3	8.1
6	第七届世界军人运动会报道:第七届军运会男篮第二轮(美国 VS 中国)	中央台五套	2.1	7.3
7	第七届世界军人运动会报道:第七届军运会田径女子 4×100 米接力决赛	中央台五套	2.0	7.5
8	现场直播:2019 年国际泳联世锦赛女子 200 米自由泳决赛	中央台五套	1.8	9.5
9	2019 年亚洲杯小组赛 C 组第三轮(韩国 VS 中国)	中央台五套	1.7	8.7
10	第七届世界军人运动会闭幕式	中央台五套	1.7	6.4

四十四、济南收视数据

表 3.44.1　2015~2019 年济南市场各类频道的市场占有率(%)

频道类别	年份				
	2015 年	2016 年	2017 年	2018 年	2019 年
中央广播电视总台	21.3	23.0	24.6	23.5	22.3
中国教育台频道	0.0	0.0	0.1	0.1	0.1
山东省级频道	32.5	24.6	23.9	18.5	14.9
济南市级频道	23.6	24.0	19.5	17.1	12.6
其他省级卫视频道	18.6	22.2	22.5	25.8	26.6
其他频道	4.0	6.2	9.4	15.0	23.5

表 3.44.2　2019 年济南市场各类频道在不同目标观众中的市场占有率(%)

目标观众		中央广播电视总台	中国教育台频道	山东省级频道	济南市级频道	其他省级卫视频道	其他频道
4 岁及以上所有人		22.3	0.1	14.9	12.6	26.6	23.5
性别	男	24.9	0.1	14.9	12.8	24.4	22.9
	女	19.9	0.1	14.9	12.4	28.6	24.1
年龄	4~14 岁	13.3	0.1	10.6	6.6	30.0	39.4
	15~24 岁	17.0	0.1	10.0	14.0	23.8	35.1
	25~34 岁	16.5	0.1	11.7	8.9	37.1	25.7
	35~44 岁	18.4	0.1	8.8	6.6	25.8	40.3
	45~54 岁	20.9	0.1	17.3	15.3	26.4	20.0
	55~64 岁	28.1	0.1	17.7	15.0	25.4	13.7
	65 岁及以上	32.9	0.0	20.8	17.4	16.3	12.6
教育程度	未受过正规教育	21.9	0.1	16.3	11.8	25.7	24.2
	小学	21.4	0.1	20.7	12.9	20.9	24.0
	初中	21.9	0.1	17.4	14.0	26.0	20.6
	高中	24.1	0.1	10.3	12.1	28.9	24.5
	大学及以上	21.5	0.0	10.2	10.5	30.1	27.7
职业类别	干部/管理人员	19.3	0.0	10.9	13.5	36.7	19.6
	个体/私营企业人员	20.8	0.1	15.2	11.2	25.1	27.6
	初级公务员/雇员	21.2	0.0	11.5	13.5	27.2	26.6
	工人	20.1	0.1	16.9	13.8	27.1	22.0
	学生	14.1	0.1	9.1	8.1	29.1	39.5
	无业	24.8	0.1	13.8	12.6	27.8	20.9
	其他	23.5	0.1	26.2	13.5	19.8	16.9
个人月收入	0~600 元	17.5	0.1	15.9	10.6	28.5	27.4
	601~1200 元	31.7	0.1	20.6	17.3	18.9	11.4
	1201~1700 元	17.5	0.1	29.8	11.0	22.7	18.9
	1701~2600 元	21.4	0.1	17.7	16.1	26.2	18.5
	2601~3500 元	28.2	0.0	15.8	14.4	25.3	16.3
	3501~5000 元	23.3	0.1	10.7	14.3	25.7	25.9
	5001 元及以上	25.1	0.1	11.6	10.5	27.1	25.6

表 3.44.3 2019 年济南市场各类频道在不同时段的市场占有率(%)

时间段	中央广播电视总台	中国教育台频道	山东省级频道	济南市级频道	其他省级卫视频道	其他频道
02:00~03:00	16.5	0.0	8.2	1.3	31.5	42.5
03:00~04:00	17.2	0.1	8.1	1.2	29.4	44.0
04:00~05:00	18.4	0.2	8.4	2.3	28.3	42.4
05:00~06:00	26.0	0.5	14.5	4.8	27.2	27.0
06:00~07:00	36.4	0.5	18.6	3.9	16.1	24.5
07:00~08:00	32.1	0.3	18.3	6.0	17.8	25.5
08:00~09:00	30.0	0.1	13.1	7.3	20.5	29.0
09:00~10:00	26.3	0.1	11.9	6.0	26.3	29.4
10:00~11:00	25.9	0.1	9.6	5.9	29.5	29.0
11:00~12:00	29.1	0.1	10.9	6.7	27.2	26.0
12:00~13:00	29.7	0.0	12.0	9.1	23.3	25.9
13:00~14:00	24.7	0.1	13.0	6.1	29.4	26.7
14:00~15:00	22.3	0.1	13.2	4.3	31.4	28.7
15:00~16:00	23.4	0.1	12.7	4.6	32.1	27.1
16:00~17:00	24.8	0.1	12.3	5.1	30.7	27.0
17:00~18:00	22.0	0.1	14.1	13.3	24.9	25.6
18:00~19:00	22.0	0.0	20.8	23.2	11.2	22.8
19:00~20:00	21.4	0.0	18.4	19.5	21.3	19.4
20:00~21:00	16.5	0.0	16.3	14.9	34.1	18.2
21:00~22:00	18.6	0.0	17.5	14.3	30.3	19.3
22:00~23:00	18.6	0.1	9.9	15.2	31.7	24.5
23:00~24:00	19.4	0.1	8.2	10.6	33.4	28.3
24:00~25:00	21.8	0.0	7.8	4.0	26.4	40.0
25:00~26:00	17.9	0.1	8.8	0.9	28.0	44.3

表 3.44.4 2019 年济南市场收视份额排名前十位的频道

名次	频道名称	收视份额(%)
1	山东电视齐鲁频道	4.9
1	济南广播电视台新闻综合频道	4.9
3	山东卫视	4.5
4	中央电视台综合频道	4.4
5	浙江卫视	3.1
6	湖南卫视	2.9
7	中央台四套	2.8
7	中央台六套	2.8
9	济南广播电视台都市频道	2.5
10	上海东方卫视	2.3

表 3.44.5　2019 年济南市场各主要频道的观众构成(%)

目标观众		所有频道	主要频道				
			山东电视齐鲁频道	济南广播电视台新闻综合频道	山东卫视	中央电视台综合频道	浙江卫视
4 岁及以上所有人		100.0	100.0	100.0	100.0	100.0	100.0
性别	男	47.6	45.4	47.6	47.3	50.5	43.7
	女	52.4	54.6	52.4	52.7	49.5	56.3
年龄	4~14 岁	8.8	4.8	2.3	4.2	4.4	7.8
	15~24 岁	6.4	6.8	4.9	3.8	6.5	5.7
	25~34 岁	15.9	8.0	9.9	11.8	13.7	27.9
	35~44 岁	12.3	8.7	4.2	6.2	8.9	13.2
	45~54 岁	21.9	25.2	21.8	26.0	17.7	22.6
	55~64 岁	18.9	23.5	23.8	22.1	27.4	14.5
	65 岁及以上	15.8	23.0	33.1	25.9	21.4	8.3
教育程度	未受过正规教育	7.1	7.2	6.0	8.6	6.7	3.8
	小学	15.0	28.1	15.2	18.5	14.2	11.6
	初中	37.9	48.0	40.5	44.1	32.0	33.6
	高中	22.1	8.0	20.2	17.1	24.7	28.5
	大学及以上	17.9	8.7	18.1	11.7	22.4	22.5
职业类别	干部/管理人员	1.5	0.9	2.6	1.0	1.6	5.1
	个体/私营企业人员	11.6	12.9	9.1	11.2	13.9	11.6
	初级公务员/雇员	18.8	11.7	17.1	12.7	17.9	23.2
	工人	14.0	18.3	14.0	14.4	11.3	15.5
	学生	6.4	3.1	2.6	3.0	3.6	8.6
	无业	35.8	30.0	44.7	31.0	35.8	28.9
	其他	11.9	23.1	9.9	26.7	15.9	7.1
个人月收入	0~600 元	34.2	36.3	27.8	37.6	25.6	31.4
	601~1200 元	3.6	6.3	5.2	6.1	2.8	2.7
	1201~1700 元	2.7	6.4	1.4	5.1	2.4	0.8
	1701~2600 元	11.1	13.6	12.5	12.6	13.6	10.9
	2601~3500 元	13.7	17.0	19.3	11.7	15.8	16.2
	3501~5000 元	18.3	9.5	19.7	15.0	18.7	19.2
	5001 元及以上	16.4	10.9	14.1	11.9	21.1	18.8

表 3.44.6 2017~2019 年济南市场各类节目的播出比重(%)和收视比重(%)

节目类型	2017 年		2018 年		2019 年	
	播出比重	收视比重	播出比重	收视比重	播出比重	收视比重
财经	1.1	0.4	1.0	0.2	1.1	0.3
电视剧	19.9	23.3	20.1	27.6	20.4	32.9
电影	3.9	4.0	4.1	4.3	3.8	5.0
法制	1.0	0.5	1.0	0.5	0.9	0.4
教学	0.2	0.0	0.2	0.0	0.3	0.0
青少	7.7	6.1	7.9	6.3	8.3	5.4
生活服务	9.5	7.6	9.2	7.0	8.4	7.3
体育	3.5	3.0	3.6	3.6	4.2	3.4
外语	0.1	0.0	0.1	0.0	0.1	0.1
戏剧	0.8	0.3	0.7	0.4	0.8	0.3
新闻/时事	14.9	18.1	15.0	16.7	15.4	15.2
音乐	1.4	0.6	1.3	0.6	1.6	0.8
专题	14.0	7.3	13.9	6.6	13.5	5.5
综艺	10.0	16.6	9.5	13.6	8.4	11.4
其他	12.0	12.2	12.4	12.6	12.8	12.0

表 3.44.7 2019 年济南市场所有节目收视率排名前三十位

名次	节目名称	节目类型	播出频道	平均收视率(%)	平均占有率(%)
1	2019 中央广播电视总台春节联欢晚会	综艺	中央电视台综合频道	12.8	30.4
2	庆祝中华人民共和国成立 70 周年大会阅兵式群众游行特别报道	新闻/时事	中央电视台综合频道	8.5	28.4
3	庆祝中华人民共和国成立 70 周年联欢活动	综艺	中央电视台综合频道	7.0	24.2
4	向伟大复兴前进	新闻/时事	中央电视台综合频道	6.9	38.0
5	开学第一课	青少	中央电视台综合频道	5.6	16.8
6	见多识广(8 月 25 日)	综艺	广东卫视	4.9	20.9
7	喜气洋洋闹元宵	综艺	中央电视台综合频道	4.4	16.1
8	中国达人秀前传(8 月 18 日)	综艺	上海东方卫视	4.3	13.4
9	2020 跨年晚会	综艺	浙江卫视	4.1	17.3
10	中国好声音(8 月 16 日)	综艺	浙江卫视	4.0	20.6
11	一年又一年	专题	中央电视台综合频道	4.0	13.2
12	超级赛场:2019 年中国足球协会超级联赛第 10 轮(上海绿地申花 VS 山东鲁能泰山)	体育	山东电视体育频道	4.0	13.0

续表

名次	节目名称	节目类型	播出频道	平均收视率(%)	平均占有率(%)
13	人民欢歌庆祝中华人民共和国成立70周年联欢活动特别报道	新闻/时事	中央电视台综合频道	3.8	18.7
14	麦香	电视剧	山东电视齐鲁频道	3.8	14.5
15	乡村爱情进行曲	电视剧	济南广播电视台新闻综合频道	3.5	10.7
16	现场直播:2019年亚洲足联冠军联赛E组第5轮(山东鲁能泰山VS庆南)	体育	中央台五套	3.4	10.4
17	一抓到底正风纪秦岭违建整治始末	专题	中央电视台综合频道	3.4	9.6
18	龙潭双枪	电视剧	山东电视齐鲁频道	3.3	12.1
19	雪地娘子军	电视剧	山东电视齐鲁频道	3.3	11.6
20	绽放吧百合	电视剧	济南广播电视台新闻综合频道	3.3	9.5
21	红色通缉	专题	中央电视台综合频道	3.3	8.9
22	声临其境(2月01日)	综艺	湖南卫视	3.3	9.8
23	百变达人(4月21日)	综艺	江苏卫视	3.2	16.3
24	铁家伙	电视剧	山东电视齐鲁频道	3.2	11.9
24	太行英雄	电视剧	山东电视齐鲁频道	3.2	11.9
26	娘道	电视剧	山东电视齐鲁频道	3.2	10.9
27	原来你还在这里	电视剧	山东卫视	3.2	9.9
28	英豪战歌	电视剧	山东电视齐鲁频道	3.1	11.5
29	逆流而上的你	电视剧	湖南卫视	3.1	10.7
30	星光大道决赛季(1月19日)	综艺	中央电视台综合频道	3.1	10.5

表3.44.8　2019年济南市场电视剧收视率排名前十位

名次	节目名称	播出频道	平均收视率(%)	平均占有率(%)
1	麦香	山东电视齐鲁频道	3.8	14.5
2	乡村爱情进行曲	济南广播电视台新闻综合频道	3.5	10.7
3	龙潭双枪	山东电视齐鲁频道	3.3	12.1
4	雪地娘子军	山东电视齐鲁频道	3.3	11.6
5	绽放吧百合	济南广播电视台新闻综合频道	3.3	9.5
6	铁家伙	山东电视齐鲁频道	3.2	11.9
6	太行英雄	山东电视齐鲁频道	3.2	11.9
8	娘道	山东电视齐鲁频道	3.2	10.9
9	原来你还在这里	山东卫视	3.2	9.9
10	英豪战歌	山东电视齐鲁频道	3.1	11.5

表 3.44.9 2019 济南市场新闻节目收视率排名前十位

名次	节目名称	播出频道	平均收视率(%)	平均占有率(%)
1	庆祝中华人民共和国成立70周年大会阅兵式群众游行特别报道	中央电视台综合频道	8.5	28.4
2	向伟大复兴前进	中央电视台综合频道	6.9	38.0
3	人民欢歌庆祝中华人民共和国成立70周年联欢活动特别报道	中央电视台综合频道	3.8	18.7
4	庆祝中华人民共和国成立70周年特别节目走向复兴	中央电视台综合频道	3.0	9.5
5	第七届世界军人运动会开幕式特别报道	中央电视台综合频道	2.8	8.1
6	每日新闻	山东电视齐鲁频道	2.3	10.5
7	迎战台风利奇马	山东电视齐鲁频道	2.1	11.0
8	新闻联播(10月1日)	中央台二套	2.0	6.8
9	转播中央台新闻联播	山东卫视	1.7	6.4
10	今晚特别点击	济南广播电视台新闻综合频道	1.6	9.1

表 3.44.10 2019 年济南市场专题节目收视率排名前十位

名次	节目名称	播出频道	平均收视率(%)	平均占有率(%)
1	一年又一年	中央电视台综合频道	4.0	13.2
2	一抓到底正风纪秦岭违建整治始末	中央电视台综合频道	3.4	9.6
3	红色通缉	中央电视台综合频道	3.3	8.9
4	推动京津冀协同发展取得新的更大进展	中央电视台综合频道	3.1	8.7
5	中国诗词大会第四季(2月5日)	中央电视台综合频道	3.0	8.8
6	动能转换全城使命	济南广播电视台新闻综合频道	2.0	6.9
7	中华人民共和国中央人民政府成立典礼原始影像	中央电视台综合频道	2.0	6.4
8	中国梦时代楷模	中央电视台综合频道	1.8	6.3
9	有么说么故事会	济南广播电视台新闻综合频道	1.7	8.8
10	问政再问	济南广播电视台新闻综合频道	1.7	6.5

表 3.44.11　2019 年济南市场综艺节目收视率排名前十位

名次	节目名称	播出频道	平均收视率（%）	平均占有率（%）
1	2019 中央广播电视总台春节联欢晚会	中央电视台综合频道	12.8	30.4
2	庆祝中华人民共和国成立 70 周年联欢活动	中央电视台综合频道	7.0	24.2
3	见多识广(8 月 25 日)	广东卫视	4.9	20.9
4	喜气洋洋闹元宵	中央电视台综合频道	4.4	16.1
5	中国达人秀前传(8 月 18 日)	上海东方卫视	4.3	13.4
6	2020 跨年晚会	浙江卫视	4.1	17.3
7	中国好声音(8 月 16 日)	浙江卫视	4.0	20.6
8	声临其境(2 月 1 日)	湖南卫视	3.3	9.8
9	徒步集结时刻	浙江卫视	3.2	31.4
10	百变达人(4 月 21 日)	江苏卫视	3.2	16.3

表 3.44.12　2019 年济南市场体育节目收视率排名前十位

名次	节目名称	播出频道	平均收视率（%）	平均占有率（%）
1	超级赛场:2019 年中国足球协会超级联赛第 10 轮(上海绿地申花 VS 山东鲁能泰山)	山东电视体育频道	4.0	13.0
2	现场直播:2019 年亚洲足联冠军联赛 E 组第 5 轮(山东鲁能泰山 VS 庆南)	中央台五套	3.4	10.4
3	超级赛场:2019 年中国足协杯第 5 轮(江苏苏宁易购 VS 山东鲁能泰山)	山东电视体育频道	2.8	9.6
4	2019 年亚洲杯小组赛 C 组第三轮(韩国 VS 中国)	中央台五套	2.2	17.1
5	第七届世界军人运动会开幕式	中央电视台综合频道	2.1	8.6
6	现场直播:2019 年中国之队广州国际足球赛(中国 VS 塔吉克斯坦)	中央台五套	2.1	7.3
7	现场直播:2019 年中国杯国际足球锦标赛(中国 VS 泰国)	中央台五套	1.5	5.2
8	现场直播:2019 年国际泳联世锦赛男子 200 米蝶泳半决赛	中央台五套	1.5	4.9
9	2019 年国际篮联篮球世界杯开幕式	中央电视台综合频道	1.5	4.7
10	超级足球之夜:国际足联 2022 年世界杯亚洲区预选赛第 2 阶段 A 组第 2 轮(关岛 VS 中国)	中央台五套	1.4	5.7

四十五、昆明收视数据

表 3.45.1　2015~2019 年昆明市场各类频道的市场占有率(%)

频道类别	年份				
	2015 年	2016 年	2017 年	2018 年	2019 年
中央广播电视总台	34.1	36.2	35.4	30.9	30.3
中国教育台频道	0.1	0.1	0.1	0.2	0.1
云南省级频道	21.3	16.8	15.3	13.0	13.7
昆明市级频道	13.3	13.3	11.6	9.7	10.2
其他省级卫视频道	23.4	24.0	23.3	26.8	25.4
其他频道	7.8	9.6	14.3	19.4	20.3

表 3.45.2　2019 年昆明市场各类频道在不同目标观众中的市场占有率(%)

目标观众		中央广播电视总台	中国教育台频道	云南省级频道	昆明市级频道	其他省级卫视频道	其他频道
4 岁及以上所有人		30.3	0.1	13.7	10.2	25.4	20.3
性别	男	33.0	0.1	12.9	10.3	22.8	20.9
	女	27.9	0.1	14.5	10.1	27.7	19.7
年龄	4~14 岁	17.7	0.0	11.4	9.3	35.2	26.3
	15~24 岁	30.1	0.2	18.4	10.1	20.4	20.9
	25~34 岁	20.0	0.0	12.2	9.6	35.3	22.9
	35~44 岁	27.3	0.1	8.5	10.2	29.9	24.0
	45~54 岁	29.4	0.0	16.1	10.2	21.3	22.9
	55~64 岁	31.3	0.0	15.4	10.5	24.8	18.0
	65 岁及以上	43.8	0.1	14.6	10.9	17.3	13.2
教育程度	未受过正规教育	23.7	0.1	15.8	13.8	29.4	17.3
	小学	28.3	0.1	14.3	11.6	24.7	20.9
	初中	32.0	0.1	16.0	13.5	19.1	19.4
	高中	30.8	0.1	13.5	8.5	27.5	19.6
	大学及以上	30.2	0.1	11.3	7.5	29.0	21.8
职业类别	干部/管理人员	27.2	0.0	11.1	4.2	31.5	26.0
	个体/私营企业人员	26.7	0.0	16.9	9.2	25.7	21.4
	初级公务员/雇员	27.6	0.1	10.7	8.4	28.2	25.1
	工人	26.5	0.1	12.7	12.6	27.0	21.1
	学生	23.0	0.1	11.4	8.4	28.6	28.6
	无业	36.1	0.1	14.8	11.5	22.7	14.7
	其他	24.4	0.0	15.5	12.3	15.8	31.9
个人月收入	0~600 元	23.4	0.1	14.4	14.1	28.7	19.4
	601~1200 元	38.2	0.0	14.8	14.6	17.7	14.7
	1201~1700 元	33.7	0.1	14.5	17.2	20.9	13.6
	1701~2600 元	36.4	0.1	13.6	10.8	19.4	19.7
	2601~3500 元	33.3	0.1	15.1	9.8	23.8	17.9
	3501~5000 元	26.7	0.1	14.4	8.7	27.8	22.2
	5001 元及以上	27.7	0.0	9.1	6.1	31.5	25.5

表 3.45.3　2019 年昆明市场各类频道在不同时段的市场占有率(%)

时间段	中央广播电视总台	中国教育台频道	云南省级频道	昆明市级频道	其他省级卫视频道	其他频道
02:00~03:00	31.9	0.0	6.2	2.9	16.9	42.1
03:00~04:00	35.2	0.1	4.4	2.6	16.4	41.4
04:00~05:00	33.6	0.2	4.3	2.4	20.3	39.2
05:00~06:00	28.5	0.1	4.5	4.3	25.8	36.8
06:00~07:00	43.0	0.0	9.5	6.5	19.1	21.8
07:00~08:00	50.5	0.0	12.8	5.7	15.7	15.3
08:00~09:00	48.9	0.1	9.7	3.6	14.8	22.9
09:00~10:00	42.4	0.3	8.7	3.1	21.2	24.3
10:00~11:00	36.8	0.4	9.2	2.3	26.5	24.7
11:00~12:00	38.9	0.2	7.6	3.7	25.7	23.9
12:00~13:00	43.3	0.1	7.7	2.8	22.8	23.2
13:00~14:00	36.0	0.1	9.3	3.0	28.2	23.4
14:00~15:00	31.5	0.2	9.7	1.7	33.1	23.8
15:00~16:00	31.6	0.2	10.1	1.6	33.6	22.9
16:00~17:00	34.2	0.1	8.6	2.2	32.0	22.9
17:00~18:00	29.7	0.1	16.4	8.4	25.3	20.1
18:00~19:00	29.1	0.0	26.8	15.8	11.7	16.6
19:00~20:00	31.8	0.0	17.8	12.5	22.0	15.8
20:00~21:00	24.0	0.0	14.3	12.1	33.5	16.1
21:00~22:00	26.8	0.1	15.4	13.3	26.5	17.9
22:00~23:00	26.5	0.0	11.0	17.3	23.8	21.5
23:00~24:00	29.6	0.0	10.1	13.0	23.4	23.9
24:00~25:00	29.7	0.0	13.3	5.9	20.9	30.2
25:00~26:00	29.3	0.0	10.9	4.5	18.1	37.2

表 3.45.4　2019 年昆明市场收视份额排名前十位的频道

名次	频道名称	收视份额(%)
1	云南广播电视台都市频道(二套)	7.7
2	中央电视台综合频道	6.1
3	昆明广播电视台公共频道	6.0
4	中央台六套	3.9
5	湖南卫视	3.7
6	中央台四套	3.6
7	中央台八套	3.4
8	浙江卫视	3.1
9	中央台三套	2.9
10	中央电视台新闻频道	2.4

表 3.45.5 2019 年昆明市场各主要频道的观众构成(%)

目标观众		所有频道	主要频道				
			云南广播电视台都市频道(二套)	中央电视台综合频道	云南广播电视台公共频道(六套)	中央台六套	湖南卫视
4 岁及以上所有人		100.0	100.0	100.0	100.0	100.0	100.0
性别	男	47.5	45.1	49.2	49.5	51.4	34.6
	女	52.5	54.9	50.8	50.5	48.6	65.4
年龄	4~14 岁	6.8	4.5	3.7	1.9	6.2	11.4
	15~24 岁	7.2	9.8	6.5	8.6	9.1	5.9
	25~34 岁	15.0	13.1	12.0	16.3	10.1	21.5
	35~44 岁	15.5	7.8	12.9	9.6	20.7	21.0
	45~54 岁	18.0	22.1	15.8	25.8	22.3	21.1
	55~64 岁	16.3	20.5	14.7	14.0	12.8	10.1
	65 岁及以上	21.3	22.2	34.5	23.7	18.9	9.1
教育程度	未受过正规教育	3.8	4.1	2.6	2.1	2.2	2.1
	小学	15.6	13.8	17.6	18.0	15.5	19.0
	初中	26.2	30.2	27.8	35.1	29.9	19.6
	高中	27.5	27.6	27.2	28.2	27.8	30.3
	大学及以上	26.9	24.3	24.8	16.6	24.6	29.0
职业类别	干部/管理人员	4.1	4.4	4.4	2.7	4.2	4.9
	个体/私营企业人员	16.0	20.1	10.4	21.8	19.5	16.1
	初级公务员/雇员	18.4	14.7	15.8	13.5	16.0	22.8
	工人	12.1	10.6	8.7	9.8	17.0	14.7
	学生	7.3	5.3	6.9	3.2	8.1	11.8
	无业	40.2	43.9	52.4	45.0	33.9	28.7
	其他	2.0	1.0	1.4	4.1	1.3	1.1
个人月收入	0~600 元	16.6	13.9	14.6	19.7	17.2	23.7
	601~1200 元	1.5	1.7	1.7	1.9	1.9	1.1
	1201~1700 元	2.4	2.9	5.1	1.4	1.5	2.7
	1701~2600 元	21.7	21.2	26.8	27.3	19.0	15.5
	2601~3500 元	24.4	27.7	24.7	23.3	26.7	21.6
	3501~5000 元	20.1	23.6	16.0	19.3	17.7	24.1
	5001 元及以上	13.4	9.1	11.2	7.1	16.0	11.3

表 3.45.6　2017~2019 年昆明市场各类节目的播出比重(%)和收视比重(%)

节目类型	2017 年		2018 年		2019 年	
	播出比重	收视比重	播出比重	收视比重	播出比重	收视比重
财经	1.0	0.9	1.0	0.8	1.0	1.0
电视剧	26.0	34.9	26.6	36.3	27.3	36.4
电影	3.9	5.0	4.0	5.6	3.9	5.3
法制	0.9	0.7	0.8	0.8	0.6	0.7
教学	0.2	0.1	0.2	0.0	0.3	0.0
青少	6.7	3.3	6.7	3.8	7.2	4.3
生活服务	9.3	6.3	8.6	5.9	8.1	5.4
体育	2.9	2.2	2.9	3.8	3.6	3.1
外语	0.1	0.0	0.1	0.0	0.1	0.0
戏剧	0.7	0.2	0.8	0.2	1.0	0.3
新闻/时事	10.8	14.9	10.7	13.1	11.2	15.5
音乐	1.2	0.8	1.2	0.8	1.5	0.9
专题	13.2	6.5	12.9	5.5	13.4	5.7
综艺	6.0	12.0	5.7	10.8	5.2	9.9
其他	17.1	12.2	17.8	12.6	15.6	11.5

表 3.45.7　2019 年昆明市场所有节目收视率排名前三十位

名次	节目名称	节目类型	播出频道	平均收视率(%)	平均占有率(%)
1	庆祝中华人民共和国成立70周年联欢活动	综艺	中央电视台综合频道	8.7	27.1
2	2019中央广播电视总台春节联欢晚会	综艺	中央电视台综合频道	8.6	24.2
3	向伟大复兴前进	新闻/时事	中央电视台综合频道	7.6	37.0
4	开学第一课	青少	中央电视台综合频道	7.4	20.0
5	喜气洋洋闹元宵	综艺	中央电视台综合频道	6.2	18.3
6	快乐中国 20192020 跨年演唱会	音乐	湖南卫视	6.1	18.0
7	奋斗吧中华儿女音乐舞蹈史诗	综艺	中央电视台综合频道	5.0	15.1
8	2019年中央广播电视总台中秋晚会	综艺	中央电视台综合频道	4.9	15.6
9	娘道	电视剧	云南广播电视台都市频道(二套)	4.9	15.0
10	庆祝中华人民共和国成立70周年特别节目走向复兴	新闻/时事	中央电视台综合频道	4.6	13.3

续表

名次	节目名称	节目类型	播出频道	平均收视率（%）	平均占有率（%）
11	河山	电视剧	云南广播电视台都市频道(二套)	4.1	12.6
12	人民欢歌庆祝中华人民共和国成立70周年联欢活动特别报道	新闻/时事	中央电视台综合频道	3.8	19.5
13	封面	新闻/时事	云南广播电视台都市频道(二套)	3.7	21.8
14	红樱剑	电视剧	昆明广播电视台公共频道	3.7	12.1
15	回马枪	电视剧	云南广播电视台都市频道(二套)	3.7	11.6
16	歌手2019揭晓时刻(3月1日)	综艺	湖南卫视	3.6	23.0
17	窃听风云二	电影	中央台六套	3.6	12.7
18	蒙面唱将猜猜猜（12月15日）	综艺	江苏卫视	3.6	12.1
19	忠者无敌	电视剧	云南广播电视台都市频道(二套)	3.6	11.6
20	暗影决杀(1月1日~4日)	电视剧	云南广播电视台都市频道(二套)	3.6	10.3
21	中国好声音(7月19日)	综艺	浙江卫视	3.5	12.7
22	英雄祭	电视剧	云南广播电视台都市频道(二套)	3.5	12.1
23	特赦1959	电视剧	中央电视台综合频道	3.5	11.3
24	声临其境（3月1日）	综艺	湖南卫视	3.5	10.6
25	蜂鸟	电视剧	昆明广播电视台公共频道	3.4	11.0
26	新春喜剧之夜	综艺	中央台三套	3.3	11.3
27	火神	电视剧	昆明广播电视台公共频道	3.3	10.4
27	大江大河	电视剧	云南广播电视台都市频道(二套)	3.3	10.4
29	麦香	电视剧	云南广播电视台都市频道(二套)	3.3	10.3
30	嗨唱转起来（12月27日）	综艺	湖南卫视	3.3	9.7

表3.45.8 2019年昆明市场电视剧收视率排名前十位

名次	节目名称	播出频道	平均收视率(%)	平均占有率(%)
1	娘道	云南广播电视台都市频道(二套)	4.9	15.0
2	河山	云南广播电视台都市频道(二套)	4.1	12.6
3	红樱剑	昆明广播电视台公共频道	3.7	12.1
4	回马枪	云南广播电视台都市频道(二套)	3.7	11.6
5	忠者无敌	云南广播电视台都市频道(二套)	3.6	11.6
6	暗影决杀（1月1日~4日）	云南广播电视台都市频道(二套)	3.6	10.3
7	英雄祭	云南广播电视台都市频道(二套)	3.5	12.1
8	特赦1959	中央电视台综合频道	3.5	11.3
9	蜂鸟	昆明广播电视台公共频道	3.4	11.0
10	火神	昆明广播电视台公共频道	3.3	10.4
10	大江大河	云南广播电视台都市频道(二套)	3.3	10.4

表 3.45.9　2019 年昆明市场新闻节目收视率排名前十位

名次	节目名称	播出频道	平均收视率（%）	平均占有率（%）
1	向伟大复兴前进	中央电视台综合频道	7.6	37.0
2	庆祝中华人民共和国成立 70 周年特别节目走向复兴	中央电视台综合频道	4.6	13.3
3	人民欢歌庆祝中华人民共和国成立 70 周年联欢活动特别报道	中央电视台综合频道	3.8	19.5
4	封面	云南广播电视台都市频道(二套)	3.7	21.8
5	大口马牙	云南广播电视台都市频道(二套)	3.2	14.4
6	都市条形码	云南广播电视台都市频道(二套)	3.1	20.5
7	庆祝澳门回归祖国 20 周年特别报道	中央电视台综合频道	2.3	7.9
8	新闻联播	中央电视台综合频道	2.2	9.7
9	新闻夜总汇	昆明广播电视台公共频道	1.9	9.2
10	新闻重新说	昆明广播电视台公共频道	1.9	8.6

表 3.45.10　2019 年昆明市场专题节目收视率排名前十位

名次	节目名称	播出频道	平均收视率（%）	平均占有率（%）
1	红色通缉	中央电视台综合频道	3.5	9.8
2	一年又一年	中央电视台综合频道	3.4	17.5
3	感动中国 2018 年度人物颁奖盛典	中央电视台综合频道	3.4	9.3
4	中国诗词大会第四季（2 月 12 日）	中央电视台综合频道	2.4	7.3
5	我们走在大路上 1949~2019	中央电视台综合频道	2.2	6.9
6	中华人民共和国中央人民政府成立典礼原始影像	中央电视台综合频道	2.2	6.4
7	中国梦时代楷模	中央电视台综合频道	2.0	5.8
8	礼赞最美奋斗者	中央电视台综合频道	1.9	6.3
9	美丽中国	中央电视台综合频道	1.8	5.6
10	濠江情中国心	中央电视台综合频道	1.8	5.0

表 3.45.11 2019 年昆明市场综艺节目收视率排名前十位

名次	节目名称	播出频道	平均收视率（%）	平均占有率（%）
1	庆祝中华人民共和国成立 70 周年联欢活动	中央电视台综合频道	8.7	27.1
2	2019 中央广播电视总台春节联欢晚会	中央电视台综合频道	8.6	24.2
3	喜气洋洋闹元宵	中央电视台综合频道	6.2	18.3
4	奋斗吧中华儿女音乐舞蹈史诗	中央电视台综合频道	5.0	15.1
5	2019 年中央广播电视总台中秋晚会	中央电视台综合频道	4.9	15.6
6	歌手 2019 揭晓时刻(3 月 1 日)	湖南卫视	3.6	23.0
7	蒙面唱将猜猜猜（12 月 15 日）	江苏卫视	3.6	12.1
8	中国好声音(7 月 19 日)	浙江卫视	3.5	12.7
9	声临其境（3 月 1 日）	湖南卫视	3.5	10.6
10	新春喜剧之夜	中央台三套	3.3	11.3

表 3.45.12 2019 年昆明市场体育节目收视率排名前十位(世界杯、亚运会、亚残运会、冬奥会比赛除外)

名次	节目名称	播出频道	平均收视率（%）	平均占有率（%）
1	现场直播:2019 年女排世界杯第五轮(日本 VS 中国)	中央台五套	2.6	13.2
2	2019 年亚洲杯小组赛 C 组第三轮(韩国 VS 中国)	中央台五套	2.3	9.0
3	2019 年世界乒乓球锦标赛女双决赛	中央台五套	2.3	8.2
4	直播周末:2019 年乒乓球团体世界杯女团决赛单打	中央台五套	2.3	7.8
5	2019 年国际篮联篮球世界杯小组赛 A 组(中国 VS 波兰)	中央台五套	2.2	8.5
6	现场直播:2019 年国际泳联世锦赛男子 100 米仰泳决赛	中央台五套	2.1	6.4
7	直播周末:乒乓球团体世界杯颁奖仪式	中央台五套	2.0	5.8
8	第七届世界军人运动会报道:第七届军运会女排决赛(中国 VS 巴西)	中央台五套	1.9	6.8
9	直播周末:2019 年国际泳联世锦赛跳水男子 10 米台决赛	中央台五套	1.8	6.2
10	现场直播:国际足联 2022 年世界杯亚洲区预选赛第二阶段 A 组第 5 轮(叙利亚 VS 中国)	中央台五套	1.6	9.3

四十六、兰州收视数据

表 3.46.1　2015~2019 年兰州市场各类频道的市场占有率(%)

频道类别	年份				
	2015 年	2016 年	2017 年	2018 年	2019 年
中央广播电视总台	41.7	42.6	41.6	35.1	29.9
中国教育台频道	0.1	0.1	0.1	0.2	0.1
甘肃省级频道	6.0	5.1	5.8	7.9	6.0
兰州市级频道	7.4	6.8	7.1	4.3	4.1
其他省级卫视频道	35.2	32.1	27.4	25.5	29.6
其他频道	9.6	13.4	18.0	27.1	30.3

表 3.46.2　2019 年兰州市场各类频道在不同目标观众中的市场占有率(%)

目标观众		中央广播电视总台	中国教育台频道	甘肃省级频道	兰州市级频道	其他省级卫视频道	其他频道
4 岁及以上所有人		29.9	0.1	6.0	4.1	29.6	30.3
性别	男	31.9	0.2	5.8	4.2	28.2	29.7
	女	27.5	0.1	6.2	4.0	31.2	31.0
年龄	4~14 岁	19.2	0.1	4.6	2.5	29.4	44.2
	15~24 岁	31.1	0.2	4.5	2.5	28.3	33.4
	25~34 岁	18.4	0.1	2.9	2.1	43.9	32.6
	35~44 岁	21.0	0.1	3.0	2.2	30.7	43.0
	45~54 岁	23.8	0.2	4.7	5.1	31.0	35.2
	55~64 岁	37.6	0.2	8.0	2.8	27.2	24.2
	65 岁及以上	45.1	0.1	10.2	7.0	21.0	16.6
教育程度	未受过正规教育	19.8	0.1	5.6	2.4	41.9	30.2
	小学	28.6	0.2	9.9	6.8	25.5	29.0
	初中	30.2	0.1	6.9	4.4	28.8	29.6
	高中	31.3	0.2	6.4	4.4	27.6	30.1
	大学及以上	29.5	0.1	2.7	2.3	33.4	32.0
职业类别	干部/管理人员	42.5	0.1	3.2	1.4	33.8	19.0
	个体/私营企业人员	26.6	0.2	4.8	4.7	28.9	34.8
	初级公务员/雇员	20.6	0.1	3.5	1.8	31.5	42.5
	工人	15.9	0.3	7.3	6.8	38.5	31.2
	学生	23.6	0.1	4.2	2.2	25.9	44.0
	无业	37.0	0.1	7.6	4.8	27.8	22.7
	其他	*	*	*	*	*	*
个人月收入	0~600 元	22.4	0.1	4.1	3.2	33.5	36.7
	601~1200 元	32.6	0.2	7.6	5.8	18.2	35.6
	1201~1700 元	32.3	0.2	8.0	2.0	24.8	32.7
	1701~2600 元	32.9	0.2	8.5	5.0	27.7	25.7
	2601~3500 元	33.8	0.2	7.7	6.1	30.4	21.8
	3501~5000 元	27.7	0.1	3.4	3.0	26.4	39.4
	5001 元及以上	30.3	0.1	2.4	1.2	31.5	34.5

注：* 表示样本量不足，无法进行统计推断。

表 3.46.3 2019 年兰州市场各类频道在不同时段的市场占有率(%)

时间段	中央广播电视总台	中国教育台频道	甘肃省级频道	兰州市级频道	其他省级卫视频道	其他频道
02:00~03:00	17.4	0.2	12.9	0.7	20.8	48.0
03:00~04:00	19.3	0.1	10.0	0.7	19.9	50.0
04:00~05:00	20.6	0.1	4.8	0.6	20.1	53.8
05:00~06:00	22.4	0.1	3.0	0.6	17.8	56.1
06:00~07:00	37.9	1.3	6.4	0.7	14.5	39.2
07:00~08:00	50.9	0.9	5.0	1.6	10.5	31.1
08:00~09:00	47.4	0.2	6.1	3.4	15.8	27.1
09:00~10:00	41.1	0.3	6.9	2.4	21.7	27.6
10:00~11:00	35.8	0.3	6.0	2.6	24.6	30.7
11:00~12:00	36.0	0.2	4.8	2.3	25.8	30.9
12:00~13:00	39.9	0.1	2.4	1.3	26.2	30.1
13:00~14:00	29.7	0.2	2.6	1.3	33.8	32.4
14:00~15:00	24.7	0.2	3.3	1.9	36.8	33.1
15:00~16:00	23.1	0.2	4.2	2.3	37.0	33.2
16:00~17:00	23.6	0.3	4.5	2.4	36.3	32.9
17:00~18:00	26.0	0.2	4.3	2.6	34.6	32.3
18:00~19:00	37.3	0.1	9.4	5.2	14.7	33.3
19:00~20:00	36.1	0.1	8.1	6.3	25.0	24.4
20:00~21:00	26.2	0.1	6.1	5.2	38.2	24.2
21:00~22:00	28.7	0.2	6.0	6.4	31.4	27.3
22:00~23:00	25.0	0.2	6.4	5.6	29.6	33.2
23:00~24:00	23.7	0.1	6.5	1.9	30.2	37.6
24:00~25:00	21.3	0.1	7.9	1.3	23.2	46.2
25:00~26:00	18.7	0.1	10.5	0.8	21.5	48.4

表 3.46.4 2019 年兰州市场收视份额排名前十位的频道

名次	频道名称	收视份额(%)
1	中央电视台综合频道	7.6
2	中央台四套	3.5
3	浙江卫视	3.4
4	中央台八套	3.3
5	中央电视台新闻频道	3.1
5	兰州电视台公共频道	3.1
7	天津卫视	3.0
8	江苏卫视	2.8
9	湖南卫视	2.4
10	上海东方卫视	2.2

表 3.46.5　2019 年兰州市场各主要频道的观众构成(%)

目标观众		所有频道	主要频道					
			中央电视台综合频道	中央台四套	浙江卫视	中央台八套	中央电视台新闻频道	兰州电视台公共频道
4 岁及以上所有人		100.0	100.0	100.0	100.0	100.0	100.0	100.0
性别	男性	53.8	55.5	63.6	53.8	54.1	61.6	54.6
	女性	46.2	44.5	36.4	46.2	45.9	38.4	45.4
年龄	4~14 岁	6.4	2.6	2.6	7.7	4.1	4.6	4.3
	15~24 岁	7.5	5.6	7.4	8.8	7.9	5.9	3.9
	25~34 岁	13.2	6.6	4.9	29.9	12.1	9.3	6.2
	35~44 岁	10.4	6.5	6.5	10.7	3.6	10.3	5.5
	45~54 岁	24.7	19.3	10.6	24.6	20.6	16.6	30.5
	55~64 岁	15.9	25.3	16.9	8.1	23.8	14.9	9.5
	65 岁及以上	21.8	34.1	51.1	10.3	27.9	38.5	40.0
教育程度	未受过正规教育	3.1	1.3	0.3	3.8	3.0	1.9	2.4
	小学	11.9	10.6	14.4	8.1	11.1	15.1	21.5
	初中	24.7	27.2	20.2	22.6	39.9	23.7	27.0
	高中	35.5	32.5	46.3	32.3	28.7	37.2	36.4
	大学及以上	24.8	28.4	18.8	33.2	17.3	22.1	12.7
职业类别	干部/管理人员	3.6	6.1	5.0	6.5	4.1	5.9	1.1
	个体/私营企业人员	18.6	14.8	13.4	18.4	22.2	13.9	20.7
	初级公务员/雇员	15.7	8.4	6.0	18.1	11.3	12.8	5.6
	工人	7.5	3.2	2.1	13.2	3.5	5.0	12.1
	学生	8.7	4.7	6.5	10.7	3.6	6.1	4.4
	无业	45.8	62.8	66.9	33.1	55.3	56.2	56.1
	其他	*	*	*	*	*	*	*
个人月收入	0~600 元	21.3	12.6	12.5	28.3	16.2	15.6	15.9
	601~1200 元	2.8	2.3	4.2	0.8	0.7	2.7	3.6
	1201~1700 元	3.7	3.2	4.5	2.6	8.2	3.4	1.2
	1701~2600 元	23.3	25.6	36.1	15.5	21.6	28.8	26.7
	2601~3500 元	24.5	28.1	21.1	21.0	36.8	30.8	40.2
	3501~5000 元	12.8	15.1	9.6	13.2	9.2	7.3	9.2
	5001 元及以上	11.6	13.1	12.0	18.6	7.3	11.4	3.3

注：* 表示样本量不足，无法进行统计推断。

表 3.46.6　2017～2019 年兰州市场各类节目的播出比重(%)和收视比重(%)

节目类型	2017 年		2018 年		2019 年	
	播出比重	收视比重	播出比重	收视比重	播出比重	收视比重
财经	1.1	0.6	1.1	0.8	1.1	0.9
电视剧	22.1	32.3	22.6	36.5	22.7	38.1
电影	3.7	5.5	3.8	4.1	3.5	3.0
法制	1.0	0.6	0.9	0.7	0.8	0.6
教学	0.3	0.0	0.4	0.0	0.4	0.0
青少	6.9	4.7	7.0	4.2	7.5	3.9
生活服务	7.8	6.2	7.9	6.4	7.3	6.4
体育	3.2	2.5	3.2	3.6	3.7	2.6
外语	0.1	0.0	0.1	0.0	0.2	0.0
戏剧	0.8	0.6	0.8	0.6	0.8	0.6
新闻/时事	15.7	14.3	15.8	12.5	16.0	13.5
音乐	1.5	1.3	1.5	1.4	1.8	1.0
专题	14.8	6.9	14.6	6.6	14.7	7.5
综艺	7.8	13.6	7.5	11.2	6.9	11.3
其他	13.1	10.8	12.8	11.4	12.6	10.6

表 3.46.7　2019 年兰州市场所有节目收视率排名前三十位

名次	节目名称	节目类型	播出频道	平均收视率(%)	平均占有率(%)
1	庆祝中华人民共和国成立 70 周年大会阅兵式群众游行特别报道	新闻/时事	中央电视台综合频道	15.6	41.2
2	2019 中央广播电视总台春节联欢晚会	综艺	中央电视台综合频道	14.5	35.9
3	向伟大复兴前进	新闻/时事	中央电视台综合频道	13.6	51.4
4	庆祝中华人民共和国成立 70 周年联欢活动	综艺	中央电视台综合频道	11.5	35.7
5	喜气洋洋闹元宵	综艺	中央电视台综合频道	9.2	32.0
6	一年又一年	专题	中央电视台综合频道	6.9	26.8
7	2019 年中央广播电视总台中秋晚会	综艺	中央电视台综合频道	5.6	18.7
8	人民欢歌庆祝中华人民共和国成立 70 周年联欢活动特别报道	新闻/时事	中央电视台综合频道	4.4	25.2
9	青春环游记温情时刻	综艺	浙江卫视	4.4	17.9
10	快乐中国 20192020 跨年演唱会	音乐	湖南卫视	4.4	15.7
11	穿越历史长廊探寻文化伟力	专题	中央电视台综合频道	4.1	16.8
12	天气预报	生活服务	中央电视台综合频道	4.1	16.7
13	妈妈咪呀 6 绽放夜前传(5 月 24 日)	综艺	上海东方卫视	4.1	14.4

续表

名次	节目名称	节目类型	播出频道	平均收视率（%）	平均占有率（%）
14	开学第一课	青少	中央电视台综合频道	3.9	15.7
15	奋斗吧中华儿女音乐舞蹈史诗	综艺	中央电视台综合频道	3.9	12.8
16	欢乐喜剧人(4月7日)	综艺	上海东方卫视	3.8	16.6
17	最强大脑燃烧吧大脑战队集结篇(3月22日)	综艺	江苏卫视	3.8	13.4
18	笑傲江湖第4季后传(7月6日)	综艺	上海东方卫视	3.7	14.5
19	中央广播电视总台2019主持人大赛(12月28日)	综艺	中央电视台综合频道	3.6	11.2
20	第七届世界军人运动会开幕式	体育	中央电视台综合频道	3.6	11.0
21	特赦1959	电视剧	中央电视台综合频道	3.5	15.9
22	大冰小将(3月23日)	综艺	浙江卫视	3.5	12.2
23	中国诗词大会第四季(2月10日)	专题	中央电视台综合频道	3.3	11.9
24	空降利刃	电视剧	江苏卫视	3.3	11.8
25	挑战不可能(1月27日)	综艺	中央电视台综合频道	3.3	9.9
26	庆祝中华人民共和国成立70周年特别节目走向复兴	新闻/时事	中央电视台综合频道	3.3	9.7
27	一站到底(12月30日)	综艺	江苏卫视	3.2	17.8
28	中国梦之声我们的歌(12月8日)	综艺	上海东方卫视	3.2	11.0
29	光荣时代	电视剧	江苏卫视	3.2	10.5
30	第七届世界军人运动会报道:第七届军运会女排决赛(中国VS巴西)	体育	中央台五套	3.2	10.4

表3.46.8　2019年兰州市场电视剧收视率排名前十位

名次	节目名称	播出频道	平均收视率(%)	平均占有率(%)
1	特赦1959	中央电视台综合频道	3.5	15.9
2	空降利刃	江苏卫视	3.3	11.8
3	光荣时代	江苏卫视	3.2	10.5
4	归鸿	江苏卫视	3.1	10.4
5	绽放吧百合	中央台八套	3.0	11.3
6	我的真朋友	上海东方卫视	2.9	11.0
7	姥姥的饺子馆(16~40集)	中央台八套	2.8	9.6
8	希望的大地	中央电视台综合频道	2.8	9.3
9	伟大的转折	中央电视台综合频道	2.7	12.4
10	带着爸爸去留学	上海东方卫视	2.7	11.0

表 3.46.9 2019 年兰州市场新闻节目收视率排名前十位

名次	节目名称	播出频道	平均收视率（%）	平均占有率（%）
1	庆祝中华人民共和国成立 70 周年大会阅兵式群众游行特别报道	中央电视台综合频道	15.6	41.2
2	向伟大复兴前进	中央电视台综合频道	13.6	51.4
3	人民欢歌庆祝中华人民共和国成立 70 周年联欢活动特别报道	中央电视台综合频道	4.4	25.2
4	庆祝中华人民共和国成立 70 周年特别节目走向复兴	中央电视台综合频道	3.3	9.7
5	新闻联播	中央电视台综合频道	2.9	14.1
6	国务院总理会见中外记者并回答提问	中央电视台综合频道	2.3	8.1
7	庆祝澳门回归祖国 20 周年特别报道	中央电视台综合频道	2.1	6.9
8	第七届世界军人运动会开幕式特别报道	中央台四套	2.0	6.9
9	焦点访谈	中央电视台综合频道	1.7	6.8
10	亚洲文化嘉年华特别报道	中央台四套	1.6	6.7

表 3.46.10 2019 年兰州市场专题节目收视率排名前十位

名次	节目名称	播出频道	平均收视率（%）	平均占有率（%）
1	一年又一年	中央电视台综合频道	6.9	26.8
2	穿越历史长廊探寻文化伟力	中央电视台综合频道	4.1	16.8
3	中国诗词大会第四季(2 月 10 日)	中央电视台综合频道	3.3	11.9
4	推动京津冀协同发展取得新的更大进展	中央电视台综合频道	3.2	10.5
5	红色通缉	中央电视台综合频道	3.1	10.1
6	礼赞最美奋斗者	中央电视台综合频道	2.6	9.3
7	感动中国 2018 年度人物颁奖盛典	中央电视台综合频道	2.6	8.8
8	中央电视台特别节目共同开创中朝两党两国关系的美好未来	中央电视台综合频道	2.5	8.8
9	中华人民共和国中央人民政府成立典礼原始影像	中央电视台综合频道	2.4	9.7
10	我们走在大路上 1949~2019	中央电视台综合频道	2.4	8.7

表 3.46.11　2019 年兰州市场综艺节目收视率排名前十位

名次	节目名称	播出频道	平均收视率（%）	平均占有率（%）
1	2019 中央广播电视总台春节联欢晚会	中央电视台综合频道	14.5	35.9
2	庆祝中华人民共和国成立 70 周年联欢活动	中央电视台综合频道	11.5	35.7
3	喜气洋洋闹元宵	中央电视台综合频道	9.2	32.0
4	2019 年中央广播电视总台中秋晚会	中央电视台综合频道	5.6	18.7
5	青春环游记温情时刻	浙江卫视	4.4	17.9
6	妈妈咪呀 6 绽放夜前传（5 月 24 日）	上海东方卫视	4.1	14.4
7	奋斗吧中华儿女音乐舞蹈史诗	中央电视台综合频道	3.9	12.8
8	欢乐喜剧人（4 月 7 日）	上海东方卫视	3.8	16.6
9	最强大脑燃烧吧大脑战队集结篇（3 月 22 日）	江苏卫视	3.8	13.4
10	笑傲江湖第 4 季后传（7 月 6 日）	上海东方卫视	3.7	14.5

表 3.46.12　2019 年兰州市场体育节目收视率排名前十位

名次	节目名称	播出频道	平均收视率（%）	平均占有率（%）
1	第七届世界军人运动会开幕式	中央电视台综合频道	3.6	11.0
2	第七届世界军人运动会报道：第七届军运会女排决赛（中国 VS 巴西）	中央台五套	3.2	10.4
3	第七届世界军人运动会报道：第七届军运会田径男子 4×100 米接力决赛	中央台五套	2.8	10.6
4	2019 年国际篮联篮球世界杯小组赛 A 组（中国 VS 波兰）	中央台五套	2.4	10.7
5	第七届世界军人运动会报道：第七届军运会女排小组赛 A 组第二轮（中国 VS 巴西）	中央台五套	2.3	7.9
6	现场直播：2019 年女排世界杯第五轮（日本 VS 中国）	中央台五套	2.1	14.3
7	第七届世界军人运动会报道：第七届军运会游泳比赛女子 800 米自由泳决赛	中央台五套	2.1	9.8
8	直播周末：2020 年东京奥运会女排资格赛（中国 VS 土耳其）	中央台五套	2.1	9.5
9	2019 年国际篮联男篮世界杯决赛（阿根廷 VS 西班牙）	中央台五套	2.1	8.3
10	现场直播：2019 年世界女排联赛中国澳门站（中国 VS 韩国）	中央台五套	2.1	7.7

四十七、南昌收视数据

表 3.47.1 2015~2019 年南昌市场各类频道的市场占有率(%)

频道类别	年份				
	2015 年	2016 年	2017 年	2018 年	2019 年
中央广播电视总台	26.7	25.8	23.7	26.4	22.8
中国教育台频道	0.1	0.1	0	0.1	0.1
江西省级频道	35.1	37.5	36.9	32.9	28.1
南昌市级频道	4.3	4.2	3.7	3.8	4.3
其他省级卫视频道	20.5	20.6	21.4	18.1	21.2
其他频道	13.3	11.8	14.3	18.7	23.5

表 3.47.2 2019 年南昌市场各类频道在不同目标观众中的市场占有率(%)

目标观众		中央广播电视总台	中国教育台频道	江西省级频道	南昌市级频道	其他省级卫视频道	其他频道
4 岁及以上所有人		22.8	0.1	28.1	4.3	21.2	23.5
性别	男	24.8	0.1	25.2	4.3	20.7	24.9
	女	20.8	0.1	30.9	4.3	21.7	22.2
年龄	4~14 岁	17.0	0.1	18.6	2.1	28.5	33.7
	15~24 岁	13.1	0.1	40.2	1.6	17.9	27.1
	25~34 岁	12.7	0.1	34.4	2.0	21.5	29.3
	35~44 岁	22.2	0.1	18.1	3.6	30.8	25.2
	45~54 岁	23.0	0.1	26.3	5.8	22.3	22.5
	55~64 岁	27.3	0.1	24.5	7.0	18.8	22.3
	65 岁及以上	34.0	0.1	33.0	5.5	14.1	13.3
教育程度	未受过正规教育	21.4	0.1	27.2	1.8	27.3	22.2
	小学	17.8	0.1	27.8	4.4	22.3	27.6
	初中	22.8	0.1	29.3	6.4	18.9	22.5
	高中	28.4	0.1	27.0	3.5	19.3	21.7
	大学及以上	22.6	0.1	27.8	2.7	23.7	23.1
职业类别	干部/管理人员	24.3	0.0	13.8	0.7	35.0	26.2
	个体/私营企业人员	20.1	0.1	22.4	5.9	22.8	28.7
	初级公务员/雇员	20.8	0.1	28.3	4.4	23.0	23.4
	工人	16.4	0.1	42.1	5.4	16.4	19.6
	学生	15.2	0.1	19.0	1.6	23.5	40.6
	无业	28.7	0.1	28.3	4.6	19.4	18.9
	其他	20.6	0.2	30.5	5.1	25.0	18.6
个人月收入	0~600 元	15.5	0.1	25.8	2.9	24.2	31.5
	601~1200 元	23.9	0.1	36.1	1.4	24.3	14.2
	1201~1700 元	25.9	0.1	25.1	8.3	24.5	16.1
	1701~2600 元	30.0	0.1	28.1	5.2	18.8	17.8
	2601~3500 元	26.9	0.1	32.3	5.3	17.0	18.4
	3501~5000 元	19.8	0.1	28.1	4.9	21.2	25.9
	5001 元及以上	26.8	0.1	24.5	3.5	23.8	21.3

表 3.47.3　2019 年南昌市场各类频道在不同时段的市场占有率(%)

时间段	中央广播电视总台	中国教育台频道	江西省级频道	南昌市级频道	其他省级卫视频道	其他频道
02:00~03:00	15.0	0.3	13.3	0.4	34.4	36.6
03:00~04:00	15.3	0.2	14.8	0.2	35.7	33.8
04:00~05:00	19.1	0.1	15.5	0.1	31.9	33.3
05:00~06:00	26.8	0.1	18.8	0.1	25.4	28.8
06:00~07:00	31.6	0.1	25.2	3.1	13.6	26.4
07:00~08:00	28.9	0.2	27.2	4.2	14.2	25.3
08:00~09:00	28.6	0.1	24.7	4.4	15.9	26.3
09:00~10:00	27.2	0.1	26.3	3.4	16.5	26.5
10:00~11:00	25.9	0.1	27.2	3.4	17.7	25.7
11:00~12:00	28.4	0.1	24.4	3.0	18.8	25.3
12:00~13:00	30.9	0.1	22.8	1.7	19.0	25.5
13:00~14:00	24.2	0.1	26.6	2.3	19.0	27.8
14:00~15:00	24.0	0.1	24.4	3.3	19.0	29.2
15:00~16:00	24.3	0.2	23.5	3.4	19.8	28.8
16:00~17:00	25.5	0.2	22.6	3.5	19.9	28.3
17:00~18:00	25.6	0.1	23.0	6.3	18.4	26.6
18:00~19:00	23.0	0.1	35.1	6.8	11.7	23.3
19:00~20:00	24.5	0.0	29.5	5.6	21.2	19.2
20:00~21:00	19.5	0.0	27.8	4.1	30.3	18.3
21:00~22:00	18.8	0.1	31.5	4.6	25.9	19.1
22:00~23:00	15.8	0.1	35.3	6.2	21.1	21.5
23:00~24:00	15.8	0.1	33.5	4.3	21.0	25.3
24:00~25:00	16.4	0.1	28.3	3.3	20.0	31.9
25:00~26:00	16.1	0.2	17.6	0.6	28.2	37.3

表 3.47.4　2019 年南昌市场收视份额排名前十位的频道

名次	频道名称	收视份额(%)
1	江西电视台都市频道(二套)	7.3
2	江西电视台影视旅游频道(四套)	5.1
2	中央电视台综合频道	5.1
4	江西电视台公共农业频道(五套)	4.7
5	中央台四套	3.8
6	江西电视台少儿频道(六套)	3.7
7	江西电视台新闻频道(七套)	3.1
8	江西卫视	2.7
9	浙江卫视	2.5
10	江苏卫视	2.4

表 3.47.5　2019 年南昌市场各主要频道的观众构成(%)

目标观众		所有频道	主要频道				
			江西电视台都市频道(二套)	江西电视台影视旅游频道(四套)	中央电视台综合频道	江西电视台公共农业频道(五套)	中央台四套
4 岁及以上所有人		100.0	100.0	100.0	100.0	100.0	100.0
性别	男	49.8	44.9	43.6	49.9	45.0	63.3
	女	50.2	55.1	56.4	50.1	55.0	36.7
年龄	4~14 岁	12.7	6.6	7.7	8.2	7.0	5.5
	15~24 岁	9.9	8.1	19.7	4.7	19.5	3.5
	25~34 岁	12.5	8.4	17.8	6.7	14.6	4.1
	35~44 岁	9.6	7.2	5.8	7.1	7.5	5.2
	45~54 岁	20.5	17.7	21.6	19.8	22.7	21.7
	55~64 岁	13.8	18.4	7.8	13.3	8.7	22.3
	65 岁及以上	21.0	33.6	19.6	40.2	20.0	37.7
教育程度	未受过正规教育	6.4	5.7	4.7	6.3	5.0	2.4
	小学	21.0	29.8	13.7	16.6	17.7	10.9
	初中	32.0	33.0	35.8	27.8	35.1	38.6
	高中	21.0	22.0	20.4	27.5	23.0	27.9
	大学及以上	19.6	9.5	25.4	21.8	19.2	20.2
职业类别	干部/管理人员	0.6	0.1	0.6	1.2	0.4	0.2
	个体/私营企业人员	7.6	7.4	5.6	5.0	4.2	10.9
	初级公务员/雇员	22.6	15.3	27.2	16.5	27.2	19.9
	工人	9.7	11.9	17.3	5.2	16.7	4.9
	学生	12.6	7.1	9.8	6.9	8.7	5.7
	无业	40.2	44.2	37.3	60.6	40.3	56.5
	其他	6.7	14.0	2.2	4.6	2.5	1.9
个人月收入	0~600 元	27.0	22.1	24.2	18.8	23.8	12.3
	601~1200 元	2.0	5.3	1.0	1.5	0.7	1.1
	1201~1700 元	2.6	4.2	1.6	2.7	2.0	1.0
	1701~2600 元	15.2	23.3	11.7	21.9	13.0	21.4
	2601~3500 元	21.7	21.3	27.3	23.8	28.6	28.7
	3501~5000 元	19.9	13.5	23.4	19.1	23.3	18.2
	5001 元及以上	11.6	10.3	10.8	12.2	8.6	17.3

表 3.47.6　2017~2019 年南昌市场各类节目的播出比重(%)和收视比重(%)

节目类型	2017 年		2018 年		2019 年	
	播出比重	收视比重	播出比重	收视比重	播出比重	收视比重
财经	1.1	0.4	1.2	0.7	1.0	0.7
电视剧	24.4	36.8	24.2	34.8	24.3	36.9
电影	3.9	3.3	3.9	3.3	3.5	2.5
法制	1.2	2.1	1.1	2.1	1.1	1.8
教学	0.3	0.0	0.3	0.0	0.4	0.0
青少	7.0	6.4	7.0	8.0	7.4	7.7
生活服务	7.9	7.1	8.1	7.8	7.4	6.7
体育	3.1	1.0	3.1	1.9	3.6	1.3
外语	0.1	0.0	0.1	0.0	0.1	0.0
戏剧	0.8	0.1	0.7	0.2	0.8	0.2
新闻/时事	15.1	14.0	15.6	13.5	15.9	15.6
音乐	1.4	0.9	1.3	0.9	1.7	1.1
专题	13.8	7.5	13.6	6.7	14.1	7.6
综艺	7.9	9.1	7.6	8.4	6.5	7.2
其他	12.0	11.3	12.2	11.7	12.2	10.7

表 3.47.7　2019 年南昌市场所有节目收视率排名前三十位

名次	节目名称	节目类型	播出频道	平均收视率(%)	平均占有率(%)
1	庆祝中华人民共和国成立 70 周年大会阅兵式群众游行特别报道	新闻/时事	中央电视台综合频道	9.6	34.7
2	庆祝中华人民共和国成立 70 周年联欢活动	综艺	中央电视台综合频道	7.3	25.2
3	向伟大复兴前进	新闻/时事	中央电视台综合频道	6.5	38.0
4	2018 年度江西省新时代好少年先进事迹发布仪式	青少	江西电视台少儿频道(六套)	5.9	22.8
5	开学第一课	青少	中央电视台综合频道	5.9	21.6
6	2019 中央广播电视总台春节联欢晚会	综艺	中央电视台综合频道	5.4	17.8
7	2020 跨年演唱会用奋斗点亮幸福	音乐	江苏卫视	4.7	17.1

续表

名次	节目名称	节目类型	播出频道	平均收视率（%）	平均占有率（%）
8	中国梦之声我们的歌（10月27日）	综艺	上海东方卫视	4.5	21.4
9	金陵往事（39~40集）	电视剧	江西卫视	4.2	15.9
10	喜气洋洋闹元宵	综艺	中央电视台综合频道	4.1	18.6
11	人民欢歌庆祝中华人民共和国成立70周年联欢活动特别报道	新闻/时事	中央电视台综合频道	3.6	21.6
12	错嫁一世情	电视剧	江西电视台都市频道(二套)	3.6	16.1
13	2019江西卫视春节联欢晚会幸福江西回家过年	综艺	江西卫视	3.4	16.9
14	2019年中央广播电视总台中秋晚会	综艺	中央电视台综合频道	3.2	12.4
15	伞娘传奇	电视剧	江西电视台都市频道(二套)	3.0	14.5
16	天气预报	生活服务	中央电视台综合频道	2.9	12.2
17	巅峰对决我就是演员（12月7日）	综艺	浙江卫视	2.9	11.2
18	闺蜜的战争	电视剧	江西电视台都市频道(二套)	2.8	15.5
18	心香爱人	电视剧	江西电视台都市频道(二套)	2.8	15.5
20	采薇传	电视剧	江西电视台都市频道(二套)	2.7	12.2
21	中国达人秀(10月5日)	综艺	上海东方卫视	2.7	10.6
22	妻子的眼泪	电视剧	江西电视台都市频道(二套)	2.6	13.1
23	都市情缘	专题	江西电视台都市频道(二套)	2.6	11.1
24	情谜上海滩(20~41集)	电视剧	江西电视台都市频道(二套)	2.6	10.9
25	一年又一年	专题	中央电视台综合频道	2.5	13.1
26	乔安你好	电视剧	浙江卫视	2.5	8.7
27	梦圆东方追梦2020跨年盛典	综艺	上海东方卫视	2.4	9.2
28	都市现场	新闻/时事	江西电视台都市频道(二套)	2.3	13.5
29	红色根据地	电视剧	江西电视台影视旅游频道(四套)	2.3	11.3
30	晚间800	法制	江西电视台都市频道(二套)	2.3	9.3

表 3.47.8　2019 年南昌市场电视剧收视率排名前十位

名次	节目名称	播出频道	平均收视率(%)	平均占有率(%)
1	金陵往事(39~40 集)	江西卫视	4.2	15.9
2	错嫁一世情	江西电视台都市频道(二套)	3.6	16.1
3	伞娘传奇	江西电视台都市频道(二套)	3.0	14.5
4	闺蜜的战争	江西电视台都市频道(二套)	2.8	15.5
4	心香爱人	江西电视台都市频道(二套)	2.8	15.5
6	采薇传	江西电视台都市频道(二套)	2.7	12.2
7	妻子的眼泪	江西电视台都市频道(二套)	2.6	13.1
8	情谜上海滩(20~41 集)	江西电视台都市频道(二套)	2.6	10.9
9	乔安你好	浙江卫视	2.5	8.7
10	红色根据地	江西电视台影视旅游频道(四套)	2.3	11.3

表 3.47.9　2019 年南昌市场新闻节目收视率排名前十位

名次	节目名称	播出频道	平均收视率(%)	平均占有率(%)
1	庆祝中华人民共和国成立 70 周年大会阅兵式群众游行特别报道	中央电视台综合频道	9.6	34.7
2	向伟大复兴前进	中央电视台综合频道	6.5	38.0
3	人民欢歌庆祝中华人民共和国成立 70 周年联欢活动特别报道	中央电视台综合频道	3.6	21.6
4	都市现场	江西电视台都市频道(二套)	2.3	13.5
5	第七届世界军人运动会开幕式特别报道	中央电视台综合频道	1.9	6.4
6	新闻联播	中央电视台综合频道	1.8	9.0
7	庆祝中华人民共和国成立 70 周年特别节目走向复兴	中央电视台综合频道	1.6	5.5
8	海峡两岸	中央台四套	1.3	5.1
9	亚洲文化嘉年华特别报道	中央电视台综合频道	1.2	6.5
10	焦点访谈	中央电视台综合频道	1.2	4.8

表 3.47.10　2019 年南昌市场专题节目收视率排名前十位

名次	节目名称	播出频道	平均收视率（%）	平均占有率（%）
1	都市情缘	江西电视台都市频道（二套）	2.6	11.1
2	一年又一年	中央电视台综合频道	2.5	13.1
3	穿越历史长廊探寻文化伟力	中央电视台综合频道	2.3	9.2
4	中国诗词大会第四季(2 月 12 日)	中央电视台综合频道	2.0	9.0
5	一家人两只鹤	江西电视台都市频道（二套）	2.0	7.1
6	铸就护民之盾庆祝新中国成立 70 周年全省人防知识竞赛	江西电视台新闻频道（七套）	1.7	7.5
7	中华人民共和国中央人民政府成立典礼原始影像	中央电视台综合频道	1.6	7.3
8	感动中国 2018 年度人物颁奖盛典	中央电视台综合频道	1.4	5.7
9	我们走在大路上 1949~2019	中央电视台综合频道	1.4	5.4
10	大城无小事派出所的故事 2019	上海东方卫视	1.3	6.8

表 3.47.11　2019 年南昌市场综艺节目收视率排名前十位

名次	节目名称	播出频道	平均收视率（%）	平均占有率（%）
1	庆祝中华人民共和国成立 70 周年联欢活动	中央电视台综合频道	7.3	25.2
2	2019 中央广播电视总台春节联欢晚会	中央电视台综合频道	5.4	17.8
3	中国梦之声我们的歌（10 月 27 日）	上海东方卫视	4.5	21.4
4	喜气洋洋闹元宵	中央电视台综合频道	4.1	18.6
5	2019 江西卫视春节联欢晚会幸福江西回家过年	江西卫视	3.4	16.9
6	2019 年中央广播电视总台中秋晚会	中央电视台综合频道	3.2	12.4
7	巅峰对决我就是演员(12 月 7 日)	浙江卫视	2.9	11.2
8	中国达人秀(10 月 5 日)	上海东方卫视	2.7	10.6
9	梦圆东方追梦 2020 跨年盛典	上海东方卫视	2.4	9.2
10	2019 苏宁易购 1111 嗨爆夜	湖南卫视	2.2	10.1

表 3.47.12　2019 年南昌市场体育节目收视率排名前十位

名次	节目名称	播出频道	平均收视率（%）	平均占有率（%）
1	第七届世界军人运动会开幕式	中央电视台综合频道	2.3	9.1
2	第七届世界军人运动会闭幕式	湖北卫视	1.4	5.1
3	直播周末：2019 年 WCBA 全明星周末超级远投大赛	中央台五套	1.1	4.9
4	2019 年国际篮联篮球世界杯开幕式	中央电视台综合频道	1.1	4.7
5	现场直播：2019 年世界女排联赛中国江门站（中国 VS 美国）	中央台五套	1.0	4.8
6	现场直播：2019 年国际泳联世锦赛男子 800 米自由泳决赛	中央台五套	0.9	4.7
7	2019 年上海超级杯花样滑冰大奖赛队列滑自由滑	CCTV5+体育赛事频道	0.8	5.0
8	2019 年国际篮联篮球世界杯第二阶段排位赛 M 组（中国 VS 韩国）	中央台五套	0.8	3.8
8	第七届世界军人运动会报道：第七届军运会田径比赛女子标枪决赛	中央台五套	0.8	3.0
10	2019 年国际乒联世界巡回赛德国公开赛女单半决赛	CCTV5+体育赛事频道	0.7	3.7

四十八、南京收视数据

表 3.48.1 2015~2019 年南京市场各类频道的市场占有率(%)

频道类别	年份				
	2015 年	2016 年	2017 年	2018 年	2019 年
中央广播电视总台	27.5	30.3	34.0	38.7	34.2
中国教育台频道	0.3	0.1	0.1	0.1	0.1
江苏省级频道	36.2	27.7	20.5	17.0	18.9
南京市级频道	5.8	6.1	5.6	4.9	4.2
其他省级卫视频道	17.3	19.3	19.7	20.5	21.4
其他频道	12.9	16.5	20.1	18.8	21.2

表 3.48.2 2019 年南京市场各类频道在不同目标观众中的市场占有率(%)

目标观众		中央广播电视总台	中国教育台频道	江苏省级频道	南京市级频道	其他省级卫视频道	其他频道
4 岁及以上所有人		34.2	0.1	18.9	4.2	21.4	21.2
性别	男	36.5	0.1	17.3	4.1	20.1	21.9
	女	31.6	0.0	20.8	4.2	22.8	20.6
年龄	4~14 岁	17.0	0.0	19.0	2.5	31.9	29.6
	15~24 岁	19.4	0.0	22.7	2.4	23.0	32.5
	25~34 岁	27.9	0.0	22.9	2.6	21.1	25.5
	35~44 岁	25.6	0.1	18.3	2.4	28.0	25.6
	45~54 岁	33.1	0.1	20.4	4.0	18.4	24.0
	55~64 岁	35.1	0.1	20.1	5.4	20.2	19.1
	65 岁及以上	47.2	0.0	14.5	5.6	19.5	13.2
教育程度	未受过正规教育	28.2	0.0	25.9	5.9	22.6	17.4
	小学	33.5	0.0	24.0	4.5	21.8	16.2
	初中	35.3	0.1	21.5	4.9	20.0	18.2
	高中	34.2	0.0	16.0	4.3	21.4	24.1
	大学及以上	35.3	0.1	12.3	1.9	23.0	27.4
职业类别	干部/管理人员	38.6	0.0	17.1	4.9	29.6	9.8
	个体/私营企业人员	30.5	0.0	29.4	2.7	18.9	18.5
	初级公务员/雇员	26.0	0.0	15.5	2.8	22.7	33.0
	工人	34.5	0.1	19.5	4.8	19.0	22.1
	学生	17.0	0.1	23.3	2.7	25.7	31.2
	无业	39.1	0.1	16.5	4.8	22.1	17.4
	其他	36.8	0.0	29.5	5.4	15.9	12.4
个人月收入	0~600 元	26.3	0.1	24.7	3.8	22.8	22.3
	601~1200 元	40.8	0.0	17.7	4.7	21.4	15.4
	1201~1700 元	35.1	0.0	17.2	5.4	16.0	26.3
	1701~2600 元	37.9	0.0	17.9	5.6	19.7	18.9
	2601~3500 元	34.6	0.1	16.5	5.5	22.3	21.0
	3501~5000 元	39.0	0.0	16.9	4.2	21.7	18.2
	5001 元及以上	33.5	0.1	18.7	2.5	20.6	24.6

表 3.48.3　2019 年南京市场各类频道在不同时段的市场占有率(%)

时间段	中央广播电视总台	中国教育台频道	江苏省级频道	南京市级频道	其他省级卫视频道	其他频道
02:00~03:00	31.7	0.0	10.5	0.6	26.0	31.2
03:00~04:00	32.9	0.0	10.0	0.7	26.2	30.2
04:00~05:00	36.4	0.0	9.6	0.1	25.8	28.1
05:00~06:00	42.7	0.1	8.2	0.3	25.1	23.6
06:00~07:00	52.0	0.0	9.0	1.8	17.6	19.6
07:00~08:00	50.2	0.0	14.2	2.4	14.6	18.6
08:00~09:00	47.7	0.1	11.0	2.3	15.7	23.2
09:00~10:00	41.3	0.1	8.5	2.0	21.5	26.6
10:00~11:00	38.4	0.1	8.2	2.6	24.5	26.2
11:00~12:00	41.0	0.1	7.6	2.6	24.3	24.4
12:00~13:00	40.9	0.0	8.5	2.1	24.4	24.1
13:00~14:00	35.9	0.1	8.9	2.9	27.1	25.1
14:00~15:00	34.4	0.2	8.4	3.2	29.5	24.3
15:00~16:00	35.4	0.2	8.4	2.4	29.7	23.9
16:00~17:00	35.3	0.1	12.5	1.8	27.5	22.8
17:00~18:00	34.1	0.1	17.9	6.5	20.2	21.2
18:00~19:00	34.9	0.0	25.5	11.6	8.7	19.3
19:00~20:00	34.7	0.0	27.9	4.7	16.7	16.0
20:00~21:00	27.6	0.0	28.3	4.5	23.9	15.7
21:00~22:00	31.1	0.0	25.6	4.6	19.7	19.0
22:00~23:00	30.5	0.1	17.3	2.7	23.4	26.0
23:00~24:00	31.5	0.1	12.9	2.0	23.8	29.7
24:00~25:00	33.0	0.1	11.0	2.0	21.7	32.2
25:00~26:00	33.1	0.1	10.2	1.2	23.3	32.1

表 3.48.4　2019 年南京市场收视份额排名前十位的频道

名次	频道名称	收视份额(%)
1	中央台四套	5.8
1	中央台八套	5.8
3	江苏电视台城市频道	5.6
4	江苏卫视	5.0
5	中央台六套	4.7
6	江苏电视台综艺频道	3.7
6	中央电视台综合频道	3.7
8	中央台三套	3.3
9	中央台五套	2.7
10	中央电视台新闻频道	2.4

表 3.48.5　2019 年南京市场各主要频道的观众构成(%)

目标观众		所有频道	主要频道				
			中央台四套	中央台八套	江苏电视台城市频道	江苏卫视	中央台六套
4 岁及以上所有人		100.0	100.0	100.0	100.0	100.0	100.0
性别	男	53.8	67.7	44.2	50.3	48.2	59.9
	女	46.2	32.3	55.8	49.7	51.8	40.1
年龄	4~14 岁	4.8	1.1	1.5	3.7	3.7	3.4
	15~24 岁	2.9	0.6	1.2	4.6	4.5	2.1
	25~34 岁	12.2	6.2	9.1	9.7	11.9	10.1
	35~44 岁	12.6	5.2	7.0	12.7	12.0	18.8
	45~54 岁	22.7	20.2	17.0	23.6	21.3	33.7
	55~64 岁	20.0	18.4	26.2	19.5	29.2	16.7
	65 岁及以上	24.8	48.3	38.0	26.2	17.4	15.2
教育程度	未受过正规教育	7.0	3.3	8.4	10.4	5.3	6.1
	小学	14.5	10.5	18.1	23.1	19.8	13.7
	初中	32.2	32.8	36.4	38.6	27.9	42.4
	高中	27.4	34.0	21.2	18.0	27.1	24.9
	大学及以上	18.9	19.4	15.9	9.9	19.9	12.9
职业类别	干部/管理人员	1.0	1.3	1.0	0.9	0.9	1.0
	个体/私营企业人员	9.6	5.7	6.1	12.1	12.3	9.3
	初级公务员/雇员	16.3	10.4	7.7	8.4	17.4	15.8
	工人	16.9	17.1	13.3	16.5	18.0	24.5
	学生	4.6	0.9	1.4	6.7	5.3	3.8
	无业	47.7	62.1	64.1	47.3	40.9	41.4
	其他	3.9	2.5	6.4	8.1	5.2	4.2
个人月收入	0~600 元	19.5	6.7	17.4	27.2	20.0	23.0
	601~1200 元	4.1	3.1	10.4	4.9	3.7	4.8
	1201~1700 元	3.6	2.2	5.9	3.3	4.0	4.5
	1701~2600 元	9.1	9.0	11.6	7.6	9.5	8.2
	2601~3500 元	19.2	20.6	18.6	18.7	18.7	14.3
	3501~5000 元	21.4	28.2	19.0	18.2	20.5	26.4
	5001 元及以上	23.1	30.2	17.1	20.1	23.6	18.8

表 3.48.6　2017~2019 年南京市场各类节目的播出比重(%)和收视比重(%)

节目类型	2017 年		2018 年		2019 年	
	播出比重	收视比重	播出比重	收视比重	播出比重	收视比重
财经	1.8	0.7	1.9	0.6	1.8	0.6
电视剧	21.0	32.3	21.1	30.3	20.7	33.0
电影	3.5	4.9	3.7	6.4	3.4	5.6
法制	1.3	2.4	1.1	1.8	1.1	1.6
教学	0.3	0.1	0.3	0.1	0.4	0.1
青少	6.6	4.0	6.6	3.4	6.7	3.7
生活服务	10.5	6.8	10.6	6.6	10.0	7.2
体育	4.1	2.5	4.1	3.6	4.7	3.6
外语	0.1	0.0	0.1	0.0	0.1	0.0
戏剧	0.7	0.5	0.7	0.5	0.7	0.5
新闻/时事	13.9	14.9	14.3	13.8	14.6	13.7
音乐	1.3	0.5	1.3	0.7	1.6	0.9
专题	13.1	5.5	13.1	6.3	13.7	5.9
综艺	8.9	12.6	7.9	13.3	7.3	11.7
其他	12.9	12.3	13.2	12.6	13.2	11.9

表 3.48.7　2019 年南京市场所有节目收视率排名前三十位

名次	节目名称	节目类型	播出频道	平均收视率(%)	平均占有率(%)
1	庆祝中华人民共和国成立 70 周年大会阅兵式群众游行特别报道	新闻/时事	中央电视台综合频道	5.8	22.5
2	2019 中央广播电视总台春节联欢晚会	综艺	中央台三套	5.8	20.5
3	中国梦之声我们的歌（10 月 27 日）	综艺	上海东方卫视	4.2	19.6
4	庆祝中华人民共和国成立 70 周年联欢活动	综艺	中央电视台综合频道	4.2	16.7
5	欢乐喜剧人（4 月 7 日）	综艺	上海东方卫视	3.9	20.0
6	光荣时代	电视剧	江苏卫视	3.8	14.7
7	开学第一课	青少	中央电视台综合频道	3.8	12.6
8	都挺好	电视剧	江苏卫视	3.7	13.6
9	火神	电视剧	江苏电视台城市频道	3.6	13.9
10	好汉	电视剧	江苏电视台城市频道	3.5	13.9
11	归鸿	电视剧	江苏卫视	3.4	13.6
12	江河水	电视剧	江苏卫视	3.4	11.8
13	2020 跨年演唱会用奋斗点亮幸福	音乐	江苏卫视	3.3	14.3

续表

名次	节目名称	节目类型	播出频道	平均收视率（%）	平均占有率（%）
14	空降利刃	电视剧	江苏卫视	3.3	12.9
15	龙潭双枪	电视剧	江苏电视台城市频道	3.3	11.9
16	平民大英雄	电视剧	江苏电视台城市频道	3.2	11.8
17	暴风骤雨	电视剧	江苏电视台城市频道	3.1	12.8
18	风雨老字号	电视剧	江苏电视台城市频道	3.1	11.3
19	木棉袈裟（2月2日）	电影	中央台六套	3.1	9.6
20	大西北剿匪记	电视剧	江苏电视台城市频道	3.0	11.6
21	铜鼓密码	电视剧	江苏电视台城市频道	3.0	11.1
22	向伟大复兴前进	新闻/时事	中央电视台综合频道	2.9	21.7
23	一场遇见爱情的旅行	电视剧	江苏卫视	2.9	10.6
24	推手	电视剧	江苏卫视	2.9	10.5
25	天衣无缝	电视剧	江苏卫视	2.9	10.3
25	往事云烟	电视剧	江苏电视台城市频道	2.9	10.3
25	举起手来（1月19日）	电影	中央台六套	2.9	10.3
28	最强大脑燃烧吧大脑（2月22日）	综艺	江苏卫视	2.8	13.1
29	新春曲艺大联欢	综艺	中央台三套	2.8	12.0
30	英雄烈	电视剧	江苏电视台城市频道	2.8	10.0

表 3.48.8　2019 年南京市场电视剧收视率排名前十位

名次	节目名称	播出频道	平均收视率(%)	平均占有率(%)
1	光荣时代	江苏卫视	3.8	14.7
2	都挺好	江苏卫视	3.7	13.6
3	火神	江苏电视台城市频道	3.6	13.9
4	好汉	江苏电视台城市频道	3.5	13.9
5	归鸿	江苏卫视	3.4	13.6
6	江河水	江苏卫视	3.4	11.8
7	空降利刃	江苏卫视	3.3	12.9
8	龙潭双枪	江苏电视台城市频道	3.3	11.9
9	平民大英雄	江苏电视台城市频道	3.2	11.8
10	暴风骤雨	江苏电视台城市频道	3.1	12.8

表 3. 48. 9　2019 年南京市场新闻节目收视率排名前十位

名次	节目名称	播出频道	平均收视率（%）	平均占有率（%）
1	庆祝中华人民共和国成立 70 周年大会阅兵式群众游行特别报道	中央电视台综合频道	5. 8	22. 5
2	向伟大复兴前进	中央电视台综合频道	2. 9	21. 7
3	零距离	江苏电视台城市频道	2. 0	11. 2
4	人民欢歌庆祝中华人民共和国成立 70 周年联欢活动特别报道	中央电视台综合频道	1. 9	13. 4
5	海峡两岸	中央台四套	1. 6	5. 9
6	新闻联播（10 月 1 日）	中央台四套	1. 4	7. 2
7	今日关注	中央台四套	1. 3	6. 4
8	城市资讯台	江苏电视台城市频道	1. 2	9. 3
9	宏琪说交通	南京电视台教育科技频道(六套)	1. 2	8. 6
10	新闻联播	中央电视台综合频道	1. 2	6. 0

表 3. 48. 10　2019 年南京市场专题节目收视率排名前十位

名次	节目名称	播出频道	平均收视率（%）	平均占有率（%）
1	感动中国 2018 年度人物颁奖盛典	中央电视台综合频道	2. 1	7. 5
2	中国诗词大会第四季（2 月 5 日）	中央电视台综合频道	1. 8	7. 1
3	一年又一年	中央电视台综合频道	1. 7	10. 1
4	较量抗美援朝战争实录	中央台六套	1. 6	5. 8
5	等着我	中央电视台综合频道	1. 3	5. 1
6	牵挂与惦念习近平总书记赴重庆华溪村扶贫考察纪实	中央电视台综合频道	1. 2	5. 0
7	红色通缉	中央台四套	1. 1	6. 1
8	时代楷模发布厅特别节目闪亮新时代	中央电视台综合频道	1. 1	4. 1
9	最美我的家	中央电视台综合频道	1. 1	3. 9
10	新疆的反恐去极端化斗争	中央台四套	1. 0	6. 9

表 3.48.11 2019年南京市场综艺节目收视率排名前十位

名次	节目名称	播出频道	平均收视率（%）	平均占有率（%）
1	2019中央广播电视总台春节联欢晚会	中央台三套	5.8	20.5
2	中国梦之声我们的歌（10月27日）	上海东方卫视	4.2	19.6
3	庆祝中华人民共和国成立70周年联欢活动	中央电视台综合频道	4.2	16.7
4	欢乐喜剧人（4月7日）	上海东方卫视	3.9	20.0
5	最强大脑燃烧吧大脑（2月22日）	江苏卫视	2.8	13.1
6	新春曲艺大联欢	中央台三套	2.8	12.0
7	新春喜剧之夜	中央台三套	2.6	10.5
8	我要上春晚CCTV2018（1月19日）	中央台三套	2.6	8.8
9	越战越勇（4月10日）	中央台三套	2.5	8.5
10	久久合家欢2019江苏卫视春节联欢晚会	江苏卫视	2.4	11.0

表 3.48.12 2019年南京市场体育节目收视率排名前十位

名次	节目名称	播出频道	平均收视率（%）	平均占有率（%）
1	直播周末：2019年国际泳联世锦赛女子100米蝶泳半决赛	中央台五套	2.1	11.8
1	第七届世界军人运动会报道：第七届军运会游泳比赛女子800米自由泳决赛	中央台五套	2.1	11.8
3	2019年国际篮联篮球世界杯小组赛A组（中国VS波兰）	中央台五套	2.1	10.0
4	现场直播：2019年世界女排联赛总决赛小组赛A组（中国VS意大利）	中央台五套	2.1	8.1
5	直播周末：2020年东京奥运会女排资格赛（中国VS土耳其）	中央台五套	2.0	7.9
6	第七届世界军人运动会报道：第七届军运会女排决赛（中国VS巴西）	中央台五套	1.8	7.2
7	2019年世界乒乓球锦标赛男单决赛	中央台五套	1.8	6.2
8	第七届世界军人运动会报道：第七届世界军人运动会击剑女子个人重剑决赛	中央台五套	1.7	7.9
9	第七届世界军人运动会报道：第七届军运会田径比赛女子200米决赛	中央台五套	1.7	7.3
9	直播周末：2019年乒乓球团体世界杯女团决赛单打	中央台五套	1.7	7.3

四十九、南宁收视数据

表 3.49.1　2015~2019 年南宁市场各类频道的市场占有率(%)

频道类别	年份				
	2015 年	2016 年	2017 年	2018 年	2019 年
中央广播电视总台	31.0	33.0	33.4	31.7	30.8
中国教育台频道	0.1	0.0	0.1	0.1	0.1
广西自治区级频道	29.9	31.6	29.0	24.1	17.0
南宁市级频道	10.7	7.2	6.8	7.7	7.2
其他省级卫视频道	21.7	22.2	19.7	19.8	23.2
其他频道	6.6	6.0	11.0	16.6	21.8

表 3.49.2　2019 年南宁市场各类频道在不同目标观众中的市场占有率(%)

目标观众		中央广播电视总台	中国教育台频道	广西自治区级频道	南宁市级频道	其他省级卫视频道	其他频道
4 岁及以上所有人		30.8	0.1	17.0	7.2	23.2	21.8
性别	男	32.6	0.1	17.1	7.4	21.6	21.2
	女	28.9	0.1	16.9	6.9	24.9	22.3
年龄	4~14 岁	17.5	0.1	8.1	3.7	27.4	43.2
	15~24 岁	29.9	0.2	19.0	10.3	28.5	12.1
	25~34 岁	22.0	0.1	16.5	4.5	25.5	31.5
	35~44 岁	27.0	0.1	10.6	5.1	25.6	31.7
	45~54 岁	36.6	0.1	17.1	10.3	23.6	12.3
	55~64 岁	34.2	0.1	24.5	6.8	22.7	11.8
	65 岁及以上	41.8	0.1	20.0	10.3	15.7	12.2
教育程度	未受过正规教育	16.9	0.1	10.4	7.7	25.5	39.4
	小学	27.7	0.1	18.2	6.9	22.4	24.8
	初中	30.5	0.1	18.8	7.3	24.4	18.9
	高中	36.2	0.1	17.4	6.9	25.6	13.8
	大学及以上	31.2	0.1	15.7	7.3	19.1	26.6
职业类别	干部/管理人员	40.2	0.1	8.4	9.4	24.5	17.5
	个体/私营企业人员	27.9	0.1	17.6	7.7	22.9	23.8
	初级公务员/雇员	30.2	0.1	16.9	8.3	19.3	25.4
	工人	27.8	0.1	16.6	7.0	30.6	18.0
	学生	20.4	0.1	9.2	5.6	30.1	34.5
	无业	35.2	0.1	18.9	7.2	21.5	17.1
	其他	25.5	0.1	17.2	4.7	27.5	25.0
个人月收入	0~600 元	22.5	0.1	13.0	5.5	27.2	31.6
	601~1200 元	26.9	0.1	17.3	8.0	25.8	21.9
	1201~1700 元	33.3	0.1	14.8	5.2	19.1	27.5
	1701~2600 元	35.2	0.1	19.4	9.5	21.5	14.3
	2601~3500 元	34.1	0.1	21.0	6.9	22.1	15.9
	3501~5000 元	31.1	0.1	15.1	7.0	24.0	22.8
	5001 元及以上	27.0	0.1	12.0	4.4	21.1	35.5

表 3.49.3 2019 年南宁市场各类频道不同时段的市场占有率(%)

时间段	中央广播电视总台	中国教育台频道	广西自治区级频道	南宁市级频道	其他省级卫视频道	其他频道
02:00~03:00	19.6	0.1	7.1	0.5	47.1	25.7
03:00~04:00	21.2	0.2	5.4	0.5	43.6	29.1
04:00~05:00	24.9	0.1	6.9	0.9	31.6	35.6
05:00~06:00	22.5	0.0	7.7	0.9	29.4	39.5
06:00~07:00	52.7	0.0	6.4	2.7	14.0	24.3
07:00~08:00	50.6	0.3	9.3	4.0	16.8	19.1
08:00~09:00	41.5	0.1	12.6	5.2	20.7	19.9
09:00~10:00	35.2	0.1	12.1	5.2	24.5	23.0
10:00~11:00	31.7	0.1	12.1	4.5	27.0	24.5
11:00~12:00	35.4	0.1	10.9	3.7	26.3	23.6
12:00~13:00	41.4	0.0	8.3	2.4	25.3	22.6
13:00~14:00	32.3	0.1	9.0	2.6	29.2	26.8
14:00~15:00	28.6	0.1	9.4	2.2	31.4	28.4
15:00~16:00	29.2	0.1	9.0	2.4	31.4	27.9
16:00~17:00	30.1	0.1	9.2	2.7	30.4	27.5
17:00~18:00	32.0	0.1	10.7	4.0	27.4	25.8
18:00~19:00	31.2	0.0	21.4	9.2	17.5	20.6
19:00~20:00	28.6	0.1	21.5	17.6	15.1	17.2
20:00~21:00	28.2	0.1	21.4	10.3	21.4	18.6
21:00~22:00	28.1	0.1	23.1	7.4	21.0	20.3
22:00~23:00	29.9	0.1	17.4	4.4	25.5	22.8
23:00~24:00	30.6	0.0	18.7	3.1	26.5	21.1
24:00~25:00	26.3	0.0	22.7	3.7	24.7	22.6
25:00~26:00	24.7	0.1	13.2	1.3	34.3	26.4

表 3.49.4 2019 年南宁市场收视份额排名前十位的频道

名次	频道名称	收视份额(%)
1	广西广播电视台综艺旅游频道	6.0
2	中央台四套	4.7
3	中央台五套	4.6
4	广西广播电视台都市频道	3.9
5	中央电视台综合频道	3.8
6	南宁电视台影视娱乐频道	3.4
7	南宁电视台新闻综合频道	3.1
8	江苏卫视	2.7
8	中央台三套	2.7
10	中央电视台新闻频道	2.5

表3.49.5 2019年南宁市场各主要频道的观众构成(%)

目标观众		所有频道	主要频道				
			广西广播电视台综艺旅游频道	中央台四套	中央台五套	广西广播电视台都市频道	中央电视台综合频道
4岁及以上所有人		100.0	100.0	100.0	100.0	100.0	100.0
性别	男	51.7	58.6	60.4	59.7	44.3	53.5
	女	48.3	41.4	39.6	40.3	55.7	46.5
年龄	4~14岁	12.3	7.3	3.1	6.8	3.7	7.2
	15~24岁	4.2	3.7	2.7	4.6	7.9	3.4
	25~34岁	17.2	23.1	6.2	9.5	11.0	12.8
	35~44岁	12.8	9.1	7.0	11.9	3.7	12.7
	45~54岁	16.8	12.4	19.7	22.2	21.5	14.7
	55~64岁	18.0	25.4	21.1	24.7	33.7	19.9
	65岁及以上	18.7	19.0	40.2	20.3	18.5	29.3
教育程度	未受过正规教育	7.3	6.5	1.9	3.5	2.0	4.0
	小学	12.4	11.9	10.2	11.4	14.7	13.1
	初中	30.2	28.8	33.4	27.9	35.9	25.1
	高中	25.6	22.3	31.0	32.0	34.1	29.2
	大学及以上	24.5	30.5	23.5	25.2	13.3	28.6
职业类别	干部/管理人员	2.3	1.6	3.8	2.5	0.5	4.3
	个体/私营企业人员	19.7	21.0	15.2	20.1	21.5	17.7
	初级公务员/雇员	14.6	13.9	10.4	13.0	13.5	13.2
	工人	5.9	9.2	3.4	9.2	3.2	3.9
	学生	8.0	4.6	2.3	5.8	4.1	5.3
	无业	41.5	41.0	60.2	42.7	47.7	52.5
	其他	8.0	8.6	4.6	6.7	9.6	3.2
个人月收入	0~600元	20.0	18.6	8.2	15.0	13.9	14.2
	601~1200元	4.9	4.9	2.7	5.1	3.4	2.0
	1201~1700元	3.4	1.4	2.3	3.2	5.7	3.0
	1701~2600元	30.1	35.4	45.6	38.9	34.2	32.8
	2601~3500元	20.3	18.5	21.9	20.6	34.8	22.2
	3501~5000元	12.9	13.5	10.7	13.5	6.4	15.4
	5001元及以上	8.4	7.7	8.5	3.7	1.6	10.4

表 3.49.6　2017~2019 年南宁市场各类节目的播出比重(%)和收视比重(%)

节目类型	2017 年		2018 年		2019 年	
	播出比重	收视比重	播出比重	收视比重	播出比重	收视比重
财经	1.3	0.6	1.0	0.9	1.0	1.2
电视剧	22.4	28.5	23.5	29.6	23.5	30.5
电影	4.3	5.2	4.6	4.8	3.6	3.6
法制	1.8	4.0	1.2	1.7	1.0	1.8
教学	0.2	0.0	0.3	0.0	0.4	0.0
青少	6.5	4.8	6.7	6.0	7.2	6.6
生活服务	8.4	7.0	8.0	7.0	7.6	6.7
体育	3.0	4.0	3.2	7.4	3.7	6.2
外语	0.0	0.0	0.1	0.0	0.2	0.0
戏剧	0.8	0.0	0.7	0.1	0.8	0.1
新闻/时事	15.0	15.3	15.6	15.4	15.9	15.1
音乐	1.8	0.9	1.4	0.7	1.8	1.0
专题	13.2	6.0	13.6	5.9	13.8	6.9
综艺	8.8	11.5	7.4	8.7	6.6	9.5
其他	12.5	12.2	12.7	11.7	12.9	10.8

表 3.49.7　2019 年南宁市场所有节目收视率排名前三十位

名次	节目名称	节目类型	播出频道	平均收视率(%)	平均占有率(%)
1	庆祝中华人民共和国成立 70 周年大会阅兵式群众游行特别报道	新闻/时事	中央电视台综合频道	11.3	31.3
2	庆祝中华人民共和国成立 70 周年联欢活动	综艺	中央电视台综合频道	9.2	30.4
3	开学第一课	青少	中央电视台综合频道	7.8	23.9
4	向伟大复兴前进	新闻/时事	中央电视台综合频道	5.5	23.9
5	2019 中央广播电视总台春节联欢晚会	综艺	中央电视台综合频道	4.7	15.8
6	人民欢歌庆祝中华人民共和国成立 70 周年联欢活动特别报道	新闻/时事	中央电视台综合频道	4.4	24.9
7	庆祝中华人民共和国成立 70 周年特别节目走向复兴	新闻/时事	中央电视台综合频道	4.4	14.4
8	2019 年中央广播电视总台中秋晚会	综艺	中央电视台综合频道	4.3	17.7
9	奋斗吧中华儿女音乐舞蹈史诗	综艺	中央电视台综合频道	4.2	17.8

续表

名次	节目名称	节目类型	播出频道	平均收视率(%)	平均占有率(%)
10	现场直播:2019年世界女排联赛中国江门站(中国VS美国)	体育	中央台五套	4.2	14.3
11	南宁天气	生活服务	南宁电视台新闻综合频道	4.1	17.3
12	第七届世界军人运动会报道:第七届军运会女排决赛(中国VS巴西)	体育	中央台五套	4.1	16.2
13	喜气洋洋闹元宵	综艺	中央电视台综合频道	4.1	15.0
14	2019年亚洲杯小组赛C组第三轮(韩国VS中国)	体育	中央台五套	4.0	23.7
15	现场直播:2019年苏迪曼杯世界羽毛球混合团体锦标赛1/4决赛女单	体育	中央台五套	3.7	20.0
16	中国梦之声我们的歌(10月27日)	综艺	上海东方卫视	3.7	16.6
17	红蔷薇	电视剧	广西广播电视台综艺旅游频道	3.7	14.5
18	赤胆英雄	电视剧	广西广播电视台综艺旅游频道	3.6	13.7
19	直播周末19年道达尔苏迪曼杯世界羽毛球混合团体锦标赛颁奖仪式	体育	中央台五套	3.5	25.8
20	厨王抗战	电视剧	广西广播电视台综艺旅游频道	3.5	13.9
21	现场直播:2019年亚洲足联冠军联赛半决赛次回合(广州恒大VS浦和红宝石)	体育	中央台五套	3.5	13.0
22	雪豹坚强岁月	电视剧	广西广播电视台综艺旅游频道	3.4	13.0
23	虎穴尖兵	电视剧	广西广播电视台综艺旅游频道	3.4	12.7
24	第七届世界军人运动会闭幕式	体育	中央台五套	3.3	12.1
25	火流星	电视剧	广西广播电视台综艺旅游频道	3.2	14.8
26	血债血偿	电视剧	广西广播电视台综艺旅游频道	3.2	14.7
27	神勇武工队传奇	电视剧	广西广播电视台综艺旅游频道	3.2	13.2
28	致命卧底	电视剧	广西广播电视台综艺旅游频道	3.2	12.3
29	绝地枪王二之松花江上的枪声	电视剧	广西广播电视台综艺旅游频道	3.2	11.7
30	转播中央台新闻联播	新闻/时事	南宁电视台新闻综合频道	3.1	13.9

表 3.49.8　2019 年南宁市场电视剧收视率排名前十位

名次	节目名称	播出频道	平均收视率(%)	平均占有率(%)
1	红蔷薇	广西广播电视台综艺旅游频道	3.7	14.5
2	赤胆英雄	广西广播电视台综艺旅游频道	3.6	13.7
3	厨王抗战	广西广播电视台综艺旅游频道	3.5	13.9
4	雪豹坚强岁月	广西广播电视台综艺旅游频道	3.4	13.0
5	虎穴尖兵	广西广播电视台综艺旅游频道	3.4	12.7
6	火流星	广西广播电视台综艺旅游频道	3.2	14.8
7	血债血偿	广西广播电视台综艺旅游频道	3.2	14.7
8	神勇武工队传奇	广西广播电视台综艺旅游频道	3.2	13.2
9	致命卧底	广西广播电视台综艺旅游频道	3.2	12.3
10	绝地枪王二之松花江上的枪声	广西广播电视台综艺旅游频道	3.2	11.7

表 3.49.9　2019 年南宁市场新闻节目收视率排名前十位

名次	节目名称	播出频道	平均收视率(%)	平均占有率(%)
1	庆祝中华人民共和国成立 70 周年大会阅兵式群众游行特别报道	中央电视台综合频道	11.3	31.3
2	向伟大复兴前进	中央电视台综合频道	5.5	23.9
3	人民欢歌庆祝中华人民共和国成立 70 周年联欢活动特别报道	中央电视台综合频道	4.4	24.9
4	庆祝中华人民共和国成立 70 周年特别节目走向复兴	中央电视台综合频道	4.4	14.4
5	转播中央台新闻联播	南宁电视台新闻综合频道	3.1	13.9
6	盛会大看台之新闻夜班	南宁电视台新闻综合频道	2.2	7.8
7	第七届世界军人运动会开幕式特别报道	中央电视台综合频道	2.0	7.5
8	海峡两岸	中央台四套	1.8	7.0
9	新闻夜班	南宁电视台新闻综合频道	1.6	6.3
10	2019 年中国北京世界园艺博览会闭幕式特别报道	中央台四套	1.3	5.2

表 3.49.10　2019 年南宁市场专题节目收视率排名前十位

名次	节目名称	播出频道	平均收视率（%）	平均占有率（%）
1	时代楷模	广西广播电视台综艺旅游频道	2.6	9.7
2	中央电视台特别节目共同开创中朝两党两国关系的美好未来	中央电视台综合频道	2.3	8.4
3	315 共治共享放心消费	中央台二套	2.2	10.4
4	红色通缉	中央电视台综合频道	2.1	7.6
5	穿越历史长廊探寻文化伟力	中央电视台综合频道	1.9	7.0
6	中国诗词大会第四季(2 月 8 日)	中央电视台综合频道	1.8	7.9
7	时代楷模发布厅特别节目闪亮新时代	中央电视台综合频道	1.8	6.7
8	感动中国 2018 年度人物颁奖盛典	中央电视台综合频道	1.6	5.8
9	濠江情中国心	中央电视台综合频道	1.3	4.6
10	较量抗美援朝战争实录	中央台六套	1.2	3.9

表 3.49.11　2019 年南宁市场综艺节目收视率排名前十位

名次	节目名称	播出频道	平均收视率（%）	平均占有率（%）
1	庆祝中华人民共和国成立 70 周年联欢活动	中央电视台综合频道	9.2	30.4
2	2019 中央广播电视总台春节联欢晚会	中央电视台综合频道	4.7	15.8
3	2019 年中央广播电视总台中秋晚会	中央电视台综合频道	4.3	17.7
4	奋斗吧中华儿女音乐舞蹈史诗	中央电视台综合频道	4.2	17.8
5	喜气洋洋闹元宵	中央电视台综合频道	4.1	15.0
6	中国梦之声我们的歌(10 月 27 日)	上海东方卫视	3.7	16.6
7	梦圆东方追梦 2020 跨年盛典	上海东方卫视	3.0	10.9
8	庆祝中华人民共和国成立 70 周年联欢活动	中央电视台新闻频道	2.5	8.3
9	2019 天猫双 11 狂欢夜愿望实现	上海东方卫视	2.3	22.2
10	2019 中央广播电视总台网络春晚	中央台三套	2.0	8.4

表 3. 49. 12 2019 年南宁市场体育节目收视率排名前十位

名次	节目名称	播出频道	平均收视率(%)	平均占有率(%)
1	现场直播:2019 年世界女排联赛中国江门站(中国 VS 美国)	中央台五套	4. 2	14. 3
2	第七届世界军人运动会报道:第七届军运会女排决赛(中国 VS 巴西)	中央台五套	4. 1	16. 2
3	2019 年亚洲杯小组赛 C 组第三轮(韩国 VS 中国)	中央台五套	4. 0	23. 7
4	现场直播:2019 年苏迪曼杯世界羽毛球混合团体锦标赛 1/4 决赛女单	中央台五套	3. 7	20. 0
5	直播周末:2019 年道达尔苏迪曼杯世界羽毛球混合团体锦标赛颁奖仪式	中央台五套	3. 5	25. 8
6	现场直播:2019 年亚洲足联冠军联赛半决赛次回合(广州恒大 VS 浦和红宝石)	中央台五套	3. 5	13. 0
7	第七届世界军人运动会闭幕式	中央台五套	3. 3	12. 1
8	第七届世界军人运动会报道:第七届军运会田径男子 4×100 米接力决赛	中央台五套	3. 1	13. 8
9	实况录像:2019 年国际乒联奥地利公开赛混双决赛	中央台五套	3. 1	12. 7
10	直播周末:2019 年中国公开赛男单 1/4 决赛	中央台五套	2. 8	9. 7

五十、宁波收视数据

表 3.50.1　2015~2019 年宁波市场各类频道的市场占有率(%)

频道类别	年份				
	2015 年	2016 年	2017 年	2018 年	2019 年
中央广播电视总台	29.8	30.2	27.5	28.7	24.4
中国教育台频道	0.3	0.2	0.2	0.5	0.4
浙江省级频道	11.7	8.9	7.4	8.4	8.3
宁波市级频道	25.7	26.0	26.2	25.1	22.7
其他省级卫视频道	18.9	18.1	19.5	18.0	19.1
其他频道	13.6	16.6	19.2	19.3	25.1

表 3.50.2　2019 年宁波市场各类频道在不同目标观众中的市场占有率(%)

目标观众		中央广播电视总台	中国教育台频道	浙江省级频道	宁波市级频道	其他省级卫视频道	其他频道
4 岁及以上所有人		24.4	0.4	8.3	22.7	19.1	25.1
性别	男	28.2	0.5	8.2	21.5	16.4	25.2
	女	20.8	0.3	8.5	23.9	21.5	25.0
年龄	4~14 岁	13.6	0.2	5.4	6.6	17.9	56.3
	15~24 岁	25.1	0.2	15.2	15.3	23.8	20.4
	25~34 岁	15.4	0.1	12.4	14.7	24.1	33.3
	35~44 岁	22.3	0.3	11.9	7.2	16.5	41.8
	45~54 岁	26.0	0.3	8.8	24.6	18.3	22.0
	55~64 岁	24.4	0.2	7.5	26.0	17.7	24.2
	65 岁及以上	30.0	0.7	5.8	31.0	19.3	13.2
教育程度	未受过正规教育	20.3	0.6	6.3	29.6	24.3	18.9
	小学	24.0	0.6	6.8	28.7	15.2	24.7
	初中	25.9	0.2	8.4	21.4	18.8	25.3
	高中	26.2	0.2	7.9	19.6	21.8	24.3
	大学及以上	21.0	0.2	12.8	13.2	25.0	27.8
职业类别	干部/管理人员	23.2	0.4	6.9	2.4	17.5	49.6
	个体/私营企业人员	21.8	0.5	8.7	26.2	13.4	29.4
	初级公务员/雇员	23.9	0.3	11.5	20.6	17.8	25.9
	工人	24.9	0.2	8.7	17.4	13.1	35.7
	学生	12.5	0.2	8.4	4.3	13.2	61.4
	无业	26.9	0.4	6.0	26.3	21.9	18.5
	其他	20.2	0.9	8.0	33.4	30.2	7.3
个人月收入	0~600 元	17.7	0.3	7.4	15.0	22.3	37.3
	601~1200 元	23.3	0.4	5.9	37.9	16.3	16.2
	1201~1700 元	24.9	0.4	7.8	24.5	24.2	18.2
	1701~2600 元	22.0	0.3	5.9	27.7	20.0	24.1
	2601~3500 元	29.0	0.6	10.7	25.2	15.4	19.1
	3501~5000 元	23.8	0.3	8.0	24.0	17.8	26.1
	5001 元及以上	30.0	0.2	10.7	14.9	18.8	25.4

表 3.50.3　2019 年宁波市场各类频道在不同时段的市场占有率(%)

时间段	中央广播电视总台	中国教育台频道	浙江省级频道	宁波市级频道	其他省级卫视频道	其他频道
02:00~03:00	26.5	1.1	12.2	4.2	27.5	28.5
03:00~04:00	35.2	0.4	11.0	3.8	28.0	21.6
04:00~05:00	37.7	0.6	9.0	3.2	33.0	16.5
05:00~06:00	38.0	1.3	11.1	3.9	26.6	19.1
06:00~07:00	41.4	0.8	12.8	5.2	20.4	19.4
07:00~08:00	32.7	1.0	13.7	9.4	18.4	24.8
08:00~09:00	28.3	0.5	5.6	23.1	18.2	24.3
09:00~10:00	27.5	1.1	9.8	12.7	22.9	26.0
10:00~11:00	26.5	0.9	6.4	17.2	23.8	25.2
11:00~12:00	26.2	0.5	5.8	18.6	23.7	25.2
12:00~13:00	26.8	0.2	6.2	9.9	28.8	28.1
13:00~14:00	22.4	0.3	6.1	10.0	31.5	29.7
14:00~15:00	22.3	0.6	6.3	11.4	30.2	29.2
15:00~16:00	24.0	0.8	6.9	11.3	29.0	28.0
16:00~17:00	25.8	0.9	6.6	12.6	26.9	27.2
17:00~18:00	22.7	0.3	5.6	28.2	18.0	25.2
18:00~19:00	24.5	0.2	7.3	37.7	7.1	23.2
19:00~20:00	23.8	0.2	11.7	34.8	8.3	21.2
20:00~21:00	21.8	0.1	10.9	31.0	14.9	21.3
21:00~22:00	22.4	0.1	8.0	27.5	17.5	24.5
22:00~23:00	24.6	0.1	8.1	15.1	21.7	30.4
23:00~24:00	22.1	0.1	7.8	12.1	25.2	32.7
24:00~25:00	19.3	0.1	9.7	10.7	22.9	37.3
25:00~26:00	19.8	0.6	12.1	6.8	24.7	36.0

表 3.50.4　2019 年宁波市场收视份额排名前十位的频道

名次	频道名称	收视份额(%)
1	宁波电视台四套(影视剧频道)	8.3
2	宁波电视台二套(经济生活频道)	5.8
3	宁波电视台三套(都市文体频道)	5.3
4	湖南卫视	4.2
5	中央台八套	3.5
6	中央台四套	3.3
7	浙江卫视	3.2
8	中央电视台新闻频道	2.7
9	中央台三套	2.6
10	中央台六套	2.3
10	宁波电视台一套(新闻综合频道)	2.3

表 3.50.5　2019 年宁波市场各主要频道的观众构成(%)

目标观众		所有频道	宁波电视台四套(影视剧频道)	宁波电视台二套(经济生活频道)	宁波电视台三套(都市文体频道)	湖南卫视	中央台八套
4 岁及以上所有人		100.0	100.0	100.0	100.0	100.0	100.0
性别	男	47.8	53.9	39.5	34.0	22.5	49.2
	女	52.2	46.1	60.5	66.0	77.5	50.8
年龄	4~14 岁	6.6	1.1	0.5	2.9	1.4	0.9
	15~24 岁	2.2	1.8	1.0	1.5	6.6	2.8
	25~34 岁	11.7	8.6	6.4	6.2	27.6	6.7
	35~44 岁	6.9	1.8	1.5	2.6	5.8	4.8
	45~54 岁	27.3	27.2	39.0	24.5	34.4	34.6
	55~64 岁	20.3	24.2	20.8	24.3	10.6	21.3
	65 岁及以上	25.0	35.3	30.8	38.0	13.6	28.9
教育程度	未受过正规教育	4.1	6.0	2.9	7.1	0.5	1.0
	小学	32.8	45.7	40.0	39.5	8.2	38.8
	初中	37.2	28.9	44.0	35.3	52.6	37.4
	高中	11.6	10.4	6.6	12.2	7.7	13.2
	大学及以上	14.3	9.0	6.5	5.9	31.0	9.6
职业类别	干部/管理人员	0.8	0.0	0.1	0.1	0.8	0.3
	个体/私营企业人员	8.9	8.1	17.3	7.0	2.8	4.2
	初级公务员/雇员	33.3	34.3	28.2	24.4	41.4	41.8
	工人	3.9	3.2	3.1	1.4	3.1	2.5
	学生	5.7	1.0	0.8	1.2	5.1	0.6
	无业	45.4	48.3	49.4	63.6	46.4	49.7
	其他	2.0	5.1	1.1	2.3	0.4	0.9
个人月收入	0~600 元	17.9	9.0	9.0	18.0	28.6	12.8
	601~1200 元	6.4	8.4	10.9	16.4	3.8	10.3
	1201~1700 元	9.1	6.7	10.7	14.8	10.2	10.2
	1701~2600 元	12.0	19.0	12.3	12.9	9.7	6.5
	2601~3500 元	17.8	24.0	18.6	16.0	9.2	13.8
	3501~5000 元	23.2	24.4	29.4	14.4	18.2	26.0
	5001 元及以上	13.6	8.5	9.1	7.5	20.3	20.4

表 3.50.6　2017～2019 年宁波市场各类节目的播出比重(%)和收视比重(%)

节目类型	2017 年		2018 年		2019 年	
	播出比重	收视比重	播出比重	收视比重	播出比重	收视比重
财经	1.4	0.8	1.4	0.6	1.3	0.8
电视剧	22.1	31.2	22.2	31.0	22.4	33.5
电影	3.8	4.7	3.9	4.8	3.6	3.8
法制	0.8	0.5	0.9	0.7	0.8	0.6
教学	0.2	0.0	0.3	0.0	0.4	0.0
青少	7.0	3.1	7.0	2.9	7.7	2.8
生活服务	8.8	6.8	8.8	6.9	8.3	6.7
体育	3.2	2.4	3.1	3.0	3.6	2.6
外语	0.1	0.0	0.1	0.0	0.1	0.0
戏剧	0.8	0.2	0.7	0.3	0.8	0.2
新闻/时事	15.7	13.9	15.9	13.1	16.0	14.3
音乐	1.4	0.7	1.3	1.0	1.6	1.2
专题	14.0	9.4	13.7	10.1	13.7	8.1
综艺	7.8	12.6	7.8	12.5	7.0	12.9
其他	12.9	13.7	12.9	13.1	12.7	12.5

表 3.50.7　2019 年宁波市场所有节目收视率排名前三十位

名次	节目名称	节目类型	播出频道	平均收视率(%)	平均占有率(%)
1	2019 中央广播电视总台春节联欢晚会	综艺	中央电视台综合频道	4.6	18.0
2	庆祝中华人民共和国成立70 周年大会阅兵式群众游行特别报道	新闻/时事	中央电视台综合频道	4.3	15.1
3	红樱剑	电视剧	宁波电视台四套(影视剧频道)	3.6	21.8
4	刀尖舞者	电视剧	宁波电视台四套(影视剧频道)	3.5	21.9
5	左手劈刀	电视剧	宁波电视台四套(影视剧频道)	3.0	17.7
6	猎豺狼	电视剧	宁波电视台四套(影视剧频道)	3.0	17.3
7	勇敢者	电视剧	宁波电视台四套(影视剧频道)	2.9	18.2
8	庆祝中华人民共和国成立70 周年联欢活动	综艺	中央电视台新闻频道	2.9	11.5
9	决战江湖	电视剧	宁波电视台四套(影视剧频道)	2.8	21.0
10	地道女英雄	电视剧	宁波电视台四套(影视剧频道)	2.8	19.5
11	战火红颜	电视剧	宁波电视台四套(影视剧频道)	2.8	16.2

续表

名次	节目名称	节目类型	播出频道	平均收视率（%）	平均占有率（%）
12	嗨唱转起来(12月20日)	综艺	湖南卫视	2.7	16.2
13	来发讲啥西(20:30)	新闻/时事	宁波电视台二套(经济生活频道)	2.7	15.3
14	双雄	电视剧	宁波电视台四套(影视剧频道)	2.6	14.4
15	忠者无敌	电视剧	宁波电视台四套(影视剧频道)	2.5	18.5
16	猛虎特战队	电视剧	宁波电视台四套(影视剧频道)	2.5	15.8
17	狼之战	电视剧	宁波电视台四套(影视剧频道)	2.4	18.3
18	雪海	电视剧	宁波电视台四套(影视剧频道)	2.4	17.9
19	铁血淞沪	电视剧	宁波电视台四套(影视剧频道)	2.4	15.8
20	我姥爷1945之绝命枪	电视剧	宁波电视台四套(影视剧频道)	2.4	15.6
21	设局	电视剧	宁波电视台四套(影视剧频道)	2.4	15.1
22	烽火线	电视剧	宁波电视台四套(影视剧频道)	2.4	14.9
23	天然舞台(20:30)	综艺	宁波电视台二套(经济生活频道)	2.4	13.7
24	向伟大复兴前进	新闻/时事	中央电视台新闻频道	2.4	12.8
25	枪火	电视剧	宁波电视台四套(影视剧频道)	2.3	15.9
26	铁血荣耀	电视剧	宁波电视台四套(影视剧频道)	2.3	14.8
26	密查	电视剧	宁波电视台四套(影视剧频道)	2.3	14.8
28	人民欢歌庆祝中华人民共和国成立70周年联欢活动特别报道	新闻/时事	中央电视台新闻频道	2.2	10.2
29	中国好声音(9月13日)	综艺	浙江卫视	2.1	14.9
30	绝密孝金	电视剧	宁波电视台三套(都市文体频道)	2.1	13.3

表3.50.8　2019年宁波市场电视剧收视率排名前十位

名次	节目名称	播出频道	平均收视率(%)	平均占有率(%)
1	红樱剑	宁波电视台四套(影视剧频道)	3.6	21.8
2	刀尖舞者	宁波电视台四套(影视剧频道)	3.5	21.9
3	左手劈刀	宁波电视台四套(影视剧频道)	3.0	17.7
4	猎豺狼	宁波电视台四套(影视剧频道)	3.0	17.3
5	勇敢者	宁波电视台四套(影视剧频道)	2.9	18.2
6	决战江湖	宁波电视台四套(影视剧频道)	2.8	21.0
7	地道女英雄	宁波电视台四套(影视剧频道)	2.8	19.5
8	战火红颜	宁波电视台四套(影视剧频道)	2.8	16.2
9	双雄	宁波电视台四套(影视剧频道)	2.6	14.4
10	忠者无敌	宁波电视台四套(影视剧频道)	2.5	18.5

表 3.50.9 2019 年宁波市场新闻节目收视率排名前十位

名次	节目名称	播出频道	平均收视率(%)	平均占有率(%)
1	庆祝中华人民共和国成立70周年大会阅兵式群众游行特别报道	中央电视台综合频道	4.3	15.1
2	来发讲啥西(20:30)	宁波电视台二套(经济生活频道)	2.7	15.3
3	向伟大复兴前进	中央电视台新闻频道	2.4	12.8
4	人民欢歌庆祝中华人民共和国成立70周年联欢活动特别报道	中央电视台新闻频道	2.2	10.2
5	直击利奇马	宁波电视台二套(经济生活频道)	1.6	8.1
6	防御利奇马特别报道	宁波电视台二套(经济生活频道)	1.5	11.0
7	抗击利奇马特别报道	宁波电视台一套(新闻综合频道)	1.5	8.7
8	庆祝中华人民共和国成立70周年特别节目走向复兴	中央电视台综合频道	1.0	5.2
9	新闻联播(10月1日)	中央台四套	1.0	3.8
10	2019年中国北京世界园艺博览会开幕式特别报道	北京卫视	0.8	4.8

表 3.50.10 2019 年宁波市场专题节目收视率排名前十位

名次	节目名称	播出频道	平均收视率(%)	平均占有率(%)
1	讲大道(19:30)	宁波电视台三套(都市文体频道)	1.9	11.1
2	穿越历史长廊探寻文化伟力	中央电视台新闻频道	1.3	6.4
3	中国诗词大会第四季(2月14日)	中央电视台综合频道	1.2	6.4
4	铁甲雄心二(9月22日)	浙江卫视	1.1	10.3
5	民生问政服务问效(11月14日)	宁波电视台一套(新闻综合频道)	1.1	6.3
6	中国出了个毛泽东·东方欲晓	湖南卫视	1.1	6.2
7	知识产权新视界	宁波电视台三套(都市文体频道)	1.1	5.6
8	一年又一年	中央电视台新闻频道	1.1	5.2
9	农道	宁波电视台二套(经济生活频道)	1.0	6.1
10	青瓷碗中的记忆慈溪老式家宴	宁波电视台三套(都市文体频道)	1.0	5.5

表 3.50.11　2019 年宁波市场综艺节目收视率排名前十位

名次	节目名称	播出频道	平均收视率（%）	平均占有率（%）
1	2019 中央广播电视总台春节联欢晚会	中央电视台综合频道	4.6	18.0
2	庆祝中华人民共和国成立 70 周年联欢活动	中央电视台新闻频道	2.9	11.5
3	嗨唱转起来（12 月 20 日）	湖南卫视	2.7	16.2
4	天然舞台（20:30）	宁波电视台二套（经济生活频道）	2.4	13.7
5	中国好声音（9 月 13 日）	浙江卫视	2.1	14.9
6	2019 湖南卫视春节联欢晚会	湖南卫视	1.9	12.4
7	声临其境（2 月 1 日）	湖南卫视	1.9	9.9
8	喜气洋洋闹元宵	中央电视台综合频道	1.8	8.9
9	黄金 100 秒（2 月 10 日）	中央台三套	1.8	8.1
10	开心大赢家（20:30）	宁波电视台四套（影视剧频道）	1.6	9.6

表 3.50.12　2019 年宁波市场体育节目收视率排名前十位

名次	节目名称	播出频道	平均收视率（%）	平均占有率（%）
1	2019 年世界乒乓球锦标赛女双决赛	中央台五套	2.0	13.0
2	实况录像:2018/2019 赛季 NBA 全明星周末技巧大赛	中央台五套	2.0	11.6
3	现场直播:2019 年国际泳联世锦赛女子 100 米仰泳半决赛	中央台五套	1.8	10.8
4	现场直播:19 年全国游泳冠军赛暨世锦赛选拔赛女子 200 米自由泳决赛	中央台五套	1.5	9.7
5	2019 年亚洲杯足球赛决赛（日本 VS 卡塔尔）	中央台五套	1.4	13.6
6	2019 年女足世界杯小组赛 B 组第一轮（德国 VS 中国）	中央台五套	1.4	9.5
6	第七届世界军人运动会报道:第七届军运会游泳比赛女子 1500 米自由泳决赛	中央台五套	1.4	9.5
8	2019 年国际篮联篮球世界杯小组赛 A 组（中国 VS 波兰）	中央台五套	1.4	7.7
9	现场直播:国际泳联世锦赛女子 200 米个人混合泳颁奖仪式	中央台五套	1.4	7.4
10	2019 中国宁波全民运动	宁波电视台二套（经济生活频道）	1.3	6.1

五十一、青岛收视数据

表 3.51.1　2015~2019 年青岛市场各类频道的市场占有率(%)

频道类别	年份				
	2015 年	2016 年	2017 年	2018 年	2019 年
中央广播电视总台	31.3	30.2	30.1	31.1	27.2
中国教育台频道	0.1	0.1	0.1	0.1	0.1
山东省级频道	21.5	16.9	14.1	11.1	9.3
青岛市级频道	20.2	17.5	16.4	18.3	16.1
其他省级卫视频道	20.7	25.6	25.5	22.2	21.7
其他频道	6.2	9.7	13.8	17.2	25.6

表 3.51.2　2019 年青岛市场各类频道在不同目标观众中的市场占有率(%)

目标观众		中央广播电视总台	中国教育台频道	山东省级频道	青岛市级频道	其他省级卫视频道	其他频道
4 岁及以上所有人		27.2	0.1	9.3	16.1	21.7	25.6
性别	男	29.5	0.1	8.7	17.0	21.3	23.4
	女	25.1	0.1	9.9	15.3	22.1	27.5
年龄	4~14 岁	17.8	0.1	8.1	8.0	28.1	37.9
	15~24 岁	22.1	0.1	5.4	10.2	18.2	44.0
	25~34 岁	21.7	0.1	6.9	9.5	25.5	36.3
	35~44 岁	25.2	0.1	5.6	11.5	25.5	32.1
	45~54 岁	23.3	0.1	7.5	15.6	19.2	34.3
	55~64 岁	34.7	0.1	12.0	17.9	20.0	15.3
	65 岁及以上	31.4	0.1	12.8	24.8	21.5	9.4
教育程度	未受过正规教育	19.5	0.1	15.7	19.4	22.5	22.8
	小学	27.0	0.1	12.6	20.7	25.0	14.6
	初中	25.7	0.1	9.5	15.5	20.9	28.3
	高中	31.5	0.1	7.6	15.3	20.6	24.9
	大学及以上	27.2	0.1	6.2	13.2	21.6	31.7
职业类别	干部/管理人员	24.7	0.0	10.5	25.8	16.0	23.0
	个体/私营企业人员	27.1	0.3	9.4	15.1	21.8	26.3
	初级公务员/雇员	24.8	0.1	6.1	12.0	21.5	35.5
	工人	24.7	0.1	10.0	16.2	23.4	25.6
	学生	21.6	0.2	6.3	9.5	24.1	38.3
	无业	30.7	0.1	10.7	18.7	21.4	18.4
	其他	23.0	0.1	11.3	17.1	20.1	28.4
个人月收入	0~600 元	20.5	0.1	9.9	12.3	23.7	33.5
	601~1200 元	33.2	0.1	13.1	20.0	17.8	15.8
	1201~1700 元	27.5	0.0	11.1	21.2	26.1	14.1
	1701~2600 元	27.2	0.1	11.4	17.2	20.9	23.2
	2601~3500 元	29.0	0.1	8.6	18.5	21.9	21.9
	3501~5000 元	25.1	0.1	7.7	17.3	23.1	26.7
	5001 元及以上	34.0	0.1	7.3	12.2	18.0	28.4

表 3.51.3　2019 年青岛市场各类频道在不同时段的市场占有率(%)

时间段	中央广播电视总台	中国教育台频道	山东省级频道	青岛市级频道	其他省级卫视频道	其他频道
02:00~03:00	17.7	0.1	5.8	1.7	20.2	54.5
03:00~04:00	18.3	0.1	4.5	1.2	14.4	61.5
04:00~05:00	20.5	0.1	11.3	0.9	9.9	57.3
05:00~06:00	32.9	0.0	12.5	3.0	16.2	35.4
06:00~07:00	51.1	0.1	8.4	7.2	11.9	21.3
07:00~08:00	39.7	0.2	12.0	11.2	15.1	21.8
08:00~09:00	37.1	0.1	11.3	6.8	19.7	25.0
09:00~10:00	32.0	0.2	10.2	4.9	26.3	26.4
10:00~11:00	28.3	0.3	8.1	6.1	29.7	27.5
11:00~12:00	32.0	0.2	7.2	6.1	28.0	26.5
12:00~13:00	38.3	0.1	7.1	3.8	24.3	26.4
13:00~14:00	31.4	0.1	7.4	3.5	29.0	28.6
14:00~15:00	27.8	0.2	8.3	3.8	31.4	28.5
15:00~16:00	26.5	0.2	8.5	5.8	31.5	27.5
16:00~17:00	27.0	0.2	8.6	9.2	29.2	25.8
17:00~18:00	24.3	0.1	8.8	18.6	24.3	23.9
18:00~19:00	26.9	0.1	11.4	27.7	10.8	23.1
19:00~20:00	27.1	0.0	11.4	25.3	13.8	22.4
20:00~21:00	22.0	0.0	10.1	24.1	20.9	22.9
21:00~22:00	24.3	0.1	9.8	22.3	19.3	24.2
22:00~23:00	21.3	0.1	6.3	20.2	22.7	29.4
23:00~24:00	21.9	0.0	7.8	11.2	25.3	33.8
24:00~25:00	21.9	0.1	8.6	8.4	21.3	39.7
25:00~26:00	19.9	0.0	7.3	4.4	22.2	46.2

表 3.51.4　2019 年青岛市场收视份额排名前十位的频道

名次	频道名称	收视份额(%)
1	中央电视台综合频道	5.0
2	青岛广播电视台影视频道	4.5
3	中央台四套	3.8
4	青岛广播电视台新闻综合频道	3.5
5	中央台六套	3.2
6	青岛广播电视台经济生活频道	3.1
7	中央台八套	2.8
7	青岛广播电视台文化娱乐频道	2.8
9	中央台三套	2.7
9	山东卫视	2.7

表 3.51.5　2019 年青岛市场各主要频道的观众构成(%)

目标观众		所有频道	主要频道				
			中央电视台综合频道	青岛广播电视台影视频道	中央台四套	青岛广播电视台新闻综合频道	中央台六套
4 岁及以上所有人		100.0	100.0	100.0	100.0	100.0	100.0
性别	男	49.1	48.3	52.4	62.5	53.4	57.0
	女	50.9	51.7	47.6	37.5	46.6	43.0
年龄	4~14 岁	6.8	6.8	3.8	1.2	1.5	5.5
	15~24 岁	5.8	4.6	2.8	3.4	4.5	5.9
	25~34 岁	11.0	7.0	6.2	5.0	5.3	12.7
	35~44 岁	9.8	8.3	4.9	4.9	5.7	15.9
	45~54 岁	22.3	15.9	21.6	14.3	21.3	29.2
	55~64 岁	23.2	27.9	27.3	33.6	27.7	17.3
	65 岁及以上	21.1	29.5	33.4	37.6	34.0	13.5
教育程度	未受过正规教育	4.8	3.6	6.8	2.8	5.0	3.8
	小学	17.1	21.9	27.4	14.1	18.7	12.3
	初中	38.2	33.7	33.6	38.8	36.7	32.9
	高中	23.6	25.3	19.2	30.0	28.2	34.8
	大学及以上	16.3	15.5	13.0	14.3	11.4	16.2
职业类别	干部/管理人员	2.1	3.6	5.2	0.8	1.3	2.0
	个体/私营企业人员	9.6	9.2	8.2	8.8	8.6	13.1
	初级公务员/雇员	18.4	14.2	12.7	14.2	13.3	22.4
	工人	11.9	6.3	12.1	7.5	11.9	20.1
	学生	7.6	8.3	4.5	2.2	3.2	8.2
	无业	43.6	52.3	48.9	61.4	56.0	29.0
	其他	6.8	6.1	8.4	5.1	5.7	5.2
个人月收入	0~600 元	21.4	19.7	14.5	7.3	18.2	18.9
	601~1200 元	7.2	10.3	11.2	8.3	7.2	5.5
	1201~1700 元	3.4	3.8	4.3	3.7	5.4	1.9
	1701~2600 元	11.8	10.4	15.9	15.7	10.4	11.0
	2601~3500 元	25.2	27.2	25.4	27.7	27.1	22.5
	3501~5000 元	17.3	14.8	21.3	17.4	16.5	20.5
	5001 元及以上	13.7	13.8	7.4	19.9	15.2	19.7

表 3.51.6　2017~2019 青岛市场各类节目的播出比重(%)和收视比重(%)

节目类型	2017 年		2018 年		2019 年	
	播出比重	收视比重	播出比重	收视比重	播出比重	收视比重
财经	1.0	0.3	1.0	0.4	1.0	0.4
电视剧	20.0	28.6	19.9	28.3	20.3	28.3
电影	3.5	3.8	3.6	4.6	3.3	4.2
法制	1.0	0.8	0.9	0.6	0.9	0.5
教学	0.2	0.0	0.3	0.0	0.3	0.0
青少	7.9	4.3	8.0	5.1	8.6	6.3
生活服务	9.5	9.2	9.3	8.1	8.5	8.6
体育	3.4	2.5	3.6	4.1	4.3	4.0
外语	0.1	0.0	0.1	0.0	0.1	0.0
戏剧	0.7	0.2	0.7	0.3	0.8	0.4
新闻/时事	15.3	14.9	15.5	14.4	15.8	14.5
音乐	1.4	0.8	1.4	0.9	1.7	1.0
专题	14.1	8.2	13.8	7.9	13.5	7.2
综艺	9.7	15.2	9.3	14.3	8.4	13.8
其他	12.2	11.3	12.6	11.0	12.5	10.8

表 3.51.7　2019 年青岛市场所有节目收视率排名前三十位

名次	节目名称	节目类型	播出频道	平均收视率(%)	平均占有率(%)
1	2019 中央广播电视总台春节联欢晚会	综艺	中央电视台综合频道	12.1	27.2
2	庆祝中华人民共和国成立 70 周年大会阅兵式群众游行特别报道	新闻/时事	中央电视台综合频道	11.5	29.8
3	庆祝中华人民共和国成立 70 周年联欢活动	综艺	中央电视台综合频道	8.9	24.9
4	开学第一课	青少	中央电视台综合频道	8.4	27.3
5	喜气洋洋闹元宵	综艺	中央电视台综合频道	8.1	25.2
6	向伟大复兴前进	新闻/时事	中央电视台综合频道	6.9	34.9
7	一年又一年	专题	中央电视台综合频道	5.3	16.3
8	2019 年中央广播电视总台中秋晚会	综艺	中央电视台综合频道	4.8	16.5
9	中国好声音(7 月 26 日)	综艺	浙江卫视	4.0	16.8
10	摧毁	电视剧	青岛广播电视台影视频道	4.0	15.3
11	暗算	电视剧	青岛广播电视台影视频道	4.0	13.5
12	浴血重生	电视剧	青岛广播电视台影视频道	3.9	13.5

续表

名次	节目名称	节目类型	播出频道	平均收视率(%)	平均占有率(%)
13	人民欢歌庆祝中华人民共和国成立70周年联欢活动特别报道	新闻/时事	中央电视台综合频道	3.8	16.5
14	忠诚卫士(5月19日~6月3日)	电视剧	青岛广播电视台影视频道	3.7	14.7
15	刀尖舞者	电视剧	青岛广播电视台影视频道	3.7	14.4
16	觉醒	电视剧	青岛广播电视台影视频道	3.7	13.2
17	冲出迷雾(7月22日~8月4日)	电视剧	青岛广播电视台影视频道	3.6	13.4
18	拯救者	电视剧	青岛广播电视台影视频道	3.5	12.0
19	回马枪	电视剧	青岛广播电视台影视频道	3.5	11.9
20	家族荣誉(1~19集)	电视剧	青岛广播电视台影视频道	3.5	11.0
21	我的绝密生涯(16~52集)	电视剧	青岛广播电视台影视频道	3.4	12.0
22	铁血殊途	电视剧	青岛广播电视台影视频道	3.4	11.8
23	冰锋	电视剧	青岛广播电视台影视频道	3.3	12.8
24	红线	电视剧	青岛广播电视台影视频道	3.3	12.6
25	越战越勇(2月7日)	综艺	中央台三套	3.3	10.5
26	中国好声音(7月19日)	综艺	浙江卫视	3.2	16.5
27	中国诗词大会第四季(2月9日)	专题	中央电视台综合频道	3.2	10.4
28	2019年亚洲杯小组赛C组第二轮(菲律宾VS中国)	体育	中央台五套	3.1	22.0
29	浴血十四年	电视剧	青岛广播电视台影视频道	3.1	14.1
30	打土匪	电视剧	青岛广播电视台影视频道	3.1	10.9

表 3.51.8 2019年青岛市场电视剧收视率排名前十位

名次	节目名称	播出频道	平均收视率(%)	平均占有率(%)
1	摧毁	青岛广播电视台影视频道	4.0	15.3
2	暗算	青岛广播电视台影视频道	4.0	13.5
3	浴血重生	青岛广播电视台影视频道	3.9	13.5
4	忠诚卫士(5月19日~6月3日)	青岛广播电视台影视频道	3.7	14.7
5	刀尖舞者	青岛广播电视台影视频道	3.7	14.4
6	觉醒	青岛广播电视台影视频道	3.7	13.2
7	冲出迷雾(7月22日~8月4日)	青岛广播电视台影视频道	3.6	13.4
8	拯救者	青岛广播电视台影视频道	3.5	12.0
9	回马枪	青岛广播电视台影视频道	3.5	11.9
10	家族荣誉(1~19集)	青岛广播电视台影视频道	3.5	11.0

表 3.51.9　2019 年青岛市场新闻节目收视率排名前十位

名次	节目名称	播出频道	平均收视率（%）	平均占有率（%）
1	庆祝中华人民共和国成立 70 周年大会阅兵式群众游行特别报道	中央电视台综合频道	11.5	29.8
2	向伟大复兴前进	中央电视台综合频道	6.9	34.9
3	人民欢歌庆祝中华人民共和国成立 70 周年联欢活动特别报道	中央电视台综合频道	3.8	16.5
4	庆祝中华人民共和国成立 70 周年特别节目走向复兴	中央电视台综合频道	2.2	7.5
5	传奇中国节中秋节	中央电视台综合频道	2.1	8.7
6	新闻联播	中央电视台综合频道	1.7	6.4
7	今日~今日 60 分	青岛广播电视台新闻综合频道	1.6	8.9
8	2019 年中国北京世界园艺博览会开幕式特别报道	北京卫视	1.6	6.0
9	第七届世界军人运动会开幕式特别报道	中央电视台综合频道	1.6	5.3
10	山东新闻联播	青岛广播电视台新闻综合频道	1.5	6.8

表 3.51.10　2019 年青岛市场专题节目收视率排名前十位

名次	节目名称	播出频道	平均收视率（%）	平均占有率（%）
1	一年又一年	中央电视台综合频道	5.3	16.3
2	中国诗词大会第四季(2 月 9 日)	中央电视台综合频道	3.2	10.4
3	等闲识得东风面 2019 年习近平主席访问欧洲三国纪行	中央电视台综合频道	2.5	8.2
4	感动中国 2018 年度人物颁奖盛典	中央电视台综合频道	2.0	6.5
5	牵挂与惦念习近平总书记赴重庆华溪村扶贫考察纪实	中央电视台综合频道	1.9	6.5
6	中央电视台特别节目共同开创中朝两党两国关系的美好未来	中央电视台综合频道	1.8	6.6
6	穿越历史长廊探寻文化伟力	中央电视台综合频道	1.8	6.6
8	真情调解	青岛广播电视台经济生活频道	1.7	7.3
9	中华人民共和国中央人民政府成立典礼原始影像	中央电视台综合频道	1.7	7.1
10	调解面对面	青岛广播电视台经济生活频道	1.7	6.8

表 3.51.11　2019 年青岛市场综艺节目收视率排名前十位

名次	节目名称	播出频道	平均收视率（%）	平均占有率（%）
1	2019 中央广播电视总台春节联欢晚会	中央电视台综合频道	12.1	27.2
2	庆祝中华人民共和国成立 70 周年联欢活动	中央电视台综合频道	8.9	24.9
3	喜气洋洋闹元宵	中央电视台综合频道	8.1	25.2
4	2019 年中央广播电视总台中秋晚会	中央电视台综合频道	4.8	16.5
5	中国好声音(7 月 26 日)	浙江卫视	4.0	16.8
6	越战越勇(2 月 7 日)	中央台三套	3.3	10.5
7	中国好声音(7 月 19 日)	浙江卫视	3.2	16.5
8	喜气洋洋闹元宵(2 月 19 日)	中央台三套	2.6	13.4
9	开门大吉(12 月 16 日)	中央台三套	2.5	8.4
10	星光大道决赛季(2 月 19 日)	中央台三套	2.1	7.9

表 3.51.12　2019 年青岛市场体育节目收视率排名前十位

名次	节目名称	播出频道	平均收视率（%）	平均占有率（%）
1	2019 年亚洲杯小组赛 C 组第二轮（菲律宾 VS 中国）	中央台五套	3.1	22.0
2	超级足球之夜:国际足联 2022 年世界杯亚洲区预选赛第 2 阶段 A 组第 4 轮(菲律宾 VS 中国)	中央台五套	2.7	11.3
3	现场直播:2019 年亚洲冠军联赛 1/8 决赛次回合(山东鲁能 VS 广州恒大)	中央台五套	2.3	9.6
4	第七届世界军人运动会报道:第七届军运会田径女子三级跳远决赛	中央台五套	2.3	7.5
5	现场直播:2019 年女排世界杯第五轮(日本 VS 中国)	中央台五套	2.2	9.9
6	第七届世界军人运动会开幕式	中央台五套	2.2	8.5
7	直播周末:2019 年乒乓球团体世界杯女团决赛单打	中央台五套	2.2	7.1
8	第七届世界军人运动会报道:第七届军运会跆拳道男子 54 公斤级决赛	中央台五套	2.1	7.8
9	直播周末:2019 年女排世界杯颁奖仪式	中央台五套	2.0	9.1
10	第七届世界军人运动会报道:第七届军运会游泳比赛男子 800 米自由泳决赛	中央台五套	2.0	8.2

五十二、沈阳收视数据

表 3.52.1　2015~2019 年沈阳市场各类频道的市场占有率(%)

频道类别	年份				
	2015 年	2016 年	2017 年	2018 年	2019 年
中央广播电视总台	30.0	31.6	30.7	34.0	30.2
中国教育台频道	0.3	0.2	0.2	0.2	0.1
辽宁省级频道	23.8	25.6	20.9	21.9	21.3
沈阳市级频道	5.5	4.7	11.0	8.8	8.3
其他省级卫视频道	34.1	30.3	26.5	23.0	23.8
其他频道	6.4	7.6	10.7	12.1	16.3

表 3.52.2　2019 年沈阳市场各类频道在不同目标观众中的市场占有率(%)

目标观众		中央广播电视总台	中国教育台频道	辽宁省级频道	沈阳市级频道	其他省级卫视频道	其他频道
4 岁及以上所有人		33.2	0.1	20.4	3.0	25.5	17.8
性别	男	31.0	0.2	23.8	7.8	21.6	15.6
	女	29.4	0.1	18.9	8.8	25.9	16.9
年龄	4~14 岁	29.1	0.1	10.6	2.9	34.2	23.1
	15~24 岁	27.6	0.4	13.6	7.4	27.2	23.8
	25~34 岁	26.4	0.1	9.7	6.8	29.7	27.3
	35~44 岁	26.8	0.1	14.5	6.5	25.7	26.4
	45~54 岁	29.3	0.1	21.3	5.3	22.1	21.9
	55~64 岁	27.0	0.1	29.6	11.0	22.9	9.4
	65 岁及以上	38.1	0.1	23.3	10.6	20.7	7.2
教育程度	未受过正规教育	29.4	0.1	14.1	5.0	30.6	20.8
	小学	28.8	0.1	27.9	5.9	25.7	11.6
	初中	29.9	0.1	24.9	9.0	23.4	12.7
	高中	32.9	0.1	15.7	8.8	23.1	19.4
	大学及以上	27.7	0.1	12.7	7.4	24.3	27.8
职业类别	干部/管理人员	30.0	0.0	27.8	7.2	24.6	10.4
	个体/私营企业人员	29.3	0.2	16.4	4.9	22.4	26.8
	初级公务员/雇员	28.0	0.1	13.6	7.2	24.7	26.4
	工人	28.8	0.2	23.4	8.7	25.4	13.5
	学生	29.4	0.1	9.6	4.2	36.6	20.1
	无业	33.1	0.1	19.9	10.0	23.6	13.3
	其他	21.0	0.0	37.5	4.0	15.5	22.0
个人月收入	0~600 元	26.0	0.1	15.3	4.6	28.0	26.0
	601~1200 元	42.1	0.1	26.8	6.7	13.8	10.5
	1201~1700 元	27.1	0.0	30.8	7.3	19.1	15.7
	1701~2600 元	29.8	0.1	25.8	11.3	23.1	9.9
	2601~3500 元	32.1	0.1	18.8	7.5	26.9	14.6
	3501~5000 元	33.3	0.2	18.2	9.7	22.0	16.6
	5001 元及以上	26.2	0.4	20.6	6.6	18.6	27.6

表 3.52.3　2019 年沈阳市场各类频道不同时段的市场占有率(%)

时间段	中央广播电视总台	中国教育台频道	辽宁省级频道	沈阳市级频道	其他省级卫视频道	其他频道
02:00~03:00	23.3	0.1	23.6	4.9	29.0	19.1
03:00~04:00	19.6	0.1	23.7	5.6	21.9	29.1
04:00~05:00	29.6	0.1	26.0	6.7	17.4	20.2
05:00~06:00	36.3	0.1	26.2	6.3	16.5	14.6
06:00~07:00	30.3	0.1	29.8	18.4	10.8	10.6
07:00~08:00	34.4	0.1	20.1	19.7	11.8	13.9
08:00~09:00	38.7	0.3	12.8	12.5	17.4	18.3
09:00~10:00	35.0	0.3	12.4	5.8	27.1	19.4
10:00~11:00	31.6	0.2	12.3	3.1	33.4	19.4
11:00~12:00	32.8	0.2	11.5	2.2	34.3	19.0
12:00~13:00	34.2	0.1	14.7	3.4	29.1	18.5
13:00~14:00	31.7	0.2	10.9	2.7	34.9	19.6
14:00~15:00	29.7	0.3	11.2	1.9	37.1	19.8
15:00~16:00	30.3	0.3	11.8	2.4	37.0	18.2
16:00~17:00	29.8	0.3	15.5	5.7	32.7	16.0
17:00~18:00	24.4	0.1	29.1	11.3	21.6	13.5
18:00~19:00	29.8	0.1	33.9	14.5	8.7	13.0
19:00~20:00	34.8	0.1	27.7	10.1	14.0	13.3
20:00~21:00	29.5	0.0	23.5	9.2	24.1	13.7
21:00~22:00	27.3	0.1	24.7	9.9	22.6	15.4
22:00~23:00	23.9	0.1	23.3	8.8	24.3	19.6
23:00~24:00	25.0	0.1	18.9	4.2	29.8	22.0
24:00~25:00	24.1	0.1	17.1	5.1	30.5	23.1
25:00~26:00	23.3	0.1	19.9	5.1	29.8	21.8

表 3.52.4　2019 年沈阳市场收视份额排名前十位的频道(%)

名次	频道名称	收视份额(%)
1	辽宁广播电视台都市频道	7.1
2	中央台四套	4.5
3	辽宁广播电视台经济频道(沈阳台)	4.4
4	中央台八套	4.3
4	辽宁卫视	4.3
6	中央台六套	4.0
7	中央电视台综合频道	3.5
8	沈阳电视台一套(新闻综合频道)	3.4
8	辽宁广播电视台影视剧频道	3.4
10	中央台三套	2.9

表 3.52.5 2019 年沈阳市场各主要频道的观众构成(%)

目标观众		所有频道	主要频道				
			辽宁广播电视台都市频道	中央台四套	辽宁广播电视台经济频道(沈阳台)	中央台八套	辽宁卫视
4 岁及以上所有人		100.0	100.0	100.0	100.0	100.0	100.0
性别	男	48.6	51.5	55.2	45.4	42.8	51.6
	女	51.4	48.5	44.8	54.6	57.2	48.4
年龄	4~14 岁	4.3	2.1	0.7	1.6	4.5	2.3
	15~24 岁	3.7	2.1	1.0	3.0	1.8	3.1
	25~34 岁	9.6	4.0	3.4	11.5	6.4	3.7
	35~44 岁	11.6	7.1	4.9	8.4	8.9	9.9
	45~54 岁	20.9	24.8	17.2	12.8	19.6	15.1
	55~64 岁	25.3	30.7	23.1	35.2	20.0	42.3
	65 岁及以上	24.6	29.2	49.7	27.5	38.8	23.6
教育程度	未受过正规教育	2.1	1.3	0.8	1.0	1.0	0.8
	小学	10.7	16.2	8.0	5.5	13.6	11.1
	初中	50.8	52.9	49.5	59.5	50.3	66.4
	高中	23.7	21.4	29.5	20.5	29.7	14.6
	大学及以上	12.7	8.2	12.2	13.5	5.4	7.1
职业类别	干部/管理人员	1.6	3.5	1.4	1.9	0.1	1.2
	个体/私营企业人员	7.7	7.2	4.9	3.0	2.5	6.0
	初级公务员/雇员	7.1	5.0	4.2	6.3	4.0	4.3
	工人	23.3	23.0	18.2	27.9	29.6	28.8
	学生	3.8	1.9	0.7	1.8	4.2	2.4
	无业	47.7	44.7	64.4	54.8	56.1	45.9
	其他	8.8	14.7	6.2	4.3	3.5	11.4
个人月收入	0~600 元	17.9	13.7	9.6	10.5	17.3	11.0
	601~1200 元	4.2	4.7	5.6	3.1	14.6	7.0
	1201~1700 元	6.0	7.1	5.5	5.8	3.3	7.4
	1701~2600 元	28.6	38.6	31.1	41.4	25.9	32.0
	2601~3500 元	23.5	19.0	29.9	18.1	19.8	17.4
	3501~5000 元	13.4	11.5	13.6	16.1	13.2	12.1
	5001 元及以上	6.4	5.4	4.7	5.0	5.9	13.1

表 3.52.6　2017~2018 年沈阳市场各类节目的播出比重(%)和收视比重(%)

节目类型	2017 年		2018 年		2019 年	
	播出比重	收视比重	播出比重	收视比重	播出比重	收视比重
财经	1.1	0.6	1.0	0.4	1.0	0.5
电视剧	26.8	29.1	21.7	24.6	26.7	31.0
电影	3.9	4.0	4.2	5.0	4.2	5.4
法制	0.9	0.6	0.8	0.5	0.7	0.7
教学	0.2	0.0	0.3	0.0	0.3	0.0
青少	6.8	3.0	6.9	3.1	6.8	3.5
生活服务	9.2	9.6	8.9	10.3	8.4	9.1
体育	3.3	3.8	3.7	5.3	3.8	4.2
外语	0.1	0.0	0.1	0.0	0.1	0.0
戏剧	0.8	0.2	0.7	0.2	1.0	0.2
新闻/时事	10.6	16.7	15.8	18.8	10.6	14.9
音乐	1.3	0.7	1.4	0.7	1.5	1.1
专题	13.5	6.0	13.5	5.2	13.0	5.0
综艺	6.9	13.8	9.0	13.9	6.3	13.1
其他	14.6	11.9	12.0	12.0	15.6	11.3

表 3.52.7　2019 年沈阳市场所有节目收视率排名前三十位

名次	节目名称	节目类型	播出频道	平均收视率(%)	平均占有率(%)
1	2019 辽宁卫视春节联欢晚会	综艺	辽宁卫视	12.9	41.6
2	2019 中央广播电视总台春节联欢晚会	综艺	中央电视台综合频道	8.4	22.2
3	庆祝中华人民共和国成立 70 周年大会阅兵式群众游行特别报道	新闻/时事	中央电视台综合频道	8.2	25.2
4	喜气洋洋闹元宵	综艺	中央电视台综合频道	7.1	22.6
5	庆祝中华人民共和国成立 70 周年联欢活动	综艺	中央电视台综合频道	5.8	19.4
6	现场直播:18/19 赛季 CBA 联赛季后赛 1/4 决赛第二场(辽宁本钢 VS 福建晋江文旅)	体育	辽宁广播电视台体育频道	5.2	16.5
7	美好的幸福幸福的美好百姓春晚	综艺	辽宁广播电视台都市频道	5.1	15.3
8	向伟大复兴前进	新闻/时事	中央电视台综合频道	4.9	22.8

续表

名次	节目名称	节目类型	播出频道	平均收视率（%）	平均占有率（%）
9	2019 北京电视台春节联欢晚会	综艺	北京卫视	4.9	16.9
10	2019 年国际篮联篮球世界杯小组赛 A 组(中国 VS 波兰)	体育	中央台五套	4.1	17.5
11	梦圆东方追梦 2020 跨年盛典	综艺	上海东方卫视	3.8	13.4
12	开学第一课	青少	中央电视台综合频道	3.6	13.2
13	新北方	新闻/时事	辽宁广播电视台都市频道	3.3	14.6
14	天气预报	生活服务	辽宁广播电视台北方频道	3.3	10.7
15	2019 年世界乒乓球锦标赛男单决赛	体育	中央台五套	3.3	10.5
16	新闻正前方	新闻/时事	辽宁广播电视台都市频道	3.2	18.9
17	人民欢歌庆祝中华人民共和国成立 70 周年联欢活动特别报道	新闻/时事	中央电视台综合频道	3.2	15.0
18	现场直播:2019 年国际泳联世锦赛女子 200 米蛙泳决赛	体育	中央台五套	3.1	14.2
19	岳母的幸福生活(24~32 集)	电视剧	沈阳电视台一套(新闻综合频道)	3.1	10.1
20	侠探锦毛鼠之逍遥劫	电影	中央台六套	3.1	9.7
21	狙击时刻	电影	中央台六套	3.0	11.2
22	大明风华(1~24 集)	电视剧	湖南卫视	3.0	10.0
23	妯娌的三国时代	电视剧	沈阳电视台一套(新闻综合频道)	3.0	9.3
24	2020 跨年演唱会用奋斗点亮幸福	音乐	江苏卫视	2.8	9.4
25	第二次也很美	电视剧	上海东方卫视	2.8	8.5
26	警魂命悬一线	电影	中央台六套	2.7	9.4
27	举起手来	电影	中央台六套	2.7	8.3
28	杀寇英雄	电视剧	辽宁广播电视台影视剧频道	2.6	10.9
29	第七届世界军人运动会报道:第七届军运会田径男子 4×100 米接力决赛	体育	中央台五套	2.5	10.6
30	黄昏中的鱼肚白	电影	中央台六套	2.5	9.2

表 3.52.8 2019 年沈阳市场电视剧收视率排名前十位

名次	节目名称	播出频道	平均收视率(%)	平均占有率(%)
1	岳母的幸福生活(24~32 集)	沈阳电视台一套(新闻综合频道)	3.1	10.1
2	大明风华(1~24 集)	湖南卫视	3.0	10.0
3	妯娌的三国时代	沈阳电视台一套(新闻综合频道)	3.0	9.3
4	第二次也很美	上海东方卫视	2.8	8.5
5	杀寇英雄	辽宁广播电视台影视剧频道	2.6	10.9
6	老爸的筒子楼	辽宁卫视	2.4	9.9
7	春暖花又开	辽宁卫视	2.3	8.9
8	家产	辽宁卫视	2.3	8.7
9	代号夜莺	辽宁广播电视台影视剧频道	2.2	8.7
10	绝密底牌	辽宁广播电视台影视剧频道	2.2	8.3

表 3.52.9 2019 年沈阳市场新闻节目收视率排名前十位

名次	节目名称	播出频道	平均收视率(%)	平均占有率(%)
1	庆祝中华人民共和国成立 70 周年大会阅兵式群众游行特别报道	中央电视台综合频道	8.2	25.2
2	向伟大复兴前进	中央电视台综合频道	4.9	22.8
3	新北方	辽宁广播电视台都市频道	3.3	14.6
4	新闻正前方	辽宁广播电视台都市频道	3.2	18.9
5	人民欢歌庆祝中华人民共和国成立 70 周年联欢活动特别报道	中央电视台综合频道	3.2	15.0
6	新闻联播(10 月 1 日)	中央台四套	1.9	7.3
7	盛京晨曲特别直播	辽宁广播电视台经济频道(沈阳台)	1.6	11.8
8	中国舆论场	中央台四套	1.6	5.5
9	海峡两岸	中央台四套	1.6	5.3
10	正在行动	辽宁广播电视台都市频道	1.5	5.0

表 3.52.10　2019 年沈阳市场专题节目收视率排名前十位

名次	节目名称	播出频道	平均收视率（%）	平均占有率（%）
1	一年又一年	中央电视台综合频道	2.2	7.6
2	东北味道中国年	辽宁广播电视台都市频道	1.8	7.2
3	中国诗词大会第四季(2 月 5 日)	中央电视台综合频道	1.8	5.6
4	较量抗美援朝战争实录	中央台六套	1.7	6.8
5	礼赞最美奋斗者	中央电视台综合频道	1.7	6.4
6	外国人在中国	中央台四套	1.6	6.0
7	红色通缉	中央台四套	1.6	5.9
8	中华人民共和国中央人民政府成立典礼原始影像	中央电视台综合频道	1.5	5.3
9	祖国在召唤	中央电视台综合频道	1.4	4.8
10	人民在我心中 18 辽宁最美警察最佳警队媒体百姓推选活动揭晓仪式	辽宁卫视	1.3	3.9

表 3.52.11　2019 年沈阳市场综艺节目收视率排名前十位

名次	节目名称	播出频道	平均收视率（%）	平均占有率（%）
1	2019 辽宁卫视春节联欢晚会	辽宁卫视	12.9	41.6
2	2019 中央广播电视总台春节联欢晚会	中央电视台综合频道	8.4	22.2
3	喜气洋洋闹元宵	中央电视台综合频道	7.1	22.6
4	庆祝中华人民共和国成立 70 周年联欢活动	中央电视台综合频道	5.8	19.4
5	美好的幸福幸福的美好百姓春晚	辽宁广播电视台都市频道	5.1	15.3
6	2019 北京电视台春节联欢晚会	北京卫视	4.9	16.9
7	梦圆东方追梦 2020 跨年盛典	上海东方卫视	3.8	13.4
8	2019 年中央广播电视总台中秋晚会	中央台三套	2.4	8.8
9	开门大吉(11 月 11 日)	中央台三套	2.4	8.1
10	新春喜剧之夜	中央台三套	2.3	7.2

表 3.52.12　2019 年沈阳市场体育节目收视率排名前十位

名次	节目名称	播出频道	平均收视率（%）	平均占有率（%）
1	现场直播:18/19 赛季 CBA 联赛季后赛 1/4 决赛第二场(辽宁本钢 VS 福建晋江文旅)	辽宁广播电视台体育频道	5.2	16.5
2	2019 年国际篮联篮球世界杯小组赛 A 组(中国 VS 波兰)	中央台五套	4.1	17.5
3	2019 年世界乒乓球锦标赛男单决赛	中央台五套	3.3	10.5
4	现场直播:2019 年国际泳联世锦赛女子 200 米蛙泳决赛	中央台五套	3.1	14.2
5	第七届世界军人运动会报道:第七届军运会田径男子 4×100 米接力决赛	中央台五套	2.5	10.6
6	直播周末 乒乓球团体世界杯颁奖仪式	中央台五套	2.4	7.4
7	超级足球之夜:国际足联 2022 年世界杯亚洲区预选赛第 2 阶段 A 组第 2 轮(关岛 VS 中国)	中央台五套	2.3	8.7
8	现场直播:2019 年辽吉职业篮球对抗赛(辽宁本钢 VS 九台农商银行)	辽宁广播电视台体育频道	2.2	7.0
9	2019 年亚洲杯小组赛 C 组第三轮(韩国 VS 中国)	中央台五套	2.1	13.9
10	现场直播:2019 年世界田径锦标赛选拔赛女子 100 米决赛	中央台五套	2.1	7.9

五十三、深圳收视数据

表 3.53.1 2015~2019 年深圳市场各类频道的市场占有率(%)

频道类别	年份				
	2015 年	2016 年	2017 年	2018 年	2019 年
中央广播电视总台	21.6	23.4	22.1	22.5	18.1
中国教育台频道	0.1	0.1	0.1	0.2	0.1
广东省级台	8.0	7.4	7.9	6.7	8.0
深圳市级台	34.8	31.9	26.0	25.6	22.6
境外频道	5.4	4.4	3.6	3.1	2.8
其他省级卫视频道	20.8	19.8	24.4	20.9	22.9
其他频道	9.3	13.0	15.9	21.0	25.5

表 3.53.2 2019 年深圳市场各类频道在各目标观众中的市场占有率(%)

目标观众		中央广播电视总台	中国教育台频道	广东省级台	深圳市级台	境外频道	其他省级卫视频道	其他频道
4 岁及以上所有人		18.1	0.1	8.0	22.6	2.8	22.9	25.5
性别	男	19.5	0.1	7.4	21.7	2.8	23.3	25.2
	女	16.7	0.1	8.6	23.5	2.7	22.5	25.9
年龄	4~14 岁	14.3	0.1	10.4	15.8	1.9	21.3	36.2
	15~24 岁	15.3	0.1	7.3	26.7	1.5	28.8	20.3
	25~34 岁	15.6	0.1	9.6	19.7	2.2	21.8	31.0
	35~44 岁	18.5	0.1	6.1	19.4	2.5	28.5	24.9
	45~54 岁	18.6	0.2	7.3	25.8	3.9	22.1	22.1
	55~64 岁	24.9	0.1	4.9	28.9	2.9	19.1	19.2
	65 岁及以上	29.5	0.1	7.6	26.1	4.0	18.7	14.0
教育程度	未受过正规教育	14.4	0.1	10.8	26.8	1.6	17.0	29.3
	小学	18.0	0.1	8.6	23.8	2.4	21.3	25.8
	初中	15.1	0.1	9.9	23.8	2.9	23.3	24.9
	高中	21.0	0.1	6.4	22.4	2.6	22.7	24.8
	大学及以上	20.8	0.1	4.7	18.0	3.4	25.7	27.3
职业类别	干部/管理人员	16.2	0.0	3.7	17.5	2.6	18.4	41.6
	个体/私营企业人员	19.7	0.2	6.9	22.3	2.6	22.9	25.4
	初级公务员/雇员	17.6	0.1	5.7	25.8	2.4	24.5	23.9
	工人	15.4	0.1	9.6	23.1	3.0	26.1	22.7
	学生	13.9	0.1	9.5	17.8	1.8	26.9	30.0
	无业	19.2	0.1	10.4	22.6	3.4	19.9	24.4
	其他	*	*	*	*	*	*	*
个人月收入	0~600 元	16.3	0.1	11.0	19.6	2.4	22.4	28.2
	601~1200 元	26.5	0.1	8.4	24.4	6.3	19.8	14.5
	1201~1700 元	10.5	0.1	10.7	41.1	3.5	13.1	21.0
	1701~2600 元	22.6	0.1	8.9	30.5	2.8	22.3	12.8
	2601~3500 元	16.7	0.1	7.7	26.9	4.2	24.9	19.5
	3501~5000 元	18.5	0.1	5.8	25.2	2.3	24.8	23.3
	5001 元及以上	19.3	0.1	6.5	22.2	2.9	22.2	26.8

注:* 表示由于样本量不足,无法进行统计推断。

表 3.53.3　2019 年深圳市场各类频道在不同时段的市场占有率(%)

时间段	中央广播电视总台	中国教育台频道	广东省级频道	深圳市级台	境外频道	其他省级卫视频道	其他频道
02:00~03:00	11.3	0.1	5.2	23.6	5.0	16.3	38.5
03:00~04:00	9.0	0.0	4.4	27.5	4.7	13.2	41.2
04:00~05:00	10.4	0.1	4.5	25.1	4.9	12.0	43.0
05:00~06:00	18.6	0.3	4.7	18.1	7.0	13.3	38.0
06:00~07:00	30.2	0.4	11.1	15.5	7.3	10.2	25.3
07:00~08:00	32.1	0.2	9.4	20.9	5.0	7.9	24.5
08:00~09:00	34.0	0.3	8.9	12.5	5.3	12.7	26.3
09:00~10:00	26.7	0.3	9.4	12.4	2.6	17.9	30.7
10:00~11:00	23.7	0.4	9.6	12.9	2.5	19.5	31.4
11:00~12:00	25.4	0.2	10.7	11.4	2.3	20.5	29.5
12:00~13:00	24.9	0.1	10.5	15.6	3.5	17.4	28.0
13:00~14:00	23.8	0.1	9.2	11.2	3.7	21.2	30.8
14:00~15:00	21.9	0.2	10.4	11.1	2.4	23.0	31.0
15:00~16:00	20.9	0.3	11.3	11.9	1.9	23.7	30.0
16:00~17:00	21.0	0.3	10.4	12.0	2.1	23.1	31.1
17:00~18:00	19.4	0.1	9.8	17.8	2.2	18.4	32.3
18:00~19:00	18.8	0.1	8.7	32.7	2.6	10.1	27.0
19:00~20:00	17.0	0.1	8.1	28.3	2.0	22.2	22.3
20:00~21:00	14.3	0.0	6.6	24.5	2.0	32.5	20.1
21:00~22:00	14.4	0.0	6.4	27.8	2.9	27.7	20.8
22:00~23:00	11.6	0.1	4.8	32.6	3.1	26.1	21.7
23:00~24:00	11.5	0.1	5.4	30.4	2.9	26.1	23.6
24:00~25:00	15.4	0.1	6.2	22.6	6.2	18.5	31.0
25:00~26:00	13.8	0.1	5.2	20.1	7.0	17.0	36.8

表 3.53.4　2019 年深圳市场收视份额排名前十位的频道

名次	频道名称	收视份额(%)
1	深圳电视台二套(电视剧频道)	8.4
2	深圳电视台一套(都市频道)	5.6
3	湖南卫视	4.8
4	浙江卫视	4.0
5	中央电视台综合频道	3.8
6	江苏卫视	3.4
7	深圳卫视(新闻综合频道)	3.1
8	广东广播电视台嘉佳卡通频道	2.3
9	上海东方卫视	2.2
10	广东卫视	2.0

表 3.53.5　2019 年深圳市场各主要频道的观众构成(%)

目标观众		所有频道	主要频道				
			深圳电视台二套(电视剧频道)	深圳电视台一套(都市频道)	湖南卫视	浙江卫视	中央电视台综合频道
4 岁及以上所有人		100.0	100.0	100.0	100.0	100.0	100.0
性别	男	51.0	49.0	51.5	48.5	54.0	48.3
	女	49.0	51.0	48.5	51.5	46.0	51.7
年龄	4~14 岁	9.6	4.2	4.9	8.1	13.9	5.1
	15~24 岁	9.1	15.4	9.0	17.7	12.8	12.9
	25~34 岁	29.2	19.5	28.4	29.7	24.7	25.9
	35~44 岁	12.0	10.2	10.7	14.6	18.9	7.8
	45~54 岁	26.6	32.9	30.8	20.8	21.6	25.7
	55~64 岁	7.6	11.0	9.5	5.3	4.7	13.2
	65 岁及以上	5.9	6.8	6.7	3.8	3.4	9.4
教育程度	未受过正规教育	4.3	4.5	7.1	2.8	3.0	3.6
	小学	15.7	19.1	13.5	14.6	16.8	18.1
	初中	35.9	46.1	31.8	38.1	38.7	25.8
	高中	28.8	24.5	34.1	27.2	23.2	34.3
	大学及以上	15.3	5.8	13.5	17.3	18.3	18.2
职业类别	干部/管理人员	3.6	2.4	3.3	3.1	3.1	3.2
	个体/私营企业人员	28.4	31.2	28.3	25.7	28.6	32.6
	初级公务员/雇员	22.6	27.5	26.5	24.4	23.6	23.9
	工人	7.7	8.7	5.4	6.8	8.8	5.0
	学生	9.0	6.7	4.9	10.6	18.1	4.8
	无业	28.7	23.5	31.6	29.4	17.8	30.5
	其他	*	*	*	*	*	*
个人月收入	0~600 元	31.3	22.9	26.4	36.5	32.5	25.5
	601~1200 元	0.4	0.5	0.4	0.1	0.2	0.2
	1201~1700 元	0.4	0.3	1.3	0.2	0.2	0.0
	1701~2600 元	3.1	4.5	4.0	2.2	1.6	4.7
	2601~3500 元	7.1	10.1	7.4	6.4	9.1	8.5
	3501~5000 元	19.4	24.7	21.1	18.9	21.9	24.0
	5001 元及以上	38.3	37.0	39.4	35.7	34.5	37.1

注：* 表示样本量不足，无法进行统计推断。

表 3.53.6　2017～2019 年深圳市场各类节目的播出份额(%)和收视份额(%)

节目类型	2017 年		2018 年		2019 年	
	播出比重	收视比重	播出比重	收视比重	播出比重	收视比重
财经	1.2	0.6	1.3	0.5	1.4	0.5
电视剧	22.0	33.7	21.8	36.4	22.0	40.0
电影	3.6	2.8	3.7	2.7	3.3	2.3
法制	0.9	0.6	0.7	0.5	0.6	0.5
教学	0.1	0.1	0.2	0.1	0.3	0.1
青少	7.3	7.8	7.3	7.5	7.6	6.5
生活服务	8.5	6.5	8.8	6.2	8.4	6.5
体育	4.1	3.0	4.3	4.2	4.7	2.4
外语	0.2	0.0	0.2	0.0	0.2	0.0
戏剧	0.6	0.1	0.6	0.1	0.7	0.2
新闻/时事	16.2	14.4	16.6	14.3	16.6	14.0
音乐	1.2	0.9	1.2	0.8	1.6	0.9
专题	12.7	5.4	12.6	5.1	12.5	5.1
综艺	7.9	10.9	7.5	9.1	7.0	9.7
其他	13.5	13.2	13.2	12.5	13.1	11.3

表 3.53.7　2019 年深圳市场所有节目收视率排名前三十位

名次	节目名称	节目类型	播出频道	平均收视率(%)	平均占有率(%)
1	开学第一课	青少	中央电视台综合频道	7.9	26.9
2	庆祝中华人民共和国成立 70 周年大会阅兵式群众游行特别报道	新闻/时事	中央电视台综合频道	7.8	25.9
3	向伟大复兴前进	新闻/时事	中央电视台综合频道	4.7	25.9
4	中国梦之声我们的歌(10 月 27 日)	综艺	上海东方卫视	4.6	18.4
5	2020 跨年演唱会用奋斗点亮幸福	音乐	江苏卫视	4.3	16.8
6	中国好声音(9 月 6 日)	综艺	浙江卫视	4.1	20.7
7	飞哥大英雄之飞哥战队	电视剧	深圳电视台二套(电视剧频道)	4.0	21.0
8	音浪合伙人(9 月 28 日)	综艺	江苏卫视	3.9	28.8
9	夏洛特烦恼	电影	浙江卫视	3.7	15.4
10	梦圆东方追梦 2020 跨年盛典	综艺	上海东方卫视	3.7	13.8
11	十个连长一个班	电视剧	深圳电视台二套(电视剧频道)	3.6	18.1

续表

名次	节目名称	节目类型	播出频道	平均收视率（%）	平均占有率（%）
12	追我吧(11月8日)	综艺	浙江卫视	3.6	17.0
13	庆祝中华人民共和国成立70周年联欢活动	综艺	中央电视台综合频道	3.6	16.0
14	誓盟(13~43集)	电视剧	深圳电视台二套(电视剧频道)	3.5	18.8
15	烈火刀影	电视剧	深圳电视台二套(电视剧频道)	3.5	18.5
16	女匪首传奇	电视剧	深圳电视台二套(电视剧频道)	3.4	16.8
17	中国达人秀(10月6日)	综艺	上海东方卫视	3.4	16.0
18	巅峰对决我就是演员(10月26日)	综艺	浙江卫视	3.4	14.5
19	2019苏宁易购1111嗨爆夜	综艺	湖南卫视	3.2	15.8
20	中国好声音国庆演唱会	音乐	浙江卫视	3.1	17.3
21	双枪	电视剧	深圳电视台二套(电视剧频道)	3.1	16.4
22	爱的承诺(16~45集)	电视剧	深圳电视台一套(都市频道)	3.1	14.0
23	雪海	电视剧	深圳电视台二套(电视剧频道)	2.9	15.3
24	津门飞鹰	电视剧	深圳电视台二套(电视剧频道)	2.8	14.3
25	小妮扛枪	电视剧	深圳电视台二套(电视剧频道)	2.8	13.8
26	2019中央广播电视总台春节联欢晚会	综艺	深圳卫视(新闻综合频道)	2.8	12.0
27	奋斗吧少年	电视剧	湖南卫视	2.7	18.8
28	绝密孝金	电视剧	深圳电视台二套(电视剧频道)	2.7	14.1
29	绝地枪王二之松花江上的枪声	电视剧	深圳电视台二套(电视剧频道)	2.7	12.4
30	孤岛飞鹰	电视剧	深圳电视台二套(电视剧频道)	2.6	15.0

表3.53.8　2019年深圳市场电视剧收视率排名前十位

名次	节目名称	播出频道	平均收视率(%)	平均占有率(%)
1	飞哥大英雄之飞哥战队	深圳电视台二套(电视剧频道)	4.0	21.0
2	十个连长一个班	深圳电视台二套(电视剧频道)	3.6	18.1
3	誓盟(13~43集)	深圳电视台二套(电视剧频道)	3.5	18.8
4	烈火刀影	深圳电视台二套(电视剧频道)	3.5	18.5
5	女匪首传奇	深圳电视台二套(电视剧频道)	3.4	16.8
6	双枪	深圳电视台二套(电视剧频道)	3.1	16.4
7	爱的承诺(16~45集)	深圳电视台一套(都市频道)	3.1	14.0
8	雪海	深圳电视台二套(电视剧频道)	2.9	15.3
9	津门飞鹰	深圳电视台二套(电视剧频道)	2.8	14.3
10	小妮扛枪	深圳电视台二套(电视剧频道)	2.8	13.8

表 3.53.9 2019 年深圳市场新闻节目收视率排名前十位

名次	节目名称	播出频道	平均收视率（%）	平均占有率（%）
1	庆祝中华人民共和国成立 70 周年大会阅兵式群众游行特别报道	中央电视台综合频道	7.8	25.9
2	向伟大复兴前进	中央电视台综合频道	4.7	25.9
3	第一现场	深圳电视台一套（都市频道）	2.3	14.1
4	人民欢歌庆祝中华人民共和国成立 70 周年联欢活动特别报道	中央电视台综合频道	1.2	8.4
5	新闻联播（10 月 1 日）	中央电视台农业农村频道	1.1	5.8
6	诚信 315 现场在行动	深圳电视台一套（都市频道）	1.1	4.5
7	庆祝中华人民共和国成立 70 周年特别节目走向复兴	中央电视台综合频道	1.1	4.1
8	第二届一带一路国际合作高峰论坛特别报道	湖南卫视	1.0	8.4
9	国务院总理会见中外记者并回答提问	中央电视台综合频道	1.0	4.4
10	长江流域十二省市联合大直播长江之恋同饮一江水共话万里情	江苏卫视	0.9	7.6

表 3.53.10 2019 年深圳市场专题节目收视率排名前十位

名次	节目名称	播出频道	平均收视率（%）	平均占有率（%）
1	一年又一年	中央电视台综合频道	2.5	16.3
2	牵挂与惦念习近平总书记赴重庆华溪村扶贫考察纪实	中央电视台综合频道	1.5	6.6
3	我们在行动第四季	上海东方卫视	1.3	6.0
4	上新时间	北京卫视	1.2	6.5
5	中国出了个毛泽东·东方欲晓	湖南卫视	1.2	5.5
6	品格二	安徽卫视	1.1	5.3
7	中国共产党为什么能第六季治理	浙江卫视	1.1	5.2
8	感动中国 2018 年度人物颁奖盛典	中央电视台综合频道	1.1	4.5
9	巡逻现场实录前传	上海东方卫视	1.0	5.0
10	众志成城浙江抗击超强台风利奇马纪实	浙江卫视	1.0	4.4

表 3.53.11　2019 年深圳市场综艺节目收视率排名前十位

名次	节目名称	播出频道	平均收视率（%）	平均占有率（%）
1	中国梦之声我们的歌(10 月 27 日)	上海东方卫视	4.6	18.4
2	中国好声音(9 月 6 日)	浙江卫视	4.1	20.7
3	音浪合伙人(9 月 28 日)	江苏卫视	3.9	28.8
4	梦圆东方追梦 2020 跨年盛典	上海东方卫视	3.7	13.8
5	追我吧(11 月 8 日)	浙江卫视	3.6	17.0
6	庆祝中华人民共和国成立 70 周年联欢活动	中央电视台综合频道	3.6	16.0
7	中国达人秀(10 月 6 日)	上海东方卫视	3.4	16.0
8	巅峰对决我就是演员(10 月 26 日)	浙江卫视	3.4	14.5
9	2019 苏宁易购 1111 嗨爆夜	湖南卫视	3.2	15.8
10	2019 中央广播电视总台春节联欢晚会	深圳卫视(新闻综合频道)	2.8	12.0

表 3.53.12　2019 年深圳市场体育节目收视率排名前十位

名次	节目名称	播出频道	平均收视率（%）	平均占有率（%）
1	2018/2019 赛季中国男子篮球职业联赛常规赛第 27 轮(新疆广汇汽车 VS 广东东莞银行)	中央台五套	2.1	8.0
2	2019 年亚洲杯 1/8 决赛(泰国 VS 中国)	中央台五套	1.5	10.5
3	2019 年 CBA 全明星赛(北方明星队 VS 南方明星队)	中央台五套	1.5	6.8
4	2019 年国际篮联篮球世界杯 A 组(委内瑞拉 VS 中国)	中央台五套	1.4	6.6
5	2019 年国际篮联篮球世界杯开幕式	中央电视台综合频道	1.3	5.4
6	第七届军运会游泳比赛女子 200 米蝶泳决赛	中央台五套	1.2	6.2
7	2019/2020 赛季中国男子职业篮球联赛常规赛第 3 轮(时代中国广州 VS 北京控股)	广东广播电视台体育频道	1.1	5.3
8	2019 年亚洲足联冠军联赛半决赛次回合(广州恒大 VS 浦和红宝石)	中央台五套	1.0	4.0
9	第七届军运会田径女子 4×100 米接力决赛	中央台五套	0.9	4.5
10	2019 年全明星周末	中央台五套	0.9	4.0

五十四、石家庄收视数据

表 3.54.1 2015~2019 年石家庄市场各类频道的市场占有率(%)

频道类别	年份				
	2015 年	2016 年	2017 年	2018 年	2019 年
中央广播电视总台	35.6	38.4	35.4	36.3	34.0
中国教育台频道	0.1	0.0	0.1	0.2	0.2
河北省级频道	22.5	19.8	19.0	18.9	15.0
石家庄市级频道	9.4	8.1	6.6	6.5	4.3
其他省级卫视频道	27.3	26.2	22.5	19.4	25.6
其他频道	5.1	7.5	16.4	18.7	20.9

表 3.54.2 2019 年石家庄市场各类频道在不同目标观众中的市场占有率(%)

目标观众		中央广播电视总台	中国教育台频道	河北省级频道	石家庄市级频道	其他省级卫视频道	其他频道
4 岁及以上所有人		34.0	0.2	15.0	4.3	25.6	21.0
性别	男	36.7	0.2	15.1	4.5	22.8	20.7
	女	31.5	0.2	14.9	4.1	28.3	21.2
年龄	4~14 岁	22.8	0.2	5.8	1.6	32.8	36.8
	15~24 岁	25.2	0.1	12.8	2.8	28.8	30.2
	25~34 岁	23.0	0.1	6.8	2.1	35.2	32.9
	35~44 岁	31.2	0.2	9.8	4.3	25.5	29.0
	45~54 岁	32.2	0.1	17.5	5.4	23.6	21.1
	55~64 岁	35.3	0.1	24.0	5.9	21.9	12.8
	65 岁及以上	47.6	0.3	18.5	5.0	21.0	7.7
教育程度	未受过正规教育	29.6	0.2	14.4	3.1	28.2	24.5
	小学	37.8	0.2	18.7	4.1	23.6	15.5
	初中	33.6	0.2	16.7	4.6	25.0	19.9
	高中	32.9	0.1	15.0	4.2	25.8	22.0
	大学及以上	34.2	0.1	8.2	4.3	27.8	25.4
职业类别	干部/管理人员	26.9	0.2	7.4	2.5	25.0	38.1
	个体/私营企业人员	29.1	0.2	15.8	5.3	26.1	23.6
	初级公务员/雇员	29.7	0.1	13.3	3.4	28.2	25.3
	工人	32.7	0.1	10.9	6.0	26.7	23.6
	学生	26.5	0.2	8.7	2.0	30.7	32.0
	无业	40.2	0.2	16.4	4.2	23.5	15.4
	其他	30.4	0.2	27.6	6.9	22.4	12.4
个人月收入	0~600 元	29.3	0.3	16.3	2.9	27.9	23.5
	601~1200 元	33.9	0.3	23.1	5.2	21.2	16.3
	1201~1700 元	41.7	0.1	15.9	5.4	22.8	14.1
	1701~2600 元	34.6	0.1	14.8	5.4	25.6	19.5
	2601~3500 元	34.9	0.2	15.9	4.5	24.6	19.9
	3501~5000 元	39.9	0.1	9.7	3.8	26.3	20.2
	5001 元及以上	30.8	0.1	8.8	5.0	23.9	31.4

表 3.54.3　2019 年石家庄市场各类频道在不同时段的市场占有率(%)

时间段	中央广播电视总台	中国教育台频道	河北省级频道	石家庄市级频道	其他省级卫视频道	其他频道
02:00~03:00	20.1	0.1	16.0	2.0	18.5	43.4
03:00~04:00	22.4	0.1	15.0	3.8	16.2	42.5
04:00~05:00	41.8	0.1	10.5	5.8	12.9	28.9
05:00~06:00	57.1	0.4	8.7	5.4	13.3	15.1
06:00~07:00	62.0	0.7	10.8	3.2	10.2	13.1
07:00~08:00	52.1	0.6	11.4	2.6	18.7	14.5
08:00~09:00	49.3	0.4	8.4	2.4	21.4	18.2
09:00~10:00	41.0	0.4	7.4	2.6	26.7	21.9
10:00~11:00	38.8	0.4	6.9	2.6	28.8	22.4
11:00~12:00	39.9	0.3	8.7	4.3	26.3	20.6
12:00~13:00	33.1	0.1	23.0	5.2	19.0	19.6
13:00~14:00	37.3	0.2	10.2	2.2	25.9	24.2
14:00~15:00	35.2	0.2	8.6	1.7	29.0	25.2
15:00~16:00	35.3	0.3	7.9	2.8	28.6	25.3
16:00~17:00	35.2	0.3	7.3	3.0	28.8	25.5
17:00~18:00	37.0	0.2	8.7	2.9	26.4	24.9
18:00~19:00	38.8	0.1	20.3	4.9	13.7	22.2
19:00~20:00	34.8	0.1	18.6	6.8	21.9	17.8
20:00~21:00	27.0	0.1	18.4	4.8	33.7	15.9
21:00~22:00	29.6	0.1	18.1	5.3	28.5	18.4
22:00~23:00	28.2	0.2	17.5	3.6	25.3	25.2
23:00~24:00	28.3	0.1	11.1	3.0	26.5	31.0
24:00~25:00	27.6	0.1	11.3	3.6	22.9	34.5
25:00~26:00	23.1	0.2	14.3	2.0	21.1	39.3

表 3.54.4　2019 年石家庄市场收视份额排名前十位的频道

名次	频道名称	收视份额(%)
1	中央电视台综合频道	5.9
2	河北广播电视台农民频道	5.1
3	中央台四套	4.2
4	中央台八套	3.8
5	河北广播电视台卫视频道	3.7
6	中央台六套	3.4
7	江苏卫视	3.1
8	中央台三套	2.8
9	浙江卫视	2.4
10	石家庄广播电视台新闻综合频道	2.3

表 3.54.5 2019 年石家庄市场各主要频道的观众构成(%)

目标观众		所有频道	主要频道				
			中央电视台综合频道	河北广播电视台农民频道	中央台四套	中央台八套	河北广播电视台卫视频道
4 岁及以上所有人		100.0	100.0	100.0	100.0	100.0	100.0
性别	男	48.6	48.1	44.6	66.8	45.4	50.5
	女	51.4	51.9	55.4	33.2	54.6	49.5
年龄	4~14 岁	7.5	4.1	2.0	1.8	2.7	3.9
	15~24 岁	9.3	7.2	5.4	6.0	5.6	11.7
	25~34 岁	13.4	8.3	4.5	4.2	4.9	7.2
	35~44 岁	10.3	8.8	2.7	6.9	7.8	10.9
	45~54 岁	21.0	18.5	24.0	13.6	20.5	23.3
	55~64 岁	11.8	15.6	23.9	10.3	15.6	10.6
	65 岁及以上	26.7	37.5	37.5	57.2	42.9	32.4
教育程度	未受过正规教育	5.6	3.9	7.7	2.8	5.4	2.6
	小学	16.7	13.4	30.4	16.4	21.8	16.1
	初中	34.2	34.7	33.3	38.8	33.3	38.3
	高中	26.0	27.7	23.6	26.3	23.4	27.4
	大学及以上	17.5	20.3	5.0	15.7	16.1	15.6
职业类别	干部/管理人员	2.1	1.3	0.4	0.7	1.0	1.8
	个体/私营企业人员	20.8	16.5	18.7	10.8	17.2	18.7
	初级公务员/雇员	15.9	13.2	12.2	11.6	10.7	19.2
	工人	5.7	4.8	1.7	3.3	4.3	8.0
	学生	8.7	6.5	2.7	4.7	5.3	6.5
	无业	43.4	54.9	54.1	65.6	58.5	43.5
	其他	3.4	2.8	10.1	3.2	3.0	2.4
个人月收入	0~600 元	30.0	24.7	42.2	19.9	23.9	26.7
	601~1200 元	6.1	4.9	13.0	4.5	12.5	9.9
	1201~1700 元	8.1	11.9	8.9	11.1	9.5	6.7
	1701~2600 元	20.4	18.6	19.5	21.4	21.1	20.3
	2601~3500 元	16.5	16.6	9.7	17.8	17.5	21.5
	3501~5000 元	12.6	17.9	4.8	22.1	11.9	9.6
	5001 元及以上	6.2	5.4	1.8	3.1	3.6	5.3

表 3.54.6　2017~2019 年石家庄市场各类节目的播出比重(%)和收视比重(%)

节目类型	2017 年		2018 年		2019 年	
	播出比重	收视比重	播出比重	收视比重	播出比重	收视比重
财经	1.1	0.5	1.2	0.6	1.2	0.6
电视剧	22.1	31.8	21.9	31.8	22.1	34.8
电影	3.9	4.3	4.0	4.5	3.8	4.6
法制	1.2	1.1	1.5	1.1	1.4	0.9
教学	0.2	0.0	0.3	0.0	0.4	0.0
青少	7.0	4.7	7.0	4.0	7.3	4.5
生活服务	8.5	6.7	8.7	7.9	8.2	7.7
体育	3.3	2.4	3.3	3.4	3.7	2.8
外语	0.1	0.0	0.1	0.0	0.2	0.0
戏剧	0.9	1.8	0.8	1.7	0.9	1.6
新闻/时事	15.5	14.3	15.6	13.5	15.8	12.7
音乐	1.4	0.5	1.4	0.8	1.6	0.9
专题	13.9	7.5	13.4	7.5	13.5	7.3
综艺	8.7	13.6	8.3	11.8	7.2	10.5
其他	12.2	10.8	12.4	11.3	12.7	11.1

表 3.54.7　2019 年石家庄市场所有节目收视率排名前三十位

名次	节目名称	节目类型	播出频道	平均收视率(%)	平均占有率(%)
1	庆祝中华人民共和国成立 70 周年大会阅兵式群众游行特别报道	新闻/时事	中央电视台综合频道	11.5	37.5
2	2019 中央广播电视总台春节联欢晚会	综艺	中央电视台综合频道	9.7	26.9
3	庆祝中华人民共和国成立 70 周年联欢活动	综艺	中央电视台综合频道	8.0	28.4
4	向伟大复兴前进	新闻/时事	中央电视台综合频道	6.2	35.4
5	喜气洋洋闹元宵	综艺	中央电视台综合频道	5.6	20.9
6	中国梦之声我们的歌(10 月 27 日)	综艺	上海东方卫视	5.0	19.8
7	空降利刃	电视剧	江苏卫视	4.7	16.6
8	笑傲江湖第 4 季总决赛	综艺	上海东方卫视	4.1	15.2
9	庆祝中华人民共和国成立 70 周年特别节目走向复兴	新闻/时事	中央电视台综合频道	4.1	12.9
10	亲爱的热爱的	电视剧	上海东方卫视	4.0	15.4
11	光荣时代	电视剧	江苏卫视	4.0	14.0
12	带着爸爸去留学	电视剧	上海东方卫视	3.9	17.3

续表

名次	节目名称	节目类型	播出频道	平均收视率（%）	平均占有率（%）
13	人民欢歌庆祝中华人民共和国成立70周年联欢活动特别报道	新闻/时事	中央电视台综合频道	3.8	26.9
14	一年又一年	专题	中央电视台综合频道	3.6	16.1
15	新春喜剧之夜	综艺	中央台三套	3.2	10.8
16	我的真朋友	电视剧	上海东方卫视	3.1	14.9
17	归鸿	电视剧	江苏卫视	3.0	11.3
18	开学第一课	青少	中央电视台综合频道	3.0	10.3
19	2020跨年演唱会用奋斗点亮幸福	音乐	江苏卫视	2.9	11.5
20	2019年世界乒乓球锦标赛男单决赛	体育	中央台五套	2.6	11.2
21	老中医	电视剧	中央电视台综合频道	2.6	10.5
22	柿柿红(10~48集)	电视剧	河北广播电视台农民频道	2.5	9.8
23	2019天猫双11狂欢夜	综艺	浙江卫视	2.4	10.2
24	大明风华(1~24集)	电视剧	湖南卫视	2.4	9.1
25	快乐中国20192020跨年演唱会	音乐	湖南卫视	2.3	10.1
26	血溅鸳鸯楼	电影	中央台六套	2.3	9.1
27	锦衣卫	电影	中央台六套	2.3	8.6
28	守梦者	电影	中央台六套	2.2	11.1
29	夏洛特烦恼	电影	浙江卫视	2.2	8.0
30	2019年中央广播电视总台中秋晚会	综艺	中央电视台综合频道	2.1	8.4

表3.54.8　2019年石家庄市场电视剧收视率排名前十位

名次	节目名称	播出频道	平均收视率(%)	平均占有率(%)
1	空降利刃	江苏卫视	4.7	16.6
2	亲爱的热爱的	上海东方卫视	4.0	15.4
3	光荣时代	江苏卫视	4.0	14.0
4	带着爸爸去留学	上海东方卫视	3.9	17.3
5	我的真朋友	上海东方卫视	3.1	14.9
6	归鸿	江苏卫视	3.0	11.3
7	老中医	中央电视台综合频道	2.6	10.5
8	柿柿红(10~48集)	河北广播电视台农民频道	2.5	9.8
9	大明风华(1~24集)	湖南卫视	2.4	9.1
10	精英律师(1~20集)	北京卫视	2.1	6.9

表 3.54.9　2019 年石家庄市场新闻节目收视率排名前十位

名次	节目名称	播出频道	平均收视率（%）	平均占有率（%）
1	庆祝中华人民共和国成立 70 周年大会阅兵式群众游行特别报道	中央电视台综合频道	11.5	37.5
2	向伟大复兴前进	中央电视台综合频道	6.2	35.4
3	庆祝中华人民共和国成立 70 周年特别节目走向复兴	中央电视台综合频道	4.1	12.9
4	人民欢歌庆祝中华人民共和国成立 70 周年联欢活动特别报道	中央电视台综合频道	3.8	26.9
5	新闻联播	中央电视台综合频道	1.6	8.2
6	庆祝澳门回归祖国 20 周年特别报道	中央电视台综合频道	1.5	5.5
7	第七届世界军人运动会开幕式特别报道	中央电视台综合频道	1.5	4.9
8	转播中央台新闻联播	河北广播电视台卫视频道	1.3	6.8
9	国务院总理会见中外记者并回答提问	中央电视台综合频道	1.3	4.9
10	海峡两岸	中央台四套	1.3	4.8

表 3.54.10　2019 年石家庄市场专题节目收视率排名前十位

名次	节目名称	播出频道	平均收视率（%）	平均占有率（%）
1	一年又一年	中央电视台综合频道	3.6	16.1
2	红色通缉	中央电视台综合频道	2.1	7.7
2	中国诗词大会第四季(2 月 10 日)	中央电视台综合频道	2.1	7.7
4	穿越历史长廊探寻文化伟力	中央电视台综合频道	1.9	7.4
5	牵挂与惦念习近平总书记赴重庆华溪村扶贫考察纪实	中央电视台综合频道	1.7	8.3
6	一抓到底正风纪秦岭违建整治始末	中央电视台综合频道	1.7	6.5
7	推动京津冀协同发展取得新的更大进展	中央电视台综合频道	1.7	6.4
8	中华人民共和国中央人民政府成立典礼原始影像	中央电视台综合频道	1.6	6.5
9	315 共治共享放心消费	中央台二套	1.4	8.0
10	祖国在召唤	中央电视台综合频道	1.4	4.4

表 3.54.11 2019 年石家庄市场综艺节目收视率排名前十位

名次	节目名称	播出频道	平均收视率（%）	平均占有率（%）
1	2019 中央广播电视总台春节联欢晚会	中央电视台综合频道	9.7	26.9
2	庆祝中华人民共和国成立 70 周年联欢活动	中央电视台综合频道	8.0	28.4
3	喜气洋洋闹元宵	中央电视台综合频道	5.6	20.9
4	中国梦之声我们的歌(10 月 27 日)	上海东方卫视	5.0	19.8
5	笑傲江湖第 4 季总决赛	上海东方卫视	4.1	15.2
6	新春喜剧之夜	中央台三套	3.2	10.8
7	2019 天猫双 11 狂欢夜	浙江卫视	2.4	10.2
8	2019 年中央广播电视总台中秋晚会	中央电视台综合频道	2.1	8.4
9	大戏看北京精英篇	北京卫视	2.1	6.8
10	奋斗吧中华儿女音乐舞蹈史诗	中央电视台综合频道	1.9	13.7

表 3.54.12 2019 年石家庄市场体育节目收视率排名前十位

名次	节目名称	播出频道	平均收视率（%）	平均占有率（%）
1	2019 年世界乒乓球锦标赛男单决赛	中央台五套	2.6	11.2
2	第七届世界军人运动会开幕式	中央台五套	2.0	7.8
3	第七届世界军人运动会报道:第七届军运会田径比赛男子 400 米栏决赛	中央台五套	1.8	8.5
4	第七届世界军人运动会报道:第七届军运会女排决赛(中国 VS 巴西)	中央台五套	1.8	7.5
5	第七届世界军人运动会报道:第七届军运会游泳比赛女子 1500 米自由泳决赛	中央台五套	1.7	8.8
6	第七届世界军人运动会报道:第七届军运会击剑女子个人重剑决赛	中央台五套	1.4	5.2
7	直播周末:2019 年男足东亚杯第 2 轮(韩国 VS 中国)	中央台五套	1.3	4.5
8	直播周末:2019 年乒乓球亚锦赛女单决赛	中央台五套	1.2	4.7
9	直播周末:2019 年国际乒联职业巡回赛总决赛女单半决赛	中央台五套	1.2	4.0
10	现场直播:2019 年国际泳联世锦赛男子 200 米自由泳半决赛	中央台五套	1.2	3.4

五十五、太原收视数据

表 3.55.1　2015~2019 年太原市场各类频道的市场占有率(%)

频道类别	年份				
	2015 年	2016 年	2017 年	2018 年	2019 年
中央广播电视总台	33.5	38.1	39.2	38.3	34.8
中国教育台频道	0.3	0.3	0.4	0.3	0.3
山西省级频道	21.9	19.7	17.9	15.6	15.2
太原市级频道	6.2	5.8	4.9	5.2	4.2
其他省级卫视频道	32.5	29.1	27.7	26.2	25.4
其他频道	5.6	7.0	9.9	14.4	20.1

表 3.55.2　2019 年太原市场各类频道在不同目标观众中的市场占有率(%)

目标观众		中央广播电视总台	中国教育台频道	山西省级频道	太原市级频道	其他省级卫视频道	其他频道
4 岁及以上所有人		34.8	0.3	15.2	4.2	25.4	20.1
性别	男	36.4	0.3	16.1	4.1	23.5	19.6
	女	33.3	0.3	14.4	4.3	27.1	20.6
年龄	4~14 岁	22.7	0.5	11.3	1.4	34.4	29.7
	15~24 岁	24.5	0.1	16.6	2.7	24.6	31.5
	25~34 岁	22.4	0.2	11.8	2.0	27.5	36.1
	35~44 岁	33.3	0.3	11.4	2.5	22.7	29.8
	45~54 岁	32.3	0.5	17.1	3.3	27.3	19.5
	55~64 岁	42.5	0.2	18.7	5.9	19.8	12.9
	65 岁及以上	45.3	0.3	15.7	6.9	25.2	6.6
教育程度	未受过正规教育	25.3	0.3	14.7	1.2	33.5	25.0
	小学	36.1	0.7	16.5	3.5	26.2	17.0
	初中	35.6	0.4	16.8	5.2	25.5	16.5
	高中	37.8	0.1	14.0	4.8	26.1	17.2
	大学及以上	31.3	0.2	13.9	3.0	22.5	29.1
职业类别	干部/管理人员	41.1	0.5	12.5	3.3	17.8	24.8
	个体/私营企业人员	28.5	0.4	16.2	3.2	26.6	25.1
	初级公务员/雇员	38.3	0.2	12.6	2.8	23.4	22.7
	工人	30.1	0.3	23.5	2.4	20.8	22.9
	学生	29.1	0.3	11.6	2.7	27.0	29.3
	无业	37.0	0.3	15.8	5.3	25.4	16.2
	其他	20.4	0.1	24.3	1.6	36.4	17.2
个人月收入	0~600 元	22.9	0.3	16.2	2.3	28.9	29.4
	601~1200 元	32.1	0.0	37.3	3.0	22.4	5.2
	1201~1700 元	33.1	0.3	22.1	7.6	26.8	10.1
	1701~2600 元	40.4	0.2	15.9	5.6	23.6	14.3
	2601~3500 元	40.1	0.3	13.3	5.7	26.0	14.6
	3501~5000 元	40.0	0.4	14.2	3.5	21.2	20.7
	5001 元及以上	30.0	0.2	15.5	2.6	26.0	25.7

表 3.55.3　2019 年太原市场各类频道在不同时段的市场占有率(%)

时间段	中央广播电视总台	中国教育台频道	山西省级频道	太原市级频道	其他省级卫视频道	其他频道
02:00~03:00	30.7	0.9	14.9	2.3	20.7	30.5
03:00~04:00	29.2	0.9	15.3	2.5	19.0	33.1
04:00~05:00	38.3	0.8	12.6	2.8	17.8	27.7
05:00~06:00	41.4	1.0	10.9	8.8	18.2	19.7
06:00~07:00	55.1	1.0	10.5	5.4	16.6	11.4
07:00~08:00	54.8	0.5	8.3	6.5	15.2	14.7
08:00~09:00	45.0	0.5	11.1	4.2	19.5	19.7
09:00~10:00	38.8	0.6	10.5	2.7	26.2	21.2
10:00~11:00	33.6	0.7	9.4	2.7	30.5	23.1
11:00~12:00	35.9	0.4	8.6	2.8	29.8	22.5
12:00~13:00	39.7	0.2	12.0	2.0	26.1	20.0
13:00~14:00	32.0	0.3	17.7	1.6	27.2	21.2
14:00~15:00	32.3	0.7	10.9	1.5	31.7	22.9
15:00~16:00	31.6	0.8	9.8	1.9	32.7	23.2
16:00~17:00	30.5	0.7	10.4	2.6	32.1	23.7
17:00~18:00	28.9	0.3	12.3	5.0	29.7	23.8
18:00~19:00	35.3	0.1	19.4	7.8	16.9	20.5
19:00~20:00	39.0	0.2	19.7	6.5	17.9	16.7
20:00~21:00	33.2	0.1	17.9	5.1	27.2	16.5
21:00~22:00	33.7	0.1	17.7	4.9	25.1	18.5
22:00~23:00	30.5	0.2	19.1	5.4	24.4	20.4
23:00~24:00	34.5	0.1	14.4	3.0	25.2	22.8
24:00~25:00	35.2	0.1	12.9	2.0	24.3	25.5
25:00~26:00	36.2	0.6	10.6	2.3	23.1	27.2

表 3.55.4　2019 年太原市场收视份额排名前十位的频道

名次	频道名称	收视份额(%)
1	中央电视台综合频道	7.6
2	中央台四套	4.6
3	山西广播电视台科教频道	3.8
4	中央台八套	3.3
5	中央台六套	2.9
6	山西卫视	2.8
6	中央台三套	2.8
8	中央台五套	2.7
9	山西广播电视台影视频道	2.6
10	湖南卫视	2.4

表 3.55.5　2019 年太原市场各主要频道的观众构成(%)

目标观众		所有频道	主要频道				
			中央电视台综合频道	中央台四套	山西广播电视台科教频道	中央台八套	中央台六套
4 岁及以上所有人		100.0	100.0	100.0	100.0	100.0	100.0
性别	男	47.7	42.8	56.1	53.4	44.1	53.8
	女	52.3	57.2	43.9	46.6	55.9	46.2
年龄	4~14 岁	7.0	4.1	1.1	4.8	1.5	2.7
	15~24 岁	7.9	4.1	3.7	15.6	7.8	9.9
	25~34 岁	13.2	9.5	4.3	7.2	6.4	9.1
	35~44 岁	10.5	6.4	6.1	12.2	9.6	21.3
	45~54 岁	19.8	13.2	16.6	27.4	21.0	26.4
	55~64 岁	15.9	21.2	18.3	15.0	13.6	15.1
	65 岁及以上	25.7	41.5	49.9	17.8	40.1	15.5
教育程度	未受过正规教育	4.9	2.1	1.4	2.5	3.3	1.6
	小学	9.0	10.5	8.7	9.3	9.6	6.9
	初中	36.6	38.7	46.7	40.6	29.2	31.0
	高中	26.6	24.7	29.0	16.6	36.2	38.2
	大学及以上	22.9	24.0	14.2	31.0	21.7	22.3
职业类别	干部/管理人员	1.4	1.7	1.0	0.9	2.1	1.0
	个体/私营企业人员	18.2	9.9	10.3	21.2	22.8	22.9
	初级公务员/雇员	15.7	16.3	15.9	13.8	10.5	23.0
	工人	1.9	0.7	0.6	5.4	1.4	7.7
	学生	7.8	5.7	3.5	6.9	7.2	9.7
	无业	53.9	65.5	68.3	50.3	55.4	34.4
	其他	1.1	0.2	0.4	1.5	0.6	1.3
个人月收入	0~600 元	27.2	14.7	8.4	32.9	23.9	20.9
	601~1200 元	0.6	0.2	0.3	0.5	0.4	0.2
	1201~1700 元	3.0	1.3	2.8	4.0	2.4	2.9
	1701~2600 元	18.1	19.1	26.6	20.8	21.6	27.3
	2601~3500 元	27.0	36.2	34.5	20.3	26.4	26.0
	3501~5000 元	20.5	26.4	25.2	16.5	21.9	18.4
	5001 元及以上	3.6	2.1	2.2	5.0	3.4	4.3

表 3.55.6　2017~2019 年太原市场各类节目的播出比重(%)和收视比重(%)

节目类型	2017 年		2018 年		2019 年	
	播出比重	收视比重	播出比重	收视比重	播出比重	收视比重
财经	1.1	0.7	1.1	0.7	1.3	1.4
电视剧	21.5	28.5	21.6	30.9	27.5	32.8
电影	3.9	4.4	3.9	4.0	3.8	3.9
法制	1.6	1.9	1.6	1.6	1.2	1.8
教学	0.2	0.1	0.5	0.0	0.3	0.1
青少	7.2	4.9	7.2	4.5	7.4	6.4
生活服务	9.8	9.2	9.1	8.2	6.6	6.2
体育	3.2	2.3	3.3	3.7	3.8	3.7
外语	0.1	0.0	0.1	0.0	0.1	0.0
戏剧	0.8	0.7	0.9	0.9	1.3	0.7
新闻/时事	14.8	14.4	15.2	14.8	10.1	13.6
音乐	1.5	0.7	1.4	0.6	1.6	0.9
专题	13.6	6.9	13.2	6.5	13.0	5.9
综艺	8.2	13.2	8.0	11.7	5.5	10.9
其他	12.5	12.1	12.9	11.9	16.5	11.7

表 3.55.7　2019 年太原市场所有节目收视率排名前三十位

名次	节目名称	节目类型	播出频道	平均收视率(%)	平均占有率(%)
1	庆祝中华人民共和国成立 70 周年大会阅兵式群众游行特别报道	新闻/时事	中央电视台综合频道	13.4	38.7
2	开学第一课	青少	中央电视台综合频道	9.8	32.8
3	2019 中央广播电视总台春节联欢晚会	综艺	中央电视台综合频道	9.6	21.6
4	喜气洋洋闹元宵	综艺	中央电视台综合频道	8.9	31.2
5	庆祝中华人民共和国成立 70 周年联欢活动	综艺	中央电视台综合频道	7.4	24.0
6	向伟大复兴前进	新闻/时事	中央电视台综合频道	6.9	34.9
7	中华人民共和国第二届青年运动会开幕式	体育	中央台五套	6.3	20.0
8	奋斗吧中华儿女音乐舞蹈史诗(9 月 30 日)	综艺	中央电视台综合频道	3.8	18.2
9	天气预报	生活服务	中央电视台综合频道	3.8	17.9
10	2019 年中央广播电视总台中秋晚会	综艺	中央电视台综合频道	3.8	14.3
11	第七届世界军人运动会开幕式	体育	中央电视台综合频道	3.7	17.0
12	推动京津冀协同发展取得新的更大进展	专题	中央电视台综合频道	3.7	12.2
13	老中医	电视剧	中央电视台综合频道	3.5	13.3

续表

名次	节目名称	节目类型	播出频道	平均收视率(%)	平均占有率(%)
14	新春喜剧之夜	综艺	中央台三套	3.5	10.7
15	人民欢歌庆祝中华人民共和国成立 70 周年联欢活动特别报道	新闻/时事	中央电视台综合频道	3.3	23.0
16	庆祝中华人民共和国成立 70 周年特别节目走向复兴	新闻/时事	中央电视台综合频道	3.3	13.4
17	新春曲艺大联欢	综艺	中央台三套	3.3	11.7
18	中国诗词大会第四季(2 月 8 日)	专题	中央电视台综合频道	3.2	12.8
19	一年又一年	专题	中央电视台综合频道	3.1	13.2
20	红色通缉	专题	中央电视台综合频道	3.0	10.0
21	第七届世界军人运动会开幕式特别报道	新闻/时事	中央电视台综合频道	2.9	13.0
22	第七届世界军人运动会报道:第七届军运会女排决赛(中国 VS 巴西)	体育	中央台五套	2.9	12.9
23	等闲识得东风面 2019 年习近平主席访问欧洲三国纪行	专题	中央电视台综合频道	2.7	11.3
24	挑战不可能(2 月 17 日)	综艺	中央电视台综合频道	2.7	9.9
25	穿越历史长廊探寻文化伟力	专题	中央电视台综合频道	2.6	12.8
26	中央电视台特别节目共同开创中朝两党两国关系的美好未来	专题	中央电视台综合频道	2.5	14.0
27	新闻联播	新闻/时事	中央电视台综合频道	2.4	13.1
28	2019 年国际篮联篮球世界杯小组赛 A 组(中国 VS 波兰)	体育	中央台五套	2.4	12.8
29	直播周末:2019 年世界乒乓球锦标赛女单决赛	体育	中央台五套	2.4	12.1
30	特赦 1959	电视剧	中央电视台综合频道	2.4	10.7

表 3.55.8　2019 年太原市场电视剧收视率排名前十位

名次	节目名称	播出频道	平均收视率(%)	平均占有率(%)
1	老中医	中央电视台综合频道	3.5	13.3
2	特赦 1959	中央电视台综合频道	2.4	10.7
3	麦香	中央电视台综合频道	2.1	9.4
4	希望的大地	中央电视台综合频道	1.8	8.1
5	亡命长工传奇	山西广播电视台影视频道	1.8	7.1
6	启航	中央电视台综合频道	1.7	6.1
7	狐计划	山西广播电视台影视频道	1.6	7.8
8	小妮扛枪	山西广播电视台影视频道	1.6	7.6
8	共和国血脉	中央电视台综合频道	1.6	7.6
10	永远的战友	中央电视台综合频道	1.6	7.2

表 3.55.9 2019 年太原市场新闻节目收视率排名前十位

名次	节目名称	播出频道	平均收视率（%）	平均占有率（%）
1	庆祝中华人民共和国成立 70 周年大会阅兵式群众游行特别报道	中央电视台综合频道	13.4	38.7
2	向伟大复兴前进	中央电视台综合频道	6.9	34.9
3	人民欢歌庆祝中华人民共和国成立 70 周年联欢活动特别报道	中央电视台综合频道	3.3	23.0
4	庆祝中华人民共和国成立 70 周年特别节目走向复兴	中央电视台综合频道	3.3	13.4
5	第七届世界军人运动会开幕式特别报道	中央电视台综合频道	2.9	13.0
6	新闻联播	中央电视台综合频道	2.4	13.1
7	2019 年中国北京世界园艺博览会开幕式特别报道	北京卫视	2.2	9.3
8	海峡两岸	中央台四套	2.0	7.9
9	焦点访谈	中央电视台综合频道	1.7	7.4
10	3.15 报告诚信 3.15 融媒大直播	山西广播电视台科教频道	1.6	8.7

表 3.55.10 2019 年太原市场专题节目收视率排名前十位

名次	节目名称	播出频道	平均收视率（%）	平均占有率（%）
1	推动京津冀协同发展取得新的更大进展	中央电视台综合频道	3.7	12.2
2	中国诗词大会第四季(2 月 8 日)	中央电视台综合频道	3.2	12.8
3	一年又一年	中央电视台综合频道	3.1	13.2
4	红色通缉	中央电视台综合频道	3.0	10.0
5	等闲识得东风面 2019 年习近平主席访问欧洲三国纪行	中央电视台综合频道	2.7	11.3
6	穿越历史长廊探寻文化伟力	中央电视台综合频道	2.6	12.8
7	中央电视台特别节目共同开创中朝两党两国关系的美好未来	中央电视台综合频道	2.5	14.0
8	感动中国 2018 年度人物颁奖盛典	中央电视台综合频道	2.3	8.0
9	大国工匠 2018 年度人物颁奖典礼	中央电视台综合频道	2.1	7.6
10	中央电视台特别节目携手奔向互利共赢的康庄大道	中央电视台综合频道	2.0	10.2

表 3.55.11　2019 年太原市场综艺节目收视率排名前十位

名次	节目名称	播出频道	平均收视率（%）	平均占有率（%）
1	2019 中央广播电视总台春节联欢晚会	中央电视台综合频道	9.6	21.6
2	喜气洋洋闹元宵	中央电视台综合频道	8.9	31.2
3	庆祝中华人民共和国成立 70 周年联欢活动	中央电视台综合频道	7.4	24.0
4	奋斗吧中华儿女音乐舞蹈史诗(9 月 30 日)	中央电视台综合频道	3.8	18.2
5	2019 年中央广播电视总台中秋晚会	中央电视台综合频道	3.8	14.3
6	新春喜剧之夜	中央台三套	3.5	10.7
7	新春曲艺大联欢	中央台三套	3.3	11.7
8	挑战不可能(2 月 17 日)	中央电视台综合频道	2.7	9.9
9	启航 2020 中央广播电视总台跨年盛典	中央电视台综合频道	2.4	10.4
10	开门大吉(12 月 16 日)	中央台三套	2.4	10.0

表 3.55.12　2019 年太原市场体育节目收视率排名前十位

名次	节目名称	播出频道	平均收视率（%）	平均占有率（%）
1	中华人民共和国第二届青年运动会开幕式	中央台五套	6.3	20.0
2	第七届世界军人运动会开幕式	中央电视台综合频道	3.7	17.0
3	第七届世界军人运动会报道:第七届军运会女排决赛(中国 VS 巴西)	中央台五套	2.9	12.9
4	2019 年国际篮联篮球世界杯小组赛 A 组(中国 VS 波兰)	中央台五套	2.4	12.8
5	直播周末:2019 年世界乒乓球锦标赛女单决赛	中央台五套	2.4	12.1
6	2019 年国际篮联篮球世界杯开幕式	中央电视台综合频道	2.3	10.2
7	中华人民共和国第二届青年运动会开幕式特别节目	中央台五套	2.1	12.7
8	第七届世界军人运动会报道:第七届军运会田径男子 3000 米障碍决赛	中央台五套	2.0	7.9
9	直播周末:2019 年世界乒乓球锦标赛男双颁奖仪式	中央台五套	2.0	7.7
10	超级足球之夜:国际足联 2022 年世界杯亚洲区预选赛第 2 阶段 A 组第 2 轮(关岛 VS 中国)	中央台五套	1.9	9.1

五十六、乌鲁木齐收视数据

表 3.56.1 2015~2019 年乌鲁木齐市场各类频道的市场占有率(%)

频道类别	年 份				
	2015 年	2016 年	2017 年	2018 年	2019 年
中央广播电视总台	37.6	42.6	41.0	39.0	41.6
中国教育台频道	0.1	0.1	0.2	0.2	0.2
新疆自治区级频道	11.7	9.9	7.6	7.0	6.3
乌鲁木齐市级频道	5.3	4.7	3.3	2.5	2.0
其他省级卫视频道	28.5	26.4	26.2	24.1	22.6
其他频道	16.7	16.3	21.7	27.2	27.3

表 3.56.2 2019 年乌鲁木齐市场各类频道在不同目标观众中的市场占有率(%)

目标观众		中央广播电视总台	中国教育台频道	新疆自治区级频道	乌鲁木齐市级频道	其他省级卫视频道	其他频道
	4 岁及以上所有人	41.6	0.2	6.3	2.0	22.6	27.3
性别	男	43.1	0.2	5.8	1.9	21.3	27.7
	女	40.0	0.2	6.8	2.0	23.9	27.1
年龄	4~14 岁	20.6	0.1	7.0	1.9	27.8	42.6
	15~24 岁	33.3	0.1	4.8	1.3	24.6	35.9
	25~34 岁	26.4	0.3	7.0	1.6	23.7	41.0
	35~44 岁	31.1	0.1	5.9	1.6	26.1	35.2
	45~54 岁	43.5	0.2	6.1	2.2	21.2	26.8
	55~64 岁	52.0	0.3	8.2	2.5	19.6	17.4
	65 岁及以上	62.2	0.3	4.6	1.9	20.5	10.5
教育程度	未受过正规教育	22.2	0.1	7.5	1.4	30.0	38.8
	小学	41.0	0.3	10.6	2.7	22.2	23.2
	初中	46.8	0.2	7.1	2.6	19.8	23.5
	高中	43.0	0.2	5.0	1.7	22.3	27.8
	大学及以上	39.3	0.2	4.8	1.5	24.0	30.2
职业类别	干部/管理人员	35.0	0.2	8.4	3.1	29.4	23.9
	个体/私营企业人员	36.0	0.2	7.6	2.8	19.3	34.1
	初级公务员/雇员	39.0	0.2	5.0	1.5	24.9	29.4
	工人	41.0	0.2	6.4	1.8	19.7	30.9
	学生	27.6	0.1	6.8	1.9	23.5	40.1
	无业	48.9	0.2	6.5	2.0	22.1	20.3
	其他	*	*	*	*	*	*
个人月收入	0~600 元	26.6	0.2	8.6	2.1	26.0	36.5
	601~1200 元	59.3	0.1	7.2	1.3	17.2	14.9
	1201~1700 元	56.3	0.2	8.7	1.3	18.0	15.5
	1701~2600 元	47.8	0.3	7.9	2.6	22.5	18.9
	2601~3500 元	48.6	0.2	4.8	2.3	21.4	22.7
	3501~5000 元	43.1	0.2	5.0	1.5	22.3	27.9
	5001 元及以上	33.9	0.1	6.2	2.1	21.3	36.4

注:* 表示样本量不足,无法进行统计推断。

表 3.56.3　2019 年乌鲁木齐市场各类频道在不同时段的市场占有率(%)

时间段	中央广播电视总台	中国教育台频道	新疆自治区级频道	乌鲁木齐市级频道	其他省级卫视频道	其他频道
02:00~03:00	26.4	0.1	3.8	0.3	26.6	42.8
03:00~04:00	29.4	0.0	3.0	0.1	25.3	42.2
04:00~05:00	31.3	0.0	4.0	0.1	25.7	38.9
05:00~06:00	31.9	0.3	3.9	0.3	25.9	37.7
06:00~07:00	43.2	0.2	3.1	0.3	21.4	31.8
07:00~08:00	63.3	0.2	7.3	0.2	9.3	19.7
08:00~09:00	66.4	0.1	6.7	0.5	10.8	15.5
09:00~10:00	56.2	0.2	5.4	1.0	18.2	19.0
10:00~11:00	47.0	0.4	5.5	1.3	21.6	24.2
11:00~12:00	43.5	0.3	5.7	1.6	22.7	26.2
12:00~13:00	43.5	0.2	5.9	1.5	20.6	28.3
13:00~14:00	40.6	0.3	5.6	1.5	22.1	29.9
14:00~15:00	37.5	0.5	4.7	1.4	24.4	31.5
15:00~16:00	35.6	0.6	4.8	1.2	24.9	32.9
16:00~17:00	35.2	0.6	4.9	1.3	24.9	33.1
17:00~18:00	37.6	0.3	5.0	1.3	23.8	32.0
18:00~19:00	52.0	0.1	4.7	1.4	13.8	28.0
19:00~20:00	55.3	0.1	3.8	1.6	19.6	19.6
20:00~21:00	42.1	0.1	5.5	2.4	29.5	20.4
21:00~22:00	43.6	0.1	7.7	2.5	22.1	24.0
22:00~23:00	38.4	0.2	8.4	3.3	21.6	28.1
23:00~24:00	36.3	0.1	7.9	2.5	22.9	30.3
24:00~25:00	31.3	0.1	8.9	2.2	22.5	35.0
25:00~26:00	27.7	0.2	6.6	1.6	24.9	39.0

表 3.56.4　2019 年乌鲁木齐市场收视份额排名前十位的频道

名次	频道名称	收视份额(%)
1	中央台八套	7.5
2	中央电视台综合频道	6.6
3	中央台六套	4.2
3	中央电视台新闻频道	4.2
5	中央台四套	3.5
6	中央台三套	3.2
7	中央台五套	2.1
7	湖南卫视	2.1
9	浙江卫视	2.0
10	中央台二套	1.7

表 3.56.5 2019 年乌鲁木齐市场各主要频道的观众构成(%)

目标观众		所有频道	主要频道				
			中央台八套	中央电视台综合频道	中央台六套	中央电视台新闻频道	中央台四套
4 岁及以上所有人		100.0	100.0	100.0	100.0	100.0	100.0
性别	男	50.7	49.0	49.0	55.2	54.7	58.2
	女	49.3	51.0	51.0	44.8	45.3	41.8
年龄	4~14 岁	8.3	2.5	4.2	5.7	2.5	2.7
	15~24 岁	5.2	1.9	4.8	4.7	2.7	3.5
	25~34 岁	12.0	7.4	8.7	7.1	5.8	5.0
	35~44 岁	14.3	8.5	13.3	16.9	6.2	7.6
	45~54 岁	28.4	24.5	27.6	37.0	28.1	31.3
	55~64 岁	15.4	25.6	15.8	17.2	21.1	20.6
	65 岁及以上	16.4	29.6	25.6	11.4	33.6	29.3
教育程度	未受过正规教育	4.1	1.2	2.4	1.7	3.1	1.1
	小学	13.7	16.5	11.6	10.9	15.9	11.4
	初中	21.7	26.6	22.6	22.0	29.6	24.4
	高中	30.2	32.0	30.3	32.0	25.8	35.0
	大学及以上	30.3	23.7	33.1	33.4	25.6	28.1
职业类别	干部/管理人员	1.7	1.3	1.2	2.0	0.5	1.1
	个体/私营企业人员	14.3	11.6	10.7	15.5	8.3	14.0
	初级公务员/雇员	28.3	19.2	29.8	35.5	26.9	23.8
	工人	7.8	5.7	7.5	8.8	8.0	7.8
	学生	8.6	3.2	6.3	6.9	3.7	4.7
	无业	39.3	59.0	43.9	31.3	52.6	47.9
	其他	*	*	*	*	*	*
个人月收入	0~600 元	19.7	7.4	13.3	13.9	10.0	9.9
	601~1200 元	2.0	1.2	5.4	1.0	2.1	4.7
	1201~1700 元	3.0	4.6	3.2	2.6	4.6	6.2
	1701~2600 元	10.9	12.9	13.2	11.0	10.7	10.0
	2601~3500 元	25.7	32.2	27.7	28.6	37.2	30.0
	3501~5000 元	30.0	37.4	27.7	34.4	30.2	31.5
	5001 元及以上	8.7	4.3	9.5	8.5	5.2	7.7

注：* 表示目标样本量不足，无法进行统计推断。

表 3.56.6　2017~2019 年乌鲁木齐市场各类节目的播出比重(%)和收视比重(%)

节目类型	2017 年		2018 年		2019 年	
	播出比重	收视比重	播出比重	收视比重	播出比重	收视比重
财经	1.0	0.8	1.0	0.6	1.0	1.1
电视剧	21.8	27.0	22.0	30.1	25.5	32.2
电影	5.4	7.4	5.6	7.6	5.1	7.8
法制	0.8	1.0	0.8	1.0	0.5	1.0
教学	0.2	0.1	0.3	0.1	0.3	0.1
青少	6.7	5.4	6.5	5.6	6.7	5.6
生活服务	7.9	5.8	8.0	5.4	5.5	4.7
体育	3.8	4.2	3.8	5.0	4.3	3.8
外语	0.1	0.0	0.1	0.0	0.1	0.0
戏剧	0.8	0.4	0.7	0.4	1.0	0.4
新闻/时事	14.8	14.3	15.1	12.2	10.4	11.8
音乐	1.5	0.9	1.5	0.9	1.6	1.2
专题	14.2	9.0	14.0	8.5	13.3	9.3
综艺	7.8	13.4	7.5	12.3	5.5	11.1
其他	13.2	10.3	13.1	10.3	19.2	9.9

表 3.56.7　2019 年乌鲁木齐市场所有节目收视率排名前三十位

名次	节目名称	节目类型	播出频道	平均收视率(%)	平均占有率(%)
1	庆祝中华人民共和国成立 70 周年大会阅兵式群众游行特别报道	新闻/时事	中央电视台综合频道	13.6	35.6
2	喜气洋洋闹元宵	综艺	中央电视台综合频道	10.1	26.6
3	2019 中央广播电视总台春节联欢晚会	综艺	中央电视台综合频道	9.0	25.5
4	庆祝中华人民共和国成立 70 周年联欢活动	综艺	中央电视台综合频道	8.4	27.8
5	一年又一年	专题	中央电视台综合频道	5.2	23.6
6	新春喜剧之夜	综艺	中央台三套	5.2	17.9
7	姥姥的饺子馆（16~40 集）	电视剧	中央台八套	5.1	16.3
8	开学第一课	青少	中央电视台综合频道	4.7	21.4
9	向伟大复兴前进	新闻/时事	中央电视台综合频道	4.6	33.4
10	2019 年中央广播电视总台中秋晚会	综艺	中央电视台综合频道	4.6	19.4
11	绽放吧百合	电视剧	中央台八套	4.4	17.8
12	奋斗吧中华儿女音乐舞蹈史诗	综艺	中央电视台综合频道	4.1	13.9
13	无名卫士	电视剧	中央台八套	3.9	17.3

续表

名次	节目名称	节目类型	播出频道	平均收视率(%)	平均占有率(%)
14	上将洪学智	电视剧	中央台八套	3.9	12.5
15	天气预报	生活服务	中央电视台综合频道	3.8	18.9
16	第七届世界军人运动会开幕式	体育	中央电视台综合频道	3.8	12.9
17	一级戒备	电影	中央台六套	3.8	12.3
18	风语战士	电影	中央台六套	3.7	13.9
19	有个地方叫马兰	电视剧	中央台八套	3.7	13.0
20	星火云雾街	电视剧	中央台八套	3.7	12.2
21	中国诗词大会第四季(2月13日)	专题	中央电视台综合频道	3.7	10.6
22	破冰行动	电视剧	中央台八套	3.6	16.8
23	举起手来(1月19日)	电影	中央台六套	3.6	11.8
24	老枪	电影	中央台六套	3.5	12.3
25	挑战不可能(2月17日)	综艺	中央电视台综合频道	3.5	11.3
26	密查	电视剧	中央台八套	3.4	13.3
27	叶问外传张天志(10月16日)	电影	中央台六套	3.4	12.7
28	锻刀之绝地重生	电视剧	中央台八套	3.4	12.2
29	老中医	电视剧	中央电视台综合频道	3.4	10.8
30	瓦尔特保卫萨拉热窝	电影	中央台六套	3.3	13.5

表 3.56.8　2019 年乌鲁木齐市场电视剧收视率排名前十位

名次	节目名称	播出频道	平均收视率(%)	平均占有率(%)
1	姥姥的饺子馆（16~40 集）	中央台八套	5.1	16.3
2	绽放吧百合	中央台八套	4.4	17.8
3	无名卫士	中央台八套	3.9	17.3
4	上将洪学智	中央台八套	3.9	12.5
5	有个地方叫马兰	中央台八套	3.7	13.0
6	星火云雾街	中央台八套	3.7	12.2
7	破冰行动	中央台八套	3.6	16.8
8	密查	中央台八套	3.4	13.3
9	锻刀之绝地重生	中央台八套	3.4	12.2
10	老中医	中央电视台综合频道	3.4	10.8

表 3.56.9　2019 年乌鲁木齐市场新闻节目收视率排名前十位

名次	节目名称	播出频道	平均收视率（%）	平均占有率（%）
1	庆祝中华人民共和国成立 70 周年大会阅兵式群众游行特别报道	中央电视台综合频道	13.6	35.6
2	向伟大复兴前进	中央电视台综合频道	4.6	33.4
3	人民欢歌庆祝中华人民共和国成立 70 周年联欢活动特别报道	中央电视台综合频道	3.2	17.5
4	新闻联播	中央电视台综合频道	3.1	18.4
5	庆祝中华人民共和国成立 70 周年特别节目走向复兴	中央电视台综合频道	3.1	11.2
6	第七届世界军人运动会开幕式特别报道	中央电视台综合频道	2.4	10.8
7	庆祝澳门回归祖国 20 周年特别报道	中央电视台综合频道	2.1	8.4
8	国务院总理会见中外记者并回答提问	中央电视台综合频道	2.1	7.5
9	2019 年中国北京世界园艺博览会开幕式特别报道	北京卫视	1.9	8.3
10	亚洲文化嘉年华特别报道	中央电视台综合频道	1.8	7.2

表 3.56.10　2019 年乌鲁木齐市场专题节目收视率排名前十位

名次	节目名称	播出频道	平均收视率（%）	平均占有率（%）
1	一年又一年	中央电视台综合频道	5.2	23.6
2	中国诗词大会第四季(2 月 13 日)	中央电视台综合频道	3.7	10.6
3	新疆的反恐去极端化斗争	中央电视台综合频道	3.2	12.2
4	礼赞最美奋斗者	中央电视台综合频道	3.2	10.9
5	红色通缉	中央电视台综合频道	3.1	9.6
6	感动中国 2018 年度人物颁奖盛典	中央电视台综合频道	2.8	8.4
7	大国工匠 2018 年度人物颁奖典礼	中央电视台综合频道	2.7	8.3
8	2018 寻找最美医生大型公益活动颁奖晚会	中央电视台综合频道	2.4	8.4
9	圆梦中国德耀中华第七届全国道德模范颁奖仪式	中央电视台综合频道	2.2	10.2
10	时代楷模发布厅特别节目闪亮新时代	中央电视台综合频道	2.2	6.9

表 3.56.11　2019 年乌鲁木齐市场综艺节目收视率排名前十位

名次	节目名称	播出频道	平均收视率（%）	平均占有率（%）
1	喜气洋洋闹元宵	中央电视台综合频道	10.1	26.6
2	2019 中央广播电视总台春节联欢晚会	中央电视台综合频道	9.0	25.5
3	庆祝中华人民共和国成立 70 周年联欢活动	中央电视台综合频道	8.4	27.8
4	新春喜剧之夜	中央台三套	5.2	17.9
5	2019 年中央广播电视总台中秋晚会	中央电视台综合频道	4.6	19.4
6	奋斗吧中华儿女音乐舞蹈史诗	中央电视台综合频道	4.1	13.9
7	挑战不可能(2 月 17 日)	中央电视台综合频道	3.5	11.3
8	新春曲艺大联欢	中央台三套	3.3	11.9
9	星光大道决赛季(2 月 1 日)	中央电视台综合频道	3.2	9.8
10	启航 2020 中央广播电视总台跨年盛典	中央电视台综合频道	2.9	10.1

表 3.56.12　2019 年乌鲁木齐市场体育节目收视率排名前十位

名次	节目名称	播出频道	平均收视率（%）	平均占有率（%）
1	第七届世界军人运动会开幕式	中央电视台综合频道	3.8	12.9
2	直播周末:2019/2020 赛季 CBA 常规赛第 14 轮(新疆伊力特 VS 九台农商银行)	中央台五套	2.8	8.9
3	直播周末:2019 年女排世界杯颁奖仪式	中央台五套	2.6	9.4
4	2019 年亚洲杯半决赛(伊朗 VS 日本)	中央台五套	2.4	7.2
5	第七届世界军人运动会报道:第七届军运会女排决赛(中国 VS 巴西)	中央台五套	2.3	9.6
6	第七届世界军人运动会报道:第七届军运会游泳水上救生女子 100 米脚蹼假人救生决赛	中央台五套	2.0	7.0
7	2019 年多哈世界田径锦标赛女子 100 米预赛第六组	中央台五套	1.9	7.4
8	第七届世界军人运动会报道:第七届军运会田径男子 4×100 米接力决赛	中央台五套	1.9	7.2
9	实况录像:2019 年斯诺克世锦赛第一轮	中央台五套	1.8	6.0
10	直播周末:2019 年 WCBA 全明星周末混合投篮决赛	中央台五套	1.8	5.4

五十七、武汉收视数据

表 3.57.1　2015~2019 年武汉市场各类频道的市场占有率(%)

频道类别	年份				
	2015 年	2016 年	2017 年	2018 年	2019 年
中央广播电视总台	21.3	23.6	29.5	34.3	33.0
中国教育台频道	0.0	0.0	0.1	0.1	0.1
湖北省级频道	24.6	24.2	22.1	18.0	15.6
武汉市级频道	17.1	11.9	5.9	4.0	3.7
其他省级卫视频道	31.5	33.6	30.8	25.6	26.3
其他频道	5.5	6.7	11.6	18.0	21.3

表 3.57.2　2019 年武汉市场各类频道在不同目标观众中的市场占有率(%)

目标观众		中央广播电视总台	中国教育台频道	湖北省级频道	武汉市级频道	其他省级卫视频道	其他频道
4 岁及以上所有人		33.0	0.1	15.6	3.7	26.3	21.3
性别	男	36.8	0.2	15.4	3.6	23.3	20.7
	女	29.0	0.1	15.8	3.8	29.4	21.9
年龄	4~14 岁	23.3	0.2	4.9	2.9	34.9	33.8
	15~24 岁	24.2	0.2	9.9	3.1	28.3	34.3
	25~34 岁	24.2	0.2	10.0	2.1	30.7	32.8
	35~44 岁	32.9	0.2	9.9	3.4	32.9	20.7
	45~54 岁	30.1	0.1	16.5	3.1	25.6	24.6
	55~64 岁	35.6	0.1	20.7	4.1	24.7	14.8
	65 岁及以上	42.0	0.1	19.3	5.3	20.7	12.6
教育程度	未受过正规教育	32.8	0.2	17.8	6.7	24.5	18.0
	小学	32.5	0.2	18.6	4.5	27.3	16.9
	初中	32.9	0.1	16.6	3.8	27.6	19.0
	高中	35.0	0.1	15.8	3.6	24.2	21.3
	大学及以上	30.0	0.1	10.1	2.5	26.6	30.7
职业类别	干部/管理人员	31.5	0.1	5.5	2.0	21.8	39.1
	个体/私营企业人员	30.7	0.2	12.2	3.2	26.6	27.1
	初级公务员/雇员	27.8	0.1	10.8	2.8	26.4	32.1
	工人	33.3	0.2	13.8	3.4	29.4	19.9
	学生	24.3	0.2	6.6	3.3	32.5	33.1
	无业	35.1	0.1	18.6	4.1	25.3	16.8
	其他	38.6	0.3	22.4	4.9	20.3	13.5
个人月收入	0~600 元	27.3	0.2	12.4	2.8	30.9	26.4
	601~1200 元	37.0	0.3	21.7	5.6	20.3	15.1
	1201~1700 元	36.2	0.2	19.2	3.3	25.0	16.1
	1701~2600 元	33.6	0.1	20.0	5.3	24.7	16.3
	2601~3500 元	33.6	0.1	16.7	3.8	27.4	18.4
	3501~5000 元	36.3	0.2	14.7	3.1	25.8	19.9
	5001 元及以上	33.3	0.1	9.9	3.2	21.8	31.7

表 3.57.3 2019 年武汉市场各类频道在不同时段的市场占有率(%)

时间段	中央广播电视总台	中国教育台频道	湖北省级频道	武汉市级频道	其他省级卫视频道	其他频道
02:00~03:00	25.3	0.1	17.4	3.9	29.4	23.9
03:00~04:00	28.2	0.1	18.5	4.6	25.1	23.5
04:00~05:00	31.6	0.1	19.5	4.7	20.5	23.6
05:00~06:00	36.3	0.2	20.1	5.4	16.9	21.1
06:00~07:00	48.6	0.4	16.1	4.3	13.9	16.7
07:00~08:00	51.1	0.4	9.4	4.8	16.3	18.0
08:00~09:00	43.6	0.2	10.5	4.8	20.3	20.6
09:00~10:00	37.2	0.3	9.6	4.2	27.6	21.1
10:00~11:00	34.3	0.3	9.2	3.9	30.5	21.8
11:00~12:00	31.2	0.2	16.2	3.4	28.3	20.7
12:00~13:00	34.6	0.1	13.9	2.2	27.0	22.2
13:00~14:00	31.2	0.2	8.1	2.3	33.1	25.1
14:00~15:00	30.0	0.2	8.5	2.5	34.4	24.4
15:00~16:00	29.8	0.3	9.3	2.5	33.9	24.2
16:00~17:00	30.5	0.3	10.8	3.3	32.0	23.1
17:00~18:00	28.1	0.2	20.7	4.2	25.5	21.3
18:00~19:00	31.6	0.1	31.2	4.2	12.4	20.5
19:00~20:00	38.7	0.1	20.3	4.3	18.1	18.5
20:00~21:00	33.6	0.1	15.2	3.6	30.0	17.5
21:00~22:00	33.0	0.1	16.0	4.3	27.1	19.5
22:00~23:00	27.6	0.1	16.4	4.7	27.8	23.4
23:00~24:00	30.1	0.1	10.0	3.2	29.1	27.5
24:00~25:00	32.2	0.1	9.1	3.6	26.5	28.5
25:00~26:00	29.9	0.1	11.4	3.5	28.5	26.6

表 3.57.4 2019 年武汉市场收视份额排名前十位的频道

名次	频道名称	收视份额(%)
1	湖北经视	5.2
2	中央台四套	4.7
3	中央电视台综合频道	4.6
4	中央台八套	3.9
5	湖北影视	3.8
5	中央台六套	3.8
7	湖南卫视	3.4
8	中央台五套	3.2
9	中央台三套	3.1
10	江苏卫视	2.9

表 3.57.5　2019 年武汉市场各主要频道的观众构成(%)

目标观众		所有频道	主要频道					
			湖北经视	中央台四套	中央电视台综合频道	中央台八套	湖北影视	中央台六套
4 岁及以上所有人		100.0	100.0	100.0	100.0	100.0	100.0	100.0
性别	男	51.1	49.1	68.7	51.1	46.8	49.5	56.3
	女	48.9	50.9	31.3	48.9	53.2	50.5	43.7
年龄	4~14 岁	6.0	1.5	1.9	3.8	4.1	1.8	4.6
	15~24 岁	4.1	1.9	1.4	3.0	2.4	1.7	4.2
	25~34 岁	12.7	7.3	7.1	7.2	6.7	8.8	9.1
	35~44 岁	9.9	7.2	5.3	6.3	10.1	4.0	18.5
	45~54 岁	22.9	24.4	17.0	14.5	21.5	22.7	29.6
	55~64 岁	20.4	25.8	26.8	18.0	24.1	34.9	17.1
	65 岁及以上	24.0	31.9	40.5	47.2	31.1	26.1	16.9
教育程度	未受过正规教育	4.0	5.6	2.7	5.3	7.4	2.1	3.2
	小学	17.2	12.5	13.9	18.9	20.3	29.4	18.3
	初中	32.8	31.0	35.0	26.9	34.2	35.9	38.8
	高中	28.4	33.5	34.0	28.1	28.7	27.6	28.1
	大学及以上	17.6	17.4	14.4	20.8	9.4	5.0	11.6
职业类别	干部/管理人员	1.7	0.7	1.9	1.8	1.1	0.2	2.4
	个体/私营企业人员	10.2	8.0	7.9	6.1	8.0	9.1	13.4
	初级公务员/雇员	12.3	10.5	6.7	9.5	8.8	7.0	13.3
	工人	14.2	10.9	13.8	8.5	15.2	11.7	19.0
	学生	6.6	2.2	2.6	4.3	4.1	2.4	6.5
	无业	47.9	61.9	61.7	62.1	49.6	55.6	33.1
	其他	7.1	5.8	5.4	7.7	13.2	14.0	12.3
个人月收入	0~600 元	20.3	12.6	10.0	15.1	17.6	16.6	20.9
	601~1200 元	3.5	2.4	4.5	2.7	8.1	7.4	3.5
	1201~1700 元	4.6	4.0	3.9	5.1	6.0	7.7	5.7
	1701~2600 元	19.7	26.4	23.2	18.3	27.9	22.8	19.2
	2601~3500 元	22.6	32.8	25.5	25.1	18.1	19.8	18.5
	3501~5000 元	16.6	14.4	20.3	16.3	13.4	17.9	20.2
	5001 元及以上	12.7	7.4	12.6	17.4	8.9	7.8	12.0

表 3.57.6　2017~2019 年武汉市场各类节目的播出比重(%)和收视比重(%)

节目类型	2017 年		2018 年		2019 年	
	播出比重	收视比重	播出比重	收视比重	播出比重	收视比重
财经	1.0	0.5	1.0	0.6	0.9	0.7
电视剧	22.8	32.1	23.5	32.6	23.5	33.3
电影	3.7	4.0	3.5	5.3	3.2	4.6
法制	0.9	0.4	0.9	0.6	0.9	0.7
教学	0.3	0.0	0.4	0.0	0.5	0.1
青少	6.7	3.4	6.7	3.8	7.0	3.5
生活服务	9.3	8.6	8.9	7.0	8.2	6.5
体育	3.1	2.5	3.3	4.2	4.0	5.0
外语	0.1	0.0	0.1	0.0	0.1	0.0
戏剧	0.8	0.2	0.7	0.3	0.8	0.4
新闻/时事	14.5	15.0	14.7	14.7	15.0	15.2
音乐	1.4	0.7	1.3	0.8	1.7	1.1
专题	13.7	5.7	13.3	5.9	13.6	7.0
综艺	8.3	14.0	8.0	11.9	7.1	10.9
其他	13.4	12.9	13.7	12.3	13.5	11.0

表 3.56.7　2019 年武汉市场所有节目收视率排名前三十位

名次	节目名称	节目类型	播出频道	平均收视率(%)	平均占有率(%)
1	庆祝中华人民共和国成立 70 周年大会阅兵式群众游行特别报道	新闻/时事	中央电视台综合频道	8.2	27.9
2	第七届世界军人运动会闭幕式	体育	中央台五套	8.1	32.1
3	第七届世界军人运动会开幕式	体育	中央电视台综合频道	7.5	22.8
4	2019 中央广播电视总台春节联欢晚会	综艺	中央电视台综合频道	7.4	22.0
5	第七届军运会女排决赛(中国 VS 巴西)	体育	中央台五套	5.6	24.8
6	向伟大复兴前进	新闻/时事	中央电视台综合频道	5.3	31.4
7	开学第一课	青少	中央电视台综合频道	5.0	20.0
8	第七届世界军人运动会报道:第七届军运会游泳比赛女 4×100 米混合泳接力决赛	体育	中央台五套	4.8	21.5

续表

名次	节目名称	节目类型	播出频道	平均收视率（%）	平均占有率（%）
9	第七届世界军人运动会报道：第七届军运会击剑女子个人重剑决赛	体育	中央台五套	4.7	21.1
10	庆祝中华人民共和国成立 70 周年联欢活动	综艺	中央电视台综合频道	4.4	17.8
11	第七届世界军人运动会报道：第七届军运会田径比赛女子 5000 米决赛	体育	中央台五套	4.3	19.6
12	再见武汉第七届世界军人运动会闭幕式特别节目	体育	中央台五套	3.9	20.7
13	第七届世界军人运动会报道：第七届军运会女篮决赛（中国 VS 巴西）	体育	中央台五套	3.9	16.4
14	喜气洋洋闹元宵	综艺	中央电视台综合频道	3.9	16.0
15	第七届世界军人运动会报道：第七届军运会跆拳道男子 54 公斤级决赛	体育	中央台五套	3.8	18.3
16	第七届世界军人运动会开幕式特别报道	新闻/时事	中央电视台综合频道	3.4	12.7
17	和平之约第七届世界军人运动会开幕式特别节目	体育	中央台五套	3.2	17.9
18	2019 年世界乒乓球锦标赛男单决赛	体育	中央台五套	3.1	11.5
19	第七届世界军人运动会报道：第七届军运会女子沙滩排球决赛（中国 VS 巴西）	体育	中央台五套	2.9	17.9
20	人民欢歌庆祝中华人民共和国成立 70 周年联欢活动特别报道	新闻/时事	中央电视台综合频道	2.7	16.6
21	2019 年亚洲足联冠军联赛半决赛次回合（广州恒大 VS 浦和红宝石）	体育	中央台五套	2.7	13.5
22	2019 年中央广播电视总台中秋晚会	综艺	中央电视台综合频道	2.7	12.2
23	都挺好	电视剧	江苏卫视	2.7	10.8
24	第七届世界军人运动会报道：第七届军运会跳水女子双人 3 米板决赛	体育	中央台五套	2.6	19.6
25	一年又一年	专题	中央电视台综合频道	2.6	11.5
26	感动中国 2018 年度人物颁奖盛典	专题	中央电视台综合频道	2.6	9.6
27	2019 年女排世界杯颁奖仪式	体育	中央台五套	2.4	11.6
28	第七届世界军人运动会报道：第七届军运会柔道女子 48 公斤级决赛	体育	中央台五套	2.3	17.4
29	全景军运会	体育	中央台五套	2.3	15.4
30	快乐中国 20192020 跨年演唱会	音乐	湖南卫视	2.3	13.1

表 3.57.8　2019 年武汉市场电视剧收视率排名前十位

名次	节目名称	播出频道	平均收视率(%)	平均占有率(%)
1	都挺好	江苏卫视	2.7	10.8
2	一场遇见爱情的旅行	江苏卫视	2.3	9.9
3	我的真朋友	上海东方卫视	2.3	9.6
4	换了人间(2 月 8 日~2 月 15 日)	中央台四套	2.1	10.9
5	婚变(38~51 集)	湖北经视	1.9	8.6
6	解放(2 月 16 日~2 月 19 日)	中央台四套	1.8	9.3
7	老虎队	中央台八套	1.8	8.5
8	推手	江苏卫视	1.8	7.7
9	大明风华(1~24 集)	湖南卫视	1.7	8.3
9	极地蛰伏	湖北影视	1.7	8.3
9	探王(1~30 集)	湖北影视	1.7	8.3

表 3.57.9　2019 年武汉市场新闻节目收视率排名前十位

名次	节目名称	播出频道	平均收视率(%)	平均占有率(%)
1	庆祝中华人民共和国成立 70 周年大会阅兵式群众游行特别报道	中央电视台综合频道	8.2	27.9
2	向伟大复兴前进	中央电视台综合频道	5.3	31.4
3	第七届世界军人运动会开幕式特别报道	中央电视台综合频道	3.4	12.7
4	人民欢歌庆祝中华人民共和国成立 70 周年联欢活动特别报道	中央电视台综合频道	2.7	16.6
5	经视直播	湖北经视	2.2	13.1
6	庆祝中华人民共和国成立 70 周年特别节目走向复兴	中央电视台综合频道	1.9	8.3
7	新闻联播	中央电视台综合频道	1.5	7.9
8	海峡两岸	中央台四套	1.5	6.6
8	春节传奇中国节	中央台四套	1.5	6.6
10	国务院总理会见中外记者并回答提问	中央电视台综合频道	1.4	5.9

表 3. 57. 10　2019 年武汉市场专题节目收视率排名前十位

名次	节目名称	播出频道	平均收视率（%）	平均占有率（%）
1	一年又一年	中央电视台综合频道	2. 6	11. 5
2	感动中国 2018 年度人物颁奖盛典	中央电视台综合频道	2. 6	9. 6
3	经视直播 315 特别节目天天 315 直播在身边	湖北经视	2. 2	12. 1
4	中国诗词大会第四季(2 月 10 日)	中央电视台综合频道	2. 0	8. 0
5	推动京津冀协同发展取得新的更大进展	中央电视台综合频道	1. 9	6. 8
6	中央电视台特别节目共同开创中朝两党两国关系的美好未来	中央电视台综合频道	1. 8	8. 4
7	中华人民共和国中央人民政府成立典礼原始影像	中央电视台综合频道	1. 7	8. 8
8	红色通缉	中央电视台综合频道	1. 7	7. 2
9	礼赞最美奋斗者	中央电视台综合频道	1. 6	8. 2
10	等闲识得东风面 2019 年习近平主席访问欧洲三国纪行	中央电视台综合频道	1. 6	7. 3

表 3. 57. 11　2019 年武汉市场综艺节目收视率排名前十位

名次	节目名称	播出频道	平均收视率（%）	平均占有率（%）
1	2019 中央广播电视总台春节联欢晚会	中央电视台综合频道	7. 4	22. 0
2	庆祝中华人民共和国成立 70 周年联欢活动	中央电视台综合频道	4. 4	17. 8
3	喜气洋洋闹元宵	中央电视台综合频道	3. 9	16. 0
4	2019 年中央广播电视总台中秋晚会	中央电视台综合频道	2. 7	12. 2
5	越战越勇(2 月 7 日)	中央台三套	2. 4	10. 3
6	中国好声音(7 月 19 日)	浙江卫视	2. 1	11. 8
7	欢乐喜剧人(4 月 7 日)	上海东方卫视	1. 9	10. 3
8	黄金 100 秒(2 月 10 日)	中央台三套	1. 9	7. 2
9	2019 天猫双 11 狂欢夜愿望实现	浙江卫视	1. 8	19. 6
10	荔枝大剧秀我要和你在一起	江苏卫视	1. 8	7. 1

表 3.57.12 2019 年武汉市场体育节目收视率排名前十位

名次	节目名称	播出频道	平均收视率（%）	平均占有率（%）
1	第七届世界军人运动会闭幕式	中央台五套	8.1	32.1
2	第七届世界军人运动会开幕式	中央电视台综合频道	7.5	22.8
3	第七届世界军人运动会报道:第七届军运会女排决赛(中国 VS 巴西)	中央台五套	5.6	24.8
4	第七届世界军人运动会报道:第七届军运会游泳比赛女 4×100 米混合泳接力决赛	中央台五套	4.8	21.5
5	第七届世界军人运动会报道:第七届军运会击剑女子个人重剑决赛	中央台五套	4.7	21.1
6	第七届世界军人运动会报道:第七届军运会田径比赛女子 5000 米决赛	中央台五套	4.3	19.6
7	再见武汉第七届世界军人运动会闭幕式特别节目	中央台五套	3.9	20.7
8	第七届世界军人运动会报道:第七届军运会女篮决赛(中国 VS 巴西)	中央台五套	3.9	16.4
9	第七届世界军人运动会报道:第七届军运会跆拳道男子 54 公斤级决赛	中央台五套	3.8	18.3
10	和平之约第七届世界军人运动会开幕式特别节目	中央台五套	3.2	17.9

五十八、西安收视数据

表 3.58.1　2015～2019 年西安市场各类频道的市场占有率(%)

频道类别	年份				
	2015 年	2016 年	2017 年	2018 年	2019 年
中央广播电视总台	35.6	35.8	34.4	35.4	29.9
中国教育台频道	0.2	0.2	0.3	0.3	0.3
陕西省级频道	17.6	17.3	15.2	16.1	15.0
西安市级频道	2.5	2.3	2.0	1.4	1.3
其他省级卫视频道	26.6	24.2	22.4	20.7	23.7
其他频道	17.5	20.2	25.7	26.1	29.8

表 3.58.2　2019 年西安市场各类频道在各目标观众中的市场占有率(%)

目标观众		中央广播电视总台	中国教育台频道	陕西省级频道	西安市级频道	其他省级卫视频道	其他频道
4 岁及以上所有人		29.9	0.3	15.0	1.3	23.7	29.8
性别	男	30.7	0.4	15.4	1.3	22.0	30.2
	女	29.0	0.3	14.6	1.3	25.5	29.3
年龄	4～14 岁	19.3	0.2	6.9	0.9	24.9	47.8
	15～24 岁	24.2	0.2	10.9	1.0	25.0	38.7
	25～34 岁	22.1	0.2	11.6	1.0	25.9	39.2
	35～44 岁	17.3	0.2	11.2	1.1	23.8	46.4
	45～54 岁	27.8	0.2	16.2	1.1	24.6	30.1
	55～64 岁	35.4	0.5	15.9	1.3	23.1	23.8
	65 岁及以上	40.8	0.6	19.4	1.9	21.3	16.0
教育程度	未受过正规教育	22.1	0.3	11.1	1.0	32.0	33.5
	小学	31.7	0.3	18.0	1.0	19.6	29.4
	初中	31.0	0.4	17.5	1.4	21.8	27.9
	高中	30.4	0.4	15.8	1.3	25.8	26.3
	大学及以上	28.0	0.2	10.3	1.3	22.9	37.3
职业类别	干部/管理人员	28.8	0.4	11.8	1.5	14.5	43.0
	个体/私营企业人员	22.9	0.4	15.9	1.1	20.1	39.6
	初级公务员/雇员	26.6	0.2	13.2	1.0	28.1	30.9
	工人	27.2	0.5	21.3	1.3	19.7	30.0
	学生	23.9	0.2	10.3	0.8	23.9	40.9
	无业	35.3	0.4	15.4	1.6	24.2	23.1
	其他	*	*	*	*	*	*
个人月收入	0～600 元	23.2	0.2	10.3	1.0	23.6	41.7
	601～1200 元	*	*	*	*	*	*
	1201～1700 元	38.2	0.6	20.4	1.2	26.9	12.7
	1701～2600 元	32.4	0.5	20.2	2.2	21.1	23.6
	2601～3500 元	34.8	0.4	17.3	1.3	23.8	22.4
	3501～5000 元	28.1	0.3	12.6	1.1	27.3	30.6
	5001 元及以上	23.8	0.2	10.6	0.8	17.9	46.7

注：* 表示样本量不足，无法进行统计推断。

表 3.58.3 2019 年西安市场各类频道在各时段的市场占有率(%)

时间段	中央广播电视总台	中国教育台频道	陕西省级频道	西安市级频道	其他省级卫视频道	其他频道
02:00~03:00	31.2	1.3	3.4	0.0	20.3	43.8
03:00~04:00	28.1	0.5	2.8	0.0	19.2	49.4
04:00~05:00	27.9	0.5	1.9	0.0	18.3	51.4
05:00~06:00	36.6	4.0	2.9	0.0	17.3	39.2
06:00~07:00	56.5	1.8	7.9	0.2	12.0	21.6
07:00~08:00	55.8	1.0	9.8	2.1	11.6	19.7
08:00~09:00	42.0	0.6	12.2	2.3	16.0	26.9
09:00~10:00	34.8	0.7	10.2	1.9	21.7	30.7
10:00~11:00	31.6	0.8	10.0	1.5	24.7	31.4
11:00~12:00	33.0	0.5	9.4	1.3	25.1	30.7
12:00~13:00	33.6	0.2	13.3	0.9	19.8	32.2
13:00~14:00	30.4	0.3	8.3	1.2	23.4	36.4
14:00~15:00	26.1	0.6	7.5	1.5	27.7	36.6
15:00~16:00	25.1	0.6	7.7	1.7	29.1	35.8
16:00~17:00	26.1	0.9	7.7	1.5	29.0	34.8
17:00~18:00	29.5	0.4	8.3	1.7	26.1	34.0
18:00~19:00	32.0	0.1	24.1	1.5	11.7	30.6
19:00~20:00	35.5	0.2	17.7	1.2	20.9	24.5
20:00~21:00	27.8	0.1	15.9	1.2	31.6	23.4
21:00~22:00	25.7	0.2	23.0	1.2	24.8	25.1
22:00~23:00	22.9	0.2	23.4	1.1	22.6	29.8
23:00~24:00	27.1	0.1	14.8	1.0	25.1	31.9
24:00~25:00	28.2	0.2	18.2	0.8	19.7	32.9
25:00~26:00	31.7	0.7	10.1	0.3	19.5	37.7

表 3.58.4 2019 年西安市场收视份额排名前十位的频道

名次	频道名称	收视份额(%)
1	中央电视台综合频道	6.2
2	陕西广播电视台都市青春频道(二套)	5.7
3	中央台八套	4.3
4	中央台四套	3.0
5	湖南卫视	2.8
6	江苏卫视	2.7
7	中央台三套	2.3
7	中央电视台新闻频道	2.3
7	陕西广播电视台新闻资讯频道(一套)	2.3
10	浙江卫视	2.2

表 3.58.5　2019 年西安市场各主要频道的观众构成(%)

目标观众		所有频道	中央电视台综合频道	陕西广播电视台都市青春频道(二套)	中央台八套	中央台四套	湖南卫视
4 岁及以上所有人		100.0	100.0	100.0	100.0	100.0	100.0
性别	男	51.7	49.1	47.5	45.5	60.7	40.2
	女	48.3	50.9	52.5	54.5	39.3	59.8
年龄	4~14 岁	5.2	3.1	3.0	1.7	2.7	3.1
	15~24 岁	8.3	7.3	6.0	5.5	4.7	10.9
	25~34 岁	11.4	7.8	12.3	8.2	3.2	15.9
	35~44 岁	9.5	7.4	7.3	4.4	3.5	12.1
	45~54 岁	24.1	17.9	21.5	17.4	16.8	36.9
	55~64 岁	17.7	19.0	20.3	23.2	19.0	10.5
	65 岁及以上	23.8	37.5	29.6	39.6	50.1	10.6
教育程度	未受过正规教育	2.9	1.4	2.5	2.1	0.8	1.5
	小学	7.3	8.5	9.9	9.4	6.1	3.5
	初中	28.2	28.1	26.7	41.7	26.2	19.9
	高中	37.9	40.5	41.6	31.4	44.9	45.5
	大学及以上	23.7	21.5	19.3	15.4	22.0	29.6
职业类别	干部/管理人员	2.6	2.9	1.9	0.2	2.0	1.9
	个体/私营企业人员	17.1	10.8	15.7	12.6	9.8	19.5
	初级公务员/雇员	19.7	18.4	18.8	14.7	11.9	28.9
	工人	7.2	4.5	10.5	9.1	3.7	6.7
	学生	7.8	6.6	5.7	4.6	4.7	8.4
	无业	45.6	56.8	47.4	58.8	67.9	34.6
	其他	*	*	*	*	*	*
个人月收入	0~600 元	17.8	17.0	13.2	9.2	9.6	15.8
	601~1200 元	*	*	*	*	*	*
	1201~1700 元	4.4	6.0	6.2	6.2	6.3	4.4
	1701~2600 元	18.1	19.5	27.3	22.4	25.8	14.5
	2601~3500 元	26.0	32.2	30.5	31.2	28.4	24.7
	3501~5000 元	24.2	19.0	17.8	24.8	21.9	31.8
	5001 元及以上	8.8	5.9	4.1	5.4	7.4	8.4

注：* 表示样本量不足，无法进行统计推断。

表 3.58.6 2017~2019 年西安市场各类节目的播出比重(%)和收视比重(%)

节目类型	2017 年		2018 年		2019 年	
	播出比重	收视比重	播出比重	收视比重	播出比重	收视比重
财经	1.0	0.8	1.0	0.8	1.0	0.6
电视剧	21.9	27.6	22.0	26.9	21.7	30.9
电影	5.0	5.3	4.7	5.7	4.5	5.6
法制	0.9	0.8	0.8	0.9	0.8	1.0
教学	0.2	0.1	0.3	0.1	0.4	0.1
青少	6.7	4.3	6.6	4.0	6.8	2.8
生活服务	9.0	6.7	9.2	6.4	8.3	6.4
体育	3.3	2.8	3.4	4.4	4.1	3.4
外语	0.1	0.0	0.1	0.0	0.2	0.0
戏剧	1.1	1.0	1.1	0.8	1.0	1.1
新闻/时事	15.0	19.7	15.2	18.9	15.6	17.8
音乐	1.4	0.9	1.4	0.9	1.8	1.0
专题	13.5	6.9	13.7	7.3	13.7	6.9
综艺	8.1	11.9	7.9	11.5	7.1	11.4
其他	12.8	11.2	12.6	11.4	13.0	11.0

表 3.58.7 2019 年西安市场所有节目收视率排名前三十位

名次	节目名称	节目类型	播出频道	平均收视率(%)	平均占有率(%)
1	庆祝中华人民共和国成立 70 周年大会阅兵式群众游行特别报道	新闻/时事	中央电视台综合频道	10.5	32.7
2	2019 中央广播电视总台春节联欢晚会	综艺	中央电视台综合频道	10.5	28.6
3	庆祝中华人民共和国成立 70 周年联欢活动	综艺	中央电视台综合频道	8.4	30.3
4	喜气洋洋闹元宵	综艺	中央电视台综合频道	8.3	28.9
5	一抓到底正风纪秦岭违建整治始末	专题	中央电视台综合频道	7.3	28.0
6	向伟大复兴前进	新闻/时事	中央电视台综合频道	7.0	34.8
7	开学第一课	青少	中央电视台综合频道	6.7	25.7
8	2020 跨年晚会	综艺	浙江卫视	4.4	16.6
9	一年又一年	专题	中央电视台综合频道	4.0	19.5
10	2019 苏宁易购 1111 嗨爆夜	综艺	湖南卫视	3.9	19.4
11	2020 跨年演唱会用奋斗点亮幸福	音乐	江苏卫视	3.9	15.0
12	人民欢歌庆祝中华人民共和国成立 70 周年联欢活动特别报道	新闻/时事	中央电视台综合频道	3.6	21.6
13	天气预报	生活服务	中央电视台综合频道	3.5	16.3
14	2019 年中央广播电视总台中秋晚会	综艺	中央电视台综合频道	3.5	13.3
15	中国诗词大会第四季(2 月 9 日)	专题	中央电视台综合频道	3.5	11.9

续表

名次	节目名称	节目类型	播出频道	平均收视率(%)	平均占有率(%)
16	蒙面唱将猜猜猜(12月22日)	综艺	江苏卫视	3.4	13.3
17	中国达人秀(10月6日)	综艺	上海东方卫视	2.8	10.8
18	新闻联播	新闻/时事	中央电视台综合频道	2.7	14.4
19	都挺好(4月3日~4月23日)	电视剧	陕西广播电视台都市青春频道(二套)	2.7	12.9
20	都市快报	新闻/时事	陕西广播电视台都市青春频道(二套)	2.6	12.9
21	2019年女排世界杯颁奖仪式	体育	中央台五套	2.6	11.9
22	白鹿原	电视剧	陕西广播电视台都市青春频道(二套)	2.6	11.6
23	庆祝中华人民共和国成立70周年特别节目走向复兴	新闻/时事	中央电视台综合频道	2.6	10.9
24	越战越勇(1月30日)	综艺	中央台三套	2.6	10.1
24	红色通缉	专题	中央电视台综合频道	2.6	10.1
26	中国梦之声我们的歌(12月22日)	综艺	上海东方卫视	2.6	9.7
27	2019年亚洲杯小组赛C组第二轮(菲律宾VS中国)	体育	中央台五套	2.5	15.5
28	白鹿原可以触摸的历史	专题	陕西广播电视台都市青春频道(二套)	2.5	11.4
29	正阳门下小女人(1月1日~1月2日)	电视剧	陕西广播电视台都市青春频道(二套)	2.5	10.8
30	2019年世界乒乓球锦标赛男单决赛	体育	中央台五套	2.5	10.6

表3.58.8　2019年西安市场电视剧收视率排名前十位

名次	节目名称	播出频道	平均收视率(%)	平均占有率(%)
1	都挺好(4月3日~4月23日)	陕西广播电视台都市青春频道(二套)	2.7	12.9
2	白鹿原	陕西广播电视台都市青春频道(二套)	2.6	11.6
3	正阳门下小女人(1月1日~1月2日)	陕西广播电视台都市青春频道(二套)	2.5	10.8
4	我心灿烂	陕西广播电视台都市青春频道(二套)	2.5	10.2
5	小姨多鹤(3月19日~4月2日)	陕西广播电视台都市青春频道(二套)	2.4	11.3
6	家产	陕西广播电视台都市青春频道(二套)	2.2	10.0
7	丁大命	陕西广播电视台都市青春频道(二套)	2.2	9.0
8	一代枭雄	陕西广播电视台都市青春频道(二套)	2.2	8.8
9	我的绝密生涯	陕西广播电视台都市青春频道(二套)	2.1	9.3
10	剃刀边缘(4月23日~5月14日)	陕西广播电视台都市青春频道(二套)	2.1	9.2

表 3. 58. 9　2019 年西安市场新闻节目收视率排名前十位

名次	节目名称	播出频道	平均收视率（%）	平均占有率（%）
1	庆祝中华人民共和国成立 70 周年大会阅兵式群众游行特别报道	中央电视台综合频道	10. 5	32. 7
2	向伟大复兴前进	中央电视台综合频道	7. 0	34. 8
3	人民欢歌庆祝中华人民共和国成立 70 周年联欢活动特别报道	中央电视台综合频道	3. 6	21. 6
4	新闻联播	中央电视台综合频道	2. 7	14. 4
5	都市快报	陕西广播电视台都市青春频道(二套)	2. 6	12. 9
6	庆祝中华人民共和国成立 70 周年特别节目走向复兴	中央电视台综合频道	2. 6	10. 9
7	亚洲文化嘉年华特别报道	中央电视台综合频道	2. 0	9. 4
8	2019 年中国北京世界园艺博览会开幕式特别报道	北京卫视	1. 7	7. 2
9	都市热线	陕西广播电视台都市青春频道(二套)	1. 5	10. 0
10	焦点访谈	中央电视台综合频道	1. 5	7. 0

表 3. 58. 10　2019 年西安市场专题节目收视率排名前十位

名次	节目名称	播出频道	平均收视率（%）	平均占有率（%）
1	一抓到底正风纪秦岭违建整治始末	中央电视台综合频道	7. 3	28. 0
2	一年又一年	中央电视台综合频道	4. 0	19. 5
3	中国诗词大会第四季(2 月 9 日)	中央电视台综合频道	3. 5	11. 9
4	红色通缉	中央电视台综合频道	2. 6	10. 1
5	白鹿原可以触摸的历史	陕西广播电视台都市青春频道(二套)	2. 5	11. 4
6	等闲识得东风面 2019 年习近平主席访问欧洲三国纪行	中央电视台综合频道	2. 3	12. 3
7	感动中国 2018 年度人物颁奖盛典	中央电视台综合频道	2. 2	8. 6
8	牵挂与惦念习近平总书记赴重庆华溪村扶贫考察纪实	中央电视台综合频道	2. 1	11. 5
9	穿越历史长廊探寻文化伟力	中央电视台综合频道	1. 9	8. 6
10	中央电视台特别节目携手奔向互利共赢的康庄大道	中央电视台综合频道	1. 8	8. 7

表 3.58.11　2019 年西安市场综艺节目收视率排名前十位

名次	节目名称	播出频道	平均收视率（%）	平均占有率（%）
1	2019 中央广播电视总台春节联欢晚会	中央电视台综合频道	10.5	28.6
2	庆祝中华人民共和国成立 70 周年联欢活动	中央电视台综合频道	8.4	30.3
3	喜气洋洋闹元宵	中央电视台综合频道	8.3	28.9
4	2020 跨年晚会	浙江卫视	4.4	16.6
5	2019 苏宁易购 1111 嗨爆夜	湖南卫视	3.9	19.4
6	2019 年中央广播电视总台中秋晚会	中央电视台综合频道	3.5	13.3
7	蒙面唱将猜猜猜(12 月 22 日)	江苏卫视	3.4	13.3
8	中国达人秀(10 月 6 日)	上海东方卫视	2.8	10.8
9	越战越勇(1 月 30 日)	中央台三套	2.6	10.1
10	中国梦之声我们的歌(12 月 22 日)	上海东方卫视	2.6	9.7

表 3.58.12　2019 年西安市场体育节目收视率排名前十位

名次	节目名称	播出频道	平均收视率（%）	平均占有率（%）
1	2019 年女排世界杯颁奖仪式	中央台五套	2.6	11.9
2	2019 年亚洲杯小组赛 C 组第二轮(菲律宾 VS 中国)	中央台五套	2.5	15.5
3	2019 年世界乒乓球锦标赛男单决赛	中央台五套	2.5	10.6
4	2019 年国际篮联篮球世界杯小组赛 A 组(中国 VS 波兰)	中央台五套	2.3	12.4
5	第七届世界军人运动会报道:第七届军运会女排决赛(中国 VS 巴西)	中央台五套	2.3	10.1
6	2019 年国际泳联世锦赛女子 200 米个人混合泳决赛	中央台五套	1.9	9.7
7	第七届世界军人运动会报道:第七届军运会田径比赛男子 400 米栏决赛	中央台五套	1.9	9.1
8	第七届世界军人运动会闭幕式	中央台五套	1.7	7.3
9	第七届世界军人运动会开幕式	中央台五套	1.5	6.4
10	国际泳联世锦赛男子 200 米个人混合泳颁奖仪式	中央台五套	1.4	6.0

五十九、西宁收视数据

表 3.59.1 2015~2019 年西宁市场各类频道的市场占有率(%)

频道类别	年份				
	2015 年	2016 年	2017 年	2018 年	2019 年
中央广播电视总台	47.7	49.4	53.1	54.3	51.9
中国教育台频道	0.1	0.1	0.1	0.1	0.2
青海省级频道	10.8	10.3	7.5	7.9	5.1
西宁市级频道	1.7	1.2	0.8	0.7	1.1
其他省级卫视频道	34.5	32.9	30.9	26.8	27.6
其他频道	5.2	6.2	7.6	10.2	14.1

表 3.59.2 2019 年西宁市场各类频道在不同目标观众中的市场占有率(%)

目标观众		中央广播电视总台	中国教育台频道	青海省级频道	西宁市级频道	其他省级卫视频道	其他频道
4 岁及以上所有人		51.9	0.2	5.1	1.1	27.6	14.1
性别	男	52.4	0.2	5.5	1.1	26.3	14.5
	女	51.4	0.1	4.7	1.0	29.0	13.8
年龄	4~14 岁	39.1	0.2	3.2	1.1	42.8	13.6
	15~24 岁	52.7	0.1	4.0	0.5	26.1	16.6
	25~34 岁	43.9	0.1	5.0	1.3	32.3	17.4
	35~44 岁	49.1	0.1	4.6	0.9	25.3	20.0
	45~54 岁	48.4	0.1	3.6	1.0	26.7	20.2
	55~64 岁	51.6	0.2	6.5	1.4	29.8	10.5
	65 岁及以上	63.5	0.2	6.9	1.1	22.4	5.9
教育程度	未受过正规教育	45.3	0.3	5.3	1.4	37.3	10.4
	小学	56.5	0.1	5.7	1.1	28.3	8.3
	初中	50.3	0.2	4.9	1.0	27.3	16.3
	高中	50.8	0.1	5.0	1.0	26.4	16.7
	大学及以上	55.3	0.1	4.8	1.0	23.4	15.4
职业类别	干部/管理人员	61.2	0.0	1.3	0.2	21.6	15.7
	个体/私营企业人员	45.6	0.1	4.1	1.0	26.9	22.3
	初级公务员/雇员	44.7	0.1	4.9	0.9	24.4	25.0
	工人	56.2	0.1	4.6	1.1	26.5	11.5
	学生	49.4	0.1	3.1	0.8	31.0	15.6
	无业	54.6	0.2	6.1	1.2	28.2	9.7
	其他	31.5	1.2	5.1	1.5	34.1	26.6
个人月收入	0~600 元	44.8	0.1	3.2	0.9	36.4	14.6
	601~1200 元	54.1	0.6	6.3	1.3	24.1	13.6
	1201~1700 元	57.2	0.0	5.8	0.9	27.0	9.1
	1701~2600 元	51.6	0.1	5.7	1.2	25.7	15.7
	2601~3500 元	56.9	0.1	6.2	1.1	24.3	11.4
	3501~5000 元	52.5	0.2	5.0	1.0	23.9	17.4
	5001 元及以上	53.2	0.1	4.5	1.2	28.3	12.7

表 3.59.3　2019 年西宁市场各类频道在不同时段的市场占有率(%)

时间段	中央广播电视总台	中国教育台频道	青海省级频道	西宁市级频道	其他省级卫视频道	其他频道
02:00~03:00	23.9	0.3	1.3	0.3	44.2	30.0
03:00~04:00	20.4	0.1	1.1	0.0	48.5	29.9
04:00~05:00	22.3	0.1	0.8	0.0	47.1	29.7
05:00~06:00	28.7	0.1	0.3	0.0	50.2	20.7
06:00~07:00	56.2	0.1	0.2	0.3	30.1	13.1
07:00~08:00	68.7	0.3	1.8	0.6	18.8	9.8
08:00~09:00	61.5	0.6	3.8	0.8	24.6	8.7
09:00~10:00	52.5	0.4	4.0	1.1	32.7	9.3
10:00~11:00	48.3	0.4	4.4	0.8	34.8	11.3
11:00~12:00	49.7	0.2	3.8	0.9	33.7	11.7
12:00~13:00	53.0	0.1	3.1	0.7	29.8	13.3
13:00~14:00	46.6	0.2	2.6	1.2	34.8	14.6
14:00~15:00	41.7	0.3	2.9	1.6	38.0	15.5
15:00~16:00	41.5	0.3	3.2	1.2	38.7	15.1
16:00~17:00	44.8	0.3	3.0	0.5	36.9	14.5
17:00~18:00	52.3	0.2	2.5	0.7	30.1	14.2
18:00~19:00	57.0	0.1	12.4	2.6	15.8	12.1
19:00~20:00	61.1	0.1	10.3	1.5	15.9	11.1
20:00~21:00	54.4	0.1	4.8	0.8	26.9	13.0
21:00~22:00	54.6	0.1	4.6	0.9	24.7	15.1
22:00~23:00	48.7	0.1	3.8	0.7	28.8	17.9
23:00~24:00	44.0	0.1	2.2	0.5	32.0	21.2
24:00~25:00	39.0	0.1	3.0	0.5	31.4	26.0
25:00~26:00	32.5	0.1	2.0	0.7	37.8	26.9

表 3.59.4　2019 年西宁市场收视份额排名前十位的频道

名次	频道名称	收视份额(%)
1	中央台八套	10.7
2	中央电视台综合频道	7.5
3	中央台六套	6.4
4	中央电视台新闻频道	4.6
5	中央台三套	4.1
6	中央台四套	3.7
7	中央台五套	3.4
8	湖南电视台金鹰卡通频道	2.8
9	北京卡酷少儿频道	2.5
10	青海卫视	2.4

表 3.59.5　2019 年西宁市场各主要频道的观众构成(%)

目标观众		所有频道	主要频道				
			中央台八套	中央电视台综合频道	中央台六套	中央电视台新闻频道	中央台三套
4 岁及以上所有人		100.0	100.0	100.0	100.0	100.0	100.0
性别	男	50.3	45.4	48.9	54.2	56.7	42.9
	女	49.7	54.6	51.1	45.8	43.3	57.1
年龄	4~14 岁	9.1	4.7	5.6	9.2	5.0	5.2
	15~24 岁	8.0	8.8	9.5	11.5	4.0	17.1
	25~34 岁	6.4	4.1	7.0	6.5	4.4	5.6
	35~44 岁	15.3	11.5	13.2	18.3	16.8	14.1
	45~54 岁	21.9	21.1	18.5	26.1	15.9	14.5
	55~64 岁	14.4	11.3	15.2	11.1	17.1	12.5
	65 岁及以上	24.9	38.5	31.0	17.3	36.8	31.0
教育程度	未受过正规教育	9.4	9.5	4.9	7.9	10.2	5.5
	小学	19.7	23.8	20.2	19.5	21.5	21.7
	初中	29.2	32.0	27.6	24.6	30.3	26.2
	高中	27.3	23.1	26.2	31.9	27.8	24.5
	大学及以上	14.4	11.6	21.1	16.1	10.2	22.1
职业类别	干部/管理人员	1.3	0.3	2.8	0.9	0.7	1.3
	个体/私营企业人员	12.8	7.3	10.9	15.5	13.7	7.1
	初级公务员/雇员	11.1	9.6	11.7	9.5	7.3	9.0
	工人	16.1	18.5	15.2	23.3	13.3	19.5
	学生	10.3	9.9	10.2	14.4	5.2	15.9
	无业	47.4	54.3	49.0	36.0	58.4	47.1
	其他	1.0	0.1	0.2	0.4	1.4	0.1
个人月收入	0~600 元	21.6	20.0	16.3	22.9	14.5	23.6
	601~1200 元	3.9	7.5	2.2	3.7	5.3	3.0
	1201~1700 元	5.1	8.7	5.6	5.6	3.8	5.9
	1701~2600 元	25.9	24.0	24.5	24.9	20.1	34.1
	2601~3500 元	21.0	19.8	27.7	19.1	30.2	18.4
	3501~5000 元	15.5	14.9	15.6	16.1	20.5	10.6
	5001 元及以上	7.0	5.1	8.1	7.7	5.6	4.4

表 3.59.6　2017~2019 年西宁市场各类节目的播出比重(%)和收视比重(%)

节目类型	2017 年		2018 年		2019 年	
	播出比重	收视比重	播出比重	收视比重	播出比重	收视比重
财经	1.1	0.6	1.1	0.5	1.0	0.7
电视剧	21.0	29.9	21.1	31.6	26.2	32.8
电影	4.0	10.1	4.1	8.8	4.0	7.4
法制	1.0	1.1	1.0	1.3	0.7	1.3
教学	0.2	0.0	0.3	0.0	0.4	0.0
青少	7.2	5.8	7.2	5.7	7.3	7.0
生活服务	8.7	5.9	8.7	6.0	6.5	5.1
体育	3.4	3.7	3.4	4.6	3.9	4.1
外语	0.1	0.0	0.1	0.0	0.1	0.0
戏剧	0.9	0.3	0.8	0.3	1.1	0.6
新闻/时事	15.8	12.2	16.1	12.5	10.9	12.5
音乐	1.6	1.0	1.5	0.7	1.6	0.8
专题	14.6	7.3	14.3	7.2	14.1	7.5
综艺	8.0	11.3	7.7	9.9	5.5	10.0
其他	12.5	10.8	12.6	10.9	16.7	10.2

表 3.59.7　2019 年西宁市场所有节目收视率排名前三十位

名次	节目名称	节目类型	播出频道	平均收视率(%)	平均占有率(%)
1	庆祝中华人民共和国成立 70 周年大会阅兵式群众游行特别报道	新闻/时事	中央电视台综合频道	15.2	36.8
2	开学第一课	青少	中央电视台综合频道	10.2	34.9
3	庆祝中华人民共和国成立 70 周年联欢活动	综艺	中央电视台综合频道	10.2	34.5
4	2019 中央广播电视总台春节联欢晚会	综艺	中央电视台综合频道	10.1	26.3
5	刘家媳妇(2 月 12 日~2 月 25 日)	电视剧	中央台八套	7.5	24.3
6	姥姥的饺子馆(6~40 集)	电视剧	中央台八套	7.4	24.2
7	向伟大复兴前进	新闻/时事	中央电视台综合频道	6.7	31.6
8	喜气洋洋闹元宵	综艺	中央电视台综合频道	6.6	22.7
9	老虎队	电视剧	中央台八套	6.4	27.3
10	绽放吧百合(4 月 26 日~5 月 9 日)	电视剧	中央台八套	6.4	26.7
11	上将洪学智	电视剧	中央台八套	5.5	17.9
12	破冰行动	电视剧	中央台八套	5.4	22.8
13	无名卫士	电视剧	中央台八套	5.3	23.7

续表

名次	节目名称	节目类型	播出频道	平均收视率（%）	平均占有率（%）
14	神丐(9月15日)	电影	中央台六套	5.1	23.2
15	星火云雾街	电视剧	中央台八套	5.1	16.0
16	最美的青春	电视剧	中央台八套	4.9	17.1
17	中华人民共和国中央人民政府成立典礼原始影像	专题	中央电视台综合频道	4.8	19.8
18	2019年中央广播电视总台中秋晚会	综艺	中央电视台综合频道	4.8	16.9
19	盲侠	电影	中央台六套	4.7	19.1
20	杨至成火线供给	电影	中央台六套	4.6	19.7
21	特赦1959	电视剧	中央电视台综合频道	4.6	19.2
22	我怕来不及	电视剧	中央台八套	4.6	18.9
23	天气预报	生活服务	中央电视台综合频道	4.5	18.9
24	有个地方叫马兰	电视剧	中央台八套	4.4	16.8
25	在桃花盛开的地方	电视剧	中央台八套	4.3	18.4
26	变形金刚四绝迹重生	电影	中央台六套	4.2	24.4
27	红海行动(1月1日)	电影	中央台六套	4.2	14.7
28	开门大吉(1月14日)	综艺	中央台三套	4.2	11.9
29	红色通缉	专题	中央电视台综合频道	4.1	12.7
30	新春喜剧之夜(2月5日)	综艺	中央台三套	4.1	12.4

表3.59.8　2019年西宁市场电视剧收视率排名前十位

名次	节目名称	播出频道	平均收视率(%)	平均占有率(%)
1	刘家媳妇(2月12日~2月25日)	中央台八套	7.5	24.3
2	姥姥的饺子馆(6~40集)	中央台八套	7.4	24.2
3	老虎队	中央台八套	6.4	27.3
4	绽放吧百合(4月26日~5月9日)	中央台八套	6.4	26.7
5	上将洪学智	中央台八套	5.5	17.9
6	破冰行动	中央台八套	5.4	22.8
7	无名卫士	中央台八套	5.3	23.7
8	星火云雾街	中央台八套	5.1	16.0
9	最美的青春	中央台八套	4.9	17.1
10	特赦1959	中央电视台综合频道	4.6	19.2

表 3.59.9　2019 年西宁市场新闻节目收视率排名前十位

名次	节目名称	播出频道	平均收视率(%)	平均占有率(%)
1	庆祝中华人民共和国成立 70 周年大会阅兵式群众游行特别报道	中央电视台综合频道	15.2	36.8
2	向伟大复兴前进	中央电视台综合频道	6.7	31.6
3	人民欢歌庆祝中华人民共和国成立 70 周年联欢活动特别报道	中央电视台综合频道	3.0	18.6
4	庆祝中华人民共和国成立 70 周年特别节目走向复兴	中央电视台综合频道	2.9	10.5
5	新闻联播	中央电视台综合频道	2.8	13.4
6	第七届世界军人运动会开幕式特别报道	中央电视台综合频道	2.6	11.5
7	新闻联播(10 月 1 日)	中央台二套	1.9	8.1
8	国务院总理会见中外记者并回答提问	中央电视台新闻频道	1.9	6.4
9	转播中央台新闻联播	青海卫视	1.8	8.6
10	焦点访谈	中央电视台综合频道	1.7	6.7

表 3.59.10　2019 年西宁市场专题节目收视率排名前十位

名次	节目名称	播出频道	平均收视率(%)	平均占有率(%)
1	中华人民共和国中央人民政府成立典礼原始影像	中央电视台综合频道	4.8	19.8
2	红色通缉	中央电视台综合频道	4.1	12.7
3	一年又一年	中央电视台综合频道	3.9	12.6
4	中国诗词大会第四季(2 月 10 日)	中央电视台综合频道	3.5	11.2
5	较量抗美援朝战争实录	中央台六套	3.3	13.1
6	穿越历史长廊探寻文化伟力	中央电视台综合频道	3.1	13.0
7	冰血长津湖	中央台六套	3.0	11.7
8	一抓到底正风纪秦岭违建整治始末	中央电视台综合频道	2.9	9.2
9	祖国在召唤	中央电视台综合频道	2.8	10.2
10	中央电视台特别节目共同开创中朝两党两国关系的美好未来	中央电视台综合频道	2.7	11.2

表 3.59.11 2019 年西宁市场综艺节目收视率排名前十位

名次	节目名称	播出频道	平均收视率（%）	平均占有率（%）
1	庆祝中华人民共和国成立 70 周年联欢活动	中央电视台综合频道	10.2	34.5
2	2019 中央广播电视总台春节联欢晚会	中央电视台综合频道	10.1	26.3
3	喜气洋洋闹元宵	中央电视台综合频道	6.6	22.7
4	2019 年中央广播电视总台中秋晚会	中央电视台综合频道	4.8	16.9
5	开门大吉(1 月 14 日)	中央台三套	4.2	11.9
6	新春喜剧之夜(2 月 5 日)	中央台三套	4.1	12.4
7	新春曲艺大联欢(2 月 6 日)	中央台三套	3.9	14.7
8	挑战不可能(1 月 20 日)	中央电视台综合频道	3.7	9.5
9	越战越勇(4 月 10 日)	中央台三套	3.6	13.6
10	星光大道决赛季(1 月 19 日)	中央电视台综合频道	2.8	8.5

表 3.59.12 2019 年西宁市场体育节目收视率排名前十位

名次	节目名称	播出频道	平均收视率（%）	平均占有率（%）
1	现场直播:2019 年世界女排联赛总决赛小组赛 A 组(中国 VS 意大利)	中央台五套	3.2	14.9
2	直播周末:2020 年东京奥运会女排资格赛(中国 VS 德国)	中央台五套	3.1	13.1
3	第七届世界军人运动会开幕式	中央电视台综合频道	3.1	12.3
4	第七届世界军人运动会报道:第七届军运会女排决赛(中国 VS 巴西)	中央台五套	3.0	12.7
5	第七届世界军人运动会报道:第七届军运会游泳比赛女子 200 米蝶泳决赛	中央台五套	2.7	13.7
6	直播周末:2019 年国际泳联世锦赛女子 400 米个人混合泳决赛	中央台五套	2.7	8.8
7	2019 年亚洲杯小组赛 C 组第三轮(韩国 VS 中国)	中央台五套	2.6	11.0
8	2019 年国际篮联男篮世界杯决赛(阿根廷 VS 西班牙)	中央台五套	2.4	9.4
9	直播周末:2019 年中国公开赛女单 1/4 决赛	中央台五套	2.3	17.0
10	第七届世界军人运动会报道:第七届军运会男篮第二轮(美国 VS 中国)	中央台五套	2.3	9.0

六十、厦门收视数据

表 3. 60. 1　2015~2019 年厦门市场各类频道的市场占有率(%)

频道类别	2015 年	2016 年	2017 年	2018 年	2019 年
中央广播电视总台	37. 4	33. 7	33. 2	30. 8	25. 2
中国教育台频道	0. 1	0. 0	0. 1	0. 1	0. 3
福建省级频道	4. 3	4. 9	5. 3	4. 8	5. 1
厦门市级频道	26. 8	26. 0	22. 7	19. 3	21. 0
其他省级卫视频道	23. 6	25. 2	21. 1	17. 6	24. 5
其他频道	7. 8	10. 2	17. 6	27. 4	23. 9

表 3. 60. 2　2019 年厦门市场各类频道在不同目标观众中的市场占有率(%)

目标观众		中央广播电视总台	中国教育台频道	福建省级频道	厦门市级频道	其他省级卫视频道	其他频道
4 岁及以上所有人		25. 2	0. 3	5. 1	21. 0	24. 5	23. 9
性别	男	28. 8	0. 5	5. 3	19. 6	22. 7	23. 1
	女	21. 4	0. 2	4. 9	22. 5	26. 3	24. 7
年龄	4~14 岁	13. 7	0. 1	4. 4	11. 8	26. 0	44. 0
	15~24 岁	24. 5	2. 0	4. 3	20. 8	31. 0	17. 4
	25~34 岁	18. 7	0. 1	5. 0	17. 6	28. 1	30. 5
	35~44 岁	25. 0	0. 1	4. 8	14. 7	25. 5	29. 9
	45~54 岁	23. 6	0. 3	4. 3	22. 2	25. 5	24. 1
	55~64 岁	28. 3	0. 0	6. 3	28. 5	21. 9	15. 0
	65 岁及以上	37. 0	0. 5	6. 1	25. 8	17. 2	13. 4
教育程度	未受过正规教育	20. 4	0. 0	4. 7	32. 7	26. 0	16. 2
	小学	25. 5	0. 3	5. 6	27. 0	19. 7	21. 9
	初中	27. 5	0. 5	5. 9	17. 1	24. 5	24. 5
	高中	26. 0	0. 3	3. 8	17. 8	24. 8	27. 3
	大学及以上	23. 0	0. 3	5. 2	18. 9	28. 2	24. 4
职业类别	干部/管理人员	26. 5	0. 0	3. 3	16. 6	25. 3	28. 3
	个体/私营企业人员	18. 1	0. 5	6. 1	16. 6	26. 0	32. 7
	初级公务员/雇员	25. 3	0. 4	2. 6	18. 6	34. 5	18. 6
	工人	28. 1	0. 4	5. 1	20. 4	21. 8	24. 2
	学生	15. 7	0. 2	3. 2	11. 6	23. 4	45. 9
	无业	27. 9	0. 3	5. 9	23. 2	22. 9	19. 8
	其他	24. 4	0. 1	5. 3	34. 0	16. 5	19. 7
个人月收入	0~600 元	20. 6	0. 6	5. 4	14. 2	27. 3	31. 9
	601~1200 元	*	*	*	*	*	*
	1201~1700 元	33. 5	0. 1	5. 0	23. 8	23. 2	14. 4
	1701~2600 元	19. 9	0. 1	5. 1	29. 3	24. 4	21. 2
	2601~3500 元	27. 0	0. 6	5. 3	25. 9	22. 3	18. 9
	3501~5000 元	26. 4	0. 5	5. 4	28. 5	22. 2	17. 0
	5001 元及以上	27. 5	0. 1	4. 8	16. 9	24. 9	25. 8

注：* 表示样本量不足，无法进行统计推断。

表 3.60.3 2019 年厦门市场各类频道在不同时段的市场占有率(%)

时间段	中央广播电视总台	中国教育台频道	福建省级频道	厦门市级频道	其他省级卫视频道	其他频道
02:00~03:00	23.6	1.2	3.7	5.7	34.5	31.3
03:00~04:00	33.4	1.4	3.6	2.5	30.1	29.0
04:00~05:00	37.8	0.3	5.3	3.3	20.1	33.2
05:00~06:00	44.5	1.4	7.9	4.0	21.6	20.6
06:00~07:00	51.7	0.3	5.5	9.5	12.9	20.1
07:00~08:00	40.8	0.2	3.9	17.1	16.8	21.2
08:00~09:00	41.7	0.3	5.8	18.0	12.8	21.4
09:00~10:00	34.3	0.4	6.6	14.3	17.3	27.1
10:00~11:00	30.5	0.4	5.3	14.7	20.1	29.0
11:00~12:00	33.6	0.2	4.8	15.4	18.4	27.6
12:00~13:00	32.4	0.1	3.0	22.0	17.8	24.7
13:00~14:00	28.8	0.5	3.8	10.5	27.5	28.9
14:00~15:00	21.4	1.3	5.1	12.6	30.5	29.1
15:00~16:00	22.2	1.5	4.8	13.3	30.4	27.8
16:00~17:00	22.8	1.4	4.7	12.5	29.4	29.2
17:00~18:00	22.9	0.6	5.4	15.2	26.1	29.8
18:00~19:00	25.0	0.2	8.0	29.6	12.2	25.0
19:00~20:00	26.0	0.1	6.0	27.0	22.1	18.8
20:00~21:00	21.5	0.1	4.6	25.9	30.6	17.3
21:00~22:00	19.8	0.1	5.5	27.8	28.1	18.7
22:00~23:00	19.3	0.1	4.5	21.1	28.8	26.2
23:00~24:00	23.2	0.2	3.9	15.3	28.3	29.1
24:00~25:00	24.9	0.2	5.3	16.0	22.5	31.1
25:00~26:00	24.2	0.3	4.4	12.6	24.4	34.1

表 3.60.4 2019 年厦门市场收视份额排名前十位的频道

名次	频道名称	收视份额(%)
1	厦门电视台综合频道	6.5
2	中央电视台综合频道	5.8
3	厦门电视台影视频道	4.9
3	厦门电视台生活频道	4.9
5	中央台四套	4.1
6	天津卫视	3.6
7	浙江卫视	3.1
8	中央台六套	2.9
9	厦门电视台海峡频道	2.6
9	湖南卫视	2.6
9	江苏卫视	2.6

表 3.60.5　2019 年厦门市场各主要频道的观众构成(%)

目标观众		所有频道	主要频道				
			厦门电视台综合频道	中央电视台综合频道	厦门电视台影视频道	厦门电视台生活频道	中央台四套
4 岁及以上所有人		100.0	100.0	100.0	100.0	100.0	100.0
性别	男性	50.6	53.6	57.4	40.5	44.9	65.3
	女性	49.4	46.4	42.6	59.5	55.1	34.7
年龄	4~14 岁	7.2	3.2	4.4	5.1	3.7	1.9
	15~24 岁	7.5	7.0	9.3	7.1	9.1	6.0
	25~34 岁	20.5	20.4	12.4	14.9	18.8	7.3
	35~44 岁	11.4	9.5	11.9	6.3	6.5	5.4
	45~54 岁	21.7	20.0	15.9	26.5	25.5	16.0
	55~64 岁	14.0	21.7	10.8	21.4	14.1	25.7
	65 岁及以上	17.7	18.2	35.3	18.7	22.3	37.7
教育程度	未受过正规教育	9.3	11.8	6.2	18.2	14.9	5.3
	小学	20.2	22.7	19.0	28.9	26.8	28.8
	初中	26.5	20.6	25.7	23.1	18.7	29.4
	高中	23.5	20.6	26.7	16.6	23.1	22.9
	大学及以上	20.5	24.3	22.4	13.2	16.5	13.6
职业类别	干部/管理人员	1.6	1.0	1.7	1.5	1.3	1.0
	个体/私营企业人员	14.1	11.4	8.8	9.6	11.4	3.6
	初级公务员/雇员	13.7	13.7	14.9	11.8	12.7	11.6
	工人	15.5	17.2	17.0	12.9	13.5	18.9
	学生	5.9	3.0	3.4	3.7	2.9	3.0
	无业	43.2	44.0	49.5	49.4	46.6	50.7
	其他	6.0	9.7	4.7	11.1	11.6	11.2
个人月收入	0~600 元	23.1	12.4	17.7	16.9	18.2	14.7
	601~1200 元	*	*	*	*	*	*
	1201~1700 元	2.7	3.0	2.1	2.6	3.0	7.1
	1701~2600 元	8.8	12.9	5.4	13.1	12.6	11.5
	2601~3500 元	12.0	17.5	15.7	15.5	10.1	12.3
	3501~5000 元	20.2	25.0	18.4	30.1	30.0	25.6
	5001 元及以上	33.2	29.2	40.7	21.8	26.1	28.8

注:* 表示样本量不足,无法进行统计推断。

表 3.60.6 2017~2019 年厦门市场各类节目的播出比重(%)和收视比重(%)

节目类型	2017 年		2018 年		2019 年	
	播出比重	收视比重	播出比重	收视比重	播出比重	收视比重
财经	1.2	0.6	1.3	0.6	1.2	0.7
电视剧	21.5	32.8	21.6	32.3	21.6	37.6
电影	4.5	6.7	4.3	5.4	3.8	5.1
法制	0.9	0.3	0.9	0.4	0.9	0.4
教学	0.2	0.0	0.3	0.0	0.4	0.0
青少	6.9	6.2	6.9	4.3	7.5	3.5
生活服务	8.1	6.2	8.2	6.3	7.7	6.2
体育	3.6	2.3	3.7	3.5	4.2	2.3
外语	0.1	0.0	0.1	0.0	0.1	0.0
戏剧	0.9	1.4	0.8	1.1	0.8	0.5
新闻/时事	15.6	15.2	16.1	16.1	16.2	14.6
音乐	1.4	1.4	1.5	1.3	1.8	1.1
专题	14.3	6.3	14.0	7.1	14.4	6.6
综艺	7.6	9.0	7.4	9.7	6.8	10.4
其他	13.2	11.7	12.9	11.9	12.5	11.0

表 3.60.7 2019 年厦门市场所有节目收视率排名前三十位

名次	节目名称	节目类型	播出频道	平均收视率(%)	平均占有率(%)
1	庆祝中华人民共和国成立 70 周年大会阅兵式群众游行特别报道	新闻/时事	中央电视台综合频道	9.4	32.1
2	2019 中央广播电视总台春节联欢晚会	综艺	中央电视台综合频道	7.8	30.8
3	开学第一课	青少	中央电视台综合频道	6.3	24.5
4	庆祝中华人民共和国成立 70 周年联欢活动	综艺	中央电视台综合频道	6.1	32.8
5	向伟大复兴前进	新闻/时事	中央电视台综合频道	5.4	35.4
6	喜气洋洋闹元宵	综艺	中央电视台综合频道	4.7	21.7
7	8182019 全球汽车夜	综艺	湖南卫视	4.3	18.7
8	神鹰特战队	电视剧	厦门电视台综合频道	3.5	19.3
9	勇敢者	电视剧	厦门电视台综合频道	3.5	16.8
10	觉醒	电视剧	厦门电视台综合频道	3.5	16.6
11	半步之遥	电视剧	厦门电视台综合频道	3.4	16.2
12	设局(1~23 集)	电视剧	厦门电视台综合频道	3.4	15.8
13	枪械师	电视剧	厦门电视台综合频道	3.3	16.7

续表

名次	节目名称	节目类型	播出频道	平均收视率（%）	平均占有率（%）
14	刀尖	电视剧	厦门电视台综合频道	3.3	14.9
15	怒海红尘	电视剧	厦门电视台综合频道	3.1	15.7
16	中共中央在香山共和国1949献礼中华人民共和国成立70周年先导片	专题	北京卫视	3.1	14.8
17	雾都谍影	电视剧	厦门电视台综合频道	3.1	14.5
18	小妮扛枪	电视剧	厦门电视台生活频道	3.0	17.2
19	狼之战	电视剧	厦门电视台综合频道	3.0	16.2
20	巅峰对决我就是演员(10月26日)	综艺	浙江卫视	3.0	15.5
21	人民欢歌庆祝中华人民共和国成立70周年联欢活动特别报道	新闻/时事	中央电视台综合频道	2.9	25.9
22	奋斗吧中华儿女音乐舞蹈史诗	综艺	中央电视台综合频道	2.9	13.8
23	大西北剿匪记	电视剧	厦门电视台综合频道	2.8	13.8
24	2020跨年演唱会用奋斗点亮幸福	音乐	江苏卫视	2.8	13.7
25	开火	电视剧	厦门电视台综合频道	2.8	13.6
26	救赎者	电视剧	厦门电视台综合频道	2.8	13.5
27	2019年中央广播电视总台中秋晚会	综艺	中央电视台综合频道	2.7	13.1
27	中国诗词大会第四季(2月12日)	专题	中央电视台综合频道	2.7	13.1
29	雪地娘子军(37~43集)	电视剧	厦门电视台综合频道	2.6	15.7
30	笑傲江湖	电视剧	厦门电视台生活频道	2.6	15.4

表3.60.8　2019年厦门市场电视剧收视率排名前十位

名次	节目名称	播出频道	平均收视率(%)	平均占有率(%)
1	神鹰特战队	厦门电视台综合频道	3.5	19.3
2	勇敢者	厦门电视台综合频道	3.5	16.8
3	觉醒	厦门电视台综合频道	3.5	16.6
4	半步之遥	厦门电视台综合频道	3.4	16.2
5	设局(1~23集)	厦门电视台综合频道	3.4	15.8
6	枪械师	厦门电视台综合频道	3.3	16.7
7	刀尖	厦门电视台综合频道	3.3	14.9
8	怒海红尘	厦门电视台综合频道	3.1	15.7
9	雾都谍影	厦门电视台综合频道	3.1	14.5
10	小妮扛枪	厦门电视台生活频道	3.0	17.2

表 3.60.9 2019 年厦门市场新闻节目收视率排名前十位

名次	节目名称	播出频道	平均收视率（%）	平均占有率（%）
1	庆祝中华人民共和国成立 70 周年大会阅兵式群众游行特别报道	中央电视台综合频道	9.4	32.1
2	向伟大复兴前进	中央电视台综合频道	5.4	35.4
3	人民欢歌庆祝中华人民共和国成立 70 周年联欢活动特别报道	中央电视台综合频道	2.9	25.9
4	庆祝中华人民共和国成立 70 周年特别节目走向复兴	中央电视台综合频道	2.5	10.1
5	直击台风利奇马	浙江卫视	2.2	11.4
6	十三届全国人大二次会议全国政协十三届二次会议特别报道	上海东方卫视	1.8	18.3
7	庆祝澳门回归祖国 20 周年特别报道	中央电视台综合频道	1.8	8.7
8	特区新闻广场	厦门电视台海峡频道	1.8	8.5
9	海峡两岸	中央台四套	1.4	6.3
10	第七届世界军人运动会开幕式特别报道	中央电视台综合频道	1.3	5.8

表 3.60.10 2019 年厦门市场专题节目收视率排名前十位

名次	节目名称	播出频道	平均收视率（%）	平均占有率（%）
1	中共中央在香山共和国 1949 献礼中华人民共和国成立 70 周年先导片	北京卫视	3.1	14.8
2	中国诗词大会第四季(2 月 12 日)	中央电视台综合频道	2.7	13.1
3	中央电视台特别节目共同开创中朝两党两国关系的美好未来	中央电视台新闻频道	1.9	9.5
4	一年又一年	中央电视台综合频道	1.6	10.4
5	我的青春在丝路第 3 季	湖南卫视	1.6	7.7
6	支部建在连上	中央电视台综合频道	1.6	6.5
7	穿越历史长廊探寻文化伟力	中央电视台综合频道	1.4	7.3
8	变害为利造福人民习近平生态文明思想在福建木兰溪的先行探索	中央电视台综合频道	1.4	6.6
9	2019 厦门国际投资贸易洽谈会暨丝路投资大会融通世界共赢未来	厦门电视台综合频道	1.4	6.5
10	向海而生	厦门电视台综合频道	1.4	6.3

表 3.60.11　2019 年厦门市场综艺节目收视率排名前十位

名次	节目名称	播出频道	平均收视率（%）	平均占有率（%）
1	2019 中央广播电视总台春节联欢晚会	中央电视台综合频道	7.8	30.8
2	庆祝中华人民共和国成立 70 周年联欢活动	中央电视台综合频道	6.1	32.8
3	喜气洋洋闹元宵	中央电视台综合频道	4.7	21.7
4	8182019 全球汽车夜	湖南卫视	4.3	18.7
5	巅峰对决我就是演员(10 月 26 日)	浙江卫视	3.0	15.5
6	奋斗吧中华儿女音乐舞蹈史诗	中央电视台综合频道	2.9	13.8
7	2019 年中央广播电视总台中秋晚会	中央电视台综合频道	2.7	13.1
8	极限挑战	上海东方卫视	2.5	14.4
9	庆祝澳门回归祖国二十周年文艺晚会	中央电视台综合频道	2.5	11.1
10	我爱你中国庆祝中华人民共和国成立 70 周年	湖南卫视	2.5	9.0

表 3.60.12　2019 年厦门市场体育节目收视率排名前十位

名次	节目名称	播出频道	平均收视率（%）	平均占有率（%）
1	第七届世界军人运动会报道:第七届军运会女排小组赛 A 组第三轮(加拿大 VS 中国)	中央台五套	2.3	9.8
2	第七届世界军人运动会报道:第七届军运会游泳水上救生男子 50 米假人救生	中央台五套	2.1	9.1
3	现场直播:国际足联 2022 年世界杯亚洲区预选赛第二阶段 A 组第 5 轮(叙利亚 VS 中国)	中央台五套	2.0	23.4
4	第七届世界军人运动会开幕式	中央电视台综合频道	2.0	10.0
5	现场直播:2019 年世界女排联赛中国香港站(中国 VS 意大利)	中央台五套	1.9	10.2
6	第七届世界军人运动会报道:第七届军运会游泳赛女子 4×100 米自由泳接力决赛	中央台五套	1.8	7.5
7	直播周末:2019 年国际泳联世锦赛女子 200 米仰泳决赛	中央台五套	1.6	7.3
8	现场直播:2019 年中国之队广州国际足球赛(中国 VS 塔吉克斯坦)	中央台五套	1.6	7.0
9	2019 年亚洲杯小组赛 C 组第二轮(菲律宾 VS 中国)	中央台五套	1.5	12.5
10	现场直播:2019 年亚洲足联冠军联赛 1/4 决赛首回合(广州恒大 VS 鹿岛鹿角)	中央台五套	1.4	6.5

六十一、银川收视数据

表 3.61.1 2015~2019 年银川市场各类频道的市场占有率(%)

频道类别	年份				
	2015 年	2016 年	2017 年	2018 年	2019 年
中央广播电视总台	44.3	44.7	42.0	41.2	37.1
中国教育台频道	0.1	0.1	0.1	0.1	0.1
宁夏自治区级频道	7.2	8.5	7.9	7.8	6.5
银川市级频道	6.6	6.5	5.8	5.8	5.4
其他省级卫视频道	32.2	26.3	24.3	19.5	18.7
其他频道	9.6	13.9	19.9	25.6	32.2

表 3.61.2 2019 年银川市场各类频道在不同目标观众中的市场占有率(%)

目标观众		中央广播电视总台	中国教育台频道	宁夏自治区级频道	银川市级频道	其他省级卫视频道	其他频道
4 岁及以上所有人		37.1	0.1	6.5	5.4	18.7	32.2
性别	男	38.8	0.1	6.2	5.6	16.4	32.9
	女	35.6	0.1	6.8	5.3	21.0	31.2
年龄	4~14 岁	23.1	0.1	3.8	1.2	19.2	52.6
	15~24 岁	27.3	0.1	3.1	3.6	24.2	41.7
	25~34 岁	26.7	0.1	7.2	2.2	17.7	46.1
	35~44 岁	34.7	0.1	3.9	1.7	19.8	39.8
	45~54 岁	37.7	0.1	7.4	4.9	22.4	27.5
	55~64 岁	41.4	0.1	7.9	9.2	16.0	25.4
	65 岁及以上	58.0	0.1	8.9	11.2	14.1	7.7
教育程度	未受过正规教育	35.9	0.2	6.1	0.8	19.3	37.7
	小学	40.1	0.1	7.5	4.3	18.2	29.8
	初中	38.5	0.1	7.7	8.1	18.4	27.2
	高中	34.8	0.1	5.6	5.2	18.8	35.5
	大学及以上	36.9	0.1	5.7	4.1	19.3	33.9
职业类别	干部/管理人员	49.0	0.1	3.2	0.9	11.0	35.8
	个体/私营企业人员	34.2	0.1	6.3	4.0	16.7	38.7
	初级公务员/雇员	35.2	0.1	4.5	5.3	20.6	34.3
	工人	35.3	0.1	8.4	4.4	21.3	30.5
	学生	23.0	0.1	2.9	2.0	22.7	49.3
	无业	42.7	0.1	7.6	7.7	17.3	24.6
	其他	31.8	0.1	2.3	0.8	19.1	45.9
个人月收入	0~600 元	27.6	0.1	5.6	3.7	20.5	42.5
	601~1200 元	37.0	0.0	20.0	6.3	16.7	20.0
	1201~1700 元	53.9	0.3	6.9	4.0	20.7	14.2
	1701~2600 元	42.7	0.0	8.2	6.0	22.0	21.1
	2601~3500 元	37.7	0.1	5.7	8.4	16.0	32.1
	3501~5000 元	38.1	0.1	4.3	4.9	16.7	35.9
	5001 元及以上	37.7	0.1	7.0	2.4	17.6	35.2

表 3.61.3　2019 年银川市场各类频道在不同时段的市场占有率(%)

时间段	中央广播电视总台	中国教育台频道	宁夏自治区级频道	银川市级频道	其他省级卫视频道	其他频道
02:00~03:00	18.5	0.1	3.2	0.2	20.5	57.5
03:00~04:00	19.4	0.1	2.3	0.0	20.7	57.5
04:00~05:00	30.3	0.1	1.8	0.0	15.5	52.3
05:00~06:00	56.5	0.1	1.0	0.0	8.9	33.5
06:00~07:00	69.8	0.0	0.7	0.1	10.1	19.3
07:00~08:00	52.8	0.0	7.9	3.1	9.0	27.2
08:00~09:00	40.5	0.1	9.5	5.0	13.4	31.5
09:00~10:00	38.2	0.1	7.7	4.2	18.5	31.3
10:00~11:00	36.9	0.2	7.8	3.5	19.5	32.1
11:00~12:00	38.9	0.1	7.9	2.4	18.4	32.3
12:00~13:00	40.2	0.0	6.6	2.3	17.0	33.9
13:00~14:00	32.1	0.1	4.2	3.3	21.7	38.6
14:00~15:00	28.9	0.2	3.9	2.7	25.1	39.2
15:00~16:00	28.9	0.3	4.7	1.7	26.3	38.1
16:00~17:00	31.9	0.2	5.1	1.7	25.2	35.9
17:00~18:00	34.5	0.1	9.2	1.5	21.4	33.3
18:00~19:00	41.5	0.1	10.5	6.4	10.5	31.0
19:00~20:00	48.0	0.1	7.2	6.0	13.0	25.7
20:00~21:00	38.3	0.0	6.6	7.8	21.2	26.1
21:00~22:00	36.7	0.1	6.7	8.7	19.4	28.4
22:00~23:00	31.7	0.1	4.9	10.0	19.2	34.1
23:00~24:00	32.1	0.1	3.7	3.2	21.3	39.6
24:00~25:00	27.3	0.1	4.4	2.4	17.2	48.6
25:00~26:00	22.1	0.0	3.6	1.5	18.4	54.4

表 3.61.4　2019 年银川市场收视份额排名前十位的频道

名次	频道名称	收视份额(%)
1	中央台八套	6.6
2	中央电视台综合频道	5.8
3	中央台六套	4.9
4	中央台三套	3.5
4	银川电视台-3(文体影视频道)	3.5
6	宁夏电视台公共频道	3.0
7	湖南卫视	2.5
7	中央台四套	2.5
9	中央台五套	2.4
10	中央电视台新闻频道	2.3

表 3.61.5 2019 年银川市场各主要频道的观众构成(%)

目标观众		所有频道	主要频道				
			中央台八套	中央电视台综合频道	中央台六套	中央台三套	银川电视台-3(文体影视频道)
4 岁及以上所有人		100.0	100.0	100.0	100.0	100.0	100.0
性别	男	49.1	46.4	47.8	56.2	45.5	54.1
	女	50.9	53.6	52.2	43.8	54.5	45.9
年龄	4~14 岁	9.8	5.1	6.2	7.0	6.2	1.8
	15~24 岁	6.5	3.6	5.3	5.5	4.7	4.7
	25~34 岁	14.3	7.4	9.0	14.3	11.9	4.6
	35~44 岁	13.2	11.0	12.6	20.4	12.1	2.0
	45~54 岁	22.4	24.0	18.3	28.2	18.9	16.7
	55~64 岁	20.0	26.4	21.1	14.8	22.1	35.0
	65 岁及以上	13.7	22.5	27.5	9.7	24.1	35.2
教育程度	未受过正规教育	5.7	5.4	6.4	4.7	3.8	0.4
	小学	14.0	20.8	16.4	10.1	14.5	13.5
	初中	29.1	34.0	27.4	33.5	33.6	50.0
	高中	29.6	22.8	26.5	28.5	28.8	26.1
	大学及以上	21.6	17.0	23.3	23.2	19.2	10.1
职业类别	干部/管理人员	2.3	5.6	2.1	4.3	1.6	0.2
	个体/私营企业人员	14.0	12.1	10.9	19.6	13.4	10.5
	初级公务员/雇员	13.4	10.4	13.4	17.9	12.2	12.2
	工人	18.6	16.7	16.2	21.2	19.5	13.1
	学生	9.6	5.3	6.1	8.2	5.8	3.7
	无业	40.4	49.1	50.1	27.8	45.6	60.3
	其他	1.7	0.7	1.2	1.1	1.8	0.0
个人月收入	0~600 元	23.5	13.0	19.2	17.3	14.8	17.9
	601~1200 元	2.8	4.3	2.4	2.3	3.5	1.4
	1201~1700 元	4.9	12.3	4.9	5.5	7.4	3.8
	1701~2600 元	20.1	24.7	25.6	21.6	26.0	18.3
	2601~3500 元	22.3	25.5	18.9	22.5	23.1	39.4
	3501~5000 元	18.2	12.1	20.8	19.9	17.3	16.7
	5001 元及以上	8.1	8.0	8.2	10.9	7.9	2.6

表3.61.6　2017~2019年银川市场各类节目的播出比重(%)和收视比重(%)

节目类型	2017年		2018年		2019年	
	播出比重	收视比重	播出比重	收视比重	播出比重	收视比重
财经	1.2	0.8	1.1	0.7	1.1	0.8
电视剧	22.1	30.1	22.1	31.2	22.6	33.8
电影	5.1	9.7	5.6	9.9	4.3	8.3
法制	1.1	1.8	1.0	1.2	0.9	1.2
教学	0.2	0.0	0.3	0.0	0.4	0.0
青少	7.1	5.3	6.9	5.0	7.6	4.4
生活服务	7.5	5.6	7.4	5.3	6.8	5.1
体育	3.3	2.8	3.3	3.9	3.8	3.7
外语	0.1	0.0	0.1	0.0	0.2	0.0
戏剧	0.8	0.3	0.8	0.4	0.8	0.4
新闻/时事	15.4	13.1	15.9	13.0	16.4	12.1
音乐	1.5	1.0	1.4	0.8	1.7	1.1
专题	14.0	6.1	14.0	6.1	13.9	7.1
综艺	7.9	12.5	7.4	11.1	6.8	11.4
其他	12.7	10.9	12.7	11.4	12.7	10.6

表3.61.7　2019年银川市场所有节目收视率排名前三十位

名次	节目名称	节目类型	播出频道	平均收视率(%)	平均占有率(%)
1	庆祝中华人民共和国成立70周年大会阅兵式群众游行特别报道	新闻/时事	中央电视台综合频道	15.2	41.5
2	庆祝中华人民共和国成立70周年联欢活动	综艺	中央电视台综合频道	10.3	33.8
3	开学第一课	青少	中央电视台综合频道	8.9	28.3
4	向伟大复兴前进	新闻/时事	中央电视台综合频道	8.0	35.0
5	2019中央广播电视总台春节联欢晚会	综艺	中央台三套	7.4	21.6
6	喜气洋洋闹元宵	综艺	中央电视台综合频道	7.3	23.7
7	姥姥的饺子馆(16~40集)	电视剧	中央台八套	5.5	20.1
8	战狼二(3月16日)	电影	中央台六套	5.2	16.3
9	红海行动(10月8日)	电影	中央台六套	5.0	18.2
10	人民欢歌庆祝中华人民共和国成立70周年联欢活动特别报道	新闻/时事	中央电视台综合频道	4.7	27.2
11	锦衣卫(1月21日)	电影	中央台六套	4.7	15.5
12	机器之血(7月28日)	电影	中央台六套	4.5	20.9

续表

名次	节目名称	节目类型	播出频道	平均收视率(%)	平均占有率(%)
13	一出好戏(2月8日)	电影	中央台六套	4.4	15.1
14	中国诗词大会第四季(2月11日)	专题	中央电视台综合频道	4.4	12.9
15	刘家媳妇	电视剧	中央台八套	4.3	14.3
16	疯狂的外星人	电影	中央台六套	4.2	15.1
17	2019年国际篮联篮球世界杯小组赛A组(中国VS波兰)	体育	中央台五套	4.0	18.4
18	唐人街探案二(2月5日)	电影	中央台六套	4.0	14.4
19	超时空同居(2月14日)	电影	中央台六套	4.0	13.3
20	决战狂沙镇	电影	中央台六套	4.0	12.0
21	中央广播电视总台2019主持人大赛(11月16日)	综艺	中央电视台综合频道	3.9	11.8
22	天气预报	生活服务	中央电视台综合频道	3.8	16.8
23	醉侠苏乞儿	电影	中央台六套	3.7	12.0
24	悟空传(11月1日)	电影	中央台六套	3.7	11.9
25	求求你爱上我(2月21日)	电影	中央台六套	3.7	10.4
26	史密斯行动	电影	中央台六套	3.6	20.0
27	奋斗吧中华儿女音乐舞蹈史诗	综艺	中央电视台综合频道	3.5	13.5
27	澳门风云二(8月3日)	电影	中央台六套	3.5	12.7
29	绽放吧百合	电视剧	中央台八套	3.4	15.2
30	开门大吉(9月9日)	综艺	中央台三套	3.4	13.7

表3.61.8 2019年银川市场电视剧收视率排名前十位

名次	节目名称	播出频道	平均收视率(%)	平均占有率(%)
1	姥姥的饺子馆(16~40集)	中央台八套	5.5	20.1
2	刘家媳妇	中央台八套	4.3	14.3
3	绽放吧百合	中央台八套	3.4	15.2
4	破冰行动	中央台八套	3.3	15.5
5	最美的青春	中央台八套	3.3	13.2
6	老中医	中央电视台综合频道	3.3	12.1
7	无名卫士	中央台八套	3.1	14.6
8	老虎队	中央台八套	3.0	13.7
9	特赦1959	中央电视台综合频道	3.0	11.6
10	星火云雾街	中央台八套	3.0	10.5

表 3.61.9　2019 年银川市场新闻节目收视率排名前十位

名次	节目名称	播出频道	平均收视率（%）	平均占有率（%）
1	庆祝中华人民共和国成立 70 周年大会阅兵式群众游行特别报道	中央电视台综合频道	15.2	41.5
2	向伟大复兴前进	中央电视台综合频道	8.0	35.0
3	人民欢歌庆祝中华人民共和国成立 70 周年联欢活动特别报道	中央电视台综合频道	4.7	27.2
4	新闻联播	中央电视台综合频道	2.7	13.4
5	国务院总理会见中外记者并回答提问	中央电视台综合频道	2.6	9.7
6	庆祝中华人民共和国成立 70 周年特别节目走向复兴	中央电视台综合频道	2.4	8.9
7	第七届世界军人运动会开幕式特别报道	中央电视台综合频道	1.7	6.2
8	庆祝澳门回归祖国 20 周年特别报道	中央电视台综合频道	1.7	5.8
9	焦点访谈	中央电视台综合频道	1.4	6.1
10	2019 年中国北京世界园艺博览会开幕式特别报道	中央电视台综合频道	1.2	4.9

表 3.61.10　2019 年银川市场专题节目收视率排名前十位

名次	节目名称	播出频道	平均收视率（%）	平均占有率（%）
1	中国诗词大会第四季(2 月 11 日)	中央电视台综合频道	4.4	12.9
2	大国工匠 2018 年度人物颁奖典礼	中央电视台综合频道	3.2	11.3
3	感动中国 2018 年度人物颁奖盛典	中央电视台综合频道	3.1	9.9
4	穿越历史长廊探寻文化伟力	中央电视台综合频道	2.4	8.7
5	一年又一年	中央电视台综合频道	2.2	12.6
6	中央电视台特别节目共同开创中朝两党两国关系的美好未来	中央电视台综合频道	2.1	10.5
7	2018 寻找最美医生大型公益活动颁奖晚会	中央电视台综合频道	2.0	7.9
8	红色通缉	中央电视台综合频道	2.0	6.4
9	较量抗美援朝战争实录	中央台六套	1.9	8.1
10	礼赞最美奋斗者	中央电视台综合频道	1.9	7.0

表 3.61.11 2019 年银川市场综艺节目收视率排名前十位

名次	节目名称	播出频道	平均收视率（%）	平均占有率（%）
1	庆祝中华人民共和国成立 70 周年联欢活动	中央电视台综合频道	10.3	33.8
2	2019 中央广播电视总台春节联欢晚会	中央台三套	7.4	21.6
3	喜气洋洋闹元宵	中央电视台综合频道	7.3	23.7
4	中央广播电视总台 2019 主持人大赛（11 月 16 日）	中央电视台综合频道	3.9	11.8
5	奋斗吧中华儿女音乐舞蹈史诗	中央电视台综合频道	3.5	13.5
6	开门大吉（9 月 9 日）	中央台三套	3.4	13.7
7	新春喜剧之夜	中央台三套	3.2	11.9
8	第 32 届中国电影金鸡奖颁奖典礼暨第 28 届中国金鸡百花电影节闭幕式	中央台六套	3.1	12.5
9	中国好声音（8 月 9 日）	浙江卫视	3.1	12.4
10	越战越勇（2 月 7 日）	中央台三套	3.1	11.6

表 3.61.12 2019 年银川市场体育节目收视率排名前十位

名次	节目名称	播出频道	平均收视率（%）	平均占有率（%）
1	2019 年国际篮联篮球世界杯小组赛 A 组（中国 VS 波兰）	中央台五套	4.0	18.4
2	直播周末：2019 年乒乓球团体世界杯女团决赛单打	中央台五套	2.8	10.0
3	第七届世界军人运动会开幕式	中央电视台综合频道	2.8	10.0
3	现场直播：2019 年世界乒乓球锦标赛混双决赛	中央台五套	2.5	9.3
5	2019 年亚洲杯 1/8 决赛（泰国 VS 中国）	中央台五套	2.4	15.8
6	颁奖仪式（9 月 15 日）	中央台五套	2.2	11.8
7	超级足球之夜：国际足联 2022 年世界杯亚洲区预选赛第 2 阶段 A 组第 2 轮（关岛 VS 中国）	中央台五套	2.2	8.4
8	现场直播：2019 年世界女排联赛总决赛小组赛 A 组（中国 VS 意大利）	中央台五套	2.1	8.7
9	直播周末：2020 年东京奥运会女排资格赛（中国 VS 德国）	中央台五套	2.1	7.8
10	第七届世界军人运动会报道：第七届军运会田径女子 4×100 米接力决赛	中央台五套	2.1	7.7

六十二、郑州收视数据

表 3.62.1 2015~2019 年郑州市场各类频道的市场占有率(%)

频道类别	年份				
	2015 年	2016 年	2017 年	2018 年	2019 年
中央广播电视总台	26.1	28.4	31.1	32.6	27.8
中国教育台频道	0.3	0.4	0.3	0.2	0.2
河南省级频道	25.1	24.0	20.3	18.3	17.4
郑州市级频道	8.3	6.2	3.5	2.8	2.0
其他省级卫视频道	32.5	28.2	24.3	22.8	25.7
其他频道	7.7	12.8	20.5	23.3	26.9

表 3.62.2 2019 年郑州市场各类频道在各目标观众中的市场占有率(%)

目标观众		中央广播电视总台	中国教育台频道	河南省级频道	郑州市级频道	其他省级卫视频道	其他频道
4 岁及以上所有人		27.8	0.2	17.4	2.0	25.7	26.9
性别	男	30.2	0.2	17.6	1.9	23.9	26.2
	女	25.4	0.2	17.3	2.0	27.4	27.7
年龄	4~14 岁	17.6	0.1	6.7	1.1	30.5	44.0
	15~24 岁	23.3	0.2	14.9	2.3	28.4	30.9
	25~34 岁	17.9	0.2	12.7	1.2	28.8	39.2
	35~44 岁	23.6	0.2	12.3	1.3	28.1	34.5
	45~54 岁	25.7	0.2	20.3	2.3	24.0	27.5
	55~64 岁	33.6	0.1	22.8	1.6	24.1	17.8
	65 岁及以上	39.6	0.2	21.6	2.9	22.4	13.3
教育程度	未受过正规教育	19.4	0.2	7.1	1.2	23.5	48.6
	小学	26.0	0.1	16.5	1.6	27.2	28.6
	初中	26.8	0.2	21.2	2.3	24.7	24.8
	高中	28.3	0.1	19.1	2.3	27.0	23.2
	大学及以上	30.7	0.2	13.3	1.5	24.5	29.8
职业类别	干部/管理人员	27.5	0.2	11.2	1.7	25.1	34.3
	个体/私营企业人员	20.6	0.2	17.6	2.7	23.8	35.1
	初级公务员/雇员	25.3	0.2	15.5	1.0	31.3	26.7
	工人	26.3	0.2	21.7	2.1	25.5	24.2
	学生	19.8	0.1	10.2	1.5	31.1	37.3
	无业	32.3	0.2	18.9	2.1	23.4	23.1
	其他	*	*	*	*	*	*
个人月收入	0~600 元	21.4	0.2	12.8	1.6	26.7	37.3
	601~1200 元	*	*	*	*	*	*
	1201~1700 元	27.0	0.2	26.7	2.2	24.5	19.4
	1701~2600 元	26.1	0.1	22.4	2.6	26.2	22.6
	2601~3500 元	32.8	0.2	21.0	2.2	24.7	19.1
	3501~5000 元	30.4	0.2	16.8	1.9	25.9	24.8
	5001 元及以上	30.7	0.2	11.0	1.5	24.1	32.5

注:* 表示样本量不足,无法进行统计推断。

表 3.62.3 2019 年郑州市场各类频道在各时段的市场占有率(%)

时间段	中央广播电视总台	中国教育台频道	河南省级频道	郑州市级频道	其他省级卫视频道	其他频道
02:00~03:00	27.0	0.1	21.3	2.3	15.8	33.5
03:00~04:00	30.9	0.1	19.1	1.2	14.2	34.5
04:00~05:00	29.9	0.1	18.5	0.8	10.9	39.8
05:00~06:00	27.1	0.2	18.7	0.6	6.9	46.5
06:00~07:00	41.9	0.1	23.7	0.8	5.9	27.6
07:00~08:00	48.0	0.3	17.5	2.6	10.5	21.1
08:00~09:00	41.4	0.2	14.7	2.3	18.0	23.4
09:00~10:00	33.3	0.3	11.8	2.4	23.6	28.6
10:00~11:00	29.9	0.3	11.1	1.9	25.8	31.0
11:00~12:00	31.0	0.2	12.0	1.3	25.4	30.1
12:00~13:00	34.6	0.1	13.2	2.1	22.6	27.4
13:00~14:00	27.2	0.2	9.8	4.0	26.9	31.9
14:00~15:00	24.7	0.3	7.4	2.2	30.7	34.7
15:00~16:00	24.0	0.3	7.2	2.4	30.8	35.3
16:00~17:00	23.8	0.4	7.7	2.2	30.2	35.7
17:00~18:00	25.1	0.2	13.3	1.9	26.5	33.0
18:00~19:00	30.6	0.1	24.0	3.3	14.7	27.3
19:00~20:00	30.8	0.1	22.4	1.5	22.4	22.8
20:00~21:00	23.4	0.1	20.6	1.4	33.8	20.7
21:00~22:00	24.3	0.1	23.3	1.6	29.3	21.4
22:00~23:00	21.7	0.2	25.6	1.3	25.7	25.5
23:00~24:00	24.8	0.1	19.5	1.5	24.7	29.4
24:00~25:00	30.7	0.2	18.2	1.3	19.2	30.4
25:00~26:00	30.4	0.1	20.2	1.5	17.1	30.7

表 3.62.4 2019 年郑州市场收视份额排名前十位的频道

名次	频道名称	收视份额(%)
1	中央电视台综合频道	4.7
2	河南广播电视台电视剧频道(五套)	4.5
3	中央台四套	4.3
4	河南广播电视台民生频道(三套)	4.2
5	浙江卫视	3.3
6	中央台八套	3.1
7	湖南卫视	2.9
7	中央台六套	2.9
9	河南广播电视台都市频道(二套)	2.8
10	上海东方卫视	2.4

表 3.62.5　2019 年郑州市场各主要频道的观众构成(%)

目标观众		所有频道	主要频道				
			中央电视台综合频道	河南广播电视台电视剧频道(五套)	中央台四套	河南广播电视台民生频道(三套)	浙江卫视
4 岁及以上所有人		100.0	100.0	100.0	100.0	100.0	100.0
性别	男	49.3	51.9	54.2	59.8	51.9	43.9
	女	50.7	48.1	45.8	40.2	48.1	56.1
年龄	4~14 岁	9.7	5.7	2.5	2.9	3.6	13.7
	15~24 岁	7.8	7.9	6.3	6.4	5.9	10.0
	25~34 岁	12.3	7.2	7.1	3.6	9.8	17.3
	35~44 岁	10.5	8.3	5.1	4.8	10.3	13.2
	45~54 岁	22.8	18.0	27.3	17.3	30.9	22.1
	55~64 岁	15.1	16.7	20.6	28.8	20.7	7.4
	65 岁及以上	21.8	36.2	31.1	36.2	18.8	16.3
教育程度	未受过正规教育	4.4	3.5	0.9	1.1	1.4	1.8
	小学	13.2	16.2	14.0	9.0	8.1	14.8
	初中	27.2	24.1	34.9	29.0	29.9	26.2
	高中	31.7	29.1	32.8	33.6	42.0	32.6
	大学及以上	23.5	27.1	17.4	27.3	18.6	24.6
职业类别	干部/管理人员	4.9	4.5	3.7	3.2	3.7	3.7
	个体/私营企业人员	9.6	7.4	7.1	4.0	14.3	9.7
	初级公务员/雇员	12.0	10.2	9.0	8.8	13.8	17.7
	工人	15.3	11.1	17.6	15.3	21.7	17.3
	学生	11.2	9.0	4.7	5.3	6.1	19.4
	无业	47.0	57.8	57.9	63.4	40.4	32.2
	其他	*	*	*	*	*	*
个人月收入	0~600 元	27.5	23.2	16.5	15.8	17.2	29.8
	601~1200 元	*	*	*	*	*	*
	1201~1700 元	2.5	1.1	4.7	4.4	2.4	2.9
	1701~2600 元	16.9	15.1	21.4	19.2	23.2	15.2
	2601~3500 元	25.6	33.3	36.7	32.8	30.5	25.5
	3501~5000 元	16.2	14.6	13.2	18.8	19.6	17.2
	5001 元及以上	11.3	12.7	7.5	9.0	7.1	9.4

注:* 表示样本量不足,无法进行统计推断。

表 3.62.6 2017~2019 年郑州市场各类节目的播出比重(%)和收视比重(%)

节目类型	2017 年		2018 年		2019 年	
	播出比重	收视比重	播出比重	收视比重	播出比重	收视比重
财经	1.0	1.0	0.9	0.8	0.9	0.7
电视剧	26.2	28.9	26.5	30.5	26.3	32.3
电影	4.2	5.0	4.1	4.8	4.1	4.5
法制	0.9	1.0	0.8	1.1	0.6	0.9
教学	0.2	0.0	0.2	0.0	0.3	0.1
青少	6.2	4.9	6.2	4.8	6.5	5.1
生活服务	9.0	7.1	9.1	7.1	8.3	6.7
体育	3.0	2.4	2.9	3.7	3.6	3.3
外语	0.1	0.0	0.1	0.0	0.1	0.0
戏剧	0.9	0.9	1.4	1.2	1.6	1.2
新闻/时事	10.5	14.0	10.5	13.8	10.5	13.7
音乐	1.2	0.7	1.2	0.7	1.5	0.9
专题	14.4	10.0	13.9	8.3	14.0	8.2
综艺	6.2	12.3	6.2	11.5	5.6	11.6
其他	16.0	11.8	16.0	11.7	16.1	10.8

表 3.62.7 2019 年郑州市场所有节目收视率排名前三十位

名次	节目名称	节目类型	播出频道	平均收视率(%)	平均占有率(%)
1	庆祝中华人民共和国成立 70 周年大会阅兵式群众游行特别报道	新闻/时事	中央电视台综合频道	9.4	31.1
2	开学第一课	青少	中央电视台综合频道	8.6	31.5
3	喜气洋洋闹元宵	综艺	中央电视台综合频道	7.4	25.9
4	直播周末:中华人民共和国第十一届少数民族传统体育运动会开幕式	体育	中央台五套	6.8	24.1
5	2019 中央广播电视总台春节联欢晚会	综艺	中央电视台综合频道	6.6	17.8
6	庆祝中华人民共和国成立 70 周年联欢活动	综艺	中央电视台综合频道	4.8	20.2
7	向伟大复兴前进	新闻/时事	中央电视台综合频道	4.7	26.9
8	欢乐喜剧人(2 月 10 日)	综艺	上海东方卫视	4.6	18.2
9	2019 年中央广播电视总台中秋晚会	综艺	中央电视台综合频道	3.5	13.7
10	港囧	电影	江苏卫视	3.5	12.3
11	庆祝中华人民共和国成立 70 周年特别节目走向复兴	新闻/时事	中央电视台综合频道	3.3	12.6
12	快乐中国 20192020 跨年演唱会	音乐	湖南卫视	2.7	14.2

续表

名次	节目名称	节目类型	播出频道	平均收视率（%）	平均占有率（%）
13	天气预报	生活服务	中央电视台综合频道	2.7	12.4
14	第七届世界军人运动会开幕式特别报道	新闻/时事	中央电视台综合频道	2.7	10.2
15	中国诗词大会第四季(2月14日)	专题	中央电视台综合频道	2.7	9.4
16	奔跑吧	综艺	浙江卫视	2.5	12.9
17	离婚情未了	电视剧	河南广播电视台都市频道(二套)	2.3	10.2
18	第七届世界军人运动会开幕式	体育	中央电视台综合频道	2.3	9.5
19	锋味	生活服务	浙江卫视	2.2	13.8
20	新闻联播	新闻/时事	中央台四套	2.2	11.3
21	一年又一年	专题	中央电视台综合频道	2.2	10.1
22	人民欢歌庆祝中华人民共和国成立70周年联欢活动特别报道	新闻/时事	中央台四套	2.2	9.6
23	现场直播 中华人民共和国第十一届少数民族传统体育运动会闭幕式	体育	中央台五套	2.2	9.2
24	奔腾年代	电视剧	浙江卫视	2.2	8.7
25	中国梦之声下一站传奇(1月6日)	综艺	上海东方卫视	2.1	10.5
26	一个人的武林	电影	中央台六套	2.1	9.8
27	女匪首	电视剧	河南广播电视台电视剧频道(五套)	2.1	9.4
28	闪亮军刀	电视剧	河南广播电视台电视剧频道(五套)	2.1	9.3
29	感动中国2018年度人物颁奖盛典	专题	中央电视台综合频道	2.1	8.7
30	岳母驾到	电视剧	河南广播电视台都市频道(二套)	2.1	8.1

表3.62.8 2019年郑州市场电视剧收视率排名前十位

名次	节目名称	播出频道	平均收视率（%）	平均占有率（%）
1	离婚情未了	河南广播电视台都市频道(二套)	2.3	10.2
2	奔腾年代	浙江卫视	2.2	8.7
3	女匪首	河南广播电视台电视剧频道(五套)	2.1	9.4
4	闪亮军刀	河南广播电视台电视剧频道(五套)	2.1	9.3
5	岳母驾到	河南广播电视台都市频道(二套)	2.1	8.1
6	大命归来	河南广播电视台电视剧频道(五套)	2.1	8.0
7	一场遇见爱情的旅行	浙江卫视	2.0	9.3
8	回马枪	河南广播电视台电视剧频道(五套)	1.9	10.4
9	知否知否应是绿肥红瘦	湖南卫视	1.9	7.5
10	第二次也很美	上海东方卫视	1.9	7.2

表 3.62.9　2019 年郑州市场新闻节目收视率排名前十位

名次	节目名称	播出频道	平均收视率（%）	平均占有率（%）
1	庆祝中华人民共和国成立 70 周年大会阅兵式群众游行特别报道	中央电视台综合频道	9.4	31.1
2	向伟大复兴前进	中央电视台综合频道	4.7	26.9
3	庆祝中华人民共和国成立 70 周年特别节目走向复兴	中央电视台综合频道	3.3	12.6
4	第七届世界军人运动会开幕式特别报道	中央电视台综合频道	2.7	10.2
5	新闻联播	中央台四套	2.2	11.3
6	人民欢歌庆祝中华人民共和国成立 70 周年联欢活动特别报道	中央台四套	2.2	9.6
7	大参考	河南广播电视台民生频道(三套)	1.6	7.8
8	海峡两岸	中央台四套	1.4	5.8
9	2019 年中国北京世界园艺博览会闭幕式特别报道	中央台四套	1.4	5.1
10	国务院总理会见中外记者并回答提问	中央电视台综合频道	1.1	4.3

表 3.62.10　2019 年郑州市场专题节目收视率排名前十位

名次	节目名称	播出频道	平均收视率（%）	平均占有率（%）
1	中国诗词大会第四季(2 月 14 日)	中央电视台综合频道	2.7	9.4
2	一年又一年	中央电视台综合频道	2.2	10.1
3	感动中国 2018 年度人物颁奖盛典	中央电视台综合频道	2.1	8.7
4	小镇故事	浙江卫视	1.9	18.2
5	牢记使命再出发河南省纪检监察机关 2018 年度工作纪实	河南广播电视台卫星频道(一套)	1.8	6.9
6	红色通缉	中央电视台综合频道	1.8	6.6
7	礼赞最美奋斗者	中央电视台综合频道	1.7	8.0
8	等闲识得东风面 2019 年习近平主席访问欧洲三国纪行	中央电视台综合频道	1.4	5.5
9	祖国在召唤	中央电视台综合频道	1.4	5.4
10	315 共治共享放心消费	中央台二套	1.1	5.7

表 3.62.11　2019 年郑州市场综艺节目收视率排名前十位

名次	节目名称	播出频道	平均收视率（%）	平均占有率（%）
1	喜气洋洋闹元宵	中央电视台综合频道	7.4	25.9
2	2019 中央广播电视总台春节联欢晚会	中央电视台综合频道	6.6	17.8
3	庆祝中华人民共和国成立 70 周年联欢活动	中央电视台综合频道	4.8	20.2
4	欢乐喜剧人(2 月 10 日)	上海东方卫视	4.6	18.2
5	2019 年中央广播电视总台中秋晚会	中央电视台综合频道	3.5	13.7
6	奔跑吧	浙江卫视	2.5	12.9
7	中国梦之声下一站传奇(1 月 6 日)	上海东方卫视	2.1	10.5
8	新春喜剧之夜	中央台三套	2.0	7.7
9	中国梦劳动美 2019 五一心连心特别节目	中央电视台综合频道	1.9	8.4
10	奋斗吧中华儿女音乐舞蹈史诗	中央电视台综合频道	1.7	13.4

表 3.62.12　2019 年郑州市场体育节目收视率排名前十位

名次	节目名称	播出频道	平均收视率（%）	平均占有率（%）
1	直播周末:中华人民共和国第十一届少数民族传统体育运动会开幕式	中央台五套	6.8	24.1
2	第七届世界军人运动会开幕式	中央电视台综合频道	2.3	9.5
3	现场直播:中华人民共和国第十一届少数民族传统体育运动会闭幕式	中央台五套	2.2	9.2
4	现场直播:2019 年亚洲足联冠军联赛半决赛次回合(广州恒大 VS 浦和红宝石)	中央台五套	1.7	6.9
5	2019 年世界乒乓球锦标赛男单决赛	中央台五套	1.6	6.8
6	超级足球之夜:国际足联 2022 年世界杯亚洲区预选赛第 2 阶段 A 组第 4 轮(菲律宾 VS 中国)	中央台五套	1.5	6.8
7	2019 年国际篮联篮球世界杯第二阶段排位赛 M 组(中国 VS 韩国)	中央台五套	1.4	7.3
8	第七届世界军人运动会报道:第七届军运会女排决赛(中国 VS 巴西)	中央台五套	1.4	5.5
9	直播周末:2019 年国际乒联世界巡回赛总决赛男单决赛	中央台五套	1.4	5.4
10	第七届世界军人运动会闭幕式	中央台五套	1.4	4.9

六十三、其他城市收视概览

表 3.63.1 2019 年安庆市场(安徽省)收视份额排名前十位的频道

名次	频道名称	收视份额(%)
1	安徽卫视	8.2
2	安徽影视	6.9
3	中央电视台综合频道	6.7
4	安徽公共	4.1
5	安徽经视	4.0
6	中央台六套	3.8
7	中央台八套	3.5
7	中央台四套	3.5
9	中央台三套	3.4
10	中央电视台少儿频道	3.3

表 3.63.2 2019 年鞍山市场(辽宁省)收视份额排名前十位的频道

名次	频道名称	收视份额(%)
1	辽宁广播电视台都市频道	11.8
2	辽宁卫视	8.8
3	中央电视台综合频道	8.5
4	中央台八套	7.1
5	中央台四套	6.8
6	湖南卫视	5.1
7	中央台三套	3.8
8	中央台六套	3.7
9	北京卫视	3.6
10	中央电视台新闻频道	3.4

表 3.63.3 2019 年蚌埠市场(安徽省)收视份额排名前十位的频道

名次	频道名称	收视份额(%)
1	中央台四套	7.3
2	中央台八套	4.4
3	安徽影视	4.3
4	安徽经视	4.2
5	中央电视台综合频道	3.9
6	中央台六套	3.7
7	湖南卫视	3.1
7	中央台三套	3.1
9	安徽卫视	2.7
9	中央台五套	2.7

表 3.63.4 2019 年包头市场(内蒙古自治区)收视份额排名前十位的频道

名次	频道名称	收视份额(%)
1	中央电视台综合频道	16.4
2	中央台八套	12.3
3	中央台六套	4.7
4	中央台三套	4.5
5	中央台四套	3.8
5	湖南卫视	3.8
7	中央电视台少儿频道	3.4
8	中央电视台新闻频道	3.2
9	浙江卫视	3.1
10	江苏卫视	2.3

表 3.63.5 2019 年宝鸡市场(陕西省)收视份额排名前十位的频道

名次	频道名称	收视份额(%)
1	中央电视台综合频道	16.5
2	中央台八套	6.7
3	湖南卫视	4.5
4	中央台六套	3.8
5	中央台四套	3.7
6	中央电视台少儿频道	3.3
7	陕西广播电视台都市青春频道(二套)	3.2
8	陕西卫视	3.1
9	中央台三套	2.7
10	陕西广播电视台公共频道(五套)	2.6

表 3.63.6 2019 年北海市场(广西壮族自治区)收视份额排名前十位的频道

名次	频道名称	收视份额(%)
1	广西广播电视台综艺旅游频道	10.3
2	中央电视台综合频道	8.3
3	中央台四套	5.6
4	中央电视台新闻频道	3.7
4	中央台五套	3.7
6	中央台八套	3.6
7	湖南卫视	3.2
8	浙江卫视	2.9
9	广西广播电视台都市频道	2.8
10	广东广播电视台南方卫视(上星版)	2.6

表 3.63.7　2019 年常德市场(湖南省)收视份额排名前十位的频道

名次	频道名称	收视份额(%)
1	湖南电视台电视剧频道	8.9
2	湖南电视台潇湘电影频道	7.6
3	湖南卫视	6.3
4	湖南电视台娱乐频道	5.3
5	湖南电视台金鹰卡通频道	4.6
6	湖南电视台公共频道	4.3
7	中央电视台综合频道	4.2
8	中央台三套	3.7
9	湖南电视台经济频道	3.5
10	湖南电视台都市频道	3.3

表 3.63.8　2019 年常州市场(江苏省)收视份额排名前十位的频道

名次	频道名称	收视份额(%)
1	常州电视台一套(新闻综合频道)	8.8
2	中央台八套	6.9
3	中央台四套	4.4
4	常州电视台二套(都市频道)	4.3
5	中央台六套	4.1
6	中央台三套	3.7
7	江苏电视台综艺频道	3.5
8	湖南卫视	3.4
9	中央电视台综合频道	3.3
10	江苏卫视	3.1

表 3.63.9　2019 年潮州市场(广东省)收视份额排名前十位的频道

名次	频道名称	收视份额(%)
1	潮州电视台二套(公共频道)	15.3
2	广东广播电视台经济科教频道	7.8
3	中央台四套	4.5
3	潮州电视台一套(新闻综合频道)	4.5
5	湖南卫视	3.1
5	翡翠台(中文)(潮州有线网转播)	3.1
7	中央台八套	2.9
7	中央电视台综合频道	2.9
9	中央电视台音乐频道	2.7
10	中央台五套	2.6

表 3.63.10　2019 年滁州市场(安徽省)收视份额排名前十位的频道

名次	频道名称	收视份额(%)
1	安徽卫视	11.2
2	中央电视台综合频道	9.2
3	中央台四套	4.9
4	安徽影视	4.6
5	中央电视台新闻频道	4.5
6	中央电视台少儿频道	3.1
7	中央台三套	2.7
7	江苏卫视	2.7
9	安徽综艺	2.6
10	中央台六套	2.4

表 3.63.11　2019 年达州市场(四川省)收视份额排名前十位的频道

名次	频道名称	收视份额(%)
1	四川电视台影视文艺频道	9.4
2	达州新闻综合频道	8.5
3	中央电视台综合频道	8.1
4	中央台六套	7.3
5	中央台八套	5.6
6	中央台三套	5.3
7	湖南卫视	4.3
8	中央电视台少儿频道	4.1
9	四川电视台经济频道	3.8
10	四川卫视	3.5

表 3.63.12　2019 年大理市场(云南省)收视份额排名前十位的频道

名次	频道名称	收视份额(%)
1	中央台八套	12.2
2	云南广播电视台都市频道(二套)	7.4
3	中央台六套	7.3
4	中央电视台综合频道	5.8
5	湖南卫视	5.7
6	中央电视台少儿频道	4.3
7	中央台十二套	3.5
8	中央电视台新闻频道	2.5
9	中央台三套	2.0
10	浙江卫视	1.9

表 3.63.13 2019 年大同市场(山西省)收视份额排名前十位的频道

名次	频道名称	收视份额(%)
1	中央电视台综合频道	20.3
2	中央台八套	12.3
3	中央台六套	5.4
4	湖南卫视	5.0
5	中央台三套	4.5
6	山西卫视	3.2
7	中央电视台少儿频道	3.1
8	浙江卫视	2.8
9	中央台四套	2.7
10	江苏卫视	2.5

表 3.63.14 2019 年丹东市场(辽宁省)收视份额排名前十位的频道

名次	频道名称	收视份额(%)
1	辽宁广播电视台都市频道	8.5
2	辽宁广播电视台影视剧频道	6.3
3	中央台八套	5.5
4	中央台四套	5.1
5	中央电视台综合频道	4.3
6	中央台六套	4.2
7	辽宁卫视	3.7
7	中央电视台新闻频道	3.7
9	中央台五套	2.7
10	辽宁广播电视台北方频道	2.5

表 3.63.15 2019 年德州市场(山东省)收视份额排名前十位的频道

名次	频道名称	收视份额(%)
1	山东电视齐鲁频道	6.9
2	中央台八套	6.4
3	中央台四套	6.0
4	中央台六套	5.8
5	山东卫视	5.4
6	湖南电视台金鹰卡通频道	3.4
7	中央台三套	3.2
7	山东电视少儿频道	3.2
9	浙江卫视	3.1
9	中央电视台综合频道	3.1

表 3.63.16　2019 年东莞市场（广东省）收视份额排名前十位的频道

名次	频道名称	收视份额(%)
1	广东广播电视台珠江频道	8.9
2	东莞电视台公共频道	8.8
3	翡翠台(中文)(东莞有线网转播)	6.5
4	湖南电视台金鹰卡通频道	4.7
5	广东广播电视台南方卫视	4.4
6	湖南卫视	4.3
7	广东广播电视台影视频道	3.7
8	广东广播电视台体育频道	3.6
9	广东广播电视台公共频道	2.8
10	广东广播电视台珠江电影频道	2.5

表 3.63.17　2019 年佛山市场（广东省）收视份额排名前十位的频道

名次	频道名称	收视份额(%)
1	广东广播电视台珠江频道	10.3
2	翡翠台(中文)(佛山有线台转播)	9.9
3	佛山电视公共频道	5.8
4	广东广播电视台公共频道	4.7
5	广东广播电视台影视频道	4.3
6	湖南电视台金鹰卡通频道	4.0
7	中央台六套	3.4
8	广东广播电视台体育频道	2.9
9	广东广播电视台珠江电影频道	2.8
10	佛山电视影视频道	2.7

表 3.63.18　2019 年抚顺市场（辽宁省）收视份额排名前十位的频道

名次	频道名称	收视份额(%)
1	辽宁广播电视台都市频道	11.6
2	辽宁广播电视台影视剧频道	6.5
3	中央台四套	5.1
4	中央电视台新闻频道	4.5
5	辽宁卫视	4.2
6	中央台八套	3.8
7	辽宁广播电视台体育频道	3.4
8	中央台五套	3.3
9	中央台三套	3.2
10	中央电视台综合频道	2.8

表 3.63.19 2019 年赣州市场(江西省)收视份额排名前十位的频道

名次	频道名称	收视份额(%)
1	中央电视台综合频道	9.3
2	中央电视台少儿频道	7.3
3	江西电视台都市频道(二套)	5.1
4	中央台四套	4.4
5	江西卫视	4.2
6	江西电视台公共农业频道(五套)	3.4
7	中央电视台新闻频道	2.7
7	中央台三套	2.7
7	湖南电视台金鹰卡通频道	2.7
10	中央台六套	2.1

表 3.63.20 2019 年广元市场(四川省)收视份额排名前十位的频道

名次	频道名称	收视份额(%)
1	四川电视台影视文艺频道	9.2
2	中央台八套	7.4
3	中央台六套	6.4
4	中央电视台综合频道	5.9
5	中央台三套	3.5
6	中央台四套	3.1
7	四川电视台经济频道	2.5
8	中央电视台少儿频道	2.3
9	湖南卫视	2.0
10	中央台十二套	1.8

表 3.63.21 2019 年桂林市场(广西壮族自治区)收视份额排名前十位的频道

名次	频道名称	收视份额(%)
1	中央电视台综合频道	12.6
2	广西广播电视台综艺旅游频道	6.5
3	广西卫视	5.8
4	广西广播电视台都市频道	5.0
5	湖南卫视	4.7
6	桂林电视台公共频道	4.3
7	中央台四套	3.8
8	浙江卫视	3.1
8	中央台五套	3.1
10	中央台八套	3.0

表 3.63.22　2019 年衡阳市场(湖南省)收视份额排名前十位的频道

名次	频道名称	收视份额(%)
1	湖南电视台电视剧频道	10.1
2	湖南卫视	9.1
3	湖南电视台潇湘电影频道	7.5
4	湖南电视台金鹰卡通频道	6.7
5	湖南电视台娱乐频道	6.4
6	中央台四套	5.7
7	中央电视台综合频道	5.1
8	湖南电视台都市频道	4.4
9	中央电视台新闻频道	3.1
10	中央电视台少儿频道	2.9

表 3.63.23　2019 年湖州市场(浙江省)收视份额排名前十位的频道

名次	频道名称	收视份额(%)
1	浙江电视台教育科技频道	6.0
2	中央台六套	5.6
3	中央台八套	4.5
4	湖州电视台新闻综合频道	4.1
5	湖南电视台金鹰卡通频道	3.8
5	湖州电视台文化娱乐频道	3.8
7	中央台三套	3.7
8	中央台四套	3.2
8	浙江卫视	3.2
10	湖南卫视	2.5

表 3.63.24　2019 年惠州市场(广东省)收视份额排名前十位的频道

名次	频道名称	收视份额(%)
1	广东广播电视台经济科教频道	8.0
2	广东广播电视台珠江频道	5.7
3	湖南卫视	4.8
4	浙江卫视	4.7
5	中央台八套	3.5
5	江苏卫视	3.5
7	中央台六套	3.2
8	广东广播电视台南方卫视	2.7
9	广东卫视	2.6
10	中央电视台新闻频道	2.5

表 3.63.25 2019 年吉林市市场(吉林省)收视份额排名前十位的频道

名次	频道名称	收视份额(%)
1	中央电视台综合频道	9.9
2	中央电视台新闻频道	6.9
3	中央台八套	5.7
4	中央台五套	5.4
5	吉林电视台生活频道(三套)	4.9
6	吉林电视台乡村频道(五套)	4.5
7	中央电视台少儿频道	4.3
8	中央台四套	3.9
9	湖南卫视	3.3
9	吉林电视台影视频道(四套)	3.3

表 3.63.26 2019 年济宁市场(山东省)收视份额排名前十位的频道

名次	频道名称	收视份额(%)
1	中央电视台综合频道	6.7
2	山东电视齐鲁频道	5.0
3	山东卫视	4.8
4	中央台三套	3.7
5	中央台四套	3.4
6	中央台六套	3.0
7	中央台八套	2.8
8	浙江卫视	2.5
9	济宁电视台综合频道	2.3
9	中央电视台新闻频道	2.3

表 3.63.27 2019 年嘉兴市场(浙江省)收视份额排名前十位的频道

名次	频道名称	收视份额(%)
1	嘉兴电视台新闻综合频道	12.9
2	嘉兴电视台文化影视频道	9.8
3	浙江卫视	4.7
3	中央台六套	4.7
5	湖南卫视	3.9
5	浙江电视台民生休闲频道	3.9
7	中央台八套	3.5
8	中央电视台新闻频道	3.4
9	湖南电视台金鹰卡通频道	3.3
10	中央台四套	3.1

表 3.63.28　2019 年江门市场(广东省)收视份额排名前十位的频道

名次	频道名称	收视份额(%)
1	广东广播电视台珠江频道	12.8
2	翡翠台(中文)(江门有线网转播)	8.1
3	广东广播电视台影视频道	6.6
4	广东广播电视台公共频道	5.1
5	广东广播电视台南方卫视	4.0
6	江门电视公共频道	3.8
7	广东广播电视台嘉佳卡通频道	2.8
8	广东广播电视台少儿频道	2.7
9	江门电视综合频道	2.5
10	中央台五套	2.4

表 3.63.29　2019 年金华市场(浙江省)收视份额排名前十位的频道

名次	频道名称	收视份额(%)
1	中央台八套	7.9
2	湖南卫视	7.5
3	金华电视台教育科技频道	7.1
4	中央台四套	6.4
5	金华电视台新闻综合频道	5.3
6	浙江卫视	4.9
7	中央电视台综合频道	4.1
8	金华电视台公共频道(经济生活)	4.0
9	中央台六套	3.5
10	江苏卫视	3.0

表 3.63.30　2019 年锦州市场(辽宁省)收视份额排名前十位的频道

名次	频道名称	收视份额(%)
1	辽宁广播电视台都市频道	7.9
2	辽宁广播电视台影视剧频道	7.6
3	中央台八套	6.7
4	中央台四套	6.0
5	中央电视台综合频道	4.1
5	中央台六套	4.1
7	辽宁卫视	3.8
8	中央台三套	3.7
9	中央台五套	3.6
10	辽宁广播电视台北方频道	3.3

表 3.63.31　2019 年荆门市场(湖北省)收视份额排名前十位的频道

名次	频道名称	收视份额(%)
1	中央电视台综合频道	8.1
2	中央台八套	6.3
3	中央台三套	5.0
4	湖北影视	4.8
5	中央台四套	4.7
6	中央台六套	4.1
7	湖南卫视	3.8
7	中央电视台新闻频道	3.8
9	中央台五套	3.0
10	江苏卫视	2.5

表 3.63.32　2019 年荆州市场(湖北省)收视份额排名前十位的频道

名次	频道名称	收视份额(%)
1	荆州广播电视台公共频道	6.2
2	中央台六套	4.7
3	中央台八套	4.5
3	荆州广播电视台新闻频道	4.5
5	中央台三套	4.4
6	中央台四套	3.7
6	湖北垄上	3.7
8	中央电视台新闻频道	3.6
9	中央电视台综合频道	3.5
10	湖北影视	2.8

表 3.63.33　2019 年九江市场(江西省)收视份额排名前十位的频道

名次	频道名称	收视份额(%)
1	江西电视台都市频道(二套)	9.7
2	中央电视台综合频道	6.2
3	江西卫视	5.9
4	江西电视台公共农业频道(五套)	5.7
5	中央台八套	4.5
6	中央台四套	4.4
7	中央电视台新闻频道	4.3
8	湖南电视台金鹰卡通频道	2.6
9	江西电视台影视旅游频道(四套)	2.5
10	湖南卫视	2.0

表 3.63.34　2019 年揭阳市场(广东省)收视份额排名前十位的频道

名次	频道名称	收视份额(%)
1	揭阳电视台公共频道	7.4
2	广东广播电视台经济科教频道	5.1
3	中央电视台综合频道	4.6
4	中央台六套	3.8
5	揭阳电视台新闻综合频道	3.3
6	湖南卫视	3.2
7	中央台三套	3.1
8	翡翠台(中文)(揭阳有线网转播)	3.0
9	中央台八套	2.2
10	广东卫视	2.1

表 3.63.35　2019 年拉萨市场(西藏自治区)收视份额排名前十位的频道

名次	频道名称	收视份额(%)
1	拉萨广播电视台二套(藏语综合频道)	18.5
2	西藏一套(藏语卫视)	14.9
3	中央台六套	8.2
4	中央电视台少儿频道	6.2
5	湖南电视台金鹰卡通频道	3.7
6	中央台八套	3.4
7	中央电视台新闻频道	2.1
8	中央台五套	2.0
9	西藏二套(汉语卫视)	1.7
9	西藏电视台经济生活频道	1.7

表 3.63.36　2019 年乐山市场(四川省)收视份额排名前十位的频道

名次	频道名称	收视份额(%)
1	中央电视台综合频道	8.5
2	四川电视台影视文艺频道	8.0
3	中央台八套	5.8
4	中央台六套	5.4
5	湖南卫视	4.5
6	乐山公共频道	4.4
7	乐山新闻综合频道	4.1
8	四川电视台经济频道	4.0
9	中央台三套	3.9
10	中央电视台新闻频道	2.8

表 3.63.37　2019 年柳州市场（广西壮族自治区）收视份额排名前十位的频道

名次	频道名称	收视份额(%)
1	广西广播电视台综艺旅游频道	6.4
2	中央台四套	5.5
3	中央电视台综合频道	5.2
4	中央台五套	4.4
5	广西广播电视台都市频道	4.3
6	中央电视台新闻频道	4.2
7	中央台三套	3.1
8	中央台八套	2.8
9	中央台六套	2.7
9	广西广播电视台影视频道	2.7

表 3.63.38　2019 年泸州市场（四川省）收视份额排名前十位的频道

名次	频道名称	收视份额(%)
1	四川电视台影视文艺频道	10.1
2	中央台八套	7.6
3	中央台六套	6.4
4	中央电视台综合频道	5.6
5	中央电视台少儿频道	3.2
5	湖南卫视	3.2
7	四川电视台经济频道	2.8
8	浙江卫视	2.3
8	四川卫视	2.3
10	北京卡酷少儿频道	2.2

表 3.63.39　2019 年洛阳市场（河南省）收视份额排名前十位的频道

名次	频道名称	收视份额(%)
1	中央电视台综合频道	20.1
2	中央台八套	6.9
3	中央台四套	5.4
4	湖南卫视	4.5
5	中央台六套	4.2
6	浙江卫视	4.0
7	上海东方卫视	3.9
8	中央台三套	3.3
9	河南广播电视台都市频道（二套）	3.2
10	中央电视台新闻频道	2.7

表 3.63.40　2019 年梅州市场(广东省)收视份额排名前十位的频道

名次	频道名称	收视份额(%)
1	梅州电视台时政综合频道	10.3
2	广东广播电视台经济科教频道	8.4
3	中央台四套	6.2
4	梅州电视台客家公共频道	4.3
4	中央台八套	4.3
6	中央台三套	4.0
7	中央电视台综合频道	3.0
7	中央台六套	3.0
9	中央台五套	2.8
9	中央电视台音乐频道	2.8

表 3.63.41　2019 年牡丹江市场(黑龙江省)收视份额排名前十位的频道

名次	频道名称	收视份额(%)
1	中央电视台综合频道	11.0
2	黑龙江卫视	5.8
3	黑龙江电视台影视频道	5.0
4	中央电视台新闻频道	4.9
5	中央台八套	4.8
5	黑龙江电视台都市频道	4.8
7	中央台三套	4.6
8	北京卫视	4.4
8	湖南卫视	4.4
10	中央电视台少儿频道	4.3

表 3.63.42　2019 年南充市场(四川省)收视份额排名前十位的频道

名次	频道名称	收视份额(%)
1	中央电视台综合频道	15.1
2	四川电视台影视文艺频道	11.5
3	中央台八套	4.9
4	湖南卫视	3.9
5	中央电视台新闻频道	3.8
5	四川卫视	3.8
7	中央电视台少儿频道	3.5
8	中央台六套	3.1
9	中央台三套	3.0
10	中央台四套	2.8

表 3.63.43　2019 年南通市场(江苏省)收视份额排名前十位的频道

名次	频道名称	收视份额(%)
1	南通电视台一套(新闻综合频道)	12.0
2	南通电视台二套(都市生活频道)	6.6
3	中央台三套	5.9
4	中央台八套	5.7
5	中央台六套	5.3
6	中央台四套	5.0
7	中央电视台综合频道	3.9
8	中央台五套	3.1
9	南通电视台三套(影视频道)	2.9
10	江苏卫视	2.4

表 3.63.44　2019 年平顶山市场(河南省)收视份额排名前十位的频道

名次	频道名称	收视份额(%)
1	中央电视台综合频道	18.0
2	中央台六套	5.0
2	中央台八套	5.0
4	中央台三套	4.7
4	河南广播电视台都市频道(二套)	4.7
6	中央电视台少儿频道	4.3
7	中央台四套	3.6
8	湖南卫视	3.4
9	河南广播电视台电视剧频道(五套)	3.2
10	中央电视台新闻频道	3.1

表 3.63.45　2019 年秦皇岛市场(河北省)收视份额排名前十位的频道

名次	频道名称	收视份额(%)
1	中央电视台综合频道	16.6
2	中央台八套	6.3
3	中央台三套	5.3
4	中央台六套	4.2
5	上海东方卫视	3.4
6	江苏卫视	3.0
6	中央台四套	3.0
8	河北广播电视台影视剧频道	2.9
9	北京卫视	2.5
10	河北广播电视台农民频道	2.3

表 3.63.46　2019 年衢州市场(浙江省)收视份额排名前十位的频道

名次	频道名称	收视份额(%)
1	衢州电视新闻综合频道	8.3
1	衢州电视经济信息频道	8.3
3	衢州电视公共频道	7.2
3	中央电视台综合频道	7.2
5	中央台八套	5.0
6	浙江电视台民生休闲频道	4.2
7	中央台六套	4.1
7	中央台四套	4.1
9	中央台三套	3.5
10	湖南卫视	2.8

表 3.63.47　2019 年泉州(新)市场(福建省)收视份额排名前十位的频道

名次	频道名称	收视份额(%)
1	泉州电视台新闻综合频道	14.2
2	中央电视台综合频道	10.4
3	湖南卫视	5.6
4	中央台六套	5.2
5	泉州电视台闽南语频道	4.4
6	中央台八套	4.3
7	中央台三套	3.7
7	泉州电视台都市生活频道	3.7
9	中央台五套	3.6
9	中央台四套	3.6

表 3.63.48　2019 年三亚市场(海南省)收视份额排名前十位的频道

名次	频道名称	收视份额(%)
1	海南广播电视总台经济频道	6.5
2	中央台六套	5.9
3	中央台八套	4.9
4	中央电视台综合频道	3.6
4	湖南卫视	3.6
6	中央台四套	3.2
7	中央台五套	2.9
7	浙江卫视	2.9
9	海南广播电视总台文旅频道	2.5
10	江苏卫视	2.3

表 3.63.49 2019 年汕头市场(广东省)收视份额排名前十位的频道

名次	频道名称	收视份额(%)
1	汕头电视台~2(生活经济频道)	10.5
2	湖南卫视	7.8
3	汕头电视台~1(新闻综合频道)	5.6
4	汕头电视台~3(影视文艺频道)	3.3
5	浙江卫视	3.2
6	广东广播电视台经济科教频道	3.0
7	翡翠台(中文)(汕头有线台转播)	2.5
8	中央台六套	2.4
8	中央电视台音乐频道	2.4
10	江苏卫视	2.3

表 3.63.50 2019 年汕尾市场(广东省)收视份额排名前十位的频道

名次	频道名称	收视份额(%)
1	湖南卫视	11.6
2	广东广播电视台经济科教频道	6.9
3	广东广播电视台南方卫视	5.0
4	中央电视台少儿频道	4.9
5	湖南电视台金鹰卡通频道	3.6
5	浙江卫视	3.6
7	广东广播电视台嘉佳卡通频道	3.4
8	翡翠台(中文)(汕尾有线网转播)	3.3
8	中央台八套	3.3
10	广东广播电视台影视频道	3.0

注:汕尾自 2019 年 7 月 1 日起停止日记卡方式调查,本表中该地区为 2019 年 1~6 月数据计算结果。

表 3.63.51 2019 年韶关市场(广东省)收视份额排名前十位的频道

名次	频道名称	收视份额(%)
1	广东广播电视台珠江频道	5.8
2	广东广播电视台经济科教频道	4.4
2	中央台六套	4.4
4	中央台八套	3.4
4	广东广播电视台嘉佳卡通频道	3.4
4	中央电视台综合频道	3.4
7	中央电视台少儿频道	2.8
8	浙江卫视	2.4
8	江苏卫视	2.4
10	中央电视台新闻频道	2.3

表 3.63.52　2019 年绍兴市场(浙江省)收视份额排名前十位的频道

名次	频道名称	收视份额(%)
1	绍兴电视台公共频道(二套)	17.4
2	绍兴电视台新闻综合频道(一套)	9.9
3	浙江卫视	6.2
4	中央电视台综合频道	5.0
5	绍兴电视台文化影视频道(三套)	4.6
6	中央台四套	4.2
7	湖南卫视	3.7
8	中央台六套	3.0
9	中央台八套	2.9
10	中央台三套	2.8

表 3.63.53　2019 年苏州市场(江苏省)收视份额排名前十位的频道

名次	频道名称	收视份额(%)
1	苏州电视台新闻综合频道(一套)	16.4
2	苏州电视台社会经济频道(二套)	14.0
3	中央台四套	3.4
4	江苏卫视	3.3
5	苏州电视台电影娱乐信息频道(四套)	3.1
5	中央台六套	3.1
7	中央电视台综合频道	2.7
8	苏州电视台文化生活频道(三套)	2.4
9	浙江卫视	2.3
10	中央电视台少儿频道	2.2

表 3.63.54　2019 年台州市场(浙江省)收视份额排名前十位的频道

名次	频道名称	收视份额(%)
1	台州电视台文化生活频道(二套)	9.5
2	湖南卫视	7.5
3	中央电视台综合频道	6.9
4	浙江卫视	6.5
5	台州电视台新闻综合频道(一套)	5.0
6	中央台八套	3.5
7	中央台三套	3.2
8	浙江电视台教育科技频道	3.1
9	中央台四套	2.9
9	江苏卫视	2.9

表 3.63.55　2019 年泰州市场（江苏省）收视份额排名前十位的频道

名次	频道名称	收视份额（%）
1	中央台八套	9.6
2	中央电视台综合频道	8.4
3	泰州电视台新闻综合频道	7.0
4	中央台三套	6.1
5	江苏卫视	5.2
6	湖南卫视	5.0
7	中央台四套	4.5
8	中央台六套	4.3
9	中央电视台新闻频道	3.1
10	中央电视台少儿频道	2.5

表 3.63.56　2019 年唐山市场（河北省）收视份额排名前十位的频道

名次	频道名称	收视份额（%）
1	中央电视台综合频道	7.1
2	中央台八套	5.6
3	中央台四套	5.1
4	河北广播电视台卫视频道	3.9
5	中央台三套	3.7
6	中央台五套	3.3
6	浙江卫视	3.3
8	河北广播电视台影视剧频道	3.1
9	河北广播电视台经济生活频道	2.9
9	江苏卫视	2.9

表 3.63.57　2019 年铜陵市场（安徽省）收视份额排名前十位的频道

名次	频道名称	收视份额（%）
1	安徽卫视	13.0
2	中央电视台综合频道	11.8
3	中央电视台少儿频道	6.9
4	湖南卫视	5.6
5	中央电视台新闻频道	3.8
6	安徽影视	3.6
6	上海东方卫视	3.6
8	中央台八套	3.3
8	中央台五套	3.3
10	中央台六套	2.9

表 3.63.58 2019 年潍坊市场(山东省)收视份额排名前十位的频道

名次	频道名称	收视份额(%)
1	山东电视齐鲁频道	6.0
2	山东卫视	5.3
3	中央台四套	4.6
4	中央台六套	4.5
5	中央电视台综合频道	4.1
6	中央台三套	3.8
7	中央台八套	3.6
8	湖南电视台金鹰卡通频道	3.4
9	中央电视台音乐频道	2.9
10	中央电视台新闻频道	2.4

表 3.63.59 2019 年温州市场(浙江省)收视份额排名前十位的频道

名次	频道名称	收视份额(%)
1	中央台四套	6.6
2	温州市广播电视总台新闻综合频道	6.0
3	中央台八套	4.4
4	中央台六套	3.6
4	中央台三套	3.6
6	湖南卫视	3.5
7	浙江卫视	3.3
8	中央电视台综合频道	3.2
9	中央电视台新闻频道	3.1
10	中央台五套	2.9

表 3.63.60 2019 年无锡(M)市场(江苏省)收视份额排名前十位的频道

名次	频道名称	收视份额(%)
1	无锡广播电视台都市资讯频道	12.7
2	无锡广播电视台新闻综合频道	4.8
3	江苏卫视	4.6
4	中央台四套	4.1
5	湖南卫视	3.9
6	中央台六套	3.8
7	中央台八套	3.6
8	中央台三套	3.5
9	上海东方卫视	2.9
10	无锡广播电视台经济频道	2.8

表 3.63.61 2019 年芜湖市场(安徽省)收视份额排名前十位的频道

名次	频道名称	收视份额(%)
1	安徽卫视	7.2
2	中央电视台综合频道	6.5
3	中央台四套	6.4
4	芜湖电视台生活频道	5.3
5	中央台六套	5.0
5	中央台八套	5.0
7	中央电视台新闻频道	4.9
8	安徽影视	4.2
9	上海东方卫视	4.0
10	江苏卫视	3.8

表 3.63.62 2019 年襄阳市场(湖北省)收视份额排名前十位的频道

名次	频道名称	收视份额(%)
1	襄阳广播电视台综合频道	13.3
2	中央电视台综合频道	13.1
3	湖南卫视	5.9
4	中央台八套	5.1
5	中央台三套	4.2
6	中央台六套	3.6
7	中央台四套	3.5
8	浙江卫视	3.2
9	中央电视台少儿频道	2.8
10	中央电视台新闻频道	2.4

表 3.63.63 2019 年徐州市场(江苏省)收视份额排名前十位的频道

名次	频道名称	收视份额(%)
1	徐州电视台新闻综合频道	8.2
2	中央电视台综合频道	4.8
3	江苏卫视	4.0
4	中央台三套	3.8
5	中央台八套	3.2
6	中央台四套	2.9
7	中央台六套	2.8
8	中央台十二套	2.5
8	中央电视台少儿频道	2.5
10	湖南电视台金鹰卡通频道	2.2

表 3.63.64　2019 年烟台市场(山东省)收视份额排名前十位的频道

名次	频道名称	收视份额(%)
1	中央台八套	6.0
2	中央电视台综合频道	5.4
3	山东电视齐鲁频道	4.9
4	山东卫视	3.8
5	中央台六套	3.5
5	湖南卫视	3.5
5	烟台电视台四套(影视频道)	3.5
8	浙江卫视	3.2
9	中央台四套	3.1
10	江苏卫视	2.6

表 3.63.65　2019 年盐城市场(江苏省)收视份额排名前十位的频道

名次	频道名称	收视份额(%)
1	江苏电视台城市频道	8.5
2	中央台八套	7.9
3	中央电视台综合频道	5.2
3	中央台六套	5.2
5	江苏卫视	5.0
6	中央台四套	4.5
7	中央台三套	4.0
8	江苏电视台综艺频道	3.6
9	中央电视台新闻频道	3.0
10	盐城电视台一套	2.9

注:盐城(M)自 2019 年 7 月 1 日起停止测量仪方式调查,本表中该地区为 2019 年 1~6 月数据计算结果。

表 3.63.66　2019 年扬州市场(江苏省)收视份额排名前十位的频道

名次	频道名称	收视份额(%)
1	扬州二套	15.6
2	扬州一套	12.1
3	中央台三套	4.2
4	中央台六套	3.9
5	湖南电视台金鹰卡通频道	3.8
6	中央台四套	3.7
6	中央电视台综合频道	3.7
8	中央台八套	3.4
9	扬州三套	2.8
10	湖南卫视	2.3

表 3.63.67　2019 年宜宾市场(四川省)收视份额排名前十位的频道

名次	频道名称	收视份额(%)
1	四川电视台影视文艺频道	12.1
2	中央电视台综合频道	7.0
3	中央台六套	5.8
4	湖南卫视	4.8
5	中央台八套	4.6
5	四川电视台经济频道	4.6
7	中央台四套	3.6
8	中央台十二套	3.0
9	中央电视台少儿频道	2.9
10	中央电视台新闻频道	2.6

表 3.63.68　2019 年宜昌市场(湖北省)收视份额排名前十位的频道

名次	频道名称	收视份额(%)
1	中央台八套	7.1
2	中央电视台综合频道	5.9
3	中央电视台新闻频道	5.8
4	中央台四套	4.8
5	宜昌三峡综合频道	3.7
6	中央台六套	3.5
6	江苏卫视	3.5
8	湖北影视	3.4
9	中央台三套	3.3
10	湖南卫视	2.8

表 3.63.69　2019 年宜春市场(江西省)收视份额排名前十位的频道

名次	频道名称	收视份额(%)
1	江西电视台都市频道(二套)	8.3
2	湖南卫视	5.8
3	中央台六套	5.1
4	江西电视台公共农业频道(五套)	4.6
5	江西卫视	4.5
6	湖南电视台金鹰卡通频道	4.0
7	中央台三套	3.5
8	北京卡酷少儿频道	3.4
8	中央电视台综合频道	3.4
10	江西电视台影视旅游频道(四套)	3.3

表 3.63.70　2019 年营口市场(辽宁省)收视份额排名前十位的频道

名次	频道名称	收视份额(%)
1	辽宁广播电视台都市频道	11.0
2	中央台八套	6.9
3	辽宁卫视	5.0
3	辽宁广播电视台体育频道	5.0
5	辽宁广播电视台影视剧频道	4.8
6	中央台三套	4.2
6	中央台四套	4.2
8	中央台六套	4.1
9	中央电视台新闻频道	3.7
10	中央电视台综合频道	3.3

表 3.63.71　2019 年永济市场(山西省)收视份额排名前十位的频道

名次	频道名称	收视份额(%)
1	中央台八套	10.2
2	中央电视台综合频道	10.1
3	中央电视台少儿频道	5.9
4	湖南卫视	5.3
5	中央台六套	5.2
6	中央台十二套	3.3
7	浙江卫视	2.7
8	中央电视台新闻频道	2.6
8	山西卫视	2.6
10	中央台四套	2.3

表 3.63.72　2019 年岳阳市场(湖南省)收视份额排名前十位的频道

名次	频道名称	收视份额(%)
1	中央电视台综合频道	9.7
2	湖南卫视	9.5
3	湖南电视台都市频道	6.5
4	湖南电视台经济频道	5.6
5	湖南电视台电视剧频道	5.3
6	中央台八套	5.1
7	中央电视台少儿频道	4.8
8	中央台四套	4.6
9	中央台六套	3.6
10	湖南电视台金鹰卡通频道	3.5

注:岳阳自 2019 年 10 月 1 日起停止日记卡方式调查,本表中该地区为 2019 年 1~9 月数据计算结果。

表 3.63.73 2019 年湛江市场(广东省)收视份额排名前十位的频道

名次	频道名称	收视份额(%)
1	广东广播电视台珠江频道	10.0
2	广东广播电视台影视频道	9.1
3	广东广播电视台经济科教频道	5.0
4	深圳卫视(新闻综合频道)	3.5
5	中央电视台新闻频道	2.9
6	中央台四套	2.5
7	广东卫视	2.4
8	中央台五套	2.3
8	广东广播电视台嘉佳卡通频道	2.3
10	湖南卫视	2.1

表 3.63.74 2019 年漳州市场(福建省)收视份额排名前十位的频道

名次	频道名称	收视份额(%)
1	中央电视台综合频道	10.7
2	湖南卫视	4.9
3	厦门卫视	4.5
4	中央台四套	3.8
5	中央台三套	3.5
6	中央台八套	3.3
7	漳州电视台新闻综合频道(一套)	3.1
8	中央台六套	2.8
9	中央电视台少儿频道	2.6
10	江苏卫视	2.0

表 3.63.75 2019 年肇庆市场(广东省)收视份额排名前十位的频道

名次	频道名称	收视份额(%)
1	广东广播电视台珠江频道	17.4
2	广东广播电视台影视频道	9.0
3	广东广播电视台南方卫视	6.1
4	广东广播电视台珠江电影频道	4.8
5	广东广播电视台公共频道	4.2
6	翡翠台(中文)(肇庆有线网转播)	3.4
7	广东广播电视台少儿频道	3.0
8	湖南卫视	2.6
9	广东广播电视台体育频道	2.5
10	中央台四套	2.4

注:肇庆(M)自 2019 年 7 月 1 日起停止测量仪方式调查,本表中该地区为 2019 年 1~6 月数据计算结果。

表 3.63.76　2019 年镇江市场(江苏省)收视份额排名前十位的频道

名次	频道名称	收视份额(%)
1	中央台四套	6.9
2	中央电视台综合频道	4.7
3	中央台八套	4.3
4	江苏卫视	4.2
5	中央台五套	4.1
6	中央电视台新闻频道	3.8
7	中央台六套	3.6
8	中央台三套	3.5
9	江苏电视台城市频道	3.0
10	湖南卫视	2.3

表 3.63.77　2019 年中山市场(广东省)收视份额排名前十位的频道

名次	频道名称	收视份额(%)
1	中山广播电视台公共频道	7.5
2	广东广播电视台珠江频道	6.8
3	广东广播电视台南方卫视	5.9
4	广东广播电视台影视频道	5.5
5	翡翠台(中文)(中山有线网转播)	5.4
6	广东广播电视台公共频道	3.8
7	广东广播电视台体育频道	3.2
8	中央台六套	3.0
9	中山广播电视台综合频道	2.5
10	中央电视台综合频道	2.4

表 3.63.78　2019 年珠海市场(广东省)收视份额排名前十位的频道

名次	频道名称	收视份额(%)
1	翡翠台(中文)(珠海有线台转播)	9.7
2	湖南电视台金鹰卡通频道	5.9
3	广东广播电视台珠江频道	4.9
4	珠海电视台一套(新闻综合频道)	3.6
5	广东广播电视台公共频道	3.5
6	中央台四套	2.8
7	凤凰卫视中文台	2.5
7	中央台六套	2.5
7	广东广播电视台南方卫视	2.5
10	江苏卫视	2.2

表 3.63.79 2019 年株洲市场(湖南省)收视份额排名前十位的频道

名次	频道名称	收视份额(%)
1	湖南卫视	7.4
2	湖南电视台电视剧频道	6.9
3	湖南电视台都市频道	6.2
4	湖南电视台潇湘电影频道	5.8
5	湖南电视台金鹰卡通频道	5.1
6	湖南电视台娱乐频道	4.6
7	湖南电视台经济频道	3.5
8	湖南电视台公共频道	3.1
8	中央台四套	3.1
8	中央电视台综合频道	3.1

注:株洲(M)自 2019 年 7 月 1 日起停止测量仪方式调查,本表中该地区为 2019 年 1~6 月数据计算结果。

表 3.63.80 2019 年淄博市场(山东省)收视份额排名前十位的频道

名次	频道名称	收视份额(%)
1	中央电视台综合频道	12.2
2	山东卫视	8.6
3	山东电视齐鲁频道	5.9
4	中央台六套	5.7
5	山东电视综艺频道	5.5
6	中央台三套	5.4
7	中央台八套	5.2
8	中央台四套	4.0
9	中央电视台少儿频道	3.4
10	湖南卫视	3.3

注:淄博自 2019 年 7 月 1 日起停止日记卡方式调查,本表中该地区为 2019 年 1~6 月数据计算结果。

表 3.63.81 2019 年遵义市场(贵州省)收视份额排名前十位的频道

名次	频道名称	收视份额(%)
1	中央电视台综合频道	8.7
2	中央电视台少儿频道	7.1
3	湖南卫视	5.0
4	中央台四套	4.2
5	中央台八套	4.1
6	中央台六套	4.0
7	浙江卫视	3.4
8	中央电视台新闻频道	3.0
9	贵州卫视	2.9
10	贵州广播电视台公共频道	2.7

第四部分

Part Four

附 录 Appendix

附 录

CSM 各收视调查网概况

表 4.1 2019 年全国收视调查网样本规模及推及人口

	固定样组规模(户)	推及户数(千户)	推及人口(千人)
全国	10 400	437 026	1 280 951
城域	5 290	182 326	492 239
乡域	5 110	254 700	788 712

表 4.2 2019 年全国收视调查网家庭规模结构(%)

	1 人户	2 人户	3 人户	4 人及以上户
全国	7.7	34.1	28.4	29.8
城域	8.9	38.2	30.6	22.3
乡域	6.9	31.2	26.9	35.0

表 4.3 2019 年全国收视调查网家庭收入结构(%)

	0~1 500 元	1 501~2 500 元	2 501~3 500 元	3 501~5 000 元	5 001~7 000 元	7 001~10 000 元	10 001 元及以上
全国	11.7	9.2	10.6	15.0	19.2	16.8	17.5
城域	6.2	5.7	7.9	12.2	20.0	21.2	26.8
乡域	15.6	11.6	12.6	17.1	18.6	13.6	10.9

表 4.4 2019 年全国收视调查网家庭购买决策者年龄结构(%)

	15~29 岁	30~49 岁	50 岁及以上
全国	9.3	47.6	43.1
城域	10.8	46.0	43.2
乡域	8.2	48.7	43.1

表 4.5 2019 年全国收视调查网性别与年龄结构(%)

	性别		年龄						
	男性	女性	4~14 岁	15~24 岁	25~34 岁	35~44 岁	45~54 岁	55~64 岁	65 岁及以上
全国	51.0	49.0	12.8	17.1	15.6	19.0	14.6	11.3	9.6
城域	51.1	48.9	10.1	18.1	17.7	19.4	14.8	10.8	9.1
乡域	50.9	49.1	14.4	16.5	14.4	18.6	14.6	11.6	9.9

表 4.6 2019 年各省级收视调查网样本规模及推及人口

省份	固定样组规模(户)	推及户数(千户)	推及人口(千人)
安徽省	600	19 901	57 355
福建省	800	12 623	36 354
甘肃省	600	7 044	23 498
广东省	1 000	35 826	106 832
广西壮族自治区	600	13 118	42 527
贵州省	600	10 919	33 069
海南省	450	2 423	8 089
河北省	800	21 591	69 596
黑龙江省	600	12 711	34 767
河南省	600	26 548	86 371
湖北省	800	18 061	54 735
湖南省	800	19 568	61 668
内蒙古自治区	600	8 563	23 191
江苏省	800	26 169	74 167
江西省	800	12 518	43 102
吉林省	600	8 692	24 971
辽宁省	800	14 707	40 032
宁夏回族自治区	600	2 086	6 320
陕西省	600	11 822	36 282
山东省	800	32 933	94 159
山西省	600	10 882	33 796
四川省	800	27 720	78 152
新疆维吾尔自治区	600	7 975	23 247
云南省	600	12 917	43 541
浙江省	800	20 988	53 508

表 4.7 2019 年各省级收视调查网家庭规模结构(%)

省份	1 人户	2 人户	3 人户	4 人以上户
安徽省	9.7	34.0	29.0	27.3
福建省	8.2	35.5	27.2	29.1
甘肃省	5.8	25.1	28.0	41.1
广东省	9.2	37.0	21.4	32.4
广西壮族自治区	7.6	27.6	26.1	38.7
贵州省	9.1	32.3	27.1	31.5
海南省	5.0	29.8	21.4	43.8
河北省	3.4	28.0	29.0	39.6
黑龙江省	7.4	37.1	33.8	21.7
河南省	6.2	26.7	29.2	37.9
湖北省	7.6	33.2	27.1	32.1
湖南省	6.4	30.0	25.9	37.7
内蒙古自治区	6.3	39.0	35.7	19.0
江苏省	10.2	33.7	28.7	27.4
江西省	4.6	23.5	25.8	46.1
吉林省	5.6	35.5	32.5	26.4
辽宁省	6.8	37.9	34.8	20.5
宁夏回族自治区	4.7	32.9	29.9	32.5
陕西省	8.5	29.7	28.1	33.7
山东省	6.0	37.8	33.3	22.9
山西省	6.6	29.5	28.4	35.5
四川省	11.3	35.3	26.5	26.9
新疆维吾尔自治区	12.4	30.0	24.1	33.5
云南省	8.0	22.5	23.8	45.7
浙江省	11.2	42.3	27.1	19.4

表 4.8　2019 年各省级收视调查网家庭收入结构(%)

省份	0~1 500 元	1 501~2 500 元	2 501~3 500 元	3 501~5 000 元	5 001~7 000 元	7 001~10 000 元	10 001 元及以上
安徽省	13.6	9.0	11.1	17.8	17.7	17.1	13.7
福建省	7.7	6.7	6.5	8.8	13.6	23.9	32.8
甘肃省	10.6	8.6	13.9	22.0	20.9	13.6	10.4
广东省	2.7	6.1	8.8	15.4	17.8	21.5	27.7
广西壮族自治区	21.4	19.2	12.8	17.2	15.3	8.8	5.3
贵州省	19.9	13.0	15.0	16.1	15.0	10.3	10.7
海南省	7.5	11.4	15.0	20.4	17.5	15.9	12.3
河北省	12.0	8.2	11.3	15.7	21.8	21.6	9.4
黑龙江省	5.8	9.3	10.4	21.9	20.9	17.4	14.3
河南省	10.6	9.2	10.6	19.6	17.5	17.4	15.1
湖北省	10.5	8.6	10.9	13.4	20.3	17.0	19.3
湖南省	12.4	11.2	11.3	16.5	21.7	15.9	11.0
内蒙古自治区	12.7	13.3	10.9	16.7	19.6	16.1	10.7
江苏省	8.0	6.5	6.0	11.4	16.1	21.6	30.4
江西省	6.1	7.3	10.9	15.4	20.6	22.9	16.8
吉林省	10.2	12.0	14.1	19.3	21.9	15.2	7.3
辽宁省	7.4	9.8	10.5	21.4	25.8	15.7	9.4
宁夏回族自治区	7.9	9.5	12.7	18.3	21.7	16.1	13.8
陕西省	7.8	6.7	12.4	17.5	23.7	19.0	12.9
山东省	11.1	9.0	10.2	15.5	21.9	17.6	14.7
山西省	8.3	5.9	10.7	15.5	23.6	22.1	13.9
四川省	22.7	8.7	13.9	12.2	18.3	13.3	10.9
新疆维吾尔自治区	3.5	6.8	9.4	18.7	28.4	19.7	13.5
云南省	11.5	11.0	11.1	16.3	21.3	14.3	14.5
浙江省	6.3	4.6	4.2	8.9	15.0	23.0	38.0

表 4.9 2019 年各省级收视调查网家庭购买决策者年龄结构(%)

省份	15~29 岁	30~49 岁	50 岁及以上
安徽省	8.4	43.1	48.5
福建省	7.2	47.9	44.9
甘肃省	7.4	49.6	43.0
广东省	9.1	43.5	47.4
广西壮族自治区	9.8	43.3	46.9
贵州省	12.3	49.8	37.9
海南省	6.5	48.0	45.5
河北省	6.4	52.2	41.4
黑龙江省	9.0	54.1	36.9
河南省	7.2	45.1	47.7
湖北省	7.1	44.8	48.1
湖南省	7.2	49.6	43.2
内蒙古自治区	7.2	54.5	38.3
江苏省	4.1	39.5	56.4
江西省	5.1	48.8	46.1
吉林省	5.4	47.7	46.9
辽宁省	6.4	44.9	48.7
宁夏回族自治区	12.9	55.0	32.1
陕西省	7.9	48.9	43.2
山东省	5.9	49.7	44.4
山西省	8.7	54.5	36.8
四川省	11.4	42.6	46.0
新疆维吾尔自治区	15.2	53.4	31.4
云南省	13.9	52.6	33.5
浙江省	6.7	39.8	53.5

表 4.10　2019 年各省级收视调查网性别与年龄结构(%)

	性别		年龄						
	男性	女性	4～14 岁	15～24 岁	25～34 岁	35～44 岁	45～54 岁	55～64 岁	65 岁及以上
安徽省	50.7	49.3	13.9	16.2	13.1	21.0	13.3	11.5	11.0
福建省	51.0	49.0	11.5	18.8	17.5	20.1	14.1	9.5	8.5
甘肃省	50.8	49.2	14.0	18.4	13.7	20.1	14.1	10.6	9.1
广东省	51.6	48.4	13.2	21.0	19.8	18.4	12.3	7.9	7.4
广西壮族自治区	51.4	48.6	17.1	15.7	16.6	17.5	13.0	10.2	9.9
贵州省	51.2	48.8	21.0	15.8	13.7	18.7	11.9	9.7	9.2
海南省	52.6	47.4	14.9	16.9	19.3	16.8	14.4	8.9	8.8
河北省	50.4	49.6	12.2	18.8	16.0	16.8	15.2	12.2	8.8
黑龙江省	50.9	49.1	8.9	14.5	15.5	20.5	18.2	13.2	9.2
河南省	50.2	49.8	16.3	18.5	13.8	17.7	13.4	11.3	9.0
湖北省	51.0	49.0	10.1	18.7	14.2	19.0	16.1	12.1	9.8
湖南省	51.4	48.6	13.4	15.3	14.6	19.9	14.4	11.9	10.5
内蒙古自治区	51.6	48.4	10.7	15.2	16.1	21.2	17.7	10.9	8.2
江苏省	50.0	50.0	9.6	17.2	14.3	18.8	15.5	12.9	11.7
江西省	51.4	48.6	16.9	18.0	15.7	18.7	13.1	9.5	8.1
吉林省	50.9	49.1	9.3	15.1	15.3	20.2	18.1	13.0	9.0
辽宁省	50.2	49.8	8.9	13.8	14.5	18.2	19.4	14.1	11.1
宁夏回族自治区	51.1	48.9	16.9	18.0	16.9	19.3	13.1	8.7	7.1
陕西省	51.8	48.2	11.4	19.3	15.2	18.8	15.2	11.0	9.1
山东省	50.4	49.6	11.8	16.0	14.5	19.0	15.6	12.7	10.4
山西省	51.2	48.8	13.6	18.3	15.1	19.0	15.3	10.4	8.3
四川省	50.8	49.2	13.0	16.3	12.1	20.8	13.1	13.2	11.5
新疆维吾尔自治区	51.7	48.3	15.6	18.8	17.6	21.1	12.5	7.5	6.9
云南省	52.1	47.9	16.2	17.4	17.0	19.6	12.9	8.8	8.1
浙江省	51.1	48.9	10.1	15.4	16.8	20.3	16.0	11.4	10.0

表 4.11 2019 年各城市收视调查网样本规模及推及人口

城 市	固定样组规模(户)	推及户数(千户)	推及人口(千人)
安庆	100	297	777
宝鸡	100	305	822
包头	100	704	1 791
北海	100	109	346
北京	1 000	7 794	20 094
蚌埠	100	354	929
长春	300	1 170	3 170
常德	100	500	1 480
长沙	300	1 409	3 784
常州	100	683	1 828
潮州	100	208	704
成都	400	3 063	7 909
赤峰	100	273	760
重庆	500	7 032	18 132
大理	100	180	632
大连	300	1 504	3 695
丹东	100	302	792
大庆	100	585	1 430
大同	100	553	1 488
达州	100	525	1 552
德州	100	234	676
东莞	100	3 224	7 628
佛山	200	1 653	4 315
抚顺	100	523	1 303
福州	300	940	2 654
赣州	100	537	1 798
广元	100	193	526
广州	400	4 759	12 281
桂林	100	315	859
贵阳	200	1 160	3 197
海口	200	526	1 663
杭州	400	2 701	6 863
哈尔滨	300	2 337	6 122
合肥	300	1 207	3 202
衡阳	100	383	1 102
呼和浩特	300	752	1 920

续表

城　市	固定样组规模(户)	推及户数(千户)	推及人口(千人)
惠州	100	807	2 285
湖州	100	256	755
江门	100	328	986
嘉兴	100	235	605
揭阳	100	226	927
吉林	100	662	1 796
济南	300	2 595	7 271
荆门	100	228	636
荆州	100	413	1 153
金华	100	306	716
济宁	100	450	1 299
锦州	100	360	932
九江	100	328	975
昆明	300	1 287	3 079
兰州	200	892	2 382
拉萨	100	112	272
乐山	100	238	659
柳州	100	554	1 502
洛阳	100	489	1 368
泸州	100	481	1 369
梅州	100	300	924
牡丹江	100	349	930
南昌	300	1 074	3 395
南充	100	241	667
南京	400	2 745	7 533
南宁	200	879	2 599
南通	100	442	1 172
宁波	200	1 501	3 529
平顶山	100	336	1 007
青岛	300	1 696	4 400
秦皇岛	100	434	1 148
泉州	200	361	920
衢州	100	173	435
三亚	100	184	681
上海	1000	9 701	23 378
汕头	100	1 261	5 261
韶关	100	343	998

续表

城 市	固定样组规模(户)	推及户数(千户)	推及人口(千人)
绍兴	100	351	913
沈阳	300	2 020	5 099
深圳	500	5 588	11 729
石家庄	300	1 409	4 389
苏州	300	1 494	4 059
太原	300	1 158	3 095
泰州	100	291	849
台州	100	658	1 757
唐山	100	611	1 694
天津	500	4 691	12 560
铜陵	100	185	475
乌鲁木齐	300	1 343	3 185
温州	100	468	1 132
武汉	400	3 568	9 723
芜湖	100	608	1 525
无锡	200	1 333	3 557
厦门	200	1 593	3 798
西安	300	1 802	4 578
襄阳	100	476	1 345
西宁	200	473	1 262
徐州	100	701	1 994
扬州	200	442	1 337
烟台	100	610	1 533
宜宾	100	283	793
宜昌	100	334	899
宜春	100	287	997
银川	200	483	1 296
营口	100	370	959
永济	100	127	439
岳阳	100	428	1 242
玉溪	100	159	482
漳州	100	196	551
湛江	100	447	1 587
郑州	300	1 562	4 225
镇江	100	318	866
中山	100	289	757
珠海	100	386	1 017
遵义	100	373	1 018

表 4.12　2019 年各城市收视调查网家庭规模结构(%)

城　市	1 人户	2 人户	3 人户	4 人及以上户
安庆	7.9	40.2	35.3	16.6
宝鸡	8.8	39.3	32.7	19.2
包头	6.3	40.5	43.1	10.1
北海	6.2	25.9	32.4	35.5
北京	8.4	43.3	29.6	18.7
蚌埠	5.7	41.7	33.2	19.4
长春	7.3	34.0	38.9	19.8
常德	4.3	35.5	31.5	28.7
长沙	8.8	34.4	37.4	19.4
常州	8.8	38.0	33.9	19.3
潮州	4.2	27.5	22.2	46.1
成都	15.4	35.0	31.1	18.5
赤峰	5.6	37.1	38.1	19.2
重庆	9.9	41.7	27.9	20.5
大理	4.5	19.7	24.1	51.7
大连	7.8	42.9	37.3	12.0
丹东	9.1	38.9	36.0	16.0
大庆	9.9	41.0	38.4	10.7
大同	5.5	35.5	43.4	15.6
达州	8.7	32.1	26.9	32.3
德州	3.8	32.5	43.7	20.0
东莞	13.5	52.4	15.7	18.4
佛山	9.3	44.3	21.4	25.0
抚顺	9.8	43.3	36.8	10.1
福州	7.5	34.6	34.0	23.9
赣州	5.1	24.3	26.5	44.1
广元	8.5	36.9	32.9	21.7
广州	9.4	42.7	27.1	20.8
桂林	11.0	32.0	35.8	21.2
贵阳	11.6	34.4	31.4	22.6
海口	5.9	27.3	28.1	38.7
杭州	7.5	46.5	26.5	19.5
哈尔滨	7.1	38.1	36.1	18.7
合肥	9.6	35.9	37.2	17.3
衡阳	7.7	35.3	32.4	24.6
呼和浩特	6.8	37.4	43.5	12.3

续表

城 市	1人户	2人户	3人户	4人及以上户
惠州	12.1	36.0	22.7	29.2
湖州	7.8	32.8	30.5	28.9
江门	5.2	31.3	31.4	32.1
嘉兴	8.8	42.3	29.5	19.4
揭阳	4.0	17.6	16.8	61.6
吉林	7.2	36.8	36.1	19.9
济南	4.5	37.8	36.9	20.8
荆门	7.3	36.3	35.6	20.8
荆州	6.7	37.3	33.8	22.2
金华	14.9	42.6	29.6	12.9
济宁	6.4	30.7	41.2	21.7
锦州	8.2	39.4	38.1	14.3
九江	4.1	33.4	35.6	26.9
昆明	14.7	42.5	28.1	14.7
兰州	7.2	37.8	37.3	17.7
拉萨	11.0	49.9	22.6	16.5
乐山	6.6	37.1	33.0	23.3
柳州	11.0	31.6	36.3	21.1
洛阳	7.6	32.5	39.9	20.0
泸州	10.3	33.3	27.6	28.8
梅州	6.8	32.6	24.2	36.4
牡丹江	9.4	35.9	37.5	17.2
南昌	7.1	26.9	31.3	34.7
南充	11.2	33.7	32.1	23.0
南京	9.2	34.0	36.3	20.5
南宁	8.4	27.9	34.7	29.0
南通	8.0	38.1	35.3	18.6
宁波	10.4	46.3	32.8	10.5
平顶山	4.7	28.4	40.0	26.9
青岛	8.1	37.2	39.9	14.8
秦皇岛	6.6	39.4	38.2	15.8
泉州	12.0	40.0	27.7	20.3
衢州	11.1	40.5	33.7	14.7
三亚	3.5	24.6	24.9	47.0
上海	7.2	50.4	27.7	14.7
汕头	2.6	17.4	17.1	62.9
韶关	12.4	29.5	30.0	28.1

续表

城　市	1人户	2人户	3人户	4人及以上户
绍兴	6.4	41.6	34.0	18.0
沈阳	9.3	38.6	36.7	15.4
深圳	16.5	45.8	22.5	15.2
石家庄	4.4	28.0	34.1	33.5
苏州	14.7	35.8	28.5	21.0
太原	5.8	38.5	36.5	19.2
泰州	8.6	32.9	28.1	30.4
台州	8.8	41.4	28.1	21.7
唐山	6.3	34.4	39.4	19.9
天津	6.9	38.0	38.7	16.4
铜陵	7.0	42.9	35.9	14.2
乌鲁木齐	18.6	38.1	29.6	13.7
温州	8.0	49.5	27.7	14.8
武汉	10.4	33.9	33.9	21.8
芜湖	6.9	44.1	32.8	16.2
无锡	7.3	41.1	30.7	20.9
厦门	13.0	44.6	26.1	16.3
西安	9.4	42.3	30.1	18.2
襄阳	6.7	34.8	34.8	23.7
西宁	11.8	37.5	31.6	19.1
徐州	8.4	34.1	33.3	24.2
扬州	6.5	29.3	32.8	31.4
烟台	6.6	41.6	41.6	10.2
宜宾	8.9	34.8	29.6	26.7
宜昌	9.4	36.2	36.1	18.3
宜春	6.9	21.7	25.4	46.0
银川	6.9	34.6	39.8	18.7
营口	7.2	39.6	35.9	17.3
永济	1.6	28.2	27.6	42.6
岳阳	7.3	33.8	34.3	24.6
玉溪	8.7	28.3	28.3	34.7
漳州	7.9	31.2	35.5	25.4
湛江	6.5	22.2	26.5	44.8
郑州	8.7	36.9	30.8	23.6
镇江	6.1	35.1	37.9	20.9
中山	9.9	45.8	17.5	26.8
珠海	11.3	36.1	30.8	21.8
遵义	4.7	42.8	29.2	23.3

表 4.13　2019 年各城市收视调查网家庭收入结构(%)

城市	0~ 1 500 元	1 501~ 3 000 元	3 001~ 4 500 元	4 501~ 6 000 元	6 001~ 8 000 元	8 001~ 12 000 元	12 001 元 及以上
安庆	9.3	10.5	17.1	20.2	21.7	16.1	5.1
宝鸡	2.2	7.4	10.3	22.1	28.4	23.9	5.7
包头	1.2	4.9	10.3	18.9	27.1	29.8	7.8
北海	1.4	8.8	18.2	17.8	21.4	23.4	9.0
北京	2.1	1.9	3.0	5.6	7.9	26.3	53.2
蚌埠	1.6	9.8	8.5	32.7	21.8	19.8	5.8
长春	3.5	6.2	9.2	18.4	20.8	30.8	11.1
常德	10.4	13.0	9.8	8.3	12.3	22.9	23.3
长沙	3.4	5.3	8.6	12.1	16.3	32.6	21.7
常州	3.5	7.9	10.1	11.7	18.2	24.0	24.6
潮州	1.7	7.5	11.7	18.8	12.9	22.2	25.2
成都	1.6	4.4	9.1	14.7	22.1	31.0	17.1
赤峰	2.3	12.3	15.9	18.5	19.8	22.4	8.8
重庆	9.0	14.6	16.7	16.3	15.9	19.2	8.3
大理	6.6	8.3	15.8	14.9	16.3	22.4	15.7
大连	1.0	5.1	11.9	14.1	25.0	29.7	13.2
丹东	0.4	4.7	10.1	27.6	23.6	26.0	7.6
大庆	2.5	4.1	11.6	10.7	24.4	32.2	14.5
大同	3.7	9.1	22.9	24.0	20.6	14.9	4.8
达州	24.8	22.1	15.5	12.7	13.3	9.5	2.1
德州	3.9	4.4	8.7	13.0	25.8	34.4	9.8
东莞	2.0	4.7	9.7	9.9	20.6	34.8	18.3
佛山	1.0	4.8	11.8	11.7	15.1	26.6	29.0
抚顺	3.4	11.9	19.4	26.7	17.2	16.8	4.6
福州	1.5	3.1	3.3	10.1	17.4	35.2	29.4
赣州	4.5	9.1	10.2	16.7	15.4	29.2	14.9
广元	5.7	14.3	19.6	19.2	14.4	16.3	10.5
广州	2.0	4.3	8.4	11.0	18.6	28.7	27.0
桂林	0.2	11.1	14.7	16.8	26.5	22.9	7.8
贵阳	0.9	3.6	15.5	16.2	25.3	26.7	11.8
海口	3.5	7.3	15.5	16.1	17.3	26.6	13.7
杭州	0.3	1.9	2.1	5.9	10.2	27.2	52.4
哈尔滨	3.0	8.8	9.2	17.2	21.3	26.7	13.8
合肥	1.8	4.8	9.5	13.2	18.7	33.5	18.5
衡阳	3.9	9.6	15.4	13.9	18.8	28.8	9.6

续表

城市	0~ 1 500元	1 501~ 3 000元	3 001~ 4 500元	4 501~ 6 000元	6 001~ 8 000元	8 001~ 12 000元	12 001元 及以上
呼和浩特	1.9	8.5	13.9	19.0	23.7	26.0	7.0
惠州	0.9	6.2	15.5	11.3	17.0	25.4	23.7
湖州	1.1	3.8	6.7	7.0	8.9	24.6	47.9
江门	2.0	5.0	6.9	10.5	22.6	26.9	26.1
嘉兴	1.4	4.2	9.7	12.8	20.6	28.2	23.1
揭阳	2.8	8.6	13.7	20.2	19.7	25.1	9.9
吉林	5.2	14.3	21.9	27.3	14.0	13.9	3.4
济南	6.5	8.4	14.0	14.6	19.9	22.2	14.4
荆门	6.7	8.8	11.1	15.0	15.4	24.8	18.2
荆州	1.6	8.9	11.0	21.2	19.3	28.3	9.7
金华	6.0	5.3	10.2	13.3	18.8	32.1	14.3
济宁	5.2	8.0	15.9	15.0	24.0	23.3	8.6
锦州	0.9	10.1	15.2	35.4	25.5	12.4	0.5
九江	3.8	7.5	17.4	15.9	20.1	21.9	13.4
昆明	0.7	6.6	9.7	15.7	21.6	27.5	18.2
兰州	2.3	6.5	13.4	14.9	21.7	29.3	11.9
拉萨	5.6	6.7	19.7	13.9	17.3	17.6	19.2
乐山	1.8	7.0	10.9	21.2	20.5	31.4	7.2
柳州	0.8	10.5	12.1	22.4	20.4	25.3	8.5
洛阳	2.5	6.4	12.0	14.4	32.0	23.8	8.9
泸州	20.5	14.6	20.2	17.9	10.9	11.5	4.4
梅州	6.5	11.6	12.3	17.4	16.9	21.0	14.3
牡丹江	0.7	10.0	21.9	25.2	23.9	15.4	2.9
南昌	1.6	6.0	10.1	8.9	21.0	30.4	22.0
南充	23.4	14.7	16.2	13.1	9.7	15.9	7.0
南京	4.2	3.5	7.2	9.8	15.4	31.8	28.1
南宁	8.9	11.0	15.3	13.5	20.1	21.8	9.4
南通	1.1	3.0	8.9	8.4	16.4	29.8	32.4
宁波	1.1	4.3	8.6	10.9	17.8	36.4	20.9
平顶山	8.0	13.7	22.8	21.6	16.0	13.7	4.2
青岛	7.9	5.1	11.2	12.4	17.7	29.3	16.4
秦皇岛	4.1	9.3	19.7	17.1	25.2	20.0	4.6
泉州	0.8	2.4	3.1	8.3	11.8	34.5	39.1
衢州	3.6	4.6	10.8	10.1	18.6	30.5	21.8
三亚	2.5	10.9	20.7	17.5	14.9	19.2	14.3
上海	0.3	1.6	3.0	4.1	7.2	36.6	47.2
汕头	1.2	6.3	10.6	12.8	25.0	27.5	16.6

续表

城市	0~1 500元	1 501~3 000元	3 001~4 500元	4 501~6 000元	6 001~8 000元	8 001~12 000元	12 001元及以上
韶关	2.4	12.6	19.3	19.9	17.1	19.0	9.7
绍兴	0.6	2.9	4.6	9.4	24.5	37.0	21.0
沈阳	2.7	7.1	14.3	25.1	19.7	22.1	9.0
深圳	0.0	0.4	2.8	4.6	7.7	23.6	60.9
石家庄	2.0	3.3	10.3	14.9	30.2	28.3	11.0
苏州	1.3	4.0	7.8	10.7	13.3	26.5	36.4
太原	1.4	4.2	9.0	18.7	27.4	26.3	13.0
泰州	11.3	8.3	10.2	15.2	19.0	27.8	8.2
台州	8.1	8.4	5.9	10.2	16.1	28.1	23.2
唐山	1.9	5.6	16.0	15.4	33.1	22.7	5.3
天津	1.7	7.3	11.6	15.9	22.3	29.5	11.7
铜陵	1.4	7.1	16.0	22.0	26.1	23.3	4.1
乌鲁木齐	2.5	4.8	7.9	15.8	12.3	33.1	23.6
温州	0.4	2.3	3.7	7.9	10.5	21.0	54.2
武汉	4.2	7.8	9.8	13.0	20.4	25.7	19.1
芜湖	5.8	8.5	10.0	22.4	16.7	25.9	10.7
无锡	2.4	6.5	9.1	12.5	15.6	30.5	23.4
厦门	1.6	3.2	6.4	8.0	13.3	31.1	36.4
西安	1.6	4.9	11.3	16.4	26.2	26.5	13.1
襄阳	3.0	6.1	7.9	17.5	20.6	29.7	15.2
西宁	1.9	4.9	14.0	14.1	27.2	25.7	12.2
徐州	2.2	3.4	8.6	14.6	19.5	27.0	24.7
扬州	2.0	5.6	7.8	7.3	17.1	35.1	25.1
烟台	5.7	6.7	12.8	9.0	21.6	33.0	11.2
宜宾	16.9	21.4	20.6	15.7	12.5	9.3	3.6
宜昌	2.3	6.2	11.5	13.7	23.0	29.2	14.1
宜春	5.1	14.7	25.3	18.9	18.9	13.8	3.3
银川	0.7	6.5	12.9	15.4	23.3	31.5	9.7
营口	3.5	9.3	18.8	22.7	23.3	18.4	4.0
永济	2.0	5.8	8.2	21.4	25.3	32.5	4.8
岳阳	5.8	9.3	12.4	15.6	17.4	23.9	15.6
玉溪	8.8	12.8	17.9	17.0	16.4	17.5	9.6
漳州	1.2	3.8	11.7	12.9	20.4	36.0	14.0
湛江	5.0	14.0	18.3	15.9	12.1	20.1	14.6
郑州	2.2	3.2	9.7	10.5	16.6	37.1	20.7
镇江	1.7	3.5	7.1	9.2	18.7	29.9	29.9
中山	0.8	4.1	11.2	10.9	20.0	27.2	25.8
珠海	1.6	2.3	5.8	10.2	12.1	29.6	38.4
遵义	2.0	5.1	11.6	18.2	21.9	27.2	14.0

表 4.14　2019 年各城市收视调查网家庭购买决策者年龄结构(%)

城　市	15~29 岁	30~49 岁	50 岁及以上
安庆	4.1	43.8	52.1
宝鸡	5.0	46.0	49.0
包头	7.7	48.8	43.5
北海	3.1	41.5	55.4
北京	10.7	43.3	46.0
蚌埠	3.9	45.7	50.4
长春	6.8	45.7	47.5
常德	5.8	48.8	45.4
长沙	14.9	47.0	38.1
常州	7.6	48.5	43.9
潮州	3.8	46.6	49.6
成都	17.7	48.1	34.2
赤峰	9.4	54.7	35.9
重庆	6.8	41.8	51.4
大理	8.5	49.9	41.6
大连	8.0	47.9	44.1
丹东	3.9	34.4	61.7
大庆	6.4	46.1	47.5
大同	9.9	51.9	38.2
达州	5.4	47.4	47.2
德州	6.2	56.6	37.2
东莞	21.0	45.1	33.9
佛山	5.0	42.1	52.9
抚顺	8.5	38.5	53.0
福州	5.4	43.7	50.9
赣州	5.5	44.5	50.0
广元	6.7	50.0	43.3
广州	11.4	42.1	46.5
桂林	9.9	44.2	45.9
贵阳	17.0	46.3	36.7
海口	6.2	45.2	48.6
杭州	12.6	37.6	49.8
哈尔滨	6.2	42.7	51.1
合肥	13.7	45.9	40.4
衡阳	13.4	48.1	38.5
呼和浩特	7.5	56.4	36.1
惠州	10.7	51.2	38.1

续表

城 市	15~29岁	30~49岁	50岁及以上
湖州	7.6	40.4	52.0
江门	8.0	51.1	40.9
嘉兴	7.5	42.0	50.5
揭阳	12.0	53.7	34.3
吉林	5.4	46.2	48.4
济南	5.3	49.3	45.4
荆门	5.4	56.5	38.1
荆州	4.7	48.0	47.3
金华	7.4	45.0	47.6
济宁	5.7	46.9	47.4
锦州	5.8	44.6	49.6
九江	6.3	48.0	45.7
昆明	14.1	44.1	41.8
兰州	6.5	44.2	49.3
拉萨	13.7	52.8	33.5
乐山	12.4	50.4	37.2
柳州	5.2	39.6	55.2
洛阳	6.0	43.5	50.5
泸州	5.2	39.0	55.8
梅州	2.1	38.2	59.7
牡丹江	6.0	47.6	46.4
南昌	6.8	47.5	45.7
南充	5.8	40.9	53.3
南京	5.9	43.5	50.6
南宁	9.2	55.1	35.7
南通	7.8	38.1	54.1
宁波	9.0	42.2	48.8
平顶山	8.3	50.3	41.4
青岛	4.8	43.2	52.0
秦皇岛	7.1	45.3	47.6
泉州	10.0	56.0	34.0
衢州	6.9	42.5	50.6
三亚	9.4	51.1	39.5
上海	8.7	35.7	55.6
汕头	7.8	51.2	41.0
韶关	7.3	40.6	52.1
绍兴	2.7	38.0	59.3

续表

城　市	15~29 岁	30~49 岁	50 岁及以上
沈阳	8. 2	39. 3	52. 5
深圳	20. 7	56. 8	22. 5
石家庄	8. 5	48. 7	42. 8
苏州	22. 4	39. 0	38. 6
太原	7. 7	47. 2	45. 1
泰州	4. 6	34. 4	61. 0
台州	4. 5	45. 9	49. 6
唐山	4. 8	52. 0	43. 2
天津	7. 6	42. 2	50. 2
铜陵	6. 8	45. 1	48. 1
乌鲁木齐	16. 1	45. 1	38. 8
温州	9. 6	46. 5	43. 9
武汉	7. 3	37. 0	55. 7
芜湖	4. 5	46. 2	49. 3
无锡	5. 4	36. 6	58. 0
厦门	11. 3	53. 0	35. 7
西安	11. 8	39. 2	49. 0
襄阳	6. 7	49. 2	44. 1
西宁	11. 1	50. 5	38. 4
徐州	13. 7	46. 3	40. 0
扬州	2. 3	36. 5	61. 2
烟台	7. 5	51. 1	41. 4
宜宾	5. 5	45. 5	49. 0
宜昌	8. 4	43. 7	47. 9
宜春	6. 8	46. 5	46. 7
银川	12. 9	52. 0	35. 1
营口	8. 9	42. 8	48. 3
永济	2. 7	50. 9	46. 4
岳阳	8. 7	51. 7	39. 6
玉溪	8. 5	49. 1	42. 4
漳州	4. 5	45. 4	50. 1
湛江	7. 2	46. 6	46. 2
郑州	10. 5	49. 5	40. 0
镇江	4. 8	45. 0	50. 2
中山	12. 6	47. 7	39. 7
珠海	10. 3	50. 5	39. 2
遵义	7. 6	48. 5	43. 9

表 4.15　2019 年各城市收视调查网性别与年龄结构(%)

城市	性别		年　龄						
	男性	女性	4~14 岁	15~24 岁	25~34 岁	35~44 岁	45~54 岁	55~64 岁	65 岁及以上
安庆	50.2	49.8	10.6	16.2	12.7	22.1	15.7	12.0	10.7
宝鸡	50.9	49.1	10.6	16.3	15.5	20.0	16.6	11.6	9.4
包头	51.3	48.7	9.8	16.4	15.5	22.4	16.7	9.6	9.6
北海	50.3	49.7	11.5	16.7	18.1	20.5	15.6	9.5	8.1
北京	50.8	49.2	7.4	9.9	22.2	17.8	17.7	13.2	11.8
蚌埠	50.3	49.7	10.1	17.6	14.4	19.8	15.8	11.5	10.8
长春	50.5	49.5	8.0	17.0	17.2	18.1	17.0	12.8	9.9
常德	49.9	50.1	8.8	16.6	12.1	22.1	16.5	12.9	11.0
长沙	49.5	50.5	8.8	20.2	17.1	19.5	14.8	10.7	8.9
常州	51.1	48.9	8.2	17.8	17.5	20.4	14.9	11.6	9.6
潮州	49.0	51.0	11.1	15.7	15.8	15.8	17.1	13.7	10.8
成都	50.6	49.4	7.8	18.6	18.0	22.1	13.4	10.8	9.3
赤峰	50.1	49.9	11.4	14.8	17.0	21.4	17.1	9.8	8.5
重庆	50.5	49.5	10.6	15.7	12.1	21.3	14.5	13.9	11.9
大理	50.0	50.0	13.1	12.1	15.7	20.4	18.6	10.2	9.9
大连	50.0	50.0	6.9	17.3	17.8	17.4	16.6	13.0	11.0
丹东	49.5	50.5	6.9	13.1	13.1	17.9	20.8	15.4	12.8
大庆	48.8	51.2	7.0	11.5	16.8	20.7	21.2	11.7	11.1
大同	50.3	49.7	11.7	13.3	15.7	21.5	18.1	10.6	9.1
达州	50.7	49.3	15.4	14.4	11.5	21.3	12.8	13.7	10.9
德州	50.7	49.3	11.9	18.3	17.6	20.1	14.1	10.4	7.6
东莞	55.3	44.7	7.6	16.3	28.3	23.8	14.6	5.3	4.1
佛山	53.9	46.1	8.9	14.6	24.1	20.6	16.4	8.3	7.1
抚顺	50.4	49.6	6.3	12.4	13.5	17.1	23.5	14.3	12.9
福州	50.7	49.3	9.2	19.1	19.4	18.7	13.9	10.7	9.0
赣州	50.5	49.5	18.1	17.0	14.4	18.6	12.6	10.5	8.8
广元	50.7	49.3	11.4	17.1	12.8	25.4	13.8	10.7	8.8
广州	50.9	49.1	9.0	14.3	24.5	18.8	15.1	9.9	8.4
桂林	50.0	50.0	9.9	16.1	19.4	19.4	15.2	11.4	8.6
贵阳	51.4	48.6	12.2	18.9	17.1	21.2	13.3	8.9	8.4
海口	51.6	48.4	12.2	15.6	22.3	17.3	14.8	8.8	9.0

续表

城市	性别		年龄						
	男性	女性	4~14 岁	15~24 岁	25~34 岁	35~44 岁	45~54 岁	55~64 岁	65 岁及以上
杭州	51.5	48.5	7.8	19.9	20.0	18.6	14.9	10.1	8.7
哈尔滨	49.9	50.1	6.4	17.1	14.8	16.8	17.6	15.7	11.6
合肥	52.6	47.4	9.3	22.1	19.5	19.9	12.3	9.2	7.7
衡阳	50.3	49.7	11.1	20.5	14.7	18.7	15.0	11.5	8.5
呼和浩特	50.8	49.2	10.6	19.3	18.8	19.6	14.8	9.4	7.5
惠州	52.9	47.1	13.2	16.6	23.4	19.3	14.8	6.8	5.9
湖州	50.3	49.7	8.0	20.4	15.9	18.4	15.8	11.4	10.1
江门	50.1	49.9	11.6	13.6	19.3	19.5	16.6	10.1	9.3
嘉兴	50.6	49.4	8.3	18.7	15.1	18.8	16.3	12.0	10.8
揭阳	51.2	48.8	15.0	23.8	13.9	17.4	13.4	9.2	7.3
吉林	50.6	49.4	7.6	14.3	14.0	19.2	20.1	13.8	11.0
济南	50.4	49.6	10.6	17.7	15.2	18.4	16.1	12.2	9.8
荆门	50.8	49.2	9.3	17.0	16.0	21.6	16.7	11.4	8.0
荆州	50.7	49.3	8.1	18.5	13.8	20.2	17.6	12.7	9.1
金华	51.4	48.6	10.2	15.4	17.8	20.4	15.6	11.4	9.2
济宁	51.0	49.0	12.1	15.5	18.4	18.7	15.5	10.8	9.0
锦州	49.2	50.8	8.1	13.6	15.4	17.5	18.8	14.5	12.1
九江	50.4	49.6	11.3	21.5	14.7	18.8	14.5	10.5	8.7
昆明	51.3	48.7	9.3	18.9	19.6	20.2	13.3	9.9	8.8
兰州	50.9	49.1	9.5	20.1	15.6	20.2	14.9	9.9	9.8
拉萨	51.7	48.3	8.5	21.6	22.1	25.2	13.4	5.6	3.6
乐山	49.0	51.0	8.0	19.1	12.8	21.5	14.3	12.7	11.6
柳州	49.6	50.4	11.4	10.6	20.0	21.1	17.3	10.4	9.2
洛阳	49.8	50.2	10.8	15.5	16.2	20.4	15.5	10.7	10.9
泸州	49.5	50.5	13.4	14.1	11.0	21.3	14.4	14.3	11.5
梅州	49.7	50.3	11.8	17.4	13.6	18.3	16.4	11.1	11.4
牡丹江	49.6	50.4	7.8	14.8	14.7	19.8	19.3	12.9	10.7
南昌	52.3	47.7	12.6	25.7	14.7	16.8	13.0	9.3	7.9
南充	49.1	50.9	10.7	19.6	12.8	19.7	13.7	12.9	10.6
南京	51.4	48.6	7.0	19.9	16.6	18.7	15.8	11.8	10.2
南宁	50.8	49.2	11.6	12.7	21.8	18.9	15.5	10.9	8.6

续表

城市	性别		年龄						
	男性	女性	4~14岁	15~24岁	25~34岁	35~44岁	45~54岁	55~64岁	65岁及以上
南通	50.2	49.8	7.4	20.0	16.9	19.4	14.5	11.3	10.5
宁波	51.0	49.0	8.3	18.0	19.3	20.5	15.2	10.8	7.9
平顶山	51.2	48.8	11.6	18.5	15.7	22.9	14.1	9.3	7.9
青岛	50.3	49.7	9.2	17.1	16.7	18.3	15.9	12.0	10.8
秦皇岛	50.2	49.8	8.3	20.8	16.2	18.0	15.8	11.6	9.3
泉州	51.6	48.4	9.0	23.8	23.0	20.3	11.7	6.8	5.4
衢州	51.5	48.5	10.9	11.4	15.7	20.6	17.6	12.6	11.2
三亚	49.9	50.1	11.0	22.8	23.9	16.0	14.1	6.7	5.5
上海	51.6	48.4	6.4	11.9	20.8	17.8	14.9	15.4	12.8
汕头	50.0	50.0	14.9	20.7	16.8	13.3	14.0	11.4	8.9
韶关	48.7	51.3	12.0	14.1	13.8	16.6	18.7	12.6	12.2
绍兴	49.4	50.6	9.5	19.0	15.7	19.1	15.8	11.8	9.1
沈阳	49.9	50.1	6.7	12.0	16.2	16.9	20.9	14.8	12.5
深圳	53.8	46.2	9.6	23.8	30.8	20.8	8.1	3.2	3.7
石家庄	49.0	51.0	9.5	22.6	16.6	16.8	15.0	10.6	8.9
苏州	50.8	49.2	6.6	24.7	21.1	17.3	12.5	9.7	8.1
太原	51.2	48.8	9.3	22.6	16.2	17.2	16.4	9.3	9.0
泰州	49.6	50.4	8.8	15.7	14.0	19.8	15.3	13.6	12.8
台州	51.7	48.3	10.8	15.0	17.6	21.9	14.8	10.1	9.8
唐山	50.3	49.7	8.6	14.3	17.0	16.3	18.4	15.3	10.1
天津	53.3	46.7	6.5	19.8	19.3	16.6	16.6	12.1	9.1
铜陵	51.4	48.6	10.4	14.2	13.9	23.8	16.6	11.0	10.1
乌鲁木齐	51.7	48.3	10.2	17.9	17.4	24.6	14.0	7.3	8.6
温州	52.2	47.8	7.9	20.9	22.6	20.3	13.7	8.0	6.6
武汉	51.1	48.9	7.6	22.8	15.8	17.2	15.7	11.8	9.1
芜湖	52.1	47.9	7.6	21.1	14.8	18.5	16.0	11.5	10.5
无锡	52.1	47.9	7.4	18.9	18.7	20.2	14.2	11.5	9.1
厦门	51.5	48.5	9.2	23.8	24.8	20.0	10.8	6.5	4.9
西安	51.6	48.4	8.3	22.3	18.8	17.8	14.7	9.1	9.0
襄阳	50.0	50.0	10.6	17.8	16.6	20.1	15.3	11.5	8.1
西宁	51.2	48.8	10.9	17.5	15.9	22.7	15.4	8.4	9.2

续表

城市	性别		年龄						
	男性	女性	4~14岁	15~24岁	25~34岁	35~44岁	45~54岁	55~64岁	65岁及以上
徐州	50.8	49.2	9.8	17.2	16.4	18.4	15.7	11.8	10.7
扬州	50.5	49.5	8.3	17.5	14.6	18.9	15.7	13.7	11.3
烟台	50.2	49.8	7.9	20.8	17.3	18.7	15.2	10.9	9.2
宜宾	50.4	49.6	12.4	16.2	13.0	22.3	13.9	12.2	10.0
宜昌	50.7	49.3	8.7	16.6	16.6	19.9	15.4	13.2	9.6
宜春	51.2	48.8	17.1	17.3	15.7	18.6	13.5	9.5	8.3
银川	50.4	49.6	11.1	17.4	17.9	19.9	16.4	9.4	7.9
营口	50.8	49.2	8.3	14.4	16.0	19.5	18.6	12.8	10.4
永济	50.7	49.3	12.2	19.9	14.7	18.4	15.7	10.3	8.8
岳阳	50.7	49.3	11.4	17.7	14.8	22.6	15.1	10.3	8.1
玉溪	50.5	49.5	13.7	17.9	16.9	19.9	12.5	9.7	9.4
漳州	49.6	50.4	10.6	20.0	17.3	19.3	14.9	9.4	8.5
湛江	52.0	48.0	14.0	16.5	18.6	15.4	14.6	10.8	10.1
郑州	50.5	49.5	11.0	24.4	17.5	19.0	12.7	7.9	7.5
镇江	52.6	47.4	7.5	17.0	15.8	20.0	16.8	12.6	10.3
中山	52.9	47.1	9.0	22.6	24.8	22.1	10.5	6.2	4.8
珠海	50.9	49.1	10.8	14.6	21.5	21.4	17.0	8.0	6.7
遵义	50.5	49.5	14.5	16.6	15.0	22.8	13.0	9.9	8.2

图书在版编目（CIP）数据

中国电视收视年鉴. 2020/丁迈主编. --北京：中国传媒大学出版社，2020. 9
ISBN 978-7-5657-2760-3

Ⅰ. ①中… Ⅱ. ①丁… Ⅲ. ①电视工作-抽样调查统计-中国-2020-年鉴 Ⅳ. ①G229. 2-54

中国版本图书馆 CIP 数据核字（2020）第 152309 号

中国电视收视年鉴 2020

ZHONGGUO DIANSHI SHOUSHI NIANJIAN 2020

主　　编　丁　迈
策划编辑　程　平
责任编辑　蒋　倩　姜颖昳　程　平
封面制作　大鹏设计
责任印制　李志鹏

出版发行　中国传媒大学出版社
社　　址　北京市朝阳区定福庄东街 1 号　　邮　　编　100024
电　　话　86-10-65450528　65450532　　传　　真　65779405
网　　址　http：//cucp. cuc. edu. cn
经　　销　全国新华书店

印　　刷　艺堂印刷（天津）有限公司
开　　本　787mm×1092mm　1/16
印　　张　50. 5
字　　数　1 047 千字
版　　次　2020 年 9 月第 1 版
印　　次　2020 年 9 月第 1 次印刷

书　　号　ISBN 978-7-5657-2760-3/G · 2760　　定　价　188. 00 元